Ouvrage réalisé sous la direction de Robert Dimery
Préface de Michka Assayas

LES 1001 ALBUMS QU'IL FAUT AVOIR ÉCOUTÉS DANS SA VIE

ROCK ~ HIP-HOP ~ SOUL ~ DANCE
WORLD-MUSIC ~ POP
TECHNO...

J'AI LU

Titre original :
1001 Albums You Must Hear Before You Die

Éditeur original :

Pour l'édition française :
Éditions Flammarion, 2006
Éditions Flammarion, 2010 pour la nouvelle édition

Sommaire

Préface

Par Michka Assayas

Soyons intolérant. Pour moi, un album n'est pas et ne sera jamais une de ces minables boîtes en plastique extra-plates qui se cassent en deux dès qu'un enfant les fait tomber. Je possède à présent environ mille CD. Eh bien, je n'en tire aucune fierté. Chez moi, d'ailleurs, je me refuse à exposer ces horreurs. J'ai fait construire une commode spéciale pour les dissimuler autant que pour les trier. Inversement, je ne passe jamais devant ma collection de disques en vinyle sans un frisson particulier. Mon frère aîné et moi avons commencé à la constituer dès la fin des années 60. Elle n'a cessé de s'enrichir jusqu'à la fin des années 80. Chacun de ces trois mille albums accumulés en trente ans fait remonter en moi une impression toujours fraîche : un moment d'exaltation ou d'égarement, un élan de joie ou un pincement au cœur, une déception ou une illumination. Toute ma jeunesse est là et il m'est facile, à tout moment, d'en retrouver la vibration particulière.

Un souvenir personnel… Je me revois en 1967 dans le salon familial, un dimanche après-midi à l'heure du goûter. J'ai neuf ans. Mon frère a rapporté à la maison le nouveau disque des Beatles, acheté aux Galeries Lafayette. Fasciné, je tourne et retourne la pochette de *Sgt Pepper's Lonely Hearts Club Band* qui, – ô émerveillement ! –, s'ouvre comme un livre d'images. Les paroles des chansons sont imprimées au verso sur un fond rouge. Du jamais vu. Je les déchiffre comme un texte hermétique et sacré. Sur la grande photo se dépliant au milieu, les musiciens portent d'étranges costumes d'opérette. Au recto, une composition florale d'œillets rouges forme le nom des Beatles, comme pour une décoration funéraire. Pourquoi ces mystères ? Je n'y comprends rien, mais j'ai besoin que tout soit signe, chiffre ou énigme à interpréter.

Il ne faut jamais oublier qu'avant de devenir respectable, le rock fut une musique de gamins écervelés. Explosive, éphémère, elle faisait l'objet d'un mépris sans limites chez les gens sérieux amateurs de « vraie musique ». Avant *Sgt Pepper*, les « grands disques », c'était Wagner, Duke Ellington ou Georges Brassens. On les appelait des « 33 tours », et ils étaient généralement réservés aux adultes. Les jeunes n'achetaient que des « 45 tours », ancêtres des « singles ». Leur musique ne méritait pas encore qu'on l'élève à la dignité du « grand disque ». Il était fréquent de posséder des « maxi-45 tours » des Beatles ou des Rolling Stones, soit quatre titres, mais moins répandu d'avoir leurs « 33 tours ». À partir de *Sgt Pepper*, tout change. Autour de 1967, année de la révolution hippie et psychédélique, le rock devient sérieux, voire grave, et l'album se fait le vecteur principal d'un message plus ample et flou que celui d'une simple chanson. Les anglicismes brumeux fleurissent : on parle de « musique progressive » (c'est-à-dire prospective), de « concept albums » (albums à thème) ou d'« opéra rock » comme celui des Who, *Tommy*, dont, encore aujourd'hui, je pourrais réciter des passages entiers. Bref, la mystique de l'album est née, et elle a survécu jusqu'à aujourd'hui, même si, je n'en démords pas, le CD a ravalé l'objet à l'état de produit.

Parcourez les premières pages de cette somme. Vous verrez que le premier album mentionné remonte à 1955 et qu'il est de Frank Sinatra, qui n'a rien d'un rocker. Pourtant, la même année, le *Rock around the clock* de Bill Haley lance la mode du rock'n'roll dans le monde entier. On n'en trouvera pas mention dans ces pages. Idem pour les plus grands rockers, à commencer par l'inventeur du genre : Chuck Berry. Que penser de celui qui ne posséderait que les 1 001 albums ici présentés, dans lesquels ne figure aucun titre des bluesmen John Lee Hooker ou Muddy Waters, ou des pionniers du rock'n'roll que sont Bo Diddley, Eddie Cochran ou Gene Vincent ? Qu'il a oublié de commencer par le commencement. Ces chansons se baladent aujourd'hui partout, de B. O. de films en compilations et autres « best of », en passant bien sûr par l'Internet. Faute de place, je ne peux les mentionner ici. Beaucoup des albums figurant dans ces pages sont, à mes yeux, indispensables. Mais nombre de productions volatiles des années 50 et 60 le sont tout autant : celles du tandem de compositeurs Leiber et Stoller, des labels Tamla Motown et Stax, qui ont tant inspiré les Beatles et les Stones, sans oublier les compilations de rock « garage » psychédélique ou punk.

1 001 albums étalés sur cinquante ans, c'est peut-être le meilleur moyen de pallier quelques ignorances mutuelles entre les générations. Je suis le premier à penser qu'il est important de faire découvrir *Pet Sounds* des Beach Boys, un album de 1966, à un adolescent de 2006. Mais il ne l'est pas moins de faire écouter à un quinquagénaire *Speakerboxx/The Love Below* d'Outkast, album de 2003 qui lui rappellera le meilleur de Frank Zappa, ou encore ce chef-d'œuvre de mélodie et d'humour qu'est le premier album des Scissor Sisters (2004).

Pour avoir moi-même passé cinq ans de ma vie à coordonner un Dictionnaire du rock, je mesure les lacunes inévitables d'une telle entreprise. On a beau y mettre toute son ardeur, les reproches fusent de partout. Quoi ? Trois pages sur Chose et aucune sur Machin ? Trois albums de Truc et pas un seul de Bidule ? C'est nul ! Quand on s'embarque dans ce genre de folle entreprise, on a pour obsession d'éviter les erreurs, les oublis et les injustices. Seulement, à l'arrivée, il y en a toujours. Pour cinquante petites bourdes évitées, vous en laissez passer une énorme, si énorme que vous ne l'avez pas vue, comme la *Lettre volée* d'Edgar Poe. Pour certains érudits dont la bienveillance est rarement la qualité première, c'est une tache indélébile. Mais enfin, mon sang n'a fait qu'un tour quand j'ai constaté, pour l'année 1989, l'absence de *Mystery Girl*, un merveilleux album de Roy Orbison, le plus grand chanteur de rock lyrique que la Terre ait porté. J'ai tiqué, puis vérifié : pas un seul album de Rory Gallagher ou de Joe Cocker, deux des plus grands talents du rock des années 70 et 80. C'est pourquoi je propose ici, en annexe, une liste personnelle et complémentaire, afin de réparer les oublis qui me paraissent les plus criants. Au risque d'être bien sûr, à mon tour, partiel et partial.

Et la France, dans tout ça ? Le cas est épineux. Le jury international qui a présidé au choix de ces 1 001 albums n'a retenu que douze productions françaises, soit 1,2 % de l'ensemble, ce qui est assez humiliant pour l'orgueil national. Voyons les choses en face : pour le reste du monde, la France est aujourd'hui l'un des principaux centres de la world music. Elle fut autrefois le pays de la chanson, mais jamais celui du rock. John Lennon l'a cruellement résumé : « Le rock français, c'est comme le vin anglais ». Pendant longtemps, ce fut le point de vue de la majorité des critiques rock français eux-mêmes. Aux champions du rock en v. f. comme Johnny Hallyday ou Eddy Mitchell, ils ont souvent préféré les figures de dandys solitaires comme Gérard Manset ou Christophe. Ce schisme s'est poursuivi dans les années 80, puis 90. Quand le grand public écoutait Jean-Jacques Goldman et Francis Cabrel, les « connaisseurs » n'en avaient que pour Bashung et Jean-Louis Murat.

Mais assez joué au spécialiste. Celui qui entre dans cette jungle risque de devenir un accumulateur compulsif dans mon genre, ce que je ne lui envie guère. En revanche, je suis profondément jaloux de celui qui, au hasard, n'a jamais écouté ni *The Who sell out* des Who ni *Nevermind* de Nirvana. Si l'on ne m'avait pas offert ce livre, je l'aurais acheté pour vérifier si j'ai raté quelque chose. J'ai vérifié : j'ai raté des dizaines, voire des centaines de ces albums. Mais enfin, pour un grand malade dans mon genre, c'est plutôt une bonne nouvelle.

Mes outsiders

Chefs-d'œuvre oubliés… et sommets du rock français

Années 60

International

The Association, *And then… Along comes The Association* (1966)
Joe Cocker, *Joe Cocker !* (1969)
The Easybeats, *Friday on my mind* (1967)
The Left Banke, *Walk away Renee – Pretty Ballerina* (1967)
The Remains, sans titre (1966)
Soft Machine, sans titre (1968)
Soft Machine, *Soft Machine Volume 2* (1969)

France

Antoine, sans titre (1966)
Hugues Aufray, *En direct de l'Olympia* (1966)
Jacques Dutronc, sans titre (1966)
Michel Polnareff, sans titre (1966)

Années 70

International

Badfinger, sans titre (1974)
Henry Cow, *Unrest* (1973)
Kevin Coyne, *Marjory Razor Blade* (1973)
Willy DeVille, *Cabretta* (1977)
Dave Edmunds, *Get it* (1977)
The Feelies, *Crazy Rhythms* (1979)
Rory Gallagher, *Live in Europe* (1972)
Nina Hagen, *Unbehagen* (1979)
Rickie Lee Jones, sans titre (1979)
Little Feat, *The Last Record Album* (1975)
The Only Ones, sans titre (1978)
Pere Ubu, *Dub Housing* (1978)
Procol Harum, *Grand Hotel* (1973)
The Raincoats, sans titre (1979)
Terry Riley, *Persian Surgery Dervishes* (1973)
Spirit, *Future Games (A Magical Kahauna Dream)* (1977)

France

Bijou, *O.K. Carole* (1978)
Christophe, *Les Mots bleus* (1975)
Christophe, *Le Beau bizarre* (1978)
Nino Ferrer, *Métronomie* (1972)
Brigitte Fontaine, *Brigitte Fontaine est…* (1970)
Serge Gainsbourg, *L'Homme à la tête de chou* (1976)
Serge Gainsbourg, *Aux armes etc.* (1979)
France Gall, *Débranche* (1976)
Gong, *Le Camembert électrique* (1971)
Johnny Hallyday, *Rock à Memphis* (1972)
Françoise Hardy, *Message personnel* (1973)
Jacques Higelin, *Alertez les bébés* (1976)
Magma, *Mekanïk destruktïv Kommandöh* (1973)
Gérard Manset, *La Mort d'Orion* (1970)
Eddy Mitchell, *Rocking in Nashville* (1974)
Dick Rivers, *Rock & Roll Star* (1974)
Véronique Sanson, *Le Maudit* (1973)
Téléphone, *Crache ton venin* (1979)

Années 80

International

The Barracudas, *Drop out with The Barracudas* (1981)
Joe Cocker, *Unchain my heart* (1987)
The Costello Show, *King of America* (1986)
Marshall Crenshaw, sans titre (1982)
The Go-Betweens, *16 Lovers Lane* (1988)
The Gun Club, *Fire Of Love* (1981)
Tim Hardin, *The Homecoming Concert* (1987)
Chris Isaak, sans titre (1987)
Joe Jackson, *Night & Day* (1982)
Van Morrison & The Chieftains, *Irish Heartbeat* (1988)
The Neville Brothers, *Yellow Moon* (1989)

Roy Orbison, *Mystery Girl* (1989)
Graham Parker, *The Mona Lisa's Sister* (1988)
The Ramones, *Pleasant Dreams* (1981)
Leon Redbone, *From branch to branch* (1981)
The Stranglers, *La Folie* (1981)
Stray Cats, sans titre (1981)
Violent Femmes, *Hallowed Ground* (1984)
XTC, *English Settlement* (1982)
Young Marble Giants, *Colossal Youth* (1980)

France

Bashung, *Play blessures* (1982)
Bérurier Noir, *Concerto pour détraqués* (1985)
Alpha Blondy, *Jérusalem* (1986)
Francis Cabrel, *Sarbacane* (1989)
CharlÉlie Couture, *Pochette-surprise* (1981)
Étienne Daho, *La Notte la notte…* (1984)
Mylène Farmer, *Ainsi soit-je* (1987)
Serge Gainsbourg, *Love on the beat* (1984)
Les Garçons-Bouchers, sans titre (1987)
Jean-Jacques Goldman, *Homologué* (1985)
Johnny Hallyday, *Rock'n roll attitude* (1985)
Françoise Hardy, *Quelqu'un qui s'en va* (1982)
Indochine, *L'Aventurier* (1983)
Mory Kanté, *Akwaba Beach* (1987)
Bernard Lavilliers, *O Gringo* (1980)
Little Bob Story, *Vacant Heart* (1982)
La Mano Negra, *Puta's Fever* (1989)
Gérard Manset, *Lumières* (1985)
Marquis de Sade, *Rue de Siam* (1981)
Eddy Mitchell, *Happy birthday* (1980)
Jean-Louis Murat, *Cheyenne Autumn* (1989)
Niagara, *Quel enfer !* (1989)
Les Rita Mitsouko, *The No Comprendo* (1986)
Taxi Girl, *Seppuku* (1982)
Touré Kounda, *Turu* (1982)
Trust, *Répression* (1980)

Années 90

International

Natacha Atlas, *Diaspora* (1995)
Greg Brown, *Dream Cafe* (1993)
Lindsey Buckingham, *Out of the cradle* (1992)
Guy Chadwick Lazy, *Soft & Slow* (1997)
Vic Chesnutt, *Drunk* (1994)
Eric Clapton, *Pilgrim* (1998)
Iris DeMent, *Infamous Angel* (1992)
Bryan Ferry, *As time goes by* (1999)
Gomez, *Liquid Skin* (1999)
Grant Lee Buffalo, *Fuzzy* (1993)
Daniel Johnston, *Fun* (1994)
The Lilac Time, *Looking for a day in the night* (1999)
Los Lobos, *Kiko* (1992)
Lyle Lovett, *The Road to Ensenada* (1990)
Shelby Lynne, *I am Shelby Lynne* (1999)
Maria McKee, *Life is sweet* (1996)
Mazzy Star, *She hangs brightly* (1990)
Morphine, *Cure for pain* (1993)
Bob Mould, sans titre (1996)
Martin Newell, *The Greatest Living Englishman* (1993)
The Nits, *Giant Normal Dwarf* (1990)
Page & Plant, *No Quarter* (1994)
Ron Sexsmith, *Other Songs* (1997)
Sparklehorse, *Vivadixiesubmarinetransmissionplot* (1995)
Tindersticks, sans titre (1993)
Paul Westerberg, *14 Songs* (1993)

France

Dominique A, *La Mémoire neuve* (1995)
Alain Bashung, *Osez Joséphine* (1991)
Stephan Eicher, *Engelberg* (1991)
Mylène Farmer, *Anamorphose* (1995)
IAM, *De la planète Mars* (1991)
Les Innocents, *Post partum* (1995)
Louise Attaque, *Louise Attaque* (1997)
Miossec, *Boire* (1995)
Les Négresses Vertes, *Famille nombreuse* (1991)
Noir Désir, *Tostaky* (1993)
Vanessa Paradis, sans titre (1992)
Saint-Germain, *Boulevard* (1995)
Suprême NTM, *Paris sous les bombes* (1991)
Rachid Taha, *Diwan* (1998)
Yann Tiersen, *Le Phare* (1997)
Silvain Vanot, *éGérie* (1997)
Laurent Voulzy, *Caché derrière* (1992)

Années 2000

International

Fiona Apple, *Extraordinary Machine* (2006)
Arctic Monkeys, *Whatever people say I am, that's what I'm not* (2006)
The Bangles, *Doll Revolution* (2002)
Jeff Beck, *You had it coming* (2001)
Black Rebel Motorcycle Club, *Howl* (2005)
The Czars, *Goodbye* (2003)
Death In Vegas, *Scorpio Rising* (2002)
Neil Diamond, *12 Songs* (2005)
Eels, *Blinking Lights and Other Revelations* (2005)
Neil Finn, *One Nil* (2001)
George Harrison, *Brainwashed* (2002)
The Kills, *Keep on your mean side* (2003)
LCD Soundsystem, sans titre (2005)
Paul McCartney, *Chaos and creation in the backyard* (2005)
Nelly, *Nellyville* (2002)
Robert Plant, *Mighty Rearranger* (2005)
The Raveonettes, *Pretty in black* (2005)
Damien Rice, *O* (2002)
Richard Thompson, *Front Parlour* Ballads (2005)

France

Amadou & Mariam, *Dimanche à Bamako* (2005)
AS Dragon, *Spanked* (2003)
Bertrand Burgalat, *Portrait robot* (2005)
Carla Bruni, *Quelqu'un m'a dit* (2002)
Camille, *Le Fil* (2005)
Corneille, *Parce qu'on vient de loin* (2004)
Keren Ann, *La Disparition* (2002)
Kyo, *Le Chemin* (2003)
M, *Qui de nous deux* (2003)
Mickey 3D, *Matador* (2005)
Le Peuple de l'Herbe, *Cube* (2005)
Oxmo Puccino, *L'Amour est mort* (2001)
Raphaël, *Caravane* (2005)
Sébastien Tellier, *L'Incroyable Vérité* (2001)
Tété, *À la Faveur de l'automne* (2003)
Vitalic, *OK Cowboy* (2005)
Les Wampas, *Kiss* (2000)

Introduction

par Michael Lydon, fondateur de *Rolling Stone*

Dates essentielles de l'histoire de l'enregistrement :

1877 Thomas Edison, recherchant une manière d'enregistrer des messages téléphoniques, invente le « phonographe » et prédit à juste titre que tout le monde en possèdera bientôt un.

1925 Les enregistrements deviennent électriques, et utilisent des micros et des hauts-parleurs.

1948 Ampex présente l'enregistrement sur bande magnétique, que l'on peut manipuler. Premier gros client : Bing Crosby.

C'est ici que j'entre en scène, moi le gamin de Boston, au début des années 50. Nous avions un phonographe Victrola dans le salon et, dans un placard, les épais disques en Shellac, si fragiles que je n'ai été autorisé à y toucher que bien plus tard. Mon père et ma mère avaient acheté quelques disques qui ne contenaient qu'une seule chanson à succès, mais nous possédions surtout des « albums » qui ressemblaient à des albums photo : des pochettes en papier dans une reliure en carton, qui abritaient au moins trois ou quatre disques. En les retournant ou en les changeant toutes les quatre minutes, nous écoutions les symphonies de Beethoven, *Pierre et le loup* ou *Porgy and Bess*.

Et puis, du jour au lendemain, tout a changé. Les disques d'une seule chanson sont devenus tout petits avec un gros trou au milieu, et tournaient à 45 révolutions par minute. Les albums sont devenus de légers et incassables « long play » à 33 révolutions par minute, dont le son était bien meilleur. Chaque face durait vingt minutes et était abritée dans des pochettes chics, avec des photos et des textes explicatifs que l'on pouvait étudier tout en écoutant la musique. *Benny Goodman at Carnegie Hall*, *My Fair Lady* et *Errol Garner's Concert by the sea* – ces premiers albums 33 tours sont restés imprimés dans mon jeune cœur.

Au départ, les disques pop n'étaient le plus souvent que des ensembles de singles à succès, mais les musiciens de jazz et de rock adoraient les possibilités qu'offraient la durée des 33 tours et leur son « haute fidélité ». Comme les compositeurs de musique classique créent des symphonies, ils ont commencé à utiliser les 33 tours pour enregistrer des manifestes musicaux personnels. *In the wee small hours* de Frank Sinatra (1955) et *Genius hits the road* de Ray Charles (1960) comptent parmi les premiers exemples de ce que l'on appelle les « albums à thème ».

Avec la nouvelle décennie, le magazine *Billboard* a annoncé que les ventes de 33 tours, durables, avaient dépassé celles des 45 tours, jetables (6 millions par rapport à 4,5). Aux États-Unis en tout cas. En Angleterre, il a encore fallu attendre huit ans pour que les ventes des 33 tours dépassent celles des 45 tours simples ou à double durée (ces derniers contenaient quatre ou cinq chansons). La production de nombreuses pop stars des années 60 suivait désormais une progression classique, depuis les singles à succès de leurs débuts jusqu'au statut d'« artiste à album ». Leur public a suivi, passant des 45 tours aux 33 tours, possessions chéries et protégées, de la maison à la fac, puis de la fac au premier appartement. Que ce soient *Disraeli Gears* ou *Aretha : Lady Soul*, les albums sont devenus des repères personnels pour des millions de personnes : nous étions ce que nous écoutions. C'est à travers eux que nous avons suivi les débats culturels agités des années 1960 – Bob Dylan répondant au somptueux *Sergent Pepper* des Beatles avec l'acerbe *John Wesley Harding*, les Rolling Stones renonçant aux excès psychédéliques de *Their Satanic Majesties Request* avec le retour aux sources de *Beggars Banquet*.

Parfois, lorsqu'un seul 33 tours ne pouvait contenir assez de musique, les artistes sortaient des « doubles albums » – certains étaient des monstruosités pompeuses, d'autres des chefs-d'œuvre populaires, comme *Blonde on Blonde* de Dylan ou *Tommy* des Who. Simple ou double, l'album classique a régné pendant trente ans, assez longtemps pour faire découvrir au monde entier le rock progressif, la musique punk, le disco et le début du rap. Puis, en 1985, est arrivé un nouveau format révolutionnaire : le disque compact audionumérique. Les CD contenaient une heure de musique ou plus, offraient un son superbe, sans grattement, et ne s'abîmaient jamais. Et pourtant, ils possédaient deux inconvénients. De taille bien plus réduite que les albums, leur packaging (photos et textes) avait beaucoup moins d'impact. Et tout comme les guitaristes préfèrent les amplis à lampes par rapport aux amplis à transistors, certains audiophiles préfèrent le son chaleureux des 33 tours – qui capturent dans leurs sillons de vinyle un « analogue » de l'onde sonore – au son plus froid des CD, qui « numérisent » le son en de longues séquences imprimées sur du verre.

Les défenseurs du vinyle ont hurlé en vain. Les ventes de CD (dont le son s'améliorait rapidement) ont dépassé celles des 33 tours en 1988, et dès le milieu des années 1990, les premiers avaient quasiment disparu des bacs de nouveautés. D'innombrables albums ont cependant été ensuite réédités sous forme de CD, souvent avec des bonus. Les amateurs de musique ont convenu qu'un CD pouvait être un album – un nouveau genre d'album peut-être, mais tout aussi agréable. (En réalité, le jeu ininterrompu d'un CD signifiait que certains albums fonctionnaient mieux dans ce format-là – pensez à *What's going on* de Marvin Gaye, bien meilleur si on l'entend comme une suite continue.) D'un autre côté, les CD offraient un défi à l'album à thème traditionnel. La musique y étant stockée sous la forme d'informations numériques, ils sont parfaitement adaptés aux ordinateurs. Tout le monde ou presque en possédant un à partir de l'an 2000, la musique numérisée a commencé à voyager sur Internet, et les auditeurs ont commencé à s'en emparer chanson par chanson, téléchargeant des tubes à partir de sites légaux ou non, puis les gravant sur leurs propres CD et les partageant avec leurs amis. Ces tendances (qui évoluent encore à l'heure où j'écris) ont entamé la prédominance traditionnelle des albums par rapport aux singles. Mais les groupes qui ne sont pas encore représentés brûlent toujours d'envie de signer un contrat avec une maison de disques qui leur permettrait d'enregistrer un album, et la plupart des fans continuent de penser que pour posséder une vraie œuvre d'art, rien ne vaut le CD produit et vendu par leur groupe préféré.

L'album, dont l'existence dépasse désormais le demi-siècle, constitue depuis longtemps un objet de culture populaire important. Si les singles sont comme les magazines et les émissions de télévision, les albums ressemblent aux livres et aux films. Ils ont un certain poids et une certaine influence : *Le Parrain*, *Thriller* et *Le Journal de Bridget Jones* ont touché d'innombrables vies. Pour les musiciens, enregistrer un album pose le même genre de défi que ceux qu'affrontent écrivains et réalisateurs ; cela demande la même recherche d'excellence, et réveille les mêmes ambitions de richesse et de célébrité. Même si ce sont souvent des collaborations, il y a généralement une personne responsable – et il ne s'agit pas toujours du chanteur ou du musicien principal – et habituellement (même aujourd'hui), un producteur derrière la console. Comme les livres et les films, les albums nous parviennent sous une forme familière, ils appartiennent à des genres bien connus et nous surprennent cependant toujours par leur contenu et leur style original. Lorsqu'un album nous parle, qu'il soit accrocheur, roublard, ou simplement magique, sa musique atteint un public international, donnant naissance à de nouvelles modes vestimentaires ou argotiques, transformant les anciens branchés en vieux schnoques qui détestent ce nouveau style musical sur lequel tous les gamins dansent.

À la première écoute, les albums se déroulent comme les films ou les romans. Chaque titre (scène ou chapitre) nous entraîne plus loin en territoire inconnu, au-delà de sommets terrifiants et de mers de tranquillité. Pendant des mois et des semaines, nous explorons l'album, découvrant de nouvelles merveilles à chaque fois. C'est peut-être la plus grande différence entre le cinéma, la littérature et la musique : même si nous adorons un film ou un livre, le plus souvent, nous ne le regardons ou ne le lisons pas plus de trois ou quatre fois. Les albums nous suivent pendant des mois, voire des années. Nous les écoutons des centaines, des milliers de fois, mais rarement avec toute notre attention. Nous absorbons leurs licks et leurs boucles jusqu'à pouvoir fredonner la musique, même si ce n'est que dans notre tête.

L'amour que les gens portent à leurs vinyles et à leurs piles de CD prouve que les albums peuvent être des œuvres d'art auxquelles on tient. À l'université, alors que je survivais grâce à des petits boulots d'été et à des bourses d'études, j'ai passé des heures à fureter dans les bacs de 33 tours pour essayer de décider lequel méritait mes précieux 2 dollars 99. Qui était ce Bob Dylan qui écrivait des poèmes déjantés en guise de texte d'accompagnement ? Au nouvel an 1968, nous avons écouté *Magical Mystery Tour* (sorti en album aux États-Unis) dans les nouveaux bureaux vides de *Rolling Stone*, sous les combles, *All you need is love* résonnant dans nos têtes. Plus tard, nous avons fait la queue au magasin Tower Records de San Francisco pour acheter le *White Album*. Juste après la mort de Ray Charles, j'ai écouté son dernier album *Genius loves company*, et j'ai éclaté en sanglots.

Nous dansons, nous conduisons, nous nous disputons, nous rions, et nous faisons l'amour au son des albums ; leur musique pénètre dans nos vies et dans nos esprits. Nous les trouvons peut-être juvéniles après coup, mais nous l'étions alors peut-être nous aussi. Peu importe que ce soit un album d'Eddie Cochran, Fats Domino, James Brown, David Bowie, Led Zep, Funkadelic ou Nine Inch Nails. « Différentes notes pour différentes personnes », chantait Sly sur l'un de ses albums en 1973.

Il est temps de clore cette préface et de parcourir cet ouvrage. Je sais que vous retrouverez des douzaines de vos albums préférés dans cette constellation, et j'espère qu'en feuilletant ces pages, je vous inciterai à en découvrir des myriades d'autres, dont vous n'auriez jamais entendu parler sans *Les 1 001 albums qu'il faut avoir écoutés dans sa vie*.

New York, 2005

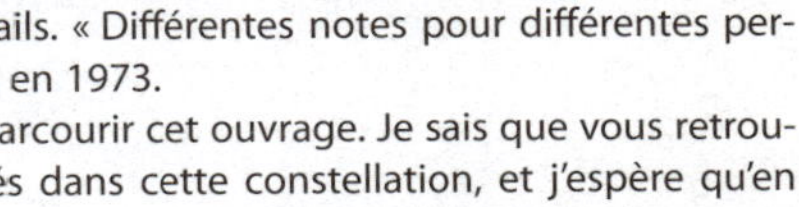

Les années 50

- **Castro devient président de Cuba**
- **Création d'Europe 1**
- **Lancement du premier satellite**
- **Invention du hula-hoop**
- **Création du premier magnétophone à ruban**

Frank Sinatra
In the wee small hours (1955)

Label | Capitol
Production | Voyle Gilmore
Direction artistique | Tommy Steele
Pays | États-Unis
Durée | 50:25

Au début des années 50, Frank Sinatra est un *has been* – incapable de trouver un club où se produire régulièrement, et encore moins de décrocher un contrat avec une maison de disque : son sauveur arrive juste à temps. Alan Livingston, alors découvreur de talents chez Capitol Records et fan fidèle de Sinatra, lui offre, le 14 mars 1953, un contrat de sept ans, contre l'avis peu enthousiaste de ses collègues.

L'oscar que Sinatra remporte la même année démontre la clairvoyance de Livingston. C'est la seconde chance du chanteur, qu'il met à profit avec *Songs for young lovers* et *Swing easy* : deux excellentes chansons, remarquables notamment parce qu'elles ont permis à Sinatra – au départ contre son gré – de rencontrer un jeune arrangeur, Nelson Riddle.

In the wee small hours voit le jour peu après que le couple de Sinatra et Ava Gardner s'est désagrégé, et cette séparation définit ce qui est le plus bel album de rupture de tous les temps. Le Sinatra de la légende populaire, qui lance des vannes d'un ton dégagé, s'efface pour laisser la place à un homme seul. Les disquaires qui le classaient dans la catégorie musique légère n'avaient probablement jamais entendu la confession de pilier de bar de *Can't we be friends ?*, et encore moins l'interprétation suppliante de *What is this thing called love* de Cole Porter. *Mood indigo* de Duke Ellington n'a jamais été aussi triste.

Riddle accompagne cette mélancolie d'arrangements d'une merveilleuse délicatesse, dans un album qui, avec le recul, est la première collaboration réussie de ce couple. D'autres suivront, sous un format neuf et exotique pour l'époque. **WF-J**

▶II Liste des titres

	01 In The Wee Small Hours Of The Morning (Hilliard•Mann)	3:00
▶	02 Mood Indigo (Bigard•Ellington•Mills)	3:30
	03 Glad To Be Unhappy (Hart•Rodgers)	2:35
	04 I Get Along Without You Very Well (Carmichael)	3:42
	05 Deep In A Dream (De Lange•Van Heusen)	2:49
	06 I See Your Face Before Me (Dietz•Schwartz)	3:24
	07 Can't We Be Friends ? (James•Swift)	2:48
	08 When Your Lover Has Gone (Swan)	3:10
▶	09 What Is This Thing Called Love (Porter)	2:35
	10 Last Night When We Were Young (Arlen•Harburg)	3:17
▶	11 I'll Be Around (Wilder)	2:59
	12 Ill Wind (Arlen•Koehler)	3:46
	13 It Never Entered My Mind (Hart•Rodgers)	2:42
	14 Dancing On The Ceiling (Hart•Rodgers)	2:57
	15 I'll Never Be The Same (Kahn•Malneck)	3:05
	16 This Love Of Mine (Parker•Sanicola•Sinatra)	3:33

Elvis Presley
Elvis Presley (1956)

Label | RCA
Production | Non créditée
Direction artistique | William V. Robertson
Pays | États-Unis
Durée | 28:42

Aux oreilles d'un amateur du XXIe siècle, depuis longtemps habitué à entendre du rock, le premier 33 tours d'Elvis est d'une inégalité frustrante.

C'est un recueil assemblé à partir de plusieurs séances d'enregistrement : sept morceaux datent du début de l'année 1956, juste avant la sortie de l'album le 13 mars, mais cinq autres proviennent du Sun Records de Sam Philips, et ont été enregistrés entre 1954 et 1955, avant que RCA ne rachète son contrat. Le chant maniéré de la prise de *I'll never let you go* (*Little Darlin'*), qui provient de Sun, frise l'autoparodie ; l'ironie, c'est qu'Elvis n'a pas encore une image dont se moquer.

Une autre curiosité : même si chaque réédition sur CD comprend *Heartbreak Hotel* – le morceau qui a propulsé sur la scène internationale ce jeune homme de 21 ans jusqu'alors connu seulement à Memphis –, celui-ci n'est pas sur l'album d'origine.

Et pourtant, la magie est là ; à n'en pas douter, certaines révolutions sont nées de moins que ça. *I'm counting on you*, gospel chanté par un Blanc, et le grondement agité qui parcourt *I got a woman* de Ray Charles frappent fort dès le début. Vers la fin de l'album se trouve une version indéniablement solitaire de *Blue Moon*. Mais c'est le *Trying to get to you* qui en est la plage clé. Ici, Elvis se situe à mi-chemin entre le p'tit gars de la campagne et le chanteur réaliste. C'est un enregistrement historique.

C'est aussi le cas de la couverture. On pense qu'elle a été photographiée par William V. « Red » Robertson le 31 juillet 1955, au cours d'un concert à Tampa en Floride, et c'est l'une des photos les plus emblématiques d'Elvis. C'était d'ailleurs l'avis des Clash, qui s'en sont inspirés pour la pochette de *London Calling*, en 1979. **WF-J**

▶II Liste des titres

	01 Blue Suede Shoes (Perkins)	2:00
▶	02 I'm Counting On You (Robertson)	2:25
▶	03 I Got A Woman (Charles)	2:25
	04 One-Sided Love Affair (Campbell)	2:11
	05 I Love You Because (Payne)	2:43
	06 Just Because (Robin•B. Shelton•J. Shelton)	2:34
	07 Tutti Frutti (LaBostrie•Penniman)	1:59
▶	08 Trying To Get To You (McCoy•Singleton)	2:31
	09 I'm Gonna Sit Right Down (And Cry Over You) (Biggs•Thomas)	2:01
	10 I'll Never Let You Go (Little Darlin') (Wakely)	2:24
▶	11 Blue Moon (Hart•Rodgers)	2:40
	12 Money Honey (Stone)	2:36

The Louvin Brothers
Tragic Songs of life (1956)

Label I Capitol
Production I Ken Nelson
Direction artistique I Non créditée
Pays I États-Unis
Durée I 35:58

Nul besoin d'être fou, meurtrier, ivre, ambitieux, solitaire, tête de mule ou mélancolique pour chanter de la country, mais ça aide. Ira Louvin ne remplissait pas toutes ces conditions, mais il en remplissait néanmoins certaines. Apparus dans les années 40, Charlie et Ira Louvin s'inscrivaient dans la tradition des duos fraternels à la tessiture rapprochée – sur les traces des Delmore Brothers, et ils serviraient plus tard de modèle aux Everly Brothers. Leur premier 33 tours reste l'une des productions essentielles de la country. Le baryton de Charlie et le haute-contre pur d'Ira se marient dans un style cadencé, avec une grâce splendide. C'est de la musique bluegrass bombardée de gospel, venue directement du cœur.

On associe souvent à cet album une image de Charlie et Ira surperposée à celle d'une blonde en larmes, serrant dans son poing une lettre chiffonnée. Cette illustration, utilisée pour les éditions ultérieures, romance la réalité. En fait, pour Ira et Charlie, ces chansons sur le péché et la faiblesse, la tragédie et la tentation n'étaient que trop réelles. On n'y trouvait pas le moindre message de sagesse ni le moindre kitsch.

C'est le penchant autodestructeur d'Ira qui leur donne ce côté « sur le fil du rasoir ». Charlie était stable mais Ira était alcoolique, coureur de jupons et violent. En 1963, Charlie abandonne le duo pour chanter en solo. Ira avait survécu à beaucoup de choses – il s'était fait tirer dessus par sa troisième femme, Faye – mais en

1965, il trouve la mort dans un accident de voiture dans le Missouri.
Grâce à Gram Parsons, on assistera plus tard à un regain d'intérêt pour la musique des frères Louvin, et leur légende n'a cessé de croître au fil des décennies. **RF**

▶II Liste des titres

▶	01 Kentucky (Davis)	2:39
	02 I'll Be All Smiles Tonight (Carter)	3:14
	03 Let Her Go God Bless Her (Trad.)	2:55
	04 What Is Home Without Love (Trad.)	3:00
	05 A Tiny Broken Heart (Hill•C. Louvin•I. Louvin)	2:34
	06 In The Pines (Riggs)	3:15
▶	07 Alabama (Hill•C. Louvin•I. Louvin)	2:43
▶	08 Katie Dear (Bolick)	2:34
	09 My Brother's Will (Nelson)	3:16
▶	10 Knoxville Girl (Trad.)	3:49
	11 Take The News To Mother (Callahan•Caloway)	2:48
	12 Mary Of The Wild Moor (Turner)	3:11

Louis Prima

The Wildest ! (1956)

Label | Capitol
Production | Voyle Gilmore
Direction artistique | Non créditée
Pays | États-Unis
Durée | 32:00

Chanteur-trompettiste de cabaret, populaire dans les années 30 et 40 à La Nouvelle-Orléans puis à New York, Louis Prima s'aperçoit que les contrats sont rares en 1954. Avec sa femme et nouvelle partenaire de scène, Keely Smith, il utilise ses contacts pour décrocher un contrat à l'hôtel Sahara, à Las Vegas, et enrôle Sam Butera, jeune saxophoniste de La Nouvelle-Orléans, pour faire répéter l'orchestre. Le succès est immédiat, avec cette demi-heure étincelante, enregistrée en studio en avril 1956.
Les mordus de jazz considèrent souvent Prima comme un imitateur italianisant de Louis Armstrong, peut-être à cause de la présence ici de trois succès de Satchmo : *You rascal you*, et un pot-pourri alliant un sobre *Basin Street Blues* à un *When it's sleepy time down south*, tout sauf soporifique. Mais c'est passer outre l'essentiel : c'est une musique irrésistible, à la mesure de la radieuse photo de la pochette. Prima est joyeux, exubérant et percutant, provoquant même des gloussements au sein de l'orchestre sur *Oh Marie*, face à Keely Smith, faire-valoir délicieusement collet monté. Butera et compagnie, pendant ce temps, leur procurent une musique swing pétillante. C'est un style que l'on a souvent imité, notamment lorsque *Jump, jive an'wail* de Brian Seltzer fut utilisé par Gap® pour une pub. Butera, dont la chaîne de vêtements avait utilisé l'arrangement, maugréa qu'on ne lui avait donné que trois pantalons pour ce privilège.
Prima est décédé en 1978 mais son héritage perdure à travers sa fille, Lena, que l'on a récemment vue se produire au Sahara, et à travers son rôle dans *Le Livre de la jungle*, celui d'un orang-outang royal et parlant swing. Cet homme était bien le roi des swingers. **WF-J**

▶II Liste des titres

▶	01 Medley : Just A Gigolo – I Ain't Got Nobody (Brammier•Caesar•Casucci•Graham•Williams)	4:42
	02 (Nothing's Too Good) For My Baby (Budston•Falcon)	2:36
	03 The Lip (Klages•Knight)	2:15
	04 Body And Soul (Eyton•Green•Heyman•Sour)	3:22
▶	05 Oh Marie (Dicapua, arr. Prima)	2:25
	06 Medley : Basin Street Blues – When It's Sleepy Time Down South (L. Rene•O. Rene•Williams)	4:12
▶	07 Jump, Jive, An'Wail (Prima)	3:28
▶	08 Buona Sera (De Rose•Sigman)	2:58
	09 Night Train (Forrest)	2:46
	10 (I'll Be Glad When You're Dead) You Rascal You (Theard)	3:13

Fats Domino
This is Fats (1956)

Label | Imperial
Production | Dave Bartholomew
Direction artistique | Non créditée
Pays | États-Unis
Durée | 27:11

Six ans avant que Bill Haley n'enregistre *Rock around the clock*, Antoine « Fats » Domino, alors âgé de 21 ans, compose en 1949 le morceau définissant le rock'n'roll des débuts avec *The Fat Man*. Après ce premier 45 tours vendu à plus d'un million d'exemplaires, ce chanteur-pianiste né à La Nouvelle-Orléans produira plus de tubes que n'importe quel rocker des années 50 (Elvis excepté), y compris une série ahurissante de trente-neuf singles consécutifs figurant au hit-parade entre 1954 et 1962. Tout en vendant soixante-cinq millions de disques au cours de cette décennie, c'est sans doute Domino qui a fait le plus pour combler le fossé entre le rhythm and blues et le rock. Nul ne peut cependant nier l'influence de son œuvre des années 50, qu'on retrouve dans toute la musique populaire, de Pat Boone aux Beatles.

This is Fats, troisième album long format du chanteur pour Imperial, demeure l'exemple le plus impressionnant de son talent, grâce à des boogie-woogies démentiels tels que *Blue Monday* et *Honey Chile*, et des chefs-d'œuvre aussi mélancoliques que *So long* et *Poor, poor me*.

Le premier morceau, *Blueberry Hill*, avait été l'un des succès de Glenn Miller en 1940, mais malgré son charme et sa chaleur caractéristiques, il fut étonnamment difficile à enregistrer. Personne ne pouvait trouver la partition ce jour-là dans le studio et Domino n'arrêtait pas d'oublier les paroles. Il n'a jamais été enregistré d'un seul tenant, et le studio a dû coller bout à bout les diverses tentatives. Le single qui en est né s'est placé en tête du hit-parade du rhythm and blues et en deuxième position du hit-parade pop américain – position la plus élevée que Domino ait jamais atteinte dans cette catégorie. **JiH**

▶II Liste des titres

▶ 01	**Blueberry Hill** (Lewis•Rose•Stock)	2:21
▶ 02	**Honey Chile** (Bartholomew•Domino)	1:48
03	**What's The Reason (I'm Not Pleasing You ?)** (Grier•Hatch•Poe•Tomlin)	2:03
▶ 04	**Blue Monday** (Bartholomew•Domino)	2:18
▶ 05	**So Long** (Bartholomew•Domino)	2:13
06	**La-La** (Bartholomew•Domino)	2:15
07	**Troubles Of My Own** (Bartholomew•Domino)	2:15
08	**You Done Me Wrong** (Domino)	2:05
09	**Reelin' And Rockin'** (Domino•Young)	2:20
10	**The Fat Man's Hop** (Domino•Young)	2:26
11	**Poor, Poor Me** (Domino)	2:11
12	**Trust In Me** (Domino•Jarrett)	2:50

Duke Ellington
Ellington at Newport (1956)

Label | Columbia
Production | George Avakian
Direction artistique | Non créditée
Pays | États-Unis
Durée | 44:00

Après une petite traversée du désert lorsque les orchestres de swing n'étaient plus à la mode, Duke Ellington retrouve la popularité grâce au Festival de jazz de Newport le 7 juillet 1956. L'ironie, c'est que le soi-disant album du concert n'a pas été enregistré à Newport !

L'enregistrement du concert étant défectueux, les dirigeants de la maison de disques font réenregistrer le tout par Ellington dans un studio de New York dès le lundi suivant. L'album qui en résulte est un mélange de prises en direct, de nouvelles prises en studio et d'applaudissements préenregistrés. Il deviendra malgré tout l'album le plus vendeur de toute la carrière d'Ellington.

Une magnifique réédition a cependant enfin remis les choses au clair en 1999.

Grâce à une postproduction complexe qui utilise les bandes originales et un enregistrement de radio longtemps égaré, l'album présente aussi le vrai concert dans sa totalité, et permet enfin de comprendre pourquoi il a été accueilli avec autant d'enthousiasme. Dans la Newport Jazz Festival Suite, en trois parties – si récente, dit Ellington, « que nous n'avons pas eu le temps de lui donner un titre » –, on retrouve les notes typiquement aiguës de la trompette de Cat Anderson. Mais la notoriété du concert et de l'album repose sur le blues pétillant de *Diminuendo and crescendo in blue*, et plus particulièrement sur le saxophoniste ténor Paul Gonsalves qui offre un solo stupéfiant, de 27 mesures, l'un des plus célèbres de l'histoire du jazz. **WF-J**

Frank Sinatra

Songs for swingin' lovers !

(1956)

Label | Capitol
Production | Voyle Gilmore
Direction artistique | Non créditée
Pays | États-Unis
Durée | 45:00

Au milieu des années 50, Frank Sinatra est de retour dans les hit-parades, en pleine possession de ses moyens, démentant l'adage de F. Scott Fitzgerald selon lequel : « Il n'y a pas de deuxième acte dans une vie américaine. » Retrouvant Nelson Riddle à la fin de l'année 1955, Sinatra élabore un album au parfum très différent.

Le résultat de ces séances est une révélation. À côté de l'atmosphère de fin de nuit bien arrosée de *In the wee small hours*, l'euphorique *Songs for swingin' lovers !* ressemble à une promenade au parc par un dimanche après-midi ensoleillé, pétillant de joie de vivre. Sinatra n'a jamais semblé plus à l'aise et fait preuve d'une facilité étourdissante dans *You make me feel so young*. Il chante *How about you* comme une longue demande en mariage, et on imagine pratiquement ses clins d'œil dans *Makin' whoopee*. Mais tout cela ne serait rien sans les arrangements brillants de Riddle. Selon la légende, celui du morceau *I've got you under my skin*, insurpassable et terminé à la hâte dans la nuit précédant l'enregistrement, est spontanément applaudi par les musiciens qui le jouent le 12 janvier 1956.

L'album qui en est issu s'approche du grand recueil de chansons américain jamais défini par un artiste. Mais les amateurs de musique pop remarqueront peut-être aussi la symétrie de ce recueil de quarante-cinq minutes et de quinze morceaux. C'est véritablement le summum de l'art de la chanson populaire de trois minutes. **WF-J**

The Crickets

The « Chirping » Crickets

(1957)

Label | Brunswick
Production | Norman Petty
Direction artistique | Non créditée
Pays | États-Unis
Durée | 25:59

On s'aperçoit avec surprise que cet album marquant de l'histoire du rock est loin d'atteindre une durée d'une demi-heure. Bien plus, il démontre les bienfaits de la brièveté au moyen d'une douzaine de chansons fantastiques, dont bon nombre sont connues de tout musicologue de la pop, et dont aucune ne dure trois minutes.

Buddy Holly a formé ce groupe avec un ami d'enfance, le batteur Jerry Allison. Le mélange de rockabilly, blues, rhythm and blues et la grande sensibilité pop des Crickets les placent à l'avant-garde du rock'n'roll.

Ce premier album comprend leurs trois premiers succès ainsi que deux chansons en partie écrites par Roy Orbison. De nombreux guitaristes en herbe se sont efforcés de reproduire l'introduction à la guitare de *That'll be the day*, chanson que Holly a intitulée ainsi en hommage à une expression de John Wayne dans *La Prisonnière du désert* en 1956.
Le talent novateur de Holly exercera une influence énorme, notamment sur les partenariats d'auteurs-compositeurs que l'on retrouve avec les Beatles et les Rolling Stones. Si Holly n'est que peu cité comme compositeur, c'est qu'il utilisait pour cela son vrai nom, Charles Hardin – son nom complet était Charles Hardin Holley.
On remarquera aussi les reprises des chansons écrites par Chuck Willis et Lloyd Price, qui permettent de contester les accusations de racisme que l'on a pu porter à l'encontre de Holly après sa mort. **JT**

Count Basie
The Atomic Mister Basie (1957)

Label | Roulette
Production | Teddy Reig
Direction artistique | Non créditée
Pays | États-Unis
Durée | 39:30

En 1957, les beaux jours de l'orchestre de Bill Basie sont derrière lui. Il l'a même arrêté un moment, au début des années 50, avant de le reprendre en 1953 grâce à la collaboration de Neal Hefti, un jeune arrangeur. C'est lui, d'ailleurs qui, en 1957, compose ce premier album de Basie pour Roulette.
« Je ne me suis jamais vanté de rien, a écrit Basie, toujours modeste, dans son autobiographie, mais j'aurais pu me vanter… de l'orchestre [d'*Atomic Basie*]. » Il n'a pas tort. Propulsé par le saxophone d'Eddie « Lockjaw » Davis et par une section de trompettes dirigée par Thad Jones, la section des cuivres répand tour à tour le feu (*Whirly-Bird*) et la glace (l'ondoyant *After supper*) sur les onze compositions de Hefti. Mais, comme toujours chez Basie, la section rythmique est essentielle : Eddie Jones, contrebassiste, Sonny Payne, batteur, Freddie Green, guitariste, et Basie lui-même, qui joue du piano avec son économie habituelle, font swinguer même le tendre *Li'l darlin'*.
C'est le dernier grand album de Basie. Dès le milieu des années 1960, il endosse le rôle de vétéran sympathique du jazz et le tiendra jusqu'à sa mort en 1984. Hefti, pendant ce temps, abandonne en grande partie un jazz plutôt sérieux en faveur d'Hollywood, et devient ainsi célèbre avec la bande originale de *Batman* et de *Drôle de couple*. **WF-J**

Thelonious Monk
Brilliant Corners (1957)

Label | Riverside
Production | Orrin Keepnews
Direction artistique | Paul Bacon
Pays | États-Unis
Durée | 43:08

Thelonious Sphere Monk, l'un des compositeurs les plus vénérés du XXe siècle, a exercé une forte influence en tant que pianiste, et il est difficile de comprendre pourquoi il n'occupait qu'une position marginale en 1957.
Bien qu'il ait joué un rôle clé dans la création du be-bop à Minton, un night-club d'Harlem, au milieu des années 40, et qu'il ait offert plusieurs standards aux canons du jazz, Monk est mis de côté dans les années 50 à cause d'un label indifférent et d'une condamnation pour usage de drogue (condamnation infondée, qui lui inter-

disait l'accès aux clubs de jazz de Manhattan). Ce n'est que lorsque Orrin Keepnews – l'esprit moteur de Riverside, label de jazz indépendant – engage Monk qu'il obtient une reconnaissance méritée.

Keepnews fait redécouvrir Monk au public grâce à deux séances d'enregistrement en trio : la première explore Ellington et la deuxième, les classiques pop. *Brilliant Corners* marque son retour en tant que compositeur de premier ordre, avec un quintet qui comprend Sonny Rollins, nouvelle étoile du saxo ténor, Ernie Henry, saxophoniste alto, Oscar Pettiford, contrebassiste, et Max Roach, batteur (Clark Terry, trompettiste, et Paul Chambers, contrebassiste, remplacent Henry et Pettiford dans *Bemsha*). Le stupéfiant *Brilliant Corners* explique ce changement de musiciens. En effet, l'enregistrement nécessite vingt-cinq prises, vu son niveau de difficulté.

La tension est palpable à l'écoute du disque, premier chef-d'œuvre de milieu de carrière de Monk. Parmi d'autres temps forts, on compte *Pannonica*, mélodie tendre composée pour la baronne « Nica » Koenigswarter, protectrice de Monk, et *I surrender dear*, joué en solo par Monk. **AG**

▶II Liste des titres

▶ 01 Brilliant Corners (Monk)	7:47
02 Ba-Lue Bolivar Ba-Lues-Are (Monk)	13:21
▶ 03 Pannonica (Monk)	8:52
04 I Surrender Dear (Barris•Clifford)	5:27
05 Bemsha Swing (Best•Monk)	7:41

Sabu
Palo Congo (1957)

Label | Blue Note
Production | Alfred Lion
Direction artistique | Reid Miles
Pays | États-Unis
Durée | 40:52

Chano Pozo a imposé la conga dans la musique jazz au sein de l'orchestre de Dizzy Gillespie à la fin des années 40. Ce faisant, il a ouvert la voie à des percussionnistes aussi talentueux que Louis « Sabu » Martinez, qui l'a remplacé à sa mort, en 1948, dans l'orchestre de Diz.

Doté d'un esprit et d'une frappe puissants, Sabu a triomphé en tant que musicien de studio pour Blue Note, participant à *Orgy in rhythm* d'Art Blakey et à *Holiday for skins*, pour ne citer que ces deux exemples. Chef d'orchestre sur *Palo Congo*, il y présente une variété de rythmes, s'inspirant de son patrimoine espagnol, africain et antillais.

Réalisé en studio par Rudy Van Gelder, l'enregistrement reflète la fureur de la rumba et du son cubain. Martinez a réuni un orchestre comprenant Ray Romero, qui a joué avec Miguelito Valdes, et le *tres* (guitare folk cubaine à trois cordes) du prolifique Arsenio Rodriguez, l'un des piliers de la salsa moderne. Les musiciens, choisis en partie au sein de l'orchestre d'Arsenio Rodriguez, établissent un dialogue chaleureux avec Sabu. Bien que l'album ait été enregistré en mono, la balance judicieuse permet à la batterie, aux voix et à la basse acoustique d'émerger individuellement.

El cumbancher de Rafael Hernandez, à la mélodie contagieuse, débute avec le chant de Sabu. Le génie d'Arsenio est omniprésent dans *Rhapsodia del maravilloso* où il présente certaines variations de *El manisero*. Son *tres* possède un timbre expressif et funky.

Sabu lui-même offre des solos âpres dans *Palo Congo*, tout en entremêlant des prières de santeria dans cet album qui met en lumière ses racines de New-Yorkais vivant dans le Barrio du Spanish Harlem. **JCV**

▶II Liste des titres

▶ 01 El Cumbanchero (Hernandez)	5:38
▶ 02 Billumba-Palo Congo (Martinez)	6:06
03 Choferito-Plena (Rios)	4:02
04 Asabache (Martinez)	4:22
05 Simba (Martinez)	5:55
▶ 06 Rhapsodia Del Maravilloso (Martinez)	4:39
07 Aggo Elegua (Martinez)	4:28
▶ 08 Tribilin Cantore (Martinez)	5:19

Miles Davis
Birth of the cool (1957)

Label | Capitol
Production | Pete Rugolo
Direction artistique | Non créditée
Pays | États-Unis
Durée | 37:56

En 1949, Miles Davis, alors âgé de 24 ans, s'éloigne de l'aile protectrice de Charlie « Bird » Parker et de Dizzy Gillespie, car il se rend compte qu'il perd son temps en essayant de reproduire les étourdissantes envolées du be-bop de ses mentors. Il rassemble une jeune équipe branchée de New-Yorkais et entreprend de reconstruire le vocabulaire be-bop en un nouvel espace d'improvisation. Et l'espace, pour Miles, est ici le lieu créatif central.

Entremêlant les tons assourdis de sa trompette aux arrangements orchestraux raffinés de musiciens tels que Gil Evans, Gerry Mulligan et John Lewis, Miles invente un style de jazz harmonique « cool », qui doit autant à la musique classique européenne qu'au jazz « hot » du be-bop ou du ragtime. Son solo dépourvu de vibrato sur *Move*, le premier morceau, donne le ton d'une série de poèmes symphoniques impressionnistes, qui offrent un corollaire discret aux excès du be-bop, obsédé par les accords. Mais il s'agit d'un calme qui swingue, comme le prouvent les riffs échangés par la trompette de Miles et le saxo alto plein de légèreté de Lee Konitz dans *Jeru*.

Sur une pochette emblématique, Aram Avakian rend parfaitement cet échange entre un détachement contrôlé et une puissance affective déterminée. Les critiques remarquent eux aussi l'« audace tranquille » de l'album, mais le public ne suit pas. *Cool* est négligé jusqu'à sa résurrection, lorsqu'il sera repris par Mulligan et ses groupes sur la côte ouest américaine. Quant à Miles, on retrouvera son jazz « cool » au cinéma, dans *Ascenseur pour l'échafaud* de Louis Malle (1957), puis distillé en un chef-d'œuvre, *Kind of blue* (1959), et tout au long d'une carrière qui favorisera la collaboration et la révision idiomatique. **MK**

▶II Liste des titres

▶ 01 **Move** (Best)	2:33
▶ 02 **Jeru** (Mulligan)	3:13
03 **Moon Dreams** (MacGregor•Mercer)	3:19
▶ 04 **Venus De Milo** (Mulligan)	3:13
▶ 05 **Budo** (Davis•Powell)	2:34
06 **Deception** (Davis)	2:49
07 **God Child** (Wallington)	3:11
▶ 08 **Boplicity** (Henry)	3:00
09 **Rocker** (Mulligan)	3:06
10 **Israel** (Carisi)	2:18
11 **Rouge** (Lewis)	3:15
12 **Darn That Dream** (DeLange•Van Heusen)	3:25

Machito
Kenya (1957)

Label | Roulette Jazz
Production | Ralph Seijo
Direction artistique | Non créditée
Pays | États-Unis
Durée | 35:46

Dans les années 40, Machito et son orchestre mélangent rythmes afro-cubains et jazz américain pour donner naissance à une mambo-manie. Frank Grillo, alias Machito, chante et joue des maracas tandis que Mario Bauza, le directeur musical, guide l'expansion croisée de la musique afro-cubaine et de celle des premiers big bands.

Bauza rêvait depuis longtemps de créer un big band latino qui mêlerait l'ardeur des premiers orchestres cubains et le côté branché de Duke Ellington, qu'il avait entendu à Harlem. (Arrivé à Harlem à 19 ans, Bauza avait joué du saxo et de la trompette dans les orchestres de Chick Webb, Don Redman et Cab Calloway.)

Ce joyau méconnu est défini par des compositions et des arrangements originaux et intrépides que l'on doit à Bauza, à René Hernandez (qui joue ici du piano), à Chano Pozo et à AK Salim (célèbre compositeur de jazz et arrangeur). Apparaissant sur quelques morceaux, Cannonball Adderley, Doc Cheatham et Joe Newman improvisent de leurs voix puissantes, s'adonnant à des riffs adroits dans des chœurs courts mais harmonieux.

Wild Jungle, le premier morceau, établit la prééminence des batteurs. José Mangual (bongo), Uba Nieto (timbales), Candido Camero (conga) et Carlos « Patato » Valdes (conga) lui donnent son élan. *Holiday* et *Blues à la machito* marient le blues et le swing avec une remarquable cohésion, et l'interaction avec l'orchestre y est exceptionnelle. *Tin tin deo* est une interprétation émouvante de ce standard de jazz latino composé par Pozo.

Machito a établi le modèle du jazz latino. *Kenya*, album entièrement instrumental, d'inspiration plus africaine, marque le pinacle d'un style musical étincelant. **JCV**

▶II Liste des titres

▶ 01 **Wild Jungle** (Bauza•Hernandez)	2:46
02 **Congo Mulence** (Salim)	2:55
▶ 03 **Kenya** (Bauza•Hernandez)	3:26
04 **Oyeme** (Salim)	3:11
▶ 05 **Holiday** (Bauza•Hernandez)	2:46
▶ 06 **Cannonology** (Salim)	2:29
07 **Frenzy** (Bauza•Hernandez)	2:40
▶ 08 **Blues À La Machito** (Salim)	3:01
09 **Conversation** (Bauza•Hernandez)	2:55
▶ 10 **Tin Tin Deo** (Pozo)	2:55
▶ 11 **Minor Rama** (Salim)	3:01
12 **Tururato** (Salim)	3:10

Little Richard
Here's Little Richard (1957)

Label | Specialty
Production | Bumps Blackwell
Direction artistique | Thadd Roark
Pays | États-Unis
Durée | 27:31

A Wop-bop-a-loo-bop-a-lop-bam-boom – tutti frutti, oh rootie !! Au cours de l'été 1955, le rock'n'roll explose, Fats Domino, Ray Charles, Chuck Berry et Bo Diddley se succèdent au hit-parade. Décidé à profiter de la vague rock'n'roll, Art Rupe, du label Specialty Records, demande à son dénicheur de talents, Bumps Blackwell, de lui trouver l'équivalent d'un Ray Charles. Bumps déniche au Dew Drop Inn de La Nouvelle-Orléans un chanteur et pianiste de jump-blues, haut en couleur (et ouvertement gay), du nom de Little Richard Penniman. Dès septembre, Bumps convainc Richard d'enregistrer dans le petit studio de Cosimo Matassa. C'est ainsi qu'il entre dans l'histoire.

L'adjectif « excessif » est loin de décrire l'énergie éhontée et presque démente de Richard, Bumps, Cosimo et des musiciens de studio les plus funky de La Nouvelle-Orléans. *Tutti frutti* commence à progresser dans le hit-parade en octobre avec *Long Tall Sally*, *Slippin' and slidin'*, *Ready Teddy* et *Jenny Jenny*, qui suivent en 1956. Ce défilé frénétique est rassemblé dans *Here's Little Richard*, qui présente une photo inoubliable de Richard en action.

Classique absolu, c'est l'album qui a le plus grimpé dans les hit-parades. Il est difficile à trouver en vinyle, mais les morceaux font partie de nombreux CD – attention à vérifier que *Specialty* est mentionné, pour s'assurer que ce sont les copies originales et non celles de moindre qualité que Richard a enregistrées pour d'autres labels. *Here's Little Richard* est à la source même du rock'n'roll. C'est à partir de cet album, et d'une demi-douzaine d'autres de cet ouvrage, qu'un nouveau style est né. **ML**

▶II Liste des titres

▶	01 Tutti Frutti (LaBostrie•Lubin•Penniman)	2:24
	02 True Fine Mama (Penniman)	2:41
	03 Can't Believe You Wanna Leave (Price)	2:23
▶	04 Ready Teddy (Blackwell•Marascalco)	2:07
	05 Baby (Penniman)	2:03
▶	06 Slippin' And Slidin' (Bocage•Collins)	2:38
▶	07 Long Tall Sally (Blackwell•Marascalco •Penniman)	2:07
	08 Miss Ann (Johnson•Penniman)	2:15
	09 Oh Why ? (Scott)	2:06
▶	10 Rip It Up (Blackwell•Marascalco)	2:22
▶	11 Jenny Jenny (Johnson•Penniman)	2:00
	12 She's Got It (Marascalco•Penniman)	2:25

Tito Puente and his orchestra

Dance Mania, Vol. 1 (1958)

Label I BMG
Production I Non créditée
Direction artistique I Non créditée
Pays I États-Unis
Durée I 38:41

Lorsque Tito Puente meurt en 2000, à l'âge de 77 ans, il est avant tout pour les jeunes générations l'auteur d'*Oye como va*, chanté par Santana et classique des radios de rock. Mais il est aussi le personnage d'un des épisodes des Simpsons, jalon de la culture populaire d'animation américaine. Avant cela, ce compositeur-chef d'orchestre, maestro des timbales, régnait déjà sur le mambo. Et *Dance Mania*, son album à succès, le premier consacré à la musique de danse, explique bien pourquoi.

Puente dirige déjà un orchestre depuis plus de dix ans lorsqu'il enregistre *Dance Mania* dans un studio de New York. Les amateurs éclairés connaissaient depuis longtemps ce Portoricain-Américain et sa synthèse entraînante de rythmes afro-cubains, de principes de jazz et de traditions musicales héritées de ses racines. Désormais, le reste du monde le découvre à son tour.

Dance Mania marque aussi le premier enregistrement de Santiago Colón, dont la voix engageante pouvait enthousiasmer et séduire un public. *El Cayuco*, le premier morceau, ondule élégamment dans les quartiers chics, avec un arrangement rigoureux soutenu par les timbales de Puente, et par des sonneries de trompettes unies, d'une précision parfaite. Puente démontre ses talents de percussionniste sur deux autres morceaux remarquables, au style différent : *Hong Kong Mambo*, instrumental, drôle et cosmopolite, est animé d'un délicieux jeu de marimbas, tandis que le royal *Estoy siempre junto a tí*, est tout entier encadré par le flux mélodieux et souvent prolongé du vibraphone de Puente. **YK**

▶II Liste des titres

▶	01 El Cayuco (Son Montuno) (Puente)	2:33
	02 Complicación (Aguabella)	3:18
▶	03 3-D Mambo (Mambo Jazz Instrumental) (Santos)	2:23
	04 Llegó Miján (Son Montuno) (Puente)	3:10
	05 Cuando Te Vea (Guaguanco) (Puente)	4:10
▶	06 Hong Kong Mambo (Puente)	3:42
	07 Mambo Gozón (Puente)	2:44
	08 Mi Chiquita Quierre Bembé (Cha Cha Cha Bembé) (Puente)	3:55
▶	09 Varsity Drag (Mambo Jazz International) (Brown•DeSylva•Henderson)	2:48
▶	10 Estoy Siempre Junto A Tí (Bolero) (Delgado)	3:10
	11 Agua Limpia Todo (Guaguancó) (Aguabella)	2:55
	12 Sacu Tu Mujer (Guaracha) (Puente)	3:02

Billie Holiday

Lady in satin (1958)

Label I Columbia
Production I Irving Townsend
Direction artistique I Non créditée
Pays I États-Unis
Durée I 39:10

Lady in satin est-il le portrait d'une artiste sur le déclin ou permet-il à l'une des interprètes les plus douées du jazz de

mettre son cœur à nu dans un enregistrement essentiel ? Convenons-en, l'appel de la sirène « Lady Day », plein de vivacité des années 30, a depuis longtemps disparu. Il est remplacé par la voix râpeuse, ravagée et aigre-douce d'une chanteuse luttant contre l'héroïne. Ray Ellis, l'arrangeur, est au départ très déçu par ce timbre chancelant, cette voix qui ressemble plus à celle d'une femme de soixante-dix ans qu'à celle d'une star de quarante ans.
Pourtant, en condensant systématiquement jusqu'à leur essence affective des standards tels que *You don't know what love is* et *Glad to be unhappy*, Holiday produit l'un des blues les plus purs jamais enregistrés. Ce sont des chansons d'amour mélancoliques qui ne ressemblent à aucune autre du canon du jazz jusque-là : l'amour comme distraction, désespoir, renonciation, et, par-dessus tout, honnêteté brutale. On ne s'étonnera pas que ce soit là l'enregistrement préféré de Billie Holiday, celui qui constitue aussi un testament final et mythique.
Tandis que les arrangements d'Ellis semblent vouloir gommer les cicatrices vocales de Billie, ils accentuent en réalité sa capacité singulière à swinguer. Lorsque, dans *I'm a fool to want you*, elle étire les syllabes jusqu'au soupir brûlant, c'est comme si elle se perdait dans ses propres fréquences de blues imaginaires. Il existe quelque part une certaine fascination sinistre autour de cet album si poignant. Mais sans *Lady in satin*, il n'y aurait simplement jamais eu de divas comme Nina Simone ou Janis Joplin qui chanteront toutes les larmes de leur corps au cours des décennies suivantes. **MK**

▶II Liste des titres

▶	01 **I'm A Fool To Want You** (Herron•Sinatra•Wolf)	3:23
	02 **For Heaven's Sake** (Bretton•Edwards•Meyer)	3:26
▶	03 **You Don't Know What Love Is** (Depaul•Raye)	3:48
▶	04 **I Get Along Without You Very Well** (Carmichael)	2:59
	05 **For All We Know** (Coots•Lewis)	2:53
	06 **Violets For Your Furs** (Adair•Dennis)	3:24
▶	07 **You've Changed** (Carey•Fisher)	3:17
	08 **It's Easy To Remember** (Hart•Rodgers)	4:01
	09 **But Beautiful** (Burke•Van Heusen)	4:29
▶	10 **Glad To Be Unhappy** (Hart•Rodgers)	4:07
▶	11 **I'll Be Around** (Wilder)	3:23

Jack Elliott
Jack takes the floor (1958)

Label I Topic
Production I Bill Leader • Dick Swettenham
Direction artistique I Non créditée
Pays I États-Unis
Durée I 31:45

Si la musique moderne était un moteur, *Jack takes the floor* serait assurément l'un de ses détonateurs. L'album (réédité sous le titre de *Muleskinner*) a été enregistré à l'improviste par Topic Records, à Londres. La manière caustique et décontractée dont Jack présente chaque chanson vaut à elle seule le prix de l'album. Nombre de chanteurs folk de l'époque auraient été inspirés par sa technique à la guitare, qui a aussi eu un impact sur la musique populaire ultérieure.
L'album est un ensemble de sources peu connues jusqu'alors – dont Jesse Fuller, le révérend Gary Davis, des chansons de travailleurs des champs et des blues de prisonniers. La rude beauté de *Dink's Song* et de *Black Baby* fait toujours frissonner, tandis que *Mule Skinner's Blues* et *San Francisco Bay Blues* sont devenus des classiques.
Jack a souvent joué avec Woodie Guthrie dans les années 50. Installé à New York depuis 1961, il rencontre un jour dans la chambre d'hôpital de Guthrie un gamin qui annoncerait bientôt sur l'affiche de son premier concert : « Fils de Jack Elliott – Bob Dylan. » Ce dernier explique que la première fois qu'il a entendu *Jack takes the floor*, il a « eu l'impression d'être jeté en enfer… sa voix rebondissait sur les murs de la pièce… et il jouait de la guitare sans aucun effort, avec un flatpicking fluide et perfectionné… »

Paul McCartney, Mick Jagger et Keith Richards ont tous reconnu l'influence de Jack Elliott. Cet album est toujours aussi attachant aujourd'hui qu'en 1958. **SJar**

Sarah Vaughan

Sarah Vaughan at Mister Kelly's (1958)

Label I EmArcy
Production I Bob Shad
Direction artistique I Non créditée
Pays I États-Unis
Durée I 37:00

Lorsqu'elle se produit pendant une semaine l'été 57 au Mister Kelly's – club de Chicago –, Sarah Vaughan est considérée comme l'une des plus grandes divas du jazz. Si Ella Fitzgerald swinguait davantage et si Billie Holiday pénétrait au plus profond des textes, aucune chanteuse de jazz n'a pu égaler le phrasé impeccable et la somptueuse voix de Sarah Vaughan. Virtuose contrôlant le ton, le timbre et la dynamique de sa voix, elle utilisait son contralto comme un cuivre, embellissant les mélodies avec une imagination et un parfait sens de la composition.

Surnommée l'« insolente » à cause de son irrévérence, Vaughan a joué un rôle essentiel dans la formation du be-bop. Elle excellait dans les petites formations et n'a jamais bénéficié d'un meilleur accompagnement que celui du trio de cet album : Jimmy Jones, pianiste sous-estimé, Richard Davis, dieu de la contrebasse, et Roy Hanes, batteur essentiel du jazz moderne, dont l'originalité et les réflexes rapides comme l'éclair en faisaient le parfait faire-valoir de Sarah.

La version CD de l'album, sortie en 1991 chez EmArcy, est un argument de poids en faveur des rééditions, car elle contient deux fois plus de musique que l'original. Le talent qu'exprime Sarah Vaughan dans *September in the rain* est ineffable. Dans *Honeysuckle Rose*, elle fait preuve d'une assurance sensuelle. Lorsqu'elle oublie les paroles de *How high the moon*, elle continue avec aplomb, égalant Ella Fitzgerald dans l'improvisation. **AG**

Ella Fitzgerald

Sings the Gershwin song book (1959)

Label I Verve
Production I Norman Granz
Direction artistique I Bernard Buffet
Pays I États-Unis
Durée I 194:10

En 1946, Norman Granz prend sous son aile Ella Fitzgerald, alors âgée de 28 ans, et l'engage pour Jazz at the philarmonic, une série de concerts regroupant plusieurs vedettes. Une fois qu'elle signe chez Verve, son nouveau label, il la fait travailler sur une nouvelle série d'albums, chacun consacré à l'œuvre d'un grand compositeur américain, comme Richard Rogers et Duke Ellington. Sa renommée devient alors incontestable.

Bien qu'un peu de la malice de Porter se soit perdue chez Ella Fitzgerald, et que toutes les chansons de Rogers et Hart ne méritent pas son attention, sa voix pleine de légèreté et les mélodies incomparables de Gershwin sont faites pour se rencontrer. Un tendre *Oh, lady be good* est une révélation par rapport la version scat virtuose qu'elle a chantée en concert pendant des décennies ; un paisible *Embraceable you* est tout aussi chaleureux. Mais ce sont ses rythmes enlevés qui éblouissent. Le swing fluide et aisé dont Ella fait preuve dans tout ce qu'elle chante est on ne peut plus approprié à *Clap yo' hands, Biding my time* et un délicieux *S wonderful*. La délectation avec laquelle elle chante le couplet simpliste « sasparilla/sasparella » de *Let's call the whole thing off* est impayable. Riddle, au sommet de sa gloire après divers enregistrements avec Sinatra, est inspiré de bout en bout. C'est le meilleur des *Song books* d'Ella Fitzgerald, et peut-être le recueil de celui qui était probablement Le compositeur de chansons américain. **WF-J**

Ray Charles
The Genius of Ray Charles (1959)

Label | Atlantic
Production | Nesuhi Ertegun
Direction artistique | Marvin Israel
Pays | États-Unis
Durée | 37:58

Au cours des années 50, Ray Charles a du mal à s'asseoir devant son piano sans inventer un nouveau style de musique. Il s'est déjà fait connaître du grand public avec *What'd I say*, succès foudroyant qui mélange les genres. C'est alors un habitué des tournées à trois francs-six sous dans le Sud qui a mis au point une fusion révolutionnaire de blues, jazz, rhythm and blues et gospel. Au moment d'enregistrer un troisième album digne de ce nom, il détient à portée de main le prototype de la musique soul.

Ces catégories semblent futiles lorsque Ray Charles pénètre dans le studio d'enregistrement à la fin de l'année 1959. C'est fondamentalement un conteur des sens. *Genius*... produit une sensation forte avec six morceaux de jazz aux accents de big band, soulignés par les trompettes exubérantes et la contrebasse cadencée de *Let' the good times roll* et d'*Alexander's rag time band*. Avec des arrangements de Quincy Jones, accompagné par des musiciens des orchestres de Count Basie et de Duke Ellington, Ray Charles est aux commandes de la musique populaire, aux influences les plus riches de l'époque.

Pour la face 2, Ray Charles choisit un style plus sensuel et produit un ensemble de ballades, soutenues par d'innombrables cordes enchanteresses et par un chœur. Sa maîtrise mélodieuse des titres *Just for a thrill* et *Come rain or come shine* est stupéfiante pour un homme qui n'a pas encore atteint la trentaine. Il démontre ici sa soif et sa capacité à transcender les genres. **MO**

Miles Davis
Kind of blue (1959)

Label | Columbia
Production | Irving Townsend
Direction artistique | Jay Maisel
Pays | États-Unis
Durée | 45:52

Parfois le battage médiatique autour d'un album devient étouffant. Des adjectifs faciles tels que « classique », « novateur » et « marquant » sont trop paresseusement lancés, et nous font perdre de vue la valeur du matériel d'origine. Fort heureusement, *Kind of blue* n'est accompagné d'aucune mise en garde de ce genre. Il représente un moment déterminant dans la musique du XXe siècle, tout simplement. Depuis 1955, Davis a joué avec Coltrane, le saxophoniste, et au cours des années suivantes, le groupe de Miles Davis affine son style avant d'arriver à *Kind of blue*.

Enregistrés dans un studio de la Columbia à New York, dans la 30e rue, les cinq morceaux sont mis en boîte en neuf heures de deux séances, rapidité d'autant plus étonnante que c'est la première fois que le groupe les découvre. Il s'agit là d'un stratagème que Miles utilise souvent, car il pense que les musiciens se concentrent plus ainsi. Après une brève période de préparation, il réussit à amener ses musiciens à faire preuve d'une éclatante spontanéité. Débutant avec *So what*, au tempo contrôlé, l'album explore une vaste gamme de styles, avec l'envoûtant *Blue in green*, où le piano discret de Wynton Kelly accompagne la trompette mélancolique de Miles Davis, et les influences espagnoles languissantes de *Flamenco Sketches*. Le fait que seules six prises sont nécessaires pour enregistrer cinq morceaux reflète la rigueur du groupe – seul *Sketches* a dû être répété.

Cet album est couvert de louanges dès sa sortie. Mais même Miles Davis n'est pas sans défaut. Trois morceaux ont ainsi été enregistrés dans la mauvaise clé (ce qui sera corrigé dans les sorties suivantes). **SJac**

▶II Liste des titres

▶	01 So What (Davis)	9:25
	02 Freddie Freeloader (Davis)	9:49
	03 Blue In Green (Davis)	5:37
	04 All Blues (Davis)	11:35
▶	05 Flamenco Sketches (Davis)	9:26

Marty Robbins
Gunfighter Ballads and trail songs (1959)

Label | CBS
Production | Don Law
Direction artistique | Howard Fritzson
Pays | États-Unis
Durée | 35:53

Martin Robinson a souvent déclaré que son enfance avait été malheureuse. Mais c'est tout de même à elle qu'il doit son amour pour le Far West. Il grandit à Glendale, petite ville de l'Arizona, d'où il s'échappe pour aller voir le dernier film de Gene Aubry quand il ne travaille pas comme dresseur de chevaux avec son frère. Après plusieurs succès grand public dans les années 50, et alors qu'il est désormais rebaptisé Robbins, il se tourne vers ses racines de l'Ouest américain pour cet album qui rompt avec la tradition et lance une mode.

Enregistré en une seule journée avec des musiciens professionnels et discrets, *Gunfighter Ballads and trail songs* rend hommage au vieux Far West. Certaines chansons sont des ballades traditionnelles, notamment *Billy the Kid* et *The Strawberry Roan*. Mais ce sont les quatre chansons que Robbins a lui-même écrites et qu'il chante ici de sa voix de crooner avec une tendresse qui font l'originalité de l'album. *Big Iron* évoque les mythes des westerns du grand écran, complétés par les histoires que racontait au jeune chanteur son grand-père, un ranger du Texas. *El paso* adapte ce thème à la première personne : Robbins y décrit comment il tua par balle un étranger pour l'amour d'une mystérieuse jeune Mexicaine. Cet enregistrement a remporté le premier Grammy jamais accordé à une chanson country ; et l'album a servi de modèle aux nombreux disques de ce genre qui ont suivi.

Robbins rencontrera d'autres succès : dans les hit-parades, mais aussi en tant qu'acteur, présentateur de télévision, écrivain et pilote de course de stock-cars. **WF-J**

▶II Liste des titres

▶	01 Big Iron (Robbins)	4:03
	02 Cool Water (Nolan)	3:16
	03 Billy The Kid (Trad., arr. Robbins)	2:25
	04 A Hundred And Sixty Acres (Kapp)	1:47
	05 They're Hanging Me Tonight (Lowe•Wolpert)	3:11
▶	06 The Strawberry Roan (Trad.)	3:30
▶	07 El Paso (Robbins)	4:26
	08 In The Valley (Robbins)	1:53
	09 The Master's Call (Robbins)	3:13
	10 Running Gun (J. Glaser•T. Glaser)	2:17
	11 The Little Green Valley (Robinson)	2:32
	12 Utah Carol (Trad.)	3:18

The Dave Brubeck Quartet
Time out (1959)

Label | Columbia
Production | Teo Macero
Direction artistique | Non créditée
Pays | États-Unis
Durée | 38:21

Le succès est la dernière chose à laquelle s'attend le pianiste Dave Brubeck lorsqu'il entre en studio en 1959, avec une liasse de partitions au tempo déroutant. Ce pianiste à lunettes a déjà accumulé un public de fans enviable, grâce à ses concerts novateurs sur les campus américains. Musicien expérimental qui n'a jamais laissé sa popularité affecter sa muse, Brubeck enregistre ici l'un des albums de jazz les plus populaires de tous les temps avec un programme pour le moins inattendu.
Dans *Take five*, au rythme en 5/4 jusque-là hermétique au swing, il maintient au piano une improvisation percutante et constante, tandis que Paul Desmond, au saxo alto, y entremêle un motif harmonique sinueux.
Cependant, Brubeck n'est pas la vedette. On oublie souvent que c'est Desmond, dont le style fluide et aéré a joué un rôle important dans le succès du quartette, qui a composé ce succès durable. La batterie de Joe Morello et la contrebasse d'Eugene Wright sont tout aussi importantes, car elles transforment en standards de jazz un morceau aussi délicat que *Blue rondo à la turk*, en 9/8, et *Three to get ready*, qui oscille entre un rythme en 3/4 et en 4/4. À la même époque, le free jazz explose grâce à John Coltrane, Cecil Taylor et Ornette Coleman.
Selon les critiques de jazz, dont la logique est parfois défaitiste, Brubeck a perdu encore plus de son envergure lorsque *Time out* est devenu un succès grand public. Mais l'album se vend toujours bien aujourd'hui, et malgré son utilisation généralisée dans la pub, il demeure un accomplissement fascinant. **AG**

▶ll Liste des titres

▶	01 **Blue Rondo À La Turk** (Brubeck)	6:44
	02 **Strange Meadow Lark** (Brubeck)	7:22
▶	03 **Take Five** (Desmond)	5:24
	04 **Three To Get Ready** (Brubeck)	5:24
	05 **Kathy's Waltz** (Brubeck)	4:48
	06 **Everybody's Jumpin'** (Brubeck)	4:23
	07 **Pick Up Sticks** (Brubeck)	4:16

Les années 60

- **Gagarine est le premier homme dans l'espace**
- **Armstrong marche sur la Lune**
- **Assassinat de Kennedy**
- **Création de *Salut les copains* et de *Rock & Folk***
- **Premier mange-disques**

Joan Baez
Joan Baez (1960)

Label | Vanguard
Production | Maynard Solomon
Direction artistique | Jules Halfant
Pays | États-Unis
Durée | 46:07

Après avoir joué dans les cafés de Boston à la fin des années 50, Joan Baez perce pour la première fois au Festival folk de Newport, durant lequel cette jolie fille à la voix angélique époustoufle le public. Et malgré l'absence apparente de prises de position engagées qui la caractériseront plus tard, la politique est pourtant déjà présente dans ses chansons. En effet, Joan Baez choisit de signer avec une petite maison, Vanguard, parce que cette dernière n'a pas hésité à sortir un album folk des Weavers, alors que de nombreux membres du groupe étaient accusés d'être communistes.

Cette décision est payante à la fois pour Vanguard et pour Joan Baez – son premier album éponyme reste l'un des albums solos folk féminins les plus vendus de tous les temps. C'est aussi le premier de ses six disques d'or (succès d'autant plus impressionnant qu'à cette époque, les 45 tours règnent sur les hit-parades). Elle sortira dix-sept disques avec Vanguard, et même si elle sera célèbre plus tard comme la « Reine », compagne de Bob Dylan, le « Roi de la folk » (elle lui inspirait le plus grand respect), son nom ne sera lié à ce dernier qu'à partir de son troisième album, où elle présentera pour la première fois des chansons contemporaines.

Le premier album de cette artiste de 20 ans est composé de chansons traditionnelles, dont plusieurs ballades anglaises et américaines (*Wildwood Flower* et *House of the rising sun*) qui mettent en valeur sa voix claire et vibrante. Si son rôle à la tête du mouvement de contestation est à venir, sa force, son courage et sa compassion sont évidents sur cette première sortie qui revitalisera la musique folk pour une nouvelle génération. **AH-N**

▶II Liste des titres

▶	01 **Silver Dagger** (Trad.)	3:42
	02 **Fare Thee Well (10,000 Miles)** (Gude)	3:18
▶	03 **House Of The Rising Sun** (Trad.)	2:54
	04 **All My Trails** (Public Domain)	4:38
▶	05 **Wildwood Flowers** (Trad.)	2:34
	06 **Donna Donna** (Secunda•Zeitlin)	3:12
▶	07 **John Riley** (Belmonte•Gibson)	3:51
	08 **Rake And Rambling Boy** (Public Domain)	1:57
	09 **Little Moses** (Trad.)	3:27
▶	10 **Mary Hamilton** (Trad.)	5:54
	11 **Henry Martin** (Trad.)	4:11
	12 **El Preson Numero Nueve** (Public Domain)	2:47

Elvis Presley
Elvis is back ! (1960)

Label | RCA
Production | Chet Atkins • Steve Sholes
Direction artistique | Non créditée
Pays | États-Unis
Durée | 31:54

Privée de son poulain pendant presque deux ans, la RCA veut à tout prix faire enregistrer Elvis dès la fin de son service militaire. Le manager d'Elvis, quant à lui, veut la laisser sur sa faim afin de conserver l'avantage au cours des négociations. C'est l'une des rares occasions où le colonel n'obtient pas ce qu'il désire.

Entouré de ses meilleurs musiciens, Elvis se sent immédiatement à l'aise. Ceci dit, on met un temps fou à mettre au point les deux premiers morceaux, *Make me know it* et *Soldier Boy*. Mais les deux faces d'un 45 tours sont enregistrées très rapidement (*Stuck on you* sera dans les bacs quelques jours plus tard), et les musiciens se retrouvent alors comme au bon vieux temps.

Les deux dernières chansons ramènent Elvis à ses racines après deux longues années. *A mess of the blues* et *Feels so right* sont des chansons à la fois palpitantes, sexy et vibrantes – celles d'un homme qui dort seul depuis trop longtemps.

Deux semaines plus tard, l'équipe se retrouve, avec l'ordre de produire huit chansons – une obligation contractuelle pour produire le 33 tours. Mais ce sera une nuit où le petit gars de Memphis se fera remarquer, aussi excité et excitant qu'au cours de ses premières séances d'enregistrement pour Sun. Plus les musiciens jouent, plus ils se laissent aller, et plus ils deviennent chahuteurs. Ils font de la pop (*The Girl of my best friend*), s'attaquent à l'opéra (*It's now or never*), à la chanson d'amour mélancolique (*Fever* et *Are you lonesome tonight*) puis deviennent lubriques (*Such a night*, *Like a baby* et *Reconsider baby*). Cet album compte douze titres ; il faudra attendre encore neuf ans pour qu'Elvis éprouve autant de liberté. **DH**

▶II Liste des titres

	01 **Make Me Know It** (Blackwell)	2:00
▶	02 **Fever** (Cooley•Davenport)	3:33
	03 **The Girl Of My Best Friend** (Bobrick•Ross)	2:23
	04 **I Will Be Home Again** (Benjamin•Leveen•Singer)	2:34
▶	05 **Dirty, Dirty Feeling** (Leiber•Stoller)	1:34
	06 **The Thrill Of Your Love** (Kesler)	3:01
	07 **Soldier Boy** (Jones•Williams)	3:06
▶	08 **Such A Night** (Chase)	3:00
▶	09 **It Feels So Right** (Weisman•Wise)	2:10
	10 **Girl Next Door Went A'Walking** (Rise•Wayne)	2:13
▶	11 **Like A Baby** (Stone)	2:40
▶	12 **Reconsider Baby** (Fulsom)	3:40

Miriam Makeba
Miriam Makeba (1960)

Label I RCA Victor
Production I Harry Belafonte
Direction artistique I Non créditée
Pays I Afrique du Sud
Durée I 34:42

Chansons xhosa traditionnelles, jazz africain, berceuses indonésiennes, musique calypso : ces multiples influences donnent un résultat hors du commun. Enregistré un an avant *King Kong* (1959), une comédie musicale qui a permis à de nombreux musiciens noirs d'Afrique du Sud d'échapper à l'apartheid, le premier album de Miriam Makeba offre un portrait fascinant d'une artiste en exil.

S'appuyant sur l'accueil fantastique que lui a fait le public au Village Vanguard de New York, elle s'avance d'un pas assuré sur la scène internationale avec cet album. Pour les Occidentaux, une grande partie de sa magie provient des timbres « exotiques » des claquement de langue du xhosa sur fond de mélodies légères afropop, comme dans *Click Song*, ou bien de la cadence mélodique de *Mbube* (avec le Chad Mitchell Trio). *Time Magazine* s'intéresse immédiatement à cette alliance de sons africains authentiques et de musique pop occidentale raffinée, saluant Makeba comme « la nouvelle chanteuse la plus passionnante depuis de nombreuses années ».

Pourtant les ventes ne suivent pas et la maison de disque décide de ne pas renouveler son contrat. Certes, les chansonnettes pop (*The Naughty Little Flea*) et les classiques folks (*House of the rising sun*) sont conçus de façon à toucher un vaste public, mais certaines ballades comme *Umhome* sont trop typiquement africaines pour le grand public.

D'autres chansons plus éloignées de ses racines offriront rapidement son statut de « Mama Afrika » à Makeba, désormais première diva du continent, mais ici, c'est l'émigrée sud-africaine exprimant sa nostalgie ardente qui nous captive. **MK**

▶II Liste des titres

	01 **The Retreat Song** (Makeba)	2:34
	02 **Suliram** (Trad. Indonesian lullaby)	2:45
▶	03 **The Click Song** (Makeba•Khoza•Majola •Mdedle•Mogosti)	2:09
▶	04 **Umhome** (Makeba)	1:16
	05 **Olilili** (Silinga)	2:31

▶ 06 Lakutshn, Ilanga (Dvashe•Glazer) 2:07
▶ 07 Mbube (Linda) 3:17
▶ 08 The Naughty Little Flea (Thomas) 3:45
09 Where Does It Lead (Davis) 2:29
10 Nomeva (Makeba) 2:37
▶ 11 House Of The Rising Sun (Lopez) 1:57
12 Saduva (Makeba) 2:30
13 One More Dance (Carter) 2:40
14 Iya Guduza (Makeba) 2:05

The Everly Brothers
A date with the Everly Brothers (1960)

Label I Warner Bros.
Production I Don Everly
Direction artistique I Non créditée
Pays I États-Unis
Durée I 27:53

Alors qu'ils font face à des problèmes conjugaux et de drogue, les frères Everly entrent en conflit avec leur maison de disque et leur manager, au moment même où Elvis vient de rentrer du service militaire pour reconquérir son trône. Ils relèvent pourtant le défi en 1960 en créant leur œuvre la plus accomplie. Premier album pour leur nouveau label, *It's everly time,* enregistré en deux semaines, se classe dans les dix premières places du hit-parade des deux côtés de l'Atlantique. Ils enregistrent aussi deux chansons, *Cathy's Clown* et *Always it's you* qui sont réservées pour un prochain 45 tours. Puis, ils retournent en studio pour préparer un deuxième 33 tours.
On pouvait s'attendre à n'y trouver que des « fonds de tiroir », et les premiers morceaux enregistrés, *Lucille* et *Baby what do you want me to do* suggèrent que c'est bien le cas. Mais les Everly réussissent à donner une nouvelle vie aux chansons les plus connues. De plus, les auteurs-compositeurs préférés des Everly, Boudleaux et sa femme, Felicy Briant, leur ont offert cinq chansons, de sorte que Don et Phil, qui n'avaient quasiment pas écrit pour l'album précédent, se trouvent désormais pressés d'écrire. En deux semaines, ils sont en possession d'une douzaine de classiques (*Love hurts, Made to love, Stick with me baby*) qui occuperont les hit-parades au cours des mois à venir. S'ils avaient attendu jusqu'à la fin de l'année, au moment où *Temptation, Ebony Eyes* et *Walk right back* ont été enregistrés, cela aurait alors été bien mieux. **DH**

Jimmy Smith
Back at the chicken shack (1960)

Label I Blue Note
Production I Alfred Lion
Direction artistique I Reid Miles
Pays I États-Unis
Durée I 43:49

L'orgue a longtemps été associé aux bancs d'église, jusqu'à l'apparition de Jimmy Smith. Celui-ci s'est intéressé à cet instrument, juste au moment où la compagnie Hammond présentait son nouveau modèle, le B3, relativement compact.
Smith réussit à transformer l'image de l'orgue grâce à sa synthèse de be-bop, blues et gospel, créant un nouveau style au rythme puissant. Il a ainsi donné naissance au soul jazz et a inspiré de nombreux disciples qui se sont emparés du B3 au sein de petites formations musicales.
Back at the chicken shack est probablement le plus bel album de Smith, avec un rythme incessant et des harmonies sophistiquées reflétant l'âme du Delta du Mississippi. Enregistré le 25 avril 1960, il fait découvrir le saxophoniste Stanley Turrentine, ainsi que Kenny Burrell, guitariste d'une économie élégante, et Donald Bailey, batteur irrésistiblement funky.
Que ce soit lorsqu'il dénude un standard vénérable tel que *When I grow too old to*

dream jusqu'à ses notes essentielles ou bien lorsqu'il monte en puissance dans *Minor Chant*, ce quartette paraît prêt à en découdre. La pochette est presque aussi saisissante que la musique. Au lieu des portraits sombres et au style dépouillé que prenait Reid Miles pour Blue Note, on trouve une photo espiègle de Smith portant une chemise rouge vif, assis devant le poulailler (*chicken shack* en anglais) qui donne son titre à l'album, un chien de chasse à ses pieds. **AG**

Muddy Waters
Muddy Waters at Newport (1960)

Label I Chess
Production I Non créditée
Direction artistique I Non créditée
Pays I États-Unis
Durée I 32:38

Muddy Waters a passé la plus grande partie des années 50 dans les hit-parades de rhythm and blues avec des succès tels que *Rollin' and tumblin* et *Louisiana Blues*. Ce n'est qu'en 1960 que le public blanc le découvre. Après le déclin de ses ventes au début des années 50, Chess Records décide de promouvoir sous la forme d'un album ce qui fait sa force en public. Le concert de Muddy au Festival de jazz de Newport est enregistré en 1960.

Lorsqu'il se présente sur scène cet après-midi-là, Waters connaît aussi mal ce public que ce dernier ignore son genre rustique de boogie de Chicago. Le solide refrain de *Hoochie Coochie Man* et la plainte sans fard de *Baby please don't go* constituent un virage à 90 degrés par rapport à la trompette sophistiquée de Dizzy Gillespie. À la fin du concert, le baryton puissant de Muddy, l'harmonica de James Cotton et le piano de saloon d'Otis Spann ont eu raison de ce jeune public dans le vent, qui danse dans les allées sur le sensationnel *Got my mojo working*.

Si cet album ne représentait que le moment où le blues s'est invité dans les banlieues blanches aisées, on s'en souviendrait encore. Le seul fait de faire découvrir la musique urbaine américaine à des adolescents tels qu'Eric Clapton ou Jimmy Page en ferait un incontournable. Mais après quarante-cinq années de ventes constantes, *Muddy Waters at Newport* témoigne fondamentalement du magnétisme et de l'émotion inaltérés du blues à l'état pur. **MO**

Bill Evans
Sunday at the Village Vanguard (1961)

Label I Riverside
Production I Orrin Keepnews
Direction artistique I Ken Deardoff
Pays I États-Unis
Durée I 68:09

Bill Evans, l'un des pianistes les plus influents des années 60 et 70, a joué un rôle essentiel dans le jazz, et semble avoir percé dans les années 50 comme un artiste déjà formé. Musicien lyrique à l'extraordinaire sophistication harmonique, il obtient du piano un son unique proche de celui d'une cloche, qui donne tout leur éclat et leur fluidité à ses longues mélodies.

Il avait déjà eu un impact considérable en jouant aux côtés de George Russell, Lee Konitz, Jimmy Giuffre, Charles Mingus, et, bien entendu, Miles Davis, apportant une contribution significative à *Kind of blue*, l'album révolutionnaire du trompettiste. Evans quitte Davis pour monter sa propre formation en 1959, et trouve de parfaits collaborateurs en Scott La Faro, contrebassiste virtuose, et Paul Motian, batteur d'une sensibilité suprême. Quand Evans décide d'enregistrer au Village Vanguard en juin 1961, ce trio se comprend à demi-mot. L'approche qu'il a développée, en gommant les frontières entre accompagnateur et soliste, annonce de nouvelles possibilités pour le jazz de petites formations. Chaque morceau mérite d'être écouté à plusieurs reprises mais *Gloria's Steps* est époustouflant, tandis que *Alice in wonderland* compte parmi les plus grands accomplissements du jazz.

Evans est mort à seulement 51 ans, après des décennies de lutte contre sa dépendance à la drogue. Mais même si cet album constitue son seul héritage, son immortalité dans le monde du jazz est assurée. **AG**

Ray Charles

Modern Sounds in country and western music (1962)

Label | ABC – Paramount
Production | Sid Feller
Direction artistique | Flynn • Viceroy
Pays | États-Unis
Durée | 39:51

Il est difficile d'imaginer à quel point, en 1962, un chanteur noir de rhythm and blues, complètement drogué, peut choquer lorsqu'il s'attaque à Hank Williams et à Don Williams, dix-huit mois avant que Martin Luther King ne déclare : *I have a dream*. Même si cet effet s'est estompé aujourd'hui, la qualité de *Modern Sounds in country and western music* est toujours évidente, dès les premières mesures, au swing irrésistible de *Bye bye love*.

Peu d'albums ont aussi bien mêlé profondeur de sentiments et sentimentalité. Pour preuve, le chant désespéré de Ray Charles, qui contraste avec le chœur de cabaret de *I can't stop loving you* de Gibson. Charles ne l'a sorti en 45 tours qu'à contrecœur, pour le voir finalement accéder au sommet du hit-parade. Il avait en effet enregistré l'album contre l'avis de son label et il voulait que celui-ci soit traité comme une œuvre à part entière. La souffrance contenue dans sa voix n'est pas plus retenue dans *Born to lose*, mais le génie de Ray Charles, c'est qu'il n'en joue pas. Il chuchote presque tout le morceau *I love you so much it hurts* de Floyd Williams, mais traite *Just a little lovin'* d'Eddy Arnold comme un air à la désinvolture aguicheuse : une section rythmique complice vient ajouter beaucoup d'insolence à ce qui n'était, dans la version d'Arnold, qu'un clin d'œil à l'autre bout du bastringue.

D'un bout à l'autre, les arrangements pour cordes de Marty Paich sont pleins de sensibilité. On retrouve les fantastiques arrangements de Gil Fuller et Gerald Wilson. L'album est resté trois mois à la tête des hit-parades américains. **WF-J**

▶II Liste des titres

▶ 01 Bye Bye Love (B. Bryant•F. Bryant)	2:12
▶ 02 You Don't Know Me (Arnold•Walker)	3:16
03 Half As Much (Williams)	3:28
04 I Love You So Much It Hurts (Tillman)	3:35
05 Just A Little Lovin' (Arnold•Clements)	3:29
▶ 06 Born To Lose (Brown•Daffan)	3:18
07 Worried Mind (Daffan•Davis)	2:57
08 It Makes No Difference Now (Davis•Tillman)	3:36
09 You Win Again (Williams)	3:31
10 Careless Love (Handy)	4:01
▶ 11 I Can't Stop Loving You (Gibson)	4:14
12 Hey, Good Lookin' (Williams)	2:14

Booker T. and the M.G.s

Green Onions (1962)

Label | Stax
Production | Jim Stewart
Direction artistique | Haig Adishian
Pays | États-Unis
Durée | 34:55

Aux premiers jours du rock, un album instrumental se glissait de temps en temps dans les rangs interminables des disques vocaux et arrivait en tête des ventes, comme *Honky Tonk* de Bill Doggett en 1956 ou *Tequila* des Champs en 1958.

En 1962, c'est le tour de *Green Onions*, un air de blues qui réinvente le jazz de Jimmy Smith et son orgue pour le marché de la pop. Les mystérieux Booker T. and The M.G.s constituent le groupe le plus « soul » au monde.

Sur la pochette de l'album, des oignons verts et un ragoût du Sud. L'album comprend le titre éponyme à succès (jam session improvisée alors que le groupe attendait de débuter une séance d'enregistrement en studio) ainsi que des morceaux tels que *Behave yourself*, à combustion lente. Il comprend également les interprétations rhythm and blues de *I got a woman* de Ray Charles et de *One who really loves you* de Smokey Robinson. On peut aussi citer des adaptations dynamiques de morceaux pop comme *Stranger on the shore* et *Rinky-Dick* d'Acker Bolk, ou *Comin' home baby*, aux parfums de jazz. Au fil du temps, le style du label Stax deviendra célèbre grâce à Otis Redding et Carla Thomas, et on apprendra finalement qui se cache derrière les mystérieux M.G.s : Booker T. Jones à l'orgue, Steve Cropper à la guitare, Duck Dunn à la basse et Al Jackson à la batterie (fait rare pour un label noir, Cropper et Dunn sont blancs).

En 1962, les courts morceaux de *Green Onions* paraissent hyper cool, entre les mesures acides de Cropper et les accords sereins de Booker. *Green Onions* est un album majeur : son énergie naïve et sa fusion du rock et de la soul vont inspirer les Allman Brothers, Lynryd Skynyrd et une génération de rockers blues du Sud. **ML**

▶II Liste des titres

▶ 01 **Green Onions** (Cropper•Jackson•Jones •Steinberg) 2:45
02 **Rinky Dink** (Clowney•Winley) 2:39
03 **I Got A Woman** (Charles•Richard) 3:32
04 **Mo' Onions** (Jones•Cropper•Jackson •Steinberg) 2:50
05 **Twist And Shout** (Medley•Russell) 2:09
▶ 06 **Behave Yourself** (Jones•Cropper•Jackson •Steinberg) 3:45
07 **Stranger On The Shore** (Bilk•Mellin) 2:18
▶ 08 **Lonely Avenue** (Pomus) 3:25
09 **One Who Really Loves You** (Robinson) 2:22
10 **You Can't Sit Down** (Clark•Mann•Muldrow) 2:46
11 **A Woman, A Lover, A Friend** (Wyche) 3:15
12 **Comin' Home Baby** (Dorough•Tucker) 3:09

Stan Getz et Charlie Byrd
Jazz Samba (1962)

Label | Verve
Production | Creed Taylor
Direction artistique | Olga Albizu
Pays | États-Unis
Durée | 33:08

L'on déclare souvent que cet album est à l'origine de l'engouement pour la bossa nova. Mais, ce n'est pas *Jazz Samba* qui a fait découvrir le nouveau style brésilien au reste du monde. *Orfeu Negro*, film de Marcel Camus sorti en 1959, avait déjà intrigué le public international, avec la musique envoûtante de Luiz Bonfa et Carlos Jobim. Mais, lorsque le guitariste Charlie Byrd rentre d'un voyage en Amérique du Sud avec des bandes de la musique qu'il a entendue au Brésil et qu'il les prête à ses amis, il provoque une douce révolution, notamment avec cette collaboration fascinante. Le saxo ténor de Stan Getz s'avère correspondre parfaitement aux mélodies élégantes et aux vibrations rythmiques de la bossa nova.

Enregistré en une seule séance dans une église de Washington, l'album est un alliage parfait de swing et de samba. Le saxo de velours de Getz passe avec fluidité d'un morceau à l'autre. Star du jazz des années 40 et 50, Getz s'est débattu contre une dépendance à la drogue et vient juste de rentrer aux États-Unis après plusieurs années en Europe, quand *Desafinado* devient un succès phénoménal. Le triomphe de l'album et, encore plus, des séances de bossa nova que Getz enregistre avec João et Astrud Gilberto transforment la musique brésilienne en une véritable force commerciale à une époque où l'énergie du rock s'est transformée en musique pop peu mémorable, et où les Beatles jouent encore dans des bouges miteux de Hambourg.

L'association de Byrd et Getz tournera vite à l'aigreur, mais leur musique constitue toujours un refuge de paix, une beauté transcendante face à un univers de musique pop trop souvent gouverné par l'éclat et par l'image. **AG**

▶II Liste des titres

▶	01 **Desafinado** (Cavanaugh•Hendricks•Jobim•Mendonça)	5:49
	02 **Samba Dees Days** (Byrd)	3:33
	03 **O Pato** (Silva•Teixeira)	2:30
	04 **Samba Triste** (Blanco•Powell)	4:44
▶	05 **Samba De Uma Nota Só** (Jobim•Mendonça)	6:11
	06 **E Luxo Só** (Barroso•Peixoto)	3:41
▶	07 **Bahia** (Barroso)	6:40

Ray Price
Night Life (1962)

Label I Koch
Production I Frank Jones • Don Law
Direction artistique I Non créditée
Pays I États-Unis
Durée I 37:36

En 1952, Ray Price est à un tournant. Sur les conseils de Hank Williams, ce Texan s'installe à Nashville et fait carrière avec l'orchestre de ce dernier, où il apparaît comme l'un des chanteurs de bastringue les plus coriaces. Mais dix ans plus tard, la musique country met de l'ordre dans ses rangs. Fait sur mesure pour la radio AM, le style épuré de Buck Owens, en provenance de Californie, et non de Nashville, éveille l'attention de la country sur ses perspectives commerciales. Le changement pointe.

Dans l'introduction de l'album, Price décrit ce qui va suivre comme « des chansons qui traitent du bonheur, de la tristesse, de la douleur ». Cette dernière est largement présente, tandis que le bonheur est presque inexistant. Ne vous laissez pas berner par l'atmosphère dance-floor, typique de Price – *Night Life* constitue la réponse de Nashville à *In the wee small hours* de Sinatra.

La chanson *Night Life*, écrite par Willie Nelson, est l'une des plus jouées de la musique country, mais Price la fait sienne, son blues est à la fois implacable et rebelle. Les onze chansons suivantes se situent dans le même cadre : maisons vides, bars mal éclairés, boulevards de rêves brisés. Une section de cordes apparaît sur deux d'entre elles, mais la présence la plus forte est celle de Buddy Emmons, dont la basse continue donne à l'album son ton de bastringue et le noie dans la mélancolie.

Price échangera ses costumes brodés (les coiffures indiennes rendaient hommage à son surnom, le « cowboy cherokee ») pour un look sémillant et une interprétation de « Danny Boy », qui se retrouvera en tête des hit-parades. Il ne fera jamais un meilleur album que cet archétype du désespoir à l'heure de la fermeture des bars. **WF-J**

▶II Liste des titres

▶	01 **Introduction And Theme/Night Life** (Breeland•Buskirk•Nelson)	6:49
	02 **Lonely Street** (Belew•Sowder•Stevenson)	3:02
▶	03 **The Wild Side Of Life** (Carter•Warren)	3:00
	04 **Sittin' And Thinkin'** (Rich)	2:47
▶	05 **The Twenty-Fourth Hour** (Price)	2:54
	06 **A Girl In The Night** (Thompson)	2:49
▶	07 **Pride** (Stanton•Walker)	2:39
	08 **There's No Fool Like A Young Fool** (Thomasson)	2:59
	09 **If She Could See Me Now** (Cochran)	2:42
	10 **Bright Lights And Blonde Haired Women** (Kirk)	2:26
▶	11 **Are You Sure** (Emmons•Nelson)	2:24
	12 **Let Me Talk To You** (Davis•Dill)	3:05

The Beatles
With the Beatles (1963)

Label | Parlophone
Production | George Martin
Direction artistique | Robert Freeman
Pays | Royaume-Uni
Durée | 33:24

Premier album d'un groupe anglais à s'être vendu à plus d'un million d'exemplaires, *With the Beatles* cimente la position du groupe au zénith du hit-parade anglais. Enregistré en six jours entre juillet et octobre 1963, cet album reflète leur identité du nord de l'Angleterre, ardente et assurée. Même si ce n'est qu'une sélection de reprises live et de chansons originales écrites à la va-vite, le disque révèle la confiance que leur faisait EMI, car il ne contient aucun single – ce qui était très rare à l'époque.

On sent dans le choix des reprises l'influence de la Motown en particulier. On peut dire à juste titre que les harmonies de George Harrison et de John Lennon sur *You really got a hold on me* des Miracles constituent le meilleur hommage que le groupe ait jamais enregistré. La version rageuse de *Money* de Barrett Strong, par John Lennon, est, quant à elle, sensationnelle. Parmi les chansons originales, *Little Child* et *It won't be long* poursuivent la ruée frénétique du premier album, tandis que *All my loving* est le premier classique de Paul McCartney. C'est cependant une plage discrète qui éclipse les autres : même absente de toutes les rétrospectives des Beatles, *All I've got to do* est l'un de leurs moments les plus intimes – le meilleur de Lennon à l'état brut. Prise par Robert Freeman au Palace Court Hotel de Bornemouth en août 1963, la photo de la pochette est probablement la plus emblématique des Beatles, et l'une des images les plus représentatives des années 1960.

With the Beatles a été reçu avec enthousiasme et reste léger et original. La pochette et huit des morceaux sont devenus *Meet the Beatles*, leur premier album en Amérique. La domination mondiale n'était plus très loin. **DE**

▶II Liste des titres

▶	01 **It Won't Be Long** (Lennon•McCartney)	2:11
▶	02 **All I've Got To Do** (Lennon•McCartney)	2:01
▶	03 **All My Loving** (Lennon•McCartney)	2:10
	04 **Don't Bother Me** (Harrison)	2:29
	05 **Little Child** (Lennon•McCartney)	1:45
	06 **Till There Was You** (Wilson)	2:14
▶	07 **Please Mister Postman** (Brianbert•Dobbin •Garman•Garrett)	2:34
	08 **Roll Over Beethoven** (Berry)	2:44
	09 **Hold Me Tight** (Lennon•McCartney)	2:29
▶	10 **You Really Got A Hold On Me** (Robinson)	3:00
	11 **I Wanna Be Your Man** (Lennon•McCartney)	1:56
	12 **Devil In Her Heart** (Drapkin)	2:25
	13 **Not A Second Time** (Lennon•McCartney)	2:05
▶	14 **Money** (Bradford•Gordy)	2:47

Bob Dylan
The Freewheelin' Bob Dylan (1963)

Label | Columbia
Production | John Hammond
Direction artistique | Non créditée
Pays | États-Unis
Durée | 50:04

Bien que la musique folk ait souvent été le pivot de la culture populaire américaine dans les années 50 et 60, personne n'a réussi à illustrer les tensions de l'époque aussi bien que Bob Dylan. *The Freewheelin' Bob Dylan* a cimenté sa réputation de chanteur-compositeur au savoir-faire presque parfait, doté de l'humour ainsi que d'un sens du détail et du récit dignes d'un poète.

L'album met en lumière l'engagement politique de Dylan. La pochette le montre avec sa petite amie de l'époque, Suze Rotolo, à Greenwich Village, où il s'est fait remarquer comme chanteur folk. Trois

chansons – *Blowin' in the wind, A hard rain's a-gonna fall* et *Masters of war* – semblent incarner le désir de changement de toute une génération. Elles demeurent les chansons les plus impérissables de Dylan, reprises par toute sorte d'artistes, du rap et du reggae jusqu'à la country.
Comme toujours, Dylan a fait tout ce qu'il a pu pour échapper à la catégorisation. Avec des chansons telles que *Don't think twice, it's all right* et le sublime *Girl from the north country*, il aborde ici les ballades d'amour tragique, une forme de surréalisme et même la comédie. Sous cet aspect au moins, *The freewheelin'...* doit beaucoup à l'œuvre qui l'a inspiré, celle de Woody Guthrie. Ses chansons se détournent elles aussi de pans entiers de la société américaine pour s'intéresser plutôt aux masses opprimées du pays. En tant que tel, on peut considérer cet album comme un manifeste.
Bien que Dylan ait sans cesse déploré d'avoir été enfermé dans le rôle de porte-parole de son époque, *The freewheelin'* reste une évocation de son pays, rare et tombant à point nommé. **BW**

▶II Liste des titres

▶	01 Blowin' In The Wind (Dylan)	2:48
	02 Girl From The North Country (Dylan)	3:22
▶	03 Masters Of War (Dylan)	4:34
	04 Down The Highway (Dylan)	3:27
	05 Bob Dylan's Blues (Dylan)	2:23
▶	06 A Hard Rain's A-Gonna Fall (Dylan)	6:55
▶	07 Don't Think Twice, It's All Right (Dylan)	3:40
	08 Bob Dylan's Dream (Dylan)	5:03
	09 Oxford Town (Dylan)	1:50
	10 Talking World War III Blues (Dylan)	6:28
	11 Corrina Corrina (Trad., arr. Dylan)	2:44
	12 Honey, Just Allow Me One More Chance (Dylan•Thomas)	2:01
▶	13 I Shall Be Free (Dylan)	4:49

Phil Spector
A Christmas gift for you
(1963)

Label | Philles
Production | Phil Spector
Direction artistique | Non créditée
Pays | États-Unis
Durée | 35:11

On peut soutenir que Phil Spector est le producteur d'albums le plus célèbre de l'époque du rock, ne serait-ce que parce qu'il est plus connu que la majeure partie de ce qu'il a produit. D'un point de vue artistique, cet album audacieux constitue sa plus grande réussite, malgré le fait qu'il a été désastreux d'un point de vue commercial, notamment à cause de l'assassinat du président Kennedy, le lendemain de sa sortie en 1963. Spector le retire immédiatement de la vente en signe de respect.
Les Ronettes, Bob B Soxx and The Blue Jeans, les Crystals et Darlene Love ont collaboré à ce projet, et selon la rumeur, il a été conçu pour donner la première place à Phil Spector dans le hit-parade de Noël, créé en 1963.
Spector utilise sa célèbre technique du « mur de son » pour transformer de vieux succès tels que *Rudolph, Frosty* et *Sleigh ride* en classiques de son temps. Mais il écrit aussi une nouvelle chanson *Christmas (Baby please come home)*, avec ses collaborateurs habituels, Jeff Barry et Ellie Greenwich, qu'il offre à Darlene Love après une première tentative infructueuse par les Ronettes. Le dernier morceau est un soliloque de Spector lui-même souhaitant aux auditeurs un joyeux Noël pendant que tous les artistes chantent *Douce Nuit* en fond sonore.
Pour beaucoup, cet album demeure la meilleure collection de chants de Noël de tous les temps. Étrangement, il a été enregistré durant un mois d'août très chaud à Los Angeles. **JT**

Sam Cooke
Live at the Harlem Square Club (1963)

Label I RCA
Production I Non créditée
Direction artistique I Non créditée
Pays I États-Unis
Durée I 35:65

Longtemps confiné à la politesse patinée de ses enregistrements de style pop, Sam Cooke s'est inventé une nouvelle personnalité sur scène : celle d'un chanteur de rhythm and blues brut de décoffrage, faisant preuve d'une sexualité plutôt décontractée. *Live at the Harlem Square Club* est l'album qui illustre cette transformation le plus clairement. Il trace une frontière définitive entre le sacré et le profane dans sa carrière enracinée dans le gospel.

En 1963, Cooke est une idole noire, produisant succès après succès, propriétaire de SAR, une maison de disques et d'édition dont le nouvel album, *Live at the Copa*, se place dans les trente premières ventes. Enregistré dans un club du ghetto de Miami, *Live at the Harlem Square Club* est considéré comme l'un des meilleurs albums live, toutes catégories confondues.

D'un rayonnement joyeux, ce document posthume occupe un rôle unique dans l'œuvre de Cooke. Soutenu par les pulsations énergiques et précises d'un orchestre qui comprend King Curtis, grand saxophoniste, et Cliff White, un guitariste génial, un Cooke libre de toutes contraintes offre des versions moites et grisantes de bijoux tels que *Feel it*, *Chain Gang*, *Twistin' the night away* et *Bring it on home to me*.

D'un bout à l'autre, Cooke est un artiste triomphant, débordant de confiance en soi qui nous offre une interprétation torride et fanfaronne. **JG**

Charles Mingus
The Black Saint and the Sinner Lady (1963)

Label I Impulse !
Production I Bob Thiele
Direction artistique I Hollis King
Pays I États-Unis
Durée I 39:25

Un simple coup d'œil au texte de la pochette, que l'on doit au psy de Charles Mingus, suffit à comprendre que ce n'est pas là un album de jazz moderne typique. Rien ne peut être qualifié de typique au sujet de Charles Mingus, mais parmi tous ses chefs-d'œuvre, cet album se détache comme étant le plus solidement réalisé.

Dès les premiers accords de *Solo Dancer*, étayés par le tuba haletant de Don Butterfield, la musique se présente comme un psychodrame en puissance. L'alto de Charlie Mariano atteint des sommets époustouflants de lyrisme et d'intensité tandis que le trombone tour à tour rugissant, grondant ou assourdi de Quentin Jackson, auquel font écho les trompettes de Rolf Ericson et de Richard Williams, est d'une beauté saisissante. On trouve aussi des moments de calme, durant lesquels la guitare de Jay Berliner, aux accents de flamenco, s'engage dans un pas de deux agile avec le piano vif-argent de Jaki Byard. C'est Dannie Richmond, batteur extraordinaire, qui assure l'unité de l'ensemble et constitue sa force motrice.

Inspiré par la palette orchestrale d'Ellington, Mingus s'aventure dans des territoires bien plus explosifs sur le plan affectif que ce dernier. Ce qui est remarquable au sujet de *The Black Saint and the sinner lady*, c'est qu'il a été enregistré trois mois seulement après le désastre public de la carrière de Mingus, un concert à Town Hall notoirement chaotique – le contrebassiste, de toute évidence, ne s'est pas laissé abattre par celui-ci. **AG**

James Brown
Live at the Apollo (1963)

Label | King
Production | James Brown
Direction artistique | Dan Quest
Pays | États-Unis
Durée | 31:33

Les premiers succès de James Brown fonctionnaient grâce à son implacable calendrier de tournée : en 1962, il donne plus de trois cents concerts. Face à l'accueil enthousiaste qu'il reçoit du public, il propose un album live à Syd Nathan, directeur de label. Lorsque celui-ci refuse, Brown décide de dépenser 7 500 dollars pour enregistrer lui-même un de ses concerts à l'Apollo Theater de Harlem, en octobre 1962. Nathan le sort à contrecœur. Brown rentrera dans ses frais, et bien au-delà.

Brown et son directeur musical, Lewis Hamlin, ont fait répéter leur orchestre jusqu'à l'obtention d'une précision absolue. La section des cuivres a à peine le temps de reprendre son souffle. Le groupe livre quatre succès en un clin d'œil, avec une grande puissance. Puis, vient une extraordinaire version lente de *Lost someone*, teintée de gospel. Et juste quand il paraît se diriger tout doucement vers une apogée explosive, Brown offre un rugissant mélange de neuf succès avant de quitter la scène sur un spectaculaire *Night Train*. Le public répond à tout ceci avec un enthousiasme délirant. On ne peut qu'essayer de deviner pourquoi Nathan a ressenti le besoin de doubler les applaudissements lors de la première sortie.

Live at the Apollo deviendra un vrai phénomène, se retrouvant en deuxième place du hit-parade. Deux ans plus tard, Brown abandonnera le funk pour la première fois, ce qui lui vaudra la plus grande collection de sobriquets du monde de la musique. **WF-J**

Stan Getz et João Gilberto
Getz/Gilberto (1963)

Label | Verve
Production | Creed Taylor
Direction artistique | Non créditée
Pays | Brésil • États-Unis
Durée | 34:02

L'histoire d'amour entre l'Amérique et la musique latino-américaine n'est pas nouvelle. Au XXe siècle, on a retrouvé le tango, le cha-cha-cha, la rumba et le mambo dans d'innombrables salles de danse et clubs de jazz américains. Stan Getz, saxo ténor de la côte ouest, a enregistré *Jazz Samba* en 1962 comme une distraction exotique par rapport à son bop pur lyrique habituel. Il y distille les rythmes soutenus de la samba brésilienne jusqu'à obtenir des improvisations simples à la guitare acoustique, dans un style désormais baptisé « bossa nova ».

Sans le vouloir, Getz et Byrd ont surfé sur une vague internationale. Leur version de *Desafinado*, chanson du Brésilien Jobim, se vend à plus d'un million d'exemplaires. Contrairement à ceux qui ont pris le train de la bossa nova en marche, la musique de Getz n'a pas été rejetée comme « inauthentique » par les Brésiliens, mais adoptée par des pionniers tels que Baden Powell et Jobim.

Stan Getz est le seul gringo sur *Getz/Gilberto*, rejoint par Jobim au piano (qui a aussi joué de la guitare avec Getz), et par Milton Banana, batteur brésilien. La vraie vedette ici, c'est João Gilberto, guitariste et chanteur, puriste bougon de la bossa nova dont les douces variations à la guitare et la voix monotone ont créé ce style.

Selon la légende, le producteur voulait qu'un couplet de *Girl from Ipanema* soit chanté en anglais. João ne parlant pas cette langue, c'est sa femme, Astrud, qui s'est portée volontaire. Sa voix discrète de petite fille a donné l'une des interprétations les plus importantes du siècle et les deux morceaux où elle apparaît – le second est *Corcovado*, où elle lit les paroles de Gene Lee – comptent parmi les plus réussis de l'album. **JLe**

▶II Liste des titres

▶	01 The Girl From Ipanema (De Moraes•Gimbel•Jobim)	5:24
▶	02 Doralice (Almeida•Caymmi)	2:46
	03 Para Machuchar Meu Coração (To Hurt My Heart) (Barroso)	5:05
▶	04 Desafinado (Off Key) (Jobim•Mendonça)	4:15
▶	05 Corcovado (Quiet Nights Of Quiet Stars) (Jobim•Lees)	4:16
	06 So Danço Samba (I Only Dance Samba) (De Moraes•Jobim)	3:45
	07 O Grande Amor (De Moraes•Jobim)	5:27
	08 Vivo Sonhando (Dreamer) (Jobim)	3:04

The Beatles
A hard day's night (1964)

Label I Parlophone
Production I George Martin
Direction artistique I Robert Freeman
Pays I Royaume-Uni
Durée I 29:47

Ce qui paraissait être l'apogée d'une carrière n'était qu'un commencement pour les Beatles. Quelques semaines après que *Meet the Beatles* et leur second album se sont succédé à la première place du hit-parade américain, *A hard day's night* suit. Pour la première fois, un album des Beatles ne comprend que des chansons originales. Bien qu'attribuées à Lennon/McCartney, toutes sauf trois sont de Lennon, même si *And I love her, Can't buy me love* et *Things we said today* de McCartney prouvent que la qualité compense la quantité (il est intéressant de noter que c'est Buddy Holly, idole de Paul, qui avait le premier fait le pari de sortir un album entièrement original). L'album est néanmoins adapté pour le marché américain, des morceaux instrumentaux dirigés par George Martin remplaçant *Any time at all, Things we said today, When I get home, You can't do that* et *I'll be back*.

Dès l'ouverture de la chanson-titre, l'album illustre le concept d'une musique pop extraordinairement simple, à la guitare. Conscient des défauts d'auteur de son héros Elvis, Lennon insiste pour que le film *A hard day's night* soit plus qu'« un putain de film pop », et l'album qui l'accompagne obéit à des critères tout aussi stricts.

Certes, on y trouve des chansons banales comme *I'm happy just to dance with you* et *Tell me why*, mais elles sont compensées par les délicieux *And I love her* et *If I fell*. En même temps, des chansons rock comme *A hard day's night* et *Any time at all* auront un effet galvanisant sur les Byrds, futurs héros guitaristes (puis, plus tard, sur Tom Petty), et resteront influentes aussi longtemps que les adolescents continueront à s'emparer d'une guitare. **BM**

▶II Liste des titres

▶	01 A Hard Day's Night (Lennon•McCartney)	2:28
	02 I Should Have Known Better (Lennon•McCartney)	2:42
	03 If I Fell (Lennon•McCartney)	2:16
	04 I'm Happy Just To Dance With You (Lennon•McCartney)	1:59
▶	05 And I Love Her (Lennon•McCartney)	2:27
	06 Tell Me Why (Lennon•McCartney)	2:04
▶	07 Can't Buy Me Love (Lennon•McCartney)	2:15
	08 Anytime At All (Lennon•McCartney)	2:10
	09 I'll Cry Instead (Lennon•McCartney)	1:44
	10 Things We Said Today (Lennon•McCartney)	2:35
	11 When I Get Home (Lennon•McCartney)	2:14
	12 You Can't Do That (Lennon•McCartney)	2:33
	13 I'll Be Back (Lennon•McCartney)	2:20

Jacques Brel
Olympia 64 (1964)

Label | Barclay
Production | Jean-Marie Guérin
Direction artistique | Non créditée
Pays | Belgique
Durée | 47:56

En 1964, le second album de Brel est aussi le deuxième qu'il enregistre à l'Olympia : une salle si emblématique que l'on ne peut penser avoir réussi, tant qu'on ne s'y est pas produit. En octobre, Brel a non seulement réussi, mais pour les Français et les Belges, il règne sur le monde entier. Bien que cela puisse paraître improbable, la chanson française commence même à avoir des adeptes branchés en Amérique et en Angleterre, pays notoirement sceptiques jusque-là. (Bob Dylan a même déclaré que Charles Aznavour était l'un des meilleurs interprètes qu'il ait jamais vu sur scène.)
Suivant de près *Les Bonbons*, album studio de Brel cette même année, *Olympia 64* présente pour la première fois *Amsterdam, Mathilde* et *Tango funèbre* et reprend *Au suivant*. On y retrouve aussi *Les Bonbons, Les Vieux, Les Toros* et *Les Bigotes* de son album précédent, ces reprises illustrant bien la différence avec laquelle Brel chante en public et en studio. À l'Olympia, il vit ses chansons, les mimant et se laissant aller tout entier. Le drame, la satire ou la passion ne s'arrêtent jamais. Il meurt ici d'innombrables fois en quarante-huit minutes ; le reste du temps, on le voit malade, hantant les maisons closes ou les bars. Dans *Les Toros*, il se transforme en taureau mourant, dévisageant ses bourreaux, et compare la corrida à Waterloo, Verdun, ou aux guerres dans les anciennes colonies.
Sorti aux États-Unis et en Angleterre sous le titre *Music for millions*, cet album a fait de ce chanteur belge l'objet d'un véritable culte. **DH**

▶II Liste des titres

▶	01 **Amsterdam** (Brel)	3:20
	02 **Les Timides** (Brel)	3:41
	03 **Le Dernier Repas** (Brel)	3:34
	04 **Les Jardins Du Casino** (Brel•Jouannest)	3:29
	05 **Les Vieux** (Brel•Corti•Jouannest)	4:10
	06 **Les Toros** (Brel•Corti•Jouannest)	2:38
▶	07 **Tango Funèbre** (Brel•Jouannest)	3:04
	08 **Le Plat Pays** (Brel)	3:12
	09 **Les Bonbons** (Brel)	3:08
▶	10 **Mathilde** (Brel•Jouannest)	2:29
	11 **Les Bigotes** (Brel)	2:43
▶	12 **Les Bourgeois** (Brel•Corti)	2:52
	13 **Jef** (Brel)	3:27
▶	14 **Au Suivant** (Brel)	2:55
	15 **Madeleine** (Brel•Corti•Jouannest)	3:14

Solomon Burke
Rock 'n soul (1964)

Label | Atlantic
Production | Bert Berns
Direction artistique | Non créditée
Pays | États-Unis
Durée | 34:06

Parmi toutes les chansons formidables que Solomon Burke a enregistrées pour Atlantic entre 1962 et 1968, aucune n'a mis en valeur le sublime talent de celui qui s'était autodéclaré « roi du Rock'n soul » avec autant d'aplomb que celles de son album de 1964, *Rock'n soul*.
Avant de faire carrière dans la musique, Burke a été croque-mort, télévangéliste (parfois) et père de vingt et un enfants. Mais sur le sensuel *Rock'n soul*, il joue le séducteur à la perfection. Sur le mélancolique *If you need me*, écrit par Wilson Pickett, son contemporain, Burke hurle de sa voix fruste. C'est la démonstration d'une grâce voilée mettant à profit toutes les nuances de la voix étonnante du chanteur. Dans *Cry to me* – repris plus tard par les Rolling Stones, fervents admirateurs de Solomon –, on retrouve le Burke qui a été prêcheur dans son enfance et qui livre ici un sermon sincèrement exalté. Pendant ce temps, *Just out of reach* juxtapose de façon

curieuse la voix de velours de Burke et un swing infusé de country. C'est un style qui ne rappelle en rien les nombreuses chansons qu'a enregistrées Burke pour Atlantic dans les années 60, lorsque, selon lui, c'était « le plus grand label de rhythm and blues au monde ».

Bien que le disque soit officiellement introuvable, des éditions reformulées de *Rock'n soul* sont apparues aux côtés de *If you need me* qu'Atlantic a sorti en 1963. La production et la présentation de ces deux derniers laissent à désirer, mais ensemble, ils illustrent bien la période prolifique et fructueuse dont a bénéficié Burke pendant les années 60 – même si son vrai génie se trouve dans *Rock'n soul*. **JJ**

▶II Liste des titres

	01 **Goodbye Baby (Baby Goodbye)** (Farrell•Russell)	3:16
▶	02 **Cry To Me** (Russell)	2:27
	03 **Won't You Give Him (One More Chance)** (Martin•Scott)	2:31
▶	04 **If You Need Me** (Bateman•Pickett•Sanders)	2:29
	05 **Hard Ain't It Hard** (Trad., arr. Guthrie)	2:45
	06 **Can't Nobody Love You** (Mitchell)	2:30
	07 **Just Out Of Reach** (Stewart)	2:46
	08 **You're Good For Me** (Covay•Ott)	2:45
	09 **You Can't Love Them All** (Leiber•Nugetre•Russell•Stoller)	2:40
	10 **Someone To Love Me** (Burke)	2:59
▶	11 **Beautiful Brown Eyes** (Burke•Russell)	3:42
▶	12 **He'll Have To Go** (A. Allison•J. Allison)	3:16

Dusty Springfield
A girl called Dusty (1964)

Label | Philips
Production | John Franz
Direction artistique | Non créditée
Pays | Royaume-Uni
Durée | 28:37

Rétrospectivement, il était clair dès le début que Dusty Springfield avait des influences assez contradictoires sur le plan musical. Ses nombreux 45 tours à succès rappellent plus une princesse pop (comme *I only want to be with you*, son premier succès en Angleterre), mais la femme, elle, était plus attirée par la soul de la Motown, d'Atlantic et de Scepter.

Ce dernier label a produit quarante succès de Dionne Warwick et vingt-cinq des Shirelles, et cet album délicieux – le premier de Dusty et probablement le meilleur – reprend une chanson de la Motown (le premier succès des Supremes à apparaître au Top 30), une chanson des Shirelles et deux de Dionne Warwick, ainsi que d'autres moins connues comme *Do-re-mi* de Lee Dorsey et l'hymne féministe de Lesley Gore, *You don't own me*.

Les versions de Dusty préservent la force et la chaleur des originaux, ce qui est significatif pour une artiste blanche de l'époque, et a contribué à l'imposer comme l'une des meilleures chanteuses de soul du Royaume-Uni. Son respect pour le rhythm and blues et la soul s'est retrouvé dans d'autres domaines aussi : la même année, elle a été expulsée d'Afrique du Sud pour avoir joué devant un public où Noirs et Blancs se côtoyaient.

Peu de chanteurs ont transmis de façon aussi convaincante que Dusty Springfield la douleur aiguë de l'amour. Même sur ce premier album, elle pouvait déjà se targuer d'être une extraordinaire chanteuse réaliste avec *Anybody who had a heart* et le plaintif *My colouring book* : un thème musical qu'elle allait explorer plus avant, comme par exemple avec sa reprise de *Ne me quitte pas* (*If you go away* en anglais) de Jacques Brel. **JT**

▶II Liste des titres

▶	01 **Mama Said** (Denson•Dixon)	2:05
	02 **You Don't Own Me** (Madora•White)	2:26
	03 **Do Re Mi** (King)	2:20
	04 **When The Lovelight Starts Shining Thru His Eyes** (Dozier•B. Holland•E. Holland)	2:53
▶	05 **My Colouring Book** (Ebb•Kander)	3:01
	06 **Mockingbird** (C. Foxx•I. Foxx)	2:33
▶	07 **Twenty Four Hours From Tulsa** (David•Bacharach)	3:01
	08 **Nothing** (Augustus•Elgin•Lewis)	2:07

09 Anyone Who Had A Heart (Bacharach•David) 2:52
10 Will You Love Me Tomorrow ? (Goffin•King) 2:40
▶ 11 Wishin' And Hopin' (Bacharach•David) 2:53
12 Don't You Know (Charles) 2:39

The Rolling Stones
The Rolling Stones (1964)

Label I Decca
Production I Andrew Loog Oldham
Direction artistique I Non créditée
Pays I Royaume-Uni
Durée I 32:59

The Rolling Stones est un événement aussi central que la rencontre de Lennon et McCartney ou le moment où Nirvana piqua la première place à Michael Jackson. Jagger, Richard (c'est ainsi que son nom apparaissait alors) et Cie connaissent bien les studios lorsqu'ils enregistrent leur premier disque en janvier 1964. Ils ont déjà connu le succès en 1963 avec leur reprise de *Come on* de Chuck Berry et de *I wanna be your man* de Lennon et McCartney.

Manquant de confiance en eux comme auteurs-compositeurs et jugeant que leurs premiers efforts ne convenaient pas aux Stones, Jagger et Richard les offrent à Marianne Faithfull et à Gene Pitney. Parmi les chansons originales de l'album, *Now I've got a witness* et *Little by little* sont redevables, respectivement, à *Can I get a witness* de Marvin Gaye et à *Shame, shame, shame* de Jimmy Reed tandis que *Tell me (you're coming back)* est presque un pastiche du *Merseybeat*.

Mais les reprises n'ont jamais nui ni à Elvis ni à Sinatra, et les Stones initient ici un modèle qui aura de l'avenir : faire d'un air de blues quelque chose de plus rapide et rude.

Dans le sillage des Beatles, ils rencontrent un succès formidable. En Amérique, on ajoute « le succès anglais le plus récent » sur la pochette. London remplace aussi *I need you baby (Mona)*, de Bo Diddley, par une reprise très réussie de *Not fade away* de Buddy Holly.

The Rolling Stones n'est pas aussi bon que ce que le groupe sortira les années ou même les mois suivants. Mais sa sensualité arrogante a eu un impact cataclysmique sur la pop, et résonne encore aujourd'hui. **BM**

▶II Liste des titres

01 Route 66 (Troup) 2:21
02 I Just Want To Make Love To You (Dixon) 2:18
03 Honest I Do (Reed) 2:10
04 I Need You Baby (Mona) (McDaniel) 3:35
05 Now I've Got A Witness (Like Uncle Phil And Uncle Gene) (Phelge) 2:32
06 Little By Little (Phelge•Spector) 2:40
▶ 07 I'm A King Bee (Moore) 2:37
▶ 08 Carol (Berry) 2:34
09 Tell Me (You're Coming Back) (Jagger•Richard) 4:05
10 Can I Get A Witness (Dozier•B. Holland •E. Holland) 2:56
11 You Can Make It If You Try (Jarrett) 2:02
▶ 12 Walking The Dog (Thomas) 3:09

Buck Owens and his Buckaroos
I've got a tiger by the tail (1965)

Label I Capitol
Production I Ken Nelson
Direction artistique I Non créditée
Pays I États-Unis
Durée I 28:19

La musique country est apparue avant la Seconde Guerre mondiale comme un hybride de divers styles du Sud américain. Mais dans les années 50 et 60, des musiciens de la côte ouest ont fait de Bakersfield en Californie le site d'un nouveau mouvement country – au style électrisé influencé autant par le rock que par ce que l'on appelait encore parfois la musique hillbilly.

L'une des sommités de Bakersfield était Buck Owens, fils d'un métayer du Texas.

En 1951, à 22 ans, Owens arrive à Bakersfield et affûte son style dans des orchestres de bastringues, notamment en jouant de la guitare pour Don Rich. Ce dernier est célèbre pour ses accompagnements à la Telecaster, l'instrument nasillard de Fender qui devait devenir la guitare standard de la country.
C'est au milieu d'une série de succès qu'en 1965, Owens et son groupe, les Buckaroos, sortent *I've got a tiger by the tail*. Produit par Ken Nelson, cadre de Capitol qui soutenait la musique de Bakersfield, l'album est typique du style d'Owens, avec ses rythmes rockabilly, les riffs de la guitare de Rich et le ténor plaintif d'Owens. Harlan Howard, compositeur de Nashville, a collaboré avec Owen sur la chanson *And his buckaroos*, d'une gaieté exubérante, et c'est l'une de ses œuvres les plus attachantes, avec *Cryin' time*, dont Ray Charles chantera une reprise.
À partir de 1968, Owens présentera pendant une année une émission de télévision intitulée *Hee Haw !* qui entamera sa crédibilité musicale. Dans les années 80, Dwight Yoakam remet son style à la mode, en collaborant avec Owens sur une reprise de *Streets of Bakersfield*. **KB**

▶II Liste des titres

▶ 01 **I've Got A Tiger By The Tail** (Howard•B. Owens)	2:12
02 **Trouble And Me** (Howard)	1:54
03 **Let The Sad Times Roll On** (B. Owens•Simpson)	2:14
▶ 04 **Wham Bam** (B. Owens•B. Owens•Rich)	2:01
▶ 05 **If You Fall Out Of Love With Me** (B. Owens •B. Owens)	2:15
06 **Fallin' For You** (B. Owens•B. Owens•Rich)	2:01
07 **We're Gonna Let The Good Times Roll** (B. Owens)	2:15
▶ 08 **The Band Keeps Playin' On** (Simpson)	3:02
09 **The Streets Of Laredo** (Howard•B. Owens)	2:55
▶ 10 **Cryin' Time** (B. Owens)	2:30
11 **A Maiden's Prayer** (Wills)	2:33
12 **Memphis** (Berry)	2:27

Jerry Lee Lewis
Live at the Star Club, Hamburg (1965)

Label | Philips
Production | Siegfried E. Loch
Direction artistique | Non créditée
Pays | États-Unis
Durée | 37:48

La plupart des gens auraient du mal à citer quatre chansons rendues célèbres par celui qu'on appelait le Killer, mais presque tout le monde connaît le scandale qui a marqué sa tournée de 1958 en Angleterre. Heureusement, son mariage avec Myra, sa cousine alors âgée de 13 ans, n'a pas mis fin à la carrière de Jerry Lee ; il l'a seulement poussé à se cacher, et c'est loin des regards qu'il va enregistrer l'album live le plus déjanté du rock'n'roll.
Lorsqu'il arrive au Star Club en avril 1964, Lewis vient d'effectuer une tournée en Angleterre avec un groupe de Liverpool, les Nashville Teens, qui a été engagé pour une série de concerts à Hambourg. L'Américain les rejoint donc pour une soirée. On sent littéralement les années d'exil s'évaporer à la seconde où ce vétéran de la scène attaque *Mean woman blues*.
L'orchestre arrive à peine à suivre Lewis pendant les vingt premières minutes, qui incluent *Mean woman blues*, *High school confidential*, et peut-être la version de référence de *What'd I Say*, qui oblitère toute référence à la sensualité gospel et la remplace par une lubricité pure. La dernière ligne droite – *Hound Dog*, *Long Tall Sally* et *Whole Lotta shakin* – relève d'une certaine anarchie.
Voici du rock tel qu'il devrait toujours l'être : plus rapide, plus haletant et plus possédé que tout ce qu'on pourra imaginer jusqu'à l'arrivée des Ramones. **DH**

The Sonics
Here are the Sonics (1965)

Label | Etiquette
Production | Kent Morrill • John Ormsby
Direction artistique | John Vlahovich
Pays | États-Unis
Durée | 29:20

« Les Sonics n'étaient pas de grands musiciens, a déclaré Buck Ormsby, qui leur avait fait signer un contrat avec Etiquette Records, mais ils avaient quelque chose de magique. » Avec leur premier album en 1965, ce groupe de cinq membres arrive à condenser tout ce qui se passe sur le plan musical à l'époque – depuis l'« invasion britannique » soutenue par les Kinks jusqu'au rock'n'roll de Little Richard – avec une énergie féroce et une fureur qui précèdent le mouvement punk de plus d'une décennie.

L'idée de « groupe de garage » n'était pas exactement neuve avant les Sonics. Mais il était clair dès leur premier single, *The Witch*, qu'ils étaient capables de mettre le feu. Bob Bennett, le batteur, se souvient des techniciens qui se tracassaient après l'enregistrement.

Le groupe a enregistré cet album à Seattle. Les chansons ont été enregistrées en live, ce dont on se rend immédiatement compte – depuis les coups qu'assène Bennett sur sa batterie, jusqu'aux cris à vous glacer le sang de Jerry Roslie, le leader, sur des morceaux exceptionnels comme le puissant *Psycho*. Rien d'étonnant à ce que le nom du groupe ait été inspiré par l'usine Boeing de la région et par leurs cris rappelant les avions à réaction.

Bien qu'ils n'aient jamais percé au niveau national, les Sonics ont eu une série de succès dans le nord-ouest des États-Unis, inspiré une légion de groupes, et marqué l'histoire du rock. **SH**

Bob Dylan
Bringing it all back home (1965)

Label | Columbia
Production | Tom Wilson
Direction artistique | Non créditée
Pays | États-Unis
Durée | 47:21

L'année 1965 voit Bob Dylan s'imposer dans le monde de la pop à une telle vitesse que même les Beatles ne peuvent pas suivre le rythme. Tandis que les fabuleux Britanniques poussent un grand *Help !*, Dylan donne la sérénade à *Mr Tambourine Man*. Il faudra un accident de moto et une longue période de convalescence avant que les autres ne puissent le rattraper.

La première face de l'album (la moitié électrique) apporte un grand coup de vent à la musique folk : *Outlaw blues* et *On the road again* sont des blues exubérants à douze mesures ; *Subterranean homesick blues* est de l'association libre amphigourique à partir de *Too much monkey business* de Chuck Berry ; *She belongs to me* et *Love minus zero/no limits* sont des chansons d'amour d'une tendresse extraordinaire.

L'autre face aurait dû satisfaire les puristes, avec un Dylan en solo accompagné d'une guitare acoustique. Mais même là, rien à faire : qu'est-ce que *Mr Tambourine Man* ou *Gates of Eden* avaient à voir avec les combats sociaux ? Qu'est-ce que ces chansons signifiaient ?

Dylan, bien sûr, n'est jamais revenu en arrière. Il ne le pouvait pas : les mots coulaient à flots. Il était sur le point d'enregistrer deux albums encore plus extraordinaires, mais dès celui-ci, on sent son excitation devant un monde mis sens dessus dessous, celle d'une idole découvrant son talent et l'exploitant pleinement. **DH**

Otis Redding

Otis Blue : Otis Redding sings soul (1965)

Label | Stax
Production | Jim Stewart
Direction artistique | Haig Adishian
Pays | États-Unis
Durée | 32:54

Le monde de la musique a produit sa part de tricheurs, de vauriens et les a souvent vu prospérer à un degré qui n'avait rien à voir avec leur vraie valeur, ce qui rend la tragédie qu'a été la courte vie d'Otis Redding encore plus triste. Moins de trois ans après l'album qui lui avait permis de percer, le 10 décembre 1967, l'avion du doux Otis s'écrasait au milieu du lac Monona dans le Wisconsin.

Le gospel coulait dans les veines de ce fils de pasteur, et pourtant, l'album *Otis Blue* comprend de la soul, du rhythm and blues et de la pop. Enregistré à Memphis avec une équipe de musiciens incluant les célèbres M.G.s, sa musique est riche d'un bout à l'autre.

L'album est un mélange de morceaux originaux et de reprises – dont deux de Sam Cooke, mentor de Redding – et pourtant, l'intensité des émotions n'appartient qu'à Otis. *Respect* offre un Redding très sûr de lui et incisif, tandis que *Down in the valley* est tout aussi chaleureux que funky. On retrouve aussi une reprise de *Satisfaction* des Stones – ironique peut-être si l'on considère que le groupe vendait de la soul noire aux États-Unis – qui, selon certains, dépasse encore l'interprétation de Jagger.

L'album met Redding sur la voie du succès grand public, dont l'apogée sera le festival de Monterrey de 1967 où il conquit un public blanc avec des morceaux tels que *Try a little tenderness*, qui se termine par ces mots cruellement fatidiques : *I've got to go now, but I don't want to* (je dois m'en aller maintenant mais je n'en ai pas envie). **SJac**

The Beach Boys

The Beach Boys today ! (1965)

Label | Capitol
Production | Brian Wilson
Direction artistique | Non créditée
Pays | États-Unis
Durée | 28:42

Cet album contient peut-être le moins bon morceau de toute l'œuvre des Beach Boys, mais cela ne l'empêche pas d'apparaître comme l'album parfait. Celui-ci est divisé entre de la pop insouciante qui fait la part belle aux rencontres amoureuses et des ballades dramatiques inspirées par les groupes féminins de Phil Spector. Il est même meilleur que *Pet Sounds*, car on n'y trouve pas trace de l'apitoiement sur soi-même qui pèse tant sur ce dernier.

Enregistré juste après que Brian Wilson se fut effondré en tournée, épuisé par un emploi du temps implacable, ... *Today !* débute avec l'une des chansons les plus exubérantes que le groupe ait jamais enregistrées. Après deux phrases en sourdine, Brian monte le son pour le premier refrain et les années 60 se mettent à swinguer. Le reste de la première face poursuit cette ambiance de fête : *When I grow up* est la chanson la plus complexe et la plus aboutie que Wilson ait jamais écrite jusqu'alors ; *Help me, Ronda* constitue une première tentative de ce qui deviendra bientôt l'un des plus célèbres de leurs singles.

C'est avec la deuxième face que l'on se fait vraiment plaisir. Les cinq ballades sont de riches, intimes, sensibles et vulnérables chansons d'amour, ne ressemblant à rien d'autre dans le monde de la pop à l'époque. Ce sont les modèles de ce qui deviendra dans *Pet Sounds* les titres *Please let me wonder* et *Kiss me, baby*, mais cette dernière chanson est tout aussi réussie que *God only knows*.

Pour la première fois, Brian Wilson surpasse les Beatles et les Stones, catapultant le groupe sur le devant de la scène et engageant une bataille de deux ans pour la première place, qui allait se terminer par une autre dépression nerveuse et par les séances interrompues de *Smile*. **DH**

▶II Liste des titres

▶	01 **Do You Wanna Dance ?** (Freeman)	2:20
	02 **Good To My Baby** (B. Wilson)	2:17
	03 **Don't Hurt My Little Sister** (B. Wilson)	2:08
▶	04 **When I Grow Up** (B. Wilson)	2:03
	05 **Help Me, Ronda** (Love•B. Wilson)	3:10
	06 **Dance, Dance, Dance** (B. Wilson•C. Wilson)	1:59
▶	07 **Please Let Me Wonder** (Love•B. Wilson)	2:47
▶	08 **I'm So Young** (Tyrus)	2:32
▶	09 **Kiss Me, Baby** (Love•B. Wilson)	2:36
	10 **She Knows Me Too Well** (B. Wilson)	2:30
	11 **In The Back Of My Mind** (B. Wilson)	2:10
	12 **Bull Session With "Big Daddy"** (Jardine•Love•B. Wilson•C. Wilson•D. Wilson)	2:10

John Coltrane
A love supreme (1965)

Label I Impulse !
Production I Bob Thiele
Direction artistique I George Gray
Pays I États-Unis
Durée I 32:59

A love supreme est le cinquième enregistrement en studio qu'il a fait pour le label de jazz indépendant et branché, Impulse !, après avoir un moment travaillé avec Atlantic, spécialisé dans le rhythm and blues. Il avait précédemment exploré l'histoire du jazz. Répondant aux innovations modales de Miles Davis, il s'immerge dans la « New Thing », enregistre une série de ballades et une collaboration improbable avec le crooner Johnny Hartman, et assemble un orchestre redoutable pour Africa/Brass. Il partage même l'affiche avec Duke Ellington.

Mais, en 1962, Coltrane avait élaboré un genre de jazz modal évoquant la gamme indienne et arabe tout en maintenant un style passionnément spirituel. Pendant qu'il parlait de nouvelles langues avec son saxo ténor ou soprano, les désormais légendaires Fab Four grondaient derrière lui, jouant un hard bop qui s'orientait vers l'Inde et l'Afrique, vers la soul, voire même le psychédélique.

A love supreme arrive, chose rare, à être complètement dénué de complaisance tout en restant accessible. La ligne de basse à quatre notes de Garrisons qui lance *Acknowledgement* (a LOVE suPREME) sert de leitmotiv constamment réaffirmé. *Resolution* nous transporte dans le territoire enlevé de Coltrane, plus familier, complété par la batterie virevoltante de Jones (on dirait qu'il se livre à un solo dans tout le morceau alors que le rythme demeure solide), tandis que la conclusion de l'album, *Psalm*, est l'expression instrumentale d'une prière.

Périple à travers la découverte, la compréhension et l'illumination spirituelle, l'album approche la perfection. **JLe**

B.B. King
Live at the regal (1965)

Label I ABC
Production I Johnny Pate
Direction artistique I Non créditée
Pays I États-Unis
Durée I 34:46

Cela ne doit pas être facile d'apprendre à jouer de la guitare électrique en grandissant dans une petite ville dépourvue d'électricité, mais lorsque B.B. King arrive à Chicago *via* Indianola, ou dans le Mississippi, pour jouer au Regal Theater en novembre 1964, cela fait trente-neuf ans qu'il essaie. Lorsqu'il s'avance sur scène ce soir-là avec à son actif plus de vingt singles placés au hit-parade, une célèbre guitare Gibson baptisée Lucille dans le dos, et une légion de femmes s'agrippant aux fauteuils des balcons, on peut dire qu'il a réussi.

Lucille s'exprime pour la première fois lorsque l'orchestre se présente à la foule délirante, à l'aide de deux ou trois riffs dansants sur fond de cuivres précis et de percussions au rythme redoublé. B.B. répond rapidement, en un dialogue éternel qui a fait d'eux des stars au cours de la décennie précédente.

King domine la salle comme un prédicateur du Delta et il attire chaque spectateur dans un échange à trois avec le musicien et Lucille. Le premier morceau est suivi du torride *Sweet little angel*. Les hurlements roulent depuis la salle comme des nappes de brouillard.

Ce n'est pourtant pas de sexe qu'il s'agit mais bien de blues. Les interprétations sulfureuses de *It's my own fault*, *How blue can you get*, et *You upset me baby*, deviendront le porte-drapeau du blues live et aideront à décerner à King le titre de plus grand guitariste de l'histoire du blues. **MO**

The Beatles
Rubber Soul (1965)

Label | Parlophone
Production | George Martin
Direction artistique | Robert Freeman
Pays | Royaume-Uni
Durée | 35:50

En 1964, avec *Meet the Beatles*, les Américains découvrent des jeunes gens en costume à l'air sage, même si la liberté qu'ils symbolisent est déjà bien loin de leur image. Deux années plus tard, ces derniers ressemblent plus aux vrais Beatles – des pop stars à l'imagination débordante. Beaucoup plus tard, les membres du groupe – et Lennon en particulier – mettront leur cœur à nu. Mais *Rubber Soul* est beaucoup plus gratifiant.

À l'époque, l'album administre un peu de mystique dans l'univers des Fab Four. La couverture psychédélique omet même le nom du groupe (première aux États-Unis). Parmi les paroles elliptiques, les plus belles sont celles de *Norwegian Wood (this bird has flown)* de Lennon – qui, comme celles de McCartney dans *I'm looking through you*, font allusion à ses problèmes personnels. *Nowhere Man* abandonne la romance, fait rare pour le groupe.

Le sentimental *Michelle* manque de profondeur, mais est plein de charme, tandis que *Girl* est d'une simplicité trompeuse (« bien plus sophistiqué que *Just like a woman* de Dylan », selon le critique G. Marcus).

Sur le plan musical, *Rubber Soul* est aussi une avancée. Le sitar et la fuzz bass comptent parmi les éléments clés de *Think for yourself* qui, comme *The Word*, est un rock qui ne semble toujours pas dépassé.

Le plus grand outrage au royaume des Beatles n'est pas *Ob-La-Di, Ob-La-Da*, mais le fait que l'on oublie si souvent *Rubber Soul*. Il ne contient aucun succès (*Nowhere Man* est omis de la version américaine), mais il pourrait être un chef-d'œuvre pour plus d'un groupe. **BM**

Bert Jansch
Bert Jansch (1965)

Label | Transatlantic
Production | Bill Leader
Direction artistique | Brian Shuel
Pays | Royaume-Uni
Durée | 39:25

Après avoir rejoint Londres depuis l'Écosse en auto-stop, Bert Jansch commence à jouer son mélange personnel de folk, de blues et de jazz dans les clubs de folk au début des années 60.

Son premier album éponyme est sorti en avril 1965, le jour d'ouverture du club de folk désormais célèbre, Les Cousins, à Soho. Joué sur des guitares empruntées et enregistré sur du matériel portable dans l'appartement de Bill Leader, producteur freelance, il est vendu pour la modeste somme de 100 livres (environ 150 euros, et pas de royalties) à Nat Joseph, fondateur de Transatlantic Records.

Les chansons, mises en valeur par un jeu de guitare fluide incroyablement accompli, portent toutes l'empreinte de la forte personnalité de Jansch – depuis la première, décontractée, *Strolling down the highway*, jusqu'à *Needle of death*, poignante, qui évoque un ami mort d'une overdose d'héroïne ; depuis *Running from home*, pensif et prenant, jusqu'à *Angie* et la prouesse fascinante de sa guitare, écrite par David Graham et reprise plus tard par Simon et Garfunkel.

Avec sa technique de guitare novatrice et ses paroles prenantes, l'album a fait sensation et exerce toujours une influence profonde. De nombreuses chansons ont été reprises par d'autres chanteurs de l'époque, dont Donovan, Julie Felix et Marianne Faithfull, tandis que divers guitaristes, dont Jimmy Page, Neil Young, Johnny Marr et Noel Gallagher ont reconnu son impact. Mais sa réputation ne repose pas uniquement sur la maestria de Jansch, sa beauté provient aussi de son lyrisme. **GSu**

The Byrds
Mr. Tambourine Man (1965)

Label | Columbia
Production | Terry Melcher
Direction artistique | Non créditée
Pays | États-Unis
Durée | 30:45

Lorsque la voix de Jim McGuinn – dont le ton se situe entre celui de John Lennon et de Bob Dylan – se mêle aux harmonies de Gene Clark et David Crosby ainsi qu'à la mélodieuse Rickenbacker à douze cordes de McGuinn sur *Mr. Tambourine Man*, les Byrds deviennent le premier groupe américain capable de rivaliser avec la suprématie artistique et commerciale des Beatles. Ils offrent aussi à Bob Dylan, le compositeur de la chanson, son premier tube international, lui inspirant l'envie de passer à la guitare électrique et de lancer le mouvement folk-rock.

L'album *Mr. Tambourine Man* comprend trois autres reprises de Dylan, dont *All I really want to do*. Il permet aussi de découvrir le talent extraordinaire du compositeur Gene Clark. On lui doit *I'll feel a whole lot better*, chanson des Byrds par excellence, reprise plus tard par Tom Petty. Clark est également l'auteur ou le coauteur de quatre autres morceaux, dont *You won't have to cry* et *Here without you*, odes d'amour tendres et poétiques.

Les Byrds rendent hommage à leurs racines folks avec le sublime *Bells of rhymney*, qui inspirera directement *If I needed someone* des Beatles. En forme de remerciement à Jackie De Shannon, leur championne, ils ont repris son *Don't doubt yourself, babe*, et se sont bizarrement intéressés à l'hymne de la Seconde Guerre mondiale de Vera Lynn, *We'll meet again*, de la bande originale de *Dr. Strangelove*, qu'ils jouaient souvent en concert.

Les guitares perçantes et les harmonies apaisantes des Byrds ont traversé le temps, inspirant d'innombrables groupes contemporains, Les Pretenders, les Smiths, Les Stone Roses, R.E.M. et Primal Scream, pour en nommer quelques-uns. **JoH**

▶II Liste des titres

▶	01 Mr. Tambourine Man (Dylan)	2:29
▶	02 I'll Feel A Whole Lot Better (Clark)	2:32
	03 Spanish Harlem Incident (Dylan)	1:57
▶	04 You Won't Have To Cry (Clark•McGuinn)	2:08
▶	05 Here Without You (Clark)	2:36
	06 The Bells Of Rhymney (Davies•Seeger)	3:30
▶	07 All I Really Want To Do (Dylan)	2:04
	08 I Knew I'd Want You (Clark)	2:14

09 It's No Use (Clark•McGuinn) 2:23
10 Don't Doubt Yourself, Babe (De Shannon) 2:54
11 Chimes Of Freedom (Dylan) 3:51
12 We'll Meet Again (Charles•Parker) 2:07

Bob Dylan
Highway 61 revisited (1965)

Label | Columbia
Production | Bob Johnston
Direction artistique | Non créditée
Pays | États-Unis
Durée | 51:34

Il faut remonter à la première du *Sacre du printemps* de Stravinsky, qui avait provoqué une émeute en 1913 au Théâtre des Champs-Élysées, pour trouver le genre de controverse qui a explosé lorsque Bob Dylan a branché sa guitare le 25 juillet 1965 au Festival de Newport. Mais les huées des puristes de la folk devaient disparaître parmi les acclamations qui se sont élevées lorsque Dylan a sorti *Highway 61 revisited*, un mois plus tard.

En passant du statut de chanteur folk à celui de rocker électrique, un processus qui a débuté en 1965 sur l'une des faces de *Bringing it all back home*, Dylan change les règles de la pop. Une chanson à succès comme *Like a Rolling Stone*, hymne tourbillonnant où l'orgue est omniprésent, n'est plus obligée de respecter une limite de trois minutes et seuls deux des neuf morceaux de l'album font moins de quatre minutes, l'impressionnant *Desolation Row*, le dernier, dépasse onze minutes.

Comprenant des chansons aussi travaillées que *Just like Tom Thumb's blues*, qui font table rase de la tradition folk des chants repris en chœur autour du feu, *Highway 61 revisited* est un immense succès, qui établit le jeune chanteur-compositeur comme la figure dominante du rock. La voix de Dylan, bien que rarement plus ardente ou plus puissante, n'est pas son atout principal. C'est ce qu'il dit qui compte, plutôt que sa façon de le dire – une autre révolution conceptuelle pour ce genre de musique. Bien que très discuté et critiqué comme jamais pour un album pop, *Highway 61 revisited* s'apprécie mieux hors de tout contexte, sur ses seuls mérites. Nul besoin d'un guide de référence littéraire pour apprécier la pure adrénaline de *Tombstone Blues* et de *From a Buick 6*. **JiH**

▶II Liste des titres

▶ 01 Like A Rolling Stone (Dylan) 6:13
▶ 02 Tombstone Blues (Dylan) 6:00
03 It Takes A Lot To Laugh, It Takes A Train To Cry (Dylan) 4:09
04 From A Buick 6 (Dylan) 3:19
▶ 05 Ballad Of A Thin Man (Dylan) 5:58
06 Queen Jane Approximately (Dylan) 5:31
▶ 07 Highway 61 Revisited (Dylan) 3:30
▶ 08 Just Like Tom Thumb's Blues (Dylan) 5:32
▶ 09 Desolation Row (Dylan) 11:22

The Who
My Generation (1965)

Label | Brunswick
Production | Shel Talmy
Direction artistique | Non créditée
Pays | Royaume-Uni
Durée | 36:13

Le premier album des Who, qui évoque aujourd'hui l'esprit d'une Carnaby Street n'ayant jamais existé en réalité, ne représente que superficiellement le style des Mods. En fait, *My generation* est le cri désespéré d'un jeune groupe qui se débat avec ses questions d'identité, tandis que des pontes de l'industrie l'exploitent sans relâche. Pour tenir, une seule certitude : sa terrible énergie et sa capacité à la canaliser dans des chansons renverseront le public. Après avoir essayé trois noms différents en trois ans, changé de personnel, de manager et de maison de disques, sorti un 45 tours qui a fait un flop (*I'm the face*, écrit par Pete Meaden, était censé les lier à la scène Mod), Daltrey, Townshend, Entwistle et Moon, le dernier arrivé, savent que leur album doit attirer l'attention.

S'étant assuré les services de Shel Talmy, producteur des Kinks (pour qui Townshend avait adapté *I can't explain*), le groupe enregistre une poignée de chansons de grande qualité. Parmi celles qui se détachent du lot, *My generation*, où Daltrey se joue d'un phrasé imitant le bégaiement dans des vers comme *Hope I die before I get old* (j'espère mourir avant de devenir vieux), et *I don't mind*, dont les riches harmonies vocales et le riff de guitare houleux sont en avance sur leur temps en termes de production. Ceci deviendra presque l'hymne d'une génération, *The Kids are alright*, dans lequel Townshend traite des rigueurs de la jeunesse (et pas pour la dernière fois).

Les Who sont peut-être devenus bien plus sophistiqués par la suite, mais c'est l'aspect brut de *My generation* qui en fait une référence. **JM**

▶II Liste des titres

	01 **Out In The Street** (Townshend)	2:32
▶	02 **I Don't Mind** (Brown)	2:33
	03 **The Good's Gone** (Townshend)	4:00
	04 **La-La-La-Lies** (Townshend)	2:18
	05 **Much Too Much** (Townshend)	2:45
▶	06 **My Generation** (Townshend)	3:21
▶	07 **The Kids Are Alright** (Townshend)	3:10
	08 **Please, Please, Please** (Brown•Terry)	2:46
	09 **It's Not True** (Townshend)	2:34
	10 **I'm A Man** (McDaniel)	3:23
	11 **A Legal Matter** (Townshend)	2:54
	12 **The Ox** (Entwistle•Hopkins•Moon•Townshend)	3:57

The Beatles
Revolver (1966)

Label | Parlophone
Production | George Martin
Direction artistique | Klaus Voorman
Pays | Royaume-Uni
Durée | 34:58

Les Beatles débordent alors de confiance en eux. On le voit bien sur la pochette mystérieuse, en noir et blanc, un dessin-collage créé par Klaus Voorman que les Beatles connaissent depuis Hambourg. On le voit aussi dans ce titre ambigu – tellement plus léger que ce qui avait pu être suggéré : *Abracadabra*, *Magic Circles* ou *Beatles on safari*. On la retrouve enfin dans les quatorze morceaux impeccables ou onze, si vous êtes américain en 1966, puisque Capital réserve *I'm only sleeping*, *And your bird can sing* et *Doctor Robert* à *Yesterday and today*.

Révolutionnaire à l'époque – « J'en ai marre, déclare McCartney, de créer des styles musicaux que les gens peuvent prétendre avoir déjà entendus ailleurs » –, *Revolver* résonne encore des décennies plus tard. *Earth wind and fire* a transporté la frime éclatante de *Got to get you into my life* à l'ère disco. Les Jam ont copié les riffs flamboyants de *Taxman* dans *Start !* et les Chemical Brothers ont fondé toute leur carrière sur *Tomorrow never knows*.

On cite *Revolver* comme l'album qui a marqué la séparation des Beatles. En effet, ils ont donné leur dernier concert payant quelques semaines seulement après sa sortie, alors que Lennon et McCartney n'écrivaient plus ensemble, et que Harrison débordait de ressentiment.

Le résultat final est cependant époustouflant, résumé par le seul 45 tours qu'on en tira, *Yellow Submarine/Eleanor Rigby* : d'un côté une chanson pour enfant qui nous survivra à tous, de l'autre une complainte sur fond de violons, qui même aujourd'hui ne ressemble pas à de la pop – qui, comme l'album dont elle provient, est tout simplement brillante. **BM**

▶II Liste des titres

	01 **Taxman** (Harrison)	2:38
▶	02 **Eleanor Rigby** (Lennon•McCartney)	2:08
	03 **I'm Only Sleeping** (Lennon•McCartney)	3:01
	04 **Love You To** (Harrison)	3:01
	05 **Here, There And Everywhere** (Lennon•McCartney)	2:26
▶	06 **Yellow Submarine** (Lennon•McCartney)	2:41

	07 She Said She Said (Lennon•McCartney)	2:37
	08 Good Day Sunshine (Lennon•McCartney)	2:10
	09 And Your Bird Can Sing (Lennon•McCartney)	2:01
	10 For No One (Lennon•McCartney)	2:02
	11 Doctor Robert (Lennon•McCartney)	2:15
	12 I Want To Tell You (Harrison)	2:30
	13 Got To Get You Into My Life (Lennon•McCartney)	2:31
▶	14 Tomorrow Never Knows (Lennon•McCartney)	2:57

The Beach Boys
Pet Sounds (1966)

Label | Capitol
Production | Brian Wilson
Direction artistique | Capitol Photo Studio • George Jerman
Pays | États-Unis
Durée | 36:19

Si *Rubber Soul* a constitué un moment essentiel pour les Beatles, marquant ainsi le début du périple psychédélique qu'ils devaient entreprendre, il a aussi aiguillonné Brian Wilson, le génie errant, figure centrale des Beach Boys. Inspiré par « chaque morceau [de *Rubber Soul*], très intéressant et stimulant au plan artistique », Wilson est allé enregistrer en studio *Pet Sounds*, un album qui égale et surpasse même celui des Fab Four.

Wilson a composé l'album en deux mois au début 1966, avec Tony Asher, un publiciste spécialisé dans les jingles. La teneur de l'album est radicalement différente de celle des précédents. Oubliés les hymnes simplistes, il laisse place à un style plus complexe, joyeux mais teinté d'émotions plus profondes et tourmentées.

Débutant par l'extraordinaire *Wouldn't it be nice*, une effusion de sentiments soutenue par de magnifiques strates de cuivres, percussions et sonnettes de bicyclettes, *Pet Sounds* transcende le style pop. Le talent de compositeur de Wilson, à la fois pour les paroles et pour la musique, transparaît dans toutes les chansons, depuis *I just wasn't made for these times* jusqu'à *Caroline no*, son morceau préféré sur cet album.

Après *Pet Sounds* (la photo a été prise au zoo de San Diego), Wilson commence à sombrer dans la folie. Déconcertés par ce nouveau style musical, de nombreux fans boudent l'album (comme Capitol qui ne le défend pas). Wilson va désormais devenir obsédé par sa quête du parfait album pop. Pendant ce temps-là, en Angleterre, les Beatles relèvent le défi que représente *Pet Sounds* en sortant *Sgt. Pepper's*… **SJac**

▶II Liste des titres

▶	01 Wouldn't It Be Nice (Wilson•Asher)	2:25
	02 You Still Believe In Me (Wilson•Asher)	2:34
	03 That's Not Me (Wilson•Asher)	2:30
▶	04 Don't Talk (Put Your Head On My Shoulders) (Wilson•Asher)	2:54
	05 I'm Waiting For The Day (Wilson•Love)	3:06
	06 Let's Go Away For A While (Wilson)	2:21
	07 Sloop John B (Trad. •Arr. Wilson)	3:00
▶	08 God Only Knows (Wilson•Asher)	2:52
	09 I Know There's An Answer (Wilson•Sachen)	3:11
	10 Here Today (Wilson•Asher)	2:55
	11 I Just Wasn't Made For These Times (Wilson•Asher)	3:15
	12 Pet Sounds (Wilson)	2:23
▶	13 Caroline No (Wilson•Asher)	2:53

Fred Neil
Fred Neil (1966)

Label | Capitol
Production | Nick Venet
Direction artistique | Non créditée
Pays | États-Unis
Durée | 37:56

Même s'il n'a que peu enregistré, Fred Neil est un personnage essentiel de la transition du folk au folk-rock. Né en Floride mais vivant à Greenwich Village, quartier bohème de New York, il a fait sensation dès son premier album, *Bleecker & MacDougal*, en 1965, avec John Sebastian (*The Lovin' Spoonful*) à l'harmonica.

Après avoir scandalisé les puristes du genre en mêlant des instruments acoustiques et électriques, Neil va ici encore plus loin avec sa synthèse révolutionnaire

de folk, rock et jazz, liée par des chansons hypnotiques et par sa voix de velours, basse et aux accents de miel.
Album dont l'écoute est obligatoire pour tout chanteur-compositeur, il ne contient aucun morceau superflu. Ceci dit, deux se détachent visiblement du lot. *Everybody's talkin'* est devenu un succès international grâce à la version plus rapide du grand Harry Nilsson dans *Midnight Cowboy*. *The Dolphins* touche par sa mélodie elliptique et pleine de désir, tandis que ses paroles allient écologie et philosophie. Ce morceau a été régulièrement repris par Tim Buckley, et son auteur a fait don de toutes ses royalties à des associations de protection des dauphins.
On dit que c'est Mama Cass Elliott, des Mamas and the Papas, qui, sous le nom d'UFO, chante les accompagnements de *Badi-Da*. L'humour noir de l'artiste apparaît dans le funky *That's the bag I'm in*, et *Sweet Cocaine*, dans le style du blues, observe sans juger. Le progressiste *Cynicrustpetefredjohn raga* forme une conclusion exotique, entraînée par le « bouzouki magique » de Cyrus Faryar et par une musique d'ensemble relâchée. **MA**

The Byrds
Fifth Dimension (1966)

Label | Columbia
Production | Jim Dickson • Allen Stanton
Direction artistique | Non créditée
Pays | États-Unis
Durée | 29:25

C'est au moment où leur popularité décline et où émergent des conflits de personnalité que les Byrds produisent leur meilleure œuvre. Gene Clark a fini par succomber aux pressions des tournées et a abandonné son rôle de compositeur principal du groupe, au début de l'année 1966. Forcés d'utiliser leur propre talent de compositeurs, David Crosby et Roger McGuinn ont alors commencé à trouver leur propre voix.
La fascination de McGuinn pour l'espace et la science-fiction se retrouve dans *Fifth dimension* et *Mr Spaceman*, plus country. Les solos sinueux de la guitare à douze cordes de McGuinn répondent aux songeries proto-hippies de Crosby dans *What's happening ?!!!*. La guitare de McGuinn crache le feu sur le superbe *I see you*, mélange de jazz, raga et rock, ainsi que sur l'extraordinaire *Eight Miles high*. Co-écrite avec Clark, cette chanson est un récit impressionniste et psychédélique du choc culturel qu'a subi le groupe durant sa tournée malheureuse au Royaume-Uni en 1965. L'écoute continue de Ravi Shankar et de John Coltrane pendant cette tournée a inspiré à McGuinn des solos de free-form, avec en fond la basse grondante de Hillman et la batterie pétillante de Clarke. Le morceau sera malheureusement soumis à un embargo aux États-Unis à cause de l'adjectif *High* (planant) dans le titre. Dès lors, les Byrds commencent à baisser au Top 50.
Tous les autres morceaux saluent les racines folk du groupe et même le rhythm and blues. Tout cela donne, il est vrai, un album inégal mais leur apogée est à venir. **RD**

Bob Dylan
Blonde on blonde (1966)

Label | Columbia
Production | Bob Johnston
Direction artistique | Non créditée
Pays | États-Unis
Durée | 71:00

De façon étrange, à la suite du concert « électrique » tristement célèbre du Free Trade Hall de Manchester, le 17 mai 1966 (baptisé à tort concert du « Royal Albert Hall » sur les copies piratées), deux personnes au moins revendiquent être la

voix qui traite Dylan de « Judas ». Il paraît étrange de se vanter de cette attaque puisque, rétrospectivement, elle est terriblement erronée.
Si *Highway 61*, sorti en 1965, constitue l'entrée en scène du rock'n'roll, cet album, qui suit six mois plus tard, n'est pas un simple approfondissement. Dylan fait don de son premier chef-d'œuvre à ce nouveau genre. Dans le blues déjanté de *Blonde on blonde*, on retrouve des diatribes et un désespoir de fin de soirée. Les chansons rock telles que *I want you* se transforment en un clin d'œil en ballades déchirantes comme *Visions of Johanna* ou passent à la mélancolie touchante de *Just like a woman*, tandis que la dernière, *Sad eyed lady of the Lowlands,* est un manifeste pour ceux qui se languissent d'amour.
Les observations poétiques de Dylan suggèrent qu'il mérite l'étiquette de « porte-parole d'une génération » pour son exploration des sentiments intimes d'une époque, plutôt que pour ses protestations politiques.
C'est le premier double album de ce genre et son succès a permis de faire une place à l'expérimentation, partie intégrante de l'attitude rock. Pas étonnant alors que la photo de la pochette soit floue. En 1966, Bob Dylan progresse si vite en termes de créativité que le reste du monde a du mal à le suivre. D'une certaine manière, il ne l'a jamais rattrapé. **PS**

The Monks
Black Monk Time (1966)

Label | Polydor
Production | Jimmy Bowien
Direction artistique | Non créditée
Pays | États-Unis
Durée | 28:01

Enregistré à la fin 1965, *Black Monk Time* est un sacré prétendant au titre de « premier album punk ». Et bien que cela puisse paraître vide de sens (la musique punk était un croisement, un mouvement de la contre-culture qui suivait la mode), le groupe semble bien plus normal aujourd'hui qu'il n'a dû l'être à l'époque.
Bien que les Monks n'aient jamais joué en dehors d'Allemagne (l'une des raisons de leur séparation a été leur répugnance à entreprendre une tournée controversée dans un Vietnam en guerre ; ce qu'ils voulaient vraiment, c'était jouer dans leur Amérique natale), ce groupe de cinq anciens soldats américains, tous habillés en moines, bénéficie d'une réputation établie et méritée dans certains milieux, presque entièrement fondée sur cet album exceptionnel (et sur des retrouvailles éphémères dans les années 1990).
L'orgue et un banjo électrique fait sur mesure sont rejoints ici par des instruments de rock traditionnels. Le premier morceau, *Monk Time*, est peut-être l'une des plus grandes fanfares célébrant le tapage jamais enregistrées. *I hate you* aurait sûrement été complètement à sa place dans *Bedazzled*, film culte des années 60. D'autres morceaux, comme *Boys are boys and girls are choice* et *Drunken Maria*, font référence à une musique plutôt folklorique. Est-ce là une attitude affectueuse, réprobatrice, ou cette musique a-t-elle simplement déteint sur ces pauvres soldats bercés d'illusions et loin de chez eux ? Le texte de la pochette, après tout, nous apprend que « les Monks ne croient en rien » [*sic*]. **DN**

The Kinks
Face to face (1966)

Label I Pye
Production I Shel Talmy
Direction artistique I Non créditée
Pays I Royaume-Uni
Durée I 38:31

Ray Davies n'aime pas la pochette du quatrième album des Kinks. « Je voulais qu'elle soit noire, en accord avec la force du style musical de l'album, et non avec toutes ces couleurs tape-à-l'œil. »
Face to face marque un changement d'approche de la part de Ray, de son frère Dave, guitariste, du batteur Mick Avory et du bassiste Pete Quaife. C'est la première fois qu'ils passent des mois sur un album, réalisant des enregistrements fractionnés. C'est aussi la fin de leur collaboration avec Shel Talmy dont les méthodes rudimentaires ne conviennent plus à des arrangements élégants.
Party Life démarre l'album dans un style rock familier, tandis que *Dandy* poursuit la satire d'un succès précédent, *Dedicated Follower of fashion*. Le reste est plus profond et plus sombre. Ray explore son état d'esprit fragile dans *Too much on my mind*, aux harpes omniprésentes ; *Sunny Afternoon*, qui se retrouvera au sommet du Top 50 anglais, fait flotter un sentiment de lassitude sur une ligne de basse magnifiquement descendante. *House in the country* et *Most Exclusive Residence for sale* correspondent à l'image qu'on a de cet album : un cycle de chansons sur la société britannique. Ce cliché cependant minimise la diversité de la musique et des paroles. *Holiday in Waikiki*, hommage à Chuck Berry, pleure la commercialisation d'Hawaï. *Fancy* est, lui, un morceau contemplatif monotone inspiré des ragas indiens, tandis que *Rainy Day in june* déborde de mystère et de tonnerre.

Face to face n'a pas été un grand succès, mais il annonce le début de la période classique des Kinks. Ces stars fougueuses du Top 50 offriront désormais des albums à multiples facettes. **MA**

▶II Liste des titres

▶	01 **Party Line** (Davies)	2:35
	02 **Rosy Won't You Please Come Home** (Davies)	2:34
▶	03 **Dandy** (Davies)	2:12
▶	04 **Too Much On My Mind** (Davies)	2:28
	05 **Session Man** (Davies)	2:14
▶	06 **Rainy Day In June** (Davies)	3:10
▶	07 **House In The Country** (Davies)	3:03
▶	08 **Holiday In Waikiki** (Davies)	2:52
▶	09 **Most Exclusive Residence For Sale** (Davies)	2:48
▶	10 **Fancy** (Davies)	2:30
	11 **Little Miss Queen Of Darkness** (Davies)	3:16
	12 **You're Lookin' Fine** (Davies)	2:46
▶	13 **Sunny Afternoon** (Davies)	3:36
	14 **I'll Remember** (Davies)	2:27

The Mamas and the Papas
If you can believe your eyes and ears (1966)

Label I RCA Victor
Production I Lou Adler
Direction artistique I Non créditée
Pays I États-Unis
Durée I 34:10

Le quartette constitué par Denny Doherty, Cass Elliott, Michelle Gilliam et son mari, John Phillips, chanteur-compositeur-guitariste, naît de la fusion de deux groupes de folk-rock, les Journeymen et les Mugwumps. Après s'être formé dans les îles Vierges, il déménage à Los Angeles en 1965, où ses harmonies vocales sublimes lui permettent de travailler avec Barry McGuire (*Eve of destruction*) et son manager, Lou Adler. Le premier succès du groupe est *California dreamin'*, vendu à plus d'un million d'exemplaires, un hymne à la gloire de la côte ouest américaine qui met en valeur leurs voix somptueuses et leurs merveilleuses harmonies. Suit *Mon-*

day, monday, disque d'or au sommet du Top 50 américain.
On retrouve ces deux chansons sur *If you can believe...* – leur premier album –, lui aussi disque d'or, qui s'est placé en tête du hit-parade américain. À côté de ces gros succès, on découvre des morceaux qui reflètent la quête de liberté individuelle caractéristique de l'époque (*Go where you wanna go*). Le dernier, *In the crowd*, est une satire sociale, reprise plus tard de façon mémorable par Foxy Music.
John Phillips est l'architecte du style musical du groupe, même si les musiciens qui l'accompagnent comprennent Hal Blaine à la batterie, Joe Osborn à la basse et Larry Knetchel aux claviers. L'incroyable talent de compositeur de Phillips est évident (il a aussi écrit *San Francisco* [*Flowers in your hair*]) mais il propose aussi diverses reprises innovantes, tels les morceaux *Do you wanna dance*, *Spanish Harlem*, et *I call your name*, qui sont des versions étincelantes grâce aux harmonies du groupe. **JT**

▶II Liste des titres

▶ 01 Monday, Monday (J. Phillips)	3:25
▶ 02 Straight Shooter (J. Phillips)	2:56
03 Got A Feelin' (Doherty•J. Phillips)	2:53
04 I Call Your Name (Lennon•McCartney)	2:36
▶ 05 Do You Wanna Dance (Freeman)	2:56
06 Go Where You Wanna Go (J. Phillips)	2:26
▶ 07 California Dreamin' (J. Phillips•M. Phillips)	2:38
▶ 08 Spanish Harlem (Leiber•Spector)	3:14
09 Somebody Groovy (J. Phillips)	3:14
10 Hey Girl (J. Phillips)	2:22
11 You Baby (Sloan•Barri)	2:19
12 The In Crowd (Page)	3:11

Paul Revere and the Raiders
Midnight Ride (1966)

Label | Columbia
Production | Terry Melcher
Direction artistique | Non créditée
Pays | États-Unis
Durée | 27:38

Y a-t-il un groupe plus calomnié que les Raiders ? Face au matraquage de toute une série de groupes beatnik britanniques, comme les Byrds et les Beach Boys, ils refusent de changer de style.
À une époque qui marque l'apogée de la musique pop, ils produisent une série de succès et jouent avec un brio unique, forgé pendant les années où ils se sont produits dans tous les clubs qui les acceptaient. Leur style punk dépouillé ne s'est jamais démodé et est aujourd'hui tout aussi cru qu'il y a quarante ans. Pourtant, ceux qui se souviennent encore d'eux les revoient généralement dans leurs costumes de la guerre d'indépendance, se livrant à leurs acrobaties et pitreries. Même les Monkees ont plus de crédibilité.
Mais en 1966, le grondement hargneux caractéristique de Mark Lindsay, chanteur principal sur *Louie, go home*, paraît encore aussi féroce que celui d'Eric Burdon des Animals ou de Van Morrison des Them, et influence fortement Roger Daltrey des Who. Musicalement, tout se combine parfaitement sur *Midnight Ride*, dont neuf morceaux sont des compositions originales du groupe. Les deux autres comptent parmi les plus grands singles des années 60. *Kicks* de Barry Mann et Cynthia Weill est une mise en garde contre la drogue. *I'm not your stepping stone,* classique garage de Tommy Boyce et Bobby Hart, sera plus tard repris par les Monkees, mais cette version-ci est celle qui inspirera la reprise des Sex Pistols.

Dans le genre pop-junk, on ne fait pas mieux. **DH**

▶II Liste des titres

▶	01 Kicks (Mann•Weill)	2:28
	02 There's Always Tomorrow (Levin•Smith)	2:39
	03 Little Girl In The 4th Row (Lindsay•Revere)	2:58
	04 Ballad Of A Useless Man (Levin)	2:08
▶	05 I'm Not Your Stepping Stone (Boyce•Hart)	2:31
	06 There She Goes (Lindsay•Revere)	1:47
	07 All I Really Need Is You (Lindsay•Revere)	3:27
	08 Get It On (Levin•Volk)	3:12
▶	09 Louie, Go Home (Lindsay•Revere)	2:41
	10 Take A Look At Yourself (Lindsay•Revere)	1:48
	11 Melody For An Unknown Girl (Lindsay•Revere)	1:59

The Mothers of invention
Freak out ! (1966)

Label | Verve
Production | Tom Wilson
Direction artistique | Jack Anesh
Pays | États-Unis
Durée | 60:05

Le groupe de Frank Zappa s'appelait simplement The Mothers quand la MGM s'est rendu compte de ce qu'elle avait entre les mains avec ce premier album. Sur le point de sortir *Freak out !*, deuxième double album du rock (*Blonde on blonde* de Dylan lui a juste soufflé la place), le label panique en imaginant la frayeur des disc-jockeys devant les implications du nom controversé du groupe. « Comme si c'était notre nom qui allait être le gros problème », a observé Zappa dans son autobiographie.

Provenant du cœur de la culture freak de la côte ouest, Zappa et son groupe signent un contrat avec Tom Wilson, producteur, et décident d'en mettre plein la vue dès leur première sortie. De plus, cet album possède véritablement un thème. « Chaque morceau a une fonction à l'intérieur d'un concept satirique général », a expliqué Zappa.

Who are the brain police ? résume joliment ce concept : une complainte anti-autoritaire qui donne la chair de poule et qui décrit la fusion des esprits comme des objets. À côté de morceaux étranges, on trouve des parodies de la pop pétillante, comme *Go cry on somebody else's shoulder*, pastiche doo-wop, juxtaposées à des chansons d'amour aux arrangements complexes telles que *How could I be such a fool ?* Les guitares psychédéliques et les riffs de blues brut emportent l'album sur un terrain plus profond dans la deuxième moitié : *Help, I'm a rock* distille l'essence freak et tout y devient abstrait ; *The return of the son of monster magnet*, la face 4 en entier, est un morceau sensationnel, expérimental et bruyant.

Freak out ! marque l'émergence d'un compositeur complexe et particulièrement stimulant qui passera son temps à dépasser les limites. **MBI**

▶II Liste des titres

	01 Hungry Freaks, Daddy (Zappa)	3:27
	02 I Ain't Got No Heart (Zappa)	2:30
▶	03 Who Are The Brain Police ? (Zappa)	3:22
▶	04 Go Cry On Somebody Else's Shoulder (Zappa)	3:31
	05 Motherly Love (Zappa)	2:45
	06 How Could I Be Such A Fool ? (Zappa)	2:12
▶	07 Wowie Zowie (Zappa)	2:45
	08 You Didn't Try To Call Me (Zappa)	3:17
	09 Any Way The Wind Blows (Zappa)	2:52
	10 I'm Not Satisfied (Zappa)	2:37
	11 You're Probably Wondering Why I'm Here (Zappa)	3:37
	12 Trouble Every Day (Zappa)	6:16
▶	13 Help, I'm A Rock (Zappa)	8:37
▶	14 The Return Of The Son Of Monster Magnet (Zappa)	12:17

The Rolling Stones
Aftermath (1966)

Label | Decca
Production | Andrew Loog Oldham
Direction artistique | Sandy Beach
Pays | Royaume-Uni
Durée | 53:58

Dans les années 60, tout est simple : les Beatles sont rangés du bon côté et les

Stones, du mauvais. En 1965, les Fabs font une musique plus profonde mais *Help !* mis à part, pas vraiment plus sombre. Les Stones, pendant ce temps, rugissent *Satisfaction* et *She said yeah*, deux titres qui apparaissent sur des albums, comme le délicieux *December's Children*, qui ne sont que des « fourre-tout » produits à la chaîne par leur manager, Andrew Loog Oldham. Par contraste, *Aftermath* est un vrai album, où les Stones explorent de nouveaux territoires dans des chansons expérimentales. *Lady Jane* est la plus surprenante : c'est une ballade élisabéthaine dont la délicatesse givrée se retrouvera dans les complaintes plus tardives des Stones. *Under my thumb* est extraordinaire, à la fois par son sexisme impérieux et son rythme de marimba. *Mother's Little Helper*, portrait de femmes au foyer, est embelli par le sitar – bien que, comme *Out of time*, *Take it or leave it* et *What to do*, il ne soit pas dans l'album sorti aux États-Unis. L'Amérique ne s'en sort pas mal et hérite du brillant *Paint it black*.

Jack Nitzshe – auteur, musicien et arrangeur novateur que Phil Spector a présenté aux Stones – et Brian Jones sont à l'origine de ces changements. Jones, se souvient Keith, « était tellement versatile » et « la guitare ne l'intéressait plus » – d'où le sitar et les marimbas. Les morceaux plus conventionnels ne déçoivent pas non plus. Le meilleur d'entre eux est le malicieusement grossier *Stupid Girl*.

Aftermath est le premier album des Stones entièrement composé d'originaux. C'est donc leur *Hard day's night*. Les Beatles et les Stones ont désormais mûri et le monde leur appartient. **BM**

▶II Liste des titres

	01 Mother's Little Helper (Jagger•Richard)	2:48
▶	02 Stupid Girl (Jagger•Richard)	2:57
▶	03 Lady Jane (Jagger•Richard)	3:11
▶	04 Under My Thumb (Jagger•Richard)	3:43
	05 Doncha Bother Me (Jagger•Richard)	2:42
	06 Goin' Home (Jagger•Richard)	11:16
	07 Flight 505 (Jagger•Richard)	3:29
	08 High And Dry (Jagger•Richard)	3:10
	09 Out Of Time (Jagger•Richard)	5:40
	10 It's Not Easy (Jagger•Richard)	2:57
	11 I Am Waiting (Jagger•Richard)	3:13
	12 Take It Or Leave It (Jagger•Richard)	2:48
	13 Think (Jagger•Richard)	3:10
	14 What To Do (Jagger•Richard)	2:34

Simon and Garfunkel
Parsley, Sage, Rosemary and Thyme (1966)

Label I Columbia
Production I Bob Johnston
Direction artistique I Non créditée
Pays I États-Unis
Durée I 28:30

Alors que Simon et Garfunkel s'apprêtaient à enregistrer leur premier grand album, le monde était en crise. De fait, c'est précisémment la tension entre ce sentiment de tragédie imminente et l'insistance de Simon à montrer son côté affectif qui en fait une œuvre aussi durable. Alors que leur disque précédent, *Sounds of silence*, était sorti dans la précipitation car leur label avait à tout prix cherché à faire du profit sur la chanson-titre, Simon a insisté cette fois-ci pour avoir un contrôle total. Ceci explique une production remarquablement détaillée, réalisée avec Roy Halee, fantastique ingénieur du son. Leur travail méticuleux est évident dès le premier morceau, *Scarborough Fair/canticle*, un chef-d'œuvre pop très élaboré, qui pourrait rivaliser avec n'importe quelle création de Brian Wilson. La gamme de chansons qu'il crée pour *Parsley*... le révèle alors comme l'un des auteurs-compositeurs les plus doués de l'époque, depuis *For Emily, whenever I may find her*, morceau magnifique chanté par Garfunkel, jusqu'à *Homeward Bound*, peut-être la plus belle chanson jamais écrite concernant la vie d'un musicien sur la route. L'ennui littéraire de *The*

Dangling Conversation est parfait, tandis que *A simple desultory philippic*, rock caustique, est toujours évocateur aujourd'hui, même si bon nombre de ses cibles n'inspirent plus le même dédain qu'à l'époque. Le dernier morceau est une version harmonieuse de *Silent Night* (Douce Nuit) avec en fond sonore un journal radio annonçant la mort de Lenny Bruce et l'intensification de la guerre au Vietnam. **AG**

▶II Liste des titres

▶ 01 Scarborough Fair/Canticle (Garfunkel•Simon) 3:10
02 Patterns (Simon) 2:45
03 Cloudy (Simon) 2:21
▶ 04 Homeward Bound (Simon) 2:29
05 The Big Bright Green Pleasure Machine (Simon) 2:47
06 The 59th Street Bridge Song (Feelin' Groovy) (Simon) 1:53
07 The Dangling Conversation (Simon) 2:37
08 Flowers Never Bend With The Rainfall (Simon) 2:10
09 A Simple Desultory Philippic (Or How I Was Robert McNamara'd Into Submission) (Simon) 2:19
▶ 10 For Emily, Whenever I May Find Her (Simon) 2:05
11 A Poem On The Underground Wall (Simon) 1:52
12 7 O'Clock News/Silent Night (Simon) 2:02

The 13th Floor Elevators
The Psychedelic Sounds of the 13th floor elevators
(1966)

Label | International Artists
Production | Lelan Rogers
Direction artistique | John Cleveland
Pays | États-Unis
Durée | 35:43

Originaires d'Austin au Texas, les Elevators avaient déjà joué en concert à San Francisco avant que le mouvement psychédélique n'y prenne de l'importance. Il a ensuite fallu les menacer de rupture de contrat pour les amener à enregistrer ce qui allait être le premier album d'acid rock. Étonnamment, il s'est bien vendu à l'époque, en partie grâce au succès du single *You're gonna miss me*, au sarcasme garage classique, et qui a atteint la 55e place du hit-parade.

Faisant ouvertement la promotion des hallucinogènes sur la pochette, le groupe ne gagnera jamais l'affection des autorités ; les policiers texans en viendront même à démonter le matériel pour y chercher de la drogue. « La quête de la santé mentale constitue le point de départ des chansons de cet album », selon le dos de la pochette, mais le genre de rock garage et de rhythm and blues que l'on trouve ici est tout sauf sain d'esprit. *Reverberation (Doubt)* et *Tried to hide* sont des morceaux de rock intense, tandis que *Roller Coaster* et *Fire Engine* ont un aspect sombre qui donne le frisson, avec des sonorités tranchantes et électriques qui confèrent à l'ensemble une atmosphère magnifiquement bancale.

Les Elevators ont rapidement disparu, et Erickson poursuit depuis une carrière irrégulière en solo, brillante par intermittence. La légende de ce groupe est toujours aussi florissante, en partie grâce aux reprises de groupes comme Spacemen 3, et surtout Primal Scream, avec sa version mémorable de *Slip inside this house* sur *Screamadelica*. **AET**

▶II Liste des titres

▶ 01 You're Gonna Miss Me (Erickson) 2:31
▶ 02 Roller Coaster (Erickson•Hall) 5:08
03 Splash 1 (Erickson•Hall) 3:57
▶ 04 Reverberation (Doubt) (Erickson•Hall •Sutherland) 2:51
05 Don't Fall Down (Erickson•Hall) 3:03
▶ 06 Fire Engine (Erickson•Hall•Sutherland) 3:23
07 Thru The Rhythm (Hall•Sutherland) 3:10
08 You Don't Know (How Young You Are) (St. John) 2:59
09 Kingdom Of Heaven (St. John) 3:11
10 Monkey Island (St. John) 2:40
▶ 11 Tried To Hide (Hall•Sutherland) 2:50

John Mayall's Blues Breakers
John Mayall's Blues Breakers with Eric Clapton
(1966)

Label I Decca
Production I Mike Vernon
Direction artistique I Decca Publicity Art Department
Pays I Royaume-Uni
Durée I 37:06

À l'époque de la sortie de *John Mayall's Blues Breakers with Eric Clapton*, des graffitis proclamaient dans Londres « Clapton est un Dieu ». Tous ceux qui pourraient douter du talent de Clapton comme joueur de blues devraient écouter cet enregistrement de 1966, qui a littéralement enflammé la scène britannique.
Clapton venait de quitter les Yardbirds, dont le style correspondait aux critères du Top 50, à la recherche d'un groupe de puristes. Il a trouvé en Mayall à la fois un leader qui partageait ses goûts et une figure de père.
En studio, avec John McVie, bassiste, et Hughie Flint, batteur, l'objectif était de reproduire l'énergie des concerts. On le sent dès le premier morceau, reprise fervente d'une chanson d'Otis Rush, *All your love*, qui déménage avec ses guitares aux phrases musicales fragmentées.
Le morceau suivant, *Hideaway*, offre un aperçu inoubliable du jeu de Clapton. Sur cette version instrumentale du classique de Freddie King, le jeune guitariste offre une interprétation impressionnante, avec passion et assurance. Il brille aussi dans *Steppin' out*, un boogie affilé comme une lame de couteau.
Mayall ne contribue pas moins au succès de l'album. Ses chansons originales, comme *Little Girl* et *Key to love*, incarnent les jubilatoires années 60, sans faire aucun cadeau à la pop et demeurent complètement ancrées dans la tradition du blues. L'estuaire de la Tamise est à des milliers de kilomètres du delta du Mississippi, mais *Blues Breakers with Eric Clapton* a considérablement réduit les distances. **JDI**

▶II Liste des titres

▶ 01 **All Your Love** (Dixon•Rush)	3:35
▶ 02 **Hideaway** (King•Thompson)	3:14
▶ 03 **Little Girl** (Mayall)	2:33
04 **Another Man** (Trad. arr. Mayall)	1:44
05 **Double Crossing Time** (Clapton•Mayall)	3:00
06 **What'd I Say** (Charles)	4:26
▶ 07 **Key To Love** (Mayall)	2:05
08 **Parchman Farm** (Allison)	2:21
09 **Have You Heard** (Mayall)	5:54
10 **Ramblin' On My Mind** (Trad., arr. Johnson)	3:07
▶ 11 **Steppin' Out** (Frazier)	2:27
12 **It Ain't Right** (Jacobs)	2:40

The Yardbirds
The Yardbirds (1966)

Label I Columbia
Producteurs I Divers
Direction artistique I Chris Dreja
Pays I Royaume-Uni
Durée I 33:10

En août 1966, les Yardbirds sortent leur premier album de studio avec Jeff Beck, qui a pris la place d'Eric Clapton, offrant au groupe des solos de guitare incendiaires. Ce disque a été retardé par de longues tournées en Europe et en Amérique, où les Yardbirds sont devenus l'une des influences principales des innombrables groupes garages et psychédéliques. L'album est finalement écrit et enregistré en une semaine à peine à Londres.
The Yardbirds (alias Roger The Engineer) mêle un blues explosif à un univers psychédélique, au feedback et au chant grégorien, pour un effet très réussi. Anticipant le blues-rock de Cream et Led Zeppelin, le torride *Lost Woman*, *The Nazz are blue* et

Rack my mind sont de fougueux tours de force à partir de riffs et licks de blues traditionnels (respectivement, *Someone to love me* de Snooky Pryor, *Dust my broom* d'Elmore James et *Baby scratch my back* de Slim Harpo). Ils démontrent, par la même occasion, le talent incroyable de Jeff Beck (même son solo d'une seule note soutenue est excitant dans *The Nazz are blue*). Le single à succès, *Over, under, sideways, down*, est basé sur la ligne de basse de *Rock around the clock*, et arrive pourtant à paraître complètement futuriste grâce à la guitare sinueuse de Beck, à la structure hachée de la chanson et à des exclamations qui soulèvent les masses.
Les rééditions de l'album incluent le spectaculaire *Happening ten year time ago*, qui réunit un duo de rêve, Beck et Jimmy Page, tout comme le titre *Psy Daisies* sur la deuxième face de l'album. **JoH**

Nina Simone
Wild is the wind (1966)

Label | Philips
Producteurs | Divers
Direction artistique | Non créditée
Pays | États-Unis
Durée | 39:07

Nina Simone pouvait chanter le blues aussi bien que Billie et le jazz aussi bien qu'Ella. Mais le fait qu'elle a conservé le même style au fil du temps a constitué un véritable obstacle à sa carrière, poussant même de nombreux critiques à la sous-estimer. Au milieu des années 60, elle avait malgré tout prouvé qu'elle était tout aussi à l'aise dans l'univers du jazz de Broadway, du gospel, de la pop et de la folk, produisant ainsi sa part de musique gratifiante mais aussi parfois déconcertante.
Assemblé à partir d'enregistrements publics ou radio de 1964 et 1965, *Wild is the wind* est l'un des meilleurs exemples de la façon dont l'éclectisme de Simone pouvait produire un manifeste musical cohésif. L'album fait preuve d'un registre stupéfiant, les onze morceaux nous faisant zigzaguer entre styles et émotions pour une découverte toujours convaincante.
Simone montre son aspect le plus joyeux avec *I love your lovin' ways*, chanson de bastringue qui rend le sombre *Four Women* encore plus dévastateur. Cette chanson, qui raconte les épreuves de quatre femmes noires, bouillonne d'une rage à peine maîtrisée qui colorera plus tard une grande partie de son œuvre, devenue plus politique.
Why keep on breaking my heart et *Either way I Lose* semblent avoir été conçues pour satisfaire le grand public qui avait fait de son *I love you Porgy*, écrit par Gershwin, l'un des succès importants de 1959. Son tour de force est la chanson-titre, qui dure presque sept minutes, véritable ode à l'amour merveilleusement indulgente et qui compte parmi les plus belles de Nina Simone. **JiH**

Astrud Gilberto
Beach Samba (1967)

Label | Verve
Production | Creed Taylor
Direction artistique | David Krieger
Pays | Brésil
Durée | 38:58

Qui peut résister à un album dont les premières paroles sont « Reste… et nous transformerons la musique en sexe », l'invitation d'Astrud Gilberto sur *Beach Samba* en 1967 ?
Autrefois mariée à João Gilberto, Astrud avait rejoint les hit-parades pop en chantant de sa voix gémissante les paroles anglaises du *Girl from Ipanema*, enregistré par Stan Getz. Malgré son registre limité, elle a travaillé entre 1963 et 1967 jusqu'à

arriver à une voix très sensuelle, et à se transformer en une artiste à l'identité vocale originale.
Collaborant avec le producteur Creed Taylor et les arrangeurs Eumir Deodato et Don Sebesky, le répertoire d'Astrud sur *Beach Samba* est un mélange de mélodies brésiliennes traduites en anglais et de musique folk américaine aux parfums de bossa nova ou de samba.
Stay a été arrangé par Deodato et écrit par Gayle Caldwell, à qui l'on doit aussi *Cycles*, un gros succès de Sinatra ; la présence d'Hubert Laws, flûtiste, sur ce morceau et sur d'autres ajoute un certain éclat aux orchestrations. Sebesky, qui a arrangé *Misty Roses* de Tim Hardin, a produit un chef-d'œuvre avec cors, cordes et harpes.
Astrud maîtrise joliment le tout d'un bout à l'autre. Elle est incroyablement rafraîchissante sur *Canoeiro de Donato*, une mélodie contagieuse et sans paroles, tandis que *You didn't have to be so nice* est un charmant duo avec son fils Marcello, alors âgé de 6 ans.
Aucune aspérité ici, juste de la musique d'ambiance douce, dans un album qui montre l'empreinte indélébile qu'elle a laissée dans le monde entier comme la petite chanteuse brésilienne d'à côté. **JCV**

Nico
Chelsea Girl (1967)

Label | Polydor
Production | Tom Wilson
Direction artistique | Non créditée
Pays | Allemagne
Durée | 45:36

Célèbre pour sa collaboration au Velvet Underground ainsi que pour sa liste d'amants (Jim Morrison, Iggy Pop et Brian Jones…), Nico a finalement décidé de se lancer en solo avec *Chelsea Girl* (d'après le film d'Andy Warhol où elle apparaissait). Les chansons proviennent de certains des meilleurs auteurs-compositeurs de l'époque, dont Bob Dylan, Tim Hardin, Jackson Browne (encore inconnu, adolescent et amant de Nico), et Lou Reed, Sterling Morrison et John Cale du Velvet Underground. (Les trois Velvets l'accompagnent aussi ici.) Même si elle n'a pas composé elle-même les morceaux, *Chelsea Girl* confirme largement l'originalité et le potentiel de Nico.
Sa voix magique est austère et pourtant fascinante ; les arrangements, légers et sans prétention, utilisent la flûte, l'alto électrique, le marimba, la guitare, le violoncelle et l'harmonium. Les morceaux possèdent une qualité envoûtante et séduisante, particulièrement le serein et évocateur *These Days/I'll keep it with mine*. Ailleurs, le morceau-titre de Reed et Morrison fait référence à la scène de la New York Factory d'Andy Warhol.
Le public n'était pas prêt à accueillir les chefs-d'œuvre expérimentaux de Nico et leur ambiance mélancolique : l'album n'a pas fait grande impression à sa sortie. Mais sa beauté sauvage a fasciné les générations suivantes, ainsi que l'œuvre provocatrice de Nico, plus tard avec John Cale : Patti Smith a chanté ses louanges, Siouxsie Sioux la voulait en première partie. Deux morceaux de cet album font partie de la bande originale de la comédie de Wes Anderson, *The Royal Tenenbaums*. **MBo**

The Beatles
Sgt. Pepper's Lonely Hearts Club Band (1967)

Label | Parlophone
Production | George Martin
Direction artistique | Peter Blake
Pays | Royaume-Uni
Durée | 39:50

Retournez avec nous en 1967, lorsque les fans des Fabs, qui avaient tenu bon malgré *Rubber Soul* et *Revolver*, allaient être récompensés par une fantaisie musicale. *Sgt. Pepper...* a passé quinze semaines au sommet du hit-parade, et était encore dans les cinq premiers lorsque *Magical Mystery Tour* s'est placé à la 1re place six mois plus tard.

En effet, il était d'avant-garde. Depuis les premières notes enthousiastes de McCartney, jusqu'au kaléidoscopique *Lucy in the sky with diamonds* de Lennon, et à l'époustouflant *A day in the life* du duo, chacune d'entre elles est un vrai bijou.

Malgré l'omission de *Strawberry Fields forever* – le single qui sert de passerelle entre *Revolver* et *Sgt. Pepper...* –, l'album reflète tous les éléments de l'univers psychédélique : la philosophie orientale (*Within you without you* de Harrison) et les allusions à la drogue (si Lennon a nié les connotations de *Lucy*, McCartney, lui, les a reconnues pour *Fixing a hole*).

Les références au pop art de *Sgt. Pepper...* sont évidentes sur la célèbre couverture. Peter Blake, le graphiste, l'a conçue comme une boîte cadeau, mais a finalement accepté que l'on y glisse des découpages en carton.

L'impact de l'album a été sans précédent. Kenneth Tynan, critique du *Times*, l'a décrit comme « un moment décisif de l'histoire de la civilisation occidentale ». Cette hyperbole n'est plus d'actualité, mais il reste une musique pop parfaite dont l'ambition et la mélodie tournoient ensemble à jamais. **BM**

▶II Liste des titres

▶	01 Sgt. Pepper's Lonely Hearts Club Band (Lennon•McCartney)	2:02
▶	02 With A Little Help From My Friends (Lennon•McCartney)	2:44
▶	03 Lucy In The Sky With Diamonds (Lennon•McCartney)	3:29
	04 Getting Better (Lennon•McCartney)	2:48
	05 Fixing A Hole (Lennon•McCartney)	2:36
▶	06 She's Leaving Home (Lennon•McCartney)	3:35
	07 Being For The Benefit Of Mr. Kite (Lennon•McCartney)	2:37
	08 Within You Without You (Harrison)	5:06
	09 When I'm Sixty-Four (Lennon•McCartney)	2:37
	10 Lovely Rita (Lennon•McCartney)	2:42
	11 Good Morning, Good Morning (Lennon•McCartney)	2:42
	12 Sgt. Pepper's Lonely Hearts Club Band (Reprise) (Lennon•McCartney)	1:19
▶	13 A Day In The Life (Lennon•McCartney)	5:33

Country Joe and the Fish
Electric Music for the mind and body (1967)

Label | Vanguard
Production | Samuel Charters
Direction artistique | Non créditée
Pays | États-Unis
Durée | 44:03

Activiste de gauche avant et après une brève incursion dans la marine, Joe McDonald était étudiant quand il est arrivé à San Francisco, mais il a rapidement intégré la scène folk et le groupe Instant Action Jug Band (alias Country Joe and the Fish pour cet enregistrement, un nom qui évoque Staline et Mao). Ce n'est que pendant l'été 1966 que le groupe a commencé à remplacer ses instruments folk par des guitares électriques, et son deuxième 45 tours double durée l'a rendu suffisamment célèbre pour qu'il puisse signer avec Vanguard, label folk et classique, basé à New York, qui avait assisté à la transformation de son rival, Elektra, en une maison rock crédible.

San Francisco est un foyer de radicalisme étudiant, excité par la drogue et la politique. Sur le plan musical, l'univers psychédélique en était à ses débuts, peu de groupes étant conscients des perspectives qu'amènerait 1967. Cet album a ouvert la voie pour tout ce qui suivrait au cours des deux années suivantes – même si le label a insisté pour ne pas inclure l'une des chansons du groupe les plus appréciées en concert, *I feel like I'm fixin' to die rag*.

Empreint d'humour caustique et de grooves acides, *Electric Music* est l'un des objets les plus fédérateurs de la génération hippie. Les guitares alternent mélodies apaisantes et sons explosifs. Les paroles sont des attaques satyriques contre Lyndon Johnson (*Superbird*) ou des épopées épiques traitant de la drogue sans complaisance (*Bass Strings*). C'est à la fois du blues, du folk et du rock. Dans son sillage, l'état d'esprit du pays, de sa jeunesse et de sa musique changeront. Exploit non négligeable. **DH**

▶ II Liste des titres

	01 Flying High (McDonald)	2:41
▶	02 Not So Sweet Martha Lorraine (McDonald)	4:24
	03 Death Sound Blues (McDonald)	4:26
	04 Porpoise Mouth (McDonald)	2:51
▶	05 Section 43 (McDonald)	7:26
▶	06 Superbird (McDonald)	2:07
	07 Sad And Lonely Times (McDonald)	2:26
	08 Love (McDonald•Melton•Cohen Barthol•Gunning•Hirsch)	2:24
▶	09 Bass Strings (McDonald)	5:03
	10 The Masked Marauder (McDonald)	3:12
▶	11 Grace (McDonald)	7:03

Buffalo Springfield
Buffalo Springfield again
(1967)

Label I Atco
Production I Buffalo Springfield • Jack Nitzsche
Direction artistique I Loring Eutemey
Pays I États-Unis
Durée I 33:10

Buffalo Springfield comprenait trop de compositeurs-interprètes pour pouvoir survivre. Le groupe est devenu célèbre avec *For what it's worth*, cliché merveilleusement discret de cette époque turbulente, écrit par Stephen Stills, et se classe parmi les dix meilleures ventes en 1967. Lorsque ce deuxième album sort, Stills et Young se sont engagés dans une rivalité acharnée, écartant peu à peu Furay. C'est désormais moins un groupe qu'une série de personnalités, chacune concentrant son attention sur ses propres chansons – à l'exception de *Good Time Boy*, écrit par Furay pour permettre à Dewey Martin, le batteur, de chanter. Plusieurs morceaux offrent des indices sur leurs orientations musicales futures : *Expecting to fly* et *Broken arrow* offrent des paysages musicaux aux orchestrations ambitieuses, de Young et Jack Nitzsche. Ce dernier collaborera plus tard avec le chanteur sur plusieurs projets solos, dont *Harvest*. *Everydays*, *Bluebird* et *Rock and Roll Woman* sont caractéristiques du style que développera Stills – des voix puissantes accompagnées de guitares acoustiques éclatantes et claires, et de guitares électriques âpres. Cette fusion de folk-rock et de racines country avec un style rock plus dur aura beaucoup d'influence sur les groupes rock de la côte ouest de la génération suivante, et tout particulièrement sur les Eagles.
Le dos de la pochette comprend des remerciements aux « amis, ennemis et personnes que nous ne connaissons ni d'Eve ni d'Adam ». Le premier nom de la liste ? Hank B. Marvin, guitariste principal des Shadows, groupe instrumental anglais. **JT**

▶ II Liste des titres

▶	01 Mr. Soul (Young)	2:35
	02 A Child's Claim To Fame (Furay)	2:09
▶	03 Everydays (Stills)	2:38
▶	04 Expecting To Fly (Young)	3:39
▶	05 Bluebird (Stills)	4:28
	06 Hung Upside Down (Stills)	3:24
	07 Sad Memory (Furay)	3:00
	08 Good Time Boy (Furay)	2:11
▶	09 Rock And Roll Woman (Stills)	2:44
▶	10 Broken Arrow (Young)	6:13

Captain Beefheart and his magic band
Safe as milk (1967)

Label | Buddah
Production | Bob Krasnow • Richard Perry
Direction artistique | Tom Wilkes
Pays | États-Unis
Durée | 35:40

Après avoir enregistré un temps pour A&M, Beefheart a signé chez Buddah, le label de Bob Krasnow, avec dans la poche toutes les chansons « négatives » que Jerry Moss avait refusé de sortir chez A&M.

Le look propret du capitaine et de son équipage ne paraît peut-être plus aussi révolutionnaire aujourd'hui, mais en 1965 et 1966, alors que le rhythm and blues britannique régnait sur la scène underground américaine et que les Beatles et Tamla dominaient les ondes, *Safe as milk* était un must pour les branchés.

Contre toute attente, la production pop de Krasnow et Perry, alliée à la vision singulière de Beefheart, a eu un effet bœuf. Le capitaine visait le succès commercial et avait chargé Herb Bermann, bassiste et auteur-compositeur, de perfectionner quelques chansons, pendant que Ry Cooder, membre à l'époque des Rising Sons, offrait ses arrangements. Milt Jackson, vibraphoniste de jazz, et les futurs piliers de Magic Band, Alex St. Clair et John French, complétaient le noyau de ce groupe mêlant blues du Delta, jazz, musique psychédélique, rhythm and blues et rock-folk américain traditionnel des années 60.

Les bijoux abondent, depuis l'émerveillement enfantin de *Yellow Brick Road* jusqu'au dédaigneux *Dropout Boogie*. *I'm glad* est de la soul pure, *Autumn's Child*, une symphonie acid ambitieuse. Et d'un bout à l'autre, la voix usée de Beefheart – un loup hurlant une poésie surréaliste. L'album qui en résulte est un hybride équilibré, voire adapté à la radio qui laissait aussi deviner ce qui allait suivre – *Trout Mask Replica*. **JG**

▶II Liste des titres

	01 Sure 'Nuff 'N Yes, I Do (Bermann•Van Vliet)	2:10
▶	02 Zig Zag Wanderer (Bermann•Van Vliet)	2:35
	03 Call On Me (Van Vliet)	3:10
▶	04 Dropout Boogie (Bermann•Van Vliet)	2:20
	05 I'm Glad (Van Vliet)	3:22
▶	06 Electricity (Bermann•Van Vliet)	3:00
	07 Yellow Brick Road (Bermann•Van Vliet)	2:50
	08 Abba Zaba (Van Vliet)	3:35
	09 Plastic Factory (Bermann•Handley•Van Vliet)	3:00
	10 Where There's Woman (Bermann•Van Vliet)	2:05
	11 Grown So Ugly (Williams)	2:22
▶	12 Autumn's Child (Bermann•Van Vliet)	4:35

Moby Grape
Moby Grape (1967)

Label | Columbia
Production | David Rubinson
Direction artistique | Non créditée
Pays | États-Unis
Durée | 33:11

L'arrogance de leur maison de disques, les entourloupes du monde du rock'n'roll et un manque de chance ont vu la fortune de Moby Grape démarrer en trombe et s'effondrer en une année. Mais leur premier album est très réussi.

Ancien membre du groupe Jefferson Airplane (il a écrit *My Best Friend* sur *Surrealistic Pillow*), Skip Spence, avec son ex-manager, Matthew Katz, décide de reformer un groupe autour de ce génie non conformiste. Les quatre qu'ils trouvent (Jerry Miller et Peter Lewis à la guitare, Don Stevenson à la batterie et Bob Mosley à la basse), tous compositeurs compétents et interprètes talentueux, vont bientôt faire grand bruit à San Francisco.

Leur premier album éponyme (réalisé pour 11 000 dollars) aurait dû en faire le prochain grand groupe américain. *Hey*

Grandma abonde en harmonies exubérantes et guitares stridentes. Sur *Fall on you* de Lewis, on retrouve une voix impérieuse, un solo de guitare fluide et une batterie pressante. Depuis le son acoustique de *8.05* jusqu'au chaleureux *Come in the morning* et à *Omaha*, de Spence, qui laisse abasourdi, ces chansons sont pleines de tonus et de joie. Dès lors, comment ont-ils échoué ?
Pour commencer, la Columbia sort cinq des morceaux en singles en même temps – éliminant ainsi toute possibilité d'entrer au hit-parade. Puis trois membres du groupe sont arrêtés pour possession de marijuana et relations avec mineures. Stevenson faisait de plus clairement un geste injurieux sur la pochette (la Columbia a retouché le doigt coupable par la suite). Mais oubliez tout ça : c'est l'un des meilleurs groupes de 'Frisco. **RD**

Love
Da Capo (1967)

Label I Elektra
Production I Paul Rothchild
Direction artistique I William S. Harvey
Pays I États-Unis
Durée I 36:16

Lorsque Jack Holzman, le fondateur d'Elektra, est allé voir jouer Love à Los Angeles, il est arrivé à temps pour voir sa première partie, les Doors. Cet événement a probablement à lui seul décidé du sort de Love en tant que groupe culte – plutôt que grand public – même si quarante ans plus tard, Arthur Lee, leur leader, est plus populaire que jamais et réalise plus de tournées que le groupe ne l'a jamais fait.
Da Capo est le deuxième album du groupe, et on a considéré à l'époque audacieux de consacrer la face 2 à un seul morceau. *Revelation*, apparemment intitulé à l'origine *John Lee Hooker*, dure plus longtemps que tous les autres morceaux réunis, et, sincèrement, ne mérite d'être écouté qu'une fois.
Heureusement, les six premiers morceaux compensent largement ceci. On remarquera particulièrement le grisant *Stephanie knows who*, au tempo changeant, *Orange Skies* de Bryan MacLean (autrefois roadie pour les Birds, mais rappelant ici plus le théâtre de Broadway qu'Hollywood Boulevard), et *Seven and seven is*. Ce dernier a nécessité plus de cinquante prises, Lee et « Snoopy » Pfisterer devant alterner à la batterie. Mais c'est une réussite qui s'est retrouvée au hit-parade américain. Il est suivi d'une intro à la guitare acoustique d'une grande douceur, sur *The Castle*.
Le contraste entre la beauté subtile de la première moitié et les excès de *Revelation* en font l'un des albums les plus fous jamais enregistrés. **JT**

The Beau Brummels
Triangle (1967)

Label I Warner Bros.
Production I Lenny Waronker
Direction artistique I Ed Thrasher
Pays I États-Unis
Durée I 26:08

Les Beau Brummels de San Francisco sont surtout célèbres pour leur succès folk-rock de 1963, *Laugh laugh*, qui singe la musique britannique. Leur quatrième album est un vrai classique oublié – mélange de folk-rock et de country, qui tient toujours la route comparé à certains de leurs contemporains qui ont vendu plus de disques.
Leur album précédent, *Beau Brummel's 66*, était entièrement composé de reprises quelque peu ternes, ce qui avait poussé le batteur, John Peterson, à les quitter pour Harper's Bizarre. La tournée du groupe étant annulée à cause des problèmes

de diabète du guitariste, Ron Elliott, ses membres décident de consacrer leur liberté à l'exploration de nouvelles technologies d'enregistrement en studio. Ils ont pour cela été aidés par Lenny Waronker, producteur : celui-ci est alors en train de s'imposer chez Warner Bros et milite pour un contrôle artistique maximum de la part des groupes du label.

C'est là leur meilleur album. Le talent d'auteur-compositeur d'Elliott s'est développé au-delà des limites des deux minutes formatées pour les hit-parades, tandis que la voix de Sal Valentino commence à acquérir un aspect nasal et rustique qui contraste merveilleusement avec des arrangements mystérieux, comprenant cordes, accordéon et clavecin (ce dernier instrument se trouve sur *Magic Hollow*). Elliott le considérait comme « une sorte de saute d'humeur vers un monde qui nous entourait à l'époque… la musique est devenue très éthérée, mystique et mystérieuse ». Malgré des critiques dithyrambiques, *Triangle* n'a atteint que la 197e place du hit-parade. **PL**

The Monkees
Headquarters (1967)

Label | RCA Victor
Production | Douglas Farthing Hatlelid
Direction artistique | Non créditée
Pays | Royaume-Uni • États-Unis
Durée | 36:14

Les Monkees, le premier groupe jamais fabriqué de toute pièce pour un programme télé, en avaient assez que les hippies les traitent de guignols : ils voulaient être un vrai groupe de rock. Aussi renvoient-ils leur directeur musical, Dan Kirshner, et se prennent-ils en charge. « Tout ça vient de nous », déclaraient-ils sur la pochette, où l'on trouve aussi la liste de tous les instruments dont ils jouent sur cet album.

Leur réinvention n'est cependant pas totale : les Monkees ont écrit sept des chansons (huit en vérité : les royalties de *No time* ont été cédées à un ami), et deux d'entre elles ne sont que des parodies. Tommy Boyce et Bobby Hart, qui avaient écrit (*Theme From*) *The Monkees,* ont apporté trois chansons. Mais le génie de *Headquarters* réside dans son équilibre : l'ambiance hippie de *For Pete's Sake* naît de salves pressantes, plutôt que des méandres que l'on retrouvait déjà chez les véritables groupes hippies. Le fantastique *You just may be the one* de Mike Nesmith rend hommage aux Who et au country-rock, tandis que *Forget that girl* est la chanson la plus subtile du groupe. On a même eu droit à une polémique : *Randy Scouse Git* de Mickey Dolenz, aux paroles enjouées et au refrain dérangé, à la fois génial et hurlé, devient *Alternate Title* au Royaume-Uni, où il atteint la 2e place du hit-parade.

Headquarters s'est bien vendu, semblant donner raison au groupe. Mais à ce moment-là, seul comptait le fait que, automates ou êtres autonomes, les Monkees étaient un excellent groupe avec d'excellentes chansons. **MMo**

Tim Buckley
Goodbye and hello (1967)

Label | Elektra
Production | Jerry Yester
Direction artistique | William S. Harvey • Guy Webster
Pays | États-Unis
Durée | 42:41

Le deuxième album de Tim Buckley aurait dû faire de lui une star. À 20 ans, il est déjà connu à L.A., grâce à son premier album éponyme de 1966 – une très bonne série de chansons d'amour qui mettaient en valeur sa riche voix de ténor et son phrasé passionné.

Influencé par le *Sgt. Pepper* des Beatles, *Goodbye and hello* est un chef-d'œuvre de psychédélisme baroque. Une atmosphère lourde et explosive entoure *No Man can find the war* qui évoque le Vietnam, l'une des cinq chansons qu'il a écrites avec Larry Beckett. Le scintillant *Hallucinations* et *Carnival Song*, sur le cirque, sont aussi évocateurs, tandis que la chanson-titre, à l'ambiance médiévale, oscille entre deux mélodies contrastées.
Ces paysages musicaux sont contrebalancés par le fiévreux *Pleasant Street*, *Once I was*, ballade enlevée, et *Morning Glory*, le dernier morceau, plaintif (qu'a repris Linda Ronstadt sous le titre *Hobo*). *I never asked to be your mountain* est une déclaration tumultueuse à Mary, sa femme qui l'a quitté, et à son fils, Jeff – qui participera à un concert, rendant hommage à Tim en 1991. Elektra aime tellement *Goodbye and hello* qu'il finance le dépliant encarté qui l'accompagne ; Buckley est plein d'entrain lorsque la photo de la pochette est prise, clignant d'un œil avec une capsule de bouteille sur l'autre. Les critiques sont bonnes, mais l'album n'atteint que la 171ᵉ position au hit-parade. Buckley réagit avec *Happy sad*, influencé par le jazz, puis avec *Lorca*, morceau avant-gardiste, et *Starsailor*. Il meurt d'une overdose en 1975, à l'âge de 28 ans. *Goodbye and hello* est l'une des pierres angulaires de sa légende : l'œuvre riche et accessible d'un artiste obstinément complexe. **MA**

▶II Liste des titres

	01 No Man Can Find The War (Beckett•Buckley)	2:58
	02 Carnival Song (Buckley)	3:10
▶	03 Pleasant Street (Buckley)	5:15
▶	04 Hallucinations (Beckett•Buckley)	4:55
▶	05 I Never Asked To Be Your Mountain (Buckley)	6:02
▶	06 Once I Was (Buckley)	3:22
	07 Phantasmagoria In Two (Buckley)	3:29
	08 Knight-Errant (Beckett•Buckley)	2:00
▶	09 Goodbye And Hello (Beckett•Buckley)	8:38
▶	10 Morning Glory (Beckett•Buckley)	2:52

Love
Forever Changes (1967)

Label | Elektra
Production | Arthur Lee • Bruce Botnick
Direction artistique | William S. Harvey • Bob Pepper
Pays | États-Unis
Durée | 42:52

En 1967, Love est le groupe le plus branché de Los Angeles après les Byrds. La période à succès de ces derniers arrive néanmoins à sa fin, mais Love n'est pas bien placé pour prendre leur place : le groupe comprend divers groupes ethniques, deux leaders noirs jouant une musique qui n'attire pas spécialement le public noir ; des faces entières de certains albums sont occupées par une seule chanson ; et leur consommation de drogue explose littéralement. Dès l'été 1967, les Doors et Jimi Hendrix leur volent la place. Love revient alors au b.a.-ba et conçoit un album qui ne se préoccupe que de chansons.
Lorsque Bruce Botnick est venu le produire, il a trouvé un groupe tellement mal en point qu'il a aussitôt engagé des musiciens de studio. Deux morceaux, *The Daily Planet* et *Andmoreagain* sont enregistrés en un seul jour, puis le groupe prend le temps de se ressaisir et de répéter la série de chansons suivante. À partir de là, chaque fois qu'ils sont en studio, ils travaillent sérieusement sur deux morceaux, après quoi ils disparaissent pour apprendre les chansons suivantes.
Il a fallu quatre mois pour tout boucler, mais le résultat diffère de ce qu'on a pu entendre jusque-là. Comment peut-on jouer de l'acid rock avec guitares acoustiques et orchestre symphonique ? Trop différent, l'album n'atteint même pas la position, pourtant modeste, de ses deux prédécesseurs au hit-parade américain. Rappelant les ambiances ténébreuses et folk des

Beatles, de Small Faces et de Donovan (mais si on écoute plus attentivement, on retrouve les troubles agitant le groupe et l'été 67 à L.A.), il entre au hit-parade anglais. Malheureusement, le groupe commence déjà se désagréger. **DH**

▶II Liste des titres

▶ 01 Alone Again Or (Maclean) 3:17
02 A House Is Not A Motel (Lee) 3:31
▶ 03 Andmoreagain (Lee) 3:18
04 The Daily Planet (Lee) 3:30
05 Old Man (Maclean) 3:02
06 The Red Telephone (Lee) 4:46
▶ 07 Maybe The People Would Be The Times Or Between Clark And Hilldale (Lee) 3:34
08 Live And Let Live (Lee) 5:26
09 The Good Humor Man He Sees Everything Like This (Lee) 3:08
10 Bummer In The Summer (Lee) 2:24
▶ 11 You Set The Scene (Lee) 6:56

Cream
Disraeli Gears (1967)

Label I Polydor
Production I Felix Pappalardi
Direction artistique I Martin Sharp
Pays I Royaume-Uni
Durée I 33:30

Mettant à jour l'expérimentation fervente de leur premier album, *Fresh Cream*, sorti en 1966, en lui ajoutant des ficelles psychédéliques courantes en 1967 – la guitare wah-wah, nouvellement perfectionnée, et la distorsion, entre autres – Cream, trio de jazz, blues, et rock atteint son apogée artistique avec *Disraeli Gears*. Reconnu grâce au talent éblouissant du guitariste Eric Clapton, du bassiste/chanteur Jack Bruce et du batteur Peter « Ginger » Baker, Cream ouvre la voie à de nombreux styles musicaux, dont le jazz fusion et, selon certains, le rock progressif.
La pochette, un collage fluo devenu emblématique, accompagne parfaitement le flot de musique avant-garde qu'elle contient, en commençant par le remarquable et dépouillé *Strange Brew*, sur lequel la voix éthérée de Bruce recouvre les motifs de guitare saccadés et presque funk d'Eric Clapton. Cela ne fait que s'améliorer : *Sunshine of your love* (qui, avec *White Room*, demeure la chanson la plus connue de Cream) inspire le seul rival contemporain sérieux de Clapton, Jimi Hendrix, qui le transforme, sur scène, en une rafale de guitare. *Tales of brave Ulysses* est un poème explosif, où la guitare de Clapton est omniprésente, tandis que le traditionnel *Mother's Lament* est un hommage direct aux influences des musiciens.
C'est surtout en concert que Cream (ou « The Cream », à l'origine) a établi sa réputation, et cela, pour une bonne raison : c'est sur scène qu'ils jouaient comme possédés par Robert Johnson ou Charlie Parker. *Disraeli Gears* demeure leur meilleur enregistrement, malgré la force de leurs autres albums. C'est toujours l'album indispensable d'une époque unique. **JM**

▶II Liste des titres

▶ 01 Strange Brew (Clapton•Collins•Pappalardi) 2:50
▶ 02 Sunshine Of Your Love (Brown•Bruce•Clapton) 4:13
03 World Of Pain (Collins•Pappalardi) 3:05
04 Dance The Night Away (Brown•Bruce) 3:36
05 Blue Condition (Baker) 3:32
▶ 06 Tales Of Brave Ulysses (Clapton•Sharp) 2:49
▶ 07 Swlabr (Brown•Bruce) 2:34
08 We're Going Wrong (Bruce) 3:29
09 Outside Woman Blues (Reynolds) 2:27
10 Take It Back (Brown, Bruce) 3:08
10 Mother's Lament (Trad.) 1:47

Pink Floyd
The Piper at the gates of dawn (1967)

Label I Columbia
Production I Norman Smith
Direction artistique I Syd Barrett
Pays I Royaume-Uni
Durée I 41:52

Groupe habitué à l'UFO Club dans le milieu des années 60, Pink Floyd lance une révolution musicale psychédélique à Londres rivalisant avec celle des Grateful Dead à San Francisco. Malgré un nom trompeur – volé à Pink Anderson et Floyd Council, chanteurs de blues –, Pink Floyd n'est pas un groupe de hippies miteux s'inspirant de la musique noire, mais un groupe d'étudiants en art et en architecture, habillés à la mode et à la recherche de leur propre style musical. *The Piper at the gates of dawn* atteint cet objectif avec un résultat envoûtant.

Le succès de l'album naît de l'excellent équilibre entre l'exploration sonore de leurs concerts et une habileté à écrire les textes. Personne n'a jamais écrit de meilleurs singles psychédéliques que Syd Barrett. Même *Astronomy Domine* gravite autour d'une structure pop très familière. L'auteur-compositeur se débat pour donner une structure claire aux idées qui lui viennent pour la musique, alors que Roger Waters, le bassiste, Richard Wright, le pianiste, et Nick Mason, le batteur, essaient d'imposer d'autres voyages dans l'espace. De cette tension naît l'efficacité du baroque *Matilda Mother* et de *Pow R Toc H*, aux accents de jazz. *Interstellar overdrive* est une virée en fusée de dix minutes qui offre le meilleur passage de guitare de la carrière du groupe.

Cependant, celui-ci va bientôt perdre Barrett, dépressif, et gagner la guitare épique de Gilmore. Waters deviendra le moteur créateur, fasciné par les cycles de chansons conceptuels. Pink Floyd atteindra de nouveaux sommets, notamment sur *Dark Side of the moon*, mais avec *The Piper...*, ils réussissent à capturer parfaitement l'essence de l'univers psychédélique des années 60. **JiH**

▶ll Liste des titres

▶ 01 Astronomy Domine (Barrett)	4:12
02 Lucifer Sam (Barret)	3:07
▶ 03 Matilda Mother (Barrett)	3:08
04 Flaming (Barrett)	2:46
▶ 05 Pow R Toc H (Barrett•Mason•Waters•Wright)	4:26
06 Take Up Thy Stethoscope And Walk (Waters)	3:05
▶ 07 Interstellar Overdrive (Barrett•Mason•Waters •Wright)	9:41
08 The Gnome (Barrett)	2:13
09 Chapter 24 (Barrett)	3:42
10 The Scarecrow (Barrett)	2:11
11 Bike (Barrett)	3:21

The Who

The Who sell out (1967)

Label | Track
Production | Kit Lambert
Direction artistique | David King • Roger Law
Pays | Royaume-Uni
Durée | 39:26

Chef-d'œuvre du pop art, *The Who sell out* jouit d'une légèreté qui fera défaut plus tard aux idoles mod de Londres. Les portraits hilarants de David Montgomery sur la pochette dévoilent le concept. Pete Townshend, guitariste et leader du groupe, tient à la main un tube ridiculement grand d'Odorono – déodorant qui « transforme la transpiration en inspiration ». Roger Daltrey, le chanteur, est assis dans une baignoire remplie de haricots en sauce, avec dans les bras une énorme boîte de haricots Heinz. Au dos, le batteur, Keith Moon, utilise la crème anti-acné Medac, et un texte déclare que le bassiste John Entwistle était « un gringalet de 60 kg jusqu'à ce que Charles Atlas en fasse un homme, à 62 kg ».

The Who sell out est bien la réponse satirique du groupe à la relation qu'entretiennent musique et publicité. Townshend conçoit l'album comme un faux programme radio piraté, entremêlant les morceaux avec des pubs factices. Ces jingles gardent leur charme, même si l'idée n'a jamais été poussée aussi loin qu'elle aurait pu.

Les chansons sont sensationnelles. Offerte par Speedy Keen, future star de Thunderclap Newman, *Armenia City in the sky* se situe entre le rock et la musique psychédélique. *I can see for Miles* est le plus gros succès américain des Who : une tempête d'harmonies et de guitare au tempo changeant, emmenée par un Moon plus dynamique que jamais. On retrouve sur l'album une grande légèreté de touche. *Mary Anne with the shaky hands* retentit comme chez les Byrds ; *Daltrey* est cabotin et elliptique sur *Tattoo* ; *Our love was* et *I can't reach you* sont merveilleusement mélodiques. Finalement, *Rael*, mini-opéra nautique, annonce *Tommy* et leur statut de superstars. **MA**

▶II Liste des titres

▶	01 **Armenia City In The Sky** (Keen)	3:48
	02 **Heinz Baked Beans** (Entwistle)	1:00
▶	03 **Mary Anne With The Shaky Hand** (Townshend)	2:28
	04 **Odorono** (Townshend)	2:34
▶	05 **Tattoo** (Townshend)	2:51
▶	06 **Our Love Was** (Townshend)	3:23
▶	07 **I Can See For Miles** (Townshend)	4:44
▶	08 **I Can't Reach You** (Townshend)	3:03
	09 **Medac** (Entwistle)	0:57
	10 **Relax** (Townshend)	2:41
	11 **Silas Stingy** (Entwistle)	3:07
	12 **Sunrise** (Townshend)	3:06
▶	13 **Rael** (Townshend)	5:44

The Velvet Underground
The Velvet Underground and Nico (1967)

Label | Verve
Production | Andy Warhol • Tom Wilson
Direction artistique | Andy Warhol
Pays | États-Unis
Durée | 48:34

Voilà un album qui contraste indiscutablement avec l'optimisme de la côte ouest des années 60.

Le style musical est éraillé, de basse fidélité – la plus grande partie de l'album a été enregistrée en huit heures à New York, pour 2 000 dollars environ. Les paroles futées de Lou Reed introduisent un demi-monde dérangeant : *Venus in furs* est un hymne au sadomasochisme, où l'alto monotone de John Cale se fait tour à tour caressant et claquant, comme un fouet. *Heroin* est d'une amoralité désarmante sur la drogue, avec une musique alternativement apaisante et chaotique. Pourtant, les Velvet savent aussi faire une musique d'une joliesse séduisante – comme par exemple avec le tintement de boîte à musique de *Sunday Morning*. *All Tomorrow's Parties* était la chanson préférée d'Andy Warhol, un portrait des beautiful people et des losers de la Factory du peintre à New York. Cet album, qui aborde franchement les thèmes du sexe et de la drogue, est banni des radios new-yorkaises et ignoré des autres. Les critiques le détestent, pensant qu'il n'est qu'une mystification de Warhol (à qui l'on doit la banane emblématique de la pochette). Et presque personne n'achète l'album. Mais des groupes de la new wave comme Joy Division, Talking Heads et Television doivent beaucoup au minimalisme des Velvet ; le sarcasme de Lou Reed inspire toute une série de chanteurs punk, tandis que les excès de son feedback seront repris par des groupes tels que The Jesus and Mary Chain, qui adopteront également le look cuir et lunettes noires. **RD**

▶II Liste des titres

▶	01 **Sunday Morning** (Cale•Reed)	2:54
▶	02 **I'm Waiting For The Man** (Reed)	4:37
▶	03 **Femme Fatale** (Reed)	2:37
▶	04 **Venus In Furs** (Reed)	5:10
	05 **Run Run Run** (Reed)	4:20
▶	06 **All Tomorrow's Parties** (Reed)	5:58
▶	07 **Heroin** (Reed)	7:10
	08 **There She Goes Again** (Reed)	2:38
	09 **I'll Be Your Mirror** (Reed)	2:12
	10 **The Black Angel's Death Song** (Cale•Reed)	3:12
▶	11 **European Son** (Cale•Morrison•Reed•Tucker)	7:46

Francis Albert Sinatra & Antonio Carlos Jobim

Francis Albert Sinatra & Antonio Carlos Jobim (1967)

Label | Reprise
Production | Sonny Burke
Direction artistique | Ed Thrasher
Pays | États-Unis
Durée | 28:34

On considère généralement que les années qu'il a passées chez Capitol, entre 1954 et 1961, constituent le zénith de la carrière de Sinatra. Et pourtant, même s'il est vrai que le chanteur se laisse un peu aller dans les années 60, on trouve des perles parmi les disques qu'il a enregistrés pour Reprise, le label qu'il fonde en 1961. Les deux albums qu'il fait avec Count Basie sont, par exemple, de vrais moments de plaisir, mais ce petit bijou improbable, facilement le plus doux de sa carrière, démontre que lorsqu'il choisit bien son matériel, Sinatra demeure un interprète hors pair de la chanson populaire.

L'engouement pour la bossa nova s'est alors évaporé ; ce qui paraissait exotique dans les mains de Stan Getz et dans la voix d'Astrud Gilberto est devenu un cliché. Mais Sinatra se moque de la mode ; sa seule préoccupation, en réalité, est le manque de traductions convenables des chansons de Jobim, d'où la présence de trois standards américains à côté des sept reprises de Jobim.

Ceux qui accusent Sinatra de chanter un peu faux prennent pour preuve cet album. Mais ses défauts sur des morceaux aussi tendres que *Dindi* sont dévoilés de façon délibérée : Sinatra a peut-être versé dans le genre las et mélancolique toute sa vie, mais il n'a jamais paru aussi vulnérable que sur cet album. Et même s'il ne décide que tardivement d'inviter Jobim à le rejoindre, cet album est une véritable collaboration. L'orchestre tout en légèreté de Claus Ogerman est la première chose que l'on remarque, mais c'est la guitare flexible et pourtant régulière de Jobim qui fait vibrer l'album. **WF-J**

▶II Liste des titres

	01 **The Girl From Ipanema (Gârota De Ipanema)** (De Moraes•Gimbel•Jobim)	3:14
▶	02 **Dindi** (De Oliveira•Gilbert•Jobim)	3:29
	03 **Change Partners** (Berlin)	2:40
▶	04 **Quiet Nights Of Quiet Stars (Corcovado)** (Jobim•Lees)	2:44
	05 **Meditation (Meditacáo)** (Gimbel•Jobim •Mendonca)	2:52
	06 **If You Never Come To Me** (De Oliveira•Gilbert •Jobim)	2:08
▶	07 **How Insensitive (Insensatez)** (De Moraes•Gimbel•Jobim)	3:16
	08 **I Concentrate On You** (Porter)	2:36
▶	09 **Baubles, Bangles And Beads** (Borodine•Forrest•Wright)	2:31
	10 **Once I Loved (O Amor En Paz)** (De Moraes•Gimbel•Jobim)	2:35

The Doors

The Doors (1967)

Label | Elektra
Production | Paul A. Rothchild
Direction artistique | William S. Harvey
Pays | États-Unis
Durée | 43:25

On attribue l'influence des Doors sur l'évolution de la musique rock de la fin des années 60, à la voix fascinante, au charisme personnel et à la poésie sombre de Jim Morrison, mais aussi à l'interaction assurée entre les claviers de Ray Manzarek, la guitare de Robby Krieger et la batterie de John Densmore. Morrison est le visage du groupe (et ce, également sur la pochette de cet album, où la photo de Guy Webster réduit les autres membres à de simples satellites), mais globalement, l'impact de cet album naît des échanges entre ces quatre musiciens.

Les Doors s'inspirent d'une riche gamme de styles musicaux – rock, blues, jazz et flamenco. *Break on through*, le premier morceau, est un appel aux armes passionné de la génération psychédélique, tandis que l'envoûtant *Soul Kitchen* démontre les subtils changements de dynamique qui deviendront caractéristiques. *The Crystal Ship* offre un Morrison crooner (Sinatra était l'un de ses héros) sur fond de claviers ensorcelants. De fait, les Doors font preuve d'une telle maîtrise musicale que leurs adaptations d'*Alabama Song*, de Brecht et Weill, et de *Back Door Man*, un blues, paraissent être des versions originales.

Les deux morceaux les plus longs ont fait beaucoup pour établir la position du groupe (et placer l'album à la deuxième place aux États-Unis). *Light my fire*, si souvent repris, est un hymne au désir, influencé par le jazz. Mais c'est avec *The End* que la philosophie des Doors se réalise pleinement – un récit épique œdipien de désir et de mort, de plus de onze minutes, dans lequel le groupe met en valeur la narration captivante de Morrison avec une polymorphie ahurissante.

C'est avec cet album que naît le théâtre rock. **GSu**

▶II Liste des titres

▶ 01 **Break On Through (To The Other Side)** (Densmore•Krieger•Manzarek•Morrison) 2:25
02 **Soul Kitchen** (Densmore•Krieger•Manzarek •Morrison) 3:30
03 **The Crystal Ship** (Densmore•Krieger•Manzarek •Morrison) 2:30
04 **Twentieth Century Fox** (Densmore•Krieger •Manzarek•Morrison) 2:30
05 **Alabama Song (Whisky Bar)** (Weill•Brecht) 3:15
▶ 06 **Light My Fire** (Densmore•Krieger•Manzarek •Morrison) 6:50
07 **Back Door Man** (Dixon•Burnett) 3:30
08 **I Looked At You** (Densmore•Krieger•Manzarek •Morrison) 2:18
09 **End Of The Night** (Densmore•Krieger •Manzarek•Morrison) 2:49
10 **Take It As It Comes** (Densmore•Krieger •Manzarek•Morrison) 2:13
▶ 11 **The End** (Densmore•Krieger•Manzarek •Morrison) 11:35

The Byrds
Younger than yesterday
(1967)

Label | Columbia
Production | Gary Usher
Direction artistique | Non créditée
Pays | États-Unis
Durée | 28:27

Le quatrième album des Byrds les fait dépasser l'éclectisme de *5D* (*Fifth Dimension*), album de 1966. *So you want to be a rock star* fait la satire des Monkees et d'autres qui avaient obtenu un énorme succès sans jouer sur leurs propres albums (bien que seul McGuinn ait en réalité joué sur *Mr Tambourine Man*, n° 1 des Byrds). Le morceau comprend une partie mémorable à la trompette par Hugh Masekela.

Sur *CTA-102*, les Byrds expérimentent en studio pour produire des sonorités de science-fiction. Le groupe s'aventure pour la première fois dans la country avec *Time between* de Hillman (où l'on retrouve Clarence White, futur Byrd) et *The Girl with no name*. David Crosby offre le scintillant *Renaissance Fair*, inspiré par un festival médiéval organisé par une radio de L.A., ainsi que l'intemporel *Everybody's been burned*, qui compte parmi les meilleurs morceaux des Byrds. La voix sincère et claire comme l'eau de roche de Crosby est ici complétée par la basse de Hillman et par un solo de guitare de McGuinn merveilleusement discret. *Mind Gardens*, toujours de Crosby, est moins réussi. Il s'agit d'un cours de philo psychédélique aux références shakespeariennes. Le groupe retourne sur un terrain familier avec une autre reprise de Dylan, le poignant *My back pages*, qui a inspiré le titre de l'album et où l'on retrouve un autre solo poignant de McGuinn (la réédition CD ajoute *Lady Friend*, un morceau brûlant où les cuivres dominent, et le mélodieux *It happens each day*, alors inachevé).

C'est l'un des meilleurs albums des Byrds, d'une envergure ambitieuse, merveilleusement joué, et qui offre certaines de leurs chansons les plus durables. **RD**

▶II Liste des titres

▶ 01 So You Want To Be A Rock 'N' Roll Star (Hillman•McGuinn)	2:05
02 Have You Seen Her Face (Hillman)	2:40
▶ 03 CTA—102 (Hippard•McGuinn)	2:28
04 Renaissance Fair (Crosby•McGuinn)	1:51
05 Time Between (Hillman)	1:53
▶ 06 Everybody's Been Burned (Crosby)	3:05
▶ 07 Thoughts And Words (Hillman)	2:56
08 Mind Gardens (Crosby)	3:46
▶ 09 My Back Pages (Dylan)	3:08
10 The Girl With No Name (Hillman)	1:50
12 Why (Crosby•McGuinn)	2:45

The Young Rascals
Groovin' (1967)

Label | Atlantic
Production | Tom Dowd • Arif Mardin • The Young Rascals
Direction artistique | Non créditée
Pays | États-Unis
Durée | 34:44

On se souvient des Young Rascals comme de l'un des rares groupes blancs du milieu des années 60 à avoir concocté un mélange grisant de rhythm and blues et de rock, qui pouvait soutenir la comparaison avec leurs pairs afro-américains. (C'est le premier groupe rock qui ait signé avec Atlantic, fait significatif.) En 1965, ils sont apparus avec les Beatles à Shea Stadium. Mais on se souvient surtout d'eux pour leur série de singles à succès plutôt que pour leurs albums, souvent inégaux.
Groovin' tend pourtant à prouver le contraire. Né du single éponyme au parfum estival, il est le seul succès du groupe en Angleterre (n° 8 au Top 50), qui encourage Atlantic à débourser des fonds pour l'album qui l'accompagne. De fait, la chanson-titre nous fait presque oublier les autres bijoux pop offerts ici.
Album le plus important des Rascals, il vous prend à la gorge dès le départ, en passant de la musique garage thrash à l'expérimentation teintée de psychédélisme (que le groupe explorera plus avant sur d'autres albums), de jazz (le batteur Dino Danelli avait travaillé avec Lionel Hampton) et même de gospel. Prenez les riffs de guitare à la pédale fuzz de *Find somebody*, le bijou pop mélancolique rappelant les Beatles qu'est *I don't love you anymore*, ou *You better run*, précurseur de la musique punk. Autre bijou pop, *How can I be sure* est arrivé à la 4e place du Top 50. L'album multiplie les arrangements brillants, mêlant les sentiments profonds à une guitare âpre et libre, des paroles introspectives et des touches inattendues comme *Sueño*, un morceau latino.
L'album réussit à atteindre la 4e place aux États-Unis et réalise des ventes triomphales. **GD**

▶II Liste des titres

▶ 01 A Girl Like You (Brigati•Cavaliere)	2:53
▶ 02 Find Somebody (Brigati•Cavaliere)	3:49
03 I'm So Happy Now (Cornish)	2:50
04 Sueño (Brigati•Cavaliere)	2:49
▶ 05 How Can I Be Sure (Brigati•Cavaliere)	2:56
06 Groovin' (Brigati•Cavaliere)	2:34
07 If You Knew (Brigati•Cavaliere)	3:04
▶ 08 I Don't Love You Anymore (Cornish)	3:10
▶ 09 You Better Run (Brigati•Cavaliere)	2:28
10 A Place In The Sun (Miller•Wells)	4:52
11 It's Love (Brigati•Cavaliere)	3:19

Jefferson Airplane
Surrealistic Pillow (1967)

Label | RCA
Production | Rick Jarrard
Direction artistique | Non créditée
Pays | États-Unis
Durée | 33:40

Surrealistic Pillow de Jefferson Airplane dépeint un paysage musical du Summer of

Love libre penseur de San Francisco, celui de l'été 1967. Deuxième album du groupe, c'est le premier auquel participe Grace Slick, auteur-compositeur-interprète, qui joue également du synthétiseur, à qui l'on doit les deux morceaux les plus marquants ici : *Someone to love*, plutôt hard rock, et *White Rabbit*, un boléro acid.

Au même titre que les Grateful Dead, un autre groupe de San Francisco, Jefferson Airplane mélange une esthétique folk à une approche résolument électrique. Les cadences de *My best friend* rappellent les vastes espaces et le style musical de l'Ouest américain, tout en maintenant une gaieté typique de cette région. *3/5 of a mile in 10 seconds* épouse l'expansion de la conscience sous une forme blues-rock classique.

Plus loin, *DCBA-25* allie le style du rock proto-country avec la batterie nerveuse de la première vague du rock anglais et les harmoniques envoûtantes de la musique psychédélique. *White Rabbit* est passé à la postérité comme un classique complètement thrash, dont les images sortent tout droit d'*Alice au pays des Merveilles*. Son rythme séducteur et la voix stridente de Slick se marient parfaitement pour créer un poème épique incroyablement concis – l'un des rares morceaux influencés par les hallucinogènes que l'on prend encore plaisir à écouter aujourd'hui. **YK**

The Kinks
Something else by the Kinks (1967)

Label | Pye
Production | Ray Davies • Shel Talmy
Direction artistique | Pye Records Studios
Pays | Royaume-Uni
Durée | 36:26

Même s'il contient certaines des meilleures chansons des Kinks, dont deux qui ont atteint le Top 10 britannique – *Waterloo Sunset*, chef-d'œuvre de Ray Davies et *Death of a clown*, morceau élégiaque de Dave Davies –, *Something else by the Kinks* se vend mal et n'atteint que la 35e position au hit-parade anglais en octobre 1967.

Ses vignettes douces et plaintives, ses mélodies subtiles et aigres-douces – Ray y chante l'« Afternoon Tea », les cigarettes (*Harry Rag*) et y pleure la fin de la saison (*End of the season*) – annoncent *The Kinks are the village green preservation society* qui sortira l'année suivante. Malheureusement, l'album ne correspond pas au goût de l'époque : une nouvelle musique psychédélique extravagante comme celle de The Jimi Hendrix Experience ou de Cream fait son apparition et les Beatles viennent de sortir leur tour de force, *Sgt. Pepper*, album concept. Il en résulte que l'opus des Kinks paraît face à tout cela démodé et sans importance.

De fait, c'est sa discrétion musicale et les paroles de Davies, charmantes et mélancoliques, qui font qu'on le chérit aujourd'hui. Parmi les chansons les plus inoubliables, on compte *Two Sisters*, allégorie pour les frères Davies (Ray est Priscilla, qui « subit la corvée du mariage », Dave est Sybilla, libre et célibataire), *David Watts*, conte homoérotique qui raconte l'admiration d'un écolier pour un de ses camarades, et *Waterloo Sunset*, hommage hors pair à Londres qui représente l'apogée du talent de Ray Davies. **JoH**

Donovan
Sunshine Superman (1967)

Label | Pye
Production | Mickie Most
Direction artistique | Dick Smith
Pays | Royaume-Uni
Durée | 49:26

Encadré de couleurs acidulées, rouge framboise, vert citron et orange, un

Leitch aux yeux de biche en chemise cachemire et une coiffure des plus incongrues sur la couverture – moitié idole des jeunes, moitié gourou de la pop. S'étant déjà fait connaître comme troubadour folk, Leitch s'approche d'un genre de pop psychédélique innocente avec *Sunchine Superman*. La chanson-titre a été n° 2 du hit-parade des deux côtés de l'Atlantique, tandis que le long *Legend of a girl child Linda* présente la voix calme de Leitch sur fond d'arpèges de guitare acoustique et d'instruments à vent et à cordes, entre musique de chambre et folk.
On retrouve du sitar au son amplifié dans *Three Kingfishers* et *Ferris Wheel*, qui correspondent aux déclarations de la pochette : « dédié à ceux qui nous ont offert l'Orient ». La face 2 débute par *Season of the witch*, un rock délicieux, classique discret à la guitare éraillée et au phrasé captivant (on entend ce morceau sur le générique de fin de *Prête à tout*, de Gus Van Sant, un accompagnement d'une noirceur parfaite). *Bert's blues* clôt l'album sur une note classique, les cordes mélodieuses et un clavecin encadrant la voix royale de Leitch. Tous les morceaux n'atteignent pas ces sommets, mais même les plus grands doivent redescendre sur terre de temps en temps. **YK**

Merle Haggard
I'm a lonesome fugitive
(1967)

Label | Capitol
Production | Ken Nelson
Direction artistique | Non créditée
Pays | États-Unis
Durée | 28:14

C'est la sortie de ses deux albums écrits en prison qui a fait de Cash l'un des artistes les plus vendus en Amérique. Haggard, ancien prisonnier qui a entendu Cash jouer à la prison de Saint-Quentin en 1958, se rend compte, quant à lui, qu'un chanteur de country avec un casier judiciaire peut se révéler un concept commercial attrayant.
Entre 1967 et 1974, Haggard (alors marié à l'ex-femme de Buck Owens, autre légende de Bakersfield) sort une série d'excellents albums chez Capitol, qui lui a permis de ruminer son passé – la chanson-titre a été son tube country et est devenue l'hymne officieux de cette partie de sa carrière. L'album a eu un grand succès – mélange de chansons d'amour et de ballades de prisonniers, dans le style direct et plein d'esprit de Haggard. Il donne naissance à une période de critique positive bienvenue.
Superbe auteur-compositeur et guitariste, Haggard est ici au croisement de Hank Williams, Lefty Frizzell et Frank Sinatra, encadré par un groupe, The Strangers, qui sait jouer un mélange de country, swing, blues, soul, pop et country jazz. Sa perspective de hors-la-loi le rend à l'époque considérablement attrayant auprès de la contre-culture (malgré *Okie from Muskogee*, qui critique ouvertement les hippies) : les Grateful Dead reprennent ses chansons, les Byrds *Life in prison* sur *Sweetheart of the rodeo*, et en 1973, Haggard accepte de produire un album de Gram Parsons, projet qui tourne court avec la mort prématurée de ce dernier. **PW**

The Jimi Hendrix Experience
Are you experienced (1967)

Label | Reprise
Production | Chas Chandler
Direction artistique | Bruce Fleming
Pays | Royaume-Uni • États-Unis
Durée | 40:07

James Marshall Hendrix reste entouré d'une aura particulière. Son don surnaturel pour la guitare électrique et son contrôle habile des effets restent inégalés. Son jeu a représenté un changement radical dans l'utilisation de l'instrument, au moment où des musiciens comme Eric Clapton étaient à leur apogée. Sa fusion de musique psychédélique, blues et funk, ses chansons fantastiques, sa prééminence en tant que musicien noir dans l'univers du rock blanc, son dandisme embrouillé, ont littéralement stupéfié l'aristocratie du rock des années 60. Il n'est donc pas surprenant que *Are you experienced* soit l'un des plus grands premiers albums de tous les temps. Sa version sur CD, rematricée en 1997 et produite sous l'égide d'Eddie Kramer, ingénieur d'origine, comprend les trois 45 tours (*Purple Haze*, classique d'acid rock déjanté, *Hey Joe*, son premier succès, et le tendre *The Wind cries Mary*) ainsi que leur face 2. Tous constituent des tranches de l'histoire du rock qui nous transportent et nous enflamment toujours autant.

Mais l'original est déjà très bon. Le frénétique *Manic Depression*, qui exalte les profondeurs du désespoir, tout comme *I don't live today*, laissaient présager la trajectoire future de Jimi. *Third Stone from the sun*, aux voix déformées et à la stridence psychédélique, est un tour de force. *Are you experienced* pose une question intrinsèquement hippie, sur un fond de rythmes inversés de batterie et de guitare cinglante. *Red House* révèle la capacité d'Hendrix à jouer un blues remarquable, et sa compréhension profonde de cette forme. Absolument essentiel. **MBI**

▶II Liste des titres

▶ 01 Foxy Lady (Hendrix)	3:19
▶ 02 Manic Depression (Hendrix)	3:42
▶ 03 Red House (Hendrix)	3:44
04 Can You See Me (Hendrix)	2:33
05 Love Or Confusion (Hendrix)	3:12
06 I Don't Live Today (Hendrix)	3:55
07 May This Be Love (Hendrix)	3:11
▶ 08 Fire (Hendrix)	2:45
▶ 09 Third Stone From The Sun (Hendrix)	6:44
10 Remember (Hendrix)	2:48
▶ 11 Are You Experienced (Hendrix)	4:14

The Electric Prunes
I had too much to dream (last night) (1967)

Label | Reprise
Production | David Hassinger
Direction artistique | Ed Thrasher
Pays | États-Unis
Durée | 29:15

C'est l'histoire classique d'un groupe découvert du jour au lendemain. Amis de la Taft High School de Los Angeles, les Electric Prunes répétaient dans un garage quand un agent immobilier, qui passait par là, les a entendus et a voulu les présenter à son ami, Dave Hassinger, ingénieur du son de la RCA.

Hassinger pense que le groupe a du talent mais qu'il ne sait pas vraiment composer des chansons. Il engage donc pour cela Annette Tucker et Nancie Mantz. Elles conçoivent la chanson-titre comme une ballade lente au piano, mais l'interprétation du groupe, inspirée par la scène hippie de l'époque, est une exploration fantastique, pleine d'effets fuzz et d'échos. La double piste des voix et des échos amplifie ce style galopant, et le 45 tours atteint la 11e position du hit-parade américain. Il est rapidement suivi par l'enregistrement d'un album (la plupart des chansons étant de Tucker et de Mantz) chez Reprise.

L'album se vend bien des deux côtés de l'Atlantique, égalant les ventes des Jefferson Airplane. Au moins au départ, on considère les Prunes comme l'avant-garde de la scène psychédélique naissante de la côte ouest américaine. Des années plus tard, de très nombreuses copies de leur album deviennent disponibles chez les disquaires d'occasion américains. Il s'agira d'un album très influent sur les groupes de punk garage des années 70, comme les MC5 et les Stooges. **CR**

▶II Liste des titres

▶ 01 I Had Too Much To Dream (Last Night) (Mantz•Tucker) 2:55
02 Bangles (Walsh) 2:27
03 Onie (Mantz•Tucker) 2:43
▶ 04 Are You Lovin' Me More (But Enjoying It Less) (Mantz•Tucker) 2:21
05 Train For Tomorrow (Lowe•Ritter•Spagnola •Tulin•Williams) 3:00
06 Sold To The Highest Bidder (Mantz•Tucker) 2:16
▶ 07 Get Me To The World On Time (Mantz•Tucker) 2:30
08 About A Quarter To Nine (Dubin•Warren) 2:07
09 The King Is In The Counting House (Mantz•Tucker) 2:00
10 Luvin' (Lowe•Tulin) 2:03
11 Try Me On For Size (Jones•Tucker) 2:19
12 The Toonerville Trolley (Mantz•Tucker) 2:34

Loretta Lynn

Don't come home a drinkin' (with lovin' on your mind)

(1967)

Label I Decca
Production I Owen Bradley
Direction artistique I Non créditée
Pays I États-Unis
Durée I 30:14

Le parcours de Loretta Lynn est bien connu, en grande partie grâce au film biographique *Coal Miner's Daughter*. Il ressemble à celui de nombreuses stars de la country – elle a vécu une enfance désespérément pauvre pour devenir riche et célèbre dans le monde entier. Cependant, contrairement à beaucoup, hommes ou femmes, Lynn écrivait ses propres chansons, et à partir du milieu des années 60, elle en a composé de très franches sur ses frustrations de femme. Souvent pleines d'humour, celles-ci anticipaient le féminisme.

En 1967, Lynn, alors âgée de 32 ans, enregistre chez Decca. Avec ce label de Nashville, elle atteint les hitparades grâce à des chansons aussi inoffensives que *Blue Kentucky Girl*. Mais, en 1966, avec *You ain't woman enough (to take my man)*, Lynn commence à écrire des chansons d'une grande honnêteté et d'un grand courage, notamment avec la chanson-titre de son album de 1967, *Don't come home a drinkin'*. Cette chanson, la première de l'album, possède un tempo dynamique et des riffs de steel-guitar enjoués, qui démentent son thème sombre. En effet, de son alto nasillard, Lynn évoque le viol par une connaissance. Son honnêteté ici n'est égalée que par son superbe succès de 1974, *The Pill*.

On trouve sur cet album d'autres chansons sensationnelles qu'elle a composées (*Get what'cha got and go*), ainsi que des reprises de standards country (*I really don't want to know*), mais le morceau-titre, à lui seul, fait de ce disque une merveille. **KB**

▶II Liste des titres

▶ 01 Don't Come Home A 'Drinkin' (With Lovin' On Your Mind) (Lynn•Wills) 2:06
02 I Really Don't Want To Know (Barnes•Robertson) 2:56
03 Tomorrow Never Comes (Bond•Tubb) 2:42
04 There Goes My Everything (Frazier) 2:46
▶ 05 The Shoe Goes On The Other Foot Tonight (Mize) 4:20
06 Saint To A Sinner (Perry) 2:27
07 The Devil Gets His Dues (Statler) 2:14
08 I Can't Keep Away From You (Statler) 2:00
▶ 09 I'm Living In Two Worlds (Crutchfield) 2:42
▶ 10 Get What 'Cha Got And Go (Lynn•L. Williams•R. Williams) 2:00
11 Making Plans (Morrison•Russell) 2:00
▶ 12 I Got Caught (Lynn) 2:01

Shivkumar Sharma/Brijbushan Kabra/Hariprasad Chaurasia
Call of the valley (1967)

Label I EMI Hemisphere
Production I G.N. Joshi
Direction artistique I Non créditée
Pays I Inde
Durée I 39:06

Album qui a joué un rôle essentiel en initiant le public occidental à la musique indienne, *Call of the valley* est véritablement influencé par George Harrison, Paul McCartney, Bob Dylan, David Crosby et Roger McGuinn. Il s'est sans aucun doute retrouvé à côté des albums des Grateful Dead dans de nombreuses collections hippies.

Call of the valley est une bonne introduction à la musique classique indienne, car il utilise des instruments communs à la musique occidentale et indienne – la flûte et la guitare acoustique. Il est conçu comme une suite dans laquelle les instruments (qui comprennent aussi le santur du Cachemire et le tabla) servent à raconter une journée dans la vie d'un berger du Cachemire, et où les ragas sont associés à divers moments de cette journée.

Tous les instruments semblent jouer indépendamment – comme c'est souvent le cas dans la musique indienne – mais l'ensemble s'harmonise parfaitement. Les mélodies de guitare, pincées au doigt, de Brijbushan Kabra sont un festin de coulés et de liaisons, ressemblant souvent au sitar. Le santur de Shivkumar Sharma (un tympanon trapézoïdal que l'on frappe avec des baguettes, fréquent dans la musique perse) lui donne un aspect théâtral. Mais la vedette ici, c'est la flûte bansouri d'Hariprasad Chaurasia, qui s'élève au-dessus des autres instruments comme un oiseau survolant la vallée, s'élevant doucement avant de descendre en piqué.

Enregistré à Bombay, l'album a influencé des douzaines d'albums chez EMI et prouvé que le rock psychédélique avait rencontré en Occident un public pour ce genre. **JLe**

▶II Liste des titres

01 Ahir Bhairav/Nat Bhairav (Chaurasia•Sharma) 12:35
▶ 02 Rag Piloo (Chaurasia•Sharma) 7:58
▶ 03 Bhoop Ghara-Dadra (Chaurasia•Sharma) 6:16
▶ 04 Rag Des (Chaurasia•Sharma) 6:09
05 Rag Pahadi (Chaurasia•Sharma) 6:48

The Velvet Underground
White Light /White Heat (1967)

Label I Verve
Production I Tom Wilson
Direction artistique I Andy Warhol
Pays I Royaume-Uni • États-Unis
Durée I 38:55

À la fin de l'année 1967, Andy Warhol, bienfaiteur de Velvet Underground, commence à s'en désintéresser, conseillant à Lou Reed de faire appel à Steve Sesnick, homme d'affaires de Boston. Ce nouveau manager a poussé Reed à adopter une approche plus commerciale – au grand déplaisir de John Cale, bassiste-organiste. La première face de leur deuxième album se distingue par son état d'esprit provocateur. Le morceau-titre préconise la consommation d'amphétamines. *The Gift* raconte l'histoire tragi-comique de Waldo Jeffers, qui a tellement peur que sa petite amie lui soit infidèle qu'il s'expédie lui-même par courrier à sa dulcinée. C'est Cale qui narre le tout, son accent gallois sortant d'un baffle pendant qu'un groove rhythm and blues en demi-temps, entrelacé de fioritures à la guitare électrique, sort de l'autre. *Lady Godiva's Operation* dote la légende médiévale d'une tournure médicale assez désagréable, tandis que les voix se déchaînent sur ce mélange psycho-noir. La face 2 est une pure attaque. *I heard her call my name* voit Cale, Sterling Morrison, le guitariste, et Mo Tucker, la batteuse, marteler une base rythmique rapide tandis que Reed, le guitariste principal, lâche des séquences de free jazz. *Sister Ray* est le big band du noise rock : dix-sept minutes de sexe, drogue et armes, sur un raz-de-marée de feedback en dents de scie, d'accords discordants et de martèlements garages primaires.

White Light/White Heat s'est encore moins vendu que le premier album du groupe, mais demeure sans égal dans le genre en termes d'ivresse pure et de sons explosifs. **MA**

▶II Liste des titres

▶	01 White Light/White Heat (Reed)	2:44
▶	02 The Gift (Cale•Morrison•Reed•Tucker)	8:14
	03 Lady Godiva's Operation (Reed)	4:52
	04 Here She Comes Now (Cale•Morrison•Reed •Tucker)	2:00
▶	05 I Heard Her Call My Name (Reed)	4:05
▶	06 Sister Ray (Cale•Morrison•Reed•Tucker)	17:00

The Jimi Hendrix Experience
Axis : bold as love (1967)

Label | Reprise
Production | Chas Chandler
Direction artistique | Ed Thrasher
Pays | Royaume-Uni • États-Unis
Durée | 38:49

À l'exception de Cream, en termes de puissance pure, The Jimi Hendrix Experience est sans aucun doute le meilleur trio de l'histoire du rock. Alors que leur réputation de musiciens et d'improvisateurs éblouissants leur assurait une critique unanime, la pression constante qui leur était faite pour tourner et enregistrer après leur premier album, *Are you experienced*, laissait présager que *Axis : bold as love* allait sortir dans la précipitation. Cependant, il est indéniable qu'avec ces chansons métalliques et scintillantes, Jimi et Cie dominaient parfaitement la technologie qui était à leur disposition, et que le jeu de guitare d'Hendrix était d'une beauté lyrique.

Les mélodies de *Spanish Castle mafic*, la maîtrise de *If 6 was 9*, la ballade mélodieuse de *Castles made of sand* et la simplicité de *She's so fine* du bassiste Noel Redding, sont des moments forts – mais la chanson la plus immortelle pour beaucoup est *Little Wing*. Avec son mélange parfait de guitare principale et de guitare rythmique (les premières mesures ont pour toujours effacé la frontière séparant les deux), la mélodie est un objet de beauté pur et simple, repris par des artistes tels que Sting et Metallica. Dans le plus pur style de 1967, le travail de production d'Axis est superbe. Jimi n'a jamais été aussi vulnérable et accessible, tant au point de vue vocal qu'instrumental, tandis que le son mat analogique de Mitch Mitchell et les lignes de basse solides de Redding constituent la section rythmique de l'époque – avec une allusion, bien sûr, à Jack Bruce et Ginger Baker, leurs seuls rivaux, sous bien des aspects. **JM**

▶II Liste des titres

	01 EXP (Hendrix)	1:55
	02 Up From The Skies (Hendrix)	2:55
▶	03 Spanish Castle Magic (Hendrix)	3:00
	04 Wait Until Tomorrow (Hendrix)	3:00
	05 Ain't No Telling (Hendrix)	1:46
▶	06 Little Wing (Hendrix)	2:24
▶	07 If 6 Was 9 (Hendrix)	5:32
	08 You Got Me Floatin' (Hendrix)	2:45
▶	09 Castles Made Of Sand (Hendrix)	2:46
	10 She's So Fine (Redding)	2:37
	11 One Rainy Wish (Hendrix)	3:40
	12 Little Miss Lover (Hendrix)	2:20
	13 Bold As Love (Hendrix)	4:09

Aretha Franklin
I never loved a man the way I love you (1967)

Label I Atlantic
Production I Jerry Wexler
Direction artistique I Non créditée
Pays I États-Unis
Durée I 32:51

Tout le monde peut dire à l'époque qu'Aretha Franklin est la reine de la soul, même si son accession au trône n'a pas été sans obstacle. Avant de signer avec Atlantic en 1966, elle a passé six années et enregistré neuf albums chez Columbia, qui avait restreint sa soul naturelle, et en avait fait une chanteuse de super-standards de cabaret.
Libérée de ses chaînes par Jerry Wexler chez Atlantic, Aretha Franklin se rend au Fame Studio à Muscle Shoals dans l'Alabama en février 1967. Des problèmes apparaissent lorsque Ted White, mari et manager d'Aretha, se fâche avec l'un des membres de l'orchestre alors que seule une chanson et demie est enregistrée. La production emménage promptement dans les studios new-yorkais d'Atlantic.
Aretha Franklin s'accompagne au piano et compose quatre des morceaux, révoltée contre l'habitude des studios de composer et d'arranger les chansons des artistes soul. C'est à partir de son jeu de piano, comparable à celui de Ray Charles, que les morceaux sont composés.
L'album s'ouvre sur une reprise de *Respect*, d'Otis Redding, qu'elle transforme en hymne féministe. Classique des droits civils, *A change is gonna come* de Sam Cooke, trouve lui aussi une nouvelle orientation – la lutte devient celle d'Aretha. *Dr. Feelgood* est maîtrisé d'une manière étonnante, débordant d'une sexualité rare à l'époque chez une artiste noire.
Libérée des contraintes de la Columbia, Aretha devient rapidement la reine de la soul grâce à son expression puissante du sentiment. Impossible de ne pas être ému par cet album extraordinaire. **SJac**

▶II Liste des titres

▶ 01 **Respect** (Redding)	2:27
02 **Drown In My Own Tears** (Glover)	4:07
▶ 03 **I Never Loved A Man (The Way I Love You)** (Shannon)	2:51
04 **Soul Serenade** (Ousley•Dixon)	2:39
05 **Don't Let Me Lose This Dream** (A. Franklin•White)	2:23
06 **Baby, Baby, Baby** (A. Franklin•C. Franklin)	2:54
07 **Dr. Feelgood (Love Is A Serious Business)** (A. Franklin•White)	3:23
08 **Good Times** (Cooke)	2:10
09 **Do Right Woman – Do Right Man** (Penn•Moman)	3:16
10 **Save Me** (Ousley•A. Franklin•C. Franklin)	2:21
▶ 11 **A Change Is Gonna Come** (Cooke)	4:20

The Rolling Stones
Beggars Banquet (1968)

Label I Decca
Production I Jimmy Miller
Direction artistique I Tom Wilkes
Pays I Royaume-Uni
Durée I 39:43

Les deux années précédentes n'avaient pas été tendres pour les Stones. Mick Jagger et Keith Richard s'étaient fait prendre avec de la drogue et durent comparaître en justice. L'usage des stupéfiants et des arrestations à répétition avaient transformé Brian Jones, autrefois leader du groupe, en l'ombre du musicien aux talents multiples qu'il était. De plus, le groupe s'était égaré durant l'ère psychédélique, produisant en 1967 un *Their Satanic Majesty's request* sans aucune âme.
C'est de ce chaos qu'est né *Beggars Banquet*. Laissant les ficelles de studio psychédéliques, les Stones se tournent vers leurs racines blues et country pour produire un classique à la guitare acoustique, qui annonce en même temps la direction plus sombre que prendra bientôt leur musique. *Street Fighting Man* adopte l'es-

prit de l'époque, saluant les manifestations étudiantes et les troubles de 1968. Les paroles, désormais notoires, de l'épique *Sympathy for the devil* sont accompagnées d'un rythme de samba implacable. Jones n'est ici remarquable que par son absence, même si sa guitare, coulée sur *No Expectations*, rappelle son ancienne gloire.

La pochette prend la forme d'une invitation à un banquet éponyme, bien que le dépliant encarté blanc rappelle l'œuvre maîtresse des Beatles, *The Beatles* (alias *The White Album*), sorti quelques semaines avant. Le public se l'est tout de même arraché des deux côtés de l'Atlantique.

Le blues country sombre de *Beggars Banquet* deviendra une caractéristique des Rolling Stones, qui l'exploreront davantage sur les prochains albums. Les quatre années suivantes, jusqu'à *Exile on Main St.*, sorti en 1972, constituent leur âge d'or. **RD**

Liste des titres

▶	01 Sympathy For The Devil (Jagger•Richard)	6:18
▶	02 No Expectations (Jagger•Richard)	3:56
	03 Dear Doctor (Jagger•Richard)	3:22
	04 Parachute Woman (Jagger•Richard)	2:20
▶	05 Jigsaw Puzzle (Jagger•Richard)	6:06
▶	06 Street Fighting Man (Jagger•Richard)	3:16
	07 Prodigal Son (Rev. Wilkins•T.Wilkins)	2:52
	08 Stray Cat Blues (Jagger•Richard)	4:37
	09 Factory Girl (Jagger•Richard)	2:09
▶	10 Salt Of The Earth (Jagger•Richard)	4:47

Traffic
Traffic (1968)

Label | Island
Producer | Jimmy Miller
Direction artistique | Jim Capaldi
Pays | Royaume-Uni
Durée | 40:42

En 1968, la musique rock britannique ne cherche plus à copier le rhythm and blues américain. Désormais, les musiciens britanniques essaient de réconcilier leur propre patrimoine musical avec ce style importé.

Traffic a atteint ce but, avec une certaine allure. La présence en son sein de l'un des interprètes les plus doués de la musique américaine n'y est pas pour rien : Steve Winwood, ancien membre du Spencer Davis Group, joue de l'orgue Hammond avec une verve formidable, mais il est aussi le moteur vocal et instrumental du groupe.

Le premier morceau montre comment Traffic mêle les deux traditions avec humour et énergie – *You can all join in*, du guitariste Dave Mason, est une danse villageoise détraquée, mais avec un soupçon de l'Angleterre du bon vieux temps. Si la guitare principale arrive à virer à la country, les paroles proclament la fraternité des hommes avec une bonhomie joyeuse de pub anglais.

Pearly Queen, de Winwood, est fermement ancrée dans la tradition américaine. Histoire d'amour, elle a donné le ton pour le reste de la soul à Londres, à la fin des années 60. Le groupe retombe lourdement avec *Feelin' alright*, une complainte à la Dylan, tandis que *Vagabond Virgin* combine des bois pastoraux avec une moralité au charme douteux, au sujet d'une petite fille perdue.

L'album visite aussi des contrées exotiques avec *40 000 Headmen*, un blues tropical fiévreux, entrelacé de refrains à la flûte de pan, tandis que la musique de bastringue de *Means to an end* révèle tout ce que les retro-stylistes tels que Paul Weller doivent à Traffic.

La photo de la pochette est signée Gered Mankovitz, célèbre pour ses images de Jimi Hendrix et des Stones. **JDI**

Liste des titres

▶	01 You Can All Join In (Mason)	3:38
▶	02 Pearly Queen (Capaldi•Winwood)	4:19
	03 Don't Be Sad (Mason)	3:23
	04 Who Knows What Tomorrow May Bring (Capaldi•Winwood•Wood)	3:13
▶	05 Feelin' Alright (Mason)	4:19

06 Vagabond Virgin (Capaldi•Mason) 5:22
▶ 07 (Roamin Thro' The Gloamin With) 40,000 Headmen (Capaldi•Winwood) 3:14
08 Cryin' To Be Heard (Mason) 5:32
09 No Time To Live (Capaldi•Winwood) 5:02
▶ 10 Means To An End (Capaldi•Winwood) 2:40

The Incredible String Band

The Hangman's Beautiful Daughter (1968)

Label | Elektra
Production | Joe Boyd
Direction artistique | Osiris
Pays | Royaume-Uni
Durée | 48:51

Ce bijou d'acid folk, en grande partie responsable du mouvement actuel de la « world music », est un témoin du style de vie hippie dans la campagne anglaise, entre 1966 et 1973. L'idylle rurale colorée que suggère la pochette (Mike Heron et Robin Williamson, duo de ISB, accompagnés des membres du groupe et des enfants d'un ami) a dû en pousser beaucoup à essayer de vivre en communauté.

Découvert par le producteur Joe Boyd sur la scène folk de Glasgow, The Incredibles sont considérés en 1967, avec leur album *The 5 000 Spirits*, comme l'un des groupes les plus recherchés de la scène underground anglaise. Leur talent d'auteurs-compositeurs et leur apparente capacité à jouer de n'importe quel instrument hippie (gimbri, oud, sitar, etc.), captivent McCartney, Dylan, Plant et Winwood. Jagger et Richard leur envoient même une Bentley avec chauffeur, essayant sans succès de leur faire signer un contrat avec leur label. Tout ce tumulte culmine avec *The Hangman...*, sorti au printemps 1968 et n° 5 en Angleterre. Cet album révèle une grandeur de vision, des paroles et une musicalité que le groupe ne sera plus jamais capable de reproduire. Enregistré à Sound Techniques au moyen d'une bande à huit pistes alors révolutionnaire, le groupe réalise un enregistrement fractionné de leur univers onirique tout en couleur, entremêlant sons et instruments acoustiques. Chaque morceau ressemble plus à une suite de folk celtique, rock'n'roll, gospel, que les harmonies de plain-chant, les moments quasiment qwaali et les sons nord-africains et indiens accompagnent sans effort. **MR**

▶II Liste des titres

▶ 01 Koeeoaddi There (Williamson) 4:41
02 The Minotaur's Song (Williamson) 3:18
▶ 03 Witches Hat (Williamson) 2:30
▶ 04 A Very Cellular Song (Heron) 12:55
▶ 05 Mercy I Cry City (Heron) 2:40
▶ 06 Waltz Of The New Moon (Williamson) 5:01
07 The Water Song (Williamson) 2:47
08 Three Is A Green Crown (Williamson) 7:40
09 Swift As The Wind (Heron) 4:50
10 Nightfall (Williamson) 2:29

The Kinks

The Kinks are the village green preservation society (1968)

Label | Pye
Production | Ray Davies
Direction artistique | John Prosser • Barrie Wentzell
Pays | Royaume-Uni
Durée | 38:46

Aujourd'hui, alors que *The Village Green Preservation Society* est reconnu comme un chef-d'œuvre de la pop et comme l'un des meilleurs albums des Kinks, il est difficile d'imaginer l'indifférence avec laquelle il a été accueilli en 1968.

Après avoir sorti single sur single pendant des années, Ray Davies désire changer de rythme. Il se tourne alors vers les souvenirs idéalisés de sa jeunesse comme source d'inspiration. Il en résulte un album de chansons pop intemporelles, qui évo-

quent les champs, les albums de photos et les premiers baisers.
La chanson-titre est une ode fantaisiste à Donald Duck et à la confiture de fraises. *Do you remember Walter*, avec son piano haletant et le claquement de son tambour à timbre, reflète la nostalgie, thème de l'album : Davies évoque ses chapardages de cigarettes et les rêves grandioses qu'il partageait avec un vieil ami d'école. Imaginant Walter tel qu'il serait devenu, Davies chante : « Je parie que tu es gros et marié et toujours au lit avant huit heures et demie. »
Parmi les autres temps forts, on retrouve des bijoux pop incroyablement accrocheurs comme *Picture Book* et *Animal Farm*, et d'autres tout à fait sublimes comme *Big Sky* et *Sitting by the riverside*. Même le chœur étrange de voix déformées par l'hélium de *Phenomenal Cat* est… phénoménal.
Les fans devraient écouter l'édition de luxe récente de cet album essentiel, en trois CD, chez Sanctuary Records, qui offre nombre de raretés. **RM**

▶II Liste des titres

▶	01 The Village Green Preservation Society (Davies)	2:45
▶	02 Do You Remember Walter (Davies)	2:23
▶	03 Picture Book (Davies)	2:34
	04 Johnny Thunder (Davies)	2:28
	05 Last Of The Steam-Powered Trains (Davies)	4:03
▶	06 Big Sky (Davies)	2:49
	07 Sitting By The Riverside (Davies)	2:21
▶	08 Animal Farm (Davies)	2:57
▶	09 Village Green (Davies)	2:08
	10 Starstruck (Davies)	2:18
	11 Phenomenal Cat (Davies)	2:34
	12 All Of My Friends Were There (Davies)	2:23
	13 Wicked Annabella (Davies)	2:40
	14 Monica (Davies)	2:13
	15 People Take Pictures Of Each Other (Davies)	2:10

Ravi Shankar
The Sounds of India (1968)

Label | Columbia
Production | Non créditée
Direction artistique | Non créditée
Pays | Inde
Durée | 53:40

The Sounds of India de Ravi Shankar est la compilation suprême de la musique indienne classique, à la fois accessible et incroyablement bien jouée. À une époque où dénicher de la « world music » requiert un minimum d'effort, Shankar était le parfait ambassadeur musical, déjà connu de nombreux auditeurs comme ami et professeur de musique officieux des Beatles (George Harrison l'a même qualifié de « parrain de la world music »).
Écouter *The Sounds of India*, c'est comme assister à un concert éducatif donné par le maître lui-même. Les notes de la pochette rappellent les programmes de concerts de musique classique. Alan Hovhaness, compositeur et expert de la musique indienne, donne des explications sur ses formes, thèmes, structures et motifs essentiels, allant même jusqu'à inclure des fragments de partitions.
Shankar lui-même offre une introduction enregistrée de plus de quatre minutes, durant laquelle il explique, de sa voix douce, les principes de base de sa musique. Il joue ensuite quatre ragas (des motifs mélodiques, une structure de gamme) avec Chatur Lal, au tabla, et N.C. Mullick, à la tamboura, Shankar offrant une explication brève de chacun d'entre eux. Dans l'ensemble, c'est un excellent moyen de découvrir la musique de Shankar. **YK**

▶II Liste des titres

	01 An Introduction To Indian Music (Shankar)	4:13
	02 Dádrá (Shankar)	10:30
▶	03 Máru-Bihág (Shankar)	11:44
▶	04 Bhimpalási (Shankar)	12:13
	05 Sindhi-Bhairavi (Shankar)	15:00

Os Mutantes
Os Mutantes (1968)

Label | Polydor
Production | Manoel Barenbein
Direction artistique | Pebroy
Pays | Brésil
Durée | 35:59

Pour le reste du monde, le Brésil est synonyme de football, de corps magnifiques et de bossa nova. L'expression « dictature militaire répressive » n'apparaît que dans peu de guides. Les hippies, qui sont arrivés à l'été 1967, ont amené avec eux la contre-culture avec des effets dévastateurs. Avec à leur tête de jeunes auteurs-compositeurs tels que Gilberto Gil ou Caetano Veloso, les « tropicalistas » se sont emparés de ce qu'ils avaient entendu en provenance de Londres et de San Francisco et l'ont fait leur. La droite haïssait leurs cheveux, leur moralité et leurs drogues ; la gauche méprisait leur corruption de la musique brésilienne traditionnelle.
Os Mutantes vogue sur ce maelström – Rita Lee et les trois frères Baptista. Fait étrange, deux minutes après le commencement du premier morceau, *Panis et circenses*, le disque ralentit puis s'arrête. Et juste au moment où on souhaiterait vérifier ce qui se passe, le morceau reprend vie. Et une fois encore, le groupe s'accorde une pause. Vraiment déconcertant.
L'ensoleillé *A minha menina* suit, les effets électroniques et les sons de guitare sont tous de la main du troisième Baptista. Cela paraît être de la pop parfaite pour Copacabana, mais les hippies sont à l'époque attaqués de toutes parts. En 1968, le gouvernement brésilien abolit tous les droits de l'homme ; Gil et Veloso devront s'exiler ; le mouvement des « tropicalistas » disparaît. Les Mutantes, clairement incapables de mener quelque révolution que ce soit, continuent à jouer, gagnant même en popularité au début des années 70. On se souviendra surtout de leur côté loufoque dans *Bat Macumba* et de *Baby*. **DH**

▶II Liste des titres

▶ 01	**Panis Et Circenses** (Gil•Veloso)	3:38
▶ 02	**A Minha Menina** (Ben)	4:41
03	**O Relógio** (A. Baptista•S. Baptista•Lee)	3:29
04	**Adeus Maria Fulô** (Sivuca•Teixeira)	3:04
▶ 05	**Baby** (Veloso)	2:59
06	**Senhor F** (A. Baptista•S. Baptista•Lee)	2:33
▶ 07	**Bat Macumba** (Gil•Veloso)	3:08
08	**Le Premier Bonheur Du Jour** (Gerald•Renard)	3:37
09	**Trem Fantasma** (A. Baptista•S. Baptista•Lee •Veloso)	3:16
10	**Tempo No Tempo (Once Was A Time I Thought)** (A. Baptista•S. Baptista•Lee•Philips)	1:47
11	**Ave Genghis Khan** (A. Baptista•Dias•Lee)	3:47

The Jimi Hendrix Experience
Electric Ladyland (1968)

Label | Reprise
Production | Jimi Hendrix
Direction artistique | Ed Thrasher
Pays | Royaume-Uni • États-Unis
Durée | 75:47

La technologie des studios d'enregistrement et les effets de guitare s'amélioraient et se développaient dans la dernière partie des années 60. Les sons enregistrés par The Jimi Hendrix Experience en ont bénéficié – et le plus célèbre des albums de Jimi Hendrix, *Electric Ladyland*, a entièrement profité de cette nouvelle science du rock. Même si le jeu des musiciens et la structure des chansons sont devenus plus libres, plus éloignés des critères des traditions soul et rhythm and blues au sein desquelles The Experience a affiné son art, Hendrix garde toujours le contrôle de son groupe malgré le grand nombre de stupéfiants qui les entourent. De fait, *Electric Ladyland* doit beaucoup à la pop et au blues, avec un *Crosstown Traffic* acéré, le single parfait de Hendrix qui passe régu-

lièrement à la radio, ainsi que sa reprise de *Come on* d'Earl King, blues plus affiné que jamais.
Ce ne sont pas seulement son énergie politique et son expérimentation acide qui font l'immense influence de cet album. La version de Hendrix de *All along the watchtower*, chanson de Dylan, a amené ce dernier à remarquer : « Ça ne m'étonne pas que Jimi ait enregistré mes chansons, mais plutôt qu'elles soient si peu nombreuses, parce qu'il pouvait toutes les avoir. » Mais de toute façon, *Voodoo Chile*, morceau de quinze minutes qui part dans tous les sens, et *Voodoo Child* (*Slight Return*), plus tenu et plus pop, font, à eux seuls, de cet album un classique. **JM**

Leonard Cohen
The Songs of Leonard Cohen (1968)

Label | Columbia
Production | John Simon
Direction artistique | Machine
Pays | Canada
Durée | 38:05

Le métier de compositeur-interprète a littéralement changé lorsque Leonard Cohen a sorti son premier album. Poète lauréat de l'angoisse existentielle, en 1968, il met ses vers en musique mineure et réinvente la mélancolie. La pochette montre un Cohen grave, à peine la trentaine, et reflète l'esthétique minimaliste de sa musique. On ne trouve pas beaucoup plus que sa voix et sa guitare sur ces chansons, ce qui nous force à nous concentrer sur ses jeux de mots et son débit aigre-doux.
Des morceaux tels que *Teachers* et *So long, Marianne* dépeignent un tableau tellement poignant de la solitude que l'auditeur ressent la douleur du chanteur, tandis que *Suzanne* multiplie symboles et sentiments religieux (l'interprétation de Judy Collins avait rencontré un tel succès que Cohen a décidé d'essayer de l'interpréter lui-même).
Malgré sa production dépouillée, cet album se vend à plus de 100 000 exemplaires la deuxième année, son plus grand succès commercial jusqu'à sa renaissance à la fin des années 80. Même si les disques suivants ne sont pas aussi bien reçus que celui-ci, *The Songs of Leonard Cohen* est toujours bien vivant. Parrains du gothique, *The Sisters of Mercy* adoptent comme nom le titre de la chanson de Cohen, tandis que *Suzanne* est parodié par Randy Newman (sur *12 Songs*) et retravaillé par R.E.M. (*Hope* sur *Up*). D'autres artistes, notamment Jeff Buckley, seront influencés et inspirés par Cohen, poussant ainsi de nouvelles générations à redécouvrir cet album. **LP**

Johnny Cash
Johnny Cash at Folsom prison (1968)

Label | Columbia
Production | Bob Johnston
Direction artistique | Jim Marshall
Pays | États-Unis
Durée | 44:49

L'année 1968 est capitale pour Johnny Cash et marque la fin de sa traversée du désert alors que sa musique était rejetée par l'establishment de la country et que ses problèmes personnels avaient atteint un point critique. Il vient de rencontrer June Carter, descendante de l'une des grandes familles de la country, qu'il épouse cette année-là et qui l'aide à venir à bout de sa dépendance aux amphétamines. En janvier, il enregistre *At Folsom prison*, son premier album à succès en cinq ans.
Le concert de Cash devant 2 000 prisonniers d'une prison californienne (et un contingent non négligeable de gardes armés) est empreint d'une forte tension.

Débutant avec *Folsom Prison blues*, son succès de 1956, particulièrement pertinent pour ce public, Cash s'identifie à la foule, en excluant presque les gardes présents dans la pièce. Il dépasse presque les bornes lorsqu'il hurle, dans *25 minutes to go*, « j'ai ri à la figure du sheriff et je lui ai craché dans l'œil », sous les rugissements d'approbation.

Mais les morceaux ont été bien choisis par les responsables : les chansons de *Folsom* évoquent la rédemption, comprise à travers de dures leçons de perte – les lamentations de l'ex-arnaqueur sur le point de mourir dans *Give my love to rose*, ou le galvanisant *Greystone Chapel*, hymne à la chapelle de Folsom écrit par Glen Sherley, alors détenu, et que Cash remercie, avant d'attaquer ce dernier morceau. Un chanteur qui a retrouvé la pleine forme. **SJac**

Laura Nyro
Eli and the thirteenth confession (1968)

Label | Columbia
Production | Charlie Calello • Laura Nyro
Direction artistique | Bob Cato
Pays | États-Unis
Durée | 46:15

Son concert très « spécial » au festival pop de Monterey en 1967 (elle est sortie de scène sous les sifflets après une revue de style soul) et son manque de réussite dans les hit-parades font trop souvent passer sous silence Laura Nyro. *Eli and the thirteenth confession* mérite mieux.

Enregistrées sous l'égide de David Geffen, ses chansons accompagnées au piano sont introspectives, sensuelles et poétiques. Elles adoptent une combinaison éclectique de soul, de jazz (le père de Laura Nyro était trompettiste de jazz), de musique folk et de gospel. Son amour de l'expérimentation l'a poussée à incorporer des changements de tempo inattendus, élément qui irritait ses critiques contemporains. Mais que ce soit la vie de bohème décrite dans *Sweet Blindness*, la mélodie vagabonde et ensoleillée de *Stoned Soul Picnic* ou le blues triste et insistant de *Woman's Blues*, ses compositions intenses et non conventionnelles – ainsi que sa voix saisissante, passant du chuchotement au cri strident – touchent à la fois l'esprit et le cœur.

L'album a à peine atteint le Top 200, mais des groupes aussi connus que Fifth Dimension et Three Dog Night ont rencontré le succès avec des reprises de certains de ses morceaux. L'album incarne l'héritage spirituel de Nyro pour les nombreuses musiciennes qui deviendront des idoles après elle, dont Janis Ian, Phoebe Snow et Tori Amos. **GD**

Aretha Franklin
Aretha : Lady Soul (1968)

Label | Atlantic
Production | Jerry Wexler
Direction artistique | Loring Eutemey
Pays | États-Unis
Durée | 28:39

Fille de C.L. Franklin, chanteur de gospel, Aretha ne manque pas d'ascendance. Mais ce n'est qu'en entrant chez Atlantic Records, douze ans après avoir commencé à enregistrer, qu'elle se voit décerner le titre de « Lady Soul ». Alors que la Columbia, son employeur précédent, lui faisait chanter de la pop insipide, Jerry Wexler, producteur chez Atlantic, fait travailler cette voix exceptionnelle avec le groupe Muscle Shoals Rythm Section, de Memphis, et Aretha peut donner libre cours à sa soul délirante.

Lady Soul constitue leur troisième collaboration, et la meilleure. Aretha avait pris confiance après *I never loved a man the*

way I love you, son premier album chez Atlantic, tandis que le suivant, *Aretha arrives*, plus éclectique, montrait ses points forts tout comme les limites de son talent. *Lady Soul* met ces atouts en valeur en exploitant les deux passions d'Aretha : le gospel (une reprise de *People get ready* de Curtis Mayfield, avec des arrangements d'Arif Martin) et le rhythm and blues, avec *Chain of fools*, ou bien avec *Since you've been gone*, où les choristes s'en prennent farouchement au petit ami en titre absent.
Tandis que le solo d'Eric Clapton, sur le blues brûlant *Good to me as I am to you*, tient compte des nouveaux développements du rock'n'roll, *Lady Soul* rend hommage à ses mentors (Mayfield, James Brown, Ray Charles) avec perspicacité et assurance. *A natural woman* est exceptionnel ; le pèlerinage des musiciens de Muscle Shoals à New York dans les studios d'Atlantic pour cet enregistrement reflète le propre périple artistique d'Aretha, qui apporte à cette chanson, réalisée avec art par Carole King et Gerry Goffin, l'honnêteté et la passion acquises à Memphis, trouvant par là même sa véritable voix. **SC**

▶II Liste des titres

▶ 01 Chain Of Fools (Covay)	2:45
02 Money Won't Change You (Brown•Jones)	2:02
▶ 03 People Get Ready (Mayfield)	3:35
04 Niki Hoeky (L. Vegas•P. Vegas)	2:33
▶ 05 (You Make Me Feel Like) A Natural Woman (Goffin•King•Wexler)	2:37
▶ 06 Since You've Been Gone (Sweet Sweet Baby) (A. Franklin•White)	2:16
07 Good To Me As I Am To You (A. Franklin)	3:25
08 Come Back Baby (Charles)	2:29
09 Groovin' (Brigati•Cavaliere)	2:45
10 Ain't No Way (A. Franklin•C. Franklin)	4:12

Blue Cheer
Vincebus Eruptum (1968)

Label | Polygram
Production | Eric Albronda • Abe "Voco" Kesh
Direction artistique | Non créditée
Pays | États-Unis
Durée | 32:06

Baptisé en l'honneur d'un type de LSD qui tirait son nom d'une poudre détergente, ce trio incroyablement puissant de San Francisco a placé la barre très haut dans le domaine du rock noisy, avec son premier album. Il ouvre la voie à tout le monde, des Stooges à Zeppelin, du heavy metal au rock expérimental. Certes, il y avait le battement sourd d'innombrables groupes garage dans les années 60, mais aucun d'entre eux ne possédait les basses, les hurlements, ni l'intensité pleine de feedback des Blue Cheer. Ce n'est pas pour rien qu'on les décrit comme « plus bruyants que Dieu ».
La première fois que Blue Cheer a essayé d'enregistrer *Vincebus Eruptum*, la table d'harmonie a explosé. Mais, ayant pris les précautions nécessaires, ils enregistrent ce qui va être le meilleur album de leur carrière, et de loin. Il comprend quatre originaux et deux reprises, dont une version torride, « salie » et écorchée, de *Summertime Blues* d'Eddie Cochran (dépassant par certains côtés celle des Who, puissante et charnue) et *Rock me baby*, un classique du blues. L'album se place dans le Top 20 américain, fait surprenant peut-être pour un groupe dont l'intention n'est que de dépasser les limites du volume, et qui n'est pas intéressé du tout par le jeu musical. Loin d'être les musiciens les plus au point, ils ont quelque chose d'admirable et d'envoûtant, de style punk dans leurs rafales de solos visiblement improvisées, dans le volume poussé à fond et à peine contrôlé, ou encore dans les braillements

exaltés de Dickie Peterson dans *Parchment Farm*.
C'est un album clé des premiers jours du heavy : depuis la magnifique pochette violet et argent jusqu'à l'esprit général, fou et génial, toujours plus bruyant. **TH**

Liste des titres

▶ 01 Summertime Blues (Capehart•Cochran) 3:47
02 Rock Me Baby (Josea•King) 4:22
03 Doctor Please (Peterson) 7:53
▶ 04 Out Of Focus (Peterson) 3:58
▶ 05 Parchment Farm (Allison) 5:49
06 Second Time Around (Peterson) 6:17

The Byrds
The Notorious Byrd Brothers
(1968)

Label | Columbia
Production | Gary Usher
Direction artistique | Non créditée
Pays | États-Unis
Durée | 28:25

La pochette de leur cinquième album montre que les Byrds sont en train d'évoluer. David Crosby, guitariste, les a quittés dans la hargne, ce qui explique que seuls Chris Hillman, le bassiste, Roger McGuinn, le leader, et Michael Clarke, le batteur, apparaissent sur la photo.
Malgré toute cette agitation, l'album est une synthèse harmonieuse de mélodies et d'expérimentation, comprenant des textures électroniques novatrices. *Artificial Energy* utilise une explosion de trompettes pour simuler l'effet des amphétamines ; l'euphorie de la chanson est atténuée par ses paroles, et particulièrement par son dernier vers, bouleversant. Ce premier morceau spectaculaire passe en fondu-enchaîné à une reprise aux accents de guitare électrique de *Goin' back*, de Carole King et Gerry Goffin, dont la nostalgie est encore plus poignante à la lumière de la guerre du Vietnam. C'est aussi la toile de fond du sublime *Draft Morning* de Crosby et du nasillard *Wasn't born to follow*, autre reprise de Goffin et de King, qui montre que les Byrds étaient à l'avant-garde à la fois du folk-rock et de la musique psychédélique.
La face 2 comprend de la musique cosmique (*Change is now*, *Old John Robertson*), des rêveries utopiques (*Tribal Gathering*, *Dolphin's Smile*), et du futurisme au minimoog (*Space Odyssey*). La réédition sur CD offre d'autres prises, notamment *Triad* de Crosby, ballade sur un ménage à trois.
Bien qu'il n'ait atteint que la 47e position du hit-parade, *The Notorious Byrd Brothers* est désormais l'un des albums de la pop des années 60, une déclaration unie sur le modèle de *Sgt. Pepper*. Les Byrds ont ensuite recruté Gram Parsons, ont déménagé à Nashville et enregistré *Sweetheart of the rodeo*, classique du country-rock. **TH**

Liste des titres

▶ 01 Artificial Energy (Clarke•Hillman•McGuinn) 2:18
▶ 02 Goin' Back (Goffin•King) 3:26
03 Natural Harmony (Hillman) 2:11
▶ 04 Draft Morning (Crosby•Hillman•McGuinn) 2:42
▶ 05 Wasn't Born To Follow (Goffin•King) 2:04
06 Get To You (Hillman•McGuinn) 2:39
▶ 07 Change Is Now (Hillman•McGuinn) 3:21
08 Old John Robertson (Hillman•McGuinn) 1:49
▶ 09 Tribal Gathering (Crosby•Hillman) 2:03
10 Dolphin's Smile (Crosby•Hillman•McGuinn) 2:00
11 Space Odyssey (Hippard•McGuinn) 3:52

Big Brother and the holding company
Cheap Thrills (1968)

Label | Columbia
Production | John Simon
Direction artistique | Robert Crumb
Pays | États-Unis
Durée | 36:54

La réputation de *Cheap Thrills* est due à la voix âpre et viscérale de Janis Joplin. Mêlant traditions et influences hippies de

San Francisco, ses interprétations transcendent le débat de l'époque, visant à savoir si une Blanche du Texas peut chanter du blues. On ne peut en effet être plus ému.

Après l'apparition du groupe au festival de Monterey en 1967, *Cheap Thrills* est attendu avec impatience. Il grimpe vite au sommet des hit-parades et y reste huit semaines, devenant disque d'or ; *Piece of my heart* a atteint la 12e position. C'est la voix de Joplin qui rend cet album intemporel. Sa version brûlante de *Ball and chain* de Willie Mae Thornton fait partie des moments forts de Monterey ; des images tournées à cette occasion montrent la chanteuse folk-rock Mama Cass en pleine admiration. Le Haight-Ashbury de la fin des années 60 ne manque pas non plus. Rien de plus évocateur que la bande dessinée emblématique de la pochette, par Robert Crumb ou bien l'exubérance avec laquelle le groupe adopte tout une gamme de styles musicaux noirs – notamment le doo-wop, la soul et le blues. Les limites du genre sont aussi clairement définies : le caractère parfois un peu lourd des solos et des rythmes empêche le groupe de s'élever avec Joplin. Et c'est surtout de sa voix suppliante, enthousiaste, et puissante dont on se souvient.

Il n'est donc pas étonnant qu'elle ait quitté Big Brother (avec le guitariste Sam Andrew) alors que l'album était encore en tête du hit-parade – malheureusement, elle n'a jamais retrouvé un environnement musical qui la nourrisse vraiment. **MR**

▶II Liste des titres

	01 Combination Of The Two (Andrew)	5:47
	02 I Need A Man To Love (Andrew•Joplin)	4:53
▶	03 Summertime (G. Gershwin•I. Gershwin)	3:58
▶	04 Piece Of My Heart (Berns•Raganov)	4:13
	05 Turtle Blues (Joplin)	4:21
	06 Oh, Sweet Mary (Albin•Joplin)	4:14
▶	07 Ball And Chain (Thornton)	9:28

The United States of America
The United States of America (1968)

Label I Columbia
Production I David Rubinson
Direction artistique I Eric Schou
Pays I États-Unis
Durée I 37:07

Après avoir étudié à New York avec John Cage, compositeur d'avant-garde légendaire, Joseph Byrd déménage à Los Angeles en 1967 et décide de former un groupe de rock psychédélique qu'il nomme The United States of America. Sa première recrue est son ex-petite-amie, Dorothy Moskowitz, dont la voix acidulée vient compléter parfaitement les expérimentations sonores de Byrd. Le groupe n'a enregistré qu'un album éponyme avant de se séparer, mais il reste mémorable.

L'album débute avec *The American Metaphysical Circus*, un air d'orgue cadencé sur lequel Byrd empile une fanfare patriotique après l'autre. Et ce n'est que lorsque cette cacophonie folle est prête à s'effondrer qu'intervient Moskowitz – qui transmet depuis un sous-marin en train de couler. *Cloud Song* offre une basse pincée avec délicatesse et une mélodie ensorcelante. Comme au cours d'un flashback, on retrouve dans les dernières minutes de *The American Way of love* des fragments de toutes les chansons précédentes.

L'album réalise peu de ventes à sa sortie, à cause de l'absence de soutien de la Columbia. Comme l'a dit Byrd, « il n'y avait que peu d'enthousiasme de la part des responsables pour un groupe dont ils détestaient le nom, dont ils ne comprenaient pas la musique et dont les opinions politiques leur semblaient une trahison. » Mais au fil du temps, le groupe est devenu culte et en a influencé de nombreux autres, notamment Broadcast. RM

▶II Liste des titres

▶	01 The American Metaphysical Circus (Byrd)	4:55
	02 Hard Coming Love (Byrd•Moskowitz)	4:43
▶	03 Cloud Song (Byrd•Moskowitz)	3:18
	04 The Garden Of Earthly Delights (Byrd•Moskowitz)	2:39
	05 I Won't Leave My Wooden Wife For You, Sugar (Byrd•Moskowitz)	3:52
	06 Where Is Yesterday (Bogas•Marron•Moskowitz)	3:07
	07 Coming Down (Byrd•Moskowitz)	2:40
▶	08 Love Song For The Dead Ché (Byrd)	3:25
	09 Stranded In Time (Bogas•Marron)	1:50
▶	10 The American Way Of Love (Byrd•Forbes •Marron•Moskowitz•Woodson)	6:38

Dr. John, the night tripper
Gris-Gris (1968)

Label | Atlantic
Production | Harold Battiste
Direction artistique | Marvin Israel
Pays | États-Unis
Durée | 33:12

On peut remercier Sonny et Cher pour ce personnage historique du funk de La Nouvelle-Orléans. Alors qu'ils filment une émission de télévision à l'automne 1967, le duo fait don à l'un de ses musiciens de studio d'une partie du temps d'enregistrement qu'il a réservé : c'était Malcolm Robert Rebennack, pianiste et guitariste itinérant de La Nouvelle-Orléans. Rebennack caressait, depuis longtemps, l'idée d'un projet basé sur la vie d'un prêtre vaudou, Dr. John Creaux. Il demande donc au chanteur Ronnie Baron de jouer le rôle de Dr. John, mais le manager de Baron le met en garde contre les dangers des pratiques vaudoues. Après un long travail de persuasion de la part de son percussionniste, Richard « Didimus » Washington, Rebennack endosse le rôle, à contrecœur, à la tête d'un groupe de musiciens de La Nouvelle-Orléans exilés à Los Angeles.

Gris-Gris présente une Nouvelle-Orléans avec des fanfares, de la musique créole, des chants sauvages des prêtres vaudous et des rythmes latinos fracassants. Mais ce chaos sonore est contrebalancé au moyen d'un rhythm and blues pur. *I walk on guilded splinters*, tout en voix râpeuses et déformées, mandolines résonnantes et tambours, donne le ton. C'est un groove crépusculaire qui engendrera des centaines de samplers. *Mama Roux* est un morceau funk élastique qui influencera Sly Stone, tandis que Rebennack joue une ligne de basse entraînante sur les pédales de son orgue Hammond.
Le bon Docteur explorera en solo le stride piano, la musique fondamentale du Sud, le heavy funk avec les Meters, et reprendra même Duke Ellington et Ray Charles dans un style très « Sud profond ». Mais *Gris-Gris* demeure son meilleur album. **JLe**

▶II Liste des titres

▶	01 Gris-Gris Gumbo Ya Ya (Creaux)	5:36
	02 Danse Kalinda Ba Boom (Battiste•Creaux)	3:44
▶	03 Mama Roux (Dr. John•Hill)	2:59
	04 Danse Fambeaux (Creaux)	4:56
	05 Croker Courtbullion (Battiste)	6:00
	06 Jump Sturdy (Rebennack)	2:20
▶	07 I Walk On Guilded Splinters (Dr. John)	7:37

Iron Butterfly
In-A-Gadda-Da-Vida (1968)

Label | Atco
Production | Jim Hilton
Direction artistique | Loring Eutemey
Pays | États-Unis
Durée | 36:00

Le deuxième album d'Iron Butterfly est leur premier album de platine, vendu à plus d'un million d'exemplaires. Même si l'on apprécie les morceaux psychédéliques de la face 1, le succès du disque est entièrement dû à son morceau-titre qui occupe toute la face 2, épique et sans précédent.

Formé à San Diego en 1966, Iron Butterfly mélange hard-rock et textures très ornées. Ils enregistrent leur premier disque à cinq, mais trois d'entre eux sont déjà partis lorsque *Heavy* sort. Doug Ingle, joueur de synthétiseur et interprète, et Ron Bushy, batteur, choisissent de poursuivre et recrutent deux adolescents, Erik Brann, guitariste, et Lee Dorman, bassiste. Bushy, rentré tard un soir du restaurant, découvre qu'Ingle, après plusieurs bouteilles de vin, a composé une nouvelle chanson. Comme il est trop saoul pour articuler le titre de façon intelligible, Bushy doit le retranscrire de façon phonétique. Et c'est ainsi que *In the garden of Eden* devient *In-A-Gadda-Da-Vida*.

Une ballade au départ, que le groupe met au point en tournée, et qui finalement devient une plage de guitares vrombissantes, d'orgue mystique et de solos de batterie exploratoires. *In-A-Gadda-Da-Vida* est un énorme succès à l'époque où apparaît la radio FM ; une version single pour le Top 30 met l'accent sur le riff proto-hard rock de la chanson et sur ses voix énigmatiques, tandis que la version complète donne aux disc-jockeys le temps de faire une pause. Elle a été reprise par Slayer, titan de la musique thrash, samplée par Nas, star du hip-hop, et jouée comme un hymne religieux dans un épisode des Simpsons. **MA**

▶II Liste des titres

01 Most Anything You Want (Ingle)	3:41
02 Flowers And Beads (Ingle)	3:05
03 My Mirage (Ingle)	4:51
04 Termination (Brann•Dorman)	2:50
05 Are You Happy (Ingle)	4:28
▶ 06 In-A-Gadda-Da-Vida (Ingle)	17:05

The Pretty Things
S.F. Sorrow (1968)

Label I EMI
Production I Norman Smith
Direction artistique I Phil May
Pays I Royaume-Uni
Durée I 37:54

Les Pretty Things se sont fait connaître au début des années 60 en concoctant un rhythm and blues inspiré de Bo Diddley ; leur style initial, que l'on retrouve sur des singles comme *Road Runner*, dans un genre encore plus paillard, et pourtant moins populaire, que ce que produisaient les Rolling Stones. Inspiré par la scène psychédélique en plein épanouissement, le groupe est entré dans une phase de transition en 1967 avec *Emotions*, album introspectif et anodin qui préparait pourtant leur plus grande réussite.

Enregistré durant un séjour à Abbey Road pendant le « Summer of Love », *S.F. Sorrow* est un projet ambitieux qui servira de modèle à tous les opéras rock suivants. Pete Townshend le cite comme une influence majeure, après *Tommy* – c'est le moins qu'on puisse dire, vu les similarités entre les deux.

Utilisant les ficelles de *Sgt. Pepper*, Norman Smith contribue à faire naître l'histoire de Sebastian F. Sorrow à travers un kaléidoscope de collages vocaux, d'instruments du Moyen-Orient et de guitares. On passe de l'intro époustouflante a capella de *Bracelets of fingers* et du sitar élégant de *Death*, aux riches harmonies vocales de *The Journey* et à la guitare dense de *Old Man Song*. Cet album ne rencontre que l'indifférence en dehors du Royaume-Uni (aux États-Unis, à cause de sa sortie tardive, beaucoup pensent que le groupe tire profit du succès de *Tommy*). En réalité, on n'aurait jamais entendu *Tommy*, déchiffré *The Wall* des Pink Floyd ou dansé sur *American Idiot* de Green Day si les Pretty Things n'avaient pas atteint leur maturité artistique avec *S.F. Sorrow*. JiH

▶II Liste des titres

▶	01 S.F. Sorrow Is Born (May•Taylor•Waller)	3:12
▶	02 Bracelets Of Fingers (May•Taylor•Waller)	3:41
▶	03 She Says Good Morning (Alder•May•Taylor•Waller)	3:23
	04 Private Sorrow (May•Povey•Taylor•Waller)	3:51
	05 Balloon Burning (May•Povey•Taylor•Waller)	3:51
	06 Death (Alder•May•Povey•Taylor•Waller)	3:05
	07 Baron Saturday (May•Taylor•Waller)	4:01
▶	08 The Journey (Alder•May•Taylor•Waller)	2:46
▶	09 I See You (May•Taylor•Waller)	3:56
	10 Well Of Destiny (Alder•May•Povey•Smith•Taylor•Waller)	1:46
	11 Trust (May•Taylor•Waller)	2:49
▶	12 Old Man Song (Alder•May•Povey•Taylor•Waller)	3:09
	13 Loneliest Person (Alder•May•Taylor•Waller)	1:29

Simon and Garfunkel
Bookends (1968)

Label I Columbia
Production I Art Garfunkel • Roy Halee • Paul Simon
Direction artistique I Non créditée
Pays I États-Unis
Durée I 28:55

Dans son encyclopédie du rock de 1971, Lillian Roxon décrit ainsi Simon et Garfunkel : « Ils font très étudiants universitaires américains et ceux-ci peuvent s'identifier à eux. » Et de fait, la pochette élégante, en noir et blanc, de Bookends, leur avant-dernier album (et le plus intellectuel), donne au duo l'air de jeunes érudits sérieux.

Mrs Robinson a ici été radicalement réécrite et réenregistrée ; la chanson sera récompensée par un Grammy l'année suivante. (Simon avait au départ l'intention d'en faire une chanson sur Eleanor Roosevelt, mais l'avait adaptée sous la pression de Mike Nichols, réalisateur du *Graduate* où elle jouait un rôle phare.) Joe Di Maggio est le seul à ne pas avoir « compris » et à attaquer publiquement Simon pour ce qu'il perçoit comme une insulte.

Mrs Robinson n'est pas la seule chanson à être instantanément devenue un classique. *America* offre un splendide périple en voiture de deux jeunes amoureux, à la fois intime et épique, et retrace un cheminement intérieur, depuis un optimisme naïf jusqu'à une attitude plus mature. *Hazy Shade of winter*, rock-folk sur un riff pétillant et sur des paroles désabusées, se classe au Top 20 en 1966.

Beverley Kutner (future Beverley Martyn) intervient dans *Fakin' it*, où elle s'adresse au Paul Simon de sa « vie passée » comme M. Leitch – le surnom de Donovan. Le collage de sons de Garfunkel dans *Voices of old people*, ajoute une certaine profondeur aux chansons sombres de Simon sur la face 1. La seconde est plus légère, particulièrement avec le surréaliste *Punky's Dilemma*, tandis que *At the zoo* (ces deux chansons enfantines sont des satires allégoriques de la condition humaine) forme une conclusion habile de l'album.. **DN**

▶II Liste des titres

	01 Bookends Theme (Simon)	0:32
	02 Save The Life Of My Child (Simon)	2:49
	03 America (Simon)	3:34
▶	04 Overs (Simon)	2:14
	05 Voices Of Old People (Garfunkel)	2:00
	06 Old Friends (Simon)	2:36
	07 Bookends (Simon)	1:16
▶	07 Fakin' It (Simon)	3:14
▶	08 Punky's Dilemma (Simon)	2:10
▶	09 Mrs. Robinson (Simon)	4:02
	10 A Hazy Shade Of Winter (Simon)	2:17
	11 At The Zoo (Simon)	2:11

The Small Faces

Ogden's Nut gone flake

(1968)

Label I Immediate
Production I Ronnie Lane • Steve Marriott
Direction artistique I Ronnie Lane
Pays I Royaume-Uni
Durée I 38:27

Bien qu'il ait raté le « Summer of Love » de douze mois, le troisième et dernier album de ce quartette mod est l'exemple parfait de la musique psychédélique britannique. Alors que les groupes de San Francisco ont un angle politique, les Anglais préfèrent une musique un peu plus frivole, garantie d'un bon moment. Ce n'est pas à la guerre du Vietnam que s'attaque Steve Marriott, mais à ses voisins qui se plaignent du bruit. La moitié de la première face relève du rock psychédélique avec la chanson-titre, *Afterglow*, et *Song of a baker* ; les trois autres morceaux tordent le cou au music-hall.

C'est surtout la 2e face qui rend cet album si mémorable. Le groupe invente Happiness Stan, personnage qui part à la recherche de la face cachée de la Lune, dans une aventure totalement surréaliste. Le tout est relié par la narration du comique Stanley Unwin, dont la langue est une interprétation typiquement british de l'argot beatnik et offre un moment complètement hilarant. Ce genre de « mini-opéra » rend malheureusement les représentations en public presque impossibles. Steve Marriott, très frustré, décide de quitter le groupe. Même si le reste connaîtra la célébrité avec Rod Stewart au sein des Faces, il demeure toujours le sentiment d'une chance ratée. La pochette, chef-d'œuvre primé, est le pastiche circulaire d'une boîte de tabac, qui se déplie pour offrir papier à cigarette et collage psychédélique. Libre à nous de nous questionner sur ses répercutions… **DH**

▶II Liste des titres

▶	01 **Ogden's Nut Gone Flake** (Jones•Lane•Marriott•McLagan)	2:29
▶	02 **Afterglow (Of Your Love)** (Lane•Marriott)	3:31
	03 **Long Agos And Worlds Apart** (McLagan)	2:34
▶	04 **Rene** (Lane•Marriott)	4:31
	05 **Song Of A Baker** (Lane•Marriott)	3:18
▶	06 **Lazy Sunday** (Lane•Marriott)	3:06
	07 **Happiness Stan** (Lane•Marriott)	2:36
	08 **Rollin' Over** (Lane•Marriott)	2:49
	09 **Hungry Intruder** (Lane•Marriott•McLagan)	2:15
	10 **The Journey** (Jones•Lane•Marriott•McLagan)	4:13
▶	11 **Mad John** (Lane•Marriott)	2:46
	12 **Happy Days Toy Town** (Lane•Marriott)	4:19

The Band

Music from big pink (1968)

Label I Capitol
Production I John Simon
Direction artistique I Milton Glaser
Pays I Canada • États-Unis
Durée I 42:00

En 1968, The Band – les musiciens de Bob Dylan – sont prêts à entrer dans l'histoire sans leur vocaliste vedette. Et ce premier album semble encore très neuf, plus de trente ans après avoir été enregistré.

Bien que l'album ait été créé par quatre Canadiens et par un garçon de l'Arkansas, *Music from big pink* demeure ancré dans la tradition américaine. C'est un album-événement qui a marqué une époque et qui semble faire la synthèse d'un siècle de culture américaine.

Baptisé en l'honneur de la maison de Woodstock où le quintet avait logé avec Dylan, *Music from big pink* détonne en pleine ère psychédélique. Il offre des portraits concis et finement gravés comme alternative aux grandes toiles abstraites de l'acid rock. Travaillant avec le producteur John Simon, le quintet plonge au plus profond de l'esprit américain pour y puiser ses thèmes, utilisant orgue, violons et mandolines au lieu des guitares électriques. Cet

album est le reflet du groupe avant que le guitariste Robbie Robertson ne devienne son moteur créatif. Dylan y est aussi très présent, avec le morceau qu'il a écrit, *I shall be released*. Il a également collaboré avec le pianiste Richard Manuel sur le déchirant *Tears of rage*, ainsi qu'avec le bassiste Richard Danko sur *This Wheel's on fire*.
Le génie de Robertson est déjà évident sur *Caledonia Mission* et particulièrement sur *The Weight*, qui sera utilisé de façon très efficace l'année suivante dans *Easy Rider*, film de Peter Fonda. Classique avant même d'être en rayon, *Music from big pink* a même poussé Eric Clapton à dissoudre Cream et à rechercher un nouveau style musical. **AG**

▶II Liste des titres

▶ 01 Tears Of Rage (Dylan•Manuel)	5:24
02 To Kingdom Come (Robertson)	3:22
03 In A Station (Manuel)	3:34
04 Caledonia Mission (Robertson)	3:00
▶ 05 The Weight (Robertson)	4:38
06 We Can Talk (Manuel)	3:06
07 Long Black Veil (Dill•Wilkin)	3:06
▶ 08 Chest Fever (Robertson)	5:18
09 Lonesome Suzie (Manuel)	4:04
▶ 10 This Wheel's On Fire (Danko•Dylan)	3:14
▶ 11 I Shall Be Released (Dylan)	3:14

Jeff Beck
Truth (1968)

Label | Columbia
Production | Mickie Most
Direction artistique | Non créditée
Pays | Royaume-Uni
Durée | 40:50

Jeff Beck – le meilleur des dieux de la guitare mais peut-être le moins productif – joue en solo depuis qu'il a quitté les Yardbirds et collabore avec Mickie Most, producteur pop. Sur *Hi Ho silver lining*, single éternellement populaire, Most a insisté pour que Beck chante, au détriment de Rod Stewart, chanteur du Jeff Beck Group,. Stewart a tout de même eu sa chance sur l'album.
Morning Dew est peut-être meilleur que la version à succès de Tim Rose ; *You shook me* est enregistré juste après par Led Zeppelin, dont le leader, Jimmy Page, fait partie des Yardbirds. (« Mon cœur s'est serré à l'écoute de *You shook me* », a commenté plus tard Beck.) *Shapes of things* était un succès des Yardbirds (Top 3 britannique, Top 20 américain), mais ni Beck, ni Most ne pensent qu'il vaut la peine d'être repris, tandis que deux chansons du bluesman Willie Dixon reçoivent ici un sacré dépoussiérage. *Greesleeves* est joué sur la guitare de Mickie Most et *Ol'man river* offre un Rod Stewart au meilleur de sa forme.
Truth atteint le Top 20 américain et reste classé pendant huit mois, alors qu'inexplicablement, il ne l'a jamais été dans son pays. Les albums suivants de Beck gagneront des Grammys, mais celui-ci reste le meilleur. **JT**

Caetano Veloso
Caetano Veloso (1968)

Label | Philips
Production | Caetano Veloso
Direction artistique | Non créditée
Pays | Brésil
Durée | 34:54

Expliquer Caetano Veloso à un public anglo-américain conduit immanquablement à construire un hybride fantastique de Brian Wilson, Stevie Wonder, Bob Dylan, Syd Barrett, John Lennon et Bob Marley. La musique pop anglophone ne possède pas d'équivalent, ce qui explique probablement pourquoi Beck, Kurt Cobain et David Byrne ont vénéré Caetano Veloso. Androgyne, profondément intellectuel et pourtant des plus irrévérencieux, il s'est produit devant des stades pleins à craquer.

Son premier album constitue un texte clé de la formation de Tropicalia, un mouvement pop art brésilien sournoisement séditieux de la fin des années 60. Veloso réunit sans le vouloir un groupe de poètes, peintres, dramaturges et réalisateurs de gauche pour une réponse profondément brésilienne au « néo-rock » des Beatles. Cela donne de la bossa nova jouée par des rockers psychédéliques et orchestrée par des compositeurs classiques, rendue complexe par des arrangements pour cuivres et des harmonies vocales baroques. Le rock psychédélique et fragile de *Clarice*, les changements d'accord envoûtants de *Clara* et l'hommage enjoué au Che sur *Soy loco por tí, America* en font un album remarquable.

Les adolescents brésiliens ont adoré ; la dictature militaire de l'époque, pas vraiment. Deux ans plus tard, Veloso est chassé du Brésil et s'exile à Londres où il démarre une carrière remarquable. **JLe**

Scott Walker
Scott 2 (1968)

Label | Philips
Production | John Franz • Peter J. Olliff
Direction artistique | Non créditée
Pays | États-Unis
Durée | 43:47

Scott Walker, lorsqu'il quitte les Walker Brothers en 1967, est persuadé qu'il abrite en lui des albums beaucoup plus riches que les ballades « spectoresques » (toutes des reprises) dont ce groupe, dont il était le leader, a criblé le hit-parade anglais depuis 1965.

Les arrangements orchestraux de Scott, son premier album en solo, séduisent le public, même si ceux qui ont vraiment prêté attention à ce fouillis de reprises et de chansons originales l'ont trouvé très introspectif. *Scott 2* reprend ce thème avec un mélange similaire, pour un résultat plus réussi. Les reprises, plus simples, comme celle de *Windows of the world*, plaisent aux fans des Walker Brothers, mais les vrais bijoux sont les trois reprises de Jacques Brel, dont un *Jackie* au rythme galopant, et quatre chansons écrites par Walker. Sa décision de les signer « S Engel », son vrai surnom, ajoute foi à la rumeur selon laquelle certains morceaux, comme le captivant *Plastic Palace People*, sont autobiographiques.

Scott 2 a été l'album solo le plus vendu de Walker, après quoi il commence à perdre son public. Ont suivi *Scott 3*, plus cohésif mais moins régulier, puis *Scott 4*, une série dense de chansons qui n'a jamais rejoint le hit-parade. Emporté malgré lui dans un déclin créatif, Walker touche le fond, en 1995, avec *Tilt*. **WF-J**

The Zombies
Odessey & Oracle (1968)

Label | CBS
Production | The Zombies
Direction artistique | Terry Quirk
Pays | Royaume-Uni
Durée | 33:31

Album britannique essentiel, la musique de chambre pop teintée de baroque d'*Odessey & Oracle* acquiert de nouveaux fans chaque année – et pourtant ses ventes sont minimes à sa sortie. Il a été réalisé par un groupe si désabusé par l'aspect commercial du milieu de la musique qu'il se désintègre peu après.

Fondé dans la petite ville de St Albans en 1963, le premier 45 tours des Zombies, le sublime *She's not there*, a été n° 2 aux États-Unis, mais les singles suivants n'ont pas été de grands succès commerciaux. Après trois ans de tournées, le groupe a décidé de se séparer à la fin de l'année 1966. Le bassiste, Chris White, persuade le groupe d'enregistrer un dernier album. Libérés des

contraintes commerciales, ils réalisent l'album qu'ils voulaient.
Le résultat est spectaculaire. Enregistré dans les studios d'Abbey Road, juste après le *Sgt. Pepper* des Beatles, le premier album cohésif du groupe laisse le joueur de synthétiseur explorer son amour du jazz, mais préserve la pop soft du groupe, pour offrir ce qui constitue, à l'époque, leurs meilleurs arrangements.
Terry Quirk, colocataire de White, a peint la pochette, mais a fait une faute en écrivant « Odessey ». Le groupe décide de laisser le nom tel quel, mais se sépare sans grand bruit peu après. Al Kooper, producteur chez CBS, entend l'album au cours d'un séjour en Angleterre, et persuade le label de sortir le dernier morceau *Time of the season* en 45 tours en 1969. Celui-ci se vend à plus de deux millions d'exemplaires dans le monde entier, devenant de façon ironique le plus gros succès de leur carrière. **PL**

Van Morrison
Astral Weeks (1968)

Label | Warner Bros.
Production | Lewis Merenstein
Direction artistique | Ed Thrasher
Pays | Royaume-Uni
Durée | 46:50

Lorsqu'il a enregistré *Astral Weeks*, Van Morrison, alors âgé de 23 ans, n'a plus grand-chose à prouver. Cet Irlandais du Nord a déjà connu le succès des deux côtés de l'Atlantique avec des singles comme *Gloria* et *Brown-eyed girl*. Ainsi, lorsqu'il s'associe à New York à un petit groupe d'inconditionnels du jazz talentueux, le public s'attend à quelque chose de spécial. Morrison a toujours eu envie de faire du jazz – malgré son étiquette folk puis celle de bluesman – et sur *Astral Weeks*, il donne libre cours à cet amour, trouvant dans ce style le parfait faire-valoir à ses longs poèmes méditatifs. L'album a été enregistré en deux jours, alors que Morrison ne donnait que peu d'indications aux musiciens et ne faisait que peu de révélations sur la signification des paroles, mettant plutôt à profit les accompagnements largement improvisés de l'orchestre.
Ainsi, les paroles de ses chansons n'ont jamais été aussi énigmatiques ou poétiques. *Madame George*, récit imaginatif qui se déroule dans son Belfast natal, évoque avec sincérité un travesti chevronné. *Sweet Thing* est une chanson d'amour galvanisante sur fond de guitare acoustique.
Il est tout à l'honneur de Warner Bros d'avoir reconnu que le talent de Morrison était plus adapté au format de l'album qu'à celui du 45 tours au succès infaillible, qu'ils avaient peut-être imaginé au départ. Ils n'ont pas été effrayés par le peu de ventes d'*Astral Weeks*. Les critiques ont toujours reconnu le génie de cette production de Morrison, et *Astral Weeks* est régulièrement cité parmi les meilleurs albums. SJac

▶II Liste des titres

	01 **Astral Weeks** (Morrison)	7:00
	02 **Beside You** (Morrison)	5:10
▶	03 **Sweet Thing** (Morrison)	4:10
	04 **Cyprus Avenue** (Morrison)	6:50
▶	05 **The Way Young Lovers Do** (Morrison)	3:10
▶	06 **Madame George** (Morrison)	9:25
	07 **Ballerina** (Morrison)	7:00
	08 **Slim Slow Slider** (Morrison)	3:20

The Byrds
Sweetheart of the rodeo (1968)

Label | Columbia
Production | Gary Usher
Direction artistique | Butler Advertising • Geller
Pays | États-Unis
Durée | 31:52

En mars 1968, lorsque les Byrds entrent dans le studio de Nashville de la Columbia pour enregistrer leur sixième album, il ne reste que deux des membres originaux : Roger McGuinn et Chris Hillman. McGuinn a pour projet de réaliser un double album qui retrace l'histoire de la musique populaire américaine depuis la country traditionnelle jusqu'à la musique électronique futuriste du minimoog, en passant par le rock. Gram Parsons, une nouvelle recrue – qui a joué de la country avec son groupe, International Submarine Band sur Safe at home –, le persuade de s'en tenir à la country.

Parsons a coécrit le plus beau morceau de *Sweetheart* avec Bob Buchanan de ISB : *Hickory Wind*, une ballade pleine de nostalgie sur l'innocence perdue, sur fond de guitare métallique, dont il est aussi le chanteur principal. Il a également composé la seule autre chanson originale de l'album, *One hundred years from now*, et suggéré quatre des neuf reprises. Parsons aurait complètement dominé le disque si Hazlewood, déclarant qu'il était toujours sous contrat chez LHI, ne l'avait menacé de poursuites. En conséquence, la voix de Parsons a été éliminée sur *You don't miss your water* de William Bell et sur *The Christian Life* des Louvin Brothers. Les reprises de *You ain't goin' nowhere* et *Nothing was delivered*, de Dylan, constituent la seule allusion à leur passé.

Leur public, habitué à des expérimentations révolutionnaires de leur part, a refusé un style qu'il associait à de rustres conservateurs. Échec relatif à sa sortie, l'album connaît désormais une nouvelle vie comme l'un des textes fondateurs du country rock, influençant énormément des groupes aussi divers que les Eagles et Wilco. **JoH**

▶II Liste des titres

▶	**01 You Ain't Goin' Nowhere** (Dylan)	2:33
	02 I Am A Pilgrim (Trad., arr. Hillman•McGuinn)	3:39
▶	**03 The Christian Life** (C. Louvin•I. Louvin)	2:30
	04 You Don't Miss Your Water (Bell)	3:48
▶	**05 You're Still On My Mind** (McDaniel)	2:25
	06 Pretty Boy Floyd (Guthrie)	2:34
▶	**07 Hickory Wind** (Buchanan•Parsons)	3:31
▶	**08 One Hundred Years From Now** (Parsons)	2:40
	09 Blue Canadian Rockies (Walker)	2:02
	10 Life In Prison (Haggard•Sanders)	2:46
▶	**11 Nothing Was Delivered** (Dylan)	3:24

The Beatles
The Beatles (alias The White Album) (1968)

Label | Parlophone
Production | George Martin
Direction artistique | Richard Hamilton
Pays | Royaume-Uni
Durée | 93:43

Les Beatles se séparent officiellement en 1970, mais les Fab Four avaient alors cessé d'être un groupe depuis des années. Le processus débute dès *Rubber Soul* et s'accélère lorsque John, Paul, George et Ringo commencent à suivre leurs propres voies à cause de nombreux désaccords, et notamment de Yoko Ono. Au milieu de toutes ces disputes, ils produisent *The Beatles*, un chef-d'œuvre épique qui égale *Sgt. Pepper*, même si son succès artistique provient plus du talent personnel et de la personnalité de chaque membre que de leur collaboration.

L'album démarre par un rugissement et un crissement de pneus d'avion, tandis que les Beatles modifient la formule des Beach Boys sur *Back in the USSR*. C'est un mélange de ballades acoustiques, comme dans *Dear Prudence* et *Mother Nature's Son*, et de contes comiques (*Ob-La-Di, Ob-La-Da* et *Rocky Raccoon*). Lennon et McCartney – désormais co-auteurs sur le papier seulement – produisent certaines de leurs œuvres les plus durables avec *Blackbird* et *Revolution 1*, tandis que *Happiness is a warm gun* de Lennon est une mini-suite chantée. Cependant, *While my guitar gently weeps*, de Harrison, se détache nettement du lot.

Il en résulte un album aux multiples facettes, qui s'est tout de même vendu à plus de deux millions d'exemplaires la première semaine, rien qu'aux États-Unis. **JiH**

The Mothers of invention
We're only in it for the money (1968)

Label I Verve
Production I Frank Zappa
Direction artistique I Cal Schenkel
Pays I États-Unis
Durée I 39:04

L'un des albums les plus influents de la seconde moitié du XXe siècle, le quatrième disque de Zappa avec *The Mothers*, confirme définitivement le statut de génie visionnaire du groupe.

Dès le début, il est extraordinaire, courageusement éloigné de son époque et adoré par la première génération de hippies, même lorsqu'il critique sauvagement leur mode de vie et leurs totems avec un esprit et une vitalité caustiques. Écoutez-donc *Who needs the peace corps ?* ou *Flower Punk*. Examinez la pochette qui se moque de *Sgt. Pepper*, considéré alors comme le Saint-Graal du rock et retenez son titre provocateur, à une époque où l'on considère les musiciens comme des visionnaires, des philosophes ou des saints.

Mais l'album est aussi une attaque prémonitoire contre le conservatisme, le mode de vie et la politique nihiliste des États-Unis. Ses chansons, avec Zappa en interprète principal, tissent une analyse pertinente d'une société qui engendre un bellicisme impérialiste, des addictions, des dépressions nerveuses et des décompositions familiales – comme le suggère *Mother People*. Tout cela le place au sommet du hit-parade des « meilleurs albums concept de tous les temps ». **MR**

Neil Young with Crazy Horse
Everybody knows this is nowhere (1969)

Label I Reprise
Production I David Briggs • Neil Young
Direction artistique I Ed Thrasher
Pays I États-Unis
Durée I 40:29

Enregistré en deux semaines et sorti seulement quatre mois après son premier album éponyme, *Everybody knows this is nowhere* réunit Young et un groupe de Los Angeles qu'il rebaptise Crazy Horse. David Briggs, qui assiste Jack Nitzsche sur *Neil Young*, à l'enregistrement très fractionné, s'est chargé de la production. *Everybody knows* a bénéficié de l'amour de Briggs pour les prises en direct, une méthode qui convient parfaitement au country-rock épique, spontané et brut de Young et Crazy Horse.

Cette énergie n'est jamais plus évidente que sur *Cinnamon Girl* où des guitares surchargées égratignent les harmonies modales. Ailleurs, Young met la musique américaine traditionnelle à l'épreuve avec les bondissants *The Losing End* et *Round and round*. Le violon gothique de Bobby Notkoff est enchanteur sur *Running Dry*.

Mais ce sont deux longues improvisations libres qui se détachent le plus, *Down by the river*, une sombre histoire de meurtre, et l'elliptique *Cowgirl in the sand*. Les chansons offrent un large espace aux duels de guitare de Young et Danny Whitten, qui évoquent avec lucidité l'essence tourmentée et effrayante des chansons.

Young et Crazy Horse joueront ces morceaux en concert pendant des décennies, bien après que Young ne fût consacré « grand-père » du grunge. **SC**

Captain Beefheart and his magic band
Trout Mask Replica (1969)

Label | Straight
Production | Frank Zappa
Direction artistique | Cal Schenkel
Pays | États-Unis
Durée | 77:38

Après les expérimentations du mouvement hippie, l'influence de l'avant-garde sur le rock s'épanouit avec Captain Beefheart and his magic band ou encore avec Frank Zappa et The Mothers of inventions. Zappa se charge ici de la production pour son vieux copain de lycée Beefheart. *Trout Mask Replica* mêle blues, country, free jazz et boogie du Sud en un opus qui deviendra l'un des albums les plus influents des années 70 et même au-delà. Les vingt-huit morceaux du double album sont généralement considérés comme éprouvants. En effet, l'approche peu orthodoxe de la composition et des paroles déroute les auditeurs. Cependant, le contrôle de Zappa à la table de mixage aide à former une toile abstraite pour les inventions folles et lyriques du Captain, *Moonlight in Vermont*, *Neon meate dream of a octafish* et *Old Fart at play* comptant parmi les plus mémorables.
Beefhart a enregistré son chant, sans casque, sur les résonances du studio, ajoutant alors un autre élément de complexité à une concoction déjà grisante. L'influence de *Trout Mask Replica* est disproportionnée par rapport au succès de Magic Band à l'époque, les mouvements progressifs, punk et new wave piochant tous certains éléments dans ce chef-d'œuvre de la fin des années 60. **CR**

Creedence Clearwater Revival
Bayou Country (1969)

Label | Fantasy
Production | John Fogerty
Direction artistique | Basul Parik
Pays | États-Unis
Durée | 34:05

Avant que le service militaire n'appelle le chanteur John Fogerty et le batteur Doug Clifford, Creedence Clearwater Revival enregistre sous le nom de The Visions ou de The Golliwogs, groupes pré-psychédéliques aux consonances british. Une fois leur service accompli, ils changent le nom du groupe, abandonnant leurs prétentions britanniques et sortant leur premier album éponyme en 1968.
Des années de tournée ont fait d'eux un groupe de scène prometteur. Clairement inspiré par les années 50, Creedence offre un rock pur, dans le style du Sud, véritable retour aux sources qui reflète le choix de The Band et de Dylan de s'éloigner des excès de la musique psychédélique.
Bayou Country, leur second album, comprend leur premier gros succès, *Proud Mary*, vendu à plus d'un million d'exemplaires, un hymne à la majesté des bateaux à aubes du Mississippi écrit par Fogerty – interprète et guitariste principal du groupe, auteur, arrangeur et producteur, qui a tout fait pour perpétuer le mythe du Sud profond, même s'il est né en Californie.
Parmi les autres morceaux de choix, on compte une reprise rock d'un classique de Little Richard, le bluesy *Gravyard Train*, *Born on the Bayou*, et *Keep on chooglin* sur lequel John Fogerty se lance dans une expérimentation instrumentale, dans un morceau de presque huit minutes.
Ce succès ouvre la voie à huit autres singles d'or ou de platine au cours des

deux années et demie suivantes. Et en 1971, un sondage place même le groupe en première position mondiale – devant les Beatles. **JT**

▶II Liste des titres

	01 Born On The Bayou (Fogerty)	5:15
▶	02 Bootleg (Fogerty)	3:01
	03 Graveyard Train (Fogerty)	8:37
▶	04 Good Golly Miss Molly (Blackwell•Marascalo)	2:44
▶	05 Penthouse Pauper (Fogerty)	3:40
	06 Proud Mary (Fogerty)	3:08
	07 Keep On Chooglin' (Fogerty)	7:40

Crosby, Stills and Nash
Crosby, Stills and Nash
(1969)

Label I Atlantic
Production I David Crosby • Graham Nash • Stephen Stills
Direction artistique I Gary Burden
Pays I Royaume-Uni • États-Unis
Durée I 40:52

Salué par la presse musicale de l'époque, le trio d'interprètes-compositeurs formé par David Crosby, Stephen Stills et Graham Nash se doit absolument d'être à la hauteur sur son premier album. Tous trois sont célèbres pour leur maîtrise parfaite des harmonies vocales, pour leur talent de guitaristes et leur habileté à composer des mélodies folk/pop engageantes. Ils atteignent heureusement le niveau attendu avec assurance, offrant une série de chansons jouées et produites avec maîtrise, qui laisse entrevoir toute une gamme d'influences.

Le premier morceau de Stills, *Suite : Judy Blue Eyes* est presque une symphonie pour voix et guitare, sur fond de mélodie orientale – un jalon important pour tous les trois. On trouve d'autres pépites plus subtiles avec *Guinevere*, dont les voix donnent le frisson, *Marrakesh express*, un morceau enlevé, et *Long time gone*, manifeste d'une époque repris plus tard par Galliano.

La production, d'une texture riche, correspond parfaitement à leurs harmonies vocales frémissantes, et constitue toujours à ce jour l'un des arguments les plus convaincants en faveur du bon vieux vinyle et de la table de mixage qui l'accompagne.

Malheureusement, après cela, tout va se dégrader. Malgré leur collaboration souvent inspirée avec Neil Young au cours de la décennie suivante, ils n'arriveront jamais vraiment à se défaire de leur aura de « hippies désabusés ». Mais cet album plein d'exubérance nostalgique demeure monumental. **JM**

▶II Liste des titres

▶	01 Suite: Judy Blue Eyes (Stills)	7:25
	02 Marrakesh Express (Nash)	2:39
▶	03 Guinevere (Crosby)	4:40
	04 You Don't Have To Cry (Stills)	2:45
	05 Pre-Road Downs (Nash)	3:01
	06 Wooden Ships (Crosby•Stills)	5:29
	07 Lady Of The Island (Nash)	2:39
	08 Helplessly Hoping (Stills)	2:41
▶	09 Long Time Gone (Crosby)	4:17
	10 49 Bye-Byes (Stills)	5:16

Blood, Sweat and Tears
Blood, Sweat and Tears
(1969)

Label I Columbia
Production I James William Guercio
Direction artistique I John Berg
Pays I États-Unis
Durée I 45:26

Chanteur dès l'âge de 15 ans (avec les Royal Teens), puis compositeur du Brill Building et organiste sur *Like a Rolling Stone*, Al Kooper a toujours voulu monter son propre groupe. En 1967, en compagnie du guitariste Steve Katz, il quitte Blues Project avec en tête l'idée de fusionner leur rock blues fougueux et le jazz, sous le nom de Blood, Sweat and Tears. Kooper abandonne après *Child is father to the man*, bien accueilli par la critique, mais Katz et Cie décident de continuer sans lui, le remplaçant par David Clayton-Thomas, chanteur canadien. Remaniement pop des idées de Kooper, Blood, Sweat and Tears est devenu n° 1 et a décroché le Grammy du meilleur album de l'année.

Même selon les critères des années 60, l'album est trop ambitieux, avec à chaque extrêmité deux nouvelles versions psychédéliques de la première *Gymnopédie* de Satie, et au milieu une improvisation jazz-rock complaisante de douze minutes. Mais on y trouve aussi la reprise teintée de cuivres de *Smiling Phases* de Traffic et celle de *And when I die* de Laura Nyro, tout comme l'interprétation de *You've made me so very happy* de Brenda Holloway. Reprendre *God bless the child* de Billie Holiday était risqué, mais Clayton-Thomas se montre tout à fait à la hauteur.

Leur succès n'a été que de courte durée. Après une tournée en Europe et des concerts à Las Vegas, leur crédibilité se perd. On peut lire l'opinion de Kooper en la matière dans son autobiographie d'une irrésistible drôlerie, *Backstage Passes and backstabbing bastards*. **WF-J**

▶II Liste des titres

	01 Variations On A Theme By Erik Satie (1st And 2nd Movements) (arr. Halligan)	2:28
	02 Smiling Phases (Capaldi•Winwood•Wood)	5:08
	03 Sometimes In Winter (Katz)	3:07
	04 More And More (Juan•Vee)	3:03
	05 And When I Die (Nyro)	4:03
▶	06 God Bless The Child (Herzog Jr.• Holiday)	5:52
▶	07 Spinning Wheel (Thomas)	4:06
▶	08 You've Made Me So Very Happy (Gordy•B. Holloway•P. Holloway•Wilson)	4:16
	09 Blues – Part II (Blood, Sweat And Tears)	11:43
	10 Variation On A Theme By Erik Satie (1st Movement) (arr. Halligan)	1:40

Flying Burrito Brothers
The Gilded Palace of sin
(1969)

Label I A&M
Production I The Burritos • Henry Lewy • Larry Marks
Direction artistique I Tom Wilkes
Pays I États-Unis
Durée I 37:02

Après s'être fâchés avec les autres membres des Byrds en 1968, Chris Hillman et Gram Parsons forment les Flying Burrito Brothers avec la steel-guitar de « Sneaky » Pete Kleinow et le bassiste Chris Ethridge. Le partenariat de Parsons, le visionnaire, et de Hillman, extrêmement expérimenté, produit le parfait modèle du country-rock – un style où les Burritos sont alors les pionniers.

Pour attirer le public rock, le groupe porte des vêtements très branchés. Sur la pochette, Parsons cherche à se faire remarquer et porte une veste ornée de plantes de cannabis. Il n'a pourtant pas à s'inquiéter : la musique est assez bonne à elle seule. *Wheels*, *Christine's Tune* (alias *Devil in disguise*) et *Sin City* deviennent des titres marquants de country-rock, comme les deux plages de *Hot Burrito*, tandis que les deux morceaux « sous-traités » (coécrits par Dan Penn) sont aussi des classiques. Interprète doué, Parsons chante le désespoir d'une voix country entrecoupée et endolorie, tandis que Hillman offre des harmonies solides.

Bien entendu, les chances de survie du groupe étaient limitées, alors même qu'il était organisé autour d'un personnage s'apitoyant autant sur lui-même (bien que charismatique et plein de talent). Après cet album, Ethridge s'en est allé et Bernie Leadon a rejoint le groupe, constituant un lien direct avec les Eagles, groupe de country-rock.

À la fin des années 60, alors que le fossé qui sépare les fans de rock et de country est encore profond, *The Gilded Palace of sin* est un échec. La postérité lui assure la place qu'il mérite en tant que bijou révolutionnaire. **JT**

▶II Liste des titres

▶ 01 **Christine's Tune** (Hillman•Parsons)	3:02
▶ 02 **Sin City** (Hillman•Parsons)	4:10
03 **Do Right Woman** (Moman•Penn)	3:56
▶ 04 **Dark End Of The Street** (Oldham•Penn)	3:55
05 **My Uncle** (Hillman•Parsons)	2:36
▶ 06 **Wheels** (Hillman•Parsons)	3:02
07 **Juanita** (Hillman•Parsons)	2:28
08 **Hot Burrito No.1** (Ethridge•Parsons)	3:37
09 **Hot Burrito No.2** (Ethridge•Parsons)	3:15
10 **Do You Know How It Feels** (Goldberg•Parsons)	2:06
11 **Hippie Boy** (Hillman•Parsons)	4:55

Johnny Cash
Johnny Cash at San Quentin
(1969)

Label | Columbia
Production | Bob Johnston
Direction artistique | Henry Fox
Pays | États-Unis
Durée | 36:47

À la suite du succès d'*At Folsom prison*, Johnny Cash arrive à San Quentin en février 1969, accompagné d'une équipe de la Columbia ainsi que d'une autre de la télévision britannique. Il s'agit de sa quatrième visite à la prison (Merle Haggard avait assisté à l'un de ses premiers concerts quand il était détenu), mais de la première sans Luther Perkins, son guitariste depuis l'époque de *Sun*, qui vient de mourir.
Si le concert de Folsom comprenait un déluge de chansons sur la mort, la prison et le meurtre, à San Quentin, celles-ci sont moins violentes et reflètent peut-être l'assagissement de Cash. C'est cependant là qu'est diffusée pour la première fois une nouvelle chanson, *San Quentin*. L'interprétation sans complaisance de cette condamnation violente des prisons en général, et de celle-ci en particulier, provoque presque une émeute dans le public (apparemment, le producteur, Bob Johnston, l'aurait « retouchée » en studio). Cette réaction a tellement impressionné Cash qu'il l'a aussitôt entonnée de nouveau.
L'album est une compilation de spirituals (*Peace in the valley*), de rockabilly déjanté (*Big Riber*), avec en prime une nouveauté (*A boy named Sue*). Cette dernière, le plus grand succès de Cash, s'est retrouvée n° 2 du hit-parade américain. L'album, lui, a atteint la 1re place et, dès la fin de l'année, Cash présente son propre programme télé en prime time : les albums de prison contestataires ont à la fois séduit la gauche de la côte ouest qui s'oppose à la guerre du Vietnam et le public country typique de Cash. On ne trouve cet album aujourd'hui que sous sa version rallongée, mais chaque bonus ajoute une touche à cette expérience remarquable. **PW**

▶II Liste des titres

▶ 01 **Wanted Man** (Dylan)	3:24
▶ 02 **Wreck Of The Old 97** (Trad., arr. Blake•Cash •Johnson)	2:05
03 **I Walk The Line** (Cash)	3:29
04 **Darling Companion** (Cash)	3:21
▶ 05 **Starkville City Jail** (Cash)	6:15
▶ 06 **San Quentin** (Cash)	4:07
▶ 07 **San Quentin** (Cash)	3:13
▶ 08 **A Boy Named Sue** (Silverstein)	3:59
09 **Peace In The Valley** (Dorsey)	2:30
▶ 10 **Folsom Prison Blues** (Cash)	4:24

Creedence Clearwater Revival

Green River (1969)

Label | Fantasy
Production | John Fogerty
Direction artistique | Non créditée
Pays | États-Unis
Durée | 29:20

Le premier album de Creedence avait démontré qu'un groupe pouvait mélanger blues et rock pour créer un nouveau style plein d'émotion. *Bayou Country*, le suivant, comprenait *Proud Mary*, leur premier succès international. Avec *Green River*, cependant, Creedence définit sa vision et un style musical sec, net et direct. Bien qu'originaire de San Francisco, Creedence a fui les jam-sessions psychédéliques, influencées par la drogue, de nombreux groupes de Haight-Ashbury – ce qui en a fait, aux yeux de tous, les sauveurs du rock américain. *Green River* débute par la chanson-titre, une ode de Fogerty au Sud magique. *Wrote a song for everyone* offre un rare aperçu de la vie de Fogerty et de ses problèmes de couple. *Bad Moon Rising* est le plus gros succès de Creedence, après *Proud Mary*, la plus célèbre de leurs chansons. Sur un rythme funky et presque rockabilly, Doug Clifford, le batteur, Stu Cook, le bassiste, et Tom Fogerty, le guitariste, donnent tout ce qu'ils ont pendant que John chante les événements menaçants qui se profilent à l'horizon – avec la guerre du Vietnam à son apogée et l'administration nouvellement en place, cela ne paraissait que trop réel. *Loddi* est une ballade haletante sur la vie des musiciens qui peinent à joindre les deux bouts. Le reste de l'album est composé de chansons de rock aux accents de blues.

Creedence atteindra des sommets artistiques et commerciaux encore plus élevés sur *Willie and the poorboys* et *Cosmo's Factory*, mais *Green River* est la première démonstration soutenue de leur style net et puissant. **GC**

▶II Liste des titres

▶ 01 **Green River** (Fogerty)	2:36
02 **Commotion** (Fogerty)	2:44
03 **Tombstone Shadow** (Fogerty)	3:39
▶ 04 **Wrote A Song For Everyone** (Fogerty)	4:57
▶ 05 **Bad Moon Rising** (Fogerty)	2:21
▶ 06 **Lodi** (Fogerty)	3:13
07 **Cross-Tie Walker** (Fogerty)	3:20
08 **Sinister Purpose** (Fogerty)	3:22
09 **Night Time Is The Right Time** (Herman)	3:08

The Beatles

Abbey Road (1969)

Label | Apple
Production | George Martin
Direction artistique | Iain MacMillan
Pays | Royaume-Uni
Durée | 47:36

Souvent oublié dans les sondages au profit de *Sgt. Pepper*, plus coloré, et de *Revolver*, plus sombre et moins orthodoxe, le dernier disque enregistré par les Beatles (*Let it be* est simplement le dernier à avoir vu le jour) offre des chansons et des fragments chatoyants, toujours imprévisibles. Au moins aussi progressiste que les albums précédents, il donne néanmoins ici une conclusion assez embrouillée.

Malgré leurs différences fondamentales, McCartney et Lennon sont toujours capables d'écrire des chansons fulgurantes. George Harrison, que l'on considère au même titre que Ringo Starr comme un Beatle de 2e catégorie, devient un compositeur sérieux et nous offre les époustouflants *Something* et *Here comes the sun*, probablement la chanson la plus harmonieuse que John et Paul aient jamais écrite. Mais c'est surtout son aspect caustique, l'enchantement qu'il procure et les commentaires sur la société de Lennon et de McCartney qui rendent cet album essentiel. *Come together, I want you (She's so heavy)*, monstre psychédélique mis en valeur par le jeu de basse de McCartney, et, bien sûr, la partie chantée de la face 2, seront adorés et détestés avec la même force par les fans. *Sun King* est une bouffée musicale ; *Golden Slumbers* allie subtilement comptine et poème épique, tandis que *The End* est un exercice de virtuosité où chaque membre bénéficie d'un solo – même Ringo. **JM**

The Who
Tommy (1969)

Label | Track
Production | Kit Lambert
Direction artistique | Mike McInnerney
Pays | Royaume-Uni
Durée | 75:03

Opéra rock souvent qualifié de « conceptualisme adolescent » complaisant, le long et naïf *Tommy* a tous les attributs d'un classique, mais aussi tous les défauts d'un pareil mélange. L'album est en réalité une exploration de l'enfance, à la fois véridique et imaginaire, par Pete Townshend.

Sur le plan musical, l'album est nourri d'hymnes mods et du rock adroit des Who. *Pinball Wizard*, *I'm free* et *We're not gonna take it* constituent l'apogée de leur carrière. Des compositions ambitieuses comme *1921*, *Underture* et *Smash the mirror* sont bien orchestrées mais non essentielles, et l'album pourrait probablement être raccourci sans que personne ne s'en plaigne.

Tandis que la signification générale de l'album n'a jamais vraiment été donnée, *Tommy* reste aussi influent sur le plan culturel qu'il est divers sur le plan musical. The Who s'emparent des concepts de *Sgt. Pepper*, paru l'année précédente et les développent en rajoutant le soupçon de décontraction insolente qui manquait à l'album des Beatles. Ils inspireront le rock progressif total d'œuvres suivantes comme *The Dark Side of the Moon* des Pink Floyd. Rien que pour cela, nous devrions leur en être reconnaissants. **JM**

Miles Davis
In a silent way (1969)

Label | Columbia
Production | Teo Macero
Direction artistique | Non créditée
Pays | États-Unis
Durée | 37:55

In a silent way n'est pas fait pour les amateurs de jazz traditionnel, de rock ou de fusion légère. C'est résolument un album pour tous ceux qui apprécient la place laissée aux espaces blancs s'exprimer et pour ceux qui savourent la liberté parfaite de musiciens à qui l'on accorde différents styles.

Composé de deux longs morceaux, chacun durant environ vingt minutes, *In a silent way*, dont le titre est si bien approprié, n'aurait pu être conçu à une autre époque. Parmi les points forts de la face 1, on compte la maîtrise de Herbie Hancock et Chick Correa aux claviers, le saxo soprano de Wayne Shorter et les incroyables ambiances de Joe Zawinul. Sur l'autre face, les océans de silence entre les mélodies de Miles, toujours discrètes, et les solos de guitare, apparemment infinis de John McLaughlin, sont tous simplement géniaux.

In a silent way se situe entre les premières incursions de Miles dans la musique électrique, parfois trop enthousiastes, et les rugissements de jazz-rock qu'il enregistrera au cours des décennies suivantes, en compagnie de son groupe extrêmement talentueux. Il conduira aussi à la référence du genre, *Bitches Brew*, toujours de Davis. Les amateurs de jazz plus âgés ont déploré tout cela ; la jeune génération a adoré.

Trois décennies plus tard, son triomphe est à la fois reconnu et complet. **JM**

The Bee Gees
Odessa (1969)

Label | Polydor
Production | Robert Stigwood
Direction artistique | Non créditée
Pays | Australie • Royaume-Uni
Durée | 63:36

Pour leur septième album, les Bee Gees se retirent dans les studios d'Atlantic à New York, avec en tête une vague idée d'un double album concept, basé sur le naufrage mythique du *HMS Veronica* en 1899. En août 1968, le groupe a déjà perdu un membre important – Vince Melouney, guitariste – et Robin Gibb est sur le point de les quitter.

Tandis que la chanson-titre et d'autres encore se concentrent sur le XIXe siècle (*Edison*) des morceaux, comme *Marley Purt Drive* qui parodie le country-rock, n'ont aucun lien avec le naufrage mystérieux de Crimée. *Melody Fair* représente le pire du sexisme des années 60, mais il est compensé par une mélodie merveilleuse et par les harmonies classiques des frères Gibb. *You'll never see my face again* est délicieusement goth, mais le meilleur morceau demeure le majestueux, solennel et caustique *I laugh in your face*.

Odessa a été produit à l'origine avec une luxueuse pochette en papier suédé et lettres dorées, puis, peut-être à cause de ventes languissantes, l'album est ressorti avec une pochette cartonnée. Récemment, Barry Gibb a vu en *Odessa* la tentative confuse d'un groupe exténué, en pleine désintégration, de répondre au désir de leur maison de disques de produire un album « significatif ». Cependant, il demeure leur œuvre la plus durable des années 60. **DN**

The Pentangle
Basket of light (1969)

Label | Transatlantic
Production | Shel Talmy
Direction artistique | Diogenic Attempts
Pays | Royaume-Uni
Durée | 41:04

En 1967, Bert Jansch et John Renbourn, dieux de la guitare folk, décident après avoir enregistré un album ensemble, *Bert and John*, de former un nouveau groupe, The Pentangle. Leur section rythmique, Danny Thompson (basse) et Terry Cox (batterie), vient de Blues Incorporated, tandis que le chanteur, Jacqui McSee est connu sur le circuit des clubs de folk. Ce nouveau quintet adoptera non seulement les ballades traditionnelles et folk mais aussi le blues, le jazz et les chansons originales.

Basket of light est le plus important de leurs albums, à la fois en terme de qualité et de succès commercial. *Light Flight* n'est peut-être pas la chanson préférée de leurs fans, mais elle s'est retrouvée n° 5 du Top 50 après que la BBC l'a utilisée pour sa série télévisée *Take three girls*.

On trouve également des chansons qui comptent parmi les meilleures de Pentangle : *Once I had a sweetheart*, avec Renbourn au sitar, *Train Song*, *Hunting Song* avec le glockenspiel de Cox, *House Carpenter*, et *Sally go round the roses*, une reprise de 1963, écrite par le producteur Abner Spector pour les Jaynetts.

Élégamment présenté dans une pochette ornée d'une photo du groupe lors d'un concert au Royal Albert Hall de Londres, *Basket of light* a rejoint le Top 5 au Royaume-Uni et est resté dans le Top 10 pendant un mois. Il est devenu l'un des disques les plus vendus de l'histoire du légendaire Transatlantic Records. **GSu**

▶II Liste des titres

▶ 01 Light Flight (Cox•Jansch•McShee•Renbourn •Thompson) 3:19
02 Once I Had A Sweetheart (Cox•Jansch •McShee•Renbourn•Thompson) 4:43
03 Springtime Promises (Cox•Jansch•McShee •Renbourn•Thompson) 4:10
04 Lyke-Wake Dirge (Cox•Jansch•McShee •Renbourn•Thompson) 3:36
05 Train Song (Cox•Jansch•McShee•Renbourn •Thompson) 4:48
06 Hunting Song (Cox•Jansch•McShee •Renbourn•Thompson) 6:44
▶ 07 Sally Go Round The Roses (Spector) 3:41
08 The Cuckoo (Cox•Jansch•McShee•Renbourn •Thompson) 4:31
09 House Carpenter (Cox•Jansch•McShee •Renbourn•Thompson) 5:32

The Rolling Stones
Let it bleed (1969)

Label I Decca
Production I Jimmy Miller
Direction artistique I Robert Brownjohn • Victor Kahn
Pays I Royaume-Uni
Durée I 43:26

Certains disques des Stones sont importants et intéressants, d'autres sont pleins de morceaux pop facilement appréciables. *Let it bleed* est l'un des meilleurs de cette catégorie.

Beggar's Banquet, *Let it bleed* et *Sticky Fingers* ont été sélectionnés à partir d'enregistrements réalisés de 1968 à 1970. À l'origine, le groupe voulait sortir à la fois *Sticky Fingers* et l'album suivant en 1969. Cependant, des complications contractuelles ont fait échouer cette idée. *Let it bleed* est un état des lieux sanglant de la décennie, dans laquelle *Gimme shelter* établit d'entrée de jeu son ton apocalyptique. Le contraste ne pourrait pas être plus prononcé avec leurs vieux rivaux les Beatles : *Let it be* est constitué de blues ennuyeux et de violons sirupeux ; *Let it bleed* possède (selon les mots d'un critique) « du sexe sordide, du sadomasochisme, des drogues dures, et de la violence gratuite ». Ces ingrédients rendent *Country Honk*, *Let it bleed* et *Love in vain* irrésistibles, même si ce ne sont pas des morceaux de rock.

Mais le rock est pourtant bien là. Difficile d'imaginer que le meurtrier *Midnight Rambler* et l'incroyable *Monkey Man* aient été écrits pendant un séjour détendu en Italie, tandis que *You can't always get what you want* commence comme un hymne et se transforme en hurlement.

Mick Jagger, manifestement dédaigneux de son œuvre, concède que *Let it bleed* est « un bon album. Je dirais que c'est un de mes préférés ». On peut ajouter qu'il a tout à fait raison. **BM**

▶II Liste des titres

▶ 01 Gimme Shelter (Jagger•Richard) 4:40
02 Love In Vain (Johnson) 4:26
03 Country Honk (Jagger•Richard) 3:12
04 Live With Me (Jagger•Richard) 3:40
05 Let It Bleed (Jagger•Richard) 5:37
06 Midnight Rambler (Jagger•Richard) 7:00
07 You Got The Silver (Jagger•Richard) 2:59
▶ 08 Monkey Man (Jagger•Richard) 4:19
▶ 09 You Can't Always Get What You Want (Jagger•Richard) 7:33

Nick Drake
Five Leaves left (1969)

Label I Hannibal
Production I Joe Boyd
Direction artistique I Cally
Pays I Royaume-Uni
Durée I 41:41

Bien que le culte créé autour de Nick Drake, comme plus tard autour de sommités comme Marc Bolan et Kurt Cobain, l'ait transporté à un tout autre niveau, l'œuvre du plus discret des artistes folk britanniques reste essentielle pour qui veut comprendre l'esprit des années 60.

Son premier album, *Five Leaves left*, est remarquable. Il nous offre une musique complexe et introspective, agrémentée d'arrangements et d'une production pop. Grâce à sa formidable troupe de co-conspirateurs, dont Robert Kinby et les deux Thompson de la folk (Richard de Fairport Convention et Danny de Pentangle), l'album multiplie des sons chaleureux et étincelants qui n'ont pas pris une ride. Et même si son travail est devenu plus expérimental et plus accessible par la suite, c'est avec cet album que l'on doit découvrir Drake.

Sur le phénoménal *River Man*, les paroles lasses et interrogatrices sont chantées merveilleusement par la douce voix de ténor de Nick, et sa maîtrise de la guitare acoustique le situe entre musique folk et psychédélique. Les cordes puissantes de *Way to blue* sont tout aussi enthousiasmantes, tout comme la mélodie déchirante du violoncelle de *Cello Song*, qu'il suffit d'entendre une fois pour ne plus jamais l'oublier. L'album est une découverte de bout en bout, et l'on se doit de ne manquer aucun morceau.

Drake produira des albums plus populaires au cours de sa vie, mais il s'est rarement plus distingué que sur ce premier album – et bien que sa mort prématurée ait certainement été tragique, la musique qu'il nous a laissée lui assure sans aucun doute un certain degré d'immortalité. **JM**

▶II Liste des titres

	01 Time Has Told Me (Drake)	4:28
▶	02 River Man (Drake)	4:22
	03 Three Hours (Drake)	6:15
	04 Way To Blue (Drake)	3:11
	05 Day Is Done (Drake)	2:29
▶	06 Cello Song (Drake)	4:47
	07 The Thoughts Of Mary Jane (Drake)	3:22
	08 Man In A Shed (Drake)	3:55
	09 Fruit Tree (Drake)	4:49
	10 Saturday Sun (Drake)	4:03

Dusty Springfield
Dusty in Memphis (1969)

Label I Philips
Production I Tom Dowd • Arif Mardin • Jerry Wexler
Direction artistique I Haig Adishian
Pays I Royaume-Uni
Durée I 33:31

En 1968, l'avenir semble scellé. La pop s'est transformée en rock et les interprètes de sexe féminin ont du mal à trouver des chansons à succès. Dusty ne fait pas exception : ses derniers tubes, que ce soit d'un côté de l'Atlantique comme de l'autre, remontent à l'été 1966. Mais Ahmet Ertegun, directeur visionnaire d'Atlantic Records, comprend qu'elle est une interprète aussi douée qu'Aretha Franklin et veut la faire enregistrer en studio avec l'orchestre qui a fait le succès de cette dernière, de Wilson Pickett ou des Box Tops.

Lorsque Dusty arrive à Memphis, elle est horrifiée par les chansons qu'on lui propose et exige que l'on retravaille le tout avant d'enregistrer. Sa voix est superposée aux versions mixées finales (les musiciens et les producteurs voulant de la spontanéité, Dusty ne chantait qu'avec une piste rythmique). La chanteuse ne s'est jamais dégonflée et s'est bagarrée avec tout le monde, des séances ont été annulées. Dusty est repartie à New York pour enregistrer dans une atmosphère légèrement meilleure.

Il serait pourtant presque impossible d'améliorer le résultat. Les chansons sont excellentes, les compositeurs maîtrisent pleinement leur art. Les arrangements sont incroyables, le chant impérieux. Le premier single, *Son of a preacher man*, lui fait retrouver le Top 10.

Dusty a dû attendre un an avant de pouvoir écouter cet album. Les acheteurs n'ont guère été cléments : malgré des critiques dithyrambiques, *Dusty in Memphis* a été un échec. Sa carrière ne s'en est jamais remise. **DH**

▶II Liste des titres

- ▶ 01 Just A Little Lovin' (Mann•Weil) 2:18
- 02 So Much Love (Goffin•King) 3:31
- ▶ 03 Son Of A Preacher Man (Hurley•Wilkins) 2:29
- 04 I Don't Want To Hear It Anymore (Newman) 3:11
- ▶ 05 Don't Forget About Me (Goffin•King) 2:52
- ▶ 06 Breakfast In Bed (Fritts•Hinton) 2:57
- 07 Just One Smile (Newman) 2:42
- 08 The Windmills Of Your Mind (A. Bergman•M. Bergman•Legrand) 3:51
- 09 In The Land Of Make Believe (Bacharach•David) 2:32
- ▶ 10 No Easy Way Down (Goffin•King) 3:11
- 11 I Can't Make It Alone (Goffin•King) 3:57

Elvis Presley
From Elvis in Memphis (1969)

Label I RCA
Production I Chips Moman
Direction artistique I Jacqueline Murphy
Pays I États-Unis
Durée I 37:08

Dans les années 60, Elvis Presley a consacré la majeure partie de son temps à jouer dans des films de plus en plus mauvais. C'est durant l'année 1968 qu'il amorce son come-back, grâce à une émission de télé où il se concentre sur les morceaux de rhythm and blues de sa jeunesse.
Inspiré par cette expérience, Elvis retourne à Memphis, métropole musicale branchée qui produit de la soul et des succès pop, pour enregistrer dans les studios d'America Sounds. C'est Chips Moman, un excellent producteur, qui dirige les séances auxquelles participent des musiciens de légende (dont Dan Penn, Tommy Cogbill et Reggie Young). Cela fait quatorze ans qu'Elvis n'a pas enregistré à Memphis, mais il apprécie de retrouver l'humour tranquille du Sud et son ambiance chaleureuse.
En plus de ses reprises, Moman lui offre des chansons qu'il détient comme producteur et éditeur. Il y a le succès récent de Jerry Butler *Only the strong survive* et *I'm moving on* de Hank Snow, un bijou country qu'Elvis et ses musiciens transforment en morceau funky. *In the Ghetto*, acquis spécialement pour Elvis, est le single qui a obtenu le plus de succès, et qui lui a permis de renouer avec sa carrière de chanteur. On retrouve sa voix pleine de douleur et de colère dans *Long Black Limousine*, tandis que *Any day now* de Burt Bacharach est une ballade classique. Avec *Suspicious Minds*, Elvis retrouvera la première place du hit-parade à la fin de l'année 1969.
Une Amérique déséquilibrée par la guerre et les assassinats attend le retour de son idole : les séances de Memphis permettent à Elvis de retrouver sa place. **GC**

▶II Liste des titres

- 01 Wearin' That Loved On Look (Frazier•Owens) 2:49
- ▶ 02 Only The Strong Survive (Butler•Gamble•Huff) 2:44
- 03 I'll Hold You In My Heart (Arnold•Dilbeck •Horton) 4:34
- ▶ 04 Long Black Limousine (George•Stovall) 3:44
- 05 It Keeps Right On A-Hurtin' (Tillotson) 2:39
- 06 I'm Movin' On (Snow) 2:55
- 07 Power Of My Love (Baum•Giant•Kaye) 2:40
- 08 Gentle On My Mind (Hartford) 3:25
- 09 After Loving You (Lantz•Miller) 3:09
- 10 True Love Travels On A Gravel Road (Frazier•Owens) 2:41
- ▶ 11 Any Day Now (Bacharach•Hilliard) 3:03
- ▶ 12 In The Ghetto (Davis) 2:45

The Velvet Underground
The Velvet Underground (1969)

Label I MGM
Production I The Velvet Underground
Direction artistique I Dick Smith
Pays I États-Unis
Durée I 43:59

À la différence de leurs précédents albums, *White Light/White Heat*, le troisième disque des Velvet Underground est

enregistré dans une atmosphère détendue. Il est beaucoup moins extrême dans ses couplets ou dans sa musique.
Depuis l'introduction sublime (*Candy says*, chanté par Doug Yule,) jusqu'à la fin inoubliable (*After hours*, où l'on retrouve la voix enfantine de Maureen Tucker), The Velvet Underground voit Lou Reed passer du statut de poète des rues camé à celui d'auteur-compositeur qui se surpasse, avec des chansons comme *Pale Blue Eyes*, *I'm set free*, ou *The Murder Mystery*, véritable expérience littéraire. Les deux morceaux rock *What goes on* et *Beginning to see the light*, montrent un groupe en pleine possession de ses moyens. Mais c'est *Some Kinda Love*, lent et sexy, avec les échanges de licks de guitare entre Reed et Sterling Morrison, qui constitue le temps fort de l'album.
D'une apparence plutôt conservatrice sur la pochette, les Velvet montrent qu'ils ne sont plus aussi étranges qu'à leur début. (La photo, prise à la Factory, est de Billy Linich, alias Billy Name.) Désormais ils sont représentés par la MGM, mais en raison d'une mauvaise promotion, le grand public est passé à côté de l'album. **IJ**

▶II Liste des titres

▶ 01 Candy Says (Reed)	4:04
▶ 02 What Goes On (Reed)	4:55
▶ 03 Some Kinda Love (Reed)	4:03
▶ 04 Pale Blue Eyes (Reed)	5:41
05 Jesus (Reed)	3:24
▶ 06 Beginning To See The Light (Reed)	4:41
▶ 07 I'm Set Free (Reed)	4:04
08 That's The Story Of My Life (Reed)	2:04
09 The Murder Mystery (Reed)	8:56
▶ 10 After Hours (Reed)	2:07

Quicksilver Messenger Service
Happy Trails (1969)

Label I Capitol
Production I Non créditée
Direction artistique I George Hunter
Pays I États-Unis
Durée I 50:08

Contrairement à la plupart des groupes hippies de la scène de Haight-Ashbury, Quicksilver Messenger Service a su réaliser sa transition de la scène au studio sans sacrifier son inventivité, comme le montre son magistral premier album, en 1968. Mais avec *Happy Trails*, enregistré principalement en direct, le groupe revendique son côté déjanté.
Le premier morceau, une interprétation de *Who do you love* de Bo Diddley, reste l'une des jam-sessions psychédéliques les plus vibrantes jamais enregistrées. Quatre de ses six parties mettent chacune en valeur un membre différent du groupe.
Ce dernier continue avec Diddley sur *Mona*, une collaboration cohésive et pourtant assez libre, qui offre certains des motifs musicaux les plus brûlants de la carrière de John Cipollina. *Calvalry*, mélange enchanteur de styles, monte treize minutes durant, jusqu'à une conclusion éblouissante. L'album se clôt sur *Happy Trails*, un court adieu dont le style « cow-boy » est parfaitement évoqué par le tableau d'époque de la pochette, de George Hunter.
Avec ses ventes, *Happy Trails*, qui s'est classé au Top 30 américain, améliore la situation du groupe. Il représente le sommet de son pouvoir d'improvisation, et son influence se fait toujours ressentir dans la musique de jam-band contemporaine. **JiH**

▶II Liste des titres

▶ 01 Who Do You Love Part 1 (McDaniels)	3:32
▶ 02 When You Love (Duncan)	5:14
▶ 03 Where You Love (Elmore)	6:07

▶ 04 How You Love (Cipollina) 2:45
▶ 05 Which Do You Love (Freiberg) 4:38
▶ 06 Who Do You Love Part 2 (McDaniels) 3:01
07 Mona (McDaniels) 7:01
08 Maiden Of The Cancer Moon (Duncan) 3:01
09 Calvary (Duncan) 13:21
10 Happy Trails (Evans) 1:28

Led Zeppelin
Led Zeppelin (1969)

Label I Atlantic
Production I Jimmy Page
Direction artistique I George Hardie
Pays I Royaume-Uni
Durée I 44:46

Dès le début, le style du plus célèbre et du plus influent des groupes de heavy-blues-folk-rock est reconnaissable et unique. S'emparant des riffs de pionniers comme Cream, et les adaptant à un nouveau style de rock, Led Zeppelin a à la fois repoussé les limites de la musique sur son premier album de 1969, et rendu hommage à ceux qui l'ont inspiré, que ce soit dans le folk, le blues ou le rhythm and blues.

Sur *You shook me* et *I can't quit you baby*, reprises de Willie Dixon, la guitare de Jimmy Page démontre une maîtrise totale des racines musicales du groupe. *Dazed and confused* annonce déjà le futur du rock, avec sa ligne de basse descendante, et *Communication Breakdown*, au riff élégant, également. Le style saturé de John Paul Jones, bassiste extraordinaire, sur *Good Times, bad times* n'est égalé à l'époque que par John Entwistle et peut-être par Roger Glover, tandis que John « Bonzo » Bonham, désormais légendaire, rend les chansons encore plus ambitieuses avec son jeu frénétique, « contrôlé mais libre ». Led Zeppelin est bien plus qu'un simple groupe. Les paroles fantaisistes, souvent naïves mais adorées, et le style vocal de Robert Plant, qui a défini tout un style, seront peut-être mieux mis en valeur sur les albums suivants : en 1969, les musiciens doivent encore vraiment trouver leur rythme. Mais cet enregistrement dynamique est un véritable objet de dévotion. **JM**

▶II Liste des titres

01 Good Times, Bad Times (Bonham•Jones•Page) 2:47
▶ 02 Babe I'm Gonna Leave You (Bennett•Bredon•Darling) 6:41
03 You Shook Me (Dixon•Lenoir) 6:27
▶ 04 Dazed And Confused (Page) 6:26
05 Your Time Is Gonna Come (Jones•Page) 4:34
06 Black Mountain Side (Page) 2:12
▶ 07 Communication Breakdown (Bonham•Jones•Page) 2:29
08 I Can't Quit You Baby (Dixon) 4:42
09 How Many More Times (Bonham•Jones•Page) 8:28

The Band
The Band (1969)

Label I Capitol
Production I The Band • John Simon
Direction artistique I Bob Cato
Pays I Canada • États-Unis
Durée I 43:54

En 1969, l'Amérique, embourbée au Vietnam, est divisée politiquement et culturellement : les sixties, autrefois glorieuses, se terminent. Dylan a claqué la porte au nez d'une génération qui se tourne vers lui pour obtenir des réponses. La drogue se fait de plus en plus présente et la musique psychédélique se ramollit. C'est dans cette atmosphère que le groupe le plus influent de l'époque dévoile son chef-d'œuvre.

Fondé sur un extraordinaire cycle de chansons inspirées par le Sud américain, *The Band* est un album d'une formidable résonance contemporaine, enraciné dans la douleur et la fierté du passé américain. L'idée peut surprendre de la part de quatre Canadiens et d'un garçon de l'Arkansas, mais il s'agit d'un patrimoine ancré en

eux et qu'ils retranscrivent de façon mémorable.
Enregistré dans une maison louée à Sammy Davis Jr. dans les collines de Hollywood, ces morceaux constituent l'apogée de leurs années rockabilly en tournée, du temps passé avec Dylan et de leur séjour à Woodstock. Du piano de bastringue à la soul ragtime, leur style musical est complexe, leur rythme chaloupé. Les voix de Levon Helm, Richard Manuel et Rick Danko sont doucement entremêlées et offrent un effet spectral et irréel.
The Band a atteint de nombreux sommets, mais son deuxième album demeure le plus envoûtant et poétique, sa réalisation la plus magnifique. Sur la pochette, les membres du groupe ressemblent à des pionniers déguenillés ou à des bandits au regard mauvais – ce qu'ils étaient, dans les deux cas. **RF**

Led Zeppelin
Led Zeppelin II (1969)

Label | Atlantic
Production | Jimmy Page
Direction artistique | David Juniper
Pays | Royaume-Uni
Durée | 41:21

Le deuxième album de Led Zeppelin est d'autant plus remarquable que ses créateurs n'ont disposé que de très peu de temps pour le perfectionner – *Led Zeppelin II* a été réalisé aux États-Unis durant de brèves interruptions entre deux tournées. *Whole Lotta Love*, *The Lemon Song* et *Bring it on home* sont tous basés sur d'anciens succès de blues et conservent un caractère primitif qui aurait peut-être disparu si le groupe avait bénéficié de plus de temps et d'argent.
Fait encore plus impressionnant, le groupe arrive à préserver une grande subtilité malgré le champ de bataille qu'il recrée tous les soirs sur scène : ceux qui découvrent Led Zep doivent écouter *Ramble on*, une splendide ballade acoustique, avec des chœurs imposants qui illustrent parfaitement ce qui fait la force du groupe – des riffs très présents et une parcimonie fragile. *Thank you* est un autre morceau acoustique joué de manière experte, mais ce sont les accords émis par Jimmy Page, John Paul Jones et John Bonham qui constituent l'atout principal de *Led Zeppelin II*.
Whole Lotta Love, élément indispensable de la play-list de n'importe quel amateur de rock, a en particulier résisté à l'épreuve du temps, et sert depuis longtemps de générique au programme télévisé britannique *Top of the pops*. De fait, des chansons comme celle-ci ont dépassé le stade de cliché pour appartenir à jamais au vocabulaire musical. Le deuxième album de Led Zeppelin multiplie les jeux d'ombre et de lumière. Il mérite donc largement d'être mentionné ici. **JM**

MC5
Kick out the jams (1969)

Label | Elektra
Production | Bruce Botnik • Jac Holzman
Direction artistique | William S. Harvey
Pays | États-Unis
Durée | 36:17

Stars des couvertures de *Rolling Stone*, les Motor City Five vivent en marge de leur propre communauté hippie. Ils jouent un rhythm and blues « psychédélisé ». La drogue, les armes et l'amour font partie de leur style de vie. *Kick out the jams* représente parfaitement le rock révolutionnaire de ces provocateurs turbulents, embrassant la « frénésie liquide » et le jazz cosmique. Enregistré au Grande Hotel Ballroom de Detroit, *Kick out the jams* reprend avec une désinvolture maladroite les morceaux qu'ils jouent en concert ; les guitares désaccordées se déchaînent, les voix inégales se superposent, et les chansons s'effondrent sous le feedback dans un chaos magnifique. Depuis le drone-rock de *Rocket Reducer* jusqu'au blues politique de *Motor City's burning* et *Starship*, tribut à Sun Ra, l'ambiance est incendiaire.

À sa sortie, l'album subit une véritable controverse. Lester Bangs, critique de rock légendaire, le qualifie de « ridicule, dominateur, prétentieux » et il en est presque arrivé à convaincre le guitariste Wayne Kramer. Lorsque la chaîne Hudson's refuse de stocker cet album « obscène », le groupe publie des annonces proclamant « Fuck Hudson's ! » ; Elektra sort une version révisée de l'album et abandonne vite le groupe.

Il s'agit là du début du terme des MC5, mais *Kick out the jams* reste leur manifeste de référence ; un album où les drapeaux brûlent et la révolution explose. **SC**

The Temptations
Cloud nine (1969)

Label | Motown
Production | Norman Whitfield
Direction artistique | Ken Kim
Pays | États-Unis
Durée | 34:41

Lorsque leur collaboration avec le producteur Norman Whitfield débute à la fin des années 60, The Temptations ont déjà le vent en poupe aux États-Unis. Mais Whitfield, qui a lui-même fait ses preuves avec *I heard it through the grapevine*, se délecte à l'idée du défi.

Lorsque le chanteur principal, David Ruffin, les quitte en 1968, Whitfield saisit cette occasion pour transformer à la fois le label et le groupe – composé de Melvin Franklin, Otis Williams, Eddie Kendricks, Paul Williams et Dennis Edwards, le remplaçant de Ruffin. Échappant aux stéréotypes du label, Whitfield fait intentionnellement référence à la côte ouest, avec des couplets libérateurs et une exploration musicale exaltante, prouvant par là qu'il peut facilement s'adapter à l'époque.

Les fondements de l'album sont posés chez Producer's Workshop, label de la Motown, à Detroit. La chanson-titre offre son 1er Grammy au label et donne naissance à un nouveau style musical Motown. C'est Danny Coffey, des Funk Brothers, qui crée une introduction à la guitare reconnaissable entre toutes : « C'était ma première séance d'enregistrement avec la Motown et c'est là que je leur ai fait découvrir la pédale wah-wah. J'ai commencé à jeter quelques licks ici et là, et une semaine plus tard, j'étais en studio en train d'enregister *Cloud nine*. »

Parmi les autres morceaux essentiels de l'album, on compte *Run away child, running wild*, qui offre un chant inégalé. L'album laisse Berry Gordy désemparé, mais Funkadelic, Curtis Mayfield, Isaac Hayes et Barry White lui accorderont tous une très grande attention. **LW**

Sly and the Family Stone
Stand ! (1969)

Label | Epic
Production | Sly Stone
Direction artistique | Non créditée
Pays | États-Unis
Durée | 41:40

Peu d'albums reflètent mieux l'optimisme de la fin des années 60 que le quatrième de Sly and the Family Stone. Formé à San Francisco par Sly Stone, chanteur et instrumentiste, ce septet mixte interracial défriche de nouveaux territoires avec son mélange coloré de funk, pop, rock et musique psychédélique. En 1968, *Dance to the music* atteint le Top 10 amé-

ricain, mais *Stand !* représente la première approche kaléidoscopique de leur leader sur un album complet.
Celui-ci s'ouvre sur *Everyday People*, une ode à la tolérance qui n'a pas pris une ride et qui allie l'accessibilité d'une comptine à des phrases emblématiques. *I want to take you higher* devient l'un des hymnes du festival de Woodstock, unissant la ferveur du gospel et la guitare du blues à des cuivres incisifs. Son rythme laisse clairement présager l'ère disco, et on retrouve une rythmique similaire dans la conclusion du morceau. *Sing a simple song* communique une philosophie enjouée à travers ses chœurs et son orgue harmonieux, tandis que *Don't call me nigger Whitey* expérimente les effets de la pédale wah-wah dans une atmosphère urbaine plus sombre.
Stand ! passe plus de cent semaines au hit-parade et atteint la 13e place. *Greatest Hits*, sorti en 1970, arrive à la 2e place tandis que *There's a riot goin' on* décroche la 1re en 1971. Sly Stone ouvre ainsi la voie à la soul sociopolitique des années 70, sans parler du jazz fusion électrique de Miles Davis. Son identité androgyne continue à inspirer des stars comme Prince, OutKast, et les Red Hot Chili Peppers. **MA**

▶II Liste des titres

▶	01 Stand ! (Stewart)	3:08
▶	02 Don't Call Me Nigger, Whitey (Stewart)	5:59
▶	03 I Want To Take You Higher (Stewart)	5:22
	04 Somebody's Watching You (Stewart)	3:29
▶	05 Sing A Simple Song (Stewart)	3:55
▶	06 Everyday People (Stewart)	2:20
	07 Sex Machine (Stewart)	13:48
	08 You Can Make It If You Try (Stewart)	3:39

Tim Buckley
Happy sad (1969)

Label | Elektra
Production | Zal Yanovsky • Jerry Yester
Direction artistique | William S. Harvey
Pays | États-Unis
Durée | 44:43

Tim Buckley, mort d'une overdose à l'âge de 28 ans, laisse derrière lui neuf albums comme auteur-compositeur charismatique. Certains ont été des échecs commerciaux, comme le très critiqué *Lorca*, mais tous rendent compte d'une musicalité instinctive.
Méditation sur l'amour entrecoupée de souvenirs de rencontres nocturnes, *Happy sad* représente le meilleur de Buckley, romantique sans fard doté du sens du détail d'un poète. Soutenu par la guitare de Lee Underwood et par la basse acoustique de John Miller, Buckley se lance dans *Strange Feeling*, un blues solitaire qui rappelle Miles Davis. Sa voix de ténor quasi dissonante s'harmonise bientôt en un refrain chaloupé aux accents de jazz.
Buzzin' Fly, qui devient à la grande irritation de ce dernier le morceau le plus réclamé lors de ses concerts, est plus conventionnel. Son côté folk est proche de celui de Fred Neil, qui a écrit *Everybody's talkin'* pour le film *Midnight Cowboy*. *Love from room 109...* est plus représentatif de la maturité de l'artiste. La chanson vagabonde, sur fond de violoncelle, entre chambres d'hôtel ensoleillées et introspection tourmentée.
Il explore une veine plus sombre avec *Dream Letter*, une complainte celte émouvante, tandis que *Gipsy Woman* met en avant un aspect de sa musique peu apprécié des critiques – une improvisation spectrale avec des courants atonaux, mémorable pour le registre impressionnant de sa voix. *Sing a song for you* conclut l'al-

bum sur une note plus sûre, et à la beauté discrète. **JDi**

▶II Liste des titres

	01 Strange Feelin' (Buckley)	7:40
▶	02 Buzzin' Fly (Buckley)	6:04
▶	03 Love From Room 109 At The Islander (On Pacific Coast Highway) (Buckley)	10:49
	04 Dream Letter (Buckley)	5:12
	05 Gypsy Woman (Buckley)	12:19
▶	06 Sing A Song For You (Buckley)	2:39

Chicago
Chicago Transit Authority
(1969)

Label | Columbia
Production | James William Guercio
Direction artistique | Maria Villar
Pays | États-Unis
Durée | 76:30

Avant qu'une action en justice de la part de la compagnie de transport de Chicago n'oblige le groupe à raccourcir son nom, il jouait dans tous les États-Unis sous le nom de Chicago Transit Authority. Sa fusion du blues, du jazz et du rock produit alors un mélange distinctif. Il ne faut pas moins d'un premier double album de chansons enregistrées en studio et en live pour le présenter au grand public.
Avec un quatuor rock composé de Terry Kath (guitariste principal-chant), Robert Lamm (claviers-chant), Peter Cetera (basse-chant) et Danny Seraphine (batterie), accompagné de Lee Loughane (trompette-chant), James Pankow (trombone) et Walter Parazaider (bois-chant), le groupe sait créer en même temps de la pop énergique et du rock.
Les singles *Does anybody really know what time it is ?*, *Questions 67 and 68* et la reprise de *I'm a man* du Spencer Davis Group connaissent tous un énorme succès, tandis que l'avant-garde trouve aussi l'album à son goût avec l'expérimentation de *Liberation*, *Free Form Guitar* et deux chansons très politiques, *Prologue* et *Someday*. De fait, ces deux dernières ont été enregistrées lors de la convention démocrate à Chicago, l'année précédente.
La version longue de *I'm a man*, avec sa déconstruction des percussions, a aussi été utilisée par Francis Grasso, DJ révolutionnaire de New York, le premier à développer le « beat-mixing ». Synchronisant la rythmique de ce morceau avec celle de *Whole Lotta Love* de Led Zeppelin, le groupe conquit les foules et invente, par la même occasion, le disco. **CR**

▶II Liste des titres

	01 Introduction (Kath)	6:35
▶	02 Does Anybody Really Know What Time It Is ? (Lamm)	4:36
▶	03 Beginnings (Lamm)	7:54
▶	04 Questions 67 And 68 (Lamm)	5:02
	05 Listen (Lamm)	3:21
	06 Poem 58 (Lamm)	8:37
▶	07 Free Form Guitar (Kath)	6:47
	08 South California Purples (Lamm)	6:11
▶	09 I'm A Man (Miller•Winwood)	7:39
▶	10 Prologue (August 29, 1968) (Guercio)	0:57
	11 Someday (August 29, 1968) (Lamm•Pankow)	4:13
▶	12 Liberation (Pankow)	14:38

Fairport Convention
Unhalfbricking (1969)

Label | Island
Production | Joe Boyd • Simon Nicol
Direction artistique | Diogenic Attempts
Pays | Royaume-Uni
Durée | 39:45

Unhalfbricking était le troisième album de Fairport Convention, avec le légendaire Richard Thompson à la guitare, Sandy Denny, malheureusement décédée, au chant, Ashley Hutchings à la basse, Simon Nicol, vétéran de Fairport, à la guitare, et Martin Lamble, mort tragiquement dans un accident de la circulation avant la sortie de l'album, à la batterie.

Ce disque précède *Liege & Lief*, le premier de Fairport à contenir principalement des chansons traditionnelles et il est, à de nombreux titres, un album de transition. Il accorde une large place à Bob Dylan, notamment avec *Si tu dois partir* – les membres de Fairport étaient cultivés et avaient traduit en français *If you gotta go now*. On retrouve le même style cajun sur *Million Dollar Bash* (à l'époque, cette composition de Dylan était inédite). *Who knows where the time goes* est sûrement la création la plus célèbre de Denny, reprise plus tard par Judy Collins.

Le titre le plus long est *A sailor's life*, chanson traditionnelle que Denny entonnait depuis un moment dans les clubs folk. Enregistré en une seule prise, il comprend un long duel par instruments interposés entre le violoniste Dave Swarbrick et le guitariste Thompson.

L'énigmatique photo de la pochette montre les parents de Sandy Denny devant leur jardin. C'est à la fois très anglais et légèrement perturbant. (On devine le groupe à travers la barrière.) Et ce titre étrange ? C'est un mot que Denny a inventé à l'occasion d'un jeu en tournée. **JT**

The Youngbloods
Elephant Mountain (1969)

Label | RCA
Production | Bob Cullen • Charles E. Daniels
Direction artistique | Non créditée
Pays | États-Unis
Durée | 39:07

Originaires de New York, les Youngbloods ont été attirés par Los Angeles après le succès de leur premier single, *Get together*, sur la côte ouest. Prenant conscience que le style de vie californien leur correspondait mieux, ils s'installent à Inverness, et enregistrent cet album à Los Angeles, qu'ils rejoignent par avion. Leur guitariste d'origine se lasse vite des voyages – entre autres – et les quitte. Devenu ainsi un trio, le groupe ne manque certainement pas de talent, Lowell « Banana » Levinger en débordant et jouant ici divers instruments, et Jesse Colin Young offrant sa voix de ténor mélodieuse.

Sur leurs deux premiers album, ils se présentaient dans la lignée des Lovin' Spoonful, avec leur folk-rock ensoleillé et leur pop bluesy. Mais l'intérêt qu'ils portaient au jazz les démarquait de leurs nouveaux voisins de la côte ouest (« nous pouvions éveiller l'attention du public sans être très puissants, bruyants et lourds, comme Blue Cheer et ce genre de choses », a observé Levinger en 2003). *Elephant Mountain* trouve sa place dans cet ouvrage grâce à son grand nombre de chansons fantastiques (de Young en général) : *Quicksand*, tendre et mélodieux, avec une section cordes ; *Darkness, Darkness*, ballade folk sombre et désespérée au solide solo de guitare ; *Sunlight*, plus latino, au chant plein de tendresse ; *Ride the wind*, jazzy et atteignant presque sept minutes ; et enfin l'instrumental *On Sir Francis Drake*, où l'on retrouve le piano électrique de Levinger. **GD**

Isaac Hayes
Hot buttered soul (1969)

Label | Stax
Production | Al Bell • Allen Jones • Marvell Thomas
Direction artistique | Honeya Thompson
Pays | États-Unis
Durée | 45:23

Hot Buttered Soul était l'un des premiers exemples de ce que la soul allait devenir aux États-Unis dans les années 70 – ses formes naturelles contrastant avec le nouveau funk, très froid de James Brown et Cie. La formule pop d'une chanson de trois

minutes et demie est abandonnée ici en faveur de deux chansons par face, le premier morceau étant une reprise de douze minutes de *Walk on by*, ballade triste au départ, mais qui déborde de sexualité dans cette version. De fait, cet album, plus que tout autre auparavant, tente de toute évidence de produire une musique « de drague » – style qui sera largement copié tout au long des années 70 et 80 par des artistes tels que Barry White.
Les musiciens de Hayes, les Bar-Kays, sont les stars méconnues de l'album, offrant groove après groove pour des générations de futurs producteurs de hip-hop et de house. C'est la reprise de *By the time I get to Phoenix* de Jimmy Webb qui domine l'ensemble, avec son introduction parlée de neuf minutes, d'une audace époustouflante, dans laquelle Hayes raconte l'histoire du narrateur de la chanson.
On s'est récemment gentiment moqué de l'image de dieu du sexe d'Isaac Hayes (et il est le premier à le faire). Il est difficile d'imaginer aujourd'hui l'impact qu'a eu la pochette de l'album à l'époque, avec sa tête rasée, ses lunettes noires et ses grosses chaînes en or sur une poitrine dénudée, symboles de la sexualité à l'état brut d'un homme noir indifférent aux réactions du grand public (c'est-à-dire blanc). **JDo**

The Grateful Dead
Live/Dead (1969)

Label | Warner Bros.
Production | Betty Cantor • Bob Matthews
Direction artistique | Ed Thrasher
Pays | États-Unis
Durée | 75:07

Les trois premiers albums de studio des Grateful Dead n'ont jamais vraiment réussi à refléter ce que le public pouvait apprécier en concert dans des endroits comme le Fillmore West. Heureusement, le groupe a pu inviter le reste du monde à « grimper dans le bus » avec *Live/Dead*. Cet enregistrement en concert a représenté un moment clé de l'histoire de la pop, particulièrement pour ceux qui ne s'étaient jamais approchés de Haight-Ashbury ou de Carnaby Street. *Live/Dead* ne comprend que sept chansons sur deux 33 tours, loin des trente titres du *White Album* des Beatles. Elles proviennent de concerts à San Francisco quand le groupe enregistrait *Aoxomoxoa*.
Dark Star a été gravée ici pour la première fois, et a rarement été mieux jouée depuis. La musique tourbillonne, bouillonne et semble partir dans tous les sens avant de terminer par des explosions dignes de Coltrane. Les Grateful Dead enrichissent la version dépouillée de *St. Stephen* que l'on trouvait sur *Aoxomoxoa* et s'élancent dans une version épique de *The Eleven*.
Tandis que de nombreux critiques considèrent que les deux sorties de 1970, *Workingman's Dead* et *American Beauty*, constituent l'apogée artistique du groupe, ce premier album live pourrait bien compter parmi les plus influents. Sorti bien avant que les échanges de cassettes ne deviennent monnaie courante, *Live/Dead* devait illustrer la puissance de la musique longuement improvisée et servir de modèle à Phish et autres groupes d'improvisation, et ce jusqu'au nouveau millénaire. **JiH**

The Kinks

Arthur – or the decline and fall of the British Empire (1969)

Label | Pye
Production | Ray Davies
Direction artistique | The Kinks • Bob Lawrie
Pays | Royaume-Uni
Durée | 47:43

On peut à juste titre déclarer que l'« opéra » de Ray Davies, *Arthur…*, dont *Village Green* a inspiré certains de ses thèmes, est aussi l'un des meilleurs albums de l'époque, à la fois pour la qualité de sa composition et pour son interprétation. On y trouve tellement de moments forts qu'il semble assez malvenu de relever ses faiblesses qui, selon certains, comprennent la satire simpliste de *She bought a hat like Princess Marina*. Cependant, selon l'avis de quelques fans invétérés des Kinks, il s'agit de la meilleure chanson de l'album. *Arthur…* est la bande-son d'un projet malheureux de la télévision britannique sur lequel Davies avait travaillé. C'est aussi celle des jours moribonds de l'Empire britannique. Arthur, qui représente l'Anglais typique du XXe siècle, participe à des guerres épouvantables, sacrifiant un frère et un fils à la patrie, et est sur le point d'en perdre un autre, Derek, pour le programme d'immigration australien. Parfois, les Kinks pensent qu'Arthur incarne un simple pantin.

Davies utilise son approche de music-hall unique, concise et d'une drôlerie contagieuse, avec un résultat remarquable. Les meilleures chansons sont probablement *Victoria* – reprise par les Fall – et *Sangri-La* – reprise par Versus –, ainsi que l'hilarant *Australia* et le sensationnel *Drivin'*, qui méritent tous deux d'être repris, si ce n'est déjà fait. C'est un album classique du début à la fin. **DN**

▶II Liste des titres

▶ 01 Victoria (Davies)	3:25
02 Yes Sir, No Sir (Davies)	3:42
03 Some Mother's Son (Davies)	3:22
04 Drivin' (Davies)	3:15
05 Brainwashed (Davies)	2:30
▶ 06 Australia (Davies)	6:40
▶ 07 Shangri-La (Davies)	5:17
08 Mr. Churchill Says (Davies)	4:40
09 She Bought A Hat Like Princess Marina (Davies)	3:05
10 Young And Innocent Days (Davies)	3:20
11 Nothing To Say (Davies)	3:07
12 Arthur (Davies)	5:20

King Crimson

In the court of the Crimson King (1969)

Label | Island
Production | King Crimson
Direction artistique | Non créditée
Pays | Royaume-Uni
Durée | 44:01

Organisé autour de Robert Fripp, dieu de la guitare, King Crimson est l'un des groupes de rock progressif les plus importants, qui a survécu à d'innombrables changements de musiciens depuis sa formation, il y a plus de quarante ans. Les autres membres d'origine sont Greg Lake, chanteur et bassiste, Michael Giles, batteur, Peter Sinfield, parolier, et Ian McDonald, aux claviers, vibraphone et bois. Ils n'ont enregistré qu'un album ensemble, mais c'est le plus connu.

De l'illustration terrifiante de la pochette à ses paroles inquiétantes, *In the court…* est un album consistant. *21st Century schizoid man* donne le ton. C'est le premier hymne du rock alternatif, avec un riff principal mémorable, ses sons de saxo et ses visions apocalyptiques.

On retrouve cette atmosphère sur *Epitaph*, ballade à la résignation magnifique, où la voix plaintive de Lake est soutenue par une riche gamme de sons. *Moonchild,* chanson d'amour pastorale et sinistre, s'étire d'une manière épique grâce à un interlude jazz improvisé, tandis que la chanson-titre mêle des arabesques folk, des roulements de tambour grandiloquents et des flûtes baroques dans une ambiance médiévale. *In the court*... atteint la 5e place du Top 30 au Royaume-Uni, la 28e aux États-Unis. D'autres albums du groupe restent des références : *In the wake of Poseidon*, suite de celui-ci, *Larks' Tongues in aspic*, à la folie galvanisante (1973), et *Discipline* (1981), funky et influencé par les Talking Heads. Fripp, très versatile, a joué sur divers albums emblématiques de David Bowie et Brian Eno. **MA**

▶II Liste des titres

▶	01 21st Century Schizoid Man (Fripp•Giles•Lake•McDonald•Sinfield)	7:21
	02 I Talk To The Wind (McDonald•Sinfield)	6:08
▶	03 Epitaph (Fripp•Giles•Lake•McDonald•Sinfield)	8:52
▶	04 Moonchild (Fripp•Giles•Lake•McDonald •Sinfield)	12:15
▶	05 The Court Of The Crimson King (McDonald•Sinfield)	9:25

Leonard Cohen
Songs from a room (1969)

Label I Columbia
Production I Bob Johnston
Direction artistique I Non créditée
Pays I Canada
Durée I 33:51

Les dénicheurs de talent de la Columbia ne s'attendent probablement pas à ce que Leonard Cohen devienne populaire lorsqu'ils lui font signer son contrat. Mais après son premier album, *The Songs of Leonard Cohen*, qui se vend à plus de 10 000 exemplaires en 1968, il faut compter avec cette star inattendue. N'ayant rien en commun avec les autres musiciens du label, il obtient son premier succès, après plus d'une décennie passée à écrire poèmes et romans.

Avec *Songs from a room*, Cohen se plonge au plus profond de la mélancolie qui caractérise son œuvre. Tandis que son premier album offre des tubes comme *Suzanne* et *So long Marianne*, le deuxième est plus discret. Grâce à cette série de récits, le troubadour peut prétendre rivaliser avec Bob Dylan. Au moyen de dix chansons, il revient sur la nature de l'amitié et sur les relations intimes. *The Partisan*, écrit durant la Seconde Guerre mondiale, dissèque le lien qui existe entre ce patriote et son pays, tandis que *The Butcher* examine la relation entre un père et son fils.
On y retrouve aussi un ennui de nature romantique. « Tout se passera bien ce soir », chante le crooner canadien dans le refrain de la dernière chanson, même s'il doit préciser tout de suite : « Pendant un moment ». Nancy, une ancienne muse, est décriée dans *Seems so long ago, Nancy*.
Bien que l'album n'ait pas été un succès commercial – motif qui se répétera jusqu'à *I'm your man* –, ce triomphe nonchalant inspire le misanthrope qui vit en chacun de nous. **SJac**

▶II Liste des titres

▶	01 Bird On The Wire (Cohen)	3:23
▶	02 Story Of Isaac (Cohen)	3:31
	03 A Bunch Of Lonesome Heroes (Cohen)	3:10
	04 The Partisan (Marly•Zaret)	3:20
▶	05 Seems So Long Ago, Nancy (Cohen)	3:35
	06 The Old Revolution (Cohen)	3:42
	07 The Butcher (Cohen)	3:11
	08 You Know Who I Am (Cohen)	3:24
▶	09 Lady Midnight (Cohen)	2:50
	10 Tonight Will Be Fine (Cohen)	3:45

Fairport Convention
Liege and lief (1969)

Label | Island
Production | Joe Boyd
Direction artistique | R. Nicol • Fairport
Pays | Royaume-Uni
Durée | 41:01

Le deuxième album de Fairport, *Unhalfbricking* (1969), où l'on retrouvait Sandy Denny (chant), Richard Thompson (guitare principale) et Ashley « Tyger » Hutchings (basse), Simon Nicol (guitare) et Martin Lamble (batterie), comprenait une version irrésistible de *A sailor's life*, une chanson traditionnelle, devenue le manifeste du folk-rock anglais. La suite est tragique : le bus du groupe se retourne un jour sur la route, tuant Lamble et une jeune amie du groupe, Jeannie Franklyn. Profondément choqués par ce désastre, les survivants collaborent avec le batteur Dave Mattack et Dave Swarbrick, star de la scène folk, pour des séances d'enregistrement dans un manoir du Hampshire qui donnent naissance à *Liege and lief*.

Si *Unhalfbricking* a ébranlé les puristes du folk et enchanté le public folk-rock grandissant, *Liege and lief* est encore plus controversé, notamment au sein du groupe. Inspirés par *A sailor's life*, les Fairport créent désormais danses et ballades traditionnelles sur des instruments électriques. Ainsi, sur *Matty Groves*, l'on retrouve le jeu de guitare exceptionnel de Richard Thompson. Ils écrivent aussi des chansons de qualité, comme *Farewell, Farewell* et *Crazy Man Michael*. L'insistance de Hutching à jouer des chansons traditionnelles plutôt qu'originales irrite cependant Sandy Denny – la plus belle voix du rock britannique de l'époque, très admirée par Led Zeppelin entre autres. Ils vont tous deux quitter Fairport Convention peu après et laisser derrière eux une œuvre unique. **GSu**

Scott Walker
Scott 4 (1969)

Label | Philips
Production | John Franz
Direction artistique | John Constable
Pays | États-Unis
Durée | 32:36

Après l'échec commercial de son quatrième album, Scott Walker, d'une nature timide, abandonne complètement l'écriture pendant la décennie suivante. Mais *Scott 4*, la première œuvre qu'il a entièrement composée, est un album époustouflant. La grandiloquence orchestrale des albums précédents disparaît et laisse la place à un dépouillement qui complète parfaitement le riche baryton qu'est Walker. Les arrangements de *Seventh Seal*, influencés par Ennio Morricone, se marient à un récit fondé sur le film du même titre d'Ingmar Bergman, réalisateur préféré de Walker. Dans *The Old Man's back again*, le chanteur dénonce le spectre du stalinisme en Europe de l'Est, à la suite de l'invasion de la Tchécoslovaquie en 1968 – le tout sur une ligne de basse funky. *Get behind me* et *Duchess* explorent l'intérêt grandissant de Walker pour la soul et la country, tandis que sa voix pleine d'émotion trahit une vulnérabilité obsédante dans *The World's Strongest Man*. *Hero of the war* critique avec cynisme et intelligence l'expansion du militarisme. *Boy Child* est une méditation sur l'innocence, dont les arrangements donnent froid dans le dos.

L'album a provoqué des réactions diverses à sa sortie, et a été retiré des bacs quelques semaines après. Et pourtant, réévalué par la critique grâce à son influence sur David Bowie, Nick Cave, Mark Almond et Neil Hannon de Devine Comedy, il est aujourd'hui légitimement réédité. Sa richesse sonore et son envergure extraordinaire vont ébahir les générations à venir. **CSh**

The Stooges
The Stooges (1969)

Label | Elektra
Production | John Cale
Direction artistique | William S. Harvey
Pays | États-Unis
Durée | 34:33

Ville au patrimoine musical imposant, à la fin des années 60, Detroit est synonyme de soul et de Motown. Tout cela change en 1969 avec le premier album des Stooges, un crescendo corrosif de guitares et de hurlements primitifs d'Iggy Stooge, le leader.

C'est un peu par hasard que les Stooges sont engagés par Elektra – Danny Fields, découvreur de talents, vient alors de faire signer les MC5. Il est tellement impressionné par les Stooges qu'il décide de prendre le risque de les engager. En juin 1969, le groupe se rend à New York pour produire son premier album avec John Cale (ex-Velvet Underground). Malgré ses concerts très réussis, le groupe manque de chansons et Jac Holzman, directeur du label, lui lance donc un ultimatum : terminer l'album en deux jours.

Le groupe produit alors une série de curiosités géniales, qui n'appartiennent ni au rock garage, ni au chant funèbre. Cale donne une certaine retenue à des chansons comme *1969*, qui menace d'exploser mais s'éloigne finalement de la folie totale, et *I wanna be your dog*, où les assauts d'une guitare puissante sont fermement retenus. Cale joue aussi de l'alto sur *We will fall*, tout droit sorti du canon des Velvet.

L'album devient emblématique. Iggy Stooge change son nom pour Iggy Pop, et même si Fields le qualifie de « curiosité commerciale », il est bien celui qui prépare le terrain pour l'explosion punk qui s'annonce alors. **SJac**

Alexander Spence
Oar (1969)

Label | Columbia
Production | Alexander Spence
Direction artistique | Lloyd Ziff
Pays | États-Unis
Durée | 44:03

En 1968, l'équilibre psychologique d'Alexander « Skip » Spence commence à chanceler. Après avoir tenté d'enfoncer à la hache la porte de la chambre d'hôtel de Don Stevenson et de Jerry Miller, membres comme lui de Moby Grape, Spence passe six mois en hôpital psychiatrique.

À sa sortie, Columbia lui fait une avance de 1 000 dollars, il s'achète une moto et se rend à Nashville, où il entreprend d'enregistrer les chansons qu'il a écrites à l'hôpital. Elles ne ressemblent à aucune autre dans le domaine du rock. *Oar* est enregistré à faible volume ; son atmosphère intime la rend d'autant plus perturbante. La musique possède un côté improvisé, et l'accompagnement de Spence est dépouillé. *Little Hands*, la première chanson, semble gagner en énergie au fur et à mesure, emportée par des roulements de tambour. *Criple Creek*, *Wheighted down (The Prison Song)* et *Broken Heart* sont des ballades country fantomatiques, embellies par le baryton profond et lent de Spence. Humour et jeux de mots apparaissent furtivement. *Books of Moses* oppose une guitare bluesy et des voix riches à un martèlement métallique persistant. Sur *Diana*, la voix de Spence incarne la fragilité, tandis que *War in peace*, avec sa guitare lacérée, ses torrents de cymbales et son chant presque dénué de paroles, ressemble plus à une étrange série d'atmosphères sonores qu'à une chanson. *Grey Afro* menace de se désagréger avec une batterie très présente, mais anarchique. Ce morceau est néanmoins ensorcelant, tout comme le reste de cet album. **RD**

Frank Zappa
Hot Rats (1969)

Label I Bizarre/Reprise
Production I Frank Zappa
Direction artistique I Cal Schenkel
Pays I États-Unis
Durée I 47:05

En 1969, les disques de Frank Zappa avec The Mothers of invention ne se vendent pas et le salaire annuel de ses musiciens pèse lourdement sur son budget. Après avoir vu Duke Ellington, légende du jazz, supplier son label de lui faire une avance de dix dollars, Zappa dissout le groupe.

Il se réfugie alors en studio pour enregistrer *Hot Rats* avec un nouvel ensemble de musiciens : Ian Underwood, qui est apparu sur *Uncle Meat* et qui possède une technique sur laquelle Zappa sait qu'il peut compter, Don « Captain Beefheart » Van Vliet, son vieux copain, et les violonistes Don « Sugarcane » Harris et Jean-Luc Ponty.

Album entièrement instrumental (exception faite de la voix de Beefheart sur *Willie the pimp*), *Hot Rats*, très influencé par le jazz, met l'accent sur la virtuosité. *Peaches en regalia*, que l'on retrouve depuis plus de vingt ans sur des compilations et lors des concerts de Zappa, est à la fois décalé et fascinant, avec ses saxos, ses orgues, et Zappa à la basse. *Willie the pimp*, au contraire, explore le filon du blues. Il est accompagné par les grondements de Beefheart, avant que le solo de guitare de Zappa, long de sept minutes, ne se déchaîne. *Son of M. Green Genes* reprend *Green Genes* d'*Uncle Meat*, avec des improvisations de jazz. *Little Umbrellas* est plus tranquille, avec ses tintements étranges, tandis que *The Gumbo Variations* est une jam session de blues où Underwood, Zappa et Harris s'enflamment littéralement.

L'album offre aussi au rock l'une de ses pochettes les plus célèbres : Christine Frka, groupie officielle de Zappa, est tapie dans le bassin vide d'une demeure de Beverly Hills. **MBI**

▶II Liste des titres

▶ 01 Peaches En Regalia (Zappa)	3:37
▶ 02 Willie The Pimp (Zappa)	9:16
03 Son Of Mr Green Genes (Zappa)	8:58
04 Little Umbrellas (Zappa)	3:04
▶ 05 The Gumbo Variations (Zappa)	16:55
06 It Must Be A Camel (Zappa)	5:15

Les années 70

- **Les troupes américaines quittent le Vietnam**
- **Naissance du premier bébé-éprouvette**
- **Invention du Rubik's cube**
- **Lancement de la fusée Ariane**
- **Premier walk-man**

Creedence Clearwater Revival
Cosmo's Factory (1970)

Label I Fantasy
Production I John Fogerty
Direction artistique I Bob Fogerty
Pays I États-Unis
Durée I 42:40

Creedence Clearwater Revival a sorti six albums essentiels en seulement deux ans et demi, tous dans un style pop-rock, certes accrocheur, mais sans rien de trop complexe. Le cinquième est quant à lui resté en tête du hit-parade pendant neuf semaines consécutives aux États-Unis.
Cosmo's Factory est un exemple exceptionnel de mélange de boogie et de pop. Fuyant les excès psychédéliques de bon nombre de leurs pairs de San Francisco, les membres du groupe intègrent à leur album trois de leurs 45 tours récents, ainsi que des reprises d'Elvis Presley, de Roy Orbison et de Bo Diddley, avec en prime une interprétation rythmée et rallongée de *I heard it through the grapevine. Travelin' Band* rend hommage à Little Richard, tandis que *Who'll stop the rain* et *Run through the jungle* s'inspirent du Vietnam.
John Fogerty, la voix la plus rauque du rock, domine encore ici : il écrit, produit, chante, joue de la guitare, du saxophone et des claviers. Mais le ressentiment se fait sentir parmi les autres musiciens. L'album va être leur dernier grand succès. La photo de la pochette a été prise à l'endroit où ils avaient remixé *Cosmo's Factory* (au 1230 Fifth Street, à Berkeley). Une recette toute simple pour une splendeur qui dure. **RF**

▶II Liste des titres

	01 Ramble Tamble (Fogerty)	7:10
	02 Before You Accuse Me (McDaniels)	3:26
	03 Travelin' Band (Fogerty)	2:09
	04 Ooby Dooby (Moore•Penner)	2:07
▶	05 Lookin' Out My Back Door (Fogerty)	2:33
▶	06 Run Through The Jungle (Fogerty)	3:07
▶	07 Up Around The Bend (Fogerty)	2:42
	08 My Baby Left Me (Crudup)	2:19
▶	09 Who'll Stop The Rain (Fogerty)	2:29
	10 I Heard It Through The Grapevine (Strong •Whitfield)	11:04
▶	11 Long As I Can See The Light (Fogerty)	3:34

Derek and the Dominos
Layla and other assorted love songs (1970)

Label I Polydor
Production I Tom Dowd • The Dominos
Direction artistique I Frandsen de Schonberg
Pays I Royaume-Uni • États-Unis
Durée I 76:58

Grâce au succès de sa chanson-titre en single, ce double album, même s'il a été un échec à l'époque, est désormais considéré comme un classique du rock. Eric Clapton se cache en réalité derrière Derek. Après avoir travaillé avec les Yardbirds, John Mayall's Bluesbreakers, Cream et (brièvement) Blind Faith, celui-ci engage des musiciens et crée son premier petit bijou en solo.
En compagnie de Derek, on retrouve les Dominos, soit trois Américains : Bobby Whitlock aux claviers, Carl Radle à la basse et Jim Gordon à la batterie, tous d'anciens membres de Delaney and Bonnie and friends, un ensemble assez fluctuant auquel avait participé Clapton en tant qu'invité. La plupart des chansons résultent ici de jam-sessions, où tous jouent dans un style très dépouillé.
Le coup de génie de Clapton est d'avoir invité Duane Allman à les rejoindre : sa guitare slide se déchaîne sur le morceau-titre, durant l'un des riffs les plus mémorables du rock. Même Tom Dowd, producteur dur à cuire, est impressionné : « Quand j'en ai eu fini, a-t-il révélé, je suis sorti du studio en disant : Ce fichu album est le meilleur que j'ai enregistré en dix ans. » *Layla* atteint la 7e place dès sa sortie, et grimpera de trois places de plus lorsqu'il sera réédité dix ans plus tard.

Cette chanson d'amour non partagé s'inspire de Patti Boyd, la femme du meilleur ami de Clapton, George Harrison. L'album lui sert d'exutoire à sa passion frustrée. Ces interprétations énergiques de titres marquants du blues, de Big Bill Broonzy à Hendrix, sont désormais des classiques à part entière. **MH**

▶II Liste des titres

	01 I Looked Away (Clapton•Whitlock)	3:06
▶	02 Bell Bottom Blues (Clapton)	5:03
	03 Keep On Growing (Clapton•Whitlock)	6:22
	04 Nobody Knows You When You're Down And Out (Clapton•Whitlock)	4:59
	05 I Am Yours (Clapton•Nizami)	3:34
	06 Anyday (Clapton•Whitlock)	6:37
	07 Key To The Highway (Broonzy•Segar)	9:40
	08 Tell The Truth (Clapton•Whitlock)	6:40
	09 Why Does Love Got To Be So Sad ? (Clapton•Whitlock)	4:43
	10 Have You Ever Loved A Woman (Myers)	6:55
▶	11 Little Wing (Hendrix)	5:34
	12 It's Too Late (Willis)	3:51
▶	13 Layla (Clapton•Gordon)	7:05
▶	14 Thorn Tree In The Garden (Whitlock)	2:49

Miles Davis
Bitches Brew (1970)

Label I Columbia
Production I Teo Macero
Direction artistique I Non créditée
Pays I États-Unis
Durée I 93:54

Les séances d'enregistrement de *Bitches Brew* débutent le matin du 18 août 1969, quelques heures après que Jimi Hendrix a démoli la bannière étoilée à Woodstock. Et c'est bien la voix incendiaire de ce dernier qui hante ce double album. Miles voulait recréer les jam-sessions agiles d'*Electric Ladyland* mais, comme tout hommage vraiment intéressant, *Bitches Brew* ne ressemble en rien à sa source d'inspiration, ni d'ailleurs au jazz-rock qu'il lancera. Les backbeats sont relativement orthodoxes et alignent des coups de batterie cinglants, des roulements de grosse caisse et des lignes de basse empruntées à Sly and the Family Stone. Le reste est totalement différent.

La musique, par sa seule densité, est souvent symphonique. À certains moments, trois claviers – Chick Correa, Larry Young et Joe Zawinul – s'affrontent au moyens d'accords dissonants. Deux bassistes – Ron Carter et Dave Holland – s'opposent aux barytons de la clarinette basse de Benny Maupin. Jusqu'à trois batteurs, accompagnés de percussionnistes, offrent une rythmique hypnotique qui plairait aux fans des Grateful Dead.

La tempête tranquille de la trompette voilée de Miles s'élève au-dessus de tout ceci, avec le saxo soprano de Wayne Shorter, et finalement le chaos subtilement contrôlé de la guitare de John McLaughlin. Tous improvisent librement sur fond de jazz modal et de thèmes indo-arabiques.

Bitches Brew se vend à un demi-million d'exemplaires en un an, faisant à nouveau de Miles le musicien « qu'il n'était plus depuis dix ans ». Avec cet album, il récupère son titre de roi du jazz, qu'il conservera jusqu'à sa mort, vingt ans plus tard. **JLe**

▶II Liste des titres

	01 Pharaoh's Dance (Zawinul)	20:05
	02 Bitches Brew (Davis)	26:58
	03 Spanish Key (Davis)	17:32
	04 John McLaughlin (Davis)	4:22
▶	05 Miles Runs The Voodoo Down (Davis)	14:01
▶	06 Sanctuary (Shorter)	10:56

Spirit
Twelve Dreams of Dr. Sardonicus (1970)

Label I Epic
Production I David Briggs
Direction artistique I John Locke • Bruce McCauley
Pays I États-Unis
Durée I 38:50

En 1970, Spirit a déjà enregistré trois albums novateurs, mais sa synthèse de rock, musique classique et jazz n'éveille jusque-là que peu d'intérêt. Lou Adler, imprésario puissant de la côte ouest, qui a fait signer le groupe chez Ode, son label en 1968, les abandonne. Pour couronner le tout, les deux moteurs créatifs principaux du groupe se divisent – Randy California, le génie de la guitare (qui a joué avec Jimi Hendrix dans le groupe Blue Flames), et Jay Ferguson, le chanteur. California est partisan de l'expérimentation, Ferguson préfère un produit purement commercial.

L'affaire s'envenime lorsque Spirit enregistre *Twelve Dreams of Dr. Sardonicus*. Heureusement David Briggs, qui a travaillé avec Neil Young, arrive à exploiter toute cette animosité pour produire un chef-d'œuvre. L'album offre de solides arrangements pour cuivres (*Morning will come*), des harmonies vocales imaginatives (*Nothin' to hide*) et une approche structurée des astuces psychédéliques (comme la balance droite-gauche ou les bandes jouées à l'envers). Le groupe expérimente le minimoog, alors tout récent, sur *Love has found a way* et *Space Child*. Il dévoile de parfaits singles rock avec *Mr. Skin* et le funky *Animal Zoo*, très en avance sur son époque. On trouve aussi ici *Nature's Way*, un morceau acoustique et un classique de la bande FM.

Après un concert du nouvel an à Fillmore East, le groupe se sépare. L'album devient disque de platine cinq ans plus tard : une récompense tardive pour le superbe travail de Briggs et des membres originaux de Spirit. Quant au Dr. Sardonicus, il s'agit en réalité du surnom dont Spirit avait affublé la table de mixage du studio. **JG**

▶II Liste des titres

	01 **Prelude – Nothin' To Hide** (California)	3:41
▶	02 **Nature's Way** (California)	2:30
▶	03 **Animal Zoo** (Ferguson)	3:20
	04 **Love Has Found A Way** (California•Locke)	2:42
	05 **Why Can't I Be Free** (California)	1:03
▶	06 **Mr. Skin** (Ferguson)	3:50
▶	07 **Space Child** (Locke)	3:26
	08 **When I Touch You** (Ferguson)	5:35
	09 **Street Worm** (Ferguson)	3:40
▶	10 **Life Has Just Begun** (California)	3:22
	11 **Morning Will Come** (California)	2:58
	12 **Soldier** (California)	2:43

Black Sabbath

Black Sabbath (1970)

Label | Warner Bros.
Production | Divers
Direction artistique | Non créditée
Pays | Royaume-Uni
Durée | 40:16

Mentionné ici pour son énorme influence plutôt que pour ses qualités musicales éblouissantes, le premier album de Black Sabbath est aussi respectable par sa réputation que par sa profondeur sonore. Sa première chanson éponyme, souvent qualifiée d'hymne à la trinité satanique (*Black Sabbath* sur *Black Sabbath* de Black Sabbath), lancera le hard rock. La pochette lugubre, la production confuse et les chansons plutôt basiques et fracassantes donnent à l'album un côté toujours aussi maléfique aujourd'hui. En réalité, comme Osbourne, Iommi, Butler et Ward l'ont expliqué d'innombrables fois, l'album est sinistre parce qu'il a été enregistré en deux jours avec un budget minime et, qui plus est, en direct, avec tous les défauts que cela peut entraîner. Le guitariste Tony Iommi baisse sa guitare d'un demi-ton, ce qui rend la musique encore plus accablante. Les paroles qui traitent de mort et de ténèbres, alors effrayantes et désormais hilarantes, participent au résultat final.

Tandis que deux longues suites chantées prouvent que les musiciens peuvent se montrer inventifs, ce sont les chansons individuelles qui touchent le plus. *N.I.B.* a résisté à l'épreuve du temps et est tou-

jours joué en concert pour ses qualités plus subtiles.
Appréciez le tout, l'atmosphère lugubre et la sombre introspection : c'est, après tout, le premier album de hard rock. **JM**

The Doors
Morrison Hotel (1970)

Label | Elektra
Production | Paul A. Rothchild
Direction artistique | Gary Burden
Pays | États-Unis
Durée | 37:24

Même si l'on raccourcit le plus souvent son titre en *Morrison Hotel*, ce cinquième album des Doors est en réalité intitulé *Morrison Hotel/Hard Rock Café* (Ray Manzarek, joueur de synthétiseur, découvre l'hôtel au centre de L.A. alors qu'il se promène avec sa femme). Les membres du groupe sont alors sous pression car leur chanteur, Jim Morrison, doit se rendre au tribunal pour répondre à des accusations d'obscénité. Ils ont bien enregistré plusieurs concerts dont ils peuvent faire un album live si jamais Morrison est condamné à la prison, mais le système judiciaire est si lent qu'ils ont quand même le temps de sortir cet album de studio.
On a reproché sa timidité à leur disque précédent, *The Soft Parade*. D'où, peut-être, ce disque puissant inspiré par le rhythm'n'blues, qui trahit les racines du groupe. *Roadhouse Blues*, haletant et audacieux, avec Lonnie Mack à la basse et John Sebastian des Spoonful à l'harmonica, est le morceau qui a immédiatement le plus d'impact (il a par la suite été repris par des groupes aussi divers que Öyster Cult et Frankie goes to Hollywood). Le funk de *Peace Frog* est l'écho des troubles sociaux de l'époque, et mentionne New Haven où Morrison a été arrêté sur scène. *You make me real* offre quant à lui un Morrison au meilleur de sa forme avec ses éclats de voix ; alors que, plus loin, on retrouve sa voix de crooner sur *Blue Sunday*, *The Spy* et *Indian Summer*, une merveilleuse ballade dont la ligne de basse rappelle celle de l'œuvre maîtresse du groupe, *The End*. Les Doors retrouvent ici le bon cap. **JT**

The Carpenters
Close to you (1970)

Label | A&M
Production | Jack Daugherty
Direction artistique | Tom Wilkes
Pays | États-Unis
Durée | 36:75

Les clichés relatifs à la culture pop du début des années 70 invitent à se représenter les jeunes radicaux écoutant les Stooges et combattant le gouvernement Nixon. En réalité, la majorité d'entre eux ressemble davantage aux Carpenters, qu'ils écoutent aussi.
Close to you est le deuxième album du groupe, et le premier à connaître le succès. Leur interprétation de *(They long to be) Close to you* domine le hit-parade américain pendant quatre semaines, avant de devenir un énorme succès international. L'album a été produit juste après, à partir de chansons que Karen (chant et batterie) et Richard (piano) jouaient dans des clubs au cours des quatre années précédentes. La voix assurée et cristalline de Karen, mise en valeur par les arrangements de son frère, reprend des classiques de Tim Hardin et de Bacharach/David avec une innocence intemporelle. *We've only just begun*, écrite à l'origine pour la pub d'une banque, atteint la 2e place du hit-parade américain, où l'album reste classé plus d'un an. La Carpenters-mania est bel et bien née.
Les albums des Carpenters se sont toujours bien vendus et les ont d'ailleurs fait accé-

der au club très fermé des artistes qui ont vendu plus de 100 millions d'exemplaires. Cependant, sous le vernis pop, la mélancolie envahit la majorité de leur œuvre (rendue encore plus poignante par le décès de Karen en 1983). Les critiques n'ont prêté alors aucune attention au groupe. Mais ses fans n'étaient heureusement pas du style à s'en préoccuper. **GC**

Stephen Stills

Stephen Stills (1970)

Label | Atlantic
Production | Bill Halverson • Stephen Stills
Direction artistique | Gary Burden
Pays | États-Unis
Durée | 38:19

Superstar du soft rock californien de la fin des années 60, Stills connaît déjà le succès au moment où il sort son premier album solo. Avec Buffalo Springfield, il écrit l'hymne classique de la contre-culture, *For what is worth*, et en 1970, il a déjà vendu plus d'un million d'exemplaires. À l'âge de 25 ans, ce musicien texan jouit d'un âge d'or dont peu peuvent se vanter. Cependant, les critiques le sous-estiment par rapport à ses camarades, Neil Young, David Crosby et David Nash. Il les a fait taire avec cet album.

Soutenus par une équipe célèbre – dont Jimi Hendrix (à qui le disque est dédié), Eric Clapton, Booker T., Crosby, Rita Coolidge, Nash, John Sebastian et Cass Elliott –, la voix râpeuse et les accords de guitare de Stills apportent une combinaison qui allie réalisme et mélancolie. L'album mêle les harmonies aiguës de *CSN&Y* (*Do for the other*) au rhythm'n'blues teinté de gospel repris à Leon Russell et à Joe Cocker (le splendide *Church*). Il offre également des rythmes latins (*Love the one you're with*, favori de la bande FM), du folk blues (électrique dans *Go back home*, acoustique dans *Black Queen*, morceau live) et enfin du hard rock (*Old times good times*). Quoi qu'il en soit, la qualité n'est jamais vraiment loin.

Dix superbes chansons retracent un périple affectif grâce à une réflexion très personnelle sur l'amour ou le manque d'amour. Avec ce premier album, Stills parvient à apposer sa propre signature, forte et lyrique, à la mosaïque vivante de la musique américaine. **JG**

John Lennon

John Lennon/Plastic Ono Band (1970)

Label | Apple
Production | John Lennon • Yoko Ono • Phil Spector
Direction artistique | Dan Richter
Pays | Royaume-Uni
Durée | 39:41

Libéré des Beatles (c'est du moins ce qu'il pensait), John Lennon se rend à New York avec Yoko Ono pour y suivre une thérapie du cri primal. Forcés de quitter le pays avant de l'avoir terminée, ils finissent par rentrer en Angleterre. Lennon se met à écrire et tire définitivement un trait, non seulement sur les années 60, mais aussi sur son passé. Pour John, il s'agit d'une nouvelle naissance.

Mother débute par le son d'une cloche et continue avec l'adieu d'un fils à sa mère. *Hold on* prend congé de ce qui a fait la nature de son ancien groupe. Lennon est désormais seul, avec Yoko Ono pour tout soutien. *I found out* souligne simplement sa perte de foi dans les idéaux des années 60 (« J'ai deviné les intentions de la religion, de Jésus jusqu'à Paul »). Si votre chanson préférée des Beatles est *You've got to hide your love away* ou *Help !*, vous trouverez sûrement que cet album est le plus attachant des expérimentations solos des Fab Four.

Deux chansons que les Beatles n'auraient jamais pu explorer se démarquent de toute cette auto-analyse. *Working Class Hero*, et *God*, qui dénonce tous les emblèmes historiques possibles des trente années précédentes (Kennedy, le yoga et même les Beatles) en quatre minutes. La chanson se termine avec cet aveu final : « Maintenant, je suis John. » Le rêve que représentaient les Beatles est terminé, et John peut désormais dire ce qu'il a sur le cœur. **DH**

▶II Liste des titres

▶ 01 **Mother** (Lennon)	5:36
02 **Hold On** (Lennon)	1:53
▶ 03 **I Found Out** (Lennon)	3:37
▶ 04 **Working Class Hero** (Lennon)	3:50
▶ 05 **Isolation** (Lennon)	2:53
06 **Remember** (Lennon)	4:36
07 **Love** (Lennon)	3:24
08 **Well, Well, Well** (Lennon)	5:59
09 **Look At Me** (Lennon)	2:54
▶ 10 **God** (Lennon)	4:10
11 **My Mummy's Dead** (Lennon)	0:49

Crosby, Stills, Nash and Young
Déjà vu (1970)

Label I Atlantic
Production I Crosby, Stills, Nash, And Young
Direction artistique I Gary Burden
Pays I Canada • États-Unis
Durée I 35:34

Pour leur deuxième disque, David Crosby (ex-Byrds), Stephen Stills (ex-Buffalo Springfield) et Graham Nash (ex-Hollies) font appel à Neil Young, ancien membre de Buffalo Springfield, qui vient à peine de sortir *After the gold rush*, l'un de ses albums les plus appréciés.

Déjà vu nécessite plus de 800 heures d'enregistrement, dans des circonstances décourageantes. Christine Hinton, la petite amie de Crosby, vient de mourir dans un accident de voiture, en septembre 1969. Accablé, ce dernier se réfugie dans la drogue et l'alcool et ce, même durant l'enregistrement. Les quatre musiciens se disputent et Nash doit endosser le rôle de pacificateur. Ils arrivent pourtant à créer un chef-d'œuvre, qui incarne l'essence de la culture de la côte ouest américaine au début des années 70.

Carry on est une beauté à la forme changeante dont les harmonies touchent profondément. *Our house* et *Teach your children* démontrent le talent de Nash pour les mélodies simples et accrocheuses. *Almost cut my hair* nous montre un Crosby contestataire, dont le chant rauque se situe aux antipodes de ses harmonies habituelles. *Helpless*, majestueux et dépouillé, incarne la réaction de Young devant les vastes espaces de son Canada natal, tandis que *Country Girl* est un titre époustouflant aux arrangements ambitieux.

Avec son chant hors pair, son dynamisme de talent et ses paroles excellentes, l'album a littéralement été catapulté à la 1re place aux États-Unis. **LPG**

▶II Liste des titres

▶ 01 **Carry On** (Stills)	4:25
02 **Teach Your Children** (Nash)	2:53
▶ 03 **Almost Cut My Hair** (Crosby)	4:25
▶ 04 **Helpless** (Young)	3:30
05 **Woodstock** (Mitchell)	3:52
06 **Déjà Vu** (Crosby)	4:10
07 **Our House** (Nash)	2:59
08 **4+20** (Stills)	1:55
▶ 09 **Country Girl** (Young)	5:05
a) **Whiskey Boot Hill**	
b) **Down, Down, Down**	
c) **Country Girl (I Think You Are Pretty)**	
10 **Everybody I Love You** (Stills•Young)	2:20

Black Sabbath
Paranoid (1970)

Label I Vertigo
Production I Rodger Bain
Direction artistique I Keef
Pays I Royaume-Uni
Durée I 42:13

Black Sabbath s'était fait remarquer en Angleterre avec son premier album éponyme : une réinterprétation sismique du blues qui, avec les deux premiers classiques de Led Zeppelin, allait donner naissance au hard rock.

Le deuxième disque du quartette de Birmingham fait un bond prodigieux dans sa composition. On trouve, sur *War Pigs*, l'une des plus grandes introductions de tous les temps, qui reflète l'amertume de la jeunesse occidentale face à la campagne menée par le gouvernement américain au Vietnam. Toutes les caractéristiques de Sabbath sont là : plainte sinistre et menaçante d'Ozzy Osbourne, rythmiques changeantes de Bill Ward, guitariste, et de Geezer Butler, bassiste-parolier ; et, surtout, présence imposante de Tony Iommi, dieu de la guitare et du riff.

La chanson-titre suit, une explosion proto-punk qui demeure l'hymne emblématique de Black Sabbath – Ozzy et Iommi la joueront même pour les célébrations du cinquantième anniversaire du couronnement de la reine Elizabeth II à Londres, en 2002. *Planet Caravan*, ballade lugubre, possède un côté tendre, tandis que le récit de *Iron Man* semble anticiper le mouvement grunge. Les quatre derniers titres sont moins connus mais tout aussi imposants. *Hand of doom*, cauchemar à l'héroïne, est particulièrement réussi, et vient consolider la réputation satanique de Sabbath dans les années 70.

C'est avec *Paranoid* que le groupe est découvert en Amérique, où il figure à la 12e place du hit-parade. Ses chansons seront reprises par des groupes aussi divers que Pantera et les Cardigans ; son influence sur la partie la plus hard du rock, de Nirvana aux Queens of the Stone Age, est incommensurable. **MA**

▶II Liste des titres

▶ 01 **War Pigs** (Butler•Iommi•Osbourne•Ward) 8:49
▶ 02 **Paranoid** (Butler•Iommi•Osbourne•Ward) 2:45
▶ 03 **Planet Caravan** (Butler•Iommi•Osbourne •Ward) 4:26
▶ 04 **Iron Man** (Butler•Iommi•Osbourne•Ward) 5:47
05 **Electric Funeral** (Butler•Iommi•Osbourne •Ward) 4:46
▶ 06 **Hand Of Doom** (Butler•Iommi•Osbourne •Ward) 7:06
07 **Rat Salad** (Butler•Iommi•Osbourne•Ward) 2:27
08 **Fairies Wear Boots** (Butler•Iommi•Osbourne •Ward) 6:07

Neil Young
After the gold rush (1970)

Label I Reprise
Production I David Briggs • Neil Young
Direction artistique I Gary Burden
Pays I Canada
Durée I 33:41

After the gold rush, album très poignant, contient certains des vers les plus mélancoliques de Neil Young. La photo de la pochette, qui montre le chanteur dans une rue presque déserte, résume à elle seule le sentiment de l'album.

Les chansons de Young – il vient juste de travailler sur l'album *Déjà vu*, de Crosby, Stills, Nash et Young – reflètent une approche introspective. Des compositions telles que *Tell me why*, *Only love can break your heart* et *Don't let it bring you down* servent toutes à solidifier sa réputation de romantique invétéré. L'énergie de sa guitare électrique ne se fait entendre qu'à deux reprises, notamment sur le corrosif et controversé *Southern Man*.

After the gold rush est enregistré avec la dernière trouvaille de Young – un jeune compositeur-interprète et multi-instrumentaliste du nom de Nils Lofgren, dont le jeu de guitare et de piano va faire de cette série de chansons l'une des meilleures que Neil Young ait jamais écrites. La chanson-titre, par exemple, est désormais l'une des pierres angulaires des concerts de Young. Merveilleusement évocatrice, c'est une oraison presque mystique à une Amérique qui est en train de disparaître.

L'album annonce *Harvest*, sorti deux ans plus tard et souvent considéré comme l'un des disques de country-rock les plus influents de tous les temps. Jusque-là cependant, *After the gold rush*, beaucoup plus optimiste, constitue l'apogée de la carrière de Young. **BW**

Led Zeppelin
Led Zeppelin III (1970)

Label | Atlantic
Production | Jimmy Page
Direction artistique | Zacron
Pays | Royaume-Uni
Durée | 43:01

Le troisième album de Zeppelin est entré dans les charts britanniques après son séjour de quatre semaines au sommet du hit-parade américain, et avant de devenir triple platine. La pochette, inventive, représente une roue que l'on peut faire tourner pour observer différentes illustrations, à travers des fenêtres découpées.

Immigrant Song devient le deuxième single du groupe à figurer au Top 20 américain, mais il n'est pas sorti en tant que tel au Royaume-Uni : Led Zep attend jusqu'en 1997 pour mettre ses singles en vente. La face 1 de l'album offre le rock débridé qu'on attend de lui, mais la face 2 est surtout acoustique. Page et Plant sont particulièrement inspirés par la musique d'artistes folk tels que Bert Jansch, John Fahey et Davy Graham. On retrouve du banjo sur *Gallow Poles* à côté de la batterie énergique de John Bonham, tandis que *Bron-Y-Aur stomp* se distingue par ses pincements habiles de guitare acoustique. (Le titre rend hommage à un cottage du nord du pays de Galles où Page et Plant ont composé une partie de l'album.)

Six des titres sont enregistrés à l'aide d'un studio mobile, dont *Tangerine*, avec ses éloquents passages de guitare à douze cordes qui serviront plus tard de modèle à *Stairway to heaven*. Les harmonies du style côte ouest et les licks country que l'on trouve sont pourtant atypiques pour Zep. Dans *Hats off to (Roy) Harper*, dominé par une guitare slide, Page rend hommage au vétéran du folk britannique. *Led Zeppelin III* montre un groupe aussi capable de subtilité que de rugissements hard rock. **JT**

Deep Purple
In rock (1970)

Label | Harvest
Production | Deep Purple
Direction artistique | Edwards Coletta
Pays | Royaume-Uni
Durée | 41:46

Jalon du hard rock, le cinquième disque de Deep Purple apparaît alors qu'une nouvelle guerre menace au Moyen-Orient, en 1970. Le climat convient donc parfaitement à la sortie de ce que *Rolling Stone* décrit comme « une œuvre dynamique et frénétique qui rappelle les MC5 ».

L'album, dont la pochette évoque le mont Rushmore, est préparé à Londres par les musiciens qu'on trouvera bientôt sur *Mark II*, classique de Deep Purple : Richard Blackmore à la guitare, Jon Lord au synthétiseur et Ian Paice à la batterie, sans oublier les petits nouveaux, Ian Gillan au chant et Roger Glover à la basse.

Le résultat fait exploser la console (elle est contrôlée par Martin Birch, futur producteur d'Iron Maiden). Les chansons sont de tendance progressiste, notamment *Flight of the rat*, où la batterie de Page rappelle les tambours indiens et où le Hammond de Lord vient compléter les incroyables riffs de Blackmore. Mais ce sont pour ses morceaux tout en puissance que l'on vénère *In rock* : le titre *Speed King* de Glover, dont les accents rappellent Jimi Hendrix, avec le rire sardonique et les cris de Gillan, les hurlements de *Hard Lovin' Man*, et *Into the fire*, dont le riff rappelle Sabbath. Suit le titre *Child in time*, dont la grandiloquence et les cris perçants symbolisent Purple et son époque.

L'album est retardé, tandis que Lord complète alors son lamentable *Concerto for group and orchestra*, et il est finalement enregistré dans trois studios londoniens entre octobre et avril. Mais l'attente en valait la peine. **TJ**

Van Morrison

Moondance (1970)

Label | Warner Bros.
Production | Van Morrison
Direction artistique | Bob Cato
Pays | Royaume-Uni
Durée | 39:14

Astral Weeks, l'album de Van Morrison sorti en 1968, a fait de lui une véritable idole. Mais *Moondance*, son premier album de platine, est aussi le premier à être entré au Top 30 américain.

Morrison vit alors dans le paradis bucolique de Woodstock lorsqu'il compose une grande partie de ces chansons. Il quitte ensuite la région, envahie par un flot de nouveaux arrivants à la suite du célèbre festival. Certains des musiciens qu'il réunit pour l'album collaborent avec lui pendant de nombreuses années, comme John Platania (guitare), Jack Schroer (saxophone) et Jeff Labels (synthétiseur).

Moondance fait découvrir un interprète charismatique, dominant parfaitement son art d'auteur-compositeur. Contrairement à l'acoustique, *Astral Weeks* offre un style plus charnu, avec une section de cuivres encore plus de vigoureuse ; la structure des chansons est plus marquée et moins improvisée. La face 1 est presque parfaite. *And it stoned me* représente un arrêt sur image de l'adolescence qui bénéficie du sens du détail d'un conteur, tandis que la chanson-titre, imprégnée de jazz, demeure l'une des plus populaires de Morrison. *Into the mystic* est une méditation émouvante sur l'éclat de l'amour, où les cordes mettent sa voix parfaitement en valeur. Ailleurs, souffle une atmosphère de fête qui frise une allégresse mystique, comme sur les trois derniers titres, *Brand New Day*, *Everyone* et *Glad Tidings*. **JT**

The Grateful Dead

American Beauty (1970)

Label | Warner Bros.
Production | The Grateful Dead • Robin Hurley
Direction artistique | Mouse Studios
Pays | États-Unis
Durée | 41:23

Même si la fin des années 60 et le début des années 70 connaissent d'énormes avancées dans la technologie de studio, certains groupes, comme les Grateful Dead, semblent se délecter de leur approche indisciplinée de l'enregistrement. Mais *Workingman's Dead*, sorti en 1970 – une production de la maturité qui fait référence à leurs racines pop/jazz/country –, surprend leurs fans. *American Beauty*, qui suit, va constituer l'album de référence du groupe. Ses riches arrangements acoustiques (dont la steel guitar à pédale et la mandoline) sont envoûtants, ses chœurs harmonieux, et sa présence électrique est subtile. *American Beauty* permet au groupe de dépasser

son image. Pour la première fois, les Grateful Dead forment une entité cohérente, avec nombre de compositeurs-interprètes accomplis, dont Phil Lesh et Bob Weir.
La première chanson, *Box of rain*, écrite par Lesh, illustre parfaitement l'enthousiasme tout récent du groupe pour le studio, tandis que Weir offre l'un des temps forts de l'album, avec *Sugar Magnolia*. Garcia reste néanmoins indiscutablement le leader du groupe, avec une trilogie particulièrement solide : *Candyman*, *Ripple* et *Friend of the Devil* au jeu de pedal steel expressif. La dernière piste de l'album, *Truckin'*, demeurera l'hymne des Grateful Dead pour des générations de fans à venir.
Joué avec brio et doté d'harmonies vocales splendides, c'est un album très élaboré. Son influence se fera sentir sur des générations successives de musiciens, de la scène de la côte ouest jusqu'aux derniers-nés des groupes de Liverpool, comme The Coral et The Zutons. **BW**

▶II Liste des titres

▶	01 **Box Of Rain** (Hunter•Lesh)	5:16
▶	02 **Friend Of The Devil** (Dawson•Garcia•Hunter)	3:20
▶	03 **Sugar Magnolia** (Hunter•Weir)	3:15
	04 **Operator** (McKernan)	2:21
▶	05 **Candyman** (Garcia•Hunter)	5:12
▶	06 **Ripple** (Garcia•Hunter)	4:10
	07 **Brokedown Palace** (Garcia•Hunter)	4:18
	08 **Till The Morning Comes** (Garcia•Hunter)	3:13
	09 **Attics Of My Life** (Garcia•Hunter)	5:09
▶	10 **Truckin'** (Garcia•Hunter•Lesh•Weir)	5:09

Nick Drake
Bryter Layter (1970)

Label | Island
Production | Joe Boyd
Direction artistique | Nigel Waymouth
Pays | Royaume-Uni
Durée | 39:27

Bryter Later offre un Nick Drake en pleine forme, ce que l'on tend à oublier à cause du mythe d'artiste maudit qui l'entoure et que l'on retrouve dans *Pink Moon* (1972) où l'artiste était brisé et découragé. Blessé par l'accueil indifférent de *Five Leaves left*, son premier album mélancolique (1969), il s'est néanmoins tout simplement remis à la tâche. Sur *Five Leaves left*, c'est la guitare de Drake ou les arrangements de Robert Kirby qui occupent le devant de la scène. Ici, on retrouve le noyau dur de *Fairport Convention*, avec le bassiste Dave Pegg et le batteur Dave Mattacks qui ont été engagés par Richard Thompson, guitariste, tandis que John Cale est aux claviers. On entend même du saxo sur *At the chime of a city clock*. Bien que Drake chante d'une voix très douce sur tous ses albums, c'est sur celui-ci qu'il s'approche le plus de la sensibilité rock. L'atmosphère relativement espiègle du disque s'oppose à la légende. *Poor Boy*, sur un air de jazz, semble se moquer de la mélancolie de Drake, tandis qu'une atmosphère ensoleillée règne sur l'introduction instrumentale. *Northen Sky* est tout simplement trop magnifique pour avoir été écrit par quelqu'un que la vie indiffère. Seuls *One of these things first* et *Fly* suggèrent la lente détérioration de l'état psychologique du chanteur.
Bryter Layter offre donc une véritable ouverture sur une période où Drake est déçu mais pas encore découragé par son manque de succès. C'est l'album idéal pour découvrir sa musique. **MBe**

Ananda Shankar
Ananda Shankar (1970)

Label | Reprise
Production | Alex Hassilev
Direction artistique | Ed Thrasher
Pays | Inde
Durée | 40:35

En 1968, Jimi Hendrix rencontre Ananda Shankar, joueur de sitar de formation classique âgé de 26 ans. Ils font un bœuf

ensemble depuis quelques jours quand Hendrix demande à Ananda d'enregistrer un disque avec lui.
« Je n'ai pas pu dormir pendant trois nuits, raconte Ananda, mais finalement j'ai décidé que ça ne pourrait pas être ma musique. Alors j'ai fait l'album tout seul. »
Le résultat est le plus bel exemple d'un microstyle musical que l'on pourrait baptiser « sitar-rock » – auquel appartiennent Harihar Rao, brahmane à Los Angeles, « Big » Jim Sullivan, musicien de studio à Londres, et le mystérieux Lord Sitar, qui utilise cet instrument dans un contexte rock.
Aucun d'entre eux n'a autant de succès qu'Ananda Shankar, neveu de Ravi, légende du sitar, et fils du danseur hindou Uday Shankar. On retrouve encore aujourd'hui sur les pistes de danse ses interprétations de *Jumping Jack Flash* et de *Light my fire*, agrémentées du minimoog. *Snow Flower* et *Mamata* créent une ambiance pop, tandis que *Metamorphosis* est plus funky. La face 2 met l'accent sur l'Inde avec *Sagar*, raga-rock épique de treize minutes, et *Raghupati*, une psalmodie martelée.
Les enregistrements suivants d'Ananda Shankar, comme *Streets of Calcutta* et *Dancing Drums*, rencontreront un énorme succès commercial. Il quitte même sa retraite pour enregistrer et partir en tournée avec le groupe State of Bengal de Sam Zaman. À sa mort en 2000, son style fusion est déjà adopté par toute une génération de Britanniques issus du sous-continent indien. Sa réputation est donc parfaitement assurée. **JLe**

The Who
Live at Leeds (1970)

Label I Track
Production I Jon Astley
Direction artistique I Graphreaks
Pays I Royaume-Uni
Durée I 37:09

La puissance des Who s'apprécie toujours plus en concert. Le studio assourdit leur électricité : ils enregistrent de fabuleux singles, mais jamais un album parfait ; même *Tommy* a souffert d'une production prétentieuse. *Live at Leeds* n'est donc pas seulement le meilleur album live de tous les temps ; il représente aussi certainement le meilleur des Who.
Le groupe vient de présenter *Tommy* dans son intégralité en tournée et a besoin de prendre de la distance. Un concert à l'université de Leeds leur en donne l'occasion le jour de la Saint-Valentin 1970. Le groupe joue d'une manière puissante pendant plus de deux heures, présentant *Tommy*, ses singles classiques, ainsi que toute une gamme de joyaux du rock. Libres de toute contrainte sur scène, les trois musiciens accompagnant Roger Daltrey font preuve d'une puissance effroyable. John Entwistle, le bassiste, procure les mélodies, le batteur Keith Moon offre ses roulements avec un abandon dynamique et Pete Townshend apparaît ici comme un pionnier du feedback, un guitariste à l'élégance discrète, dont les solos sont pleins d'invention et d'émotion.
L'album qui en résulte sort un an plus tard, dans une pochette cartonnée assez mauvaise. Rallongé plus tard sur la version CD (on devrait acheter le double CD édité en 2000), le vinyle original, de six chansons, est parfait avec la reprise diabolique de *Young Man's Blues* et *My generation*, qui va rapidement devenir un kaléidoscope de riffs. On ne fait pas de heavy rock plus pur que celui-là. **SC**

Soft Machine
Third (1970)

Label I CBS
Production I Soft Machine
Direction artistique I John Hays
Pays I Royaume-Uni
Durée I 75:21

Enregistré en quatre jours, *Third* de Soft Machine montre un groupe britannique au sommet de son art et, en même temps, en pleine tourmente. Le rock progressif devient dominant et le reste du groupe se lasse de la voix de Robert Wyatt – alors que lui en a assez de leur désir intransigeant de faire une musique plus sérieuse et jazzy.
Moon in june est la dernière création de ce dernier pour Soft Machine, et probablement le chef-d'œuvre du groupe, même si les autres membres ne l'apprécient pas vraiment (on découvre sur la pochette que Wyatt est sur ce morceau à la basse et à l'orgue, instruments habituellement joués par Hugh Hopper et Mike Ratledge). Il mêle de vieux airs de Soft Machine à de nouvelles parties dominées par l'autodénigrement enjoué de Wyatt. Un autre enregistrement de cette suite vocale sur *Peel Sessions*, plus récent, est encore plus irrévérencieux, se moquant même de Ratledge. Parmi les autres titres, *Facelift* de Hopper, où l'on retrouve les huit membres du groupe, est probablement le plus difficile, fascinant et amusant. La pochette du vinyle original indique que *Slightly all the time* comprend quarante secondes du *Noisette* de Hopper, à vous de les identifier !
À l'intérieur de l'album, on découvre une photo formidable des membres principaux de ce groupe, étonnamment sous-estimé. **DN**

Rod Stewart
Gasoline Alley (1970)

Label I Vertigo
Production I Lou Reisner • Rod Stewart
Direction artistique I Keel
Pays I Royaume-Uni
Durée I 42:27

Le deuxième album de Stewart, sous-estimé, précède *Every Picture tells a story*, aux ventes astronomiques. Ce dernier comprend *Maggie May*, mais à part cela, les deux offrent des chansons similaires : de nouvelles interprétations de classiques rock, soul, rhythm'n'blues et folk, ainsi que des reprises de chansons originales de l'époque, avec essentiellement les mêmes musiciens.
Stewart vit à cette époque une double vie : chanteur principal des Faces et artiste solo. Souvent considéré comme le meilleur groupe de l'époque en concert, les Faces apparaissent ici et là sur cet album dont le style rock enjoué imprègne *It's all over now* – tandis que Ron Wood est omniprésent sur le reste.
Une grande partie de l'album est acoustique, et Stewart et Wood font de *Gasoline Alley* un classique discret, une évocation mélancolique de l'adolescence mise en valeur par la voix rocailleuse de Stewart. Les musiciens, dont le violoniste de la version néo-acoustique de *Cut across shorty* et le joueur de mandoline de la chanson-titre, donnent à l'album son ambiance folk, bien que le côté négligé des chansons rock soit aussi sympathique.
La voix tendre de Stewart sur *Only a Hobo* et un accompagnement acoustique parfaitement pensé en font l'une des meilleures reprises de Dylan. Les deux chansons originales en fin d'album sont aussi finement interprétées. La reprise d'Elton John est bonne, celle des Small Faces moins inspirée.

Lou Reisner, coproducteur, fait signer Stewart après l'avoir remarqué au sein du Jeff Beck Group. Sa célébrité d'artiste solo se fera avec l'album suivant, mais tout est déjà là. **JT**

▶II Liste des titres

▶ 01 **Gasoline Alley** (Stewart•Wood) 4:08
▶ 02 **It's All Over Now** (B. Womack•S.J. Womack) 6:25
▶ 03 **Only A Hobo** (Dylan) 4:22
04 **My Way Of Giving** (Lane•Marriott) 4:03
▶ 05 **Country Comfort** (John•Taupin) 4:45
06 **Cut Across Shorty** (Walker•Wayne•Wilkin) 6:34
▶ 07 **Lady Day** (Stewart) 4:05
08 **Jo's Lament** (Stewart) 3:31
09 **I Don't Want To Discuss It** (Beatty•Cooper •Shelby) 4:34

George Harrison
All things must pass (1970)

Label I Apple
Production I George Harrison • Phil Spector
Direction artistique I David Costa • Sian Rance
Pays I Royaume-Uni
Durée I 126:25

Le couple que formaient Lennon et McCartney ne laissait pas beaucoup de place à George Harrison, même s'il a réussi à glisser quelques classiques dans le catalogue des Beatles. Mais lorsque le groupe a implosé, il avait accumulé une mine de chansons qu'il a enregistrées sur *All things must pass*, comptant parmi les deux ou trois meilleurs albums des anciens Beatles.

Fait fascinant, pendant que Phil Spector collaborait avec Lennon pour créer ses enregistrements au début des années 70, il poursuivait le style d'*Abbey Road* avec le premier album d'Harrison, affinant son « mur de son » orchestral. Harrison est rejoint ici par une équipe brillante, dont Billy Preston, Phil Collins, Eric Clapton et les vestiges de Delaney & Bonnie (le batteur Jim Gordon, le bassiste Carl Radle et Bobby Whitlock au synthé), qui avaient rejoint Clapton à l'époque pour former Derek and the Dominos.

Soit, le coffret de trois albums était accompagné d'un autre disque d'improvisations peu mémorables, mais avec des chansons aussi ciselées et à la spiritualité aussi prégnante que *Beware of darkness*, *The Art of dying*, *What is life* et *My Sweet Lord*, cet album ne fait que s'améliorer au fil du temps. Harrison se permet d'explorer à nouveau l'histoire des Beatles avec *Wah-Wah*, chanson cinglante que l'on a parfois interprétée comme une critique de McCartney, mais le reste de l'album est très éloigné du réglage de comptes. **AG**

Simon and Garfunkel
Bridge over troubled water (1970)

Label I Columbia
Production I Art Garfunkel • Roy Halee • Paul Simon
Direction artistique I Tony Lane
Pays I États-Unis
Durée I 37:17

Lorsque les Beatles ont tiré leur révérence en 1970, ils ont laissé derrière eux *Let it be* et un sacré désordre. Simon et Garfunkel ont réussi leur sortie avec plus d'élégance, et en laissant un album dont la chanson-titre est devenue un classique. S'ils manquaient de stature et de style, leur postérité était néanmoins assurée par des titres tels que *The Sound of silence* en 1965 ou *America* en 1968. En 1969, *The Boxer*, qui annonçait le reste de *Bridge…*, a confirmé le talent d'auteur-compositeur de Paul Simon, qui avait enfin échappé à l'ombre de Bob Dylan.

Tout comme ce dernier, Simon écrivait des textes littéraires, mais comme Smokey Robinson, il composait aussi des chansons ravissantes que tout le monde pouvait chanter, des enfants à Aretha Franklin.

D'une certaine manière, l'épique chanson-titre se montre injuste envers l'album, ne laissant pas deviner la gaieté de *Cecilia* et d'*El Condor Pasa (If I could)*.
On y trouve d'autres petits bijoux : certains cachés comme *The Only Living Boy in New York* et *So long Frank Lloyd Wright*. Ces deux chansons s'adressaient à Art Garfunkel, qui avait raté quelques séances d'enregistrement afin de pouvoir tourner dans *Catch-22*.
Bridge est facile à adorer, même si les disputes de chanteurs folk vous importent peu. Laissez-vous emporter par la musique et vous comprendrez pourquoi on a la larme à l'œil dès que les deux partenaires enterrent la hache de guerre assez longtemps pour chanter ensemble. **BM**

Cat Stevens
Tea for the tillerman (1970)

Label | Island
Production | Paul Samwell-Smith
Direction artistique | Cat Stevens
Pays | Royaume-Uni
Durée | 36:40

Cat Stevens (alias Steven Geourgiou, né à Londres) avait obtenu de nombreux succès à la fin des années 60, mais avec *Tea for the tillerman*, son quatrième album, c'est devenu une star internationale.
Son album précédent, *Mona Bone Jakon* (où l'on trouvait *Lady D'Arbanville*) l'avait révélé en tant que nouvel auteur-compositeur au caractère pensif. Pour … *Tillerman*, il a conservé la même équipe de musiciens (Alun Davies à la guitare ; Harvey Burns à la batterie ; John Ryan à la basse) et le même producteur, obtenant le même style dépouillé que sur *Mona Bone Jakon*.
C'est non seulement son sens de la mélodie qui attirait l'attention de l'auditeur, mais aussi la sensibilité de ses textes et son enthousiasme à traiter des sujets de son époque – dont la recherche de spiritualité sous-jacente dans *But I might die tonight* et *On the way to find out*. *Father and son* a été écrit à la suite de la révolution culturelle de Mai 68, et le manque de récrimination entre le père et le fils rend cette chanson encore plus poignante. (La pochette de l'album, peinte par Cat Stevens, a pour thème la jeunesse et le temps qui passe.)
L'attrait mélodique et le charme tranquille de l'album ont permis aux ventes de s'envoler et il a été disque d'or. Sept ans plus tard, Stevens devenait musulman, prenait le nom de Yusuf Islam, et abandonnait la musique pour se dédier à la spiritualité. Son œuvre s'est rarement approchée de la simplicité mélodieuse de cet album vénéré. **LP**

Traffic
John Barleycorn must die (1970)

Label | Island
Production | Chris Blackwell • Guy Stevens • Steve Winwood
Direction artistique | Mike Sida
Pays | Royaume-Uni
Durée | 34:32

Steve Winwood, de prodige adolescent chantant de la soul au sein du Spencer Davis Group qu'il était, est devenu une star psychédélique dominant le hit-parade avec *Traffic*, dont *Hole in my shoe* est l'une des chansons les plus mémorables de 1967. Après l'échec du supergroupe Blind Faith, il est retourné à ses anciens compagnons de *Traffic*, Jim Capaldi et Chris Wood. Ce qui devait être un album solo intitulé *Mad Shadows* a permis le come-back de Traffic, qui devait continuer jusqu'au milieu des années 70.
La pression se faisant moindre avec la dissolution de Blind Faith, Winwood a pu

dépasser sa hantise de la page blanche. Capaldi, son parolier de choix, a aussi apporté son talent de batteur, tandis que Wood offrait son habileté au saxo et à la flûte, cette dernière apportant une touche pastorale à la chanson-titre, adaptation d'une chanson populaire traditionnelle sur les dangers de l'alcool. Un mépris de tout ce qui est commercial se dégageait du pot-pourri du début, long de treize minutes, mêlant *Glad*, morceau où le piano domine, et *Freedom Rider*.
Il a fallu un certain nombre de réenregistrements pour produire l'album. Winwood était chargé du chant, de la guitare et du piano, mais les arrangements permettaient aux trois musiciens « d'explorer des choses dans la musique qu'on n'avait jamais essayées avant ». Tout cela s'est déroulé dans le cottage d'Aston Tirrold où la photo de la pochette a été prise – inspirant à d'autres groupes de rock l'idée « d'aller se ressourcer à la campagne ». **MH**

The Stooges
Fun House (1970)

Label | Elektra
Production | Don Gallucci
Direction artistique | Robert L. Heimall
Pays | États-Unis
Durée | 36:28

À la suite du premier album des Stooges, largement critiqué, Elektra assigne au groupe l'un de ses producteurs génériques pour *Fun House*. Don Galluci va cependant se révéler un excellent choix ; musicien de studio expérimenté qui a joué de l'orgue sur *Louie Louie* des Kigmen, il conseille aux Stooges de reconstituer en studio leurs concerts notoires. Cela donne une débauche de riffs embrouillée par les rencontres d'Iggy Pop avec la drogue. Les Stooges installent leur équipement comme dans un club et Iggy arpente le studio comme sur scène. La folie qui les entoure se retrouve au plus profond des morceaux. La face 1 offre des guitares métalliques, pendant qu'Iggy chante des récits hédonistes d'une voix mal articulée. Sur la face 2, les chansons s'étirent au-delà du confortable, le saxophone de Steven Mackay répand des notes de free jazz, et Iggy Pop ressemble à un gamin perdu et effrayé, ayant appris à ses dépens que « la maison du rire (la *Fun House* du titre) vous brisera le cœur ». La pochette, qui représente Iggy Pop entouré de ce qui ressemble aux flammes de l'enfer, correspond parfaitement au contenu.
L'abandon démesuré de *Fun House* et son arrière-goût amer ne conviennent guère à cette génération et les Stooges se séparent rapidement. Mais la psychose de l'album a directement influencé Richard Hell, The Birthday Party, Black Flag, et de nombreux autres punks qui ont débuté en imitant ces licks brutaux. **SC**

▶II Liste des titres

▶ 01 **Down On The Street** (Alexander•R. Asheton•S. Asheton•Pop) 3:42
▶ 02 **Loose** (Alexander•R. Asheton•S. Asheton•Pop) 3:33
▶ 03 **T.V. Eye** (Alexander•R. Asheton•S. Asheton•Pop) 4:17
04 **Dirt** (Alexander•R. Asheton•S. Asheton•Pop) 7:00
05 **1970** (Alexander•R. Asheton•S. Asheton•Pop) 5:15
▶ 06 **Fun House** (Alexander•R. Asheton•S. Asheton•Pop) 7:46
07 **L.A. Blues** (Alexander•R. Asheton•S. Asheton•Pop) 4:55

James Taylor
Sweet Baby James (1970)

Label | Warner Bros.
Production | Peter Asher
Direction artistique | Ed Thrasher
Pays | États-Unis
Durée | 31:58

Sur *Sweet Baby James*, les chansons simples et naturelles de James Taylor offrent une pastorale américaine de toute beauté. Mais l'artiste révèle un autre tableau lorsqu'il déchiffre son paysage intime – celui d'une solitude éclairée de rares rayons d'espoir.

Rolling Stone a écrit que les « visions persistantes de prairie solitaire / paradis exquis [de Taylor]... atteignent l'intensité du haïku ou la complexité d'une parabole ». La chanson-titre est une berceuse qui mêle canyons et blues de cowboys, et dont la puissance plaintive est inspirée par la tradition country-folk. La voix de Taylor, honnête et discrète, convient parfaitement au contenu lyrique et au jeu parfait de sa guitare.

Ses tentatives de blues, dont *Streamroller*, débordent d'humour, même si Taylor manque un peu d'âpreté pour y exceller. Il possède cependant une excellente compréhension de la fragilité humaine et du pouvoir de la rédemption comme le prouve le superbe *Fire and rain*, adieu à un ami décédé. Sa clarté est un chef-d'œuvre de regret discret.

Blossom est un autre bijou qui rappelle un *Here comes the sun* imprégné de folk. La dernière chanson est nettement plus enlevée : *Suite for 20G* débute en territoire très taylorien avec un lyrisme ensoleillé et un refrain à la guitare habilement descendant. Cependant, à mi-parcours, le rythme change en un rhythm'n'blues éclatant, avec une section de cuivres somptueuse. *Sweet Baby James* devient un triple album de platine et consolide la position de Taylor de façon triomphante pour toute la décennie suivante. **JDi**

▶II Liste des titres

▶	01 Sweet Baby James (Taylor)	2:54
	02 Lo And Behold (Taylor)	2:37
	03 Sunny Skies (Taylor)	2:22
	04 Steamroller (Taylor)	2:59
	05 Country Road (Taylor)	3:23
	06 Oh, Susannah (Foster)	2:01
▶	07 Fire And Rain (Taylor)	3:24
	08 Blossom (Taylor)	2:14
	09 Anywhere Like Heaven (Taylor)	3:28
	10 Oh, Baby Don't You Loose Your Lip On Me (Taylor)	1:50
▶	11 Suite For 20G (Taylor)	4:46

Paul McCartney
McCartney (1970)

Label | Apple
Production | Paul McCartney
Direction artistique | Linda McCartney • Paul McCartney
Pays | Royaume-Uni
Durée | 34:19

Traité pendant des années comme un objet maléfique qui aurait brisé le rêve des Beatles, le premier album solo de Paul McCartney est néanmoins charmant. Tandis que Lennon et Harrison sont occupés à défendre leur point de vue, et Ringo à enregistrer des chansons de pub, McCartney sort ce qui constituera le modèle de sa carrière solo : quelques chansons éblouissantes, quelques griffonnages de drogué, et quelques bêtises franchement embarrassantes.

Enregistré fin 1969 à Londres, *McCartney* semble avoir manqué de préparation – une réaction délibérée au vernis lisse d'*Abbey Road*, le chant du cygne des Beatles. Après la tension éprouvée au sein du groupe, McCartney a travaillé seul, réalisant le mixage sur son magnétophone à quatre pistes muni d'un unique microphone.

On retrouve ici tout ce qui fait son génie, mais aussi son côté exaspérant. Les deux chansons provenant de l'ère Beatles illustrent parfaitement ces deux extrêmes : tandis que *Junk* est mélancolique, poétique et vivant, *Teddy Boy* est d'une idiotie pénible. C'est *Maybe I'm amazed* qui se détache nettement du lot, en fin d'album – démontrant combien *Abbey Road* devait à McCartney. Ballade d'amour adulte, c'est peut-être la plus belle des chansons qu'il ait jamais écrites.

Sorti en avril 1970, l'album a été dédaigné par la presse, mais est rapidement arrivé en tête du hit-parade américain, et à la 2e place au Royaume-Uni. Avec sa pochette symbolique et ses photos de famille, *McCartney* n'était pas tant un pied de nez délibéré qu'une déclaration d'intention pour sa nouvelle vie. **DE**

▶II Liste des titres

	01 **The Lovely Linda** (McCartney)	0:43
	02 **That Would Be Something** (McCartney)	2:38
	03 **Valentine Day** (McCartney)	1:39
▶	04 **Every Night** (McCartney)	2:31
	05 **Hot As Sun/Glasses** (McCartney)	2:05
▶	06 **Junk** (McCartney)	1:54
	07 **Man We Was Lonely** (McCartney)	2:56
▶	08 **Oo You** (McCartney)	2:48
	09 **Momma Miss America** (McCartney)	4:04
	10 **Teddy Boy** (McCartney)	2:22
	11 **Singalong Junk** (McCartney)	2:34
▶	12 **Maybe I'm Amazed** (McCartney)	3:50
	13 **Kreen-Akrore** (McCartney)	4:15

Santana
Abraxas (1970)

Label I Columbia
Production I Fred Catero • Santana
Direction artistique I MATI
Pays I Mexique • États-Unis
Durée I 37:18

Au cours de l'été 1970, Carlos Santana, alors âgé de 22 ans, a composé deux singles du Top 40 sur un album multiplatine, offert une interprétation sensationnelle devant la moitié de la planète à Woodstock, et gagné une foule grandissante de fans. Aujourd'hui, on encourage ceux dont les premiers albums ont bien marché à continuer la même chose, mais Santana était issu de la scène freak-rock de San Francisco, où les musiciens faisaient du rock en se laissant guider par leur imagination.

Ils peuvent être fiers de Santana et de son deuxième album, qui dépasse le rock pour explorer jazz et salsa sur une rythmique latino. Même s'ils sont le visage du groupe, Carlos et sa guitare impeccable ne sont que des composantes d'un ensemble incroyablement doué. On sent la présence de chacun d'entre eux sur *Abraxas*. Gregg Rolie offre des grooves d'orgue séducteurs et intelligents qui ont instantanément transformé en tubes *Black Magic Woman* et *Oye como va*. C'est aussi lui qui a composé *Mother's Daughter* et *Hope you're feeling better*, deux rocks emballés, survolés par les riffs caractéristiques de Santana. Dave Brown, bassiste, et Mike Shrieve, batteur, ont posé les fondations de ce qui allait rapidement devenir l'une des sections rythmiques les plus performantes de tous les temps, ouvrant la voie aux timbales et congas exubérantes de Mike Carabello et José Areas. À la sortie de l'album, *Rolling Stone* a suggéré que Santana « ferait pour la musique latino ce que Chuck Berry avait fait pour le blues ». Lorsqu'il s'est retrouvé en tête des hit-parades, cette prédiction a soudain semblé quelque peu modeste. **MO**

▶II Liste des titres

	01 **Singing Winds, Crying Beasts** (Carabello)	4:48
▶	02 **Black Magic Woman/Gypsy Queen** (Green•Szabo)	5:24
▶	03 **Oye Como Va** (Puente)	4:19
	04 **Incident At Neshabur** (Gianquinto•Santana)	5:02
	05 **Se A Cabo** (Areas)	2:51
	06 **Mother's Daughter** (Rolie)	4:28
▶	07 **Samba Pa Ti** (Santana)	4:47
▶	08 **Hope You're Feeling Better** (Rolie)	4:07
	09 **El Nicoya** (Areas)	1:32

Syd Barrett
The Madcap Laughs (1970)

Label I Harvest
Production I Divers
Direction artistique I Hipgnosis
Pays I Royaume-Uni
Durée I 37:04

Sur quoi repose la légende de Syd Barrett ? C'est d'abord l'artisan à qui l'on doit le remarquable premier album de Pink Floyd, *The Piper at the gates of dawn*, animé d'une charmante fantaisie anglaise et même d'un paganisme cosmique. Et puis il y a la légende du peintre reclus ou les rumeurs d'addiction au LSD et de problèmes mentaux. En effet, après qu'il a quitté Pink Floyd (il n'a jamais révélé les raisons de son départ), la carrière solo de Syd Barrett a été brève et irrégulière. Enregistré en quelques jours, *Madcap* semble avoir été préparé dans la précipitation, comme le laisse penser le faux départ de *If it's in you*. De fait, sans l'aide de Roger Waters et Dave Gilmour, l'album n'aurait jamais vu le jour. Le jeu de guitare de Barrett est inégal, sa voix se transformant souvent en plainte atone. Et pourtant, les mélodies teintées d'accents orientaux et la pop anglaise excentrique du disque ont inspiré toute une gamme de mystiques du rock, dont Julian Cope.

On trouve aussi des instants de génie. *Dark Globe*, avec des paroles fabuleuses et des accords de valse martelés, est prenant. Et *Late Night*, dont la douce percussion contrebalance les excès de Barrett, bénéficie d'une guitare slide ravissante – jouée avec un briquet. On retrouve des extraits de poèmes de James Joyce dans *Golden Hair*, et *Here I go* est spontanément accrocheur. La dépression, la schizophrénie et d'autres formes de traumatismes mentaux sont à jamais incompris et mal diagnostiqués. Syd Barrett ne nous a laissé que quelques heures d'une créativité enregistrée avec intensité, mais il aura eu la satisfaction de laisser son empreinte dans l'histoire de la musique. **GT**

▶II Liste des titres

▶ 01 Terrapin (Barrett)	5:02
▶ 02 No Good Trying (Barrett)	3:22
03 Love You (Barrett)	2:25
04 No Man's Land (Barrett)	2:59
▶ 05 Dark Globe (Barrett)	1:58
06 Here I Go (Barrett)	3:09
▶ 07 Octopus (Barrett)	3:43
▶ 08 Golden Hair (Barrett•Joyce)	1:56
09 Long Gone (Barrett)	2:46
10 She Took A Long Cold Look (Barrett)	1:55
11 Feel (Barrett)	2:17
12 If It's In You (Barrett)	2:22
▶ 13 Late Night (Barrett)	3:10

Jethro Tull
Aqualung (1971)

Label | Island
Production | Ian Anderson • Terry Ellis
Direction artistique | Burton Silverman
Pays | Royaume-Uni
Durée | 44:51

Deux films classiques au scénario écrit par Christopher Guest viennent à l'esprit à l'écoute d'*Aqualung*, l'album de Jethro Tull : *This is spinal tap* et *American Folk Story*. Le premier est un faux documentaire sur le hard rock, le deuxième dresse le portait d'un groupe de folk fictif. À partir d'*Aqualung*, JethroTull s'est souvent retrouvé étiqueté hard rock alors qu'il s'inspirait du folk. Le morceau-titre débute avec un éclectisme typique. Guitare acoustique jouée avec calme et piano raffiné alternent avec une basse frénétique et des passages où domine la batterie – le tout culminant avec un solo de guitare électrique déterminé. *Cross-Eyed Mary* suit, dans un cadre plus traditionnel, la flûte emblématique du vocaliste Ian Anderson flottant sur la ligne de basse de l'orgue Hammond et sur le tourbillons des orchestrations de David Palmer. C'est ensuite la guitare qui prend le dessus, même si le piano, la cloche de vache et finalement la flûte d'Anderson contrastent avec la puissance rock de cette dernière, de la basse et de la batterie.

Un récit impressionnant se déroule au fil de l'album, qui traite en partie de la vie d'un clochard. Ce style musical singulier est assorti à un message destiné à ouvrir les esprits. De courts textes qui se réfèrent au premier chapitre de la *Genèse* exposent ce concept au dos de la pochette. Dans la version *Aqualung* du récit biblique, c'est l'homme qui a créé Dieu puis Aqualung lui-même.

Intéressant jalon musical du prog-rock-folk, son sujet n'a pas empêché certains morceaux de devenir des favoris de la bande FM – ou l'album de se vendre à des millions d'exemplaires. **YK**

▶II Liste des titres

▶	01 **Aqualung** (I. Anderson•J. Anderson)	6:31
	02 **Cross-Eyed Mary** (I. Anderson)	4:06
	03 **Cheap Day Return** (I. Anderson)	1:21
	04 **Mother Goose** (I. Anderson)	3:51
	05 **Wond'ring Aloud** (I. Anderson)	1:53
	06 **Up To Me** (I. Anderson)	5:10
▶	07 **My God** (I. Anderson)	7:08
▶	08 **Hymn 43** (I. Anderson)	3:15
	09 **Slipstream** (I. Anderson)	1:12
	10 **Locomotive Breath** (I. Anderson)	4:23
	11 **Wind Up** (I. Anderson)	6:01

David Crosby
If I could only remember my name (1971)

Label I Atlantic
Production I David Crosby
Direction artistique I Gary Burden
Pays I États-Unis
Durée I 37:03

La mort de Christine Hinton, sa petite amie, dans un accident de la circulation en 1969, a porté un coup terrible à David Crosby. Les séances d'enregistrement de *Déjà vu* sont extrêmement éprouvantes et il recherche ensuite un exutoire dans son premier album solo.

Recrutant ses musiciens parmi son vaste cercle d'amis, dont Jerry Garcia, Joni Mitchell et Grace Slick, Crosby assemble cet album dans un studio de San Francisco sur une période de trois mois. La première chanson, *Music is love*, où apparaissent Nash et Young, progresse avec désinvolture, comme une jam-session où le titre se serait transformé en litanie. La voix de Crosby est rocailleuse dans *Cowboy Movie*, où des guitares rêches s'opposent au rythme décontracté de la batterie. *Laughing* est un chef-d'œuvre, tout en guitares acoustiques scintillantes, pedal steel mélancolique et harmonies lumineuses. Le délicat *Traction in the rain* constitue un sommet ; Crosby le chante d'une voix cristalline parfaitement contrôlée.

Mais c'est l'obscurité que l'on devine un peu partout qui différencie ce disque de ses semblables de la côte ouest. L'agitation de *Song with no words/Tree with no leaves* est perceptible dans un scat sans parole et des accords mineurs changeants. *Orleans* déborde de mélancolie, terminant par des harmoniques à douze cordes. Et puis il y a *I'd swear there was somebody here* et son a capella surnaturel

L'album a atteint la 12e place des deux côtés de l'Atlantique, et est devenu disque d'or aux États-Unis, mais ce n'est qu'un détail. C'est une série de chansons uniques et particulièrement émouvantes. **RD**

▶II Liste des titres

▶	01 **Music Is Love** (Crosby•Nash•Young)	3:16
	02 **Cowboy Movie** (Crosby)	8:02
▶	03 **Tamalpais High (At About 3)** (Crosby)	3:28
▶	04 **Laughing** (Crosby)	5:20
	05 **What Are Their Names** (Crosby•Garcia •Lesh•Shrieve•Young)	4:09
▶	06 **Traction In The Rain** (Crosby)	3:40
	07 **Song With No Words (Tree With No Leaves)** (Crosby)	5:53
▶	08 **Orleans** (Trad., arr. Crosby)	1:56
▶	09 **I'd Swear There Was Somebody Here** (Crosby)	1:19

Sly and the Family Stone
There's a riot goin' on (1971)

Label I Epic
Production I Sylvester "Sly Stone" Stewart
Direction artistique I John Berg
Pays I États-Unis
Durée I 47:38

Le rock'n'soul multiracial enlevé de Sly and the Family Stone reflétait l'optimisme dont a fait preuve le mouvement pour les droits civils dans les années 60 ; mais l'espoir s'évanouit et se transforme en radicalisme violent et Stone suit la même évolution. Sa fusion pop fluorescente n'est pas départie d'un aspect sombre : *Hot Fun in the summertime* évoque d'un air

narquois les émeutes de Watts. Mais les troubles grandissants dans le pays et le carnage du Vietnam combinés à son état psychologique fragile et au gâchis fait par la drogue le poussent à produire ce discours hanté sur l'état de la nation.
Cet album est le résultat d'innombrables séances d'enregistrement et de remixages, Stone carburant à la coke. Selon la rumeur, on retrouve ici et là la trompette de Miles Davis, et la batterie rivalise avec une boîte à rythme primitive ; les basses les interrompent, prédatrices et libres tandis que les guitares wah-wah lacèrent le tout.
Le funk qui domine l'album – voilé, sinistre, colérique et vaincu – rend encore plus poignants *Runnin' away* et *You caught me smilin'*, dont la pop mélancolique rend toute la richesse. Sly fait référence à certains tubes précédents, notamment à *Everyday People' looking forward to a simple beating* sur *Time*, ou encore lorsqu'on entend un râle d'agonie dans *Thank you*.
Juste diagnostic du malaise américain et de la désintégration spirituelle de Sly, l'album a aliéné la plupart de ses fans et annoncé son naufrage dans la drogue. Il est néanmoins toujours remarquable, et apparaît comme le cri meurtri et funky d'une soul sous pression. **SC**

▶II Liste des titres

▶ 01 Luv 'N' Haight (Stewart)	4:01
02 Just Like A Baby (Stewart)	5:10
03 Poet (Stewart)	3:00
▶ 04 Family Affair (Stewart)	3:04
05 Africa Talks To You "The Asphalt Jungle" There's A Riot Goin' On (Stewart)	8:45
06 Brave And Strong (Stewart)	3:28
▶ 07 (You Caught Me) Smilin' (Stewart)	2:53
▶ 08 Time (Stewart)	3:01
09 Spaced Cowboy (Stewart)	3:57
▶ 10 Runnin' Away (Stewart)	2:55
▶ 11 Thank You For Talkin' To Me Africa (Stewart•Stone)	7:13

Marvin Gaye

What's going on (1971)

Label I Tamla
Production I Marvin Gaye
Direction artistique I Curtis McNair
Pays I États-Unis
Durée I 35:46

Comment être sexy et sourire quand on porte tout le poids du monde sur ses épaules ? Transformer la tragédie en triomphe ? Et en profiter pour révolutionner la musique soul en même temps ? C'est simple : il suffit de s'appeler Marvin Gaye.
Dévasté par la mort de Tami Terrell avec qui il chantait, de plus en plus sous l'emprise de la drogue, désirant désespérément repousser les limites du style musical pour lequel il était célèbre – des chansons de soul courtes et mélodieuses –, Gaye a été sauvé par son humour et son talent extraordinaire. Les deux scintillent sur un album qui, en d'autres mains, aurait facilement pu s'avérer casse-pieds et complaisant.
Les mots ne peuvent rendre justice à *What's going on*. C'est un flux et reflux constant, depuis la chanson-titre à l'optimisme ironique, mêlant gospel et jazz, jusqu'au perturbant *Inner City Blues (make me wanna holler)*.
Mis à part Smokey Robinson pour qui c'était le meilleur album de tous les temps, la Motown ne voyait pas comment cette série de titres pouvait produire des tubes. Certes, les sentiments exprimés ne correspondent pas à ceux des succès sirupeux de Gaye des années 60 – mais aujourd'hui, cela paraît une évolution naturelle, des paroles amoureuses de *You're all I need to get by* à la sophistication musicale de *I heard it through the Grapevine*. Trois singles au Top 10 et trente années de ventes soutenues prouvent que Marvin avait raison de menacer de ne plus rien enregistrer si ce ne disque ne sortait pas.

Laissez vos oreilles décider. Comme l'a écrit Gaye : « On n'a pas besoin de vous dire si c'est génial, ou quel morceau vous devriez aimer. » **BM**

▶II Liste des titres

▶	01 **What's Going On** (Benson•Cleveland•Gaye)	3:53
	02 **What's Happening Brother** (Gaye•Nyx)	2:43
	03 **Flyin' High (In The Friendly Sky)** (Gaye•Gordy Gaye•Stover)	3:50
	04 **Save The Children** (Benson•Cleveland•Gaye)	4:03
	05 **God Is Love** (Gaye•Gordy Gaye•Nyx•Stover)	1:42
▶	06 **Mercy Mercy Me (The Ecology)** (Gaye)	3:16
	07 **Right On** (DeRouen•Gaye)	7:32
	08 **Wholy Holy** (Benson•Cleveland•Gaye)	3:08
▶	09 **Inner City Blues (Make Me Wanna Holler)** (Gaye•Nyx)	5:39

Yes
The Yes Album (1971)

Label | Atlantic
Production | Eddie Offord • Yes
Direction artistique | Jon Goodchild
Pays | Royaume-Uni
Durée | 40:56

Alors que la guerre indo-pakistanaise éclate en mars 1971, le troisième album de studio de Yes voit lui aussi le jour. Après le départ du guitariste Peter Banks en mai 1970, le groupe recrute Steve Howe de Bodast et part dans le Devon. Atlantic exige d'eux un tube, ils passent deux mois dans une ferme pour y développer un nouveau style musical. Manquant la date de sortie initialement prévue le 15 juin, ils répètent jusqu'à plus soif et dévoilent leurs nouvelles harmonies à trois voix – comme dans *Sweet Dreams* où l'on retrouve l'alto céleste d'Anderson – au Lyceum de Londres, en juillet. Chris Welsh parle dans *Melody Maker* de leur « merveilleuse musique », et en novembre ils ajoutent à leur production la rêverie ensoleillée et a capella de *I've seen all good people* ainsi que *Yours is no disgrace*, un tour de force combatif au staccato tourbillonnant (le solo de guitare de Howe est une réponse à la guerre du Vietnam).

Assisté par Eddie Offord, le groupe a affiné son style, culminant avec le monumental *Starship Trooper*. Doté de multiples changements de rythme, d'atmosphère et de style, l'album présente un chant joyeux accompagné de la guitare de Howe (notamment sur *The Clap*, où l'on retrouve sa pedal steel), des percussions précises de Bruford, du martèlement de la basse puissante de Squire, et des crescendos stupéfiants de l'orgue Hammond de Kaye. Le piano sec de *Perpetual Change* et l'intense Würm varient le ton, mais cet album a marqué la transition de Yes entre le rock psychédélique et le rock progressif, et demeure un jalon de ce style musical. **TJ**

The Bee Gees
Trafalgar (1971)

Label | Polydor
Production | Robert Stigwood
Direction artistique | Nicholas Pocock
Pays | Australie • Royaume-Uni
Durée | 44:19

Les Bee Gees ont eu leur traversée du désert avant *Trafalgar*, mais la qualité de l'album a plus que compensé l'attente de leurs fans. Enregistré entre janvier et avril 1971, il démontre que les frères Gibb travaillent à nouveau en totale harmonie.

Désormais, les frères s'inquiètent beaucoup plus d'indiquer qui a écrit les chansons, et Robin, qui a prouvé sa valeur durant leur période de séparation avec le magnifique *Robin's Reign*, se borne à chanter, et n'apparaît donc que sur une moitié de l'album. Mauvaises nouvelles pour commencer : *Don't wanna live inside myself* rend trop hommage à *While my guitar gently weeps*, tandis que *Dearest*, chanson de salon funéraire, est horrible. Mais tout le reste est brillant et offre une pop pure et riche.

Les deux compositions solos de Maurice démontrent sa nouvelle et remarquable maîtrise. L'expérimentation de *Lion in winter* est d'une énergie contagieuse – la batterie occupe le devant de la scène, et le rythme augmente de façon épique vers la fin. Certaines paroles sont de vraies trouvailles : « Maintenant je me sens aussi bien que si j'étais mort », mais c'est « Couronnez le clown d'un ballon rouge » qui l'emporte. Et les tubes continuent, *How can you mend a broken heart* arrivant en tête du hit-parade américain.
La pochette correspond à l'étrangeté habituelle des Bee Gees au début des années 70, le groupe reconstituant la mort de Nelson sur la photo de l'intérieur, tandis que leur nouveau membre, Geoff Bridgeford, lit une BD. On y voit aussi le père de ce dernier parce qu'apparemment, « il se trouvait dans le coin… » **DN**

The Who
Who's next (1971)

Label | Track
Production | Glyn Johns • The Who
Direction artistique | John Kosh
Pays | Royaume-Uni
Durée | 43:21

C'est l'album des Who qui s'est le mieux vendu – et selon Pete Townshend, leur leader, c'est le meilleur. Mais il a émergé d'un naufrage : celui de *Lifehouse*, qui suivait *Tommy* et avait échoué après des mois de préparation parce que personne, sauf son auteur, ne le comprenait. La photo de la pochette de *Who's next*, qui parodie *2001, l'odyssée de l'espace*, exprime aussi les ambitions grandioses du groupe.
Humilié, Townshend s'est laissé persuader d'inclure les meilleures chansons de *Lifehouse* dans un album sans concept narratif. Certaines étaient difficiles, comme *Bargain*, d'autres faciles à reprendre en chœur, comme *Getting in tune*, et une autre enfin n'a rien à voir avec *Lifehouse* : *My wife*, drôle et composée par le bassiste John Entwistle.
Dominant le tout, trois des meilleurs morceaux de hard rock ayant jamais vu le jour. *Baba O'Riley* – titre obtenu en accolant le nom du gourou de Townshend, Meher Baba, à celui de Terry Riley, compositeur d'avant-garde – est un sublime mélange de synthétiseurs et de guitares cinglantes. *Behind blue eyes* nous offre une poésie battante, tandis que *Won't get fooled again* est tout simplement un monstre.
Toutes trois ont été jouées par les Who au Madison Square Garden pour le concert de soutien à New York, après le 11 septembre 2001. C'est le groupe qui a été le plus applaudi de toute la soirée, prouvant que les décennies passées n'avaient diminué ni la qualité du groupe ni celle de ses chansons. **BM**

Carole King
Tapestry (1971)

Label | Ode
Production | Lou Adler
Direction artistique | Roland Young
Pays | États-Unis
Durée | 44:09

Ayant déjà rejoint le panthéon de la pop dans les années 60, grâce au couple légendaire qu'elle formait alors avec son mari Gerry Goffin, Carole King s'est transformée en vedette solo de façon spectaculaire avec cet album inoubliable. L'intimité de la photo de la pochette est complètement assumée et cette ambiance toute simple est reflétée par la production et les arrangements dépouillés de l'album. Sa voix sans artifice est tour à tour véhémente et pleine d'émotion (*I feel the earth move*), mélancolique (*So far away* ; *Home again*) et espiègle (*Smackwater Jack*). Des chansons comme *Will you still love me tomorrow* et *(You make me feel like) a natural woman* avaient déjà été reprises par les Shirelles et Aretha Franklin respectivement. Mais les versions dépouillées de Carole King – particulièrement pour la première, à laquelle elle apporte une tristesse touchante – en valent la peine.

La qualité de l'album a vite été récompensée. Le douloureusement honnête *It's too late* a été n° 1 aux États-Unis. L'album est resté en tête du hit-parade américain pendant quinze semaines consécutives, se vendant à plus de quinze millions d'exemplaires dans le monde entier.

Il existe une tradition officieuse aux États-Unis selon laquelle les étudiants découvrent Simon et Garfunkel durant leur première année de fac – les réflexions cultivées et mélancoliques du duo semblent leur parler. *Tapestry* devrait aussi faire partie du programme, exemple d'une artiste revendiquant sa propre identité tout en instaurant une grande complicité avec son auditeur. **YK**

Isaac Hayes
Shaft (1971)

Label | Stax
Production | Isaac Hayes
Direction artistique | The Graffiteria
Pays | États-Unis
Durée | 69:35

Cotton comes to Harlem est sorti sur les écrans en premier, mais c'est indiscutablement *Shaft* qui a annoncé l'arrivée du cinéma de la blackploitation du début des années 70. Très influente à l'époque, sa bande originale en fait l'un des objets les plus mémorables de cette ère.

Compositeur, producteur et arrangeur, Isaac Hayes a tout orchestré ici, cet album demeurant le plus célèbre d'une carrière durant laquelle il a pourtant écrit plus de deux cents tubes pour Stax Records avec Dave Porter. Enregistrée dans les studios de ce label, la bande sonore de *Shaft* est une concoction sophistiquée mettant à profit les vastes connaissances musicales de Hayes qui chante, joue du vibraphone, de l'orgue et du synthétiseur. On y trouve les Bar-Kays à la rythmique, tandis que Memphis Strings and Horns bâtissent des orchestrations torrides

L'album démarre avec quatre minutes de soul symphonique et arrogante, soutenue par des chœurs vigoureux, des cymbales sifflantes et des volées hypnotiques de guitare wah-wah. La dynamique majestueuse de *Theme from Shaft* est un hymne à la virilité de Shaft, servant de modèle à toutes les bandes sonores des films de blackploitation à venir. Plus loin, *Soulville* est une ballade au tempo lent, typique du style Hayes, tandis que les Bar-Kays étirent *Do your thing* en un morceau funk épique de vingt minutes, sans jamais relâcher le rythme. Le reste de l'album est un triomphe de musique d'ambiance et un tribut au talent d'arrangeur de Hayes.

Theme from shaft a grimpé à toute vitesse jusqu'au sommet du hit-parade, seul n° 1 de la carrière du chanteur ; le double album, lui, a remporté l'oscar de la meilleure bande originale cette année-là. **JG**

▶II Liste des titres

▶ 01 Theme From Shaft (Hayes)	4:37
02 Bumpy's Lament (Hayes)	1:49
▶ 03 Walk From Regio's (Hayes)	2:22
04 Ellie's Love Theme (Hayes)	3:15
05 Shaft's Cab Ride (Hayes)	1:07
06 Cafe Regio's (Hayes)	6:09
07 Early Sunday Morning (Hayes)	3:47
08 Be Yourself (Hayes)	4:27
09 A Friend's Place (Hayes)	3:21
10 Soulsville (Hayes)	3:47
11 No Name Bar (Hayes)	6:09
12 Bumby's Blues (Hayes)	4:04
13 Shaft Strikes Again (Hayes)	3:04
▶ 14 Do Your Thing (Hayes)	19:38
15 The End Theme (Hayes)	1:59

The Allman Brothers Band
At Fillmore East (1971)

Label | Capricorn
Production | Tom Dowd
Direction artistique | Jim Marshall
Pays | États-Unis
Durée | 76:26

Emmené par Duane Allman, joueur de slide guitar visionnaire, et par son jeune frère, Gregg, chanteur et joueur d'orgue, The Allman Brothers Band a inventé et transcendé le rock sudiste. Installé à Macon en Géorgie, le groupe comprenait aussi Dicky Betts, guitariste, Berry Oakley, bassiste, et deux batteurs, Jai Johanny Johanson et Butch Trucks. Ils étaient célèbres pour leurs longues improvisations en concert, ainsi que pour leur mélange symphonique de rock, blues, country, soul et jazz. Après l'échec de leurs deux premiers albums de studio, un disque live se présentait comme une solution évidente.

At Fillmore East, double album, a été assemblé par Tom Dowd à partir de deux concerts enregistrés dans cette salle de New York en mars 1971. Le disque débute avec trois reprises rhythm'n blues fidèles, puis devient franchement spectaculaire sur la face 2 : une interprétation de *You don't love me* de Willie Cobb, dix-neuf minutes au tempo changeant. La plupart des groupes ne pourraient rivaliser avec l'interaction fluide de *Hot'Lanta* et *In memory of Elizabeth Reed*, deux chansons originales. Leur version de *Whipping Post*, qui occupe toute une face, casse la baraque. Bouillonnante, cette plainte gothique du Sud américain est l'une des plus belles interprétations de roots rock de tous les temps.

At Fillmore East, en atteignant la 13e place, a fait découvrir The Allman Brothers Band, mais devait aussi être son chant du cygne. Duane s'est tué en accident de moto le 29 octobre 1971, alors qu'il se rendait chez Berry Oakley. La tragédie a frappé à nouveau le 12 novembre 1972, lorsqu'Oakley est mort de la même manière, au même âge (24 ans), tout près de là. **MA**

▶II Liste des titres

	01 Statesboro Blues (McTell)	4:08
	02 Done Somebody Wrong (James•Levy•Lewis)	4:05
	03 Stormy Monday (Walker)	8:31
▶	04 You Don't Love Me (Cobbs)	19:06
▶	05 Hot 'Lanta (D. Allman•G. Allman •Betts Johanson•Oakley•Trucks)	5:10
▶	06 In Memory Of Elizabeth Reed (Betts)	12:46
▶	07 Whipping Post (Allman)	22:40

The Rolling Stones
Sticky Fingers (1971)

Label | Rolling Stones Records
Production | Jimmy Miller
Direction artistique | Craig Braun • Andy Warhol
Pays | Royaume-Uni
Durée | 46:06

Sticky Fingers est le premier album à être sorti sur le label des Rolling Stones, le premier aussi à arborer le logo désormais célèbre dessiné par John Pasche représentant des lèvres et une langue. C'est enfin le premier à arriver en tête des charts américains et britanniques.

Ses racines remontent à 1969, lorsque les Stones posent les fondations de *Brown Sugar*, *Wild Horses* et de *You gotta move*, un blues rural, aux Muscle Shoals Sound Studios. Ces chansons donnent le ton décontracté de l'album, un mélange de blues, country et soul du Sud.

Brown Sugar, le premier morceau, est construit autour d'un riff de guitare irrésistible qui en fait un énorme tube international malgré ses paroles extrêmement controversées. *Bitch* allie le saxo de Bobby Keyes et la trompette de Jim Price à un autre riff de guitare battant à tout rompre. La section cuivre apparaît à nouveau sur *I got the blues*, tandis que Billy Preston joue de son orgue torride, imprégné de gospel.

L'album déborde de références explicites à la drogue, notamment sur *Sister Morphine*, sombre récit de dépendance co-écrit avec Marianne Faithful. On ressent l'influence de Gram Parsons, vieux copain de Keith Richard, sur les deux chansons country de l'album – *Wild Horses*, ballade captivante, et *Dead Flowers*, très pince-sans-rire.

Le guitariste Mick Taylor brille sur *Can't you hear me knocking*, et rappelle Santana. Sur *Moonlight Mile*, on retrouve la voix réellement émouvante de Jagger, soutenue par les cordes généreuses de Paul Buckmeister.

À l'origine, la pochette représentant un entrejambe était dotée d'une fermeture Éclair que l'on pouvait faire monter et descendre. **JoH**

▶II Liste des titres

▶ 01 **Brown Sugar** (Jagger•Richard)	3:49
02 **Sway** (Jagger•Richard)	3:51
▶ 03 **Wild Horses** (Jagger•Richard)	5:42
04 **Can't You Hear Me Knocking** (Jagger•Richard)	7:14
05 **You Gotta Move** (Davis•McDowell)	2:32
▶ 06 **Bitch** (Jagger•Richard)	3:36
07 **I Got The Blues** (Jagger•Richard)	3:52
▶ 08 **Sister Morphine** (Faithfull•Jagger•Richard)	5:31
▶ 09 **Dead Flowers** (Jagger•Richard)	4:03
10 **Moonlight Mile** (Jagger•Richard)	5:56

John Lennon
Imagine (1971)

Label | Apple
Production | John Lennon • Yoko Ono • Phil Spector
Direction artistique | Yoko Ono
Pays | Royaume-Uni
Durée | 39:20

Après les confessions existentielles de son album en solo, Plastic Ono Band, l'ex-Beatles avait besoin d'une bouffée d'utopie, d'une pincée d'espoir. À l'aide une équipe brillante – George Harrison, Klaus Voorman, Nicky Hopkins, Jim Keltner, Alan White, King Curtis et les membres de Badfinger, *Imagine* est devenu un énorme succès, en tête des hit-parades des deux côtés de l'Atlantique, juste au moment où Lennon et Yoko s'installaient aux États-Unis.

Produit par Phil Spector dans le studio que Lennon a aménagé dans son manoir anglais, *Imagine* nous offre la chanson qui a rendu immortelle la personnalité la plus intéressante des Beatles : un hymne à la foi en un monde meilleur, et ce malgré une réalité des plus déprimantes. On y trouve aussi certaines des meilleures chansons d'amour qu'un homme ait jamais écrites pour une femme : *Oh my love*, et *Jealous Guy*, ainsi qu'une part de rock'n'roll brut, à la Lennon, comme dans *Gimme some truth*, son cri du cœur politique, ou dans sa célèbre diatribe contre McCartney : *How Do You Sleep* ?

Certains titres rappellent son introspection passée, comme *Crippled inside* ou *How ?*, mais c'est le nouvel ancrage qu'apporte Yoko dans la vie de John – ainsi que la production de Spector, qui font de cet album équilibré le meilleur de ses disques en solo. C'est l'autoportrait d'un homme à la fois sensible et agressif, anxieux et intrépide, introspectif mais ayant conscience des problèmes sociaux. La chanson-titre, d'une simplicité époustouflante (sortie quatre ans plus tard au Royaume Uni, elle a pris la 1re place – bien sûr), attirera à elle seule l'attention des générations à venir sur ce chef-d'œuvre immortel. **IJ**

▶II Liste des titres

▶ 01 **Imagine** (Lennon)	3:04
02 **Crippled Inside** (Lennon)	3:49
▶ 03 **Jealous Guy** (Lennon)	4:15
04 **It's So Hard** (Lennon)	2:26
04 **I Don't Wanna Be A Soldier** (Lennon)	6:08
▶ 06 **Gimme Some Truth** (Lennon)	3:16
▶ 07 **Oh My Love** (Lennon•Ono)	2:45
08 **How Do You Sleep ?** (Lennon)	5:36
▶ 09 **How ?** (Lennon)	3:42
10 **Oh Yoko !** (Lennon)	4:19

The Beach Boys
Surf's up (1971)

Label | Brother
Production | The Beach Boys
Direction artistique | Non créditée
Pays | États-Unis
Durée | 33:57

Comme de nombreux albums des Beach Boys, *Surf's up* est difficile à juger d'un point de vue critique. Sorti en 1971, c'est l'œuvre d'un groupe déchiré par les luttes internes et par la lente éclipse de l'équilibre psychologique de Brian Wilson.

L'ambiguïté est présente dès le premier morceau. On n'a pas plutôt écarté *Don't go near the water* comme une désespérante complainte écologique qu'arrive *Long Promised Land* de Carl Wilson, avec sa détermination et sa beauté chorale, qui arrête net tout désir de dérision. Le mysticisme océanique de *Feel Flows* est tout aussi saisissant.

On trouve certains moments de lucidité émotionnelle sublime. La fausse naïveté de *Take a load off your feet* est erronée, mais rebondit vers un *Disney Girls (1957)* d'une nostalgie déchirante, qui nous rappelle ce que c'était que d'avoir 10 ans. Ce serait manipulateur de la part d'un autre groupe, mais les Beach Boys, au mieux de leur forme, possèdent un don inégalé pour accéder à quelque chose qui les dépasse.

Cette progression irrégulière continue tout du long. *Student Demonstration Time* essaie de nous toucher avec son discours rhythm'n'blues sur les droits civils, mais passe à côté. De même, *A day in the life of a tree* – bien que joliment mélodieux – semble plus le produit d'une psychose que du génie.

La solitude de *Til I die* offre à l'album la superbe conclusion qu'il mérite. **JDi**

Yes
Fragile (1971)

Label | Atlantic
Production | Eddie Offord • Yes
Direction artistique | Roger Dean
Pays | Royaume-Uni
Durée | 39:52

Après avoir effectué une tournée d'avril à décembre 1971 avec des groupes aussi importants qu'Iron Butterfly, Jon Anderson et Chris Squire ont cherché à développer le style musical du groupe à l'aide de synthétiseurs ultramodernes. La préférence de Tom Kayes pour les Hammond (et les disputes qui l'opposent à Steve Howe) provoque son départ en août. À ce stade, Wakeman a quitté les Strawbs, apportant à Yes un tout autre degré de virtuosité et de sens de la mise en scène. Le désir d'Anderson et de Squire de devenir le meilleur groupe au monde rend perplexe Bill Bruford, le batteur, mais leurs répétitions, menées au-dessus d'une maison close de Londres, sont productives (quatre compositions de groupe viennent compléter les cinq individuelles qui existent déjà).

Même s'il n'apparaît pas sur la pochette, Wakeman a contribué dès le premier jour aux arrangements et à la guitare de l'enthousiaste *Roundabout* ainsi qu'au chant mi-déchaîné, mi-rêveur de *Heart of the sunrise. South Side of the sky* est une autre chanson épique qui voit le jour durant les cinq semaines de répétition. Eddie Offord écoute des heures d'enregistrement pour ne sauver que quelques mesures et laisse entrer les fans par groupe de vingt pour le regarder faire. Le mysticisme lyrique d'Anderson est manifeste sur *We have*, et l'illustration de Dean sur la pochette reflète le monde brisé dont parle l'album. Encensé par la critique et figurant au Top 10 aux États-Unis comme en Angleterre, l'album montre que « Yes est un groupe grand public » – mais qui apprécie tout de même une musique des plus complexes. TJ

habituel : un paysage de canyons peuplé de fantômes et d'hallucinations provoquées par le peyotl. JDi

The Doors
L.A. Woman (1971)

Label I Elektra
Production I Bruce Botnick • The Doors
Direction artistique I Carl Cossick
Pays I États-Unis
Durée I 48:51

L.A. Woman sort juste au moment où l'on pense que les Doors s'enfoncent irrémédiablement dans une prétention insupportable. Soudainement, leur ostentation maussade se transforme en une comédie volubile et en un calme discret. *Rolling Stone* écrit : « Les Doors n'ont jamais été plus au point. » Amplifié par le bassiste Jerry Scheff et par Marc Benno à la guitare rythmique, leur son devient plus complet et plus contrôlé.

Jim Morrison est littéralement transformé. Du shaman de l'acid rock maigre comme un clou qu'il était, il change en une personnalité au charisme rustre. Lorsqu'il hurle le refrain de *The Changeling*, on sent qu'il a franchi un seuil personnel et qu'il est devenu plus libre et moins affecté.

On découvre aussi une nouvelle espièglerie. *Love her madly*, hommage à l'amour obsessionnel, propose une énergie enfantine grâce aux claviers fougueux de Ray Manzarek, tandis que *Hyacinth House* est imprégné de mélodrame. L'exubérance de la chanson-titre, périple à travers la ville de Los Angeles, couronne le tout. Morrison crie de façon triomphante à l'apogée de la section la plus forte, et le groupe prend son envol.

Deux chansons moroses contrastent avec l'aspect brûlant de *L.A. Woman* et de *Crawling King Snake*. *Cars hiss by my window* déverse sa langueur, tandis que *Riders on the storm* nous ramène en territoire plus

Can
Tago Mago (1971)

Label I United Artists
Production I Can
Direction artistique I Ulli Eichburger
Pays I Allemagne • Japon • Pologne
Durée I 73:30

Malcolm Mooney, le chanteur d'origine, a quitté Can après la sortie de leur premier album, *Monster Movie*, en 1969. Hoger Czukay, bassiste, et Jaki Leibezeit, batteur, découvrent à Munich Damo Suzuki, un musicien de rue japonais, et l'invitent à jouer avec le groupe le soir même. Mais la voix souple de Suzuki passant du chuchotement à des cris sauvages fait fuir les mille cinq cents membres du public.

Tago Mago débute par les douces mélodies orientales de *Paperhouse*, puis *Mushroom*, avec ses sonorités étranges, et les voix explosives et mystérieuses de *Oh Yeah*. Après ce préambule remarquable, on retrouve sur *Halleluwah* (samplé par Primal Scream sur *Kowalski* en 1997), au rythme implacable, les licks de guitare funky de Michael Karoli, ainsi que les boucles de Czukay, accompagnées de piano blues, de violons torturés et de bruits industriels. Le tout se termine sur une énorme apothéose psychédélique.

Aumgn, inspiré par Aleister Crowley, pousse l'expérimentation encore plus loin. La psalmodie que chante Irmin Schmidt est entourée d'une atmosphère sinistre. *Bring me coffee or tea*, le dernier morceau, est un véritable soulagement après ces épreuves d'endurance musicale.

Avec des groupes comme Kraftwerk et Faust, Can et sa fusion d'expériences électroniques à la Stockhausen et de rock à la Velvet Underground prouvent que les groupes allemands commencent à trouver leur propre identité, sans recourir au pastiche du rock anglais ou américain. Trente ans plus tard, *Tago Mago* semble encore agréablement contemporain et magnifiquement excessif. **CSh**

Elton John
Madman across the water
(1971)

Label | DJM
Production | Gus Dudgeon
Direction artistique | David Larkham
Pays | Royaume-Uni
Durée | 45:17

Elton John est tellement dévoué à son art – ou bien ses obligations contractuelles l'y conduisent – qu'il sort cinq albums en dix-huit mois à partir d'avril 1970, même si l'un est la bande originale d'un film et l'autre un album live. *Madman*, qui débute par deux morceaux enregistrés en février 1971 et qui a été terminé en août, est son quatrième album de studio. Il ne comprend aucun tube majeur mais il est resté au hit-parade américain pendant presque un an. En revanche, ses ventes comptent parmi les plus faibles de sa carrière au Royaume-Uni. Cet album est aussi le premier où apparaît le guitariste écossais Davey Johnstone (ex-Magna Carta) qui rejoint le groupe de musiciens d'Elton de façon permanente en 1972. Trente ans plus tard, il est toujours des leurs (c'est aussi le cas de Nigel Olsson, le batteur). On retrouve aussi Rick Wakeman aux claviers, Herbie Flowers à la basse et Chris Spedding à la guitare. Avec la présence de Wakeman, on ne sera pas étonné de trouver ici une touche de rock progressif, tandis que les arrangements pour cordes de Paul Buckmaster enrichissent davantage le son de l'album.

Les meilleures chansons se situent au début : *Tiny Dancer* s'inspire de Maxine Feibelman, la première femme de Bernie Taupin, et, grâce à une autre ballade, *Levon*, aux paroles obscures, l'album est entré au Top 40 américain.

Taupin a déclaré que les paroles de la chanson-titre – un portrait troublant de la folie qui reflète le côté introspectif de l'album – étaient les plus incomprises de toutes celles qu'il avait écrites. Bon nombre présument qu'elles traitent du déshonneur de Richard Nixon. Tout en rejetant cette interprétation, Taupin n'a toutefois offert aucune autre explication possible. **JT**

▶II Liste des titres

▶	01 **Tiny Dancer** (John•Taupin)	6:17
▶	02 **Levon** (John•Taupin)	5:22
	03 **Razor Face** (John•Taupin)	4:44
▶	04 **Madman Across The Water** (John•Taupin)	5:57
	05 **Indian Sunset** (John•Taupin)	6:46
	06 **Holiday Inn** (John•Taupin)	4:16
	07 **Rotten Peaches** (John•Taupin)	4:58
	08 **All The Nasties** (John•Taupin)	5:09
	09 **Goodbye** (John•Taupin)	1:48

Dolly Parton
Coat of many colors (1971)

Label | RCA Victor
Production | Bob Ferguson
Direction artistique | Non créditée
Pays | États-Unis
Durée | 27:35

Dolly Parton quitte sa ville natale des Appalaches pour Nashville en 1965. Deux semaines plus tard, elle décroche un contrat et un tube pour les deux ans à venir. Ses succès sont déjà si nombreux en 1970 que la RCA sort un best of cette année-là, mais c'est *Coat of many colors*, qui ne comprend que des chansons originales, qui en 1971 l'impose comme l'une des auteurs-compositeurs-interprètes les plus originales de la country.

Débutant par la chanson-titre, Dolly Parton évoque la pauvreté rurale en tant que lien affectif familial et non comme une expérience tragique. L'album explore

ce thème : chaque chanson reflète une expérience vécue et une sagesse toute simple. Le soprano de Dolly Parton se transforme en un vibrato sous l'exaltation d'une manière tout à fait convaincante et les musiciens de Nashville qui l'entourent apportent leur touche magistrale, ornant chaque chanson d'une mélodie fluide.
Coat of many colors est un modèle de parcimonie avec ses dix chansons qui n'atteignent pas les trente minutes. Les sentiments exprimés ici contribuent à rassurer le prolétariat blanc et rural américain que le rock et la pop déconcertent alors de plus en plus. Le portrait de la pochette, qui évoque l'époque d'avant la photographie, incarne aussi les racines de Dolly Parton. Si le grand public a adoré cet album, cela a aussi été le cas de la critique qui a réalisé qu'elle se trouvait face à une compositrice-interprète remarquablement douée.
Cette dernière a prouvé par la suite qu'elle était l'une des personnalités les plus intelligentes et les plus durables du show-biz. *Coat of many colors* demeure son plus grand chef-d'œuvre. **GC**

▶II Liste des titres

▶	01 **Coat Of Many Colors** (Parton)	3:06
▶	02 **Traveling Man** (Parton)	2:42
	03 **My Blue Tears** (Parton)	2:18
	04 **If I Lose My Mind** (Parton•Wagoner)	2:31
▶	05 **The Mystery Of The Mystery** (Parton•Wagoner)	2:29
▶	06 **She Never Met A Man She Didn't Like** (Parton)	2:43
	07 **Early Morning Breeze** (Parton)	2:56
	08 **The Way I See You** (Parton•Wagoner)	2:48
	09 **Here I Am** (Parton)	3:21
	10 **A Better Place To Live** (Parton)	2:41

Don McLean
American Pie (1971)

Label | EMI
Production | Ed Freeman
Direction artistique | George S. Whiteman
Pays | États-Unis
Durée | 36:16

Lorsque Buddy Holly meurt dans un accident d'avion en février 1959, Don McLean n'est alors qu'un livreur de journaux de 13 ans. Les titres qu'il lit ce jour-là lui inspireront la plus belle de ses chansons : un tube de plus de huit minutes, qui, par son sens du rythme et ses références indirectes à Bob Dylan, à Mick Jagger ou aux Beatles, semble servir aussi d'élégie aux sixties.
Cette chanson a injustement fait de l'ombre à *Vincent*, le deuxième single de l'album, qui arrive aussi en tête du hit-parade anglais en 1972. Ce dernier rend hommage à un autre personnage légendaire, Van Gogh, dont le tourment intime, né de la recherche de la perfection, l'avait amené à se trancher en partie l'oreille. Toutes les chansons de l'album sont de McLean, sauf le traditionnel *Babylon* dont les arrangements sont à la fois de Mclean et de Lee Hays des Weavers. *Crossroad*, à la composition remarquable (à la fois sur le plan thématique et musical), mérite d'être mieux connue.
Le plus gros succès de McLean a peut-être été inspiré par un géant du rock, mais ce chanteur tire ses racines du folk, ce que l'on devine à son univers acoustique qui rappelle Gordon Lighfoot. (*Everybody loves me, Baby*, chanson rock assez gauche, est le titre le plus faible de l'album.) McLean collabore avec le légendaire Peter Seeger, mais selon la légende, son premier album est rejeté par trente-quatre maisons de disques même s'il comprend le classique *I told you so*. On raconte aussi qu'il a

refusé d'abandonner ses droits d'édition à ces labels potentiels, ayant ainsi le dernier mot. **MH**

▶II Liste des titres

▶	01 **American Pie** (McLean)	8:36
	02 **Till Tomorrow** (McLean)	2:15
▶	03 **Vincent** (McLean)	4:03
▶	04 **Crossroads** (McLean)	3:39
	05 **Winter Wood** (McLean)	3:10
	06 **Empty Chairs** (McLean)	3:27
	07 **Everybody Loves Me, Baby** (McLean)	3:36
	08 **Sister Fatima** (McLean)	2:35
	09 **The Grave** (McLean)	3:14
	10 **Babylon** (Trad., arr. Hays•McLean)	1:41

Emerson, Lake, and Palmer
Tarkus (1971)

Label | Island
Production | Greg Lake
Direction artistique | William Neal
Pays | Royaume-Uni
Durée | 38:29

Pendant la réunion de la conférence internationale sur les crimes de guerre à Oslo en juin 1971, Emerson, Lake et Palmer sortent leur deuxième album. Commentaire sur la futilité de la guerre, on découvre sur sa pochette une machine mi-tank, mi-tatou.

Keith Emerson (synthé), Greg Lake (basse-chant) et Carl Palmer (batterie) ont commencé à travailler en janvier sur un album à thème imaginé en tournée par Emerson. Il s'inspire du compositeur argentin Alberto Ginastera et est enregistré en six jours seulement le mois suivant.

« Carl était très intéressé par différentes indications de mesure, a expliqué Emerson dans *Contemporary Keyboard*. Il m'avait dit qu'il voulait faire quelque chose en 5/4, ce que j'ai gardé à l'esprit quand j'ai écrit *Tarkus*. Greg ne savait vraiment pas quoi en penser. C'était trop bizarre. Mais il a accepté d'essayer de le jouer et, par la suite, il l'a adoré. »

L'œuvre maîtresse du début est marquée par des claviers et par les percussions. Le titre *Tarkus* s'oppose à *Stones of years*, à *Iconoclast* et à *Mass*, avant de défaillir devant un diabolique *Manticore*, sorti de la mythologie indienne.

Ces batailles sont encadrées par *Eruption* – où les synthés, l'orgue Hammond et le Moog d'Emerson sont accompagnés par la batterie de Palmer – ainsi que par *Battlefield* et le spectaculaire *Acquatarkus*. La deuxième moitié apporte un certain soulagement, avec Jeremy Bender et le rock de *Are you ready Eddy ?* (dédié à Eddie Offord, ingénieur du son). *Bitches Crystal* et *Infinite Space* sont joyeusement jazzy, tandis que *The Only Way*, morceau baroque inspiré de Bach, remet en question la religion.

Cet album a donné au rock progressif ses lettres de noblesse. **TJ**

▶II Liste des titres

▶	01 **Tarkus:**	
	a) **Eruption** (Emerson)	
	b) **Stones Of Years** (Emerson•Lake)	
	c) **Iconclast** (Emerson)	
	d) **Mass** (Emerson•Lake)	
	e) **Manticore** (Emerson)	
	f) **Battlefield** (Lake)	
	g) **Aquatarkus** (Emerson)	20:35
	02 **Jeremy Bender** (Emerson•Lake)	1:46
▶	03 **Bitches Crystal** (Emerson•Lake)	3:55
	04 **The Only Way (Hymn)** (Emerson•Lake)	3:48
	05 **Infinite Space (Conclusion)** (Emerson•Palmer)	3:18
	06 **A Time And A Place** (Emerson•Lake•Palmer)	2:57
	07 **Are You Ready Eddy ?** (Emerson•Lake•Palmer)	2:10

Led Zeppelin
Led Zeppelin IV (1971)

Label | Atlantic
Production | Jimmy Page
Direction artistique | Graphreaks
Pays | Royaume-Uni
Durée | 42:34

Led Zeppelin a inspiré au moins deux générations d'adolescents qui ont fait semblant de jouer de la guitare dans leur chambre à l'écoute de ses albums. Il a pratiquement défini le hard rock avec son quatrième album. Mêlant folk, blues, rock et même musique psychédélique, le groupe va rencontrer le succès dans les stades.

Des morceaux débordant de riffs comme *Black Dog* et *Rock and roll* sont accompagnés de méditations spirituelles comme *Misty Mountain Hop* et *Going to California*. *Stairway to Heaven* révèle l'obsession croissante du groupe pour l'occulte, la religion et la mythologie anglaise. Les interprétations de Jimmy Page – particulièrement ses deux solos incendiaires sur *Stairway to Heaven* (chanson la plus jouée de tous les temps à la radio américaine) – vont influencer nombre de groupes de rock à venir, dont Aerosmith, Metallica, Guns N' Roses et Tool. L'album doit aussi une grande partie de sa mystique à sa pochette, où l'on ne discerne ni nom de groupe ni titre (il est donc parfois surnommé *Four Symbols* ou *Zoso*, en référence aux quatre symboles runiques qui apparaissent à l'intérieur).

Cela dit, il souffre parfois de prétentions exagérées. Tandis que l'album précédent, principalement acoustique, était plus modeste, ...*IV* montre un Led Zeppelin majestueux et complaisant, dont le son grandiose expose parfois le groupe au ridicule. Plus tard, le hard rock sera supplanté par la musique punk, ce qui sonnera le glas pour des groupes tels que Led Zeppelin. En attendant, *Led Zeppelin IV* révèle un groupe en pleine possession de ses moyens et qui sait en jouer. **BW**

▶II Liste des titres

▶	01 Black Dog (Jones•Page•Plant)	4:57
	02 Rock And Roll (Bonham•Jones•Page•Plant)	3:40
	03 The Battle Of Evermore (Page•Plant)	5:52
▶	04 Stairway To Heaven (Page•Plant)	8:03
▶	05 Misty Mountain Hop (Jones•Page•Plant)	4:38
	06 Four Sticks (Page•Plant)	4:45
▶	07 Going To California (Page•Plant)	3:31
▶	08 When The Levee Breaks (Bonham •Jones•Memphis Minnie•Page•Plant)	7:08

Serge Gainsbourg
Histoire de Melody Nelson
(1971)

Label | Philips
Production | Jean-Claude Vannier
Direction artistique | Jean-Yves Billet
Pays | France
Durée | 27:57

C'est Gainsbarre, l'alter ego de Serge Gainsbourg, qui mène la danse sur cet album à thème magnifiquement louche qui explore la fascination de l'auteur pour une adolescente inaccessible. Bien entendu, ce genre d'héroïne n'est pas inabordable pour ce sacré bonhomme. Dès cette époque, ce gros fumeur avait déjà conquis la bombe sexuelle, Brigitte Bardot, et la charmeuse aux seins nus de la couverture qui serre un singe en peluche sur sa poitrine est bien Jane Birkin.

Serge Gainsbourg n'est connu en dehors de la France que pour le très haletant *Je t'aime moi non plus*, duo chanté avec Birkin. Espérant reproduire ce succès, le chanteur la pousse à plus de sensualité si bien que son succès précédent n'est plus que l'équivalent de simples préliminaires amoureux. Complètement fasciné par son héroïne, on sent son regard concupiscent sur la première chanson, *Melody*, chuchotée sur l'un des funks les plus lascifs de l'époque. Il courtise Birkin sur les violons de la *Ballade de Melody Nelson*, puis paraît entouré de Sly and the Family Stone sur *En Melody*, où l'on retrouve les éclats de rire de Birkin. L'album n'a pas été un succès commercial, même en France, et la plupart des critiques de l'époque l'ont accusé de complaisance. Aujourd'hui, on considère que c'est une alliance révolutionnaire de rock et de style orchestral qui a influencé de façon incommensurable des artistes comme Beck, David Holmes et, en particulier, Air. **JIH**

Rod Stewart
Every Picture tells a story (1971)

Label | Mercury
Production | Rod Stewart
Direction artistique | Non créditée
Pays | Royaume-Uni
Durée | 40:31

Faces est un groupe de rock essentiel, totalement à l'opposé des Stones. Avec Rod Stewart et son timbre rauque, il bénéficie de l'une des plus grandes voix anglaises de tous les temps. Ce dernier est capable d'imprégner d'une chaleur intuitive des myriades de styles vocaux – folk, blues, country, soul. Pendant quelques années glorieuses, la carrière solo de Stewart coexiste avec la bonhomie macho du groupe, dont les membres apparaissent déjà sur *An old raincoat won't ever let you down* (1969) et sur *Gasoline Alley* (1970). *Every picture tells a story* représente l'apothéose de cette période et est arrivé en tête du Top 30 des deux côtés de l'Atlantique.

La chanson-titre explore de façon ingénieuse une instrumentation acoustique dans un cadre hard rock. Son récit de rencontres amoureuses, d'une crudité amusante, est accompagné par les battements de Mick Waller, jusqu'à un paroxysme fébrile. *Mandolin Wind*, au contraire, est une ballade d'une tendresse remarquable à la pedal steel, tandis que le *Tomorrow is a long time* place Stewart parmi les meilleurs interprètes de Dylan. La splendide version de *Reason to believe* de Tim Hardin, accompagnée à l'orgue, est sortie en 45 tours. La face 2 offre l'immortel *Maggie May*, un tube mondial, n° 1 aux États-Unis et en Angleterre. Rehaussée de mandoline et de guitare acoustique, cette saga aigre-douce est entraînante et complexe, tandis que l'interprétation spontanée de Stewart fait de lui un véritable artiste. **MA**

Emerson, Lake and Palmer
Pictures at an exhibition (1971)

Label | Island
Production | Greg Lake
Direction artistique | William Neal
Pays | Royaume-Uni
Durée | 53:29

Emerson, Lake et Palmer ne ratent jamais une occasion de se faire remarquer. Ils jouent leur version rock de *Tableaux d'une exposition* de Modest Moussorgski, compositeur russe, au festival de l'île de Wight en 1970, leur premier concert digne de ce nom. L'illustration de William Neal très sereine de la pochette – des cadres vides dans une galerie – ne correspond absolument pas à l'impact de leur musique. L'utilisation que fait ici Emerson du synthétiseur Moog est impressionnante : une innovation que l'on trouve rarement en dehors du studio à l'époque, à cause de son caractère imprévisible et parce que de nombreux groupes ne le considéraient pas comme un « vrai instrument ».

Ironie du sort, c'est la composition originale de Lake, *The Sage*, qui est la plus mémorable. Il était prévu de l'inclure dans un autre album mais elle correspondait parfaitement à l'atmosphère de celui-ci. Sur *The Hut of Baba Yaga*, Emerson passe de l'orgue Hammond au Moog avant d'enchaîner au piano sur une reprise boogie-woogie de *Nut Rocker* (1962), pastiche de Tchaïkovski qui conclut la séance avec une irrévérence appropriée.

Pictures, importé à l'origine aux États-Unis, s'est révélé un tel succès qu'il est finalement sorti dans ce pays, grimpant dans la foulée jusqu'à la 10e place. L'album a offert au groupe sa 3e place au Top 3 britannique en un an. Leur voie était désormais toute tracée. **MH**

Leonard Cohen
Songs of love and hate
(1971)

Label I Columbia
Production I Bob Johnston
Direction artistique I John Berg
Pays I Canada
Durée I 44:48

On ne peut pas s'aventurer sur le territoire de Leonard Cohen à la légère. Et tout particulièrement sur *Songs of love and hate*, collection dépouillée et obsédante de blessures ouvertes, de mépris persistant et d'amour fiévreux, qui comptent parmi ses chansons les plus intenses sur le plan affectif. La frontière qui sépare l'amour de la haine a rarement semblé aussi ténue.
Les chansons se déroulent comme de courts récits, ou encore comme de petits poèmes, ce qui est logique vu les antécédents de l'auteur. Cohen a déjà écrit deux romans et est un poète respecté bien avant de devenir le chouchou des amateurs de folk et de signer avec un label. Ses deux premiers albums chez Columbia ont été reçus avec des critiques dithyrambiques et ont remporté un certain succès commercial. Avec sa voix monotone et grave, ses chansons très littéraires, Cohen est considéré comme le jumeau canadien de Bob Dylan. Mais, sur ce disque, il démontre clairement son originalité.
Son mélange spectaculaire de folk et de pop s'exprime ici, depuis *Avalanche* où une guitare acoustique fébrile se mêle à un subtil arrangement de cordes, jusqu'aux refrains de *Diamonds in the mine* où les grondements de Cohen contrastent avec de ravissantes harmonies féminines. L'amour est ici un champ de bataille, et c'est à juste titre que Cohen a baptisé son groupe « The Army ». Malgré tout, il se révèle le meilleur lorsqu'il chante seul sur des morceaux tels que *Last Year's Man* et *Joan of Arc*. JIH

Joni Mitchell
Blue (1971)

Label I Reprise
Production I Henry Lewy
Direction artistique I Gary Burden
Pays I Canada
Durée I 35:41

Dans *The Hissing of summer lawns*, sorti en 1975, Joni Mitchell peint un portrait nuancé des banlieues américaines avec une perspective calme et objective. *Blue*, au contraire, est totalement à fleur de peau. Mitchell déclarera par la suite qu'elle « n'avait absolument aucun secret pour personne et ne pouvait prétendre être forte dans [sa] vie. Ni heureuse ». Le résultat : un album d'une beauté presque douloureuse. La pochette rappelle les classiques du be-bop avec son portrait noyé dans les ombres indigo. On ne trouve cependant pas les influences de jazz habituelles dans la musique qui se contente de simples instruments à cordes et d'un piano austère. Le magazine *Billboard* a admiré « sa voix plus forte, plus sûre ». Ceci reflète à peine sa sincérité vocale saisissante sur un album qui se vendra à plus d'un million d'exemplaires. Il a pour thème les relations humaines avec leurs joies fragiles et leurs échecs cuisants. *My Old Man* décrit une aventure amoureuse avec une lucidité déchirante. *A case of you* est un hommage à un amour refusant de s'éteindre. Seule la chanson-titre évoque des thèmes plus généraux, et se lamente sur une génération désorientée. Même les deux chansons au ton enjoué, *California* et *Carey*, évoquent un départ pour des climats plus chauds et des endroits empreints de nostalgie. Mitchell offre aussi un avant-goût de son habileté avec *The Last Time I saw Richard* – le portrait austère d'une vie sur le déclin.
Bien que James Taylor et Steven Stills l'accompagnent à la guitare, seule la présence de Mitchell compte sur *Blue*. Elle se dresse,

solitaire, au centre de cette œuvre totalement irrésistible. **JDI**

▶II Liste des titres

	01 **All I Want** (Mitchell)	3:32
▶	02 **My Old Man** (Mitchell)	3:33
	03 **Little Green** (Mitchell)	3:25
	04 **Carey** (Mitchell)	3:00
▶	05 **Blue** (Mitchell)	3:00
▶	06 **California** (Mitchell)	3:48
	07 **This Flight Tonight** (Mitchell)	2:50
	08 **River** (Mitchell)	4:00
▶	09 **A Case Of You** (Mitchell)	4:20
▶	10 **The Last Time I Saw Richard** (Mitchell)	4:13

Funkadelic
Maggot Brain (1971)

Label | Westbound
Production | George Clinton
Direction artistique | David Krieger
Pays | États-Unis
Durée | 36:45

Avec leurs deux premiers albums – *Funkadelic*, en 1970, un acid rock imprégné de blues, et *Free your mind*… plus psychédélique –, les Funk, comme on les surnommait, sont devenus l'incarnation d'un mode de vie, une religion. Avec son troisième disque, le groupe est à l'apogée de son pouvoir créatif.

Tout d'abord, la pochette montre une femme en train d'hurler et qui surgit d'un amas de terre, tandis que le texte cite la Process Church of the Final Judgement. La musique mêle des paroles qui donnent froid dans le dos à une partition quasi surnaturelle.

Enregistré dans les studios d'Universal à Detroit, *Maggot Brain* brille par son exubérance teintée de gospel (*Can you get to that*) et par ses martèlements de funk rock (*Super Stupid*). Ses commentaires mordants sur la société touchent aussi un point sensible – *You and your folks, Me and my folks* est une attaque directe contre le racisme, tandis que *War of Armageddon* traite des répercussions traumatisantes de la guerre du Vietnam.

Mais c'est la chanson-titre qui fait la force de l'album. Selon la légende, George Clinton aurait trouvé le cadavre de son frère dans un appartement de Chicago – d'où *Maggot Brain* (cerveau plein d'asticots en français). Enfermant Edie Hazel, le guitariste, dans le studio, il lui aurait demandé de jouer « comme si [sa] mère venait de mourir ». C'est ce qu'il a fait, avec un solo plaintif et spectral de neuf minutes qui éclipse tout ce que le groupe avait pu faire auparavant, voire tout ce qu'il produirait dans l'avenir. **LW**

▶II Liste des titres

▶	01 **Maggot Brain** (Clinton•Hazel)	10:18
▶	02 **Can You Get To That** (Clinton•Harris)	2:49
	03 **Hit It And Quit It** (Clinton•Nelson•Shila)	3:48
▶	04 **You And Your Folks, Me And My Folks** (Clinton•Jones•Worrell)	3:35
	05 **Super Stupid** (Clinton•Hazel•Nelson•Ross)	3:56
	06 **Back In Our Minds** (Haskins)	2:37
	07 **Wars Of Armageddon** (Clinton•Fulwood•Ross •Worrel)	9:42

Janis Joplin
Pearl (1971)

Label | Columbia
Production | Paul A. Rothchild
Direction artistique | Barry Feinstein
Pays | États-Unis
Durée | 34:23

Au cours de sa trop brève carrière, Janis Joplin semble avoir toujours été prête à sombrer dans l'autodestruction. Comme pour Billie Holiday, ce sont sa lutte avec la drogue et ses amours malheureuses qui rendent son blues si convaincant. Et pourtant la chanteuse semblait sur le point de laisser tout cela derrière elle lorsqu'elle est entrée en studio pour enregistrer *Pearl*. Après *Cheap Thrills*, devenu disque d'or en 1968, Joplin quitte Big Brother pour constituer Full Tilt Boogie Band, plus versatile. Elle se fiance et paraît prête à s'assagir. C'est bien entendu très relatif. La pochette de l'album montre Joplin avec ses compagnons de route : un verre d'alcool et une cigarette.

À l'écoute de Pearl, on est aisément convaincu de la capacité de Joplin à devenir l'interprète la plus importante de l'époque, non seulement dans le domaine du blues mais dans tous les styles confondus. Depuis l'assaut auquel le groupe se livre sur *Move over* jusqu'au mélancolique *Cry Baby*, Joplin fait preuve d'une versatilité vocale époustouflante. Sur *A woman left lonely*, il est difficile de ne pas la comparer avec les plus grandes, Bessie Smith par exemple. Joplin sait aussi s'amuser, comme sur *Me and Bobby MacGee* et *Mercedes Benz*.

Rétrospectivement, le morceau le plus émouvant de l'album est celui où sa voix n'apparaît pas. Elle sera retrouvée morte d'une overdose dans une chambre d'hôtel à Hollywood avant d'avoir pu ajouter son chant à *Buried alive in the blues*. Sorti à titre posthume, *Pearl* atteindra le sommet du hit-parade et assurera à jamais la légende de cette chanteuse. **JiH**

▶II Liste des titres

▶ 01 Move Over (Joplin)	3:43
▶ 02 Cry Baby (Berns•Ragovoy)	3:58
▶ 03 A Woman Left Lonely (Oldham•Penn)	3:29
04 Half Moon (J. Hall•J. Hall)	3:53
▶ 05 Buried Alive In The Blues (Gravenites)	2:27
06 My Baby (Ragovoy•Shuman)	3:45
▶ 07 Me And Bobby McGee (Foster•Kristofferson)	4:31
▶ 08 Mercedes Benz (Joplin•McClure•Neuwirth)	1:47
09 Trust Me (Womack)	3:17
10 Get It While You Can (Ragovoy•Shuman)	3:33

Fela Ransome-Kuti and the Africa '70 with Ginger Baker

Live ! (1971)

Label | Celluloid
Production | Jeff Jarratt
Direction artistique | Non créditée
Pays | Nigeria • Royaume-Uni
Durée | 45:19

Après l'Amérique et l'Europe, Fela Kuti rentre au Nigeria avec dans ses bagages à la fois le funk ou l'afrobeat, et des paroles au nouveau contenu politique. Malgré son album *London Scene* et des singles comme *Lady* et *Buy Africa*, sa terre natale n'y est pas préparée.

Un outsider lui apporte alors son aide : James Brown avec sa première tournée en Afrique occidentale en 1971. Le Nigeria est désormais quelque peu éclairé. Peu après, Fela décroche son premier tube, *Jeun K'oku*. Le groupe est rebaptisé Africa (ou Afrika) '70 et emménage dans un club plus spacieux. C'est à Londres que le groupe vient enregistrer, dans les studios d'Abbey Road. Depuis longtemps fan de musique africaine, Ginger Baker s'installe à Lagos en 1971 avec un studio de seize pistes. Il a déjà travaillé avec Kuti à Londres, coproduisant certains des premiers enregistrements du groupe. Leur nouvelle collaboration semble évidente. Baker remplace Tony Allen à la batterie sur *Let's start*, dépourvu de subtilité et dont le seul objectif est de faciliter le contact physique. Sur *Ye Ye De Smell*, l'ancien musicien de Cream se révèle entièrement : pendant que Fela attaque son solo de piano, Allen s'empare des baguettes et Baker apporte feu à la rythmique. Lorsque Fela passe au saxo, il est trop tard, les batteurs se sont déjà emparés du morceau.

Les mêmes musiciens devaient se retrouver peu après pour enregistrer *Stratava-*

rious de Baker, une autre pierre angulaire qui démontre l'essence africaine du rock. En six mois, Fela atteint une célébrité mondiale. **DH**

▶II Liste des titres

▶	01 Let's Start (Kuti)	7:48
	02 Black Man's Cry (Kuti)	11:36
▶	03 Ye Ye De Smell (Kuti)	13:17
	04 Egbe Mi O (Carry Me I Want To Die) (Kuti)	12:38

Faces

A nod is as good as a wink… to a blind horse (1971)

Label | Warner Bros.
Production | The Faces • Glyn Johns
Direction artistique | Non créditée
Pays | Royaume-Uni
Durée | 36:03

Quand Rod Stewart commence à assister avec son copain Ron Wood, lui aussi sans travail, aux séances de répétition de Small Faces, il n'est pas exactement accueilli à bras ouverts. Abandonnés par Steve Marriott qui allait rejoindre le supergroupe Humble Pie, les trois Small Faces qui restent n'ont pas envie de servir de musiciens à quelqu'un d'autre. Pourtant, une irrésistible compatibilité musicale a permis d'enterrer ces préoccupations jusqu'en 1971, lorsque le troisième disque du groupe coïncide avec *Every Picture…*, album solo de Rod Stewart.

A nod… est un album excellent sous divers aspects, notamment grâce aux qualités littéraires de Ronnie Lane, le bassiste. Ses vignettes sur la vie de l'East London – comme *Last Orders please* et en particulier *Debris* – constituent l'antidote nécessaire au machisme de Wood et de Stewart qui fait la célébrité de Faces. Ce n'est qu'une question de temps pour qu'un magazine masculin utilise pour sa pub *Stay with me*, qui reste l'un des meilleurs moments de guitare de Wood bien qu'il soit joué depuis près de vingt-cinq ans par les Stones.

C'est cette dichotomie rude mais tendre qui a amené John Peel à en faire son groupe préféré avant de découvrir Undertones. Même leur interprétation du suranné *Memphis, Tennessee* de Chuck Berry ne peut entacher l'album.

Malheureusement pour Faces, mieux vaut oublier son album suivant, *Ooh-La-La*. Son étoile commence à décliner alors que celle de Stewart atteint son zénith commercial avec *Atlantic Crossing* et *Sailing*. Une chose est sûre : cette chanson n'aurait jamais été incluse ici. **MH**

▶II Liste des titres

	01 Miss Judy's Farm (Stewart•Wood)	3:40
▶	02 You're So Rude (Lane•McLagan)	3:43
	03 Love Lives Here (Lane•Stewart•Wood)	3:06
	04 Last Orders Please (Lane)	2:35
▶	05 Stay With Me (Stewart•Wood)	4:39
▶	06 Debris (Lane)	4:36
	07 Memphis, Tennessee (Berry)	5:27
	08 Too Bad (Stewart•Wood)	3:13
	09 That's All You Need (Stewart•Wood)	5:04

Flamin' Groovies

Teenage Head (1971)

Label | Kama Sutra
Production | Richard Robinson
Direction artistique | Murray Brenman
Pays | États-Unis
Durée | 28:23

Flamin' Groovies apparaît sur la scène musicale de San Francisco au milieu des années 60, mais le groupe n'a jamais essayé de rejoindre la grande fête psychédélique. Il s'applique plutôt à recréer un style brut qui doit autant au rockabilly des années 50 qu'aux premiers disques des Beatles et des Stones.

Sa période la plus fertile s'étend de 1968 à 1971, lorsqu'il forme un grand groupe de garage qui écrit une pléthore de chansons

mémorables. *Teenage Head* est le dernier album qu'ait enregistré le groupe d'origine, son style rude et bagarreur reflétant les tensions existant entre Cyril Jordan le guitariste et Roy Loney le chanteur. La chanson-titre est un hymne à la solitude adolescente tandis que *High Flying Baby* est complètement lacéré. Le groupe reprend de façon habile plusieurs morceaux de blues – dont un *32-20* fanfaron de Robert Johnson. (Ce mélange de blues et de rock a souvent fait comparer *Teenage Head* à *Sticky Fingers* des Stones, à l'avantage du premier.) La pochette les présente comme des motards à l'allure sombre et rejette les images hippies courantes à l'époque – les Groovies se considèrent comme des parias.
Les rares critiques que reçoit l'album sont plutôt bonnes, mais le groupe n'a pas su trouver sa place dans une Amérique obsédée par les groupes de rock offrant force solos de guitare. Roy Loney quitte le groupe, désabusé, quelques mois seulement après la sortie de l'album. Cyril Jordan se rend avec certains des musiciens en Angleterre où ils influenceront la scène punk naissante avant de se séparer définitivement en 1979. **GC**

Gene Clark
White Light (1971)

Label | A&M
Production | Jesse Davis
Direction artistique | John Dietrich
Pays | États-Unis
Durée | 34:58

Après avoir enregistré du country-rock avec Doug Dillard, joueur de banjo, Gene Clark retourne à la carrière solo qu'il a choisie en quittant les Byrds en 1966. Il en résulte *White Light*, l'un des meilleurs albums d'auteur-compositeur du folk-rock américain. Son échec commercial doit plus aux particularités de Clark et à son caractère affirmé qu'aux défauts de l'enregistrement. Travaillant près de Mendocino dans le nord de la Californie, Clark produit une série de chansons plus intimes et plus complexes sur le plan poétique que tout ce qu'il a fait jusque-là. Elles possèdent un côté sombre, mais leur beauté rivalise avec les meilleures de ses chansons au sein des Byrds. Avec l'aide du guitariste Jesse Ed Davis et d'un groupe de musiciens dont Chris Ethridge (basse), Gary Mallaber (batterie), Mike Utley (orgue), Ben Sidran (piano), John Selk (guitare) et Bobbye Hall (percussion), il enregistre un véritable chef-d'œuvre acoustique.
En plus de ses chansons originales – *With tomorrow, Spanish guitar*, *Because of you* et *White Light* qui sont de vrais bijoux –, on trouve une excellente reprise de *Tears of rage*, que Bob Dylan et Richard Manuel ont composée pour *Music from big pink*.
Pour d'obscures raisons, ni le titre de l'album, choisi par Clark et A&M, ni le nom du chanteur n'apparaissent sur la couverture, mais la pochette, dépouillée, correspond parfaitement à l'atmosphère mélancolique du disque.
Un cours magistral pour les auteurs-compositeurs en herbe. **GSu**

John Prine
John Prine (1971)

Label | Atlantic
Production | Arif Mardin
Direction artistique | Tom Wilkes
Pays | États-Unis
Durée | 44:33

Depuis l'apparition de Dylan, d'innombrables chanteurs ont été pressentis pour lui succéder – des auteurs-compositeurs intelligents et mélodieux qui, selon certains, pourraient reproduire le succès artistique de l'impénétrable chantre. C'est bien entendu impossible, et malheur au jeune musicien talentueux que l'on chargerait d'accomplir cet exploit. C'est ce qui est arrivé à John Prine au début de sa carrière. Un gage de son immense talent, mais l'étiquette ne lui correspond qu'à moitié.

Ayant signé avec Atlantic grâce à l'aide de Kris Kristofferson, Prine, alors âgé de 25 ans, sort son premier album éponyme en 1971, alors même que la guerre du Vietnam est à son apogée. Certes, il ne s'agit pas explicitement d'un album de protestation, mais toute la tristesse de l'artiste perce, notamment dans *Sam Stone*, une ballade absolument déchirante évoquant la mort d'un vétéran morphinomane ; la simplicité du baryton rocailleux de Prine rend la chanson encore plus désespérée. Ce conflit apparaît aussi, du moins implicitement, dans *Your flag decal won't get you into heaven anymore*, un air joyeusement fantaisiste teinté d'une ironie amère.

Ces deux chansons représentent les modes d'écriture les plus efficaces de Prine – la tristesse sans faille et l'humour désopilant. Vous pourriez vous imaginer que *Sam Stone* est la chanson la plus déprimante que vous ayez jamais entendue, mais ce serait parce que vous ne connaissez pas *Hello in there*, qui évoque la vieillesse. *Spanish Pipedream*, pendant ce temps, encourage gaiement les auditeurs à faire exploser leur télévision. **KB**

Harry Nilsson
Nilsson Schmilsson (1971)

Label | RCA Victor
Production | Richard Perry
Direction artistique | Acy Lehman
Pays | États-Unis
Durée | 34:48

Artiste américain préféré de John Lennon et Paul McCartney, Harry Nilsson semblait promis à un grand avenir. Mais c'était un homme timide et secret, qui résistait aux feux de la rampe et qui n'a malheureusement jamais atteint tout son potentiel. *Nilsson Schmilsson* a constitué un virage dans sa carrière. Nilsson avait décidé de s'allier à Richard Perry, producteur britannique, pour cet enregistrement, et ce dernier a éveillé toute une nouvelle créativité en lui. *Gotta get up*, un récit plein d'esprit sur le besoin de sommeil, plaît d'emblée, avec son ton ragtime, tandis que *Down* et son ensemble de pianos blues stupéfiant force l'attention. *Coconut*, un calypso follement accrocheur, a été un tube, avant d'apparaître des années plus tard dans *Reservoir Dogs* de Tarantino. *Jump into the fire* est un vrai rock « dirty », qui prouve que Nilsson pouvait rivaliser avec les meilleurs.

Bizarrement, c'est sa reprise de *Without you* de Badfinger qui lui a donné son plus gros succès, n° 1 des deux côtés de l'Atlantique. Son interprétation de ce classique intemporel, pour lequel il a gagné un deuxième Grammy Award, transporte l'auditeur dans un tourbillon d'émotions.

Le succès de *Without you* a permis à l'album de grimper dans les hit-parades. Il a produit trois tubes et est devenu disque d'or avant de se retrouver à la 3e place aux États-Unis. Malgré tout cela, Nilsson demeure le héros méconnu de la musique pop américaine. **KT**

T. Rex
Electric Warrior (1971)

Label | Fly
Production | Tony Visconti
Direction artistique | Hipgnosis
Pays | Royaume-Uni
Durée | 36:33

Marc Bolan est l'un des personnages les plus fascinants de l'histoire du rock. Avec son style tourmenté et son mysticisme hippie merveilleusement obscur, il n'était rien moins qu'audacieux. *Electric Warrior* est l'apogée d'une carrière au caractère inégal exaspérant (il a aussi écrit un recueil de poésie, *The Warlock of love*, qui s'est très bien vendu). Cet album déborde de surprises.

T. Rex a déjà rencontré le succès au Royaume-Uni, mais Bolan veut atteindre les non-convertis de l'autre côté de l'Atlantique. En compagnie de nouveaux membres (Steve Currie à la basse et Bill Legend à la batterie, soutenant le percussionniste Mickey Finn), le groupe commence à graver plusieurs morceaux à toute allure, à Londres, New York et Los Angeles. Alors que les singles sortis à l'époque laissent entrevoir un nouveau style, plus intrépide, ce n'est qu'avec la parution d'*Electric Warrior* qu'il est devenu évident.

Sa couverture, où Bolan brandit une arme électrique devant le dépôt de munitions que constituent les amplis, symbolise les dangereuses promesses du rock. Mais au lieu de bombarder l'auditeur de hard rock dès que l'aiguille touche le sillon, *Electric Warrior* débute avec un halètement de guitare sensuel, une rythmique décontractée et une invitation à fredonner « sous la lune be-bop » sur *Mambo Sun*. Les accords acoustiques de *Cosmic Dancer* suivent, avec de riches arrangements pour cordes. L'album continue sur cette lancée, tour à tour bruyamment salace et paisiblement romantique. Tandis que le single *Bang a gong (get it on)* va figurer au Top 10 américain, T. Rex n'atteindra jamais la célébrité internationale dont rêvait Bolan – du moins pendant qu'il était en vie. **TSh**

▶II Liste des titres

▶ 01 Mambo Sun (Bolan)	3:38
▶ 02 Cosmic Dancer (Bolan)	4:26
▶ 03 Jeepster (Bolan)	4:10
04 Monolith (Bolan)	3:45
05 Lean Woman Blues (Bolan)	3:01
▶ 06 Bang A Gong (Get It On) (Bolan)	4:24
07 Planet Queen (Bolan)	3:11
▶ 08 The Motivator (Bolan)	3:57
09 Life's A Gas (Bolan)	2:23
▶ 10 Rip Off (Bolan)	3:38

David Bowie
Hunky Dory (1971)

Label I RCA Victor
Production I David Bowie • Ken Scott
Direction artistique I Terry Pastor • George Underwood
Pays I Royaume-Uni
Durée I 41:37

Son album à thème hard rock n'a pas réussi à faire de lui une star. Il a suivi avec *The Man who sold the world*, un album fourre-tout rempli de bizarreries acoustiques, d'hommages à divers héros et de surréalisme.

Mais cela n'a pas marché non plus, et le succès de *Space Oddity*, en 1969, commençait à ressembler à un coup de chance qui ne se répéterait pas. Bowie s'est donc déclaré homosexuel, s'est délecté de la publicité qui s'en est suivie, a écrit des chansons au sujet d'un astronaute et est devenu le musicien le plus influent de la décennie.

Ceux qui avaient apprécié *Ziggy Stardust* ont acheté l'album fourre-tout précédemment évoqué, *Hunky-Dory*. Ils ont découvert son affectation charmante – « Je peux vous faire Dylan, Lou Reed et Syd Barrett en même temps ! » – mais aussi un auteur-compositeur découvrant son art. De plus, l'album marque l'apparition de David l'efféminé, avec des bijoux, tels que *Queen Bitch*. Bowie est venu se faire photographier avec un livre de portraits de Marlene Dietrich sous le bras, et sa photo repeinte rappelle effectivement une star défraîchie du septième art.

L'effet apaisant de la vie de famille avec femme et enfant est à l'origine de vignettes telles que *Kooks*, et fait de cet album le plus humain de Bowie. On y trouve aussi des moments plus durs, notamment avec *Andy Warhol*. Trois morceaux sont remarquables. *Quicksand*, inspiré par « la félicité et la calamité » que représente l'Amérique, est une splendide ballade, tandis que *The Bewlay Brothers* est un portrait enchanteur de la maladie mentale.

Le summum, *Life on Mars ?* – né lorsqu'on a chargé Bowie d'écrire les paroles de ce qui deviendrait *My Way* –, ne ressemble à rien d'autre sur terre. **BM**

▶II Liste des titres

▶ 01 **Changes** (Bowie)	3:37
02 **Oh ! You Pretty Things** (Bowie)	3:12
03 **Eight Line Poem** (Bowie)	2:56
▶ 04 **Life On Mars ?** (Bowie)	3:54
05 **Kooks** (Bowie)	2:54
▶ 06 **Quicksand** (Bowie)	5:06
07 **Fill Your Heart** (Rose•Williams)	3:08
08 **Andy Warhol** (Bowie)	3:57
09 **Song For Bob Dylan** (Bowie)	4:12
10 **Queen Bitch** (Bowie)	3:19
▶ 11 **The Bewlay Brothers** (Bowie)	5:22

Randy Newman

Sail away (1972)

Label | Reprise
Production | Russ Titelman • Lenny Waronker
Direction artistique | Mike Salisbury
Pays | États-Unis
Durée | 30:14

Randy Newman a toujours été un auteur-compositeur avant d'être un interprète. En 1972, ses chansons, traditionnelles sur le plan musical mais dont les paroles sont acérées, offrent le succès à de nombreux groupes (notamment *Mama told me not to come*, repris par Three Dog Night), mais les albums de l'artiste, alors âgé de 28 ans, ont jusque-là été un four complet. C'est avec cette série immaculée qu'on commence à lui prêter attention. *Simon Smith and his amazing dancing bear* avait été un tube enjoué pour Alan Price en 1967. Mais ici, la voix accidentée et inimitable de Newman n'est accompagnée que du piano, et la chanson devient pathétique, le narrateur apparaissant comme un rêveur inspirant la pitié, plutôt que comme un fantaisiste plein d'humour. Plusieurs chanteurs ont transformé le boniment de marchand d'esclaves qu'est *Sail Away* en un hymne à l'Amérique, pays des hommes libres. Plus célèbre encore, le pathétique et presque sinistre *You can leave your hat on* a été transformé par Joe Cooker puis par Tom Jones en une provocation tumescente. Personne en revanche n'a pris à contresens *Political Science*, une critique sarcastique de la politique étrangère américaine (« Ils nous détestent tous de toute façon/ alors on peut lâcher la grosse [bombe] maintenant »), que personne n'a d'ailleurs jamais reprise.

Newman a trouvé le succès en 1977, avec sa satire acerbe des Short People, après quoi il a passé son temps dans l'entreprise familiale. Albert Newman, son oncle, dirigeait le département musique de la 20th Century Fox. Randy a reçu un coquet salaire pour ses bandes originales de films à la fois mémorables (*Toy Story*) et catastrophiques (*Les Trois Amigos*). **WF-J**

▶II Liste des titres

▶ 01 **Sail Away** (Newman)	2:56
▶ 02 **Lonely At The Top** (Newman)	2:32
03 **He Gives Us All His Love** (Newman)	1:53
04 **Last Night I Had A Dream** (Newman)	3:01
05 **Simon Smith And The Amazing Dancing Bear** (Newman)	2:00
▶ 06 **Old Man** (Newman)	2:42
▶ 07 **Political Science** (Newman)	2:00
08 **Burn On** (Newman)	2:33
09 **Memo To My Son** (Newman)	1:56
10 **Dayton, Ohio—1903** (Newman)	1:47
▶ 11 **You Can Leave Your Hat On** (Newman)	3:18
▶ 12 **God's Song (That's Why I Love Mankind)** (Newman)	3:36

Deep Purple
Machine Head (1972)

Label | Purple
Production | Martin Birch
Direction artistique | John Coletta • Roger Glover
Pays | Royaume-Uni
Durée | 37:25

En avril 1972, la guerre du Vietnam fait rage et Apollo 16 est sur la Lune. Purple révèle alors son septième album – n° 1 en Angleterre et pinacle de ses prouesses rock. Composé en partie durant la tournée de l'été 1971, *Machine Head* a été enregistré en Suisse pour des raisons fiscales. Durant leur séjour de trois semaines, les membres de Deep Purple ont assisté à l'incendie d'un théâtre durant un concert de Frank Zappa, qui a détruit leur studio et inspiré *Smoke on the water*. Son riff célèbre n'est que l'un des temps forts d'un album qui offre, selon *Rolling Stone*, « [l'impression d']écrasement soudain procurée par une attaque cardiaque ».
Il a été enregistré dans les couloirs du Grand Hôtel, fermé au public, en utilisant le matériel des Rolling Stones. « Pour les enregistrements, se souvient le guitariste Ritchie Blackmore, je devais traverser six portes, descendre une échelle de secours et traverser une cour où il neigeait ! »
Highway Star débute l'album avec une percussion violente et une fusillade de clés, de guitares et de grondements féroces. Le rythme ralentit sur *Maybe I'm a leo*, et s'accélère avec le retentissant *Pictures of home*. *Never Before*, funky, est suivi d'un magnifique trio : *Smoke on the water* – où règne la guitare, baptisé à l'origine *Durh ! Durh ! Durh !* – puis l'orgue montant et le crescendo de percussion de *Lazy*, *Space Truckin'*, enfin, à tombeau ouvert, avec les hurlements de Ian Gillan.
Glover se souvient de cette époque comme d'un moment magique. Elle a aussi produit le meilleur album possible. **TJ**

Big Star
No. 1 Record (1972)

Label | Ardent
Production | John Fry
Direction artistique | Non créditée
Pays | États-Unis
Durée | 39:02

Big Star, quartette de Memphis au sort malheureux, produisait de la pop classique, romantique et anglophile. Le groupe était dominé par le duo d'auteurs-compositeurs que formaient Alex Chilton et Chris Bell. Chilton avait figuré au hit-parade dès l'âge de 16 ans avec *The Letter*, lorsqu'il était le leader des Box Tops. Bell, lui, appartenait à Ice Water, où l'on trouvait aussi le batteur Jody Stephens et le bassiste Andy Hummell, groupe qui s'est rebaptisé Big Star, nom d'un supermarché, à l'arrivée de Chilton.
Le premier album du groupe, enregistré à toute allure, ne laisse pas deviner leurs racines du Sud. C'est un mélange de pop impeccable (*Ballad of El Goodo*, à l'héroïsme noble), d'harmonies ensoleillées (*When my baby's beside me*) et d'un sentiment de chagrin et de nostalgie qui envahit toute la face 2, notamment sur *Try again*.
Cette évocation d'un âge où la pop était encore innocente faisait la particularité de Big Star, mais ne correspondait ni à l'époque ni au lieu. Ardent, une branche de la Stax, ne savait absolument pas comment promouvoir ces garçons blancs chantant en harmonie, et l'album n'a pas bien marché. Le groupe ne s'en est pas remis, Bell le quittant avant la sortie du deuxième album, *Radio City*, et étant donc absent de leur chant du cygne, *Sister Lovers*.
Et donc, malgré son esprit généreux, ses détails ravissants et ses mélodies parfaites, *N° 1 Record* fut tout sauf un n° 1. Mais son influence est profonde, notamment sur

des groupes comme R.E.M., Teenage Fanclub, The Posies – de fait, n'importe qui ayant une dernière chanson mélancolique à chanter. **SC**

Black Sabbath
Black Sabbath vol. 4 (1972)

Label | Warner Bros.
Production | Black Sabbath • Patrick Meehan
Direction artistique | The Bloomsbury Group
Pays | Royaume-Uni
Durée | 42:46

Bien avant que Black Sabbath ne se sépare à cause de disputes provoquées par la drogue, le groupe a bénéficié d'une période de génie. La preuve ? *...vol. 4.*
Les musiciens affirment depuis longtemps que l'écriture et l'enregistrement de l'album ont coïncidé avec leur période la plus hédoniste et la plus camée, après que leur label les a envoyés tous les quatre en Californie pour y travailler. Le titre original, *Snowblind* (« aveuglé par la poudre », ndt), a été refusé par la maison de disques à cause de ses références évidentes à la cocaïne.
On percevrait les conséquences de leur décadence à la fin de la décennie, mais *...vol. 4* a vu le jour avant leur descente aux enfers et leur épuisement, quand ils produisaient un hard rock brut, débordant de riffs – ou, comme le disait *Rolling Stone*, « des tranches de métal liquide ».
Parce qu'on n'y trouve pas un seul tube, *...vol 4* est souvent sous-estimé. Aucun de ses titres ne s'avère aussi populaire que *Paranoid* ou *Sweat Leaf.* Seul *Snowblind* passe à la radio de temps en temps. La force de l'album réside dans la puissance assurée des chansons et dans ses petites touches d'expérimentation. Le groupe s'essaie aux remixages psychédéliques (*The Straightener*), aux orchestrations à cordes (*Laguna Sunrise*) et explore même un côté plus décontracté – *Changes*, lente ballade au piano qui détonne un peu parmi le reste. Mais, contrairement aux albums suivants, celui-ci demeure fidèle à leurs sombres racines hard rock. C'est avec *Sabbath Bloody Sabbath* et la suite que le groupe a commencé à perdre son style si caractéristique. **JC**

Steely Dan
Can't buy a thrill (1972)

Label | ABC
Production | Gary Katz
Direction artistique | Robert Lockart
Pays | États-Unis
Durée | 40:57

En 1972, personne ne savait vraiment que penser de Steely Dan et de son premier album, *Can't buy a thrill*, même pas ses membres fondateurs Donald Fagen et Walter Becker. Ceux qui ne le considéraient que comme un groupe de rock lisse de la côte ouest n'avaient rien compris. Si l'album ne représentait que la première étape d'une longue exploration musicale, on y trouvait déjà des éléments séparant Steely Dan du gros des troupes.
Tandis que ses harmonies vocales rappellent celles de Crosby, Stills, Nash and Young, ses arrangements atteignent de nouveaux niveaux de sophistication. Miles Davis s'était déjà essayé à la fusion du jazz et du rock, mais lorsque la voix de Fagen descend dans les tons graves après l'introduction de jazz latino de *Do it again*, on sait que ces types-là ont vraiment découvert quelque chose. Et lorsqu'arrive le solo de sitar électrique de Denny Dias, on se dit qu'ils vont vraiment l'exploiter à fond.
C'est sur *Dirty Work* que David Palmer, vocaliste qui ne devait pas apparaître sur les albums suivants, est au sommet de son art, même s'il ne possède ni le mordant ni la hargne de Fagen. Il a probablement été

inclus afin de rendre leur style encore plus compatible avec la FM. *Reeling in the years* semble déjà un classique après l'écoute de quelques mesures seulement. Des solos de guitare inoubliables laissent la place à de riches chœurs mémorables entraînés par la basse de Walter Becker. C'est de la musique entraînante jouée avec une telle précision qu'elle devait devenir leur marque de fabrique.

Le magazine *Billboard* a montré qu'il dominait parfaitement l'art de la litote lorsqu'il a écrit que cet album possédait « de bonnes possibilités de succès pour un groupe dont on devrait entendre parler pendant quelque temps encore ». **GSa**

Neil Young
Harvest (1972)

Label | Reprise
Production | Elliott Mazer
Direction artistique | Tom Wilkes
Pays | Canada
Durée | 37:10

Album évoquant parfaitement l'optimisme moribond de la contre-culture de San Francisco et le cynisme naissant de la génération du Watergate, *Harvest*, n° 1 aux États-Unis comme en Angleterre, constitue le pinacle commercial de la scène country-rock de la côte ouest. Et pourtant, son importance a presque été masquée par les Byrds et Buffalo Springfield.

Harvest, cependant, annonce indubitablement l'apogée créative du Neil Young des années 70, qui allait découvrir un vrai filon commercial avec *Heart of gold*, où il utilise les harmonies de Linda Ronstadt et James Taylor. Le succès de cette chanson devait hanter Young pour les trois décennies suivantes, et il omet sciemment de la jouer en concert depuis. « Cette chanson m'a placé au milieu de la route, a-t-il écrit. C'est un endroit qui s'est vite révélé ennuyeux et je me suis dirigé vers le fossé. »

Harvest contient certaines des images les plus saisissantes de sa carrière, depuis *Alabama*, dénonciation acerbe de la corruption régnant dans le sud des États-Unis, jusqu'à l'obsédant et personnel *The Needle and the damage done*, ou au touchant et sentimental *Old Man*, hommage au vieil homme qui s'occupait de son ranch. *Harvest* menace souvent de verser dans la mièvrerie country, mais finit par briller grâce au talent littéraire de son créateur.

On ne sera pas surpris d'apprendre que Young a très vite fui le succès monstre de cet album. La majorité de son œuvre au cours de cette décennie s'orientera vers une découverte plus insidieuse de l'Amérique, à travers une exploration du punk et du blues. *Harvest*, cependant, symbolise toujours le passage à l'âge adulte de la génération du baby-boom. **BW**

▶II Liste des titres

	01 Out On The Weekend (Young)	4:35
▶	02 Harvest (Young)	3:03
	03 A Man Needs A Maid (Young)	4:00
▶	04 Heart Of Gold (Young)	3:05
	05 Are You Ready For The Country (Young)	3:21
▶	06 Old Man (Young)	3:22
	07 There's A World (Young)	3:00
▶	08 Alabama (Young)	4:02
▶	09 The Needle And The Damage Done (Young)	2:00
	10 Words (Between The Lines Of Age) (Young)	6:42

Curtis Mayfield
Superfly (1972)

Label | Curtom
Production | Curtis Mayfield
Direction artistique | Glen Christensen
Pays | États-Unis
Durée | 36:17

Curtis Mayfield, natif de Chicago, est devenu un habitué de la scène soul américaine en 1961, lorsque son groupe, The Impressions, a entamé sa série de succès commerciaux avec ses harmonies vocales. Il a débuté une carrière en solo en 1970, animant toutes les pistes de danse avec son euphorique *Move on up*. Son style inimitable était riche et funky, savant mélange de guitare, cordes papillonnantes, cuivres majestueux et rythmes fluides. Avec en prime sa voix de tête suave offrant des commentaires incendiaires sur l'Amérique urbaine.

Superfly a été son seul album n° 1, bande originale d'un film de blackploitation qui dénonçait habilement tout ce que ce dernier courait le risque de glorifier. *Little Child runnin' wild*, symphonique, en clé mineure, peint un portrait alarmant de la vie des quartiers pauvres des villes américaines, ses crescendos spectaculaires laissant la place à *Pusherman*. Construit autour d'une ligne de basse fascinante soutenue par des congas, ce reportage à chaud et à la première personne du singulier anticipe le gangsta rap ; il a été samplé par Ice-T sur *I'm your pushe*r en 1988. *No Thing on me (cocaine song)*, aux accents latinos, est une autre dénonciation puissante de la drogue, mais ce sont la chanson-titre et *Freddie's Dead*, autre portrait poignant, qui ont constitué ses singles les plus appréciés.

Mayfield n'a jamais retrouvé un tel succès commercial, même si *There's no place like America today*, sorti en 1975, est un joyau oublié. La tragédie l'a frappé en août 1990, quand il est resté paralysé après avoir été touché par la foudre. Ce doux géant de la musique du XXe siècle est mort le 26 décembre 1999, à l'âge de 57 ans. **MA**

▶II Liste des titres

▶	01 Little Child Runnin' Wild (Mayfield)	5:23
▶	02 Pusherman (Mayfield)	4:50
▶	03 Freddie's Dead (Mayfield)	5:27
	04 Junkie Chase (Mayfield)	1:36
	05 Give Me Your Love (Love Song) (Mayfield)	4:14
	06 Eddie You Should Know Better (Mayfield)	2:16
▶	07 No Thing On Me (Cocaine Song) (Mayfield)	4:53
	08 Think (Mayfield)	3:43
▶	09 Superfly (Mayfield)	3:55

Slade
Slayed ? (1972)

Label I Polydor
Production I Chas Chandler
Direction artistique I Gered Mankowitz
Pays I Royaume-Uni
Durée I 34:26

Rendu mémorable par les hurlements extraordinaires et les rouflaquettes de Noddy Holder – sans oublier la coupe au bol du guitariste Dave Hill et ses bottes argentées à talons compensés –, Slade était le groupe le plus truculent et le plus loubard du glam rock. Exception faite de David Bowie et de Roxy Music, ce sont les chansons (surtout des singles) de T. Rex et de Slade qui ont le mieux survécu à cette époque glorieuse de la pop britannique. Entre 1971 et 1976, le groupe a bénéficié de dix-sept tubes consécutifs au Top 20 (dont six n° 1). Possédant un humour pendable d'une irascibilité narquoise, cet album montre le meilleur de Slade, avant que la formule ne commence à fatiguer. En vérité, ce qu'il faisait n'était pas révolutionnaire, voire même très neuf, mais il le faisait si bien, avec tellement d'aplomb, que trois décennies plus tard, on se souvient toujours avec affection de cette composante de la culture populaire britannique. Comme le prouvent *Mama weer all crazee now* et *Gubbuy T'Jane*, la meilleure pop est souvent simple, idiote et pourtant simultanément sublime. Slade ne s'est jamais trop pris au sérieux, ne s'inquiétant pas outre mesure d'apparaître cool. Franchement, le groupe était au-dessus de tout cela.

Ceux qui le découvrent ont le choix entre une formidable compilation de ses succès (tout en acceptant qu'elle comprenne aussi sa part de chansons plus récentes, de moindre importance) ou *Slayed ?*, leur meilleur album. Il ne contient peut-être que deux de leurs tubes, mais présente tout de même une grosse tranche de pop pure, excellente… et bruyante. **RF**

▶II Liste des titres

▶	01 How D'You Ride (Holder•Lea)	3:11
▶	02 The Whole World's Goin' Crazee (Holder)	3:36
	03 Look At Last Nite (Holder•Lea)	3:05
	04 I Won't Let It 'Appen Agen (Lea)	3:17
	05 Move Over (Joplin)	3:44
▶	06 Gudbuy T'Jane (Holder•Lea)	3:29
	07 Gudbuy Gudbuy (Holder•Lea)	3:29
▶	08 Mama Weer All Crazee Now (Holder•Lea)	3:44
	09 I Don' Mind (Holder•Lea)	3:06
	10 Let The Good Times Roll•Feel So Fine (Lee)	3:45

Deep Purple
Made in Japan (1972)

Label I Purple
Production I Deep Purple
Direction artistique I Roger Glover
Pays I Royaume-Uni
Durée I 76:17

Pendant que les États-Unis bombardent le Vietnam pour le pousser à rejoindre la table des négociations, Deep Purple dévoile une canonnade sonore prenant la forme d'un double album live. Après sa tournée estivale aux États-Unis, le groupe visite le Japon, où le label local insiste pour qu'il donne un concert. C'est ce qu'il fait au cours de trois nuits d'août, à Osaka et Tokyo. Purple désire que Martin Birch surveille l'enregistrement. Ian Gillan, qui souffre de la gorge, a honte de sa voix, mais il est trop dur avec lui-même. L'enregistrement est sorti sans remixage et démontre la grandeur brute du groupe au sommet de son art.

Le disque a été mis en vente au Royaume-Uni en partie pour endiguer le marché noir. Les importations se sont tellement bien vendues aux États-Unis qu'il y est sorti en 1973 et est devenu n° 6 : le plus grand succès du groupe dans ce pays. *Made in Japan* était déjà alors un classique confirmé.

Chaque titre est une version mélodramatique de sa contrepartie en studio. *Highway Star* débute avec des guitares et percussions furieuses, se transformant en tempête sonore couronnée par les hurlements primitifs de Ian Gillan. Son chant poignant sur *Child in time* offre un peu de répit avant les fanfarons *Smoke on the water* et *Strange Kind of woman*. Ritchie Balckmore à la guitare et Jon Lord aux claviers s'envolent lors de leur solo sur *Lazy*, et *The Mule* permet d'admirer la virtuosité de Ian Paice.

Le monstrueux *Space Trucking* – vingt minutes de chaos stratosphérique – conclut ce que *Rolling Stone* a qualifié de « vrai cadeau… le monstre hard rock suprême de Purple ». Bravo ! **TJ**

▶II Liste des titres

▶	01 Highway Star (Blackmore•Gillan•Glover •Lord•Paice)	6:42
▶	02 Child In Time (Blackmore•Gillan•Glover •Lord•Paice)	12:18
▶	03 Smoke On The Water (Blackmore•Gillan •Glover•Lord•Paice)	7:37
	04 The Mule (Drum Solo) (Blackmore•Gillan •Glover•Lord•Paice)	9:28
▶	05 Strange Kind Of Woman (Blackmore•Gillan •Glover•Lord•Paice)	9:52
▶	06 Lazy (Blackmore•Gillan•Glover•Lord•Paice)	10:27
▶	07 Space Truckin' (Blackmore•Gillan•Glover •Lord•Paice)	19:53

Yes
Close to the edge (1972)

Label I Atlantic
Production I Eddie Offord • Yes
Direction artistique I Roger Dean
Pays I Royaume-Uni
Durée I 37:50

Cet album constitue l'apothéose du rock progressif. On découvre d'abord la pochette énigmatique de Roger Dean, présentée sous un format pli fenêtre, idéal à la fois pour la méditation et pour se rouler des joints. On s'arrête ensuite sur la liste des titres, qui n'en comprend que trois, dont deux à la structure symphonique, en quatre mouvements. On découvre enfin les paroles délicieusement obscures de Jon Anderson, dans toute leur gloire.

Bien que paraissant se prêter parfaitement à la parodie, la musique de *Close to the edge* est une vraie merveille. Tandis que les membres de Yes avaient montré plus tôt dans l'année leur talent individuel sur *Fragile*, l'album qui leur a permis de percer, *Close to the edge* forme un tout plus cohérent, entre esthétique et audace. L'approche résolument éclectique fait passer du jazz frénétique aux envolées d'orgue gothiques – un faux mouvement et tout s'effondrerait. L'ensemble des musiciens est exceptionnel, chacun essayant de repousser les limites du langage rock. Les rythmes mélodiques de Bill Bruford et de Chris Squire, qui paraissent suspendre le temps, constituent la base parfaite des phrases de guitare funky de Steve Howe, imprégnées de tons orientaux, et des claviers rococo de Rick Wakeman. Au centre de tout cela se trouve le ténor emphatique, Jon Anderson. Cela n'aurait pas dû fonctionner, et pourtant, c'est merveilleusement réussi.

Cet équilibre fragile était trop beau pour durer. Bruford a quitté le groupe un peu après pour rejoindre King Crimson, et le disque suivant, *Tales from topographic oceans*, un double album de quatre chansons, s'avérera trop ambitieux. **TSh**

▶II Liste des titres

▶ 01 Close To The Edge (Anderson•Howe) 18:42
▶ 02 And You And I (Anderson•Bruford•Howe •Squire•Wakeman) 10:08
03 Siberian Khatru (Anderson•Howe•Wakeman) 9:00

Lou Reed
Transformer (1972)

Label I RCA
Production I David Bowie • Mick Ronson
Direction artistique I Mick Rock • Ernst Thormahlen
Pays I États-Unis
Durée I 37:00

Lou Reed possédait la crédibilité et les chansons, David Bowie le style musical et l'attrait médiatique. La rencontre du maître américain et du disciple britannique a offert aux années 70 l'un de ses objets cultes, un album qui exploite et définit tout à la fois le glam rock.

Reed avait quitté le Velvet Underground en 1970, avec à la bouche le goût amer de la défaite. New York s'était montré froid et indifférent ; c'était désormais Londres qui semblait bouger. Aussi Reed déménage-t-il en Angleterre et fait-il ses débuts à la RCA, avec un album solo éponyme, élaboré à partir des « restes » du Velvet, et joué par des musiciens de studio manquant d'empathie. Un échec.

Bowie, qui avait produit des enregistrements scintillants avec son guitariste, Mick Ronson, lui offre une deuxième chance. Tous deux se sont efforcés de tirer du poète-musicien habituellement austère un mélange exubérant de décadence efféminée et de mélodies inoubliables : *Walk on the wild side*, *Satellite of love* et *Perfect Day*. Les arrangements vocaux sont aussi magnifiques que les guitares brûlantes. La présence d'une contrebasse et d'un saxo crée une atmosphère de cabaret, tandis que l'ambiguïté sexuelle de la pochette attire un public adolescent qui se cherche encore. On y trouve aussi des morceaux de rock pour chauffer la piste de danse. Et, derrière tout cela, l'ombre d'une comédie musicale de Warhol, jamais montée et peuplée de travestis adorateurs, d'accros à l'acide débauchés, de fêtes artistiques et de sophistication urbaine.

Transformer est l'album le plus commercial de Lou Reed. Il passe trois décennies au hit-parade anglais. C'est aussi une exception, au regard de sa carrière aventureuse. **IJ**

▶II Liste des titres

▶	01 Vicious (Reed)	2:58
	02 Andy's Chest (Reed)	3:20
▶	03 Perfect Day (Reed)	3:46
	04 Hangin' Round (Reed)	3:35
▶	04 Walk On The Wild Side (Reed)	4:14
	06 Make Up (Reed)	3:01
▶	07 Satellite Of Love (Reed)	3:42
	08 Wagon Wheel (Reed)	3:19
	09 New York Telephone Conversation (Reed)	1:33
	10 I'm So Free (Reed)	3:09
	11 Goodnight Ladies (Reed)	4:23

Hugh Masekela
Home is where the music is (1972)

Label | Blue Thumb Chisa
Production | Stewart Levine • Caiphus Semenya
Direction artistique | Non créditée
Pays | Afrique du Sud
Durée | 77:53

En 1968, le succès de *Grazing in the grass*, mélange de jazz et de pop, avait permis à Hugh Masekela de lancer son propre label, Chisa Records, mais en 1972 les temps étaient en train de changer. Le jazz n'était plus branché. Trane était mort, Miles voulait devenir Jimi Hendrix, et la Motown ne distribuait plus Masekela. Eh oui, après une décennie d'exil, « Bra Hugh » commençait à avoir sérieusement le mal du pays. Il savait que la folie qu'était l'apartheid lui fermait la porte de sa terre natale, mais son ex-femme, Miriam Makeba s'était installée en Guinée et il y avait ce saxophoniste nigérian, Fela Kuti, qui avait lancé sa propre révolution de jazz africain – et donc, c'était peut-être sur son continent que se trouvait la musique ?
Enregistré avant son départ pour la Guinée, Masekela explore ici son patrimoine, le jazz africain. Oubliées les reprises pop, remplacées par des chansons panafricaines qui donnent une nouvelle jeunesse au soul jazz de Caiphus Semenya, compositeur exilé (*Ingoo Pow-Pow*) et évoquent le be-bop des ghettos sud-africains. Le saxo alto plein d'énergie de Dudu Pukwana et la batterie puissante de Nakhaya Ntshoko offrent un contraste merveilleusement funky au blues mélancolique du piano de Larry Willis et de la basse d'Eddie Gomez. Et Masekela ? Son solo de flugelhorn se transforme en une reprise de *Blue for Huey* de Kippie Motetsi qui transporte les auditeurs dans les bouges clandestins au swing vibrant du ghetto de Sophiatown des années 50. **MK**

Milton Nascimento and Lo Borges
Clube Da Esquina (1972)

Label | World Pacific
Production | Milton Miranda
Direction artistique | Non créditée
Pays | Brésil
Durée | 63:13

Si *Clube Da Esquina* n'était que la réponse du Brésil à *Sergeant Pepper*, ce serait déjà une contribution majeure à la pop internationale. Mais ce superbe ensemble de chansons, sorti à l'origine sous la forme d'un double album, a aussi lancé la carrière de Milton Nascimento, Lo Borges, Beto Gueges et Toninho Horta.
Tandis que c'est autour de Nascimento – artiste charismatique doté d'une voix de tête pure et pleine de spiritualité – qu'est organisé l'album, ce n'était pas encore une superstar et …*Esquina* est une réalisation de groupe, Borges étant aussi nommé comme artiste principal. Mêlant paysages sonores rêveurs, textes surréalistes à une vaste gamme d'influences sud-américaines, c'est une pierre angulaire de la pop qui a inspiré d'autres artistes.

Le « club du coin » était un groupe d'amis de Belo Horizonte, ville de l'État enclavé qu'est le Minas Gerais. Ils ont passé six mois en 1971 dans une maison louée sur la plage de Piratininga au nord de Rio, écrivant des chansons et partageant leur amour des Beatles. Une fois en studio, leur musique a acquis une nouvelle splendeur grâce aux arrangements d'Eumar Deodato et de Wagner Tiso. L'album a produit un certain nombre de standards, dont *Cravo e canela* et *Nada sera como antes*. L'influence des Beatles est particulièrement forte dans les chansons de « rock mineiro » de Lo Borges, à la production ravissante, comme *O Trem Azul* et *Nuvem Cigana*, mélodies chatoyantes pleines d'émerveillement et de fantaisie. **AG**

Todd Rundgren
Something/Anything ? (1972)

Label | Bearsville
Production | Todd Rundgren
Direction artistique | Todd Rundgren
Pays | États-Unis
Durée | 86:57

La photo à l'intérieur du troisième 33 tours de Rundgren, *Something/Anything ?*, montre l'artiste seul dans une pièce débordant de matériel, une guitare en bandoulière, les bras grands ouverts et faisant le signe de la victoire des deux mains. Cela résume bien le contenu de l'album.
Rundgren l'a produit lui-même, a joué de tous les instruments, a réalisé la partie vocale de dix-neuf des vingt-cinq pistes et écrit toutes les chansons à l'exception de deux incluses dans un pot-pourri et de *Dust in the wind*. Le résultat : un album qui est l'apogée de Rundgren sur le plan commercial comme artistique. *Hello it's me* est l'une des ballades splendides dont sa carrière est parsemée, et celle qui a obtenu le meilleur placement au hit-parade (n° 5), l'album y figurant aussi en bonne place pendant de nombreux mois. D'autres chansons, dont *It wouldn't have made any difference*, triste et magnifique, *Black Maria*, un hard rock, et de petits bijoux pop comme *Couln't I just tell you* démontrent une maîtrise presque sans égale de divers styles. Sa maestria, particulièrement à la guitare sur *Black Maria*, est de premier ordre.
C'est l'œuvre la plus fascinante de Rundgren. Dans une carrière riche en expérimentations et déconcertant souvent son public, rien ici n'indiquait qu'il se détournerait de ses aspirations commerciales à la suite de ce succès. Mais *Something/Anything ?* était tellement réussi qu'il pouvait suffire à un artiste pendant de longues années. **JW**

Nitty Gritty Dirt Band
Will the circle be unbroken (1972)

Label | United Artists
Production | William E. McEuen
Direction artistique | William E. McEuen
Pays | États-Unis
Durée | 119:30

Cet album capital a été conçu par le manager de NGDB, Bill McEuen, qui voulait que son label prenne plus au sérieux ce groupe de country-rock. Sans demander de financement, il a réservé un studio de Nashville et invité des légendes locales telles que Roy Acuff, Mother Maybelle Carter, Earl Scruggs, Merle Travis et Doc Watson, à participer à ce projet et des vénérés musiciens comme Vassar Clements au violon et Norman Blake à la guitare Dobro.
Son plan a fonctionné : c'est devenu le premier disque d'or du groupe même si aucun de ses membres n'est mentionné sur certains morceaux comme *The End of the world*, *Cannonball Rag* et *Wabash Cannonball*. Cela dit, pour tous ceux que les grandes chansons de la country intéressent, provenant d'artistes tels que Hank

Williams, A.P. Carter, Scruggs et Travis, et jouées dans un vrai style bluegrass, on peut difficilement faire mieux que cet album. L'atmosphère décontractée du projet a produit de superbes interprétations. De plus, les talents combinés de NGDB et de leurs invités ont attiré à la fois les aficionados de la country traditionnelle et les fans de country-rock, plus jeunes.

Le Nitty Gritty Dirt Band est toujours actif – quatre de ses membres ayant joué sur cet album sont aussi présents sur leur dernière production (2004). Le groupe a aussi enregistré deux suites à ...*Circle : Volume 2* en 1989 et *Volume 3* en 2002, toujours avec des légendes de la country. **JT**

Stevie Wonder
Talking Book (1972)

Label | Motown
Production | Stevie Wonder
Direction artistique | Robert Margouleff
Pays | États-Unis
Durée | 43:26

La photo inoubliable de Robert Margouleff – Stevie Wonder vêtu d'une djellaba africaine, accroupi dans la terre, perdu dans ses pensées – évoque la vision solitaire de sa trilogie de chefs-d'œuvre du début des années 70. Mais la pochette (avec un Stevie Wonder sans lunettes, fait inhabituel) suggère aussi que *Talking Book* est une confession sur l'amour, ou la perte d'un amour (l'artiste vient juste de quitter sa compagne, la chanteuse Syreeta Wright, qui a écrit les paroles de deux chansons mélancoliques de l'album).

Le premier titre, *You are the sunshine of my life*, est au contraire optimiste : il s'agit d'un hymne enthousiaste au pouvoir rédempteur de l'amour, écrit, de façon révélatrice, avant la brève période durant laquelle il ne sera plus lié par contrat à la Motown. Mais le funk paranoïaque de *Maybe your baby* annonce le ton vrai et hésitant de l'album. *You and I*, à la vulnérabilité déchirante, examine la fragilité de l'amour, soutenu par un piano spectral et par les synthés funèbres de Margouleff et Malcolm Cecil. Et *Superstition*, le remarquable riff de clavinet que Stevie a repris à Jeff Beck, annonce sa nouvelle perspective cynique sur l'amour libre, au son du meilleur funk qu'il ait jamais composé.

L'album se conclut avec une note d'optimisme, absente sur *Fulfillingness'First Finale* deux ans plus tard. *I believe* montre un cœur brisé, mais une foi en l'amour encore intacte. Il écrira par la suite des chansons d'amour qui se classeront encore plus haut dans les hit-parades, mais jamais il n'offrira un traité plus personnel, à la sagesse plus douloureuse que *Talking Book*. Ce recueil abrite le cœur de Stevie Wonder, et nous parle vrai. **SC**

▶II Liste des titres

▶ 01 You Are The Sunshine Of My Life (Wonder)	2:59
02 Maybe Your Baby (Wonder)	6:50
▶ 03 You And I (Together We Can Conquer The World) (Wonder)	4:38
04 Tuesday Heartbreak (Wonder)	3:02
▶ 05 You've Got It Bad Girl (Wonder•Wright)	4:58
▶ 06 Superstition (Wonder)	4:26
07 Big Brother (Wonder)	3:33
08 Blame It On The Sun (Wonder•Wright)	3:25
09 Lookin' For Another Pure Love (Wonder•Wright)	4:43
▶ 10 I Believe (When I Fall In Love It Will Be Forever) (Wonder•Wright)	4:52

Stephen Stills
Manassas (1972)

Label | Atlantic
Production | Divers
Direction artistique | Stephen Stills
Pays | États-Unis
Durée | 71:58

Sachant que son vieil ami Chris Hillman s'ennuie au sein des Flying Burrito Brothers, Stephen Stills le recrute pour jouer sur son nouvel album solo, aux côtés d'Al Perkins à la steel guitar et de Byron Berline,

violoniste bluegrass. Dans les studios de Criteria à Miami, Stills élabore un album à thème s'inspirant de la musique rock, folk, latino, country et blues – avec l'aide de Calvin « Fuzzy » Samuels (basse), Dallas Taylor (batterie), Paul Harris (claviers) et Joe Lala (percussions).
L'abondance de chansons et de talent a produit un ambitieux double album, probablement le meilleur de la carrière de Stills – un enregistrement à l'entrain très rafraîchissant, qui appartient pourtant indubitablement à la tradition rock. Ce qui aurait pu paraître interminable est en fait un ensemble remarquablement cohérent. Le disque est divisé en quatre parties, une pour chaque face. *The Raven* fait usage de styles rock et latino ; *The Wilderness* est country et bluegrass, avec de magnifiques jeux de mandoline, violon, pedal steel et des harmonies exceptionnelles ; *Consider* donne la priorité au folk et au folk-rock ; *Rock and roll is here to stay* est à prédominance blues et rock, et comprend l'épique *Treasure*, l'un des meilleurs morceaux du groupe. *Blues Man*, solo acoustique, est dédié à Jimi Hendrix, Al « Blind Owl » Wilson et Duane Allman.
Bill Wyman, bassiste des Stones, a aidé Stills à finir *The Love Gangster* et a plus tard révélé à Dallas Taylor qu'il désirait quitter les Rolling Stones pour rejoindre *Manassas* – mais personne ne le lui a jamais demandé. **GSus**

T. Rex
The Slider (1972)

Label | EMI
Production | Tony Visconti
Direction artistique | Ringo Starr
Pays | Royaume-Uni
Durée | 43:35

Enregistré à Paris et Copenhague avec Tony Visconti comme producteur, *The Slider* est sorti en août 1972, au sommet de la vague T. Rex. David Bowie compte parmi les fans de Marc Bolan et lui dédie *Lady Stardust*. *The Slider* a rencontré le succès des deux côtés de l'Atlantique, et marqué la percée du glam rock aux États-Unis. *Telegram Sam* (200 000 exemplaires vendus les quatre premiers jours) et le délirant *Metal Guru* sont deux disques d'or classiques. Mais les chansons de qualité ne manquent pas sur le reste de l'album, qu'il s'agisse de charmantes ballades déphasées (*Mystic Lady*, *Ballrooms of Mars*) ou des rocks au rythme enlevé (*Rock on*, *Main Man*). Bolan prouve une fois de plus qu'il domine parfaitement les mélodies accrocheuses et affinées. La spontanéité aussi – il se désintéresse des titres qui exigent plus de deux ou trois prises, imprégnant le meilleur de son œuvre d'une immédiateté dynamique. Son talent ne se limite pas à la composition. Les paroles ici sont typiques du style Bolan : dadaïstes, pleines d'esprit, perverses, débordant d'associations surprenantes et de métaphores.
Tout n'est pas parfait en studio : selon Visconti, le groupe suit une formule à ce stade, et l'ego de Bolan commence à être disproportionné. Cela dit, leur magie fonctionne encore.
Bolan est mort dans un accident de voiture à Londres en 1977, laissant un patrimoine musical ayant influencé toute une gamme de musiciens, depuis les chevaliers du rock gothique de Bauhaus jusqu'à Guns N' Roses, groupe de hard rock américain. **AW-J**

David Ackles
American Gothic (1972)

Label | Elektra
Production | Bernie Taupin
Direction artistique | Michael Ross
Pays | États-Unis
Durée | 43:13

David Ackles faisait partie du showbusiness depuis son enfance, ayant tourné dans divers films de série B. À la fin des années 60 cependant, il écrit des chansons d'une beauté époustouflante. Il a signé avec Elektra, pour un contrat d'auteur tout d'abord. Une fois sa valeur prouvée, il s'est vu offrir un contrat de cinq albums.

Le troisième d'entre eux, *American Gothic*, demeure une œuvre de génie encore largement méconnue. C'est pourtant l'un des albums américains les plus dépourvus de complaisance. Ackles y peint un portrait coloré et poétique des États-Unis : un acte d'une noirceur envoûtante vu à travers la sensibilité mélodique d'un compositeur. Élaboré par couches successives, c'est plus une œuvre théâtrale qu'un disque pop ou rock conventionnel, inspiré par des compositeurs classiques américains tels que Charles Ives et Aaron Copland, ainsi que par le gospel, le rock, le blues et la soul. Imaginez un album art-folk qui allierait les récits passionnés de Woody Guthrie aux orchestrations de Kurt Weill...

La chanson-titre est une complainte décrivant un drame américain banal. *Oh, California !* est un vaudeville jazzy et bohème, où l'on retrouve la voix rauque d'Ackles, qui aurait facilement pu servir de modèle à Tom Waits ou Frank Zappa. Le style très caractéristique du disque doit beaucoup à son producteur, Bernie Taupin, depuis longtemps partenaire créatif d'Elton John. Il n'a même pas figuré au Top 150 américain lors de sa sortie, mais cet album impossible à étiqueter mérite qu'on s'y arrête. **GD**

The Eagles
Eagles (1972)

Label | Asylum
Production | Glyn Johns
Direction artistique | Gary Burden
Pays | États-Unis
Durée | 37:28

Même si aucun des membres d'origine des Eagles n'est natif de Californie, le groupe a fini par symboliser le country-rock de la côte ouest, très populaire dans les années 70. Musiciens de Linda Ronstadt au départ, les Eagles ont constitué leur groupe au moment de la fondation du label Asylum, et ont fait partie des premiers à signer avec lui, en compagnie de Ronstadt et de Jackson Browne.

Mourant d'envie de travailler avec Glyn Johns, le producteur-ingénieur du son britannique ayant collaboré avec les Who, les Rolling Stones, Small Faces, Led Zeppelin et The Steve Miller Band, le groupe enregistre son premier album dans les studios d'Olympic à Londres, où Johns aime enregistrer : « Je les ai amenés en Angleterre et on a fait l'album très rapidement, en moins de trois semaines, se souvient-il. Je ne pense pas avoir été excité à ce point depuis Led Zeppelin – ils étaient incroyables, mais ne le savaient pas. »

Take it easy, *Witchy Woman* et *Peaceful Easy Feeling* ont tous figuré au Top 30 américain, et l'album est rapidement devenu disque d'or. Il doit une partie de son succès aux harmonies vocale splendides du quartette. Ajoutez à cela une maestria accomplie (les racines country de Bernie Leadon sont évidentes dans son jeu de guitare et de banjo) et un grand talent littéraire (tous les membres du groupe ont contribué à l'écriture ; ils alternaient aussi au chant) et il n'est pas étonnant que le groupe ait tout de suite été très demandé en concert, pour devenir l'un des plus importants au monde cinq ans plus tard. **JT**

Tim Buckley
Greetings from L.A. (1972)

Label | Warner Bros.
Production | Jerry Goldstein
Direction artistique | Cal Schenkel
Pays | États-Unis
Durée | 39:39

Après l'accueil mitigé de *Starsailor*, Buckley a attendu un certain temps avant d'enregistrer *Greetings from L.A.*, période pendant laquelle il s'est imprégné de jazz, funk et rhythm'n'blues. Mettant sur la touche Larry Beckett, son partenaire en écriture, il a commencé à jouer avec de nouveaux musiciens, qui, pensait-il, correspondaient à sa nouvelle perspective musicale. Ajoutez-y son amour des films de blackploitation et vous obtenez un album fiévreux et sensuel, à mille lieues de son image de troubadour naïf.

Move with me débute avec des pianos lestes et des trompettes voilées. Le chant trépidant de Buckley, qui contraste pour la première fois en studio avec des choristes féminines, se délecte du récit d'une rencontre amoureuse occasionnelle. *Get-on-top* offre des paroles d'amour inintelligibles, des sons de lits qui craquent et des riffs de jazz entrecoupés rappelant *L.A. Woman* des Doors. *Sweet Surrender* bénéficie de l'excellente production de Jerry Goldstein, où les miaulements machos de Buckley se détachent sur des cordes douloureuses, rappelant les travaux précédents de Goldstein avec *War*. *Nighthawkin'* nous fait découvrir un Buckley des plus lascifs, roulant en taxi à la recherche de femmes. On retrouve des claviers souls sur *Devil Eyes* tandis que *Make it right* est une célébration délirante du désir, qui conclut l'album en une apothéose à faire tourner la tête.

Une carte postale de L.A. dans un épais brouillard orne la pochette ; derrière, deux vignettes représentent Buckley sous un masque à gaz. « Le message […] était que même dans cette horrible atmosphère, il y avait une grande activité musicale », a expliqué Buckley au *Melody Maker*. L'album prouve largement qu'il avait raison. **AMa**

▶II Liste des titres

▶ 01 Move With Me (Buckley•Goldstein)	4:53
▶ 02 Get On Top (Buckley)	6:33
03 Sweet Surrender (Buckley)	6:47
▶ 04 Nighthawkin' (Beckett•Buckley)	3:21
▶ 05 Devil Eyes (Buckley)	6:50
06 Hong Kong Bar (Buckley•Falsia)	7:08
07 Make It Right (Beckett•Buckley•Falsia•Goldstein)	4:07

Nick Drake
Pink Moon (1972)

Label | Island
Production | John Wood
Direction artistique | Michael Trevithick
Pays | Royaume-Uni
Durée | 26:30

Son splendide deuxième album, *Bryter Layter*, ayant été ignoré par la critique, Nick Drake s'est réfugié dans son appartement dépouillé de Londres. *Pink Moon* est dépourvu des ornements orchestraux qui avaient donné à *Bryter Layter* et à *Five Leaves Left* leur emprise affective.

Peter Buck de R.E.M. a demandé un jour à John Wood comment il avait atteint l'intimité de *Pink Moon*. Wood lui a expliqué que Drake s'était simplement assis face à un micro et avait joué ; l'atmosphère naît entièrement de la puissance dépourvue d'artifices de sa guitare et de son chant envoûtant, à l'émotion frémissante.

Les éléments baroques des mélodies de Drake, ses pincements de guitare complexes, et son open tuning créent des carillons descendants sur *Parasite* et une pléthore d'accords colorés sur *Pink Moon* (la seule chanson remixée de l'album). Les éléments pastoraux de *Place to be* reflètent la présence de la nature, courante dans l'œuvre de Drake, tandis que *Ride* offre des changements d'accords d'une rapidité étonnante. La maestria de Drake à la guitare est intacte, mais les chansons austères qu'elle accompagne s'avèrent sombres et perturbantes. Un Drake apathique s'est apparemment rendu dans les bureaux de la maison de disques et a laissé les bandes mères de l'album (son dernier) à l'une des secrétaires. *From the morning* conclut le tout sur une rare note d'optimisme. Il est donc encore plus attristant que l'un de ses vers – « Et maintenant nous nous élevons, et nous sommes partout » soit inscrit sur la tombe de ce musicien au talent énorme, mort à l'âge précoce de 26 ans, en 1974. **AMa**

▶II Liste des titres

▶ 01 **Pink Moon** (Drake)	2.00
02 **Place To Be** (Drake)	2:39
03 **Road** (Drake)	1:58
▶ 04 **Which Will** (Drake)	2:56
05 **Horn** (Drake)	1:19
▶ 06 **Things Behind The Sun** (Drake)	3:23
07 **Know** (Drake)	2:23
▶ 08 **Parasite** (Drake)	3:30
09 **Ride** (Drake)	2:57
10 **Harvest Breed** (Drake)	1:00
▶ 11 **From The Morning** (Drake)	2:25

Paul Simon
Paul Simon (1972)

Label | CBS
Production | Roy Halee • Paul Simon
Direction artistique | John Berg • Ron Coro
Pays | États-Unis
Durée | 34:03

Si Paul Simon ne s'était pas aperçu que la partie était perdue, l'enregistrement de *So long Frank Lloyd Wright* le lui aurait fait comprendre. La dernière chanson de la première face de *Bridge over troubled water* avait été chantée avec une grâce inimitable par Art Garfunkel, ignorant que Simon y évoquait la dissolution de leur amitié. Simon a gardé pour lui *The Only Living Boy in New York*, mais leur source d'inspiration est la même : la tristesse que ressentait Simon parce que Garfunkel désirait consacrer moins de temps à leur duo et plus à sa carrière d'acteur. L'album est sorti début 1970, mais leur partenariat n'a pas survécu de beaucoup à la cérémonie des Grammys en mars. Avec Garfunkel sur le tournage de *Catch-22* pendant une grande partie de l'enregistrement, *Bridge over troubled water* était pratiquement déjà un album solo. *Paul Simon* est néanmoins très différent. On y trouve divers éléments annonçant l'enthousiasme de Simon pour les musiques exotiques : le rythme reggae de *Mother and child reunion*, où l'on retrouve de grosses pointures de la musique jamaïcaine, et *Hobo Blues*, où Simon endosse le rôle de Django face à Stéphane Grappelli. Mieux vaut aborder *Paul Simon* comme l'un des meilleurs albums d'auteur-compositeur des années 70. Avec le micro pour lui tout seul, Simon est en pleine forme vocalement, et pourtant, c'est sa voix de compositeur qui est la plus forte sur *Duncan* (au croisement du *Boxer* et de *El Condor Pasa*), sur *Congratulations* et sa mélancolie tourbillonnante, ou sur *Everything put together falls apart*, dont les accords fluides, et pourtant labyrinthiques, constituent un cours magistral de deux minutes sur l'écriture de chansons sophistiquées. **WF-J**

▶II Liste des titres

▶ 01 **Mother And Child Reunion** (Simon)	3:05
02 **Duncan** (Simon)	4:39
▶ 03 **Everything Put Together Falls Apart** (Simon)	1:59
04 **Run That Body Down** (Simon)	3:52
05 **Armistice Day** (Simon)	3:55
▶ 06 **Me And Julio Down By The Schoolyard** (Simon)	2:42
07 **Peace Like A River** (Simon)	3:20
08 **Papa Hobo** (Simon)	2:34
09 **Hobo's Blues** (Grappelli•Simon)	1:21
10 **Paranoia Blues** (Simon)	2:54
▶ 11 **Congratulations** (Simon)	3:42

Roxy Music
Roxy Music (1972)

Label | Island
Production | Peter Sinfield
Direction artistique | Bryan Ferry
Pays | Royaume-Uni
Durée | 43:39

Enregistré en dix-neuf jours, le premier album de Roxy Music constitue aujourd'hui encore l'une des entrées en scène les plus passionnantes et les plus innovatrices jamais enregistrées. Ayant quitté Newcastle, Bryan Ferry, chanteur, et Graham Simpson, bassiste, se sont installés à Londres, où ils ont formé Roxy Music avec Phil Manzanera, guitariste, Andy Mackay, saxophoniste, Paul Thompson, batteur, et Brian Eno, génie du synthétiseur. Leur mélange de rock des années 50, de saxo et de musique électronique est inspiré par l'intérêt que porte Ferry au pop art. On découvre sur la pochette luxueuse Kari Ann Muller en starlette des années 50. Se vendant bien grâce à ses concerts, Roxy Music a explosé dans le Top 10 britannique après le succès de son premier single, *Virginia Plain*. Débutant avec des bruits de cocktail, *Re-Make/Re-Model*, inspiré par le tableau de Derek Boshier, *Re-Think/Re-Entry*, est un morceau de glam rock qui balance, où la bizarre psalmodie du numéro d'une plaque d'immatriculation anglaise côtoie la voix sophistiquée de Ferry.

Le son d'un alunissage recréé par Brian Eno sert de fond à un mélange d'instruments modernes et classiques sur *Ladytron*. Le Moog et le Mellotron d'Eno pétillent, avec en fond la guitare incendiaire de Manzarena sur *Would you believe ?* et sur la country futuriste de *If there is something*.

Le groupe eut un emploi du temps si chargé cette année-là que Simpson tomba malade et Ferry perdit sa voix. Malgré l'inclusion de *Virginia Plain* sur la version américaine de l'album, il a fait un four là-bas. Mais Roxy Music devait énormément influencer le punk britannique. **CSh**

▶II Liste des titres

▶ 01 Re-Make/Re-Model (Ferry)	5:14
▶ 02 Ladytron (Ferry)	4:26
▶ 03 If There Is Something (Ferry)	6:34
04 2HB (Ferry)	5:30
05 The Bob (Medley) (Ferry)	5:48
06 Chance Meeting (Ferry)	3:08
▶ 07 Would You Believe ? (Ferry)	3:53
08 Sea Breezes (Ferry)	7:03
09 Bitters End (Ferry)	2:03

Alice Cooper
School's out (1972)

Label | Warner Bros.
Production | Bob Ezrin
Direction artistique | Wilkes & Braun Inc.
Pays | États-Unis
Durée | 35:57

Arrivant à Los Angeles depuis Tucson dans l'Arizona, les membres d'Alice Cooper ont rapidement acquis une réputation de provocateurs et signé chez Straight, le label de Frank Zappa. Deux célèbres albums de pandémonium psychédélique après, ils ont déménagé à Detroit, où ils sont devenus amis des Stooges, un groupe essentiel pour leur évolution.

Lorsque la Warner a acheté Straight, elle a poussé Alice Cooper à enregistrer un nouvel album. Deux disques de hard rock et quelques singles à succès plus tard, toujours avec Ezrin, le groupe trouve son style, et renforce sa popularité à l'aide d'un spectacle des plus farfelus.

Les qualités du groupe ont été parfaitement reproduites sur vinyle avec *School's out*, leur nouvel album, précédé de la sortie du tube du même nom. Ce single représente leur plus grosse vente à l'époque. Cette profusion graphique de riffs lancinants et de slogans séditieux est devenue l'hymne punk de tout adolescent marginal du début des années 70. Le groupe – guidé par la voix d'enfer de Cooper et par l'incroyable sens de la pop du guitariste, Michael Bruce – a travaillé dur sur cet album à thème inspiré par *West Side Story*. Cette œuvre imaginative traitant de la délinquance juvénile bénéficie de magnifiques arrangements de jazz pour big band (*Gutter Cat vs. the jet*, *Grand Finale*, *Blue Turk*), d'une symphonie aux allures d'opéra (*My stars*), d'un dérivé des Beatles (*Alma Mater*) et de fantastiques morceaux de rock (*Luney Tune* et *Public Animal n° 9*). Récit épique adolescent à la production un peu trop poussée, ce vaudeville rock va inspirer des groupes comme Marylin Manson et Turbonegro. **JG**

▶II Liste des titres

▶	01 **School's Out** (Bruce•Buxton•Cooper•Dunaway •Smith)	3:26
	02 **Luney Tune** (Cooper•Dunaway)	3:36
▶	03 **Gutter Cat Vs. The Jets** (Bernstein•Buxton •Dunaway•Sondhelm)	4:39
	04 **Street Fight** (Bruce•Buxton•Cooper•Dunaway •Smith)	0:53
	05 **Blue Turk** (Bruce•Cooper)	5:29
▶	06 **My Stars** (Cooper•Ezrin)	5:46
▶	07 **Public Animal No. 9** (Bruce•Cooper)	3:53
▶	08 **Alma Mater** (Smith)	3:39
	09 **Grande Finale** (Bernstein•Bruce•Buxton Cooper •David•Dunaway•Ezrin•Smith)	4:36

The Temptations
All Directions (1972)

Label | Tamla Motown
Production | Norman Whitfield
Direction artistique | Non créditée
Pays | États-Unis
Durée | 33:33

On a été tenté de faire une croix sur ce groupe à diverses étapes de sa carrière, mais jamais plus qu'au début des années 70 après le départ d'Eddie Kendricks et Paul Williams. L'absence du premier, en particulier, était inquiétante, car c'était lui le chanteur principal de *Just my imagination (Running away with me)*, qui venait de figurer en tête du hit-parade.

Dans une pochette à la simplicité trompeuse, l'album était pourtant d'une ambition admirable, se fondant sur l'expérimentation de *Psychedelic Shack*, sorti en 1970, pour explorer de nouvelles voies. Grâce en particulier à l'épique *Papa was a Rolling Stone*, de presque douze minutes, The Temptations parviennent à se débarrasser de leur image de troubadours des années 60 et à s'arrimer à la soul et au rhythm'n'blues plus réalistes de l'époque.

The Temptations laissent derrière eux les chansons comme *My Girl* lorsqu'ils s'attaquent à *Funky Music sho' nuff turns me on*, un groove incroyablement accrocheur, rappelant *Earth, Wind and Fire*. Ce même rythme anime le guerrier *Run Charlie run*. Après *Papa…*, le groupe démontre qu'il peut encore jouer sur la corde sensible avec *Love woke me up this morning*, et faire mordre la poussière à la concurrence blues avec *I ain't got nothing*. L'album se conclut sur une version mélodieuse et parfaitement maîtrisée de *Do your thing*, chanson d'Isaac Hayes.

Guidé par la production intelligente de Norman Whitfield et aidé par l'arrivée de Damon Harris au sein du groupe, *All Directions* a été un succès commercial et critique immédiat et a remporté trois Grammy Awards. **JiH**

▶II Liste des titres

▶	01 **Funky Music Sho' Nuff Turns Me On** (Strong•Whitfield)	2:56
▶	02 **Run Charlie Run** (Foreman•King)	2:59
▶	03 **Papa Was A Rolling Stone** (Strong•Whitfield)	11:45
▶	04 **Love Woke Me Up This Morning** (Ashford•Simpson)	2:38
	05 **I Ain't Got Nothing** (E. King•M. King)	3:30
	06 **The First Time Ever I Saw Your Face** (MacColl)	3:59
	07 **Mother Nature** (Fekaris•Zesses)	2:54
▶	08 **Do Your Thing** (Hayes)	2:52

David Bowie
The Rise and fall of Ziggy Stardust and the Spiders from Mars (1972)

Label | RCA
Production | David Bowie • Ken Scott
Direction artistique | Terry Pastor
Pays | Royaume-Uni
Durée | 38:29

Avec *Ziggy*, David Bowie a soudain redéfini l'image du rocker. La pochette le montre, androgyne mince aux cheveux ras, dans une allée pluvieuse (même si pendant l'enregistrement, il portait encore les cheveux longs qu'on avait pu admirer sur l'album précédent, *Hunky Dory*). Serrant contre lui une guitare électrique, il apparaît comme un extraterrestre qui a atterri sur une Terre morne pour lui apporter le rock'n'roll. Prise à Heddon Street, à Londres, la photo était à l'origine en noir en blanc, mais a été coloriée, lui donnant l'aspect d'une illustration de science-fiction des années 50.
Ziggy est le seul album de glam rock qui ait résisté à l'épreuve du temps. Les riffs de guitare et les solos incendiaires de Mick Ronson, qui donnent le frisson sur *Moonage Daydream*, *Sufragette City* et sur la chanson-titre, ont aidé à définir ce style. La voix de Bowie change à chaque chanson – tour à tour pensive, désespérée et enthousiaste. *Ziggy* possède une ambivalence sexuelle et beaucoup d'images futuristes, mais l'écriture des chansons est solide et les arrangements soigneusement pensés.
Il a pu évoquer un éclair provenant du futur, mais en endossant le rôle d'un outsider tourmenté du rock, Bowie a immédiatement séduit les adolescents comme les critiques (*Rolling Stone* lui a donné « au moins 19/20 »). L'Angleterre et les deux côtes américaines sont tombées folles amoureuses de *Ziggy* (il était trop bizarre pour le MidWest) – comme les punks et les néo-romantiques plus tard, touchés par l'ambiguïté sexuelle de son personnage et son apparence extravagante. **RD**

▶II Liste des titres

▶	01 **Five Years** (Bowie)	4:42
	02 **Soul Love** (Bowie)	3:34
	03 **Moonage Daydream** (Bowie)	4:40
▶	04 **Starman** (Bowie)	4:10
	05 **It Ain't Easy** (Davies)	2:58
	06 **Lady Stardust** (Bowie)	3:22
	07 **Star** (Bowie)	2:47
	08 **Hang On To Yourself** (Bowie)	2:40
▶	09 **Ziggy Stardust** (Bowie)	3:13
▶	10 **Suffragette City** (Bowie)	3:25
▶	11 **Rock 'N' Roll Suicide** (Bowie)	2:58

War
The World is a Ghetto (1972)

Label | United Artists
Production | Jerry Goldstein
Direction artistique | Howard Miller
Pays | États-Unis
Durée | 43:49

Au début des années 70, les villes américaines commencent à offrir une expérience schizophrène, particulièrement Los Angeles : le rêve hollywoodien contraste violemment avec la réalité des populations latino et noire en augmentation dans les quartiers est et sud. Tandis qu'une culture aussi divergente est source de tensions (les émeutes de Watts de 1965 sont encore présentes à l'esprit), elle constitue aussi un terrain propice à la musique, influençant le développement de groupes comme Sly and the Family Stone ou War.
Convergence d'influences jazz, funk, rock et latino, War a déjà produit un tube, *Spill the wine*, sous la protection d'Eric Burdon, ancien leader des Animals. Continuant indépendamment, les sept membres du groupe se montrent très prometteurs dès

leurs deux premiers albums, mais c'est sur *The World is a ghetto* qu'ils expriment pleinement leur potentiel. Tandis que le titre suggère une déclaration ouvertement politique, l'illustration de la pochette reflète l'approche enjouée de l'album : une Rolls qui vient de crever se retrouve coincée dans le ghetto. De fait, *The Cisco Kid*, aux influences latinos, et le funky *Where was you at* sont aussi apolitiques que possible, célébrant la vie plutôt qu'un programme politique. Même la chanson-titre offre un message d'amour optimiste, émergeant du smog envahissant de la ville.

L'accueil remarquablement positif qu'a reçu cet album (meilleures ventes de 1973) démontre combien War reflète parfaitement l'expérience urbaine. Tandis que le groupe jouit d'autres succès au cours de la décennie suivante, *Ghetto* demeure la plus cohérente et la plus satisfaisante de leurs œuvres. **TSh**

▶II Liste des titres

- ▶ 01 The Cisco Kid (Allen•Brown•Dickerson Jordan•Miller•Oskar•Scott) 4:35
- 02 Where Was You At (Allen•Brown•Dickerson Jordan•Miller•Oskar•Scott) 3:25
- ▶ 03 City, Country, City (Allen•Brown•Dickerson Jordan•Miller•Oskar•Scott) 13:18
- 04 Four Cornered Room (Allen•Brown•Burdon Dickerson•Jordan•Miller•Oskar•Scott) 8:30
- ▶ 05 The World Is A Ghetto (Allen•Brown Dickerson •Jordan•Miller•Oskar•Scott) 10:10
- 06 Beetles In The Bog (Warner) 3:51

Al Green

Let's stay together (1972)

Label | Hi
Production | Willie Mitchell
Direction artistique | Marlene Bergman
Pays | États-Unis
Durée | 33:38

En 1969, le producteur Willie Mitchell a fait signer Al Green, alors âgé de 23 ans, chez Hi Records, label de Memphis. Al Green, originaire de Forrest City, de l'autre côté du Mississippi, s'était produit cette année-là avec les Soul Mates, groupe de rhythm'n'blues au succès mitigé. Mitchell et Green ont rapidement commencé à collaborer, et triomphé avec *Let's stay together* en 1972, dont la chanson-titre est restée neuf semaines en tête du Top 50.

Mitchell avait rejoint Hi Records en 1959. Il y avait perfectionné le style musical du label, une vague sonore où l'on retrouvait des orgues rugissantes et des arrangements pour cuivres et cordes très maîtrisés. Les techniques de production de Mitchell ont produit certains de leurs meilleurs résultats sur les disques d'Al Green, en grande partie grâce à sa voix, un instrument souple et surprenant capable de bondir sans prévenir d'un grondement rêche à un falsetto endolori.

Let's stay together prend de remarquables risques musicaux – la mélodie de la chanson-titre, par exemple, monte et descend la gamme de façon imprévisible, ce qui est peu orthodoxe pour un tube pop. Un autre titre, *La-la for you*, explore une clé mineure dissonante, avant qu'Al Green ne s'empare de *How can you mend a broken heart*, un morceau des Bee Gees agréable mais quelconque à l'origine, pour en faire une complainte dévastatrice d'envergure épique. Au milieu des années 70, Al Green a commencé à consacrer plus de temps à la prédication. Rétrospectivement, ce changement ne paraît pas entièrement surprenant – sensuel et transcendant, *Let's stay together* offre une nourriture spirituelle plus que satisfaisante. **KB**

▶II Liste des titres

- ▶ 01 Let's Stay Together (Green•Jackson•Mitchell) 3:18
- ▶ 02 La-La For You (Green•Mitchell) 3:31
- 03 So You're Leaving (Green) 2:57
- ▶ 04 What Is This Feeling ? (Green) 3:42
- 05 Old Time Lovin' (Green) 3:19
- ▶ 06 I've Never Found A Girl (Who Loves Me Like You Do) (Floyd•Isbell•Jones) 3:41

07 How Can You Mend A Broken Heart ? (B. Gibb•R. Gibb) 6:22
08 Judy (Green) 3:47
09 It Ain't No Fun To Me (Green) 3:23

The Rolling Stones
Exile on Main St. (1972)

Label | Rolling Stones Records
Production | Jimmy Miller
Direction artistique | Robert Frank
Pays | Royaume-Uni
Durée | 66:25

En 1972, les Stones sont devenus des renégats – fuyant le percepteur plutôt que les démons qui les poursuivaient quelques années auparavant. C'est une bande avec laquelle on ne fraye que si l'on est d'une constitution solide. Lorsqu'ils arrivent dans la villa de Keith dans le sud de la France, seuls les plus intrépides de leurs compagnons les ont suivis. Les douze mois nécessaires à l'enregistrement puis au mixage d'*Exile on Main St.* ont cependant fait des dégâts. Les Stones ne peuvent échapper ni à la drogue ni à l'alcool, mais ont cependant choisi librement de vivre et travailler en communauté dans une maison inadaptée, ancien quartier général des nazis. La décision de Mick de disparaître avec Bianca n'a fait qu'ajouter aux récriminations.

Exile on Main St. est donc l'enfant de Richard, qui n'aurait pu y arriver sans le soutien du meilleur groupe qu'il ait jamais eu à sa disposition : Jimmy Miller (production et percussion), Bobby Keys (saxo), Jim Price (trompette et trombone) et Nicky Hopkins (piano) sont omniprésents. Le célèbre photojournaliste Robert Frank a été enrôlé pour la pochette (dont le concept semble être : « Et vous croyiez qu'on était bizarre ? »). Il les a suivis en tournée, mais quand les musiciens ont découvert les rushes de *Cocksucker Blues*, le road movie qu'il avait l'intention de faire, ils ont rapidement compris la différence entre sexy et sexiste, et ont fait capoter le projet.

Et la musique ? Le groupe la détestait, mais si vous aimez le rock, tout son ADN est là, étalé sur quatre faces, et bien mieux que dans le *White Album*. Ne croyez pas tout ce qu'on vous dit, mais ayez confiance en la légende. Les Stones n'ont jamais aussi bien « roulé » qu'ici. **DH**

▶II Liste des titres

▶ 01 Rocks Off (Jagger•Richard) 4:30
02 Rip This Joint (Jagger•Richard) 2:22
03 Shake Your Hips (Moore) 2:57
04 Casino Boogie (Jagger•Richard) 3:31
▶ 05 Tumbling Dice (Jagger•Richard) 3:42
06 Sweet Virginia (Jagger•Richard) 4:25
07 Torn & Frayed (Jagger•Richard) 4:16
08 Sweet Black Angel (Jagger•Richard) 2:52
09 Loving Cup (Jagger•Richard) 4:21
▶ 10 Happy (Jagger•Richard) 3:02
11 Turd On The Run (Jagger•Richard) 2:34
12 Ventilator Blues (Jagger•Richard•Taylor) 3:24
13 I Just Want To See His Face (Jagger•Richard) 2:51
▶ 14 Let It Loose (Jagger•Richard) 5:16
15 All Down The Line (Jagger•Richard) 3:47
16 Stop Breaking Down (Trad.) 4:34
▶ 17 Shine A Light (Jagger•Richard) 4:14
18 Soul Survivor (Jagger•Richard) 3:47

Lynyrd Skynyrd
Pronounced Leh-nerd Skin-nerd (1973)

Label | MCA
Production | Al Kooper
Direction artistique | Emerson-Loew
Pays | États-Unis
Durée | 42:58

En 1973, Lynyrd Skynyrd a déjà émergé des marais de Floride. Il apparaît comme le fils du nouveau Sud américain, à la culture à la fois repentante et rebelle par rapport à son passé terni. Avant d'enregistrer son premier album, le groupe avait mis au point son style dans les bastringues du Sud, assemblant une section guitare de trois musiciens pour accompagner son excellente section rythmique et la voix pleine d'émotion de Ronnie Van Zant. Mais ce sont les ambiguïtés identitaires de ce groupe qui se sont avérées importantes, pour cet album, et pour les artistes qu'il inspirerait. Ses membres ressemblaient à des Confédérés agressifs, mais leur musique était hantée par les migrants noirs. *Pronounced* affiche et défie les stéréotypes des hommes du Sud, pour devenir le premier manifeste rock de cette région américaine.

Mêlant blues et country à l'influence des Who, on trouve les plus beaux riffs sur l'incendiaire *I ain't the one*, et sur l'édifiant *Poison Whiskey*. Tandis que ses rivaux, les Allman Brothers, s'aventurent dans le jazz et la musique hippie, Skynyrd offre une maestria comparable, profondément ancrée dans le blues. *Mississippi Kid* est un boogie du Delta, et *Things goin' on* rappelle le saloon du coin.

Et puis il y a *Freebird*, dernier morceau époustouflant ayant transformé ces musiciens en célébrités et catapulté l'album au hit-parade. Pensive, impertinente, réchauffant le cœur et le fendant en même temps, cette chanson offre une leçon de rock de neuf minutes, bénéficiant de l'explosion de guitare électrique la plus réjouissante à l'époque, et peut-être même depuis. **MO**

▶II Liste des titres

▶	01 **I Ain't The One** (Rossington•Van Zant)	3:53
	02 **Tuesday's Gone** (Collins•Van Zant)	7:30
	03 **Gimme Three Steps** (Collins•Van Zant)	4:27
▶	04 **Simple Man** (Rossington•Van Zant)	5:56
	05 **Things Goin' On** (Rossington•Van Zant)	4:57
▶	06 **Mississippi Kid** (Burns•Kooper•Van Zant)	3:54
	07 **Poison Whiskey** (King•Van Zant)	3:13
▶	08 **Freebird** (Collins•Van Zant)	9:08

Michael Viner's Incredible Bongo Band

Bongo Rock (1973)

Label I Pride
Production I Perry Botkin Jr. • Michael Viner
Direction artistique I Non créditée
Pays I Canada • États-Unis
Durée I 33:17

L'Incredible Bongo Band a été assemblé par Michael Viner afin d'enregistrer deux morceaux de la bande-son d'un film de série B en 1972, et réunit une variété de musiciens de studio inconnus. Ce sont *Bongo Rock* et *Bongolia*, que la MGM a décidé de sortir en 45 tours : un disque qui s'est vendu à plus d'un million d'exemplaires. Un album a ensuite été enregistré dans l'urgence pour tirer profit de ce succès.

Une fois de plus, Viner a rassemblé les musiciens (dont les noms sont désormais oubliés – Vince lui-même ne pouvait se souvenir de la composition du groupe, qui changeait d'une séance d'enregistrement à l'autre), qui ont gravé l'album en quelques jours au Canada.

Le disque s'est raisonnablement bien vendu à l'époque, mais ce sont les générations suivantes qui se le sont approprié et qui lui ont offert son statut légendaire. DJ Kool Herc a en effet donné naissance au hip-hop en utilisant à l'aide de deux vinyles similaires la rythmique d'*Apache*, chanson des Shadows. Depuis, le morceau a été samplé par des centaines d'artistes (en commençant par Sugarhill Gang), tout comme le morceau-titre, *Bongo Rock*. L'album est ainsi devenu un objet de collection entouré d'un véritable culte.

Le disque qui suit en 1974, *The Return of the incredible Bongo Band*, a échoué à reproduire l'énergie ou le succès du premier, malgré la présence de vedettes telles que Ringo Starr. **CR**

▶II Liste des titres

	01 Let There Be Drums (Nelson Podolar)	2:38
▶	02 Apache (Lordan)	4:54
▶	03 Bongolia (Botkin)	2:14
	04 Last Bongo In Belgium (Botkin Viner)	6:55
	05 Dueling Bongos (Botkin Viner)	2:56
	06 In-A-Gadda-Da-Vida (Ingle)	7:42
	07 Raunchy '73 (Justis Manker)	3:23
▶	08 Bongo Rock (Egnoian Epps)	2:35

David Bowie
Aladdin Sane (1973)

Label I RCA
Production I David Bowie • Ken Scott
Direction artistique I Duffy Design Concepts
Pays I Royaume-Uni
Durée I 40:47

Le caméléon du rock David Bowie n'a pas changé ses couleurs entre le révolutionnaire *Ziggy Stardust* de 1972 et *Aladdin Sane* en 1973 (qui l'a fait découvrir aux États-Unis). C'était toujours l'enfant terrible du rock à paillettes, « caressant son ego » à travers les chansons.

Écrit pour l'essentiel durant sa tournée américaine, *Aladdin Sane* poursuit là où *Ziggy* s'était arrêté, rappelant de façon brutale l'ascension météorique du Martien du rock. Les morceaux débordent de désespoir et de désaffection, le personnage central s'efforçant à travers la drogue et l'alcool de trouver une sorte de sagesse et, peut-être, de se redécouvrir lui-même. On l'admet, la chose ne prend jamais aussi bien que sur *Ziggy*, mais c'est une suite louable – bien que plus lunatique – grâce à des chansons aussi accrocheuses que *Panic in Detroit*, *Time* ou *The Jean Genie*.

Comme sur *Ziggy*, Mark Ronson, guitariste, joue un rôle aussi important que Bowie. Il lacère des licks à la Keith Richard sur *Watch that man*, introduction impressionnante, et rappelle Godzilla parcourant Sufragette City dans le méchant *Panic in Detroit*. Le producteur, Ken Scott, qui avait collaboré avec les Beatles sur *Magical Mystery Tour* et *White Album*, passe de la sophistication lisse de la chanson-titre au rock torride de *Cracked Actor*.

Les volées de claviers caractéristiques de Mike Garson parcourent le dernier morceau, *Lady Grinning Soul*, tandis que la version mélodramatique de *Time* est le titre le plus mémorable de l'album. Le seul échec ici est la reprise peu judicieuse de *Let's spend the night together* des Stones, annonçant l'album suivant de Bowie, une décevante série de reprises intitulée *Pin-Ups*. **JiH**

▶II Liste des titres

	01 Watch That Man (Bowie)	4:25
▶	02 Aladdin Sane (Bowie)	5:06
	03 Drive-In Saturday (Bowie)	4:29
▶	04 Panic In Detroit (Bowie)	4:25
	05 Cracked Actor (Bowie)	2:56
▶	06 Time (Bowie)	5:09
	07 The Prettiest Star (Bowie)	3:26
	08 Let's Spend The Night Together (Jagger •Richards)	3:03
▶	09 The Jean Genie (Bowie)	4:02
	10 Lady Grinning Soul (Bowie)	3:46

King Crimson
Larks' Tongues in aspic (1973)

Label I Island
Production I King Crimson
Direction artistique I Tantra Designs
Pays I Royaume-Uni
Durée I 46:41

Surpassé seulement par *In the court of the Crimson King*, le chef-d'œuvre du groupe, *Lark's Tongues in aspic*, constitue une belle réussite artistique et une étape décisive. Il a été enregistré à l'hiver 73 avec de nouveaux arrivants : Robert Fripp, virtuose de la guitare et leader, Bill Bruford, ex-batteur de Yes, John Wetton, vocaliste et joueur de basse (ex-Family), David Cross, violoniste, et Jamie Muir, percussionniste. L'excentrique Muir, qui a disparu très soudainement et pour des années après l'enregistrement de l'album, a trouvé son titre bizarre (« Langues d'alouettes en aspic » en français). C'est la dernière fois qu'il apparaît avec King Crimson.

La musique ici est remarquable, depuis les premiers tintements de cymbales à doigts jusqu'aux dialogues finaux entre la basse et le violon. Des improvisations passionnées démontrent les capacités musicales exceptionnelles du groupe. Les textes, que l'on doit au nouveau parolier principal du groupe – Richard Palmer-James (le premier guitariste de Supertramp) – sont plus réalistes que ceux des albums précédents. *Exiles*, *Book of Saturday*, *Easy Money* et *The Talking Drum* sont tous exceptionnels. Ce sont cependant les lourds riffs de guitare de Robert Fripp, dans la reprise de la chanson-titre, qui constituent l'apothéose de l'album. *Lark's Tongues* est novateur sur le plan rythmique et sonore, ses compositions révélant une pensée visionnaire, et sa couverture s'avérant elle aussi révolutionnaire. Même si ça n'a jamais été un immense succès commercial (n° 61 aux États-Unis, n° 20 au Royaume-Uni), c'est toujours aujourd'hui l'un des piliers du rock progressif. **AW-J**

▶ II Liste des titres

- ▶ 01 **Larks' Tongues In Aspic, Part One** (Bruford•Cross•Fripp•Muir•Wetton) 13:36
- ▶ 02 **Book Of Saturday** (Fripp•Palmer-James•Wetton) 2:59
- ▶ 03 **Exiles** (Cross•Fripp•Palmer-James) 7:37
- ▶ 04 **Easy Money** (Fripp•Palmer-James•Wetton) 7:51
- ▶ 05 **The Talking Drum** (Bruford•Cross•Fripp•Muir•Wetton) 7:28
- ▶ 06 **Larks' Tongues In Aspic, Part Two** (Fripp) 7:10

Bob Marley and the Wailers
Catch a fire (1973)

Label I Island
Production I Chris Blackwell
Direction artistique I Rod Dyer • Bob Weiner
Pays I Jamaïque
Durée I 35:59

Fin 1971, un Bob Marley sur le pavé se présente dans les bureaux de Chris Blackwell à Londres, pour forcer la chance. Flairant là une occasion en or, Blackwell, natif de la Jamaïque, avance 6 000 dollars à Marley et à son groupe, les Wailers, pour qu'ils puissent se rendre là-bas et y enregistrer un album. Les bandes-mères reçues, il engage quelques musiciens de studio américains, enregistre une guitare de rock accrocheuse et des licks de claviers, les intègre au mixage et commande une pochette en forme de Zippo. L'album reçoit des critiques dithyrambiques et lance le reggae sur la scène internationale. C'est non seulement le premier disque de ce genre musical à percer sur le marché du rock, mais il s'agit aussi de la collaboration clé de Marley avec les autres fondateurs des Wailers, Peter Tosh et Bunny Livingston. Soutenu par la ligne de basse disciplinée et profonde d'Aston Barrett et par les levés impeccables de la guitare de Tosh, le trio démontre toute l'étendue de ses capacités vocales, diffusant son message militant sur de riches harmonies.

Concrete Jungle se désespère de la misère noire des ghettos urbains. L'énergique *400 Years* de Tosh et le menaçant *Slave Driver* rappellent l'héritage oppressif de l'esclavage. *We don't need no trouble* offre une solution et déclare d'un ton de défi : « C'est d'amour dont nous avons besoin. » On découvre au milieu de tout cela une place faite à la romance – *Stir it up*, délicieusement enlevé, avec sa ligne de basse pleine d'allant et ses solos de wah-wah sinueux (grâce au remixage de Blackwell), est suivi de *Kinky Reggae*, décontracté et amusant. Marley est le chanteur principal, mais *Catch a fire* est une création commune, explosant d'énergie créative. **MW**

▶II Liste des titres

▶	01 **Concrete Jungle** (Marley)	4:13
	02 **Slave Driver** (Marley)	2:53
	03 **400 Years** (Marley•Tosh)	2:45
▶	04 **Stop That Train** (Tosh)	3:55
	05 **Baby We've Got A Date** (Marley)	3:57
▶	06 **Stir It Up** (Marley)	5:32
▶	07 **Kinky Reggae** (Marley)	3:37
▶	08 **No More Trouble** (Marley)	3:57
	09 **Midnight Ravers** (Marley)	5:10

Hawkwind
Space Ritual (1973)

Label | United Artists
Production | Hawkwind
Direction artistique | Barney Bubbles • Pierre
Pays | Royaume-Uni
Durée | 115:32

Ce double album live est l'œuvre majeure d'Hawkwind et peut-être le plus beau trip sonore de tous les temps. On y retrouve Dave Brock (guitariste-chanteur et fondateur du groupe), Robert Calvert le poète, Nik Turner (saxo, flûte), Lemmy Kilmister (basse), Simon King (batterie), Del Dettmar (synthé) et DikMik, roi de l'électronique.

Conçue par Calvert, la tournée de « guérilla urbaine » de 1972 était un concept multimédia : on y découvrait des danseurs nus, des costumes et des décors cosmiques, ainsi que des faisceaux lumineux kaléidoscopiques. Des collages sonores et des récitatifs surnaturels faisaient la liaison entre les chansons qui provenaient des deuxième et troisième albums du groupe, *In search of space* et *Doremi Fasol Latido*. Cela formait un récit pseudo-opératique au sujet de sept cosmonautes voyageant en état d'hibernation. Cela dit, ce sont les chansons qui font l'intérêt du disque. La basse métronomique anime *Born to go* et *Brainstorm*. Le confus *Orgone Accumulator* et *Space is deep* créent une atmosphère lysergique, tandis que *Master of the universe* est un vrai marteau piqueur composé de riffs hypno-hard rock, de grooves et de fantasmes de BD.

Hawkwind a continué à sortir de formidables albums tout au long des années 70, mais plus tard ses changements de musiciens et ses « copies piratées officielles » de qualité douteuse ont diminué son statut. Ses concepts audiovisuels l'ont tout de même rendu très influent. **MA**

John Cale
Paris 1919 (1973)

Label | Warner Bros.
Production | Chris Thomas
Direction artistique | Mike Salisbury
Pays | Royaume-Uni
Durée | 31:30

Il est difficile de concevoir qu'un album aussi européen ait été produit à Los Angeles. C'est peut-être la raison pour laquelle *Paris 1919* brille d'un éclat qui n'était présent que sur le premier album solo de Cale, *Vintage Violence* (1971).

Bien entendu, Chris Thomas, le producteur, est anglais ; mais parmi les musiciens de studio, on retrouve Lowell George et Richard Hayward de Little Feat, un groupe de rock californien des années 70. Les orchestrations sont très présentes, mais ce n'est pas une œuvre classique comme l'était *The Academy in peril* (1972). C'est plutôt un album pop d'une richesse mémorable, où l'artiste exorcise son passé d'expérimentateur sonore avec LaMonte Young ou le Velvet Underground.

Child's Christmas In Wales, premier morceau fascinant, fait allusion à Dylan Tho-

mas, poète le plus célèbre du pays de Cale. *Andalucia* et *Half past France* sont des récits de voyage autobiographiques. *Hanky Panky Nohow* et *Antartica starts here* expriment tous deux une sensibilité désormais oubliée dans l'univers rock.
Portrait d'une âme convulsive dans l'un de ses rares moments d'équilibre, prouesse musicale que Cale n'arrivera jamais à reproduire, l'album brille par son mélange cohérent de nostalgie et de surréalisme ; c'est une merveille de génie musical et d'arrangements – que l'on doit à Cale lui-même, également responsable des arrangements de *The Marble Index* de Nico, tout aussi non conformiste. D'autres albums de Cale sont plus difficiles, mais aucun n'est entré dans l'histoire de la pop comme *Paris 1919*. **IJ**

Can
Future Days (1973)

Label | Spoon
Production | Can
Direction artistique | Ingo Trauer
Pays | Allemagne • Japon
Durée | 41:04

Future Days, c'est ce que Can produit quand ses musiciens s'éloignent de leur étiquette de « rois du Krautrock ». Les bizarreries space rock de *Monster Movie* (1969) ont disparu ainsi que les expérimentations pop prog de *Ege Bamyasi* (1972). Certes, l'on retrouve des traces de *Tago Mago* sous le funk reggae du seul single de l'album, *Moonshake*, mais cette fois-ci, les Allemands échappent au piège des solos de guitare dans lequel tombaient leurs homologues britanniques de Pink Floyd.
Sur *Spray*, ils cherchent leurs propres secrets de fabrication : vrombissements de guitare dépouillés de Michael Karoli, strates de synthé envoûtantes d'Irmin Schmidt, incantations de code morse souvent incohérentes de Damo Suzuki. Ajoutez à cela les vibrations de Jaki Leibezeit, maestro de la batterie, et la basse rythmée de Czukay, et vous obtenez le liant qui permet toujours à *Future Days* de fonctionner. C'est du rock pour passionnés de jazz et de classique, une musique intellectuelle qui déchiffre l'espace intime de chaque membre tout en élaborant des architectures collectives improvisées. Lorsque *Bel Air*, amoncellement de guitares d'ambiance, de boucles de batterie, de chants d'oiseaux, de vagues électroniques et de rythmes brisés arrive à sa conclusion au bout de vingt minutes, Can n'est déjà plus un groupe de rock.
Suzuki est devenu témoin de Jéhovah. Le groupe qu'il vient de quitter a implosé dans la musique d'ambiance de *Soon over Babaluma* (1974) avant de se séparer. Les stylistes post-rock tels que Tortoise ont redécouvert Can dans les années 90, *Future Days* étant leur modèle. **MK**

Lou Reed
Berlin (1973)

Label | RCA
Production | Bob Ezrin
Dir. art. | Pacific Eye And Ear
Pays | États-Unis
Durée | 49:30

Après le succès commercial de *Transformer*, critiques et fans sont avides de découvrir une autre tranche de glam rock accrocheur et sexuellement ambigu. Ce que Lou Reed leur sert est beaucoup plus difficile à avaler.
Berlin est l'œuvre la plus violente de Reed. Conçu comme « un film pour les oreilles », l'album narre la fin d'une relation entre deux Américains, Caroline et Jim, qui vivent dans un Berlin coupé en deux. Les chansons parlent d'infidélité (*Caroline says I*), de drogue (*How do you think it feels*), de violence (*Caroline says II*), et l'album se termine par le suicide de Caroline (*The Bed*). Jim

refuse de pleurer la mort de sa petite amie et *Sad Song* s'achève par : « Je vais arrêter de perdre mon temps/ Quelqu'un d'autre lui aurait cassé les deux bras. » Perturbant. Bob Ezrin a produit une bande sonore parfaite, en Technicolor, pour accompagner le scénario de Reed. Il a recruté un groupe de musiciens vedettes et soigneusement orné les dix morceaux de luxueux arrangements symphoniques. Le résultat constitue un riche pavé de rock orchestral, aux antipodes du son dépouillé de *Transformer*.

Le public n'était pas prêt à accueillir un projet aussi sombre. *Rolling Stone* a qualifié *Berlin* de « désastre » et l'album est tout juste entré au Top 100 américain. Malgré son échec commercial, son atmosphère glauque a inspiré une nouvelle génération de musiciens. Moins de dix ans plus tard, Ian Curtis, de Joy Division, recevra des éloges pour avoir utilisé des images noires semblables, alors si mal accueillies venant de Lou Reed. **TB**

Genesis
Selling England by the Pound (1973)

Label | Charisma
Production | John Burns • Genesis
Direction artistique | Betty Swanwick
Pays | Royaume-Uni
Durée | 53:40

Leur cinquième album en studio représente un immense bond en avant pour les musiciens de Genesis, à la fois en termes commerciaux et créatifs. Bon nombre de leurs fans considèrent toujours que c'est leur plus grande réussite, avec Peter Gabriel aux commandes.

Bien que ce ne soit pas un album à thème comme le suivant, *The Lamb lies down on broadway*, il s'agit d'un commentaire cinglant sur l'Angleterre, qui souffre de tensions industrielles et d'instabilité économique ; l'optimisme des années 60 est loin. Le ton est donné dès le premier morceau, *Dancing with the moonlight knight*, où un Gabriel solitaire demande : « Pouvez-vous me dire où est mon pays ? » À partir de là, la légende arthurienne se marie à l'art du trouvère médiéval, le groupe examinant de près le mercantilisme, l'américanisation et l'érosion de valeurs longtemps partagées.

Les illustrations surréalistes de Paul Whitehead ont orné les précédents albums de studio, *Trespass, Nursery Cryme* et *Foxtrot*. Cette fois-ci, le groupe a choisi un curieux tableau naïf de Betty Swanwick, qui a inspiré *I know what I like (In your wardrobe)*, un succès inattendu qui a indubitablement permis à *Selling England by the Pound* d'accéder à la 3e position du hit-parade britannique. *Firth of fifth*, chef-d'œuvre du rock progressif, mérite aussi d'être mentionné. Ayant récemment figuré au Top 10 avec un album live pour la première fois, Genesis s'est transformé en valeur sûre, même après le départ de son leader, Peter Gabriel, et avec l'ascension controversée de Phil Collins, batteur à l'origine. **MH**

▶II Liste des titres

	01 Dancing With The Moonlit Knight (Genesis)	8:04
▶	02 I Know What I Like (In Your Wardrobe) (Genesis)	4:07
▶	03 Firth Of Fifth (Genesis)	9:37
	04 More Fool Me (Genesis)	3:11
▶	05 The Battle Of Epping Forest (Genesis)	11:48
	06 After The Ordeal (Genesis)	4:16
▶	07 The Cinema Show (Genesis)	11:05
	08 Aisle Of Plenty (Genesis)	1:32

Marvin Gaye
Let's get it on (1973)

Label | Motown
Production | Marvin Gaye • Ed Townsend
Direction artistique | Vartan
Pays | États-Unis
Durée | 31:36

C'est probablement le seul album de la Motown qui mentionne T. S. Eliot,

le célèbre poète moderniste. On retrouve ainsi une citation extraite de *La Terre Gaste* sur la pochette de cet album majeur : « Naissance et copulation et mort, ce sont tous les faits que l'on doit connaître quand on en vient aux choses sérieuses. »
Et bizarrement, cela correspond parfaitement à la nature de ce disque. Après les commentaires sociaux de *What's going on*, Marvin conseille à ses auditeurs de retourner à l'occupation plus fondamentale qu'est le « sexe entre des corps consentants ». Et quel monstre torride, gonflé de sang et luisant de sueur c'est là !
Éclipsé aux plans critique et commercial par l'album précédent, *Let's get it on* (n° 2 aux États-Unis) est plus charmant, plus convaincant et, osons le dire, plus soul. Il était parfaitement logique que Gaye, dont les textes et les concerts débordaient d'une sexualité cachée au début de sa carrière, finisse par embrasser pleinement cette sensualité. La chanson-titre de l'album constitue une façon assez flagrante d'afficher la couleur. C'est devenu le point de référence de la « musique de chambre » jusqu'à ce que Gaye sorte son *Sexual Healing* en 1982. *You sure love to ball*, avec ses halètement et ses cris de plaisir à peine masqués, représente un chef-d'œuvre érotique pour certains, et dépasse les bornes pour d'autres. Mais l'album est espiègle, inventif, somptueux et surprenant : qualités que d'autres ont essayé d'imiter depuis, sans jamais surpasser ce disque. **JDo**

▶II Liste des titres

▶	01 Let's Get It On (Gaye•Townsend)	4:52
▶	02 Please Stay (Once You Go Away) (Gaye•Townsend)	3:28
	03 If I Should Die Tonight (Gaye•Townsend)	3:03
	04 Keep Gettin' It On (Gaye•Townsend)	3:09
	05 Come Get To This (Gaye•Townsend)	2:40
	06 Distant Lover (Gaye•Gordy Gaye•Greene)	5:15
▶	07 You Sure Love To Ball (Gaye)	4:43
▶	08 Just To Keep You Satisfied (Gaye•Stover)	4:26

John Martyn
Solid Air (1973)

Label I Island
Production I John Martyn • John Wood
Direction artistique I Fabio Nicoli
Pays I Royaume-Uni
Durée I 32:88

John Martyn a déjà cinq albums à son actif quand il sort *Solid Air*. Ce n'est ni du jazz, ni du blues, ni du folk mais plutôt une sombre alchimie des trois qui représente une apothéose pour Martyn. Il chante sur ce classique avec une merveilleuse sincérité et une belle maturité. La pochette de Fabio Nicoli paraît sortir tout droit d'un manuel de science, mais la musique qu'elle contient est tout sauf froide.
La chanson-titre, en particulier, est un blues lent et envoûtant. Hommage et mise en garde à Nick Drake, mort dix-huit mois après, la voix obsédante de Martyn y est soutenue par une double basse à la discrétion élégante et par un saxo soprano léger. Les deux instruments s'enroulent autour du texte comme des volutes de fumée, les accords du vibraphone tintant longuement par-dessous.
Cette instrumentation dépouillée mais expressive est répétée sur *Don't want to know*, les deux chansons donnant parfaitement le ton de l'album, languissant et nocturne. Cela reflète en partie la solide collaboration musicale de Martyn avec Danny Thompson, virtuose de la basse. Mais *Solid Air* a plus à offrir que ces méditations de fin de nuit sur la condition humaine.
I'd rather be the devil, blues caustique, côtoie aisément l'érotisme fragile de *Go down easy* et la promesse de camaraderie de *May you never*. La sincérité courageuse de Martyn réussit à relier le tout – et le côté chaleureux de l'album provient de la même source : l'interprétation charismatique et sans faille d'un musicien en pleine forme. **JDi**

Roxy Music
For your pleasure (1973)

Label | Island
Production | Roxy Music • Chris Thomas
Direction artistique | Nicholas de Ville
Pays | Royaume-Uni
Durée | 42:16

Bryan Ferry recherchait la beauté, Brian Eno la fureur. Roxy Music a réussi à réunir ces aspects sur deux albums, au début des années 70. Cela n'a cependant pas été sans mal. Exaspéré par la répugnance que montre Ferry à enregistrer ses chansons, Eno jette l'éponge après *For your pleasure* et le groupe ne sera plus jamais le même. Pourtant, c'était précisément cette bataille artistique qui nourrissait leur formidable premier album et a poussé… *Pleasure* vers de nouveaux sommets. Lorsque les deux géants trouvent un compromis, comme sur *Do the strand*, single pop d'un avant-gardisme décadent, le résultat est splendide. Tout au contraire, *In every dream home a heartache*, ode apparente à une poupée gonflable, se révèle pesant. Heureusement, on retrouve plus la première catégorie que la seconde sur *Pleasure*.

Do the strand est l'un des morceaux de rock les plus tonitruants que Roxy Music ait jamais enregistrés. Ferry se charge de l'adieu obsédant de *Beauty Queen* et utilise sa voix de tête sur *Strickly Confidential*. Les claviers robotiques d'Eno forment un contraste parfait avec la guitare céleste de Manzanera sur *Editions of you*.

Avec *Pleasure*, le succès est à nouveau au rendez-vous (Top 10 britannique) et l'album suivant, *Stranded*, sorti à la fin 1973, sera le premier n° 1 du groupe sur sa terre natale, même si les Américains ne l'ont découvert qu'une fois que Ferry a remplacé l'expérimentation par un son pop-soul tout aussi agréable. Ce dernier ne sera peut-être jamais meilleur que sur *Avalon*, en 1982, le seul disque d'or du groupe aux États-Unis. **JiH**

Faust
Faust IV (1973)

Label | Virgin
Production | Uwe Nettelbeck
Direction artistique | Uwe Nettelbeck
Pays | Allemagne
Durée | 41:57

Au début des années 70, la scène du rock progressif allemand a été affublée en Europe et aux États-Unis du surnom de *Krautrock* (« rock boche »). Ce surnom légèrement péjoratif a été inventé par la presse britannique après que Virgin et United Artists ont commencé à faire signer des groupes allemands. C'était un courant musical lucratif, qui a malheureusement été rapidement associé avec des groupes ne possédant pas la fibre novatrice caractérisant la première vague de « krautrockers ».

Faust a été créé en 1971 par des étudiants de gauche vivant en communauté, et leur exploration électro-acoustique a rapidement été défendue par Uwe Nettelbeck, journaliste musical devenu leur producteur et conseiller. C'est grâce à lui que Virgin a sorti *The Faust Tapes* en 1972, une série d'enregistrements amateurs vendue à plus de 50 000 exemplaires. Une tournée a suivi en Angleterre, et Faust a réussi à enregistrer son premier album britannique.

Faust IV débute par *Krautrock*, aventureuse improvisation métronomique de basse fidélité qui reflète l'essence du romantisme allemand du groupe. D'autres titres, comme *Just a second*, *Picnic on a frozen river* et *Giggy Smile* expérimentent de manière très évocatrice la musique électronique, le jazz, le folk, et la musique concrète.

Une pochette décevante et l'inclusion de bizarreries dadaïstes pop telles que *Sad*

Skinhead, *Jennifer*, et *It's a bit of pain* (qui comptent aujourd'hui parmi leurs morceaux les plus lyriques) ont dissuadé les acheteurs de *The Faust Tapes* d'acquérir cet album, désormais considéré comme un classique du Krautrock. **JG**

Herbie Hancock
Headhunters (1973)

Label | CBS
Production | David Rubinson
Direction artistique | Victor Moscoso
Pays | États-Unis
Durée | 41:46

Après le jazz électronique sibyllin de *Sextant*, Herbie Hancock emprunte sur *Headhunters* une voie funk plus linéaire. Il a écouté James Brown et Stevie Wonder, a réalisé des enregistrements avec Marvin Gaye (jamais mis sur le marché), mais c'est le funk polyrythmique de Sly and the Family Stone qui a déterminé sa nouvelle orientation.

Hancock s'est débarrassé des influences de jazz avant-gardistes de son très novateur Mwandishi Sextet, ne gardant que Benny Maupin parmi ses musiciens et enrôlant Paul Jackson pour prendre la place du bassiste Larry Graham au sein de Sly Stone. Le résultat ne ressemble absolument pas à ce que faisait Sly Stone, mais a donné naissance à divers genres musicaux.

L'ADN de la dance music électrique se trouve ainsi au sein de la ligne de basse chromatique de *Chameleon*. Les improvisations modales d'Herbie sur son piano électrique laissent deviner les premières notes du smooth jazz, tandis que la techno et le disco naîtront des breakbeats acérés d'Harvey Mason.

Contrairement aux explorations électriques funk que Hancock fera par la suite, *Headhunters* préserve une sensibilité d'avant-garde – *Vein Melter* est lugubre, *Sly* d'inspiration funk, et *Watermelon Man* est une nouvelle interprétation de son succès rhythm'n blues de 1962, ici sur un chant pygmée.

Le groupe enregistre deux autres albums sous le nom de Headhunters, et la carrière de Hancock contiendra des éclats de génie, mais aucun ne surpassera ce chef-d'œuvre majeur de jazz-funk. **JLe**

Mott the Hoople
Mott (1973)

Label | CBS
Production | Dan Loggins
Direction artistique | Roslav Szaybo
Pays | Royaume-Uni
Durée | 43:06

La complicité qui existait entre Ian Hunter, le chanteur de Mott the Hoople, et Mick Ralphs, son guitariste, a failli exploser durant l'enregistrement de *Mott* en 1973, seul album du groupe à figurer au Top 10 britannique. Hunter avait à l'origine rejoint Silence, groupe de troisième ordre de Ralphs, derrière les claviers, mais a de plus en plus contrôlé le chant et la composition des chansons après le tube *All the young dudes*, produit par David Bowie.

On retrouve un violoncelle sur le premier single, ainsi que le saxo d'Andy Mackay. (Roxy Music enregistre *For your pleasure* juste à côté, et selon la rumeur Mackay a envie de rejoindre Mott.) Le premier morceau, *All the way from Memphis* demeure l'une des meilleures interprétations de Hunter, et sortira en single. Brian May, de Queen, se souvient de cette chanson jouée à Memphis précisément comme « un grand moment de partage avec la capitale du rock blanc ».

Mott the Hoople n'a pas oublié son côté plus violent, même si Bowie l'a momentanément étouffé, et *Violence* démontre sur vinyle sa brutalité pré-punk. Ralphs jouit

de son unique moment de gloire en solo avec *I'm a Cadillac*, qui se poursuit par *El Camino Dolo Roso*, un morceau instrumental entrelacé de slide guitar.
Selon Ian Hunter, *Mott* est « l'album le plus complet que le groupe ait jamais enregistré, mais il est teinté de tragédie, parce que Ralphs était sur le point de partir ». Les projecteurs sont désormais dirigés sur lui seul, mais il a perdu son âme sœur et en cherchera bientôt une nouvelle en la personne de Mick Ronson. Il n'a cependant jamais surpassé *Mott*. **MH**

▶II Liste des titres

▶ 01 **All The Way From Memphis** (Hunter)	4:58
02 **Whizz Kid** (Hunter)	3:07
▶ 03 **Hymn For The Dudes** (Allen•Hunter)	5:38
04 **Honaloochie Boogie** (Hunter)	2:42
▶ 05 **Violence** (Hunter•Ralphs)	4:48
06 **Drivin' Sister** (Hunter•Ralphs)	3:51
▶ 07 **Ballad Of Mott** (Allen•Griffin•Hunter •Ralphs•Watts)	5:23
08 **I'm A Cadillac/El Camino Dolo Roso** (Ralphs)	7:48
09 **I Wish I Was Your Mother** (Hunter)	4:51

Mike Oldfield
Tubular Bells (1973)

Label I Virgin
Production I Simon Heyworth • Tom Newman • Mike Oldfield
Direction artistique I Trevor Key
Pays I Royaume-Uni
Durée I 48:56

Lorsque Mike Oldfield, fraîchement débarqué des clubs de folk, présente pour la première fois le concept de l'épique *Tubular Bells* à Richard Branson, propriétaire de Virgin, il est légèrement intimidé par la différence de milieu qui le sépare de cet entrepreneur issu des écoles privées et affichant un sourire permanent. Cela nourrit une détermination que l'on devine encore derrière chaque note de l'album. Ce dernier représente tout autant le Saint-Graal pour les fans de rock progressif qu'une simple musique d'ambiance au cours d'un dîner pour d'autres.
Sur le plan musical, *TB* est un fantastique méli-mélo de guitare de rock (à la fois les grincements de la guitare rythmique, avec toutes les exagérations possibles du début des années 70, et la guitare métallique, aux accents de blues), de basse dense et d'instruments accompagnant les carillons éthérés (*Tubular Bells* se traduit par « carillon » en français). Oldfield orchestre ce chaos mélodique avec une assurance précoce étonnante. Il suivra une voie très similaire au cours des décennies suivantes, mais semble ici avoir déjà tout découvert. Les grognements d'homme des cavernes de *Part 2* peuvent s'avérer pénibles après l'avoir écouté plusieurs fois, mais l'humour dont Oldfield a imprégné le projet nous fait pardonner ces excès. Tendez l'oreille pour ne pas rater Viv Stanshall, leader de Bonzo Dog, fantastiquement saoul alors qu'il présente chaque instrument apparaissant dans le thème principal. On remarquera aussi les pics de volume qui trahissent l'inexpérience d'Oldfield – mais qui servent aussi à accentuer la composition organique de l'album, aujourd'hui un objet essentiel des années 70. **JM**

▶II Liste des titres

▶ 01 **Tubular Bells, Part 1** (Oldfield)	25:36
02 **Tubular Bells, Part 2** (Oldfield)	23:20

Todd Rundgren
A wizard, a true star (1973)

Label I Bearsville
Production I Todd Rundgren
Direction artistique I Arthur Wood
Pays I États-Unis
Durée I 47:05

L'année 1973 n'a ressemblé à aucune autre pour Todd Rundgren. Il bénéficie d'une vague de créativité apparemment illimitée et espère faire suivre *Something/Anything ?* d'un autre double album. Mais la crise du pétrole conduit à une pénurie de vinyle. Toujours prêt à tirer parti d'une situation difficile, Rundgren se consacre à un autre projet : un album de dix-neuf ou vingt-quatre pistes (selon la façon de compter) démontrant ses possibilités de chanteur et de musicien tout en ravissant son public. « On ne peut pas placer de limites sur ce que l'on peut chanter, sur ce à quoi peut ressembler la musique, sur sa longueur... ou même décider si c'est de la musique ou non », a-t-il déclaré à l'époque. Et donc, *When the shit hits the fan* revient sur *Pet Sounds* ; *Zen Archer* (souvent joué en concert pendant les années 70) est une longue incursion dans la pop cosmique, tout en voix de tête. *Rock and Roll Pussy* évoque apparemment John Lennon – qui est dans sa période « lost week-end », séparé de Yoko Ono.

Naviguant entre différents styles, cet album est difficile à digérer à la première écoute, mais toute la force de Rundgren réside dans sa capacité à écrire d'incroyables chansons. La complexité de la pochette originale, découpée à l'emporte-pièce, est perdue sur la version CD : le thème est clairement celui du miroir, et on y trouve un message codé qui n'est peut-être que le titre de l'album en pseudo-runes – qui sait ? **DN**

Elton John
Goodbye yellow brick road (1973)

Label | DJM
Production | Gus Dudgeon
Direction artistique | Michael Ross
Pays | Royaume-Uni
Durée | 76:20

Trois des quatre premières chansons de cet album font partie des plus populaires d'Elton John. En dehors de *Candle in the wind*, hommage à Marylin Monroe qu'il reverra à l'occasion de l'enterrement de la princesse Diana, on trouve *Bennie & the Jets*, vendu à plus d'un million d'exemplaires, n° 1 au hit-parade américain (une première pour le tandem John/Taupin).

Les choses avaient pourtant mal commencé pour cet album qui a passé deux ans au hit-parade, dont huit semaines à la première place : le studio jamaïcain où ils devaient enregistrer (d'où le faux reggae *Jamaica Jerk-Off*) ne leur convient pas. Coincé dans une chambre d'hôtel, Elton n'a rien d'autre à faire que de composer sur les textes de Taupin. Il se retrouve avec assez de chansons pour un double album (son premier) et les enregistre au célèbre « honky château », où ses deux albums précédents avaient été élaborés.

Le duo a produit un autre single figurant au Top 10 britannique (Top 20 américain) avec *Saturday Night*... Parmi les autres merveilles de l'album, on compte l'intro dynamique du premier morceau, un rock progressif. *All the girls love Alice* est probablement la première chanson de rock à traiter de l'homosexualité féminine.

Rock progressif, ballades, rock pur, variété – une telle diversité en fait un ensemble hétérogène. Mais les meilleures chansons – en particulier l'émouvante chanson-titre – relèvent de la meilleure pop possible. **JT**

Steely Dan
Countdown to ecstasy (1973)

Label | ABC
Production | Gary Katz
Direction artistique | Dotty of Hollywood
Pays | États-Unis
Durée | 41:04

Après le succès de *Can't buy a thrill*, leur premier album qui s'est vendu à plus d'un million d'exemplaires, les membres

de Steely Dan ont changé et Donald Fagen se charge désormais du chant. Cela marque la naissance de leur style musical « classique ».
Un succès dans la poche, il est temps d'explorer plus avant. *Countdown* introduit les influences de jazz et les paroles obtuses qui définiront leur œuvre plus tard. L'illustration impressionniste de la pochette fait allusion à cette nouvelle ambition.
Bodhisattva, le premier morceau, est de toute beauté. Attaque satirique d'une culture californienne férue de karma, la chanson ressemble à un rockabilly très intelligent, avec un duel de guitare extravagant entre Jeff « Skunk » Baxter et Debby Dias.
Your gold teeth fait à nouveau usage de Dias, mais dans un style moins direct – c'est l'histoire d'une voleuse blasée tirant profit de sa beauté, un mini-roman à la Elmore Leonard. Le vibraphone de Victor Feldman et le piano électrique de Faden créent une atmosphère glaciale, tandis que la partie solo se retrouve en territoire bizarrement psychotrope. *My old school*, morceau de rock pur évoquant leurs méfaits de collège, est, lui, dépourvu d'ambiguïté.
D'un ton plus rude que leur premier album, *Countdown to ecstasy* annonce d'un style acerbe les thèmes de leurs disques suivants. **JDi**

Waylon Jennings
Honky Tonk Heroes (1973)

Label | RCA
Production | T. Glaser • W. Jennings
Direction artistique | Non créditée
Pays | États-Unis
Durée | 27:06

En 1958, un Waylon Jennings de 21 ans rejoint Buddy Holly comme joueur de basse intérimaire, une collaboration qui prend fin l'année suivante avec la mort précoce de Holly. Jennings joue ensuite sur la côte ouest jusqu'en 1965, lorsqu'il commence à travailler pour la RCA à Nashville. Enregistrer des albums au sein du système des studios ne le satisfaisant pas, il coiffe en 1973 la casquette de producteur pour *Honky Tonk Heroes*, l'une des pierres angulaires de la country.
Jennings enrôle Billy Joe Shaver comme parolier, un Texan de 34 ans qui commence juste à se faire un nom à Nashville. Leur collaboration portera ses fruits – Shaver écrit ou co-écrit neuf des dix morceaux de l'album, et ses sombres paraboles de violence gratuite correspondent parfaitement à la voix lasse et basse de Jennings.
Avec ce dernier aux commandes, l'album possède un son dépouillé rare à Nashville à l'époque – il donne des tempos langoureux aux chansons, la pedal steel de Ralph Mooney s'avérant elle aussi mélancolique et évocatrice. Les paroles de Shaver sont simples et puissantes, rimant soigneusement et faisant naître des images d'un humour pince-sans-rire. Sur l'un des morceaux les plus mémorables, *Black Rose*, on entend : « Lorsque le diable a créé cette femme, Seigneur, il a jeté le patron/ Elle était bâtie pour la vitesse avec les outils dont on a besoin pour créer un nouvel imbécile chaque jour. » **KB**

Pink Floyd
The Dark Side of the Moon (1973)

Label | Harvest
Production | Pink Floyd
Direction artistique | Hipgnosis
Pays | Royaume-Uni
Durée | 42:30

Comme *Cosmic Slop* de Funkadelic, *Dark Side of the Moon* illustre une

époque cynique, où Watergate et guerre du Vietnam sont en train de mettre fin à ce qui reste encore de l'esprit des sixties.
L'œuvre des Pink Floyd possède néanmoins des débuts très terre à terre. Désireux de se défaire de ses chaînes psychédéliques, le groupe s'est réuni dans la cuisine de Nick Mason, le batteur, pour établir une liste de ce qui le gêne. Ces pressions – le temps, l'argent, la folie, la mort – sont intégrées à des morceaux de rock vaguement funky comme ceux d'*Obscured by clouds*, puis joués en tournée pendant un an sous le titre de *Eclipse (A piece for assorted lunatics)*. Un peu de poudre magique en studio – des chants de gospel, des solos explosifs, des effets sonores – et c'est devenu *Dark Side of the Moon*. Ayant vendu plus d'un million d'exemplaires aux États-Unis grâce aux seuls concerts du groupe, il est devenu interstellaire lorsque Capitol, la compagnie mère, a fait un tube de *Money*, fait rare pour les Pink Floyd.
De nos jours, on trouve des rééditions anniversaires, et il a été repris par des joueurs de reggae (*Dub Side of the Moon*) et par Phish. Lorsqu'on déplie la pochette du vinyle, on découvre un prisme qui reflète un rayon de lumière à l'infini. Évoquant à la fois le légendaire spectacle de lumières des Floyd et l'ambition illimitée de leurs textes, cela demeure l'une des images les plus emblématiques du rock.
Vu le poids de son héritage, on s'attendrait à ce qu'il soit ennuyeux. De fait, c'est une série de chansons brillantes, mélodieuses et entraînantes. Pour les néophytes, c'est par là qu'il faut commencer. **BM**

▶II Liste des titres

01 **Speak To Me** (Mason)	1:15
02 **Breathe** (Gilmour•Waters•Wright)	2:18
03 **On The Run** (Gilmour•Waters)	3:33
▶ 04 **Time/Breathe (Reprise** (Gilmour•Mason •Waters•Wright)	7:07
▶ 05 **The Great Gig In The Sky** (Wright)	4:44
▶ 06 **Money** (Waters)	6:32
07 **Us And Them** (Waters•Wright)	7:41
09 **Any Colour You Like** (Gilmour•Mason•Wright)	3:25
10 **Brain Damage** (Waters)	3:51
11 **Eclipse** (Waters)	2:04

Stevie Wonder
Innervisions (1973)

Label | Motown
Production | Stevie Wonder
Direction artistique | Mathieu Bitton
Pays | États-Unis
Durée | 44:12

Innervisions est le dernier d'une trilogie d'albums ayant débuté avec *Music of my mind* en 1972, le dernier fruit d'une explosion de créativité dont a bénéficié Wonder lorsqu'il a renégocié sa liberté artistique avec la Motown. Sorti sept mois à peine après *Talking Book*, *Innervisions* ne comprend aucun fond de tiroir. Comme l'illustration d'Effram Wolff le suggérait, c'est l'album le plus ambitieux et le plus visionnaire de Wonder jusque-là.
Avant sa sortie, Stevie Wonder a emmené des journalistes à la découverte de New York en minibus, les yeux bandés, pour qu'ils puissent être confrontés à la vie urbaine telle qu'il la connaissait. Puis il leur fait écouter l'album, toujours les yeux bandés. On ne peut que se demander ce que cela a dû être d'écouter *Living for the city*, un thriller sonore (avec dialogue et effets sonores) retraçant la chute d'un garçon naïf de la campagne dans le crime et la mort dans la « grande pomme » pourrie. Le ton de l'album est politique : *Visions*, mélancolique, *Higher Ground*, funky (plus tard massacré par les Chili Peppers), et *Jesus children of America*, incendiaire, évoquent tous une Amérique en train d'imploser. Mais Stevie n'est jamais prêcheur : on retrouve la politique avec un petit p dans le somptueux *He's misstra know-it-all*. Et comme s'il devait encore prouver sa versatilité, le mélodramatique *All in love is fair*

a plus tard été repris par Frank Sinatra et Barbra Streisand.

« J'ai senti que quelque chose allait se produire, de très, très significatif », s'est souvenu Wonder. De fait, il allait être victime d'un accident de voiture pendant la tournée qui suivit – le laissant dans le coma, le privant de son odorat et ouvrant un nouveau chapitre de sa vie. **SC**

▶II Liste des titres

- ▶ 01 Too High (Bollenback•Wonder) 4:36
- 02 Visions (Bollenback•Wonder) 5:23
- ▶ 03 Living For The City (Wonder) 7:21
- 04 Golden Lady (Wonder) 5:00
- ▶ 05 Higher Ground (Wonder) 3:42
- 06 Jesus Children Of America (Wonder) 4:10
- 07 All In Love Is fair (Wonder) 3:41
- ▶ 08 Don't You Worry 'Bout A Thing (Wonder) 4:44
- ▶ 09 He's Misstra Know-It-All (Wonder) 5:35

ZZ Top
Tres Hombres (1973)

Label | London
Production | Bill Ham
Direction artistique | Bill Narum
Pays | États-Unis
Durée | 33:26

Tres Hombres a permis à ZZ Top, l'un des meilleurs groupes américains en concert, de se retrouver dans la cour des grands. Il sera probablement toujours impossible de déterminer laquelle des deux grandes époques des ZZ était la meilleure – leur blues rock pur des années 70 ou leur blues disco des années 80 et 90. Ce qui est indiscutable, c'est que leurs racines texanes sont absolument inséparables de leur son « brut de décoffrage ».

Tres Hombres expose tout ce qui fait la force du groupe – dont *La Grange*, un tube énorme. De fait, basée sur un riff si simple et pourtant si inspiré qu'il en est inoubliable, elle est atypique à cause de son chant marmonné. *Precious and Grace* – où deux auto-stoppeuses s'avèrent être d'anciennes arnaqueuses – mêle un fantastique riff de style Led Zep à un refrain d'une intensité remarquable, presque psychédélique. Tout ceci s'allie à la perfection. *Move on down the line* est un boogie nerveux, qui paraît influencé par Jack Bruce après son départ de Cream. *Jesus just left Chicago* est un autre petit bijou, incroyablement fluide. L'étonnant *Master of sparks* traite d'une intéressante tradition texane qui consiste à balancer ses copains depuis l'arrière d'un pick-up roulant à toute allure, juste pour s'amuser.

La pochette du vinyle, en se dépliant, s'ouvre sur une photo criarde du plat mexicain qui donne son nom à l'album et illustre clairement son contenu. Même si les photos des trois musiciens cachent le fait qu'ils n'ont pas encore atteint la trentaine. **DN**

▶II Liste des titres

- 01 Waitin' For The Bus (Gibbons•Hill) 2:59
- ▶ 02 Jesus Just Left Chicago (Beard•Gibbons•Hill) 3:29
- 03 Beer Drinkers & Hell Raisers (Beard•Gibbons•Hill) 3:23
- 04 Master Of Sparks (Gibbons) 3:33
- 05 Hot, Blue, And Righteous (Gibbons) 3:14
- ▶ 06 Move Me On Down The Line (Gibbons•Hill) 2:30
- ▶ 07 Precious And Grace (Beard•Gibbons•Hill) 3:09
- ▶ 08 La Grange (Beard•Gibbons•Hill) 3:51
- 09 Shiek (Gibbons•Hill) 4:04
- 10 Have You Heard ? (Gibbons) 3:14

Paul McCartney and Wings
Band on the run (1973)

Label | Apple
Production | Paul McCartney
Direction artistique | Hipgnosis
Pays | Royaume-Uni
Durée | 41:10

Les premiers efforts solos de McCartney semblaient indiquer qu'il aurait du mal à produire une musique inoubliable sans les Beatles. Il composait de merveilleux

singles – notamment *Maybe I'm amazed* et *Live and let die* – mais ses albums, comme *Red Rose Speedway* en 1973, ne feraient sûrement pas oublier les Beatles.
Il s'est mis au travail sur cet album après avoir fait la une pour une affaire de drogue et alors que le groupe n'est plus au complet – Denny Seiwell, le batteur, et Henry McCullough, le guitariste, ont filé une semaine avant que le groupe ne s'envole pour Lagos, au Nigeria, où il devait enregistrer. Et une fois sur place, McCartney et sa femme, Linda, se sont fait voler sous la menace d'un couteau.
Mais McCartney domine ce qui est en fait un disque solo. *Band on the run* débute avec la chanson-titre, sorte de montagnes russes musicales – une mini-suite, rappelant les arrangements très nuancés de la face 2 d'*Abbey Road*. Il continue sur cette même lancée avec le dynamique *Jet* et l'ensoleillé *Bunny*, sorte de compagnon du *Blackbird* des Beatles. Le disque vacille momentanément avec *Let me roll it*, réponse peu judicieuse au cinglant *How do you sleep ?* de Lennon, mais retrouve sa voie grâce aux titres solides de la face 2, tels que *Mamunia* et *No Words*.
Six célébrités (en majorité britanniques) apparaissent sur la pochette, déguisées en évadés, rappelant à moitié une version réduite de celle de *Sergent Pepper*. C'est tout à fait approprié, puisque *Band on the run* a été un succès critique et commercial, le plus bel effort du bassiste-compositeur-interprète après la rupture des Beatles. **JiH**

▶II Liste des titres

▶ 01 **Band On The Run** (L. McCartney•P. McCartney) 5:12
▶ 02 **Jet** (L. McCartney•P. McCartney) 4:13
▶ 03 **Bluebird** (L. McCartney•P. McCartney) 3:24
04 **Mrs. Vandebilt** (L. McCartney•P. McCartney) 4:44
05 **Let Me Roll It** (P. McCartney) 4:52
▶ 06 **Mamunia** (L. McCartney•P. McCartney) 4:51
07 **No Words** (Laine•P. McCartney) 2:33
08 **Picasso's Last Words (Drink To Me)** (L. McCartney•P. McCartney) 5:52
09 **Nineteen Hundred And Eighty Five** (L. McCartney•P. McCartney) 5:29

The Sensational Alex Harvey Band
Next (1973)

Label | Vertigo
Production | Phil Wainman
Direction artistique | Non créditée
Pays | Royaume-Uni
Durée | 35:47

Deux ans après que Tear Gas, groupe de Glasgow, a rencontré Alexander Harvey, son aîné de seize ans, le deuxième album qu'ils produisent ensemble constitue l'un des sommets de leur carrière. Après une tournée en Angleterre en première partie de Slade, ils jouent *Next* et *Faith Healer* à la BBC en 1973. Le mélange de hard-rock et de théâtralité du groupe combiné au charisme démoniaque et à la voix de Harvey en faisaient une attraction. La chanson-titre, adaptée d'*Au suivant* de Brel, semble faite sur mesure pour Harvey, avec ses références aux maisons closes et aux maladies sexuellement transmissibles. Mais c'est *Fair Heather* qui fait du groupe le clou du festival de Reading, où trente mille festivaliers lèvent les bras au ciel en réponse au « Puis-je vous faire l'imposition des mains ? » de Harvey. « Tout le monde est devenu dingue », confirme Zal Cleminson, le guitariste. Et pourtant, comme pour nombre de grands moments, tout cela est né du hasard. Selon le bassiste Chris Glen, *Faith Healer* était un accident… « À cette époque, la bande devait être de la même longueur des deux côtés et il nous manquait deux minutes, alors on a collé une boucle juste devant ! »
Harvey et Hugh McKenna, joueur de synthé, sont désormais aux commandes de l'écriture et, avec le producteur Phil Wainman enrôlé pour son expertise, le terrain est prêt pour d'autres triomphes. Malheureusement le mauvais sort, la fatigue et une mauvaise gestion contribuent à ralen-

tir la progression du groupe (sans parler de leur single *Delilah* qui leur a fait plus de mal que de bien). **MH**

▶❚❚ Liste des titres

▶	01 Swampsnake (Harvey•McKenna)	4:52
	02 Gang Bang (Harvey•McKenna)	4:44
▶	03 The Faith Healer (Harvey•McKenna)	7:11
	04 Giddy-Up-A-Ding-Dong (Bell•Lattanzi)	3:16
▶	05 Next (Blau•Brel•Shuman)	4:03
▶	06 Vambo Marble Eye (Harvey•McKenna)	4:24
	07 The Last Of The Teenage Idols (Cleminson•Harvey•McKenna)	7:17

Alice Cooper
Billion Dollar Babies (1973)

Label | Warner Bros.
Production | Bob Ezrin
Direction artistique | Pacific Eye And Ear
Pays | États-Unis
Durée | 40:51

Lorsque *Billion Dollar Babies* paraît, Vincent Furnier – alias Alice Cooper, le roi du shock rock – joue toujours en compagnie des membres originaux de l'Alice Cooper Band. Un album plus tard, ils se séparent, mais en laissant derrière eux ce disque, le meilleur qu'ils aient jamais enregistré.

Leur collaboration avec Bob Ezrin leur permet d'embrasser un style rock beaucoup plus dur, bien qu'il soit accompagné ici d'un vernis plus lisse, de cordes et de cuivres conciliants. L'enregistrement est effectué à la fois aux États-Unis et au Royaume-Uni – où, parmi les amis qui sont passés leur donner un coup de main, on trouve Marc Bolan, Donovan et Keith Moon des Who.

L'album marque aussi l'explosion commerciale du phénomène Alice Cooper, et la tournée qui s'ensuit est l'une des plus rentables de l'histoire du rock. On retrouve depuis un moment sur scène leurs artifices macabres – faux sang, potence (que remplaçait une guillotine pour cette tournée) et chaises électriques – et les chansons possèdent désormais la même inspiration. La meilleure d'entre elles est peut-être ici *I love the dead*, récit troublant de nécrophilie qui a aidé l'album à atterrir à la première place à la fois aux États-Unis et au Royaume-Uni. Elle est en excellente compagnie avec *Elected*, impressionnante et adaptée aux concerts de stade (autre succès en single) et *No more Mr Nice Guy* (prévu à l'origine pour *Killer*, sorti en 1971), devenu une sorte d'hymne pour Cooper. On trouvait dans la pochette de l'original un faux billet d'un milliard de dollars. **LPG**

▶❚❚ Liste des titres

▶	01 Hello, Hooray (Kempf)	4:14
	02 Raped And Freezin' (Bruce•Cooper)	3:15
▶	03 Elected (Bruce•Buxton•Cooper•Dunaway •Smith)	4:05
	04 Billion Dollar Babies (Bruce•Cooper•Smith)	3:39
	05 Unfinished Sweet (Bruce•Cooper•Smith)	6:17
▶	06 No More Mr. Nice Guy (Bruce•Cooper)	3:05
	07 Generation Landslide (Bruce•Buxton•Cooper•Dunaway•Smith)	4:31
	08 Sick Things (Bruce•Cooper•Ezrin)	4:18
	09 Mary Ann (Bruce•Cooper)	2:19
▶	10 I Love The Dead (Cooper•Ezrin)	5:08

Iggy and the Stooges
Raw Power (1973)

Label | Columbia
Production | Iggy Pop
Direction artistique | Mick Rock
Pays | États-Unis
Durée | 33:57

L'image d'un Iggy Pop rebelle sur la pochette de *Raw Power* symbolise parfaitement sa réponse aux difficultés qu'il a dû affronter avant que cet album ne voie le jour. Après une relation difficile avec Elektra qui avait mal défendu les deux premiers albums du groupe et l'avait abandonné avant que le troisième ne prenne forme, Pop dissout les Stooges et fuit Detroit pour retrouver David Bowie à New York.

Sur le conseil de ce dernier, Iggy et James Williamson, guitariste, décampent pour Londres, afin d'enregistrer *Raw Power*. Là, Iggy réengage Ron et Scotty Asheton, les frères qui ont créé la première section rythmique des Stooges. L'atmosphère respectable de la « bonne vieille Angleterre », comme dit Iggy, ne tempère en rien le machisme tapageur de *Raw Power* ; de fait, l'album ne peut être plus éloigné de l'ambiguïté sexuelle du glam rock que Bowie et d'autres vendent à l'époque. La vision d'Iggy est ambitieuse – les premiers mixages de *Search and destroy* contiennent les bruits d'un combat à l'épée tandis que *Penetration* fait usage du céleste (un clavier produisant des sons de cloches), instrument courant du rock. Mais la guitare de Williamson et les martèlements des frère Asheton préservent la simplicité d'un album que l'on ressent en profondeur.
Columbia, pourtant, le déteste, et le considère encore moins accessible que ce que le groupe a produit pour Elektra. Le label charge Bowie de sauver ce qu'il peut du gâchis. Fort heureusement, il reste fidèle à la vision d'Iggy, et produit huit morceaux qui influenceront les proto-punks de Londres et de New York, assurant à Pop le rôle de parrain du mouvement. **SJac**

▶II Liste des titres

▶ 01 Search And Destroy (Pop•Williamson)	3:29
▶ 02 Gimme Danger (Pop•Williamson)	3:33
03 Your Pretty Face Is Going To Hell (Pop•Williamson)	4:54
04 Penetration (Pop•Williamson)	3:41
▶ 05 Raw Power (Pop•Williamson)	4:16
06 I Need Somebody (Pop•Williamson)	4:53
07 Shake Appeal (Pop•Williamson)	3:04
08 Death Trip (Pop•Williamson)	6:07

The Isley Brothers
3 + 3 (1973)

Label | T-Neck
Production | The Isley Brothers
Direction artistique | Ed Lee
Pays | États-Unis
Durée | 38:58

Jusqu'à la sortie de *3 + 3*, le groupe était connu sous le nom de The Drifters ou The Moonglows : des musiciens noirs souriants en costume de mohair très cool. Les auditeurs adoraient les tubes des Isley – les Beatles ont repris leur *Twist and shout*, et le groupe avait rencontré le succès avec *Shout*, inspiré par le gospel. Mais ce qu'ils avaient produit pour la Motown était décevant et incohérent.
3 + 3 annonce une renaissance, et ce dès les photos de la pochette, qui montrent les cinq frères, Ronald, O'Kelly, Rudolph, Ernie et Marvin Isley, ainsi que leur copain Chris Jasper, pleins d'assurance et vêtus de façon folklo. (Les Isley constituaient au départ un trio – le titre de l'album fait référence à l'apparition d'une nouvelle génération.)
Ce disque prouve que ces frères de Teaneck, dans le New Jersey, peuvent jouer et chanter avec autant de passion que n'importe qui, de Bowie à Al Green. Les longues phrases musicales d'Ernie, âgé de 17 ans, à la guitare Stratocaster munie d'une pédale fuzztone (Hendrix, qui avait joué avec Isley dans les années 60, l'avait directement influencé), permettent aux frères d'explorer un territoire plus rock. *That Lady*, la première chanson, rencontre un grand succès comme single, mais on se souvient aussi avec tendresse de *What it comes down to* et de l'épique *Summer Breeze*. Les voix sont légères, mélodieuses et pleines d'émotion – et, sur cette dernière chanson, le ténor de Ronald atteint une extase délirante.

Album chaleureux et romantique, *3 + 3* déborde de morceaux dansants (Marvin compte parmi les meilleurs bassistes du funk). Il possède une légèreté qui rappelle presque un folk-rock acoustique et nous fait regretter les jours innocents d'avant le disco. **ML**

▶II Liste des titres

▶	01 **That Lady** (The Isley Brothers)	5:35
▶	02 **Don't Let Me Be Lonely Tonight** (Taylor)	4:00
	03 **If You Were There** (The Isley Brothers)	3:22
	04 **You Walk Your Way** (The Isley Brothers)	3:08
▶	05 **Listen To The Music** (Johnston)	4:07
▶	06 **What It Comes Down To** (The Isley Brothers)	3:54
	07 **Sunshine Go Away Today** (Edwards)	4:23
▶	08 **Summer Breeze** (Seals•Crofts)	6:12
	09 **The Highways Of My Life** (The Isley Brothers)	4:17

New York Dolls

New York Dolls (1973)

Label | Mercury
Production | Todd Rundgren
Direction artistique | Album Graphics Inc.
Pays | États-Unis
Durée | 42:14

Massacrés par la presse qui ne les voyait que comme des travestis imitant les Rolling Stones, les New York Dolls formaient en réalité un groupe très au point qui adorait les groupes féminins rhythm'n'blues des années 50 et 60. Ils ont débuté au Mercer Arts Center de New York, où ils ont été adoptés par l'entourage d'Andy Warhol. Convaincu de leur succès imminent, Marty Thau, associé à l'équipe qui s'occupait d'Aerosmith, a réussi à les faire enregistrer. Leur perspective sur la décadence quotidienne de Manhattan et leurs chroniques du désespoir devaient entretenir la flamme du Velvet Underground.

Todd Rundgren transforme l'ambiance de sous-sol du groupe en un éventail sonore plus large, non sans rencontrer une certaine résistance. Le jeu de guitare démonté de Johnny Thunder, à la Chuck Berry, s'oppose aux hurlements ivres de David Johansen, au cours d'une séance d'enregistrement qui produit une explosive série de chansons. Le rock futé des Dolls et leur esprit acéré peuplent des classiques de bas étage tels que *Frankenstein*, *Human Being*, le joyeux *Personality Crisis* et *Trash* – où la romance de second ordre et la désaffection urbaine apparaissent au milieu d'un paysage sonore grotesque, mais magnifique.

Pionniers de la scène proto-punk newyorkaise des années 70, les Dolls sont en pleine séparation acrimonieuse en 1975. Celle-ci est due en partie à leurs tendances autodestructrices. Mais leurs prouesses ne sont pas passées inaperçues à Londres – la même année, Malcolm McLaren, qui avait été brièvement leur manager, s'empare de leur concept et forme un nouveau groupe, les Sex Pistols. **JG**

▶II Liste des titres

▶	01 **Personality Crisis** (Johansen•Thunders)	3:42
	02 **Looking For A Kiss** (Johansen)	3:19
	03 **Vietnamese Baby** (Johansen)	3:30
▶	04 **Lonely Planet Boy** (Johansen)	4:08
	05 **Frankenstein** (Johansen•Sylvain)	5:58
▶	06 **Trash** (Johansen•Sylvain)	3:07
	07 **Bad Girl** (Johansen•Thunders)	3:03
	08 **Subway Train** (Johansen•Thunders)	4:20
	09 **Pills** (McDaniel)	2:48
	10 **Private World** (Johansen•Kane)	3:39
▶	11 **Jet Boy** (Johansen•Thunders)	4:40

Eno

Here come the warm jets (1974)

Label | Island
Production | Brian Eno
Direction artistique | Lorenz Zatecky
Pays | Royaume-Uni
Durée | 41:58

Roxy Music ne pouvait pas satisfaire à la fois la recherche de beauté de Bryan Ferry et l'expérimentation de Brian Eno.

Tous les deux le savaient dès 1973 avec *For your pleasure*, et Eno a quitté le groupe. Après avoir sorti *No Pussyfooting* avec le guitariste Robert Fripp, Eno réalise ce premier album solo. Malgré son titre insolent, *Here come the warm jets* est un chef-d'œuvre de pur pop-rock, d'une grande ambition. Il reflète les jours qu'Eno a passés au sein de Roxy Music et annonce ce qu'il accomplira plus tard avec Bowie.
En collaboration avec Andy Mackay, Phil Manzanera, Fripp et d'autres explorateurs du son, il élabore au synthétiseur un style de rock qui inspirera les artistes new wave des années 80. *Warm jets* inclut mélodies accessibles et aspects postmodernes obscurs. Contrastant avec l'art-rock prétentieux d'ELP et de Yes, c'est principalement un album de rock, qui rappelle parfois la franchise du Velvet Underground. C'est aussi un disque de guitare – où l'on ne retrouve malheureusement jamais Manzanera et Fripp sur le même morceau. Ces deux génies de la touchette jouaient à tour de rôle, Manzanera en premier sur les rythmes extrêmement précis de *Needles in the camel's eye*, Fripp augmentant ensuite la mise sur *Baby's on fire*. Eno ne perd jamais son sens de l'humour, développant *Cindy tells me* sur un blues classique. On l'imagine nous faisant un pied de nez sur *Dead finks don't talk*. Malgré son manque évident d'attrait commercial, l'album s'est étonnamment bien vendu, arrivant à figurer au Top 30 britannique. Eno poursuivra dans cette même voie avec *Another Green World*, très ambitieux, en 1975. **JiH**

▶II Liste des titres

▶ 01	Needles In The Camel's Eye (Eno•Manzanera)	3:11
02	The Paw Paw Negro Blowtorch (Eno)	3:04
▶ 03	Baby's On Fire (Eno)	5:19
04	Cindy Tells Me (Eno•Manzanera)	3:25
▶ 05	Driving Me Backwards (Eno)	5:12
06	On Some Faraway Beach (Eno)	4:36
07	Blank Frank (Eno•Fripp)	3:37
▶ 08	Dead Finks Don't Talk (Eno)	4:19
09	Some Of Them Are Old (Eno)	5:11
▶ 10	Here Come The Warm Jets (Eno)	4:04

Bad Company
Bad Company (1974)

Label | Island
Production | Bad Company • Terry Thomas
Direction artistique | Hipgnosis
Pays | Royaume-Uni
Durée | 34:35

Alors que la Turquie se préparait à envahir Chypre en 1974, le manager de Led Zeppelin, Peter Grant, dévoilait ses jeunes turcs : Paul Rodgers (chant) et Simon Kirke (batterie), ex-Free tous deux, Mick Ralphs (guitare), ex-Mott the Hoople, et Boz Burell, ancien King Crimson et seizième bassiste à avoir auditionné !
Bien avant que Queen, son futur employeur, ne se fasse un nom, Rodgers était déjà une star du rock (et un accordéoniste), et sa première aventure post-Free était attendue avec impatience. Il n'a pas déçu.
Rodgers et Ralphs ont formé Bad Company après s'être rencontrés en tournée et avoir fait un bœuf ensemble. Les membres de Zeppelin les ont pris sous leur aile, les ont fait signer chez Swan Song, leur label américain, et – profitant d'une trêve dans leur calendrier – leur ont permis de produire *Bad Company* en novembre 1973 dans le studio de Ronnie Lane.
Cet album (n° 3 aux États-Unis) reflète l'énergie d'un style de vie fonctionnant à la coke, avec des touches de soul et de country. On y trouve de superbes titres comme le frimeur *Can't get enough*, le puissant *Movin' On*, la complainte de *Ready for love* et la ballade qu'était *Seagull*. Ron Nevison, qui allait devenir plus tard un producteur recherché, était l'ingénieur du son sur cet album. *Kirke* a été enregistré dans un couloir tandis que les chants, eux, l'ont été dans un champ proche, la nuit. Comme se souvenait Rodgers, « l'alcool et la drogue » coulaient dans les veines des musiciens et pourtant Bad Company symbolise

le rock blues, celui du bon vieux temps. Steve Clarke de *NME* s'est exclamé : « Tout ce qu'ils touchent se transforme en or. » Il aurait aussi pu mentionner le platine. **TJ**

▶II Liste des titres

▶	01 Can't Get Enough Of Your Love (Ralphs)	4:10
	02 Rock Steady (Rodgers)	3:46
	03 Ready For Love (Ralphs)	5:00
	04 Don't Let Me Down (Ralphs•Rodgers)	4:18
	05 Bad Company (Kirke•Rodgers)	4:50
	06 The Way I Choose (Rodgers)	5:05
▶	07 Movin' On (Ralphs)	3:20
▶	08 Seagull (Ralphs•Rodgers)	4:06

Genesis
The Lamb lies down on Broadway (1974)

Label | Charisma
Production | John Burns • Genesis
Direction artistique | Hipgnosis
Pays | Royaume-Uni
Durée | 92:25

Si 1974 est l'apogée des excès du rock progressif, cet album-ci est sombre, fragile, son instrumentation, dépouillée. Enregistré dans la campagne du pays de Galles à une période difficile pour Genesis, tandis que la voix de Peter Gabriel est gravée séparément à Londres, l'album montre le groupe sous son aspect le plus discret.
Gabriel, alors recherché pour son talent de parolier, s'est lancé dans l'écriture d'un « voyage du pèlerin » moderne, débutant avec *Rael*, blouson noir portoricain qui découvre un agneau allongé sur Broadway. On ne sait pas si qui que ce soit, Gabriel compris, a vraiment saisi le sens de cette histoire, mais ce double album contient l'une de ses créations littéraires les plus cohérentes et la musique la plus vigoureuse que le groupe ait jamais jouée. *Back in New York*, repris par Jeff Buckley sur son dernier enregistrement, signale l'arrivée du punk. *In the cage* est tout aussi fort que *Supper's ready*, mais ne dure que huit minutes ; *Carpet Crawlers* donne un autre tube inoubliable au groupe, tandis que *The Chamber of 32 doors* est envahi par la soul que Gabriel écoutait adolescent.
Avec sa pochette moderne et élégante, l'album, sorti à la fin 1974, a été unanimement salué. C'est un disque de vocalistes, raison pour laquelle les musiciens le détestent et Gabriel l'adore. Comprenant qu'il ne disposera jamais plus d'autant de liberté sur un autre album de Genesis, il quitte le groupe à la fin de la tournée mondiale, épuisante, qui suit la sortie. **TJ**

Shuggie Otis
Inspiration Information (1974)

Label | Epic
Production | Johnny Otis • Shuggie Otis
Direction artistique | T.E. St. John
Pays | États-Unis
Durée | 32:07

Malgré une réédition sur CD par la 21st Century, ce bijou demeure méconnu. Mais son charme est sublime et il mérite d'être redécouvert comme l'album de funk essentiel, délicat, rêveur et magnifique qu'il est.
Shuggie avait percé dès l'age de 12 ans (!), en 1965, son premier enregistrement se classant à la 29e place du hit-parade R&B américain. *Country Girl* avait été écrit par son père, Johnny Otis, star légendaire du rhythm'n'blues à qui l'on doit aussi deux classiques, *Hound Dog* et *Willy and the hand jive*. C'est dans cet environnement musical qu'a grandi Shuggie, prodige complet – guitariste, compositeur, chanteur, arrangeur et capable de jouer divers instruments. À l'âge de 19 ans, il a déjà joué avec Zappa et Al Kooper, rejeté les offres des Rolling Stones (qui lui ont demandé de remplacer Mick Taylor) et créé quatre albums uniques au monde, dont le dernier est *Inspiration*…

C'est une délicieuse découverte du funk décontracté de la chanson-titre jusqu'aux explorations futuristes et débordant d'effets de batterie de *XL* et de *Pling !*. Shuggie joue de tous les instruments lui-même. La réédition comprend même quatre titres époustouflants de *Freedom Flight* (1971), ajoutant à ce paysage sonore de la musique psychédélique, du blues funky et du jazz exquis.

Des ventes décevantes, un enregistrement en studio long et la rentabilité de Sly Stone, sa star funk, ont poussé Epic à laisser tomber Shuggie en 1974. Puis le monde l'a oublié – jusqu'à la naissance d'un nouveau siècle. **MR**

Stevie Wonder
Fulfillingness' First Finale
(1974)

Label | Tamla Motown
Production | Stevie Wonder
Direction artistique | Bob Bleason
Pays | États-Unis
Durée | 43:53

Fulfillingness' First Finale est le dernier et le plus vendu des quatre albums consécutifs remarquables que Stevie a réenregistrés avec Robert Margouleff et Malcolm Cecil, deux génies du synthé qui l'avaient aidé à passer du statut d'enfant prodige à celui de superstar adulte.

Les séances d'enregistrement peuvent durer trois jours d'affilée, Stevie peaufinant effets de batterie et lignes de basse au Moog pour créer des rythmes fascinants. Ceux-ci sont à la base de chansons pop parfaites, possédant tout le drame et la complexité des Lieder de Schubert.

Les chansons, enregistrées après l'accident de voiture qui a failli coûter la vie à Stevie (le 6 août 1973), sont plus positives que celles d'*Innervisions* (1973), pleines de colère. Le chant de *Too shy to say*, ballade country, rappelle celui de Ray Charles et est accompagné de la pedal steel guitar de Sneaky Pete Kleinow, des Flying Burrito Brothers. Suivent le funk agité de *Boogie on reggae woman*, la ballade sinistre de *Creepin* et la fusion brésilienne de *Bird of beauty*.

They won't go when I go, néo-gospel épique, dont le texte est d'Yvonne Wright, belle-sœur de Stevie, emprunte à la prière musulmane et au chant grégorien, et a été repris par George Michael.

C'est le militant *You haven't done nothin'* qui est le plus mémorable. Nouvelle exploration du funk-rock rythmé de Superstition, les Jackson Five s'occupant des chœurs, c'est devenu le quatrième n° 1 de Stevie aux États-Unis. L'album a lui aussi atteint la 1re place. **JLe**

Eric Clapton
461 Ocean Boulevard (1974)

Label | RSO
Production | Tom Dowd
Direction artistique | Bob Defrin
Pays | Royaume-Uni
Durée | 36:46

Aussi injuste que cela paraisse, *461 Ocean Boulevard* d'Eric Clapton sera toujours éclipsé par le succès de *Layla and other assorted love songs* (1970) : cet album a en effet redéfini la trajectoire du guitariste après son époque Cream, lorsqu'il s'est transformé en rocker pop au blues décontracté. Sorti après d'interminables tournées centrées autour de *Layla*, et après des enregistrements live, *461 Ocean Boulevard* a été perçu comme la suite modeste, mais agréable, d'une musique déjà familière. Et pourtant, il bénéficie d'un groove qui brûle encore aujourd'hui.

La photo de la pochette et le titre laissent à penser qu'entre deux séances d'enregistrement décontractées à Miami, Eric et son groupe – notamment le bassiste Carl Radle et le batteur Jamie Oldaker – vivent ensemble dans une villa proche et traînent au bord de la piscine. L'album n'a probablement pas été conçu aussi facilement que cela (le remixage paraît avoir été ardu), mais l'interaction des musiciens montre une camaraderie aisée, les sons et les mélodies possèdent un côté très naturel, encore attrayant aujourd'hui. Eric fait appel à ses bases de rock et de blues, explore le reggae avec succès en reprenant *I shot the sheriff* de Bob Marley (n° 1 aux États-Unis), et atteint la profondeur d'un gospel avec le sublime *Give me strength. Let it grow*, mélodique et plein de tendresse, est un autre joyau, ses changements d'accords sublimes faisant écho à *Stairway to heaven* de Led Zeppelin. **ML**

Kraftwerk
Autobahn (1974)

Label | EMI
Production | Ralf Hütter • Florian Schneider
Direction artistique | Ralf Hütter • Florian Schneider
Pays | Allemagne
Durée | 42:27

Si *Autobahn* est le quatrième album de Kraftwerk, on considère que c'est lui qui marque réellement le début du groupe. Ralf Hütter et Florian Schneider se sont rencontrés en 1968, ont formé Kraftwerk et fondé leur studio de musique électronique expérimentale en 1970.

Après avoir joué pendant des années dans les universités, les clubs et les galeries d'art tout en mettant au point leur style musical, ils ont composé et enregistré *Autobahn*, morceau de synthétiseur symphonique, avec le poète et peintre Emil Schult. Inspiré par leurs longs périples sur les autoroutes allemandes, il marque leur séparation d'avec leurs pairs du Krautrock. Rejoints par les nouveaux percussionnistes, Wolfgang Flür et Karl Bartos, Hütter et Schneider ont cristallisé sur *Autobahn* leur son parfait et l'image pince-sans-rire qui devait définir Kraftwerk. L'album contient des morceaux sublimes d'Electronic-Volks-Musik, musique d'ambiance sans paroles, comme sur *Mitternacht*, *Morgensparziergang* et *Kometenmelodie*, mais c'est *Autobahn* qui leur a apporté un succès international.

Au hit-parade des deux côtés de l'Atlantique, l'album est une pierre angulaire du minimalisme pop d'avant-garde. Comme l'a déclaré Ralf Hütter en 2003 : « Nous avons mis des sons de voiture, de klaxon, des mélodies élémentaires et des bruits de moteur. Ajuster la suspension et la pression des pneus, rouler sur l'asphalte, ce son glissant lorsque les roues touchent les bandes peintes ? C'est de la poésie sonore et c'est aussi très dynamique. »

Autobahn, c'est du cinéma qui fait la part belle à l'ouïe. **SD**

▶ll Liste des titres

▶	01 **Autobahn** (Hütter•Schneider•Schult)	22:42
	02 **Kometenmelodie 1** (Hütter•Schneider)	6:20
▶	03 **Kometenmelodie 2** (Hütter•Schneider)	5:45
	04 **Mitternacht** (Hütter•Schneider)	3:40
▶	05 **Morgenspaziergang** (Hütter•Schneider)	4:00

Van Morrison
It's too late to stop now (1974)

Label | Warner Bros.
Production | Van Morrison • Ted Templeman
Direction artistique | Ed Caraeff • David Larkham
Pays | Royaume-Uni
Durée | 92:20

Après avoir passé une grande partie du début des années 70 à enregistrer en studio, Morrison part en tournée avec son Caledonia Soul Orchestra, fort de dix musiciens. Les concerts de ce remarquable

double album sont enregistrés en Californie et à Londres. C'est l'un des meilleurs disques live de tous les temps et Morrison le considère comme l'un des sommets de sa carrière.
On y retrouve ses musiciens habituels – John Platania (guitare), Jack Shroer (cuivres), David Shaw (batterie) et Jeff Labes (synthé) – mais l'ajout d'une section cordes apporte une touche de magie supplémentaire, particulièrement sur *Here comes the night*, qui semble ici complètement différent de la version des Them, en 1965.
On retrouve diverses reprises de stars de la soul : Bobby Bland, Ray Charles, Sam Cooke et Sonny Boy Williamson étaient les favoris de Morrison. Évidemment, la plupart des chansons originales sont déjà parues sur ses albums récents (*Moondance, His band and street choir, Saint Dominic's Preview* et *Hard Nose the highway*), mais de l'avis général, aucune chanson de *Tupelo Honey* n'est incluse parce que Morrison insiste pour que ce soit un album entièrement live, sans aucun remixage en studio (d'où l'omission de *Moondance*, une fausse note s'étant glissée dans la version enregistrée en direct). Le dernier titre, long mais magnifique, est le seul provenant d'*Astral Weeks*, l'album qui a lancé la carrière solo de Morrison.
L'album n'est pas entré au hit-parade britannique, même s'il a été n° 3 aux États-Unis. Hélas, le groupe s'est séparé après *Veedon Fleece*, l'album de studio suivant de Morrison. Mais ceux qui ont assisté à l'un de ces deux concerts ne pourront jamais l'oublier. **JT**

▶II Liste des titres

	01 **Ain't Nothin' You Can Do** (Malone•Scott)	3:44
▶	02 **Warm Love** (Morrison)	3:05
▶	03 **Into The Mystic** (Morrison)	4:31
	04 **These Dreams Of You** (Morrison)	3:37
	05 **I Believe To My Soul** (Charles)	4:11
	06 **I've Been Working** (Morrison)	3:55
	07 **Help Me** (Williamson)	3:25
	08 **Wild Children** (Morrison)	5:04
	09 **Domino** (Morrison)	4:47
	10 **I Just Want To Make Love To You** (Dixon)	5:14
	11 **Bring It On Home To Me** (Cooke)	4:40
▶	12 **Saint Dominic's Preview** (Morrison)	6:17
	13 **Take Your Hands Out Of My Pocket** (Williamson)	4:04
	14 **Listen To The Lion** (Morrison)	8:41
▶	15 **Here Comes The Night** (Berns)	3:14
▶	16 **Gloria** (Morrison)	4:19
▶	17 **Caravan** (Morrison)	9:16
▶	18 **Cypress Avenue** (Morrison)	10:16

Joni Mitchell
Court and spark (1974)

Label | Asylum
Production | Non créditée
Direction artistique | Anthony Hudson
Pays | États-Unis
Durée | 36:52

Ladies of the canyon (1970) offre l'écologie vertueuse de *Big Yellow Taxi* et de *Woodstock*, hommage au festival (auquel elle n'a pas assisté) si souvent repris. Il a été suivi des confessions douloureuses de *Blue*. Plus encore que David Crosby (avec qui elle a été liée) et que James Taylor (qui apparaît sur *Blue*), Joni Mitchell représente l'archétype de l'auteur-compositeur du début des années 70, mascotte des âmes perdues dotées de guitares acoustiques et de cœurs brisés. C'est ce qui rend si improbable l'arrivée de *Raised on Robbery*, single de 1974, un boogie où règne la guitare électrique de Robbie Robertson et non le tympanon de Mitchell.
Le reste de *Court and spark* ne constitue pas un virage aussi radical. Son point commun principal avec *Ladies of the canyon*, c'est le tableau de Mitchell sur la pochette. Les chansons sont moins intenses que celles de *Blue* ; *Free Man in Paris* est un hommage sibyllin à David Geffen, directeur de label, « qui alimente la machine à produire des stars [que l'on trouve] derrière les chansons populaires ». Mais la plus belle des

surprises, c'est le son ensoleillé et décontracté de l'album depuis la guitare lap-steel de la chanson-titre jusqu'au manque de sérieux assumé de *Twisted*. Comme *Steely Dan*, avec qui *Car on a hill* partageait un côté jazzy, *Court and spark* ne pouvait provenir que de Californie.

Tout impératif commercial sera oublié sur *The Hissing of summer lawns* en 1975 ; Mitchell s'y réfugiera dans la chanson intello, et, finalement, retournera à ses racines acoustiques. L'atroce *Travelog* (2002), double album où Joni Mitchell réexamine son œuvre accompagnée d'un orchestre gluant, apparaîtra comme un triste adieu. **WF-J**

▶II Liste des titres

	01 Court And Spark (Mitchell)	2:46
▶	02 Help Me (Mitchell)	3:22
▶	03 Free Man In Paris (Mitchell)	3:02
	04 People's Parties (Mitchell)	2:20
	05 Same Situation (Mitchell)	3:05
▶	06 Car On A Hill (Mitchell)	2:58
	07 Down To You (Mitchell)	5:36
	08 Just Like This Train (Mitchell)	4:23
	09 Raised On Robbery (Mitchell)	3:05
	10 Trouble Child (Mitchell)	3:57
	11 Twisted (Grey•Ross)	2:18

Queen

Queen II (1974)

Label I EMI
Production I Divers
Direction artistique I Mick Rock • Queen
Pays I Royaume-Uni
Durée I 40:28

Queen II est le premier album à succès du groupe en Angleterre, même s'il a permis au disque précédent de le rejoindre au hit-parade une semaine après y être entré lui-même. Le premier album (éponyme) avait été enregistré aux moments où Trident Studio, la compagnie avec laquelle Queen avait signé et où travaillait aussi le producteur Roy Baker, était déserte : soit de 10 heures à 13 heures et au milieu de la nuit. Le résultat était si réussi que ce second album, et tout spécialement *The March of the black queen*, s'est vu allouer « toutes les techniques musicales et de production imaginables », selon Baker.

C'est peut-être surprenant, quand on connaît la capacité de Queen à satisfaire les foules des stades grâce à ses hymnes chaleureux, mais cet album est remarquablement sombre (les faces 1 et 2 sont respectivement qualifiées de « blanche » et « noire »). Queen y montre toute sa diversité, avec des morceaux de rock (*Ogre Battle*), des ballades (*Nevermore*, *White Queen*) et des incursions dans le rock progressif à tendance mythologique (*The Fairy Feller's Master-Stroke*, intitulé ainsi en l'honneur d'un tableau extraordinaire de Richard Dadd, peintre victorien).

Mais c'est *Seven Seas of Rhye* qui a propulsé Queen à des hauteurs stratosphériques. Selon Baker, ce titre est devenu un tube du Top 10 britannique parce que Queen l'a joué à *Top of the pops*, le programme musical télévisé le plus influent du pays à l'époque. Selon Brian May, « tout se passe dans les vingt premières secondes, après quoi on a presque entendu la chanson tout entière. Une sorte de grande descente en piqué, et le chant démarre aussitôt après. » Aux États-Unis, sans tube individuel, l'album a tout de même réussi à faire entrer le groupe au Top 50. **JT**

▶II Liste des titres

	01 Procession (May)	1:12
▶	02 Father To Son (May)	6:12
	03 White Queen (As It Began) (May)	4:33
	04 Some Day One Day (May)	4:21
	05 The Loser In The End (Taylor)	4:01
	06 Ogre Battle (Mercury)	4:08
	07 The Fairy Feller's Master-Stroke (Mercury)	2:39
	08 Nevermore (Mercury)	1:17
▶	09 The March Of The Black Queen (Mercury)	6:03
	10 Funny How Love Is (Mercury)	3:14
▶	11 Seven Seas Of Rhye (Mercury)	2:48

Roxy Music
Country Life (1974)

Label | Island
Production | John Punter • Roxy Music
Direction artistique | Bryan Ferry
Pays | Royaume-Uni
Durée | 41:37

Bryan Ferry a rencontré Constanze Karoli et Eveline Grunwald, fans de Roxy Music, au Portugal, alors qu'il écrivait *Country Life* (le 4e album de studio du groupe) ; il leur a demandé de poser pour la pochette de ce nouvel album, et le portrait de ces deux Allemandes a fait sensation – la chair qu'elles exposent et l'emplacement suggestif de leurs mains sont jugés trop audacieux par de nombreux détaillants, et de nombreux pays choisissent une couverture moins suggestive.

Impossible de déterminer si l'album se serait autant vendu aux États-Unis sans cette controverse. Au Royaume-Uni cependant, la critique est globalement positive. Roxy Music était auparavant classé entre le glam rock et la pop élégante et sophistiquée. Avec le départ de Brian Eno, le groupe s'est visiblement éloigné du concept de départ, mais il faudra encore un certain temps avant que la pop adulte d'Avalon n'efface toute trace du passé.

Tandis que les morceaux les plus solides, *The Thrill of it all*, *Prairie Rose* et *Casanova*, ont reçu des louanges à l'époque, il est curieux que *Bitter Sweet*, une ballade théâtrale, ait été négligée. Comme de nombreuses autres chansons de Roxy Music, elle apparaît en 1998 dans le film de Todd Heynes, *Velvet Goldmine*, qui traite du glam rock. Réenregistrée avec Thom Yorke de Radiohead au chant, la nouvelle version de *Bitter Sweet* a non seulement permis à un nouveau public de découvrir les premières œuvres de Roxy Music, mais a aussi démontré que l'influence du groupe dépasse de loin leurs seuls tubes. **AH-N**

▶II Liste des titres

▶	01 The Thrill Of It All (Ferry)	6:24
	02 Three And Nine (Ferry•Mackay)	4:04
	03 All I Want Is You (Ferry)	2:52
▶	04 Out Of The Blue (Ferry•Manzanera)	4:46
	05 If It Takes All Night (Ferry)	3:10
▶	06 Bitter Sweet (Ferry•Mackay)	4:50
▶	07 Triptych (Ferry)	3:09
▶	08 Casanova (Ferry)	3:26
	09 A Really Good Time (Ferry)	3:45
▶	10 Prairie Rose (Ferry•Manzanera)	5:11

Tangerine Dream
Phaedra (1974)

Label | Virgin
Production | Edgar Froese
Direction artistique | Edgar Froese
Pays | Allemagne
Durée | 37:32

C'est Brian Eno qui a donné son nom à la musique d'ambiance, mais c'est Tangerine Dream qui a découvert ce genre musical. Groupe fondé à Berlin en 1967, il a pour leader Edgar Froese, un guitariste inspiré par le surréalisme et le dadaïsme. D'autres musiciens se sont alliés à lui avant de s'éloigner, et le groupe a commencé à enregistrer pour un label allemand en 1970. *Electronic Meditation* était l'un des premiers exemples de Krautrock : une œuvre minimaliste et expérimentale. Les synthétiseurs régnaient sur *Alpha Centauri* (1971) – trois ans avant que Kraftwerk ne les adopte – et, sur *Zeit*, on découvre les musiciens qui constitueront la composition du groupe : Froese, Chris Franke et Peter Baumann. *Atem* est l'album qui leur permettra de décrocher un contrat chez Virgin.

Phaedra, leur premier album pour ce label, constitue un jalon sur le plan commercial comme stylistique. Le trio utilise ici le Moog et les séquenceurs pour la première fois, ce qui lui permet de composer de vastes paysages sonores plutôt que de les improviser. Le morceau-titre est une constellation quasi symphonique de murmures hypnotiques, de couleurs célestes et de lignes de basse vibrantes. On découvre des chuchotements et des grappes d'arpèges dans *Movements of a visionary* tandis que *Mysterious semblance at the strand of nightmares* offre de lumineuses vagues de synthé, évoquant l'océan aussi bien que le cosmos.

Phaedra figurera au Top 20 britannique (n° 196 aux États-Unis). Il demeure un album essentiel pour les fans de musique électronique – le précurseur fascinant de la trance, de la techno et de la dance music du futur. **MA**

▶II Liste des titres

- ▶ 01 Phaedra (Baumann•Franke•Froese) 16:45
- ▶ 02 Mysterious Semblance At The Strand Of Nightmares (Froese) 10:35
- ▶ 03 Movements Of A Visionary (Baumann•Franke•Froese) 7:55
- 04 Sequent C' (Baumann) 2:17

Sparks
Kimono my house (1974)

Label I Island
Production I Muff Winwood
Direction artistique I Nicholas Deville
Pays I Royaume-Uni • États-Unis
Durée I 35:44

Ron Mael, un parolier de Los Angeles qui jouait aussi du synthé, et son frère, Russell, chanteur, se sont installés à Londres en 1974, après avoir reçu des critiques positives de la presse britannique suite à leurs concerts. Engageant de nouveaux musiciens par petite annonce, ils se sont retrouvés au Top 10 avec *This Town ain't big enough for the both of us*, opérette glam rock qui débute par des claviers hypnotiques et des voix troublantes, avant de se transformer en un raz-de-marée triomphal de fusillades, gémissements et guitares stridentes. Cela a amené une apparition mémorable à la BBC dans *Top of the pops* – Ron lançant des regards mauvais à la caméra, sa moustache « hitlérienne » accentuant son comportement pince-sans-rire, tandis que Russell sautillait autour de lui, montrant ses dents cariées avec fierté.

Avec sa pochette criarde et kitsch représentant d'insolentes geishas, *Kimono* a été un succès critique et commercial immédiat. Le falsetto de Russell sur le frénétique *Amateur Hour* complète parfaitement les jeux de mots souvent hilarants de Ron, qui, bizarrement, cite nommément Yehudi Menuhin. La théâtralité efféminée de *Thank God it's not Christmas* et d'*Hasta Mañana Monsieur* rappelle le Roxy Music des premiers jours, dirigeant une comédie musicale. Sparks annonce la new wave avec l'irascible *Talent is an asset*, tandis que la collision d'accents de jazz et de voix de plus en plus délirantes d'*Equator* illustre le côté expérimental des Mael.

Trente ans plus tard, *Kimono* demeure un album essentiel, son influence étant reconnue par Morrissey, fan depuis toujours, qui a invité Sparks à le jouer tout entier au Royal Festival Hall de Londres en 2004. **CSh**

▶II Liste des titres

- ▶ 01 This Town Ain't Big Enough For The Both Of Us (R. Mael) 3:03
- ▶ 02 Amateur Hour (R. Mael) 3:37
- 03 Falling In Love With Myself Again (R. Mael) 3:02
- 04 Here In Heaven (R. Mael) 2:45
- ▶ 05 Thank God It's Not Christmas (R. Mael) 5:00
- 06 Hasta Mañana, Monsieur (R. Mael•R. Mael) 3:49
- ▶ 07 Talent Is An Asset (R. Mael) 3:14
- 08 Complaints (R. Mael) 2:50
- 09 In My Family (R. Mael) 3:46
- ▶ 10 Equator (R. Mael) 4:38

Supertramp
Crime of the Century (1974)

Label I A&M
Production I Ken Scott
Direction artistique I Paul Wakefield
Pays I Royaume-Uni
Durée I 43:25

Lorsque Supertramp s'est réuni pour enregistrer son troisième album, la fin était clairement proche. Tout le groupe avait démissionné après *Indelibly Stamped* en 1971, obligeant Roger Hodgson et Rick Davies à se ressaisir et à créer un chef-d'œuvre s'ils voulaient sauver leur contrat avec A&M. C'était particulièrement important après que Stanley Miesegaes, millionnaire hollandais qui leur avait servi de mécène, eut aussi abandonné le navire, faisant une croix sur les 90 000 dollars qu'il leur avait prêtés. Supertramp manquait tellement d'argent qu'il avait même accepté de passer en première partie de Chuck Berry.
Heureusement pour lui, *Crime of the century*, fruit de cette immense séance d'écriture dans une ferme du Somerset de novembre 1973 à février 1974, a complètement changé la donne. Ses chansons mélodieuses et parfaitement jouées, la parfaite clarté du son (grâce à Ken Scott, qui avait collaboré au *Ziggy Stardust* de David Bowie) et les myriades d'effets sonores forment un album que le magazine *Sounds* compare à « Genesis, [aux] Beach Boys… [avec] un soupçon de [Pink] Floyd ». Le succès de l'intense *Dreamer*, où les claviers sont maîtres, aide *Crime* en le propulsant à la 4e place en Angleterre.
La pochette, caractéristique, a été conçue par Paul Wakefield, graphiste, après avoir écouté l'album dans son entier. Rappelant *Shootout at the Fantasy Factory* de Traffic, ses barreaux de prison sont désormais célèbres. Supertramp a assez devancé le mouvement punk pour pouvoir faire carrière, même si après la new wave, celle-ci se développera surtout à l'étranger. *Crime*, à la base de tout cela, constituera l'épine dorsale des concerts du groupe pendant de nombreuses années. **MH**

▶II Liste des titres

▶	01 **School** (Davies•Hodgson)	5:35
	02 **Bloody Well Right** (Davies•Hodgson)	4:26
	03 **Hide In Your Shell** (Davies•Hodgson)	6:52
▶	04 **Asylum** (Davies•Hodgson)	6:30
▶	05 **Dreamer** (Davies•Hodgson)	3:30
▶	06 **Rudy** (Davies•Hodgson)	7:07
	07 **If Everyone Was Listening** (Davies•Hodgson)	4:05
▶	08 **Crime Of The Century** (Davies•Hodgson)	5:20

Richard and Linda Thompson
I want to see the bright lights tonight (1974)

Label I Island
Production I Richard Thompson • John Wood
Direction artistique I Non créditée
Pays I Royaume-Uni
Durée I 36:55

La légende du rock'n'roll est rarement constituée de couples mariés, mais Richard Thompson, le seul dieu de la guitare musulman, n'a jamais suivi la règle du jeu. En 1971, il a quitté Fairport Convention, groupe pionnier du folk-rock qu'il avait en partie fondé. Linda Peters, de Glasgow, avait chanté dans les chœurs sur son premier album solo, *Henry the human fly*, qui a fait un four. Mais leur album en duo est devenu le chouchou des critiques.
Bien qu'il insiste sur le fait qu'« il y a toujours une note d'espoir dans le troisième couplet de [ses] chansons », Thompson ne nous ménage pas ici. L'album décrit les sombres bas-fonds de la société anglaise – indigents, sans foi ni loi, sans-abri et désespérés. La sortie de l'album, retardée à cause d'une pénurie de vinyle due

à l'embargo sur le pétrole, correspond aux troubles sociaux de l'époque.
Musiciens recrutés auprès de Fairport, Sandy Denny et Gryphon offrent leur jeu puissant. Certains détails, comme l'utilisation d'une fanfare traditionnelle, apportent un caractère anglais incomparable là où une simple section cuivre n'aurait pas suffi – c'est peut-être l'une des raisons pour lesquelles Thompson fait l'objet d'un culte aux États-Unis. Elvis Costello a repris le sombre *End of the rainbow*, mais la voix entraînante de Linda manque à sa version : un entrain qui avait permis à la version originale de rencontrer un certain succès commercial.
Richard Williams, journaliste et producteur, décrit Thompson comme « le Coltrane de la guitare, le poète folk des rues pluvieuses ». Nombreux sont ceux qui pensent qu'il n'a jamais surpassé cet album. **MH**

▶II Liste des titres

▶	01 When I Get To The Border (R. Thompson)	3:26
	02 The Calvary Cross (R. Thompson)	3:51
▶	03 Withered And Died (R. Thompson)	3:24
▶	04 I Want To See The Bright Lights Tonight (R. Thompson)	3:07
	05 Down Where The Drunkards Roll (R. Thompson)	4:05
	06 We Sing Hallelujah (R. Thompson)	2:49
	07 Has He Got A Friend For Me (R. Thompson)	3:32
	08 The Little Beggar Girl (R. Thompson)	3:24
▶	09 The End Of The Rainbow (R. Thompson)	3:55
	10 The Great Valerio (R. Thompson)	5:22

Gil Scott-Heron/Brian Jackson
Winter in America (1974)

Label | Strata-East
Production | Brian Jackson • Gil Scott-Heron
Direction artistique | Eugene Coles
Pays | États-Unis
Durée | 44:29

Le mélange novateur et stimulant de poésie et de musique de Gil Scott-Heron devait avoir un fort impact sur la musique afro-américaine des générations à venir. Souvent baptisé le « parrain du rap », Scott-Heron s'attaquait librement aux injustices auxquelles faisait face la communauté noire américaine, et il ne l'a jamais mieux fait que dans *The Revolution will not be televised*.
Avec *Winter in America*, il se fait connaître du grand public, en grande partie grâce à Brian Jackson, joueur de synthétiseur de talent qui l'accompagne ici. Il a en effet aidé Scott-Heron, le poète des rues agressif, à se transformer en messager musical. *Winter In America* mélange critiques acerbes et mélodies pleines d'émotion : Scott-Heron est à la fois rude et tendre mais partage son point de vue.
Des chansons telles que *Rivers of my father* et *Very Precious Time*, magnifiquement chantées par Scott-Heron, et accompagnées par les claviers subtils et discrets de Jackson possèdent une atmosphère décontractée et spirituelle. Le duo offre ensuite deux morceaux rythmés, *Back Home* et *The Bottle*. Ce dernier traite de l'alcoolisme qui frappe la communauté noire. Il est devenu un succès underground, et contient une contribution mémorable de Jackson à la flûte. *H2O Gate Blues*, à l'humour glacial, est une diatribe inspirée contre le gouvernement Nixon.
Colère justifiée, agrémentée d'esprit, d'intelligence, et de jeux de mots bien construits : pas étonnant que les textes de Gil Scott-Heron aient eu un effet aussi profond sur des rappeurs à la conscience politique comme Public Enemy ou Disposable Heroes of Hiphoprisy. **AET**

▶II Liste des titres

	01 Peace Go With You, Brother (As-Salaam-Alaikum) (Jackson•Scott-Heron)	5:27
▶	02 Rivers Of My Father (Jackson•Scott-Heron)	8:19
	03 A Very Precious Time (Jackson•Scott-Heron)	5:17
▶	04 Back Home (Jackson•Scott-Heron)	2:51
▶	05 The Bottle (Scott-Heron)	5:14
	06 Song For Bobby Smith (Scott-Heron)	4:38

▶ 07 Your Daddy Loves You (Scott-Heron) 3:25
▶ 08 H_2O Gate Blues (Scott-Heron) 8:08
09 Peace Go With You, Brother (Wa-Alaikum-Salaam) (Jackson•Scott-Heron) 1:10

Queen
Sheer Heart Attack (1974)

Label | EMI
Production | Roy Thomas Baker • Queen
Direction artistique | Mick Rock • Queen
Pays | Royaume-Uni
Durée | 39:04

Il est facile d'oublier que Queen était à l'origine un groupe de hard rock fantastique : aussi chargé que Sabbath, dense que Zeppelin, intelligent que Cream. Avec *Sheer Heart Attack*, il a percé des deux côtés de l'Atlantique, grâce au rock gothique du guitariste Brian May et à la pop haute en couleur du chanteur Freddie Mercury.

May étant tombé malade au début de l'enregistrement, le reste du groupe a gravé sa partie et a laissé la place nécessaire à la sienne. Les enregistrements de May comprennent l'assaut spectral de *Brighton Rock*, l'incendiaire *Now I'm here*, l'un des morceaux les plus joués en concert, et le proto-thrash *Stone Cold Crazy*.

Ils sont accompagnés par le délicieux *Lily of the valley* de Mercury et par le funèbre *Dear Friends* de May. On retrouve certains des pastiches qui abondent dans leur œuvre, comme *Bring Back Leroy Brown* et son banjo.

Killer Queen, le single qui les a fait découvrir, constitue le clou de cet album : chef-d'œuvre rock merveilleusement rosse, traitant d'une call-girl de luxe.

Le tandem May-Mercury fait écho à Lennon-McCartney, et le groupe possède son George Harrison : le bassiste John Deacon. *Misfire*, aux accents caribéens, est la première des vignettes qu'il composera pour le groupe. Le batteur Roger Taylor apporte lui aussi sa contribution, même si son *Sheer Heart Attack* ne doit apparaître qu'en 1977 sur *News of the world*. « Il nous l'avait joué en 1974, mais ce n'était pas encore complètement au point », a expliqué Mercury. Et la photo de la pochette par Mick Rock, où ils sont tous trempés ? « Mon Dieu, nous avons souffert le martyre pour la prendre, a confié Mercury au magazine *NME*. Nous sommes toujours aussi poseurs. » **JLe**

▶II Liste des titres

▶ 01 Brighton Rock (May) 5:08
▶ 02 Killer Queen (Mercury) 2:57
03 Tenement Funster (Taylor) 2:48
04 Flick Of The Wrist (Mercury) 3:46
05 Lily Of The Valley (Mercury) 1:43
▶ 06 Now I'm Here (May) 4:10
07 In The Lap Of The Gods (Mercury) 3:20
08 Stone Cold Crazy (Deacon•May•Mercury •Taylor) 2:12
09 Dear Friends (May) 1:07
10 Misfire (Deacon) 1:50
11 Bring Back That Leroy Brown (Mercury) 2:13
12 She Makes Me (Stormtrooper In Stilettoes) (May) 4:08
13 In The Lap Of The Gods… Revisited (Mercury) 3:42

10cc
Sheet Music (1974)

Label | UK
Production | 10cc
Direction artistique | Hipgnosis
Pays | Royaume-Uni
Durée | 37:32

Deuxième album de 10cc, *Sheet Music* est un grand pas en direction du style musical qui caractérisera le groupe. Le disque illustre l'éclectisme et l'invention fébrile que l'on trouve dans leur production des premiers jours – des guitares d'art-rock douces et fuzz, des harmonies impeccables, des éléments de parodie et de satire, et des changements de styles musicaux. La force de l'album est en partie due au fait que les quatre musiciens (Lol Creme, Kevin Godley,

Graham Gouldman et Eric Stewart) écrivent tous et jouent de divers instruments. De fait, Gouldman a écrit toute une série de tubes dans les années 60, dont *For your love* pour les Yardbirds et *Bus Stop* pour les Hollies. Avec ses textes toujours incisifs et souvent sarcastiques (*The Worst Band in the world*, satire de la médiocrité musicale, est peut-être la chanson la plus ironique de tous les temps) et toute une série de changements musicaux, 10cc a créé une excellente tranche de pop, très singulière.

L'album montre son goût pour une production impeccable, les récits sont bizarrement drôles – « *Clockwork Creep* imagine un dialogue entre un jumbo-jet et une bombe » –, on trouve des allusions au vaudou, et le groupe semble aussi à l'aise dans des morceaux rock comme *Silly Love* et *The Wall Street Shuffle* (sorti en single, il a été n° 10 en Angleterre) que dans leurs étranges créations de pop intello, ou même de reggae. Avec *The Sacro-Iliac*, Eric Stewart et Graham Gouldman créent une danse pour les « non-danseurs », tandis que, sur *Old Wild Men*, apparaît pour la première fois le gizmo, inventé par Godley et Creme, et qui, placé sur les cordes de la guitare, permet d'imiter les sons de toute une gamme d'instruments.

Inventif donc. **GD**

▶II Liste des titres

▶ 01	**The Wall Street Shuffle** (Gouldman•Stewart)	3:54
▶ 02	**The Worst Band In The World** (Creme•Gouldman)	2:49
▶ 03	**Hotel** (Creme•Godley)	4:54
04	**Old Wild Men** (Creme•Godley)	3:21
05	**Clockwork Creep** (Creme•Godley)	2:46
▶ 06	**Silly Love** (Creme•Stewart)	4:01
07	**Somewhere In Hollywood** (Creme•Godley)	6:39
08	**Baron Samedi** (Gouldman•Stewart)	3:46
09	**The Sacro-Iliac** (Godley•Gouldman)	2:33
10	**Oh Effendi** (Godley•Stewart)	2:49

Neil Young
On the beach (1974)

Label | Reprise
Production | David Briggs • Mark Harman • Al Schmitt
Direction artistique | Gary Burden
Pays | Canada
Durée | 39:17

Même pour le mélancolique Neil Young, *On the beach* est un album sombre. Odyssée du regret, du dégoût et de la déception, il marque la fin d'une relation amoureuse. La pochette montre le chanteur seul sur une plage grise, tournant le dos à une pile de déchets, détaché par rapport au déclin de la côte ouest, pourrie par la coke.

Revolution Blues pousse cette désaffection jusqu'à atteindre une extrême violence. Sur des accords mineurs lacérés, Young se transforme en vengeur aux cheveux longs, tirant sur les riches résidants hippies de Laurel Canyon à Los Angeles. Les allusions à Charles Manson ont choqué ses compagnons de tournée, Crosby, Stills et Nash, qui l'ont supplié d'abandonner cette chanson.

Mais Neil Young avait d'autres cibles dans sa ligne de mire que les stars défoncées de la côte ouest. Le doux *Ambulance Blues* est en réalité une attaque dirigée contre les critiques bornés, tandis que *Vampire Blues* – autre exercice inspiré du minimalisme à la John Lee Hooker – pourfend les parasites. Même son mariage tourmenté avec l'actrice Carrie Snodgress est disséqué dans le lugubre *Motion Pictures*.

Si les textes sont souvent amers, la musique, elle, est décontractée. *Walk on* est un air enjoué enveloppé d'une fumée toxique, où Young continue à plaisanter par chanson interposée avec Lynyrd Skynyrd, qui l'avait cité dans son *Sweet Home Alabama*.

Pour *Rolling Stone*, il s'agit de son meilleur album depuis *After the gold rush*, mais *On the beach* a malheureusement été très peu écouté. Young lui-même s'est pris d'aversion pour les écorchures affectives de l'album et n'a autorisé sa sortie en CD qu'en 2003. **TB**

▶II Liste des titres

	01 Walk On (Young)	2:41
	02 See The Sky About To Rain (Young)	5:00
▶	03 Revolution Blues (Young)	4:02
	04 For The Turnstiles (Young)	3:13
▶	05 Vampire Blues (Young)	4:09
	06 On The Beach (Young)	6:56
▶	07 Motion Pictures (Young)	4:21
▶	08 Ambulance Blues (Young)	8:55

George Jones
The Grand Tour (1974)

Label I Epic
Production I Billy Sherrill
Direction artistique I David Richman
Pays I États-Unis
Durée I 28:35

The Grand Tour est l'une des raisons principales pour lesquelles on a baptisé George Jones « le grand-père de la musique country ». C'est une série ininterrompue de petits bijoux. Le mariage tourmenté de Jones avec Tammy Wynette, elle aussi chanteuse country, se soldera par un divorce l'année suivante, et leurs problèmes personnels accompagnent déjà ces chansons d'amour et de douleur.

La force de l'album doit beaucoup à la collaboration de Bill Sherrill. La première chanson, *The Grand Tour*, illustre merveilleusement ce qu'une superbe chanson de country peut accomplir : une section de cordes dynamique, des guitares chaleureuses et colorées, et un chagrin interprété avec une émotion incroyable par Jones (le futur mari de Tammy Wynette, George Richey, a co-écrit le texte). L'album offre une série de tubes extraordinaires, en commençant par *Pass me by (If you're only passing through)*, chanson d'amour au rythme décontracté que l'on ne peut plus se sortir de la tête une fois qu'on l'a entendue. Et puis il y a *Once you've had the best*, une ballade qui s'empare de votre cœur sans aucun effort – par comparaison, la version originale de Johnny Paycheck semble à peine suggérer son potentiel. *The Weatherman*, plein d'entrain, contraste avec le reste de ces ballades de bastringue au rythme lent. Voici des chansons honnêtes, superbement produites et arrangées, chantées par l'un des meilleurs vocalistes de la musique country. **GD**

Gene Clark
No other (1974)

Label I Asylum
Production I Thomas Jefferson Kaye
Direction artistique I John Dietrich
Pays I États-Unis
Durée I 44:07

Oublié dès sa sortie en 1974, *No other* de Clark devait passer les trente années suivantes avec une réputation difficile : celle d'un des disques les plus effroyablement chers et les plus gaspilleurs de tous les temps. Cette réputation cependant, comme le démontre sa réédition récente, est une erreur des plus injustes. Sous de nombreux aspects, *No other* demeure une composante remarquable du rock de la côte ouest des années 70.

Clark a assemblé à cette occasion certains des meilleurs musiciens de studio au monde – Butch Trucks, Chris Hillman, Danny Kortchmar, Timothy B. Schmidt. Leurs talents combinés, soutenus par le don de Clark pour les récits mélancoliques, font de cet album une entreprise ambitieuse unissant country, rock, jazz, blues et musique psychédélique. Cet hybride que le label refusera de sortir n'a jamais paru plus enchanteur : la première chanson de l'album, *Life's Greatest Fool* discrédite à elle seule le malentendu qui entoure l'album. On doit aussi noter la chanson-titre, qui débute par une autopsie franche du son de la côte ouest et se transforme rapidement en quelque chose de plus aventureux, avec un chœur de gospel et une étrange guitare influencée par le vaudou que Clark joue lui-même. *Strength of strings*, avec sa slide guitar, est plus envoûtant que n'importe quelle chanson de l'ancien groupe de Clark, les Byrds.

Dans le contexte de la scène californienne post-Byrds, *No other* est important. Les auditeurs reconnaîtront son habileté musicale, que l'on a retrouvée plus tard chez les Fleetwood Mac, avec plus de succès. **BW**

Steely Dan
Pretzel Logic (1974)

Label | ABC
Production | Gary Katz
Direction artistique | Ed Caraeff
Pays | États-Unis
Durée | 33:14

Avant que Donald Fagen et Walter Becker ne forment le tandem de Steely Dan, ils composaient pour ABC et des stars aussi célèbres que Barbra Streisand. Après avoir mis au point son propre style sur *Can't buy a thrill* et l'avoir exploré plus avant avec *Countdown to ecstasy*, ce duo est retourné dans le monde du showbiz. Utilisant pour cadre la chanson pop de trois minutes, il a décidé de dénaturer avec ironie le genre et le style. *Pretzel Logic*, disque de platine, en est le résultat.

Le premier morceau est typique du reste. *Rikki don't lose that number* est l'histoire touchante d'un amour non partagé, balançant entre samba légère et ballade au piano, jusqu'à ce que les solos de guitare magnifiquement phrasés de Jeff Baxter injectent un peu de country rock à l'ensemble. Dans la même veine, *Any major dude will tell you* est illuminé par les rayons de soleil du comté d'Orange, dans le sud de la Californie.

Mais le groupe n'avait pas perdu son mordant – *Monkey in your soul*, qui arrive à croiser Noël Coward avec Stax, est une merveilleuse lettre anonyme, tandis que *Through with buzz* traite avec un humour noir l'irascibilité blessée qui naît de la jalousie.

Le troisième élément clé de l'album est le pastiche plein d'esprit. Le défi de l'homme solitaire est traité avec dynamisme dans *Night by night*, tandis que l'homicide raté de *With a gun* pourrait inspirer un film des frères Cohen. *East St Louis Toodle-Oo* permet au groupe de s'amuser et est devenu célèbre pour avoir introduit la steel guitar à pédale dans le ragtime. **JDi**

Randy Newman
Good Old Boys (1974)

Label | Reprise
Production | R. Titelman • L. Waronker
Direction artistique | Mike Salisbury
Pays | États-Unis
Durée | 36:37

Aujourd'hui encore, mieux vaut réfléchir avant d'écouter *Good Old Boys* de Randy Newman si l'on est entouré d'une compagnie raffinée. La chanson-titre est l'une des contributions musicales les plus surprenantes à l'histoire tourmentée des relations raciales aux États-Unis.

Newman a le vent en poupe après le succès critique de *Sail away*, quand il voit à la télévision un public « yankee » se moquer de Lester Maddox, ségrégationniste et gouverneur de la Géorgie. Agacé par ce qu'il considère comme du snobisme et une suffisance de gauche, Newman écrit une chanson du point de vue d'un homme du Sud, *Rednecks*. Le refrain empreint d'au-

todérision susurre : « On est des péquenauds (*rednecks* en anglais)/ On est des péquenauds, on ne fait pas la différence entre notre cul et un trou dans la terre » et utilise fréquemment le terme « nigger », très péjoratif.
Conscient d'hérisser beaucoup de gens, Newman veut insérer la chanson dans un album à thème qui la replacera dans son contexte et traitera d'un homme du Sud sous le titre *Johnny's Cutler's Birthday*. Ce dernier ne sortira qu'en 2002.
Même si le reste n'atteint pas le même niveau de provocation, *Good Old Boys* est une œuvre magnifique, la meilleure de Newman. Le refrain de *Louisiana* est intemporel, *Mr President* est une curieuse contribution à la politique post-Watergate, et Newman décrit d'un ton approbateur *Back on my feet again* comme « une chanson vraiment bizarre ». À partir de là, comment Newman a-t-il pu passer aux B.O. des films de Disney ? **PW**

Bob Marley and the Wailers
Natty Dread (1974)

Label | Island
Production | Chris Blackwell • The Wailers
Direction artistique | Tony Wright
Pays | Jamaïque
Durée | 38:48

Voici l'album grâce auquel Bob Marley et ses nouveaux Wailers sont devenus célèbres dans le monde entier. Peter Tosh et Bunny Livingston ont quitté le groupe après dix années, ne supportant plus le stress des tournées continues et la pression que provoquait une célébrité internationale naissante – leur premier premier tube à la Jamaïque était *Simmer down* en 1963. On dit à l'époque que le son Marley serait désormais plus lisse, ses opinions politiques plus fades. *Natty Dread* a prouvé tout le contraire. Depuis le premier cri rebelle de *Lively up yourself* qui appelle à l'action, l'album ne fait pas de quartier et déborde de chansons fantastiques.
Natty Dread a certainement permis à la jeunesse nantie du monde entier de découvrir la décontraction insolente du ghetto de Trenchtown, mais la philosophie politique de *Them belly full*, *Rebel Music*, *Talkin' Blues* (« Parce que j'ai envie de faire sauter une église maintenant/ Maintenant que vous savez que le pasteur ment ») et *Revolution* a fait frissonner l'establishment politique jamaïcain. La version live de *No woman no cry* offrira à Bob Marley son premier tube au Top 10 britannique en 1975. (Marley l'aurait écrit lui-même, mais l'a attribué à Vincent Ford, qui dirigeait un restaurant à Kingston et avait nourri et logé le jeune Bob en des temps plus difficiles.)
Le style complètement fascinant de cet album explose toujours des baffles, propulsé par la batterie et la basse des incroyables frères Barrett. Le tout est rendu encore plus brûlant par les licks de guitare d'Al Anderson, et couronné par les révélations vocales africaines de Bob and the I-Threes (Rita Marley, Marcia Griffiths et Judy Mowatt). **MR**

▶II Liste des titres

▶ 01 Lively Up Yourself (Marley)	5:11
▶ 02 No Woman, No Cry (Ford)	3:46
▶ 03 Them Belly Full (Barrett•Cogill)	3:13
▶ 04 Rebel Music (3 O'Clock Road Block) (Barrett•Peart)	6:45
05 So Jah Seh (Francisco•Marley)	4:28
06 Natty Dread (Cole•Marley)	3:35
▶ 07 Bend Down Low (Marley)	3:21
▶ 08 Talkin' Blues (Barrett•Cogill)	4:06
09 Revolution (Marley)	4:23

Robert Wyatt
Rock Bottom (1974)

Label | Virgin
Production | Nick Mason
Direction artistique | Alfreda Benge
Pays | Royaume-Uni
Durée | 39:28

Le premier album de Robert Wyatt chez Virgin a été enregistré à la suite d'un événement tragique. Il était parti pour Venise afin de commencer à écrire les chansons de *Rock Bottom* pendant qu'Alfreda, sa compagne, travaillait sur un film d'épouvante. De retour à Londres, il avait commencé à assembler les musiciens pour le projet quand il est tombé par une fenêtre du quatrième étage le 1er juin 1973, demeurant paralysé à partir de la taille.
Se déplaçant en fauteuil roulant, Wyatt se tourne vers les claviers et ses inventives percussions de table. Produit par Nick Mason, membre de Pink Floyd et ami intime, Rock Bottom allie les chansons d'amour ensorcelantes de Wyatt à une fusion sans prétention de mélodies rock et de jazz freeform. Son ton est nettement moins politique que la grande majorité des albums suivants.
Le jazz d'ambiance d'*Alfie* rend hommage à Alfreda, son amante, sa muse et la graphiste de la pochette de *Rock Bottom*. Sur *Little Red Robin Hood*, on découvre des boucles fascinantes ainsi que les plaintes corrosives de la trompette de jazz de Mongezi Feza. La joie éthérée de *Sea Song* confirme que Wyatt ne s'apitoie pas sur lui-même malgré l'angoisse et la vulnérabilité de son chant. Le « deuxième » *Little Red Robin Hood* conclut l'album avec des vers de Wyatt déclamés par Ivor Cutler, poète écossais de l'absurde.
Wyatt a épousé Alfreda le jour de la sortie de l'album et a fait un tube en Angleterre deux mois plus tard avec sa reprise de *I'm a believer* des Monkees.
Rock Bottom n'a pas pris une ride bien qu'on n'estime toujours pas Wyatt à sa juste valeur. Ce dernier est cependant une source d'inspiration grâce à sa musique et à ses prises de position politiques. **CSh**

▶II Liste des titres

▶	01 Sea Song (Wyatt)	6:30
	02 A Last Straw (Wyatt)	5:46
▶	03 Little Red Riding Hood Hit The Road (Wyatt)	7:37
	04 Alifib (Wyatt)	6:56
▶	05 Alife (Wyatt)	6:31
	06 Little Red Robin Hood Hit The Road (Wyatt)	6:08

Gram Parsons
Grievous Angel (1974)

Label | Warner Bros.
Production | Gram Parsons
Direction artistique | Ginny Winn
Pays | États-Unis
Durée | 35:00

Sur ce dernier album enregistré avant sa mort, en 1973, Gram Parsons montre non seulement qu'il a inventé le country-rock, mais aussi que personne ne peut le surpasser.
Parsons, héritier d'une fortune fondée sur les agrumes et compagnon de drogue de Keith Richards, a assemblé autour de lui une parfaite équipe. La voix pure d'Emmylou Harris est là chaque fois que celle de Parsons semble un peu inégale et, parmi les musiciens, certains accompagnaient aussi Elvis.
Les problèmes de drogue de ce dernier apparaissent en filigrane dans le ravissant Return of the grievous angel, odyssée à travers les États-Unis qui, comme *Le Magicien d'Oz*, conclut qu'il n'y a rien de tel que de vivre chez soi. C'est un album principalement mélancolique, allant des doux regrets de *Brass Buttons* (qui parle de la mère de Parsons) à l'amer et troublant *$1,000 Wedding*, la seule chanson de l'album qui aurait convenu aux Rolling

Stones. On y découvre aussi une fausse prise en direct de l'une des meilleures chansons de Parsons, *Hickory Wind*, qui date des premiers temps, et qui a poussé certains fans à en conclure qu'il savait sa fin proche. On trouve des morceaux plus rock – *I can't dance* et *Ooh Las Vegas*, frénétique –, mais ils ne changent pas l'atmosphère.

Très admiré par ses pairs quand son côté enfant gâté ne les exaspérait pas, Parsons n'est jamais devenu une star de son vivant. Mais son influence a continué à se faire sentir : dans le rock grâce aux Eagles, aux Stones, et plus tard à Elvis Costello, aux Lemonheads et aux Thrills pour n'en citer que quelques-uns, et à nouveau dans la country grâce à sa muse, Emmylou Harris. **MMo**

▶II Liste des titres

▶	01 Return Of The Grievous Angel (Parsons)	4:19
	02 Hearts On Fire (Egan•Guidera)	3:50
	03 I Can't Dance (Hall)	2:20
▶	04 Brass Buttons (Parsons)	3:27
▶	05 $1,000 Wedding (Parsons)	5:00
	06 Medley Live From Northern Quebel	6:27
	a) Cash On The Barrelhead (C. Louvin•I. Louvin)	
	b) Hickory Wind (Buchanon•Parsons)	
▶	07 Love Hurts (Bryant)	3:40
	08 Ooh Las Vegas (Grech•Parsons)	3:29
	09 In My Hour Of Darkness (Harris•Parsons)	3:42

Eno

Another Green World (1975)

Label I Island
Production I Rhett Davies • Brian Eno
Direction artistique I Tom Phillips
Pays I Royaume-Uni
Durée I 40:47

Le troisième album solo de Brian Eno a été conçu quand, immobilisé pendant sa convalescence après un accident, il a découvert les propriétés évocatrices de la musique. Après deux albums au synthétiseur avec les rois du glam rock de Roxy Music, une collaboration en boucle avec Robert Fripp et deux albums solos de pop avant-gardiste, il est sur le point d'inventer la musique d'ambiance.

Eno s'est certes autoproclamé non-musicien, mais il s'agit d'un homme cultivé, ayant fait les beaux-arts. Producteur respecté (Talking Heads, Devo, U2) et plasticien, il connaît bien l'avant-garde et suit de près les avances expérimentales de la musique contemporaine – le Krautrock par exemple –, qu'il peut manipuler pour donner forme à une nouvelle esthétique.

Sur *Another...*, Eno a créé une merveilleuse fusion de motifs traditionnels du rock et de la pop, mêlés à des paysages sonores d'ambiance. Naïf et minimaliste, l'album est à la fois touchant et sophistiqué, parsemant cinq morceaux vocaux d'une poésie sibylline et allitérative au milieu de neuf titres instrumentaux et imaginatifs. *I'll come running* et *St. Elmo's Fire* sont les meilleurs de la première catégorie, bénéficiant tous les deux de l'extraordinaire guitare de Robert Fripp. John Cale et Phil Collins ont également participé, et l'on retrouve l'influence de ce dernier sur des morceaux de jazz-rock comme *Zawinul/Lava* et *Sky Saw*. Mais ce sont la voix captivante d'Eno et toute une batterie d'instruments faits sur mesure (guitares traitées, générateurs de rythmes électroniques et synthétiseurs) qui propulsent l'album dans un nouvel univers musical. *Low*, *Heroes* et *Lodger* de Bowie ont été inspirés par ce chef-d'œuvre. **JGi**

▶II Liste des titres

	01 Sky Saw (Eno)	3:27
	02 Over Fire Island (Eno)	1:51
▶	03 St. Elmo's Fire (Eno)	3:02
	04 In Dark Trees (Eno)	2:30
	05 The Big Ship (Eno)	3:03
▶	06 I'll Come Running (Eno)	3:50
	07 Another Green World (Eno)	1:37
▶	08 Sombre Reptiles (Eno)	2:25
	09 Little Fishes (Eno)	1:30
	10 Golden Hours (Eno)	4:00
	11 Becalmed (Eno)	3:57
▶	12 Zawinul/Lava (Eno)	3:00
	13 Everything Merges With The Night (Eno)	3:59
	14 Spirits Drifting (Eno)	2:36

The Dictators
Go Girl Crazy ! (1975)

Label I Epic
Production I Murray Krugman • Sandy Pearlman
Direction artistique I David Gahr
Pays I États-Unis
Durée I 34:48

En 1975, deux jeunes Américains, Legs McNeil et John Holmstrom, ont passé l'été à écouter *Go girl crazy !* des Dictators. Chaque soir, ils hurlaient les paroles des chansons. Peu après, ils fondaient *Punk Magazine*, bible du mouvement anarchique qui explosa à la fin des années 70. Comme les New York Dolls, les Dictators étaient les précurseurs de la musique punk. Des années avant qu'on entende parler des Ramones, des Dead Boys ou des Sex Pistols, les chansons de Dick Manitoba, ancien roadie et « arme secrète » des Dictators, parlaient de se gaver de nourriture, boire de la bière, sortir avec les filles et regarder des films de série B. *Go girl crazy !* était l'un des premiers disques punk, bien avant que le terme ne soit inventé. On y trouvait aussi des sons garage, du surf (une reprise de *California Sun* des Rivieras), et du hard rock – le guitariste Ross « the Boss » Funichello formerait plus tard Manowar. Les Dictators ont gagné un public fidèle, en partie grâce à leur humour décalé – comme sur la pochette de cet album où Manitoba pose dans des vestiaires répugnants de saleté.

L'album possédait tous les ingrédients du succès mais les choses ont mal tourné. Peu après sa sortie, Epic les a abandonnés. Mauvaise gestion, tournées mal planifiées et disputes internes n'ont pas aidé non plus. L'album n'a pas attiré grande attention jusqu'en 1977, mais les Ramones avaient alors déjà inventé leur propre style de punk humoristique plein d'énergie ; les Dictators ont tristement été mis sur la touche. Mais on ne doit pas oublier que *Go girl crazy !* est sorti le premier. **LPG**

Neu !
Neu ! '75 (1975)

Label I Brain
Production I Conrad Plank
Direction artistique I Neu !
Pays I Allemagne
Durée I 42:07

Le manque de succès commercial de Neu !, l'un des groupes les plus typiques du Krautrock des années 70, donne une fausse impression de son énorme influence sur le rock et la musique électronique. Anciens membres de Kraftwerk, Michael Rother (guitare, claviers) et Klaus Dinger (batterie) étaient aux antipodes l'un de l'autre : l'obsession de Rother pour les bourdons et les changements de timbre progressifs contrastait merveilleusement bien avec la batterie puissante de Dinger. Leur premier album, *Neu !* devait devenir une pierre angulaire pour pratiquement toute l'ère post-punk, mais exposait aussi le fossé séparant les deux musiciens.

Après avoir recyclé deux chansons (*Super* et *Neuschnee*) sur *Neu ! 2* (1973) à différentes vitesses, et inventé le remixage par la même occasion, ils se sont séparés.

Après que Kraftwerk eut remporté un succès mondial, Rother et Dinger ont mis leurs différends de côté assez longtemps pour produire leur chef-d'œuvre, *Neu ! '75*. Utilisant toute une série de synthétiseurs ainsi que les batteurs Hans Lampe et Thomas Dinger (ce qui permettait à Klaus Dinger de se défouler sur tous les autres instruments), le duo a divisé l'album entre la merveilleuse musique d'ambiance de Rother (*Sealand* et *Leb'Wohl*) et le fracas proto-punk de Dinger (*Hero* et *After Eight*), unissant leurs forces sur *Isi* et sur *E-Musik*, manifeste suprême de *Neu !*.

Ayant enfin associé leurs instruments pour créer une parfaite musique « motorik », ils se sont en toute logique séparés à jamais. **MB**

Led Zeppelin
Physical Graffiti (1975)

Label | Swan Song
Production | Jimmy Page
Direction artistique | Peter Corriston • Mike Doud
Pays | Royaume-Uni
Durée | 82:15

Tandis qu'on ne pouvait pas blâmer les membres de Led Zeppelin pour l'homogénéité macho du hard rock qu'ils avaient inspiré, *Physical Graffiti* était un album d'une réelle envergure et d'une désinvolture sexuelle vigoureuse. Sixième album de Led Zeppelin et le premier sur leur label, Swan Song, *Physical Graffiti* est empreint d'un esprit nomade à cause de séances d'enregistrement interrompues par une maladie de John Paul Jones et par leur incapacité à trouver un studio qui soit libre sur une longue durée.

Les quatre faces du vinyle ont permis aux musiciens d'explorer autant qu'ils le désiraient. La pochette novatrice (chaque fenêtre découpée révèle une image imprimée à l'intérieur) abritait un rock brut et traditionnel (*Boogie with stu*), de ravissantes miniatures folk (*Bron-Yr-Aur*), du hard rock funk (*Trampled underfoot*), du rock progressif mordant (*In the light*) et de la pop enjouée (*Down by the seaside*).

Inspiré par le voyage au Maroc de Page et Plant, *Kashmir* allie faux mysticisme et exotisme, les violons et synthés bourdonnants de John Paul Jones formant des mélodies modales alors que John Boham frappe sa batterie de façon monolithique. Improvisation épique, *In my time of dying* mêle la slide guitar meurtrière de Jimmy Page au grondement du groupe. *Ten Years gone* – complainte de Robert Plant au sujet de l'amour qu'il a dû abandonner pour rejoindre le groupe – est le plus surprenant de tous, le solo final de Page montrant la tendresse dont pouvait faire preuve Zeppelin quand les musiciens le voulaient bien.

Physical Graffiti est leur dernier vrai chef-d'œuvre, toujours aussi ahurissant. **SC**

Keith Jarrett
The Köln Concert (1975)

Label | ECM
Production | John Cale
Direction artistique | Barbara Wojirsch
Pays | États-Unis
Durée | 66:04

Concentré de génie musical, *The Köln Concert* est à la fois l'un des plus grands albums de jazz et l'un des plus beaux (et longs) morceaux improvisés enregistrés.

Jouant les concertos de Mozart avec autant d'aisance que des morceaux de jazz-funk avec Miles Davis, Keith Jarrett avait déjà prouvé qu'il était l'un des pianistes les plus créatifs et les plus versatiles de sa génération lorsqu'il est entré en scène à l'opéra de Cologne le 24 janvier 1975. Ce concert a failli être annulé parce que Jarrett ne se sentait pas bien et que le piano qu'il avait demandé n'avait pas été livré. Les touches les plus basses et les plus hautes du piano de remplacement ne le satisfaisant pas complètement, il a entrepris d'improviser en se concentrant sur celles du milieu.

Contrairement à bon nombre de ses contemporains, les compositions spontanées et les interprétations palpitantes de Keith Jarrett débordaient de lyrisme, et son sens de l'aventure possédait un côté optimiste inhabituel. On perçoit cette exubérance à l'oreille, à travers les grognements, cris de joie et soupirs que l'on devine lorsqu'il joue ; il était tout aussi excité que le public à l'idée d'entendre cette musique pour la première fois. *The Köln Concert* est un monument de possibilités musicales, le son sublime d'un talent hors pair jouant de toute son âme. Avec plus d'un million de ventes, cela demeure le plus gros succès commercial de Jarrett. Pour ceux qui ne connaissent pas, c'est l'occasion de se laisser séduire par un genre musical qu'ils ne découvriraient pas forcément. **GSa**

Aerosmith
Toys in the attic (1975)

Label | Columbia
Production | Jack Douglas
Direction artistique | Pacific Eye And Ear
Pays | États-Unis
Durée | 37:08

Si Led Zeppelin et Black Sabbath ont découvert le hard rock, Aerosmith, avec son troisième album, invente le « cock rock » – un sous-genre qui se délecte de sexe, de drogue et de sous-entendus grivois. Il permet aussi au groupe de percer sur la scène internationale.

Après avoir figuré pendant des années en première partie de concert de différents groupes, Aerosmith, originaire de Boston, décroche un contrat avec la Columbia, à la suite d'un concert à Kansas City avec les New York Dolls, parrains du mouvement punk.

Les deux premiers albums ont échoué à faire de l'effet, le groupe luttant pour se définir face à des comparaisons peu flatteuses avec les Rolling Stones. Avec Jack Douglas aux commandes de la table de mixage, les membres entrent en studio en sachant que le résultat sera décisif.

Dès le départ, il est clair que le groupe sait ce qui est en jeu. Avec le fracas torride du hit-hat, son riff écrasant et son chant grondant, la chanson-titre s'abat sur l'auditeur avec une pure folie. *Uncle Salty*, plus décontracté, n'en est pas moins effronté, et raconte dans le détail une sordide histoire de prostituées, maquereaux et dealers. Mais ce sont *Walk this way* et *Sweet Emotion*, avec leurs rythmes funk, leurs guitares omniprésentes et leurs références à peine voilées à des activités illicites qui ont établi le modus operandi du groupe et cimenté leur place dans l'histoire. *Toys* a atteint la 11e place aux États-Unis, et a même permis la réédition de *Dream on*, single issu du premier album, qui avait à peine été remarqué deux ans plus tôt. C'est devenu leur deuxième tube à entrer au Top 10. **TSh**

▶II Liste des titres

▶	01 Toys In The Attic (Perry•Tyler)	3:05
	02 Uncle Salty (Hamilton•Tyler)	4:10
	03 Adam's Apple (Tyler)	4:34
▶	04 Walk This Way (Perry•Tyler)	3:40
▶	05 Big Ten Inch Record (Weismantel)	2:16
▶	06 Sweet Emotion (Hamilton•Tyler)	4:34
	07 No More No More (Perry•Tyler)	4:34
	08 Round And Round (Tyler•Whitford)	5:03
	09 You See Me Crying (Solomon•Tyler)	5:12

David Bowie
Young Americans (1975)

Label | RCA
Production | Divers
Direction artistique | Eric Stephen Jacobs
Pays | Royaume-Uni
Durée | 40:20

Sorti en mars 1975, *Young Americans* est l'apogée de la période « soul en kit » de David Bowie. Disque souvent mésestimé, il occupe la vallée qui se trouve entre les deux sommets que sont *Ziggy Stardust* et *Berlin*. Pendant sa tournée aux États-Unis en 1974, Bowie avait été séduit par la musique noire américaine et avait demandé à son producteur, Tony Visconti, de le rejoindre pour réaliser un album de soul. Bowie a repris certains musiciens qui l'avaient accompagné en tournée, des musiciens de studio expérimentés (dont Willie Weeks, bassiste légendaire) et de talentueux nouveaux

venus (le guitariste Carlos Alomar et le chanteur Luther Vandross).
Principalement composé en studio, l'album brille de son exubérance limpide. De la banalité avouée de *Right* au cri plaintif de *Can you hear me*, il enchaîne les moments savoureux. Le caractère agressif de *Fame* – enregistré avec John Lennon, le meilleur ami de Bowie, après tous les autres morceaux – est l'équivalent en chanson du documentaire de Bowie pour la BBC, *Cracked Actor*.
La photo de la pochette renforce la nouvelle authenticité et l'apparente accessibilité de Bowie. Son androgynie stylisée a disparu. Faisant directement face à l'objectif, avec des volutes de cigarettes s'envolant vers le ciel, son portrait évoque une période depuis longtemps révolue. Le titre de l'album indique clairement quel est le public cible. Bowie a depuis entretenu une relation schizophrène avec ce disque et passera le reste des années 70 à courtiser la vieille Europe, mais *Young Americans* a fait de lui une star aux États-Unis. **DE**

Burning Spear
Marcus Garvey (1975)

Label | Mango
Production | Lawrence "Jack Ruby" Lindo
Dir. art. | Bloomfield And Travis
Pays | Jamaïque
Durée | 33:28

Winston Rodney est né à St Ann's Parish, à la Jamaïque, où Marcus Garvey était né lui aussi cinquante-huit ans plus tôt. Cette enfance au sein de la classe ouvrière de St Ann devait influencer les deux hommes. Garvey soutiendrait la croisade du « retour vers l'Afrique » à travers son action politique ; Rodney lutterait contre l'injustice à travers ses chansons.
Marcus Garvey est le troisième album de Rodney, alias Burning Spear (il avait emprunté ce nom, qui signifie « lance en feu », à Jomo Kenyatta, leader rebelle kenyan), et est devenu l'une des découvertes les plus impressionnantes de l'histoire du reggae. Remixé par le label pour le grand public (c'est-à-dire les Blancs), ce qui a rendu Rodney furieux, c'est un mélange poignant d'aspirations religieuses et de préoccupations culturelles que l'on percevait à la fois comme une mise en garde et comme une méditation paisible.
L'illustration de la pochette, deux jeunes guerriers noirs en colère, donne le ton avant même que Rodney ne chante : « Pleurs et cris et gémissements / Tu ne peux que te blâmer toi-même je te dis. » Le caractère politique devient encore plus explicite sur *Slavery Days*, où le chanteur se souvient des chaînes de ses ancêtres. Burning Spear est alors un trio et l'émotion pure de Rodney est intensifiée par la douce voix de basse de Rupert Willington et le ténor de Delroy Hinds sur des chansons aussi pieuses que *Jordan River* et *Resting Place*. Avec le soutien des Black Disciples, Rodney s'assure que les générations futures n'oublieront jamais Garvey, ni Burning Spear. **JiH**

Bruce Springsteen
Born to run (1975)

Label | Columbia
Production | Divers
Dir. art. | John Berg • Andy Engel
Pays | États-Unis
Durée | 39:33

Tout ce que vous avez entendu sur *Born to run* est vrai. C'est un chanteur de soul en herbe avec une production pseudo-Spector. Il menace constamment de s'écrouler sous sa propre suffisance. Cela ressemble à un prototype de Bon Jovi. Mais on ne peut s'empêcher de fredonner ses classiques, comme *You give love a bad name*.
Ça aurait pu être un désastre. Décidé à « utiliser le studio comme un outil et non

pas pour essayer de reproduire le son de [ses] concerts », Springsteen a songé à enregistrer un album à thème, dont le titre aurait pu être *The Legend of zero* et *Blind Terry*. Heureusement, ces idées ont été abandonnées. Les harmonicas de Thunder Road rappellent un peu Dylan, mais ce sont les tintements du piano et des cloches, les guitares musclées et la batterie spectaculaire qui caractérisent le « son » Springsteen.

On trouve d'élégants poèmes épiques – *Backstreet*, *Jungleland* – dont les intros feraient pleurer des hommes aguerris. Et puis il y a *Born to run*, qui électrise encore après l'avoir écouté plus de mille fois, lorsque Bruce accélère sur cette autoroute « pleine à craquer de héros brisés ». D'autres délices sont plus subtils : la trompette de Randy Brecker dans *Meeting across the river*, le tempo de Bo Diddley reflétant la tension amoureuse sur *She's the one*. Et le souvenir souriant de *Tenth Avenue Freeze-Out*.

D'autres classiques suivront. Mais c'est ici que tout a démarré : une réputation grandissante, née de ses concerts, et une vague montante de battage médiatique rencontrent un auteur-compositeur qui mélange la sophistication sonore et la simplicité des textes. **BM**

Anne Murray. Elle continue depuis à porter le flambeau de Parsons.

Pour cet enregistrement, le premier album solo post-Parsons, une vaste demeure a été louée à Beverly Hills et Ahern a installé son studio dans le jardin. Il ne veut pas produire un simple album de country et a engagé divers musiciens, dont deux qui ont accompagné Elvis à Las Vegas – James Burton, guitariste légendaire, et Glen D. Hardin, arrangeur et pianiste. Il a aussi invité Bernie Leadon des Eagles, Bill Payne de Little Feat et Herb Pedersen pour les harmonies vocales.

Diverses chansons connues ont été sélectionnées ainsi que des nouvelles telles que *Bluebird Wine* de Rodney Crowell, encore inconnu à l'époque, ou encore *Boulder to Birmingham*, où Emmylou Harris rend hommage à Parsons. Mélanger Merle Haggard aux Beatles et aux Louvin Brothers était plus qu'intrépide, mais l'ensemble est fabuleux.

Le fait que des musiciens tels que Burton, Hardin et Crowell aient choisi de suivre Emmylou en tournée pendant plusieurs années au sein du Hot Band en dit long sur cette artiste. Parmi les autres noms célèbres intervenant sur cet album, on peut citer Amos Garrett à la guitare, ou Richard Greene et Byron Berline au violon. **JT**

Emmylou Harris
Pieces of the sky (1975)

Label | Reprise
Production | Brian Ahern
Direction artistique | Tom Wilkes
Pays | États-Unis
Durée | 37:25

Toujours plongée dans le chagrin après la mort de son ami, partenaire et guide Gram Parsons, Emmylou Harris bénéficie de la protection de Brian Ahern, qui a trouvé le succès avec une autre chanteuse,

Dion
Born to be with you (1975)

Label | Phil Spector Records
Production | Divers
Direction artistique | Lockhart
Pays | États-Unis
Durée | 35:10

Dion DiMucci et Phil Spector ont grandi dans le Bronx, à New York, et obtenu leur premier succès en 1958 (avec les Teddy Bears pour Spector). Mais dans les années 70, la position de Dion dans la hiérarchie du rock avait reculé et Spector n'était plus le « magnat de la jeunesse ». Typiquement, Spector a enrôlé trois batteurs, d'innombrables guitaristes, trois bassistes et tout un tas de cordes et de cuivres pour *To be with you* – tout cela pour que la critique qualifie l'ensemble de chant funèbre. Plus tard, des fans aussi différents que Pete Townshend et Bobby Gillespie l'ont déclaré génial.

Rétrospectivement, on a du mal à comprendre comment ces récits de déboires amoureux et de perte – et de simple émerveillement devant la beauté de la vie – chantés avec autant de conviction et accompagnés d'arrangements aussi splendides pouvaient s'attirer des insultes. Spector a néanmoins empêché la sortie de l'album au départ.

Pour la chanson-titre, c'est la première prise, épique et légèrement country, qui a été utilisée (d'où peut-être sa voix décontractée et pleine d'aisance), et Dion explique combien il a été stupéfait quand Spector l'a gardée. *Make the woman love* me aurait pu être un tube en Angleterre si la BBC ne l'avait boycottée à cause de la marque Levi's citée dans la chanson. *Only you know* et *In and out of the shadows* ont été co-écrits par le légendaire Gerry Goffin. **JT**

Joni Mitchell
The Hissing of summer lawns (1975)

Label | Asylum
Production | Joni Mitchell
Direction artistique | Joni Mitchell
Pays | Canada
Durée | 42:22

Déroutant et magnifique, ...*Summer Lawns* a confirmé que Joni Mitchell était « l'auteure-compositrice des auteurs-compositeurs ». D'une originalité intrépide, annonçant la fascination de l'univers pop/rock pour tout ce qui serait lié au jazz et à la world music une décennie plus tard, l'artiste qu'on étiquetait comme une star folk aux textes confessionnels nous a ébahis avec une série éclectique de compositions de style symphonique.

Se lamentant sur le peu de spiritualité de la méritocratie américaine, la vision de Mitchell s'était élargie, son regard se portant vers la scène sociopolitique des années 70. L'une des images récurrentes de l'album est celle du cœur d'une terre sauvage battant sous une respectabilité apparente – les tambours du Burundi sur *Jungle Line*, les images africaines de Boho Dance et la couverture de l'album où un groupe d'indigènes transporte un serpent sur des gazons de banlieue stylisés. Les chansons débordent d'images littéraires. Si *Don't interrupt the sorrow* vous paraît impénétrable, il faudra peut-être écouter l'album dans l'esprit dans lequel il a été conçu – comme un tout. On est récompensé de cet effort par *Edith* et *Scarlett*, où la voix et Mitchell correspond parfaitement à la mélodie et au sentiment lyrique. *Harry's House/Centerpiece* est un autre bijou, parce qu'il enchaîne sur une chanson de Johnny Mandel et Jon Hendrick. Le dernier titre, *Shadows and light*, rappelant un hymne, était l'un des préférés de la chanteuse. **LS**

Tom Waits
Nighthawks at the diner (1975)

Label | Asylum
Production | Bones Howe
Direction artistique | Cal Schenkel
Pays | États-Unis
Durée | 73:48

Même si on peut la considérer comme artificielle, la fausse ambiance de boîte de nuit de *Nighthawks* reflète peut-être l'attrait du Tom Waits des débuts mieux encore que ses deux albums précédents, les impressionnants *Closing Time* et *Heart of saturday night*.

À l'époque, Waits était un chanteur de poésie jazz/blues de fin de nuit, évoquant des clochards optimistes, des buveurs agités, des pique-assiettes expérimentés et des losers au cœur brisé. Certains trouvaient ce romantisme de ruisseau un peu trop fervent ou larmoyant, mais *Nighthawks*, enregistré avec des musiciens de jazz chevronnés en studio et devant un public, a permis à Waits d'alléger cet aspect bas-fonds de Los Angeles grâce à son talent naturel pour la comédie.

Séduisant le public avec son esprit lyrique et plein d'autodérision, anticipant sa future carrière d'acteur, il fait preuve du sens du rythme d'un comique dans une série de longs monologues évocateurs et captivants. « Elle a été mariée tellement de fois qu'elle a des empreintes de riz sur toute la figure », entend-on dans *Better off without a wife*. Dans l'introduction de cette même chanson, Waits évoque la façon dont il abuse de son corps : « Je ne suis pas tordu ou quoi que ce soit, je ne m'attache pas d'abord… » Le public siffle son approbation, Tom Waits lâche un rire à la Muttley, les chansons suivent, et l'auditeur s'abandonne aux sentiments de contentement et de légère ébriété. **PW**

R. D. Burman/Bappi Lahiri
Shalimar/ College Girl (1975)

Label | Polygram India
Production | R.D. Burman • Bappi Lahiri
Direction artistique | Non créditée
Pays | Inde
Durée | 72:18

Dès le début de l'industrie du cinéma indien, les films hindous ont emprunté de la musique au monde entier – utilisant musique indienne traditionnelle et classique, opéra italien, polka allemande, rumba cubaine, samba brésilienne, bebop et rock'n'roll des premiers temps.

Personne n'a emprunté aux autres cultures de façon aussi créative et intelligente que Rahul Dev Burman (1939-1994), directeur musical ayant dominé les B.O. de Bollywood pendant une grande partie des années 60 et 70. Tout comme son illustre père, S.D. Burman, c'était un amateur de jazz, mais il s'est aussi inspiré du funk, de la soul et du rock psychédélique. Les scénarios des films grand public commençant à traiter de thèmes plus lestes, Burman a utilisé plus de guitares wah-wah, de rythmes de la Motown, de percussions latinos, et la voix pleine de coquetterie de sa femme, Asha Bhosle.

Shalimar est l'un de ses enregistrements essentiels des années 70, où l'on retrouve les wah-wah et le riff de pedal guitar si souvent samplé de *Title Music*, le bondissant *Baby let's dance together*, classique de la soul, l'enjoué *One Two Cha Cha Cha*, et enfin *Romantic Theme*, aux accents italiens, débordant de cithare et de cordes. Asha Bhosle, partenaire musicale de longue date de Burman, offre aussi son chant à l'épique *Mera Pyar Shalimar*.

On ne trouve plus *Shalimar* qu'en version CD, avec la B.O. de *College Girl*, tout aussi remarquable et que l'on doit à Bappi Lahiri, « roi du disco » de Bollywood. **JLe**

Neil Young
Tonight's the night (1975)

Label | Reprise
Production | David Briggs • Neil Young
Direction artistique | Gary Burden
Pays | États-Unis
Durée | 44:52

En 1973, Neil Young aurait dû être l'homme le plus heureux de Californie. Son album, *Harvest*, était arrivé en tête des hit-parades des deux côtés de l'Atlantique et les critiques le considéraient comme le meilleur auteur-compositeur-interprète de sa génération. Mais Young était déprimé et découragé ; il venait de perdre deux amis proches – Danny Whitten, le guitariste de Crazy Horse, et Bruce Berry, un roadie –, morts d'une overdose d'héroïne, et il se sentait isolé et piégé par son succès commercial.

Avec *Tonight's the night*, il essaie d'échapper au passé. Enregistré au cours de séances nocturnes bien arrosées à la tequila dans le studio de SIR à Los Angeles, l'album lui permet de se réinventer. Oubliés les morceaux de rock impeccables et les douces ballades folk de *Harvest*, place aux méditations bluesy sur la mort et la célébrité. La chanson-titre de l'album, bourrée des accords de guitare de Nils Logren, évoque la triste vie de Bruce Berry. *Tired Eyes* examine la lutte de Whitten avec la drogue ; son refrain ? « Il a essayé de faire de son mieux, mais il ne pouvait pas. » Dans *World on a string*, l'on découvre le jeu de pedal steel éthéré de Ben Keith, et Young rejette sa célébrité avec un merveilleux cynisme. La pochette, enfin, est aussi provocatrice que la musique.

Enregistré en 1973, *Tonight's the night* a vu sa sortie retardée aussi longtemps que possible, dans l'espoir que Young produirait un album plus commercial. Finalement dans les bacs en 1975, il a été loué par la critique mais ne s'est pas aussi bien vendu que les albums précédents. Son influence ne devait devenir manifeste que plus de dix ans après, lorsque le mouvement grunge et la country alternative imiteront son son âpre et apocalyptique. **TB**

▶II Liste des titres

▶	01 Tonight's The Night (Young)	4:39
	02 Speakin' Out (Young)	4:56
▶	03 World On A String (Young)	2:27
	04 Borrowed Tune (Young)	3:26
	05 Come On Baby Let's Go Downtown (Whitten •Young)	3:35
	06 Mellow My Mind (Young)	3:07
	07 Roll Another Number (For The Road) (Young)	3:02
	08 Albuquerque (Young)	4:02
	09 New Mama (Young)	2:11
	10 Lookout Joe (Young)	3:57
▶	11 Tired Eyes (Young)	4:38
	12 Tonight's The Night, Pt. 2 (Young)	4:52

Bob Dylan
Blood on the tracks (1975)

Label I Columbia
Production I Bob Dylan
Direction artistique I Ron Coro
Pays I États-Unis
Durée I 51:53

Les pleurnicheries verbeuses, l'harmonica souffreteux, nous ne vous mentirons pas, sont bien là. Mais certaines des meilleures chansons d'une brillante carrière aussi.

Les choses ne s'annonçaient pas très bien. Dylan avait passé le début des années 70 à enregistrer des albums décousus (*Planet Waves* ? Oui, merci. *Pat Garrett and Billy The Kid* ? Non, vraiment), passant d'un label à l'autre et démontrant généralement qu'il avait du mal à s'adapter à la nouvelle décennie. Pour compléter le tableau, son mariage partait à vau-l'eau. On ne pouvait donc s'attendre qu'à des méditations larmoyantes sur un amour perdu.

Et pourtant. On a droit à la place au ravissant *Tangled up in blue*, au dédaigneux *Idiot Wind* (« Tu es une iiiiidiote chérie »), au magnifique *Simple Twist of fate* et au fébrile *Lily, Rosemary and the Jack of hearts*, qui n'est jamais ennuyeux malgré ses presque neuf minutes. Il exprime aussi sa gratitude dans *Shelter from the storm*, une chanson que tout homme aux abois comprendra.

La musique touche au blues, au folk et au « proto-Dire Straitisme », sans jamais s'attarder assez longtemps sur un seul style pour perdre de son attrait. Cette diversité tient en partie au fait que Dylan a retravaillé l'album après un premier pressage en novembre 1974 (les vendeurs d'enregistrements pirates n'ont jamais eu un Noël plus profitable). Mécontent des enregistrements faits à New York, il a repris *Tangled up in blue, You're a big girl now, Idiot Wind, Lily, Rosemary and the Jack of hearts* et *If you see her, say hello* avec des musiciens dans son Minnesota natal – produisant son deuxième n° 1 américain consécutif. Si vous ne deviez écouter qu'un album de Dylan, le voici. **BM**

▶II Liste des titres

▶ 01 Tangled Up In Blue (Dylan) 5:42
▶ 02 Simple Twist Of Fate (Dylan) 4:19
03 You're A Big Girl Now (Dylan) 4:36
04 Idiot Wind (Dylan) 7:50
05 You're Gonna Make Me Lonesome When You Go (Dylan) 2:56
06 Meet Me In The Morning (Dylan) 4:22
07 Lily, Rosemary And The Jack Of Hearts (Dylan) 8:54
08 If You See Her, Say Hello (Dylan) 4:49
▶ 09 Shelter From The Storm (Dylan) 5:03
10 Buckets Of Rain (Dylan) 3:22

Patti Smith

Horses (1975)

Label | Arista
Production | John Cale
Direction artistique | Bob Heimall
Pays | États-Unis
Durée | 43:10

Horses a redéfini les règles pour les stars féminines de la pop et leur a tracé une nouvelle voie, de Chrissie Hynde et Johnette Napolitano à Courtney Love et Liz Phair. Mais les effets du premier album de Patti Smith ne se limitent pas à cela. La chanteuse allie la puissance de la scène punk alors naissante à New York aux récits aventureux des poètes beatnik de San Francisco pour créer un style réellement unique, qui influencera des groupes esthètes comme Talking Heads et R.E.M.

Collaborant avec John Cale, Smith offre une œuvre d'une âpreté si fascinante et d'une intimité si émouvante qu'elle demeure toujours aussi forte trente ans plus tard. L'album est un objet d'art complet, à commencer par le portrait de Robert Mapplethorpe sur la pochette. Il débute par une totale réinvention de *Gloria* de Van Morrison, la chanteuse offrant l'une des plus belles entrées en matière de l'histoire du rock : « Jésus est mort pour les péchés de quelqu'un, mais certainement pas les miens. » Enchaînant sur un titre plein d'allant, *Redondo Beach*, elle commence son exploration des longues compositions sur *Birdland* et *Land*, qui durent plus de neuf minutes. Le jeu insistant du guitariste Lenny Kaye contribue énormément au succès de morceaux comme *Break it up*. Et pourtant, c'est le chant singulier de Patti Smith, une combinaison de narration à la Burroughs et de voix hargneuse à la Lou Reed qui différencie *Free Money* et *Kimberly* de tout ce qu'on a pu entendre auparavant – ou depuis d'ailleurs.
Horses a été soutenu par la critique et a rencontré un modeste succès commercial. Il a surtout imposé Patti Smith comme la reine des poètes punk, titre qu'elle conserve toujours aujourd'hui. **JiH**

▶II Liste des titres

▶ 01 Gloria (Morrison•Smith) 5:54
▶ 02 Redondo Beach (Kaye•Smith•Sohl) 3:24
03 Birdland (Kaye•Kral•Smith•Sohl) 9:16
▶ 04 Free Money (Kaye•Smith) 3:47
05 Kimberly (Kral•Lanier•Smith) 4:26
06 Break It Up (Smith•Verlaine) 4:05
▶ 07 Land : Horses/Land Of A Thousand Dances La Mer (De) (Kenner•Smith) 9:36
▶ 08 Elegie (Lanier•Smith) 2:42

Pink Floyd

Wish you were here (1975)

Label | Harvest
Production | Pink Floyd
Direction artistique | Hipgnosis
Pays | Royaume-Uni
Durée | 44:19

Ayant l'énorme tâche de produire un album après *Dark Side of the Moon*, Pink Floyd s'est un temps tourné vers ses anciennes techniques expérimentales et s'est attaqué à *Household Objects*, œuvre entièrement enregistrée avec des objets domestiques. Une tournée a permis au groupe de reprendre ses esprits et a consolidé la haine de Roger Waters pour le côté « business » de la musique, Pink Floyd étant devenu un véritable produit.

L'enregistrement de *Wish you were here* débute à Abbey Road, début 1975. Démarrant par une symphonie de verres de cristal frottés par des doigts mouillés (survivance de *Household Objects*), *Shine on you crazy diamond* représente probablement le meilleur de Pink Floyd, le motif de quatre notes du guitariste David Gilmour définissant l'album. Les neuf parties du morceau flanquent les deux extrémités du disque, et forment une majestueuse oraison à leur ancien leader, Syd Barrett. L'arrivée inattendue de ce dernier dans le studio en juin correspond au tranquille désespoir qui hante l'album : personne en effet ne reconnaît alors le gros chauve qui se glisse dans la régie.

Have a cigar – chanté par Roy Harper, ami du groupe – est l'une des meilleures chansons ingrates jamais écrites, tandis que le groupe ne devait plus jamais composer de morceau aussi aigre-doux que la chanson-titre. La pochette, d'Hipgnosis, reflète le sentiment d'isolement de l'album, vendu sous un cellophane noir, avec un autocollant indiquant le titre.

Sorti en septembre 1975 et recevant des critiques tièdes, *Wish you were here* a été propulsé à la 1re place des deux côtés de l'Atlantique, faisant du groupe un produit pour les stades encore plus important. **DE**

▶II Liste des titres

▶ 01 Shine On You Crazy Diamond (1–5) (Gilmour•Waters•Wright) 13:38
02 Welcome To The Machine (Waters) 7:31
▶ 03 Have A Cigar (Waters) 5:24
▶ 04 Wish You Were Here (Gilmour • Waters) 5:17
▶ 05 Shine On You Crazy Diamond (6–9) (Gilmour•Waters•Wright) 12:29

Queen

A night at the opera (1975)

Label | EMI
Production | Roy Thomas Baker • Queen
Direction artistique | David Costa
Pays | Royaume-Uni
Durée | 42:52

Depuis son premier album sorti en 1973, l'œuvre de Queen a compris des références pompeuses à la musique classique, des débauches de falsetto et du mysticisme païen. Mais c'est sur ce quatrième album que tout cela s'est fondu en une épique « rhapsodie bohème ». *Bohemian Rapsody*, single de six minutes, a été n° 1 au Royaume-Uni pendant neuf semaines et a figuré au Top 10 américain.

Le batteur Roger Taylor se souvient de Freddie Mercury, le leader, jouant ce morceau au piano pour le groupe. « "Et c'est là, mes chéris, que débute la partie opéra", a-t-il dit. Il avait la structure de base, même les harmonies, sur des petits bouts de papier, raconte Taylor. Il était donc difficile de suivre ce qui se passait. »

Avec cent quatre-vingts réenregistrements et une section vocale qui a nécessité soixante-dix heures en studio, c'est *Bohemian Rhapsody* qui a défini le groupe. Ses harmonies complexes (la distorsion

provenant des innombrables « trackings » contribue à cet effet saturé), ses ballades qui en font des tonnes et ses guitares métalliques acérées reprennent la vision de Mercury, nietzschéenne et maniérée.
L'album comprend aussi des bijoux plus discrets. *You're my best friend* est peut-être la chanson d'amour la plus touchante du groupe. On doit aussi citer le mystique *39*, les accents orientaux de *The Prophet's Song*, le music-hall anglais de *Lazing on a Sunday afternoon*. *Love of my life*, enfin, est une ballade souvent jouée en concert, mêlant la voix retentissante de Mercury aux fioritures de la guitare acoustique de Brian May. « *A night at the opera* comprenait tous les sons possibles, du tuba au peigne, a déclaré Mercury. Rien n'est hors limites. » **JLe**

▶II Liste des titres

	01 **Death On Two Legs (Dedicated To…)** (Mercury)	3:43
	02 **Lazing On A Sunday Afternoon** (Mercury)	1:08
	03 **I'm In Love With My Car** (Taylor)	3:05
▶	04 **You're My Best Friend** (Deacon)	2:50
	05 **'39** (May)	3:25
	06 **Sweet Lady** (May)	4:01
	07 **Seaside Rendezvous** (Mercury)	2:13
	08 **The Prophet's Song** (May)	8:17
▶	09 **Love Of My Life** (Mercury)	3:38
	10 **Good Company** (May)	3:26
▶	11 **Bohemian Rhapsody** (Mercury)	5:55
	12 **God Save The Queen** (Trad., arr. May)	1:11

Willie Nelson

Red Headed Stranger (1975)

Label | Columbia
Production | Willie Nelson
Direction artistique | Monica White
Pays | États-Unis
Durée | 33:20

En 1975, Willie Nelson a déjà produit d'excellents albums et écrit de magnifiques chansons country pour d'autres artistes, comme *Crazy* pour Patsy Cline et *Hello Walls* pour Faron Young. Mais c'est *Red Head Stranger* qui en a fait une star de la country.
Les responsables de son nouveau label, Columbia, étaient nerveux sur l'avenir de cet album. À une époque où les tubes country débordent de cordes, l'instrumentation de Stranger est simple : guitare acoustique, piano et harmonica. C'est aussi une expérimentation formelle, un album à thème évoquant les aventures d'un meurtrier se languissant d'amour. Nelson a utilisé des récits du Far West pour relier ses propres chansons et une poignée de reprises, tandis que Monica White dessine une série de vignettes décrivant à peu près la même histoire pour la pochette.
Les pontes de la Columbia n'auraient pas dû s'inquiéter. L'album s'est énormément vendu et comprend le premier single n° 1 de Nelson, une version de *Blue Eyes crying in the rain* à l'intensité tranquille, une vieille chanson de Fred Rose devenue l'une des plus populaires de Nelson. De plus, l'album est sorti quelques mois seulement avant que la RCA, l'ancien label de Nelson, ne mette en vente *Wanted ! The Outlaws*, une compilation réunissant Nelson, Waylon Jennings et d'autres, qui a donné son nom au mouvement country, préconisant un retour aux sources. L'importance de la country Outlaw est toujours sujette à débat, mais il est sûr qu'avec *Red Headed Stranger*, Nelson fait fi des restrictions de Nashville. Cela définit aussi sa carrière. **KB**

▶II Liste des titres

▶	01 **Time Of The Preacher** (Nelson)	2:24
▶	02 **I Couldn't Believe It Was True** (Arnold•Fowler)	1:32
	03 **Time Of The Preacher (Theme)** (Nelson)	1:12
	04 **Medley : Blue Rock Montana/Red Headed Stranger** (Lindeman•Nelson•Stutz)	1:32
▶	05 **Blue Eyes Crying In The Rain** (Rose)	2:17
▶	06 **Red Headed Stranger** (Nelson)	3:57
	07 **Time Of The Preacher (Theme)** (Nelson)	0:25
	08 **Just As I Am** (Nelson)	1:45
	09 **Denver** (Nelson)	0:55
	10 **O'er The Waves** (Trad.)	0:48
	11 **Down Yonder** (Gilbert)	1:53
	12 **Can I Sleep In Your Arms ?** (Cochran)	5:22

▶ 13 **Remember Me** (Tyler) 2:50
14 **Hands On The Wheel** (Callery) 4:20
15 **Bandera** (Nelson) 2:18

Earth, Wind and Fire
That's the way of the world (1975)

Label | Columbia
Production | Charles Stepney • Maurice White
Direction artistique | Howard Fritzson
Pays | États-Unis
Durée | 38:53

Peu de personnes se souviennent du film réalisé par Sig Shore, *That's the way of the world*. Il raconte l'histoire d'un producteur de disques écartelé entre son désir de promouvoir un nouveau groupe et les ordres qu'il reçoit de se cantonner à un commercialisme terne. Le rôle est tenu par Harvey Keitel, qui vient de jouer dans *Alice n'habite plus ici*, tandis qu'un groupe de soul plutôt jeune avec quelques succès mineurs à son actif complète le casting. Le film a été un échec, contrairement à sa bande-annonce qui, à elle seule, a propulsé *Earth, Wind and Fire* en tête du hit-parade américain.

Malgré leur rôle dans le film, ces musiciens ne sont pas novices en la matière. *That's the way of the world* est le sixième album du groupe ; bien qu'aucun d'entre eux n'embrase le hit-parade, leurs concerts (où ils en font un peu trop) montrent qu'ils ne manquent certainement pas de confiance en eux. Depuis *Shining Star*, au rythme irrésistible, jusqu'à *See the light*, cette assurance est mise en avant par leur alliance de soul, disco, funk et musique latino, emmenée par la basse de Verdine White et dominée par les cuivres scintillants et les arrangements vocaux du leader, Maurice White. Les textes sont le plus souvent assez superficiels – « L'amour est une bénédiction / Ne le laisse jamais s'éteindre » est un bon exemple – mais la joie avec laquelle Philip Bailey les chante est difficile à dénigrer. Plusieurs albums fantastiques et une demi-douzaine d'énormes tubes suivront, dont *Boogie Wonderland*, *After the love has gone* et *Fantasy*. **WF-J**

▶II Liste des titres

▶ 01 **Shining Star** (Bailey•Dunn•M. White) 2:50
▶ 02 **That's The Way Of The World** (Stepney •M. White•V. White) 5:46
03 **Happy Feelin'** (Bailey•Dunn•McKay•M. White •V. White) 3:36
04 **All About Love** (Dunn•M. White) 6:35
05 **Yearnin' Learnin'** (Bailey•Stepney•M. White) 3:40
06 **Reasons** (Bailey•Stepney•M. White) 4:59
▶ 07 **Africano** (Dunn•M. White) 5:09
08 **See The Light** (Angelo•Bailey•Dunn) 6:18

Curtis Mayfield
There's no place like America today (1975)

Label | Curtom
Production | Curtis Mayfield
Direction artistique | Peter Palombi
Pays | États-Unis
Durée | 35:47

Curtis Mayfield est l'un des musiciens populaires les plus talentueux du XXe siècle. Il est original à la fois en tant que chanteur, auteur-compositeur, commentateur social et pionnier musical. *Superfly*, bande originale de 1972, est acclamée par la critique comme par le grand public, mais en 1975, le disco influence énormément la musique noire américaine, et la plupart des chansons se bornent à célébrer l'hédonisme. Mayfield réagit avec *There's no place like America today*, l'un des commentaires artistiques les plus sombres sur la situation des Noirs aux États-Unis. La pochette montre des Afro-Américains faisant la queue, écrasés par une immense affiche où l'on découvre une famille blanche tout sourire. Recréée à partir d'une photo de Margaret Bourke-

White prise en 1937, elle reflète le fossé entre le rêve américain et la réalité des rues. Comme pour l'épique *What's going on* de Marvin Gaye, Mayfield souligne avec stoïcisme les dilemmes qui l'entourent, mais il prêche l'espoir avec douceur et détermination. *Billy Jack* fait le récit d'un escroc de troisième ordre qui finit assassiné ; *When seasons change*, teinté de gospel, examine le désespoir de la pauvreté. *So in love* est une magnifique chanson d'amour, tandis que *Jesus* considère la possibilité d'une rédemption spirituelle. *Blue Monday People* appelle à aimer autre chose que l'argent, tandis que *Love to the people* offre un message chaleureux qui nous incite à aimer notre communauté.

À sa sortie, l'album est apprécié de la population noire américaine mais le public blanc ne lui prête aucune attention. Depuis, son influence ne fait qu'augmenter. **GC**

▶II Liste des titres

▶	01 **Billy Jack** (Mayfield)	6:09
	02 **When Seasons Change** (Mayfield)	5:28
▶	03 **So In Love** (Mayfield)	5:15
	04 **Jesus** (Mayfield)	6:13
	05 **Blue Monday People** (Mayfield)	4:50
▶	06 **Hard Times** (Mayfield)	3:45
▶	07 **Love To The People** (Mayfield)	4:07

Tom Petty and the Heartbreakers
Tom Petty and the Heartbreakers (1976)

Label I Shelter
Production I Denny Cordell
Direction artistique I Ed Caraeff
Pays I États-Unis
Durée I 30:25

Prophètes auxquels on n'a longtemps prêté aucune attention dans leur pays, Tom Petty and the Heartbreakers voient finalement leur album éponyme entrer au Top 20 britannique. Ils réalisent de bonnes ventes en Allemagne et en France avant que les États-Unis ne s'éveillent. S'inspirant des Byrds (du jeu de guitare de Mike Campbell) et de Dylan (avec le chant à peine dégrossi de Petty qui jouera avec Dylan au sein des Travelin' Wilburys), le groupe insuffle une énergie new wave à des chansons écrites en une après-midi et enregistrées le soir même. « C'était tout nouveau et très excitant, et je voulais que le disque reflète cela », se souvient Petty. Même Roger McGuinn, des Byrds, capitule et reprend le dernier morceau de l'album, *American Girl*.

Petty et Dwight Twilley, autre artiste du label Shelter, sont côte à côte dans leur recherche de gloire. Les deux groupes combinent des mélodies pop à des débordements de guitares, mais c'est Petty qui l'emporte finalement, parce que son rock est plus énergique (Twilley chante dans les chœurs sur *Strangered in the night*). En réalité, comparé à Neil Young avec qui il a fait une tournée en Grande-Bretagne, Petty ressemble à un punk. On trouve aussi chez lui une touche de la frime des Rolling Stones ou des Animals, ce qui explique peut-être pourquoi les Anglais ont mieux répondu à ses albums.

Les chansons de cet album seront reprises par Lee Lewis (*Hometown Blues*) et Suzi Qautro (*Breakdown*), tandis que Petty lui-même continuera ce qu'il nomme « le gros fracas » jusqu'à *Southern Accents* en 1985, où il laisse Dave Stewart des Eurythmics retoucher sa formule. **MH**

▶II Liste des titres

	01 **Rockin' Around (With You)** (Campbell•Petty)	2:25
▶	02 **Breakdown** (Petty)	2:42
	03 **Hometown Blues** (Petty)	2:11
	04 **The Wild One, Forever** (Petty)	3:00
▶	05 **Anything That's Rock 'n' Roll** (Petty)	2:23
▶	06 **Strangered In The Night** (Petty)	3:29
	07 **Fooled Again (I Don't Like It)** (Petty)	3:48
	08 **Mystery Man** (Petty)	3:01
	09 **Luna** (Petty)	3:56
▶	10 **American Girl** (Petty)	3:30

The Modern Lovers
The Modern Lovers (1976)

Label | Beserkley
Production | John Cale • Kim Fowley
Direction artistique | Non créditée
Pays | États-Unis
Durée | 44:05

Originaire de Boston, Jonathan Richman est un grand fan du Velvet Underground. Il en tire le son dépouillé de son premier groupe, les Modern Lovers, composé à l'origine de David Robinson (batterie), de Jerry Harrison (synthé, futur Talking Heads) et d'Ernie Brooks (basse). Leurs concerts dans la région de Boston attirent l'attention de Warner Bros, qui les fait enregistrer dans un studio de Los Angeles en 1973, avec le producteur John Cale puis Kim Fowley.

À ses débuts, l'œuvre de Richman exprime une conception du monde merveilleusement contradictoire : il embrasse le « monde moderne », mais ne rejette pas l'« ancien ». Attiré par les filles autodestructrices (*She cracked*, *Hospital*), il célèbre pourtant un nouveau romantisme dans *Girlfriend* et *Someone to care about*, des chansons qui tournent le dos à la révolution sexuelle des années 60.

Plus que tout, il a un penchant pour les hymnes modernes – au style de vie macho de *Picasso* dans une chanson reprise par Cale et Bowie, et à l'appel de la route sur le classique *Roadrunner*, à deux accords, repris par toute une légion de groupes depuis, notamment par les Sex Pistols.

Warner abandonnera les Modern Lovers. Trois ans plus tard, Beserkley sort leur album, et *Roadrunner* devient un tube. Mais Jonathan a déjà quitté le groupe avec une nouvelle carrière à l'esprit : il souhaite changer de style, et chanter du rock acoustique traitant d'insectes, de Martiens et de lutins rockers. **IJ**

David Bowie
Station to station (1976)

Label | RCA
Production | David Bowie • Harry Maslin
Direction artistique | AGI
Pays | Royaume-Uni
Durée | 38:08

En 1976, la vie personnelle de David Bowie est sens dessus dessous. Son mariage avec Angie est un échec et il tente de se défaire de sa dépendance à la drogue et à l'alcool. De plus en plus paranoïaque, il est obsédé par les ovnis, l'occultisme et Adolf Hitler. Il commence alors à travailler sur un album au titre provisoire, *Thin White Duke*, un disque de soul « sans âme », avec les guitaristes Carlos Alomar et Earl Slick, et le batteur Dennis Davies, qui avait participé à *Young Americans*. La chanson-titre est un récit épique et maussade sur la paranoïa née de la cocaïne, influencé par l'intérêt que Bowie porte à l'avant-garde allemande (Can, Neu ! et Kraftwerk). On y découvre aussi le « Thin White Duke » (mince duc blanc), dont le smoking blanc et les cheveux noirs lissés en arrière rappellent le personnage de *The Man who fell to Earth*.

Golden Years, single à succès, disperse cette intensité paralysante avec son habile guitare funk et son groove léger. Le thème de la paranoïa domine l'album, exploré d'une voix froide et clinique – avec le plus d'efficacité sur *TVC 15*, magnifiquement accompagné par la batterie de Bowie. Sur la dernière piste (*Wild is the wind*), cette voix s'est transformée, et paraît aussi vulnérable que déchirante.

L'album est une transition artistique (délaissant la soul synthétique pour le minimalisme électronique) et personnelle (poussant Bowie à s'occuper de ses problèmes de dépendance avant de s'installer à Berlin). Ayant inspiré la scène post-punk britannique comme les nouveaux romantiques, *Station to station* est l'une des œuvres les plus accomplies et les plus mémorables de Bowie. **CSh**

Joni Mitchell
Hejira (1976)

Label | Asylum
Production | Joni Mitchell
Direction artistique | Glen Christensen
Pays | Canada
Durée | 52:03

En 1974, Joni Mitchell règne sur l'univers de la pop, adorée par la critique et par des millions de fans pour sa série d'albums brillants, souvent douloureusement personnels, qui atteint son apogée cette année-là avec le succès de *Court and Spark*. Elle a ensuite le courage de suivre sa muse et de se plonger dans un univers jazz, périple qui lui offre le plus subtil et élégant de ses albums, *Hejira*.

Composé en tournée, c'est le seul disque qu'elle compose à la guitare et pour la guitare. Le titre évoque le périple de Mahomet, exilé de La Mecque, jusqu'à Médine. Dans le cas de Mitchell, *Hejira* retrace une traversée des États-Unis après une rupture amoureuse. L'album marque le début de sa relation très proche avec Jaco Pastorius, pionnier de la basse électrique.

Bien que le génie de ce dernier se soit épanoui au sein de Weather Report, il n'a jamais mieux joué que dans le cadre des récits épiques de Mitchell, dépouillés, parfaitement construits, comme *Coyote*, la première chanson de l'album. Ses phrases mélodiques souples servent de contrepoint à sa voix de soprano de plus en plus riche et atteint des sommets de grâce sur *Amelia*, chanson mystérieuse et touchante qui retrace une découverte amoureuse, tout en faisant référence à des titres précédents (*Woodstock*, *Both Sides now* et *Cactus Tree*).

Certes, Mitchell a fait des albums plus populaires et plus ambitieux, mais avec ses images saisissantes, son envergure poétique et son authenticité affective, *Hejira* constitue le parfait mélange de virtuosité instrumentale et de narration confessionnelle. **AG**

Boston
Boston (1976)

Label | Epic
Production | John Boylan • Tom Scholz
Direction artistique | Paula Scher
Pays | États-Unis
Durée | 37:48

Après les célébrations du bicentenaire américain, Donald « Tom » Scholz, ex-ingénieur du son désormais guitariste, et ses musiciens offrent au pays le plus beau cadeau de Noël possible en décembre 1976.

Scholz, qui enregistre des cassettes de démonstration depuis 1970, emprunte le matériel d'Aerosmith pour enregistrer un album en novembre 1975 dans divers studios de Los Angeles. Pourtant, il ne garde qu'une seule piste pour l'album. Pour les autres, il travaille comme un fou chez lui avec une table de mixage volée tandis que ses comparses s'abandonnent aux excès californiens (d'où le surnom aux connotations aromatiques de Sib Hashian le batteur).

Scholz s'inspire du modèle Cream/Zeppelin sur lequel il conçoit des rocks mélodieux aux guitares puissantes et aux rythmes décapants accompagnés des cascades vocales de Brad Delp. Il n'a aucun synthé en vue et pourtant *Foreplay* est aussi futuriste que la pochette. « Une rumeur courait selon laquelle j'avais composé le premier album entièrement à l'ordinateur », raconte Scholz. *Smokin'*, le tapageur *Rock and Roll Band* ainsi que l'at-

tachant *Let me take you home tonight* sont d'excellentes tranches de rock pur.
More than a feeling, tour à tour enjoué et bruyant, ressemble au prototype de *Smells like teen spirit* – Nirvana le reprend même en concert. La popularité constante de cette chanson permet à *Boston* d'être certifié platine à plusieurs reprises. Avec dix-sept millions d'exemplaires vendus en 2003, rien ne semble pouvoir l'arrêter. **TJ**

The Eagles
Hotel California (1976)

Label | Asylum Records
Production | Bill Szymczyk
Direction artistique | Don Henley • Kosh
Pays | États-Unis
Durée | 43:28

Hotel California décrit l'épuisement psychologique de la côte ouest après la transformation du mouvement « peace and love » en hédonisme cynique. Illustrant une époque décadente, l'album se vend à plus de seize millions d'exemplaires. C'est l'œuvre mature d'un groupe dont les réflexions sur le coût des excès sont nées dans la difficulté, après cinq années de succès et de tournées. Comme le dit l'un des membres fondateurs, Glenn Frey, l'album « explore les dessous du succès, le côté sombre du paradis ».
Mêlant voyage en voiture et ballade meurtrière, le tempo cadencé et les motifs de guitare cinglants de la chanson-titre évoquent un lieu où le diable rôde derrière des palmiers en pot et les sourires accueillants. L'incendiaire duel de guitare entre Joe Walsh et Don Felder est l'un des plus mémorables de l'histoire du rock. L'air de boogie de *Life in the fast lane* nous emmène sur les autoroutes californiennes en compagnie de deux mondains sans cœur, pour découvrir l'épave encore fumante de leur voiture sur le morceau suivant, *Wasted Time*, ballade aux orchestrations grandioses qui évoque des vies décevantes faites de compromis.
Les racines country du groupe se retrouvent notamment sur *New Kid in town*, où le piano électrique de Walsh évoque la tristesse somnolente d'une cantina mexicaine avec des harmonies vocales parfaites. *Hotel California* représente en de nombreux points tout ce que le punk allait détruire : une production à la perfection lisse, des solos de guitare harmonisés et des « thèmes ». Mais comme de nombreux styles musicaux dans leur dernière floraison, le country-rock de la côte ouest atteint un raffinement dans *Hotel California* jamais égalé depuis. **JDi**

▶II Liste des titres

▶ 01 Hotel California (Felder•Frey•Henley)	6:30
▶ 02 New Kid In Town (Frey•Henley•Souther)	5:04
▶ 03 Life In The Fast Lane (Frey•Henley•Walsh)	4:46
▶ 04 Wasted Time (Frey•Henley)	4:55
05 Wasted Time (Reprise) (Frey•Henley•Norman)	1:22
06 Victim Of Love (Felder•Frey•Henley•Souther)	4:11
07 Pretty Maids All In A Row (Vitale•Walsh)	4:05
08 Try And Love Again (Meisner)	5:10
09 The Last Resort (Frey•Henley)	7:25

Abba
Arrival (1976)

Label | Polydor
Production | Benny Andersson • Björn Ulvaeus
Direction artistique | Ola Lager • Rune Soderqvist
Pays | Suède
Durée | 33:32

En 1976, Abba réussit à échapper au manque de crédibilité qui frappe tous les gagnants de l'Eurovision. De plus, une série de tubes prouve qu'il possède les moyens de continuer sa conquête musicale de l'Europe et de se lancer à l'assaut du marché américain.
Arrival est son quatrième album à sortir au Royaume-Uni, le second de huit disques qui arriveront consécutivement en tête

du hit-parade. Son plus gros succès ici est le joyeux *Dancing Queen*, n° 1 en Angleterre comme aux États-Unis. Les quatre membres du seul groupe pop à avoir été invité au gala du mariage du roi Carl Gustav de Suède chantent cette chanson à cette occasion, bien qu'elle n'ait pas été composée spécifiquement pour ce mariage royal. Presque trente ans plus tard, elle est devenue un hymne gay.
Knowing me, knowing you, un second tube, introduit une mélancolie pensive qui va devenir partie intégrante de leur œuvre au fil des ans. On y trouve enfin *Money, Money, Money* qui figure au Top 3 anglais. Bien sûr, certains critiques trouvent que le reste – particulièrement *Dum Dum Diddle* et *When I kissed the teacher* – rappelle un peu trop leur période Eurovision. Mais *That's me* (la face 2 aux accents latinos de *Dancing Queen*), *Why did it have to be me* (qui, avec des paroles différentes, est devenu *Happy Hawaï*) et *Arrival*, morceau instrumental de sonorité très celte repris plus tard par Mike Oldfield de *Tubular Bells*, sont tous des titres très respectables – pour des gagnants de l'Eurovision. **JT**

▶II Liste des titres

	01 When I Kissed The Teacher (Andersson •Ulvaeus)	3:03
▶	02 Dancing Queen (Anderson•Andersson •Ulvaeus)	3:52
	03 My Love, My Life (Anderson•Andersson •Ulvaeus)	3:53
	04 Dum Dum Diddle (Andersson•Ulvaeus)	2:54
▶	05 Knowing Me, Knowing You (Anderson •Andersson•Ulvaeus)	4:02
▶	06 Money, Money, Money (Andersson•Ulvaeus)	3:07
	07 That's Me (Anderson•Andersson•Ulvaeus)	3:17
	08 Why Did It Have To Be Me (Andersson •Ulvaeus)	3:22
	09 Tiger (Andersson•Ulvaeus)	2:56
▶	10 Arrival (Andersson•Ulvaeus)	3:01

Kiss

Destroyer (1976)

Label | Casablanca
Production | Bob Ezrin
Direction artistique | Dennis Woloch
Pays | États-Unis
Durée | 33:03

Les solos de guitare flamenco et les extraits de Beethoven ne sont pas automatiquement facteurs de succès, particulièrement pour des rockers qui doivent leur célébrité à *Rock and Roll all nite*. Et pourtant *Destroyer* est le plus emblématique des albums de Kiss.
Alive ! (1975) conclut leur phase primaire et les laisse libres d'expérimenter. Le producteur Bob Ezrin, qui avait perfectionné son art aux côtés de Lou Reed et Alice Cooper, imagine Kiss comme « une caricature de toutes les pulsions de la jeunesse » et il pousse les musiciens à transcender la sexualité primaire de leurs premiers albums.
Il en résulte des chansons mémorables : *Detroit Rock City* (et son solo de flamenco) et *God of thunder* (chanson de Paul Stanley devenue emblématique de Gene Simmons). On trouve aussi des curiosités, dont *Beth*, ballade à succès et *Great Expectations*, morceau pour lequel Ezrin a fait une razzia dans la *Pathétique* de Beethoven.
Ezrin charge Kim Fowley, un habitué de la scène de Los Angeles, de l'aider sur *King of the night time world* et sur *Do you love me ?*. Invité à prolonger la durée de l'enregistrement, il ajoute des montages sonores au début et à la fin. Une conclusion surnaturelle de quatre-vingt-six secondes mêle des passages à l'envers de *Destroyer* à un extrait de *Alive !* L'ensemble est illustré par un tableau de Ken Kelly qui ne passe pas inaperçu. Joe Elliott, de Def Leppard, explique qu'il l'a « acheté seulement pour la pochette ».
Les fans débattent du mérite de *Destroyer* depuis sa sortie, discussion qui est repar-

tie de plus belle quand on a appris que Bob Ezrin avait éliminé le guitariste Ace Frehley sur deux morceaux. Mais le groupe passera le reste de sa carrière à essayer de l'égaler. **BM**

▶II Liste des titres

▶	01 Detroit Rock City (Ezrin•Stanley)	5:18
	02 King Of The Night Time World (Anthony•Ezrin•Fowley•Stanley)	3:21
▶	03 God Of Thunder (Stanley)	4:17
	04 Great Expectations (Ezrin•Simmons)	4:25
	05 Flaming Youth (Ezrin•Frehley•Simmons•Stanley)	3:00
	06 Sweet Pain (Simmons)	3:22
	07 Shout It Out Loud (Ezrin•Simmons•Stanley)	2:50
▶	08 Beth (Criss•Ezrin•Penridge)	2:50
	09 Do You Love Me ? (Ezrin•Fowley•Stanley)	3:40

Rush
2112 (1976)

Label | Mercury
Production | Terry Brown • Rush
Direction artistique | Hugh Syme
Pays | Canada
Durée | 38:46

L'ambitieux *2112* est un jalon dans la carrière de Rush, un album décisif pour ce trio canadien parfois baptisé « le plus grand groupe culte au monde ». Avec cet album, le groupe décide de poursuivre sa propre voie, quoi qu'il advienne.

Rush sombre presque après la sortie de *Fly by night* et de *Caress of steel* en 1975, qui seront mal accueillis. Par la suite, Neal Peart, leur parolier et batteur, est très touché par les écrits libertaires d'Ayn Rand. Sa philosophie, selon laquelle l'individu doit suivre sa propre voie, constitue le fil narratif de l'épique morceau-titre de l'album – une composition de vingt minutes racontant l'histoire d'un homme qui a mené une révolution à travers la musique après avoir rejeté les « prêtres de Syrinx ». Ce récit reflète les frustrations du groupe vis-à-vis de l'aspect commercial de la musique.

Le style de Rush – à la croisée du rock progressif et du hard rock – s'épanouit complètement sur cet album et le morceau-titre a bien résisté à l'épreuve du temps – une œuvre méticuleusement conçue qui utilise des techniques de composition classiques avec un effet remarquable. Parmi les autres pistes, des morceaux de hard rock comme *A passage to Bangkok* et *Something for nothing* sont désormais des classiques.

L'album est bien accueilli par les fans à l'époque, mais la critique le juge prétentieux et emphatique. Comme si Rush s'en préoccupait : depuis *2112*, le groupe suit résolument son propre chemin, traînant derrière lui des hordes de fans. **AET**

Jorge Ben
Africa/Brasil (1976)

Label | Philips
Production | Mazola
Direction artistique | Jorge Vianna
Pays | Brésil
Durée | 41:35

L'influence de Jorge Ben dans le milieu funk est énorme. Quand il crée son manifeste de soul carioca, *Africa/Brasil*, il est déjà une personnalité musicale depuis plus d'une décennie. Percussions de samba, cuivres rhythm'n'blues, chœurs insolents et rythmes hypnotiques de guitare représentent l'essence même de son style.

L'album débute magnifiquement avec l'incendiaire *Umbabarauma*, qui a servi d'introduction à David Byrne pour sa populaire anthologie, *Musica popular Brasil*. Les associations brillantes de Ben, où l'on retrouve le style de Sly Stone et de James Brown comme les rythmes profonds de la samba, ne sont jamais meilleures que sur *Xica da Silva*, tandis que le refrain follement accrocheur de son *Taj Mahal* revisité explique clairement pourquoi Rod Stewart l'a imité sur *Do ya think I'm sexy*.

Ben a démarré sa carrière comme joueur de bossa nova, sur les traces de João Gilberto. Il obtient un énorme succès international en 1963 avec *Mas que nada*, mais sa musique atteint un sommet créatif dans les années 70, quand il intègre pleinement l'influence du funk et du rhythm'n'blues américains aux percussions syncopées de la musique afro-brésilienne. Son jeu impérieux à la guitare acoustique, sa voix chaude et intime, et son génie de la production ont donné naissance à des albums exceptionnels, culminant avec *Africa/Brasil*. Même s'il n'est pas un personnage central du mouvement Tropicalia des années 60 qui réunit Caetano Veloso, Gilberto Gil, Tom Ze et Gal Costa, son exploration des thèmes africains a inspiré de nombreux artistes brésiliens. **AG**

Joan Armatrading
Joan Armatrading (1976)

Label | A&M
Production | Glyn Johns
Direction artistique | Non créditée
Pays | Antilles brit. /Royaume-Uni
Durée | 40:32

Se limiter à définir Joan Armatrading comme l'une des premières auteurs-compositeurs noires ne lui rendrait pas justice. Même si cet honneur lui revient bien, son talent est bien plus vaste que cela. Après tout, n'importe quelle personne capable d'offrir une œuvre aussi superbement honnête et évocatrice que son troisième album éponyme mérite amplement d'être citée.

Tandis que ses premiers disques sont assez prometteurs, son talent s'épanouit complètement ici, grâce à un véritable sens du détail, ainsi qu'à un sens de l'humour espiègle. Le disque débute par les vastes accords de *Down to zero*, où la chanteuse reproche son inconstance à un amant tout en se reprochant d'avoir accepté qu'il revienne. Le jeu expert de steel guitar de B.J. Cole ajoute à la profondeur mélancolique de la chanson. Joan Armatrading partage sa sagesse du « matin d'après » sur *Water with the wine* et offre l'une de ses meilleures interprétations vocales sur *Save me*, mettant à profit les riches qualités de sa voix.

On doit aussi féliciter Glyn Johns, le producteur qui a collaboré avec Steve Miller, les Who et les Rolling Stones, pour la qualité générale de l'album. La chanteuse bénéficie aussi de la présence de membres de Fairport Convention et de Faces, mêlant à la pop folk des éléments de jazz, de reggae et de rhythm'n'blues. Le son qui est résulte est raffiné et professionnel, tout en permettant au talent unique d'Armatrading de briller. **TSh**

Aerosmith
Rocks (1976)

Label | Columbia
Production | Aerosmith • Jack Douglas
Direction artistique | Non créditée
Pays | États-Unis
Durée | 34:30

Grisés par le succès de *Toys in the attic*, les membres d'Aerosmith n'ont pas perdu de temps avant de repartir en studio pour y enregistrer ce que l'on considère souvent comme leur chef-d'œuvre. *Rocks*, enregistré en partie dans leur salle de répétition de Wherehouse et à la Record Plant de New York, est nourri des excès qui provoqueront presque la perte du groupe. Mais avec l'aide de Jack Douglas, ce dernier réussit à exploiter son talent comme jamais auparavant, créant une série de petits bijoux.

Plus cohérent que *Toys*, *Rocks* bénéficie aussi d'un son plus riche et plus dur. L'association dangereuse de Joe Perry et Brad Whitford est aiguillonnée par la section rythmique très libre de Tom Hamilton et Joey Kramer, qui fait des étincelles dans *Rats in the cellar* ou *Back in the saddle*.

Au centre de tout cela, on trouve le hurlement démoniaque et déterminé de Steven

Tyler. Sur *Get the lead out*, Tyler a demandé l'aide d'une chanteuse du Metropolitan Opera pour le refrain (on se demande ce qui est arrivé à la carrière de ladite chanteuse après une séance d'enregistrement qui a dû lacérer une voix autrefois de qualité).
Les textes sont extrêmes : qu'il s'agisse de sexe (*Back in the saddle*), de drogue (*Combination*) ou de célébrité (*A lick and a promise*), il y en a toujours trop ou pas assez, le plus souvent les deux en même temps. Les thèmes conviennent bien à un groupe dont les prédilections effraient même les plus accros à la drogue, les poussant à surnommer Tyler et Perry les « jumeaux toxiques ». **TSh**

Parliament
Mothership Connection (1976)

Label | Casablanca
Production | George Clinton
Direction artistique | Gribbitt Management
Pays | États-Unis
Durée | 38:17

Inspiré par le son Motown, George Clinton construit Parliament-Funkadelic, monument du funk, avec deux groupes, divers projets annexes et plus de cinquante musiciens dont Maceo Parker, star du saxo, et Bootsy Collins, dieu de la basse. *Mothership Connection* – le troisième et le meilleur album de Parliament – témoigne du brio et du sens de l'innovation du groupe. La pochette montre un Clinton sautant bras et jambes écartés depuis un vaisseau spatial, ce qui indique déjà le contenu de l'album. Guidé par Clinton, Parliament s'empare du funk, l'inonde d'acid, le revêt d'habits efféminés et de costumes de science-fiction. Le résultat : sept morceaux d'un rhythm'n'blues à la perfection implacable, parfaitement arrangés par Collins, Clinton, le tromboniste Fred Wesley et Bernie Worrel, joueur de synthé. *P-Funk (Wants to get funked up)* annonce la suite. La voix douce de Clinton est soutenue par des lignes de basse languides avant que l'ensemble ne s'emballe et que les synthés, les cuivres et les harmonies ne s'emparent du morceau. À partir de là, chaque piste est une explosion de rythmes et de mélodies entrelacés.
Les seules innovations de *Mothership Connection* en font l'un des meilleurs albums funk de tous les temps. Énorme succès à l'époque, il a changé l'image du funk et du rhythm'n'blues. Des décennies plus tard, son impact se fait toujours ressentir chez des rappeurs comme Warren G. et Snoop Dog et des rockers comme les Red Hot Chili Peppers et Primus. Cela fait de Clinton et Cie l'un des groupes américains les plus importants de tous les temps. **LP**

▶II Liste des titres

▶ 01 **P-Funk (Wants To Get Funked Up)** (Clinton•Collins•Worrell) 7:41
▶ 02 **Mothership Connection** (Clinton•Collins•Worrell) 6:13
03 **Unfunky UFO** (Clinton•Collins•Snider) 4:23
04 **Supergroovalisticprosifunkstication** (Clinton•Collins•Snider) 5:03
05 **Handcuffs** (Clinton•Goins•McLaughlin) 4:01
▶ 06 **Give Up The Funk (Tear The Roof Off The Sucker)** (Brailey•Clinton•Collins) 5:46
07 **Night Of The Thumpasorus Peoples** (Clinton•Collins•Snider) 5:10

The Penguin Cafe Orchestra
Music from the Penguin Cafe (1976)

Label | Obscure
Production | Simon Jeffes • Steve Nye
Direction artistique | Emily Young
Pays | Royaume-Uni
Durée | 45:01

Avec sa pochette surréaliste et son interprétation non conventionnelle de principes musicaux sacrés, *Music from the Penguin Cafe* est une œuvre unique de la musique pop des années 70. Selon le fondateur et moteur créatif du groupe, Simon Jeffes, aujourd'hui décédé, l'idée d'un orchestre post-moderne lui est venue en France au cours d'une vision provoquée par du poisson avarié.

Enregistré sur trois ans, les plages principalement instrumentales de *Music*... sont tour à tour d'une gaieté satirique et d'une beauté douloureuse, utilisant des éléments disparates du baroque, du jazz, de la pop et de la musique d'avant-garde. Le disque débute avec *Penguin Cafe Single*, référence pleine d'ironie à son approche non commerciale. Plus tard, le groupe entreprend de déconstruire la pompe de la vieille garde britannique avec son chant intentionnellement faux sur *Coronation*. (C'est la seule fois que le groupe s'essayait au chant dans toute sa carrière, exception faite du mot unique de *Milk*.) On ne sera pas surpris d'apprendre que l'album est sorti à l'origine chez Obscure, label de Brian Eno.

La musique est aussi difficile qu'elle est satisfaisante. Le splendide et poignant *The Sound of someone you love who's going away and it doesn't matter* est le plus mémorable de l'album. S'appuyant sur un thème à la simplicité trompeuse, cet épique morceau instrumental semble tracer le dénouement d'une aventure amoureuse avec une efficacité dévastatrice. C'est grâce à de telles compositions que le premier album de ce groupe est toujours le plus aventureux – et le plus satisfaisant. **TSh**

▶II Liste des titres

▶ 01 **Penguin Cafe Single** (Jeffes•Liebman•Nye •Wright) 6:20
▶ 02 **From The Colonies** (Jeffes) 1:38
03 **In A Sydney Motel** (Jeffes) 2:28
04 **Surface Tension** (Jeffes) 2:22
▶ 05 **Milk** (Jeffes) 2:22
▶ 06 **Coronation** (Jeffes) 1:33
07 **Giles Farnaby's Dream** (Jeffes) 2:19
08 **Pigtail** (Jeffes) 2:44
09 **The Sound Of Somone You Love Who's Going Away And It Doesn't Matter** (Jeffes•Liebman •Nye•Wright) 11:46
▶ 10 **Hugebaby** (Jeffes•Liebman•Nye•Wright) 4:48
11 **Chartered Flight** (Jeffes•Liebman•Nye•Wright) 6:41

Jean-Michel Jarre
Oxygène (1976)

Label I Disques Motors
Production I Jean-Michel Jarre
Dir. art. I Éditions Marquet • Michel Granger
Pays I France
Durée I 39:39

En novembre 1976, le fils de Maurice Jarre, compositeur de musique de films, dévoile son troisième enregistrement en studio. Après les albums de Tangerine Dream et Kraftwerk, *Oxygène* offre un modèle pour paysages sonores surnaturels. Son univers parallèle fondé sur le synthétiseur inspire le mouvement électronique et se vend à plus de dix millions d'exemplaires.

Même s'il est loué par la critique et atteint la 2e place au Royaume-Uni, Jarre a dû faire le tour des maisons de disques pendant des mois avant de signer chez un indépendant. Avec sa pochette futuriste (et des photos prises par sa future femme, Charlotte Rampling), l'album comprend des compositions de groupe ainsi que des bandes originales, et offre une perspective rafraîchissante sur la musique électronique.

Jarre utilise ici sa formation de musique classique pour formuler des mélodies aériennes et tourbillonnantes, souvent en séquences étranges, sur 34,5 mesures par exemple. Il passe du spectral (comme la première plage) à l'éthéré (*Part 2*, qui sans le vouloir reflète une époque obsédée par l'espace, de la mission Viking vers Mars à la *Guerre des étoiles*, avec un crescendo de pulsations et de murmures petit à petit recouverts par des cascades de synthétiseurs et des effets d'explosion laser). Après les vagues de *Part 3*, on découvre le vibrato hypnotique d'*Oxygène Part 4* au refrain mémorable de danse sur glace. Le morceau suivant allie des atmosphères souterraines à un style néogothique des années 20, avant une conclusion éloquente. **TJ**

▶II Liste des titres

▶ 01 Oxygene Part 1 (Jarre)	7:40
▶ 02 Oxygene Part 2 (Jarre)	8:08
03 Oxygene Part 3 (Jarre)	2:54
▶ 04 Oxygene Part 4 (Jarre)	4:14
05 Oxygene Part 5 (Jarre)	10:23
▶ 06 Oxygene Part 6 (Jarre)	6:20

Ramones

Ramones (1976)

Label | Sire
Production | Tommy Erdelyi • Craig Leon
Direction artistique | Greg Allen • Sevie Bates
Pays | États-Unis
Durée | 29:04

Depuis sa photo en noir et blanc sur la pochette jusqu'à sa mitraille d'assauts sonores, le premier album des Ramones constitue la déclaration punk par excellence. Enregistrés en deux jours avec 6 000 dollars, *Ramones* ramène le rock à ses éléments de base. On n'y trouve aucun solo de guitare ou de récit épique fantastique, ce qui est en soi une déclaration révolutionnaire à l'heure des excès du hard rock inspirés par Led Zeppelin. Sous l'impulsion de la guitare frénétique de Johnny Ramone et de la puissante batterie de Tommy, tous les morceaux font moins de trois minutes. Et tandis que les chansons sont courtes et acérées, le groupe dévoile son amour pour le rock des drive-in et la pop féminine des années 50.
Les textes de l'album sont très simples, des déclarations de besoins d'adolescents. Joey Ramone nous glapit ses désirs dans *I wanna be your boyfriend*, *Now I wanna sniff some glue*. Seul *53rd and 3rd* – un sombre récit basé sur les expériences de Dee Dee en tant que jeune prostitué – fait allusion à quelque chose de significatif et de profondément ressenti.
Loué à sa sortie par un petit cercle de journalistes musicaux (*Creem* a déclaré « si leurs successeurs sont 30 % aussi bons que les Ramones, nous serons satisfaits pour le reste de notre vie »), *Ramones* ne figure pourtant ni au Top 100 américain, ni au Top 40 britannique. Mais les quelques ados qui ont acheté l'album ont pris son minimalisme mélodique pour un appel aux armes. Les Sex Pistols, les Clash et les Buzzcocks ont tous suivi le modèle à quatre accords des Ramones pour exprimer leurs frustrations devant l'état complaisant du rock. La révolution ne semblera plus jamais aussi simple. **TB**

▶II Liste des titres

▶ 01 Blitzkrieg Bop (Ramones)	2:14
02 Beat On The Brat (Ramones)	2:31
▶ 03 Judy Is A Punk (Ramones)	1:32
04 I Wanna Be Your Boyfriend (Ramones)	2:24
05 Chain Saw (Ramones)	1:56
▶ 06 Now I Wanna Sniff Some Glue (Ramones)	1:35
▶ 07 I Don't Wanna Go Down To The Basement (Ramones)	2:38
08 Loudmouth (Ramones)	2:14
09 Havana Affair (Ramones)	1:56
10 Listen To My Heart (Ramones)	1:58
11 53rd And 3rd (Ramones)	2:21
12 Let's Dance (Lee)	1:51
13 I Don't Wanna Walk Around With You (Ramones)	1:42
▶ 14 Today Your Love, Tomorrow The World (Ramones)	2:12

Fela Kuti and Afrika '70

Zombie (1976)

Label | Coconut
Production | Fela Anikulapo Kuti
Direction artistique | Non créditée
Pays | Nigéria
Durée | 25:23

En 1976, Fela est une superstar africaine, un géant de la musique du XXe siècle à son apogée. Au cours de la décennie précédente, en compagnie du batteur Tony Allen et de son groupe Afrika'70, Fela crée un nouveau courant musical – l'afro-beat. Fusion des éléments afro-américains du funk, du jazz, de la musique d'Afrique occidentale, de la musique nigériane traditionnelle et des rythmes yorubas, on y retrouve aussi une vision politique pour l'Afrique née d'une conscience noire. Les textes de Fela sont puissants et pleins d'esprit, son style de vie, extravagant. Ses albums se vendent à des millions d'exemplaires au Nigeria et en Afrique occidentale. Inspirées, les superstars occidentales (McCartney, Ginger Baker, Stevie Wonder, James Brown, Lester Bowie et Cie) se précipitent à Lagos pour y écouter de la musique et fumer de l'herbe. *Zombie* est l'un des dix-huit albums que Fela a sortis en 1976 et 1977. La durée du morceau-titre, typiquement longue (trop époustouflant même pour la FM à l'époque), lui permet de se consumer lentement. Les irrésistibles riffs de guitare sont accompagnés d'une ligne de basse funky, de la batterie et d'un solo extravagant de Fela avant l'éclat aveuglant d'un chœur de cuivres et d'un riff de batterie. Après cinq minutes de saxo délicieusement funky, Fela chante l'hymne antimilitariste suprême contre ceux qui obéissent aux ordres : « Zombie ne va pas s'arrêter, sauf si tu lui dis d'arrêter/ Zombie ne va pas penser, sauf si tu lui dis de penser. » La réponse de la dictature nigériane a été un raid militaire cataclysmique, provoquant la mort de la mère de Fela et rasant entièrement sa propriété, baptisée République de Kalakuta, et son club, le Shrine (« lieu saint » en anglais). **MR**

▶II Liste des titres

▶ 01 Zombie (Kuti)	12:26
▶ 02 Mister Follow Follow (Kuti)	12:57

Peter Tosh
Legalize it (1976)

Label | Virgin
Production | Peter Tosh
Direction artistique | Howard Fritzson
Pays | Jamaïque
Durée | 38:19

Fondateur des Wailers, Peter Tosh enregistre des douzaines de solos durant la décennie séparant le groupe du ghetto de Trenchtown de la célébrité, mais ce n'est qu'après avoir échappé à l'ombre toujours grandissante de Bob Marley qu'il débute réellement sa carrière.

Même si l'on retrouve sur *Legalize it*, son premier album, les anciens membres des Wailers et les harmonies caractéristiques de Bunny Livingston, il nous livre le son franc et unique de Tosh ainsi que sa versatilité d'auteur-compositeur. La chanson-titre est emmenée par une ligne de basse, et sa mélodie fragmentée contraste avec les phrasés sinueux de Marley. À cause de son refrain – « légalise-la, ne la criminalise pas » –, elle a été bannie de la radio jamaïcaine. Le mystique *Igziabeher (Let jah be praised)* offre une prière rasta sur fond d'éclairs et de coups de tonnerre.

Tosh s'éloigne aussi de l'introspection mélancolique – depuis le complexe *Why must I cry* jusqu'à *Burial*, à la joliesse trompeuse, en réalité une charge pleine de colère contre ses ennemis. L'ironie violente, autre caractéristique de Tosh, apparaît sur *Whatcha gonna do*, utilisant d'insolents riffs de synthé et un refrain entraînant pour raconter l'histoire d'une famille du ghetto détruite par une arrestation liée à la marijuana.

L'album est moins politique que les suivants, mais les auditeurs ont adoré son exubérance – et la photo de la pochette dans un champ de marijuana. Il a atteint la 54e place au Royaume-Uni, établissant le droit de Tosh à revendiquer la même place que Marley au panthéon naissant du reggae. **MW**

Liste des titres

▶	01 Legalize It (Tosh)	4:35
▶	02 Burial (Tosh)	3:54
▶	03 Whatcha Gonna Do (Tosh)	2:25
	04 No Sympathy (Tosh)	4:35
▶	05 Why Must I Cry (Marley•Tosh)	3:08
	06 Igziabeher (Let Jah Be Praised) (Tosh)	4:37
	07 Ketchy Shuby (Tosh)	4:53
▶	08 Till Your Well Runs Dry (Livingston•Tosh)	6:09
	09 Brand New Second Hand (Tosh)	4:03

Stevie Wonder
Songs in the key of life (1976)

Label I Tamla Motown
Production I Stevie Wonder
Direction artistique I Motown Graphics Department
Pays I États-Unis
Durée I 86:53

Le 15 août 1975, Stevie Wonder signe un contrat de treize millions de dollars avec la Motown, qui lui garantit une liberté artistique totale. Il a en réserve des centaines de chansons mais en enregistre deux cents supplémentaires dans les mois suivants, forçant la Motown à se mettre en branle-bas de combat pour le premier de deux doubles albums qui fera de ce franc-tireur précoce une mégastar internationale.
Il est parfois proche du jazz : *Sir Duk*e est un hommage façon big band à Ellington, *Contusion*, un morceau de jazz-rock dans la veine du Mahavishnu Orchestra. On retrouve Herbie Hancock sur *As*, aux accents de samba, le flûtiste Bobbi Humphrey et le guitariste George Benson sur *Another Star*, proche de la salsa, tandis que le divin *If it's magic* est un duo avec la harpiste Dorothy Ashby.
L'apparition de nouvelles chansons ne cesse de retarder l'album. « Il restait parfois en studio pendant 48 heures d'affilée, se souvenait le bassiste Nathan Watts, vous ne pouviez même pas l'arrêter pour manger ! » Les quatre dernières pistes du CD sont à l'origine un 33 tours bonus.
Songs reçoit d'excellentes critiques, même si Robert Christgau du *Village Voice* lui reproche de multiplier balivernes new age (*Saturn*), leçons didactiques (*Black Man*), et sentimentalité sirupeuse (*Isn't she lovely*). Il annonce les prises de position politiques de Stevie Wonder en faveur d'une coalition multiraciale : il remercie ici Jessie Jackson, Louis Farrakhan, Frank Zappa et Andy Williams. **JLe**

Peter Frampton
Frampton comes alive ! (1976)

Label I A&M
Production I Peter Frampton
Direction artistique I Roland Young
Pays I Royaume-Uni
Durée I 78:06

La double vie de Peter Frampton symbolise le rock de l'ère post-Vietnam, rêvant d'évasion et de soleil. Avec environ seize millions d'exemplaires vendus, seuls Bruce Springsteen et son énorme succès de 1985 le dépassent dans le domaine des albums live les plus vendeurs.
L'album est enregistré entre mars et novembre 1975, principalement durant le concert de Frampton, au Winterland de San Francisco. Dans *Rolling Stone*, Cameron Crowe le décrit comme « bien plus qu'un souvenir. Il témoigne de Peter Frampton dans son habitat naturel ». Suivant un modèle établi par Kiss avec *Alive !*, l'album propulse au rang de star celui qui, jusque-là, n'est qu'un musicien de deuxième classe. Cet ancien membre des Herd et d'Humble Pie, groupes de rock britanniques, a à son actif trois albums au succès mitigé : il demeure désormais dix semaines en tête du hit-parade.

Cette sélection de quatorze chansons incarne bien chacun de ses albums précédents ainsi que son époque Humble Pie. Le vif *Somethin's Happenin'* et l'insistant *Show me the way* permettent de découvrir sa voix pleine d'échos, ses douces guitares acoustiques, ses guitares électriques jazzy et ses harmonies mélodieuses – sans oublier le texte de *Ooh Baby*. Certains titres comme *I wanna go to the sun* sont du rock pur, mais c'est l'hystérie provoquée par *Baby, I love your way* et *Do you feel like we do* qui démontre la nature positive du « son » Frampton. L'album lui a valu d'être invité à la Maison-Blanche par Ford. **TJ**

Brian Eno
Before and after science
(1977)

Label | Polydor
Production | Rhett Davies • Brian Eno
Direction artistique | Brian Eno
Pays | Royaume-Uni
Durée | 39:07

Before and after science pourrait bien être le chef-d'œuvre de Brian Eno, et pourtant il demeure méconnu.
Eno a élaboré chaque morceau élément par élément à partir des interprétations de Phil Manzanera, Robert Fripp, Achim Roedelius, Mobi Moebius de Cluster et Phil Collins. Le résultat est toujours stupéfiant. *Kurt's rejoinder* sample la voix de Kurt Schwitters, artiste dadaïste, avant même que le sampler ait été inventé, tandis que *No one receiving* et le déchaîné *King's Lead Hat* (anagramme de Talking Heads, dont Eno était le producteur à l'époque) présage le funk ethnique et fébrile de *My life in the bush of ghosts*, sa collaboration avec David Byrne en 1981.
Mais l'album annonce plus que cela. On découvre que sa deuxième moitié laissait prévoir la majorité de son œuvre des années 80, et les atmosphères de sa série *Ambient*. Tandis que les premiers morceaux de l'album sont composés à partir de rien, ceux-là semblent vouloir retourner dans le grand vide. Dédié à Harold Budd, le limpide *Through hollow lands* paraît annoncer les futurs albums d'Eno avec leur pianiste minimaliste, tandis que *By the river*, collaboration avec Cluster pourvue d'une tristesse exquise, est principalement constituée d'un riff de piano joué à deux doigts et de la voix résignée d'Eno. *Spider and I* est le plus beau de tous, morceau de synthétiseur élégiaque qui démontre que cet album symbolise la fin d'une certaine manière de faire de la musique et la naissance de nombreuses autres. Essentiel. **MBe**

Kraftwerk
Trans-Europe Express (1977)

Label | Kling Klang/EMI
Production | Ralf Hütter • Florian Schneider
Direction artistique | Ralf Hütter • Florian Schneider
Pays | Allemagne
Durée | 42:44

Panorama scintillant d'élégance et de décadence, de voyage et de technologie, *Trans-Europe Express* est une célébration dépouillée du passé romantique et du futur chatoyant du continent. Le magnifique paysage vallonné de *Europe Endless* ouvre et ferme l'album, tandis que l'humour noir de Kraftwerk, souvent négligé, émerge dans *Showroom Dummies*, riposte ironique à ceux qui reprochaient à ces musiciens leur image dépourvue d'émotion. Avec son humour macabre, *Hall of mirrors* constitue aussi une rare diversion. Au cours de cette période, Bowie fait partie des nombreux fans du groupe (il lui rend hommage dans *Heroes*). Hütter et Schneider lui rendent la pareille en citant Bowie et Iggy Pop dans le morceau-titre qui rappelle une locomotive dont le rythme implacable imite les roues d'un train sur les rails avec une intensité rappelant la transe. Avec son utilisation novatrice de séquenceurs, le sixième album de Kraftwerk contribue à donner forme au paysage musical qui comble le vide que laisse le rock punk derrière lui, faisant découvrir la musique électronique à toute une nouvelle génération. *Metal on Metal* et *Trans-Europe Express* exerceront plus tard une influence essentielle sur le hip-hop ou la musique électronique et industrielle. Fait plus célèbre encore, *Afrika Bambaataa* a samplé ses rythmes et sa mélodie sur son tube hip-hop de 1982, *Planet Rock*. Une fois de plus, Kraftwerk paraissait en avance sur son époque, et ce sans aucun effort. **SD**

Billy Joel
The Stranger (1977)

Label | Columbia Records
Production | Phil Ramone
Direction artistique | Jim Houghton
Pays | États-Unis
Durée | 45:02

The Stranger est le troisième album de Billy Joel, alors âgé de 28 ans et qui commence à peine à vivre de sa musique. Il joue dans les pianos-bars de New York durant ses années de lycée afin de compléter les revenus de sa mère célibataire. Tandis qu'il fait déjà les gros titres avec *Streetlife Serenade* en 1974, *The Stranger* est le premier de ses albums à figurer à la première place des charts et le plus vendeur de la Columbia jusqu'en 1985. Il lui offre aussi sa plus grosse tournée jusque-là : cinquante-quatre concerts aux États-Unis et en Europe à l'automne 1977. Cet albums de neuf pistes comprend quatre singles : *Just the way you are*, qui procure à Billy Joel ses deux premiers Grammys en 1979, *Movin' out (Anthony's Song)* avec son message d'adolescence rebelle et ses bruits de voiture, *She's always a woman*, plus doux, et enfin l'accrocheur *Only the good die young*. Tandis que les textes sont poétiques et intelligents, l'album possède un attrait juvénile, et le talent de conteur de Joel est particulièrement poignant sur le stupéfiant *Scenes from an italian restaurant*. Variée sur le plan musical, l'écriture dynamique de Joel prend encore plus d'ampleur dans la chanson-titre grâce à une douce introduction au piano avant l'avalanche de guitares électriques qui intervient à mi-parcours et sa conclusion au son obsédant du sifflet. Incroyable, vingt-quatre musiciens interviennent sur l'enregistrement ! L'album possède un ton raisonnablement chaleureux mais son exécution est légèrement spectrale, impression que renforce la photo en noir et blanc de la pochette qui représente Joel, pieds nus et en costume, assis sur un lit, en train d'examiner un masque alors qu'une paire de gants de boxe pend au mur derrière lui. **CSt**

▶II Liste des titres

▶ 01 Movin' Out (Anthony's Song) (Joel)	3:30
▶ 02 The Stranger (Joel)	5:10
03 Just The Way You Are (Joel)	4:50
▶ 04 Scenes From An Italian Restaurant (Joel)	7:37
05 Vienna (Joel)	3:34
▶ 06 Only The Good Die Young (Joel)	3:55
07 She's Always A Woman (Joel)	3:21
08 Get It Right The First Time (Joel)	3:57
09 Everybody Has A Dream (Joel)	9:08

Bob Marley and the Wailers
Exodus (1977)

Label | Island
Production | Bob Marley And The Wailers
Direction artistique | Neville Garrick
Pays | Jamaïque
Durée | 37:24

Bob Marley possédait diverses personnalités – visionnaire du tiers-monde et pop star dans les pays développés, prophète d'une révolution nationale et messager d'une paix mondiale, mystique rastafari et amant lascif. C'est *Exodus*, sorti en 1977, qui reflète le mieux toutes ces identités.

Cet album (tout comme *Kaya* l'année suivante) est enregistré à Londres durant les mois sereins qui suivent une tentative d'assassinat sur sa personne, chez lui à Kingston. L'album le montre en train d'explorer les mouvements musicaux de son époque tels que le funk, le dub et le rock, particulièrement sur la face 1, très politique, qui débute par le groove religieux et puissant de *Natural Mystic* et qui lance un appel à « écouter soigneusement ». Ce qui suit en vaut la peine : *The Heathen* – un cri de guerre hypnotique avec une bonne dose de riffs de guitare psychédéliques – et l'enthousiasmante chanson-titre, une incitation au rapatriement sur un rythme dub/disco entraînant.

La deuxième face est, au contraire, une débauche de chansons d'amour, avec l'immense tube qu'est *Jamming*, une ode à la danse merveilleusement conçue, le sublime *Waiting in vain*, une tendre ballade sur l'amour non partagé, et les simples et irrésistibles *One Love* et *Three Little Birds*, modèle de l'hymne reggae enlevé : basse débordant de ganja, accords de palmiers et refrain positif que les musiciens du monde entier ont essayé d'améliorer depuis, mais en vain.

L'album a été n° 8 en Angleterre, et *Exodus* et *Waiting in vain* sont aussi entrés au Top 40 américain. En 1999, *Time* l'a nommé album du siècle. **MW**

▶II Liste des titres

▶ 01 Natural Mystic (Marley)	3:28
02 So Much Things To Say (Marley)	3:08
03 Guiltiness (Marley)	3:19
▶ 04 The Heathen (Marley)	2:32
▶ 05 Exodus (Marley)	7:39
06 Jamming (Marley)	3:31
▶ 07 Waiting In Vain (Marley)	4:15
08 Turn Your Lights Down Low (Marley)	3:39
▶ 09 Three Little Birds (Marley)	2:60
▶ 10 One Love/People Get Ready (Marley)	2:53

Electric Light Orchestra
Out of the blue (1977)

Label I Jet
Production I Jeff Lynne
Dir. art. I John Kosh • Ria Lewerke
Pays I Royaume-Uni
Durée I 70:12

Jeff Lynne est un homme aux ambitions sérieuses. Ceci est évident quand il annonce que lui et deux autres ex-membres de The Move, groupe de pop psychédélique pré-ELO, ont l'intention de continuer ce que les Beatles ont amorcé avec *I am the Walrus*. Mais même pour Lynne, *Out of the blue* est un projet d'une ambition qui mêle l'art rock futuriste à la pop des Beatles et à des orchestrations soignées.

Malgré sa longueur, il ne contient aucun morceau superflu. Il débute par un trio de mélodies qui compte parmi les meilleures d'ELO – *Turn to stone* et *Sweet talkin' woman*, vertigineux, avec au milieu *It's over*, méticuleusement produit et annonçant ce que Lynne devait accomplir plus tard avec George Harrison. L'album s'inspire à la fois de Berry et de Beethoven, passant de rocks comme *Birmingham Blues* à une musique symphonique avec *Concerto for a rainy day*. *Wild West hero*, d'inspiration hollywoodienne, constitue une conclusion triomphante dont le refrain rappelle McCartney.

Sorti à l'apogée du disco, *Out of the blue* a parfois été considéré comme une bizarrerie futuriste. (L'illustrateur Shusei Nagaoka s'est inspiré du logo de l'album précédent du groupe, *A new world record*, pour dessiner le vaisseau spatial de la couverture.) L'album sera rapidement disque de platine et ouvrira la voie à l'une des tournées mondiales les plus ambitieuses des années 70. **JiH**

Shorter au « Palladium », club latino légendaire du New York des années 50. **MR**

Weather Report
Heavy Weather (1977)

Label | Columbia
Production | Jaco Pastorius • Joe Zawinul
Direction artistique | Nancy Donald
Pays | Autriche • Pérou • États-Unis
Durée | 37:39

Dans la liste des influences les plus importantes du jazz-rock des années 70, on doit citer *Weather Report* de Joe Zawinul et Wayne Shorter, *Mahavishnu Orchestra* de John McLaughlin, *Return to forever* de Chick Corea, Herbie Hancock et les groupes électriques de Miles Davis dans lesquels tous ces musiciens ont joué. Mais s'il s'agit de succès commercial, on ne mentionnera que Weather Report et cet album – un disque de jazz qui atteint la 30e place, disque d'or (500 000 exemplaires vendus). Il comprend le tube *Birdland* qui s'est retrouvé dans les hit-parades grâce aux versions de *Manhattan Transfer* (1979) et de Quincy Jones (1990). *Heavy Weather* est aussi l'album des Weather qui reçoit les meilleures critiques. Il est consacré album jazz de l'année par la presse unanime.

Son succès commercial et ses excellentes critiques ont tendance à cacher sa véritable réussite : des compositions splendidement jouées qui définissent un nouveau style et dotées d'un son qui tend à définir la production comme un acte d'amour méticuleux. Accompagnés de nouveaux musiciens, Shorter et Zawinul abandonnent les litotes légères et dépouillées des albums précédents pour un univers plus funky. Le style novateur de Jaco Pastorius occupe non seulement le devant de la scène mais établit aussi le modèle d'un jeu de basse fretless qui perdure aujourd'hui encore. Alex Acuña et Manolo Badrena (batterie et percussions) entraînent le groupe dans une ambiance afro-cubaine fluide dont le sommet demeure l'hommage que rend

Muddy Waters
Hard again (1977)

Label | Blue Sky
Production | Johnny Winter
Direction artistique | Josh Cheuse
Pays | États-Unis
Durée | 45:23

Il est ironique que le guitariste qui a électrifié le blues ne joue jamais une seule note de sa Fender Telecaster rouge, baptisée « Hoss », sur ce que l'on considère le plus souvent comme le meilleur album de sa carrière.

Ayant mis fin à une relation de vingt-huit ans avec Chess Records, qui avait produit au départ des singles aussi déterminant que *Rollin' Stone* mais des disques assez médiocres pour Muddy dans les années 70, Waters (alors âgé de 71 ans) a quelque chose à prouver lorsqu'il entre en studio. Il réussit à créer une œuvre d'une âpreté si puissante et d'une passion si indéniable qu'il semble au célèbre « carrefour » du blues, tandis que le diable et Robert Johnson l'écoutent tous deux de l'autre côté de la rue, tout juste capables d'hocher de la tête d'admiration.

Bob Margolin, l'un des musiciens qui suivent Muddy Waters en tournée, et Johnny Winter, producteur, poussent la guitare principale à fond sur *I want to be loved* et *Jealous Hearted Man*, reflétant presque parfaitement le maître à ses heures de gloire. Sur *Crooseyed Cat* et *Little Girl*, pleins d'émotion, James Cotton offre à Waters le meilleur accompagnement à l'harmonica dont il a bénéficié depuis *Little Walter*. Et pourtant, c'est la voix de Waters, qui n'a pas semblé aussi poignante depuis au moins une décennie, qui arrive à insuffler une nouvelle énergie aux vieux classiques

que sont *Mannish Boy* et *I can't be satisfied*, allant même jusqu'à les améliorer.
Accueilli de façon unanime par la critique, *Hard again* offre à Waters son quatrième Grammy et démontre parfaitement que personne ne vit le blues comme lui. **JiH**

The Stranglers
Rattus Norvegicus (1977)

Label I United Artists
Production I Martin Rushent
Direction artistique I Paul Henry
Pays I Royaume-Uni
Durée I 39:47

The Stranglers diffèrent de leurs contemporains. Pour commencer, ils utilisent les claviers. Ils ont aussi depuis longtemps dépassé l'âge des culottes courtes, surtout Jet Black leur batteur. Cela donne une autre dimension à la colère qui perce dans leur premier album, qui devait être live à l'origine et intitulé *Dead on arrival*. Les diatribes irascibles contre le « système » ne sont pas pour eux : ils possédent déjà d'innombrables expériences à partager.
Conformément à la philosophie punk, l'album est enregistré en six jours. Mais tandis que l'agressivité est bien présente, leur interprétation est aussi très accomplie, ce qui donne un album où « presque chaque piste est un petit bijou » selon le magazine *NME*. Ce dernier émet cependant quelques réserves, condamnant des textes « d'un sexisme flagrant ». Les accusations de misogynie ne sont jamais loin, point de vue que *Sometimes* et *London Lady* ne peuvent que renforcer. Humour au deuxième degré ou pas ? Le groupe s'en défend en disant qu'il ne fait qu'observer la réalité.
Sur le plan musical, c'est au milieu de l'album que l'on trouve leur morceau de bravoure. Suivant les paroles scabreuses chantées par Hugh Cornwell dans *Hanging around*, J.J. Burnel met à profit son expérience de karatéka sur la violente ligne de basse de Peaches. Et puis il se déchaîne sur *(Get a) grip (on yourself)* avec son exhortation : « Passe ta guitare en bandoulière, on va jouer du rock. »
Controversé oui, mais que peut-on attendre d'un album intitulé en l'honneur du rongeur accusé d'avoir propagé la peste ? **CB**

The Clash
The Clash (1977)

Label I Columbia
Production I Mickey Foote
Direction artistique I Kate Simon
Pays I Royaume-Uni
Durée I 35:13

Arrivant souvent derrière les Sex Pistols, les Clash rejettent l'autodestruction et optent pour des chansons à caractère politique et des slogans accrocheurs.
La photo en noir et blanc de la pochette qui montre Joe Strummer, Mick Jones et Paul Simonon, est prise dans les studios du nord de Londres où ils répètent, et correspond à la musique dépouillée de leur premier album, dont les quatorze chansons sont enregistrées sur trois week-ends en 1977. Frisant l'incohérence, le style chanté/crié de Strummer est bien adapté aux guitares sporadiques de chansons telles que *I'm so bored with the USA*.
On a souvent reproché à leur œuvre de n'être que des slogans, mais le texte de *Career Opportunities* reflète l'avenir des jeunes à l'époque : positions subalternes ou chômage. L'attrait des Clash provient aussi de leur capacité à intégrer d'autres styles musicaux au leur. Sur leur reprise de *Police and thieves* de Junior Murvin et Lee Perry, la basse de Simonon s'élève au-dessus des guitares pendant que la batterie de Terry Chimes procure un rythme nerveux. C'est un arrangement que l'on

retrouve ailleurs sur l'album, toujours avec beaucoup d'effet.
Originaires de l'ouest de Londres, ils se retrouvent en plein milieu d'un melting-pot multiculturel. Entouré des influences constantes du reggae, du ska et du rock, le groupe possède une vision politique et musicale qui dépasse de loin les perspectives myopes de leurs contemporains punk. Le style incendiaire des Clash et leurs exhortations à l'action se font toujours entendre aujourd'hui chez des groupes comme les Libertines, dont le second album (et le dernier) a été produit par Mick Jones. **AMa**

▶II Liste des titres

▶	01 Janie Jones (Jones•Strummer)	2:08
	02 Remote Control (Jones•Strummer)	3:03
	03 I'm So Bored With The USA (Jones•Strummer)	2:24
▶	04 White Riot (Jones•Strummer)	1:56
	05 Hate And War (Jones•Strummer)	2:06
▶	06 What's My Name (Jones•Levine•Strummer)	1:41
	07 Deny (Jones•Strummer)	3:06
▶	08 London's Burning (Jones•Strummer)	2:12
▶	09 Career Opportunities (Jones•Strummer)	1:54
	10 Cheat (Jones•Strummer)	2:06
	11 Protex Blues (Jones•Strummer)	1:46
▶	12 Police And Thieves (Murvin•Perry)	6:03
	13 48 Hours (Jones•Strummer)	1:36
	14 Garageland (Jones•Strummer)	3:12

David Bowie
Low (1977)

Label I RCA
Production I David Bowie • Tony Visconti
Direction artistique I Steve Shapiro
Pays I Royaume-Uni
Durée I 38:50

L'atmosphère trouble de *Low*, premier album de la « trilogie de Berlin », reflète l'état psychologique fragile de son créateur à l'époque. Les choses se précipitent lorsque Thomas Newton, l'extraterrestre échoué sur Terre qu'il interprète sur *The Man who fell to earth* rencontre le désagréable « mince duc blanc », autre personnage de Bowie, et que la pop star se met à déblatérer des absurdités sur les nazis. Essayant de se reconnecter avec la réalité, Bowie s'installe avec son vieux copain Iggy Pop à Berlin – alors capitale européenne de la drogue.
Une grande partie de *Low* est néanmoins conçue en France, dans les studios du château d'Hérouville où le chanteur et son producteur, Tony Visconti, obtiennent que les musiciens, éduqués au rhythm'n'blues, reproduisent la perfection teutonne de Neu !, Cluster et Kraftwerk. Il en résulte une face de pop expérimentale classique – notamment le déchirant *What in the world*, *Sound and vision*, sorti en single, et *A new career in a new town*.
Si ses fans ont été désarçonnés par ce qui constitue un virage brutal même pour Bowie, Dieu sait ce qu'ils ont dû penser de la deuxième moitié de l'album : quatre morceaux de musique d'ambiance réalisés avec Brian Eno. Évocation instrumentale brillante du psychisme désespéré de Bowie, ces expérimentations ont été essentielles dans l'ère post-punk, notamment pour Joy Division, connu à l'origine sous le nom de Warsaw, baptisé en l'honneur de l'effrayant Warszawa. Bowie lui-même reconnaît aujourd'hui que *Low* a constitué l'un des sommets de sa carrière. **MBe**

Steely Dan
Aja (1977)

Label I ABC
Production I Gary Katz
Direction artistique I Oz Studios
Pays I États-Unis
Durée I 39:28

En 1977, Steely Dan est devenu moins un groupe qu'une fête mobile que président ses fondateurs, Donald Fagen et Walter Becker – mais quelle fête !
En tant qu'album, *Aja* ne possède ni le côté pastiche enjoué de *Pretzel Logic* ni le cynisme de *The Royal Scam*. Ici, Fagen et

Becker créent une œuvre raffinée, imprégnée de jazz qui se vend à plus de cinq millions d'exemplaires.
Back Cow donne le ton – chanson urbaine et pleine d'ironie, elle raconte l'histoire d'un amant trompé qui finit par perdre patience. Le solo de guitare de Victor Feldman est un délice, et les cuivre élégamment syncopés font preuve d'une classe impeccable jusqu'à la fin.
La chanson-titre est différente : poème symphonique à la gloire de l'Orient, qui s'ouvre sur une rêverie philosophique, *Aja* constitue le centre de l'album. La chanson construit un univers délicat, au parfum d'opium, puis le détruit avec la dévastatrice conclusion de batterie de Steve Gadd, sur fond de saxo ténor de Wayne Shorter.
Ces tendances ésotériques ont amené *Rolling Stone* à déclarer que l'album « fait preuve d'un détachement soigneusement manipulé par rapport à son public ». Ceci en partie est vrai, mais ce n'est pas ce qu'on entend dans *Deacon Blues*, chant du cygne pour un branché de Los Angeles vieillissant, aussi tendre que sinistrement drôle. On découvre aussi deux morceaux plutôt festifs – *Peg* (samplé par De La Soul sur *Eye Know*) et *Josie*.
Avec une production impeccable et la participation de trente des meilleurs musiciens de studio de l'époque, *Aja* est une véritable pierre angulaire du jazz-rock. **JDi**

Wire
Pink Flag (1977)

Label | Harvest
Production | Mike Thorne
Direction artistique | David Dragon
Pays | Royaume-Uni
Durée | 35:14

Ne cachant pas leur appartenance à la classe moyenne, plus âgés que la plupart de leurs pairs, les anciens étudiants des Beaux-Arts qui forment Wire enregistrent l'album le plus original de la première vague punk. *Pink Flag* reprend le modèle du punk-rock pour repousser plus loin encore ses limites. On y trouve vingt et une chansons en trente-cinq minutes, et peu d'entre elles suivent le motif habituel de couplets-refrain. Les musiciens s'arrêtent dans un grincement une fois leurs paroles épuisées ou quand ils sont fatigués de répéter un riff ou une boucle. Le son est bien plus froid et plus violent que tout ce qu'on peut trouver à l'époque. C'est une approche minimaliste que symbolise le drapeau rose solitaire sur la pochette de l'album.
Les textes profonds ressemblent parfois à des équations mathématiques ou à des poèmes surréalistes. Le groupe évoque la politique (*Reuters*), la paranoïa sexuelle (*12XU*), tandis que le chanteur Colin Newman réserve une grande partie de son vitriol à la diatribe qu'est *Mr. Suit*. Le génial *Field Day for the sundays* déconstruit la mentalité de la presse britannique en moins de trente secondes. Malgré les tendances avant-gardistes de la chanson-titre et l'intensité claustrophobe de *Strange*, la capacité de Wire à composer de la pop fantastique est évidente sur *Mannequin* et *Ex Lion Tamer*.
Les ventes réduites de *Pink Flag* à sa sortie sont inversement proportionnelles à son influence artistique. La scène post-punk a adopté son minimalisme expérimental, tandis que le hardcore a adoré son intensité sauvage et sa brièveté. **CSh**

John Martyn
One World (1977)

Label | Island
Production | Chris Blackwell
Direction artistique | Tony Wright
Pays | Royaume-Uni
Durée | 38:44

Au fil des années 70, John Martyn se sent de plus en plus las. La mort de ses amis Nick Drake et Paul Kossof l'a profondément troublé. Son style de vie qui conjugue alcool et drogue – complètement à l'opposé de l'image de troubadour cosmique à la voix douce que dépeint l'album – allié à son manque de confiance général en l'industrie du disque le poussent à bout. Sur l'invitation de Chris Blackwell, fondateur d'Island, Martyn passe du temps à la Jamaïque où il rencontre Lee Perry, producteur légendaire, et participe à plusieurs enregistrements de reggae.

Revitalisé après ces trois années, Martyn enregistre durant tout l'été 1977. Entouré d'amis et de membres de sa famille, il conçoit *One World* dans la maison du Berkshire de Blackwell. Phil Brown l'ingénieur du son installe des micros à l'extérieur et enregistre Martyn depuis la rive opposée d'un lac, capturant ainsi l'ambiance de son environnement naturel. Accompagné de musiciens expérimentés tels que Steve Winwood et Rico Rodriguez, Martyn façonne un son incroyable, éthéré, particulièrement sur *Small Hours*, méditation de huit minutes sur la vie et l'amour. L'esprit de Perry se fait sentir sur *One World* et particulièrement sur *Smiling Stranger* et *Big Muff*. Bien que sorti à l'apogée du mouvement punk au Royaume-Uni, cet album dont la pochette est ornée de symboles de différentes cultures reflétés dans le sillage d'une sirène, est une œuvre presque parfaite, un disque intelligent réalisé par un hippie très astucieux. **DE**

Talking Heads
Talking Heads : 77 (1977)

Label | Sire
Production | Tony Bongiovi
Direction artistique | David Byrne
Pays | Royaume-Uni • États-Unis
Durée | 38:37

Fondé à l'origine comme The Artistics par l'Écossais David Byrne, Chris Frantz et Tina Weymouth, Talking Heads a forgé sa réputation en concert et est devenu l'un des groupes les plus vendeurs du CBGB, célèbre club de New York. Après avoir signé avec Seymour Stein du label Sire, le groupe recrute le guitariste Jerry Harrison et commence à travailler sur son premier album avec Tony Bongiovi, cousin de Jon Bon Jovi. Suite à son single *Love goes to building on fire*, certains craignent qu'il ne sacrifie son style au succès commercial, mais .*Talking Heads : 77* démontre que son intégrité est bel et bien intacte. Sur l'incendiaire *Uh-Oh, love comes to town*, influencé par l'affection que porte Byrne aux groupes des années 60, sa voix cassée est accompagnée des rythmes funk saccadés de Frantz et Weymouth. Bongiovi rajoute au départ des cordes psychédéliques au monologue tordu de *Psycho Killer*, mais le groupe lui reproche d'avoir transformé ce morceau en chanson de variété. Cependant, des pistes comme *New Feeling* et *Don't worry about the government*, avec leur jeu de guitare si caractéristique, leurs changements de rythme soudains et les vers lyriques, intelligents et décousus de Byrne, montrent que Talking Heads s'empare d'éléments du punk, du funk et de la disco, pour créer un son qui lui est propre.

Talking Heads : 77 connaît tout d'abord le succès en Europe. Il est consacré découverte de l'année en 1977 par *Rolling Stone*, aux côtés de Peter Gabriel, et cet excellent album continue d'influencer des groupes tels que Radio 4 et The Rapture, des groupes qui entretiennent l'esprit créatif d'origine de Talking Heads. **CSh**

▶II Liste des titres

▶ 01 Uh-Oh, Love Comes To Town (Byrne)	2:48
▶ 02 New Feeling (Byrne)	3:09
03 Tentative Decisions (Byrne)	3:04
04 Happy Day (Byrne)	3:55
05 Who Is It ? (Byrne)	1:41
▶ 06 No Compassion (Byrne)	4:47
07 The Book I Read (Byrne)	4:06
▶ 08 Don't Worry About The Government (Byrne)	3:00

09 First Week/Last Week… Carefree (Byrne) 3:19
▶ 10 Psycho Killer (Byrne•Frantz•Harrison•Weymouth) 4:19
11 Pulled Up (Byrne) 4:29

Fleetwood Mac
Rumours (1977)

Label I Warner Bros.
Production I Ken Caillat • Richard Dashut • Fleetwood Mac
Direction artistique I Desmond Strobel
Pays I Royaume-Uni • États-Unis
Durée I 39:55

La renaissance miraculeuse et la transformation d'un groupe de blues londonien en défenseur de rock adulte et d'avant-garde basé à Los Angeles est l'une des aventures les plus formidables de la riche histoire du rock.
Le batteur Mike Fleetwood et le bassiste John McVie vivent à Los Angeles depuis 1967 et, en compagnie de la femme de McVie, Christine (née Perfect), ils connaissent des changements majeurs. En 1974, ils rencontrent Lindsey Buckingham, guitariste-auteur-compositeur-interprète et sa petite amie, Stevie Nicks. Cette nouvelle collaboration produit un album éponyme en 1975 qui reste brièvement en tête du hit-parade et qui comprend trois singles placés au Top 20. L'album suivant, *Rumours*, rejoint immédiatement la première place, où il reste trente et une semaines. Il devient treize fois disque de platine et remporte le titre d'album de l'année pendant la cérémonie des Grammys en 1977. Ses harmonies légères, sa maestria impeccable et son rock adulte en font une œuvre excellente. Les quatre titres cités ont tous figuré au Top 10 américain, tandis que *Dreams*, vendu à plus d'un million d'exemplaires, a été n° 1. Pendant des années, *The Chain* annonce les grands prix de formule 1 sur la BBC.
Il suffit d'examiner d'un peu plus près ces petits bijoux pour trouver un sujet sous-jacent plus sombre. Les enregistrements ont lieu alors que les McVie et Fleetwood sont en plein divorce ; Buckingham et Nicks sont aussi en train de se séparer. Une tempête de cocaïne vient encore augmenter la tension existante. Tous ces problèmes personnels donnent naissance au titre de l'album – John McVie constate que les chansons ressemblent à des rumeurs. **JT**

▶II Liste des titres

01 Second Hand News (Buckingham) 2:45
▶ 02 Dreams (Nicks) 4:17
03 Never Going Back Again (Buckingham) 2:14
▶ 04 Don't Stop (C. McVie) 3:12
▶ 05 Go Your Own Way (Buckingham) 3:39
06 Songbird (C. McVie) 3:21
07 The Chain (Buckingham•Fleetwood •C. McVie J. McVie•Nicks) 4:30
▶ 08 You Make Loving Fun (C. McVie) 3:36
09 I Don't Want To Know (Nicks) 3:16
10 Oh Daddy (C. McVie) 3:53
11 Gold Dust Woman (Nicks) 4:52

David Bowie
« Heroes » (1977)

Label I RCA
Production I David Bowie • Tony Visconti
Direction artistique I Sukita
Pays I Royaume-Uni
Durée I 40:21

Dans la lignée de *Low*, avec *« Heroes »*, deuxième partie de la « trilogie de Berlin », David Bowie rejoint peu à peu le reste de l'humanité. Il vient de jouer des claviers pour Iggy Pop durant sa tournée et vit désormais avec ce dernier à Berlin-Ouest. Ne se droguant quasiment plus, ils se plongent tous deux dans la vie nocturne berlinoise, évitant de retomber dans leurs mauvaises habitudes.
« Heroes » donne à la trilogie sa splendeur décadente. La photo en noir et blanc théâtrale de sa pochette et les sombres titres des chansons sont clairement inspirés par sa nouvelle ville. Alors que *Low* explorait

le paysage intime du psychisme brisé de Bowie, *« Heroes »* comme *The Idiot* d'Iggy Pop (1977) ne traite que de Berlin, depuis ses night-clubs et ceux qui les hantent jusqu'au morne quartier de Neuköln où habitent les immigrants turcs.
Sur cet album enregistré à l'été 1977 dans les studios de Hansa, ancienne salle de danse de la Gestapo près du mur de Berlin, on retrouve de nombreuses personnes qui ont collaboré à *Low* (Tony Visconti le producteur, Brian Eno, Carlos Alomar, guitariste, George Davis et Dennis Davis à la section rythmique). Eno, Visconti et Bowie ont donc tiré profit de cette atmosphère chargée, à deux pas de Checkpoint Charlie et des gardes de l'Armée rouge.
Tout comme *Low*, *« Heroes »* mêle des chansons de pop avant-gardiste à des morceaux de musique d'ambiance. L'influence d'Eno est évidente sur la chanson-titre, dont les martèlements rappelant le Velvet Underground sont détournés par la guitare fluide et inspirée de Fripp. Jouée au concert Live Aid de 1985 et désormais régulièrement en concert dans les stades, elle ne permet pas d'imaginer la complexité de l'album dont elle est issue. **MBe**

▶II Liste des titres

▶	01 **Beauty And The Beast** (Bowie)	3:34
	02 **Joe The Lion** (Bowie)	3:06
▶	03 **"Heroes"** (Bowie•Eno)	6:08
▶	04 **Sons Of The Silent Age** (Bowie)	3:17
	05 **Blackout** (Bowie)	3:48
▶	06 **V-2 Schneider** (Bowie)	3:10
▶	07 **Sense Of Doubt** (Bowie)	3:57
▶	08 **Moss Garden** (Bowie•Eno)	5:05
▶	09 **Neukõln** (Bowie•Eno)	4:32
	10 **The Secret Life Of Arabia** (Alomar•Bowie•Eno)	3:44

Dennis Wilson
Pacific Ocean Blue (1977)

Label | Caribou
Production | Gregg Jakobson
Direction artistique | John Berg
Pays | États-Unis
Durée | 37:39

Au sein des Beach Boys, Dennis Wilson est le batteur, le tombeur, l'acteur et l'acolyte de Charles Manson. Ce sera le premier à mourir (noyé après s'être saoulé à la vodka). On lui doit le seul album solo valable du groupe.
Enregistré sur sept ans, *Pacific Ocean Blue* nous offre un aperçu du Los Angeles des années 70, quand une rock star qui carbure à la coke vit comme un dieu. Il reçoit de bonnes critiques, et bien que l'album n'ait pas connu un grand succès – il ne contient aucun single adapté au format FM –, il est depuis longtemps admiré. Avec ses voix superposées, ses vagues de synthé, ses mélodies meurtries, ses courants de désespoir et son ambiance de fin de nuit, il a bien mieux résisté à l'épreuve du temps que n'importe quel album des Beach Boys depuis *Surf's up*. Les motifs de piano et les voix de *River Song* créent une atmosphère de gospel. *Moonshine*, blues californien d'un Blanc riche, est construit autour d'un lourd rythme de percussion. Sur *Thoughts of you*, Dennis est plus pensif et mélancolique. *Time* est accompagné d'une trompette splendide rappelant Chet Baker, avant de passer au rock. La chanson-titre est une formidable évocation de la nature, tandis que *Farewell my friend* est un adieu élégiaque. Wilson était cocaïnomane et alcoolique, et une grande partie de *Pacific Ocean Blue* possède une lassitude et un côté stoned, comme si l'artiste devait fouiller dans son psychisme embrouillé pour y découvrir le vrai Dennis. Encouragé par l'accueil positif de l'album, il entreprend alors d'en enregistrer un

autre, *Bamboo*, mais sa vie de fêtard l'empêche de le terminer. **GC**

La vision poignante de l'Amérique des années 70 que propose Suicide a été louée par Spiritualized, Nick Cave et Bruce Springsteen. **CSh**

Suicide
Suicide (1977)

Label | Red Star
Production | Craig Leon • Marty Thau
Direction artistique | Rob Soares
Pays | États-Unis
Durée | 31:51

23 minutes over Brussels, bonus de la réédition sur CD du premier album éponyme de Suicide, nous donne un aperçu de la réaction du public face à ce duo agressif à l'apogée de sa gloire. Enregistré le 16 juin 1978 alors que Suicide joue en première partie d'Elvis Costello à l'Ancienne Belgique, on y découvre un public déchaîné qui crible ce duo de chaises et de bouteilles. Utilisant une boîte à rythme primitive, l'orgue fuzz mutant de Martin Rev et les braillements de blues d'Alan Vega, Suicide joue déjà depuis six ans quand il sort son premier album à l'apogée du punk. S'étant formé sur la scène artistique new-yorkaise, son nom provocateur, son attitude nihiliste et le fait qu'il n'a ni guitariste ni batteur provoquent des réactions violentes au sein du public.
Protégé par une pochette aux images sanguinolentes, les sonorités rappellent des enfers cauchemardesques, et les innovations techniques et musicales de *Suicide* le font presque paraître contemporain. *Cheree*, qui devient un single, est un joli morceau de musique électronique tandis que la musique frénétique électro-billy de *Ghost Rider* a profondément influencé Soft Cell et les Sisters of Mercy. *Frankie Teardrop* est un monologue d'une intensité troublante où l'on trouve le cri le plus glaçant jamais enregistré sur vinyle, avant que l'album ne se termine par les violoncelles mécaniques et le chant obsédant de « Che ».

Iggy Pop
The Idiot (1977)

Label | RCA
Production | David Bowie
Direction artistique | Andrew Kent
Pays | États-Unis
Durée | 38:36

Durant les huit années qui ont suivi le premier album des Stooges, à la sortie explosive, Iggy Pop a plus brillé que n'importe quel artiste de sa génération et sa chute n'en a été que plus spectaculaire. Après son séjour en clinique psychiatrique, il meurt d'envie de disposer d'une deuxième chance, mais les maisons de disques hésitent à prendre le risque de soutenir l'un des rockers les plus instables. Sur ce, arrive sa bonne fée, David Bowie.
Ce dernier, qui a collaboré avec Iggy Pop en 1974 sur *Raw Power*, recrute des musiciens et fait venir Pop à Berlin. Abandonnant la désinvolture des guitares tapageuses et de la section rythmique des Stooges, Pop et Bowie développent un son plus cérébral et tamisé. On y retrouve beaucoup de claviers et de basse, ce qui pousse Iggy à le comparer à un croisement de « James Brown et Kraftwerk ».
Les textes servent de rédemption à Pop. Ode mélancolique à ses anciens excès sexuels et à sa consommation de drogue sur *Funtime*, ou évocation mièvre de ses anciens compagnons dans *Dum Dum Boys* et son intro parlée (« Et Dave ? / Mort d'une overdose d'alcool… / Et James ? / Il se conduit bien »), on a l'impression que *The Idiot* émerge du miasme mental d'Iggy. Tandis que ses hurlements angoissés et sa voix de baryton sinistre suggèrent un homme peiné, on découvre aussi une cer-

taine espièglerie, comme lorsqu'il singe Bowie sur *China Girl* ou quand il critique les habitués du studio 54 dans *Nighclubbing*. Si la musique comme cure de désintoxication produisait toujours des résultats aussi excellents, les cliniques seraient bientôt vides. **SJac**

Peter Gabriel

Peter Gabriel (I) (1977)

Label | Atco
Production | Bob Ezrin
Direction artistique | Hipgnosis
Pays | Royaume-Uni
Durée | 42:14

Deux années après avoir quitté Genesis en 1975, Peter Gabriel lance sa carrière en solo avec cette série éclectique de neuf chansons, *Peter Gabriel I*. Libéré de la tension et des contraintes qui ont jusque-là limité son développement artistique, il laisse libre cours à un flot d'idées refoulées et d'arrangements retentissants. Dès l'ouverture, *Moribund the Burgermeister* n'y va pas avec le dos de la cuillère. De profonds tambours de jungle et les gazouillements des synthés ne sont que quelques-uns des ingrédients de cette débauche de théâtralité de rock progressif. Gabriel chante dans toute une variété de styles vocaux, y compris lorsqu'il incarne un bourgmestre diabolique. La chanson est étrange mais fascinante.

Elle est suivie de *Solsbury Hill*, premier succès de Gabriel, et l'une des meilleures chansons de sa carrière. Ancrée dans une mélodie dynamique à la guitare acoustique, elle transmet un message d'espoir. Le texte évoque son départ libérateur de Genesis lorsqu'il chante « Je sentais que je faisais partie des meubles / J'ai quitté les rouages ». Il n'est pas surprenant que toute cette diversité ait produit quelques exercices de style moins intéressants comme *Excuse me*, chansonnette à la mélodie sentimentale, ou *Waiting for the big one*, un long blues. Mais l'album se conclut en force avec *Here comes the flood*, que Gabriel adaptera plus tard en ballade introspective. Quelle que soit la version choisie, c'est un succès.

L'album ne dévoile que l'amorce d'une carrière solo légendaire – mais tous les signes sont déjà là pour annoncer les succès à venir. **RM**

Television

Marquee Moon (1977)

Label | Elektra
Production | Andy Johns • Tom Verlaine
Direction artistique | Robert Mapplethorpe
Pays | États-Unis
Durée | 45:48

De tous les groupes qui ont émergé de la scène punk du CBGB, club new-yorkais, Television est celui qui a eu le moins de succès sur le plan commercial. Cependant sa meilleure œuvre, *Marquee Moon*, est au moins aussi bonne, sinon plus, que d'autres de la même époque, aussi essentielle que *Horses* de Patti Smith (les deux albums sont illustrés par une photo de Mapplethorpe) ou que le premier album de Talking Heads. Après avoir été présentés à divers labels, les musiciens signent chez Elektra en 1976. Le groupe joue sans Richard Hell, son bassiste d'origine qui l'a quitté pour fonder les Heartbreakers avec Johnny Thunders. Fred Smith est un remplaçant idéal, mais sa plus grande contribution est d'avoir présenté Tom Verlaine à Andy Johns, assez sage pour ne pas toucher au son jazz-punk mis au point au CBGB.

Il en résulte un album de guitare qui ne ressemble à aucun autre. Se détournant du son bluesy qui domine la guitare rock depuis les années 60, Television crée un disque aussi ambitieux que les meilleurs albums de Led Zeppelin. Débu-

tant avec le bouillonnant *See no evil*, Verlaine et Richard Lloyd entremêlent leurs guitares cinglantes dans une célébration ascendante de la misère urbaine et de la culture de la rue. La chanson-titre de onze minutes a conduit certains à comparer Television à divers groupes hippies, mais ce n'est pas le « flower power » qui prime dans *Prove It* ou *Guiding Light* : il s'agit de puissance, tout simplement.
Marquee Moon reçoit un accueil mitigé du public, mais la critique l'a en adoration ; Nick Kent du magazine *NME* déclare : « Ces chansons font partie des meilleures jamais composées. » **JiH**

▶II Liste des titres

▶ 01 See No Evil (Verlaine)	3:53
▶ 02 Venus (Verlaine)	3:51
03 Friction (Verlaine)	4:44
▶ 04 Marquee Moon (Verlaine)	10:40
05 Elevation (Verlaine)	5:07
06 Guiding Light (Verlaine)	5:35
▶ 07 Prove It (Verlaine)	5:02
08 Torn Curtain (Verlaine)	6:56

Meat Loaf
Bat out of hell (1977)

Label | Epic
Production | Todd Rundgren
Direction artistique | Richard Corben
Pays | États-Unis
Durée | 46:33

L'association de Meat Loaf (Marvin Lee Aday de son vrai nom), un acteur texan haut en couleur doté d'une voix d'opéra, de Jim Steinman, son ami auteur-compositeur surréaliste de New York, et du producteur Todd Rundgren donne naissance à un album qui, bien qu'il ne soit jamais arrivé en tête du hit-parade, y a fait des apparitions pendant presque dix ans. Ayant enrôlé des musiciens tels que Roy Bittan et Max Weinberg de l'E Street Band de Bruce Springsteen ainsi que d'autres du groupe Utopia, *Bat out of Hell* comprend trois singles à succès qui, comme le reste de l'album, sont de proportions épiques (Epic est le quatrième label à hériter du projet).
Divers clips vidéo ont fait sa promotion, et *Paradise by the dashboard light*, histoire de désir sexuel dans une voiture, comprend les commentaires de Phil Rizzuto imitant ceux d'un match de base-ball. Les chansons de l'album ont été écrites par Steinman pour une comédie musicale, *Neverland*, version rock futuriste de *Peter Pan* où Meat Loaf devait jouer le rôle de la fée Clochette (lorsqu'on lui a demandé si c'était vrai, il s'est contenté de répondre que le personnage s'appellerait Tink [d'après Tinkerbell, nom de Clochette en anglais, ndt]).
Pour certains, les chansons sont les vraies stars de ce délire total, produits de l'esprit très dérangé mais hautement imaginatif de Jim Steinman. Il a ensuite composé des tubes pour Bonnie Tyler (*Total Eclipse of the heart*), Barry Manilow (*Read 'em and weep*) et Céline Dion (*It's all coming back to me now*) entre autres. Mais ces chansons-là n'ont jamais suscité autant d'affection que ce délire musical de rock gay. **JT**

▶II Liste des titres

▶ 01 Bat Out Of Hell (Steinman)	9:51
▶ 02 You Took The Words Right Out Of My Mouth (Hot Summer Night) (Steinman)	5:04
03 Heaven Can Wait (Steinman)	4:41
04 All Revved Up With No Place To Go (Steinman)	4:20
▶ 05 Two Out Of Three Ain't Bad (Steinman)	5:25
06 Paradise By The Dashboard Light (Steinman)	8:28
07 For Crying Out Loud (Steinman)	8:44

Elvis Costello
My aim is true (1977)

Label | Stiff
Production | Nick Lowe
Direction artistique | Non créditée
Pays | Royaume-Uni
Durée | 32:57

My aim is true a été enregistré en six séances de quatre heures dans un

studio du nord de Londres. Aujourd'hui, Costello le compare à une cabine téléphonique. Le fait que ce premier album soit devenu un classique en dit long sur la qualité de son écriture.
Avec les licks de guitare de John McFee qui rappellent ceux des Byrds, *Red Shoes* est un single évident. Il est précédé de *Less than zero*, qui évoque Oswald Mosley, fasciste britannique, ainsi que par la brillante ballade qu'est *Allison* (chanson atypique dont le texte donne son titre à l'album). Mais il faut attendre *Watching the detectives* pour que Costello figure au hit-parade à la fin 1977. (Enregistrée avec des membres de The Rumour, cette chanson n'a été incluse que sur les rééditions de l'album.)
C'est le manque de satisfaction qui domine dans *My aim is true*, exprimé ouvertement dans *Blame it on Cain* et *Mystery Dance*, tandis que *No dancing* est la deuxième chanson à comparer danse et sexe. Nick Lowe, le producteur, apporte sa touche personnelle pour en faire un album « digne de ce nom » plutôt qu'une série de démos. Mais il est évident que des chansons comme *Mystery Dance*, avec son ambiance à la Jerry Lee Lewis, prennent une nouvelle dimension jouées en concert par les Attractions, groupe de Costello.
Rares sont les chansons de Costello, exception faite d'*Allison,* qui ont été reprises, et l'on comprend pourquoi à l'écoute de cet album, qui aujourd'hui encore conserve son excentricité. Mélange capiteux de punk et d'une écriture de qualité, il demeure unique, même dans l'œuvre d'Elvis. **MH**

▶II Liste des titres

	01 **Welcome To The Working Week** (Costello)	1:23
	02 **Miracle Man** (Costello)	3:33
	03 **No Dancing** (Costello)	2:43
	04 **Blame It On Cain** (Costello)	2:53
▶	05 **Alison** (Costello)	3:25
	06 **Sneaky Feelings** (Costello)	2:12
▶	07 **(The Angels Wanna Wear My) Red Shoes** (Costello)	2:49
▶	08 **Less Than Zero** (Costello)	3:18
▶	09 **Mystery Dance** (Costello)	1:37
	10 **Pay It Back** (Costello)	2:36
	11 **I'm Not Angry** (Costello)	3:02
	12 **Waiting For The End Of The World** (Costello)	3:26

Iggy Pop
Lust for life (1977)

Label I RCA
Production I Bewley Brothers
Direction artistique I Andrew Kent • Mirage
Pays I États-Unis
Durée I 41:00

L'année 1977 est miraculeuse pour Iggy Pop. Ses problèmes mentaux et professionnels sont derrière lui et il produit deux albums que tout artiste serait fier d'avoir faits au cours d'une carrière. Il voit aussi le punk – mouvement dont on lui impute la responsabilité – s'épanouir.
Comme *The Idiot*, *Lust for life* est enregistré dans les studios Hansa de Berlin, tout près du Mur, mais alors que le premier était plus contemplateur et influencé par David Bowie, son producteur, *Lust...* représente un retour au son percutant des Stooges (même si Bowie joue ici du piano et contribue au chant). Et si *The Idiot* montre un homme qui essaie de retrouver la musique à tâtons, *Lust for life* est nettement plus assuré.
Depuis l'intro exubérante à la batterie de la chanson-titre, les chansons sont soutenues par la rythmique de Hunt (batterie) et Tony Sales (basse). (Ces frères vont par la suite faire partie de Tin Machine, tentative hard rock intello de Bowie à la fin des années 80, sur laquelle mieux vaut ne pas s'attarder.) Le groupe explore de façon impeccable toute une série de styles, du swing déjanté au rock bluesy.
Les textes de *Lust for life* sont une révélation, Pop puise de façon magnifique dans ses années tourmentées sur *The Passenger*, une virée dans une métropole dont les excès sont parfaitement évoqués, bien qu'il ne

puisse plus y goûter lui-même. Il est encore plus caustique sur *Success*, critique au deuxième degré de sa nouvelle situation. Pendant qu'une génération de jeunes punks rend hommage à son œuvre antérieure, Pop place ici la barre encore plus haut. **SJac**

▶II Liste des titres

▶	01 **Lust for Life** (Bowie•Pop)	5:13
	02 **Sixteen** (Pop)	2:26
	03 **Some Weird Sin** (Bowie•Pop)	3:42
▶	04 **The Passenger** (Gardiner•Pop)	4:44
	05 **Tonight** (Bowie•Pop)	3:39
▶	06 **Success** (Bowie•Pop)	4:25
	07 **Turn Blue** (Bowie•Lacey•Peace•Pop)	6:56
	08 **Neighborhood Threat** (Bowie•Gardiner•Pop)	3:25
	09 **Fall In Love With Me** (Bowie•Pop•Sales•Sales)	6:30

Ian Dury

New Boots and panties !! (1977)

Label | Stiff
Production | Peter Jenner • Laurie Latham • Rick Walton
Direction artistique | Chris Gabrin
Pays | Royaume-Uni
Durée | 36:30

En Angleterre, la première vague punk est synonyme de merveilles à un accord et de héros de deux minutes. C'est une époque de singles fantastiques mais pas toujours d'albums du même calibre. Parmi les exceptions notables, on peut citer le premier des Clash, *My aim is true* d'Elvis Costello et celui-ci.
New Boots and panties !! ne ressemble à rien d'autre. C'est une œuvre âpre et déjantée, vigoureuse, lubrique, drôle, cruelle et magnifiquement grossière, pas tout à fait punk, une sorte de tradition de music-hall britannique excentrique. Dury possède le génie des mots, de l'argot cockney : « J'ai eu une aventure avec Nina à l'arrière de ma Cortina / Une hyène connaissant bien la scène n'aurait pas pu être plus obscène » (*Billericay Dickie*). La plupart des rééditions de cet album incluent la chanson emblématique de Dury *Sex & Drugs & Rock & Roll*. À l'âge de 35 ans, Dury correspond parfaitement à la vague punk. Il ne se laisse pas marcher sur les pieds et a grandi à la dure. Frappé par la polio à l'âge de 7 ans, il n'a pas le choix. Vers la fin de sa vie, après qu'on lui a diagnostiqué un cancer (« je ne dois pas me plaindre, je me suis bien éclaté »), il consacre la majorité de son temps aux bonnes causes.
La photo de la pochette a été prise devant un magasin de vêtements fermé depuis longtemps dans le quartier de Victoria à Londres. On découvre à côté de Dury son fils Baxter qui, au cours de la veillée mortuaire de son père en 2000, a joué *My old man*, écrit par Dury à l'origine pour son propre père. Le caractère poignant de cet acte est tout à fait approprié à la mémoire d'un homme réellement unique. **RF**

▶II Liste des titres

▶	01 **Wake Up And Make Love With Me** (Dury•Jankel)	4:19
▶	02 **Sweet Gene Vincent** (Dury•Jankel)	3:31
	03 **I'm Partial To Your Abracadabra** (Dury•Jankel)	3:12
▶	04 **My Old Man** (Dury•Nugent)	3:34
▶	05 **Billericay Dickie** (Dury•Nugent)	4:08
▶	06 **Clevor Trever** (Dury•Jankel)	4:54
	07 **If I Was With A Woman** (Dury•Jankel)	3:20
▶	08 **Blockheads** (Dury•Jankel)	3:27
	09 **Plaistow Patricia** (Dury•Nugent)	4:03
	10 **Blackmail Man** (Dury•Nugent)	2:02

The Sex Pistols

Never mind the bollocks Here's the Sex Pistols (1977)

Label | Virgin
Production | Bill Price • Chris Thomas
Direction artistique | Jamie Reid
Pays | Royaume-Uni
Durée | 38:35

Au cours d'une décennie agitée, la façade de la Grande-Bretagne des années 70 s'effondre sous le poids du chômage et de l'apathie. Le pays tout entier semble être en manque, l'optimisme des années 60 n'est plus qu'un lointain souvenir. Puis, l'album des Sex Pistols, avec son titre significatif, vient tout bouleverser.

Dès que les Sex Pistols jouent leurs premiers concerts, leur célébrité menace de surpasser leur musique. C'est un sentiment que la pochette lumineuse de Jamie Reid intensifie. À cause de son logo mémorable et de son texte outrancier, des disquaires refusent de stocker cet album et un procès est intenté (terminé par un non-lieu, lorsque Richard Branson fait appel à un professeur de linguistique pour témoigner des origines non obscènes du mot). La forme menaçant de l'emporter sur le fond, les bruits de bottes du début d'*Holidays in the sun* rappellent que l'album s'apprête à transformer notre perception de la musique, de la mode et des attitudes générationnelles.

L'album nous offre *Bodies* qui traite de l'avortement, et le riff d'une simplicité ravageuse de Steve Jones sur *Pretty Vacant*, qui donne de l'espoir à tous les guitaristes nuls.

Anarchy in the UK est bien entendu le cri de ralliement le plus célèbre de l'album, mais *God save the Queen* l'égale pour sa colère. Johnny Rotten sculpte chaque note en une attaque virulente de la monarchie. Peu de moments dans la musique populaire peuvent rivaliser avec le cri guttural de *no future for you* émis par Rotten. Il incarne les années de détresse de la jeunesse anglaise. **AMa**

▶II Liste des titres

	01 Holidays In The Sun (Cook•Jones•Rotten •Vicious)	3:20
▶	02 Bodies (Cook•Jones•Rotten•Vicious)	3:02
	03 No Feelings (Cook•Jones•Rotten•Vicious)	2:49
	04 Liar (Cook•Jones•Rotten•Vicious)	2:40
▶	05 God Save The Queen (Cook•Jones•Rotten •Vicious)	3:18
▶	06 Problems (Cook•Jones•Rotten•Vicious)	4:10
	07 Seventeen (Cook•Jones•Rotten•Vicious)	2:02
▶	08 Anarchy In The UK (Cook•Jones•Rotten •Vicious)	3:31
	09 Submission (Cook•Jones•Rotten•Vicious)	4:12
▶	10 Pretty Vacant (Cook•Jones•Rotten•Vicious)	3:16
	11 New York (Cook•Jones•Rotten•Vicious)	3:05
▶	12 EMI (Cook•Jones•Rotten•Vicious)	3:10

Pere Ubu
The Modern Dance (1978)

Label | Blank
Production | Ken Hamann • Pere Ubu
Direction artistique | S. W. Taylor
Pays | États-Unis
Durée | 36:36

Si vous avez du mal à suivre *Trout Mask Replica*, il vaut probablement mieux passer outre cet album. Le premier de Pere Ubu, *The Modern Dance*, est intimidant, et apparaît tout à la fois conforme et étanger à la logique rock.

Sorte de groupe punk à un moment donné – bien que cette identité ait disparu à la mort de Peter Laughner, guitariste –, ces musiciens de Cleveland repoussent les limites avec leur configuration unique de riffs de rock et de structures musicales capricieuses. Ajoutez à cela les synthétiseurs analogues inspirés d'Allen Ravenstine et le chant agité de David Thomas.

Comme cela a été suggéré, le groupe représente peut-être pour la new wave américaine ce que Joy Division est en Angleterre – né de la rage et de la frustration mais bien plus complexe sur le plan psychologique. *Non-alignment pact* et *Life stinks* démontrent néanmoins un humour original que Ian Curtis n'aurait probablement pas mis en musique.

L'avalanche de sons de l'album, sorti en 1978 chez Blank Records, filiale de Mercury, déconcerte et ébahit tout à la fois le public. Et c'est toujours le cas. La dynamique époustouflante de chansons plus conventionnelles comme *Street Waves* et *Laughing* se reflète depuis dans le rock alternatif. Les claviers de *Ravenstine* sont exceptionnels. Plus étonnant encore, Ubu intègre avec succès des touches expressionnistes et avant-gardistes sans s'éloigner d'un style conventionnel, adjectif que revendique Thomas. On retrouve dans *The Modern Dance* ce qui ressemble au casse d'un centre commercial – un casse réellement splendide. **MBe**

▶II Liste des titres

▶	01 **Non-Alignment Pact** (Herman•Kraus Maimone•Ravenstine•Thomas)	3:19
▶	02 **The Modern Dance** (Herman•Kraus Maimone•Ravenstine•Thomas)	3:30
▶	03 **Laughing** (Herman•Kraus Maimone•Ravenstine•Thomas)	4:37
	04 **Street Waves** (Herman•Kraus Maimone•Ravenstine•Thomas)	3:06
▶	05 **Chinese Radiation** (Herman•Kraus Maimone•Ravenstine•Thomas)	3:29
▶	06 **Life Stinks** (Laughner)	1:53
	07 **Real World** (Herman•Kraus Maimone•Ravenstine•Thomas)	4:01
	08 **Over My Head** (Herman•Kraus Maimone•Ravenstine•Thomas)	3:49
▶	09 **Sentimental Journey** (Herman•Kraus Maimone•Ravenstine•Thomas)	6:08
	10 **Humor Me** (Herman•Kraus Maimone•Ravenstine•Thomas)	2:44

Kraftwerk
The Man-Machine (1978)

Label I EMI
Production I Ralf Hütter • Florian Schneider
Direction artistique I Ralf Hütter • Florian Schneider
Pays I Allemagne
Durée I 36:14

L'art vivant de Kraftwerk est devenu plus conceptuel avec *The Man-Machine*. La pochette, emblématique, fait référence à El Lissitzky, moderniste russe, et les chansons évoquent un monde de plus en plus automatisé.

On retrouve cette vision futuriste de l'humanité fusionnée à la technologie sur la chanson-titre funky ainsi que sur *The Robots*, autre commentaire hilarant sur l'image d'androïde des membres du groupe. Pour le lancement de l'album, ils sont même remplacés par des robots leur ressemblant, devenus depuis des habitués de leurs concerts. L'utilisation de voix artificielles domine le son toujours changeant de Kraftwerk, mais cet album contient aussi certaines des compositions les plus mémorables du groupe. *Neon Lights*, où l'on retrouve la voix plaintive de Ralf Hütter, est une chanson au romantisme douloureux, tandis que *The Model* est une satire sardonique de l'univers de la beauté et de la mode, tellement en avance sur son temps que le morceau est arrivé en tête du hit-parade trois ans après la sortie de l'album. L'album inspirera des générations d'artistes – des pionniers de la techno-pop des années 80 comme Human League, New Order, Pet Shop Boys et Depeche Mode jusqu'au récent mouvement « electroclash ».

La réussite de *The Man-Machine* ne tient pas qu'à son énorme influence, mais aussi à sa parcimonie. Si l'on examine de près les titres, on y découvre des variations très précises dans les motifs répétitifs des percussions, et une interaction presque classique des parties de synthétiseurs. Ici, Kraftwerk prouve que la force de la musique électronique réside essentiellement dans sa maîtrise scientifique d'une simplicité zen. **SD**

▶II Liste des titres

	01 **Robots** (Bartos•Hütter•Schneider)	6:12
	02 **Spacelab** (Bartos•Hütter)	5:55
▶	03 **Metropolis** (Bartos•Hütter•Schneider)	6:02
▶	04 **Model** (Bartos•Hütter•Schneider)	3:42
	05 **Neon Lights** (Bartos•Hütter•Schneider)	8:55
▶	06 **Man Machine** (Bartos•Hütter)	5:28

Blondie
Parallel Lines (1978)

Label | Chrysalis
Production | Mike Chapman
Direction artistique | Ramey Communications
Pays | États-Unis
Durée | 41:03

En septembre 1978, les accords entre Israël et Égypte sont signés. À la même époque sort *Parallel Lines* de Debbie Harry, une bombe platinée, et ses cinq musiciens, dirigés par son petit ami le guitariste Chris Stein. Ceux-ci sont au firmament de la pop avec leur troisième album, qui se retrouve en tête du hit-parade britannique, à la 6e place aux États-Unis et qui se vend par millions.

La photo de la pochette – prise par les Goddard Brothers sur une idée originale du manager, Peter Leeds – imite la simplicité des années 60. Debbie Harry ne l'apprécie guère, mais sa sophistication reflète alors le nouveau son du groupe, qui allie leurs racines punk au côté commercial glam rock de Mike Chapman.

Le résultat est la stricte définition de la new wave. Des harmonies accrocheuses accompagnent le chant de Debbie Harry, lascif et tapageur. *Hanging on the telephone*, chanson des Nerves à l'origine, est un morceau brillant et énergique, et *Fade away (and radiate)* – où la guitare psychédélique de Robert Fripp est omniprésente – offre un paysage sonore rêveur. *Sunday Girl* ajoute une touche de douceur et *Pretty Baby* vient couronner le tout.

Le groupe rencontre le succès en Europe un an avant d'être découvert chez lui. Les membres de Blondie font la conquête de l'Amérique avec *Heart of glass*. Chapman s'empare de leur version originale et la transforme en tube disco, au grand chagrin de Clem Burke, le batteur.

Enregistré au cours d'un été torride à New York, *Parallel Lines* est défini par le magazine *Billboard* comme « un rock plein d'esprit et séduisant » qui fait preuve de « maturité dans son jeu, sa crédibilité et sa puissance vocale ». C'est un classique – souvent imité, mais rarement égalé. **TJ**

▶II Liste des titres

▶	01 **Hanging On The Telephone** (Lee)	2:22
▶	02 **One Way Or Another** (Harrison•Harry)	3:35
▶	03 **Picture This** (Destri•Harry•Stein)	2:56
	04 **Fade Away (And Radiate)** (Stein)	4:02
	05 **Pretty Baby** (Harry•Stein)	3:18
	06 **I Know But I Don't Know** (Infante)	3:56
	07 **11:59** (Destri)	3:20
	08 **Will Anything Happen ?** (Lee)	3:00
▶	09 **Sunday Girl** (Stein)	3:05
▶	10 **Heart Of Glass** (Harry•Stein)	5:50
	11 **I'm Gonna Love You Too** (Mauldin•Petty •Sullivan)	2:06
	12 **Just Go Away** (Harry)	3:33

Elis Regina
Vento de maio (1978)

Label | EMI Hemisphere
Production | Non créditée
Direction artistique | Bill Smith
Pays | Brésil
Durée | 48:15

Le Brésil semble posséder une réserve inépuisable de chanteuses pop au talent éblouissant, mais aucune ne peut faire oublier Elis Regina, dont l'impact s'étend bien au-delà de l'Amérique du Sud. Star dès l'âge de 20 ans lorsqu'elle remporte le concours d'un festival de musique très important, avec son style extraverti, Elis Regina offre alors une alternative au minimalisme détaché de la bossa nova (même si certaines de ses chansons les plus appréciées se trouvent sur un album de duos avec Tom Jobim). Grâce à son flair infaillible et à son rôle d'animatrice de télévision dans des programmes destinés à découvrir de nouveaux talents, elle propulse deux nouvelles générations d'artistes sur le devant de la scène. Lorsque sa vie s'interrompt brusquement en 1982 à la suite d'une overdose, elle prépare divers nouveaux projets, dont une collaboration avec Milton Nascimento. *Vento de maio* nous offre une chanteuse au sommet de son art, dotée d'un phrasé précis et d'une grande agilité rythmique. Sa voix est légère et claire, et elle a un contrôle absolu des tons et des nuances. Parmi les nombreux joyaux de l'album, il faut citer son interprétation captivante, à l'émotion pure, de *O trem azul* et son duo mélancolique avec Nascimento sur *O que foi feito devera*. Elle montre son côté espiègle sur *Calcanhar de Aquiles*. Ceux qui ont aimé ses premiers albums, plus légers, seront peut-être déconcertés par l'intensité psychologique de l'album, où l'on retrouve certains arrangements qui n'ont pas aussi bien vieilli que sa voix passionnée. **AG**

Pere Ubu
Dub Housing (1978)

Label | Chrysalis
Production | Ken Hamann • Pere Ubu
Direction artistique | John Thompson
Pays | États-Unis
Durée | 34:17

Avec un style qu'ils définissent comme hard rock proto-punk, les membres de Pere Ubu disposent d'un filon qu'ils auraient pu exploiter encore quelques années. Au lieu de cela, brillamment contrariants, ils créent un tout nouveau son qui, bien que toujours caractéristique, montre qu'ils ont des années-lumière d'avance sur leurs contemporains. Avec une pochette en deux tons représentant des gratte-ciel s'élevant au-dessus d'un vieux bâtiment industriel et des titres qui font référence aux films, aux musiques et aux expressions d'un temps révolu, l'honnêteté et l'aspect chaleureux de leur musique sont excitants, tout en donnant la chair de poule.
L'album nécessite peu de frais et est enregistré rapidement avec spontanéité. Le guitariste Tom Herman déclare aujourd'hui que les membres « venaient juste de réaliser [qu'ils] n'obtiendraient pas de succès commercial », mais qu'ils espéraient annoncer une époque où la musique « s'éloignerait de son statut de produit pour redevenir l'expression de la vision musicale et affective des artistes. Nous nous souvenions tous de l'excitation ressentie durant les périodes de changements, de Neil Sedaka, Fabien, aux Beatles, à Moby Grape, Hendrix, etc. »
Tous les membres apportent leur contribution, même si c'est la voix caractéristique de David Thomas que l'on garde longtemps en tête. Ses méditations fantaisistes portent leurs fruits avec l'entraînant refrain de *Caligari's Mirror*, *Ubu Dance Party* et les irrésistibles volte-face de *Navvy*. Cet album est le plus grand bon en avant du groupe à cette époque, et il est réussi. **DN**

The Only Ones
The Only Ones (1978)

Label | Columbia
Production | Robert Ash
Direction artistique | Nicolas Marchant
Pays | Royaume-Uni
Durée | 33:49

À la fin des années 70, l'explosion punk à Londres permet à Peter Perrett, poète et gamin des rues, de tirer ses chansons pop dysfonctionnelles du pub rock et de les rattacher à ce mouvement naissant. Le groupe s'inspire des Sex Pistols, des Clash et de Buzzcocks, mais tandis que leurs pairs s'attaquent à l'establishment rock, les Only Ones se mettent imprudemment à nu sur le plan affectif. Les épanchements lyriques de Perrett alliés au punk peaufiné de son groupe les distinguent à une époque où la majorité de leurs pairs se demandent encore comment jouer le quatrième accord.

Préférant romance imparfaite à nihilisme enflammé, Perrett a parsemé ce premier album d'œuvres à la beauté délirante. *Breaking Down* possède un charme délicat, tandis que le saccadé *Language Problem* doit beaucoup aux railleries cultivées de Ray Davies des Kinks. L'album culmine avec *Another Girl, Another Planet*, pop brillante et classique des cœurs brisés qui égale les meilleures chansons de Pete Shelley.

Malheureusement, les Only Ones ne réussissent pas à apaiser les tensions qui règnent au sein du groupe. Ils se séparent dans l'amertume après trois albums, en 1981. Perrett va connaître presque deux décennies d'anonymat, car sa dépendance à l'héroïne entrave la productivité de cet auteur-compositeur au talent énorme. L'influence des Only Ones est cependant toujours forte : R.E.M., entre autres, a repris *Another Girl, Another Planet*, tandis que Perrett réapparaîtra en 2004 pour jouer ce tube avec les Libertines. **JJ**

Elvis Costello
This Year's Model (1978)

Label | Radar
Production | Nick Lowe
Direction artistique | Barney Bubbles
Pays | Royaume-Uni
Durée | 39:20

Lorsqu'on en vient aux affaires de cœur, la pop adore le noir et blanc. En effet, les chansons évoquent les merveilles de l'amour ou les malheurs du rejet. Mais les nuances qui existent entre amour et sexe ne sont pas populaires. On ne tire pas de ce sujet de bons refrains.

Sauf si l'on s'autodéfinit comme un « monstre aux yeux exorbités de la planète Culpabilité et Vengeance » – auquel cas haine, mal, cruauté et trahison sont des motifs acceptables. Ainsi, en 1978, Elvis Costello et son nouveau groupe, les Attractions, arrivent dans les studios Eden pour s'attaquer aux blessures de ruptures récentes.

Soutenu par des orgues froids et une rythmique qui pilonne le cœur, le protagoniste de *This Year's Model* est on ne peut plus cinglant. Le staccato glaçant de *(I don't want to go to) Chelsea* voit Costello s'attaquer à ceux qui s'apitoient sur leur propre sort, tandis que dans *The Beat*, morceau saccadé, il se retrouve aux prises de la culpabilité après une rencontre sans lendemain en discothèque.

L'enragé *Lipstick Vogue* est hypnotique et la batterie de Pete Thomas secoue la chanson tout entière comme une maraca de vaudou. Le rythme étourdissant de *Pump it up* reflète la bousculade désespérée et frénétique d'une soirée d'« insomnie assistée », selon l'euphémisme de Costello.

Sans complaisance et acerbe, *This Year's Model* n'est pas une diatribe dénuée de sens. C'est un album qui ne mâche pas ses mots. La vengeance et la culpabilité effraient peut-être les autres auteurs-compositeurs, mais c'est au milieu de la colère et du dégoût que Costello trouve sa propre vérité. **PS**

The Jam
All Mod Cons (1978)

Label | Polydor
Production | Vic Coppersmith-Heaven
Direction artistique | The Jam • Bill Smith
Pays | Royaume-Uni
Durée | 37:28

Les Jam signent chez Polydor en février 1977, mais un an plus tard, ils sont perdus. Leur deuxième album, *The Modern World*, a été un désastre, et tout le monde sait que la muse de Paul Weller a disparu. Lorsque le représentant du label entend leurs nouveaux enregistrements, il leur dit tout simplement de tout jeter. C'est ce qu'ils font, mais la pression engendrée

force Weller à faire un bilan personnel. Le résultat est étonnant.
Tout d'abord, le 45 tours comprend *David Watts* des Kinks, ainsi qu'une nouvelle chanson, *A' bomb in Wardour Street*, et il est suivi d'un autre single, *Down in the tube station at midnight*. La transformation est totale. Au lieu d'observations prétentieuses et de déclarations politiques naïves, les chansons de Weller sont désormais de mini-opéras inspirés par *A quick one while he's away* des Who. Violence gratuite dans un club punk, se faire voler en rentrant chez soi : l'auteur-compositeur et l'auditeur sont au centre de l'action.
L'album qui suit tient ses promesses. Douze morceaux de trois minutes joués dans un style moderne. Il n'y a pas de frou-frou, pas de temps faible, pas de joliesse et pas de raillerie. Weller crée des personnages, leur donne une identité, les fait respirer, puis regarde la société moderne les accabler de problèmes : la pop star qui fonctionne aux stimulants (*To be someone*), le fainéant de banlieue ambitieux (*Mr. Clean*), un rêveur à la Walter Mitty (*Billy Hunt*), le pauvre type noyé dans la société de consommation (*In the crowd*). On trouve même une tendre chanson d'amour, *English Rose*, qui embarrasse tellement Weller qu'elle n'est pas mentionnée sur la pochette. Enfin, il n'a que 20 ans. **DH**

▶II Liste des titres

01 All Mod Cons (Weller)	1:15
▶ 02 To Be Someone (Didn't We Have A Nice Time) (Weller)	2:27
03 Mr. Clean (Weller)	3:26
04 David Watts (Davies)	2:56
▶ 05 English Rose (Weller)	2:47
▶ 06 In The Crowd (Weller)	5:36
07 Billy Hunt (Weller)	2:59
▶ 08 It's Too Bad (Weller)	2:34
09 Fly (Weller)	3:18
10 The Place I Love (Weller)	2:52
11 "A" Bomb In Wardour Street (Weller)	2:35
▶ 12 Down In The Tube Station At Midnight (Weller)	4:43

Joe Ely
Honky Tonk Masquerade
(1978)

Label I MCA
Production I Chip Young
Direction artistique I Paul Milosevich
Pays I États-Unis
Durée I 33:57

Lorsque les Clash invitent Joe Ely en première partie de leurs concerts à la fin des années 70, peu de leurs fans comprennent pourquoi un chanteur country du Texas choisit de jouer avec le groupe de rock le plus en vue à l'époque. Ely lui-même a parfois dû se poser la question, lorsque le public punk lui balance de la bière et des crachats, et pourtant les Clash savent qu'ils soutiennent un véritable talent – *Honky Tonk Masquerade* est un classique de la country : le magazine *Rolling Stone* déclare même que c'est l'un des meilleurs albums des années 70.
Il est ironique qu'Ely n'ait jamais bénéficié que d'un public réduit. Aujourd'hui reconnu comme l'un des parrains de la country alternative, il mérite un public plus important. Ayant grandi à Lubbock au Texas, il forme les Flatlanders avec deux amis, Jimmie Dale Gilmore et Butch Hancock. Le groupe adore Hank Williams et Bob Dylan et entreprend d'élaborer une nouvelle forme de country, mais Nashville n'est pas prêt. Les chansons d'amour et de tromperie pleines d'émotion de *Honky Tonk Masquerade* sont soutenues par un groupe excellent et Ely n'a jamais mieux chanté, depuis la mélancolie country de la chanson-titre et la solitude noire de *Tonight I think I'm gonna go downtown* jusqu'au rock déchaîné de *Fingernails*. Cela aurait dû le rendre célèbre, mais il se montre trop différent pour la FM country et trop country pour la FM rock.

Honky Tonk Masquerade offre une sagesse texane rustique, mais une musique américaine intemporelle. **GC**

The Adverts
Crossing the Red Sea with the Adverts (1978)

Label I Bright
Production I John Leckie
Direction artistique I Nicholas Deville
Pays I Royaume-Uni
Durée I 34:48

Les Adverts comptent parmi les plus originaux des groupes punk de la première vague britannique. Découverts alors qu'ils jouent au Roxy Club de Covent Garden, ils signent chez Stiff Records pour leur premier single. En tournée avec les Damned, ils maîtrisent à peine la musique et proposent des chansons emplies de colère sociale. Avec une image agressive qui leur fait défaut, ils incarnent aussi les inadaptés de la scène punk.

Emmené par le chanteur T.V. Smith et sa partenaire à la basse Gaye Avert – l'une des premières musiciennes punk, et un peu pin-up en 1977 –, le groupe offre un son dynamique mêlant les guitares cinglantes à des refrains mélodiques pleins de tendresse. Les Adverts gagnent un large public tout au long de l'année 1977 et leur deuxième single, *Gary Gilmore'Eyes*, entré au Top 20, s'attire les foudres des tabloïdes. Pourtant, Smith ne se préoccupe pas de simple sensationnalisme et ses chansons suggèrent une identité rebelle : *No time to be 21*, *One chord wonders* et *Bored Teenagers* sont adoptés par ce qu'on a baptisé la « Blank Generation ».

Peut-être à cause de sa date de sortie – alors que les branchés déclarent que le punk est mort –, *Crossing…* n'est pas un succès. L'album ne reçoit que des critiques tièdes et ne figure que brièvement au Top 40 britannique. Plus de vingt ans plus tard, il paraît plus original, moins agressif et plus profond que bon nombre de ses contemporains dont on chante encore les louanges. **GC**

Big Star
Third/Sister Lovers (1978)

Label I Rykodisc
Production I Jim Dickinson
Direction artistique I Steven Jurgensmeyer
Pays I États-Unis
Durée I 54:35

Third/Sister Lovers, troisième et dernier album de Big Star, est souvent décrit comme austère, sombre et déprimant. On l'admet, le fracas enlevé à la Beatles ou à la Byrds est presque étouffé par des morceaux narcoleptiques comme *Big Black Car* et *Kangaroo*, mais il fonctionne.

Frustrés par des années de disputes et d'échecs commerciaux, Alex Chilton et son groupe semblent ici se moquer de tout. L'album est à la fois une lettre d'amour et le moment où ils envoient tout valser. Leur son est complètement libre, mais on devine une tension et un désespoir amer que leur producteur, Jim Dickinson, fait ressortir en utilisant ce qu'il faut d'écho et de feedback.

Thank you friends est un rock au rythme enlevé avec des chœurs inspirés. *Stroke it Noel* vous prend par surprise avec sa mélodie heurtée et sa ravissante section cordes. *Big Black Car* est si lente qu'elle en arrive presque à s'arrêter, mais l'effet est engourdissant. Au contraire, *Holocaust* est si dévastateur sur le plan affectif que vous choisirez peut-être de ramper sous votre lit pour ne plus en sortir.

Pendant des années, *Third/Sister Lovers* n'a pas eu droit à une édition convenable. Personne ne pouvait se mettre d'accord sur l'ordre des titres, et des versions piratées ont donc envahi le marché. Mais grâce à l'explosion de la power pop nourrie par des groupes comme R.E.M et les Replacements, on a enfin découvert Big Star. Ainsi, en 1992, Rykodisc a sorti la version définitive de *Third/Sister Lovers* et on ne devrait pas passer à côté. **RM**

The Residents
Duck Stab/Buster and glen
(1978)

Label I Ralph
Production I The Residents
Direction artistique I Pore No Graphics
Pays I États-Unis
Durée I 34:46

Coups de klaxon atonaux, voix de dessins animés et riffs de fête foraine : les Residents possèdent des talents de compositeurs délirants qui leur permettent de fusionner leurs sons bizarres en un tout encore plus étrange. Les membres du groupe ont toujours protégé leur identité en apparaissant en public déguisés, et bien qu'on ait essayé de deviner qui ils étaient, vous devrez chercher ailleurs que dans cet ouvrage pour percer ce mystère. En tant que conceptualistes, ils ont rarement été surpassés.

Cette compilation de deux 45 tours double durée suit *Not available*, en 1974 et *Third Reich'n'Roll* en 1976, un ensemble de reprises pop doté d'une pochette controversée où apparaît Hitler. *Duck Stab/Buster and glen* représente l'évolution et l'émergence de leur univers sonore après la soupe primitive des œuvres précédentes. C'est un son dépouillé, avec des chants psalmodiés, haut perchés, des touches de comédie et des effets sonores.

Constantinople suit cette direction fragile, un appel aux armes répété à l'absurdité classique. *Sinister Exaggerator* et *Blue Rosebud* explorent l'univers de Lewis Carroll à la perfection, et l'on retrouve un refrain psalmodié sur *Bach is dead*. La face *Buster and glen* continue dans cette direction surréaliste : « Des yeux crémeux explosent sur un crapaud pirate pomme » vous donne un avant-goût de ce qu'est *Birthday Boy* et *Hello Skinny* qui, si ce n'est pour son texte sinistre, rappelle la bande-son d'un thriller se déroulant sur le Nil. Un génie grotesque. **MBI**

Public Image Ltd.
Public Image (1978)

Label I Virgin
Production I Public Image Limited
Direction artistique I Terry Jones • Dennis Morris • PIL
Pays I Royaume-Uni
Durée I 39:55

« Avez-vous jamais l'impression d'avoir été dupé ? » se plaint John Lydon en janvier 1978 lorsqu'il quitte les Sex Pistols. Hello, Hello, Hello, Hello, glousse-t-il quelques mois plus tard en annonçant la formation de Public Image Ltd. sur le premier single éponyme de son nouveau groupe. Ébranlé par sa séparation des Sex Pistols et sentant son identité remise en cause, Lydon fait du groupe l'expression honnête de ses craintes et de ses pensées les plus profondes.

Mais Public Image est bien plus que le simple projet du chef de file du mouvement punk. Le guitariste Keith Levene (qui a joué avec les Clash), le bassiste Jah Wobble et le batteur Jim Walker mettent au point un son qui donne au côté primitif du punk-rock une nouvelle direction expérimentale. Alors que *Public Image* rappelle un hymne, *Theme*, le premier morceau de l'album, en est l'opposé. Chant lugubre traversé de violentes tempêtes de distorsion, son rythme funéraire et les hurlements surnaturels de Lydon (« Je voudrais pou-

voir mourir ! ») éclairent l'aspect désolé de l'Angleterre post-punk avec la guitare de Levene d'une éloquence venimeuse.
La catharsis est essentielle : *Religion* se répand en injures contre l'Église catholique, sur fond de guitares lacérées, et *Annalisa* exprime des frustrations moins spécifiques sur un rock garage psychotique. *Fodderstompf*, long morceau de faux disco dont le refrain satirique est : « Nous voulions simplement être aimés », conclut le tout sur une note malicieuse. Mais si *Public Image* est un disque sombre et difficile, la vitalité de sa sincérité et sa poursuite têtue d'un avenir différent en font un album très influent – mais toujours déconcertant. **SC**

▶II Liste des titres

▶ 01 **Theme** (Public Image Limited)	9:11
02 **Religion I** (Public Image Limited)	1:26
03 **Religion II** (Public Image Limited)	5:53
▶ 04 **Annalisa** (Public Image Limited)	6:05
▶ 05 **Public Image** (Public Image Limited)	3:02
06 **Low Life** (Public Image Limited)	3:38
07 **Attack** (Public Image Limited)	2:55
08 **Fodderstompf** (Public Image Limited)	7:45

Magazine
Real Life (1978)

Label | Virgin
Production | John Leckie
Direction artistique | Linder
Pays | Royaume-Uni
Durée | 41:24

Peut-on considérer Magazine comme le groupe qui a entraîné le punk britannique vers un nouveau mode de pensée, ou représente-t-il simplement l'édulcoration de l'énergie d'origine transformée en une sorte de maturité ringarde ? Comme le montre *Real Life*, ils sont un peu des deux, ringards, mais d'une façon cool.
Howard Devoto confie les Buzzcocks à Pete Shelley et Steve Diggle pour créer son propre groupe : imaginez l'excitation que ressentent tous ceux à qui l'avenir du rock importe en juin 1978 lorsqu'ils découvrent le premier titre de *Real Life*.
Pensez aux diverses sensations qui ont pu les traverser en écoutant *Definitive Gaze*, tour à tour pensif, divagant et entraînant – avec le synthétiseur plutôt serein et pourtant toujours fascinant de Dave Formula, présent tout du long. De fait, Magazine ne facilite les choses à personne, même si *Recoil* et *Shot by both sides* peuvent satisfaire les punks tandis que *The Light Pours out of me* est simplement de l'excellent pop-rock. *Shot...* est basé sur un motif musical des Buzzcocks – Devoto pense à l'époque s'en être emparé en les quittant, mais Shelley l'utilise à son tour dans *Lipstick* et l'on peut avancer qu'il fonctionne aussi bien pour l'un que pour l'autre. Cela ne veut pas dire que la présence de Shelley hante l'album : des titres comme l'épique *Burst* et *Motorcade* montrent que Magazine développe déjà son propre son. Les textes de Devoto établissent tout un nouveau style : métallique, audacieux et lourd de sous-entendus. Un album vraiment réussi. **DN**

▶II Liste des titres

▶ 01 **Definitive Gaze** (Devoto•McGeoch)	4:25
02 **My Tulpa** (Devoto•McGeoch)	4:47
03 **Shot By Both Sides** (Devoto•Shelley)	4:01
04 **Recoil** (Devoto•McGeoch)	2:50
▶ 05 **Burst** (Devoto)	5:00
▶ 06 **Motorcade** (Devoto•Dickinson)	5:41
07 **The Great Beautician In The Sky** (Devoto •McGeoch)	4:56
▶ 08 **The Light Pours Out Of Me** (Devoto •McGeoch•Shelley)	4:36
09 **Parade** (Adamson•Devoto•Formula)	5.08

Bruce Springsteen
Darkness on the edge of town (1978)

Label | Columbia
Production | Jon Landau
Direction artistique | Frank Stefanko
Pays | États-Unis
Durée | 42:55

Grâce à un litige juridique l'opposant à son ancien manager Mike Appel, Springsteen a pu profiter pendant trois ans du succès de *Born to run* et songer à ce qui allait suivre. L'album qui en résulte, *Darkness on the edge of town*, diffère totalement de son prédécesseur.

Comme Dylan avant lui, Springsteen se retire du monde pour se réfugier dans une ferme du New Jersey afin de se concentrer sur « la vie des petites villes dans lesquelles [il a] grandi, avec leurs limites étroites ». Il veut « écrire au sujet du stress que vivaient [son] père et [sa] mère à cause de leurs difficultés à joindre les deux bouts ». L'album devait s'intituler au départ *American Madness* en hommage à un film de Capra sur la Grande Dépression. Les thèmes de l'album comprennent la paternité (*Adam raised a Cain*) et les difficultés économiques (*Streets of fire, Factory*). Certaines chansons traitent aussi des frustrations propres aux petites villes, parfois sexuelles *(Candy's Room)*, parfois sociales (*The Promised Land*). Comme toujours avec Bruce Springsteen, l'angoisse est tempérée par la romance, mais sur le plan musical, l'album est beaucoup plus restreint que *Born to run*. Le saxo de Clarence Clemon se fait rare et ce sont la guitare de Springsteen et le piano mélancolique et mesuré de Roy Bittan qui donnent le ton.

Inspirant, pessimiste, déprimé et enragé, *Darkness*… ressemble à un film épique de série B après l'énorme succès qu'a été *Born to run*. **PW**

Funkadelic
One nation under a groove (1978)

Label | Capitol
Production | George Clinton
Direction artistique | Ed Thrasher
Pays | États-Unis
Durée | 52:45

Funkadelic a libéré le rock du mauvais trip psychédélique dans lequel s'étaient fourvoyés les groupes de la côte ouest à la fin des années 60. Il a joué un rôle important en apportant au rock blanc des sonorités et des rythmes noirs. La présence d'anciens musiciens de James Brown – dont le fantastique bassiste Bootsy Collins – constitue un ingrédient essentiel de l'enivrant Funkadelic.

Le sens de l'humour absurde de son leader, George Clinton, se manifeste dans ses costumes colorés et excentriques, dans ses spectacles aux allures de cirque, mais aussi dans les textes et les titres des chansons ainsi que dans le concept artistique cohérent qui unit les disques du groupe. *One Nation* sort au moment où les deux projets musicaux de Clinton – *Parliament* et Funkadelic, qui regroupent à peu près les mêmes musiciens – se fondent en un seul groupe baptisé P-Funk. Les membres de ce dernier prétendent alors que les fans vivraient des expériences transcendantales à l'écoute de leur musique.

One Nation a été disque de platine et ceci n'est pas étonnant. On y trouve en effet des morceaux de pur funk inspirés par James Brown et Sly Stone (*One Nation, Grooveallegiance*), des guitares à la Hendrix (*Who says a band can't play rock ?!*) et des rythmes dance avant-gardistes produits par des synthétiseurs et d'autres instruments électroniques. La chanson-titre, quant à elle, est arrivée en tête du hit-parade rhythm'n'blues américain, et elle demeure l'une des plus célèbres de Funkadelic. **AW-J**

Carl Craig et Andrew Weatherall, avant des retrouvailles triomphales en 2004. De toute façon, cet album à lui seul en fait un groupe essentiel. **CSh**

Throbbing Gristle
D.O.A. Third and final report (1978)

Label | Industrial
Production | Throbbing Gristle
Dir. art. | Genesis P-Orridge
Pays | Royaume-Uni
Durée | 42:55

D*.O.A.* provoque immédiatement une controverse – comme c'est souvent le cas avec Throbbing Gristle – à cause de sa pochette provocatrice : la photo prise par Genesis P-Orridge montre la fille d'un de ses amis en train de jouer et on devine sa petite culotte.

Malgré ses plaisanteries intellos, comme le fait d'accélérer *United* au point qu'il ne dure que seize secondes, on trouve aussi ici des moments de pure splendeur musicale. Le magnifique *Weeping* égale tout ce que Jim Morrison ou Ian Curtis ont pu composer, tandis que *AB/7A* est un magnifique hommage à Abba dans le style Kraftwerk. Le poignant *Hamburger Lady* utilise des sons d'aspirateur psychédéliques pour créer une sombre ambiance autour de l'histoire d'une grande brûlée. *Death Threats* (« Menaces de mort »), qui provient directement du répondeur de Throbbing Gristle, représente bien ce qu'est alors la popularité des quatre musiciens.

Wall of sound illustre parfaitement le niveau sonore en concert. Le manque de maîtrise technique des musiciens est compensé par leur utilisation inventive de l'électronique, d'ordinateurs rudimentaires et de techniques de sampling primitives. Malgré une dissolution difficile en 1981, ils continuent à influencer nombre de groupes, de Depeche Mode et Nine Inch Nails aux innovateurs électroniques dont

Thin Lizzy
Live and dangerous (1978)

Label | Vertigo
Production | Tony Visconti
Direction artistique | Chalkie Davies
Pays | Irlande • Royaume-Uni • États-Unis
Durée | 76:36

En juin 1978, Thin Lizzy sort l'un des meilleurs albums live de tous les temps. Son côté retouché agace la critique, mais pour le manager du groupe, Chris O'Donnell, le disque est « live à 75 % », avec des ré-enregistrements qui corrigent la basse saturée de Phil Lynott et les chœurs des guitaristes Scott Gorham et Brian Robertson. Tony Visconti, le producteur, déclare à la BBC qu'ils ont « tout effacé sauf la batterie... même le public a été refait de façon très retorse... *Soundbound* a été enregistré pendant le sound check et j'ai ajouté une boucle du public ».

Les fans s'en moquent bien. Le résultat est magique, et les craintes de Vertigo face à ce double album onéreux ne sont pas fondées : 600 000 exemplaires sont vendus au Royaume-Uni. Enregistré en théorie à Londres et à Toronto, il s'agit en réalité d'un best of.

Des rocks puissants sont tempérés par des moments poignants. L'album démarre en trombe avec *Jailbreak*, et passe par l'incendiaire *Emerald*, le mélodieux *Southbound* et le parfait *Rosalie* jusqu'au merveilleux *Dancing in the moonlight*.

Still in love with you possède un rythme plus léger ; *Cowboy Song* est une cavalcade fantastique et *Suicide* un récit magnifique. On retrouve également deux de leurs classiques : *The Boys are back in town* et *The Rocker*.

Comme s'émerveille le magazine *NME*, « c'est l'expression d'une ambition presque parfaite de la part du meilleur groupe de hard rock au monde ». **TJ**

Talking Heads

More Songs about buildings and food (1978)

Label | Sire
Production | Brian Eno • Talking Heads
Direction artistique | David Byrne
Pays | Royaume-Uni • États-Unis
Durée | 41:32

David Byrne et Brian Eno sont faits l'un pour l'autre. Le premier album de Talking Heads, *Talking Heads : 77*, malgré sa qualité, montre qu'ils ont besoin malgré tout de se focaliser. C'est ce qu'Eno leur permet de faire sans étouffer leur éclectisme farouche ou la voix très distincte de Byrne.

Le graphisme moderne de la pochette, que l'on doit à Byrne, ne laisse entrevoir que la nature expérimentale de l'album. Les textes excentriques et intelligents du chanteur occupent le premier plan dans *With our love* et *The Good Thing*, mais les rythmes de plus en plus complexes de la bassiste Tina Weymouth et du batteur Chris Frantz leur font de la concurrence. *More Songs…* peut aisément passer du minimalisme classique à la disco planante et au funk africain.

La frénésie de leur tube précédent, *Psycho Killer*, réapparaît sur le premier morceau, *Thank you for sending me an angel*, et Byrne se consume littéralement d'énergie sur *Artists only*. Le tempo ralentit et l'intensité s'accroît pour une magnifique reprise de *Take me to the river* d'Al Green, le premier single du groupe à figurer au Top 40. L'album ne connaît qu'un succès commercial modéré. Mais, fait important, il lance une collaboration de quatre ans avec Eno, qui culmine avec *Remain in light* en 1980. Ces années constituent le zénith de la carrière de Talking Heads et les albums de cette période égalent en qualité ceux qu'Eno a enregistrés avec Bowie. **JiH**

▶II Liste des titres

▶ 01	Thank You For Sending Me An Angel (Byrne)	2:11
02	With Our Love (Byrne)	3:30
03	The Good Thing (Byrne)	3:03
04	Warning Sign (Byrne•Frantz)	3:55
▶ 05	The Girls Want To Be With The Girls (Byrne)	2:37
06	Found a Job (Byrne)	5:00
▶ 07	Artists Only (Byrne•Zieve)	3:34
08	I'm Not In Love (Byrne)	4:33
09	Stay Hungry (Byrne•Frantz)	2:39
▶ 10	Take Me To The River (Green•Hodges)	5:00
11	The Big Country (Byrne)	5:30

Buzzcocks

Another Music in a different kitchen (1978)

Label | United Artists
Production | Martin Rushent
Direction artistique | Malcolm Garrett
Pays | Royaume-Uni
Durée | 35:43

On se souvient à juste titre de Buzzcocks comme le plus pop des groupes punk. Il possède aussi le style avant-gardiste le plus pur et son premier album montre un groupe dépourvu du moindre superflu. Tout ici est vitesse et mélodie, avec une bonne dose d'aventure et une volonté, dès le début, de s'éloigner des règles punk en matière de textes et de son.

Sur *Another Music*, le cinquième membre vient à manquer. En effet, Howard Devoto est parti pour fonder Magazine, mais trois de ses chansons sont comprises ici. S'il est un domaine où le groupe prend les principes punk à cœur, c'est bien dans son dégoût des tactiques commerciales des maisons de disques – et donc, la plupart de ses singles les plus connus n'apparais-

sent pas sur cet album (en comparaison à *Never mind the bollocks* qui comprenait tous les tubes des Sex Pistols). Seule exception, le merveilleux *I don't mind*, qui, comme le groupe l'explique, n'est là que comme « astuce de marketing ».
Mais *Another Music* … n'a pas besoin de tout cela, grâce à des morceaux tels que *Fast Cars* et *Sixteen*. La voix de Pete Shelley flotte au-dessus de guitares qui tintent et crissent alternativement. *Moving away from the pulsebeat* est une conclusion longue de sept minutes, audacieuse et peu orthodoxe. Ce romantique éhonté a sauvé le punk de son insistance à déclarer que l'amour n'est pas à l'ordre du jour, et son côté anglais juvénile et vulnérable a ouvert la voie à de nombreux autres, depuis Morrissey et Edwyn Collins jusqu'à Damon Albarn. **MMo**

▶II Liste des titres

▶ 01 **Fast Cars** (Devoto•Diggle•Shelley)	2:26
02 **No Reply** (Shelley)	2:16
03 **You Tear Me Up** (Devoto•Shelley)	2:28
04 **Get On Your Own** (Shelley)	2:27
▶ 05 **Love Battery** (Devoto•Shelley)	2:09
06 **Sixteen** (Shelley)	3:38
▶ 07 **I Don't Mind** (Shelley)	2:18
08 **Fiction Romance** (Shelley)	4:28
▶ 09 **Autonomy** (Diggle)	3:43
10 **I Need** (Diggle•Shelley)	2:44
11 **Moving Away From The Pulsebeat** (Shelley)	7:06

Van Halen
Van Halen (1978)

Label | Warner Bros.
Production | Ted Templeman
Direction artistique | Dave Bhang
Pays | États-Unis
Durée | 35:22

L'histoire mise en pièce en une demi-heure ? Avec la durée la plus courte depuis les premiers essais des Fab Fours, les nouveaux Led Zeppelin réécrivent les règles du jeu. Autrefois le hard rock était pesant ; désormais il bondit.
Le leader David Lee Roth, le bassiste Michael Anthony, le batteur Alex Van Halen et son frère Eddie sont découverts à Los Angeles en 1976 par Gene Simmons de Kiss. Il les fait travailler sur des démos et essaie en vain de recruter Eddie. Mais Kiss, comme tous les autres groupes de hard rock, va être éclipsé par Van Halen – et rien n'explique mieux ce fait que ce premier album, totalement ahurissant.
Dès les klaxons qui lancent *Runnin' with the devil* jusqu'au martèlement de *On fire*, l'album offre un mélange incomparable de frime sonore et de sexualité lyrique. Certains morceaux se dégagent de l'ensemble : *Eruption* qui met en valeur Eddie et qui n'est surpassé que par *Stairway to heaven* selon le magazine *Guitar World* ; le titre *You really got me*, reprise des Kinks que Ray Davies a déclarée supérieure à l'original. Ou encore *Ain't talkin' 'bout love*, samplé par 2 Live Crew et Appollo 440. Et enfin, *Ice Cream Man* écrit par John Brim, mais auquel Roth a ajouté une touche de son propre style.
En 1999, *Van Halen* est devenu disque de diamant, avec 10 millions d'exemplaires vendus aux États-Unis. Parmi les acheteurs, on compte sans aucun doute tous ceux qui ont fait semblant de jouer du hard rock dans leur chambre dans les années 80. Ne leur jetez pas la pierre. Ils ont péché, mais se sont bien amusés. Comme l'a dit Roth : « Nous vendions de l'espoir, de la foi et de la jubilation, tout comme tout un tas de vos religions préférées. » **BM**

▶II Liste des titres

▶ 01 **Runnin' With The Devil** (Anthony•Roth•A. Van Halen•E. Van Halen)	3:35
02 **Eruption** (Anthony•Roth•A. Van Halen E. Van Halen)	1:43
03 **You Really Got Me** (Davies)	2:38
▶ 04 **Ain't Talkin' 'bout Love** (Anthony•Roth •A. Van Halen•E. Van Halen)	3:50
05 **I'm The One** (Anthony•Roth•A. Van Halen •E. Van Halen)	3:47
▶ 06 **Jamie's Cryin'** (Anthony•Roth•A. Van Halen •E. Van Halen)	3:30

07 **Atomic Punk** (Anthony•Roth•A. Van Halen •E. Van Halen) 3:02
08 **Feel Your Love Tonight** (Anthony•Roth •A. Van Halen•E. Van Halen) 3:43
09 **Little Dreamer** (Anthony•Roth•A. Van Halen •E. Van Halen) 3:23
10 **Ice Cream Man** (Brim) 3:20
11 **On Fire** (Anthony•Roth•A. Van Halen •E. Van Halen) 3:01

Willie Colón and Ruben Blädes
Siembra (1978)

Label | Fania
Production | Willie Colón
Direction artistique | Irene Perlicz
Pays | États-Unis
Durée | 42:18

Cet album essentiel est né de la collaboration de deux géants de la salsa : Willie Colón, tromboniste et chef-d'orchestre à New York, et Ruben Blädes, acteur-auteur-compositeur-interprète panaméen. Colón est l'un des pionniers de la salsa, il a notamment travaillé avec Hector Lavoe et Celia Cruz. Mais avec Blädes, sa musique prend une conscience sociale. Les thèmes sont variés, depuis la réalité des rues jusqu'aux vanités des jeunes Latinos qui gravissent l'échelle sociale. L'album comprend aussi des chansons qui apaisent le mal du pays des émigrés et offrent des messages d'espoir. *Plástico* vibre d'une ligne de basse martelée, tandis que *Pedro Navaja*, sorte de dérivé de *Mack the knife*, est un mambo accompagné de sons de rue ; les deux chansons sont des récits épiques urbains. Blädes chante de sa voix de crooner, ténor résonant, fort et expressif. Conteur qui improvise spontanément ses couplets, cet artiste salué par la critique est ici au sommet de son art.

Colón collabore avec les meilleurs musiciens de New York, et les refrains accrocheurs de cet album réussissent à toucher un public qui ne parle pas espagnol. *Siembra* (« Semailles » en français) est adopté par toute une génération d'étudiants universitaires à la fin des années 70, inspirés par son message positif de fierté latina. Mais l'album a aussi accompagné d'innombrables luttes pour la justice ou pour la paix dans de nombreux pays latino-américains en plein conflit.

Des récits marquants accompagnés d'une musique sublime – pas étonnant que ce soit aussi le premier album de salsa qui se soit vendu à plus d'1 million d'exemplaires. **JCV**

▶II Liste des titres

▶ 01 **Plástico** (Blades) 6:37
02 **Buscando Guayaba** (Blades) 5:43
▶ 03 **Pedro Navaja** (Blades) 7:21
04 **Maria Lionza** (Blades) 5:27
05 **Ojos** (Ortiz) 4:50
06 **Dime** (Blades) 6:59
▶ 07 **Siembra** (Blades) 5:21

The Cars
The Cars (1978)

Label | Elektra
Production | Roy Thomas Baker
Direction artistique | Ron Coro
Pays | États-Unis
Durée | 35:40

Les Cars apparaissent à l'aube de la new wave, mouvement souvent calomnié (à juste titre). Dotés d'un sens aigu de l'écriture et de la musique, ils possèdent un attrait esthétique égalé seulement par Blondie. Avec ce premier album, ils créent un chef-d'œuvre pop aux allures de new wave.

L'auditeur est emporté par la déclaration du début, *Good Times Roll* ; de là, on passe d'un petit bijou new wave à un autre. Même si les Cars obtiendront plus de succès commercial avec leurs singles ultérieurs, on a l'impression, à lire la liste des titres de cet album, qu'il s'agit d'un best of. Aux côtés de *My best friend's girl* et *Just what I need*, succès radio, on retrouve d'autres chansons préférées des fans comme *Bye Bye Love* et *All mixed up*. Les tempos et les ambiances sont variés, passant d'une pop irrésistible à des chansonnettes étranges telles *I'm in touch with your world*, où l'on découvre des effets sonores sortis tout droit de dessins animés, ou au rythme extrêmement lent de *Moving in stereo*. Elliot Easton, le guitariste au jeu extraordinaire, est le héros méconnu de l'album. Pas étonnant que celui-ci se soit vendu à plus d'1 million d'exemplaire et qu'il ait passé cent trente-neuf semaines au hit-parade américain.

Superbe mélange d'influences (de David Bowie au Velvet Underground) passé au filtre de la pop la plus accrocheuse, le premier album des Cars est une introduction à la new wave dont la qualité est toujours aussi grande trente ans après. **JW**

▶II Liste des titres

▶	01 **Good Times Roll** (Ocasek)	3:44
▶	02 **My Best Friend's Girl** (Ocasek)	3:44
▶	03 **Just What I Needed** (Ocasek)	3:44
	04 **I'm In Touch With Your World** (Ocasek)	3:31
	05 **Don't Cha Stop** (Ocasek)	3:01
▶	06 **You're All I've Got Tonight** (Ocasek)	4:13
▶	07 **Bye Bye Love** (Ocasek)	4:14
▶	08 **Moving In Stereo** (Hawkes•Ocasek)	5:15
	09 **All Mixed Up** (Ocasek)	4:14

Devo

Q : Are we not men ? A : We are Devo ! (1978)

Label | Warner Bros.
Production | Brian Eno
Direction artistique | Erik Munsön
Pays | États-Unis
Durée | 34:23

Dans la musique pop des années 70, on entend surtout les synthétiseurs des disques de disco et les enregistrements de studio de groupes de rock progressif comme Yes. Ils ne sont pas courants dans les concerts punk, même si Kraftwerk les utilise de façon experte lors de son exploration du thème de la désaffection.

La désaffection est aussi la spécialité de Devo, groupe de cinq musiciens de l'Ohio dont le premier album, détonnant et produit par Brian Eno, *Q : Are we not men ? A : We are Devo !* embellit les guitares punk de synthétiseurs rudes et métalliques. Il est vrai qu'ils les utilisent avec parcimonie sur cet album, comparé à leurs albums ultérieurs comme *Freedom of choice* en 1980. Mais les quatre albums de studio que Devo produit entre 1978 et 1981 partagent le même thème. Ces anciens étudiants des Beaux-Arts, habiles satiristes, cultivent une philosophie du désespoir. Selon eux, sous l'effet de certaines inventions modernes, comme l'exploration spatiale et les fast-foods, la civilisation n'évolue plus, mais « dévolue » (d'où le nom du groupe). Heureusement, Devo n'a jamais permis à cette théorie sociologique de se mettre en travers de sa formidable musique, et cette idéologie n'est pas vraiment explicite sur *Q : Are we not men ?*, un merveilleux ensemble de chansons drôles et originales qui traite de sujets très variés. Il est intéressant de noter que la chanson la plus célèbre et la plus caractéristique de l'album est une reprise de *Satisfaction*. Mais tandis que la version des Stones est frimeuse et sexy, sous la voix de Mark Mothersbaugh, elle devient un cri du cœur anxieux face à une société de consommation oppressante. **KB**

▶II Liste des titres

▶	01 **Uncontrollable Urge** (M. Mothersbaugh)	3:09
▶	02 **Satisfaction (I Can't Get No)** (Jagger•Richards)	2:38
	03 **Praying Hands** (Casale•M. Mothersbaugh)	2:48
▶	04 **Space Junk** (Casale•M. Mothersbaugh)	2:14
▶	05 **Mongoloid** (Casale)	3:42
▶	06 **Jocko Homo** (M. Mothersbaugh)	3:39
	07 **Too Much Paranoias** (M. Mothersbaugh)	1:55
	08 **Gut Feeling** (Casale•M. Mothersbaugh)	4:54

09 Slap Your Mammy (Casale) 0:51
10 Come Back Jonee (Casale•M. Mothersbaugh) 2:53
11 Sloppy (I Saw My Baby Gettin') (Casale
B. Mothersbaugh•M. Mothersbaugh•Jacket) 2:36
12 Shrivel Up (Casale•M. Mothersbaugh) 3:04

Dire Straits

Dire Straits (1978)

Label | Vertigo
Production | Muff Winwood
Direction artistique | Alan Schmidt
Pays | Royaume-Uni
Durée | 41:47

Dire Straits, et en particulier son chanteur, guitariste et compositeur principal Mark Knopfler, ancien journaliste et instituteur, n'a rien de punk. La sortie de cet album en 1978, alors que la musique punk et la new wave dominent les médias et le hit-parade anglais, est donc pour le moins courageuse. S'inspirant de groupes américains aux influences blues comme celui de J. J. Cale plutôt que des Sex Pistols, les quatre musiciens (Mark Knopfler, son frère David à la guitare rythmique, John Issley à la basse et Pick Withers, batteur gallois) passent inaperçus au début (à l'exception de Charlie Gillett, animateur de radio de Londres qui les fait passer à l'antenne). Quand leur premier single *Sultans of swing* sort en Angleterre au début de l'année 1978, il ne fait pas grande impression. Ce n'est que lorsque Warner Bros, chez qui le groupe signe aux États-Unis, fait entrer au Top 5 américain cette chanson que le Royaume-Uni se rend enfin compte de son erreur.
Le reste de l'album offre d'autres exemples du talent de conteur de Mark Knopfler et de son impressionnant jeu de guitare, avec *Down to the waterline*, *In the Gallery* (qui évoque le nord-est de l'Angleterre où Knopfler a grandi) et *Wild West End* (sur la vie à Londres). L'album sort finalement en Angleterre six mois après le single, figure au Top 5, devient double platine aux États-Unis et entre au Top 3.
Après des débuts hésitants, Dire Straits va devenir le groupe le plus célèbre au monde dans les années 80. **JT**

▶II Liste des titres

▶ 01 Down To The Waterline (Knopfler) 4:02
▶ 02 Water Of Love (Knopfler) 5:26
03 Setting Me Up (Knopfler) 3:19
▶ 04 Six Blade Knife (Knopfler) 4:13
05 Southbound Again (Knopfler) 2:59
▶ 06 Sultans Of Swing (Knopfler) 5:48
07 In The Gallery (Knopfler) 6:16
08 Wild West End (Knopfler) 4:41
09 Lions (Knopfler) 5:03

The Saints

Eternally yours (1978)

Label | EMI
Production | Chris Bailey • Ed Kuepper
Direction artistique | Cream
Pays | Australie
Durée | 35:22

En 1977, les Saints sont comme des poissons hors de l'eau à Londres lorsqu'ils enregistrent leur deuxième album. La grande vague punk les avait emportés de Brisbane jusqu'à la capitale anglaise, où ils avaient signé chez EMI grâce à leur son punk, mais ils détestaient la nature conformiste et antihistorique de la musique punk londonienne. Une grande partie de cette haine apparaît dans leurs textes, qui ressemblent désormais aux diatribes d'un hippie mal luné (Chris Bailey s'élève contre les grandes entreprises, la société de consommation, la télévision : « J'suis pas une marionnette [qu'on manipule] pour des plus-values », déclare-t-il), mais qui sont malgré tout sincères et convaincants. La musique – grâce notamment à la batterie d'Ivor Kay – est rapide, vigoureuse et fantastique. L'utilisation d'une section cuivre est une touche de génie qui permet par exemple à *Know your product*, chanson

brillante au départ, d'atteindre un niveau inégalable. Les échanges vocaux entre Bailey et Ed Kuepper sont remarquables sur *Private Affair*, sur *No, your product*, essoufflé et féroce, et, bien entendu, sur *This Perfect Day*. Ce sont tous des exemples de la splendeur de *Eternally yours*.
S'il fallait éliminer certains morceaux, ce serait *Orstralia*, trop facile, et *International Robots*. Considérez-les comme de simples pauses. Les trois premiers albums des Saints ont été regroupés en coffret en 2004 sur *All times through paradise*, qui comprend des démos enregistrées en septembre 1977, et presque toutes les chansons d'*Eternally yours*. **DN**

Marvin Gaye
Here, my dear (1978)

Label | Motown
Production | Delta Ashby • Marvin Gaye
Direction artistique | Kosh
Pays | États-Unis
Durée | 73:18

De *Rumours* à *Achtung Baby*, les fins de relations amoureuses ont toujours produit une musique exceptionnelle qui transformait la douleur en beauté. Cela n'a jamais été plus vrai qu'avec *Here, my dear*. Reconnu coupable de n'avoir pas payé la pension alimentaire de son ex-femme, Anna Gordy, Marvin Gaye accepte que l'avance sur son prochain album et une partie de ses gains lui soient directement versés – Anna est aussi la sœur de Berry Gordy, patron de la Motown. Gaye conçoit un cycle de chansons sur la désintégration de son couple. La pochette s'ouvre sur un genre de Monopoly amoureux intitulé Jugement, avec des poignards suspendus au-dessus de cœurs et d'autres présages du même acabit… *Here, my dear* possède l'atmosphère lisse et nerveuse des précédents, *Let's get it on* et *I want you*. Les trois chansons les plus mémorables figurent au début de l'album ; après cela, il devient plus rêveur. Pour Jay Kay de Jamiroquai, c'est « dix fois la même chanson avec de subtiles différences ».
En guerre contre sa maison de disques, ses musiciens et ses propres démons, Gaye sait que l'album – le dernier pour les trois ans à venir – est voué à l'échec. En effet, il reçoit un accueil glacial de la part de la critique, des acheteurs, et, bien entendu, d'Anna Gordy. Quelques années seulement après sa sortie, on ne le trouve déjà plus en magasin. Aujourd'hui cependant, c'est un exemple rare et fascinant d'un artiste qui se met à nu et qui vous empêche de dire « oublie tout ça » à un chanteur qui panse ses plaies. **BM**

Willie Nelson
Stardust (1978)

Label | Columbia
Production | Booker T. Jones
Direction artistique | Susanna Clark
Pays | États-Unis
Durée | 36:22

Après le succès en 1975 de *The Red Headed Stranger* à l'iconoclasme tranquille, les patrons de Willie Nelson à la Columbia sont probablement prêts à le laisser tenter n'importe quoi. Le concept de *Stardust* a tout de même dû les rendre nerveux : pourquoi ce chanteur de country voulait-il chanter une série de classiques américains ?
Si *The Red Headed Stranger* a bien confirmé que Nelson était l'un des plus grands artistes country de son époque, *Stardust* établit sa réputation comme l'un des meilleurs et des plus mémorables chanteurs américains de tous les temps. Souvent imitée, parfois raillée, mais rarement égalée, la voix de Nelson est déjà plus jazzy que celle de ses collègues de Nash-

ville, et *Stardust* lui permet de s'attaquer à ce style musical. Sur la chanson-titre, il est parfois un peu en avance sur le tempo, parfois très en retard, et il pince des notes qui semblent provenir de nulle part.
Il bat de nouveaux records de ventes avec cet album qui est resté pendant deux ans au hit-parade américain et qui a même figuré de façon fort improbable sur les charts country avec des chansons de compositeurs pop comme Hoagy Carmichael et Irving Berlin. Si *The Red Headed Stranger* en a fait une légende de la country, *Stardust* le fait connaître du grand public. Une carrière cinématographique suivra, ainsi que d'autres succès country, et Nelson continuera d'expérimenter gospel et blues. Mais un quart de siècle plus tard, il réinterprète toujours en concert les chansons de *Stardust*, ce qui prouve qu'avec lui, il n'y a ni chansons country, ni chansons pop, mais seulement des chansons de Willie Nelson. **KB**

Chic
C'est Chic (1978)

Label | Atlantic
Production | B. Edwards • N. Rodgers
Direction artistique | Bob Defrin
Pays | États-Unis
Durée | 41:23

La dance moderne doit beaucoup à Chic. Influencé par Roxy Music et Kiss tout autant que par le rhythm'n'blues, Nile Rodgers (guitare), Bernard Edwards (basse) et Tony Thompson (batterie) forment le groupe essentiel de l'ère disco : des musiciens qui créent un style fluide et hypnotique qui résonne encore aujourd'hui.
C'est Chic est leur deuxième album : le plus vendeur grâce à deux singles qui atteignent le Top 10 américain. *I want your love* est une élégante étude des peines d'amour avec son motif à quatre notes repris par des cuivres, ses clochettes, ses cordes et ses voix féminines pleines de tendresse. Le portrait des trois musiciens sur la pochette fait peut-être penser à des hommes ambitieux en pleine ascension sociale, mais sous cette apparence de détachement, on trouve une émotion fervente.
Les riffs saccadés de Rodgers sur *Le Freak* anticipent le style de guitare post-punk que des hordes de musiciens continuent à copier aujourd'hui, tandis que la ligne de basse consistante d'Edwards va être samplée sur la scène rap naissante. Les autres morceaux démontrent une envergure et une assurance extraordinaires, allant de la ballade *At last I am free*, aux exhortations à la fête (*Chic Cheer*), en passant par l'instrumentalisme cinématique (*Savoir Faire*) et l'excentricité totale (*[Funny] Bone*).
Malheureusement l'album suivant, *Risqué*, à la mélancolie exquise, sera le dernier succès important du groupe. Le climat culturel américain leur est désormais hostile, empoisonné par la campagne antidisco implicitement raciste. **MA**

X-Ray Spex
Germ free adolescents (1978)

Label | Virgin
Production | Falcon Stuart
Dir. art. | Cooke Key • Trevor Key • Falcon Stuart
Pays | Royaume-Uni
Durée | 35:46

Lorsque *Germ free adolescents* sort en novembre 1978, X-Ray Spex est sur le plan esthétique comme musical un grand groupe de punk-rock doté d'un son très particulier. Il mêle des éléments de Patti Smith et des Pistols à un style indéniable – sans oublier son arme, pas si secrète que cela, Poly Styrene alias Marion Elliott. Ils ont déjà rencontré le succès avec *Oh Bondage, up yours* (inclus seulement dans les rééditions de cet album) et cet enregistrement va leur procurer quatre autres singles.

Cependant la redoutable Lora Logic est renvoyée après ce single, apparemment parce que Styrene pense que deux femmes ne peuvent cohabiter au sein d'un même groupe. Son influence sur son remplaçant au saxo, Steve « Rudi » Thompson, est cependant indéniable. Tout cela indique que les problèmes ne sont pas loin, et pourtant, les textes de Styrene, qui insistent pour que l'on fasse preuve d'authenticité et de sincérité dans un monde irréel, sont à la fois passionnés et convaincants.

Identity et *I am a poseur* sont particulièrement réussis, mais l'album tout entier est d'un radicalisme et d'une honnêteté fracassants. La production est simple et se contente d'offrir à l'auditeur le son d'un groupe fiévreux et incendiaire. De fait, la pochette qui montre les musiciens essayant de s'échapper d'éprouvettes, et les thèmes liés à la paranoïa de la guerre froide sont les seuls éléments désuets de cet album qui demeure dans l'ensemble vraiment agréable.

Styrene va renoncer à la musique punk – après une vision religieuse, elle enregistre deux albums plus décontractés sous son propre nom, avant de se consacrer à l'étude de Krishna où, ironie du sort, elle retrouve Logic. **DN**

▶II Liste des titres

▶ 01 Art-I-Ficial (Styrene)	3:21
02 Obsessed With You (Styrene)	2:26
03 Warrior In Woolworths (Styrene)	3:04
04 Let's Submerge (Styrene)	3:23
05 I Can't Do Anything (Styrene)	2:55
▶ 06 Identity (Styrene)	2:22
07 Genetic Engineering (Styrene)	2:45
08 I Live Off You (Styrene)	2:06
▶ 09 I Am A Poseur (Styrene)	2:29
10 Germ Free Adolescents (Styrene)	3:09
▶ 11 Plastic Bag (Styrene)	4:56
12 The Day The World Turned Day-Glo (Styrene)	2:50

Brian Eno

Ambient 1 : Music for airports (1978)

Label I EG
Production I Brian Eno
Direction artistique I Brian Eno
Pays I Royaume-Uni
Durée I 48:33

Si les trois premiers albums solos que Brian Eno a produits au début des années 70 représentaient un virage à 90 degrés par rapport à ce qu'il avait fait avec Roxy Music, *Discreet Music* est quasiment l'équivalent d'un voyage dans l'espace. Les quatre paysages sonores particulièrement hypnotiques de l'album, dont trois inspirés par le *Canon en ré majeur* de Pachelbel, constituent ses premières explorations de ce qu'il appelle la musique d'ambiance. L'idée est née avec la « musique d'ameublement » de Satie, conçue afin d'être entendue plutôt qu'écoutée. *Discreet Music* est imaginé au cours d'un long séjour à l'hôpital ; pour l'album suivant, Eno s'inspirera d'un environnement tout aussi stérile.

« On doit pouvoir n'y prêter aucune attention et pourtant [la musique] doit être tout aussi intéressante », écrit Eno dans le texte de la pochette. En tant que manifeste, on ne fait pas mieux. Les quatre morceaux flottent, glaciaux, flous, puis tout à coup se font nets : un chœur spectral, quelques cuivres assourdis, d'innombrables larmes de piano (joué par Robert Wyatt sur *1/1*). Et malgré ce manque de structure, l'album n'est jamais désagréable, notamment grâce à une tonalité astucieuse.

Certains critiques ont trouvé cet album ennuyeux, mais ils sont passés complètement à côté du propos. Eno continuera dans la même veine sans se décourager, avec de nombreux autres disques, notamment en 1982 avec *Ambient 4 : On Land*, à l'atmosphère mystérieuse et enveloppante, et *Apollo : Atmosphères and Soundtracks*, en 1983, une splendide musique éthérée. C'est néanmoins en tant que producteur qu'il demeure célèbre : il a notamment travaillé avec Daniel Lanois sur *Joshua Tree* de U2. **WF-J**

▶II Liste des titres

▶	01 1/1 (Davies•Eno•Wyatt)	16:39
	02 2/1 (Eno)	8:25
	03 1/2 (Eno)	11:36
	04 2/2 (Eno)	9:38

Siouxsie and the Banshees
The Scream (1978)

Label I Polydor
Production I Steve Lillywhite • Siouxsie And The Banshees
Direction artistique I Siouxsie And The Banshees
Pays I Royaume-Uni
Durée I 38:57

The Scream comble le fossé entre la musique punk et le rock gothique et allie la philosophie individualiste de la première et la sombre théâtralité du deuxième. À la fin des années 70, le maquillage pâle de Sioux et ses cheveux noirs à la coupe marquée en font rapidement une figure emblématique. Il est surprenant de découvrir sur la pochette des photos de plongeurs plutôt que la chanteuse elle-même (le message étant peut-être que l'album est né de la collaboration de quatre musiciens). Sur *Carcass*, on remarque davantage l'interaction de la guitare basse enjouée de Steve Severin et de la batterie puissante de Kenny Morris, que la voix énergique de Sioux. C'est un jeu dépourvu de complications, intelligent et passionné. *Helter Skelter*, seule reprise de l'album, est interprété avec encore plus de fièvre que dans la version des Beatles, tandis que la guitare stridente de John McKay occupe le devant de la scène sur *Metal Postcard (Mittageisen)*. Les Banshees dépassent la pure rage punk pour aborder des sujets plus complexes, comme le traumatisme psychologique (sur *Suburban Relapse* et *Jigsaw Feeling*).

Sur les deux derniers morceaux, McKay fait rugir son saxo et offre des hurlements appropriés au nom du groupe (les Banshees sont des fées dont les hurlements annoncent la mort). L'album se conclut avec *Switch*, dont les sept minutes rappellent un court roman fascinant sur le plan lyrique et musical.

The Scream est une déclaration à l'élégance négligée pour un groupe qui va explorer plus en avant le désordre et l'obscurité, tout au long d'une carrière qui conjuguera succès et influence. **YK**

▶II Liste des titres

	01 Pure (McKay•Morris•Severin•Sioux)	1:50
	02 Jigsaw Feeling (McKay•Severin)	4:39
▶	03 Overground (McKay•Severin)	3:50
▶	04 Carcass (Fenton•Severin•Sioux)	3:49
▶	05 Helter Skelter (Lennon•McCartney)	3:46
	06 Mirage (McKay•Severin)	2:50
	07 Metal Postcard (Mittageisen) (McKay•Sioux)	4:14
▶	08 Nicotine Stain (Severin•Sioux)	2:58
	09 Suburban Relapse (McKay•Sioux)	4:12
	10 Switch (McKay•Sioux)	6:49

AC/DC
Highway to hell (1979)

Label I Albert Productions
Production I Robert John Lange
Direction artistique I Bob Defrin
Pays I Australie • Royaume-Uni
Durée I 41:48

On peut reprocher à AC/DC sa simplicité technique, mais il reste à ce jour l'un des groupes les plus importants de l'histoire du rock. Son style âpre et audacieux symbolise l'essence même du rock. Ajoutez à cela des structures musicales inspirées par le blues et un parfait équilibre de puissance et de retenue. Peu de fans du hard rock peuvent résister au charme prolétarien du groupe.

Fondée sur les riffs de guitare des frère Young, Malcolm et Angus (ce dernier a gagné le respect de la confrérie metal du monde entier en portant sur scène un uniforme de collégien et une cravate), sur des rythmes de batterie simplistes et la voix rude de Bon Scott, la musique d'AC/DC est véritablement accrocheuse.

Même si le groupe ne rencontre qu'un succès modéré dans les années 70, *Highway to hell* leur permet de percer. Durant l'enregistrement à Londres, le producteur « Mutt » Lange réussit parfaitement à canaliser leur force brute. Ce premier album devient disque de platine, mais il incarne également le chant du cygne de Scott, mort en 1980.

L'album fait honneur à son titre (« Autoroute vers l'enfer ») et célèbre le péché (Angus est doté de deux cornes et d'une queue de diable sur la pochette). Les textes sont des odes au sexe, et des chansons telles que *Girl's got rhythm* et *Touch too much* sont très directes. Cependant, la chanson-titre et *If you want blood* s'en éloignent légèrement. De même, *Walk all over you* et *Night Prowler* offrent un certain répit. Il est rare que chaque titre d'un album soit digne d'être un single, mais AC/DC a presque réussi cet exploit sur *Highway to hell*. **CSt**

▶II Liste des titres

▶ 01	**Highway To Hell** (Scott•A. Young•M. Young)	4:14
▶ 02	**Girl's Got Rhythm** (Scott•A. Young•M. Young)	3:23
03	**Walk All Over You** (Scott•A. Young•M. Young)	5:08
▶ 04	**Touch Too Much** (Scott•A. Young•M. Young)	4:24
05	**Beating Around The Bush** (Scott•A. Young•M. Young)	3:55
06	**Shot Down In Flames** (Scott•A. Young•M. Young)	3:21
07	**Get It Hot** (Scott•A. Young•M. Young)	2:24
08	**If You Want Blood (You've Got It)** (Scott•A. Young•M. Young)	4:32
09	**Love Hungry Man** (Scott•A. Young•M. Young)	4:14
10	**Night Prowler** (Scott•A. Young•M. Young)	6:13

Sister Sledge

We are family (1979)

Label | Cotillion
Production | Bernard Edwards • Nile Rodgers
Direction artistique | Bob Defrin
Pays | États-Unis
Durée | 42:53

Avec sa ligne de basse jubilatoire, son rythme enlevé et sa thématique (la solidarité féminine), la chanson-titre de ce classique de l'ère disco est passée des discothèques à la piste de danse d'innombrables réceptions de mariage. Et même aux baffles gigantesques du Three Rivers Stadium, lorsque les Pirates, équipe de base-ball de Pittsburgh, l'ont adoptée comme hymne en 1979, année où ils ont remporté le championnat mondial.

Comme pour les Pirates, la réussite de l'album tient au fait que les bons joueurs se sont trouvés ensemble au bon moment. Le guitariste Nile Rodgers et le bassiste Bernard Edwards forment alors une fantastique équipe de production qui, en compagnie du batteur Tony Thompson, constitue le cœur du groupe Chic. Quatre sœurs de Philadelphie, Debbie, Kim, Joni et Kathy Sledge appartiennent à la scène rhythm'n'blues depuis plusieurs années, mais sont encore relativement inconnues. Atlantic Records les fait collaborer avec Chic, autre groupe du label qui vient de sortir trois tubes pop, *Dance Dance Dance (Yowsah Yowsah Yowsah)*, *Everybody Dance* et *Le Freak*, classiques des discothèques.

Les sœurs se sont vu offrir des chansons de qualité, à la musique impeccable : le talent des trois musiciens de Chic se mêle aux cuivres étincelants du trompettiste John Faddis et du saxophoniste-flûtiste Alex Foster, ainsi qu'aux chœurs de Luther Vandross et de Norma Jean Wright, chanteuse de Chic. Il en résulte un chef-d'œuvre élégant qui multiplie les cordes tels le titre

He's The greatest dancer et l'euphorique *Lost in music*, qui, avec les chansons de Chic, représentent peut-être l'apogée du disco – et celui des ventes multiplatines. **YK**

▶II Liste des titres

▶	01 He's The Greatest Dancer (Edwards•Rodgers)	6:15
▶	02 Lost In Music (Edwards•Rodgers)	4:52
▶	03 Somebody Loves Me (Edwards•Rodgers)	4:59
	04 Thinking Of You (Edwards•Rodgers)	4:31
▶	05 We Are Family (Edwards•Rodgers)	8:23
	06 Easier To Love (Edwards•Rodgers)	5:05
	07 You're A Friend To Me (Edwards•Rodgers)	5:31
	08 One More Time (Edwards•Rodgers)	3:17

Crusaders
Street Life (1979)

Label | MCA
Production | Wilton Felder • "Stix" Hooper • Joe Sample
Direction artistique | Stuart Kusher
Pays | États-Unis
Durée | 39:21

Le premier morceau de *Street Life* (onze minutes) qui débute cette série de six est tellement puissant qu'il pourrait sortir en 45 tours double durée, accompagné d'une version instrumentale, une version radio et une version live – et ce serait toujours un classique.
Joe Sample (piano, synthé), Will Felder (saxo) et Nesbert « Stix » Hooper sont des amis de lycée à Houston lorsqu'ils fondent leur premier groupe, les Swingers. Ils forment ensuite les Jazz Crusaders avant d'éliminer le terme « jazz » de leur nom – mais non de leur musique. Le groupe possède l'intuition des musiciens de jazz pour les accompagnements instrumentaux et une grande affinité pour le blues. Il offre des morceaux accessibles avec assez de substance musicale pour satisfaire le critique et le danseur qui coexistent en chaque auditeur.
Sur *Street Life*, le groupe est au sommet de son art, à une époque où le jazz électrique (alias jazz-fusion) laisse la place à un mouvement proto-acoustique – symbolisé par Wynton Marsalis, trompettiste et prosélyte de jazz. Les musiciens ne cherchent pas à se mettre en avant et se contentent de participer à la fête, que ce soit Randy Crawford et sa voix à la gaieté naturelle sur la chanson-titre ou le côté funk de *Carnival of the night*.
L'album s'est classé au Top 20 des deux côtés de l'Atlantique, et il a occupé la 1re place du hit-parade de jazz américain pendant vingt semaines, un record. **YK**

The Germs
(GI) (1979)

Label | Slash
Production | Joan Jett
Direction artistique | Darby Crash
Pays | États-Unis
Durée | 24:33

Sid l'autodestructeur, Johnny le snob, Rollins le furieux, Johnny et Dee Dee qui rappellent les personnages de dessin animé : Darby Crash est tout cela à la fois. Leader charismatique et conflictuel, on le prend souvent pour un cinglé, ce qui est d'ailleurs fréquemment le cas. Mais ses textes loufoques et ses concerts imprévisibles et incendiaires ont contribué à faire des Germs l'un des groupes punk les plus influents de tous les temps.
Sorti en 1979, *(GI)* – Germs Incognito – est un classique qui a résisté à l'épreuve du temps. Des chansons telles que *Richie Dagger's Crime* et *American Leather* en font l'un des meilleurs albums de punk snob jamais produits. Comme leurs concerts chaotiques, l'album semble parfois partir dans tous les sens, et le travail de production de Joan Jett (qui avait promis à Darby que le disque serait meilleur encore que *Never mind the bollocks…*) le fait parfois paraître un peu léger. Mais la légèreté n'a jamais fait partie de leur attrait. Il suffit

d'écouter des chansons comme *Communist Eyes* pour pouvoir ressentir leur environnement du début des années 80.
Même si Crash est un personnage imposant, les Germs offrent plus qu'un simple spectacle autodestructeur. Pat Smear le guitariste (qui va plus tard rejoindre Nirvana) co-écrit toutes les chansons, et on lui doit certains des riffs punk les plus purs de tous les temps.
Trois ans après la première apparition du groupe en public (au club Whisky de Los Angeles en 1977), Crash meurt d'une overdose, mais son influence – et celle de *GI* – auprès du hardcore américain est indiscutable. **TSc**

The B-52's
The B-52's (1979)

Label | Warner Bros.
Production | Chris Blackwell
Direction artistique | Sue Ab Surd
Pays | États-Unis
Durée | 39:06

Dans le film de Paul Simon de 1980 *One Trick Pony*, le personnage – Jonah Levy, un ancien chanteur protestataire – est à l'affiche avec les B-52's qui jouent *Rock Lobster*. Le message est clair : que cela plaise ou non, c'est la musique du futur. Et cela a effectivement été le cas.
Le premier album de ce groupe de Géorgie tient toujours la route, grâce à ses fantastiques singles (*Planet Claire* et *Rock Lobster*, qui ressemble à du théâtre musical) et à ses deux merveilleuses chansons de pop punk du guitariste Ricky Wilson, *52 Girls* et *Hero Worship*. D'autres sont tout simplement idéales pour faire la fête : *Dance this mess around*, *Lava*, à l'érotisme facile, et le ridicule *There's a moon in the sky*. À la fin de l'album, *6060-842* est une étrange blague un peu usée, et la version live de *Downtown* de Tony Hatch est certainement présente parce que le groupe est alors à cours de chansons et que le label trouve que huit pistes ne constituent pas un album. Ils auraient peut-être dû inclure les cinquante-deux filles de *52 Girls* (cette version n'en nomme que vingt-cinq !).
Fred Schneider, une sorte d'hybride de Groucho Marx et de John Waters, est un personnage étrange mais attachant. Cindy Wilson et Kate Pierson, belles sans correspondre au glamour conventionnel, jouent de la guitare et d'autres instruments et chantent à tue-tête. Le style rétro et le nouveau son new wave du groupe ont extraordinairement marqué les années 80. Ils s'avèrent toujours irrésistibles aujourd'hui. **DN**

Holger Czukay
Movies (1979)

Label | Harvest
Production | Holger Czukay
Direction artistique | Holger Czukay
Pays | Allemagne
Durée | 39:43

Célèbre en tant que bassiste et producteur de Can, groupe pionnier du rock allemand, Holger Czukay se réfugie dans sa maison de Cologne après la dissolution de celui-ci en 1978. Son exutoire, pendant cette période, est d'accompagner à la basse ce qu'il voit à la télévision, améliorant ainsi les bandes sonores des films pour sa satisfaction personnelle.
C'est de cette approche musicale que provient son premier album solo post-Can, *Movies*. Cet album allie la basse sinueuse de Czukay, un chant chuchoté et des vagues de synthétiseur aux rythmes africains entraînants du percussionniste Kwaku Baah. *Movies* est aussi réalisé comme un film, assemblant des segments de diverses prises afin d'en faire un tout unifié.

Karlheinz Stockhausen, avec qui Czukay a étudié entre 1963 et 1968, est l'autre influence majeure de sa carrière. *Movies* continue sur la lancée de Can, mêlant le rock progressif à l'univers électronique et aux boucles inspirées par la musique concrète de Stockhausen. On découvre aussi ici les premières expériences de sampling, Czukay utilise des extraits accumulés durant des mois de zapping télévisé et d'écoute radiophonique. *Persian Love*, par exemple, contient des extraits d'un chanteur iranien enregistré à la radio et qu'il a découvert par hasard.

Malgré son égide intellectuelle, *Movies* est un disque languide et souvent léger, que symbolise l'espiègle *Cool in the pool*. Cette synthèse d'art-rock expérimental et de pop effervescente donnera le ton aux albums suivants de Czukay. **PL**

The Police
Reggatta de Blanc (1979)

Label | A&M
Production | Nigel Gray • The Police
Direction artistique | Michael Ross
Pays | Royaume-Uni • États-Unis
Durée | 41:43

Le premier album de The Police, *Outlandos d'Amour*, sort à la fin de l'année 1978 et comprend trois tubes. Mais lorsque ce deuxième album sort à l'automne suivant avec son titre créole – « reggae de blanc » –, il arrive rapidement en tête du hit-parade britannique et devient aussi le second album des Police à figurer au Top 30 américain en 1979.

Alors qu'ils sont encore des punks en 1977, après une transformation remarquable, ils deviennent le groupe de rock le plus important au monde en 1983. *Reggatta...* leur offre leurs deux premiers tubes anglais – *Walking on the moon* et *Message in a bottle*. (*The Bed's too big* est le morceau principal de *Six Pack* qui réunit les singles que le groupe avait sortis auparavant chez A&M). Ces deux singles illustrent parfaitement le genre de new wave déphasée du groupe, mise en valeur par les riffs parcimonieux mais séduisants d'Andy Summers et par la batterie de Stewart Copeland. Le personnage clé du trio est cependant Gordon Sumner, alias Sting, ancien instituteur de Newcastle – chanteur et bassiste de premier ordre, et auteur-compositeur de talent.

Copeland, à l'époque membre de Curved Air, invite Sting, alors inconnu, à rejoindre The Police, dont le manager est son frère, Miles. En jouant sur le single d'un nouveau groupe, Strontium 90, Stewart et Sting rencontrent Summers, le guitariste qui avait joué avec Zoot Money, Eric Burdon, Kevin Coyne et Kevin Ayers entre autres.

Malgré un succès international, l'équilibre du pouvoir a toujours été délicat au sein du groupe. Ils se séparent en 1985, et Sting continue de briller depuis en solo. **JT**

▶II Liste des titres

▶ 01 Message In A Bottle (Sting)	4:50
02 Reggatta De Blanc (Copeland•Sting•Summers)	3:06
03 It's Alright For You (Copeland•Sting)	3:13
04 Bring On The Night (Sting)	4:16
05 Deathwish (Copeland•Sting•Summers)	4:11
▶ 06 Walking On The Moon (Sting)	5:02
07 On Any Other Day (Copeland)	2:57
▶ 08 The Bed's Too Big Without You (Sting)	4:25
09 Contact (Copeland)	2:38
10 Does Everyone Stare (Copeland)	3:46
11 No Time This Time (Sting)	3:19

The Fall
Live at the witch trials (1979)

Label | Step Forward
Production | The Fall • Bob Sargeant
Direction artistique | Mark E. Smith
Pays | Royaume-Uni
Durée | 38:36

The Fall, l'un des groupes anglais les plus caractéristiques et influents de tous les temps, se forme en 1977 à Manchester, autour du chanteur-compositeur Mark E. Smith. Ils signent avec le label de Miles Copeland, Step Forward, et se lancent avec l'insolite *Bingo Master's Breakout*. L'album et de magnifiques performances live leur assurent l'adoration de la critique et le soutien du DJ Radio, John Peel, qui restera l'un de leurs fans à vie.

Avec des changements réguliers au sein du groupe, The Fall arrive à enregistrer, en seulement deux jours, *Live at the witch trials*, qui reprend les meilleurs morceaux de leurs premiers concerts. La guitare de Martin Bramah et l'orgue déjanté d'Yvonne Pawlett, ainsi qu'une puissante section rythmique, complètent la voix à l'accent prononcé de Smith et ses jeux de mots intelligents. *Crap Rap 2* se présente ainsi : « Nous sommes The Fall, une saloperie blanche du Nord qui a du répondant. » *Futures and pasts* et *Industrial Estate* sont interprétés avec génie. Ce sont des morceaux typiques de Manchester, du garage rock des Seeds, des Stooges, avec nombre d'invectives punk sarcastiques, tandis que *No Xmas for John Quays* est un classique de l'époque souvent oublié. Avec *Music Scene*, qui condamne l'industrie musicale et *Underground Medicine*, le groupe dépasse ses limites techniques grâce à l'intelligence, l'humour et la vitalité dont ils font preuve.

L'album connaît un succès immédiat. Véritable témoignage des débuts de ce qui deviendra une institution anglaise unique en son genre, il rassemble de nouvelles générations de fans lorsque des groupes comme Pavement et Franz Ferdinand connaîtront le succès commercial grâce à leur ressemblance avec le son de The Fall. **CSh**

▶II Liste des titres

	01 Frightened (Friel•Smith)	5:02
▶	02 Crap Rap 2/Like To Blow (Bramah•Smith)	2:04
	03 Rebellious Juke Box (Bramah•Smith)	2:55
▶	04 No Xmas For John Quays (Smith)	4:38
	05 Mother-Sister ! (Baines•Smith)	3:20
▶	06 Industrial Estate (Bramah•Friel•Smith)	1:59
	07 Underground Medicine (Bramah•Smith)	2:08
	08 Two Steps Back (Bramah•Smith)	5:03
	09 Live At The Witch Trials (Smith)	0:51
▶	10 Futures And Pasts (Bramah•Smith)	2:36
▶	11 Music Scene (Bramah•Pawlett•Riley•Smith)	8:00

Talking Heads
Fear of Music (1979)

Label | Sire
Production | Brian Eno • Talking Heads
Direction artistique | David Byrne • Jerry Harrison
Pays | États-Unis
Durée | 40:25

Avec *Fear of music*, Talking Heads exploite une certaine paranoïa que ses deux premiers albums ne faisaient qu'effleurer. *Talking Heads : 77* et *More Songs about buildings and food* sont des segments à tempo lent déconstruisant la vie de l'Amérique délestée de culture. Sur *Fear of music*, David Byrne se tourne vers le monde intérieur et dissèque son propre esprit délivré de toute angoisse.

Cette auto-analyse aiguisée est soutenue par un son plus dense et austère. Des titres comme *Animals*, morceau de psychose sur lequel Byrne aboie sa méfiance envers nos voisins à poils, et *Mind*, une chanson funéraire pour une histoire d'amour morte, créent une atmosphère menaçante avec leurs répétitions funk déjantées.

Le travail de production de Brian Eno ajoute à ce sentiment d'appréhension qui s'en dégage. L'ancienne star de Roxy Music, qui produit également *More Songs...* en 1978, accumule les effets sonores étranges sur *Fear of music* qui se démarque du son live en studio des deux premiers albums du groupe. *Electric Guitar* offre de longs riffs fragmentés et les chœurs des sœurs de la bassiste Tina Weymouth vont et viennent avec légèreté sur *Air* ; tandis que les visions de dépression nerveuse de Byrne sur *Memories can't wait* sont gorgées de distorsion.

Le côté obscur du groupe trouble de nombreux fans britanniques (*Fear of music* n'atteint que la 29e place sur les charts anglais), mais les critiques et les acheteurs outre-Atlantique adorent les sonorités expérimentales de l'album. Le légendaire journaliste musical Lester Bangs déclare qu'il s'agit du « meilleur album des Heads à ce jour » et *Fear of music* dépasse les albums précédents en se classant à la 21e place du Billboard 100. **TB**

▶II Liste des titres

▶	01 **I Zimbra** (Ball•Byrne•Eno)	3:06
	02 **Mind** (Byrne)	4:12
	03 **Paper** (Byrne)	2:36
	04 **Cities** (Byrne)	4:05
▶	05 **Life During Wartime** (Byrne•Frantz•Harrison•Weymouth)	3:41
	06 **Memories Can't Wait** (Byrne•Harrison)	3:30
▶	07 **Air** (Byrne)	3:33
▶	08 **Heaven** (Byrne•Harrison)	4:01
	09 **Animals** (Byrne)	3:29
	10 **Electric Guitar** (Byrne)	2:59
	11 **Drugs** (Byrne)	5:13

Joy Division
Unknown Pleasures (1979)

Label | Factory
Production | Martin Hannett
Direction artistique | Peter Saville
Pays | Royaume-Uni
Durée | 38:21

Après leur apparition en 1978 sur *Factory Sample*, financé par Tony Wilson, personnalité télévisée locale, le groupe Joy Division choisit de sortir son premier album sur le petit label indépendant Factory, malgré l'intérêt que lui portent les grandes maisons de disques.
Enregistré en une semaine aux studios Strawberry à Stockport, Hanett s'empare de la partition de guitare métallique de Bernard Dicken (alias Sumner), des mélodies de basse uniques de Peter Hook et de la combinaison innovante de percussions acoustiques et électroniques de Stephen Morris pour créer une atmosphère troublante, feutrée, grâce à l'utilisation d'effets digitaux, de cris étouffés et de verre qui se brise.
Ian Curtis décrit ses expériences sur le titre disco *She's lost control*, tandis que *Shadowplay* évoque les images du délabrement urbain et de la paranoïa du Manchester de la fin des années 70. Le dépouillement de la musique complète à la perfection son baryton froid, en particulier sur le majestueux hymne à la mort *New Dawn fades* et sur *I remember nothing*, alors que les puissants *Interzone* et *Disorder* rappellent les solides performances live du groupe.
À l'époque du « design chargé » et des couleurs primaires qui succèdent au punk, la pochette austère, qui montre les ondes radio émises d'une étoile mourante, est aussi révolutionnaire que la musique qu'elle contient et marque le début de la révolution minimaliste du design.
Unknown Pleasures est un succès commercial et critique – même si un journaliste lui fait le compliment équivoque d'être la musique idéale à écouter avant de se suicider. Vingt-cinq ans plus tard, *Unknown Pleasures* est toujours aussi plaisant à écouter. **CSh**

▶II Liste des titres

	01 **Disorder** (Curtis•Hook•Morris•Sumner)	3:36
▶	02 **Day Of The Lords** (Curtis•Hook•Morris•Sumner)	4:43
	03 **Candidate** (Curtis•Hook•Morris•Sumner)	3:00
	04 **Insight** (Curtis•Hook•Morris•Sumner)	4:00
▶	05 **New Dawn Fades** (Curtis•Hook•Morris•Sumner)	4:47
▶	06 **She's Lost Control** (Curtis•Hook•Morris•Sumner)	3:40
▶	07 **Shadowplay** (Curtis•Hook•Morris•Sumner)	3:50
	08 **Wilderness** (Curtis•Hook•Morris•Sumner)	2:35
	09 **Interzone** (Curtis•Hook•Morris•Sumner)	2:10
▶	10 **I Remember Nothing** (Curtis•Hook•Morris•Sumner)	6:00

Chic
Risqué (1979)

Label | Atlantic
Production | B. Edwards • N. Rodgers
Direction artistique | Carin Goldberg
Pays | États-Unis
Durée | 36:58

Enregistré en Californie aux studios Kendun, au Power Station, et à l'Electric Lady de New York en huit semaines, entre l'hiver et le printemps 1979, *Risqué* est la preuve parfaite que la musique disco peut être conséquente. L'album est le summum de la collaboration créative de Nile Rodger et de Bernard Edwards. Avec un budget de 160 000 dollars, il reste à ce jour un album à grande échelle doté d'ambitions tout aussi énormes.

Avec son bourdonnement de moteur d'avion et sa répétition magnifique, *Good Times* est un monument de la pop, une recréation ironique du classique de l'époque de la Dépression, *Happy Days are here again*. Le refrain de basse à vingt notes d'Edwards va définir la musique urbaine et le hip-hop – il sera d'ailleurs samplé par Sugarhill Gang sur *Rapper's Delight*. Même si l'on peut avancer que le reste de l'album peine à se maintenir à la hauteur de ce titre, il offre tout de même une écoute merveilleusement sombre, avec les morceaux *A warm summer night* et *Will you cry (when you hear this song) ?* qui offrent un moment de répit à l'impitoyable groove.

Dans les bacs en août 1979, sa pochette sépia au concept design Hipgnosis, s'accorde bien avec l'autre grande sortie de l'été d'Atlantic, *In through the door out* de Led Zeppelin. Atlantic revient même à son label argenté, élément de base de son tableau de chasse jazz et R&B, à l'occasion (unique) de l'album.

Risqué est un album qui a pour thème la relation : qu'il s'agisse de relation triste, à sens unique ou teintée de désespoir et de sadisme, des relations avec le passé et avec les dancefloors. Fleuri et détaillé, l'album sera cependant vite éclipsé par le mouvement antidisco. **DE**

▶II Liste des titres

▶ 01	Good Times (Edwards•Rodgers)	8:09
▶ 02	A Warm Summer Night (Edwards•Rodgers)	6:11
▶ 03	My Feet Keep Dancing (Edwards•Rodgers)	6:46
04	My Forbidden Lover (Edwards•Rodgers)	4:42
05	Can't Stand To Love You (Edwards•Rodgers)	2:55
▶ 06	Will You Cry (When You Hear This Song) (Edwards•Rodgers)	4:05
07	What About Me (Edwards•Rodgers)	4:10

The Undertones
The Undertones (1979)

Label | Sire
Production | Roger Bechirian
Direction artistique | Bush Hollyhead
Pays | Royaume-Uni
Durée | 29:09

Certains albums sont le véritable reflet de leur origine et de leur époque. Et certains ne le sont pas. En 1979, ceux qui voient en l'Irlande du Nord une idylle ne sont pas nombreux. Mais un album vient prouver que l'adolescence est la même pour tous, où que l'on se trouve : les filles, le week-end, l'excitation effrénée, les grands projets. Le premier album des Undertones est un parfait délice, qui ne s'arrête jamais.

Alors qu'une grande partie du punk anglais est branché politique et mode, les Undertones dégagent une absence d'artifice. La pochette en noir et blanc montre le groupe assis sur un mur. Avec cette image stérile, tout est mis dans la musique.

D'où *Teenage Kicks ?*, pourrait-on avancer. Rien n'est si simple. En effet, le morceau qui a inspiré la dévotion émouvante du défunt John Peel n'est inclus que sur la version sortie cinq mois après l'original.

Peu importe. Cela laisse plus de place au rythme irrésistible de *Here comes the summer*, *Jump boys* et *Jimmy, Jimmy* (premier single du groupe à se classer dans le Top 20 en Angleterre). Parmi leurs contemporains, seuls Blondie et les Buzzcocks peuvent rivaliser avec l'incroyable oreille de John O'Neill. Et personne ne peut se mesurer à la voix de Feargal Sharkey. Mi-gazouillement, mi-crooner, elle possède une intensité qui cadre parfaitement avec la verve de *True Confessions* et de *Male Model*.
Moins d'une demi-heure après le début de *Family Entertainment*, l'album se termine, et l'on se retrouve assis là, un sourire béat sur les lèvres. Mettez-ça sur le compte du pouvoir de la pop lorsqu'elle approche de la perfection. **CB**

▶II Liste des titres

▶	01 Family Entertainment (D. O'Neill)	2:39
	02 Girls Don't Like It (J. O'Neill)	2:17
	03 Male Model (Bradley•D. O'Neill•J. O'Neill)	1:55
	04 I Gotta Getta (J. O'Neill)	1:54
	05 Wrong Way (J. O'Neill)	1:24
▶	06 Jump Boys (J. O'Neill)	2:41
▶	07 Here Comes The Summer (J. O'Neill)	1:36
	08 Billy's Third (Doherty)	1:57
▶	09 Jimmy Jimmy (J. O'Neill)	2:43
▶	10 True Confessions (Bradley•D. O'Neill•J. O'Neill)	2:23
	11 Runaround (She's A) (J. O'Neill)	1:49
	12 I Know A Girl (J. O'Neill)	2:37
	13 Listening In (Bradley•D. O'Neill•J. O'Neill)	2:25
	14 Casbah Rock (J. O'Neill)	0:49

The Clash
London Calling (1979)

Label | CBS
Production | Guy Stevens
Dir. art. | R. Lowry • P. Smith
Pays | Royaume-Uni
Durée | 64:59

On peut bien les accuser de diluer le punk-rock à coup de digressions stylistiques et de déblatérer sur la politique sans vraiment y comprendre quelque chose, mais un quart de siècle après l'enregistrement du chef-d'œuvre de The Clash, *London Calling*, cet album paraît leur avoir offert une porte de sortie vitale au solipsisme du punk.
London Calling est la déclaration définitive de The Clash après le manifeste punk de leur premier album et la production américanisée de *Give 'em enough rope*. La collaboration à l'écriture de Joe Strummer et de Mick Jones ajoute à présent d'autres influences que le punk et le reggae, comme le rockabilly (*Brand new Cadillac*), la pop (*Lost in the supermarket*) et le R&B (*I'm not down*), malgré l'hymne sombre de Simonon *Guns of Brixton*. *Spanish Bombs* est un hymne politique dérangeant, tandis que la ligne de basse, la guitare percutante et la voix écorchée de la chanson-titre leur offrent leur plus gros hit à ce jour.
Mais ce qui donne à l'album sa consistance est la production efficace de Guy Stevens. Entrepreneur de l'industrie musicale depuis la fin des années 60, Stevens connaît un passage à vide vers le milieu des années 70. Mais son approche personnelle prend le dessus sur l'intimidante réputation du groupe et il parvient à en extraire le meilleur.
La pochette fait explicitement référence à celle du premier album d'Elvis, bien que la photo de Simonon sur le point d'éclater sa basse – devenue depuis une icône – et prise par Pennie Smith soit du punk à l'état pur. Voilà l'un de ces rares albums qui définissent leur époque et révèlent des créateurs qui acceptent enfin leur art. **IJ**

Japan
Quiet Life (1979)

Label | Hansa
Production | John Punter
Direction artistique | Fin Costello
Pays | Royaume-Uni
Durée | 43:28

Alors que l'Angleterre libère une vague influente de groupes de pop, la transition de Japan du glam rock vers l'arthouse est une révélation. Le troisième album du groupe se situe dans la nouvelle vague de romantisme et il dévoile en David Sylvian un chanteur d'une certaine envergure. La voix de Sylvian atteint ici une gravité sensuelle qui suscite des comparaisons avec Bryan Ferry, tandis que la moue du chanteur sur la pochette en fera une véritable icône.

Avec deux albums négligés par le public à son actif, le groupe est avide de reconnaissance. Le synthé de Richard Barbieri et la guitare ondoyante de Rob Dean sont presque incohérents à côté de la basse fretless palpitante de Mick Karn. Steve Jansen est toujours aussi subtil et sympathique à la batterie, tandis que les gazouillis sombres de Sylvian laissent rêveur.

L'accrocheur *Fall in love with me*, qui ouvre l'album, semble préparer un album outrageusement commercial. Et pourtant, le piano de *Despair* offre un meilleur aperçu de ce processus. Mélancolique et méditatif, *Quiet Life* est un album qui vous met au défi. L'interprétation épurée du *All Tomorrow's parties* de Lou Reed s'harmonise aisément avec les autres compositions de Sylvian. Ce sont néanmoins les longueurs de *In vogue* et de *The Other Side of life* qui indiquent le chemin expérimental que Sylvian va bientôt prendre avec son groupe, après que les membres de Japan seront enfin devenus des pop stars. **GT**

Marianne Faithfull
Broken English (1979)

Label | Island
Production | Mark Miller Mundy
Direction artistique | Dennis Morris
Pays | Royaume-Uni
Durée | 37:40

Après avoir passé une décennie dans la drogue, Marianne Faithfull choisit de ne pas faire d'apparition dans le film des Sex Pistols *The Great Rock 'n' roll Swindle*, mais plutôt de canaliser sa rage punk dans un album.

L'énergie et la franchise du punk sont une source d'inspiration formidable pour elle. Musicalement, *Broken English* ne doit rien à son propre passé musical – les Rolling Stones et les belles ballades qui l'ont fait connaître. L'album nous offre la pulsation électronique du titre *Broken English*, le blues planant de *Brain Drain* et la soul fleur bleue de *Guilt*.

Working Class Hero est à la fois glacial et électrique, avec des voix impérieuses qui diffèrent largement de la version originale de Lennon. *The Ballad of Lucy Jordan* est un mélange de mélancolie et de mélodie qui ressemblerait au style d'Abba sans ses paroles ravageuses.

Mais le morceau qui a fait la gloire de *Broken English* est le célèbre *Why d'ya do it*. Inspiré d'un poème du dramaturge Heathcote Williams, il regorge de guitares à la Robert Fripp. Marianne est la star : enragée par l'infidélité de son propre compagnon, sa voix, qui lance des paroles acerbes, se situe entre celles de Patti Smith et Grace Jones.

L'album marque le début d'une guérison qui mène à des chefs-d'œuvre comme *Strange Weather* en 1987. Même lorsqu'elle chante avec Metallica, Marianne n'est pas aussi surprenante que sur *Broken English*. **BM**

The Slits
Cut (1979)

Label I Island
Production I Dennis Bovell
Direction artistique I Pennie Smith
Pays I Allemagne • Royaume-Uni
Durée I 31:52

Formées lors d'un concert de Patti Smith en 1976 par Ari Up, une chanteuse allemande alors âgée de 14 ans, les Slits ont vite la réputation d'être sauvages et odieuses. Invitées pour jouer la première partie des Clash sur leur tournée White Riot en 1977, elles doivent soudoyer le chauffeur pour pouvoir monter dans le bus. Et si elles font partie du cercle intime des Sex Pistols, elles ne sortent leur album qu'en 1979.

Un line-up irrégulier finit par se rassembler autour d'Ari, composé par la guitariste Viv Albertine, la bassiste Tessa Pollitt et le futur batteur des Banshees, Budgie. Au moment de la sortie de *Cut*, leur son a évolué vers un « jitterpunk » influencé par le dub, aidé par le savoir-faire de Bovelle en matière de production.

Le groupe associe rythmes saccadés et harmonies discordantes au susurrement d'Ari (influence évidente pour Björk). Leurs faibles capacités musicales n'entravent jamais leur inventivité – en témoignent le piano retentissant et les tempos variés de *Typical Girls* ou le skank cru d'*Instant Hit*. Les défauts masculins sont brillamment abordés sur l'antichanson d'amour *Love und Romance* et le funk déjanté de *Ping-pong Affair*. Les perles de l'album sont *Spend, spend, spend* qui critique la consommation à outrance, et le chœur hilarant, *Do a runner*, de *Shoplifting*.

L'album est acclamé à sa sortie, même si l'image « primitive urbaine » de la pochette de *Cut* attise la controverse. Le refus de tout compromis des Slits, concernant leur image et leurs positions, les a fait devenir un groupe d'une grande influence pour les musiciennes. **CSh**

Elvis Costello and the Attractions
Armed Forces (1979)

Label I Demon
Production I Nick Lowe
Direction artistique I Barney Bubbles
Pays I Royaume-Uni
Durée I 36:13

Enregistré en six semaines aux studios Eden à Londres – intitulé à l'origine *Emotional Fascism, Armed Forces* –, le troisième album d'Elvis Costello marque un certain recul par rapport à la musique agressive de son prédécesseur, *This Year's Model*. Ses arrangements pop trahissent la main du pianiste classique Steve Naive (né Steve Nason), qui exerce une influence grandissante. Le premier single *Oliver's Army* se vend à 400 000 exemplaires, mais il ne parvient pas à détrôner *I will survive* de Gloria Gaynor, qui accapare la 1re place : l'album se classe tout de même juste derrière.

L'album a donné naissance à un CD-trois titres de sept minutes présenté dans une pochette élaborée. On y trouve une interprétation chantée au piano du premier morceau de l'album, *Accidents will happen*, qui dépasse le morceau studio à tous les niveaux. Autre morceau remarquable, *Green Shirt* s'adresse à la présentatrice du journal télévisé de la BBC Angela Rippon et permet à Naive de se lâcher sur son synthé.

Pour certains, l'inclusion de *Sunday's Best*, écrit pour Ian Dury et que ce dernier a rejeté, peut suggérer que la source d'inspiration de Costello est sur le point de se tarir. Cette chanson est retirée de la ver-

sion américaine et remplacée par une reprise de *What's so funny 'bout peace and love and understanding* de Nick Lowe.
Mais lorsque *Two Little Hitlers* s'évanouit sur le refrain répété *I will return*, nul doute que Costello parvient à tenir sa promesse. Il s'infiltre avec succès dans le mainframe, alors que son album suivant puisera plutôt dans la soul. **MH**

▶II Liste des titres

▶ 01 Accidents Will Happen (Costello)	3:00
02 Senior Service (Costello)	2.17
▶ 03 Oliver's Army (Costello)	2:58
04 Big Boys (Costello)	2:54
▶ 05 Green Shirt (Costello)	2:42
06 Party Girl (Costello)	3:20
07 Goon Squad (Costello)	3:14
08 Busy Bodies (Costello)	3:33
09 Sunday's Best (Costello)	3:22
10 Moods For Moderns (Costello)	2:48
11 Chemistry Class (Costello)	2:55
▶ 12 Two Little Hitlers (Costello)	3:10

Neil Young and Crazy Horse
Rust never sleeps (1979)

Label | Reprise
Production | David Briggs • Tim Mulligan • Neil Young
Direction artistique | Non créditée
Pays | Canada
Durée | 38:16

En 1979, Neil Young a survécu aux années 70 et son intégrité est intacte. Le magazine *Village Voice* l'élit même « Artiste de la décennie », et il se range ainsi aux côtés de Dylan et Van Morrison, comme l'une des rares stars de son époque à réussir sa transition.
Young forge sa carrière solo sur deux fronts. Le film intitulé *Rust never sleeps*, qui comprend des séquences live tournées l'année précédente au Cow Palace à San Francisco, sort sur les écrans en juillet 1979. Mais l'album éponyme lancé simultanément se révèle bien plus intéressant. Il comprend une face acoustique avec un Young en solo, et une face électrique où il est accompagné par le groupe Crazy Horse. L'album s'ouvre et s'achève par des variations sur *My my, Hey hey*, chanson sur la nature éphémère de la célébrité qui deviendra légendaire après avoir été citée par Kurt Cobain dans sa lettre de suicide.
Parmi les grands moments acoustiques, *Pocahontas* s'inspire du refus de Brando de recevoir un Oscar, afin de protester contre la façon dont Hollywood traite les Indiens. Young a aussi exploré la destruction des peuples indiens sur le *Broken Arrow* de Buffalo Springfield. *Trasher* est un commentaire voilé de sa relation avec Crosby, Stills et Nash. La face 2 offre quatre morceaux électriques déchaînés, enregistrés en live, mais dont on a éliminé le bruit du public. Elle démarre avec *Powderfinger*, une histoire style western, et s'achève sur une deuxième explosion avec *Hey hey, my my (into the black)*. On retrouve bien là le son d'un artiste qui refuse de s'éteindre ou de s'effacer. **MH**

▶II Liste des titres

▶ 01 My My, Hey Hey (Out Of The Blue) (Blackburn•Young)	3:45
02 Thrasher (Young)	5:38
03 Ride My Llama (Young)	2:29
▶ 04 Pocahontas (Young)	3:22
05 Sail Away (Young)	3:46
▶ 06 Powderfinger (Young)	5:30
07 Welfare Mothers (Young)	3:48
08 Sedan Delivery (Young)	4:40
▶ 09 Hey Hey, My My (Into The Black) (Young)	5:18

Gang of Four
Entertainment ! (1979)

Label | EMI
Production | Andy Gill • Jon King • Rob Warr
Direction artistique | Andy Gill • Jon King
Pays | Royaume-Uni
Durée | 45:13

Lorsque Gang of Four voit le jour à Leeds, en Angleterre, en 1977, il choisit de por-

ter le nom d'une faction politique chinoise associée à la veuve de Mao Zedong. Certains s'étonnent de voir ce groupe ouvertement de gauche signer chez EMI, mais leur attitude sans complaisance demeure intacte.
Entertainment ! offre des rythmes funk nerveux, exécutés par le bassiste Dave Allen, le batteur Hugo Burnham et le guitariste Andy Gill. Les textes de Jon King sont délivrés avec intelligence, sur fond de feedback de guitares en dents de scie et de mélodica.
Adoptant une attitude antisexiste et antifasciste provocante, les paroles du groupe s'inspirent du spectre du thatchérisme et de la montée de la violence entre la droite et la gauche, à laquelle ils assistent dans leur Yorkshire natal à la fin des années 70. *Tourist* et *Contract* sont un défi aux rôles traditionnels des hommes et des femmes dans la société ; *Ether*, à l'inspiration funk, examine la façon dont la découverte de pétrole dans la mer du Nord a étouffé la polémique sur les mauvais traitements subis par les prisonniers d'Irlande du Nord dans les prisons anglaises. *Damaged goods* explore les métaphores entre le sexe et le consumérisme. Le plus puissant de tous, *5 : 45*, dépeint des scènes de guerre graphique au JT de 20 heures.
La musique est délivrée avec esprit et colère, les paroles ne s'abaissant pas à des affirmations gratuites. *Entertainment !* est un album consistant, dont le funk « néo-marxiste » inspirera des groupes aussi différents que les Red Hot Chili Peppers et The Rapture. **CSh**

Cheap Trick
At Budokan (1979)

Label I Epic
Production I Cheap Trick • Bruce Dickinson • Jack Douglas
Direction artistique I Koh Hasebe
Pays I États-Unis
Durée I 42:27

Il a fallu que les membres de Cheap Trick traversent le Pacifique pour devenir des mégastars chez eux. Alors qu'ils ne récoltent qu'un succès modéré aux États-Unis avec leurs trois premiers albums, le quartette parvient à générer une folie digne de la beatlesmania lors de sa tournée au Japon en 1978. Après cela, le groupe récolte les fruits de ses précédents albums (mélodies pop soigneusement bâties et hooks puissants) et les dilue avec une énergie cinétique sur scène lors des deux cents concerts qu'il donne chaque année. Cheap Trick offre ainsi un authentique manuel de la power-pop, qui continue à influencer les groupes actuels de noise pop.
La pochette, une photo du chanteur Robin Zander et du bassiste Tom Peterson sur scène, est un coup de marketing intelligent, qui met en avant les jolis garçons pour attirer les jeunes acheteuses potentielles. Mais elle est également trompeuse, puisque c'est en fait le talentueux duo composé du guitariste Rick Nielsen et du batteur Bun E. Carlos qui fait vraiment décoller cet album. Nielsen, qui écrit ou co-écrit neuf des dix titres, donne son importance à chaque note avec des mélodies puissantes, qui donnent aujourd'hui à *Surrender* et *Big Eyes* cette vivacité qui les caractérise. Carlos se déchaîne sur le premier titre, *Hello there*, puis devient un authentique modèle de retenue sur le remix du hit de Fats Domino, *Ain't that a shame*.
At Budokan reste classé dans les charts pendant plus d'un an et se vend à plus

de trois millions d'exemplaires. Le groupe obtiendra enfin le succès en studio avec la sortie du hit *Dream Police*. **JiH**

Fleetwood Mac
Tusk (1979)

Label | Reprise
Production | Ken Caillat • Richard Dashut • Fleetwood Mac
Direction artistique | Vigon Nahas Vigon
Pays | Royaume-Uni • États-Unis
Durée | 72:25

En 1977, *Rumors* reste trente et une semaines au sommet des charts. Après cela, Fleetwood Mac ne pouvait que connaître le revers de la médaille. Mais peu ont « sombré » avec autant de panache que Mac et son album *Tusk*.
Enregistré en dix mois, cet opus composé de deux disques aboutit à de nouveaux excès en studio et coûte la somme, alors sans précédent, d'un million de dollars. L'argent semble néanmoins bien dépensé – avec la location du Stade des Dodgers et le recrutement de l'orchestre USC pour l'enregistrement de la chanson-titre.
Empruntant autant à chacun des Brian (Eno et Wilson), l'album est en fait un collage rêveur qui mêle sons de cloche et sifflements. Lindsey Buckingham, qui était à la tête du groupe avec Rumors, reste au premier plan et crée sa propre version étincelante de *Pet Sounds*.
Rumors est plein de tension, et puise principalement dans la relation ratée de Buckingham et de Stevie Nicks, même si un professionnalisme posé règne sur *Tusk*. Le groupe, plus âgé et plus sage, apporte ce détachement froid et même une certaine fatalité à des titres aussi poignants que *Angel* et *Save me a place*. L'alto voilé de Nicks n'a jamais été meilleur que sur *Sara*, et Christine McVie est envoûtante sur le folk-rock de *Over & Over*.
Tusk n'égale peut-être pas *Rumors* en ce qui concerne les ventes, mais il devient tout de même disque de platine en quatre mois. Ce n'est pas la suite que l'on attendait, mais que pouvait-on attendre du groupe qui déclara un jour qu'il faut « suivre son propre chemin » ? **JiH**

Pink Floyd
The Wall (1979)

Label | Columbia
Production | Divers
Direction artistique | Gerald Scarfe • Roger Waters
Pays | Royaume-Uni
Durée | 81:11

Le punk n'est pas parvenu à tuer Pink Floyd. Les jours de Led Zeppelin, Yes et ELP sont comptés. Alors que Genesis se fait tout petit, Pink Floyd fait ce que bon lui semble.
Le groupe, qui est toujours resté à l'écart de ses contemporains (mis à part des Who), cherche à présent à exprimer son aliénation par rapport au public. Il en résulte un album conceptuel sur une pop star désenchantée, qui devient folle et qui s'imagine leader fasciste. Si déroutant, si Tommy, si Ziggy. La métaphore centrale – les briques – n'est pourtant pas très excitante.
L'excitation réside plutôt dans la production très travaillée et dans les voix à la Beach Boys qui chantent les vers de terre, et dans les chansons inhabituellement concises – notamment la protestation disco *Another Brick in the wall Pt II* et la préférée des fans, *Comfortably Numb*.
Cet album sensation rivalise avec *Dark side of the moon*, reste six mois dans le Top 5 du Billboard et caracole à la 1re place pendant quinze semaines. Vingt ans plus tard – si l'on en croit Roger Waters – il « se vend encore à environ 4 millions d'exemplaires chaque année ».

Adoré par des Anglais comme Noel Gallagher d'Oasis et Robbie Williams, *The Wall* a également inspiré les Smashing Pumpkins et Nine Inch Nails ; l'*Antechrist Superstar* de Marylin Manson est son double (maléfique). L'album est si bien établi qu'il survit même à un remix disco de *Comfortably Numb* par les Scissor Sisters et aux menaces d'une adaptation à Broadway. Écoutons-le maintenant, avant qu'il ne soit terni à jamais **BM**

Public Image Ltd.
Metal Box (1979)

Label | Virgin
Production | Public Image Limited
Direction artistique | Charles Dimont
Pays | Royaume-Uni
Durée | 60:30

Si le punk-rock a tenté de s'approprier le mainstream, le post-punk incarne en bien des aspects une retraite blessée, un cri primaire et cathartique. Là où les Sex Pistols déforment leur écœurement en un rock'n'roll assourdissant et entraînant, avec Public Image, Lydon redéfinit sa plainte grinçante en instrument – ou peut-être, pour être exact, en mesure – de torture. Et les riffs à la Cochran de *Never Mind the bollocks* cèdent la place à la répétition de *Can*, à l'interprétation dub de Lee Perry et à de nouvelles dissonances concoctées par le bassiste Jah Wobble et le guitariste de génie Keith Leveine.

Succédant à la « noise » music de leur premier album un an auparavant, *Metal Box* – à cause du boîtier métallique qui comprenait trois 45 tours (il sortira dans une version plus économique, *Second Edition*) – offre à Public Image l'occasion de se déployer et de poursuivre son voyage déroutant jusqu'à la fin. Certains titres se prolongent et permettent aux grooves quasi institutionnels de conquérir pas à pas le public. Même au beau milieu de cette « noise » chaotique, on peut déceler des sons inhabituels et somptueux dans *Careering* et *Poptones*. Mais l'ambiance de *Metal Box* est déjà suggérée par son titre : froide, humide et impitoyable. L'album résume l'humeur du groupe, qui sombre dans des vices profonds, épuisé par des tournées chaotiques et désastreuses. C'est, sous bien des aspects, le son d'un groupe dépourvu de futur, même si les textures abrasives et les sonorités puissantes qu'il découvre pendant son déclin influenceront par la suite toutes sortes d'expérimentations musicales pour les décennies à venir. **SC**

▶II Liste des titres

▶	01 **Albatross** (Public Image Ltd.)	10:34
	02 **Memories** (Public Image Ltd.)	5:05
	03 **Swan Lake** (Public Image Ltd.)	4:11
▶	04 **Poptones** (Public Image Ltd.)	7:46
▶	05 **Careering** (Public Image Ltd.)	4:32
	06 **No Birds** (Public Image Ltd.)	4:41
	07 **Graveyard** (Public Image Ltd.)	3:07
	08 **The Suit** (Public Image Ltd.)	3:29
	09 **Bad Baby** (Public Image Ltd.)	4:30
	10 **Socialist** (Public Image Ltd.)	3:10
▶	11 **Chant** (Public Image Ltd.)	5:01
▶	12 **Radio 4** (Public Image Ltd.)	4:24

Michael Jackson
Off the wall (1979)

Label | Epic
Production | Michael Jackson • Quincy Jones
Direction artistique | Steve Harvey • Mike Salisbury
Pays | États-Unis
Durée | 45:45

Michael Jackson connaît une adolescence musicale épineuse. En 1979, cela fait sept longues années qu'il ne produit aucun tube, et le jeune garçon de 19 ans recherche alors un nouveau mentor en matière de musique.

Alors qu'il répète pour la comédie musicale *The Wiz* en 1977, Jackson demande timidement au cerveau du jazz et de la funk Quincy Jones s'il peut lui recommander un producteur. Jones propose sa propre collaboration et bâtit un groupe autour des Brothers Johnson, de Rufus et de musiciens de studio comme le joueur de synthé de Stevie Wonder, Greg Philanganes. Ensemble, ils créent une fusion complexe de rythmes disco tranchants, de funk dernier cri, de ballades émouvantes et de refrains pop nets, qui réinventent le vocabulaire sonore du R&B.

Quelques compositeurs de choix sont à l'affiche : Paul McCartney, Stevie Wonder, la partenaire de Bacharach Carole Bayer Sager, le gourou de la soul britannique Rod Temperton. Mais le bijou est le titre frénétique qui ouvre l'album, *Don't stop 'till you get enough*. La voix en fausset et les glapissements sensuels de Jackson semblent être une partie obligée de la ligne principale, ponctuant les splendides arrangements de cordes de Ben Wright et les cuivres de Jerry Hay. D'autres morceaux font écho à ce succès, et le sentimentalisme à outrance de *She's out of my life* est si simple et naturel qu'on ne peut qu'être aussi ému que Jackson à la fin de la chanson.

Il s'en vend douze millions d'exemplaires et la révision opérée par Quincy Jones établit un précédent pour d'autres artistes qui tentent de fuir le « ghetto ». Mais personne ne peut égaler le génie de *Off the wall*, un album qui est la pierre de Rosette du R&B qui lui succédera. **JLe**

►II Liste des titres

►	01 **Don't Stop 'Til You Get Enough** (Jackson)	6:05
►	02 **Rock With You** (Temperton)	3:40
	03 **Working Day And Night** (Jackson)	5:14
	04 **Get On The Floor** (Jackson•Johnson)	4:39
	05 **Off The Wall** (Temperton)	4:06
	06 **Girlfriend** (McCartney)	3:05
►	07 **She's Out Of My Life** (Bahler)	3:38
	08 **I Can't Help It** (Greene•Wonder)	6:06
	09 **It's The Falling In Love** (Foster•Sager)	3:48
	10 **Burn This Disco Out** (Temperton)	5:24

The Damned
Machine Gun Etiquette (1979)

Label I Chiswick
Production I Roger Armstrong • The Damned
Direction artistique I Non créditée
Pays I Royaume-Uni
Durée I 36:28

Le côté adolescent des Damned sur scène masque en réalité leur évolution en studio. L'album qui voit le jour à la fin des années 70 diffère totalement de ce que les groupes de punk – et les Damned en particulier – font à l'époque. C'est un album complexe, querelleur et très ambitieux, une sorte de mélange de Motörhead et des Beach Boys.

Depuis 1976, le groupe ne cesse de se modifier. Captain Sensible remplace Brian James, le moteur créatif du groupe, à la guitare, passant ainsi du pur rock 'n'roll de leur premier album *Damned damned damned* à quelque chose de bien plus anglais et de plus excentrique.

Les classiques se bousculent : le tonitruant et léger *Love Song*, le mélancolique *I just can't be happy today*, *Melody Lee* (un personnage de la BD Bunty), *Antipope* (avec des paroles du frère de Sensible Phil) et *Noise, noise, noise* (avec la participation du chanteur des Clash Joe Strummer). *Smash it up* (banni par la BBC dès sa sortie en single) comprend même un segment instrumental intitulé « Part 1 », un tribut au supporter Marc Bolan.

C'est cependant sur *Plan 9 Channel 7* – hymne de Dave Vanian à l'actrice Vampira et à son rôle dans le classique trash d'Ed Wood, *Plan 9 from outer space* – que l'album atteint les sommets.

Machine Gun... montre que les Damned ont désormais les qualités qui vont avec leur image. Une transformation improbable que le groupe poursuivra l'année suivante avec *The Black Album*. **CB**

▶II Liste des titres

▶ 01 Love Song (Scabies•Sensible•Vanian•Ward) 2:22
02 Machine Gun Etiquette (Scabies•Sensible•Vanian•Ward) 1:49
▶ 03 I Just Can't Be Happy Today (Dadomo•Scabies•Sensible•Vanian•Ward) 3:42
04 Melody Lee (Scabies•Sensible•Vanian•Ward) 2:07
05 Antipope (Burns•Scabies•Sensible•Vanian•Ward) 3:21
06 These Hands (Scabies•Sensible•Vanian•Ward) 2:03
07 Plan 9 Channel 7 (Scabies•Sensible•Vanian•Ward) 5:09
08 Noise, Noise, Noise (Scabies•Sensible•Vanian•Ward) 3:10
09 Looking At You (MC5) 5:07
10 Liar (Scabies•Sensible•Vanian•Ward) 2:44
▶ 11 Smash It Up (Parts I & 2) (Scabies•Sensible•Vanian•Ward) 4:54

Gary Numan
The Pleasure Principle (1979)

Label | Beggars Banquet
Production | Gary Numan
Direction artistique | Malti Kidia • Steve Webbon
Pays | Royaume-Uni
Durée | 41:08

Il est difficile de déterminer ce que représente Gary Numan en 1979. Sur la pochette de *The Pleasure Principle*, il évoque un Bowie androgyne aliéné, un robot Kraftwerk et un dandy à la Savile Row vers la fin de Roxy Music. D'un point de vue sonore, l'album réunit tous ces éléments.

Gary Numan a déjà goûté au succès commercial avec le groupe électro Tubeway Army, qui atteint étonnamment la première place des charts anglais avec *Are 'Friends 'Electric ?* et qui trône également avec son album *Replicas*. Sur ce premier essai en solo, Numan emploie un quartette composé de synthé, de basse, de batterie et d'alto. Un peu comme le puissant trio japonais technopop, Yellow Magic Orchestra, avec les cordes en plus.

Il semble révolutionnaire à l'époque de jouer les segments principaux sur un synthé, mais l'interprétation que fait Numan de l'electronica n'adhère pas rigoureusement à l'esthétique réalisée sur des machines popularisée par Kraftwerk ou Depeche Mode. L'album représente plutôt une branche sophistiquée de synth-rock mené par la voix froide de Numan et un remous symphonique des tout premiers synthés, source évidente d'inspiration pour des groupes comme The Human League et Soft Cell.

Cars – une excursion dans la paranoïa et la solitude emmenée par l'un des riffs de synthé les plus caractéristiques de l'electronica – offre à Numan une 1re place en Angleterre (il se classe parmi les dix premiers aux États-Unis) en septembre 1979. Grâce aux batteries subtiles de *Films*, à *Observer* ou aux lignes de basse précises de *Engineers* et à la perle *Metal*, *The Pleasure Principle* parvient à avoir l'air à la fois futuriste et étrangement intemporel au cœur d'un monde postmoderne. **YK**

▶II Liste des titres

01 Airplane (Numan) 3:18
▶ 02 Metal (Numan) 3:33
03 Complex (Numan) 3:12
▶ 04 Films (Numan) 4:09
05 ME (Numan) 5:37
06 Tracks (Numan) 2:51
07 Observer (Numan) 2:53
08 Conversation (Numan) 7:36
▶ 09 Cars (Numan) 3:58
▶ 10 Engineers (Numan) 4:01

The Specials
Specials (1979)

Label | Two Tone
Production | Elvis Costello
Direction artistique | Chalkie Davies • Carol Starr
Pays | Royaume-Uni
Durée | 44:40

Le compositeur et joueur de synthé Jerry Dammers, le bassiste Sir Horace Gentleman et le guitariste Lynval Golding ont affiné leur art en jouant un mélange de rock et de reggae. À partir de 1977, ils jouent avec une grande variété de personnes de renom, notamment les Jaywalkers, les Hybrids et les Coventry Automatics. Deux ans plus tard, sous le nom de The Specials ou Specials AKA – un ensemble de sept musiciens qui se joignent à eux, dont Terri Hall (chant), Roddy Radiation (guitare), John « Brad » Bradbury (batterie) et Neville Staple (chant) – ils fusionnent l'intensité du punk et les rythmes de la musique ska jamaïcaine des années 60, qui offre par exemple un effet saisissant sur le premier single *Gangsters*.

Adoptant une image qui évoque les caïds jamaïcains et les mods anglais qui composent le premier public du ska, les Specials arborent costumes flamboyants, chemises déboutonnées, cravates fines, lunettes de soleil, feutres ronds et mocassins. Ce look étonnant est présenté sur la pochette monochrome de leur premier album, sorti chez leur propre label Two Tone Records via Chrysalis.

À l'image de leurs concerts, l'album mélange des reprises – une version fougueuse de *Monkey man* des Maytals, un lent skank dans *A message to you Rudy* de Dandy Livingstone – et des morceaux originaux reflètant les temps agités (chômage massif, montée du fascisme du Front national anglais). *Doesn't make it alright* est un appel à l'unité raciale, tandis que le *Concrete jungle* de Roddy Radiation attaque la violence intra-urbaine.

Grâce aux cuivres du tromboniste ska Rico Rodriguez et à la production d'Elvis Costello qui mettent en valeur l'énergie des Specials, l'album entre sur les charts britanniques à la quatrième place et reste dans le Top 40 pendant quarante-cinq semaines. **JoH**

▶II Liste des titres

▶	01 **A Message To You Rudy** (Thompson)	2:53
	02 **Do The Dog** (The Specials•Thomas)	2:11
	03 **It's Up To You** (Dammers•The Specials)	3:23
▶	04 **Nite Klub** (Dammers•The Specials)	3:24
▶	05 **Doesn't Make It Alright** (Dammers•Goldberg)	3:25
▶	06 **Concrete Jungle** (Radiation)	3:18
	07 **Too Hot** (Campbell)	3:09
▶	08 **Monkey Man** (Hibbert)	2:44
	09 **(Dawning Of A) New Era** (Dammers)	2:26
	10 **Blank Expression** (Dammers•The Specials)	2:44
	11 **Stupid Marriage** (Dammers•Harrison•Staple)	3:50
▶	12 **Too Much Too Young** (Charmers•Dammers)	6:05
	13 **Little Bitch** (Dammers)	2:32
	14 **You're Wondering Now** (Anderson•Dennis)	2:36

Les années 80

- Invasion des Malouines par l'Argentine
- Chute du mur de Berlin
- Création de MTV
- Succès de la radio musicale NRJ et légalisation des radios libres en France
- Commercialisation du premier CD sur le marché français

Adam and the Ants
Kings of the wild frontier
(1980)

Label | CBS
Production | Chris Hughes
Direction artistique | Peter Ashworth
Pays | Royaume-Uni
Durée | 46:35

En 1979, la formation originelle d'Adam and the Ants enregistre *Dirk Wears White Sox*, premier album sombre, l'un des meilleurs albums sortis après la première vague punk. Tranchant avec l'aspect anti-pop et monotone de celle-ci, Adam décide de changer de direction.
Le manager des Sex Pistols, Malcolm McLaren, lui suggère alors d'utiliser des rythmes africains. Mais lorsqu'Adam monte un groupe de tambourinaires du Burundi, McLaren les récupère pour former Bow Wow Wow. Adam crée alors un nouveau groupe avec le guitariste Marco Pirroni. À la fin des années 80, *Dog eat dog* et *Antmusic* prennent d'assaut le hit-parade britannique, et Adam devient la plus grande pop star d'Europe.
« Nous avons repris tout ce qui nous tombait sous la main, explique Marco Pirroni. Les ocarinas, les chambres d'écho, les textures des musiques de film de John Barry et Ennio Morricone, les riffs de guitare rockabilly de Duane Eddy et de Hank Marvin. On faisait même vibrer des règles sur des tables, et on enregistrait le résultat ! » Mais il y a aussi les vibrations des tam-tams du Glitter Band, la cavalcade frénétique des caisses claires de l'orchestre Loyalist, le disco du label Ze Records, et les martèlements aborigènes empruntés à Rolf Harris.
Des artistes aussi hétéroclites que Robbie Williams, Slipknot, Marilyn Manson, Pavement, Blur, Elastica, Suede et Timbaland ont cité cet album comme une référence. Et Michael Jackson a même appelé Adam pour lui demander comment il avait enregistré les parties de batterie. **JLe**

▶II Liste des titres

▶	01 Dog Eat Dog (Ant•Pirroni)	3:10
▶	02 Antmusic (Ant•Pirroni)	3:37
	03 Los Rancheros (Ant•Pirroni)	3:30
	04 Feed Me To The Lions (Ant•Pirroni)	3:20
	05 Press Darlings (Ant)	3:59
	06 Ants Invasion (Ant•Pirroni)	3:20
	07 Killer In The Home (Ant•Pirroni)	4:22
	08 Kings Of The Wild Frontier (Ant•Pirroni)	3:56
	09 The Magnificent 5 (Ant•Pirroni)	3:07
▶	10 Don't Be Square (Be There) (Ant•Pirroni)	3:32
	11 Jolly Roger (Ant•Pirroni)	2:11
	12 Physical (You're So) (Ant)	3:59
	13 The Human Beings (Ant•Pirroni)	4:32

Dexy's Midnight Runners
Searching for the young soul rebels (1980)

Label | Parlophone
Production | Pete Wingfield
Direction artistique | Peter Barrett
Pays | Royaume-Uni
Durée | 39:05

En juillet 1978, à Birmingham, Kevin Rowland et Kevin « Al » Archer, issus du groupe punk The Killjoys, forment les Dexy's Midnight Runners. Leur nom fait directement référence à la Dexedrine, une amphétamine prisée par les Mods dans les années 60.
Après des concerts avec The Specials, dont le public compte de nombreux redskins, Rowland assigne au groupe une image de gangsters, adaptée au mouvement post-punk. Leur look s'inspire des dockers new-yorkais du film *Sur les quais* et des Italo-Américains de *Mean Streets*.
Basé sur les paroles de Rowland et sur la musique énergique d'Archer, le deuxième single, *Geno*, rend hommage au chanteur de soul Geno Washington. À l'irrésistible riff de cuivres répond une solide section ryth-

mique. Dominée par le trombone de Big Jim Paterson, le saxo ténor de Jeff Blythe et le saxo alto de Steve Spooner, la chanson atteint la 1re place au Royaume-Uni.
Le premier 33 tours, *Searching for the young soul rebels*, se révèle tout aussi puissant. On y entend les crissements du réglage d'une radio, puis un cri, *For God's sake burn it down*, qui vient tout balayer. Ce titre, une violente diatribe de Rowland contre les moqueries adressées aux Irlandais, est une version retravaillée du premier single *Dance Stance*. Autres titres phares de l'album : *Tell me when my light turns green* et *Seven Days too long* de Chuck Wood. Le fantastique *There, there, my dear*, autre succès au Royaume-Uni, clôt l'album.
Avec cet album, Rowland et Archer ont délivré une toute nouvelle vision de la soul. **JoH**

▶II Liste des titres

▶	01 Burn It Down (Rowland)	4:21
▶	02 Tell Me When My Light Turns Green (Rowland)	3:46
	03 The Team That Meet In Caffs (Archer)	4:08
	04 I'm Just Looking (Blythe•Rowland•Saunders)	4:41
▶	05 Geno (Archer•Rowland)	3:31
▶	06 Seven Days Too Long (Bailey•Harell)	2:43
	07 I Couldn't Help It If I Tried (Rowland)	4:14
	08 Thankfully Not Living In Yorkshire It Doesn't Apply (Rowland•Saunders)	2:59
	09 Keep It (Archer•Blythe)	3:59
	10 Love Part One (Rowland)	1:12
▶	11 There, There, My Dear (Archer•Rowland)	3:31

AC/DC

Back in black (1980)

Label | ATCO
Production | Robert John Lange
Direction artistique | Bob Defrin
Pays | Australie • Royaume-Uni
Durée | 41:31

Avec une pochette entièrement noire, un chanteur mort dans des conditions inhabituelles et une vision archaïque de la sexualité qui transparaît dans chaque titre de l'album, on vous pardonnera volontiers de confondre AC/DC avec Spinal Tap, tant les critères d'une parodie de metal band semblent ici réunis. Au-delà de cet aspect caricatural, les rockeurs australiens produisent pourtant une musique intelligente et jubilatoire.
Lorsque Bon Scott décède en février 1980, AC/DC a déjà conquis l'Europe, mais peine encore à s'imposer aux États-Unis. Porté par une ambition démesurée, le groupe recrute Brian Johnson au chant, sur la recommandation du producteur Robert Lange.
C'est au début de *Hells Bells* que l'on trouve le seul point comparaison avec Spinal Tap : les gongs menaçants nous font alors craindre un titre à la Stonehenge, avant que la guitare de Young ne vienne remettre les pendules à l'heure.
Back in black et *Have a drink on me* ont été écrits en hommage à Scott. Pourtant son absence se remarque à peine, tant les hurlements rauques de Johnson s'intègrent parfaitement à l'ensemble.
L'obscénité de *Let me put my love…* (« Laisse-moi couper ton gâteau avec mon couteau ») indique aussi que le départ de Scott n'a absolument pas assagi le groupe, tandis que le dernier titre, *Rock and roll ain't noise pollution*, est un bras d'honneur aux critiques nourries contre celui-ci.
Back in black marque ainsi le début de leur conquête des États-Unis, où il se vend à un million d'exemplaires par an les cinq années suivantes. Dès lors, les membres d'AC/DC n'ont plus jamais regardé en arrière. **SJac**

▶II Liste des titres

▶	01 Hells Bells (Johnson•A. Young•M.Young)	5:09
	02 Shoot To Thrill (Johnson•A. Young•M.Young)	5:14
	03 What Do You Do For Money Honey (Johnson•A. Young•M.Young)	3:33
	04 Giving The Dog A Bone (Johnson•A. Young •M.Young)	3:30
	05 Let Me Put My Love Into You (Johnson•A. Young•M.Young)	4:12

▶ 06 **Back In Black** (Johnson•A. Young•M.Young) 4:13
▶ 07 **You Shook Me All Night Long** (Johnson•A. Young•M.Young) 3:28
08 **Have A Drink On Me** (Johnson•A. Young •M. Young) 3:57
09 **Shake A Leg** (Johnson•A. Young•M.Young) 4:03
10 **Rock And Roll Ain't Noise Pollution** (Johnson•A. Young•M.Young) 4:12

The Cramps
Songs the Lord taught us
(1980)

Label | IRS
Production | Alex Chilton
Direction artistique | Carl Grasso
Pays | États-Unis
Durée | 53:32

Sur leur premier album, les Cramps mêlaient riffs rockabilly, rébellion punk et imagerie de série B. Avec un son rock'n' roll primitif, *Songs the Lord taught us* s'imposait comme une célébration de l'Amérique trash du xxe siècle.
C'est au studio de Sam C. Philips à Memphis, où Elvis et Jerry Lee Lewis ont enregistré leurs premiers titres, que le groupe révèle sa vision pervertie de la société. Les chansons sonnent de manière à la fois nostalgique et incroyablement novatrice. Le morceau *TV Set*, où un psychopathe raconte avec humour le meurtre de sa petite amie, se déroule à toute allure, ponctué par les hurlements de Lux Interior et les crachats du guitariste Poison Ivy. Grâce aux effets d'écho créés par le producteur Alex Chilton, *I was a teenage werewolf* et *The Mad Daddy* (hommage au DJ rock'n'roll Pete Myers) semblent avoir été enregistrés directement dans le repaire de Dracula.
Songs the Lord taught us aurait dû être un triomphe mais des dissensions au sein du groupe ont anéanti toute chance de succès. Lors d'une tournée aux États-Unis en 1980, le guitariste Bryan Gregory s'enfuit avec un camion rempli de matériel qu'il revend pour financer sa toxicomanie, et il ne réintégrera jamais le groupe.
Même s'il a été un échec commercial, *Songs the Lord taught us* a exercé une influence majeure. Il a prouvé à des groupes comme The Gun Club et The Birthday Party que brûler l'héritage rock ne sert à rien, et qu'il suffit de le réinventer à sa manière. **TB**

Dead Kennedys
Fresh Fruit for rotting vegetables (1980)

Label | Alternative Tentacles
Production | East Bay Ray • Norm
Direction artistique | Annie Horwood
Pays | États-Unis
Durée | 32:57

Ce n'est pas une coïncidence si le premier album de Dead Kennedys est sorti la même année que l'élection de Ronald Reagan à la présidence des États-Unis. Le populisme d'extrême droite de Reagan, teinté de christianisme évangélique, va alors agir comme source d'inspiration pour la musique très engagée du groupe.
Dead Kennedys s'inspire de la première vague punk britannique, mais, déçu par l'attitude anarchique des groupes, il adopte un point de vue personnel sur le mouvement. Intelligent et humoristique, *Fresh Fruit…* est une satire du paysage social sombre de l'époque. *Holiday in Cambodia* offre une attaque virulente contre les premiers yuppies ; *Kill the poor* est la transposition musicale cinglante de *Une modeste proposition* de Jonathan Swift. Et pour prouver que son dédain n'est pas réservé qu'à l'extrême droite, *Biafra* se défoule allègrement sur le démocrate Jerry Brown (en le traitant de « fasciste zen ») au détour de *California Uber Alles*.

Même si la force de Dead Kennedys trouve sa source dans les textes de Biafra, l'acuité de leur musique le classe au-dessus de nombre de musiciens médiocres de la scène punk. L'introduction lugubre de *...Cambodia* annonce la noirceur de la chanson, tandis que *California...* démarre comme un procès de Nuremberg à Venice Beach.

Certes, Dead Kennedys a perdu sa bataille contre Reagan et ses forces de droite, mais comme appel aux armes, on n'a guère fait mieux depuis. **SJac**

Peter Gabriel
Peter Gabriel III (alias Melt) (1980)

Label | Charisma
Production | Steve Lillywhite
Direction artistique | Hipgnosis
Pays | Royaume-Uni
Durée | 45:31

Après l'onirisme psychédélique de Genesis et l'excentricité assumée des albums *I* et *II*, Peter Gabriel se révèle sur ici comme un artiste solo d'avant-garde, dans la lignée de David Bowie et de Brian Eno.

Travaillant dans son propre studio, entouré de ses amis Phil Collins, Robert Fripp et David Rhodes, Gabriel donne ici libre cours à ses passions de toujours : la world music et la technologie (avec une prédilection pour le Fairlight CMI et les boîtes à rythme). Aux côtés de la traditionnelle guitare saturée, Gabriel ajoute sur *And through the wire*, un mélange de sons mystérieux relativement inédits dans un album de rock, ainsi qu'une caisse claire électronique sur *Intruder* ou un sample de chants d'Afrique du Sud sur l'hymne *beatbox Biko*.

Tendu et exalté, *Melt* est un assemblage de paysages sonores distordus, convenant parfaitement aux paroles de Gabriel sur l'aliénation, la paranoïa et l'identité.

Melt a été tellement déconcertant à l'époque que les dirigeants d'Atlantic, après avoir tenté de convaincre Gabriel d'« opter pour un son plus Doobie Brothers », ont choisi de rompre leur contrat avec ce dernier. Une décision qu'ils ont eu tout le loisir de regretter puisque l'album, repris par Mercury, s'est vendu à 250 000 exemplaires, soit bien plus que les deux précédents. En Grande-Bretagne, l'album devint n° 1, et *Games without frontiers*, où brillent les chœurs de Kate Bush, est le premier single de Gabriel à atteindre la 4e place des charts britanniques. **LS**

The Soft Boys
Underwater Moonlight (1980)

Label | Armageddon
Production | Pat Collier • Mike Kemp
Direction artistique | George Wright
Pays | Royaume-Uni
Durée | 35:56

Groupe fondé à Cambridge en 1976, The Soft Boys propose une fusion entre pop, folk-rock britannique et punk agressif. Le chanteur et leader Robyn Hitchcock, le guitariste Kimberly Rew, le batteur Morris Windsor et le bassiste Matthew Seligman n'ont jamais vraiment épousé les tendances musicales de leur époque.

Underwater Moonlight démarre sur les chapeaux de roue avec *I wanna destroy you*, titre composé de guitares vibrantes et d'harmoniques vocales brillantes. *Kingdom of love* révèle l'esprit surréaliste de Hitchcock, qui y compare l'amour à des œufs d'insecte prêts à éclore sous la peau : « Maintenant des petits insectes apparaissent / Tous ces petits insectes te ressemblent ! » Des solos de guitare et une batterie tonitruante mènent l'assaut

sur *Positive Vibrations*, morceau inclassable avec son sitar indien. Enfin, *Queen of eyes* est une chanson pop de deux minutes incroyablement enivrante.
Cet album est le dernier des Soft Boys. Hitchcock a poursuivi une carrière solo très prolifique avec Windsor et son groupe Egyptians, tandis que Rew a formé Katrina and the Waves. Nombreux sont les héritiers des Soft Boys, comme R.E.M. et les Replacements, qui les citent comme leur principale influence.
Il faut se procurer la superbe réédition du disque chez Matador (2001), qui propose neuf bonus et un second disque de titres rares et inédits, indispensable pour les fans. **RM**

The Cure
Seventeen Seconds (1980)

Label | Fiction
Production | Mike Hedges • Robert Smith
Direction artistique | The Cure • Bill Smith
Pays | Royaume-Uni
Durée | 35:41

Après leur premier fait d'armes *Three Imaginary Boys*, les Cure abordent les années 80 avec un album que beaucoup considèrent comme le plus abouti – jugement que l'on peut trouver radical au regard de leur impressionnante discographie.
Seventeen Seconds marque l'entrée du groupe dans la vaste sphère de la pop, et leur offre leur premier succès avec *A Forest*. Ce classique épuré des Cure, au sublime et fugitif riff de basse, s'arrête aux portes du Top 20 au Royaume-Uni. Le groupe maîtrise déjà à la perfection l'art de la chanson sombre et dépouillée. Le look de Robert Smith – cheveux ébouriffés, visage pâle, rouge à lèvres appuyé et habits noirs – devient leur marque de fabrique, au même titre que les paroles oniriques et le chant glacial.
À l'image de la pochette de l'album, qui se limite à une tache abstraite, le son ténu et minimaliste des Cure de l'époque de *Seventeen Seconds* est subtilement suggestif. Les thématiques existentielles, aujourd'hui indissociables des Cure, commencent à prendre le dessus. L'album propose des atmosphères d'une captivante mélancolie, des instrumentaux courts et quelques titres pop (comme le vif et virtuose *Play for today*), qui rappellent leurs précédents travaux.
En 2005, Robert Smith a préparé une réédition spéciale remasterisée sur double CD, avec un disque de titres rares de la même époque et un livret de vingt pages. Celui-ci redonne à *Seventeen Seconds* sa juste place, aux côtés des chefs-d'œuvre que sont *Pornography* et *Disintegration*. **AHN**

▶II Liste des titres

	01 **A Reflection** (Gallup•Smith•Tolhurst)	2:09
▶	02 **Play For Today** (Gallup• Hartley•Smith•Tolhurst)	3:39
	03 **Secrets** (Gallup•Smith•Tolhurst)	3:19
	04 **In Your House** (Gallup•Smith•Tolhurst)	4:06
	05 **Three** (Gallup•Smith•Tolhurst)	2:36
	06 **The Final Sound** (Gallup•Smith•Tolhurst)	0:52
▶	07 **A Forest** (Gallup• Hartley•Smith•Tolhurst)	5:55
▶	08 **M** (Gallup•Smith•Tolhurst)	3:03
	09 **At Night** (Gallup• Hartley•Smith•Tolhurst)	5:54
	10 **Seventeen Seconds** (Gallup•Smith•Tolhurst)	4:01

Echo and the Bunnymen
Crocodiles (1980)

Label | Korova
Production | David Balfe • Ian Broudie • Bill Drummond
Direction artistique | Brian Griffin
Pays | Royaume-Uni
Durée | 32:34

Dense, introspectif et noir, *Crocodiles* est le premier 33 tours de l'étrange et extraordinaire groupe Echo and the

Bunnymen chez une major, propulsant le groupe sur les devants de la scène musicale alternative britannique.
Ian McCulloch, Will Sergeant et Les Pattinson s'associent après une performance chez Eric's à Liverpool en 1978. *Pictures on my wall*, paru sous le label Zoo Records de Bill Drummond, reçoit un accueil dithyrambique par la presse. Sessions radio pour John Peel et concerts à Londres se chargent d'attirer l'attention des distributeurs. The Bunnymen se démarquent clairement des autres groupes : la voix puissante et les paroles énigmatiques de McCulloch se mêlent à la guitare sombre, distordue et hachée de Sergeant, dans une musique baignée d'émotion.
L'album est enregistré en tout juste deux semaines au mois de juin 1980, dans les studios Rockfield de Wales. Leur boîte à rythme (surnommée Echo) est remplacée par Pete de Freitas. Tendus et grinçants, les morceaux de trois minutes apparaissent comme autant de perles noires. La face 1 pénètre lentement sous la peau de l'auditeur, menée par les dissonances de la basse et de la guitare. *Stars are stars* introduit ce mélange d'optimisme et de désespoir, marque de fabrique des Bunnymen.
La face 2 débute par *Rescue*, chanson que McCulloch considère comme un triomphe personnel, puis frappe avec le mauvais acide de *Villiers Terrace*, avant de s'achever sur la mélancolie violente de *Happy Death Men*.
La pochette, photographiée dans une forêt du sud-est de l'Angleterre et sur laquelle McCulloch arbore le fameux pardessus emprunté à Mark E. Smith de The Fall, donne le ton : à la fois mystérieux et vaniteux. **MBI**

▶II Liste des titres

01 **Going Up** (de Freitas•McCulloch•Pattinson •Sergeant) 3:57
02 **Stars Are Stars** (de Freitas•McCulloch •Pattinson•Sergeant) 2:45
▶ 03 **Pride** (de Freitas•McCulloch•Pattinson •Sergeant) 2:41
04 **Monkeys** (de Freitas•McCulloch•Pattinson •Sergeant) 2:49
05 **Crocodiles** (de Freitas•McCulloch•Pattinson •Sergeant) 2:38
▶ 06 **Rescue** (de Freitas•McCulloch•Pattinson •Sergeant) 4:26
▶ 07 **Villiers Terrace** (de Freitas•McCulloch •Pattinson•Sergeant) 2:44
08 **Pictures On My Wall** (de Freitas•McCulloch •Pattinson•Sergeant) 2:52
09 **All That Jazz** (de Freitas•McCulloch•Pattinson •Sergeant) 2:46
10 **Happy Death Men** (de Freitas•McCulloch •Pattinson•Sergeant) 4:56

Motörhead
Ace of spades (1980)

Label | Bronze
Production | Vic Maile
Direction artistique | Martin Poole
Pays | Royaume-Uni
Durée | 36:34

Ace of spades atteint la 4e place du hit-parade au mois de novembre 1980. Cet album est le résultat d'une session de six semaines menée par le producteur Vic Maile et de la configuration classique de Motörhead : le bassiste-chanteur Ian « Lemmy » Kilmister, le guitariste Eddie « Fast » Clarke et le batteur Phil « Philthy Animal » Taylor.
Les trente-trois concerts donnés au Royaume-Uni en octobre et novembre 1980 pour la promotion de *Ace of spades* propulsent le groupe à la 1re place du hit-parade live en 1981 avec *No sleep 'til Hammersmith*. « Les gens attendaient un album live depuis trois ans, reconnaît Lemmy, mais j'ai été plus heureux encore lorsque *Ace of spades* a été classé n° 4, car *No Sleep…* était un hors-série. »
La chanson *Ace of spades*, qui s'est hissée à la 15e place du hit-parade des singles au Royaume-Uni, se présente, avec *Hope I die before I get old* de Pete Townshend,

comme la parfaite illustration du désir suicidaire du rock'n'roll. « Ils disent que je suis né pour perdre / Car jouer c'est pour les idiots / Mais c'est ce que j'aime baby / Je ne veux pas vivre éternellement. » En 2000, cependant, Lemmy, âgé de 55 ans, émet une réserve : « J'aimerais mourir l'année avant l'éternité. Pour éviter la bousculade… »

La période glorieuse de Motörhead, qui s'achève avec *Ace of spades*, a posé les bases du speed metal, que des groupes comme Anthrax et Metallica développeront à la fin des années 80 : batterie écrasante, riffs rapides et énervés, basse meurtrière, chant guttural et déchirant. À cette époque, Garry Bushell décerne cinq étoiles à *Ace of spades* dans le magazine *Sounds* : « Motörhead fait du heavy metal selon la seule définition acceptable du terme – tous les autres font semblant. » **MH**

▶II Liste des titres

▶	01 Ace Of Spades (Motörhead)	2:47
	02 Love Me Like A Reptile (Motörhead)	3:23
	03 Shoot You In The Back (Motörhead)	2:39
	04 Live To Win (Motörhead)	3:37
	05 Fast And Loose (Motörhead)	3:22
	06 (We Are) The Road Crew (Motörhead)	3:12
	07 Fire, Fire (Motörhead)	2:42
▶	08 Jailbait (Motörhead)	3:33
	09 Dance (Motörhead)	2:37
	10 Bite The Bullet (Motörhead)	1:38
▶	11 The Chase Is Better Than The Catch (Motörhead)	4:17
	12 The Hammer (Motörhead)	2:47

Killing Joke
Killing Joke (1980)

Label I EG
Production I Killing Joke
Direction artistique I Mike Coles
Pays I Royaume-Uni
Durée I 35:04

À l'intérieur de la pochette de cet extraordinaire premier album éponyme, un homme à l'allure christique s'approche d'un groupe d'enfants sur un terrain vague, esquissant un geste radicalement antichrétien. Un précieux indice sur le type de promenade que vous entreprenez avec cet album.

L'association de Youth, alias Martin Glover, Kenneth « Geordie » Walker, Jaz Coleman et Paul Ferguson est explosive. *Requiem* plante le décor où se distrait Coleman, acteur maniaque, pseudoprophète et funambule perché entre normalité et démence. *Wardance* est implacable, l'atmosphère d'aliénation est renforcée par l'arrivée du chant distordu de Jaz sur la basse funk de Youth, les rythmes tribaux de Big Paul et la guitare tranquille mais soutenue de Geordie.

Difficile de se reposer sur ses certitudes avec ce disque. Il comporte aussi bien des riffs de dance martelés (*Bloodsport*), que du rock surpuissant (*The Wait*) et des ambiances sonores spartiates (*Tomorrow's World* et *SO36*). Le groupe est si sûr de son talent que, dans la version britannique de l'album, le meilleur morceau punk-funk de l'époque (*Change*) ainsi que le très sauvage *Psyche* sont remixés sur la face 2.

Voici donc l'un des albums les plus beaux et les plus sombres de la décennie, immédiatement adopté par tous ceux qui, un an après l'élection de Margaret Thatcher au poste de Premier ministre, ont pressenti les troubles à venir. **CB**

Judas Priest
British Steel (1980)

Label I CBS
Production I Tom Allom
Direction artistique I Roslav Szaybo
Pays I Royaume-Uni
Durée I 35:51

Les fans de Judas Priest débattent depuis longtemps pour savoir quel est le meilleur album du quintet. Les amateurs

de metal d'âge mûr citent *Staned Classes* de 1978. Le public des grands stades adore *Screaming for vengeance* (1982). D'autres acclament le *Painkiller* des années 90 pour son retour à la forme trash originelle. Mais pour tous, *British Steel* fait autorité.
Ce sixième disque du groupe fait même l'objet d'un véritable culte. La couverture a été reproduite sur un T-shirt, porté par le guitariste de Pantera Dimebag Darrell, lors d'un show télévisé en 1991 ; impressionné, Halford a proposé au groupe de jouer sur une reprise de *Metal Gods*. Bien que formé en 1973, Judas Priest s'inscrit dans la nouvelle vague du heavy metal britannique menée par Iron Maiden et Def Leppard. Le metal attire alors tous ceux qui recherchent des sons plus urbains que ceux du rock progressif, tout en se montrant étrangers à l'attitude antimusicale du punk.
British Steel incarne cette tendance. Le clairon de *Breaking the law* est repris dans la série *Beavis and butthead*, tandis que *United* et *Metal Gods* utilisent des couverts et des fils électriques comme percussions. L'album est enregistré dans l'ancienne maison de campagne de John Lennon, en banlieue de Londres. « C'était très excitant d'être là, confia Halford dans *Blender*, car j'étais un grand fan des Beatles. »
L'hymne festif *Living after midnight* propulse *British Steel* en tête des classements. Huit entrées au Top 40 albums suivent, et dans le même mouvement, l'immortalité. **MA**

The Circle Jerks
Group Sex (1980)

Label | Frontier
Production | The Circle Jerks • Cary Markoff
Direction artistique | Diane Zincavage
Pays | États-Unis
Durée | 15:07

Même si la scène punk de Los Angeles compte au début des années 80 des groupes plus énergiques, énervés et enragés, aucun ne sait mêler politique et humour aussi bien que les Circle Jerks, avec leur premier album, *Group Sex*, devenu depuis un classique. Tirant son nom d'un rite de bizutage cruel, le groupe se forme en 1980, lorsque le chanteur de Black Flag, Keith Morris, décide de fonder son propre groupe avec l'ancien guitariste des Redd Krost, Greg Hetson, le bassiste Roger Rogerson et le batteur « Lucky » Lehrer. Le quartette acquiert rapidement une réputation de groupe sauvage, perpétuellement imbibé de bière, et contribue ainsi à la légende de la scène punk de l'époque.
En dépit de sa brièveté (quatorze chansons en à peine quinze minutes), *Group Sex* est un document plein d'esprit sur la frustration adolescente, proche de *Damaged* de Black Flag et du premier album de TSOL. Le timbre effronté de Morris et les changements stupéfiants de rythme sur quatre temps de Hetson et de Lecher, au détour de titres sur l'aliénation (*World up my ass*), le sexe (*I just want some skank*) et les drogues (*Wasted*), en font un disque de référence pour tout amateur de punk rock qui se respecte. L'album a même été remarqué par le célèbre DJ John Peel de *BBC Radio 1*.
Hetson rejoindra Bad Religion. Les autres membres s'enlisent et enregistreront avec l'ennuyeux chanteur pop Debbie Gibson. Mais cela n'enlève rien à l'influence qu'a pu

exercer *Group Sex* sur toute une nouvelle génération de groupes punk californiens, des Vandals à NOFX. **TSc**

Talking Heads
Remain in light (1980)

Label I Sire
Production I Brian Eno
Direction artistique I M. & Co.
Pays I États-Unis
Durée I 40:02

Intitulé à l'origine *Melody Attack*, *Remain in light* est le meilleur album de Talking Heads, le dernier et le plus accompli des disques enregistrés avec Brian Eno. Véritable rupture dans le parcours des Heads, cet album peut être considéré comme le fruit d'une lutte entre les membres du groupe (Tina Weymouth, Chris Frantz et Jerry Harrison) et le producteur et co-auteur Eno pour attirer l'attention du leader David Byrne. Cette tension créatrice rend son écoute sans cesse stimulante.

Après l'enregistrement des titres, le groupe se retrouve à New York durant l'été 1980 pour les arrangements. Confronté à la hantise de la page blanche, Byrne sculpte ses improvisations (souvent de simples variations sur un accord) pour en faire des chansons identifiables. Composés de strates empilées de voix, de groove et de percussions, les rythmes de l'album laissent encore aujourd'hui l'auditeur sans voix, depuis *The Great Curve*, d'inspiration africaine, jusqu'à *Crosseyed and painless*, influencé par Kurtis Blow. La meilleure prise, *Weird Guitar Riff Song*, a été renommée *Once in a lifetime*. On y devine des allusions à l'œuvre de Fela Kuti et aux sermons des prédicateurs noirs.

Remain in light démontre avec talent que la pop peut s'adresser aussi bien à la tête qu'aux sens. La réalisation de l'album divise le groupe en deux : Eno et Byrne d'un côté, Weymouth et Frantz de l'autre, Harrison jouant le rôle peu enviable du médiateur. La tension générée par l'enregistrement du disque conduit le groupe à sa séparation dix années plus tard. **DE**

Joy Division
Closer (1980)

Label I Factory
Production I Martin Hannett
Direction artistique I Peter Saville
Pays I Royaume-Uni
Durée I 44:23

Vingt-cinq ans après, il est presque impossible de dissocier l'atmosphère troublante de la musique de Joy Division de la désintégration de la personnalité de leur chanteur, et de sa mort brutale. Même si leur premier album *Unknown Pleasures* (1979) laissait entrevoir des abîmes terrifiants, ce n'était encore que de la musique. Par rapport à son prédécesseur, violent mais plus conventionnel, *Closer* représente un bond prodigieux. Les chansons s'éloignent du schéma d'inspiration punk des premières années. Alors que *Unknown Pleasures* doit une bonne part de son atmosphère sombre à l'utilisation révolutionnaire des effets numériques par le producteur Martin Hannett, la musique, elle-même, est inclassable, des rythmes militaires de *Colony*, aux guitares hystériques et distordues de *Atrocity Exhibition*. L'ajout de synthétiseurs, en particulier sur *Isolation* et *Heart and soul*, laisse supposer que si le groupe avait continué avec Curtis, il aurait fini par ressembler à New Order.

L'ambiance que Hannett parvient à créer est presque un instrument en soi. Alors qu'il se contentait auparavant de donner une couleur sombre aux morceaux agressifs du groupe, son traitement des retards fait désormais partie intégrante de ses chansons dépouillées, les rendant en quelque sorte encore plus austères.

Dans les trois derniers titres (*Twenty Four Hours, The Eternal* et *Decades*), on voit l'abolissement de la frontière entre les tourments personnels de Curtis et ses textes désenchantés. Le motif de la pierre tombale de la pochette est peut-être une coïncidence malheureuse, mais il est difficile d'interpréter ce dernier album lugubre comme autre chose qu'un avis de suicide. **MB**

▶II Liste des titres

	01 **Atrocity Exhibition** (Joy Division)	6:05
▶	02 **Isolation** (Joy Division)	2:53
	03 **Passover** (Joy Division)	4:46
	04 **Colony** (Joy Division)	3:55
	05 **A Means To An End** (Joy Division)	4:07
▶	06 **Heart And Soul** (Joy Division)	5:51
▶	07 **Twenty Four Hours** (Joy Division)	4:26
	08 **The Eternal** (Joy Division)	6:07
	09 **Decades** (Joy Division)	6:13

Iron Maiden
Iron Maiden (1980)

Label I EMI
Production I Will Malone
Direction artistique I Cream • Derek Riggs
Pays I Royaume-Uni
Durée I 37:41

Le premier disque d'Iron Maiden fait partie des monuments du hard rock. Speed metal, thrash metal, death metal, grunge : tous doivent quelque chose au mélange d'attitude punk et d'obsession metal de cet album.

Au début des années 80, le magazine de rock britannique *Sounds* soutient vivement la nouvelle vague anglaise du heavy metal, représentée entre autres par Saxon, Samson, Def Leppard, Girlschool et Angelwitch. Tandis que le mouvement punk lutte pour maintenir sa position commerciale, un groupe de l'East End londonien émerge et allie l'ascendant prolétaire des Stranglers au talent de Black Sabbath pour créer des riffs renversants.

Iron Maiden, mené par le bassiste Steve Harris, est représenté par Rod « Smallwallet » Smallwood. Des tournées sans fin, ainsi qu'un succès au Royaume-Uni avec le single *Running Free*, positionnent son premier album à la 4e place des charts. Dans l'émission musicale *Top of the Pops* de la BBC, le groupe refuse le playback et est le premier en sept ans à jouer en direct dans l'émission. La production solide recrée l'aura des concerts, les râles de Paul Di'Anno teintent d'une touche de mysticisme les paroles sombres de Steve Harris. Les guitares sont retenues bien que puissantes, tandis que la voix de Di'Anno épouse étroitement des plans de guitare complexes.

Le second album de Maiden, *Killers*, confirmera cette lancée. Di'Anno est remplacé par Bruce Dickinson, chanteur de Samson à la précision vocale infaillible. Iron Maiden et leur mascotte macabre Eddie (représentée sur la pochette) remportent un succès commercial considérable avec Dickinson. Mais l'intensité créée avec Di'Anno s'est alors bel et bien envolée. **GT**

▶II Liste des titres

	01 **Prowler** (Harris)	3:57
▶	02 **Remember Tomorrow** (Di'Anno•Harris)	5:28
▶	03 **Running Free** (Di'Anno•Harris)	3:17
▶	04 **Phantom Of The Opera** (Harris)	7:09
	05 **Transylvania** (Harris)	4:19
	06 **Strange World** (Harris)	5:32
▶	07 **Charlotte The Harlot** (Murray)	4:13
▶	08 **Iron Maiden** (Harris)	3:46

The Undertones
Hypnotised (1980)

Label | Sire
Production | Roger A. Bechirian
Direction artistique | M. Bradley • B. Hollyhead • D. O'Neill
Pays | Royaume-Uni
Durée | 39:02

Remarquable groupe de power punk formé à Derry en Irlande du Nord, les Undertones se moquent d'eux-mêmes dans *More Songs about chocolate and girls* (allusion déguisée à Talking Heads), prenant au second degré l'excellente publicité qu'ils ont suscitée.

Enregistré aux Pays-Bas après leur première tournée aux États-Unis, *Hypnotised* dépasse l'album précédent par sa qualité. Il dévoile la nature intangible et allégorique de la musique des Undertones, que beaucoup ont vainement tenté d'imiter ou simplement de définir. Certes, quelques titres semblent bâclés, notamment le morceau d'ouverture et le léger *See that girl*. Mais avec une matière aussi puissante et vibrante que *Whizz Kids*, *Girls that don't talk* et *Boys will be boys*, le parfait *Hypnotised* et le tout simplement génial *Tearproof* (qui contient un pétillant passage instrumental), toutes les critiques ont été désarmées. Ajoutez à cela des singles magistraux (la chanson pop la plus triste de tous les temps, *Wednesday Week*, avec son solo de guitare fulgurant, et *My Perfect Cousin*), et vous obtenez un album d'une qualité et d'une virtuosité supérieures à bien des « best of » d'autres groupes.

Les récentes rééditions proposent un single inédit, *You've got my number*, qui est peut-être leur plus beau, ainsi que quatre faces 2 moins intéressantes, parmi lesquelles *Hard Luck*, un morceau instrumental superflu. **DN**

▶II Liste des titres

	01 More Songs About Chocolate And Girls (D. O'Neill)	2:43
	02 There Goes Norman (J. O'Neill)	2:27
▶	03 Hypnotised (Bradley•D. O'Neill)	3:31
	04 See That Girl (J. O'Neill)	2:24
	05 Whizz Kids (D. O'Neill)	2:19
	06 Under The Boardwalk (Resnick•Young)	2:26
	07 The Way Girls Talk (J. O'Neill•Sharkey)	2:30
	08 Hard Luck (Bradley•Doherty•D. O'Neill J. O'Neill•Sharkey)	3:41
▶	09 My Perfect Cousin (Bradley•D. O'Neill)	2:36
	10 Boys Will Be Boys (D. O'Neill•J. O'Neill)	1:27
▶	11 Tearproof (Bradley•J. O'Neill)	2:20
▶	12 Wednesday Week (J. O'Neill)	2:17
	13 Nine Times Out Of Ten (Doherty•J. O'Neill)	2:37
	14 Girls That Don't Talk (J. O'Neill)	2:26
	15 What's With Terry ? (D. O'Neill)	3:18

The Jam
Sound Affects (1980)

Label | Polydor
Production | Vic Coppersmith-Heaven
Direction artistique | Bill Smith
Pays | Royaume-Uni
Durée | 35:35

Du personnage de Jimmy Porter dans la pièce *La Paix du dimanche* de John Osborne (1956) à l'explosion du punk à la fin des années 70, le « jeune homme en colère » est une figure centrale de la culture britannique d'après-guerre.

Cependant, peu de groupes ont exploré cette veine avec autant de discernement que The Jam. À travers une série d'albums toujours plus hardis et puissants, le leader, compositeur, guitariste et chanteur incendiaire Paul Weller devient le chantre de la colère, mettant sa voix au service des rêves et des frustrations britanniques.

Leur précédent album, *Setting Sons*, avait pris d'assaut le Top 5, avec deux singles qui ont atteint la 1re place au Royaume-Uni, alors que l'Amérique se montrait réservée, boudant leur style britannique. Lorsqu'ils sortent leur disque suivant, les références évidentes aux canons de la pop anglaise – reprise de la ligne de basse du *Taxman* des Beatles sur l'énergique *Start !* – leur attirent une fois de plus le mépris de la critique outre-Atlantique. Mais ces reproches ignorent les éléments qui renvoient directement au contexte de création de l'œuvre. La pochette reprend ainsi le graphisme d'un disque d'effets sonores de la BBC que Weller a découvert dans le studio. En réalité, cet album est le fruit d'un travail d'une originalité sidérante.

Les chansons évoquent les aspirations contrariées de ces « jeunes hommes en colère ». Du consumérisme stérile de *Pretty Green* à la douleur amère de *Scrape away*, l'auditeur pénètre dans un monde où le champ des possibles est fermé. Avec sa guitare acoustique enregistrée sur deux pistes et sa litanie des soucis quotidiens, la chanson *That's entertainment !*, placée en milieu d'album, capte l'essence même de ce groupe important. **TSh**

▶II Liste des titres

- ▶ 01 Pretty Green (Weller) 2:37
- ▶ 02 Monday (Weller) 3:02
- 03 But I'm Different Now (Weller) 1:52
- 04 Set The House Ablaze (Weller) 5:03
- ▶ 05 Start ! (Weller) 2:33
- ▶ 06 That's Entertainment (Weller) 3:38
- 07 Dream Time (Weller) 3:54
- 08 Man In The Corner Shop (Weller) 3:12
- 09 Music For The Last Couple (Buckler•Foxton•Weller) 3:45
- ▶ 10 Boy About Town (Weller) 2:00
- 11 Scrape Away (Weller) 3:59

Tom Waits
Heartattack and vine (1980)

Label | Asylum
Production | Bones Howe
Direction artistique | Ron Coro • Norm Ung
Pays | États-Unis
Durée | 44:25

Les germes du changement sont déjà là, même si personne ne s'en rend compte à l'époque. Lorsque paraît *Heartattack and vine*, septième album de Tom Waits chez Asylum, celui-ci n'a pas encore atteint son statut culte, et son image de pilier de bar beatnik au bord de l'épuisement est encore mal perçue. Il est pourtant l'un des disques les plus intenses de sa première période.

Bien que l'album contienne quelques-unes de ces ballades désespérées qui l'ont fait connaître (le sublime thème du film *On the nickel*, l'élégiaque *Ruby's Arms*), *Heartattack and vine* est surtout caractérisé par cette guitare sale qui hante près de la moitié de l'album et qui annonce son travail ultérieur. La chanson-titre, qui contient le couplet emblématique de Waits, « Il n'y a pas de diable / Ce n'est que Dieu lorsqu'il a bu », est un grondement qui traverse le Los Angeles sordide où Waits vit à l'époque. *Heartattack* évoque le Hollywood Boulevard, dont l'intersection avec Vine Street est l'un des endroits les plus prospères de la ville. Les deux mondes se rencontrent dans *Jersey Girl*, l'une des chansons d'amour les plus touchantes. Elle connaîtra un plus large succès sous la forme d'une reprise, fidèlement interprétée par Bruce Springsteen sur son disque *Live 1975-1985*.

Heartattack and vine n'est jamais parvenu à dépasser la 96e place du classement du Billboard. Waits a perdu son pari, mais pas son inspiration. Après avoir signé la bande originale de *Coup de cœur*, fiasco de Francis Ford Coppola, le chanteur a su se renouveler avec *Swordfishtrombones* (1983), un album noir et délirant, première œuvre de la seconde période de ce parcours discographique captivant. **WF-J**

▶II Liste des titres

- ▶ 01 Heartattack And Vine (Waits) 4:50
- 02 In Shades (Waits) 4:25
- 03 Saving All My Love For You (Waits) 3:41
- 04 Downtown (Waits) 4:45
- ▶ 05 Jersey Girl (Waits) 5:11
- 06 'Til The Money Runs Out (Waits) 4:25

▶ 07 On The Nickel (Waits) 6:19
08 Mr Siegal (Waits) 5:14
09 Ruby's Arms (Waits) 5:35

UB40
Signing off (1980)

Label I Graduate
Production I Ray Pablo Falconer • UB40
Direction artistique I UB40
Pays I Royaume-Uni
Durée I 66:28

UB40, qui tire son nom d'un formulaire britannique de demande de droit au chômage, allait devenir l'un des meilleurs groupes de reggae du monde. Mais rien ne préfigurait *Red Red Wine*, premier album brillant et profondément émouvant.
Ceux qui ne connaissent que Neil Diamond et *(I Can't Help) Falling in love with you* d'Elvis Presley seront peut-être surpris de découvrir que UB40 a réellement quelque chose de personnel à raconter. Cet album le prouve, de la pochette aux hymnes du groupe qui reflètent les origines prolétaires de ces natifs de Birmingham.
Formé à la fin du revival ska au Royaume-Uni, UB40 occupe rapidement le Top 10 britannique avec des singles protestataires pop et teintés de reggae, tels que *King*, *I think it's going to rain today* ou *The Earth dies screaming*, présents sur *Signing off*.
Les paroles du chanteur Ali Campbell sont pleines de rage, au détour de titres comme *Burden of shame* et *Little by little*, qui visent aussi bien les gouvernements (pour leur responsabilité dans la famine mondiale) que les concitoyens complaisants (qui se taisent et laissent faire). Mais il délivre son message d'une voix si veloutée que les mots les plus amers résonnent comme une berceuse, sur des titres aussi mémorables que *Tyler* ou la reprise du *Strange Fruit* de Billie Holiday.
Signing off a connu un succès considérable en Grande-Bretagne et est resté au hit-parade pendant plus d'une année. Mais il a fallu que le groupe polisse son message pour connaître une renommée internationale. **JiH**

The Teardrop Explodes
Kilimanjaro (1980)

Label I Mercury
Production I Divers
Direction artistique I Brian Griffin
Pays I Royaume-Uni
Durée I 36:93

Si Echo and the Bunnymen sont les Doors de Liverpool, alors les Teardrop Explodes de Julian Cope sont les Love de la ville de Scouse. Le groupe, qui tire son nom d'un comics américain, se forme à l'automne 1978. Lorsque *Kilimanjaro* sort deux ans plus tard, leur réputation n'est déjà plus à faire. De l'avis de certains, leur apogée est même derrière eux – perception qui se renforce après le renvoi de guitariste et co-auteur Mick Finkler et une fois qu'ils ont signé chez la major Phonogram et quitté le label indépendant Zoo dirigé par Bill Drummond et Dave Balfe (claviste des Teardrop).
Déjà sortis comme singles chez Zoo, les titres *Treason*, *Bouncing Babies* et *Sleeping Gas* sont réenregistrés pour l'album. Toutefois, seuls les puristes préfèrent les premières versions, plus dépouillées, *Kilimanjaro* n'ayant rien à envier à *Forever Changes* ou *The Notorious Byrd Brothers*. La sensibilité pop innée de Balfe et les expérimentations avant-gardistes de Cope fusionnent pour formuler un album parfait, qui atteint la 24e place au hit-parade national. En février 1981, la sortie du single inédit *Reward*, éclairé par les cuivres de Ray Martinez et Hurricane Smith, marque la fin du règne des Teardrop.

Record Collector décrit la pochette originale de *Kilimanjaro* comme « l'une des pires pochettes d'album de tous les temps ». Le disque sera réédité par la suite, remixé et augmenté de *Reward*. Dieu merci, avec une nouvelle couverture. **MH**

The Specials
More Specials (1980)

Label I Two Tone
Production I J. Dammers • D. Jordan
Direction artistique I C. Davies • C. Starr
Pays I Royaume-Uni
Durée I 42:33

Le succès éphémère du premier album des Specials et de leur maxi *Too much too young live* a déclenché un engouement formidable autour du ska. Leur label Two Tone lance les carrières de Madness, The (UK) Beat et The Selecter, et lorsque les Specials se produisent aux États-Unis au début des années 80, leur distributeur américain leur rend hommage en décorant la salle du Whiskey A Go-Go de Los Angeles avec un échiquier noir et blanc.
Au milieu de l'année, le groupe doit enregistrer un deuxième 33 tours, mais la tournée a été épuisante. Jerry Dammers considère que leur style est devenu caricatural, et décide que cet album devra marquer une rupture.
La face 1 de *More Specials* est hétéroclite, contenant du ska énergique (*Enjoy yourself*), du reggae (le tube *Do nothing*), de la soul nordique martelée (*Sock it to Em JB*) et *Pearl's Café*, un tube kitsch dont le refrain égrène : « Ce ne sont que des conneries. » C'est sur la face 2 que le groupe s'aventure sur des territoires expérimentaux. Celle-ci reflète l'affection de Dammers pour les bandes originales de film et la musique exotique. Ainsi *Stereotypes* associe les paroles acerbes de Dammers à une fusion de rythmes simplistes et de thèmes de western spaghetti. *International Jet Set*, quant à lui, raconte un voyage en avion qui se termine en désastre, sur une musique d'ascenseur.
Le mélange éclectique des genres influencera des groupes de trip-hop des années 90 comme Portishead et Massive Attack. Cette même décennie a été marquée par un regain d'intérêt pour l'easy-listening, également introduit par Dammers dans cet album. **JH**

Steve Winwood
Arc of a diver (1980)

Label I Island
Production I C. Blackwell • S. Winwood
Direction artistique I Tony Wright
Pays I Royaume-Uni
Durée I 40:01

Après avoir quitté le groupe Traffic, dont il fait partie dans les années 60 et 70, Steve Winwood collabore notamment aux albums de Stomu Yamash'ta, Reebop, Amazing Blondel, avant de mettre en forme un excellent, bien que totalement méconnu, album solo éponyme. Il réalise le dernier titre, *Midland Maniac*, et ouvre la voie aux adeptes du home-recording.
Les enregistrements sont superposés sur une seule piste de métronome, alors que la batterie arrive en dernière position. Son parolier n'est plus Jim Capaldi (compagnon d'écriture de l'époque de Traffic, émigré au Brésil), mais Will Jennings, un Américain contacté via Van Morrison. George Fleming, le neveu de l'écrivain Ian et parolier néophyte, écrit également quelques titres. Sa seconde tentative, *Dust*, une ballade qui, comme tous les titres de clôture de Winwood, est particulièrement splendide, contraste avec le chauvinisme de *Second-Hand Woman*. Il reste tout de même une place pour l'apparition de Viv

Stanshall, ancien chanteur de Bonzo Dog, sur la chanson-titre.
Arc of a Diver a bien un défaut : les albums créés de toutes pièces par un individu seul peuvent sembler quelque peu stériles, même si, avec la technologie mise à sa disposition à cette époque, Winwood a accompli un travail remarquable. Ceci dit, l'album ne vise pas les fans de Traffic qui affectionnent l'émotion organique du groupe, mais plutôt les amoureux de musique de la décennie naissante. Son classement à la 3ᵉ place du hit-parade américain suggère qu'il y est parvenu. **MH**

Pretenders
Pretenders (1980)

Label | Real
Production | Chris Thomas • Nick Lowe
Direction artistique | Kevin Hughes
Pays | Royaume-Uni • États-Unis
Durée | 47:11

Le punk prétendait ignorer la discrimination sexuelle, mais cela n'empêchait pas les membres de l'entourage des Pistols et des Clash de dire à Chrissie Hynde qu'elle était incapable de percer. Originaire de l'Ohio, elle est idéalement placée pour prendre le train en marche, puisqu'elle a travaillé à Londres pour le *New Musical Express*. Mais lorsque des émeutes blanches et anarchistes éclatent, Hynde maintient ses distances.
Finalement, un sermon autoritaire de Lemmy (le gourou metal de Motörhead) la pousse à recruter le bassiste Pete Farndon, le guitariste James Honeyman-Scott et le batteur Martin Chambers. Une reprise de *Stop your sobbing* des Kinks, produite par Nick Lowe, révèle la richesse de la voix de Hynde, mais ne prouve pas encore sa capacité à écrire autre chose que des critiques de disques.
C'est pourtant ce que va démontrer l'album. Sur des histoires hermétiques et douloureuses de désir et de dégoût, des riffs déchaînés enserrent le venin mielleux de Hynde. Sur la première moitié, on trouve l'exaspéré « *Baby, fuck off* » dans *Precious*, un hommage de Honeyman-Scott aux héros de la six-cordes sur le solo de *Tattooed love boys*, et le déconcertant *The Wait*. « Je ne comprends toujours pas les paroles », affirme Jeff Buckley seize ans après sa sortie. La seconde partie contient le tube *Kid*, le sombre *Private Life* (vite récupéré par Grace Jones), l'irrésistible *Brass in Pocket* et le nerveux *Mystery Achievement*, qui annonce le plus concis *Pretenders II* de 1981.
« Je me suis dit, elle a du cran…, affirme Madonna à *Q*., cela m'a donné du courage, de l'inspiration, de voir une femme aussi sûre d'elle dans ce monde d'hommes. » **BM**

▶II Liste des titres

▶	01 **Precious** (Hynde)	3:37
	02 **The Phone Call** (Hynde)	2:30
	03 **Up The Neck** (Hynde)	4:28
	04 **Tattooed Love Boys** (Hynde)	2:58
	05 **Space Invader** (Farndon•Honeyman-Scott)	3:28
	06 **The Wait** (Farndon•Hynde)	3:37
	07 **Stop Your Sobbing** (Davies)	2:39
	08 **Kid** (Hynde)	3:07
▶	09 **Private Life** (Hynde)	6:26
▶	10 **Brass In Pocket** (Honeyman-Scott•Hynde)	3:06
	11 **Lovers Of Today** (Hynde)	5:51
	12 **Mystery Achievement** (Hynde)	5:24

Einstürzende Neubauten
Kollaps (1981)

Label | Zick Zack
Production | Einstürzende Neubauten
Direction artistique | Blixa Bargeld
Pays | Allemagne • États-Unis
Durée | 32:26

Formé en 1980 à Berlin par la chanteuse Blixa Bargeld et le percussionniste américain Andrew Chudy, *Einstürzende Neubauten* (« les bâtiments neufs qui s'ef-

fondrent ») prend le relais de *Throbbing Gristle* et de Faust. Concevant leurs premiers enregistrements dans un local d'entretien sous le métro de Berlin, ils explorent leur obsession pour la destruction en utilisant des matériaux de récupération et des machines-outils aux côtés de la guitare très distordue de Bargeld. Ils recrutent par la suite Stuart « F. M. » Einheit du groupe Abwarts, et décident d'enregistrer « l'album le plus inaudible de tous les temps ». Débutant par le son d'un tourne-disque cassé, le funk de *Tanz Debil* fait appel à des percussions innovantes réalisées à partir de tuyaux en métal. Les foreuses dévastatrices et le bris de verre sur plaques métalliques de *Steh auf Berlin* composent l'image d'un carnaval de rue post-apocalyptique. La vision cauchemardesque se poursuit avec le cri torturé de *Bargeld* qui vient interrompre la tranquillité de *Negativ Nein*, et l'ambiance de cruauté mécanique de *U-Haft Muzak*. *Hören mit Schmerzen* (« Écoutez avec douleur ») illustre l'idéologie du groupe. L'album atteint son apothéose avec le morceau-titre *Kollaps* dont le rythme lent, menaçant, et les effets explosifs dépeignent une vision horrifique de fin du monde.
Les premiers assauts d'Einstürzende Neubauten ont exercé une grande influence sur Depeche Mode (*Construction Time Again*) et sur Nine Inch Nails. **CSh**

Siouxsie and the Banshees
Juju (1981)

Label | Polydor
Production | Nigel Gray • The Banshees
Direction artistique | Rob O'Connor
Pays | Royaume-Uni
Durée | 41:12

Lorsqu'ils enregistrent leur quatrième album, Siouxsie and the Banshees ont déjà évolué du punk au post-punk. Sid Vicious a beau avoir été leur premier batteur, et Siouxsie un membre du légendaire Bromley Contingent, en 1981, l'époque des versions de vingt minutes de *The Lord's Prayer* est bel et bien révolue.
Le club londonien The Batcave voit naître la sous-culture gothique la même année, et *Juju* s'inscrit directement dans cette mouvance. Avec les guitares de John McGeoch et les rythmes tribaux de Steve Severin (basse) et Budgie (batterie), les fondations sont posées pour la voix implacable de Siouxsie. Rauque et superbe, agressif et délicat, le timbre de Siouxsie est presque livré à l'état brut. *Spellbound* est d'une violence implacable, l'intensité de la musique y est renforcée par des paroles drôles et macabres qui font le lien avec l'esprit punk antérieur du groupe.
Les motifs sombres, suggérés par la pochette, imprègnent l'album, marqué par l'influence de groupes tels que les Cramps et les Doors. L'innovation a aussi droit de cité, du psychédélisme de *Voodoo Dolly* au dynamisme débridé de *Monitor*, en passant par le plus lent *Night Shift* ou l'inspiré *Arabian Knights*. C'est la fermeté de la voix de Siouxsie, ainsi que les rythmes redoutablement heavy de Budgy qui laissent l'impression la plus durable. **AH-N**

Heaven 17
Penthouse and Pavement (1981)

Label | Virgin
Production | British Electric Foundation
Direction artistique | Ray Smith
Pays | Royaume-Uni
Durée | 37:52

Après la dissolution amère de The Human League à la fin des années 80, les principaux musiciens du groupe, Martyn Ware et Ian Craig Marsh, forment British Electric Foundation. Il s'agit alors moins d'un groupe que d'une identité collective, à l'image du concept de John Lydon pour Public Image Ltd. Ils recrutent le chanteur Glenn Gregory, vieil ami du collectif d'artistes The Meatwhistle pour former Heaven 17, qui emprunte son nom à un groupe pop du roman *L'Orange mécanique* d'Anthony Burgess.

Les séquences rythmiques décousues du premier single *(We don't need this) Fascist groove thang* sont bien accueillies par la presse et sur les pistes de danse, et elles reçoivent un fort soutien de la part de John Peel. Mais l'accès au hit-parade est alors compromis suite au bannissement du single par la BBC pour avoir suggéré que Ronald Reagan, président fraîchement élu, était un fasciste.

Enregistré simultanément et dans le même studio que *Dare !* de The Human League, les paroles et l'imagerie de l'album parodient intelligemment l'émergence des grandes multinationales. La face 1 du disque est dominée par les rythmes latino-funk de la chanson-titre et la construction en questions/réponses de *Play to win*. La face 2 est beaucoup plus avant-gardiste et prolonge les innovations électroniques de leur précédente incarnation et le travail mené par leurs acolytes de Cabaret Voltaire. Le résultat est très efficace sur *Let's all make a bomb*, aux allures de cauchemar post-apocalyptique. **CSh**

The Go-Gos
Beauty and the Beat (1981)

Label | IRS
Production | R. Gottehrer • R. Freeman
Direction artistique | Divers
Pays | États-Unis
Durée | 35:31

Les Go-Gos sont les héritières d'une tradition du groupe féminin que l'on peut faire remonter aux Shangri-Las dans les années 60, et elles reprennent l'attitude de leurs compatriotes californiennes des Runaways. « C'était un conte de fées, explique Belinda Carlisle. Nous ne savions même pas jouer de nos instruments lorsque nous avons commencé. Simplement, des forces inconnues nous ont propulsées au rang de stars. » En effet, *Beauty and the beat* est resté six semaines en haut du classement du Billboard.

L'album est un mélange d'attitude punk et de sensibilité pop. Richard Gottehrer a déjà une expérience dans le domaine de la variété (il a écrit *My Boyfriend's Back*) et celui du punk (en temps que producteur de Blondie). L'écrivain Greil Marcus décrit l'album ainsi : « Même si vous restez en surface, vous en sortirez toujours satisfait. »

Les classiques *We got the beat*, *Our lips are sealed* (co-écrit par Terry Hall des Specials) et *Can't stop the world* s'articulent autour des riffs de Charlotte Caffey et Jane Wiedlin, des rythmes de Gina Schock et Kathy Valentine et des chœurs de Belinda Carlisle. *Tonite* et *You can't walk in your sleep* se distinguent par la guitare de Caffey.

Les paroles sont celles d'un groupe à l'hédonisme californien. Mais les Go-Gos ne se limitent pas cette image insouciante. *This Town*, sous l'apparence d'une ode à L.A., contient des versets sombres, annonciateurs de la dissolution du groupe dans les drogues et l'autodestruction. **PE**

Motörhead
No sleep 'til Hammersmith (1981)

Label | Bronze
Production | Vic Maile
Direction artistique | Hugh Gilmour
Pays | Royaume-Uni
Durée | 40:34

No sleep 'til Hammersmith de Motörhead est l'un des albums live les plus importants de l'histoire du rock. Le *wall of dirty sound* qu'on y entend est l'œuvre de seulement trois musiciens : le chanteur, bassiste et leader Ian « Lemmy » Kilmister (ex-Hawkwind), le guitariste Eddie « Fast » Clark, et le batteur Phil « Philthy Animal » Taylor.

Le trio londonien a rencontré le succès avec plusieurs albums, et il se trouve au sommet de sa forme au moment d'enregistrer ce classique, qui prend la tête des charts britanniques en une semaine.

La musique y est écrasante, délivrée avec la puissance d'un ouragan : basse disloquée, riffs déchaînés, solos de guitare perçants et rythmiques lourdes délivrées par une batterie à deux grosses caisses (sur lesquelles figure le blason de *Ace of spades*). Les paroles de Lemmy évoquent le mode de vie déjanté typiquement associé au rock'n'roll, même si les références aux épopées de l'Ouest américain et aux films de guerre ne sont jamais bien loin.

Enracinée dans la tradition du hard rock des années 60 et 70, la musique est portée par une incroyable énergie punk. Même s'il a joué avec les Damned, Lemmy ne s'est toutefois jamais reconnu dans la tendance d'extrême gauche de ce mouvement, répétant sans cesse que Motörhead n'était qu'un groupe de rock'n'roll. L'insigne portée par Lemmy et l'image d'un groupe vêtu de cuir noir imposent Motörhead comme les Hell's Angels du rock (d'ailleurs, Iron Horse est un signe de reconnaissance pour ces gangs de motards). On en veut pour preuve la dédicace imprimée sur la pochette. **AW-J**

▶II Liste des titres

▶	01 **Ace Of Spades** (Clark•Kilmister•Taylor)	3:01
	02 **Stay Clean** (Clark•Kilmister•Taylor)	2:50
	03 **Metropolis** (Clark•Kilmister•Taylor)	3:31
	04 **The Hammer** (Clark•Kilmister•Taylor)	3:05
	05 **Iron Horse** (Brown•Taylor•Tramp)	3:58
	06 **No Class** (Clark•Kilmister•Taylor)	2:34
	07 **Overkill** (Clark•Kilmister•Taylor)	5:13
▶	08 **(We Are) The Road Crew** (Clark•Kilmister•Taylor)	3:31
	09 **Capricorn** (Clark•Kilmister•Taylor)	4:40
▶	10 **Bomber** (Clark•Kilmister•Taylor)	3:24
▶	11 **Motorhead** (Kilmister)	4:47

Soft Cell
Non-Stop Erotic Cabaret
(1981)

Label | Some Bizzare
Production | Mike Thorne
Direction artistique | Andrew Prewett
Pays | Royaume-Uni
Durée | 40:38

À l'époque de *The Art of falling apart* (1983), l'opinion de Marc Almond sur l'industrie du sexe était sombre. Avec *Non-Stop Erotic Cabaret*, Almond et son ami Dave Ball, étudiant en Beaux-Arts, découvrent les bas-fonds de Londres avec le regard romantique et naïf de deux jeunes qui sortent de leur banlieue pour la première fois. Le titre vient d'une enseigne de Soho, et la revue qu'Almond tente de dissimuler sur la pochette n'est sûrement pas le *Melody Maker*. Le duo prend d'ailleurs son rôle d'ambassadeur du sordide un peu trop au sérieux, notamment avec la vidéo lubrique qu'ils ont réalisée pour le cabotin *Sex Dwarf*.

Toutefois, ce n'est pas là l'unique thème de *Non-Stop Erotic Cabaret*. Ce premier album est un mélange de candeur et de désenchantement, ce que reflète la pochette. *Frustration*, *Secret Life* et *Chips on my Shoulder* dressent un portrait des faubourgs où ont grandi Almond et Ball. *Bedsitter* décrit ce qui s'est passé lorsqu'ils les ont quittés. Les titres phares sont *Youth* et la chanson d'amour finale *Say Hello, Wave goodbye*, qui posent les bases de toute la carrière d'Almond, ainsi que *Tainted Love*, le troisième single du groupe après le maxi 45 tours *Mutant Moments* et *Memorabilia*, pionnier de la dance qui a été n° 1 dans pas moins de dix-sept pays.

Le groupe se disperse deux ans plus tard lorsque Almond, à cran suite à une mauvaise critique du *Record Mirror*, se rue dans les bureaux du journal. Son isolement ne durera que quelques jours, mais marquera la fin de Soft Cell. **WF-J**

▶II Liste des titres

	01 Frustration (Almond•Ball)	4:12
▶	02 Tainted Love (Cobb)	2:34
	03 Seedy Films (Almond•Ball)	5:05
	04 Youth (Almond•Ball)	3:15
▶	05 Sex Dwarf (Almond•Ball)	5:15
	06 Entertain Me (Almond•Ball)	3:35
	07 Chips On My Shoulder (Almond•Ball)	4:05
▶	08 Bedsitter (Almond•Ball)	3:36
	09 Secret Life (Almond•Ball)	3:37
▶	10 Say Hello, Wave Goodbye (Almond•Ball)	5:24

Orchestral Manœuvres in the dark
Architecture and morality
(1981)

Label I Dindisc
Production I Richard Manwaring • OMD
Direction artistique I Peter Saville • Brett Wickens
Pays I Royaume-Uni
Durée I 37:02

Les détracteurs de la scène de la pop synthétique anglaise du début des années 80 sont prompts à dénigrer le manque de chaleur ou l'absence d'âme de cette musique. Pourtant, au début de leur carrière, OMD créait de la musique pop sensuelle avec des techniques expérimentales. Ce n'est d'ailleurs pas une coïncidence si les titres de *Architecture and morality* (en dehors du brillant *Sealand*, morceau épuré) durent presque tous trois minutes trente. Un titre comme *She's leaving* est une référence explicite aux Beatles, autre groupe de Liverpool qui a su combiner expérimentation et succès populaire, et à une échelle beaucoup plus grande.

Andrew McCluskey et Paul Humphreys ont été brièvement hébergés par le label Factory, où ils ont rencontré le designer Peter Saville, créateur de l'austère graphisme de pochette, considéré aujourd'hui comme l'un des plus emblématiques de l'époque. Dans un coup de génie conceptuel arrogant, ils écrivent chacun une ode à la plus célèbre des martyres catholiques françaises. Les deux s'appellent *Joan of Arc*, et sortent à quelques mois d'intervalle. Devant la panique des patrons de Virgin qui craignent la confusion, *Maid of Orleans* est ajouté entre parenthèses au titre du second single. Le groupe devra attendre cinq ans de plus pour percer aux États-Unis, où ils bénéficieront du parrainage du réalisateur de films pour adolescents John Hughes. *Architecture and morality* demeure non seulement leur meilleur album, mais l'un des plus grands disques de pop synthétique de tous les temps. **JDo**

▶II Liste des titres

▶	01 The New Stone Age (McCluskey)	3:22
▶	02 She's Leaving (Humphreys•McCluskey)	3:28
▶	03 Souvenir (OMD)	3:34
	04 Sealand (Humphreys•McCluskey)	7:47
▶	05 Joan Of Arc (McCluskey)	3:46
▶	06 Joan Of Arc (Maid Of Orleans) (McCluskey)	4:10
	07 Architecture And Morality (Humphreys•McCluskey)	3:43
	08 Georgia (Humphreys•McCluskey)	3:24
	09 The Beginning And The End (Humphreys•McCluskey)	3:48

Brian Eno and David Byrne
My life in the bush of ghosts
(1981)

Label I Sire
Production I David Byrne • Brian Eno
Direction artistique I Brian Eno • Peter Saville
Pays I Royaume-Uni • États-Unis
Durée I 40:06

En 1981, les rockeurs à cheveux permanentés et décolorés de REO Speedwagon font la loi. Mais alors que leur *Hi Infidelity* est n° 1, un album sans tube ni refrain fédérateur se faufile dans le Top 50 du Billboard.

My life in the bush of ghosts s'inspire du *Movies* (1979) de Holger Czukay. Mais à moins que vous ne fassiez partie des rares personnes à connaître ce disque, pensez au troisième album de Peter Gabriel ou à Talking Heads de la période Eno-Byrne. À l'origine, cet album devait précéder le *Remain in light* de ces derniers, mais a été différé puis remanié, en raison de contentieux juridiques.

Rythmes tribaux, funk et ambiances électroniques sont mis en valeur par des samples de chanteurs, d'émissions de radio et de prêches évangélistes. *The Jezebel Spirit*, notamment, met en scène un exorciste (« Ce n'est même plus du blasphème : Byrne et Eno ont banalisé l'événement », se lamente alors *Rolling Stone*).

America is waiting et *Regiment* sont les plus proches du rock tel que nous le connaissons. Le reste est sinistre (*Mea Culpa*), effrayant (*Moonlight in glory*, petite sœur du *Seen and not seen* de *Remain in light*), ou juste charmant.

Dans certaines éditions ultérieures, le titre *Qu'ran* de l'album original a été remplacé par *Very Very Hungry*, la face 2 du single *Jezebel*, afin de se soustraire aux objections des islamistes. *Bush of ghosts* demeure le témoin des dons d'anticipation de Byrne et Eno (sampling hip-hop et introduction des musiques du monde) et du pouvoir d'attraction que peut avoir la musique lorsqu'elle choisit d'enfreindre toutes les règles. **BM**

▶ II Liste des titres

▶ 01 America Is Waiting (Byrne•Eno•Laswell •Van Tieghem•Wright) 3:37
▶ 02 Mea Culpa (Byrne•Eno) 3:43
03 Regiment (Byrne•Eno•Jones) 3:57
04 Help Me Somebody (Byrne•Eno) 4:19
▶ 05 The Jezebel Spirit (Byrne•Eno) 4:57
06 Qu'ran (Byrne•Eno) 3:47
07 Moonlight In Glory (Byrne•Eno) 4:22
08 The Carrier (Byrne•Eno) 3:35
09 A Secret Life (Byrne•Eno) 2:30
10 Come With Us (Byrne•Eno) 2:42
11 Mountain Of Needles (Byrne•Eno) 2:37

Black Flag
Damaged (1981)

Label I SST
Production I Black Flag • Spot
Dir. art. I Ed Colver (photographie)
Pays I États-Unis
Durée I 34:33

Frayant sa route au napalm pour entrer sur la scène punk californienne du début des années 80, *Damaged* est l'un des albums les plus enragés et provocateurs de tous les temps : c'est le disque définitif du hardcore américain.

Le groupe Black Flag enregistre déjà depuis trois ans avant la sortie du disque, mais lorsque Henry Rollins s'empare du micro, la donne change. Sa présence physique solide et tenace, soutenue par la guitare puissante du fondateur Gregg Ginn, secoue la communauté punk de Los Angeles avec une telle férocité que les membres du groupe sont alors considérés par certaines sections de la police de Los Angeles comme des « terroristes politiques », et sont placés sous surveillance. Même agrémenté de l'humour de Ginn et de l'intelligence de Rollins, *Damaged* reste en effet de la musique dangereuse.

MCA Records refuse d'éditer l'album, déclarant qu'il est « immoral ». Mais lorsque Ginn parvient à le publier sous son propre label, SST, le visage du punk rock américain est changé à jamais. *Damaged* a contribué à poser les jalons du circuit punk DIY qui existe aujourd'hui aux États-Unis : le groupe part en tournée sans rien d'autre qu'un van, une carte routière et la rage au ventre.

Alors que les premiers albums ont un son plus proche du punk originel de 1977,

Damaged introduit l'étincelle hardcore/thrash/metal qui va faire leur renommée. Les titres *Rise Above*, *Six Pack* et l'excellent *Life of pain* sont des odes courtes, rapides et énergiques au ras-le-bol adolescent, et sonnent toujours de façon aussi pertinente et subversive aujourd'hui qu'en 1981. **Tsc**

X
Wild Gift (1981)

Label | Slash
Production | Ray Manzarek
Direction artistique | E. Cervenka • J. Doe
Pays | États-Unis
Durée | 33:40

Avec son deuxième album, le groupe X de Los Angeles n'a rien laissé au hasard, refusant de s'enfermer dans un cadre défini. Il fait équipe une seconde fois avec le « cinquième X », Ray Manzarek, à la fois producteur et claviériste de l'album, et imagine un son rock dense et puissant qui, sans renier son passé punk, revient aux racines du rock (notamment grâce au talent du guitariste Billy Zoom). Cet album contient également le nonchalant *White Girl*, un *In this house that I call home* aux accents presque rockabilly, ainsi que le frénétique *When our love passed out on the couch*.

Rappelons que *Wild Gift* est l'œuvre d'un groupe qui essuie alors massivement les refus de la radio, de la télévision et de l'industrie musicale en général. En dépit d'un album live extrêmement populaire, signé chez Warner, l'image transgressive du groupe lui barre l'accès aux médias, dans un contexte où dominent les dinosaures des années 70 comme Fleetwood Mac (bien qu'aujourd'hui, il soit difficile de comprendre quelle différence irréconciliable séparait, par exemple, Christine « Exene » Cervenka de Christine McVie). Le groupe réagira de manière controversée, s'attachant à conquérir un public toujours plus large en assouplissant le son et le style des albums suivants, avant de s'arrêter pour longtemps. *Wild Gift* est donc le dernier véritable X original. Il a été réédité en compilation avec le premier album *Los Angeles*, et récemment avec des titres bonus comprenant différentes versions live, des remixes et des inédits. **DN**

The Psychedelic Furs
Talk, Talk, Talk (1981)

Label | Columbia
Production | Steve Lillywhite
Direction artistique | Howard Fritzson
Pays | Royaume-Uni
Durée | 41:11

Les Psychedelic Furs sont l'un des nombreux groupes des années 80 à avoir su brillamment maintenir l'équilibre entre art-rock underground et succès commercial. Leur deuxième album *Talk, Talk, Talk,* marque leur apogée. Le spectre de leur influence est immense : on retrouve certains éléments de leur musique aussi bien chez Ryan Adams que dans le style vocal de VNV Nation.

Produit par Steve Lillywhite (U2, Peter Gabriel), le titre phare de l'album est *Pretty in pink*, qui connaîtra une seconde carrière en 1986 en apparaissant dans le film de John Hugues *Rose bonbon*. *Pretty in pink* résume l'esprit de l'album, qui explore le versant obscur des relations humaines. « Tout l'album est bâti contre les relations amoureuses et l'amour, et prône le sexe pour le sexe », explique le chanteur Richard Butler en 1997. Ce thème est repris dans *Into you like a train*, dont le seul titre définit clairement le propos (Butler affirmera par la suite avoir écrit cette chanson dans le train en se rendant au studio londonien dans lequel *Talk, Talk, Talk* était enregistré).

S'appuyant sur les guitares robustes de John Ashton et Roger Morris, *Talk, Talk, Talk* introduit des éléments pop dans le traditionnel son rock underground très énergique du groupe. Avec la participation du frère de Butler, Tim, à la basse, du batteur Vince Ely et du saxophone si particulier de Duncan Kilburn, on comprend pourquoi *Talk, Talk, Talk* a été le premier album du groupe à accéder au hit-parade américain, faisant de leurs auteurs l'un des groupes de rock britanniques les plus importants des années 80, bien que toujours mésestimé. **AH-N**

The Human League
Dare ! (1981)

Label | Virgin
Production | Human League • M. Rushent
Direction artistique | Human League
Pays | Royaume-Uni
Durée | 39:31

Théoriquement, cet album n'aurait pas dû voir le jour, les membres fondateurs de The Human League, Martyn Ware et Ian Craig Marsh, quittent le groupe pour fonder Heaven 17. Mais le chanteur leader Phil Oakey prend la décision courageuse de les remplacer par deux étudiantes de Sheffield. Quelle chance avaient-ils de sortir le plus grand album du monde ?
Oakey aurait découvert Joanne Catherall et Suzanne Sulley dans un club de Sheffield, le Crazy Saisies. Les deux choristes ont réussi à trouver l'équilibre parfait entre le glamour et l'ordinaire, et ainsi à refréner les élans avant-gardistes d'Oakey et de Phil Adrian Wright. « Lorsqu'on a entendu pour la première fois *Sound of the crowd*, ce n'était que thump-crash-thump-crash, raconte Sulley, mais nous savions que ce serait un tube. On pouvait danser dessus ». *Dare !* apparaît ainsi comme le fruit de la fusion entre l'électronique pointue des albums précédents tels que *Travelogue* et *Reproduction* et le disco robotique populaire façon Giorgio Moroder.
Malgré le succès planétaire de *Don't you want me baby*, *Dare !* baigne dans une atmosphère sombre, de l'effrayante interprétation du thème du film *La Loi du milieu*, composé par Roy Budd, à la paranoïa tourmentée de *Darkness*, en passant par la complainte de *Seconds*, proche de John Lennon. Il se trouve que c'est le dernier album que le légendaire journaliste musical Lester Bangs a écouté : sa platine jouait encore les grooves fluides de la face 2 lorsque son corps a été découvert dans son appartement de New York. **JLe**

The Gun Club
Fire of love (1981)

Label | Ruby
Production | Chris D. • Tito Larriva
Direction artistique | Chris D.
Pays | États-Unis
Durée | 39:35

Venu de nulle part, le Gun Club, pionnier du punk psychobilly de Los Angeles, débarque avec un premier album qui va éclipser ses contemporains californiens, et largement inspirer les White Stripes, ainsi que beaucoup d'autres groupes garage des années 2000. Le son est brut et décapant, les paroles souvent psychotiques, et les chansons parmi les meilleures du rock'n'roll américain jamais enregistrées.
En 1980, sous le nom de Creeping Ritual, Pierce et le guitariste Kid Congo Powers tentent d'intégrer la scène punk montante de Los Angeles. Pierce s'inspire d'influences très diverses : blues teinté de country et de rockabilly, références aux Doors et à Creedence Clearwater Revival pour créer un mélange sauvage. Quoi qu'il en soit, *Sex Beat*, *She is like heroin to me*, *For the love of Ivy* et *Jack on fire* sont des titres

qui déménagent, et les interprétations de classiques de country blues comme *Preaching the blues* et *Cool Drink of water*, puisent au cœur même de cette musique et surpassent de loin la technique assommante d'Eric Clapton et de Gary Moore.

Sorti chez un label indépendant avec une pochette représentant un zombie haïtien, *Fire of love* a été salué aux États-Unis comme en Europe et est devenu un album culte. Bien qu'ils compteront souvent de belles chansons, les disques suivants du Gun Club ne l'ont jamais égalé. **GC**

▶II Liste des titres

▶ 01 **Sex Beat** (Pierce)	2:46
▶ 02 **Preaching The Blues** (Son House)	3:57
03 **Promise Me** (Pierce)	2:35
▶ 04 **She's Like Heroin To Me** (Pierce)	2:31
04 **For The Love Of Ivy** (Pierce•Powers)	5:30
06 **Fire Spirit** (Pierce)	2:47
▶ 07 **Ghost On The Highway** (Pierce)	2:42
▶ 08 **Jack On Fire** (Pierce)	4:39
09 **Black Train** (Pierce)	2:12
10 **Cool Drink Of Water** (Johnson)	6:16
11 **Good Bye Johnny** (Pierce)	3:40

Bauhaus
Mask (1981)

Label | Beggars Banquet
Production | Divers
Direction artistique | Daniel Ash
Pays | Royaume-Uni
Durée | 31:48

Bauhaus a beau être le groupe gothique par excellence, leur deuxième album, *Mask*, est la preuve que le quartette britannique (composé de Daniel Ash à la guitare, Peter Murphy au chant, des frères David J. Haskins à la basse et de Kevin Haskins à la batterie) a puisé son inspiration dans un large éventail d'influences.

Les sonorités sont plus avant-gardistes que dans leur premier album, mais l'introduction de mélodies pop contribue à rendre *Mask* plus abordable pour le grand public et à prouver la maturité de leur musique. Il se place d'ailleurs à la 1re place au Top 40 britannique. Sur *Hair of the dog*, *Kick in the eye* et *In fear of fear*, les rythmes quasi primitifs révèlent une théâtralité sombre, tout comme l'introduction de *Of lilies and remains*, un titre plein d'humour noir, qui apparaît comme l'un des plus réussis du quartette. Après leur premier succès *In the flat field*, *Mask* représente une remarquable avancée et confirme le potentiel de chaque musicien (tous les membres ont entrepris des carrières solo réussies après la dissolution de Bauhaus en 1983).

Bauhaus a toujours été connu pour sa rigidité théâtrale, et *Mask* ne fait pas exception : la pochette en noir et blanc de Daniel Ash, l'équilibre parfait entre l'angoisse et l'humour des paroles de l'éloquent Murphy Murphy, ainsi que les concerts aux éclairages blancs (« Les guirlandes colorées sont pour les arbres de Noël », écrivent-ils sur leur site officiel) ont forgé cette réputation. À l'époque de *Mask*, les membres Bauhaus n'ont pas eu besoin des atours du rock moderne. C'est l'une des raisons pour lesquelles il est toujours aussi réjouissant d'écouter cet album aujourd'hui. **AH-N**

▶II Liste des titres

▶ 01 **Hair Of The Dog** (Ash•D. Haskins•K. Haskins•Murphy)	2:42
02 **The Passion Of Lovers** (Ash•D. Haskins•K. Haskins•Murphy)	3:52
▶ 03 **Of Lilies And Remains** (Ash•D. Haskins•K. Haskins•Murphy)	3:18
04 **Dancing** (Ash•D. Haskins•K. Haskins•Murphy)	4:47
▶ 05 **Kick In The Eye** (Ash•D. Haskins•K. Haskins•Murphy)	3:39
▶ 06 **In Fear Of Fear** (Ash•D. Haskins•K. Haskins•Murphy)	2:58
07 **Muscle In Plastic** (Ash•D. Haskins•K. Haskins•Murphy)	2:51
08 **The Man With X-Ray Eyes** (Ash•D. Haskins•K. Haskins•Murphy)	3:05
09 **Mask** (Ash•D. Haskins•K. Haskins•Murphy)	4:36

Bobby Womack
The Poet (1981)

Label | Beverly Glen
Production | Tom Cartwright
Direction artistique | Ginny Livingston
Pays | États-Unis
Durée | 39:37

Les années 70 se sont mal terminées pour Bobby Womack. Après avoir connu la gloire avec des tubes comme *Woman's gotta have it* et *Lookin' for a love* au début de la décennie, il subit coup sur coup des problèmes de drogues, la mort de son jeune fils, un changement de label et plusieurs choix de carrière hasardeux (dont son échappée country décevante, *BW Goes C&W*).

Lorsqu'il quitte Arista pour le label indépendant Beverly Glen, Womack a besoin de revenir sur le devant de la scène. C'est ce qu'il fait avec *The Poet*. La pochette de l'album, qui le représente en costume lavande dans une attitude typique de la fin des années 70, est une parfaite introduction à ce qui demeure l'une des meilleures collections de chansons soul de l'époque.

Le ténor possède une voix aussi sexy que celle de Wilson Pickett (qui a enregistré plusieurs morceaux de Womack) sur le morceau d'ouverture *So many sides of you*, puis il se lance dans une performance vocale digne de Barry White dans *Your lovin' on me*. Le rythme se fait encore plus sensuel avec *Just my imagination*, et se change en une fête à la Sly Stone sur le très funky *Stand up*. Les racines gospel de Womack s'affirment un peu plus à travers les somptueux morceaux de clôture *If you think you're lonely now* et *Where do we go from here*.

The Poet a été un triomphe qui a permis à Womack de retrouver la tête du classement des albums de R&B, avec trois premières places au classement des singles, dont le plus réussi, *If you think you're lonely now*, a atteint la 3e place aux États-Unis.

JiHs

Tom Tom Club
Tom Tom Club (1981)

Label | Sire
Production | Chris Frantz • Tina Weymouth
Direction artistique | Non créditée
Pays | États-Unis
Durée | 36:49

Chris Frantz et Tina Weymouth fondent le Tom Tom Club en 1981 à titre d'exutoire créatif personnel, alors qu'ils collaborent avec Talking Heads. Leur premier album se faufile doucement dans la conscience collective en touchant la corde sensible. Leur passion évidente pour le groove et leur plaisir à explorer ce nouveau territoire séduit leurs auditeurs. Au final, le groupe devient l'une des premières influences du mouvement hip-hop, et l'idée que tout le monde peut faire partie de leur « club » musical achève d'emporter l'adhésion du public.

Au départ, Chris et Tina engagent le légendaire producteur de reggae Lee « Scratch » Perry, mais celui-ci ne se rend pas aux sessions d'enregistrement. À la place, ils adoptent donc l'éthique DIY avec le concours d'un jeune ingénieur du son jamaïcain, Steven Stanley, et d'un guitariste, Adrian Belew, dont les riffs espiègles s'accordent à la perfection avec les comptines du Tom Tom Club.

Ces morceaux ont été samplés par presque toutes les pointures du rap : *High speed* de 2Pac & Outlawz, *Who needs* de Black Eyed Peas, *It's nasty/Genius of Love* de Grandmaster Flash and the Furious Five, *Fantasy* de Mariah Carey, *Tomorrow People* de Ziggy Marley and the Melody Makers, *One Mo de Coolio* ou *Wordy Rappinghood* de Chicks on Speed, pour n'en citer que quelques-uns.

Wordy Rappinghood atteint la tête du hit-parade dans dix-sept pays, mais n'est jamais sorti en single aux États-Unis. D'autres morceaux ont été samplés par LL Cool J dans *Hot, Hot, Hot* et par Sean « Puffy » Combs dans *Puff Daddy's Groove*. **KCs**

Rush
Moving Pictures (1981)

Label | Mercury
Production | Terry Brown • Rush
Direction artistique | Hugh Syme
Pays | Canada
Durée | 39:44

Attirant un public nombreux lors de ses concerts depuis le milieu des années 70, Rush est l'un des rares groupes de rock progressif à avoir su réagir à l'apparition de la new-wave. En 1980, ce trio originaire de l'Ontario dynamise sa musique avec *Permanent Waves*, son septième album studio, qui reflète les influences de The Police, Talking Heads ou le travail en solo de Peter Gabriel. Il contient *Spirit of radio*, mélange de pop, de metal et de ska, qui prouve que le parolier et batteur Neil Peart est capable d'écrire des chansons sur des thèmes universels.

Le groupe expérimente également des instrumentations non conventionnelles. Le bassiste et chanteur à voix Geddy Lee joue sur des synthétiseurs minimoog, un Oberheim polyphonique et des pédales Taurus. Sur scène, il utilise tous les membres de son corps pour recréer les percées technologiques de l'album. Le disque suivant est encore plus accompli.

Moving Pictures débute par *Tom Sawyer*, abondamment programmé par les stations de radio FM. Cette ode à l'individualisme pose les riffs heavy du guitariste Alex Lifeson sur un fond électronique clinquant, tandis que Peart déploie ses percussions rapides pour soutenir l'ensemble. Le phrasé mélodique de Lee illumine le plaidoyer pour l'intimité qu'est *Limelight*, tandis que *Vital Signs* associe des refrains spectaculaires à du reggae futuriste. *The Camera Eye* signe un retour aux épopées progressives, avec un décor toutefois plus urbain que fantastique.

Quadruple disque de platine, *Moving Pictures* est leur album qui s'est le mieux vendu en trente ans de carrière. **MAs**

Abba
The Visitors (1981)

Label | Polydor
Production | B. Andersson • B. Ulvaeus
Direction artistique | Rune Soderqvist
Pays | Suède
Durée | 38:01

Après avoir brillé plus longtemps que nombre de groupes talentueux, Abba, autrefois une joyeuse famille formée de deux couples, devient une formidable équipe d'écriture et de production (Benny et Björn) assortie de deux ex-épouses (Agnetha et Anni-Frid) qui cessent d'être les meilleures amies du monde – constat peu surprenant après huit années de vie commune. Suite à une première période durant laquelle ils imaginent une pop idéale baignée de riches harmonies, Abba commence à atteindre sa maturité, et cette évolution se reflète dans leur musique, en particulier à travers les paroles de Björn.

When all is said and done relate la séparation de Benny et Anni-Frid, tandis que le premier single, *One of us*, propose une réflexion plus générale sur les tribulations de l'amour. Pourtant, le single suivant *Head over heels* ne parvient pas à atteindre le Top 20 britannique : leur hégémonie sur le royaume de la pop est déjà sur le déclin.

La chanson-titre expose les préoccupations des activistes politiques en Russie, et *Soldiers* est construit sur un axe similaire, tandis que *Two for the price of one* est une fantaisie étrange.
Il ne fallait pas s'attendre à ce qu'un album de divorcés soit aussi joyeux et enlevé que celui de deux couples mariés. Cependant, *The Visitors* est le septième album d'Abba à atteindre la tête des hit-parades britanniques, et demeure leur œuvre la plus provocante et originale. Par la suite, seuls Benny et Björn continueront à faire parler d'eux, en particulier avec *Chess*, la comédie musicale à laquelle ils collaboreront au côté de Sir Tim Rice. **JT**

ABC
The Lexicon of love (1982)

Label | Neutron
Production | Trevor Horn
Direction artistique | Visible Ink • ABC
Pays | Royaume-Uni
Durée | 37:25

Originaire de la scène de Sheffield qui a vu naître Cabaret Voltaire et The Human League, le groupe ABC de Martin Fry joue un punk funky et arty. Le chanteur des Buggles, Trevor Horn, vient de produire une série de singles pop doucereux pour le groupe Dollar. Leur union aurait pu être un désastre, mais elle se révèle être au contraire réussie, au paradis de la pop. Fan de rock progressif, Horn est initié aux obsessions post-punk de ABC. Dans le même temps, il fait découvrir au groupe le potentiel illimité du studio. « Il nous a donné les clés du magasin de bonbons, raconte Fry. Trevor nous disait : "si vous voulez de la pizza, je vous donne de la pizza ; si vous voulez une section de cordes, je vous donne une section de cordes". »
Horn et Fry programment les arrangements de chaque chanson à l'aide d'une boîte à rythmes et d'un séquenceur rudimentaire, le minimoog. Puis le groupe réenregistre chaque section, effaçant les enregistrements de synthé au fur et à mesure. « On travaillait rapidement, un véritable jeu d'enfant, explique Horn. »
Les titres punk-funk *Tears are not enough* et *Poison arrow* sont exécutés avec la plus grande précision, avant d'être habillés des luxueuses orchestrations d'Anne Dudley. Ces arrangements grandioses sont constamment déséquilibrés par les paroles dépouillées et magnifiques de *Fry* sur l'impossibilité de l'amour et la nature illusoire de la beauté.
Cette tension reflète parfaitement les contradictions qui sont à l'œuvre au sein de cette intelligente mouvance « new pop » du début des années 80. Le génie de *The Lexicon…* est d'être parvenu à s'y conformer sans jamais tomber dans la suffisance ou la parodie. **JLe**

▶II Liste des titres

01 **Show Me** (Fry•Palmer•Singleton•White) 4:01
▶ 02 **Poison Arrow** (Fry•Lickley•Singleton•White) 3:22
03 **Many Happy Returns** (ABC) 3:57
04 **Tears Are Not Enough** (Fry•Lickley•Singleton •White) 3:28
05 **Valentine's Day** (ABC) 3:40
▶ 06 **The Look Of Love, Pt. 1** (Fry•Palmer•Singleton •White) 3:27
07 **Date Stamp** (ABC) 3:51
▶ 08 **All Of My Heart** (Fry•Lickley•Singleton•White) 5:12
09 **4 Ever 2 Gether** (ABC•Dudley) 5:29
10 **The Look Of Love, Pt. 2** (Fry•Palmer•Singleton •White) 0:58

Prince
1999 (1982)

Label | Warner Bros.
Production | Prince
Direction artistique | Prince
Pays | États-Unis
Durée | 69:27

« *Masturbating with a magazine ?* » Difficile de croire que cet extrait piquant du *Darling Nikki* de *Purple Rain* ait pu s'attirer les foudres des associations parentales américaines. Où étaient donc ces gardiens de la morale deux ans auparavant, lorsque Prince proférait ad libitum des insanités telles que « *I sincerely wanna fuck the taste right outta your mouth* » (ce que Tina Turner a préféré omettre lorsqu'elle reprit *Let's pretend we're married*) ?

On ne refait pas Prince. Ceux qui avaient écouté l'album *Dirty Mind*, sorti en 1980, n'ont pas été surpris. La révélation de 1999 révèle plutôt la manière dont Prince est parvenu à redéfinir son style à partir d'une palette d'emprunts éhontés. Les rythmes mécaniques et les voix modifiées rappellent *The Electric Spanking of war babies* de Funkadelic, mais Prince peut compter sur la qualité de ses chansons pour faire passer le tout.

Le pari est gagné sur la face 1. On se demande vraiment s'il existe une salve d'ouverture rock'n soul plus puissante que sur *1999*, *Little Red Corvette* et *Delirious*.

Mais attardons-nous plutôt sur les trésors cachés. *Lady Cab Driver* est un morceau de funk hors norme et, *Free* est une flamme vacillante qui annonce le brasier *Purple Rain*. Et *D.M.S.R.* nous offre une romance sexuelle taillée pour la danse, tandis que *International Lover* est juste splendide de stupidité.

L'album *Control* de Janet Jackson, copie conforme de *1999*, témoigne de l'impact de cet album, dont l'héritage est aujourd'hui perpétué par les Neptunes. Prince est même parvenu à faire passer la pochette de son disque, sur laquelle on le voit poser nu au milieu de néons lumineux. Si ce n'est pas du talent… **BM**

▶II Liste des titres

▶ 01 **1999** (Prince)	6:15
▶ 02 **Little Red Corvette** (Prince)	5:04
03 **Delirious** (Prince)	4:00
▶ 04 **Let's Pretend We're Married** (Prince)	6:15
05 **D.M.S.R.** (Prince)	8:17
06 **Automatic** (Prince)	9:29
07 **Something In The Water (Does Not Compute)** (Prince)	4:02
08 **Free** (Prince)	5:09
09 **Lady Cab Driver** (Prince)	8:19
10 **All The Critics Love U In New York** (Prince)	5:59
11 **International Lover** (Prince)	6:38

Grandmaster Flash and the Furious Five
The Message (1982)

Label I Sugar Hill
Production I Sylvia Robinson
Direction artistique I Hemu Aggarwal
Pays I États-Unis
Durée I 44:00

Le premier album du tout premier crew hip-hop à enregistrer un vinyle marque aussi la première participation de l'ensemble du collectif à un enregistrement. Dans les œuvres précédentes, le DJ Grandmaster Flash avait été remplacé par l'équipe du studio Sugar Hill. *The Message* est un jalon essentiel dans l'histoire du hip-hop, avec l'apparition de paroles chantées et parlées sur des breakbeats empruntés à des disques de funk oubliés. *Scorpio* tire son titre de l'original de Dennis Coffey, *It's nasty* de Tom Tom Club, tandis que *The Adventures…* est un long morceau réalisé aux platines par Flash et qui reflète la virtuosité et la créativité qui ont donné naissance au genre. Les arrangements de *Rapture* (Blondie), *Another One bites the dust* (Queen) et *Good Times* (Chic) sont entremêlés pour former un nouveau paysage sonore destiné aux pistes de danse, plate-forme idéale pour l'expression des talents vocaux des MCs du groupe.

Cependant, le public de l'époque a surtout été marqué par les paroles ouvertement sociopolitiques de *The Message*. Évoquant la poésie de Gil Scott-Heron et des Last Poets, le titre inaugure une tradition hip-hop ciblée sur les préoccupation de la rue, en rendant compte des injustices et des conditions de vie des pauvres des cités de New York. Cette direction va être suivie par de futurs défricheurs comme Public Enemy et KRS One.

Le véritable succès du groupe est cependant lié à ses singles, et c'est pour ceux-ci que l'on se souviendra du groupe. Des désaccords sur les revenus et les royalties ont finalement eu raison du groupe. **CR**

▶II Liste des titres

	01 She's Fresh (Edwards•Knight)	4:57
▶	02 It's Nasty (Frantz•Weymouth)	4:18
▶	03 Scorpio (Glover•Morris•Wiggins•Williams)	4:55
	04 It's A Shame (Mt. Airy Groove) (Garrett HarmonLloyd•Napoleon•Wonder•Wright)	4:57
	05 Dreamin'(Henry)	5:46
	06 You Are (Grandmaster Flash)	4:50
▶	07 The message (Chase•Fletcher•Glover•Robinson)	7:11
▶	08 The Adventures Of Grandmaster Flash On The Wheels Of Steel (Chase•Glover •Jackson•Robinson)	7:06

Elvis Costello and the Attractions
Imperial Bedroom (1982)

Label | F-Beat
Production | Geoff Emerick
Direction artistique | Barney Bubbles
Pays | Royaume-Uni
Durée | 50:50

Six albums en cinq ans. Et pourtant, pas de fausse note. Émergeant de la scène punk, l'énergique et prolifique Elvis Costello s'est bercé d'illusions avec Abba, puis rend hommage à la soul, allant même à Nashville pour enregistrer un album de country sans prétention. Par la suite, il recrute le producteur Geoff Emerick, avec qui il travaille sur ce qui va progressivement devenir un album de pop luxueuse et impétueuse, au charme sombre. Si toutefois une musique aussi coupable, mélancolique et désespérée peut être décrite comme de la pop.

The Attractions prouvent que le génie n'est pas toujours l'apanage du leader. « Lâche-toi, écris un arrangement vraiment excentrique » : telles sont les instructions de Costello à Steve Nieve pour *... And in every home*. Et le moins qu'on puisse dire, c'est qu'il a été entendu !

Imperial Bedroom est-il le chef-d'œuvre de Costello, comme l'affirme alors la campagne de promotion aux États-Unis ? Certains critiques décrient ce qu'ils considèrent comme un mélodrame surproduit, et les ventes sont décevantes. Plus de vingt ans après, la musique continue pourtant de briller, et les mots sont toujours aussi incisifs. Le terme chef-d'œuvre ne semble pas exagéré. *Imperial Bedroom* reste audacieux et fascinant, un concentré d'émotion, le poing serré dans un gant de velours.

Élément intéressant, le dessin qui imite Picasso et qui illustre la pochette définit si bien la musique de Costello. Il est attribué à « Sal Forlenza, 1942 » ; en réalité, il ne s'agit que du nom de plume utilisé par le grand Barney Bubbles. **RF**

▶II Liste des titres

▶	01 Beyond Belief (Costello)	2:34
	02 Tears Before Bedtime (Costello)	3:02
▶	03 Shabby Doll (Costello)	4:48
	04 The Long Honeymoon (Costello)	4:15
▶	05 Man Out Of Time (Costello)	5:27
▶	06 Almost Blue (Costello)	2:50
▶	07 ... And In Every Home (Costello)	3:23
	08 The Loved Ones (Costello)	2:48
	09 Human Hands (Costello)	2:43
	10 Kid About It (Costello)	2:45
	11 Little Savage (Costello)	2:37
	12 Boy With A Problem (Costello•Difford)	2:13
	13 Pidgin English (Costello)	3:58
	14 You Little Fool (Costello)	3:11
▶	15 Town Cryer (Costello)	4:16

The Cure
Pornography (1982)

Label I Fiction
Production I The Cure • Phil Thornalley
Direction artistique I The Cure • Ben Kelly
Pays I Royaume-Uni
Durée I 43:20

Robert Smith forme le groupe The Easy Cure lorsqu'il est au lycée en 1976, dont il raccourcit par la suite le nom à The Cure. Leur premier single sort en 1978 chez Fiction Records. Après un premier disque inégal, le groupe réalise quelques-uns des meilleurs albums du début des années 80. *Pornography* est le meilleur et le plus sombre de la première période des Cure, une éblouissante immersion dans l'esprit extraordinaire de Robert Smith.

S'appuyant sur de puissants motifs de batterie et de basse répétitifs, l'album est une œuvre d'une grande obscurité qui s'étend sur quarante-trois minutes. En dépit de sa noirceur, la musicalité de l'album est remarquable. La basse grave de Simon Gallup, mêlée à la batterie monotone de Tolhurst, et la voix impassible de Smith composent la bande sonore idéale pour tout amateur de rock gothique, tandis que les paroles de Smith plongent dans un abîme de noirceur sur *Siamese Twins*, *The Figurehead* et la chanson-titre. Le premier morceau, *One hundred years*, comporte l'un des riffs les plus puissants de l'album et il est toujours plébiscité en concert. *The Hanging Garden*, titre enjoué, est le seul tube de l'album (n° 34 au Royaume-Uni). Le dernier morceau est un collage sonore expérimental, dont les paroles traitent des dégâts infligés à la planète. Le coproducteur Phil Thornalley devient par la suite bassiste des Cure ; puis l'auteur et le producteur du tube *Torn* de Natalie Imbruglia.

Lors de la tournée qui suit la sortie de l'album, Smith et Gallup en viennent aux mains à la fin du dernier concert. Mais après une courte pause, les Cure continuent leur parcours dans une veine plus pop, et Smith travaille épisodiquement avec Siouxsie and the Banshees. **PN**

▶II Liste des titres

▶	01 One Hundred Years (Gallup•Smith•Tolhurst)	6:40
	02 A Short Term Effect (Gallup•Smith•Tolhurst)	4:23
▶	03 The Hanging Garden (Gallup•Smith•Tolhurst)	4:33
	04 Siamese Twins (Gallup•Smith•Tolhurst)	5:30
▶	05 The Figurehead (Gallup•Smith•Tolhurst)	6:15
	06 A Strange Day (Gallup•Smith•Tolhurst)	5:04
	07 Cold (Gallup•Smith•Tolhurst)	4:27
▶	08 Pornography (Gallup•Smith•Tolhurst)	6:28

Kevin Rowland and Dexy's Midnight Runners
Too-Rye-Ay (1982)

Label I Mercury
Production I Clive Langer • Kevin Rowland • Alan Winstanley
Direction artistique I Peter Barrett
Pays I Irlande • Royaume-Uni
Durée I 43:34

Après le succès de *Searching for the young soul rebels*, Kevin Rowland peut difficilement imaginer ce qui attend ses Dexy's : le départ d'une grande partie du groupe, le changement de label et l'échec des singles *Keep it part two, Plan B* et *Liars A to E*. De même, nul n'aurait pu prédire le plan de secours imaginé par le groupe : Rowland recrute trois violonistes spécialisés dans la musique irlandaise.

Le premier single de cette nouvelle formation, *The Celtic Soul Brothers*, n'atteint pas le Top 40. La section de cuivres quitte le groupe et ne réapparaît qu'épisodiquement (ainsi Big Jimmy Patterson, qui a co-écrit neuf chansons de l'album, est absent sur la photo du groupe). Si bien que lorsque les Dexy's donnent un concert pour une station de radio nationale en juin 1982, personne ne sait à quoi s'attendre.

Come on Eileen est le titre de la dernière chance. Sans promotion, il demeure en bas des classements pendant des semaines, avant de décoller pour devenir le single le mieux vendu en Grande-Bretagne en 1982. Au printemps de l'année suivante, il est en tête du hit-parade américain – premier succès aux États-Unis – et les Dexy's sont pris au piège d'une renommée aux proportions mondiales.

Rétrospectivement, *Too-Rye-Ay*, avec sa production pédante et son recours à des vieilles chansons retravaillées, est le moins réussi des trois albums des Dexy's ; mais si c'est là le moins bon de votre collection, vous pouvez vous en féliciter. **DH**

▶II Liste des titres

- ▶ 01 The Celtic Soul Brothers (Billingham•Patterson•Rowland) 3:09
- ▶ 02 Let's Make This Precious (Patterson•Rowland) 4:03
- 03 All In All (This One Last Wild Waltz) (Patterson•Rowland) 4:09
- 04 Jackie Wilson Said (I'm In Heaven When You Smile) (Morrison) 3:04
- 05 Old (Patterson•Rowland) 5:37
- 06 Plan B (Patterson•Rowland) 5:04
- 07 I'll Show You (Patterson•Rowland) 2:40
- ▶ 08 Liars A To E (Patterson•Rowland•Torch) 4:12
- ▶ 09 Until I Believe In My Soul (Patterson•Rowland) 7:01
- ▶ 10 Come On Eileen (Adams•Patterson•Rowland) 4:35

Simple Minds
New Gold Dream (81/82/83/84) (1982)

Label | A&M
Production | Peter Walsh
Direction artistique | Malcolm Garrett
Pays | Royaume-Uni
Durée | 46:02

Même si Simple Minds a déjà cinq albums à son actif avant *New Gold Dream*, la sortie de ce dernier ouvre une brèche qui fait du groupe l'un des grands noms du rock de la fin des années 80.

Les deux grands singles de l'albums, *Glittering Prize* et *Promised you a miracle*, résument le talent de Simple Minds : fabriquer des hymnes pop éblouissants et sophistiqués. Associant un romantisme chaleureux à un mélange de new-wave et de pop, l'album illustre à la perfection l'habileté et la variété de l'écriture de Simple Minds.

La voix de Jim Kerr épouse parfaitement les riches sonorités du claviste Michael MacNeil et du guitariste Charlie Burchill, mais la solidité de l'album repose véritablement sur la diversité des rythmes. À une époque où les batteries acoustiques sont souvent remplacées par des séquences programmées, Simple Minds prend le parti d'employer trois percussionnistes pour les neuf titres de l'album. Associée à la basse de Derek Forbes, cette section rythmique donne une fraîcheur inédite sur laquelle Kerr, Burchill et MacNeil bâtissent des chansons délicates, entraînantes et vibrantes.

Hunter and the hunted propose l'une des plus denses combinaisons d'ambiance et de mélodie du groupe. Complété par les paroles très évocatrices de Kerr, le titre est de loin le sommet de l'album. Mais les concentrés de pop *Promised you a miracle*, *Glittering prize*, ainsi que le troisième single *Someone, somewhere in summertime* expliquent, à eux seuls, que Simple Minds a réussi à percer sur le continent américain. **AH-N**

▶II Liste des titres

- ▶ 01 Someone, Somewhere In Summertime (Burchill•Forbes•Kerr•MacNeil) 4:36
- 02 Colours Fly And Catherine Wheel (Burchill•Forbes•Kerr•MacNeil) 3:49
- ▶ 03 Promised You A Miracle (Burchill•Forbes•Kerr•MacNeil) 4:28
- 04 Big Sleep (Burchill•Forbes•Kerr•MacNeil) 5:00
- 05 Somebody Up There Likes You (Burchill•Forbes•Kerr•MacNeil) 5:02

06 New Gold Dream (81/82/83/84) (Burchill•Forbes•Kerr•MacNeil) 5:39
▶ 07 Glittering Prize (Burchill•Forbes•Kerr•MacNeil) 4:33
▶ 08 Hunter And The Hunted (Burchill•Forbes•Kerr•MacNeil) 5:55
09 King Is White And In The Crowd (Burchill•Forbes•Kerr•MacNeil) 7:00

Madness
The Rise and fall (1982)

Label | Stiff
Production | Clive Langer • Alan Winstanley
Direction artistique | Laurie Lewis
Pays | Royaume-Uni
Durée | 45:36

Madness est au sommet de la gloire lorsque le groupe aborde son quatrième album. Avec le titre *House of fun* et la compilation *Complete Madness*, qui atteignent la 1re place du hit-parade britannique, tout semble parfait. Cette assurance inspire un album riche et sombre, où l'extravagance du passé se mue en quelque chose de plus morbide, mais toujours merveilleusement pop.
Sorte d'album à thème, *The Rise and fall* est composé en partie d'un cycle de chansons qui font référence à des souvenirs d'enfance. Cette idée inspire notamment le mélancolique *Our house* composé par Carl Smyth, qui remporte un succès au Top 10 américain.
Les autres chansons abordent des thèmes plus généraux mais non moins personnels. Dans la chanson-titre, le leader Suggs évoque sa jeunesse dans un Liverpool délabré. Ailleurs, les paroles abordent les sinistres cartels illégaux (*Blue Skinned Beast*), les fanfaronnades des hommes politiques (*Mr Speaker*) et un voyeurisme aliéné (*Primrose Hill*). La veine hallucinatoire de l'ensemble dresse un portrait lucide de l'Angleterre.
À l'instar des célèbres sitcoms britanniques que *The Rise and fall* évoque, le talent de Madness réside dans le mélodrame *Tomorrow's just another day*, un appel de désespoir lancé à travers les barreaux.
Des morceaux comme celui-ci procurent à l'album une résonance profonde et annoncent le ton plus grave des albums à venir. Culminant dans le minutieux et psychédélique récit de tournée *New Delhi*, le sentiment latent d'angoisse et de paranoïa préfigure aussi les dissensions internes qui aboutiront au départ de Mike Barson pendant l'enregistrement de *Keep moving* en 1983. **sc**

▶II Liste des titres

01 Rise And Fall (Foreman•McPherson) 3:16
▶ 02 Tomorrow's Just Another Day (Barson•Smyth) 3:10
03 Blue Skinned Beast (Thompson) 3:22
▶ 04 Primrose Hill (Foreman•McPherson) 3:36
05 Mr. Speaker (Gets The Word) (Barson•McPherson) 2:59
06 Sunday Morning (Woodgate) 4:01
▶ 07 Our House (Foreman•Smyth) 3:23
08 Tiptoes (Barson•McPherson) 3:29
09 New Delhi (Barson) 3:40
▶ 10 That Face (Foreman•McPherson) 3:39
11 Calling Cards (Barson•Foreman•Thompson) 2:19
12 Are You Coming (With Me) (Barson•Thompson) 3:17
13 Madness (Is All In The Mind) (Foreman) 5:25

Donald Fagen
The Nightfly (1982)

Label | Warner Bros.
Production | Gary Katz
Direction artistique | George Delmerico
Pays | États-Unis
Durée | 38:53

Sur la pochette de *The Nightfly*, Donald Fagen écrit : « Les chansons de cet album évoquent certains fantasmes qu'aurait pu avoir un jeune homme issu des banlieues éloignées d'une ville du Nord-Est, entre la fin des années 50 et le début des années 60. » La coda (conclusion musicale) confirme ce que suggère cette remarque : « C'est-à-dire quelqu'un de même taille, poids et carrure que moi. »

Le premier album solo de Fagen évoque ses années de formation, bien loin de son espièglerie coutumière. Le chanteur passe son enfance à Kendall Park dans le New Jersey et il échappe aux rêveries romantiques propres aux adolescents (énumérées dans le délicieux *Maxine*) en écoutant de façon compulsive du jazz à la radio. La chanson-titre (« Une station indépendante/ WJAZ, avec du jazz et des entretiens ») et la pochette (le disque en bas à gauche n'est autre que *Sonny Rollins and the Contemporary Leaders* de 1958) rendent un hommage nostalgique à cette époque baignée par le jazz radiophonique. Le rock'n'roll est également présent avec une reprise de Ruby Baby, un succès de Dion DiMucci qui est sorti lorsque Fagen avait 15 ans.

Bien sûr, il y a là une certaine ironie, même si celle-ci n'est pas intentionnelle. En dépit de thèmes empruntés aux Beatles, *The Nightfly* semble plus moderne que n'importe quel album de Steely Dan. Produit par Gary Katz et arrangé par l'ingénieur du son Roger Nichols, il est le premier album grand public enregistré entièrement sur matériel numérique. *The Nightfly* reste une référence pour tous les passionnés d'électro-acoustique. **WF-J**

Haircut One Hundred
Pelican West (1982)

Label | Arista
Production | Bob Sargeant
Direction artistique | David Shortt
Pays | Royaume-Uni
Durée | 42:21

1982 fut l'année des Haircut, et l'album Pelican West, auquel s'ajoute l'excellent single *Nobody's Fool*, représente l'œuvre du groupe dans sa formation originale (un deuxième album paraîtra après le départ de Heyward).

Le nom Haircut One Hundred est une allusion directe aux caprices de la mode, définitivement plus inspirée que Smakky Robo Dandy, patronyme sous lequel il s'est fait connaître à Beckenham, dans le Kent, dans les années 70.

L'amour sincère de Heyward pour la pop transparaît ici dans chacun des titres. L'irrésistible et plaintif *Love plus one*, le sobre et funky *Love's got me in triangles* ainsi que *Lemon Firebrigade* séduisent immédiatement. *Calling Captain Autumn* et *Surprise me again* suggèrent une plus forte complexité, sans rien perdre de leur fraîcheur.

Les textes sont toutefois problématiques. Si Heyward se plaît à revendiquer la simplicité de son écriture, une grande partie des chansons est indéchiffrable. Sur *Fantastic Day*, seul le titre permet de penser qu'il est bien question de profiter d'une « fantastique journée ». *Love plus one* est encore plus mystérieux : la vidéo d'époque, sur laquelle les membres du groupe sont déguisés en hommes des cavernes, ne nous laisse que peu d'indices.

Aujourd'hui, la pochette, qui présente un groupe de jeunes gens allongés sur des feuilles mortes vêtus de blanc, et certains arrangements rendent *Pelican West* quelque peu obsolète. Il s'agit pourtant d'un disque hilarant, subtil et enthousiaste, dont le pouvoir d'évocation est resté intact. **DN**

Kate Bush
The Dreaming (1982)

Label | EMI
Production | Kate Bush
Direction artistique | Bill Clark
Pays | Royaume-Uni
Durée | 43:28

S'éloignant des sentiers battus, certaines jeunes stars se droguent, meurent ou, pire encore, flirtent avec Fred Durst. Quatre ans après sa révélation à 19 ans dans *Wuthering Heights*, la so british Kate Bush canalise ses démons à travers un album dérangeant.

Le détonnant *Sat in your lap*, apparemment inspiré par Stevie Wonder, n'est qu'un début. Suivent de sinistres évocations du Vietnam déchiré par la guerre (*Pull out the pin*) et de l'Australie aborigène (*The Dreaming*).

L'album contient aussi *There goes a tenner*, si étrange que c'est le seul single qui n'atteint pas le hit-parade britannique, et *Get out of my house*, dernier titre inspiré par l'intrusion de journalistes peu scrupuleux et du film *Shining*.

Mais il y a de la beauté au cœur de l'horreur. *Suspended in Gaffa* est poignant, sans même que l'on sache de quoi il retourne vraiment. *Night of the swallow* est joliment irlandais et *Houdini* parvient à susciter de la compassion pour les défunts (ce virtuose de l'évasion est représenté sur la pochette, Kate lui tendant une clé en l'embrassant).

À l'époque, *The Dreaming* est un fiasco. « C'était mon album "elle est devenue dingue", mon album "elle n'est plus commerciale" », concède Kate. Aujourd'hui, il s'inscrit dans une lignée d'excentriques, de Pink Floyd (Dave Gilmour, ancien parrain de Bush, fait une apparition dans *Pull out the pin*) à Tricky (qui cite Kate Bush comme influence). Les percussions martelées ont servi de modèle pour celles de *Nine Inch Nails*. Enfin, *Leave it open* se termine sur un phrase chantée à l'envers : « Laissons entrer l'étrangeté. » Accordez-vous une faveur, et faites de même. **BM**

Orange Juice
Rip it up (1982)

Label | Polydor
Production | Martin Hayles
Direction artistique | Pete Watson
Pays | Royaume-Uni
Durée | 42:20

Orange Juice fait partie de cette scène du début des années 80 que son premier label, Postcard, appelle « le son de la jeune Écosse ». Le style de ce groupe indépendant et influent est sincère, romantique, spirituel, naïf, d'une grande richesse d'âme. *Rip it up* marque leur apogée commerciale.

Entre les mains du producteur Martin Hayles, la performance d'Orange Juice devient lumineuse, colorée et même funky, par comparaison avec leurs débuts plus lo-fi. Le disque démarre sur un single placé au Top 10 britannique, une chanson qui allait devenir la carte de visite d'Edwyn Collins. Absorbant le funk blanc tout en lorgnant joyeusement sur Chic, la chanson rend aussi hommage à l'un des premiers titres des Buzzcocks, *Boredom*.

Tous les membres du groupe concourent à la création de *Rip it up*. Zeke Manyika (qui rejoignit plus tard The The) participe à *A million pleading faces*, tandis que l'ancien guitariste de Josef K., Malcolm Ross, écrit *Turn away*, en référence à *Heaven sent* de son ancien groupe. C'est le talent d'écriture de Collins qui se distingue. Deux chansons obscures de l'époque Postcard trouvent un second souffle : *Louise Louise*, aux accents de Velvet Underground, et l'introspectif *Breakfast Time*. Le tube *I can't help myself* s'impose comme le morceau le plus pop et exubérant du groupe, tandis que le dernier titre de l'album, *Tenterhook*, offre un reflet hypnotique et amer de l'amour perdu.

La frustration de Collins à l'égard de l'industrie musicale précipite la fin du groupe.

Rip it up reste l'expression la plus dynamique, la plus vibrante et la plus optimiste du talent d'Orange Juice. **JLa**

Michael Jackson
Thriller (1982)

Label | Epic
Production | Quincy Jones
Direction artistique | Dick Simmerman
Pays | États-Unis
Durée | 42:15

Thriller est entouré d'une nuée de statistiques : plus gros succès de l'histoire, l'album se vend à plus de 40 millions d'exemplaires lors de sa première édition ; un million de copies sont écoulées chaque mois pendant la première moitié de l'année 1983 ; enfin, sur ses neuf titres, sept sont des singles à succès.

Dans l'ensemble, il tient moins bien la route que *Off the wall*, mais certains titres, où fusionnent pop, rock et R&B, parviennent à dépasser ce modèle. Ignorez la chanson-titre ridicule et concentrez-vous sur les chefs-d'œuvre incontestés. Le premier titre funk, *Wanna be startin' somethin'*, a la même fonction que *Don't stop till you get enough* sur *Off the wall* : tisser une trame minimale pour mettre en valeur les hoquets déchaînés de Jackson. Le titre « emprunte » également au *Soul Makossa* de Manu Dibango (les avocats négocient un important règlement à l'amiable). Vous frissonnerez en (ré)écoutant le funk rock décoiffant de *Beat it* (le solo de guitare d'Eddie Van Halen est monté à partir de cinquante prises différentes), tandis que *Human Nature* est une ballade digitale magnifique qui fera l'objet d'une reprise par Miles Davis.

Mais le meilleur morceau est sans conteste *Billie Jean*. La basse électronique donne la chair de poule, tandis que des paroles douteuses vous somment de prendre parti pour la superstar millionnaire paranoïaque contre la mère célibataire démunie. Comme le reste de *Thriller*, il s'agit de pop ouvragée à la machine, méticuleusement enregistrée par les meilleurs musiciens de studio pendant des mois, où aucune fausse note n'est permise.

Le style de vie de Jackson, de plus en plus effrayant par la suite, ne doit pas entacher cet album remarquable. **JLe**

▶II Liste des titres

▶	01 **Wanna Be Startin' Somethin'** (Jackson)	6:02
	02 **Baby Be Mine** (Temperton)	4:20
	03 **The Girl Is Mine** (Jackson)	3:42
	04 **Thriller** (Temperton)	5:57
▶	05 **Beat It** (Jackson)	4:17
▶	06 **Billie Jean** (Jackson)	4:57
▶	07 **Human Nature** (Bettis•Porcaro)	4:05
▶	08 **P.Y.T. (Pretty Young Thing)** (Ingram•Jones)	3:58
	09 **The Lady In My Life** (Temperton)	4:57

The Birthday Party
Junkyard (1982)

Label | 4AD
Production | Tony Cohen
Direction artistique | Ed Roth
Pays | Australie
Durée | 39:13

Les Birthday Party déménagent à Londres en 1980, avec l'idée que le Royaume-Uni est peuplé de groupes intransigeants, à l'image de Fall ou The Pop Group. Au lieu de cela, ils découvrent avec dégoût que la ville est prise de fièvre néo-romantique. Signés par 4AD, ils réalisent *Prayers on fire* en 1981, et commencent à attirer l'attention grâce à leurs performances délirantes et souvent violentes, bénéficiant également du soutien de John Peel pour leur single gothique *Release the bats*.

Junkyard est enregistré dans des circonstances pour le moins chaotiques. Tracy Pew passe trois mois en prison pour vol et ivresse au volant, le batteur Phill Calvert est évincé, le groupe dans son ensemble noie son mal-être dans l'alcool et les narcotiques. Ce chaos est reflété par une musique brutale et puissante, donnant l'impression que chaque musicien joue un morceau différent.

Les paroles de Nick Cave oscillent entre la misogynie meurtrière ordinaire de *6" Gold Blade* et la volée de coups de *Hamlet (Pow, Pow, Pow)*. Sachant la réputation de voleurs de voitures du groupe, le monologue de *Dead Joe*, qui retrace un accident volontaire de la circulation dans la veine de Ballard, pourrait bien être autobiographique. L'imagerie du travestissement de *Big-Jesus-Trash-Can* fait quant à elle écho au délire mécanique grotesque de la pochette.

Extrêmement instable, le groupe vole en éclat à peine un an plus tard. Toutefois, *Junkyard* reste un document intemporel sur le plus original des groupes de rock australiens. **CSh**

Venom
Black Metal (1982)

Label | Neat
Production | Keith Nichol • Venom
Dir. art. | Richie Nichol • Venom
Pays | Royaume-Uni
Durée | 39:20

Le deuxième album du trio Venom, originaire de Newcastle, connaît le rare privilège de donner son nom à un genre : le black metal, une branche du trash metal caractérisée par une rage blasphématoire et des sonorités glaciales. Le sujet prend une ampleur internationale dans les années 90, lorsque certains représentants sont accusés de meurtre et d'incendie d'église. Les ancêtres de ce mouvement extrémiste ne font que s'amuser.

S'inspirant de Kiss pour son sens du spectacle et de l'attitude DIY du punk, Venom associe des sonorités primitives à une imagerie pseudo-satanique. Il manque à ce trio vêtu de cuir noir et bardé de chaînes la virtuosité instrumentale d'Iron Maiden (pionniers de la nouvelle vague heavy metal anglaise), mais il s'en passe en rivalisant d'humour et d'imagination. Ainsi, l'on note cette mention sur la pochette : « La copie privée tue la musique… Venom aussi. »

Leurs chansons sont des explosions crues de rythmes frénétiques et de riffs matraqués, sur lesquels Cronos vomit des scénarios cauchemardesques (*Buried alive*, *Raise the dead*), entre mythologie de l'horreur (*Countess Bathory*) et franche obscénité (*Teacher's Pet*).

Black Metal représente ainsi l'ironie outrancière par excellence, propre à faire grincer les dents des critiques comme des parents. Presque personne n'aurait pu prévoir qu'une telle absurdité grand-guignolesque allait engendrer une sous-culture authentiquement sombre. **MA**

Bruce Springsteen
Nebraska (1982)

Label | Columbia
Production | Bruce Springsteen
Direction artistique | Andrea Klein
Pays | États-Unis
Durée | 40:51

Succédant à *The River*, le double album tapageur qui l'a révélé en 1980, *Nebraska* a tout l'air du suicide commercial pour Bruce Springsteen lorsqu'il paraît. Mais l'homme est alors déterminé à sortir son album de maquettes personnelles envers et contre tous, quitte à se brouiller avec son label.

Les dix chansons de *Nebraska* marquent un nouveau départ pour ce chanteur et compositeur typiquement américain. Le disque dresse un portrait austère et sou-

vent très politique de l'Amérique des petites villes, de leurs logements remplis de chômeurs, et du crime endémique. La chanson-titre retrace le parcours meurtrier du tueur en série Charlie Starkweather. *State Trooper* dresse le portrait d'un policier local contraint d'affronter son frère, un criminel errant. Et *Atlantic City* décrit la fameuse ville du jeu comme un enfer corrompu et effervescent, peuplé de perdants et d'arnaqueurs. Grâce à ces récits fascinants, Springsteen assure à lui seul la cohésion de l'album.
Avec *Nebraska*, Springsteen se lance un défi, ainsi qu'à ses fans : c'est un triomphe retentissant sur le plan artistique et commercial. Même si l'album suivant, *Born in the USA*, renvoya le chanteur sur le terrain familier du rock taillé pour les stades, ce dernier revint graviter autour du pessimisme de *Nebraska* quelques années plus tard avec *Tunnel of love*, et bien plus tard avec *Ghost of Tom Joad*, tous deux essentiellement acoustiques. En ce sens, Springsteen a peut-être établi le lien le plus étroit entre le rock et l'héritage de Woody Guthrie. **BW**

Associates
Sulk (1982)

Label | Associates
Production | Mike Hedges
Direction artistique | Ian MacDonald
Pays | Royaume-Uni
Durée | 41:52

Après avoir repris *Boys keep swinging* de David Bowie sur leur premier single et accompagné la tournée des Cure, Associates est attendu au tournant lorsqu'il fait paraître son chef-d'œuvre *Sulk* en 1982 (le premier 33 tours, *The Affectionate Punch*, était sorti chez Fiction Records en 1980). Ce groupe n'en fait qu'à sa tête. Est-ce de la pop, de l'art rock ou du glam rock ? La musique d'Associates est un peu tout cela à la fois, et bien plus encore.
Les dix titres présentés ici sont ceux de la version britannique originale. Aux États-Unis, les morceaux sont classés dans un ordre différent, avec des bonus ; il en résulte un bon album, mais assez différent. Associates a deux atouts de taille en sa faveur : d'abord, la voix étrangement séduisante de Billy Mackenzie ; ensuite, les sonorités artisanales imaginées par le multi-instrumentiste Alan Rankine. Dès le premier titre, *Arrogance gave him up*, qui évoque *The Human League*, le groupe donne le meilleur de lui-même. *Party fears two*, qui leur offre la 9e place au hit-parade britannique (leur meilleur classement), apporte la preuve définitive de l'intelligence et de l'intuition du groupe en termes d'écriture.
Sulk devient l'un des albums les plus influents de la pop synthétique des années 80. Il contient les germes qui écloront dans l'œuvre de nombreux autres groupes, parmi lesquels Duran Duran (*Bap De La Bap* peut ainsi être considéré comme le père de *Rio*). Un coup d'œil au graphisme de la pochette suffit pour confirmer qu'Associates ont donné le ton de cette décennie exotique, complaisante et souvent autoparodique. **GD**

Iron Maiden
The Number of the Beast (1982)

Label | EMI
Production | Martin Birch
Direction artistique | Derek Riggs
Pays | Royaume-Uni
Durée | 44:55

Iron Maiden est un groupe majeur du heavy metal britannique lorsque paraît *Killers* en 1981. Mais après que le comportement autodestructeur de Paul Di'Anno a conduit à son remplacement par Bruce Dickinson (chanteur de Samson) en 1982, tout porte à croire que *The Number of the Beast* marque la fin du succès du groupe.

Ce n'est pas le cas. Le rythme frénétique de classiques instantanés tels que *Run to the hills* et l'échappée belle de la chanson-titre propulsent l'album à la première place du hit-parade britannique. Entré au Top 40 américain, le groupe va vite atteindre une renommée internationale.

De manière prévisible, certains fans rejettent la présence de Dickinson. L'un d'eux se plaint au magazine britannique *Melody Maker* d'écouter ses chansons préférées à travers une sirène de raid aérien. Le mouvement de désapprobation s'éteint rapidement, mais Dickinson gardera sa réputation de chanteur hurleur.

Une véritable polémique éclate en revanche aux États-Unis, lorsque des activistes chrétiens, déjà échauffés par les morsures de chauves-souris d'Ozzy Osbourne et irrités par le titre du disque, accusent le groupe de satanisme. Leur mécontentement ne faiblit nullement lorsqu'ils apprennent que la chanson s'inspire en réalité des cauchemars du bassiste Steve Harris, et comporte une citation de *L'Apocalypse*. L'inimitable pochette au graphisme démoniaque, signée Derek Riggs, n'aide en rien à calmer leurs ardeurs. Cette mauvaise réputation passagère est cependant vite éclipsée par une série de tournées sans fin dans le monde entier. Le groupe, qui l'ignore peut-être à l'époque, est l'auteur d'un des plus grands albums de heavy metal de tous les temps. **AMi**

►II Liste des titres

	01 Invaders (Harris)	3:25
	02 Children Of The Damned (Harris)	4:35
	03 The Prisoner (Harris•Smith)	6:04
	04 22 Acacia Avenue (Harris•Smith)	6:37
►	05 The Number Of The Beast (Harris)	4:52
►	06 Run To The Hills (Harris)	3:54
	07 Gangland (Burr•Harris•Smith)	3:48
	08 Total Eclipse (Burr•Di'Anno•Harris)	4:26
	09 Hallowed Be Thy Name (Harris)	7:14

Duran Duran

Rio (1982)

Label I EMI
Production I Colin Thurston
Direction artistique I Malcolm Garrett
Pays I Royaume-Uni
Durée I 42:19

Bien que la mémoire collective associe le néo-romantisme à une réaction contre le punk, le plus célèbre groupe du genre, Duran Duran, doit selon John Taylor être un mélange entre les Sex Pistols et Chic. Mais ce groupe originaire de Birmingham fait les choses, comme le dit la chanson, à sa manière.

Durandemonium connaît un succès planétaire avec l'album *Rio* en 1982, annonçant la révolution du clip vidéo. « Je crois que Duran Duran doit son existence à MTV », déclare Norman Samnick de Warner Communications (société-mère de MTV) au magazine *Time* en 1983. Les clips flamboyants de la chanson-titre et de *Save a prayer* (signé Russell Mulcahy, qui réalisa ensuite *Highlander*) représentent les membres du groupe en jet-setters sophistiqués, se prélassant dans des lieux exotiques avec de superbes femmes à leurs côtés. Ces clips résument à eux seuls l'esprit des années 80, tout comme la pochette de l'album : cette œuvre de Patrick Nagel, imitant une gravure japonaise sur bois, capte l'essence du style graphique de la décennie, fasciné par l'exotisme.

À travers des chansons comme *New Religion* et *The Chauffeur*, *Rio* démontre que John Taylor (basse), Roger Taylor (batterie) et Nick Rhodes (clavier) sont à l'origine du son brillant, sexy, malin et contagieux du groupe. Mais Simon Le Bon (chant) et Andy Taylor (guitare) sont aussi indispensables. Les paroles ténébreuses de Le Bon et sa voix, soutenues par la guitare d'Andy Taylor, aboutissent à des titres comme *Hungry like the wolf*, aux frontières du rock et accessibles à un large public. À l'époque de *Rio*, les Duran Duran n'ont pas leur équivalent pour ouvrager cette pop parfaite qui a marqué la décennie. **AH-N**

▶II Liste des titres

▶	01 **Rio** (Le Bon•Rhodes•A. Taylor•J. Taylor •R. Taylor)	5:38
	02 **My Own Way** (Le Bon•Rhodes•A. Taylor •J. Taylor•R. Taylor)	4:51
	03 **Lonely In Your Nightmare** (Le Bon•Rhodes•A. Taylor•J. Taylor•R. Taylor)	3:50
▶	04 **Hungry Like The Wolf** (Le Bon•Rhodes•A. Taylor•J. Taylor•R. Taylor)	3:41
	05 **Hold Back The Rain** (Le Bon•Rhodes•A. Taylor•J. Taylor•R. Taylor)	3:49
▶	06 **New Religion** (Le Bon•Rhodes•A. Taylor •J. Taylor•R. Taylor)	5:33
	07 **Last Chance On The Stairway** (Le Bon•Rhodes•A. Taylor•J. Taylor•R. Taylor)	4:20
▶	08 **Save A Prayer** (Le Bon•Rhodes•A. Taylor• J. Taylor•R. Taylor)	5:25
▶	09 **The Chauffeur** (Le Bon•Rhodes•A. Taylor• J. Taylor•R. Taylor)	5:12

Violent Femmes
Violent Femmes (1982)

Label | Slash
Production | Mark Van Hecke • Violent Femmes
Direction artistique | Jeff Price
Pays | États-Unis
Durée | 36:14

Il faudra à ce premier album huit ans pour atteindre le million d'exemplaires vendus et devenir disque de platine. Le label Slash n'a pas à s'en plaindre, ayant signé avec le trio culte de Milwaukee pour la modique somme de 0 $. Bienvenue dans le monde étrange et merveilleux de Violent Femmes. Comme vous pouvez l'imaginer au sujet d'un groupe « découvert » dans la rue, sa musique est sèche et nerveuse, des caractéristiques qui se perdent souvent lors du passage de la scène au studio. Étonnamment, Violent Femmes conserve cette fraîcheur, sans doute en raison de son manque de sophistication : le trio est composé d'une guitare, d'une basse acoustique et du légendaire set de batterie de Victor De Lorenzo.

Ensemble, les instruments oscillent entre l'urgence irrépressible de *Kiss off* et la langueur maladive de *Please do not go*, sur lequel les cordes du bassiste Brian Ritchie résonnent directement au fond de la poitrine. Ce groupe s'impose dès lors comme le gardien d'une certaine mièvrerie cool, basée sur les paroles de Gordon Gano et son élocution qui confine à l'autoparodie.

Peu d'artistes ont su évoquer le sentiment de persécution avec la même acuité et le même humour que Gano. Sur *Add it up*, il déplore son incapacité à agir (« Pourquoi est-ce que je n'arrive pas à tirer juste un coup ? Je crois que ça a quelque chose à voir avec la chance »), et parvient à passer en un virage amer de l'éructation autocritique à une hilarante prise de conscience.

La figure du « garçon étrange » est l'apanage des artistes et du public rock. Rares sont ceux qui ont formulé leur vision du monde aussi bien que Violent Femmes. **SJac**

▶II Liste des titres

	01 **Blister In The Sun** (Gano)	2:24
	02 **Kiss Off** (Gano)	2:55
▶	03 **Please Do Not Go** (Gano)	4:14
	04 **Add It Up** (Gano)	4:42
	05 **Confessions** (Gano)	5:31
▶	06 **Prove My Love** (Gano)	2:38
	07 **Promise** (Gano)	2:48
	08 **To The Kill** (Gano)	4:06
▶	09 **Gone Daddy Gone** (Gano)	3:05
	10 **Good Feeling** (Gano)	3:51

Malcolm McLaren
Duck Rock (1983)

Label | Charisma
Production | Trevor Horn
Direction artistique | Nick Egan
Pays | Royaume-Uni
Durée | 37:09

Le titre de manager des Sex Pistols a fait la célébrité de Malcolm McLaren en Grande-Bretagne au début des années 80, ce qui lui donne envie de devenir une pop star à son tour. Il signe donc un contrat d'enregistrement avec Charisma, avec en tête la vague idée de s'intéresser aux « danses folkloriques du monde ». Recrutant le producteur très à la mode Trevor Horn, McLaren entame un périple coûteux et absurde sur les continents africain et américain. « Il sembla vite évident qu'il ne savait pas vraiment ce qu'il faisait, explique Horn, ce qui voulait dire que je bénéficiais d'une grande latitude sur le plan créatif. »
McLaren étant fasciné par l'émergence du hip-hop, le projet débute à New York. Puis il décide d'enregistrer des groupes de salsa nuyorican (new-yorkais d'origine portoricaine), des groupes de folk de l'est du Tennessee, et des troupes de swing des townships sud-africains. Dans le Bronx, McLaren découvre deux DJs de radios pirates, les Supreme Team, à qui il confie les vinyles de ses enregistrements pour faire du scratch. Horn bricole l'ensemble et obtient un voyage musical cohérent, narré par McLaren – celui-ci est d'une telle ignorance musicale que Horn doit lui dicter le rythme, de sa cabine d'enregistrement.
Buffalo Gals, succès mineur aux États-Unis, est le premier succès hip-hop en Europe ; il dévoile au grand public le scratching, le breakdance et le graffiti. En célébrant les éléments païens de la culture folk (que McLaren décrit comme « les racines du rock'n'roll »), *Duck Rock* participe également à la naissance de la world music telle que nous la connaissons aujourd'hui. **JLe**

Def Leppard
Pyromania (1983)

Label | Mercury
Production | Robert John Lange
Direction artistique | Satori
Pays | Royaume-Uni
Durée | 44:57

S'il y a une chose qui permet de dater *Pyromania*, c'est bien la pochette du disque. Dans l'après-11-septembre, la représentation d'une cible pointée sur un gratte-ciel en flammes est inimaginable. Toutefois l'anachronisme s'arrête là, car les sonorités du troisième album de Def Leppard paraissent neuves et sauvages aujourd'hui encore. Même les grands Guns N' Roses se sont inspirés des jeans déchirés, du look de minets et des tubes accrocheurs de ce groupe du nord de l'Angleterre.
Originaires de Sheffield, les Lepps sont dès le début tournés vers les États-Unis. Une de leurs premières chansons, *Hello America*, l'affirme d'ailleurs ouvertement. Mais le groupe se trouve rapidement dans une impasse, après l'échec de deux premiers albums. Le producteur Robert John « Mutt » Lange pousse alors chaque Leppard dans ses retranchements. Il introduit des choristes et des boîtes à rythme, malgré les protestations de Rick Allen, rendant le style du groupe plus proche de la new pop. Le guitariste Pete Willis, qui souffre d'alcoolisme, est quant à lui remplacé par Phil Collen de Girl.
Méticuleusement, Lange enveloppe chaque glissando et note d'ornement dans des harmoniques. Def Leppard contracte des dettes massives après des mois d'enregistrement, mais son travail est récompensé.

Aux États-Unis, MTV matraque le doux-amer *Photograph*, et *Rock of ages* retentit sur tous les stades. *Pyromania* se vend à dix millions d'exemplaire dans le monde entier, et les membres du groupe sont rapidement considérés comme les dieux du metal par tous les lycéens. **GT**

R.E.M.
Murmur (1983)

Label I IRS
Production I Don Dixon • Mitch Easter
Direction artistique I Divers
Pays I États-Unis
Durée I 44:01

Dylan Thomas affirmait en plaisantant que ses premiers poèmes étaient si compliqués qu'il ne les comprenait pas lui-même. Michael Stipe lui aussi confesse, trois ans après avoir écrit le titre *Pilgrimage* pour l'album *Murmur* : « Il continue de me déconcerter. » Stipe ne cherche pas à faire de la poésie classique, préférant jouer sur la suggestion grâce à des insinuations et des images cryptées. Le premier album du groupe, caractérisé par ses marmonnements brumeux, porte donc bien son nom.

Au départ, les bavardages mystiques de Stipe ont permis à R.E.M. de se distinguer. Apparu au sein de la scène alternative d'Athens en Géorgie, le groupe fait des adeptes grâce aux concerts donnés à l'université et pour le circuit radio. Musicalement, *Murmur* s'articule autour des accords dissonants effectués par Peter Buck sur sa guitare Rickenbacker et des mélodies persistantes de Stipe. Il est enregistré dans un studio de gospel de Caroline.

Murmur est salué par la critique. *Rolling Stone* le nomme album de l'année, et il se faufile jusqu'au Top 30 américain. Les premiers fans de leur région, auxquels R.E.M. propose un son plus subtil que celui de Green on Red ou Hüsker Dü, ont participé à son succès. La photo gothique de la pochette fait d'ailleurs explicitement allusion à leurs racines, figurant la vigne kudzu rampante qui prolifère en Géorgie et le chemin de fer rural d'Athens.

Un critique du *New York Times* affirme alors : « *Murmur* semblera aussi original dans dix ans qu'aujourd'hui. » Disons même vingt ans, voire trente. **GT**

The The
Soul Mining (1983)

Label I Sony
Production I Matt Johnson
Direction artistique I Andy Dog
Pays I Royaume-Uni
Durée I 45:27

Si un artiste de rock a jamais eu l'étiquette de « pauvre type » tatouée sur le front, il s'agit bien de Matt Johnson, l'homme-orchestre qui se produit sous le nom de The The depuis 1980. Il a beau le nier, la nature pessimiste d'une grande partie de sa musique, dont ce premier album, tend à discréditer ses protestations.

L'amour de Johnson pour la musique débute dès l'enfance, dans le pub de son père, situé dans l'East End londonien, où des artistes comme David Essex et Long John se produisent. « La musique s'élevait à travers le monte-plat. Et lorsque le pub était fermé, mon frère et moi jouions avec le matériel resté sur la scène. » Après un premier album paru sous son propre nom, *Burning Blue Soul* (1981), il adopte ce patronyme mystérieux pour « créer un groupe conceptuel, inspiré du Plastic Ono Band : ce groupe changeait constamment ».

Les chansons associent des paroles provocantes, en partie inspirées par le Pre-

mier ministre de l'époque, Margaret Thatcher (*That sinking feeling*), et une musique basée sur des instrumentations inhabituelles. De l'avis d'un critique, *Soul Mining* « déborde d'idées, de diatribes, de doutes, de peurs, et fait preuve de plus d'invention musicale que la plupart des groupes n'oseraient tenter dans toute une vie ». Quelques musiciens participent aux disque : Jools Holland mérite une mention spéciale pour son solo au piano sur *Uncertain Smile*.
En 2002, Johnson supervise une réédition de son œuvre, et *Soul Mining* rejoint les albums *Infected*, *Mind Bomb* et *Dusk* dans un coffret intitulé *London Town*. **MH**

Tom Waits
Swordfishtrombones (1983)

Label | Island
Production | Tom Waits
Direction artistique | Frank Mulvey
Pays | États-Unis
Durée | 41:41

Schématiquement, la carrière de Tom Waits se divise en deux parties : avant *Swordfishtrombones*, et après. Waits lui-même, qui aime brouiller les pistes, le reconnaît. Avec cet album, il quitte ce qu'il appellera plus tard sa « période pilier de bar et pseudo-jazz » pour embrasser une certaine forme d'originalité héritée de Brecht et Weill, Captain Beefheart et Harry Partch. La rencontre avec son épouse Kathleen Brennan est sans doute à l'origine de tout cela.
Contrastant avec les tendances de l'époque, les chansons sont pour la plupart courtes, les paroles surréalistes, le son tendu et rouillé. Les riches orchestrations de saxophone, piano et guitare qui définissaient Tom Waits auparavant sont délaissées pour un tourbillon de percussions de carnaval (orgue à pédale, marimba et cuivres puissants). Cela donne une œuvre rauque et gémissante, métallique et grinçante, qui évoque les films noirs.
« Il y a des gémissements qui grondent / en bas / il y a une grande ville sombre / C'est un endroit que j'ai découvert / il y a un monde qui se poursuit / sous terre », aboie-t-il dans le titre d'ouverture de l'album, qui met le feu aux poudres et donne le ton.
Un autre morceau, *Frank's Wild Years*, mènera par la suite sa propre vie. Il servira de base pour la comédie musicale du même nom composée par Waits et Brennan en 1986, débouchant à son tour sur un album studio. A posteriori, *Swordfishtrombones* peut être considéré comme la première partie d'une trilogie écrite par Waits (suivent *Raindogs* et *Frank's Wild Years* en 1984). Album de référence à l'influence indéniable, c'est le premier disque de Waits pour Island Records, après son éviction par la Warner. **RF**

▶II Liste des titres

▶ 01 Underground (Waits)	2:01
▶ 02 Shore Leave (Waits)	4:18
03 Dave The Butcher (Waits)	2:20
▶ 04 Johnsburg, Illinois (Waits)	1:33
▶ 05 16 Shells From A Thirty-Ought Six (Waits)	4:33
06 Town With No Cheer (Waits)	4:28
▶ 07 In The Neighborhood (Waits)	3:07
08 Just Another Sucker On The Vine (Waits)	1:46
▶ 09 Frank's Wild Years (Waits)	1:53
10 Swordfishtrombone (Waits)	3:08
11 Down, Down, Down (Waits)	2:16
12 Soldier's Things (Waits)	3:23
13 Gin Soaked Boy (Waits)	2:24
14 Trouble's Braids (Waits)	1:17
15 Rainbirds (Waits)	3:14

The Blue Nile
A Walk across the rooftops
(1983)

Label I Linn
Production I Robert Bell • Paul Buchanan
Direction artistique I Non créditée
Pays I Royaume-Uni
Durée I 38:17

On peut acheter les disques des Blue Nile en toute confiance. Leur production est à peu près toujours d'égale qualité. Rarement en tournée, et sortant en moyenne un album tous les cinq ans, ils mettent à l'épreuve la patience de leurs fans. Leur musique, à couper le souffle, se prête autant à l'écoute solitaire qu'aux soirées en amoureux.

Paul Buchanan, P. J. Moore et Robert Bell se rencontrent à l'université de Glasgow à la fin des années 70, et sortent *I love this life* sous leur propre label en 1981. Ils signent avec Linn, un fabricant de matériel hi-fi qui veut faire la démonstration d'un nouveau système d'enregistrement. Le constructeur se retrouve avec un chef-d'œuvre qui fait de The Blue Nile un groupe culte. Peter Gabriel, Rickie Lee Jones et Annie Lennox font partie de leurs admirateurs. On ne saurait trop conseiller d'écouter *A walk across the rooftops*, mais *Hats* (1989), *Peace at last* (1996) et *High* (2004) sont tout aussi magiques.

Leur son est une sorte de soul électronique bizarre, habitée par la voix douloureuse de Buchanan. Les chansons évoquent de manière dépouillée la vie dans les petites villes. À l'instar de Bruce Springsteen, leurs observations des hommes et des femmes ordinaires sont poignantes. Dans le titre *Tinseltown in the rain*, Buchanan chante : « Est-ce que je t'aime ? Oui, je t'aime, mais ça vient et ça repart… » Puis les synthétiseurs grincent comme des violons, les guitares se tendent comme des câbles. Si vous n'êtes pas ému, c'est que vous êtes mort. **BM**

Hanoi Rocks
Back to Mystery City (1983)

Label I Johanna
Production I D. Buffin Griffin • P. Watts
Direction artistique I Kathe Schreyer
Pays I Finlande
Durée I 44:16

Axel Rose affirme que Hanoi Rocks aurait dû être plus célèbre que Guns N' Roses. Influencé par The New York Dolls et Alice Cooper, le groupe porte des tenues sauvages et théâtrales, met des tonnes de maquillage et joue une musique abrasive, torturée et inclassable. Leur style fait le lien entre glam rock, punk et heavy metal, contribuant à jeter les bases du hair metal des années 80.

Dale Buffin Griffin et Pete Watts, du groupe Mott the Hoople, produisent ce quatrième album, essayant pour la première fois de traduire en studio le dynamisme et le sens de l'humour du groupe. Le disque s'ouvre sur l'ironique *Strange Boys play weird openings*, bref morceau acoustique avec des flûtes et des chants d'oiseaux. Puis, soudain, Michael Monroe se met à hurler par-dessus les guitares d'Andy McCoy et Nasty Suicide sur *Malibu Beach Nightmare*, et la fête peut commencer. Le jeu de batterie de Nicholas « Razzle » Dingley, bien meilleur que celui de son prédécesseur Gyp Casino, est aussi coloré et puissant sur *Lick Summer Love* que sur *Tooting Bec Wreck*.

L'album atteint la 87e place au hit-parade britannique et se traduit par un contrat pour trois albums avec CBS. Le groupe semble donc prêt pour la célébrité. Malheureusement, le sort en décide autrement. Razzle est tué dans un accident de voiture avec Vince Neil en 1984, et Hanoi Rocks annonce sa dissolution un an plus tard. **JiH**

Cyndi Lauper
She's so unusual (1983)

Label | Portrait
Production | Rick Chertoff
Direction artistique | Janet Perr
Pays | États-Unis
Durée | 38:37

Cyndi Lauper, sorte de bombe à la Betty Boop originaire de Brooklyn, aurait pu apporter une bouffée d'air frais à n'importe quelle époque. Mais en cette triste année 1983, alors que les Men at Work règnent sur le monde, son arrivée fait l'effet un ouragan.

Cette trentenaire a survécu à la faillite pour revenir plus forte que jamais. Dans ce premier album, les classiques se succèdent. Sur le morceau d'ouverture, elle est accompagnée par les Hooters, connus pour des succès tels que *Satellite*. *Girls just wanna have fun* est écrit par un inconnu, Robert Hazard. Une version réécrite et un clip vidéo en font l'hymne de Lauper. *Time after time* est une merveille de délicatesse, reprise près de cent fois. Et, avant Sinéad O'Connor, Cyndi Lauper parvient à renforcer l'impact d'un titre de Prince (*When you were mine*).

Dans la seconde moitié de l'album, le mélange de variété sixties, de new wave et de pop-rock est complété par quelques ingrédients supplémentaires. Ainsi, l'élégant *All through the night* de Jules Shear et la curiosité années 20 *She's so unusual*. Celle-ci, extraite de la comédie musicale *Sweetie*, achève la transformation de Cyndi en personnage de dessin animé, qui parle pendant tout *Yeah Yeah*, le dernier titre aux accents punk.

Pendant quelque temps, Cyndi Lauper et Madonna sont rivales. L'histoire a tranché, mais *She's so unusual* demeure un témoignage superbe de cette époque où Lauper était une concurrente sérieuse. **BM**

Paul Simon
Hearts and bones (1983)

Label | Warner Bros.
Production | Paul Simon
Dir. art. | Jeffrey Kent Ayeroff
Pays | États-Unis
Durée | 40:42

Les années 80 débutent mal pour Paul Simon. Son film *One trick pony* et sa bande originale sont dénigrés par la critique, et son départ litigieux de CBS le met face à une terrible angoisse de la page blanche. Mais une thérapie le fait sortir de sa coquille. Les chansons écrites ensuite forment le noyau dur de *Hearts and bones*. À l'origine, ce doit être un album de Simon and Garfunkel, le duo s'étant reformé en 1981 pour un concert gratuit à Central Park (500 000 spectateurs), suivi d'une tournée. Mais les vieilles blessures ne mettent pas longtemps à se rouvrir. Les rares contributions de Garfunkel autorisées par Simon à l'origine sont retirées du disque, considéré comme le cinquième album solo de Simon.

Les meilleurs titres de *Hearts and bones* sont ceux sur lesquels Simon ne triche pas avec son âge (40 ans en 1981) : *Train in the distance*, *Song about the moon* et *Late great Johnny ace* sont de pures réflexions identitaires. À l'inverse, le disque dérape lorsqu'il veut avant tout refléter l'époque. Ainsi *Allergies* est presque noyé sous la batterie retentissante du musicien de studio Steve Gadd. Toutefois, les moments de faiblesse sont rares.

Si Simon aborde alors sa quarantaine avec sérénité, le public n'est pas prêt. *Hearts and bones* se vend encore moins bien que l'album précédent, ce qui amène Simon à se rendre en Afrique pour le suivant, *Graceland*, qui connaîtra un plus grand succès. **WF-J**

Echo and the Bunnymen
Porcupine (1983)

Label | Korova
Production | Kingbird
Direction artistique | Martyn Atkins
Pays | Royaume-Uni
Durée | 44:39

À sa sortie, *Porcupine* divise critiques et fans, ce qui n'est pas étonnant sachant sa genèse chaotique et les réflexions épineuses dont il est issu. Les Bunnymen ont écrit *Heaven up here* en 1981 avec une grande facilité. L'enregistrement de leur troisième album, précédé d'une période de blocage créatif, est tout sauf évident.
Porcupine est l'œuvre la plus autobiographique du chanteur Ian McCulloch, et en rebute plus d'un par sa plume acérée, y compris la société mère WEA qui ne le juge pas assez commercial. Étonnamment, le groupe accepte de reprendre le chemin du studio pour faire une seconde tentative à partir de la première version.
Cette agitation explique la puissance de *Porcupine*. Son premier single, *The Back of love*, tour à tour vertigineux et onirique, exprime à la perfection les sentiments de crainte et d'altérité que seuls Echo and the Bunnymen savent évoquer : qui d'autre, en effet, aurait pu « casser le dos de l'amour » d'une manière aussi solennelle ?
Le violoniste indien Shankar enregistre une introduction au sitar et le refrain du second single *The Cutter*, et ce contre l'avis de la majorité du groupe. En dépit de leur colère, les musiciens reconnaissent que la chanson sonne mieux ainsi. Le manager Bill Drummond enregistre également une section de trompette pour un huitième titre joyeux et enlevé. *The Cutter* atteint la 8e position au hit-parade britannique, l'album culminant à la 2e place.
Ceci dit, l'isolement de McCulloch et son timbre de plus en plus lyrique sont à peine adoucis par la production et les sonorités orientales. Voilà sans doute un album moins accessible et plus tourmenté que les précédents, mais qui gagne à être réécouté. **MB**

▶II Liste des titres

▶ 01 **The Cutter** (de Freitas•McCulloch•Pattinson•Sergeant) 3:50
▶ 02 **The Back Of Love** (de Freitas•McCulloch•Pattinson•Sergeant) 3:13
03 **My White Devil** (de Freitas•McCulloch•Pattinson•Sergeant) 4:32
04 **Clay** (de Freitas•McCulloch•Pattinson•Sergeant) 4:07
05 **Porcupine** (de Freitas•McCulloch•Pattinson•Sergeant) 5:55
06 **Heads Will Roll** (de Freitas•McCulloch•Pattinson•Sergeant) 3:29
07 **Ripeness** (de Freitas•McCulloch•Pattinson•Sergeant) 4:50
▶ 08 **Higher Hell** (de Freitas•McCulloch•Pattinson•Sergeant) 4:59
09 **Gods Will Be Gods** (de Freitas•McCulloch•Pattinson•Sergeant) 5:18
10 **In Bluer Skies** (de Freitas•McCulloch•Pattinson•Sergeant) 4:26

ZZ Top
Eliminator (1983)

Label | Warner Bros.
Production | Bill Ham
Direction artistique | Bob Alford • Tom Hunnicutt
Pays | États-Unis
Durée | 45:23

D'abord, il y eut Donna Summer. Elle décrète que le disco, les percussions et les guitares rock doivent convoler en justes noces, et pour quel résultat (son album *Bad Girls*) ! Plus tard, Eddie Van Halen consomme l'union sur *Beat it* de Michael Jackson et son propre *Jump*.

En telle compagnie, les ZZ Top risquent de ressembler à de vieux oncles encombrants. Au lieu de cela, ils sortent de leur chapeau un chef-d'œuvre électro-boogie, et parviennent à égaler Eddie tant sur le plan du contenu que celui des ventes (10 millions d'exemplaires vendus).

Le trio originaire du Texas s'amuse à produire de nouvelles combinaisons de sons sur le morceau *El Lovo* de 1981. Dans *Eliminator*, ils y mettent tant de cœur que certains suspectent alors le batteur Frank Beard d'avoir été remplacé par des boîtes à rythme. En réalité, ses rythmes crispés, tout comme la basse explosive de Dusty Hill, sont avant tout des faire-valoir pour la star : le guitariste Billy Gibbons. Ses paroles furieuses sont magnifiées par des démonstrations de virtuosité à la six-cordes, sans outrance.

L'album n'est pas qu'un monument de hard rock. Il contient aussi l'élégiaque *I need you tonight* et la démonstration de basse décontractée de Thug. Mais c'est *Gimme all your lovin'*, *Sharp Dressed Man* et *Legs* qui propulsent *Eliminator* au sommet. Les clips vidéo de Tim Newman, programmés par MTV, sont déterminant dans leur succès. ZZ y apparaît comme un amusant anachronisme placé au milieu de voitures et de filles. « Nous avons décidé que les filles étaient bien plus belles que nous, explique Beard, et que même la voiture était plus belle que nous. »

C'est ainsi que ces bons vieux musiciens texans devinrent des superstars, et *Eliminator* un classique. **BM**

▶II Liste des titres

▶	01 Gimme All Your Lovin' (Beard•Gibbons•Hill)	4:04
	02 Got Me Under Pressure (Beard•Gibbons•Hill)	4:03
▶	03 Sharp Dressed Man (Beard•Gibbons•Hill)	4:18
	04 I Need You Tonight (Beard•Gibbons•Hill)	6:17
	05 I Got The Six (Beard•Gibbons•Hill)	2:56
▶	06 Legs (Beard•Gibbons•Hill)	4:34
	07 Thug (Beard•Gibbons•Hill)	4:19
	08 TV Dinners (Beard•Gibbons•Hill)	3:51
	09 Dirty Dog (Beard•Gibbons•Hill)	4:04
	10 If I Could Only Flag Her Down (Beard•Gibbons•Hill)	3:41
	11 Bad Girl (Beard•Gibbons•Hill)	3:16

Eurythmics
Sweet Dreams (are made of this) (1983)

Label | RCA
Production | Dave Stewart
Direction artistique | Laurence Stevens
Pays | Royaume-Uni
Durée | 41:52

En associant des sonorités synthétiques à des mélodies fortes et à une voix puissante, les musiciens pop et post-punk Dave Stewart (guitariste) et Annie Lennox (ténor) ont donné le coup de grâce à tous les pseudo-groupes électro-pop des années 80.

Les premiers singles (le latino *This is the house* et le jazzy *The Walk*) n'ont pas percé, mais l'extraordinaire chanson-titre, avec son rythme de grosse caisse martelé et son refrain obsédant, devient un succès planétaire (n° 1 aux États-Unis ; n° 2 au Royaume-Uni). Le vidéo clip révolutionnaire est déterminant dans son succès : mettant en scène une Lennox au look androgyne au milieu d'un champ rempli de vaches, il attaque de manière évidente la culture sexiste des années 1980. L'effet est saisissant, et propulse cette chanteuse timide mais culottée à la une de tous les magazines (*Newsweek*, *The Face*). Le logo D&A (Dave et Annie), sur la pochette de l'album, incarne le souci de contrôle artistique total d'Eurythmics.

Au-delà de l'éclectisme du disque – de la reprise effrontée du *Wrap it up* de Sam and Dave au sublime *This City…* –, l'album est remarquable pour son intensité émotionnelle. Le glacial *Sweet Dreams* a été composé après une dispute des anciens amants dans le studio. Le clip qui accom-

pagne le poignant single sur l'obsession *Love is a stranger* est quant à lui immédiatement interdit par des censeurs américains malveillants, traitant Lennox de « travestie corrompant la jeunesse ».
À la fin de l'année 1983, les deux artistes sont, à juste titre, devenus des stars internationales. **LS**

▶II Liste des titres

▶ 01 **Love Is A Stranger** (Lennox•Stewart) 3:45
02 **I've Got An Angel** (Lennox•Stewart) 2:43
03 **Wrap It Up** (Hayes•Porter) 3:22
04 **I Could Give You (A Mirror)** (Lennox•Stewart) 3:49
▶ 05 **The Walk** (Lennox•Stewart) 4:35
▶ 06 **Sweet Dreams (Are Made Of This)** (Lennox •Stewart) 3:35
07 **Jennifer** (Lennox•Stewart) 5:00
08 **This Is The House** (Lennox•Stewart) 4:58
09 **Somebody Told Me** (Lennox•Stewart) 3:28
▶ 10 **This City Never Sleeps** (Lennox•Stewart) 6:37

U2
War (1983)

Label I Island
Production I Steve Lillywhite • Bill Whelan
Direction artistique I Non créditée
Pays I Irlande
Durée I 40:03

War, le troisième album de U2, permet au quartette de Dublin d'exprimer ses opinions passionnées sur la politique et la condition humaine, et reste l'un de leurs albums les plus bruts. *Sunday Bloody Sunday* est incontestablement le titre phare de l'album : les rythmes militaires du batteur Larry Mullen Jr. et le riff de guitare en descente constante de *The Edge* dressent une toile de fond idéale pour l'appel à la trêve (entre l'IRA et les autorités britanniques) lancé par Bono.
New Year's Day est un autre titre dont la pérennité n'est plus à prouver. Déplorant l'immobilisme et appelant au changement, le morceau affirme courageusement que, bien que déchiré en deux, le monde peut aussi « ne faire qu'un ». *Surrender* est un joyau plus tranquille, qui illustre le talent de U2 pour créer une musique atmosphérique évocatrice. *War* occupe aussi une place à part dans la discographie du groupe pour la chanson *Seconds*, l'une des deux seules où The Edge est le chanteur principal. Quant à l'hymne *40*, elle est jouée en clôture des concerts de U2 tout au long des années 80.
War entre au hit-parade britannique à la 1re place (n° 12 aux États-Unis). C'est leur dernier album avec Steve Lillywhite aux commandes (le producteur a également travaillé sur *Boy* et *October*), et un magnifique chant du cygne : le traitement réalisé par Lillywhite associe énergie pure et profonde réflexion de studio. La voix de Bono est remarquable et impose l'attention, tandis que les lignes de guitare de The Edge sont vitales et toujours mesurées. Un album impérissable. **SN**

The Police
Synchronicity (1983)

Label I A&M
Production I Hugh Padgham • The Police
Dir. art. I Jeffrey Kent Ayeroff
Pays I Royaume-Uni • États-Unis
Durée I 44:11

Enregistré pendant l'hiver 1982 à Londres, Montserrat et Québec, *Synchronicity* met un point final à l'étonnante carrière de The Police. Ironiquement, alors que le titre fait référence à la théorie de la « coïncidence signifiante » du philosophe Carl Jung, sa pochette montre le batteur Stewart Copeland, le bassiste-chanteur Sting et le guitariste Andy Summers clairement divisés.
Pendant l'enregistrement, Copeland joue de la batterie dans une salle à manger reliée au studio de Québec par télévision en circuit fermé. Les disputes sur son style

ampoulé aboutissent à une réunion pendant laquelle les cassettes sont presque détruites. Quoi qu'il en soit, leur musique est au sommet, de *Walking in your footsteps* au sinistre *Tea in the Sahara* (inspiré du livre de Paul Bowles).
Sting accepte deux chansons composées par ses associés sur l'album : *Mother* (« on aimait ce morceau parce qu'il était complètement loufoque », explique-t-il dans l'émission *Classic Albums* de la BBC) et *Miss Gradenko* (« J'aimais chanter les chansons de Stewart »). Summers co-écrit également le jazzy *Murder by numbers*.
Mais c'est pour l'obsédant *Every Breath you take*, le séduisant *Wrapped around your finger* et l'ardent *King of pain* que l'album est encensé. Inspirés par l'échec du premier mariage de Sting, les trois singles atteignent le Top 10 américain, et *Synchronicity* devient l'album le plus vendu du groupe (huit millions d'exemplaires aux États-Unis).
Après une dernière tournée, The Police se séparent. « Le groupe avait fait son temps, affirme Sting. Un autre album aurait été un désastre. » **TJ**

Meat Puppets
Meat Puppets II (1983)

Label | SST
Production | Spot
Direction artistique | Curt Kirkwood
Pays | États-Unis
Durée | 30:35

Même si Nirvana reprend trois chansons du deuxième album de Meat Puppets sur le disque *Unplugged in New York*, le trio originaire de Phoenix, dans l'Arizona, n'a rien d'un groupe grunge. Sous contrat avec le label avant-gardiste de Black Flag, SST, le chanteur et guitariste Curt Kirkwood, son frère bassiste Cris et le batteur Derrick Bostrom jouent un mélange de country, de punk et de rock psychédélique. Ayant évacué leurs penchants hardcore à travers leur premier album éponyme de 1982, ils s'attellent à la création d'un disque plus proche de leur désert natal et de leurs influences hippies. Les versions originales de *Plateau*, *Oh, Me* et *Lake of fire* dégagent une aura d'un autre monde, absente des prises enregistrées par Nirvana. Le premier est un rock mid-tempo à forte teneur hallucinogène. Les sentiments funestes qu'évoquent les deux suivants sont compensés par les murmures nasillards touchants de Curt.
Le superbe jeu de guitare du leader se découvre tout au long de l'album. L'instrumental panoramique *Aurora borealis* évoque des paysages ensoleillés remplis de cactus et de peyotl, tandis que *Lost* s'insurge contre le « merdier de Nixon » dans une transe hallucinatoire. Un tableau folklorique en couverture et des bandes dessinées à l'intérieur de la pochette (réalisées par le groupe) complètent cet album phare de l'americana engagée.
Meat Puppets II reçoit un excellent accueil critique. Il obtient notamment un commentaire dithyrambique dans *Rolling Stone*, tout comme l'album *Up on the sun* paru l'année suivante. **MA**

Culture Club
Colour by numbers (1983)

Label | Virgin
Production | Steve Levine
Direction artistique | Assorted Images
Pays | Royaume-Uni
Durée | 37:52

Culture Club s'est fait connaître avec son premier album *Kissing to be clever*, en 1982. Trois singles – l'emblématique *Do you really want to hurt me ?*, slow favori des ados, *Time (clock of the heart)* et l'entraînant *I'll tumble 4 ya* – apportent une

touche pop au quartette, tout en renforçant l'image un brin tapageuse qu'il cultive à travers des vidéo clips stylés et le style androgyne du chanteur Boy George. Toutefois, certains critiques continuent de dénigrer le groupe et d'y voir une incarnation de la victoire de la forme sur le fond. Sorti un an plus tard, *Colour by numbers* confirme cette première salve avec quatre tubes. *Karma Chameleon* devient l'hymne du groupe (et leur vaut une 1re place dans les classements américain et britannique), tandis que l'énergique *Church of the poison mind*, avec ses chœurs puissants, met en valeur la participation de Helen Terry. Bien que le premier album comporte déjà des éléments de reggae et de dub, *Colour…* élargit encore la palette pour inclure des chansons sentimentales, du rock à l'ancienne et même du gospel (*Black Money*). *It's a miracle* associe un couplet accrocheur avec des arrangements rythmiques envoûtants, tandis que *Miss me blind* contient non pas un mais deux riffs de guitare de Roy Hay, faisant le pont avec le blues.
De l'avis général, le souffle retombe dans le dernier tiers de l'album. Mais la pop parfaitement ouvragée proposée par ailleurs suffit à justifier le statut de classique de *Colour by numbers*, plusieurs fois disque de platine aux États-Unis, au Canada, au Japon et en Australie. **YK**

Frankie Goes to Hollywood
Welcome to the pleasuredome (1984)

Label I ZTT
Production I Trevor Horn
Direction artistique I Lawrence Cole
Pays I Royaume-Uni
Durée I 64:01

L'on se rappelle certes surtout du quintet de Liverpool Frankie Goes to Hollywood (qui tire son nom du gros titre d'un journal américain sur Frank Sinatra) avant tout pour les singles *Relax* et *Two Tribes*. Mais les auditeurs qui ont pris le temps d'écouter attentivement le long *Welcome to the pleasuredome* savent qu'on ne peut réduire cette bande de loustics à des costumes indécents et à une lutte entre Reagan et Tchernenko. Même si *…Pleasuredome* contient quatre reprises et une série de plages d'ambiance entre les titres, le disque dans son ensemble est excellent. Il le doit en grande partie à la production maîtrisée de Trevor Horn, inspirant toute une génération d'albums extrêmement tendus et arrangés avec précision dans les années 80. La clarté des chants d'oiseaux et des bruits de jungle qui composent l'arrière-plan de la chanson-titre, ainsi que la reprise de *Do you know the way to San Jose ?* de Bacharach et David sont toujours miraculeux à écouter. Bien sûr, le disque doit également son succès à ses superbes singles : *Relax*, le cantique obscène de toute une génération ; *Two Tribes*, hymne parfaite de la guerre froide ; *The Power of love*, délicieux chant de Noël ; et *Welcome…* lui-même, morceau mésestimé, qui paraît alors que le succès des Frank commence à décliner.
La paranoïa, l'horreur sexuelle (le single *Relax* contient un paragraphe mentionnant la coprophagie), et le glamour distordu de *Welcome…* ont laissé croire un bref instant qu'un mouvement entièrement nouveau était en train de naître… **JM**

▶II Liste des titres

	01 The World Is My Oyster (F.G.T.H.)	1:57
▶	02 Welcome To The Pleasuredome (F.G.T.H.)	13:38
▶	03 Relax (F.G.T.H.)	3:56
	04 War (Strong•Whitfield)	6:12
▶	05 Two Tribes (F.G.T.H.)	3:23
	06 Including The Last Voice (F.G.T.H.)	0:35
	07 Ferry Cross The Mersey (Marsden)	1:49
	08 Born To Run (Springsteen)	3:56
	09 San Jose (Bacharach•David)	3:06
	10 Wish The Lads Were Here (F.G.T.H.)	2:48
	11 The Ballad Of 32 (F.G.T.H.)	4:47
	12 Krisco Kisses (F.G.T.H.)	2:57

13 Black Night White Light (F.G.T.H.) 4:05
14 The Only Star In Heaven (F.G.T.H.) 4:16
▶ 15 The Power Of Love (F.G.T.H.) 5:28
16 Bang (F.G.T.H.) 1:08

Run-DMC

Run-DMC (1984)

Label | Profile
Production | Russell Simmons • Larry Smith
Direction artistique | Non créditée
Pays | États-Unis
Durée | 39:26

Apparu il y a un peu plus de vingt ans, ce groupe originaire de Hollis a ouvert la voie à toute la musique rap. Ce premier album est peut-être le disque de rap le plus influent de tous les temps.
Bien que le hip-hop soit né dans le Bronx à la fin des années 70, Run-DMC s'éloigne du style dansant de Sugar Hill Gang et de Grandmaster Flash pour inventer un son dépouillé et hardcore, influencé par le rock. La production, dure et minimaliste, est bâtie sur une boîte à rythmes, des extraits de guitare et de synthétiseur, ainsi que le scratching révolutionnaire de Jam Master Jay.
Les MCs Run (Joseph Simmons) et DMC (Daryl McDaniel) composent la première grande équipe de MCs ; leur flow est sans compromis, provoquant l'auditeur comme les « rappeurs idiots », qui reçoivent leur vitriol en pleine figure. Leur habileté à ciseler des couplets et les rimes apparaît de façon explosive dans *Hard Times* et *It's like that*, explorations engagées des problèmes de la vie urbaine (violence, pauvreté, manque d'éducation). Un remixe de *It's like that* par Jason Nevins offre au groupe un succès mondial en 1998, dont un n° 1 au Royaume-Uni.
Les partis pris de production, les thèmes choisis et surtout l'attitude de ce trio aboutissent à la mise en place d'un nouveau paradigme pour le hip-hop. C'est la petite enfance du battle rap et, même si Run-DMC n'est affilié à aucun gang, le point de départ du phénomène gangsta, qui allait à nouveau changer la face du rap cinq ans plus tard. **LP**

▶II Liste des titres

▶ 01 Hard Times (McDaniels•Smith•Ward•Waring) 3:53
▶ 02 Rock Box (McDaniels•Simmons•Smith) 5:28
03 Jam-Master Jay (McDaniels•Mizell•Simmons) 3:21
04 Hollis Crew (McDaniels•Mizell•Simmons) 3:12
▶ 05 Sucker MC's (McDaniels•Simmons•Smith) 3:15
▶ 06 It's Like That (McDaniels•Simmons•Smith) 4:45
07 Wake Up (McDaniels•Simmons•Smith) 5:30
08 30 Days (McDaniels•Simmons•Smith) 5:45
09 Jay's Game (McDaniels•Simmons•Smith) 4:17

Sade

Diamond Life (1984)

Label | Epic
Production | Robin Millar
Direction artistique | Graham Smith
Pays | Nigéria • Royaume-Uni
Durée | 44:52

Difficile d'imaginer une voix plus douce produisant un plus fort impact. Dans le domaine du R&B et de la soul, le son brillant et sophistiqué de Sade marque une rupture avec le modèle d'Aretha Franklin, Tina Turner et des autres chanteuses de blues et de gospel. L'apparition de rythmes issus de la world music sur *Diamond Life* incite d'innombrables artistes du Top 40 à mener de subtiles expérimentations avec les sons latins ou caribéens.
L'album débute par la bossa nova chaleureuse de *Smooth Operator*, succès planétaire, puis déambule nonchalamment à travers les romantiques *Your love is king* et *Hang on to your love*. Le timbre détaché de la chanteuse est parfois presque glacial, mais l'accompagnement velouté de son groupe (qui s'appelle aussi Sade) transforme *I will be your friend* et *Why can't we live together* en élégantes affaires de cœur.

La classe, la culture, la race, l'âge et le sexe de Sade expliquent le succès de l'album. *Diamond Life* permet aux hommes d'acheter un album romantique pour d'autres raisons que séduire une femme. La voix de Sade est la clé qui fait sauter ces verrous. Née au Nigeria puis élevée à Londres, la chanteuse de 25 ans possède une voix qui ne ressemble à aucune autre, mélange magnétique de blues enfumé, de jazz inflexible et de pop de qualité.
L'album connaît un succès immédiat au Royaume-Uni, puis aux États-Unis lors de sa sortie en 1985. *Diamond Life* s'écoule à six millions d'exemplaires, devenant le premier album d'une chanteuse britannique le plus vendu de l'histoire. **JiH**

Cocteau Twins
Treasure (1984)

Label | 4AD
Production | Cocteau Twins
Direction artistique | 23 Envelope
Pays | Royaume-Uni
Durée | 41:32

La beauté séduisante et mystérieuse de Cocteau Twins se révèle pour la première fois sur *Treasure*, son troisième album. Le bassiste Simon Raymonde, dernier arrivé dans le groupe, s'implique de plus en plus dans l'écriture, les arrangements et la production. Le guitariste Robin Guthrie et l'incomparable chanteuse Liz Fraser le rejoignent dans les studios Palladium à l'ouest de Londres, d'où ils ressortent avec un chef-d'œuvre nimbé d'éther.
La dentelle scintillante de la pochette et les titres des chansons, piochés parmi des noms mythologiques, sont un parfait exemple de l'esthétique influente de 4AD. Il semble donc adéquat que le premier titre porte le nom du fondateur du label, Ivo. Avec sa délicate intro de « coucou » et sa guitare grinçante, *Ivo* ouvre l'album sur une note élevée, au sens littéral du terme.
Vient ensuite *Lorelei*. Démarrant par des carillons qui chatouillent les oreilles et des sirènes d'ambulance produites au synthétiseur, la chanson explose brusquement sur un rythme déchaîné et une splendide performance vocale. La voix de Fraser plonge et remonte, halète et soupire au-delà de la musique. Il est difficile de croire que ces refrains haut perchés proviennent de la même voix que les vibratos graves et agités qui parsèment la chanson.
Persephone ajoute une touche grunge à l'album, tandis que *Pandora* emprunte une voie plus jazzy. *Domino* conclut le disque aussi puissamment qu'il a commencé : suite à une intro angélique de deux minutes, une dernière explosion de batterie retentit, avant de s'éteindre paisiblement. *Treasure* est tout simplement inoubliable. **RM**

Minor Threat
Out of step (1984)

Label | Dischord
Production | Minor Threat
Direction artistique | Jeff Nelson
Pays | États-Unis
Durée | 23:32

Les cinquante et quelque minutes de musique que Minor Threat a enregistrées pendant son bref règne sur la scène agitée de Washington D.C. ont suffi à inscrire son nom dans l'histoire du punk hardcore. Il a lancé et donné son nom à un phénomène punk-rock mondial avec une seule chanson, *Straight Edge*. Sortie en 1981, celle-ci définit un style de vie militant contre l'usage des drogues, de l'alcool et le sexe sans relation durable.
La chanson titre de l'album *Out of step* ne fait que reformuler les thèmes apparus dans *Straight Edge*. Le disque révèle

cependant la maturité de l'écriture du chanteur Ian McKaye, fondateur, avec le batteur Jeff Turner, de l'influent label D.C. Dischord. Du premier accord de *Betray* (qui traite des jeunes punks abandonnant leurs convictions pour rentrer dans le rang) à la fin de la piste cachée *Cashing in*, l'album représente un énorme pas en avant. Certes, les musiciens sont encore énervés et leurs riffs, tapageurs, mais les paroles de chansons comme *Sob Story* et *Look back and laugh* abordent des sujets beaucoup plus personnels. L'arrivée d'un second guitariste (le bassiste Brian Baker, qui abandonne pour l'occasion son instrument à Steve Hansgen) apporte au groupe un nouveau dynamisme.

Alors que le mouvement « straight edge » grandit et que la réputation de provocateur puritain de McKaye divise certaines franges de la scène hardcore, les membres du groupe n'ont pas non plus peur de se moquer d'eux-mêmes : *Cashing in* tourne ainsi en dérision les nombreuses rumeurs propagées par leurs fans. **TSc**

Van Halen
1984 (1984)

Label | Warner Bros.
Production | Ted Templeman
Dir. art. | P. Angelus • R. Seireeni
Pays | États-Unis
Durée | 33:23

1984 exprime la vision personnelle, agressive et machiste du chanteur David Lee Roth sur la Californie du début des années 80, alors un véritable lieu de débauche.

L'album n'est donc pas profond sur le plan des paroles, mais comporte des sonorités révolutionnaires. À une époque où la new wave est le genre pop dominant, ce groupe de metal réalise l'impensable en incorporant des claviers à sa musique. Rétrospectivement, quelques indices annoncent cette évolution. Eddie Van Halen, premier guitariste et leader du groupe, fait une apparition sur l'immense succès *Beat hit* de Michael Jackson. Par ailleurs, il a déjà proposé d'ajouter des synthétiseurs dans les albums précédents, se heurtant alors aux réticences du groupe et en particulier de Roth. Mais pour *1984*, le groupe approuve l'intuition d'Eddie et le pari est payant : des millions d'albums se vendent et *Jump* devient instantanément un classique rétro.

Jump démontre le talent d'Eddie au clavier, mais la plupart des autres titres, à l'exception de l'instrumental *1984* et de la ballade heavy *I'll wait* jouée au synthé, prouvent une fois de plus sa virtuosité à la guitare, avec ses tappings mythiques, ses glissandos et ses harmoniques fantaisistes. La joie de vivre de Roth, qui incarne le caractère juvénile du groupe, est palpable sur chacun des morceaux, et en particulier sur *Panama*, qui évoque simultanément une femme séduisante et une voiture de course… Grotesque et ridicule, mais c'est exactement l'effet recherché. **JC**

Prince and the Revolution
Purple Rain (1984)

Label | Warner Bros.
Production | Prince And The Revolution
Direction artistique | Prince
Pays | États-Unis
Durée | 43:50

Même s'il s'en est approché avec *Sign o' the times* en 1987, Slave, The Purple One, Squiggle ou l'artiste connu à l'origine sous le nom de Prince Rogers Nelson n'a jamais réellement dépassé *Purple Rain*, sorti en 1984. À une époque où la planète pop attend l'arrivée du deuxième album de l'impertinente Madonna, et où *Thriller* de Michael Jackson continue de tout emporter sur son passage, les premières critiques ne voient en *Purple Rain* qu'une bande originale de film dépourvue de tubes évidents. Seul *Little Red Corvette* s'attire la sympathie de *Rolling Stone*. Pourtant, la bande originale du film semi-autobiographique de Prince se révèle être l'œuvre pop la plus aboutie du chanteur. L'album se vend à 14 millions d'exemplaires dans le monde entier, place cinq singles au Top 10 (dont deux n° 1) et transforme la star érotomane en icône.

Le succès de *Purple Rain* découle du son révolutionnaire de Prince. Il laisse de côté le funk synthétique bardé d'allusions sexuelles qui l'a rendu célèbre pour un hybride inédit de rock, pop et soul, incorporant des guitares hurlantes dans des morceaux dominés par la boîte à rythme tels que *When doves cry* et *Computer Blue*. La chanson-titre de l'album est une tentative de Prince pour écrire un morceau de country-rock à la Bob Seger.

Prince sait qu'il ne peut partir à la conquête de la planète sans modérer son propos. Bien sûr, la provocation est plus forte que lui, et *Darling Nikki* (l'histoire d'une mangeuse d'hommes qui se masturbe sur les magazines) le fait entrer dans les manuels d'histoire une fois de plus. En effet, le titre est presque à lui seul responsable de la pose par Tipper Gore des autocollants signalant un contenu réservé aux adultes sur le disque. **MM**

▶II Liste des titres

▶ 01 **Let's Go Crazy** (Prince)	4:39
02 **Take Me With U** (Prince)	3:54
03 **The Beautiful Ones** (Prince)	5:15
04 **Computer Blue** (Coleman•Melvoin•Nelson •Prince)	3:59
05 **Darling Nikki** (Prince)	4:15
▶ 06 **When Doves Cry** (Prince)	5:52
▶ 07 **I Would Die 4 U** (Prince)	2:51
08 **Baby I'm A Star** (Prince)	4:20
▶ 09 **Purple Rain** (Prince)	8:45

The Replacements
Let it be (1984)

Label I Twin/Tone
Production I S. Fjelstad • P. Jesperson • P. Westerberg
Direction artistique I Bruce Allen
Pays I États-Unis
Durée I 33:23

On a souvent dit que, d'un concert à l'autre, The Replacements pouvaient être le meilleur ou le pire groupe de rock du monde. Leurs agissements imprévisibles, souvent sous l'emprise de l'alcool, induisaient que tout pouvait se produire pendant leurs concerts. Suite à une série d'albums accrocheurs mais inégaux, ils sortent le révolutionnaire *Let it be*, album à cheval entre la période punk du groupe et les chansons plus mélodiques qui définissent la suite de leur carrière. En tête de nombreux classements critiques en 1984, *Let it be* contribue à définir le « college rock » du milieu des années 80, au même titre que l'album *Zen Arcade* de leurs compatriotes de Minneapolis, Hüsker Dü. Le groupe devient dès lors la coqueluche du rock underground.

Le talent du leader Paul Westerberg pour écrire des mélodies audacieuses mais toujours accessibles est l'élément clé du succès du groupe. En témoignent *Unsatisfied,* dont les guitares acoustiques chatoyantes camouflent l'amertume des sentiments, et le solo de *Answering Machine*, avec ses grondements de guitares et sa ligne répétitive (« Oh, je déteste ton répondeur ») qui clôt l'album sur une note puissante.

Même si certains critiques affirment que les tapageurs *Gary's got a boner* et *Tommy gets his tonsils out* ne servent qu'au remplissage, il n'y est question, après tout, que d'érection et d'amygdales. En effet, The Replacements ne refusent jamais une plaisanterie (ni un verre, d'ailleurs) : le titre de l'album se paye la tête des Beatles, et leur reprise joyeusement chaotique du classique de *Kiss Black Diamond* fait détaler Gene Simmons lorsqu'il l'entend jouer en concert. **TSc**

▶II Liste des titres

- ▶ 01 **I Will Dare** (Westerberg) 3:18
- 02 **Favorite Thing** (Mars•B. Stinson•T. Stinson •Westerberg) 2:19
- 03 **We're Comin' Out** (Mars•B. Stinson •T. Stinson•Westerberg) 2:21
- 04 **Tommy Gets His Tonsils Out** (Mars•B. Stinson•T. Stinson•Westerberg) 1:53
- ▶ 05 **Androgynous** (Westerberg) 3:11
- 06 **Black Diamond** (Stanley) 2:40
- ▶ 07 **Unsatisfied** (Westerberg) 4:01
- 08 **Seen Your Video** (Westerberg) 3:08
- 09 **Gary's Got A Boner** (Mars•Nugent B. Stinson•T. Stinson•Westerberg) 2:28
- ▶ 10 **Sixteen Blue** (Westerberg) 4:24
- ▶ 11 **Answering Machine** (Westerberg) 3:40

The Style Council
Café bleu (1984)

Label | Polydor
Production | Divers
Direction artistique | Simon Halfon
Pays | Royaume-Uni
Durée | 43:57

Le premier 33 tours des Style Council, *Café bleu*, comme une grande partie de l'œuvre du groupe, est assez inégal. Mais aux meilleurs passages, le brassage de R&B, jazz, et Dieu sait quel autre genre musical flottant dans le cerveau de Paul Weller au moment de l'enregistrement produit vraiment un son divin.

Les tons sobres de la pochette et le style élégant du groupe trouvent leur expression à travers sa musique, entre jazz sophistiqué et pop teintée de R&B. La grande part faite aux instrumentaux permet à Weller et à Mick Talbot de se détendre. La chanson-titre contient l'une des meilleures prestations musicales de Weller, tandis que *Mick's Blessings* laisse le champ libre à Talbot. *My ever changing moods* confirme le talent du premier pour écrire un titre pop sans défaut, et son travail vocal sur la ballade *You're the best thing* est un sommet dans sa carrière. Une des chansons les plus époustouflantes, *The Whole Point of no return*, met dans la balance une cinglante diatribe de Weller contre les privilèges de classe et une guitare magnifiquement jouée. Dans *The Paris Match*, Tracey Thorn de Everything but the Girl réalise une performance vocale si déchirante qu'elle excuse presque la tentative de rap peu inspirée (*A gospel*), qui vient ensuite.

Café bleu est un album imparfait, trop éclectique pour tenir la distance, même si un tel appétit pour la diversité mérite en soi des applaudissements. Le disque, très populaire au Royaume-Uni, culmine à la 5e place des charts, et son influence sur les groupes de l'époque inspirés par le jazz et le R&B, de Everything but the Girl à Swing out Sister, paraît évidente aujourd'hui. Le nombre de titres marquants que contient l'album mérite amplement sa découverte. **JW**

▶II Liste des titres

- ▶ 01 **Mick's Blessings** (Talbot) 1:17
- ▶ 02 **The Whole Point Of No Return** (Weller) 2:42
- 03 **Me Ship Came In !** (Weller) 3:06
- ▶ 04 **Blue Café** (Weller) 2:17
- ▶ 05 **The Paris Match** (Weller) 4:27
- ▶ 06 **My Ever Changing Moods** (Weller) 3:38
- 07 **Dropping Bombs On The White House** (Talbot•Weller) 3:14
- 08 **A Gospel** (Weller) 4:44
- 09 **Strength Of Your Nature** (Weller) 4:21
- ▶ 10 **You're The Best Thing** (Weller) 5:40
- ▶ 11 **Here's One That Got Away** (Weller) 2:36
- 12 **Headstart For Happiness** (Weller) 3:20
- 13 **Council Meetin'** (Talbot•Weller) 2:35

Tina Turner
Private Dancer (1984)

Label | Capitol
Production | Divers
Direction artistique | Roy Kohara
Pays | États-Unis
Durée | 44:09

Private Dancer annonce le grand retour de Tina Turner après sa séparation avec Ike. En compétition avec *Purple Rain* et *Born in the USA*, l'album est n° 1 au classement du Billboard, se vend à dix millions d'exemplaires, et remporte quatre Grammy Awards. Les singles *Private Dancer, What's love got to do with it* et *Let's stay together* connaissent un succès considérable.

Les thèmes récurrents de l'album – « Qu'est-ce que l'amour sinon une émotion de seconde main ? », « Je suis ta danseuse privée, je danse pour de l'argent » –, associés aux photos de la pochette, incarnent son personnage à la perfection : une femme sexy et forte plongée dans un monde impitoyable. La joie, l'expérience et la douleur imprègnent la voix rauque mais vulnérable de Turner. L'album résonne comme les pages déchirées du journal intime d'une femme passionnée, qui a eu le cœur brisé mais continue d'avancer la tête haute. La production, parfois lisse, ne dessert jamais la puissance majestueuse et la présence de la voix de Turner.

Toutefois, les chansons ne sont pas toutes bonnes. Les synthés sarcastiques de *I might have been queen* et *Steel Claw* sont agressifs et écrasent presque l'enthousiasme de Tina. Les boîtes à rythme sont encore peu fréquentes en 1984, et on remarque à peine à quel point elles musellent le rythme. Aujourd'hui, ce défaut semble évident. Quoi qu'il en soit, *Private Dancer* s'impose comme le triomphe de Turner, le chant poignant d'une artiste au sommet de sa carrière. Plusieurs grands producteurs ont travaillé sur cet album, pourtant, lorsqu'il s'achève, ce ne sont pas leurs arrangements qui nous incitent à le réécouter, mais l'âme indomptable de Tina Turner. **ML**

▶II Liste des titres

01 I Might Have Been Queen (Hine•Obstoj•Oran) 4:10
▶ 02 What's Love Got To Do With It (Britten•Lyle) 3:48
03 Show Some Respect (Britten•Shifrin) 3:18
04 I Can't Stand The Rain (Bryant•Miller•Peebles) 3:43
▶ 05 Private Dancer (Knopfler) 7:13
▶ 06 Let's Stay Together (Green•Jackson•Mitchell) 5:16
▶ 07 Better Be Good To Me (Chapman•Chinn•Knight) 5:11
08 Steel Claw (Brady) 3:49
09 Help ! (Lennon•McCartney) 4:30
10 1984 (Bowie) 3:11

Echo and the Bunnymen
Ocean Rain (1984)

Label | Korova
Production | « Tous impliqués »
Direction artistique | Martyn Atkins
Pays | Royaume-Uni
Durée | 36:53

Alors que leurs pairs, U2 et Simple Minds, remplissent les stades, Echo and the Bunnymen sont en tournée dans les îles au large de la côte ouest de l'Écosse. *Ocean Rain* prouve à quel point cela en vaut la peine.

Épique et romantique, moins secret que les albums précédents, il fait intervenir un orchestre qui ajoute des cordes aériennes et des ornements. Le jeu de batterie de Pete de Freitas intègre des artifices légers : balais et cymbales plutôt que roulements de toms. Ian McCulloch susurre et balbutie des paroles dont le nombrilisme est esquivé en faveur d'une poésie pleine de chaleur. L'apport de l'orchestre ne se limite pas à la section cordes : son dynamisme est l'âme d'*Ocean Rain*. Ses ondulations sont illustrées par *Thorn of*

crowns, où McCulloch hurle et rugit, et par le rock épique de la chanson-titre.
L'assurance dont fait preuve *Ocean Rain* explique qu'il résiste mieux à l'épreuve du temps que les autres albums des Bunnymen. « Notre œuvre ultime », affirme McCulloch. C'est d'ailleurs leur premier album à atteindre le Top 100 aux États-Unis. *The Killing Moon*, premier single douloureux et sentimental, apparaîtra quant à lui dans la bande originale du film *Donnie Darko*.
La couverture, photographiée dans une grotte remplie d'eau, complète une série de pochettes inspirées par les mystères de la nature. *Ocean Rain* marque la fin de leur collaboration avec le manager Bill Drummond. Comment les Bunnymen pouvaient-ils espérer faire mieux ? **MBI**

Minutemen
Double Nickels on the dime
(1984)

Label I SST
Production I Ethan James
Direction artistique I Dirk Vandenberg
Pays I États-Unis
Durée I 73:35

Bien qu'il partage avec Black Flag un label et l'éthique DIY, Minutemen ne joue pas de hardcore agressif. D. Boon (guitare-chant), Mike Watt (basse-chant) et George Hurley (batterie), héros prolétaires du port de San Pedro en Californie, expriment leurs idées de gauche très élaborées à travers de petites merveilles de concision, mêlant funk, jazz, folk et une pointe de Beefheart. *Double Nickels* est leur chef-d'œuvre : un double 33 tours de quarante-cinq chansons, composé en réponse à l'album à thème *Zen Arcade* de leurs compagnons de label Hüsker Dü.
Les faces 1, 2 et 3 s'intitulent respectivement *D*, *Mike* et *George*, soit le nom du membre du groupe qui les a programmées. La 4, intitulée *Chaff*, comporte des déconstructions fiévreuses de Van Halen et Steely Dan ; la face de Boon fait quant à elle référence à Creedence Clearwater Revival. La version originale inclut le manifeste latino-pop *Corona*, devenu le générique de l'émission télévisée Jackass, ainsi que le duo de guitare acoustique de spoken word *Do you want new wave or do you want the truth*. Le titre *Political song for Michael Jackson to sing* est une attaque indirecte contre l'Amérique moyenne, tandis que *History Lesson (Part II)* est un morceau autobiographique poignant. L'hymne des cols bleus *This ain't no picnic* a inspiré un clip, nominé aux MTV Awards. Suit une tournée avec leurs fans de longue date R.E.M. Mais la tragédie frappe le groupe le 23 décembre 1985, lorsque Boon est tué dans un accident de voiture. **MA**

Lloyd Cole and the Commotions
Rattlesnakes (1984)

Label I Polydor
Production I Paul Hardiman
Direction artistique I Da Gama
Pays I Royaume-Uni
Durée I 35:29

L'univers du premier album de Lloyd Cole and the Commotions est à part. Érudit et sombre, *Rattlesnakes* provient de l'imagination d'un étudiant en philosophie de l'université de Glasgow, déterminé à insérer le maximum de références dans ses chansons. L'album, aux sonorités à la fois européennes et américaines, apparaît aujourd'hui comme l'un des meilleurs albums des années 80.
Le résultat aurait pu être désastreux, mais Cole réussit à infuser dans ses paroles assez de désir, de confusion, d'attente

et de regret pour ne pas paraître vainement prétentieux. Ses paroles ne sont pas non plus dénuées d'humour – une ligne comme « es-tu obligée de me dire tous tes secrets alors que c'est déjà assez dur de t'aimer sans rien savoir » est aussi tranchante que tout ce qu'a pu écrire l'autre amuseur cultivé de la pop, Morrissey.

L'album démarre avec le premier single *Perfect Skin*, sur lequel Cole chante presque deux fois plus vite que la musique pour arriver à placer toutes ses références littéraires et cinématographiques. Les riches textures de guitare produites par Neil Clark offrent aux répliques de Cole l'intensité dont elles auraient pu manquer. *Forest Fire*, *Charlotte Street* et *2CV* saisissent avec adresse les émotions qui affleurent sous la surface dans les campus universitaires, tandis que *Are you ready to be heartbroken ?* est une chanson douce-amère et magnifique sur la perte de l'innocence. Le producteur Hardiman complète le tableau avec douceur, par l'ajout de cordes discrètes. **APe**

Youssou N'Dour
Immigrés (1984)

Label | Earthworks
Production | Youssou N'Dour
Direction artistique | In Like Flynn
Pays | Sénégal
Durée | 34:01

Star dès l'adolescence dans son Sénégal natal, N'Dour est encore inconnu hors d'Afrique lorsque son groupe, Super Étoile de Dakar, débarque en 1984 à Paris pour distraire les expatriés nostalgiques. Pendant l'année d'enregistrement de ce mini-album, il a l'occasion de partir en tournée aux États-Unis pour la première fois.

Les douze mois suivants, Youssou partage la scène et le studio avec Paul Simon et Peter Gabriel. Il faut attendre deux ans avant que ces premiers enregistrements européens ne sortent officiellement dans les pays anglophones, pendant lesquels N'Dour devient une superstar mondiale. La pureté de ces quatre chansons surprend ceux qui croient alors le connaître.

Les préoccupations qu'implique un statut international ne sont pas à l'ordre du jour lorsque *Immigrés* est enregistré. L'album est alors destiné uniquement au public sénégalais. Les robes et le couvre-chef traditionnels que N'Dour arbore sur la pochette ne sont pas là pour plaire aux touristes, et les rythmes mbalax (une forme africaine de la musique cubaine, populaire en Afrique de l'Ouest depuis plusieurs décennies) ne sont pas sous-titrés.

Heureusement, la passion et l'ardeur que dégagent le chanteur et ses musiciens sont aisées à suivre pour les non-initiés : ils nagent dans les eaux primitives de la soul. La musique a beau être complexe, elle est clairement conçue pour danser. Et quelle voix ! **DH**

Bruce Springsteen
Born in the USA (1984)

Label | Columbia
Production | Divers
Direction artistique | Andrea Klein • Annie Leibowitz
Pays | États-Unis
Durée | 46:51

Les dirigeants de CBS se sont frotté les mains pendant l'été 1984. Juste au moment où *Thriller* quitte le Top 5 du Billboard, *Born in the USA* (signé chez une filiale du groupe) prend sa place, planant près du sommet pendant plus d'un an. Les deux albums ont survécu avec panache aux émois de leur parution. Avec sept singles au Top 10 chacun, ils ressemblent aujourd'hui à des best of.

Springsteen doit en partie son succès à sa nouvelle franchise. Le sombre *Nebraska* derrière lui, il concocte son album le plus pop à partir de cent chansons (d'après la rumeur), et assure son statut d'icône en se faisant photographier de dos et en jeans par Leibowitz.

De *Born in the USA* – à l'origine une complainte acoustique, changée en ouragan à la manière des Who – au sexy *I'm on fire* et au chaleureux *Glory Days*, la musique est faussement commerciale et les paroles méritent qu'on s'y attarde. *Dancing in the dark* évoque la frustration d'avoir à écrire un tube. Le charmant *Bobby Jean* est un hommage à son complice Steve Van Zandt. Le rock'n'roll farfelu de *Working on the highway* masque un texte cru, et l'apparemment patriotique *Born in the USA* est en réalité une condamnation sans appel. Affirmant un peu plus son talent, Springsteen parvient à rendre un *No surrender* au cœur battant aussi émouvant que l'éperdu *I'm on fire*.

L'album prête facilement à une mauvaise interprétation. Le Président de l'époque, Ronald Reagan, cite même la chanson-titre comme un exemple à suivre. Son succès (plus de 15 millions d'albums vendus aux États-Unis) peut paraître cynique. Ne vous méprenez pas : par son credo (amour, foyer et honnêteté) et ses chansons, cet album a du cœur et de l'âme à revendre. **BM**

▶II Liste des titres

▶	01 Born In The USA (Springsteen)	4:39
	02 Cover Me (Springsteen)	3:29
	03 Darlington County (Springsteen)	4:50
	04 Working On The Highway (Springsteen)	3:11
	05 Downbound Train (Springsteen)	3:37
▶	06 I'm On Fire (Springsteen)	2:42
	07 No Surrender (Springsteen)	4:03
	08 Bobby Jean (Springsteen)	3:48
	09 I'm Goin' Down (Springsteen)	3:32
	10 Glory Days (Springsteen)	4:18
▶	11 Dancing In The Dark (Springsteen)	4:05
	12 My Hometown (Springsteen)	4:37

The Fall
This Nation's Saving Grace
(1985)

Label I Beggars Banquet
Production I John Leckie
Direction artistique I Michael Pollard
Pays I Royaume-Uni
Durée I 47:10

En 1985, Mark E. Smith et The Fall sortent leur dixième album, qui reste le plus abouti à ce jour. Horrifié par le son policé que le producteur John Leckie donne au groupe, Smith insiste pour que le disque soit masterisé à partir de sa copie cassette, de qualité inférieure. De fait, les douces mélodies acoustiques de *Paint Work* s'interrompent brutalement, Smith ayant accidentellement appuyé sur la touche « record » de son magnétophone personnel…

L'influence grandissante de Brix, épouse de Smith d'origine californienne, ajoute une pointe mélodique très « côte ouest » aux dissonances post-industrielles de The Fall, permettant au groupe de passer de la pop garage accrocheuse de *Barmy* et *Spoilt Victorian Child* à des territoires plus avant-gardistes – comme les pulsations électroniques de *L.A.* Les guitares rauques et la batterie martelée de *Bombast* et *What you need* foulent les terres familières de *The Fall*, tandis que *Gut of the quantifier* est une tentative de rap (avec un fort accent de Manchester) sur laquelle Smith distille son vitriol habituel. L'apothéose de l'album est *I am Damo Suzuki*, hommage de Smith au premier chanteur de Can. Rehaussant délicatement les mélodies et les rythmes inspirés du classique *Tago Mago* de Can, le morceau est poignant et très inspiré.

Permettant à The Fall d'élargir leur audience, *This Nation's Saving Grace* illustre le talent du groupe pour faire de la pop sans jamais se compromettre. **CSh**

Abdullah Ibrahim
Water from an ancient well
(1985)

Label I Black Hawk
Production I Sathima Bea Benjamin
Direction artistique I Zand Gee
Pays I Afrique du Sud
Durée I 46:42

D'abord connu sous le nom de Dollar Brand, Abdullah Ibrahim est encore aujourd'hui le meilleur musicien de jazz africain, pianiste puissant profondément marqué par Duke Ellington. Né et élevé au Cap, Ibrahim commence à se produire dès l'adolescence en chantant du doo-wop, des airs populaires américains et des chants traditionnels sud-africains. À l'époque où le Congrès national africain commence à lutter contre l'apartheid, Ibrahim, le trompettiste Hugh Masekela et le saxophoniste Kippie Moeketsi fondent les Jazz Epistles, premier groupe de jazz noir à enregistrer en Afrique du Sud.
« Il nous fallait créer notre propre style, explique Ibrahim. Il ne s'agissait pas de prendre des plans de be-bop et de les ajouter par-dessus notre musique. Il fallait créer un vocabulaire, et nous y travaillons encore. »
Aucun album ne capte mieux sa musique faussement simple que *Water from an ancient well*, auquel collaborent l'extraordinaire Ekaya, le flûtiste Carlos Ward, le saxophoniste ténor Ricky Ford, le saxophoniste baryton Charles Davis, le bassiste David Williams et le batteur Ben Riley. Ses phrasés offrent aux musiciens de vastes territoires d'exploration, tandis que ses thèmes proches du folk reflètent la poésie de la vie quotidienne en Afrique du Sud.
L'album contient des morceaux saisissants, tels que le triomphant *Mandela*, *The Wedding* et *Manenberg revisited* où se combinent des plans hypnotiques joués de la main gauche avec des mélodies pleines d'émotion. **AG**

A-ha
Hunting high and low (1985)

Label I Warner Bros.
Production I Divers
Direction artistique I Jeri McManus
Pays I Norvège
Durée I 36:39

Au milieu des années 80, le trio norvégien se trouve exactement au bon moment et au bon endroit pour profiter de la révolution MTV. En 1985, A-ha vend un nombre considérable d'exemplaires de son album *Hunting high and low* grâce au clip très novateur qui accompagne le premier single, *Take on me*. Cette promotion étudiée les propulse en tête des classements du Billboard. Dans cette chanson, Harket module sans effort sa voix de crooner en une voix de tête ardente, emportée par une vague déchaînée de synthétiseurs néo-romantiques.
La pochette est caractéristique de l'époque (flou artistique de la photographie en noir et blanc, T-shirts moulants, coupes de cheveux à la « Lady Di »), mais ne met pas en valeur les géniales miniatures pop qu'elle contient. L'association du guitariste et principal auteur-compositeur Paul « Pal » Waaktaar avec le pianiste de formation classique Magne « Mags » Furuholmen – au même titre que la voix et le sex-appeal de leur chanteur – les assure alors de ne pas être le groupe d'un seul succès.
L'album contient plusieurs pépites, dont la pop frénétique de *The Sun always shines on TV*, qui démarre comme une complainte avant se muer en mur de guitares et de cordes , rappelant les productions de Phil Spector. Autres titres remarquables, la

chanson-titre mélancolique et l'introspectif *Train of thought*. Bien que méprisé pendant les années 90, *Hunting high and low* demeure un classique énergique et brillant de l'électro-pop. **JDo**

Tears for Fears
Songs from the big chair (1985)

Label | Mercury
Production | Chris Hughes
Direction artistique | Tim O'Sullivan
Pays | Royaume-Uni
Durée | 56:18

Pendant un bref moment, Tears for Fears a été le plus grand groupe de la planète grâce à cet album, l'un des meilleurs disques de pop des années 80 avec *Dare* de The Human League, *Non stop erotic Cabaret* de Soft Cell et *The Lexicon of Love* d'ABC. Le groupe, qui flirte alors régulièrement avec le hit-parade dans son Angleterre d'origine, explose sur la scène internationale en injectant dans sa musique électronique cérébrale et sensible une bonne dose de pop.

La plupart des groupes n'oseraient pas ouvrir un album sur un titre aussi épique et tonitruant que *Shout*, avec ses solos de guitare éclatants et ses percussions gigantesques. Mais cette arrogance semble justifiée au regard des chansons insurpassables que contient le disque (Orzabal remporte le prix de « l'auteur-compositeur de l'année » aux Ivor Novello Awards l'année suivante). *Everybody wants to rule the world* affiche une ambition lyrique, couronnée par un succès au hit-parade des deux côtés de l'Atlantique. L'album comprend également *Mothers Talk* et son groove de basse appuyé, ainsi que *The Working Hour*, promenade nocturne en taxi éclairée par des néons. Mais c'est *Head over heels* et sa chaleur rédemptrice qui se détache véritablement de l'ensemble. Cette chanson contribuera à leur réévaluation par la critique mainstream (courant du jazz apparu dans les années 50), à l'occasion d'une apparition sur la bande originale du film culte *Donnie Darko*. **JDo**

Dire Straits
Brothers in arms (1985)

Label | Vertigo
Production | Neil Dorfsman • Mark Knopfler
Direction artistique | Sutton Cooper • Andrew Prewett
Pays | Royaume-Uni
Durée | 55:11

Ce cinquième album studio est le premier disque de Dire Straits à atteindre la tête du hit-parade américain des albums (il y reste neuf semaines, et est plusieurs fois disque de platine). Enregistré aux Studios Air à Montserrat, c'est également l'album le plus vendu en Grande-Bretagne en 1985, où il reste n° 1 pendant trois mois, ainsi que le premier CD vendu à 1 million d'exemplaires.

Six ans après son premier album éponyme, la composition du groupe a considérablement changé. Seuls le leader Mark Knopfler et le bassiste John Illsley restent de la formation initiale. Deux claviéristes, Alan Clark et Guy Fletcher, ont remplacé le frère cadet de Knopfler, David (guitariste rythmique), et un batteur gallois, Terry Williams, a supplanté le précédent, Pick Withers.

So far away, *Money for nothing*, *Walk of Life* et *Brothers in arms* sont des succès des deux côtés de l'Atlantique, le plus grand restant *Money*, morceau co-écrit par Sting et truffé de riffs. Promu par un clip d'animation ultramoderne, il est taillé sur mesure pour MTV (ironiquement, la station se fait écorner dans les paroles), et devient le premier single du groupe à atteindre la tête du hit-parade américain. La chanson-titre, une méditation sur le bellicisme accompagnée par la guitare minimaliste de Knopfler, est pourtant infiniment plus touchante.

Parfaitement produit, dégageant une atmosphère enivrante, *Brothers in arms* marque incontestablement l'apogée de la carrière du groupe, les quelques albums suivants ne parvenant pas à retrouver cette magie. Mark Knopfler amorcera une inévitable carrière solo dans les années 90, sans parvenir à égaler l'incroyable succès de cette œuvre hors du temps. **JT**

▶II Liste des titres

▶ 01 So Far Away (Knopfler)	5:11
▶ 02 Money For Nothing (Knopfler•Sting)	8:26
▶ 03 Walk Of Life (Knopfler)	4:12
04 Your Latest Trick (Knopfler)	6:33
05 Why Worry (Knopfler)	8:31
06 Ride Across The River (Knopfler)	6:58
07 The Man's Too Strong (Knopfler)	4:40
08 One World (Knopfler)	3:40
▶ 09 Brothers In Arms (Knopfler)	7:00

Prefab Sprout
Steve McQueen (1985)

Label | Kitchenware
Production | Thomas Dolby • Phil Thornally
Direction artistique | East Orange
Pays | Royaume-Uni
Durée | 45:22

Au milieu des années 80, une bonne connaissance de la langue anglaise est nécessaire pour aborder la pop des Smiths, de Lloyd Cole ou de Scritti Politti. Mais le nom le plus célèbre pour l'érudition de son langage est celui de Prefab Sprout, quartette de Newcastle. D'ailleurs, personne ne discute lorsque Paddy McAloon affirme qu'il est le meilleur auteur-compositeur de sa génération.

Son premier album *Swoon* est sans doute trop érudit pour atteindre une large audience. Avec Thomas Dolby à la production, la simplicité fait son entrée, même si, après l'échec du single *When love breaks down*, le groupe est perçu comme trop indépendant pour le grand public. Une réputation ridicule en réalité : à part la parade country-rockabilly *Faron young*, tous les titres sont des chansons pop destinées à un public mature, sans extravagance.

Les synthétiseurs figurant dans *Appetite* et *When love breaks down* en incitent certains à classer Prefab Sprout dans la même catégorie que les Pet Shop Boys. Le groupe ressort donc *When love breaks down*, encore et encore. Et alors qu'on commence à ne plus pouvoir compter le nombre de tentatives ratées, le titre entre au hit-parade. *Steve McQueen* s'appuie sur le succès du single. McAloon ne fera dès lors plus jamais marche arrière.

L'Amérique est plus lente à reconnaître le talent du groupe, l'action en justice intentée par les héritiers de Steve McQueen retardant la sortie de l'album (il sort ultérieurement sous le nom *Two Wheels good stateside*, avec trois titres en bonus). Ceux qui ont découvert ses trésors ne s'en sont jamais lassés. **DH**

The Mekons
Fear and whiskey (1985)

Label | Sin
Production | Mekons
Direction artistique | John Ingledew
Pays | Royaume-Uni
Durée | 35:17

The Mekons est l'un des groupes les plus brillants et les plus méconnus du Royaume-Uni. Rassemblés à Leeds en 1977 sous la forme d'un pseudo-collectif, ses membres débutent en s'amusant avec le matériel de Gang of Four avant de sortir une paire d'albums chaotiques et le single *Never been in a riot*, adressé aux

Clash. Après une année sabbatique, stimulé par la grève des mineurs de 1984 à 1985, le groupe (dont les membres d'origine Jon Langford et Tom Greenhalgh) réapparaît avec *Fear and whiskey*, souvent considéré comme le meilleur album de la décennie.

Souvent perçu comme l'origine de la country alternative (allégation qui ignore l'œuvre de X, Jason and the Scorchers ou de Meat Puppets), *Fear and whiskey* propose un mélange redoutable de punk, folk, pop, dub et country. Certes, *Darkness and doubt*, avec le violon frénétique de Susie Honeyman, ressemble à une vieille danse de bastringue sur trois temps. Mais l'album évoque plutôt de la country qui serait jouée par des punks anglais ayant une faiblesse pour Merle Haggard.

Ce mélange rend leur musique étonnante. On a l'impression d'assister à une collision sonore entre Gang of Four, les Redskins, les Pogues et Johnny Cash. Le groupe attaque avec énergie le premier titre, *Chivalry*, avant de brosser une toile de fond politique pour *Trouble down south*, appel aux armes menaçant lancé sur un tambour militaire. Brillant autant qu'amer, *Hard to be human again* est le meilleur titre de la face 1, mais l'album trouve son rythme de croisière dans sa seconde partie, culminant avec *Lost Dance* et la reprise délirante de *Lost Highway*. **PW**

Big Black
Atomizer (1986)

Label | Homestead
Production | Big Black • Iain Burgess
Direction artistique | Non créditée
Pays | États-Unis
Durée | 35:44

Le célèbre dessin de la pochette d'*Atomizer* représente une fusée atomique prête à être envoyée sur la Terre. Les notes de pochette du leader Steve Albini, pourtant, s'abstiennent de tout nihilisme caricatural, lui préférant un réalisme cru. Les textes traitent ainsi des viols pédophiles, de la violence dans les petites villes et du traumatisme engendré par la guerre du Vietnam. « Vous ne pouvez pas y penser vraiment, car sinon vous devenez fou. Vous bégayez, bavez et pissez dans votre froc », avertit-il. Ce sentiment de dégoût est également exprimé par le vacarme proto-industriel de la musique.

Composé de trois hommes et d'une boîte à rythmes, Big Black voit le jour à Chicago au début des années 80. Ce premier album cristallise le son mis au point dans les 45 tours précédents : des couches de black metal encastrées dans les pulsations de la boîte à rythmes, produisant une impression de chaos et de claustrophobie.

Jordan, Minnesota glace le sang tel un film d'horreur avec son rythme de machine à écrire. *Kerosene* se présente comme un mélange de Zeppelin et de funk robotique, avant que ses guitares harmonieuses ne s'embrasent. Dans *Bazooka Joe*, la batterie intègre un sample de tir d'une carabine M1. Par-dessus tout ça, Albini aboie sa répulsion d'une voix dépassionnée, obsédé par la figure de l'aliénation qui allait être au cœur de son futur groupe, Rapeman.

Album austère et moral, *Atomizer* dépeint un monde proche de la destruction, et délivre son châtiment. Une purification cathartique qui brûle aujourd'hui encore. **SC**

Suzanne Vega
Suzanne Vega (1985)

Label I A&M
Production I Steve Addabbo • Lenny Kaye
Direction artistique I Corey And Company
Pays I États-Unis
Durée I 35:43

Née en Californie mais élevée à New York, Vega présente les qualités musicales des deux régions. De la côte ouest, elle possède le talent folk bohème ; de l'Est urbain, elle tire une certaine poésie de la rue.

En 1979, Vega se rend en Angleterre pour observer l'explosive scène punk, puis assiste à un concert de Lou Reed de retour chez elle. Ces deux expériences orientent son approche de l'écriture vers le réalisme. Même si Vega admet avoir gâché ses premiers concerts en restant sur la défensive, la force de sa musique lui vaut une réputation, puis une signature chez A&M en 1984.

L'album *Suzanne Vega* est enregistré début 1985 sous la direction de l'ancien guitariste de Patti Smith, Lenny Kaye. Le public britannique tombe sous le charme grâce au single *Marlene on the wall*. Dans ce titre, le voyeur est pris à son propre piège, et un portrait de Marlene Dietrich observe la procession d'amants défilant dans le lit de Vega.

Sans surprise (considérant les références du producteur Lenny Kaye), le son de la guitare se distingue par sa froideur. Le picking glacial de Vega est réchauffé par un synthétiseur subtil et des percussions ingénieuses. Sa voix oscille quant à elle entre caresses à moitié parlées (*Cracking, Freeze Tag*) et mélodies sensuelles (*Undertow, Small Blue Thing*). Le cœur de l'album contient une fable intemporelle, *The Queen and the soldier*, qui rappelle les ballades épiques de Sandy Denny. Par contraste, le morceau suivant, *Knight Moves*, est rempli de couplets hargneux qui ne sont pas sans rappeler ceux de Hüsker Dü ou Kristin Hersh. GT

The Pogues
Rum, sodomy and the lash (1985)

Label I Stiff
Production I Philip Chevron • Elvis Costello
Direction artistique I Frank Murray
Pays I Irlande • Royaume-Uni
Durée I 45:20

Rum, sodomy and the lash est une œuvre à la beauté sauvage. Alors que le premier album du groupe, *Red Roses for me*, est surproduit et repose un peu trop sur leur image de buveurs, le deuxième album n'exhale que la passion, la poésie et l'énergie. Le mérite de cette transition revient en partie au producteur Elvis Costello, qui offre un espace de respiration au son bagarreur du groupe. *Wild Cats of Kilkenny* et *Sally Maclennane* mêlent folk irlandais traditionnel et agressivité punk, et rugissent comme lors d'une rixe alcoolisée entre les Dubliners et les Sex Pistols.

Costello, qui épousera la bassiste Cait O'Riordan, affirme que son travail sur l'album a consisté à s'asseoir et à enregistrer les Pogues « dans leur gloire délabrée, avant qu'un producteur plus professionnel ne foute la merde ».

Mais l'album vaut davantage qu'un fourre-tout de morceaux chahuteurs. L'écriture du chanteur Shane MacGowan s'est épanouie depuis le premier album. Quelques tournures bien senties lui permettent de décrire une galerie captivante de marginaux et de voyous. Dans *The Old Main Drag*, il raconte la lente dégradation d'un jeune prostitué londonien. La ballade mélancolique *A pair of brown eyes* est chantée d'un autre point de vue : celui d'un vétéran estropié de la Première Guerre mondiale. Sorti la même année que *Brothers in arms* de Dire Straits, *Rum, sodomy and the lash* semble merveilleusement décalé par rapport à son époque. La majesté déguenillée de l'album lui permet de se hisser jusqu'au Top 20 britannique. Le roi des clodos Tom Waits lui-même, qui adore « la décadence façon *L'Île au trésor* du groupe », devient un grand fan. **TB**

▶II Liste des titres

	01 The Sick Bed Of Cúchulainn (MacGowan)	2:59
	02 The Old Main Drag (MacGowan)	3:19
	03 Wild Cats Of Kilkenny (Finer•MacGowan)	2:48
	04 I'm A Man You Don't Meet Every Day (Trad.)	2:55
▶	05 A Pair Of Brown Eyes (MacGowan)	4:54
▶	06 Sally Maclennane (MacGowan)	2:43
	07 A Pistol For Paddy Garcia (Finer)	2:31
	08 Dirty Old Town (MacColl)	3:45
	09 Jesse James (Trad.)	2:58
	10 Navigator (Gaston)	4:12
	11 Billy's Bones (MacGowan)	2:02
	12 The Gentleman Soldier (Trad.)	2:04
▶	13 The Band Played Waltzing Matilda (Bogle)	8:10

Kate Bush
Hounds of love (1985)

Label I EMI
Production I Kate Bush • John Carder Bush
Direction artistique I Bill Smith Studio
Pays I Royaume-Uni
Durée I 47:26

Meurtrie par le mauvais accueil réservé à *The Dreaming* en 1982, Kate Bush s'enferme dans le studio d'enregistrement. La rumeur prétend qu'elle a pris du poids, mais elle réapparaît plus belle que jamais, avec dans sa poche un album aussi fou que le précédent, mais contenant de meilleures chansons.

Le premier fruit de son travail est *Running up that hill*, son plus gros succès. Devenue une star aux États-Unis, elle devient une source d'inspiration pour Tori Amos et Prince. Ce dernier est enthousiasmé par *Cloudbusting*, l'une des charmantes chansons qui composent la première partie de l'album (intitulée *Hounds*). Son extraordinaire clip vidéo prend pour vedette Donald Sutherland, star de *Ne vous retournez pas*, l'un des films dont elle s'inspire. Autre clin d'œil au cinéma, la chanson-titre débute par une citation de *Rendez-vous avec la peur* (1957).

La deuxième partie de l'album s'intitule *The Ninth Wave*. Inspirée par un poème de Tennyson (*The Coming of Arthur*, et non *The Holy Grail* comme l'affirme la pochette), elle oscille entre ballades et morceaux dansants. *Hounds of love* comporte peu de guitare. Le bassiste Youth des Killing Joke apporte la contribution la plus rock sur *The Big Sky*. Les paroles du morceau présentent notre héroïne seule dans l'eau, perdue dans un cauchemar, attendant la venue d'un futur fiancé.

La pochette, photographiée par son frère John, qui écrit également les paroles de *Jig of life*, évoque les deux faces de l'album et complète cette œuvre fascinante. *Hounds of love* est le disque de Kate Bush que vous pouvez aimer sans être fan de la chanteuse. **BM**

▶II Liste des titres

▶	01 Running Up That Hill (A Deal With God) (Bush)	5:00
	02 Hounds Of Love (Bush)	3:03
	03 The Big Sky (Bush)	4:40
	04 Mother Stands For Comfort (Bush)	3:08
▶	05 Cloudbusting (Bush)	5:10
	06 And Dream Of Sheep (Bush)	2:46
	07 Under Ice (Bush)	2:22
	08 Waking The Witch (Bush)	4:17
▶	09 Watching You Without Me (Bush)	4:06
	10 Jig Of Life (Bush)	4:17
	11 Hello Earth (Bush)	6:00
	12 The Morning Fog (Bush)	2:37

The Smiths

Meat is murder (1985)

Label | Rough Trade
Production | John Porter • The Smiths
Direction artistique | Caryn Gough • Morrissey
Pays | Royaume-Uni
Durée | 39:41

Meat is murder est le grand album oublié des Smiths, largement éclipsé par leurs œuvres ultérieures.

Après leur premier disque éponyme, les fils préférés de Manchester entrent en studio pour réaliser un disque représentant au mieux leurs performances scéniques et leurs sessions à la BBC. Non pas que le précédent ait été une totale déception. Mais le guitariste Johnny Marr, qui apprécie autant les crissements métalliques (*Nowhere fast*) que le rockabilly des années 50 (*Rusholme Ruffians*), surprend cette fois vraiment par l'étendue de son jeu.

Le parolier Morrissey fait également un travail remarquable. Il se focalise ici sur le végétarisme, le pacifisme et l'anti-autoritarisme. Le titre de l'album, la pochette (un cliché de soldat de la guerre du Vietnam) et les paroles de la chanson-titre en disent long sur son engagement. Mais il laisse aussi transparaître dans ses textes les premiers signes d'une blessure authentique. Sur *That joke isn't funny anymore*, il semble supplier une brute – ou pire, un ami – d'arrêter de cajoler ce vieux Moz. L'album contient aussi une étude sur la vie marginale des forains dans *Rusholme Ruffians*. La chanson tire son inspiration musicale de *His Latest Flame* d'Elvis, dette que le groupe reconnaîtra plus tard à l'occasion de la compilation live *Rank*.

Dans la réédition de l'album, le mélancolique *How soon is now* est placé en milieu d'album. Cette chanson se classe parmi les plus énergiques et vibrantes des Smiths, et est souvent citée pour représenter leur musique. À l'époque de *Meat is murder*, les Smiths pensent avoir encore quelque chose à prouver. L'album est d'autant plus charmant que l'on sait qu'ils y sont parvenus. **JK**

▶II Liste des titres

▶	01 The Headmaster Ritual (Marr•Morrissey)	4:52
▶	02 Rusholme Ruffians (Marr•Morrissey)	4:19
▶	03 I Want The One I Can't Have (Marr•Morrissey)	3:13
	04 What She Said (Marr•Morrissey)	2:40
	05 That Joke Isn't Funny Anymore (Marr•Morrissey)	4:57
▶	06 Nowhere Fast (Marr•Morrissey)	2:35
	07 Well I Wonder (Marr•Morrissey)	4:00
	08 Barbarism Begins At Home (Marr•Morrissey)	7:00
	09 Meat Is Murder (Marr•Morrissey)	6:05

Tom Waits

Rain Dogs (1985)

Label | Island
Production | Tom Waits
Direction artistique | Anders Petersen
Pays | États-Unis
Durée | 54:04

En 1983, *Swordfishtrombones* mortifie les fans de Tom Waits, sevrés de poésie beat et de ballades au piano. En 1985, *Rain Dogs* les fait pleurer dans leurs bourbons. Musicalement, *Swordfishtrombones* marque l'arrivée de Waits dans une nouvelle ville, où il cherche à trouver sa place. Avec *Rain Dogs*, il fait son nid dans une cabane en tôle délabrée, très loin des autoroutes.

L'ivresse romantique chantée par Waits depuis les années 70 irrigue une fois de plus cet album. *Rain Dogs* dépeint un monde peuplé de piliers de bar chinois, de pompiers aveugles, de nains manchots, d'un patron d'abattoir nommé Uncle Vernon, d'une maquerelle portoricaine à la jambe de bois… Toutes les chansons traitent de la vie en marge de la société, si tant est qu'une société aussi déséquilibrée puisse exister.

La démence des paroles trouve un écho dans la musique, vacarme de percussions et de cuivres, d'orgues à pédale et de banjos, de pianos de bar et de guitares (jouées en grande partie par l'excellent Marc Ribot, avec une apparition de Keith Richards). Le fragile *Time* évoque le Waits des années 70, *Blind Love* est son morceau le plus country, tandis que *Rain* s'affranchit de toutes les conventions. Naturellement, c'est son plus grand succès. L'album figure régulièrement dans les classements des meilleurs albums des années 80. **WF-J**

The Jesus & Mary Chain
Psychocandy (1985)

Label I Blanco Y Negro
Production I The Jesus And Mary Chain
Direction artistique I Non créditée
Pays I Royaume-Uni
Durée I 38:52

Après avoir effrayé la terre entière en 1984 avec le single *Upside Down* (un bloc de larsen et de batterie néandertalienne), Jim et William Reid passent l'année suivante à ensorceler le public grâce à leur approche innovante de la performance live. Dos à la foule, ils déclenchent des effets de distorsion inaudibles, crachent sur la presse et jouent rarement plus d'une dizaine de minutes.
Signé chez Blanco Y Negro, mais toujours avec Alan McGee de Creation au poste de manager, le premier album de Mary Chain transpire le génie. Salué par la presse musicale du monde entier, il est désormais couramment cité comme l'un des meilleurs premiers albums de tous les temps. Les deux frères écossais réalisent ici l'impensable : faire le lien entre la pop ensoleillée des Beach Boys et les sonorités brutales du Velvet Underground. L'ajout massif d'écho et la batterie primitive de Bobby Gillespie rendent leur son immédiatement reconnaissable.
On fait régulièrement référence aux trois singles du disque : le titre « cuir et lunettes noires » *You trip me up*, la montée d'amphétamine de *Never understand* et le doux-amer *Just like honey*. Toutefois, l'album reste électrisant du début à la fin. Aujourd'hui, son influence est inestimable. Tous les groupes ayant un penchant pour les pédales d'effet et une oreille pour les mélodies enlevées lui doivent quelque chose. **RS**

New Order
Low-Life (1985)

Label I Factory
Production I New Order
Direction artistique I Peter Saville
Pays I Royaume-Uni
Durée I 40:11

Le troisième album de New Order brille de la confiance retrouvée. Succédant à *Movement* et à *Power, Corruption and lies*, *Low-Life* englobe la techno pop (*Subculture*), le rock gothique noir (*Sunrise*) et le premier enregistrement de techno-country (*Love Vigilantes*).
Le titre de l'album s'inspire de l'écrivain Jeffrey Barnard, dont la citation « *I live what's called the low life* » est samplée sur *This Time of night* (pas impressionné le moins du monde, Barnard intente immédiatement un procès au groupe). Le disque est emballé dans la seule pochette de leur carrière qui contienne des photographies du groupe.
Perfect Kiss (réalisé simultanément en single maxi) est une grandiose épopée disco. Les incomparables lignes de basse de Peter Hook et les accords puissants de Gilbert au synthétiseur assurent la cohésion du morceau. Le batteur Stephen Morris et le chanteur Bernard Sumner ajoutent pêle-mêle cloches de vache, billards électroniques, chants de grenouilles d'Amé-

rique du Sud ainsi qu'un récit sur le sida, la vengeance et les joies de la masturbation. Le morceau de bravoure est *Elegia*, un instrumental funèbre et perturbant. Enregistré en une session marathon de quatre heures à la fin d'une tournée épuisante au Royaume-Uni, il est généralement interprété comme l'hommage du groupe au défunt Ian Curtis, chanteur de leur précédente incarnation, Joy Division.
En accédant au Top 10 au Royaume-Uni et en offrant au groupe sa première apparition au hit-parade américain, *Low-Life* permet enfin à New Order d'être reconnu comme un groupe britannique majeur. **CSh**

Simply Red
Picture Book (1985)

Label I Elektra
Production I Stewart Levine
Direction artistique I Peter Barrett
Pays I Royaume-Uni
Durée I 44:22

Pour un album solidement enraciné dans le sol de Manchester, *Picture Book* ne peut s'éloigner davantage du patrimoine post-punk de la ville. Mick Hucknall s'est en effet rapidement lassé des restrictions du punk-rock, et considère Simply Red, et *Picture Book* en particulier, comme un support pour déployer ses prouesses vocales. Sorti en octobre 1985, un an après que Hucknall a formé le groupe avec trois anciens membres de The Durutti Column, l'album s'attire aussitôt les faveurs du public.
Dominé par la soul blanche de *Money's too tight (to mention)*, reprise du tube R&B des Valentine Brothers, *Picture Book* prend d'assaut le hit-parade britannique des albums, culminant à la 2e place en juillet 1986. Il le doit largement à *Holding back the years*, titre original signé Hucknall. Cette histoire de regrets et de temps perdu brise le cœur des auditeurs des deux côtés de l'Atlantique. Le chanteur doit lutter pour réussir cette incroyable performance vocale, qui propulse la chanson à la première place du classement du Billboard.
Picture Book ne comporte pas que de la soul veloutée : *Look at you now* et *No Direction* flirtent avec le passé rock de Hucknall, tandis que *Sad Old Red* et *Heaven* révèlent des influences jazz.
Beaucoup de critiques affirment que la configuration instable du groupe, avec le leader comme seul point d'ancrage, a empêché Simply Red de poursuivre sa carrière dans la veine de ce premier album. Mais *Picture Book* prouve au moins que la superstar aux cheveux roux n'a pas atteint son statut sans raison. **ARo**

Dexy's Midnight Runners
Don't stand me down (1985)

Label I Mercury
Production I Divers
Direction artistique I Peter Barrett
Pays I Royaume-Uni
Durée I 46:28

Don't stand me down est un album colossal, qui peut être considéré aujourd'hui comme le *Pet Sounds* des années 80. À l'époque, pourtant, il est dénigré par le leader Kevin Rowland lui-même, dont l'objectif est de dépasser le succès planétaire de *Too-Rye-Ay*, sorti en 1982.
Les sessions d'enregistrement méticuleuses de ce disque très attendu se déroulent tout au long de l'année 1984. Les vétérans de la production se succèdent : Jimmy Miller reste deux jours, tout comme Tom Dowd. Le titre central de l'album, *This is what she's like*, démarre comme un rocksteady animé pour s'achever en opéra miniature. *Knowledge of beauty* est à l'origine un vaste exercice basé sur la pronon-

ciation irlandaise du prénom Dave. Les intransigeances de Rowland, telles le remplacement du son de chaque corde de guitare par des instruments à cordes distincts, ou les rejets successifs de la couleur de la pochette, ne servent qu'à retarder sa sortie. Ayant obtenu ce qu'il recherche, il ne peut plus supporter sa création

Don't stand me down reste l'exemple le plus radical de la « nouvelle vision de la soul » définie par Rowland. Lorsque l'album sort enfin en septembre 1985, il reçoit un accueil mitigé. Même si la légende veut que les critiques l'aient enterré, ce n'est pas le cas : à une époque de surproduction permanente, un disque aussi organique et fouillé que celui-ci est voué à diviser les foules. D'ailleurs, lorsque Rowland remonte sur scène en 2003, les chansons de l'album reçoivent un accueil des plus chaleureux. **DE**

▶II Liste des titres

- ▶ 01 **The Occasional Flicker** (Rowland) 5:49
- ▶ 02 **This Is What She's Like** (Adams•O'Hara•Rowland) 12:24
- ▶ 03 **Knowledge Of Beauty** (O'Hara•Rowland•Wynne) 7:01
- 04 **One Of Those Things** (Marinelli•Rowland•Watchel•Zevon) 6:01
- 05 **Reminisce Part Two** (Rowland) 3:31
- ▶ 06 **Listen To This** (Adams•Rowland) 3:20
- ▶ 07 **The Waltz** (Rowland•Torch) 8:22

Scritti Politti

Cupid and Psyche 85 (1985)

Label | Virgin
Production | Arif Mardin
Direction artistique | Keith Breeden • Green Gartside
Pays | Royaume-Uni
Durée | 38:15

Cupid and Psyche 85 est une révélation pour les Scritti Politti de Green Gartside, engendrant cinq tubes au Royaume-Uni et deux succès aux États-Unis. Troisième album de ce groupe fondé à Londres en 1977 sous la forme d'un collectif anarchiste, il est à l'origine de quatre singles post-punk expérimentaux influencés par la théorie littéraire française et le marxisme italien.

Avec le concours d'Arif Mardin à la production, *Cupid...* met la barre haut pour le R&B. Le funky *Wood Beez* et le rock pour amoureux transis *The Word Girl* valent à Gartside – jeune Blanc étudiant l'histoire de l'art du sud du Pays de Galles – l'affection de Prince, Chaka Khan, Janet Jackson, Jam & Lewis et bien d'autres de ses héros noirs. *Perfect Way*, n° 12 aux États-Unis, est repris par Miles Davis, qui collaborera avec le groupe par la suite.

Admirant la production de Quincy Jones sur l'album *Off the wall* de Michael Jackson, Gartside part pour Manhattan avec le claviériste David Gamson et le batteur Fred Maher pour s'entourer de musiciens du cru. Ils recrutent notamment le bassiste Marcus Miller, le guitariste Robert Quine et le batteur Steve Ferrone. Chantées d'une voix de tête inspirée par Jackson, les paroles mystérieuses de Green interrogent le romantisme, faisant de ces chansons d'amour des sortes de jeux lexicaux. Toute cette complexité sous-jacente passe alors inaperçue auprès de la majorité du public. Pourtant, qu'il s'agisse de ses douces fanfares au synthétiseur ou de ses breakbeats minutieusement ciselés, l'influence de *Cupid and Psyche 85* est inestimable. **JLe**

▶II Liste des titres

- ▶ 01 **Word Girl (Flesh And Blood)** (Gamson•Gartside) 4:24
- 02 **Small Talk** (Gamson•Gartside) 3:39
- ▶ 03 **Absolute** (Gartside) 4:25
- 04 **A Little Knowledge** (Gartside) 5:02
- 05 **Don't Work That Hard** (Gartside) 3:59
- ▶ 06 **Perfect Way** (Gamson•Gartside) 4:33
- 07 **Lover To Fall** (Gartside) 3:51
- ▶ 08 **Wood Beez (Pray Like Aretha Franklin)** (Gartside) 4:48
- 09 **Hypnotize** (Gartside) 3:34

Elvis Costello and the Attractions

Blood and chocolate (1986)

Label | Demon
Production | Colin Fairley • Nick Lowe
Direction artistique | Michael Krage
Pays | Royaume-Uni
Durée | 47:33

« Il n'y a pas grand-chose à expliquer sur ce disque » : telle est l'introduction des notes de pochettes écrites par Elvis Costello pour la réédition de *Blood and chocolate*. Peut-être, mais ceux qui ne connaissent que les deux derniers tiers de sa carrière s'étonneront de l'aspect bruitiste du titre d'ouverture, justement intitulé *Uncomplicated*, et de se demander pourquoi le chanteur est si énervé.
Succédant à l'album *King of America*, plus tranquille mais sans intérêt particulier, *Blood and chocolate* est un véritable choc. Enregistré en grande partie en direct dans le studio, avec des amplificateurs réglés pour la scène, il offre un son basique et boueux. Ce n'est pas un accident. Les chansons, tour à tour reproches aigris et mots d'amour enroulés de fil barbelé, n'y vont pas par quatre chemins. Qu'elles soient taillées dans le rock garage (*I hope you're happy now*) ou la pop des années 60 (*Poor Napoleon*), qu'elles soient mélancoliques (*Home is anywhere you hang your head*) ou claustrophobes (*I want you*, sommet de sa carrière), elles atteignent leur but.
Le public reste étranger à cet album. La stratégie commerciale y contribue sans doute. Le premier single choisi est *Tokyo Storm Warning*, « récit en six minutes du voyage cauchemardesque d'un voyou », choix d'autant plus incompréhensible que la longueur du morceau l'oblige à le couper pour en placer une moitié sur chaque face. Après l'échec de deux autres singles, Costello se retire pour préparer *Spike*, dans une veine pop très lisse. Par la suite, il collaborera avec de nombreux artistes, au cours d'une carrière fascinante et souvent déroutante. **WF-J**

▶II Liste des titres

▶ 01	Uncomplicated (Costello)	3:26
02	I Hope You're Happy Now (Costello)	3:07
▶ 03	Tokyo Storm Warning (Costello•O'Riordan)	6:24
04	Home Is Anywhere You Hang Your Head (Costello)	5:04
▶ 05	I Want You (Costello)	6:40
06	Honey Are You Straight Or Are You Blind ? (Costello)	2:08
07	Blue Chair (Costello)	3:39
▶ 08	Battered Old Bird (Costello)	5:50
09	Crimes Of Paris (Costello)	4:19
10	Poor Napoleon (Costello)	3:21
11	Next Time Round (Costello)	3:35

Afrika Bambaataa and the Soul Sonic Force

Planet Rock – The Album (1986)

Label | Tommy Boy
Production | Arthur Baker
Direction artistique | Monica Lynch
Pays | États-Unis
Durée | 42:51

Dans l'univers musical innovant du hip-hop, être considéré comme l'un des ancêtres du genre n'est pas rien. Afrika Bambaataa Aasim, nommé ainsi d'après un chef zulu du XIXe siècle, troque les couleurs de son gang pour les platines au milieu des années 70. Il fait partie du triumvirat de DJs qui pose les bases du hip-hop, aux côtés de Kool Herc et Grandmaster Flash.
Bambaataa se lasse vite de piocher ses rythmes dans de vieux disques de funk et opère une fusion inédite, influencée par les breakbeats et le travail d'artistes européens comme Kraftwerk et Gary Numan. La chanson-titre de *Planet Rock – The Album* est une adaptation du *Trans-Europe Express* de Kraftwerk pour le public

des block-parties. La production chromée d'Arthur Baker s'accorde ici à merveille avec son insatiable curiosité pour la nouvelle science des sons synthétisés. La section rythmique est ajoutée en toute fin, défaut corrigé par l'équipe sur *Looking for the perfect beat*. Ce titre reste le meilleur enregistrement électro des années 80.

Cette compilation de 45 tours, parue chez Tommy Boy avant que Bambaataa ne signe un contrat avec la major Capitol, apporte une autre preuve essentielle : plus que quiconque, Bambaataa est à l'origine de la genèse de la scène house américaine (en particulier la techno de Detroit, la bass de Miami et la house de Chicago). **JDo**

▶II Liste des titres

- ▶ 01 **Planet Rock** (Allen•Baker•Miller•Robie •Williams) 7:00
- ▶ 02 **Lookin' For The Perfect Beat** (Aasim•Allen •Baker•Miller•Robie•Williams) 7:30
- 03 **Renegades Of Funk** (Baker•Bambaataa •Miller•Robie) 6:44
- 04 **Frantic Situation** (Aasim•Allen•Baker•Evans •Halp•Henderson Miller•Serano•Wilfred •Williams) 3:49
- 05 **Who You Funkin' With ?** (Bambaataa) 6:20
- 06 **Go Go Pop** (Bambaataa) 5:58
- 07 **They Made A Mistake** (Bambaataa) 5:30

Beastie Boys
Licensed to Ill (1986)

Label | Def Jam
Production | Beastie Boys • Rick Rubin
Direction artistique | Stephen Byram
Pays | États-Unis
Durée | 44:20

En 1984, Beastie Boys abandonne ses origines punk pour devenir l'un des premiers groupes de rap blanc.

La sortie de leur premier album attire sur les trois MCs – Mike D, MCA et King Ad-Rock, issus de riches familles juives new-yorkaises – les foudres de la communauté hip-hop, qui les accuse de piratage culturel. La plupart des critiques, qui ne voient en eux que de puérils distributeurs de soupe commerciale, les rejettent, mais *Licensed to Ill* fait pourtant rapidement des adeptes et se vend à 750 000 exemplaires les six premières semaines, devenant n° 1 aux États-Unis. Premier disque de rap à atteindre un tel classement, l'album est sans doute immature sur le plan musical (les chanteurs dépassent à peine la vingtaine), mais son hédonisme forcené est adopté par tous les jeunes fêtards de banlieue (notez l'humour potache de la pochette signée David Gamboli, alias World B. Omes).

Les Boys parsèment l'album de références ironiques au hip-hop et à la culture B-Boy – voir *Posse in effect*, qui évoque ces soirées où les rappeurs se rendent armés. L'esthétique amateur du trio, ses références post-modernes et ses combinaisons de rythmes puissants et de samples à base de guitares heavy composent un cocktail irrésistible. Le titre *Fight for your right* est joué dans toutes les soirées, démontrant la réussite du métissage entre rock et hip-hop (le producteur Rick Rubin a déjà tenté cette expérience avec Run DMC et LL Cool J). *Rhymin & Stealin* reprend le célèbre riff du *When the levee breaks* de Led Zeppelin pour un effet dévastateur. *No sleep till Brooklyn*, inspiré de Mötorhead, le funky *Brass Monkey* et *She's crafty* se révèlent de parfaits morceaux de concert.

Jamais l'adolescence n'a semblé aussi fun. **CSt**

▶II Liste des titres

- ▶ 01 **Rhymin And Stealin** (Beastie Boys•Rubin) 4:08
- 02 **The New Style** (Beastie Boys•Rubin) 4:36
- 03 **She's Crafty** (Beastie Boys•Rubin) 3:35
- 04 **Posse In Effect** (Beastie Boys•Rubin) 2:27
- 05 **Slow Ride** (Beastie Boys•Rubin) 2:56
- 06 **Girls** (Beastie Boys•Rubin) 2:14
- ▶ 07 **Fight For Your Right** (Beastie Boys•Rubin) 3:28
- ▶ 08 **No Sleep Till Brooklyn** (Beastie Boys•Rubin) 4:07
- 09 **Paul Revere** (King Ad-Rock•McDaniels •Rubin•Simmons) 3:41

10 Hold It Now, Hit It (Beastie Boys•Rubin) 3:26
▶ 11 Brass Monkey (Beastie Boys•Rubin) 2:37
12 Slow And Low (McDaniels•Rubin•Simmons) 3:28
13 Time To Get Ill (Beastie Boys•Rubin) 3:37

Metallica
Master of puppets (1986)

Label | Elektra
Production | Metallica • Flemming Rasmussen
Direction artistique | Don Brautigam
Pays | États-Unis
Durée | 54:00

En lice avec *Reign in blood* de Slayer pour le titre de meilleur album thrash metal jamais sorti, *Master of puppets* est un chef-d'œuvre. Ce troisième fait d'armes de Metallica propose aux métalleux de l'époque une combinaison parfaitement dosée d'agressivité, de vitesse, de beauté mélodique et de complexité musicale. Sa production chaleureuse, presque délicate, et l'équilibre atteint entre fureur et profondeur, exercent alors un impact colossal. Le groupe ne retrouvera jamais cet état de grâce, même si certains de leurs albums se vendront mieux.

Les points forts de *Master of puppets* sont manifestes dès le premier morceau, *Battery* : quelques mesures de guitare acoustique débouchent sur un mur de son massif, sur lequel arrive un riff tortueux, presque trop malin, à mi-chemin entre le thrash et le heavy metal commercial. La chanson-titre de l'album suit les mêmes grandes lignes ; le solo velouté, placé au milieu, est somptueux. *Disposable Heroes* et *Damage, Inc.* sont sciemment provocateurs et enragés, rappelant à l'auditeur que Metallica est bien un groupe de thrash metal d'une puissance démesurée. Deux tentatives de ballade heavy intitulées *The Thing that should not be* (le morceau le plus lourd que Metallica ait enregistré avant *Sad but true* en 1991) et l'hymne à la démence *Welcome Home (Sanitarium)* mettent en avant le côté plus sombre et subtil du groupe. *Leper Messiah* est une attaque contre l'évangélisme télévisuel, au rythme en perpétuelle accélération.

Enfin, *Orion*, épopée instrumentale, dévoile le bassiste Cliff Burton à l'apogée de son talent. Sa mort prématurée quelques mois seulement après la sortie de l'album fait de ce morceau un funeste chant du cygne. **JM**

▶II Liste des titres

▶ 01 Battery (Hetfield•Ulrich) 5:10
▶ 02 Master Of Puppets (Burton•Hammett •Hetfield•Ulrich) 8:38
03 The Thing That Should Not Be (Hammett •Hetfield•Ulrich) 6:32
▶ 04 Welcome Home (Sanitarium) (Hammett •Hetfield•Ulrich) 6:28
05 Disposable Heroes (Hammett•Hetfield•Ulrich) 8:14
06 Leper Messiah (Hetfield•Ulrich) 5:38
07 Orion (Burton•Hetfield•Ulrich) 8:12
▶ 08 Damage, Inc. (Burton•Hammett•Hetfield•Ulrich) 5:08

The The
Infected (1986)

Label | Epic
Production | Divers
Direction artistique | Andy Dog
Pays | Royaume-Uni
Durée | 42:05

Les albums explicitement politiques ont la fâcheuse tendance à être inconsistants sur le plan musical. Sous le pseudonyme de The The, Matt Johnson tord le cou à ce poncif avec son deuxième album, *Infected*.

Même si Johnson a déjà déversé sa colère à la face du monde avec l'album *Soul Mining* en 1984, sa vision est devenue beaucoup plus ambitieuse et cohérente – et ses sarcasmes plus mordants – pendant les deux années qu'il passe à enregistrer ce deuxième opus. Sorti en 1986 à l'apogée du règne de Thatcher, *Infected* – dont le titre fait allusion à la panique engendrée par le sida au Royaume-Uni – est la voix de la désillusion.

Une grande partie de sa colère est dirigée contre l'empressement de son pays à emboîter le pas aux États-Unis. *Sweet Bird of truth* est particulièrement visionnaire. Il relate les dernières paroles d'un aviateur américain qui rapatrie son bombardier après un raid au Moyen-Orient. Quelques mois après son enregistrement, l'attaque de Ronald Reagan en Libye depuis des bases aériennes britanniques provoque un tollé aux États-Unis.

Johnson s'insurge également contre la disparition d'une Angleterre plus douce et paisible. *Heartland* évoque ainsi le remplacement du « cinéma du samedi matin » de son enfance par des « centres commerciaux puant la pisse dans la nouvelle ville ». Il prend le temps de refaire le monde, décriant la discrimination sexuelle et les ravages du capitalisme. Tout cela est sublimé par une superbe bande son mêlant cuivres, cordes et chœurs assurés par la jeune Neneh Cherry (*Slow Train to dawn*).

Jamais auparavant la rage n'avait sonné aussi funky. **SJac**

▶II Liste des titres

▶ 01 **Infected** (Johnson)	4:48
02 **Out Of The Blue (Into The Fire)** (Johnson)	5:07
▶ 03 **Heartland** (Johnson)	5:09
04 **Angels Of Deception** (Johnson)	4:38
05 **Sweet Bird Of Truth** (Johnson)	5:23
06 **Slow Train To Dawn** (Johnson)	4:14
07 **Twilight Of A Champion** (Johnson•Mosimann)	5:23
08 **Mercy Beat** (Johnson)	7:23

Nanci Griffith
The Last of the true believers (1986)

Label | Philo
Production | Nanci Griffith • Jim Rooney
Dir. art. | Pat Alger • Nanci Griffith
Pays | États-Unis
Durée | 36:34

Aux côtés d'autres artistes texans tels que Lyle Lovett et Steve Earle, Nanci Griffith fait l'effet d'une bouffée d'air frais sur la scène country fatiguée du milieu des années 80. Ses trois albums précédents ont révélé un talent prometteur, mais c'est avec le quatrième qu'elle s'impose comme une valeur sûre.

Ni totalement country ni vraiment folk, le son acoustique est riche et profond, les chansons érudites et entraînantes. Quant à sa voix, alliant trilles, vibratos et trémolos, elle dégage une émotion puissante. Et bien que Kathy Mattea ait déjà remporté un grand succès avec deux titres de cet album (*Love at the five & dime* et *Goin' gone*), la voix remarquablement douce (mais jamais mièvre) de Griffith correspond mieux à ces chansons.

Ancienne institutrice, elle attache beaucoup d'importance à ses pochettes. On la voit brandissant une biographie de Tennessee Williams au recto, et le film *Lonesome Dove* de Larry McMurtry au verso. On aperçoit aussi Lyle Lovett en train de danser sous l'enseigne du snack-bar Woolworth's.

Camouflant sa sensibilité, Griffith sait aussi se montrer intraitable lorsqu'il le faut, dans ses chansons comme dans la vie. Lorsqu'elle commence à chanter, il devient difficile de ne pas tomber sous le charme. Suite à cet album, elle sort son premier disque chez une major, *Lone Star State of mind*, autre sommet d'une carrière qui dure déjà depuis plus de vingt-cinq ans. **RF**

Billy Bragg
Talking with the taxman about poetry (1986)

Label | Go ! Discs
Production | Kenny Jones • John Porter
Direction artistique | Non créditée
Pays | Royaume-Uni
Durée | 38:20

Billy Bragg s'est toujours tenu à la lisière entre vies publique et privée, abordant autant questions politiques que problèmes de cœur. Son album au titre poignant, *Talking with the taxman about poetry*, est la synthèse la plus réussie de ses centres d'intérêt, réunissant la critique vertueuse de *Ideology* et le romantisme de *The Passion*.

S'inscrivant dans une lignée de chanteurs folk comme Pete Seeger et Woody Guthrie, Bragg est autant influencé par la tradition britannique du music-hall que par le rock'n'roll classique. Ces deux sources d'inspiration apparaissent clairement dans son interprétation de l'obscure pépite proto-punk des Count Bishops, *Train Train*, et du larmoyant *Honey I'm a big boy now*.

Tandis que la pochette provocante et des morceaux comme *There is power in a union* menacent d'affaiblir la force d'ensemble, les meilleures chansons explorent les conséquences de la politique sur les émotions. Bragg dissèque les institutions dans *The Marriage* et évoque « l'étreinte idéologique » sur *Greetings to the new brunette*.

Sous-titré « Le difficile troisième album », ce disque exige une collaboration approfondie avec ses accompagnateurs et le concours de musiciens comme Johnny Marr et Kirsty MacColl. Il parvient tout de même à conserver le son aiguisé et teinté de réverbération de son jeu de guitare.

Le résultat est un album chaleureux, direct et toujours actuel. **TSh**

Talk Talk
The Colour of spring (1986)

Label | EMI
Production | Tim Friese-Greene
Direction artistique | James Marsh
Pays | Royaume-Uni
Durée | 45:32

À première vue, la révolution technologique des années 80 est positive, mais se montre souvent néfaste pour le rock. L'omniprésence du synthétiseur Yamaha DX7 comble le fossé entre la musique d'ascenseur et les singles du Top 10, si bien que toute une génération de batteurs est remplacée par des machines. Il en résulte une perte de qualité générale des sections rythmiques.

Un virage décisif est amorcé en 1986 (la pire année de tous les temps pour la musique), lorsque Talk Talk, l'un des principaux groupes de ce rock truffé d'électronique, commence à rejeter ce modèle. Ils renvoient leur claviériste Simon Brenner et font appel aux services du producteur Tim Friese-Green, faire-valoir expérimental pour l'écriture émotionnelle du chanteur et guitariste Mark Hollis. Friese-Greene et Hollis modifient la composition du groupe, invitant plusieurs musiciens (dont Steve Winwood, le bassiste Danny Thompson et le guitariste Robbie McIntosh des Pretenders) à se joindre au groupe.

The Colour of spring est une révélation. Les chansons de Hollis sont agrémentées d'instrumentations respectant leur fragile mélancolie. Sur les obsédants *April 5th* et *Chameleon Day*, on sent à poindre une forme d'expression libre, à l'opposé de ce que le groupe faisait auparavant. Les titres *Life's what you make it* et *Living in another world* en sont de bons exemples. Ce dernier ne fait qu'effleurer brièvement le hit-parade britannique – destin commun des meilleurs singles de cette triste époque. **MBe**

Megadeth
Peace sells… but who's buying ? (1986)

Label I Capitol
Production I Dave Mustaine • Randy Burns
Direction artistique I Ed Repka
Pays I États-Unis
Durée I 39:12

1986 est l'année de la révélation pour le chanteur et guitariste de Megadeth, Dave Mustaine. En proie à une colère intérieure et à un sentiment d'insécurité dus à son éviction brutale de Metallica trois ans auparavant, ce consommateur d'héroïne et d'alcool, malmené par la critique à la sortie de son premier album (*Killing is my business… and business is good*), est attendu au tournant. Il ne déçoit personne avec le furieux *Peace sells…. but who's buying ?*, suite logique de son premier album prometteur. Riffs enlevés, maîtrise technique de la guitare et engagement politique, tous les ingrédients sont là.
Malgré une technique vocale limitée et des paroles encore un peu gauches à cette époque, les chansons de Mustaine sont inoubliables. « C'est le putain de plus beau jour de ma vie ! » lance-t-il lors du festival Monsters of Rock de 1988 en Angleterre, lorsque le public entonne le refrain de la chanson-titre (« S'il y a une nouvelle voie / Je serai le premier à la prendre »). Son introduction – que l'on doit à David « Dave Jr. » Ellefson – est la ligne de basse la plus connue du metal extrême. Se distinguent également *Devil's Island*, *Wake up dead* et une surprenante reprise du *I ain't superstitious* de Willie Dixon.
Même si le quatrième album de Megadeth paru en 1990, *Rust in peace*, affiche des arrangements plus impressionnants et une production plus feutrée, c'est grâce à *Peace sells…* que le groupe accède à une reconnaissance totale. **JM**

Bon Jovi
Slippery when wet (1986)

Label I Mercury
Production I Bruce Fairbairn
Direction artistique I Bill Levy
Pays I États-Unis
Durée I 43:47

Les critiques n'ont jamais épargné Bon Jovi, attribuant davantage le succès de *Slippery when wet* au sentimentalisme exacerbé et à l'allure de beau gosse du chanteur-leader Jon Bon Jovi qu'au réel talent musical du groupe. Mais peu importe, puisque Bon Jovi réussit l'impensable : transformer le heavy metal en un style pop susceptible de plaire aux femmes. Il s'empare au passage de la première place au hit-parade américain avec cet album plusieurs fois disque de platine. La capacité de Jon à chanter dans des registres aigus y contribue largement, tout comme le son heavy synthétique et les mélodies faciles à retenir. Bon Jovi recherche la simplicité, en écrivant sur des thèmes de la vie quotidienne qui touchent le plus grand nombre : les tourments amoureux (*You give love a bad name*, n° 1 aux États-Unis), le travail (*Livin' on a prayer*, autre n° 1) et la virginité (*Never say goodbye*). Dans son étude sur le heavy metal *Fargo Rock City*, Chuck Klosterman explique que Bon Jovi joue « avec les ficelles du cœur plutôt que celles de la raison ».
Ce qui ne veut pas dire que les fans de metal restent sur leur faim. Le groupe teste l'impact de ses chansons en jouant des versions de démonstration dans la pizzeria en face du studio d'enregistrement. Richie Sambora, guitariste principal connu pour ses solos endiablés, redonne vie à la talkbox (pédale d'effet), utilisée à l'origine par Peter Frampton, et qui permet d'imiter le son d'une guitare avec la voix. Mais

malgré tout cet idéalisme romantique, certaines paroles viscérales, comme « J'ai vu des millions de visages et je les ai tous fait vibrer » (*Wanted dead or alive*) prouvent que Jon sait aussi toucher les désirs les plus bas de ses fans masculins. **JC**

▶II Liste des titres

	01 Let It Rock (Bon Jovi•Sambora)	5:25
▶	02 You Give Love A Bad Name (Bon Jovi•Sambora)	3:43
▶	03 Livin' On A Prayer (Bon Jovi•Sambora)	4:09
	04 Social Disease (Bon Jovi•Sambora)	4:18
▶	05 Wanted Dead Or Alive (Bon Jovi•Sambora)	5:09
	06 Raise Your Hands (Bon Jovi•Sambora)	4:17
	07 Without Love (Bon Jovi•Sambora)	3:31
	08 I'd Die For You (Bon Jovi•Sambora)	4:30
▶	09 Never Say Goodbye (Bon Jovi•Sambora)	4:49
	10 Wild In The Streets (Bon Jovi•Sambora)	3:56

Sonic Youth
Evol (1986)

Label I SST
Production I Martin Bisi • Sonic Youth
Direction artistique I Richard Kern • Sonic Youth
Pays I États-Unis
Durée I 36:02

Le troisième album de Sonic Youth est décisif et scelle la composition du groupe après l'arrivée du batteur Steve Shelley. Il représente aussi leur première œuvre de qualité, avec une affirmation de leur style. Les albums précédents les avaient présentés comme de jeunes parvenus sur la scène expérimentale du New York des années 80. Avec *Evol*, ils commencèrent réellement à avoir l'oreille musicale. Certes, souvent bruyant et corrosif, *Evol* est cependant aussi truffé de chuchotements pop distordus. Le chanteur et guitariste Thurston Moore explique que la taille réduite et l'acoustique pitoyable de la pièce où est enregistré *Evol* les obligent à baisser la voix jusqu'au murmure, tout simplement pour pouvoir s'entendre. Cela se ressent dès le premier titre *Tom Violence* où, par contraste avec le son d'accords récemment découverts, la voix simple et limpide de Moore monte et descend en complète dissonance avec la musique. De même, la conclusion fantomatique aux airs de comptine de Kim Gordon pour *Star Power* survole des riffs presque abstraits, quelque part entre l'effroi et le réconfort.
L'apogée se trouve dans l'envolée progressive d'*Expressway to yr skull* où tous ces extraordinaires bourdonnements, échos, hurlements, pulsations et la mélodie pénétrante se réunissent finalement pour former un tout. Un peu comme une réponse de l'art rock à *Freebird* ou *Stairway To Heaven*, et certainement un moment d'anthologie de Sonic Youth : le rock disséqué et reconstruit à partir d'un nouveau langage étrange et saisissant. **TH**

Slayer
Reign in blood (1986)

Label I Def Jam
Production I Rick Rubin • Slayer
Direction artistique I Stephen Byram
Pays I États-Unis
Durée I 29:00

N'importe quel album commençant par « Auschwitz ou la signification de la douleur. C'est ainsi que je veux que vous mouriez » ne peut qu'attirer l'attention. Il froissa certainement les oreilles chez CBS, qui refusa de distribuer l'album, les scènes de démembrement et la représentation de l'enfer sur la pochette ayant certainement attiré leur attention sur le contenu extrémiste.
Slayer se forma en 1982 à Los Angeles, et devint bientôt culte parce qu'il suivait un courant du metal qui se tournait vers des groupes plus jeunes, plus rapides et plus heavy comme Metallica et Anthrax. Toutefois, ce ne fut que lorsque Rick Rubin les signa sous son label Def Jam et leur assura une production de qualité qui leur faisait

défaut jusque-là, que la vision intransigeante de Slayer sur la violence extrême, l'enfer et la damnation se libéra.
Musicalement, l'album fusionnait le versant agressif et précis du thrash metal avec l'économie du punk hardcore. La batterie incessante de Dave Lombardo laissait l'auditeur le souffle coupé, tandis que les solos de Kerry King et Jeff Hannman donnaient l'impression qu'ils éviscéraient leurs malheureux instruments plutôt qu'ils n'en jouaient. L'apogée de l'album est le relativement long *Raining Blood*, qui se lance dans un riff thrash époustouflant où les deux guitares principales se font écho tout au long du morceau de manière sinistre.
South of Heaven (1988) était sans doute plus accessible mais, au titre de déclaration d'intention glaçante, *Reign in Blood* n'a jamais été surpassé et reste la référence dans son genre. **RS**

Throwing Muses
Throwing Muses (1986)

Label I 4AD
Production I Gil Norton
Direction artistique I 23 Envelope
Pays I États-Unis
Durée I 37:39

Être fêlé sur les bords n'a jamais empêché de faire du rock. Kristin Hersh était si cinglée qu'elle appela son alter ego « Kristen Le Diable ». Accompagnée de sa demi-sœur Tanya Donelly à la guitare, de Leslie Lagston à la basse et de David Narcizo à la batterie, elle devint le chaînon manquant entre Siouxsie and the Banshees et P.-J. Harvey.
Fréquemment assimilé aux Pixies, partenaires de tournée signés chez le même label, le groupe avait pourtant plus à voir avec des formations comme X ou Hüsker Dü, dont l'influence dépassait largement les ventes. Le son épineux et les paroles psychotiques étaient difficiles à aborder, mais ils faisaient surgir la beauté à partir du chaos.
On retrouve l'esprit de R.E.M., amis de Hersh originaires de Géorgie, ainsi que des B-52's, mais la marque de fabrique de Throwing Muses reste des chansons courtes, des voix implorantes et des percussions militaires, dont *Hate my way* est un exemple flagrant. D'une santé mentale plus discutable, *Vicky's Box* ouvre sur ces paroles brutales de Hersh : « Il ne voyagera plus en voiture / Cela lui rappelle des pipes » avant de se transformer en une sorte de country thrash. Autres excellents morceaux : *Green* (représentatif de l'esprit pop que Donelly apporta aux Muse, puis à Belly) et *Soul Soldier*, plus conventionnel. L'écoute de ce disque n'est pas facile, mais fascinante. Imaginez que vous possédez la clé d'un royaume magique dont les points de repère comptent l'incisif *Hunkpapa* de 1989, le chef-d'œuvre solo de Hersh Hips and Makers, et le tube de Belly Star. La chance sourit aux audacieux : ouvrez grand vos oreilles. **BM**

Paul Simon
Graceland (1986)

Label I Warner Bros.
Production I Paul Simon
Direction artistique I Jeffrey Kent Ayeroff
Pays I États-Unis
Durée I 44:43

Graceland fut la crise de la quarantaine pour Paul Simon. À la fois nouveau et traditionnel, l'album est un tournant pour son auteur, mais aussi pour tous les angoissés à la recherche d'eux-mêmes. Certains achètent des Ferrari ; Simon, lui, voyagea en Afrique du Sud, malgré le boycott culturel des États-Unis, pour réconcilier les cultures.

S'unissant à des musiciens locaux respectés tels que Ladysmith Black Mambazo et Tao Ea Matsekha, Simon mêla de manière homogène le style sud-africain traditionnel appelé Mbaqanga (dont les structures à trois accords et les harmoniques de fond lui rappelaient la musique R&B qu'il aimait tant petit) et l'élégance de ses propres mélodies pop. Les rythmes enlevés et les allègres passages de basse flirtent avec les chants zulus dans *I know what I know* ; de subtils traits de guitare se mélangent avec des explosions d'accordéons dans *Gumboots* ; et les soupirs obsédants et la forme appel-réponse de Ladysmith Black Mambazo dans *Homeless* jettent des ponts entre l'Afrique et l'Amérique.

Au milieu de tout cela, Paul Simon, étudiait la possibilité de devenir « un personnage animé au milieu d'un cimetière de dessin animé », pleurait sur l'amour débordant, et nourrissait des espoirs à partir des petits bonheurs et malheurs du passé. Au moment de sa sortie, la grâce captivante et la beauté de *Graceland* réussirent à convaincre n'importe quel auditeur que le pouvoir de la fraternité artistique ne pouvait finalement rien contre les horreurs de l'apartheid. **MO**

Run-DMC
Raising Hell (1986)

Label | Profile
Production | Rick Rubin • Russell Simmons
Direction artistique | Janet Perr
Pays | États-Unis
Durée | 39:43

Grâce à cet album, Run-DMC se fraye un chemin jusqu'au devant de la scène, entraînant derrière lui tout le genre hip-hop. En s'associant avec le producteur Rick Rubin, amateur de rock, le groupe invente un son transversal qui fait d'eux les premières stars internationales du rap, et la première équipe hip-hop à passer sur MTV.

L'album est truffé d'enregistrements qui sont devenus des classiques et définissent relativement bien ce qu'on appelle aujourd'hui le « hip-hop old school ». L'alliance du staccato dynamique des deux chanteurs et des passages de rock dur inspirés du *My Sharona* des Knack (*It's tricky*) et bien sûr d'Aerosmith (*Walk this way*) engendre le rap le plus emblématique et captivant qui soit. C'est *Walk this way* qui fait réellement découvrir ce nouveau style musical au grand public : en travaillant avec les auteurs de la chanson originale, Run-DMC réussit à exporter la musique du ghetto vers la classe moyenne blanche. C'est un coup de foudre immédiat.

Un nombre incalculable de paires de baskets flambant neuves plus tard (grâce à l'hymne *B-Boy My Adidas*), *Raising Hell* dépasse le chiffre des trois millions d'exemplaires vendus, élevant Reverend Run, Daryl Mac et DJ Jam Master Jay au statut de superstars.

Presque tous les titres de l'album sont des classiques, mais il faut accorder une mention spéciale au contagieux *Peter Piper*, à *Hit it run* et à la reprise du *Proud to be black* de James Brown.

Le code vestimentaire et les poses adoptées par le groupe sur la pochette sont autant de références au style et à la gestuelle de la rue, qui caractérisent encore le hip-hop aujourd'hui. **CR**

▶II Liste des titres

▶ 01 **Peter Piper** (McDaniels•Simmons) 3:25
▶ 02 **It's Tricky** (McDaniels•Mizell•Rubin•Simmons) 3:03
▶ 03 **My Adidas** (McDaniels•Rubin•Simmons) 2:47
▶ 04 **Walk This Way** (Perry•Tyler) 5:11
05 **Is It Live** (McDaniels•Mizell•Rubin•Sever •Simmons) 3:06
06 **Perfection** (McDaniels•Simmons) 2:52
▶ 07 **Hit It Run** (McDaniels•Mizell•Rubin•Simmons) 3:10
▶ 08 **Raising Hell** (McDaniels•Rubin•Simmons) 5:31
09 **You Be Illin'** (Mizell•Rubin•Simmons) 3:26

10 Dumb Girl (McDaniels•Simmons) 3:31
11 Son Of Byford (McDaniels•Simmons) 0:27
▶ 12 Proud To Be Black (Brown•McDaniels •Simmons) 3:14

XTC
Skylarking (1986)

Label I Virgin
Production I Todd Rundgren
Direction artistique I Dave Dragon
Pays I Royaume-Uni
Durée I 45:48

Les conflits peuvent-ils engendrer de l'art ? Lors de l'enregistrement de *Skylarking*, l'animosité entre le leader Andy Partridge et le producteur Todd Rundgren est telle que leur entourage aurait pu devenu fou. Que la musique créée soit si belle relève simplement du miracle.
L'idée est simple : créer un album à thème retraçant l'enfance, la découverte de la sexualité, le mariage, la vieillesse et la mort dans l'intervalle d'une seule journée. Cela ne plaît pas aux responsables du label, qui exigent que le groupe sorte des tubes. En effet, la peur insurmontable de la scène de Partridge les empêche de partir en tournée et les condamne au studio.
Le groupe produit un chef-d'œuvre pastoral reconnu par le magazine *Rolling Stone* comme l'un des cinquante meilleurs albums de la décennie. Le morceau d'introduction *Summer's Cauldron*, suivi de l'idyllique *Grass*, ne sont que vapeurs paresseuses et insectes bourdonnants, alors que la maquette a été enregistrée pendant un mois de janvier glacial. *The Meeting Place* (avec son clip inspiré de la série *Le Prisonnier*) célèbre les instants volés, tandis que *Season Cycle* apparaît comme une vision déformée de Brian Wilson en pleine campagne britannique.
Les albums à thème échouent souvent lorsque l'organisation d'une trame narrative dépasse les qualités d'écriture de l'auteur. Ici, le passage de l'été à l'automne puis à l'hiver se fait sans heurt, du jazz rythmé de *The Man who sailed around his soul*, à la caustique lettre au Tout-Puissant *Dear God* et à la complainte rustique *Sacrificial Bonfire*. **CB**

Steve Earle
Guitar Town (1986)

Label I MCA
Production I Tony Brown • Emory Gordy Jr.
Direction artistique I Simon Levy
Pays I États-Unis
Durée I 64:59

L'album *Guitar Town* de Steve Earle explose dans les hit-parades en 1986, confortant sa réputation de troubadour hors-la-loi.
Garçon de la campagne bien planté dans ses santiags, Earle n'a que 30 ans et collectionne déjà divorces, problèmes d'addiction et ennuis juridiques. Alors qu'il est un auteur à succès à Nashville, les spécialistes accueillent froidement *Guitar Town*. L'album est remarqué par la suite dans la presse rock, qui voit en Earle l'un des premiers rockeurs roots, dans la lignée de Dwight Yoakam et Bruce Springsteen. Les thèmes de ses chansons, à cheval entre rock et country, séduisent les amateurs des deux genres. Il est l'un des fondateurs de la country alternative, qui compte des artistes comme Lucinda Williams et Wilco. Des années d'écriture frustrée et des mésaventures personnelles fournissent à Earle la matière des excellentes chansons de cet album. *Guitar Town* est la transcription musicale des pensées d'un jeune homme en colère, ainsi que le récit cocasse et édifiant de la vie sur la route.
L'album témoigne de la chape politique qui plombe les États-Unis pendant la période reaganienne, en particulier dans des morceaux comme *Someday* et *Good*

Ol' Boy (Gettin' Tough). Earle joue les guitaristes rock frustes dans l'hilarant single-titre, et exploite adroitement le terrain sentimental de la country sur *My Old Friend the blues*.
Earle compose aujourd'hui encore de superbes disques qui expriment sa vision du monde, mais cet album reste son plus beau voyage au cœur des États-Unis. **KC**

Bad Brains
I against I (1986)

Label | SST
Production | Ron St. Germain
Direction artistique | Marcia Resnick
Pays | États-Unis
Durée | 31:28

Débarquant sur scène en secouant leurs dreadlocks dans un nuage de marijuana, les Bad Brains sont l'un des groupes les plus controversés émergeant de la riche tradition punk hardcore de Washington D.C. Catalogués par certains comme drogués, homophobes et fanatiques religieux, il est difficile de les ignorer. Leur album *I against I* est une œuvre charnière du hardcore américain.
Même s'il est probable que le hardcore de Washington restera surtout dans les mémoires pour le label Dischord Records, fondé par Jeff Nelson et Ian McKaye (du célèbre groupe Minor Threat), le premier album éponyme et tumultueux des Bad Brains (sorti en 1982 sur cassette) a contribué à définir le punk hyper-speed-thrash, même si le reggae et le dub représentent aussi une grande part de leur mixture.
I against I marque l'apogée créatrice du groupe. Les paroles du chanteur HR passent souvent pour un simple charabia religieux, mais l'album révèle son redoutable talent de chanteur. Des morceaux comme *She's calling you, sacred love* (HR transmet ses textes par téléphone depuis la prison où il est incarcéré pour possession de marijuana), *I against I* et *Return to Heaven* contiennent les paroles les plus furieuses, provocantes et politiquement incorrectes de l'époque. Peu de leur contemporains peuvent alors se mesurer aux rythmes complexes des Brains et aux époustouflants solos de guitare de Dr. Know.
Le groupe a participé à la fusion post-punk/metal/funk/reggae/soul. Leur rôle dans le développement d'un rock noir crédible est reconnu, entre autres, par Living Colour. **TSc**

Anita Baker
Rapture (1986)

Label | Elektra
Production | Divers
Direction artistique | Carol Friedman
Pays | États-Unis
Durée | 37:09

Vers le milieu des années 80, peu de gens s'intéressent à la vraie soul. Les machines ont remplacé les sections rythmiques, et l'arrivée d'artistes surfaits comme Whitney Houston laisse peu de place à l'authenticité. Anita Baker, artiste de 29 ans résidant à Detroit, défie l'époque avec son magnifique album *Rapture*.
Déjà rompue au style de Motown et au gospel, Baker rejoint Chapter 8 en 1975 et connaît un succès relatif avec le titre *I want to be your girl*. Signée chez Beverly Glen Music, le label d'Otis Smith, elle grave *The Songstress*, succès underground en 1983. Son transfert chez Elektra lui sert de tremplin vers la gloire.
Impliquant un nombre incroyable de musiciens de studio talentueux, *Rapture* est un album de diva très produit, qui tient encore la distance aujourd'hui. Produit par un ex-acolyte de Chapter 8, Michael J. Powell, qui imagine une sélection de reprises et d'originaux mettant en

valeur l'alto sensuel de Baker, l'album est le fruit d'un compromis. Baker veut du jazz et encore du jazz, Powell du R&B velouté. Au final, leurs concessions mutuelles sont à l'origine de la beauté de l'album. L'assimiler à un album fourre-tout sans relief écrit pour la radio reviendrait à passer à côté du phrasé nerveux et magnifique de Baker : *Sweet Love* devient un immense tube, tandis que *Been alone so long* nous offre un slow lent et méditatif.

Rapture est remarquablement bien accueilli (même la revue britannique *The Wire* commente : « La réussite commerciale de *Rapture* n'empêche pas son émotion intrinsèque de briller »), et aussi très vite oublié. **DE**

The Smiths
The Queen is dead (1986)

Label | Rough Trade
Production | Johnny Marr • Morrissey
Direction artistique | Caryn Gough • Morrissey
Pays | Royaume-Uni
Durée | 36:47

Les Smiths étaient incroyablement productifs. *The Queen is dead*, enregistré en décembre 1985 mais sorti en juin 1986 en raison de problèmes juridiques, est leur troisième album en deux ans (quatrième si on compte la superbe compilation de morceaux courts, *Hatful of hollow*). C'est également leur chef-d'œuvre.

L'album est d'autant plus impressionnant que le groupe rencontre à l'époque des difficultés considérables. Les Smiths n'ont pas de manager à proprement parler (personne ne peut s'insérer dans l'étroite relation qui lie Morrissey et Johnny Marr) et s'affairent à renégocier leur contrat (le propriétaire du label Rough Trade, Geoff Travis, est le Mr. Shankly dont parle le second titre). De plus, le bassiste Andy Rourke est tombé dans l'héroïne (il est renvoyé puis réintégré entre l'enregistrement et la sortie de l'album). De ces tensions naît un album tour à tour émouvant, hilarant et magnifique – voire les trois à la fois sur le premier titre, attaque sauvage et subtile contre la famille royale, soutenue par une rafale de guitares (soit la rencontre de Marr avec MC5 et du Velvet Underground). Il n'y a qu'un seul titre raté, *Never had no one ever*, et encore, il offre un peu de répit après une triple salve d'introduction à couper le souffle.

La guitare de Marr est ici plus corrosive et intense que jamais. L'esprit pince-sans-rire de Morrissey fait mouche à tous les coups. L'avant-dernier morceau, *There is a light...*, est l'un des plus beaux du groupe, la voix mélodramatique du Moz s'accordant parfaitement avec la guitare impitoyable de Marr. L'album suivant est presque aussi bon, mais c'est également le dernier. **PW**

▶II Liste des titres

▶	01 The Queen Is Dead (Marr•Morrissey)	6:23
▶	02 Frankly, Mr. Shankly (Marr•Morrissey)	2:17
▶	03 I Know It's Over (Marr•Morrissey)	5:48
	04 Never Had No One Ever (Marr•Morrissey)	3:36
	05 Cemetry Gates (Marr•Morrissey)	2:39
▶	06 Bigmouth Strikes Again (Marr•Morrissey)	3:12
	07 The Boy With The Thorn In His Side (Marr•Morrissey)	3:15
	08 Vicar In A Tutu (Marr•Morrissey)	2:21
▶	09 There Is A Light That Never Goes Out (Marr•Morrissey)	4:02
	10 Some Girls Are Bigger Than Others (Marr•Morrissey)	3:14

Peter Gabriel
So (1986)

Label | Virgin
Production | Peter Gabriel • Daniel Lanois
Direction artistique | Peter Saville
Pays | Royaume-Uni
Durée | 46:30

Beauté torturée ou musique de chochotte ? Hélas, la seconde proposition a réussi à faire passer Peter Gabriel du statut d'artiste célèbre à celui de supercherie.

Bien que le matraquage du vidéo clip *Sledgehammer* ait ruiné la chanson, l'album dont elle est extraite est une merveille.
Non pas que Gabriel ne sache pas créer de bonne musique. Ses quatre premiers albums solo sont remplis de chansons fascinantes, mais les moments magiques sont souvent noyés dans l'expérimentation vocale et musicale. *So*, en revanche, arrache un soupir de satisfaction.
Baignés par des percussions délicates, des claviers goûteux et une basse pétillante, *Red Rain* et *Mercy Street* sont bouleversants. Dans cette épopée, le duo avec Kate Bush, *Don't give up*, est déchirant. De son côté, *In your eyes* devient culte après son apparition dans le film de John Cusack *Un monde pour nous*.
In your eyes annonce également le succès planétaire du chanteur sénégalais Youssou N'Dour. L'engagement de Peter Gabriel envers la musique du monde précède *So* et se poursuit encore aujourd'hui. Aucune autre star mondialement connue n'a contribué de la sorte à faire découvrir au public une musique qui serait autrement restée ignorée. L'album compte aussi la collaboration de Laurie « O Superman » Anderson, dont la version de *This is the picture* figure sur son disque *Mister Heartbreak*.
Malgré son titre excentrique (« une forme élégante, mais très peu de sens », avoue Gabriel à *Rolling Stone*) et une pochette qui, pour une fois, révèle la séduction de Gabriel, *So* se vend à plusieurs millions d'exemplaires. D'excellents albums suivront, mais *So* reste la meilleure introduction à cette discographie éblouissante. **BM**

▶II Liste des titres

01 **Red Rain** (Gabriel)	5:40
▶ 02 **Sledgehammer** (Gabriel)	5:13
▶ 03 **Don't Give Up** (Gabriel)	6:33
04 **That Voice Again** (Gabriel•Rhodes)	4:53
05 **Mercy Street** (Gabriel)	6:23
06 **Big Time** (Gabriel)	4:29
07 **We Do What We're Told (Milgram's 37)** (Gabriel)	3:22
08 **This Is The Picture (Excellent Birds)** (Anderson•Gabriel)	4:25
▶ 09 **In Your Eyes** (Gabriel)	5:30

Anthrax
Among the living (1987)

Label I Island
Production I Anthrax • Eddie Kramer
Direction artistique I Non créditée
Pays I États-Unis
Durée I 50:13

Comme les autres groupes phares du thrash metal (Metallica, Megadeth et Slayer), le New-Yorkais Anthrax atteint son apogée artistique, critique et commerciale à l'occasion de son troisième album. *Among the living* allie la vitesse recherchée par les fans de thrash (et que seul Slayer conserve au début des années 90), des morceaux bricolés totalement imprévisibles et un son unique. L'album marque aussi les débuts du mouvement rap-rock. Habillé en Vision Streetwear (marque de vêtements hip-hop) avant même que P. Diddy n'y ait pensé, adoptant des poses de rap grotesques qui annoncent Beastie Boys, le groupe provoque quelques ricanements parmi ses fans habillés de clous et de cuir, jusqu'à ce qu'il lâche ses chansons et fasse taire toutes les critiques.
Le titre d'ouverture est une démonstration de puissance à tempo modéré. Le rapide et distordu *Caught in a mosh*, avec son inoubliable refrain (« Lequel de ces mots ne comprends-tu pas ? / Te parler, c'est comme applaudir d'une seule main ! »), et l'hypnotique *NFL* surpassent de loin toute la production thrash actuelle. L'album doit beaucoup au guitariste rythmique Scott « Not » Ian, dont le timbre grinçant rend Anthrax immédiatement reconnaissable, et au batteur Charlie Benante, musicien redoutablement puissant, dont la vitesse et la précision n'ont d'égales parmi ses

contemporains que chez Dave Lombardo (Slayer) et Pete Sandoval (Morbid Angel). Il n'est pas possible d'oublier la joie sincère de l'apogée de la période thrash, et cet album fait partie des meilleurs du genre. **JM**

▶II Liste des titres

	01 Among The Living (Anthrax)	5:16
▶	02 Caught In A Mosh (Anthrax)	4:59
▶	03 I Am The Law (Anthrax•Lilker)	5:57
▶	04 Efilnikufesin (NFL) (Anthrax)	4:54
	05 Skeleton In The Closet (Anthrax)	5:32
	06 Indians (Anthrax)	5:40
	07 One World (Anthrax)	5:56
	08 ADI/Horror Of It All (Anthrax)	7:49
	09 Imitation Of Life (Anthrax•Lilker)	4:10

Dinosaur Jr.
You're living all over me
(1987)

Label | SST
Production | Divers
Direction artistique | Maura Jasper
Pays | États-Unis
Durée | 39:21

Tirant son titre d'une crise de colère piquée par J. Mascis dans le bus de tournée, *You're living all over me* révèle le monstre turbulent qu'est Dinosaur Jr à son apogée créatrice. Dominé par les conflits entre le guitariste asocial Mascis et le bassiste émotif Lou Barlow, Dinosaur opère une fusion passionnée de riffs de rock heavy, de mélodies country et de bruits post-punk, aussi instable que la composition du groupe lui-même.
Dès le premier titre, *Little Fury Things* (auquel participe Lee Ranaldo de Sonic Youth, grand fan de Dinosaur Jr), *You're living all over me* affiche clairement ses intentions : entraîner le rock vers de nouvelles formes radicales, jusqu'à ce que ses clichés redeviennent expressifs dans les contextes créés par Mascis. *Sludgefeast* tisse des rêveries méditatives sur des riffs proches de Black Sabbath, tandis que *The Lung* élève une chansonnette fantaisiste au rang d'épopée rock façon Lynyrd Skynyrd, grâce au solo extatique et fluide de Mascis. Pour le reste, Dinosaur mène des expérimentations sonores influencées par la musique industrielle : ainsi, des murs de son avalent le somnolent *Tarpit*. Le patchwork folk de *Poledo* est composé par Barlow, seul dans sa chambre. « Je commençais juste de fumer de la marijuana, explique le bassiste. Tout me semblait grandiose ! »
Durant la tournée qui suit, les tensions deviennent insoutenables. L'album *Bug* de 1988 est le chant du cygne du groupe. Reste que pendant les quarante précieuses minutes de *You're living all over me*, Dinosaur Jr invente une magnifique harmonie. **SC**

▶II Liste des titres

▶	01 Little Fury Things (Mascis)	3:05
	02 Kracked (Mascis)	2:51
▶	03 Sludgefeast (Mascis)	5:14
▶	04 The Lung (Mascis)	3:51
	05 Raisans (Mascis)	3:48
	06 Tarpit (Mascis)	4:33
▶	07 In A Jar (Mascis)	3:26
	08 Lose (Barlow)	3:08
	09 Poledo (Barlow)	5:40

Dolly Parton, Linda Ronstadt, Emmylou Harris
Trio (1987)

Label | Warner Bros.
Production | George Massenburg
Direction artistique | Kosh
Pays | États-Unis
Durée | 38:24

Si les pointures de la country se regroupent souvent pour des singles réussis, peu de collaborations de ce genre donnent des albums entiers consistants. Pour-

tant, l'équipe de rêve composée de Dolly Parton, Linda Ronstadt et Emmylou Harris est parvenue à une harmonie totale sur le superbe *Trio*.
Artistiquement, *Trio* ne peut pas tomber à un meilleur moment pour Parton et Ronstadt. Parton a passé une bonne partie des années 80 à tenter de séduire le grand public avec des tubes pop comme *Islands in the stream*. Ronstadt a renié son appartenance à la scène country-folk de Los Angeles pour enregistrer des standards pop. Commercialement, les deux chanteuses n'ont pas à se plaindre : *What's new* de Ronstadt se vend à deux millions d'exemplaires, et Parton connaît douze succès au Top 10 en cinq ans. Mais il leur manque le sentiment d'authenticité qui colore leur travail antérieur. Toutes deux le retrouvent en enregistrant avec Horris, l'un des producteurs les plus fiables de Nashville. Soutenues par un groupe solide dont font partie David Lindley et Ry Cooder, les trois superstars mêlent leurs voix sur cette éblouissante collection de titres country traditionnels et de ballades pop. Bien que les solos abondent, de Parton pour la plupart, les meilleurs passages de l'album sont les sublimes harmonies trouvées pour *Making Plans* et *To know him is to love him* de Phil Spector.
Succès critique et commercial, *Trio* est disque de platine, remporte un Grammy, et donne lieu en 1998 à une suite longtemps attendue, *Trio II*. **JiH**

▶ II Liste des titres

	01 The Pain Of Loving You (Parton•Wagoner)	2:33
▶	02 Making Plans (Morrison•Russell)	3:26
▶	03 To Know Him Is To Love Him (Spector)	3:47
	04 Hobo's Meditation (Rodgers)	3:16
	05 Wildflowers (Parton)	3:35
▶	06 Telling Me Lies (Cook•Thompson)	4:22
	07 My Dear Companion (Ritchie)	2:53
▶	08 Those Memories Of You (O'Bryant)	3:55
	09 I've Had Enough (McGarrigle)	3:27
	10 Rosewood Casket (Trad.)	3:03
	11 Farther Along (Trad.)	4:07

Def Leppard
Hysteria (1987)

Label | Bludgeon Riffola
Production | Robert John Lange
Direction artistique | Andie Airfix
Pays | Royaume-Uni
Durée | 61:52

Après *Pyromania* (1983), le chanteur Joe Elliott, les guitaristes Steve Clark et Phil Collen, le bassiste Rick Savage et le batteur Rick Allen partent pour Dublin avec le producteur Robert John « Mutt » Lange qui, épuisé, les abandonne en route. Le génie des Meat Loaf, Jim Steinman, prend sa place, mais ne s'entend pas avec le groupe. « Je disais combien il était formidable d'être dans la ville de Yeats et Joyce, raconte Steinman. Joe Elliott me répondait qu'ils n'avaient encore rencontré aucun musicien local. »
Le 31 décembre, Allen perd un bras dans un accident de voiture. Ses acolytes continuent avec l'ingénieur du son Nigel Green. Allen revient en avril avec un kit électronique adapté à son infirmité. Lange fait également son retour après une crise, apportant une touche technique à *Hysteria*. Cependant Lange jette les enregistrements, et le groupe doit recommencer à zéro. Après une apparition au festival britannique Monsters of Rock qui leur redonne le moral (« Je n'ai jamais vu autant de mains se lever ! », évoque Allen), *Hysteria* est achevé en janvier 1987.
Sept tubes aux États-Unis prouvent que le temps n'a pas été si mal géré. Le grinçant *Women* confirme que Def Leppard est toujours autant heavy metal. Les brillants *Animal* et *Hysteria* gagnent de la vitesse, avant que l'ode aux clubs de striptease *Pour some sugar on me* ne crève le ciel. « L'album s'est vendu à près d'un million d'exemplaires le premier mois », s'émerveille Elliott. Le doux-amer *Love*

Bites atteint le Hot 100, les sarcastiques *Armageddon it* et *Rocket* suivent, et *Hysteria* entre dans l'histoire. **TJ**

R.E.M.

Document (1987)

Label I IRS
Production I Scott Litt
Direction artistique I Ron Scarselli
Pays I États-Unis
Durée I 39:52

Au début des années 80, alors que R.E.M. n'est pas encore une légende, sa pop aux guitares scintillantes fait déjà des émules. Ce n'est qu'avec leur cinquième album, *Document* (1987), que Michael Stipe, Peter Buck, Bill Berry et Mike Mills révèlent leur intention de changer le monde.

La toute première phrase l'annonce : « Le moment de se lever / est arrivé. » *Finest Worksong*, avec son rythme de basse à propulsion et son refrain taillé pour les stades, inaugure ce qui est sans doute la dernière grande face 1 de l'ère du vinyle. Les chansons s'enchaînent, de la power pop bondissante de *Exhuming McCarthy* aux associations libres de l'obsédant *It's the end of the world as we know it (And I feel fine)*.

La seconde partie débute par le premier tube de R.E.M., *The One I love*, composé d'un seul couplet répété et d'un refrain d'un seul mot. Cela suffit pour faire de R.E.M. un nom familier. Ensuite, l'album s'engage sur des territoires plus étranges, avec la valse bourdonnante *Fireplace* et la ballade hypnotique *King of birds*.

Document est le premier des nombreux classiques que Scott Litt a produits pour R.E.M. Les murmures indéchiffrables de Stipe ont disparu, remplacés par des images intrigantes, comme sur le refrain de *Exhuming McCarthy* : « Tu tailles des pierres / en marchant sur les braises / pour améliorer ton sens des affaires. »

Après *Document*, tout le monde est au courant du secret R.E.M. L'album sonne toujours bien aujourd'hui, sans doute parce qu'il a entraîné de nombreux disciples dans son sillage. **RM**

Prince

Sign o' the times (1987)

Label I Warner Bros.
Production I Prince
Direction artistique I Laura LiPuma
Pays I États-Unis
Durée I 80:03

Sign o' the times est entouré de mystère. Pourquoi s'est-il moins bien vendu que *Diamonds and pearls*, de qualité inférieure ? Que signifie *Starfish and coffee* ? Et pourquoi, après tant de refontes, ce titre a-t-il été conservé dans la liste de titres définitive ?

Lorsque les sessions débutent en 1986, l'album doit s'appeler *Dream Factory*. Prince abandonne cette idée après avoir quitté sa muse Susannah Melvoin et son groupe The Revolution. À la fin de l'année, il se retrouve avec un disque réalisé sous le pseudonyme de Camille et le triple album *Crystal Ball* (toute cette histoire est racontée dans le livre de Per Nilsen, *DanceMusicSexRomance*).

Dépité par la chute des ventes après *Purple Rain*, Warner refuse de sortir cette production, obligeant Prince à sélectionner le meilleur. Le résultat défie toute tentative de classement, passant du funk grinçant à la soul langoureuse, avec des clins d'œil à ses idoles Joni Mitchell et Sly Stone. L'imagination de Prince est foisonnante. Du jazzy et surréaliste *Ballad of Dorothy Parker* à l'excentrique *If I was your girlfriend*, aucun contemporain de Prince n'a su repousser les limites avec tant de bonheur. L'album trouve un parfait équilibre entre le grave et le futile : l'évangélique *The Cross* précède *It's gonna be a beautiful night*, un rap de Sheila E. prenant pour base un poème d'Edward Lea.

« J'ai toujours dit, explique Prince sur MTV en 1985, qu'un jour je jouerais toutes sortes de musique et que je serais jugé non pas sur la couleur de ma peau mais sur la qualité de mon travail. » Ventes mises à part, cet album est celui qui concrétise le mieux cette ambition. **BM**

The Cult
Electric (1987)

Label | Beggars Banquet
Production | Rick Rubin
Direction artistique | Keith Breeden
Pays | Royaume-Uni
Durée | 38:46

Dans la lignée de Jimmy Page et Angus Young, *Electric* marque l'abandon par The Cult de ses racines gothiques maniérées pour tenter de gagner la faveur des foules. Mené de main de maître par l'extraordinaire Rick Rubin, new-yorkais fan de heavy metal, le groupe réalise une audacieuse volte-face qui lui permet de s'ouvrir à tout point de vue. Le chanteur Ian Astbury, le guitariste Billy Duffy, le bassiste Jamie Stewart et le batteur Les Warner sont alors à l'apogée de leur carrière. En écoutant Electric, les adolescents des banlieues anglaises prennent conscience que le rock viril n'est pas réservé aux Américains.

Même si les atouts d'*Electric* – le massacre de Astbury relaté dans *Yee-aah !*, le jeu de guitare déchirant de Duffy et le graphisme extravagant (hommage aux pochettes des Grateful Dead créées par Rick Griffin dans les années 60) – peuvent sembler démodés, l'album a toute sa place dans cet ouvrage en raison d'une série de singles brillants. *Lil' Devil* est construit sur un riff accrocheur, tandis que *Love Removal Machine* est un mélange entre rock indépendant et hair metal. Musicalement, le principal auteur-compositeur Duffy peut tout se permettre. Il bâtit ainsi deux chansons sur une progression simplistes d'accords (ré-do-sol), comme il l'a fait pour *Rain* et *She sells sanctuary* sur l'album précédent.

« Ne prêtez pas attention à votre scène indé-anglaise et à ses guitares de fillettes », dit Rubin à l'époque : « Vive le rock ! » Et même si cet appel aux armes a été suivi jusqu'à la parodie, c'est on ne peut plus approprié dans le cas d'*Electric*. **JM**

Depeche Mode
Music for the masses (1987)

Label | Mute
Production | Depeche Mode • David Bascombe
Direction artistique | Town And Country Planning
Pays | Royaume-Uni
Durée | 44:32

Quand de petits musiciens de pop synthétique deviennent des géants des stades, les murs tremblent et Marilyn Manson est né ! Et vous a-t-on dit qu'ils ont inventé la house music ?

Tout cela est exagéré, mais *Music for the masses* est bien l'album avec lequel Depeche Mode abandonne l'électro-pop rudimentaire pour adopter le son qui allait inspirer les gothiques comme les précurseurs de la dance.

L'album précédent, *Black Celebration*, n'en était pas loin, mais la production expérimentale le faisait parfois sonner de manière un peu ridicule. Par contraste, *Music for the masses* vous cloue au mur dès le moment où *Never let me down again* jaillit des haut-parleurs.

La puissance est implacable, mais la cadence agréablement variée. On y trouve le rythmé *The Things you said*, la musique de chambre de *Little 15* et le lascif *Behind the wheel*, qui introduit les rythmiques pétillantes dont allait se nourrir la house. Le titre bonus du disque, *Pleasure, Little Treasure*, va même plus loin dans ce sens, partant de rythmes dance pour annoncer le glam rock de *Personal Jesus*, récupéré par Marilyn Manson. L'énergique *Nothing* et le très rock *Pimpf* (qui clôt l'album avec le titre non répertorié *Mission impossible*) complètent cette série de contrastes.

La Grande-Bretagne continue à considérer les membres du groupe comme de curieuses pop stars. L'Europe et l'Amérique, pourtant, les propulsent du rang de énième « groupe Pretty in Pink » (selon les mots de Neil Tennant des Pet Shop Boys) au statut de héros, phénomène qu'ils n'ont absolument pas anticipé, en dépit du titre de l'album. **BM**

▶II Liste des titres

▶	01 Never Let Me Down Again (Gore)	4:48
	02 The Things You Said (Gore)	4:03
▶	03 Strangelove (Gore)	4:57
	04 Sacred (Gore)	4:47
	05 Little 15 (Gore)	4:19
▶	06 Behind The Wheel (Gore)	5:18
	07 I Want You Now (Gore)	3:45
	08 To Have And To Hold (Gore)	2:51
	09 Nothing (Gore)	4:18
	10 Pimpf (Gore)	5:26

The Sisters of Mercy
Floodland (1987)

Label I Merciful Release/WEA
Production I L. Alexander • A. Eldritch • J. Steinman
Direction artistique I Andrew Eldritch
Pays I Royaume-Uni
Durée I 49:24

Il est étrange que l'un des groupes de rock gothique les plus emblématiques et les plus influents n'ait enregistré que trois albums studio en vingt-cinq ans de carrière. *Floodland*, le second album des Sisters of Mercy, est celui où tout se met en place. C'est une œuvre majestueuse, à la prétention insolente et au charme irrésistible.

Le leader énigmatique des Sisters, Andrew Eldritch, prétend avoir enregistré l'album tout seul, avec la bassiste Patricia Morrison (ancien membre du Gun Club) et une boîte à rythme nommée Doktor Avalanche (par la suite, il affirmera que Morrison ne joue pas une note sur le disque). Des morceaux comme *Dominion/Mother Russia* et *This Corrosion* sont spectaculaires, dominés par des rythmes industriels étourdissants. (La New York Choral Society participe aux deux.) *Flood I* sonde des profondeurs ténébreuses, tandis que, contrastant avec le son massif de l'album, le mélancolique *1959* ne figure qu'un piano et une voix.

Lorsque *Floodland* paraît, le rock gothique est déjà connu du grand public. Trois singles sont extraits de l'album, et se classent au hit-parade. Les clips vidéo qui accompagne l'album contribuent à définir leur imagerie théâtrale.

Dans les interviews, il est clair que Eldritch est pleinement conscient de la portée humoristique de son groupe, même si ses hordes de fans ne voudront jamais l'admettre. Ce paradoxe n'a jamais été aussi manifeste que dans *Floodland*, qui parvient à être à la fois ironique et très touchant. **AET**

▶II Liste des titres

▶	01 Dominion/Mother Russia (Eldritch)	7:01
▶	02 Flood I (Eldritch)	6:22
	03 Lucretia My Reflection (Eldritch)	4:57
▶	04 1959 (Eldritch)	4:09
▶	05 This Corrosion (Eldritch)	10:55
	06 Flood II (Eldritch)	6:47
	07 Driven Like The Snow (Eldritch)	6:27
	08 Never Land (A Fragment) (Eldritch)	2:46

George Michael
Faith (1987)

Label | Columbia
Production | George Michael
Direction artistique | George Michael • Stylorouge
Pays | Royaume-Uni
Durée | 57:58

Lorsque Wham ! donne son concert d'adieu devant soixante-douze mille fans au Wembley Stadium en 1986, il n'est pas difficile d'imaginer George Michael à la tête d'une brillante carrière en solo. Il est le leader du groupe, et des millions de jeunes filles ont affiché son visage dans leur chambre. Son premier album solo *Faith* dépasse pourtant toutes les attentes. Cet album de référence se vend à 10 millions d'exemplaires dans le monde entier. Il est le premier disque solo d'un artiste blanc à atteindre la première place du hit-parade R&B américain. Sept singles éblouissants en sont extraits, et Michael devient une superstar au même titre que Michael Jackson, Madonna et Prince. Les gays comme les hétérosexuels adoptent le look « blouson de cuir, boucles d'oreille et barbe de deux jours » qu'il arbore sur la pochette.

Faith démarre de façon spectaculaire : un orgue liturgique joue un extrait du *Freedom* de Wham !, très lentement, comme pour les funérailles d'un ami, puis se lance, via une rythmique de guitare acoustique à la Bo Diddley, dans l'épatante chanson-titre. L'atmosphère change en un clin d'œil lorsque le chanteur aborde le romantique *Father Figure* d'une voix enjôleuse. Il s'attelle ensuite au titre *I want your sex, Pts. 1 & 2*, qui fait scandale à l'époque. Trois chansons, c'est tout ce qu'il faut à George Michael pour enterrer son passé de chanteur de variétés.

La splendeur de l'album découle de l'aisance avec laquelle il combine pop, dance et R&B pour créer un son qui lui est propre. Le fait que la majorité des morceaux écrase aujourd'hui encore tout ce qui passe à la radio explique pourquoi *Faith* est unique. **JiH**

▶II Liste des titres

▶	01 Faith (Michael)	3:16
▶	02 Father Figure (Michael)	5:36
▶	03 I Want Your Sex, Pts. 1 & 2 (Michael)	9:17
	04 One More Try (Michael)	5:50
	05 Hard Day (Michael)	4:48
	06 Hand To Mouth (Michael)	4:36
	07 Look At Your Hands (Austin•Michael)	4:37
	08 Monkey (Michael)	5:05
▶	09 Kissing A Fool (Michael)	4:35
	10 Hard Day (Shep Pettibone Remix) (Michael)	6:30
	11 A Last Request (I Want Your Sex, Pt. 3) (Michael)	3:48

Hüsker Dü
Warehouse : songs and stories (1987)

Label | Warner Bros.
Production | Grant Hart • Bob Mould
Direction artistique | Daniel Corrigan
Pays | États-Unis
Durée | 69:39

D'ordinaire, louange des critiques signifie « inécoutable ». C'est le cas du hardcore des débuts de Hüsker Dü. Mais en 1985, ils remplacent la vitesse par l'écriture des textes et imaginent un son pour le post-grunge. Les deux années suivantes, ils le perfectionnent (guitares furieuses, batteries puissantes, passages inspirés des Beatles). « Il a été sacralisé », boudait le guitariste Bob Mould, mais « *Warehouse* était la même chose que les trois albums précédents ».

Warehouse se distingue de *Candy apple grey* (1986) par sa longueur et sa magnifique pochette, mais montre ce que l'on peut obtenir lorsque les forces motrices d'un groupe (Bob Mould et le batteur Grant Hart) se détestent.

Ayant refusé, d'après Grant Hart, une répartition équitable, Bob Mould gagne en nombre (onze chansons contre neuf pour son rival). Toutefois, Grant Hart apporte plus de diversité grâce au carillonnant *Charity, chastity, prudence and hope*, à la chanson de marin *She floated away*, au rock'n'roll *Actual Condition* et à l'enragé *You can live at home*.

Mais Bob Mould avait ses joyaux personnels : *Could you be the one ?*, qui préfigure la sensibilité pop qu'il apportera au groupe qu'il formera après Hüsker Dü, Sugar ; et celui qui en dit le plus, *Friend, you've got to fall*, généralement considéré comme une attaque contre Grant Hart, héroïnomane.

Le groupe se dissoudra pendant la tournée de l'album *Warehouse* et les cicatrices sont toujours là. Mais ils n'auraient pu souhaiter meilleure épitaphe. **BM**

Butthole Surfers
Locust abortion technician
(1987)

Label | Touch And Go
Production | Paul Leary
Direction artistique | The Butthole Surfers
Pays | États-Unis
Durée | 32:34

Dans les années 80, il existait une émulation au sein de la communauté post-hardcore et post-punk américaine : c'était à qui produirait le son le plus extrême. En la matière, aucun n'avait encore égalé *Locust abortion technician*.

Tout ce qui se dit sur ce disque est faux. Sur une introduction de cordes luxuriantes, un enfant interroge son père sur le regret, et le père répond : « Mieux vaut regretter ce que tu as fait que ce que tu n'as pas fait », avant de crier : « Satan ! Satan ! ». Alors, le groupe explose dans une déconstruction cauchemardesque du riff de *Sweet Leaf*, de Black Sabbath. Dans *22 going On 23*, un auditeur de radio raconte son agression sexuelle, tandis qu'un riff de guitare délirant et des percussions tribales composent l'arrière-plan. Seule *Human Cannonball* se rapproche d'une chanson « normale ». Montée d'adrénaline de trois minutes et demie de punk rock, la chanson faisait remarquer de manière impressionnante aux détracteurs que le groupe était capable de « faire » s'il le souhaitait du punk avec aplomb. Seulement, il ne le souhaitait pas.

Le graphisme même de la pochette révèle la nature de pervers polymorphes des Butthole. L'obsession du groupe pour John Wayne Gacy – l'amuseur d'enfants maniaque, pédophile, et tueur en série –, associé au nom de l'album, est d'ailleurs tout sauf innocente.

Il faut dire que l'on n'avait jamais connu avant 1987 disque plus heavy et étrange que celui-là, et on peut affirmer qu'il n'y en a pas eu depuis. **JDo**

Astor Piazzolla And Gary Burton
The New Tango (1987)

Label | Atlantic
Production | Nesuhi Ertegun
Direction artistique | Georges Braunschweig
Pays | Argentine • États-Unis
Durée | 55:02

Assister au festival de Montreux en Suisse, en juillet 1986, devait être extraordinaire : Astor Piazzolla (joueur de bandonéon et compositeur argentin controversé) et Gary Burton (le vibraphoniste et compositeur américain à succès), pour une rencontre au sommet. La composition *Suite for vibraphone and new tango quintet*, de Piazzolla, était sans aucun doute le clou de la soirée.

The New Tango, enregistrement live de ce chef-d'œuvre est une de leurs meilleures performances ensemble. Chaque morceau est une merveille : le drame et les nuances de mélancolie qui définissent cette œuvre sont associés aux strates d'improvisation dialoguée. Ajoutez à une sensibilité contemporaine pour la dissonance un rythme décalé, et vous obtenez un enregistrement révélateur du talent du groupe d'Astor Piazzolla.

Le violon de Fernando Suarez Paz, qui confère au sextet une émotion et une texture sonore remarquables, est un des temps forts de *Milonga is coming*. *Vibraphonissimo* est un original de Piazzolla pour Gary Burton, au motif abrupte et à l'harmonie classique. *Nuevo Tango* a une mélodie et un tempo intenses, mais change de mesure avec élégance, par une cohésion intuitive.

Lorsque, plus de trente ans auparavant, Piazzolla avait revisité le tango, les traditionalistes avaient protesté. Piazzolla est mort en 1992, mais *The New Tango* demeure un monument à la liberté musicale. **JCV**

The Smiths

Strangeways, here we come

(1987)

Label | Rough Trade
Production | The Smiths • Stephen Street
Direction artistique | Caryn Gough • Morrissey
Pays | Royaume-Uni
Durée | 35:53

Après leur signature chez EMI, les Smiths enregistrent *Strangeways, here we come* pour honorer une obligation contractuelle envers le label britannique indépendant Rough Trade. Mais des désaccords concernant la direction du groupe et l'orientation de sa carrière nuisent à la collaboration artistique entre Morrissey et Johnny Marr.

Le cri de guerre *A Rush and a Push* explore les racines irlandaises de Morrissey, tandis que la guitare glam rock crissante de Marr de *I started something* préfigure le travail à venir de Morrissey avec Mick Ronson. L'album inclut d'autres titres phares : le jovial et entraînant *Unhappy Birthday*, l'autoparodique *Stop me if you think you've heard this one before* et le dramatique *Last Night I dreamt that somebody loved me*, avec sa longue introduction poignante renforcée par un piano menaçant et des foules en émeute. *Paint a vulgar picture*, avec son refrain amer « Re-publie ! Ré-emballe ! » semble ironique, à la lumière des compilations publiées sans fin depuis par les Smiths et par Morrissey. Le titre de clôture de l'album, *I won't share you*, aurait fait fondre en larmes le batteur Mike Joyce. *Girlfriend in a coma*, exemple de l'esprit corrosif de Morrissey, est sorti en single la même semaine que leur annonce de dissolution. Hélas, au beau milieu de ce drame, l'album dont il était extrait a été plutôt négligé. Bien que beaucoup moins estimé que leurs deux précédents albums, il reste cependant une épitaphe honorable pour l'un des plus grands groupes britanniques. **CSh**

Guns N' Roses

Appetite for destruction

(1987)

Label | Geffen
Production | Mike Clink
Direction artistique | Michael Hodgson
Pays | États-Unis
Durée | 53:49

Vêtus de loques et gavés de drogues, les Hanoi Rocks étaient les Stones et les Sex Pistols réunis. Vénérés par des fans à bandana et des critiques en manque de frissons, ils ont connu un succès immédiat avant de disparaître. Parmi les rares qui se souviennent d'eux se trouvent le chanteur Axl Rose et le guitariste Izzy Stradlin. Ils recrutent le guitariste Slash, le bassiste

Duff McKagan et l'insouciant batteur Steven Adler.

Les Guns N' Roses éclipsent nombre de leurs contemporains : depuis Van Halen, aucune association de personnalités charismatiques (en particulier le lunatique Axl et le maître des riffs Slash) n'a joué sur ses propres clichés avec tant d'énergie. La pochette – une peinture d'un viol de robot signée Robert Williams – déclenche à elle seule des polémiques (d'où son remplacement par la croix tatouée de Bill White Jr et Andy Engell). Les chansons, quant à elles, sont stupéfiantes. Bien que la pochette crédite l'ensemble du groupe, beaucoup sont l'œuvre de Stradlin. Affirmant que « le rock'n'roll en général n'a fait que sucer des bites depuis les Pistols », il ressuscite la grossièreté de son ancêtre Aerosmith.

L'énergie punk de McKagan est palpable derrière *It's so easy*, *Nightrain* et *Paradise City* (autre single au Top 5 américain). Slash et Axl crachent des paroles affûtées au rasoir dans *Welcome to the jungle* et *Rocket Queen*. MTV passe en boucle *Welcome to the jungle* et *Sweet Child o' mine* (n° 1 aux États-Unis) dans l'émission Young America. Ils ont l'air cool, jurent, se battent : en un mot, ils sont rock. Une sacrée épopée commence, et ce souvenir (quinze millions d'albums vendus aux États-Unis) n'a pas fini de nous émouvoir. **BM**

▶II Liste des titres

▶ 01 **Welcome To The Jungle** (Guns N' Roses)	4:34
02 **It's So Easy** (Guns N' Roses)	3:23
03 **Nightrain** (Guns N' Roses)	4:28
04 **Out Ta Get Me** (Guns N' Roses)	4:24
05 **Mr. Brownstone** (Guns N' Roses)	3:49
▶ 06 **Paradise City** (Guns N' Roses)	6:46
07 **My Michelle** (Guns N' Roses)	3:40
08 **Think About You** (Guns N' Roses)	3:52
▶ 09 **Sweet Child O' Mine** (Guns N' Roses)	5:56
10 **You're Crazy** (Guns N' Roses)	3:17
11 **Anything Goes** (Guns N' Roses)	3:27
12 **Rocket Queen** (Guns N' Roses)	6:13

The Jesus and Mary Chain
Darklands (1987)

Label | Blanco Y Negro
Production | John Loder • Bill Price • William Reid
Direction artistique | Helen Backhouse
Pays | Royaume-Uni
Durée | 36:03

Après le succès de *Psychocandy* en 1985, qui a sorti le rock'n'roll de sa léthargie, Jim et William Reid ne comptent plus les critiques qui leur conseillent de se séparer. Comment, en effet, égaler ce mur de larsen et de misanthropie ? Inconsciemment, eux aussi pensent avoir déjà tout fait. Ils souhaitent tout de même faire à nouveau leurs preuves en tant que musiciens et auteurs-compositeurs.

Sorti à l'été 1986, leur premier succès est le single *Some Candy Talking*, qui provoque des queues devant les disquaires le jour de sa sortie. Neuf mois plus tard, le premier extrait de *Darklands*, *April Skies*, prend d'assaut le Top 10 britannique. Équilibre parfait entre leurs poses rebelles antérieures et l'énergie d'un titre pour les stades, il prouve que les Mary Chain ont la carrure pour embrasser plusieurs genres (porteur des mêmes ambitions, le single suivant, *Happy when it rains*, marche cependant moins bien.)

Ils sont désormais un groupe populaire, auteur de véritables hits. *Darklands* reçoit un excellent accueil et atteint la 5e place du hit-parade. Le disque est aux antipodes de *Psychocandy*. Pas de larsen. Des guitares acoustiques. Des paroles audibles. Des chansons qui parlent apparemment d'amour, et non de drogue. *Nine Million Rainy Days* fait écho à *Sympathy for the devil* des Stones, et *About you* sera repris par la suite par Sandie Shaw. Leurs concerts ne se terminent plus en émeutes. Mission accomplie. La première moitié des années 80 a vu le rock retourner au Moyen

Âge. Les Mary Chain montrent de quoi le rock est capable, et désormais le monde entier écoute. **DH**

▶II Liste des titres

▶ 01 **Darklands** (J. Reid•W. Reid) 5:29
02 **Deep One Perfect Morning** (J. Reid•W. Reid) 2:43
▶ 03 **Happy When It Rains** (J. Reid•W. Reid) 3:36
04 **Down On Me** (J. Reid•W. Reid) 2:36
▶ 05 **Nine Million Rainy Days** (J. Reid•W. Reid) 4:29
▶ 06 **April Skies** (J. Reid•W. Reid) 4:00
07 **Fall** (J. Reid•W. Reid) 2:28
08 **Cherry Came Too** (J. Reid•W. Reid) 3:06
09 **On The Wall** (J. Reid•W. Reid) 5:05
▶ 10 **About You** (J. Reid•W. Reid) 2:31

Ladysmith Black Mambazo
Shaka Zulu (1987)

Label | Warner Bros.
Production | Paul Simon
Direction artistique | Peter Barrett
Pays | Afrique du Sud
Durée | 36:41

Enregistré un an après que Ladysmith Black Mambazo a participé à *Graceland* de Paul Simon, *Shaka Zulu* est un disque de chant a cappella comme on n'en a jamais entendu auparavant.

L'album utilise les rythmes traditionnels du mbube (chant des immigrés d'Afrique du Sud) pour revitaliser la tradition chorale européenne sur le déclin. Les phrasés fluides et les paisibles textures rythmiques (ponctuées d'explosions presque doo-wop) composent de délicates mélodies, donnant corps au style iscathamiya (« marcher sur la pointe des pieds »).

Dans *Hello my baby*, cela se manifeste par une armature harmonique entièrement inédite, mêlant les roucoulades aériennes du leader alto Joseph Shabalala à deux ténors, tandis qu'un septet de basses marque le rythme. Un son typique de l'Afrique du Sud ? Peut-être, mais comme Mambazo ne choisit pas des chansons ouvertement engagées contre l'apartheid, de nombreux critiques interprètent alors ses ballades sentimentales (*Yibo Labo*) comme des cartes postales exotiques sur la culture tribale. Ils passent à côté des profondes interprétations de l'apartheid qui se cachent dans les chansons.

La ferveur chrétienne de Mambazo est claire à travers *King of kings* et *At Golgotha*, morceaux qui rendent son gospel accessible au grand public. L'introduction de paroles en anglais dans le répertoire zulu leur assure un succès mondial instantané. C'est une œuvre qui a résisté à l'épreuve du temps. Dix-huit ans après que *Shaka Zulu* a remporté le Grammy de « meilleur enregistrement de folk traditionnel », *Raise your spirit higher* a reçu le titre de « meilleur album de musique du monde traditionnelle ». **MK**

▶II Liste des titres

01 **Unomathemba** (Shabalala) 3:47
▶ 02 **Hello My Baby** (Shabalala) 3:09
03 **At Golgotha** (Shabalala) 3:57
▶ 04 **King Of Kings** (Shabalala) 4:07
05 **Lomhlaba Kawunoni** (Shabalala) 2:55
06 **How Long ?** (Shabalala) 3:05
▶ 07 **Ikhaya Lamaqhawe** (Shabalala) 3:13
▶ 08 **Yibo Labo** (Shabalala) 4:39
09 **Rain, Rain Beautiful Rain** (Shabalala) 2:18
10 **Wawusho Kubani ?** (Shabalala) 5:31

Laibach
Opus Dei (1987)

Label | Mute
Production | Rico Conning
Direction artistique | Laibach Kunst
Pays | Slovénie
Durée | 37:16

Lorsque la branche musicale du collectif multimédia Neue Slowenische Kunst, basée dans la capitale de la république de Slovénie (en ex-Yougoslavie), Ljubljana, s'approprie l'ancien nom allemand de la ville, Laibach, les autorités communistes dominées par les Serbes réagissent violemment. En 1983, une apparition dans l'émission d'actualité *TV Tednik* (TV Weekly) conduit le présentateur à exiger le lynchage politique du groupe.

La reprise en allemand de *One Vision* de Queen, intitulé pour l'occasion *Geburt einer Nation* (« Naissance d'une nation »), explique en quelque sorte le point de vue de Laibach sur la culture populaire. Le groupe affirme : « Si vous comprenez Queen, vous comprenez le totalitarisme. » Sa combinaison de rythmes industriels brutaux et d'ornements symphoniques wagnériens, ainsi que le chant guttural (et étrangement efféminé) de Milan Frez expriment clairement l'ironie déterminée de Laibach.

La chanson-titre résonne comme un sinistre appel aux armes, décrivant la crise imminente en Yougoslavie. D'ailleurs, le prémonitoire *F.I.A.T.* et les grincements métalliques de *How the west was won* annoncent les bouleversements politiques qui vont secouer l'Europe deux ans plus tard. Le succès d'*Opus Dei* marque la fin du bannissement qui empêchait Laibach de se produire dans son pays depuis quatre ans. **CSh**

Napalm Death

Scum (1987)

Label | Earache
Production | Napalm Death
Direction artistique | Jeff Walker
Pays | Royaume-Uni
Durée | 33:16

Napalm Death est le nom le plus influent de la musique extrême. Originaire de Birmingham, le groupe lance une forme agressive de thrash, le grindcore, caractérisé par des voix gutturales, des guitares distordues et des rythmes de batterie extrêmement rapides, surnommés « blastbeats ».

Bien que les paroles soient incompréhensibles, leur premier album, *Scum*, affiche un véritable engagement politique. La pochette représente des hommes d'affaires grotesques entourant une famille africaine, foulant un parterre de crânes criblés de logos McDonald's, Nestlé, BP et autres. Les textes sont des pamphlets de gauche contre le capitalisme (*Multinational Corporations*, *Instinct of survival*), la pollution *(Point of no return)* et l'élite dirigeante britannique (*CS*, pour Conservative Shithead). *Siege of power* montre qu'ils sont capables de respecter la convention couplet-refrain-couplet. La chanson la plus connue est *You suffer*, qui dure à peine plus d'une seconde.

L'album suivant du groupe, *From enslavement to obliteration*, atteint la 1re place du hit-parade indépendant britannique. Mais le groupe est affaibli par des changements de configuration. Le bassiste-chanteur d'origine Nick Bullen et le guitariste Justin Broadrick partent avant que *Scum* ne soit achevé (ils jouent sur les douze premiers titres), ce dernier rencontrant le succès avec le groupe Godflesh. Lee Dorrian décide ensuite de chanter intelligiblement avec les sinistres rockeurs de Cathedral. Le batteur Mick Harris, unique vétéran de la formation d'origine, quitte le groupe en 1992 pour rejoindre Bullen. **MA**

Sonic Youth

Sister (1987)

Label | SST
Production | Sonic Youth
Direction artistique | Sonic Youth
Pays | États-Unis
Durée | 41:27

Même s'ils produisent toujours des albums sublimes, les Sonic Youth connaissent leur apogée à la fin des années 80. Avec *Evol* (1986), le quartette de New York apporte des touches subtiles et mélodiques à sa « no wave » atonale. Deux ans plus tard, le double album *Daydream Nation* est un succès au hit-parade indépendant, et précipite leur signature chez une major. *Sister* fait le pont entre les deux : c'est un disque concis et séduisant, mêlant ambiances dissonantes et chansons à couper le souffle.

Inspiré de Philip K. Dick, *Schizophrenia* est un chef-d'œuvre. Pendant que les guitares résonnent doucement, *Thurston Moore* relate une rencontre troublante avec la sœur d'un vieil ami. À la place du refrain, Moore et son guitariste Lee Ranaldo tissent des entrelacs de notes harmoniques. Puis vient le mystérieux second couplet, dit par la bassiste Kim Gordon avec la voix d'une fille perturbée. Le groupe accélère ensuite jusqu'au climax euphorique.

Gordon est le chanteur principal de *Beauty Lies in the eye* et de *Pacific Coast Highway*. Le premier, une ballade obsédante, évoque la violence conjugale, le second, une flambée de désir plus sinistre que sexy. La reprise de *Hot Wire my heart* de Crime donne une fantastique chanson de pop garage. Le langoureux *Cotton Crown* évoque les mystères de Manhattan avant que le quartier ne soit dénaturé par la tolérance zéro. *White Cross* est l'occasion pour le batteur Steve Shelley de produire une série de crescendos frénétiques, véritable tsunami auditif.

Sister est aujourd'hui un classique pour la scène alternative, et pour les amateurs de rock en tout genre. **MA**

The Triffids

Calenture (1987)

Label | Island
Production | Gil Norton
Direction artistique | Island Art
Pays | Australie • Royaume-Uni
Durée | 46:24

Fils de parents religieux, le jeune David McComb remporte à l'école des prix de littérature anglaise et de théologie. Ces influences sont particulièrement évidentes dans les chansons du quatrième album des Triffids.

Si jamais la catégorie « gospel indépendant » devait faire son apparition, McComb y aurait largement contribué. Sa voix ample et douloureuse possède l'ardeur d'un prêcheur. Sa poésie brûle de manque et de désir. Sur l'éblouissant premier titre, *Bury me deep in love*, McComb décrit « une chapelle au fond de la vallée… à l'ombre d'un précipice ». La chanson pleure la mort d'un alpiniste, qui s'enfonce « dans sa crypte montagneuse et glaciale », pendant qu'un orchestre jongle entre la joie et le chagrin.

Le groupe enregistre *Calenture* en Angleterre pendant le printemps et l'été 1987. Alors qu'il voyage entre Perth et Londres, la nostalgie de McComb l'amène à composer le magnifique slow de l'album, *Hometown farewell kiss*. Ce voyage motive également le choix du titre de l'album, référence au délire dont souffrent les marins après de longues périodes en mer.

En dépit de l'excellent accueil réservé à *Calenture* et d'une popularité constante en tournée, les Triffids sont démoralisés par leur manque de succès relatif. Ils sortent un dernier album studio inégal intitulé *The Black Swan*, puis se séparent vers 1990. McComb subit une importante opération chirurgicale et entame une brève carrière solo, avant de décéder en 1999 des suites d'un accident de voiture. Le pieux et harmonieux *Calenture* reste une magnifique épitaphe. **GT**

Michael Jackson
Bad (1987)

Label I Epic
Production I Quincy Jones
Direction artistique I Nancy Donald • Tony Lane
Pays I États-Unis
Durée I 48:10

Composer un album suite à un succès n'est jamais chose aisée. Mais aucun artiste n'a dû répondre à de plus grandes attentes que Michael Jackson, lorsqu'il s'est rendu en studio pour tenter d'égaler l'album le plus vendu de tous les temps, *Thriller*.

Jackson et le producteur Quincy Jones ont le mérite d'avoir créé un album qui ne sonne pas comme un *Thriller 2*. À tout point de vue, *Bad* est plus audacieux et agressif que *Thriller*. Pourtant, si l'on retrouve dans *Thriller* le garçon enjoué des Jackson Five, entré dans nos cœurs avec *Off the wall* en 1979, le titre condescendant *King of pop*, extrait de *Bad*, écrase totalement cet aspect. Jackson est alors sur le point de devenir cette curiosité publique amoureuse des singes.

L'album démarre dans un style disco étourdissant avec une paire de chansons qui se classent parmi les meilleures de Jackson : l'hymne *Bad* et le joyeusement sexy *The Way you make me feel*. *Dirty Diana*, plutôt grossier, semble interpeller directement son rival Prince. L'inquiétant *Smooth Criminal* est une authentique bizarrerie interprétée avec panache et énergie. Jackson a rarement paru plus crédible que sur la magnifique ballade *I just can't stop loving you*. Enfin, *Leave me alone* laisse entrevoir la paranoïa qui se cache derrière la façade de mégastar à qui tout sourit, développant un plaidoyer qu'on allait entendre maintes fois par la suite.

L'album n'atteint pas le succès de *Thriller* au box-office, mais se vend tout de même à quatre millions d'exemplaires avant la fin de l'année. Le bon moment pour être *Bad*. **JiH**

▶II Liste des titres

▶	01 Bad (Jackson)	4:06
▶	02 The Way You Make Me Feel (Jackson)	4:59
	03 Speed Demon (Jackson)	4:01
	04 Liberian Girl (Jackson)	3:53
	05 Just Good Friends (Britten•Lyle)	4:05
	06 Another Part Of Me (Jackson)	3:53
	07 Man In The Mirror (Ballard•Garrett)	5:18
▶	08 I Just Can't Stop Loving You (Jackson)	4:10
	09 Dirty Diana (Jackson)	4:52
▶	10 Smooth Criminal (Jackson)	4:16
	11 Leave Me Alone (Jackson)	4:37

Pet Shop Boys
Actually (1987)

Label I Parlophone
Production I Divers
Direction artistique I Cindy Palmano
Pays I Royaume-Uni
Durée I 48:07

1987 est l'année du krach boursier, de la catastrophe du ferry de Zeebrugge, des massacres de Hungerford au Royaume-Uni, de la peur croissante du sida et de la réélection de Thatcher. La force du second album des Pet Shop Boys réside dans sa capacité à magnifier la noirceur. Des tubes comme *Rent* parlent de rues sous la pluie, d'angoisse et de prostitution. Au-delà de ça, *Actually*, collection de vignettes urbaines livrées sur des grooves électro-mélodiques, est l'une des œuvres pop les plus éblouissantes de la décennie. Même les adolescents qui assistent alors à l'émission musicale *Top of the pops* de la BBC sont heureux d'applaudir une chanson sur la culpabilité catholique (*It's a sin*).

Suite au succès du premier album *Please*, le duo décide de prendre son temps pour écrire les chansons de l'album suivant, faisant appel à Angelo Baldamenti, au compositeur de légende Ennio Morricone et à plusieurs producteurs pour obtenir des arrangements parfaits. Selon le chanteur Neil Tennant, « l'idée était de le rendre plus ambitieux sur le plan musical, plus retentissant ».
Le son est immaculé mais aussi profondément humain, à l'image sa pochette culte – le duo est en smoking et nœud papillon, et Tennant bâille. Après avoir refusé un tableau de l'artiste écossaise Alison Watt, ils choisissent cette photo parmi des clichés récents, mais doivent parlementer avec *Smash Hits*, qui est sur le point de l'utiliser pour la couverture de son prochain numéro.
Les critiques tombent sous le charme, et les singles accèdent au Top 10 des deux côtés de l'Atlantique. Pendant cette année traumatisante, les Pet Shop Boys ont su panser la douleur avec tendresse et intelligence. **SH**

▶II Liste des titres

01 One More Chance (Lowe•Orlando•Tennant)	5:31
▶ 02 What Have I Done To Deserve This ? (Lowe•Tennant•Willis)	4:22
03 Shopping (Lowe•Tennant)	3:37
▶ 04 Rent (Lowe•Tennant)	5:07
05 Hit Music (Lowe•Tennant)	4:43
06 It Couldn't Happen Here (Lowe•Morricone •Tennant)	5:20
▶ 07 It's A Sin (Lowe•Tennant)	4:59
▶ 08 I Want To Wake Up (Lowe•Tennant)	5:10
▶ 09 Heart (Lowe•Tennant)	3:57
10 King's Cross (Lowe•Tennant)	5:11

U2
The Joshua Tree (1987)

Label I Island
Production I Brian Eno • Daniel Lanois
Direction artistique I Steve Averill
Pays I Irlande • Royaume-Uni
Durée I 50:11

Dans la longue et inégale carrière de U2, *The Joshua Tree* marque l'éveil du groupe aux possibilités technologiques du studio. Il étoffe son souffle post-punk et découvre la grandeur, l'abstraction et la finesse. Beaucoup de fans se sont convertis suite au virage post-*Achtung Baby*, mais une frange d'admirateurs plus âgés, peut-être moins sophistiqués, ont été captivés par les chansons de *The Joshua Tree*.
La nature épique de succès comme *Where the streets have no name* (dont l'introduction fait partie des plus émouvantes du rock, surtout en concert), *With or without you* (ce qui se rapproche le plus d'une chanson d'amour passionnée chez U2) et *In God's Country* (avec son riff de guitare brillant) attire alors l'attention. *The Joshua Tree* séduit aussi beaucoup d'auditeurs parmi les moins friands des explosions supersoniques de The Edge, grâce à la beauté simple de *Red Hillmining Town* et *Exit*. Cette dernière fait partie des chansons les plus introspectives et les plus sombres enregistrées par le groupe.
Si l'album a un défaut, c'est le ton sérieux et moralisateur de plusieurs paroles de Bono. Alors que le propos sous-jacent de *Bullet the blue sky* (une critique des activités américaines en Amérique centrale) est encore remarquable aujourd'hui, la voix outrancière de Bono sur *I can see those fighter planes*, associée à son froncement de sourcil arrogant, semble exagérément sérieuse aujourd'hui. Cette tendance malheureuse est à son apogée dans l'album suivant du groupe,

Rattle and hum. Le fait que *The Joshua Tree* mérite sa place dans ce livre reste un gage de sa qualité. **JM**

▶II Liste des titres

▶ 01 Where The Streets Have No Name (Bono•Clayton•Edge•Mullen) 5:37
▶ 02 I Still Haven't Found What I'm Looking For (Bono•Clayton•Edge•Mullen) 4:37
▶ 03 With Or Without You (Bono•Clayton•Edge•Mullen) 4:56
04 Bullet The Blue Sky (Bono•Clayton•Edge•Mullen) 4:32
05 Running To Stand Still (Bono•Clayton•Edge•Mullen) 4:18
06 Red Hill Mining Town (Bono•Clayton•Edge•Mullen) 4:52
07 In God's Country (Bono•Clayton•Edge•Mullen) 2:57
08 Trip Through Your Wires (Bono•Clayton•Edge•Mullen) 3:32
09 One Tree Hill (Bono•Clayton•Edge•Mullen) 5:23
▶ 10 Exit (Bono•Clayton•Edge•Mullen) 4:13
11 Mothers Of The Disappeared (Bono•Clayton•Edge•Mullen) 5:14

Terence Trent D'Arby

Introducing the hardline according to Terence Trent D'Arby (1987)

Label | Columbia
Production | Divers
Direction artistique | Peter Barrett
Pays | Royaume-Uni
Durée | 47:01

Au milieu des années 80, le New-Yorkais Terence Trent D'Arby prend la place vacante d'auteur de R&B/soul entre le succès grand public de Prince et le mouvement néo-soul qui apparut une décennie plus tard. Le titre accrocheur *Wishing Well* (n° 1 aux États-Unis, n° 2 au Royaume-Uni) prouve, avec son solo de synthé captivant, que Trent D'Arby était l'ambassadeur de toutes les émotions.

D'Arby se fit descendre en flammes pour avoir dit que *Introducing the hardline…* était supérieur à l'album *Sgt. Pepper's Lonely Hearts Club Band* des Beatles. Chanteur et auteur-compositeur élégant, il peut exposer brillamment les deux versants de son talent artistique grâce à cet album. L'œuvre tient encore bien la route aujourd'hui, en dépit des arrangements en studio aux sonorités typiques des années 80, comme l'écho sur la batterie et les sons d'époque du clavier dans *If you all get to heaven*, le titre d'ouverture de l'album. L'étouffant *Sign your name*, véritable démonstration du timbre flûté de D'Arby, semble appartenir à notre époque, et le chanteur fait également preuve d'une puissance vocale remarquable dans le titre a cappella *As yet untitled*. Sa reprise de *Who's lovin' you* des Smokey Robinson annonce le mouvement plus doux nommé R&B qui émergera dans les années 90, tandis que l'impudent *Dance little sister* est chanté avec autorité.

D'Arby allait devenir par la suite autant une personnalité qu'un musicien, ce qui détourna l'attention de son travail. Cet album plusieurs fois disque de platine reçut plusieurs récompenses aux Grammys et rappelle de manière remarquable l'étendue de ses talents. **YK**

▶II Liste des titres

01 If You All Get To Heaven (D'Arby) 5:17
▶ 02 If You Let Me Stay (D'Arby) 3:13
▶ 03 Wishing Well (D'Arby•Oliver) 3:29
04 I'll Never Turn My Back On You (Father's Words) (D'Arby) 3:36
▶ 05 Dance Little Sister (D'Arby) 3:53
06 Seven More Days (D'Arby) 4:33
07 Let's Go Forward (D'Arby) 5:31
▶ 08 Rain (D'Arby) 2:58
▶ 09 Sign Your Name (D'Arby) 4:35
10 As Yet Untitled (D'Arby) 5:33
11 Who's Lovin' You (Robinson) 4:23

The Pogues
If I should fall from grace with God (1988)

Label | Stiff
Production | Steve Lillywhite
Direction artistique | Ian McKell
Pays | Irlande • Royaume-Uni
Durée | 47:34

L'innovation musicale et le caractère accessible du troisième album des Pogues leur permettent d'atteindre une reconnaissance internationale, en particulier aux États-Unis. Inaugurant le brassage du punk et du folk irlandais, leur musique presque rockabilly fait résonner les paroles poétiques de Shane MacGowan. Des titres comme *Turkish Song of the damned*, *South Australia* et le bilingue *Fiesta*, qui fait un malheur dans les soirées, prouvent l'incroyable diversité musicale du groupe.

Le génie de l'auteur-compositeur MacGowan est à son apogée dans *If I should fall from grace with God*. Composé de neuf membres, le groupe affiche alors son énergie et son tempérament irlandais à travers des chansons évoquant le dépit sentimental, le désir, mais aussi les contes, la fête et les plaisirs de la boisson. La force de l'album réside autant dans ses sujets que dans le talent des musiciens. Du titre pour concert *Metropolis* à l'hymne festif *Fairytale of New York*, MacGowan compense son manque de technique vocale par des paroles charismatiques ancrées dans une réalité familière aux auditeurs.

Chanté en duo avec la femme du producteur Steve Lillywhite, Kirsty McColl (aujourd'hui décédée), *Fairytale of New York* commence par une intro de piano retenue, qui accélère pour atteindre ce tempo rapide et balancé qui rend la musique des Pogues si contagieuse. Cette histoire d'un couple d'immigrés qui tombe amoureux, se dispute et se réconcilie à New York, chantée avec une émotion débordante, est le tube de la fin de l'année 1988. **CSt**

▶II Liste des titres

	01 If I Should Fall From Grace With God (MacGowan)	2:21
▶	02 Turkish Song Of The Damned (Finer•MacGowan)	3:27
	03 Bottle Of Smoke (Finer•MacGowan)	2:47
▶	04 Fairytale Of New York (Finer•MacGowan)	4:36
	05 Metropolis (Finer)	2:50
▶	06 Thousands Are Sailing (Chevron)	5:28
	07 South Australia (Trad.)	3:28
▶	08 Fiesta (Finer•MacGowan)	4:13
	09 Medley (Trad.)	4:01
	10 Streets Of Sorrow/Birmingham Six (MacGowan•Woods)	4:39
	11 Lullaby Of London (MacGowan)	3:31
	12 The Battle March Medley/Sit Down By The Fire (MacGowan)	2:16
▶	13 The Broad Majestic Shannon (MacGowan)	2:52
	14 Worms (Trad.)	1:05

Leonard Cohen
I'm your man (1988)

Label | Columbia
Production | Divers
Direction artistique | Orchestra Paris
Pays | Canada
Durée | 40:41

Tous ses fans vous le diront, Leonard Cohen est l'un des chanteurs les plus doués de sa génération. Originaire de Montréal, Cohen est un poète et un romancier reconnu bien avant qu'il ne commence à enregistrer ses chansons, à 30 ans passés. Vous avez donc autant de chance de trouver son immortel *Suzanne* chez les disquaires que dans les manuels de poésie anglaise.

I'm your man est l'un des sommets de sa longue carrière. Incluant des synthés et des boîtes à rythmes, l'album contient plus d'instrumentations modernes que ses œuvres antérieures, souvent dépouillées. Cet habillage contribue à propulser sa musique dans le futur (*First we take Man-*

hattan), même si un ou deux titres se sont démodés avec le temps (notamment *Jazz Police*).

Quoi qu'il en soit, comme presque tous les albums de Cohen, celui-ci contient plusieurs merveilles. La chanson-titre indolente et embrumée *I'm your man* est une déclaration d'éternelle dévotion, contenant quelques lignes piquantes (« Si tu veux un docteur / J'examinerai chaque partie de ton corps »). L'ensemble de l'album est traversé d'une malice que l'on retrouve sur la photographie de la pochette, représentant Cohen en lunettes de soleil avec une banane à la main.

Everybody knows est un adieu cynique et drôle à la révolution sexuelle face aux dangers du sida. « Il y aura un compteur dans ton lit qui révélera / Ce que tout le monde sait. » Le groove de guitare nonchalant de *I can't forget* sublime les paroles de Cohen : « L'été est presque fini / L'hiver affine ses réglages. » Et les chœurs veloutés de Jennifer Warnes composent un grand moment de charme sur le superbe titre de clôture *Tower of song*. **RM**

▶II Liste des titres

▶	01 **First We Take Manhattan** (Cohen)	5:59
	02 **Ain't No Cure For Love** (Cohen)	4:49
▶	03 **Everybody Knows** (Cohen•Robinson)	5:33
▶	04 **I'm Your Man** (Cohen)	4:25
	05 **Take This Waltz** (Cohen)	5:58
	06 **Jazz Police** (Cohen•Fisher)	3:51
▶	07 **I Can't Forget** (Cohen)	4:29
▶	08 **Tower Of Song** (Cohen)	5:37

The Waterboys

Fisherman's Blues (1988)

Label | Ensign
Production | Divers
Direction artistique | Steve Meany
Pays | Royaume-Uni
Durée | 54:36

Au faîte de la gloire des Waterboys, les spécialistes affirmaient que le groupe pouvait rivaliser avec U2. « Oui, souriait Mike Scott, mais à quel prix ? »

Après trois albums, Scott est au sommet de son art. Sa « grande musique » est épique et cinématographique, et le succès du groupe grandit rapidement. Mais Scott en a assez de l'aspect commercial de leur musique. Il ne supporte plus qu'on lui dicte sa conduite, ni de vivre à Londres. À ce moment précis, le violoniste Steve Wickham, dernière recrue du groupe, invite ses confrères en Irlande. C'est là, se souvient Scott, que « l'aventure commence ». *Fisherman's Blues* résume ce célèbre séjour de trois ans en Irlande. Des rues de Dublin aux bars de Spiddal, les enregistrements évoquent l'œuvre de Dylan et de The Band. L'aisance musicale, le flux intuitif des chansons et des idées, la bonhomie et la polyvalence des musiciens, l'idylle pastorale, tout est là.

L'Irlande (ses habitants, ses paysages et sa musique) infuse tous les titres, du cri de joie d'ouverture à l'hommage final à Yeats. Entre les deux, on trouve des valses, des rocks et une lecture délicate du *Sweet Thing* de Van Morrison. Quant au morceau original *And a bang on the ear*, il sonne comme une vieille chanson traditionnelle. Réalisé à partir de centaines d'heures de cassettes – ce qui constitue à la fois sa force et son unique faiblesse –, cet album vibre de joie simple et de pur émerveillement. En 2003, Scott essaye d'enregistrer un second volume, mais la magie s'est dissipée, comme la brume de Galway. **RF**

▶II Liste des titres

▶	01 **Fisherman's Blues** (Scott•Wickham)	4:27
	02 **We Will Not Be Lovers** (Scott)	7:03
▶	03 **Strange Boat** (Scott•Thistlethwaite)	3:07
	04 **World Party** (Hutchinson•Scott•Wallinger)	4:01
▶	05 **Sweet Thing** (Morrison)	7:14
	06 **Jimmy Hickey's Waltz** (Thistlethwaite)	2:06
▶	07 **And A Bang On The Ear** (Scott)	7:32
	08 **Has Anybody Here Seen Hank ?** (Scott •Thistlethwaite)	3:19
	09 **When Will We Be Married ?** (Trad., arr. Scott•Wickham)	3:00

10 When Ye Go Away (Scott) 3:45
11 Dunford's Fancy (Wickham) 1:04
▶ 12 The Stolen Child (words W.B. Yeats adapted to music Scott) 6:55

Fishbone
Truth and soul (1988)

Label | Columbia
Production | Fishbone • David Kahne
Direction artistique | John Guarnieri
Pays | États-Unis
Durée | 41:32

Même s'il n'a pas la notoriété de ses acolytes de Los Angeles, les Red Hot Chili Peppers, Fishbone franchit les mêmes frontières musicales avec son exubérante fusion de ska, punk, funk, et métal. Le sextet afro-américain se forme au lycée en 1979. La composition de base inclut le chanteur-saxophoniste Angelo Moore, le guitariste Kendall Jones, le bassiste Norwood Fisher, le trompettiste Walter Kibby, le batteur Phillip « Fish » Fisher, et le claviériste-tromboniste Chris Dowd (qui partage alors l'appartement de Jeff Buckley).

Truth and soul, leur deuxième album, commence par une version hard rock poignante du classique *Freddie's Dead* de Curtis Mayfield, puis propose un kaléidoscope de compositions originales. *Ma and Pa* est un skank (danse ska) saupoudré de cuivres brillants, tandis que l'hymne festif *Bonin' in the boneyard* s'articule autour d'une ligne de basse souple. *Subliminal Fascism* et le sublime *Ghetto Soundwave* révèlent différents aspects de l'engagement social permanent du groupe. Le premier est un pamphlet hardcore, le second un récit sur la brutalité policière, aux subtils accents pop. La ballade acoustique *Change* clôt l'album sur une note d'optimisme tranquille.

Truth and soul est un succès commercial pour Fishbone, et leur disque le plus cohérent. Le double album suivant, *Th*[...] *of my surroundings* (1991), attei[...] 50, sans toutefois parvenir à con[...] statut culte en succès durable. M

Everything but the Girl
Idlewild (1988)

Label | Blanco Y Negro
Production | Ben Watt
Direction artistique | Caryn Gough
Pays | Royaume-Uni
Durée | 45:07

« Pour votre chambre à coucher, nous vendons tout sauf la fille », vante la réclame d'un magasin de mobilier Hull au début des années 80. Inspiration idéale pour un duo dont les sonorités romantiques agissent comme un aphrodisiaque pour les ébats de nombreux couples.

Le musicien Ben Watt et la chanteuse Tracey Thorn se rencontrent à l'université de Hull, et remportent des succès solo sous le label Cherry Red. Associés professionnellement, ils enregistrent une série d'albums empruntant au jazz, à la country, à la chanson sentimentale et à la pop énergique. Mais un morceau écrit par Danny Whitten (guitariste du Crazy Horse) fait décoller leur carrière. Le duo donne à *Don't want to talk about it* un traitement soul très affirmé. Cette ballade de facture classique semble avoir été écrite pour la voix douloureuse de Thorn. Prenant la place du hit-parade britannique, le single donne une impulsion majeure à leur nouvel album.

Enregistré avec une petite équipe comprenant Ian Fraser et Peter King aux saxophones, *Idlewild* possède une élégance jazzy, façon bar lounge. Il s'agit de musique légère, ce qui n'enlève rien à la beauté nostalgique d'*Oxford Street* ou de *These early days*. Toujours poétiquement inspirés, ils déploient des arpents de désir dans *Blue Moon Rose* et *Shadow on a harvest moon*.

Presque une décennie plus tard, Thorn et Watt ajoutent à leur musique aérienne des rythmes de transe. Le résultat connaît un immense succès, en particulier aux États-Unis. Everything but the Girl rejoint alors une riche élite musicale. **GT**

Living Colour
Vivid (1988)

Label I Epic
Production I Ed Stasium
Direction artistique I Steve Byram
Pays I États-Unis
Durée I 49:13

En dépit de la propagation de la musique rap à la fin des années 80, le rock'n'roll et le heavy metal demeurent presque exclusivement des affaires de Blancs. Même si certains groupes ont des leaders noirs (notamment les rockeurs chrétiens de Kings X), l'existence d'un groupe de metal noir est franchement inimaginable.
L'intransigeant groupe new-yorkais Living Colour est l'exception qui confirme la règle. Sa figure principale est Vernon Reid, guitariste très talentueux et membre de longue date de la scène fusion underground de la ville. En 1985, Reid a formé la Black Rock Coalition pour tenter d'aider les musiciens à se débarrasser de la catégorisation simpliste Blanc/Noir. Le groupe comprend aussi le chanteur Corey Glover, le batteur Will Calhoun et l'extraordinaire bassiste Muzz Skillings.
Vivid est un album d'une grande originalité mêlant thrash, hard rock, reggae, funk et rap. Malgré son excellence musicale, il faut attendre la programmation par MTV de *Cult of personality*, réquisitoire contre les hommes politiques du monde entier, pour que le groupe accède à la célébrité. Le reste de *Vivid* n'en est pas moins révolutionnaire, traitant du suicide dans *Middle Man*, du racisme dans *Funny Vibe* (avec une apparition de Public Enemy) et de la célébrité dans *Glamour Boys*. Si le disque a bien vieilli, on ne peut en dire de même de l'image du groupe : les vêtements fluorescents de Living Colour ont été remisés aux oubliettes de l'histoire de la mode. **BW**

Mudhoney
Superfuzz Bigmuff (1988)

Label I Sub Pop
Production I Jack Endino
Direction artistique I Charles Peterson
Pays I États-Unis
Durée I 21:21

Paru avant *Nevermind* de Nirvana (l'album grunge qui transcende le genre), *Superfuzz Bigmuff* de Mudhoney est l'enregistrement qui exprime le mieux l'esthétique du son de Seattle à la fin des années 80. Tout le frisson de la ville est là : la filiation avec les groupes précurseurs de la région The Melvins, Green River et The Thrown Ups, le mur de guitares distordues, et ce puissant mélange de garage, punk, metal et rock psychédélique.
Après avoir vendu plus de six mille exemplaires de leur premier single phare *Touch me I'm sick*, les quatre membres de Mudhoney se rendent aux studios Reciprocal pour enregistrer ce mini-album. Ils sont conseillés par le producteur Jack Endino, grosse pointure du grunge. Nommé d'après la pédale wah-wah préférée du guitariste Steve Turner, *Superfuzz Bigmuff* fait connaître le groupe en Europe.
Le disque est sexy et intelligent, drôle et dur. Les explosions sonores de *Mudride* et *In 'n' out of grace* sont des hommages écorchés aux débuts des Stooges, avec une pointe de Blue Cheer et de Spacemen 3. Les ballades orageuses *If I think* et *Need* explorent la face sombre du groupe, et *Chain that door* est un morceau de punk garage façon Billy Childish.

Même s'ils ne sont pas des concurrents sérieux pour Soundgarden, Mudhoney sort de l'anonymat avec cette œuvre malicieuse et urgente. **JG**

R.E.M.

Green (1988)

Label I Warner Bros.
Production I Scott Litt • R.E.M.
Direction artistique I Jon McCafferty
Pays I États-Unis
Durée I 39:53

Les conditions météorologiques atypiques de l'été 1988 lui valent la qualification par les médias « d'été de serre ». Au mois de novembre de la même année, R.E.M. sort son sixième album studio. Le titre reflète les nouvelles préoccupations sociales de la gauche libérale. La musique, elle, ouvre le chemin des stades au quartette de Géorgie.

Le message de *Green* est explicite sur sa pochette, que se disputent des feuillages, des arbres en coupe et des poteaux télégraphiques. Le fond orangé fait référence à l'agent chimique employé par l'armée américaine au Vietnam pour raser les forêts. L'allusion se poursuit à travers les paroles et dans les explosions de guitare de *Orange Crush*.

Ces préoccupations écologiques apparaissent à nouveau dans le sinistre *I remember California*. Ce titre propose une vision surprenante de la côte ouest, évoquant les sous-marins Trident et les embouteillages avant de se refermer sur un couplet quelque peu obscur : « Au bout du continent / Au bord du continent. » Puis vient le magnifique single *Stand*, avec sa tirade mélancolique : « Si les souhaits étaient des arbres, les arbres tomberaient. »

Même si R.E.M. soutient Greenpeace et Amnesty lors de sa tournée suivante, *Green* est loin d'être un manifeste politique. Dans *World Leader Pretend*, les soucis de Stipe sont exprimés à la première personne et *Turn you inside out* nous le présente en proie aux dilemmes de la célébrité.

« R.E.M. est-il le plus grand groupe du monde ? » se demande Andy Gill dans sa critique de *Green* pour *Q*. Il décide alors que oui, comme des millions d'autres. **GT**

▶II Liste des titres

	01 Pop Song 89 (Berry•Buck•Mills•Stipe)	3:03
	02 Get Up (Berry•Buck•Mills•Stipe)	2:39
▶	03 You Are The Everything (Berry•Buck•Mills •Stipe)	3:41
	04 Stand (Berry•Buck•Mills•Stipe)	3:10
▶	05 World Leader Pretend (Berry•Buck•Mills •Stipe)	4:17
	06 The Wrong Child (Berry•Buck•Mills•Stipe)	3:35
▶	07 Orange Crush (Berry•Buck•Mills•Stipe)	3:50
	08 Turn You Inside Out (Berry•Buck•Mills•Stipe)	4:15
▶	09 Hairshirt (Berry•Buck•Mills•Stipe)	3:15
▶	10 I Remember California (Berry•Buck•Mills •Stipe)	4:59
	11 Untitled (Berry•Buck•Mills•Stipe)	3:09

Happy Mondays

Bummed (1988)

Label I Factory
Production I Martin Hannett
Dir. art. I Central Station Design
Pays I Royaume-Uni
Durée I 37:30

Les Stone Roses remportent les suffrages dans tous les sondages, mais rien ne rend mieux compte de l'esprit franc-tireur de la ville de Manchester que *Bummed*.

Là où les Stone Roses carillonnent comme les Byrds, Happy Mondays est plus sombre dans l'esprit et dans le son. Shaun Ryder prétend que les rythmes sont des « imitations de Motown », mais le cocktail qui en résulte évoque davantage un affrontement entre Talking Heads et The Fall.

Entre le traînant *Country Song* (précédemment intitulé *Some Cunt from Preston*) et la reprise transgressive de *Ticket to ride*, intitulée *Lazyitis*, on trouve huit titres de funk psychédélique. En dépit de prestations inégales sur scène, les Mondays sont ici remarquables : le guitariste Mark Day, le batteur Gaz Whelan et le bassiste Paul Ryder, frère de Shaun, donnent le meilleur d'eux-mêmes dans des morceaux comme *Performance* ou *Brain Dead*.

Aux antipodes du style étudié et distingué de Peter Saville pour Factory Records, le graphisme de la pochette est rudimentaire et attachant, reflétant la musique et l'attitude des Mondays.

La véritable star reste Shaun, obligé d'écrire les paroles parce que « les autres ont la flemme ». Ses pertes de lucidité sont compensées par un discours saisissant.

Bummed connaît un succès mitigé, jusqu'à ce que *Wrote for luck* soit remixé par Paul Oakenfold et Vince Clarke d'Erasure, au moment où Primal Scream et les Stone Roses découvrent aussi la dance. **BM**

The Go-Betweens
16 Lovers Lane (1988)

Label | Beggars Banquet
Production | Mark Wallis
Direction artistique | John Willsteed
Pays | Australie
Durée | 37:02

L'album le plus émouvant de tous les temps ? Peut-être. Voici dix magnifiques chansons d'amour, traitant le sujet de manière exhaustive, de la passion des débuts aux souvenirs. Toutefois, ce sont les événements en coulisses qui valent au dernier album du groupe de Brisbane d'être surnommé « le Rumors indé ».

De retour en Australie après avoir passé la décennie à Londres, les Go-Betweens vont se désagréger. Ils perdent leur bassiste et le remplacent par John Willsteed, dont l'histoire raconte qu'il déteste le groupe. Le chanteur-auteur-compositeur Robert Forster et la batteuse Lindy Morrison se sont séparés. Elle commence à se lasser de la vie en groupe, tandis qu'il imprègne ses chansons de mélancolie (*Dive for your memory*, *Clouds*, *Love is a sign*). Grant McLennan (l'autre chanteur-auteur-compositeur) et la multi-instrumentiste Amanda Brown, en revanche, sont amoureux, et la satisfaction se lit sous la plume de McLennan (*Love goes on !*, *The Devil's Eye*, *Quiet Heart*). Où qu'en soit votre vie personnelle, il y a donc dans cet album quelque chose qui vous est adressé.

Accusé de marquer un affaiblissement de la rage post-punk des Go-Betweens, *16 Lovers Lane* représente les adieux magnifiques d'un groupe cruellement négligé. Une fois que vous avez découvert les charmes de *Streets of your town* ou *Was there anything i could do ?*, l'addiction est presque toujours totale. Si les droits d'auteur de Forster et McLennan n'affluent pas comme ils devraient, l'idée qu'ils ont inventé un modèle de chansons pop érudites et matures est peut-être une compensation. **DH**

Cowboy Junkies
The Trinity Session (1988)

Label | RCA
Production | Peter Moore
Direction artistique | Pietro Alfieri
Pays | Canada
Durée | 52:00

Michael Timmins et son ami d'enfance Alan Anton jouent ensemble dans des groupes depuis 1979. En 1984, ils recrutent le frère de Michael, Peter, puis leur sœur Margo. À cette époque, une timidité excessive empêche Margo de chanter devant le groupe. Elle leur tourne donc le dos lorsqu'elle interpète leurs morceaux superbes et fragiles.

Enregistré en une journée pour deux cent cinquante dollars avec un micro dans l'église Holy Trinity du centre de Toronto, *The Trinity Session* est une révélation minimaliste. Les chœurs dépouillés sont complétés par un violon, une mandoline, une steel guitar, un harmonica et un accordéon. Cela produit une sorte de musique country crépusculaire, la production discrète mais excellente véhiculant une intimité parfois sinistre.

Les reprises sont réalisées avec doigté, revitalisant les chansons d'origine. Le sobre *Sweet Jane* en particulier est un joyau (le classique de Lou Reed n'a jamais paru si mélancolique) tandis que *I'm so lonesome I could cry* de Hank Williams est retravaillé de façon tourmentée, avec la guitare retentissante de Kim Deschamps. Si ce titre ou *To love is to bury* ne vous émeuvent pas, c'est que vous avez un cœur de pierre.

La voix de Margo Timmins est impressionnante tout au long de l'album. Son chant a cappella sans sentimentalisme produit un effet saisissant sur la complainte *Mining for gold*, tandis que son phrasé regorge de sensualité sur le morceau de clôture *Walking after midnight*. *The Trinity Session* est à se pâmer de bonheur. **KC**

Tracy Chapman
Tracy Chapman (1988)

Label | Elektra
Production | David Kershenbaum
Direction artistique | Carol Bobolts
Pays | États-Unis
Durée | 35:51

En mars 1988, le théâtre Donmar Warehouse de Londres convie les journalistes à venir assister à la présentation d'une nouvelle artiste de la Warner Bros, Tracy Chapman. Son honnêteté farouche et sa soul brute – elle chante et joue de la guitare sans ampli – surprennent l'auditoire.

Les morceaux présentés apparaissent de manière plus douce et travaillée sur le premier album de Chapman, sorti en avril. Huit semaines plus tard, Chapman connaît un extraordinaire début de carrière. Alors qu'elle est presque inconnue, elle participe à la soirée de commémoration du soixante-dixième anniversaire de Nelson Mandela au stade de Wembley à Londres. Les téléspectateurs du monde entier sont conquis par ses ballades folk-blues et son discours vibrant. En quelques jours, Tracy se retrouve à la tête du hit-parade, et la folk-pop ardente du single *Fast Car* remporte un immense succès.

En dépit de leurs bonnes intentions, plusieurs titres font tout de même preuve d'une naïveté tenace. Dans sa critique de la soirée Mandela, Billy Bragg, sceptique, se demande s'il peut pardonner à Chapman de chanter « les pauvres vont se révolter et réclamer leur part » sans expliquer comment. *Talkin' bout a revolution*, à l'origine des commentaires de Bragg, est un appel aux armes dénué de cause. Et de l'aveu général, *Across the lines* évoque la partition entre les Noirs et les Blancs sans réelle émotion. Pourtant, les morceaux présentent une simplicité pleine d'émotion. Des ballades comme *Baby can I hold you* sont à la fois douloureuses et tendres : pas étonnant, donc, que des millions d'auditeurs aient été conquis. **GT**

My Bloody Valentine
Isn't anything (1988)

Label | Creation
Production | My Bloody Valentine
Direction artistique | Joe Dilworth
Pays | Irlande • Royaume-Uni
Durée | 37:55

Formé à Dublin en 1984 par le guitariste Kevin Shields et le batteur Colm O'Ciosoig, le groupe My Bloody Valentine déménage aux Pays-Bas, à Berlin puis à Londres. Il perd son premier chanteur Dave Conway en cours de route, recrute le bassiste Debbie Googe et le guitariste-chanteur Bilinda Butcher. My Bloody Valentine enregistre chez quatre labels avant de signer chez Creation. Leur premier opus pour le label, *You made me realise*, est accueilli chaleureusement.

Une vague de groupes underground américains excitants comme Big Black, Dinosaur Jr et Hüsker Dü ont permis aux publics européens de redécouvrir les possibilités de la guitare. S'inspirant de ce phénomène, Shields prend le contrôle du groupe et commence à concocter méticuleusement *Isn't anything* et donne naissance à cette rareté : un album de rock à guitares sans guitares ! En effet, celles-ci étaient jouées à travers force réverbération et effets avant d'être effacées, Shields ne laissant que les sons générés par les appareils.

Utilisant accords non conventionnels, rythmes syncopés, harmonies aux textures douces et paroles à dominante sexuelle, la musique est tour à tour pleine de sensualité (*Lose my breath*) et à peine audible (*All I need*). L'érotique *Soft as snow (But warm snow)* et le single *Feed me with your kiss* permettent à Shields d'accorder sa vision d'une pop idéale avec les sonorités qu'il a en tête.

Pendant que Shields travaille en studio, tout une série de nouveaux groupes tels que Ride et Lush apparaissent. Ceux-ci se rapprochent du son de My Bloody Valentine, sans toutefois posséder le génie et l'innovation créative qui font d'*Isn't anything* un album de référence. **CSh**

▶II Liste des titres

▶ 01 **Soft As Snow (But Warm Inside)** (O'Ciosoig •Shields) 2:21
02 **Lose My Breath** (Butcher•Shields) 3:37
03 **Cupid Come** (Butcher•Shields) 4:29
04 **(When You Wake) You're Still In A Dream** (O'Ciosoig•Shields) 3:18
▶ 05 **No More Sorry** (Butcher•Shields) 2:47
▶ 06 **All I Need** (Shields) 3:07
▶ 07 **Feed Me With Your Kiss** (Shields) 3:54
08 **Sueisfine** (Shields) 2:12
09 **Several Girls Galore** (Butcher•Shields) 2:20
10 **You Never Should** (Shields) 3:22
11 **Nothing Much To Lose** (Shields) 3:17
12 **I Can See It (But I Can't Feel It)** (Shields) 3:11

Pixies
Surfer Rosa (1988)

Label | 4AD
Production | Steve Albini
Direction artistique | Vaughan Oliver
Pays | États-Unis
Durée | 31:07

Étrange collision de paroles lucides teintées de références bibliques, de sabir espagnol, de guitares grondantes, de batterie puissante et de glapissements, *Surfer Rosa* est le premier album le plus brut et viscéral que vous trouverez dans cet ouvrage. Pour de nombreux fans de Pixies, il demeure l'œuvre la plus puissante du groupe.

Pixies se forme à Boston en 1986, lorsque Charles Michael Kirtridge Thompson IV, alias Black Francis, abandonne ses études et persuade son ami Joey Santiago d'en faire de même. Une annonce dans un journal local permet de recruter la bassiste Kim Deal (créditée sous le nom de Mrs John Murphy) et son ami, le batteur Dave Lovering. Une première maquette crée un buzz autour du son de leurs débuts, et une seconde est éditée telle quelle par le label britannique 4AD sous la forme du maxi *Come on pilgrim*.

Ayant accédé au studio sans effort, le groupe reçoit l'aide de l'intransigeant Steve Albini pour l'enregistrement de son premier album. Notoirement allergique à toute sonorité humaine, Albini n'accorde qu'une journée au groupe pour les voix et passe deux semaines sur les guitares. Tous les sons « de fillette » ne passent pas le filtre du producteur. Le résultat, brut et enragé, conserve toutefois la mélodie et le dynamisme des compositions originales de Thompson.

Qu'il s'agisse du martèlement asymétrique de *Bone Machine*, des guitares fracassées de *Break my body*, du chant vicieux de *Something against you*, des cris perçants de *Broken Face*, du *Gigantic* de Kim Deal ou de l'ode à la perte de contrôle *Where is my mind ?*, une électricité maniaque traverse chaque chanson. **MBI**

▶II Liste des titres

01 **Bone Machine** (Francis)	2:58
02 **Break My Body** (Francis)	2:05
▶ 03 **Something Against You** (Francis)	1:48
04 **Broken Face** (Francis)	1:30
▶ 05 **Gigantic** (Mrs. John Murphy•Francis)	3:49
06 **River Euphrates** (Francis)	2:32
▶ 07 **Where Is My Mind** (Francis)	3:54
08 **Cactus** (Francis)	2:17
09 **Tony's Theme** (Francis)	1:52
▶ 10 **Oh My Golly !** (Francis)	1:47
11 **Vamos** (Francis)	2:53
12 **I'm Amazed** (Francis)	1:42
13 **Brick Is Red** (Francis)	2:00

Metallica
… And justice for all (1988)

Label | Elektra
Production | Metallica • Flemming Rasmussen
Direction artistique | Reiner Design
Pays | États-Unis
Durée | 65:10

L'histoire n'est pas tendre avec le quatrième album de Metallica. Les connaisseurs du genre dénigrent sa musique ridiculement surproduite et ses arrangements d'une complexité superflue. Il est également considéré comme l'album marquant l'entraînement des auteurs-compositeurs James Hetfield et Lars Ulrich dans un tourbillon de paranoïa (le nouveau bassiste Jason Newsted a presque été effacé de l'enregistrement en raison de leur manque de confiance en ses talents) et d'ambition (la nébuleuse de riffs évoque parfois les excès du rock progressif).

Mais au-delà du son métallique et de la surcharge d'effets, *…And justice for all* se révèle un album-concept audacieux, voire noble, comportant de nombreuses strates d'inventivité à explorer. Il occupe une place délicate entre les deux chefs-d'œuvre de Metallica : *Master of puppets* (1986), à la beauté mélodique et agressive, et le stupéfiant *Metallica* (1991), disque de rock pour discothèques. Si c'est l'agressivité que vous recherchez, l'arrière-plan rapide de *One* nécessite peu d'explications. La rythmique de Kirk Hammett sur le titre d'ouverture *Blackened* et la chanson-titre sont diablement érudits. Et les riffs à poigne de Hetfield sur *Eye of the beholder* et le sauvage *Dyers Eve* ne doivent pas être sous-estimés.

De nombreux fans de longue date de Metallica considèrent que cet album signe l'abandon du thrash par le groupe (*Dyers Eve* est le morceau de l'album qui se rapproche le plus d'un son vintage) pour conquérir le grand public. Si tel est le cas, c'est un adieu glorieux aux sons extrêmes de *Kill 'em all* et *Ride the lightning*, qui doit être apprécié à sa juste valeur. **JM**

▶II Liste des titres

▶ 01 **Blackened** (Hetfield•Newsted•Ulrich)	6:40
▶ 02 **… And Justice For All** (Hammett•Hetfield •Ulrich)	9:44
03 **Eye Of The Beholder** (Hammett•Hetfield•Ulrich)	6:25
▶ 04 **One** (Hetfield•Ulrich)	7:24
05 **The Shortest Straw** (Hetfield•Ulrich)	6:35
06 **Harvester Of Sorrow** (Hetfield•Ulrich)	5:42
07 **The Frayed Ends Of Sanity** (Hammett •Hetfield•Ulrich)	7:40
08 **To Live Is To Die** (Burton•Hetfield•Ulrich)	9:48
▶ 09 **Dyers Eve** (Hammett•Hetfield•Ulrich)	5:12

Dinosaur Jr.
Bug (1988)

Label | SST
Production | Uncredited
Direction artistique | Maura Jasper
Pays | États-Unis
Durée | 35:24

Peu de groupes portent un nom plus approprié que Dinosaur Jr. Le trio fusionne les influences préhistoriques du rock traditionnel avec un désir impétueux et presque puéril de déchaînement de colère, qui les désigne comme successeurs de Sonic Youth au rang de leaders du bruit. Cette combinaison de sons anciens et nouveaux en fait les pionniers du rock indé américain. Chaotique et mélodique à la fois, leur style allait exercer une influence prépondérante sur les groupes de la génération slacker suivants. *Bug* est le troisième et dernier album de la formation d'origine du groupe. Le guitariste et chanteur leader J. Mascis évince le bassiste Lou Barlow (qui fondera par la suite Sebadoh) l'année suivante.

Dinosaur Jr est le groupe de Mascis. Il décortique minutieusement chaque chanson pour expliquer aux autres membres comment jouer leur partie. En dépit de ce contrôle autoritaire, chaque musicien joue dans cet album comme un virtuose en colère. Les bienfaits de cette méthode sont évidents à travers quelques titres excellents, tels que *Freak Scene* (succès indépendant au Royaume-Uni) et *They always come*. Les mélodies artisanales de Mascis sont desservies par le jeu de guitare le plus animé que vous entendrez jamais dans le genre. Lou Barlow tisse des lignes de basse innovantes, tandis que le batteur Murph augmente l'agressivité du son avec des plans inspirés du metal. Mascis n'ignore pas l'importance de l'accroche d'un morceau. Manifestement fan de rock classique et de folk, ses mélodies et son timbre de voix rappellent Neil Young, en particulier sur *Pond Song* et *Keep The Glove*, où il chante des mélodies aussi vieilles que le rock par-dessus le chaos juvénile du groupe. **JC**

▶II Liste des titres

▶	01 Freak Scene (Mascis)	3:35
	02 No Bones (Mascis)	3:42
▶	03 They Always Come (Mascis)	4:25
▶	04 Yeah We Know (Mascis)	5:30
	05 Let It Ride (Mascis)	3:34
▶	06 Pond Song (Mascis)	2:54
	07 Budge (Mascis)	2:29
	08 Post (Mascis)	3:36
	09 Don't (Mascis)	5:39

Dagmar Krause
Tank Battles (1988)

Label | Antilles
Production | Greg Cohen
Direction artistique | Island Art
Pays | Allemagne
Durée | 39:33

Né à Hambourg en 1950, le jeune Dagmar Krause chante dans les clubs de Reeperbahn, le célèbre quartier rouge de la ville. En 1978, après avoir joué dans la version londonienne de la comédie musicale *Mahagonny* de Bertolt Brecht et Kurt Weill, Krause commence à étudier la vie du compatriote de Weill, le musicien Hanns Eisler, qui a combattu avec un régiment hongrois en 1916 avant de rejoindre l'éminent poète Brecht.

Les musiciens de l'album *Tank Battles* qui en découle sont Alexander Balanescu (alto), John Harle (saxophone), et Danny Thompson (contrebasse). La production brillante et les arrangements orchestraux sont l'œuvre de Greg Cohen, qui vient de travailler sur l'album de Tom Waits inspiré par le music-hall, *Frank's Wild Years*.

Les interprétations de Cohen dégagent une tension nerveuse intense. Les sections de cordes et de bois vibrent sous les voyelles allemandes métalliques de Krause. La plupart des morceaux sont interprétés en anglais, sans rien perdre toutefois de la passion amère de Brecht. *Song of the whitewash* et *Ballad of (bourgeois) welfare* infusent leur venin, tout comme les militants *You have to pay* et *The Trenches*. *Tank Battles* ne manque pas d'humour noir. Le portrait des prostituées dans *Mother Beimlein*, exécuté sur un simple motif de basson, est magistral. Il faut aussi compter avec la tristesse infinie de *A german mother* et *The Homecoming*.

Dans *The Guardian*, Robin Denselow décrit l'album comme de la « soul européenne ». Personne ne peut résister à l'exaltation sincère de Krause. **GT**

K.D. Lang
Shadowland (1988)

Label | Sire
Production | Owen Bradley
Direction artistique | Jeri Heiden
Pays | Canada
Durée | 35:54

À la sortie de son premier album (*Angel with a lariat*) chez une major en 1987, K.D. Lang suscite plus d'interrogations que d'émotion. Le public ne sait pas quoi penser de l'allure androgyne de Lang et de son approche affectée de la musique country, qui semble plus destinée aux radios universitaires qu'aux ondes hertziennes dominées par George Strait et Alabama.

Le plus désarçonné par *Angel…* est Owen Bradley, producteur connu pour son travail avec Patsy Cline, une artiste qui exerce une grande influence sur Lang. Bradley sort de sa retraite pour diriger les sessions d'enregistrement de *Shadowland* à Nashville. Il prend le contrôle du studio et supprime l'humour et le style bastringue propres au premier album de Lang, pour produire un mélange de pop et de country qui sied parfaitement à sa voix.

L'album débute par deux superbes ballades, *Western Stars* et *Lock, stock and teardrops*, puis glisse nonchalamment parmi des splendeurs comme la complainte au saxophone *Busy being blue* ou le gai et rythmé *Don't let the stars get in your eyes*. *Shadowland* s'achève avec *Honky Tonk Angel's Medley*, sur lequel Lang collabore avec trois chanteuses : Brenda Lee, Loretta Lynn et Kitty Wells. Seul élément manquant, selon Bradley : la voix de Patsy Cline.

Shadowland est un succès auprès des critiques comme des fans, même s'il lui faut trois ans pour devenir disque d'or. La chanteuse allait commettre un autre album country, *Absolute Torch and twang* en 1989, avant de se révéler véritablement comme chanteuse sentimentale en 1992, avec l'incroyable *Ingénue*. **JiH**

American Music Club
California (1988)

Label | Demon
Production | Tom Mallon
Dir. art. | Bobby Neel Adams
Pays | États-Unis
Durée | 41:32

Melody Maker a qualifié American Music Club de « groupe le plus cruellement sous-estimé du monde ». Une description plutôt juste pour une formation qui semble condamnée à rester dans l'anonymat.

Groupe d'« americana » bien avant que le terme ne désigne un genre musical, American Music Club mêle sans heurts rock, punk, folk et country dans *California*, leur album définitif. Œuvre du génial auteur-compositeur Mark Eitzel, âme sombre et compatissante s'il en est, l'album est enre-

gistré suite à un premier disque respectable, *Engine*, sorti l'année précédente. Eitzel décrit *Engine* comme une tentative ratée de publier « un grand classique du rock ». Les membres du groupe sont choqués lorsque R.E.M., groupe auquel ils se comparent en permanence, connaît un succès foudroyant à leur place. Ils décident alors d'enregistrer un album plus calme et plus introverti.
California commence avec le simple et languissant *Firefly*, avant d'entamer un rock endiablé sur *Somewhere*, qui contient quelques brillants vers de poésie des bas-fonds : « Nous avons beaucoup à perdre / Et peut-être que nous pouvons tout perdre ce soir. » Ce disque renferme de véritables chefs-d'œuvre, tels l'aérien *Western Sky* (Eitzel éclate en sanglots à la fin de cette chanson sur son album solo live, *Songs of love : live at the borderline*) et le déchirant *Blue and grey shirt*, qui évoque un ami mort du sida. Le titre de clôture effroyablement triste, *Last Harbor*, est la meilleure chose qu'Eitzel ait jamais écrite. **AET**

Morrissey
Viva Hate (1988)

Label | Parlophone
Production | Stephen Street
Direction artistique | Morrissey
Pays | Royaume-Uni
Durée | 42:20

En 1988, sans les Smiths, et surtout sans son guitariste, auteur-compositeur et parfois manager-nounou Johnny Marr, Morrissey n'est rien d'autre qu'une blague. Sans la présence de Marr, qui a mis fin à leur partenariat et au plus grand groupe de tous les temps en 1987, un disque préparé à la hâte par Morrissey n'est pas de bon augure.
Et pourtant, douze ans après la sortie de *Viva Hate*, Ryan Adams choisit d'ouvrir son premier album *Heartbreaker* par un titre parlé qui relate une dispute à propos de *Suedehead*. Une autre décennie, un autre pays, un autre genre, et pourtant l'impact de Morrissey et de *Viva Hate* se fait toujours sentir.
Un simple regard suffit pour déceler que Morrissey n'a pas perdu d'avance. Rompant avec la tradition des Smiths qui recyclaient des photos vintage, Morrissey prête sa grâce à la pochette de l'album, dans une pose déterminée. Dès le troisième titre, *Everyday is like Sunday*, le chanteur livre une ode à la solitude et au désespoir. En bref, un classique de Morrissey.
La participation du producteur Stephen Street en tant que collaborateur musical explique le léger excès de recherches sonores, mais il n'est pas question de nier l'excellence de morceaux comme *Late Night, Maudlin Street*, *The Ordinary Boys* et le magnifique *Suedehead*, sur lequel Morrissey trouve un timbre plus direct que jamais.
Avec *Viva Hate*, Morrissey sort de l'ombre pour devenir, comme il l'affirme avec toute l'immodestie qui le caractérise, peut-être la dernière grande icône de la pop. **PS**

Sonic Youth
Daydream Nation (1988)

Label | Enigma
Production | Nick Sansano • Sonic Youth
Direction artistique | Slim Smith
Pays | États-Unis
Durée | 70:40

Double album vinyle à l'origine, *Daydream Nation* marque la fin d'une époque pour Sonic Youth. Éclectique et vigoureuse, énergique et complexe, la musique poursuit une quête qui a débuté dans l'underground new-yorkais au début des années 80 et s'est poursuivie par des expérimentations minimalistes et hardcore. À travers une série d'enregistrements, en particulier le fascinant *Evol* et l'obsédant *Sister* (sortis en 1986), le groupe s'est naturellement dirigé vers son expression la plus définitive, l'œuvre pour laquelle on se rappellera d'eux.

Tour à tour surréaliste et exacerbé, tranchant et réaliste, l'album s'ouvre sur une mémorable scène de rue dans l'emblématique *Teen Age Riot* et s'achève par une *Trilogy* à la beauté convulsive. Entre les deux, le groupe se déchaîne (*Silver Rocket*, *Candle*), captivant l'auditeur grâce à son esthétique (*The Sprawl*, *Providence*) et sa bravoure (*Eric's Trip*, *Total Trash*) particulières.

Daydream Nation, dernier enregistrement de Sonic Youth pour un label indépendant, est produit par Nick Sansano au studio Greene Street Recording de Manhattan. Il permet aux quatre membres du groupe (le batteur Steve Shelley, la bassiste Kim Gordon, les guitaristes Thurston Moore et Lee Ranaldo) d'accéder à un niveau de reconnaissance inédit, en tant qu'érudits rock et pourvoyeurs d'une nouvelle ère. À l'aube des années 90, le monde est prêt à accueillir une autre révolution du rock – en particulier cette nation somnambule du titre, une Amérique qui semble aujourd'hui aussi lointaine qu'elle est décrite de manière vivante dans cet opus. **IJ**

▶II Liste des titres

▶ 01 **Teen Age Riot** (Sonic Youth)	6:58
▶ 02 **Silver Rocket** (Sonic Youth)	3:47
03 **The Sprawl** (Sonic Youth)	7:42
▶ 04 **'Cross The Breeze** (Sonic Youth)	7:00
05 **Eric's Trip** (Sonic Youth)	3:48
06 **Total Trash** (Sonic Youth)	7:32
07 **Hey Joni** (Sonic Youth)	4:23
08 **Providence** (Sonic Youth)	2:41
▶ 09 **Candle** (Sonic Youth)	4:59
10 **Rain King** (Sonic Youth)	4:39
▶ 11 **Kissability** (Sonic Youth)	3:08
▶ 12 **Trilogy (The Wonder/Hyperstation/ Eliminator Jr.)** (Sonic Youth)	14:03

The Sugarcubes

Life's too good (1988)

Label | One Little Indian
Production | David Birkett • Ray Shulman
Direction artistique | Me Company
Pays | Islande
Durée | 33:05

Les Sugarcubes sont formés en 1986, juste pour rire, par des vétérans de la scène post-punk islandaise. La plaisanterie évolue rapidement vers quelque chose que personne en Islande (et surtout pas eux-mêmes) n'aurait pu imaginer. Ils deviennent en effet le premier groupe islandais à accéder à une reconnaissance internationale, servant de tremplin à l'énorme succès solo de Björk.

Les Sugarcubes passent deux ans à jouer les chansons de *Life's too good* en Islande, en vain. Tout change lorsque le single *Birthday* sort en Grande-Bretagne, en 1987. La presse britannique publie des éloges dithyrambiques et, soudain, le groupe se retrouve au centre d'une guerre aux enchères entre majors. Les Sugarcubes déclinent toutes les offres, éprouvant un profond dédain pour l'industrie musicale. Leurs interviews sont d'ailleurs toujours empreintes d'un humour noir et surréaliste.

Life's too good est enregistré par fragments sur une période de deux ans. Lorsqu'il sort enfin (avec cinq couleurs de pochette différentes), les critiques s'enthousiasment. Il faut reconnaître que ce premier album est impressionnant : il réussit à rester énergique et joyeusement mélodique tout en affichant sa démarche arty. *Birthday* possède un charme d'un autre monde, porté par la voix remarquable de Björk, tandis que le tordu *Deus* attire immanquablement l'auditeur dans ses filets. *Coldsweat* et *Sick for toys* affichent des penchants plus rock, plus sombres. Enfin, la dernière chanson est illuminée par le jeu de guitare nerveux de Thor.

Voici un album étrange et merveilleux, dont les éléments distincts et épars s'associent pour former un ensemble puissant, unique. **AET**

▶II Liste des titres

	01 **Traitor** (The Sugarcubes)	3:08
▶	02 **Motorcrash** (The Sugarcubes)	2:23
▶	03 **Birthday** (The Sugarcubes)	3:59
	04 **Delicious Demon** (The Sugarcubes)	2:43
	05 **Mama** (The Sugarcubes)	2:56
▶	06 **Coldsweat** (The Sugarcubes)	3:15
	07 **Blue Eyed Pop** (The Sugarcubes)	2:38
▶	08 **Deus** (The Sugarcubes)	4:07
▶	09 **Sick For Toys** (The Sugarcubes)	3:15
	10 **Fucking In Rhythm And Sorrow** (The Sugarcubes)	3:14
	11 **Take Some Petrol Darling** (The Sugarcubes)	1:27

Dwight Yoakam
Buenas Noches from a lonely room (1988)

Label | Reprise
Production | Pete Anderson
Direction artistique | Kim Champagne • Dwight Yoakam
Pays | États-Unis
Durée | 36:37

Dès le début, il a la tête de l'emploi : une grande asperge avec un grand chapeau, des bottes pointues, et un jean incroyablement moulant. Surtout, Dwight Yoakam chante de la pure country de bastringue, tel un ange déchu. Son premier album *Guitars, Cadillacs Etc, Etc*, sorti en 1986, est un joyau. Le suivant, *Hillbilly Deluxe*, est encore supérieur. Celui-ci, son troisième, est ce qu'il a fait de mieux.

Né dans le Kentucky, le jeune Yoakam est bêtement rejeté comme étant « trop country pour Nashville ». Il décide donc de se rendre en Californie, une contrée musicale plus appropriée. Yoakam mélange les sources de la country avec des influences qui vont d'Elvis Presley et Lefty Frizzell aux Beatles et à Creedence Clearwater Revival. Qualifié de « nouveau traditionaliste », il fait une musique qui semble à la fois ancienne et nouvelle.

Buenas Noches from a lonely room (She wore red dresses) est sa meilleure chanson, une confession poétique et poignante sur la jalousie, la vengeance et le meurtre, interprétée d'un ton nasillard et avec beaucoup de tendresse. *Streets of Bakersfield* (avec Flaco Jimenez à l'accordéon) est un vieux succès de Buck Owens. Yoakam est d'ailleurs parvenu à tirer celui-ci de sa retraite pour le faire chanter, ouvrant un nouveau chapitre dans la carrière d'Owens. *I sang Dixie* rend un hommage courtois au Sud rebelle, tandis que sur *Hold on to God*, Yoakam propose une vision légèrement distordue du gospel. Nashville n'apprécie peut-être pas, mais on ne peut plus l'ignorer. Les critiques s'extasient et les ventes grimpent. **RF**

▶II Liste des titres

	01 **I Got You** (Yoakam)	3:28
	02 **One More Name** (Yoakam)	3:05
	03 **What I Don't Know** (Yoakam)	3:46
	04 **Home Of The Blues** (Cash•Douglas•McAlpine)	2:52
▶	05 **Buenas Noches From A Lonely Room (She Wore Red Dresses)** (Yoakam)	4:31
	06 **I Hear You Knockin'** (Miller)	3:12
▶	07 **I Sang Dixie** (Yoakam)	3:47
▶	08 **Streets Of Bakersfield** (Joy)	2:47
	09 **Floyd County** (Yoakam)	2:55
	10 **Send Me The Pillow** (Locklin)	3:00
	11 **Hold On To God** (Yoakam)	3:14

Jane's Addiction
Nothing's Shocking (1988)

Label | Warner Bros.
Production | Perry Farrell • Dave Jerden
Direction artistique | Perry Farrell • Casey Niccoli
Pays | États-Unis
Durée | 45:13

À la fin des années 80, le rock américain grand public est dominé par des clones aux cheveux gominés et vêtus de synthétique, qui ne sont ni heavy, ni metal. Pendant ce temps, des groupes underground comme Sonic Youth produisent un faible impact commercial. *Nothing's Shocking* parvient à séduire les deux camps, permettant l'ouverture de MTV à une partie de la musique « alternative », et ouvrant la voie au succès de Nirvana.

Jane's Addiction attire l'attention du public de Los Angeles avec son premier album éponyme en 1987. Cet enregistrement live laisse penser que l'extravagance psycho-sexuelle et l'ambition dévorante ne se sont pas éteintes avec Led Zeppelin. L'album suivant propulse le chanteur-parolier Perry Farrell, le dieu de la guitare Dave Navarro, le bassiste versatile Eric Avery et le batteur virtuose Stephen Perkins dans le cœur des fans de tout le pays. Le bien nommé *Ocean Size* est un tour de force. La thématique écologique et une production nuancée viennent renforcer son aura de chanson propre à soulever les foules. *Ted, Just admit it*… mêle un rythme post-punk, des riffs funky et un tonnerre tribal pour évoquer la couverture médiatique des méfaits du tueur en série Ted Bundy. Quant aux énergiques titres de fusion hard rock *Mountain Song* et *Pigs In Zen*, ils sont irrésistibles.

Le groupe révèle son versant onirique avec le psychédélique *Summertime Rolls* et l'acoustique *Jane says*, portrait doux-amer d'une addiction à la drogue, qui démontre que la voix de Farrell peut aussi bien exprimer l'empathie que la rage. Le rock'n'roll redevient enfin dangereux. **MA**

▶II Liste des titres

01 Up The Beach (Avery•Farrell•Navarro•Perkins) 3:00
▶ 02 Ocean Size (Avery•Farrell•Navarro•Perkins) 4:20
03 Had A Dad (Avery•Farrell•Navarro•Perkins) 3:44
▶ 04 Ted, Just Admit It… (Avery•Farrell•Navarro •Perkins) 7:23
05 Standing In The Shower… Thinking (Avery•Farrell•Navarro•Perkins) 3:03
▶ 06 Summertime Rolls (Avery•Farrell•Navarro •Perkins) 6:18
▶ 07 Mountain Song (Avery•Farrell•Navarro •Perkins) 4:03
08 Idiots Rule (Avery•Farrell•Navarro•Perkins) 3:00
▶ 09 Jane Says (Avery•Farrell•Navarro•Perkins) 4:52
10 Thank You Boys (Avery•Farrell•Navarro •Perkins) 1:00
▶ 11 Pigs In Zen (Avery•Farrell•Navarro•Perkins) 4:30

Public Enemy
It takes a Nation of millions to hold us back (1988)

Label | Def Jam
Production | Divers
Direction artistique | Glen E. Friedman
Pays | États-Unis
Durée | 57:50

Le groupe Public Enemy est le pire cauchemar de la musique et le meilleur allié du bruit. En dépit des slogans marquants, du funk grandiose et de la rage politique de *Nation*, ce qui reste est un sample grinçant et étranglé. Comme une souris avec une trompette, il trottine de titre en titre, sans jamais se lasser. Chuck D. a préparé ce sample chez lui : « Ma mère me disait : “mais que fais-tu ? Est-ce qu'il y a une bouilloire dans ce disque ?” » Inspiré par KRS-One et Eric B., il sait que Public Enemy doit étoffer son travail après l'essentiel *Yo ! Bum rush the show*.

Il y parvient si brillamment que *Nation* est toujours considéré comme l'un des meilleurs albums de rap. Les chansons sont si explosives que Public Enemy doit inclure des interludes instrumentaux pour offrir un peu de répit à l'auditeur (l'un d'eux, *Security of the first world*, est repris en écho dans *Justify my love* de Madonna). Tous les autres morceaux atteignent des sommets. *Don't believe the hype* est devenu une maxime internationale. *She watch Channel zero ?!* est un jalon sur la route qui mène à Rage against the Machine. *Night of the living baseheads* et *Rebel without a pause* sont des tourbillons de sirènes, de basse et de samples de James Brown. *Cold Lampin' with flavor* offre la preuve irréfutable du talent de l'acolyte de Chuck, Flavor Flav. Enfin *Black Steel*, prenant pour thème la prison, est une épopée époustouflante.

Il est impossible de résumer *Nation*. Pour reprendre la citation qui ouvre *Bring the noise*, il est « trop noir, trop fort ». Le son et la rage expriment ici beaucoup de choses – mais vous pouvez aussi danser dessus. **BM**

▶II Liste des titres

01 Countdown To Armageddon (Public Enemy)	1:40
▶ 02 Bring The Noise (Public Enemy)	3:45
▶ 03 Don't Believe The Hype (Public Enemy)	5:19
04 Cold Lampin' With Flavor (Public Enemy)	4:17
05 Terminator X To The Edge Of Panic (Public Enemy)	4:31
06 Mind Terrorist (Public Enemy)	1:21
07 Louder Than A Bomb (Public Enemy)	3:37
08 Caught, Can We Get A Witness (Public Enemy)	4:53
09 Show 'Em Whatcha Got (Public Enemy)	1:56
10 She Watch Channel Zero ?! (Public Enemy)	3:49
11 Night Of The Living Baseheads (Public Enemy)	3:14
12 Black Steel In The Hour Of Chaos (Public Enemy)	6:23
13 Security Of The First World (Public Enemy)	1:20
▶ 14 Rebel Without A Pause (Public Enemy)	5:02
15 Prophets Of Rage (Public Enemy)	3:18
16 Party For Your Right To Fight (Public Enemy)	3:25

Faith No More
The Real Thing (1989)

Label I Slash
Production I Faith No More • Matt Wallace
Direction artistique I Jeff Price
Pays I États-Unis
Durée I 54:58

Le troisième album de Faith No More émerge dans l'instabilité. Groupe post-punk à sa formation en 1982, le quintet de San Francisco renvoie le chanteur Chuck Mosley en raison de son alcoolisme. Il est remplacé par Mike Patton, beau jeune homme d'une vingtaine d'années originaire d'Eureka, en Californie du Nord, qui chante sur plusieurs octaves et tord les mots. Ce nouveau chanteur se révèle une source d'inspiration. *The Real Thing* est varié mais conserve une identité claire, de la parodie thrash des films d'horreur *Surprise ! You're dead !* à la ballade lounge nauséeuse *Edge of the world*, en passant par les convulsions rock prog de la chanson-titre et la tornade orientale de l'instrumental *Woodpecker from Mars*.

Trois singles mémorables sont extraits de l'album : *From out of nowhere* est une chanson d'amour démesurée bénéficiant du riff imparable du claviste Roddy Bottum, tandis que la pop syncopée de *Falling to pieces* illustre le jeu funky du bassiste Bill Gould et du batteur Mike Bordin. Le plus gros succès est *Epic* (n° 9 aux États-Unis), une symphonie de poche contenant couplets de rap, chœurs, guitare virulente de Jim Martin et finale au piano.

En dépit de sa popularité auprès des fans de metal, Faith No More n'a jamais apprécié le genre. Néanmoins, *The Real Thing* reste un disque emblématique pour des groupes de néo-metal comme Korn et Limp Bizkit, qui proposent des versions crues et dénuées d'humour de la fusion subtile du groupe. Patton, en particulier, traite avec mépris ces épigones. Aujourd'hui, il fait partie du courant de gauche de la pop, collaborant avec Björk, l'icône du jazz d'avant-garde John Zorn ou le franc-tireur du hip-hop Dan The Automator. **MA**

▶II Liste des titres

▶ 01 From Out Of Nowhere (Faith No More)	3:20
▶ 02 Epic (Faith No More)	4:51
▶ 03 Falling To Pieces (Faith No More)	5:12
04 Surprise ! You're Dead ! (Faith No More)	2:25
05 Zombie Eaters (Faith No More)	5:58
▶ 06 The Real Thing (Faith No More)	8:11
07 Underwater Love (Faith No More)	3:49
08 The Morning After (Faith No More)	3:41
▶ 09 Woodpecker From Mars (Faith No More)	5:38
10 War Pigs (Iommi•Ward•Butler•Osbourne)	7:43
▶ 11 Edge Of The World (Faith No More)	4:10

Lenny Kravitz
Let love rule (1989)

Label | Virgin
Production | Lenny Kravitz
Direction artistique | Jeffrey Kent Ayeroff
Pays | États-Unis
Durée | 55:27

Son contrat avec Virgin à peine signé, Lenny Kravitz commence à se battre pour sa liberté artistique. Le nouveau venu, qui vient d'abandonner son groupe Romeo Blue, inspiré par Prince, n'est alors prêt à aucun compromis.

Lorsqu'il commence à enregistrer son premier album aux studios Waterfront dans le New Jersey, il n'utilise que du matériel analogique, sans l'aide d'un producteur, sans groupe et sans instrument programmable. Il soulève davantage de réprobation lorsqu'il propose à sa compagne Lisa Bonet de la série *Cosby Show* de co-écrire *Fear* et *Rosemary*. En effet, Virgin craint qu'elle ne devienne une Yoko Ono pour Lenny (« dans le mauvais sens », déplore Kravitz avec amertume dans les interviews de l'époque).

Mais la suite donne raison au musicien. Les treize morceaux de funk et rock'n'roll aux accents rétro, pleins d'émotion, sont honnêtes et puissants et rencontrent la faveur de millions d'admirateurs. Même si, articulés autour du thème de l'amour, ils passent complètement à côté de l'esprit de la fin des années 80.

Les critiques ne tardent pas à insinuer que le son de Kravitz manque d'originalité : les guitares sonnent comme celles de Hendrix, les motifs simplistes de batterie rappellent Ringo Starr, et les arrangements de cuivres sont directement influencés par le son Motown. Mais personne ne peut nier que ce premier album est une œuvre forte. L'écriture de Kravitz est superbe, son timbre vocal, dans la tradition du gospel, toujours passionné. Il possède une faculté inégalée à contrebalancer ses solos accessibles par des moments de psychédélisme obscur et d'improvisation. Si *Let love rule* était sorti en 1969, son statut de classique n'aurait jamais été discuté. **CL**

▶II Liste des titres

▶	01 **Sittin' On Top Of The World** (Kravitz)	3:16
▶	02 **Let Love Rule** (Kravitz)	5:42
	03 **Freedom Train** (Kravitz)	2:50
	04 **My Precious Love** (Kravitz)	5:15
	05 **I Build This Garden For Us** (Kravitz)	6:16
▶	06 **Fear** (Bonet•Kravitz)	5:25
	07 **Does Anybody Out There Even Care** (Kravitz)	3:42
▶	08 **Mr. Cab Driver** (Kravitz)	3:49
	09 **Rosemary** (Bonet•Kravitz)	5:27
	10 **Be** (Kravitz)	3:16
	11 **Blues For Sister Someone** (Kravitz)	2:51
	12 **Empty Hands** (Kravitz)	4:42
	13 **Flower Child** (Kravitz)	2:56

John Lee Hooker
The Healer (1989)

Label | Chameleon
Production | Jim Gaines • Roy Rogers • Carlos Santana
Direction artistique | Brandon Lively
Pays | États-Unis
Durée | 41:18

John Lee Hooker était un grand nom du blues et du R&B de la fin des années 40 aux années 60, mais l'homme qui a appris au public comment faire *Boom Boom* n'a pas fait beaucoup de bruit dans les années 70 et 80. Avec l'aide de ses amis, John Lee Hooker orchestre un come-back remarquable en 1989 avec *The Healer*.

Le titre de l'album évoque les pouvoirs guérisseurs du blues, et il parvient en effet à guérir rapidement la carrière souffrante de Hooker. Celui-ci récolte un Grammy et éveille un nouvel intérêt pour sa personne et son œuvre, qui allait se perpétuer jusqu'à sa mort en 2001. Le mérite en revient en partie à ses collaborateurs, dont font partie Carlos Santana et Bonnie Raitt.

Mais aucun ne possède l'énergie de John Lee dans ce disque.

The Healer est construit autour de son jeu de guitare, qui débute par les lignes intenses de Santana sur la chanson-titre au parfum latino. Santana semble légèrement dépassé, mais sa performance est fluide et se marie humblement aux paroles susurrées de Hooker. Raitt est le compagnon idéal sur le grinçant *I'm in the mood*, joignant les glissandos sexy de sa guitare aux attaques rythmiques régulières de Hooker. Robert Cray perce le vernis de manière si convaincante sur *Baby Lee* qu'il aurait pu rester seul en studio avec la légende. Hooker retrouve Canned Heat dans *Cuttin' out*, remarquable duo qui a déjà produit l'immense *Hooker'n Heat* en 1970.

Hooker ferme seul la boutique avec trois titres embourbés dans les eaux du Mississippi. Le dernier morceau de l'album, *No substitute*, à la beauté douloureuse, vient rappeler, si besoin est, qu'il n'y a qu'un seul vrai Boogie Man. **JiH**

▶II Liste des titres

▶ 01 The Healer (Hooker•Rogers•Santana•Thompson)	5:36
▶ 02 I'm In The Mood (Besman•Hooker)	4:30
▶ 03 Baby Lee (Bracken•Hooker)	3:43
04 Cuttin' Out (Hooker)	4:35
05 Think Twice Before You Go (Hooker)	2:58
06 Sally Mae (Hooker)	3:15
07 That's Alright (Hooker)	4:23
▶ 08 Rockin' Chair (Hooker)	4:09
09 My Dream (Hooker)	4:02
▶ 10 No Substitute (Hooker)	4:07

New Order
Technique (1989)

Label | Factory
Production | New Order
Direction artistique | Peter Saville
Pays | Royaume-Uni
Durée | 39:58

Trois disques de rock renferment l'esprit du phénomène de l'acid house qui déferle sur le Royaume-Uni à la fin des années 80 : *Bummed* de Happy Mondays, le premier album éponyme des Stone Roses et *Technique* de New Order. Les trois groupes viennent de Manchester.

Lorsque l'acid house explose à Ibiza, New Order y est déjà, essayant d'enregistrer son cinquième album. Après ces vacances épicuriennes, le groupe rentre au Royaume-Uni avec seulement douze plages rythmiques et un solo de guitare dans ses valises. Pourtant, une fois le travail terminé dans les studios Real World de Peter Gabriel, il devient évident qu'il n'a pas perdu son temps à Ibiza.

Technique est un chef-d'œuvre de l'époque. Le premier titre, *Fine Time*, enregistré après une nuit passée en discothèque, comporte un pastiche vocal surréaliste de Barry White sur des rythmes acides frénétiques. *Round & Round* est de la techno de Detroit, dans le style Salford. Quant à des titres électroniques tels *Love Less* et *Mr Disco*, ils nous renseignent bien sur l'acoustique des Baléares. Alors que les paroles de Bernard Sumner racontent l'échec de son mariage, la mélancolie et l'austérité introspectives caractéristiques de New Order sont remplacées par des couchers de soleil sur la plage et de l'ecstasy.

Définissant les canons du genre, *Technique* atteint la première place du hit-parade britannique. Grâce à la popularité croissance du légendaire club Haçienda, que le groupe détient pour moitié et finance, et à l'apparition de classiques acid tels que *Voodoo Ray* de A Guy Called Gerald et *Pacific State* de 808 State, New Order est alors aux premières loges de la plus grande révolution musicale britannique depuis le punk. **CSh**

▶II Liste des titres

▶ 01 Fine Time (Gilbert•Hook•Morris•Sumner)	4:43
02 All The Way (Gilbert•Hook•Morris•Sumner)	3:25
▶ 03 Love Less (Gilbert•Hook•Morris•Sumner)	3:04
▶ 04 Round And Round (Gilbert•Hook•Morris•Sumner)	4:32
05 Guilty Partner (Gilbert•Hook•Morris•Sumner)	4:48

	06 Run (Gilbert•Hook•Morris•Sumner)	4:32
▶	07 Mr Disco (Gilbert•Hook•Morris•Sumner)	4:21
	08 Vanishing Point (Gilbert•Hook•Morris•Sumner)	5:18
	09 Dream Attack (Gilbert•Hook•Morris•Sumner)	5:15

Madonna

Like a prayer (1989)

Label I Sire
Production I Pat Leonard • Madonna
Direction artistique I Margo Chase • Jeri Heiden
Pays I États-Unis
Durée I 50:57

Derrière les croix de feu qui l'ont fait entrer dans la postérité se cache l'album pop le plus spectaculaire depuis *Revolver*. Pour réaliser des ventes proportionnelles à sa célébrité, Madonna n'a alors qu'à réaliser en série des clones de *True Blue*. Au lieu de cela, épaulée par le producteur Pat Leonard, elle conçoit un chef-d'œuvre qui reçoit même les applaudissements de Peter Gabriel pour ses qualités mélodiques.

Laissant le marché de la dance à Paula Abdul et à Janet Jackson, Madonna limite la participation de son collaborateur fétiche Stephen « Into The Groove » Bray à deux morceaux. Parmi les victimes se trouve l'époustouflant *Supernatural*, qui apparaît finalement sur l'album au profit de la lutte contre le sida, *Red Hot and dance*. À sa place, l'album rend hommage à Simon & Garfunkel (*Oh Father*) et à Sly and the Family Stone (*Keep it together*), ainsi que des évocations triomphantes de la soul des années 60 de Stax et Spector (*Express yourself*, *Cherish*).

L'influence de Prince est manifeste, dans le duo *Love Song*, mais aussi dans la guitare déjantée de *Act of contrition*, le psychédélisme de *Dear Jessie* et, de manière générale, dans le mélange de sexe et de religion.

Sur le plan des paroles, l'avarice écœurante du passé fait place à l'humanité. *Express yourself* est un appel aux armes plus profond que *Material Girl*, des questions familiales sont évoquées dans *Promise to try* (le décès de Mme Ciccone), *Dear Jessie* (la fille de Pat Leonard) et *Keep it together* (« Le foyer est là où le cœur devrait être »). Plus surprenant, *Till death do us part* parle de sa prétendue « nuit de terreur » entre les mains de Sean Penn.

La maturité n'avait jamais paru aussi amusante. **BM**

▶II Liste des titres

▶	01 Like A Prayer (Leonard•Madonna)	5:39
	02 Express Yourself (Bray•Madonna)	4:37
	03 Love Song (Madonna•Prince)	4:52
	04 Till Death Do Us Part (Leonard•Madonna)	5:16
	05 Promise To Try (Leonard•Madonna)	3:36
▶	06 Cherish (Leonard•Madonna)	5:03
	07 Dear Jessie (Leonard•Madonna)	4:20
▶	08 Oh Father (Leonard•Madonna)	4:57
	09 Keep It Together (Bray•Madonna)	5:03
	10 Spanish Eyes (Leonard•Madonna)	5:15
	11 Act Of Contrition (Leonard•Madonna)	2:19

Queen Latifah

All hail the queen (1989)

Label I Tommy Boy
Production I Queen Latifah
Direction artistique I Steven Miglio
Pays I États-Unis
Durée I 63:35

Les artistes hip-hop annoncent souvent leur arrivée comme le second avènement du Christ. Respectant le protocole, Queen Latifah – de son vrai nom, Dana Owens – n'a certainement pas manqué d'assurance pour le titre de son premier album, *All hail the queen* (« que tous saluent la reine »). Mais cet album a été un moment charnière dans l'histoire du rap. Il allait permettre à Latifah de commencer à supprimer les stigmates des femmes rappeuses et à préparer le terrain pour des femmes comme TLC ou Destiny's Child. En tant que femme indépendante et dynamique, la rappeuse du New Jersey supervise également la production de son album, et s'assure ainsi de la présentation qui en sera faite. Le single *Wrath of my madness* (1988) est sensationnel, et le produit final, absolument digne du battage médiatique qui l'entourait.

Le funk dynamique de *Dance for me*, orné de l'excellent saxo de Maceo Parker, confère d'emblée à l'album un certain optimisme. De La Soul se joint ensuite à la fête, avec le tumultueux *Mama gave birth to the soul children*, et Quasar donne son énergie à *Come into my house*. La rappeuse convainc ensuite avec *Latifah's law* et revient à son premier succès : l'irrésistible *Wrath of my madness*.

L'album manque d'intégrer le Top 100 du Billboard (alors que son troisième album, *Black Reign*, sera le premier disque d'or d'une rappeuse féminine), mais c'est un extraordinaire début. Les années suivantes, Latifah poursuivra une carrière multimédia digne d'Oprah Winfrey : elle culminera au cinéma avec son rôle dans *Chicago* en 2002 et sera même nominée aux Oscars. **JiH**

Spacemen 3

Playing with fire (1989)

Label | Fire
Production | Peter Kember • Jason Pierce
Direction artistique | Tundra
Pays | Royaume-Uni
Durée | 46:47

Spacemen 3, formé en 1982, compte parmi les groupes de guitare les plus innovants des années 80. Étrangement nés le même jour (le 19 novembre 1965), Jason Pierce et Peter « Sonic Boom » Kember se sont rencontrés à l'université. La fixation de Kember sur les Cramps, l'obsession de Pierce pour les Stooges et leur amour mutuel de Suicide et de Velvet Underground ont influencé leurs premiers enregistrements, dont le louable *Perfect Prescription* (1987). Cela ne les a pas empêchés de trouver de nouveaux admirateurs. Puis, la section rythmique d'origine a été remplacée par le bassiste Will Carruthers et un batteur anonyme : c'est alors que les choses ont commencé à bouger.

Le single *Revolution* – appel à la dépénalisation des drogues –, dont la charge à la guitare répétitive rappelle le style des Stooges, interpelle d'emblée les médias musicaux. D'une manière générale, pourtant, c'est le psychédélisme béat de *Playing with fire* qui séduit les auditeurs. Les assauts à la guitare antérieurs du groupe, psychotiques, sont remplacés par le minimalisme envoûtant et la prose chuchotée de Kember, en particulier dans le titre aux allures de transe *Honey*. Par ailleurs, l'intérêt croissant de Pierce pour la musique spirituelle et le gospel est manifeste dans le superbe *Lord can you hear me ?* L'album est également l'occasion pour le duo de commencer à écrire séparément. Leur seule composition commune – *Suicide* – est un hommage de dix minutes au groupe du même nom, saturé de larsen et d'effets.

Bien qu'il ne parvienne pas à atteindre le hit-parade britannique, l'album est salué par les critiques. Pierce et Carruthers formeront par la suite Spiritualized, tandis que Kember enregistrera sous le nom de Spectrum. Mais en tant que témoignage de deux talents uniques, *Playing with fire* est inégalable. **CSh**

Firehose

Fromohio (1989)

Label | SST
Production | Ed Crawford • George Hurley • Mike Watt
Direction artistique | Ed Crawford
Pays | États-Unis
Durée | 31:13

Lorsque Firehose sort ce troisième album, le style du groupe est déjà établi. En conservant le travail rythmique funk et chaotique des Minutemen – ancien groupe du bassiste Mike Watt et du batteur George Hurley –, Firehose opte pour une approche plus conventionnelle à travers un rock indé musclé tempéré par le son folk, dont le charme est cher au guitariste-chanteur Ed Crawford. C'est ce son là – guitare enragée, section rythmique frénétique et beauté acoustique – qui est exprimé dans *Fromohio*.

Pour le charmant classique folk *Vastopol*, le groupe modère son attaque énergique et grondante. Quant au titre d'ouverture *Riddle of the eighties*, l'auteur Mike Watt fait le point sur ses origines et décide de l'orientation que prendra Firehose. Avec le vers « Écouter, siffler, en se languissant de ce type-là », le groupe rend hommage au guitariste décédé des Minutemen, D. Boon, en l'honneur duquel il se reprend et continue de chanter (« Donc j'ai continué à courir et j'ai fait le boulot / d'autres comptent sur mes trouvailles »). *Time with you* et *Mas cajones* (d'une passion et d'une puissance incroyables) montrent le groupe sous son meilleur jour. Le batteur George Hurley glisse quelques brefs solos de batterie, rendus acceptables par leur brièveté et par l'inventivité de son swing énergique. Par ailleurs, l'étrange morceau sur trois temps *Liberty for our friend* présente un groupe doté d'un esprit musical en perpétuelle ébullition.

La percée de Nirvana était
Cette explosion de rock ind
punk, interprété avec passion
tion, préfigurait les changement

L'al

Beastie Boys

Paul's Boutique (1989)

Label | Capitol
Production | Divers
Direction artistique | Nathaniel Hornblower
Pays | États-Unis
Durée | 63:03

Suite à l'impact planétaire phénoménal de leur premier album *Licenced to ill*, les Beastie Boys sont confrontés à ce que les critiques nomment le « difficile deuxième album ». Après l'accueil tumultueux réservé à leur style de fraternité universitaire et à leurs performances sur scène outrancières – sans oublier les milliers d'emblèmes VW arrachés dans le monde par leurs fans –, le groupe quitte son New York natal pour Los Angeles. Suite à *Licensed to ill*, le groupe se sépare de son label Def Jam et aspire à évoluer musicalement. Il choisit de travailler avec le duo de producteurs californiens The Dust Brothers.

Le nombre et l'étendue des samples de cet album n'ont pas d'égal, *3 feet high and rising* de De La Soul mis à part. C'est également le dernier « grand » album qui est produit avec des samples non référencés, et les producteurs ont pu s'inspirer d'éléments aussi hétéroclites que Curtis Mayfield, Led Zeppelin, les Beatles ou les Ramones.

L'énergie et l'insouciance qui imprègnent l'album dans des morceaux comme *The Sounds of science*, *Looking down the barrel of a gun* et *egg man*, témoignent de leur évolution musicale et textuelle, tandis que *Shake your rump*, *Hey ladies* et *To all the girls* prouvent que les Beastie Boys savent encore comment s'y prendre.

album se situe à mi-chemin entre les origines punk du groupe et le style plus sophistiqué de ses albums ultérieurs. Il permet également de découvrir un versant plus délicat, tout en restant grand public. Ce classique est peut-être un peu oublié, mais décoiffe encore à chaque fois. **CR**

The Young Gods
L'Eau rouge (1989)

Label | Play It Again Sam
Production | Roli Mosimann
Direction artistique | The Young Gods
Pays | Suisse
Durée | 41:10

D'une durée de huit minutes, le titre d'ouverture *La Fille de la mort* place The Young Gods bien au-dessus des autres groupes industriels. Il doit s'agir de l'unique titre d'introduction de ce genre à être joué sur trois temps, à utiliser des samples dans le style boulevardier, des accordéons inspirés de Weimar, avant d'enchaîner sur un tourbillon psychédélique orchestral puis sur des boucles de cordes jouées pizzicato, soutenues par des motifs de batterie fracassants. (Ils ont continué d'explorer la musique berlinoise d'avant-guerre dans l'album *The Young Gods play Kurt Weill* en 1991.) Mais les moments les plus ésotériques sont compensés par l'emphase religieuse de *Longue Route* et *L'Amourir*, ce dernier étant à l'origine un single figurant uniquement dans les rééditions de l'album. Sur *Crier les chiens*, le chanteur Franz Treichler se sert de sa voix comme d'un instrument, ses cris ressemblant par moments à ceux d'un oiseau – technique reprise par les groupes de black metal, des années plus tard.
Le groupe tire son nom d'un morceau des Swans. Lorsque les Gods persuadent l'associé de Michael Gira, Roli Mosimann, de prendre en charge la production, ils réalisent un de leurs vœux les plus chers. Au lieu de faire exploser les décibels, comme le font les nombreux groupes industriels de l'époque, Mosimann crée des espaces pour que la batterie et les guitares puissent s'articuler dans des strates distinctes. La pochette représente le sigle des Young Gods, représenté de façon schématique dans une grotte, sur fond rouge sang. **JDo**

▶II Liste des titres

▶	01 **La Fille De La Mort** (The Young Gods)	7:58
	02 **Rue Des Tempêtes** (The Young Gods)	2:51
	03 **L'Eau Rouge** (The Young Gods)	4:20
	04 **Charlotte** (The Young Gods)	2:01
	05 **Longue Route** (The Young Gods)	3:41
▶	06 **Crier Les Chiens** (The Young Gods)	3:15
	07 **Ville Notre** (The Young Gods)	4:07
	08 **Les Enfants** (The Young Gods)	5:53
▶	09 **L'Amourir** (The Young Gods)	4:18
	10 **Pas Mal** (The Young Gods)	2:46

John Zorn
Spy vs. spy-The Music of Ornette Coleman (1989)

Label | Nonesuch
Production | John Zorn
Direction artistique | Mark Beyer
Pays | États-Unis
Durée | 40:32

Plus déconstruction du répertoire d'Ornette Coleman qu'hommage traditionnel, *Spy vs. spy* désigne John Zorn comme un maître de l'improvisation « à la violence inlassable ». Comme Coleman auparavant, il pense improvisation collective plutôt qu'individuelle. Avec cette mission en tête, le saxophoniste alto et son équipe de jeunes collaborateurs new-yorkais branchés commencent par saper les fondations du jazz pour tracer leur interprétation très personnelle de *Shape of jazz to come*.
Le jazz est ici envisagé comme un jeu de formes en perpétuel mouvement. Les

saxophones échangent leurs souffles discordants via un système stéréo (Zorn à droite contre Tim Berne à gauche), sur un fond composé d'un duel de batterie (Joey Baron contre Michael Vatcher) et d'une basse dissonante (Mark Dresser). Après avoir fait imploser les accords du be-bop et obtenu le minimalisme thrash-jazz de *Word for bird*, le collectif s'attaque à déconstruire le blues, le swing, le free jazz et les infâmes théories harlomodiques d'Ornette pour aboutir à tout autre chose. *Rejoicing* et *Peace Warriors* choquent l'auditeur en atteignant des fréquences tonales auparavant uniquement entendues dans le speed metal ou les collages de Carl Stalling pour les dessins animés.

La bande dessinée refait d'ailleurs surface dans le graphisme de pochette de Mark Beyer, qui s'accorde joyeusement avec l'énergie déchaînée contre les codes du jazz dans l'album. Bienvenue dans le jazz de la génération post-punk. Comme l'écrit Zorn lui-même dans les notes du livret : « Merde aux règles du hardcore. » **MK**

▶II Liste des titres

01 **WRU** (Coleman)	2:38
02 **Chronology** (Coleman)	1:08
▶ 03 **Word For Bird** (Coleman)	1:14
04 **Good Old Days** (Coleman)	2:44
05 **The Disguise** (Coleman)	1:18
06 **Enfant** (Coleman)	2:37
▶ 07 **Rejoicing** (Coleman)	1:38
08 **Blues Connotation** (Coleman)	1:05
09 **C And D** (Coleman)	3:05
10 **Chippie** (Coleman)	1:08
▶ 11 **Peace Warriors** (Coleman)	1:20
12 **Ecars** (Coleman)	2:28
13 **Feet Music** (Coleman)	4:45
14 **Broadway Blues** (Coleman)	3:42
15 **Space Church** (Coleman)	2:28
16 **Zig Zag** (Coleman)	2:54
▶ 17 **Mob Job** (Coleman)	4:20

The Stone Roses

The Stone Roses (1989)

Label | Silvertone
Production | John Leckie
Direction artistique | John Squire
Pays | Royaume-Uni
Durée | 48:32

En dépit de leur nom et de leurs origines gothiques, les Stone Roses sont assimilés à la scène ecstasy alors en plein essor dans leur ville natale de Manchester, fusionnant de manière innovante la dance et le rock aux côtés de Happy Mondays.

Le graphisme de la pochette, qui s'inspire à la fois de Jackson Pollock et des émeutes étudiantes à Paris en 1968 (les manifestants suçaient des citrons pour contrer les effets des gaz lacrymogènes), est l'œuvre du guitariste John Squire. Sa guitare virtuose imprègne l'album aussi librement que les éclaboussures de peinture sur la pochette. *Bye Bye Badman* fait référence aux émeutes de 1968 et, avec *Elizabeth my dear*, expose la position anti-establishment des Stone Roses, souvent ignorée.

Jamais excessif, toujours essentiel, le jeu de Squire est considéré comme l'épine dorsale de l'album. Il faut toutefois accorder une mention spéciale au batteur Alan « Reni » Wren, dont les harmonies de fond précises sur *Bye Bye Badman* et les envolées spontanées de *I am the resurrection* restent à couper le souffle.

L'énergie et l'inventivité de l'onirique *Waterfall* et son cousin *Don't stop* (la même chanson, jouée en retrait, avec des paroles adaptées) captent le sentiment d'optimisme de l'époque suite à la naissance de l'acid house et du « Second Summer of Love » (l'été 1989, pic de la consommation d'ecstasy) au Royaume-Uni.

Les Stone Roses parviennent à résumer l'esprit apparemment libre de leur temps tout en rappelant la créativité du rock et de la pop des années 60. Qu'ils aient produit par inadvertance un album capable de résister à cette époque révolue relève du miracle. **JK**

▶II Liste des titres

▶	01 **I Wanna Be Adored** (Brown•Squire)	4:52
▶	02 **She Bangs The Drums** (Brown•Squire)	3:42
▶	03 **Waterfall** (Brown•Squire)	4:37
	04 **Don't Stop** (Brown•Squire)	5:17
	05 **Bye Bye Badman** (Brown•Squire)	4:00
	06 **Elizabeth My Dear** (Brown•Squire)	0:59
	07 **Song For My Sugar Spun Sister** (Brown•Squire)	3:25
▶	08 **Made Of Stone** (Brown•Squire)	4:10
	09 **Shoot You Down** (Brown•Squire)	4:10
	10 **This Is The One** (Brown•Squire)	4:58
▶	11 **I Am The Resurrection** (Brown•Squire)	8:12

Neneh Cherry
Raw like Sushi (1989)

Label | Circa
Production | Cameron McVey
Direction artistique | Jean-Baptiste Mondino
Pays | Suède
Durée | 46:07

« Ce n'est pas un disque féministe, explique Neneh au magazine *Face* en 1988 à propos de son premier album, mais il parle de la force des femmes, du pouvoir des femmes, de l'attitude des femmes. » Une reprise d'une face 2 de Morgan McVey, *Buffalo Stance*, signe la marque de fabrique de Neneh : un mélange de styles urbains populaires, de sagesse de la rue et de fierté d'être une femme et une mère. Ces motifs imprègnent l'album, coécrit et produit par son époux Boogie Bear (alias Cameron McVey, producteur du *Blue Lines* de Massive Attack).

Dès son plus jeune âge, Cherry voyage avec sa mère, l'artiste suédoise Moki, et son beau-père Don Cherry, célèbre trompettiste de jazz. À 15 ans, elle se rend en Afrique avec son père, le percussionniste sierra-léonais Amhadu Jah, et découvre le pouvoir du matriarcat africain. Après avoir passé quelque temps à New York avec le groupe punk The Slits, elle déménage à Londres en 1980 pour jouer avec la formation hybride de jazz-funk Rip, Rig and Panic, et donne vie à son premier enfant à 18 ans. Tandis que des titres comme *Heart* et *Phony Ladies* sont des attaques acerbes contre la vision commune de l'égalité des sexes, des morceaux comme *Inna City Mamma* et *The Next Generation* rendent hommage à la figure de la mère indépendante et forte que Cherry représente. Elle participe à *Top of the pops* enceinte de huit mois, et offre un rôle à sa fille Tyson, alors âgée de deux mois, dans le vidéo clip de *Manchild*. L'album se vend à 2,5 millions d'exemplaires. Grâce au charme de Cherry, à ses mélodies contagieuses et à sa voix douce, il atteint un public bien plus large que celui des genres avec lesquels elle flirte (hip-hop, dance, rap, pop). **AH-N**

▶II Liste des titres

▶	01 **Buffalo Stance** (Bear•Cherry•Morgan •Ramacon)	5:42
▶	02 **Manchild** (Bear•Cherry•Delnaja)	3:52
▶	03 **Kisses On The Wind** (Bear•Cherry)	3:57
	04 **Inna City Mamma** (Bear•Cherry•Chill)	4:51
	05 **The Next Generation** (Bear•Cherry)	5:05
	06 **Love Ghetto** (Bear•Cherry)	4:29
▶	07 **Heart** (Bear•Cherry)	5:09
▶	08 **Phoney Ladies** (Bear•Cherry)	3:54
	09 **Outre Risque Locomotive** (Cherry•Malone)	5:05
	10 **So Here I Come** (Bear•Cherry•Chill•New)	4:03

Baaba Maal and Mansour Seck
Djam Leelii (1989)

Label | Mango
Production | Baaba Maal • Mansour Seck
Direction artistique | Non créditée
Pays | Sénégal
Durée | 52:50

Baaba Maal est issu d'une famille de pêcheurs du nord du Sénégal, et c'est parce que celle-ci est prospère et qu'il réussit à l'école que ses parents acceptent qu'il travaille à temps partiel comme chanteur. Le changement est dans l'air au début des années 70, et le jeune Maal se fait remarquer en chantant les frustrations de son auditoire. Il doit attendre sa rencontre avec Mansour Seck pour envisager de devenir musicien professionnel. En Afrique occidentale, la musique appartient aux familles de griots, qui chantent pour glorifier les chefs et raconter leurs histoires. Seck est un griot, mais il est aussi aveugle. Leur relation se révèle bénéfique : pendant qu'il transmet son savoir à Maal, le jeune homme lui sert de guide.

Maal et Seck quittent le Sénégal pour la France au début des années 80, et Maal est admis dans un conservatoire parisien pour étudier la musique. En 1984, avec quelques compatriotes d'Afrique occidentale, il enregistre cette session simple, informelle, aussi magique que l'éclair. Les deux amis harmonisent leurs voix de ténors incandescentes, tandis qu'autour d'eux des guitares acoustiques esquissent de simples et séduisantes mélodies. Une guitare électrique solitaire ajoute quelques ornements, et une percussion tient le rythme. C'est, comme le dit le légendaire DJ John Peel de BBC Radio One, comme d'entendre Muddy Waters pour la première fois.

Stimulé et influencé par son séjour en Europe, Maal s'attachera ensuite à redéfinir la nature progressiste de la musique africaine. Cet album est celui qui a permis d'ouvrir les portes. **DH**

▶II Liste des titres

▶ 01 Lam Tooro (Maal)	6:38
▶ 02 Loodo (Maal)	6:08
03 Muudo Hormo (Maal)	6:13
04 Salm Inanam (Maal)	4:25
05 Maacina Tooro (Maal)	5:47
▶ 06 Djam Leelii (Maal)	6:00
▶ 07 Bibbe Leydy (Maal)	6:25
08 Sehilam (Maal)	6:21
09 Kettodee (Maal)	4:53

Kate Bush
The Sensual World (1989)

Label I EMI
Production I Kate Bush
Direction artistique I Kindlight • Bill Smith Studio
Pays I Royaume-Uni
Durée I 42:03

Si, dans *Hounds of love* (1985), Bush tentait encore de canaliser les émois de son adolescence, *The Sensual World* est l'album de la maturité. À 30 ans passés, elle livre son disque le plus étoffé. Elle assume son héritage irlandais, tirant son inspiration à la fois de l'instrumentation celtique et, au moins pour la chanson-titre, du plus sensuel des personnages de James Joyce, Molly Bloom. L'album affiche également une influence folk marquée, due en partie au frère de Bush, Paddy, amateur de musique ethnique. C'est lui qui la présente au Trio Bulgarka, chanteurs bulgares traditionnels qui interviennent tout au long de l'album. Michael Nyman arrange les cordes de *Reaching out* ; Nigel Kennedy figure dans *The Fog* et *Heads we're dancing* ; Dave Gilmour joue sur *Love and anger* et *Rocket's Tail*. Même son père, nommé Dr Bush, participe au dialogue de *The Fog*, où un père apprend à nager à son enfant – le symbolisme est évident. Le CD comporte un titre supplémentaire, *Walk straight down the middle*.

Même si les amateurs de ses chimères adolescentes auraient peut-être aimé qu'elle reste jeune à jamais, Kate découvre de nouveaux horizons, entrant de plain-pied dans une époque où les échanges globaux vont de pair avec l'érudition informatique. Elle affirme également sa sexualité féminine dans *The Sensual World*, et montre son envie de s'adresser à un public plus large que son Kent natal. Incapable d'être plus heureuse que lorsqu'elle jouait de l'orgue dans une grange derrière la maison de ses parents, elle chante ici comme une artiste de studio accomplie, prête pour le succès international. **ARa**

▶II Liste des titres

▶	01 **The Sensual World** (Bush)	3:57
	02 **Love And Anger** (Bush)	4:42
	03 **The Fog** (Bush)	5:06
	04 **Reaching Out** (Bush)	3:12
	05 **Heads We're Dancing** (Bush)	5:21
▶	06 **Deeper Understanding** (Bush)	4:46
	07 **Between A Man And A Woman** (Bush)	3:30
	08 **Never Be Mine** (Bush)	3:44
▶	09 **Rocket's Tail** (Bush)	4:07
	10 **This Woman's Work** (Bush)	3:38

The Cure

Disintegration (1989)

Label | Fiction
Production | David M. Allen • Robert Smith
Direction artistique | Parched Art
Pays | Royaume-Uni
Durée | 60:29

Les Cure n'ont jamais imaginé devenir des pop stars. Mais de jolis succès comme *Just like heaven* ont adouci leurs diatribes cinglantes et les ont propulsés vers les charts.

Disintegration aspire cependant à un son plus cohésif. Le résultat, selon le magazine *Q*, est comparable à « endosser un pardessus trempé et extrêmement ample ». En effet, *Prayers for rain* et *The Same Deep Water as you* sont aussi larmoyants que leurs titres le suggèrent. Mais tout n'est pas noirceur et mélancolie. Trêve de plaisanteries : il est bien question ici de tristesse et de morosité tout azimut. *Disintegration* est un disque surréaliste (*Lullaby*), romantiquement ravagé (*Plainsong*), violent (*Disintegration*) – mais toujours, comme l'écrit le *New Musical Express*, « excitant dans le malheur ». Il contient également des tubes, le plus important étant *Lovesong*, cadeau de mariage de Smith à sa fiancée Mary.

Au milieu du désespoir, le bassiste Simon Gallup et l'ancien batteur des Thompson Twins, Boris Williams, grondent et impressionnent, notamment sur *Fascination Street*. Le guitariste Porl Thompson n'est jamais loin, et participe à la version live de *Lullaby*, une reprise de Plant et Page. Le claviériste Roger O'Donnell est également présent, Lol Tolhurst ayant été écarté (une mention laconique le réduit à « autre instrument »).

« J'avais peur de vieillir », évoque Robert Smith, qui approche de la trentaine au moment de la sortie du disque. Des angoisses similaires alimentent l'album *Bloodflowers*, sorti dix ans plus tard, et très proche de *Disintegration*. Une filiation confirmée par le DVD de concert *Trilogy* (2003) qui réunit ces deux albums avec leur prédécesseur spirituel, *Pornography*. **BM**

▶II Liste des titres

	01 **Plainsong** (Gallup•O'Donnell•Smith Thompson•Tolhurst•Williams)	5:16
	02 **Pictures Of You** (Gallup•O'Donnell•Smith Thompson•Tolhurst•Williams)	7:28
	03 **Closedown** (Gallup•O'Donnell•Smith Thompson•Tolhurst•Williams)	4:21
▶	04 **Lovesong** (Gallup•O'Donnell•Smith Thompson•Tolhurst•Williams)	3:31
▶	05 **Lullaby** (Gallup•O'Donnell•Smith Thompson•Tolhurst•Williams)	4:12
▶	06 **Fascination Street** (Gallup•O'Donnell•Smith Thompson•Tolhurst•Williams)	5:17
	07 **Prayers For Rain** (Gallup•O'Donnell•Smith Thompson•Tolhurst•Williams)	6:07
	08 **The Same Deep Water As You** (Gallup O'Donnell•Thompson•Tolhurst•Williams)	9:23
	09 **Disintegration** (Gallup•O'Donnell•Smith Thompson•Tolhurst•Williams)	8:24
	10 **Untitled** (Gallup•O'Donnell•Smith Thompson•Tolhurst•Williams)	6:30

808 State
808 : 90 (1989)

Label | ZTT
Production | Non créditée
Direction artistique | Ryan Art
Pays | Royaume-Uni
Durée | 39:12

Y a-t-il quelque chose dans l'eau à Manchester ? En dépit de sa morne réputation sans fondement, la ville britannique a engendré un nombre impressionnant de groupes qui ont défini l'esprit de l'époque et exercé une influence massive sur d'autres groupes. Dans le monde de la dance music, 808 State (nommé d'après une boîte à rythmes Roland) est l'un des précurseurs de l'époque des raves. Résidant à Manchester, le trio est composé de Martin Price, Graham Massey et Gerald Simpson (remplacé par Andrew Barker et Darren Partington lorsqu'il entame une carrière en solo sous le nom A Guy Called Gerald).

808 : 90, le troisième album du groupe, est l'un des premiers albums de dance pure à entrer au hit-parade du Royaume-Uni, et représente un moment clé des débuts de la scène rave britannique. Associant les sons bruts de la rave avec un élégant sens de la structure, de la mélodie et de l'ambiance, *808 : 90* représente le son d'une sous-culture unique et puissante. Les deux morceaux phares de l'album sont *Cubik* (présent uniquement sur les exemplaires américains) et *Pacific*. Ce dernier atteint le Top 10 britannique, et demeure un hymne sentimental pour la première génération d'amateurs de raves. L'émotion de *Pacific*, avec sa mélodie de saxophone aérienne, est toujours aussi vivante aujourd'hui. *Cubik* est davantage un poids lourd pour discothèque. L'énergie brutale de ses riffs techno immédiatement reconnaissables et de ses breakbeats reste entière. L'album suivant de 808 *State, Ex : el*, est leur meilleure vente, mais c'est *808 : 90* qui a apporté à la génération acid house la reconnaissance artistique qui lui était auparavant refusée. **APi**

▶II Liste des titres

	01 **Magical Dream** (808 State)	3:52
▶	02 **Ancodia** (Uncredited)	5:47
▶	03 **Cobra Bora** (808 State)	6:36
▶	04 **Pacific 202** (Massey•Price•Simpson)	5:41
	05 **Donkey Doctor** (808 State)	5:24
	06 **80808080808** (808 State)	4:20
▶	07 **Sunrise** (808 State)	6:33
	08 **Fat Shadow** (Uncredited)	0:59

Coldcut
What's that noise ? (1989)

Label | Ahead Of Our Time
Production | Coldcut
Direction artistique | Mark Porter
Pays | Royaume-Uni
Durée | 44:54

Le duo de producteurs Coldcut, formé de Jonathan More et Matt Black (respectivement professeur d'arts plastiques et programmeur), se fait d'abord connaître en publiant *Say Kids, what time is it ?* en 1987. Inspiré par le terroriste du sample Steinski, c'est le premier enregistrement britannique basé sur ce type de collage sonore. Il donne lieu à une performance inédite pour la station de dance music Kiss FM (alors pirate), baptisée *Solid Steel*. Suite à leur tout aussi original *Beats & Pieces* et aux sessions de DJ-ing au légendaire club Shoom, ils sont unanimement reconnus pour leur remix de *Paid in full* de Eric B & Rakim, mariant ingénieusement l'original avec la chanson *Im Nin'alu* de la chanteuse israélienne Ofra Haza.

Aux côtés du chanteur amazonien Yazz, ils connaissent un succès grand public en février 1988 lorsque le joyeux *Doctorin' the house* prend d'assaut le hit-parade britannique. Pour l'album, le titre est réarrangé en un sublime morceau d'acid house dans le style de Chicago.

Parmi les autres chanteurs invités figurent Lisa Stansfield, relativement inconnue, dans la house pop chic de *People hold on* et le génial Mark E. Smith sur *(I'm) in deep*, aux allures de chant funèbre. L'album compte également le funky *Smoke 1* (repris par Queen Latifah dans *Find a way*) et *Stop this crazy thing*, qui associe une ligne de basse sale jouée au synthé analogique avec des rythmes tribaux et la voix passionnée de Junior Reid de Black Uhuru.

What's that noise ? brasse un large éventail de styles musicaux avec des samples et des effets fascinants. Son inventivité permet à Coldcut de former le label influent Ninja Tune au milieu des années 90. **CSh**

▶II Liste des titres

▶ 01 People Hold On (Black•More•Stansfield)	3:58
02 Fat (Party And Bullshit) (Black•More)	4:17
▶ 03 (I'm) In Deep (Black•More•Smith)	5:08
04 My Telephone (Black•Devaney•More Morris•Parry•Stansfield)	4:54
05 Theme From "Reportage" (Black•More)	1:35
06 Which Doctor ? (Black•More)	4:30
▶ 07 Stop This Crazy Thing (Black•More•Reid)	5:15
08 No Connection (Black•More)	3:34
▶ 09 Smoke 1 (Black•More)	4:40
▶ 10 Doctorin' The House (Black•More•Yazz)	4:35
11 What's That Noise ? (Black• More)	2:28

Barry Adamson
Moss Side Story (1989)

Label | Mute
Production | Barry Adamson
Direction artistique | Barry Adamson
Pays | Royaume-Uni
Durée | 54:03

Barry Adamson s'est fait un nom sur la scène post-punk britannique en tant que bassiste de premier rang, avec Magazine et The Bad Seeds. Il attend pourtant la fin des années 80 pour amorcer une carrière solo. Son premier album est la bande originale attachante, parfois magnifique, d'un film qui n'existe pas : *Moss Side Story*. Intitulé d'après le district de Manchester où Adamson a grandi, l'album puise son inspiration auprès de grands compositeurs de musiques de film tels que John Barry et Ennio Morricone. Une bonne dose de son post-punk et de jazz d'avant-garde figure également dans le mélange, rappelant certaines œuvres de John Zorn.

Adamson endosse le rôle de réalisateur pour ce projet : il conçoit la pochette, réalise les arrangements de cordes, construit les effets sonores et joue la plupart des instruments. Il recrute également ses ex-collègues Rowland S. Howard, Kid Congo Powers et Mick Harvey, ainsi que les anciennes divas Anita Lane et Diamanda Galas.

Le principal intérêt de *Moss Side Story* réside dans son optique cinématographique habilement conçue. Nous sommes ici dans le domaine du film noir. L'ambiance est donc essentiellement sombre et lugubre, en particulier sur des titres comme *Central Control, Sounds from the big house* et *The Swinging Detective*. Mais Adamson ne limite pas sa vision aux ténèbres et à la destruction. *Under Wraps* est un morceau de « scène de poursuite » dans un style lounge/bossa nova particulier, tandis qu'*Everything happens to me* est une paisible ballade au piano pensée pour une « scène d'amour ».

Adamson allait encore approfondir ce genre par la suite, en composant la musique de véritables films. **AET**

▶II Liste des titres

01 On The Wrong Side Of Relaxation (Adamson)	5:26
▶ 02 Under Wraps (Adamson)	4:27
▶ 03 Central Control (Adamson)	2:16
04 Round Up The Usual Suspects (Adamson)	0:38
▶ 05 Sounds From The Big House (Adamson)	6:24
06 Suck On The Honey Of Love (Adamson)	2:13
▶ 07 Everything Happens To Me (Adamson)	2:42
▶ 08 The Swinging Detective (Adamson)	5:46

	09 Autodestruction (Adamson)	3:49
	10 Intensive Care (Adamson)	2:41
▶	11 The Most Beautiful Girl In The World (Adamson)	4:08
	12 Free At Last (Adamson)	1:23

Aerosmith
Pump (1989)

Label | Geffen
Production | Bruce Fairbairn
Direction artistique | Kim Champagne • Gabrielle Raumberger
Pays | États-Unis
Durée | 47:39

« Il est maintenant admis qu'Aerosmith était un grand groupe, se plaignait le critique Dave Marsh en 1989. Fichez-moi la paix ou amenez-moi les années 90. »
Il faut croire qu'il a influencé le destin. En novembre de cette année-là, Aerosmith sort un album colossal, brassant l'obscénité vintage de *Toys in the attic* et l'éclectisme du prédécesseur de *Pump*, *Permanent Vacation*. Pendant l'année 1990, le groupe devient incontournable : *Love in an elevator*, *Janie's got a gun*, *What it takes* et *The Other Side* prennent d'assaut le Hot 100, et permettent à l'album de se vendre à 7 millions d'exemplaires aux États-Unis.
Désintoxiqués en 1987, ils ont remonté la pente grâce à des succès comme *Angel*, en se reposant toutefois lourdement sur des auteurs-compositeurs étrangers au groupe. Désormais, ils souhaitent faire les choses à leur manière.
Le rock est alors dominé par des admirateurs d'Aerosmith comme Bon Jovi, Guns N'Roses et Mötley Crüe. Bien qu'Aerosmith ait collaboré avec certaines de ces personnes, le résultat a peu de points en commun.
Led Zeppelin semble être une référence plus pertinente, évidente dans les riffs claquants de… *Elevator* et *Voodoo Medicine Man*. Il partage aussi avec Zeppelin l'envie d'intégrer des éléments extérieurs au hard rock, d'où le délicieux *Dulcimer Stomp* et le sinistre *Janie's got a gun*.
Provisoirement intitulé *Here's looking up your old address*, l'album est rebaptisé à la demande de Brad Whitford. « *Pump*, mais qu'est-ce que ça peut bien vouloir dire ? demande le guitariste. – Je n'en sais rien. Ça sonne juste très… années 90. » Le résultat, assorti d'une photographie pleine d'esprit de Norman Seeff, laisse leurs concurrents loin derrière. **BM**

▶II Liste des titres

	01 Young Lust (Perry•Tyler•Vallance)	4:20
	02 F.I.N.E. (Fucked Up, Insecure, Neurotic, Emotional) (Child•Perry•Tyler)	4:06
▶	03 Going Down/Love In An Elevator (Perry•Tyler)	5:41
	04 Monkey On My Back (Perry•Tyler)	3:57
▶	05 Water Song/Janie's Got A Gun (Hamilton•Tyler)	5:33
	06 Dulcimer Stomp/The Other Side (Tyler •Vallance)	4:56
	07 My Girl (Perry•Tyler)	3:10
	08 Don't Get Mad, Get Even (Perry•Tyler)	4:48
	09 Hoodoo/Voodoo Medicine Man (Tyler•Whitford)	4:39
▶	10 What It Takes (Child•Perry•Tyler)	6:29

Pixies
Doolittle (1989)

Label | 4AD
Production | Gil Norton
Direction artistique | Vaughan Oliver
Pays | États-Unis
Durée | 38:36

L'influence du nouveau producteur, le britannique Gil Norton, est palpable dès les premières mesures de *Doolittle*. Les premières notes des basses de Debaser sonnent avec une clarté que Steve Albini aurait refusée. Le mur de guitare surf de Joey Santiago et ses solos déjantés sont également nettoyés par Norton, tandis que les harmonies vocales de Kim Deal avec Francis disposent de temps et d'espace pour briller. D'après Santiago, Norton est un partisan de l'enregistrement en multipiste, technique refusée par Albini pour *Surfer Rosa*. Cela produit un album de pop sublime, qui lance le groupe dans la presse rock britannique et lui permet d'accéder au hit-parade, avec pour fer de lance l'excellent single *Monkey gone to heaven*.

Leurs obsessions concernant le péché biblique, la destruction physique et la déviance sexuelle sont récurrentes à travers les paroles de Black Francis. Dans les interviews qu'il donne à l'époque, l'auteur-compositeur cite comme référence le réalisateur David Lynch pour son sens aigu du surréalisme. Dans *Doolittle*, les Pixies affinent leur technique de juxtaposition d'une basse dépouillée, d'une batterie et de délicates sections vocales, avec des tourbillons de guitare bourdonnante et des cris gutturaux dans un style surréaliste et raffiné.

D'ailleurs, il est presque impossible de dissocier *Doolittle* de *Surfer Rosa* en termes de qualité, si divergents soient-ils sur le plan sonore, tant ils ont tous deux bien vieilli. *Doolittle* contient quelques titres plus doux, tels *Here comes your man* et *La La Love you*, aux côtés du rock corrosif de *Wave of mutilation* et *Gouge away*. Écoutons-les tous les deux, encore et encore. **MBI**

▶II Liste des titres

▶	01 Debaser (Francis)	2:52
	02 Tame (Francis)	1:55
▶	03 Wave Of Mutilation (Francis)	2:04
	04 I Bleed (Francis)	2:34
	05 Here Comes Your Man (Francis)	3:21
	06 Dead (Francis)	2:21
	07 Monkey Gone To Heaven (Francis)	2:56
▶	08 Mr Grieves (Francis)	2:05
	09 Crackity Jones (Francis)	1:24
▶	10 La La Love You (Francis)	2:43
	11 Number 13 Baby (Francis)	3:51
	12 There Goes My Gun (Francis)	1:49
	13 Hey (Francis)	3:31
	14 Silver (Deal•Francis)	2:25
▶	15 Gouge Away (Francis)	2:45

Bonnie Raitt

Nick of time (1989)

Label I Capitol
Production I Don Was
Direction artistique I Tommy Steele
Pays I États-Unis
Durée I 42:31

Le titre du neuvième album de Bonnie Raitt, *Nine Lives*, semble cruellement approprié. Sa carrière, qui évolue lentement depuis 1971, paraît toucher à sa fin après l'échec de son disque de 1986 et son éviction par Warner Bros. Toutefois, Raitt a des ressources qu'elle met à profit sur *Nick of time*.

En rejoignant Capitol Records, Raitt prend une décision apparemment curieuse : elle recrute le producteur Don Was, connu pour son travail sur les hymnes festifs des B-52's, pour l'aider à donner forme à son mélange truculent de folk, de blues et de rock. Le pari est gagné : Was apporte une indéniable sensibilité pop au son bluesy de Raitt, donnant naissance à un style que la chanteuse conserve aujourd'hui encore.

L'album débute avec la douce chanson-titre, qui décrit un chagrin d'amour sur un rythme marqué, avant d'accélérer avec *Thing called love*, morceau chahuteur qui conviendrait parfaitement à une radio moderne de « new country ». Raitt s'offre une virée honky-tonk sur le puissant *Love Letter*, puis ralentit le tempo pour le mélancolique *Cry on my shoulder*.

Nick of time est une révélation pour Raitt. Caracolant en tête des hit-parades, il se vend à cinq millions d'exemplaires et remporte trois Grammy Awards en 1990 (la chanteuse en reçoit un quatrième la même année pour un duo avec Delbert McClinton). Raitt et Was collaborent à nouveau sur l'album suivant, *Luck of the draw* (1991), autre immense succès qui remporte à son tour trois Grammys et se vend à plus de sept millions d'exemplaires. **JiH**

▶II Liste des titres

▶	01 Nick Of Time (Raitt)	3:52
▶	02 Thing Called Love (Hiatt)	3:52
▶	03 Love Letter (Hayes)	4:04
	04 Cry On My Shoulder (Ruff)	3:44
	05 Real Man (Williams)	4:27
	06 Nobody's Girl (McNally)	3:14
▶	07 Have A Heart (Hayes)	4:50
	08 Too Soon to Tell (Bourke•Reid)	3:45
	09 I Will Not Be Denied (Williams)	4:55
	10 I Ain't Gonna Let You Break My Heart Again (D. Lasley•J. Lasley)	2:38
	11 The Road's My Middle Name (Raitt)	3:31

Fugazi
Repeater (1989)

Label I Dischord
Production I Ted Niceley
Direction artistique I Kurt Sayenga
Pays I États-Unis
Durée I 35:09

Pressentant l'évolution de la scène hardcore américaine de la fin des années 80 vers une mentalité plus radicale, McKaye, leader charismatique de Minor Threat et cofondateur de l'influent label Dischord à Washington DC, s'associe avec Guy Picciotto, ancien guitariste de Rites of Spring, Brendan Canty (batterie) et Joe Lally (basse) pour former Fugazi. *Repeater* est l'œuvre qui les démarque des franges extrêmes de cette scène. Si Minor Threat incarnait la rage du jeune Ian McKaye, Fugazi équilibre l'idéalisme et le propagandisme du hardcore grâce à une approche novatrice et nuancée de la colère.

Ses détracteurs ont souvent accusé le groupe de « prêcher », mais les réflexions politiques naïves des premiers albums sont absentes de *Repeater*. La grande différence tient à la section rythmique tendue de Lally et Canty, qui exercent un rôle bien plus important dans la production. Sur des chansons comme *Sieve-fisted find* et *Repeater*, la juxtaposition d'effets de larsen et de lignes de basse épurées ajoute à l'urgence de la double attaque vocale de McKaye et Picciotto. *Greed* semble quant à lui surgir d'un disque de Gang of Four. La colère et l'émotion sont toujours là, mais elles sont désormais exprimées d'une manière tendue, parfois proche du dub. *Turnover*, *Blueprint* et *Shut the door*, plus lents, évoquent davantage des ballades.

Bien que ses œuvres récentes se rapprochent de l'art rock, le groupe n'a jamais abandonné ses racines punk et son éthique DIY. La majorité de ses concerts s'adresse aux publics de tous les âges et coûtent moins de sept dollars. *Repeater* marque l'évolution de ces jeunes punks en colère vers des musiciens provocateurs et innovants. **TSc**

▶II Liste des titres

	01 Turnover (Fugazi)	4:16
▶	02 Repeater (Fugazi)	3:01
	03 Brendan #1 (Fugazi)	2:32
▶	04 Merchandise (Fugazi)	2:59
	05 Blueprint (Fugazi)	3:52
▶	06 Sieve-Fisted Find (Fugazi)	3:24
	07 Greed (Fugazi)	1:47
	08 Two Beats Off (Fugazi)	3:28
▶	09 Styrofoam (Fugazi)	2:34
	10 Reprovisional (Fugazi)	2:27
▶	11 Shut The Door (Fugazi)	4:49

Soul II Soul
Club Classics vol. one (1989)

Label I Ten Records
Production I Nellee Hooper • Jazzie B.
Direction artistique I David James
Pays I Royaume-Uni
Durée I 46:55

Paru en 1989, le premier album de Soul II Soul déclenche presque à lui seul un improbable revival de la soul au Royaume-Uni. Opérant une fusion entre

les vibrations tranquilles du reggae, l'attitude hip-hop et les timbres sexy du R&B et du disco, le collectif connaît un succès foudroyant sur les pistes de danse.
Le noyau original du groupe est composé de Jazzie B. (rappeur), Caron Wheeler (chanteuse) et Nellee Hooper (producteur). *Club Classics vol. one* est surtout connu pour les deux singles *Keep on movin'* et *Back to life* (la version de l'album est a cappella). Immenses succès en Grande-Bretagne et aux États-Unis, ils sont toujours régulièrement joués dans les clubs. Le talent de Hooper pour la production est évident dans les deux titres : le groove est tranquille, la mélodie brillante, et le chant a toute latitude pour évoluer librement. À l'été 1989, ils sont sans effort l'un des groupes les plus funky du Royaume-Uni.
Club Classics vol. one est astucieusement composé comme une session de DJ-ing en club, certaines plages se limitant à des grooves instrumentaux. Le résultat est lumineux. Alors que la première vague de l'acid house commence à atteindre son apogée, les paroles et la philosophie positives de Soul II Soul – « Un sourire, une basse grandiose, pour une race aimante » – captent parfaitement l'air du temps. Pourtant, Hooper quitte le groupe après un deuxième album réussi, pour aller exercer ses talents de super producteur aux côtés de stars comme Björk. Wheeler continue en solo et sort deux albums au succès mitigé. Avec Jazzie B. mais sans le noyau du groupe, Soul II Soul lutte depuis lors pour retrouver son pouvoir d'attraction d'origine. **APi**

▶II Liste des titres

▶ 01 Keep On Movin' (Romeo)	6:00
02 Fairplay (Hooper•Romeo•Windross)	5:55
▶ 03 Holdin' On Bambeleda (Law•Romeo)	4:13
04 Feeling Free (Romeo)	4:13
05 African Dance (Law•Romeo)	6:00
06 Dance (Law•Romeo)	3:40
07 Feel Free (Hooper•Romeo)	5:00
08 Happiness (Hooper•Romeo)	5:30
▶ 09 Back To Life (Romeo)	3:12
▶ 10 Jazzie's Groove (Hooper•Romeo)	3:12

De La Soul
3 Feet high and rising (1989)

Label I Tommy Boy
Production I Prince Paul
Direction artistique I Steven Miglio
Pays I États-Unis
Durée I 67:25

Fraîchement débarqués de Long Island, accompagnés de leur producteur de génie Prince Paul, Posdnous, Trugoy the Dove et Pasemaster Mase ont une approche kaléidoscopique de leurs paroles débridées et de leurs collages pop. Ils donnent naissance à une scène et une philosophie interprétées comme survivances de l'époque hippie au sein du rap, alors qu'il s'agit d'un mélange d'afrocentrisme et de ce qui allait devenir le « rap conscient ».
Là où leurs contemporains de Public Enemy avancent dans un vacarme effrayant, les membres de De La Soul filtrent le chaos grâce à un traitement pop teinté d'émotion. Ainsi, le chaleureux *Eye Know* opère une magnifique alchimie avec des éléments de Steely Dan, d'Otis Redding et de l'obscur *Make this young lady mine* de The Mad Lads' Volt. Même si leurs paroles baignent en majorité dans des teintes pastel et acidulées, ils ne se dérobent pas devant la réalité : la pulsation sinistre d'une boîte à rythme produit la tension de *Say no go*, réquisitoire contre la drogue. L'équilibre entre douceur et dureté que maîtrise De La Soul propulse ces sonorités underground sur le devant de la scène. Malheureusement, le sampling illégal des Turtles dans *You showed me* entraîne des poursuites juridiques qui bloquent les méthodes de production du hip-hop. De

nouvelles lois retardent bon nombre d'albums, y compris leur suivant, *De La Soul is dead*. Lorsqu'il sort enfin, expurgé de nombreux samples, il a du mal à renouveler le succès de *3 Feet high*… **SC**

Janet Jackson
Rhythm Nation 1814 (1989)

Label I A&M
Production I Divers
Direction artistique I Richard Frankel
Pays I États-Unis
Durée I 64:31

Thriller funky, fabuleux et dense, *Rhythm Nation* se classe aux côtés de *Off the wall* comme le meilleur album de la famille Jackson.
Conscients de prendre des risques, Janet Jackson et les producteurs Jimmy Jam et Terry Lewis refusent de réaliser une suite directe de *Control* (1986), l'album qui a permis à la star de sortir de l'obscurité. Au lieu de cela, ils imaginent un *What's going on* taillé pour les années 90.
L'engagement social se limite essentiellement aux morceaux d'ouverture, avant que Jackson ne demande avec énergie : « Vous avez compris ? Bien, dansons maintenant. » Puis vient *Miss you much*, l'un des sept tubes extraits de l'album à atteindre le Top 5. Il contient aussi *Black Cat*, produit par Jam et l'ancien compagnon de Lewis dans le groupe The Time, Jellybean Johnson. Le guitariste de The Time, Jesse Johnson, pour lequel Jackson a eu un béguin à l'adolescence, participe également.
Aucune trace de rock dans le reste des chansons. La chanson-titre cinglante – qui influencera de manière évidente le duo Scream avec son frère en 1995 – est basée sur le *Thank you (Falettin me be mice elf again)* de Sly and the Family Stone, tandis qu'*Alright* est une excursion électronique qui justifie sa durée peu ordinaire.
Trois ballades ferment l'album. *Lonely* et *Come back to me* sont douloureusement belles, tandis que *Someday is tonight* apparaît comme la suite hypnotique et sexy de *Let's wait awhile* de l'album *Control*. **BM**

Jungle Brothers
Done by the forces of nature (1989)

Label I Warner Bros.
Production I DJ Red Alert
Direction artistique I A. Rahman
Pays I États-Unis
Durée I 60:07

Aux yeux des puristes, les Jungle Brothers commettent de multiples péchés sur leur deuxième album, des rythmes house aux influences world en passant par les samples de jazz. Ainsi, certains des fans hip-hop leur tournent le dos, jugeant le groupe trop dilettante.
Pourtant, rien n'est plus éloigné de la vérité. Le premier single *Girl I'll house you* achève de lancer le groupe, mais il n'est pas représentatif du fourre-tout musical joyeux et saturé de groove proposé ici. Certes, certains morceaux comme *Tribe Vibes* sont teintés de house, mais ce n'est qu'une partie de la riche trame de sampling, empruntant aussi bien au jazz qu'à l'afrobeat et au funk.
Bien qu'assez éloigné des canons hip-hop, il représente l'apogée du collectif Native Tongues, au même titre que *3 Feet high and rising* de De La Soul. Le dessin de la pochette représente les Jungle Brothers intercalés entre New York et la « jungle » – représentation de leur héritage africain. La philosophie politique afrocentrée de l'album est marquée, mais des titres comme *Black Woman* et *Acknowledge your own history* sont contrebalancés par des tubes de discothèque tels que *'U' make me sweat*. À sa sortie, *Done by…* est rejeté

dans certains quartiers, car il n'est pas aussi dur que les disques de Public Enemy et KRS One. Aujourd'hui, il semble toujours ludique et innovant, et son influence est évidente sur les géants de la production The Neptunes. **JDo**

N.W.A.
Straight outta compton
(1989)

Label | Priority
Production | Dr. Dre • Yella
Direction artistique | Helane Freeman
Pays | États-Unis
Durée | 60:23

Les raisins secs sont souvent négligés dans l'histoire du hip-hop. Pourtant, après que Priority Records de Los Angeles a cédé les droits de *I heard it through the grapevine* pour des publicités télévisées mettant en scène le raisin de Californie, le label était en mesure de financer un album qui allait révolutionner la musique.

Niggaz with attitude est le fruit d'une initiative de Eazy E. Il recrute les DJ Dr Dre et Yella, et les rappeurs Ice Cube et M. C. Ren. Les premiers associés, The DOC et Arabian Prince, connaissent un bref succès et disparaissent, même si ce dernier est brièvement cité dans *Straight outta compton*, premier album du groupe après la démo *N.W.A. and the posse*.

Dopeman est un joyau précoce de Cube et *Express yourself* un titre populaire dans les soirées, mais l'immortalité de *Compton* réside tout entière dans la triple menace d'ouverture : la brutale chanson-titre, *Gangsta Gangsta* (qui initie le gangsta rap) et le rageur *Fuck tha police*.

Ce dernier vaut au label Priority une lettre d'avertissement du FBI pour avoir encouragé « à la violence et au manque de respect à l'encontre des forces de l'ordre », et MTV bannit le clip de *Straight outta compton*. Pourtant, les ventes explosent. Destiné à l'origine à languir dans les bacs de rap antisocial aux côtés de Schoolly D, il devient un phénomène de société. **BM**

Les années 90

- **Fin de l'Apartheid en Afrique du Sud**
- **Invasion du Koweït par les troupes irakiennes**
- **Naissance du premier animal cloné**
- **Création de Google**
- **Lancement du téléphone portable sur le marché français**

Cocteau Twins
Heaven or Las Vegas (1990)

Label | 4AD
Production | Cocteau Twins
Direction artistique | Paul West
Pays | Royaume-Uni
Durée | 36:36

Même s'ils ne brillent pas réellement dans les classements, les Cocteau Twins peuvent compter sur un public dévoué et passionné. La combinaison de la guitare scintillante de Robin Guthrie, de la basse menaçante de Simon Raymonde et de la voix fascinante d'Elizabeth Fraser a vraiment quelque chose de magique. Avec leurs textes impénétrables et leur vie privée farouchement préservée, les membres du groupe se sont vite entourés d'une aura mystique. Responsables en grande partie de l'esthétique du label 4AD à la fin des années 80, les Twins confirment avec les années leur influence fondamentale. Ils sont même cités dans les chansons d'artistes aussi variés que Prince, Madonna et My Bloody Valentine.

Pour ceux qui ne les connaissent pas, il n'est pas de meilleure introduction que *Heaven or Las Vegas*. Cet album représente l'ensemble de chansons le plus puissant et le plus cohérent des Twins depuis la sortie de *Treasure* en 1984. Loin du graphisme spirituel et édulcoré qui était jusqu'alors la marque de fabrique du groupe, la pochette représente un tourbillon de néons colorés sur un ciel bleu et rouge. De même, le son de *Heaven*... est plus chaud et accueillant, avec des mélodies captivantes, une production superbe et des paroles déchiffrables.

Des morceaux comme *Iceblink Luck* et *Heaven or Las Vegas* sont de véritables joyaux. L'introduction tranquille de *Fotzepolitic* laisse place à une performance vocale renversante, pendant laquelle la voix pure de Liz couvre tant bien que mal le rythme appuyé. Le mystérieux *Road, River and Rail* touche la corde sensible. *Frou-Frou Foxes in midsummer fires* démarre sur une atmosphère élégiaque avant d'exploser lors d'un finale rythmé. **RM**

▶II Liste des titres

01 **Cherry-Coloured Funk** (Fraser•Guthrie•Raymonde) 3:12
02 **Pitch The Baby** (Fraser•Guthrie•Raymonde) 3:16
▶ 03 **Iceblink Luck** (Fraser•Guthrie•Raymonde) 3:18
04 **Fifty-Fifty Clown** (Fraser•Guthrie•Raymonde) 3:15
▶ 05 **Heaven Or Las Vegas** (Fraser•Guthrie•Raymonde) 4:56
06 **I Wear Your Ring** (Fraser•Guthrie•Raymonde) 3:40
▶ 07 **Fotzepolitic** (Fraser•Guthrie•Raymonde) 3:30
08 **Wolf In The Breast** (Fraser•Guthrie•Raymonde) 3:32
▶ 09 **Road, River And Rail** (Fraser•Guthrie•Raymonde) 3:21
▶ 10 **Frou-Frou Foxes In Midsummer Fires** (Fraser•Guthrie•Raymonde) 5:36

The Shamen
En-Tact (1990)

Label | One Little Indian
Production | The Shamen
Direction artistique | Non créditée
Pays | Royaume-Uni
Durée | 43:32

Apparus au milieu des années 80, The Shamen sont à l'origine un groupe de rock psychédélique formé par Colin Angus, et dont le nom s'inspire de ses recherches sur le chamanisme. À la fin de la décennie, alors que la culture rave commence à envahir la Grande-Bretagne, Will Sinnott et le rappeur Mr. C, surnommé « Essex boy », se joignent au groupe. Grâce à leur connaissance de la techno et à leur intérêt pour le psychédélisme, ils donnent rapidement à sa musique une orientation plus dance.

En 1990, fusionnant ainsi culture dance underground et sensibilité pop, ils vendent 100 000 exemplaires de leur album *En-Tact*. En tournée au Royaume-Uni, ils

présentent leur spectacle avant-gardiste *Synergy*, qui inclut des performances live du groupe et d'Orbital, avec la participation de DJ comme Paul Oakenfold. En 1991, *Pro-Gen* est retravaillé et republié sous le titre *Pro-Gen 91-Move any mountain*. Le morceau prend la tête des classements, devenant un véritable hymne. Alors qu'il tourne le vidéo-clip aux Canaries, Will Sinnott se noie tragiquement. Les fans et la famille de Will réussissent toutefois à convaincre le groupe de ne pas se séparer. *Pro-Gen 91-Move any mountain* est un morceau dance typique des Shamen, aux paroles positives et écologistes.
Vient ensuite *Boss Drum*, tout aussi réussi. Apologie des plaisirs de l'ecstasy, il se vend à un million d'exemplaires au Royaume-Uni. Le titre *Ebenezer Goode*, parodie des mascarades politiques, devient n° 1 au Royaume-Uni.
Le temps a été plus indulgent avec les hymnes dance plus innocents de *En-Tact*. On retiendra surtout *Pro-Gen*, le tout aussi positif *Make it mine*, ainsi que le classique acid house *Omega Amigo*, dans le pur style d'Ibiza. **APi**

▶II Liste des titres

	01 **Human NRG** (The Shamen)	3:22
▶	02 **Pro-Gen (Land Of Oz Mix)** (The Shamen)	4:06
	03 **Possible Worlds** (The Shamen)	3:44
▶	04 **Omega Amigo (Steve Osbourne Mix)** (The Shamen)	4:44
	05 **Evil Is Even (Edit)** (The Shamen)	4:22
▶	06 **Hyperreal** (The Shamen)	4:31
	07 **Lightspan (Will Sinnott/Irresistible Force Mix)** (The Shamen)	5:47
▶	08 **Make It Mine (V2.5 Evil Ed)** (The Shamen)	3:57
	09 **Oxygen Restriction** (The Shamen)	3:47
	10 **Hear Me O My People** (The Shamen)	5:12

Deee-Lite
World Clique (1990)

Label | Elektra
Production | Bill Coleman • Deee-Lite
Direction artistique | Nick Egan
Pays | Japon • États-Unis • Russie
Durée | 41:23

Grâce à son tube dansant *Groove is in the heart*, Deee-Lite assure sa légende pendant plusieurs années, confortée par diverses compilations et des émissions nostalgiques sur VH1. L'histoire récente ne s'est pas montrée aussi bienveillante avec ce groupe new-yorkais, nommé d'après le titre *It's delovely* de Cole Porter. On se souvient surtout du trio pour son tube miraculeux. Pourtant, son premier album *World Clique* (disque d'or) suffit à démontrer que Deee-Lite vaut mieux qu'une simple réponse au Trivial Pursuit.
L'album déborde de sauvagerie psychédélique, de kitsch irrésistible et de culture club, à commencer par sa pochette planante, qui représente le chanteur américain Kier Kirby (alias Lady Miss Kier), le DJ russe Dmitry Brill, et le DJ japonais Towa Tei vêtus de tenues criardes, sur un parterre de fleurs et d'étoiles. Toute une génération danse sur de la musique disco pour la première fois grâce à *Groove is in the heart*. À l'époque, le titre figure dans presque tous les hit-parades, et règne sur MTV une bonne partie de l'année 1990.
Good Beat et *Power of love* proposent un son taillé pour les pistes de danse. *Lady Miss Kier* incarne le versant sexy de la pop dans *Try me on…* et *What is love ?* Pris dans son ensemble, l'album est un joyeux mélange de disco, rap, house, ambient, techno et funk (soutenu par les Horny Horns, soit Maceo Parker et Fred Wesley). La fête bat déjà son plein lorsque le trio entonne *Groove…*, magnifié par le talent du saxophoniste Parker, du rappeur Q-Tip

et de l'excellent bassiste Bootsy Collins. Les versions ultérieures de l'album proposent deux titres bonus, *Deee-Lite Theme* et *Build the bridge*. **JiH**

Liste des titres

▶	01 Good Beat (Deee-Lite)	4:40
▶	02 Power Of Love (Deee-Lite)	4:40
▶	03 Try Me On… I'm Very You (Deee-Lite)	5:14
	04 Smile On (Deee-Lite)	3:55
	05 What Is Love ? (Deee-Lite)	3:38
	06 World Clique (Deee-Lite)	3:20
▶	07 E.S.P. (Deee-Lite)	3:43
▶	08 Groove Is In The Heart (Deee-Lite)	3:51
	09 Who Was That ? (Deee-Lite)	4:35
	10 Deep Ending (Deee-Lite)	3:47

The La's
The La's (1990)

Label | Go ! Discs
Production | Steve Lillywhite
Direction artistique | Ryan Art
Pays | Royaume-Uni
Durée | 35:09

Tout classement des meilleurs morceaux pop des années 90 serait incomplet sans *There she goes*, extrait de cet album, mélange de guitares résonnantes, de voix de tête et de mélodies captivantes. Même ceux qui n'ont jamais entendu parler des La's se rappelleront les avoir entendus dans des publicités ou des musiques de films.
Chanson d'amour ou ode à peine voilée à l'héroïne (« Parcourant mon cerveau… Battant dans mes veines »), le dilemme reste entier – mais semble être passé inaperçu auprès des responsables de Disney, qui choisissent ce morceau pour la bande originale du film *À nous quatre* en 1998. Cependant, *There she goes* n'est pas le seul joyau que recèle *The La's*, album truffé de chansons pop et de ballades contagieuses. *Son of a gun* est un titre phare, avec ses percussions évoquant des claquements de sabots et sa ligne de basse oscillante. *Timeless Melody* contient un rythme glissant et un solo de guitare échevelé, tandis que *Feelin'* est un bon tire-larmes à l'ancienne. Avec des critiques dithyrambiques et des ventes massives en leur faveur, comment expliquer que The La's n'aient publié qu'un seul album avant de s'éclipser ? Sans doute en raison du perfectionnisme proche de la folie de Lee Mavers, chanteur et auteur-compositeur du groupe. Quatre ans ont été nécessaires pour réaliser *The La's*, avec le concours d'au moins autant de producteurs, avant que le label ne perde patience et exige la parution de la version dirigée par Steve Lillywhite. Peu de temps après, lorsque *New Musical Express* lui demande de décrire l'album, Lee Mavers répond : « Je le déteste, c'est le pire. Un tas de merde. Je ne trouve rien de positif à en dire. »
Une opinion décidément minoritaire. **RM**

Liste des titres

▶	01 Son Of A Gun (Mavers)	1:56
	02 I Can't Sleep (Mavers)	2:37
▶	03 Timeless Melody (Mavers)	3:01
	04 Liberty Ship (Mavers)	2:30
▶	05 There She Goes (Mavers)	2:42
	06 Doledrum (Mavers)	2:50
▶	07 Feelin' (Mavers)	1:44
▶	08 Way Out (Mavers)	2:32
	09 IOU (Mavers)	2:08
	10 Freedom Song (Mavers)	2:23
	11 Failure (Mavers)	2:54
	12 Looking Glass (Mavers)	7:52

The Black Crowes
Shake your money maker (1990)

Label | Def American
Production | George Drakoulias
Direction artistique | Alan Forbes
Pays | États-Unis
Durée | 43:42

En 1990, lorsque sort le premier album de ce quintet d'Atlanta, le rock est en

pleine mutation. Le déclin du heavy metal est amorcé et le son grunge alternatif de Seattle va bouleverser les hit-parades. C'est une époque difficile pour un jeune groupe émergent, désireux de ressusciter le blues des origines et le R&B de la fin des années 60. Il s'inscrit en cela dans une tradition qui remonte à The Allman Brothers Band et à Lynyrd Skynyrd.
Malgré tout, les Black Crowes connaissent rapidement le succès et vendent sept millions d'exemplaires de leur reprise énergique de *Hard to handle* d'Otis Redding. Comme le reconnaît le guitariste et leader du groupe Rich Robinson, leur parcours se démarque de la majorité des groupes de rock : « On a commencé à l'envers. Le processus sortait de l'ordinaire. On a connu un grand succès avec notre premier enregistrement puis un bide commercial. » La reprise de Redding soutient tout de même les ventes de *Shake your money maker*, un disque de rock classique plein de swing et d'arrogance, de la même trempe qu'*Exile On Main St.* des Rolling Stones. Outre la reprise de Redding, il comprend le single *Jealous again* (tube aux États-Unis) ainsi qu'une tendre ballade acoustique dressant le portrait d'une droguée, *She talks to angels*. Ce titre est interprété par le frère de Rich, Chris, avec une maturité étonnante pour son âge.
L'album campe dix-huit mois d'affilée au hit-parade britannique. Il n'est en rien révolutionnaire, mais nul besoin de l'être lorsque la musique est aussi funky et énergique. La carrière musicale des Black Crowes est ensuite plus irrégulière, mais leur réputation est déjà assurée avec ce premier album très sûr. **LPG**

▶II Liste des titres

	01 **Twice As Hard** (C. Robinson•R. Robinson)	4:09
▶	02 **Jealous Again** (C. Robinson•R. Robinson)	4:35
	03 **Sister Luck** (C. Robinson•R. Robinson)	5:13
	04 **Could I've Been So Blind** (C. Robinson•R. Robinson)	3:44
	05 **Seeing Things** (C. Robinson•R. Robinson)	5:18
▶	06 **Hard To Handle** (Isbell•Jones•Redding)	3:08
	07 **Thick'N'Thin** (C. Robinson•R. Robinson)	2:44
▶	08 **She Talks To Angels** (C. Robinson•R. Robinson)	5:29
	09 **Struttin'Blues** (C. Robinson•R. Robinson)	4:09
	10 **Stare It Cold** (C. Robinson•R. Robinson)	5:13

Depeche Mode
Violator (1990)

Label I Mute
Production I Depeche Mode • Flood
Direction artistique I Anton Corbijn • Area
Pays I Royaume-Uni
Durée I 46:59

En mars 1990, les membres de Depeche Mode décident de lancer leur nouvel album en faisant ce qu'ils pensent être une petite apparition au Wherehouse Records de Los Angeles. Au lieu de cela, trente mille fans se déplacent et cinq finissent à l'hôpital. La tournée consécutive est donc logiquement surnommée « World Violation ».
Étrangement cet album, qui assure leur statut de superstars, est beaucoup plus terne que son retentissant prédécesseur, *Music for the masses*. Seul *Personal Jesus*, basé sur un rythme appuyé de Gary Glitter, semble avoir été conçu pour les foules. Le reste apparaît comme l'ensemble de morceaux le plus attachant du compositeur Martin Gore, de *World in my eyes*, aux accents techno, au délicat *Waiting for the night* et au menaçant *Clean* (dans la lignée de *One of these days* de Pink Floyd). La pause que s'est octroyée Gore en 1989 lui a été très bénéfique. En résultent quatre tubes, parmi lesquels *Enjoy the silence*, qui devient leur plus grand succès international.
Sophistiqué mais plein d'émotion, *Violator* se montre moins excentrique et égotiste que *Black Celebration* et *Music for the masses*. Les deux instrumentaux non répertoriés (*Crucified* après *Enjoy the silence* et *Interlude No. 3* après *Blue Dress*) sont aussi alambiqués que possible.

Magnifiquement produit par Flood, le résultat est si homogène qu'il faut plusieurs écoutes pour réaliser que ce n'est pas Dave Gahan mais Gore qui chante sur *Sweetest Perfection* et *Blue Dress*. Mention spéciale également au claviériste Alan Wilder pour ses superbes arrangements tout au long de l'album. *Violator* est l'expression d'un groupe au sommet de son art, dont l'excellence n'a pas faibli depuis. **BM**

▶II Liste des titres

01 World In My Eyes (Gore)	4:26
02 Sweetest Perfection (Gore)	4:43
▶ 03 Personal Jesus (Gore)	4:56
04 Halo (Gore)	4:30
05 Waiting For The Night (Gore)	6:07
▶ 06 Enjoy The Silence (Gore)	6:12
▶ 07 Policy Of Truth (Gore)	4:55
08 Blue Dress (Gore)	5:42
09 Clean (Gore)	5:28

Pixies
Bossanova (1990)

Label I 4AD
Production I Gil Norton
Direction artistique I Vaughan Oliver
Pays I États-Unis
Durée I 39:41

À l'époque de *Bossanova*, des fissures apparaissent, Pixies perdant un peu de sa magie. Fin 1989, après une seconde tournée aux États-Unis pour l'album *Doolittle*, ses membres font une pause. Ils commencent à « se lasser » les uns des autres. Pendant ce temps, Black Francis entame une tournée en solo et Kim Deal forme The Breeders, avec lesquels elle connaîtra par la suite plusieurs succès. Le groupe se reforme au début de l'été 1990 et reprend le chemin des studios avec le « cinquième Pixie » Gil Norton.
Sorti à l'automne 1990, l'atmosphérique *Bossanova* reçoit un accueil mitigé de la part des critiques. De façon révélatrice, il ne contient aucune chanson de Deal et présente un grand nombre de morceaux surf-rock plus doux, écrits par Charles Thompson. Commercialement toutefois, il touche le gros lot et atteint la 3e place du hit-parade des albums au Royaume-Uni. Aux États-Unis, les deux singles *Velouria* et *Dig for fire* font un malheur.
Sur le plan des paroles, *Bossanova* marque une sorte de virage. Le sexe surnaturel et la violence emblématiques de Black Francis sont moins présents et laissent place à un engouement pour les OVNI : *The Happening* fait directement référence à la Zone 51, aujourd'hui méconnue. *Down To The Well* conte la légende de Barney et Betty Hill, soi-disant kidnappés par des extraterrestres.
Les sommets de sauvagerie d'autrefois sont atteints avec *Rock Music* et *Stormy Weather*. L'utilisation d'un thérémine sur *Velouria* est un clin d'œil à l'héritage surf, perceptible dans la reprise du *Cecilia Ann* des Surftones. Quant à *Is She Weird*, il aurait pu être écrit par ou pour Deal. **MBI**

Megadeth
Rust in peace (1990)

Label I Capitol
Production I Mike Clink • Dave Mustaine
Direction artistique I Shannon Ward
Pays I États-Unis
Durée I 40:33

Les débuts de Megadeth sont caractérisés par les changements de composition du groupe. Après avoir été évincé de Metallica pour consommation abusive de substances illicites, le guitariste et chanteur Dave Mustaine forme ce groupe thrash en 1985 et sort l'inégal *Killing is my business... And business is good !* L'album underground culte *Peace Sells... but who's buying ?* vient ensuite, suivi de l'affligeant *So far so good... So what !* Pendant ce temps, Metallica remporte un Grammy Award.

Pour ce quatrième album, Megadeth, rejoint par le guitariste Marty Friedman et le batteur Nick Menza, joue de façon plus rapide et plus juste qu'auparavant, combinant des attaques acérées et un travail de découpage remarquablement précis.

Le changement majeur provient de la nette amélioration de l'écriture du leader. Les neuf chansons sont des originaux dynamiques. Elles comportent riffs sophistiqués, solos irrésistibles, et paroles esquivant à la fois le satanisme du black metal et la grossièreté stupide du cock-rock.

Le morceau titre s'insurge contre les armes nucléaires, tandis que l'épique *Holy Wars... The Punishment Due*, en deux parties, porte un regard cynique sur l'intolérance religieuse. L'excellent single *Hangar 18* s'inspire du prétendu étouffement de l'affaire de l'OVNI de Roswell par le gouvernement.

Grands succès du speed metal de l'époque, *Rust in peace* atteint le 23e rang du classement du Billboard. Après l'explosion du grunge, Megadeth s'oriente vers un hard rock plus apaisé, à l'instar de Metallica. **MA**

Digital Underground
Sex Packets (1990)

Label | Tommy Boy
Production | Digital Underground
Direction artistique | Non créditée
Pays | États-Unis
Durée | 64:26

Sex Packets est l'œuvre de Shock G. (Greg Jacobs), rappeur et producteur dont le talent n'a d'égal que son excentricité. C'est un album à thème construit autour d'une pilule procurant des expériences sexuelles virtuelles, le tout sur un riche fond musical reprenant bon nombre de samples P-funk. Utilisant des instruments enregistrés en direct et bénéficiant d'une production impeccable, la musique transcende le P-funk et le hip-hop pour devenir pure expression de sexe, de funk et d'humour.

Les titres phares de l'album sont *Sex Packets*, morceau lent contenant des samples de Prince, le tube drolatique et quasi disco *Humpty Dance* (interprété par Humpty Hump, l'alter ego de Shock G.), ainsi que *Freaks of the industry*. Cette ode hypnotique au sexe marginal intègre un scratching de qualité et un sublime solo effectué par Piano Man, claviériste du groupe. *Gutfest 89* met en scène un reportage en direct inspiré de la fiction Gutfest, sorte de concours de beauté classé X, sur l'un des grooves les plus salaces de tous les temps. Enfin, le dernier morceau, *Packet Man*, propose un dialogue entre Shock G. (dans le rôle du dealer de pilules du sexe) et son alter-ego comique Humpty Hump (dans le rôle du client).

La pochette est réalisée avec style, humour et un grand sens de l'absurde. Elle devient rapidement aussi irrésistible que le concept lui-même. Certains jugent son humour sexiste et sa musique excessivement bardée de samples P-funk, mais ces critiques ratent le coche : *Sex Packets* est un classique du hip-hop conceptuel et excentrique, digne de George Clinton. **APi**

Pet Shop Boys
Behaviour (1990)

Label | Parlophone
Production | Harold Faltermeyer
Direction artistique | Mark Farrow
Pays | Royaume-Uni
Durée | 49:04

À leur grand dam, les Pet Shop Boys ont déjà utilisé le titre *Introspective* pour leur précédent album studio. Mais si l'un de leurs disques mérite de porter ce nom, il s'agit de cette œuvre très fignolée. Neil Tennant explique qu'il veut proposer une musique exprimant ses interrogations personnelles dans un contexte d'incertitude globale. Après plusieurs collaborations avec Liza Minnelli, Dusty Springfield et Electronic, le duo fourmille d'idées.

Il est intéressant de voir comment, après avoir juré de ne jamais intégrer de guitares dans sa musique, le duo autorise Johnny Marr, ancien membre des Smiths, à agiter son médiator doré sur certaines chansons. Les orchestrations sont réalisées par Angelo Badalamenti (collaborateur cinématographiques de David Lynch). Dès le début, le ton est donné : mélancolie et sobriété. Sur *Being Boring* et *This must be the place I waited years to leave*, Tennant porte un regard nostalgique sur l'adolescence. L'album contient également le riff de synthé assourdissant de Chris Lowe sur *So hard*, qui fait un malheur au Royaume-Uni, et un clin d'œil ironique aux hommes politiques du rock sur *How can you expect to be taken seriously ?*

C'est toutefois la mélancolie qui prend le pas, à travers les superbes *My October Symphony* et *Only the wind*. Sur *The End of the world*, Tennant nous conjure de prêter attention aux menaces d'anéantissement qui pèsent sur la planète. L'ensemble est agréable mais dérangeant, symphonique et léger à la fois. Le magazine de rock britannique *Sounds* a raison lorsqu'il affirme que *Behaviour* est « aussi bon que la musique pop peut l'être ». **GT**

Happy Mondays
Pills'n'thrills and bellyaches
(1990)

Label | Factory
Production | Paul Oakenfold • Steve Osbourne
Direction artistique | Central Station Design
Pays | Royaume-Uni
Durée | 43:48

Pills'n'thrills and bellyaches (référence au style de vie « clubs et drogues » du groupe) entre au hit-parade britannique à la 1re place, emballé dans un collage psychédélique de papiers de bonbons. Paul Oakenfold et Steve Osbourne ont déjà connu le succès avec leur reprise du *He's gonna step on you again* de John Kongo, rebaptisé *Step on*. Sa ligne de basse omniprésente et son rythme traînant offrent aux Happy Mondays leur plus grand tube.

Le funk industriel encrassé du groupe est associé à de subtils rythmes dance. L'écriture génialement tordue de Shaun Ryder atteint ici de nouveaux sommets. Il livre une fois de plus sa vision critique de la vie moderne, des petits boulots, de la drogue, du sexe et de la violence. D'après le grand patron de Factory, Tony Wilson, la conversation entre un père qui regrette d'avoir quitté son foyer et son fils qui le méprise dans *Kinky Afro* constitue « la plus profonde réflexion sur la paternité depuis *Prayer for my daughter* de W.B. Yeats ». La mélodie s'inspire directement du *Lady Marmalade* de LaBelle.

Donovan (hommage au folk des années 60) et le sordide *Bob's your uncle*, sont teintés de musique latino, de jazz et de hip-hop. *Loose Fit* marie de sombres textures dub à des références aux pantalons à pattes d'éléphant que le groupe a remis à la mode, tandis que *God's Cop* fustige James Anderton, directeur de la police de Manchester qui prétend être en liaison avec Dieu.

Même s'ils ne réitèrent pas cet exploit par la suite, les Happy Mondays réussissent à adapter le bruit et la fureur du rock à l'époque de l'ecstasy. **CSh**

▶II Liste des titres

▶ 01 Kinky Afro (Happy Mondays)	3:59
▶ 02 God's Cop (Happy Mondays)	4:58
▶ 03 Donovan (Happy Mondays)	4:04
04 Grandbag's Funeral (Happy Mondays)	3:20
▶ 05 Loose Fit (Happy Mondays)	5:07
06 Dennis and Lois (Happy Mondays)	4:24
▶ 07 Bob's Yer Uncle (Happy Mondays)	5:10

▶ 08 Step On (Demetriou•Kongos) 5:17
09 Holiday (Happy Mondays) 3:28
10 Harmony (Happy Mondays) 4:01

George Michael
Listen without prejudice vol. 1 (1990)

Label | Columbia
Production | George Michael
Direction artistique | Simon Halfon • George Michael
Pays | Royaume-Uni
Durée | 48:08

« Il y a quelque chose profondément enfoui en moi / Il y a quelqu'un que j'ai oublié d'être », chante George Michael dans *Freedom 90*. Ce tube le décide à fuir les contraintes de sa carrière prospère pour creuser son sillon en tant qu'artisan reconnu de la pop, à l'instar de Prince. Peu de pop stars sont aussi explicites quant à leurs intentions. Mais depuis son arrestation pour outrage à la pudeur en 1998, il est tentant de voir en *Listen without prejudice* bien plus qu'un simple repositionnement de carrière.

Il n'en demeure pas moins que, tout en étant sincères, les paroles ne révèlent presque rien de la sexualité refoulée du chanteur. C'est à travers sa musique que George Michael prouve qu'il est devenu un artiste à part entière. S'inspirant d'une myriade d'influences – Marvin Gaye, Stevie Wonder, les Beatles, les Rolling Stones, Primal Scream (*Freedom*) et même Martin Stephenson et le groupe de jazz-pop The Daintees (*Waiting for that day*) –, il tente de réaliser une série de chansons profondes dans une grande variété de style. Le jazzy *Cowboys and Angels* swingue avec assurance, tandis que *Heal the pain* démontre qu'en plus de ses qualités d'écriture, George Michael est aussi un joueur de basse hors pair, capable de prouesses dignes de McCartney.

Malgré son triomphe critique, l'album se révèle désastreux pour la carrière de George Michael. Dans son orgueil, il reproche la chute des ventes à son label. Lorsqu'il signe enfin un nouveau contrat, sa carrière et son ambition ont déjà grandement décliné. **APe**

▶II Liste des titres

▶ 01 Praying For Time (Michael) 4:41
▶ 02 Freedom 90 (Michael) 6:30
03 They Won't Go When I Go ? (Wonder•Wright) 5:06
04 Something To Save (Michael) 3:18
▶ 05 Cowboys And Angels (Michael) 7:15
▶ 06 Waiting For That Day (Jagger• Michael •Richards) 4:49
07 Mothers Pride (Michael) 3:59
▶ 08 Heal The Pain (Michael) 4:41
09 Soul Free (Michael) 5:29
10 Waiting (Reprise) (Michael) 2:20

Neil Young and Crazy Horse
Ragged Glory (1990)

Label | Reprise
Production | David Briggs • Neil Young
Direction artistique | Janet Levinson
Pays | États-Unis
Durée | 62:39

Après presque une décennie d'albums médiocres, *Freedom* (1989) est juste assez bon pour être considéré comme un retour en forme de Neil Young. Toutefois, même si ses paroles enragées et sa rupture acoustique/électrique font écho au dernier succès de Young, *Rust never sleeps* en 1978, il manque quelque chose : le Crazy Horse.

À la fois le meilleur et le pire groupe du monde, le Crazy Horse (Ralph Molina à la batterie, Billy Talbot à la basse et, pour les disques de Neil Young, Frank « Poncho » Sampedro à la guitare) est le plus endurant des groupes d'accompagnement de Young. En 1987, leur rupture amère à la sortie de *Life* semble irréversible, mais

Freedom rappelle à Young à quel point il a besoin d'eux.
La magie du Crazy Horse réside dans ses improvisations maladroites. Young a ruiné cette délicate alchimie plus d'une fois par le passé. Le producteur David Briggs le cantonne donc aux rôles de chanteur, auteur-compositeur et guitariste, et refuse tous les play-back jusqu'à ce que l'enregistrement (réalisé dans le hangar que l'on voit sur la pochette) soit achevé.
Bien que la furie de l'album précédent manque aux morceaux nostalgiques de *Ragged Glory* (*Country Home* et l'excellent *White Line* renvoient aux années 70), cet album réussit au niveau sonore tout ce que *Freedom* ambitionnait. Le rythme engourdi du Crazy Horse, associé aux solos frénétiques et distordus de Young (en particulier sur l'indigné *F*!#in' Up* et la reprise de Farmer John de The Premiers) font de cet album une réussite inattendue à l'époque des balbutiements du grunge. **MBe**

▶II Liste des titres

	01 Country Home (Young)	7:06
▶	02 White Line (Young)	2:57
▶	03 F*!#in' Up (Young)	5:55
	04 Over And Over (Young)	8:28
▶	05 Love To Burn (Young)	10:00
▶	06 Farmer John (Harris•Terry)	4:14
	07 Mansion On The Hill (Young)	4:48
▶	08 Days That Used To Be (Young)	3:42
	09 Love And Only Love (Young)	10:18
	10 Mother Earth (Natural Anthem) (Young)	5:11

Ice Cube
AmeriKKKa's Most Wanted (1990)

Label | Priority
Production | The Bomb Squad
Direction artistique | Kevin Hosmann
Pays | États-Unis
Durée | 49:20

Personne ne fait un rap aussi moderne qu'O'Shea « Ice Cube » Jackson à l'aube des années 90. Après une alliance explosive avec NWA, à l'origine de l'excellent *Straight outta compton*, il quitte le groupe pour des questions d'argent avant de se tourner vers les producteurs de Public Enemy, The Bomb Squad. Tout comme *Fear of a black planet* dans lequel il fait une apparition, *AmeriKKKa's Most Wanted* est morcelé et coléreux, mais reste funky. Les interventions de Chuck D. et Flavor Flav cimentent la connexion avec Public Enemy.
Ice Cube masque souvent son talent de parolier en écrivant de la soupe gangsta, ce qui est le cas ici, en particulier dans *You can't fade me*, où il parle de frapper une femme enceinte dans l'estomac. Toutefois, il nous accorde quelques instants de répit lors d'un duo plein d'esprit avec son protégé Yo-Yo (*It's a man's world*), les incisifs *Endangered Species* et *Who's the mack ?*
Ses paroles sont plus mordantes dans l'album *Kill at will* de 1990 (associé à *AmeriKKKa...* lors de la réédition de 2003), puis franchement déplaisantes dans *Death Certificate* de 1991. En 1992, il atteint son apogée avec *Guerillas in tha mist* de Da Lench Mob et l'album *The Predator* qui domine les charts. Il devient ensuite un personnage sympathique, plus célèbre pour ses films que sa musique. Cela ne vous empêche pas de revenir sur le rappeur qu'il a été, plus effrayant que les Sex Pistols, et funky avec ça. **BM**

Jane's Addiction
Ritual de lo habitual (1990)

Label | Warner Bros.
Production | Perry Farrell • Dave Jerden
Dir. art. | P. Farrell • C. Niccoli
Pays | États-Unis
Durée | 51:38

« On ne veut pas finir comme les Rolling Stones », déclarent les membres de Jane's Addiction lors de la dissolution du groupe en 1991. Musicalement parlant, ils ont créé leur propre style et *Ritual...* représente la quintessence de Jane's Addiction. Dans l'introduction, ils se vantent d'« avoir plus d'influence sur vos propres enfants que vous-même – et de les aimer en plus ». Dernière accalmie avant les vingt minutes suivantes, dominées par des feux punk-funk qui s'allument les uns après les autres, culminant avec les aboiements de *Been caught stealing* (auquel participe le chien du chanteur Perry Farrell). La seconde partie est extraordinaire. *Three Days* est un peu leur *Stairway to heaven* à eux, et l'unique morceau enregistré par le groupe au complet. *Then she did...* est une élégie à la petite amie de Farrell, victime d'une overdose, et à sa mère suicidaire. *Of Course* est une excursion au Moyen-Orient, et *Classic Girl* une berceuse dédiée à la muse de Farrell, Casey Niccoli.

Avant Nirvana, des groupes comme Pixies et Public Enemy mettaient l'accent sur le danger. Aussi influent que ces deux derniers, Jane's Addiction doit se battre contre ses trésoriers et contre la censure : la pochette, illustrant le thème du ménage à trois de *Three Days*, est recouverte d'une pochette vierge sur laquelle figure le texte du premier amendement de la Constitution américaine. Le groupe parvient finalement à lancer le festival Lollapalooza. *Ritual...* est son épitaphe énervée et élégante. **BM**

LL Cool J
Mama said knock you out
(1990)

Label | Def Jam
Production | LL Cool J • Marley Marl
Dir. art. | The Drawing Board
Pays | États-Unis
Durée | 61:42

En 2005, LL Cool J fête deux décennies d'albums à succès, alors qu'il est presque tombé dans l'oubli quatre ans seulement après son premier album. La révolution politique de Public Enemy masque sa propre influence. Sa participation à une campagne antidrogue ne lui vaut que des moqueries. En 1987, sa célèbre ballade *I need love* ruine sa crédibilité auprès de la communauté hip-hop.

Atteint mais pas démoli, LL devient fou. *Mama said knock you out* est truffé de morceaux enchanteurs, comme l'agréable *Around the way girl* ou le spirituel *Milky Cereal*. Mais ce sont les hymnes amers qui font de cet album non seulement le meilleur de LL, mais aussi un chef-d'œuvre du hip-hop. « N'appelez pas ça un come-back », s'écrie-t-il dans la chanson-titre, « cela fait des années que je suis là ! » À noter également *To Da Break of dawn*, qui ridiculise ses concurrents Kool Moe Dee, MC Hammer et Ice-T. *Illegal Search* précède de treize ans *99 Problems* de Jay-Z sur le même thème, et le menaçant *Mr Goodbar* n'a rien à envier à DMX, du moins musicalement.

Le producteur Marley Marl dote l'album d'un rythme entraînant et d'une basse lancinante. On trouve un sample de Sly and the Family dans la chanson-titre, *All night long* des Mary Jane Girls et *Impeach the president* de The Honeydrippers dans *Around the way girl*, et un extrait du classique hip-hop *The Vapors* de Biz Markie dans *Cheesy Rat Blues*. « Uncle L est l'avenir du funk », gronde LL Cool J dans *The Boomin' System*. C'est bien vrai, tant mieux. **BM**

Public Enemy
Fear of a black planet (1990)

Label | Def Jam
Production | The Bomb Squad
Dir. art. | The Drawing Board
Pays | États-Unis
Durée | 63:20

Envie qu'on vous bouscule pendant une heure ? Non ? Et pourquoi pas des

hurlements de sirène et des voix qui vous sermonnent sur le racisme ? Vraiment pas ? L'exploit de *Fear of a black planet* est justement de réussir tout cela en restant émouvant d'un bout à l'autre.
Pendant trois ans, Public Enemy enrage alors que le monde lui préfère le rap festif du Fresh Prince. L'album *It takes a nation of millions to hold us back* (1988) les transforme en héros du hip-hop. Seule la conquête du monde est encore hors de leur portée.
Tout change lorsque Spike Lee leur demande de composer un morceau pour son film *Do the right thing*. *Fight the power* ose s'attaquer à Elvis et à John Wayne, et propose des incursions funk dans un hip-hop dominé par le style de Run DMC. Les samples de *Fear…* sont distordus au point de devenir méconnaissables. Il en résulte l'album de rap le plus explosif de l'histoire. Les paroles éveillent l'intérêt des fans pour des sujets comme le grand pardon et Malcom X. Plutôt que d'adopter l'habituel discours machiste et antisémite du rap, elles appellent à rallier la cause des femmes dans *Revolutionary Generation*.
Encensé par des artistes aussi divers que Ian Brown, The Stone Roses ou Björk, et honteusement dénigré par les Chemical Brothers, *Fear…* est le son le plus anti-commercial et engagé à s'être hissé en tête des classements avec *Kid A* de Radiohead, dix ans plus tard. Mais *Kid A* n'a pas changé la face du monde, *Fear of a black planet* si. **BM**

Sinéad O'Connor
I do not want what I haven't got (1990)

Label | Ensign
Production | Nellee Hooper • Sinéad O'Connor
Direction artistique | John Maybury
Pays | Irlande
Durée | 51:07

Peu de fées ont réussi à se faire entendre hors d'Irlande comme Sinéad O'Connor. Dans son deuxième album, elle prend position sur de nombreux sujets, du catholicisme à l'IRA. Ses propres paroles tournent autour du confessionnal, mais la chanson qui la révèle au monde est écrite par un certain Prince. Le vidéo clip de *Nothing Compares 2 U* est un triomphe. Avec le visage larmoyant de O'Connor en gros plan, *I do not want what…* est un disque de pop dans toute sa splendeur.
Après un accouchement, plusieurs fausses-couches et une rupture avec le batteur John Reynolds, la chanteuse a beaucoup à dire. Dans *Three Babies*, elle pleure les enfants perdus et les enfances perdues sur fond de crescendo orchestral. Ailleurs, elle mêle hip-hop et airs traditionnels irlandais pour illustrer le poème de Franck O'Connor *I am stretched on your grave. The Emperor's New Clothes* et *Jump in the river* font preuve d'un peu de panache punk grâce à Marco Pirroni, guitariste de l'ancien groupe d'Adam Ant. Tout n'est pas aussi réussi, à l'image de *Black Boys on mopeds*, chanson protestataire si peu subtile qu'elle en devient insupportable. Mais la chanteuse excelle pour ce qui est de briser les cœurs, et *The Last Day of our acquaintance*, où brille sa voix d'ange en colère, est l'une de ses plus belles réussites.
Les années suivantes, elle déchire la photo du pape à la télévision américaine, se fait ordonner prêtre à Lourdes, et tombe dans un délire maternel. Aujourd'hui, elle

semble plus sereine, même si on regrette la passion nue qu'elle distille dans cet album remarquable. **GT**

▶II Liste des titres

▶	01 **Feel So Different** (O'Connor)	6:47
	02 **I Am Stretched On Your Grave** (King•O'Connor)	5:33
▶	03 **Three Babies** (O'Connor)	4:47
	04 **The Emperor's New Clothes** (O'Connor)	5:16
	05 **Black Boys On Mopeds** (O'Connor)	3:53
▶	06 **Nothing Compares 2 U** (Prince)	5:10
	07 **Jump In The River** (O'Connor•Pirroni)	4:12
	08 **You Cause As Much Sorrow** (O'Connor)	5:04
▶	09 **The Last Day Of Our Acquaintance** (O'Connor)	4:40
	10 **I Do Not Want What I Haven't Got** (O'Connor)	5:45

A Tribe Called Quest

People's Instinctive Travels and the paths of rhythm

(1990)

Label | Jive
Production | A Tribe Called Quest
Dir. art. | Paije Hunyady • Bryant Peters • ZombArt DMS
Pays | États-Unis
Durée | 64:17

Puissant mélange de rap afrocentré et de samples imprévisibles, *People's Instinctive Travels…* établit A Tribe Called Quest comme les philosophes les plus funky du hip-hop. Q-Tip et Phife Dawg composent des rimes sur des thèmes jusqu'alors jamais abordés par le rap. Ils délivrent un discours sanitaire dans *Pubic Enemy*, encouragent au vote sur *Youthful Expression*, et recommandent même une alimentation équilibrée dans *Ham'N'Eggs*. Malgré ses messages appuyés, *People's Instinctive Travels…* ne sonne jamais comme un sermon. Les paroles de Phife et Q-Tip sont toujours pleines d'humour, et le mixage du DJ Ali Shaheed Muhammad, axé sur le rythme, prouve que même les morceaux les plus signifiants peuvent faire danser les foules. *Can I kick it ?* transforme *Walk on the wild side* de Lou Reed en éclatant rayon de soleil de hip-hop, tandis que *I left my wallet in El Segundo* établit un lien entre guitare mariachi et percussions jazz. Aux côtés des albums tout aussi excentriques de The Jungle Brothers et De La Soul, *People's instinctive travels…* donne naissance au rap conscient. Il permet à des groupes de gauche comme Company Flow et Jurassic 5, et même à des stars comme les Fugees, de passer outre les samples prévisibles de James Brown et les postures macho.

De manière assez surprenante, les acheteurs de disques et les critiques réagissent faiblement à cet album frais et créatif. Il ne fait qu'effleurer les classements du Billboard, et *Rolling Stone* le qualifie d'« album de rap le moins dansant de tous les temps ». **TB**

▶II Liste des titres

	01 **Push It Along** (Davis•Muhammad•Washington)	7:42
	02 **Luck Of Lucien** (Brooks•Davis•Jackson •Muhammad)	4:32
	03 **After Hours** (Davis•Muhammad)	4:39
	04 **Footprints** (Davis•Muhammad•Misel•Ridgell •Wonder)	4:00
▶	05 **I Left My Wallet In El Segundo** (Davis•Muhammad)	4:06
	06 **Pubic Enemy** (Tribe Called Quest)	3:45
▶	07 **Bonita Applebum** (Allen•Ayers•Birdsong Booker•Davis•Muhammad•Stepney)	4:11
▶	08 **Can I Kick It ?** (Davis•Muhammad•Reed)	4:52
	09 **Youthful Expression** (Tribe Called Quest)	4:01
▶	10 **Rhythm (Devoted To The Art Of Moving Butts)** (Tribe Called Quest)	3:33
	11 **Mr. Muhammad** (Davis•Jones•White)	5:27
	12 **Ham 'N' Eggs** (Clinton•Cordell•Davis •Muhammad•Shider)	3:54
	13 **Go Ahead In The Rain** (Tribe Called Quest)	3:54
	14 **Description Of A Fool** (Ayers•Birdsong•Davis•Muhammad)	5:41

Sonic Youth
Goo (1990)

Label | DGC
Production | Ron St. Germain • Nick Sansano • Sonic Youth
Direction artistique | Kevin Reagan
Pays | États-Unis
Durée | 49:23

Un an après la sortie de *Goo*, le réalisateur Dave Markey fait un voyage en Europe avec Sonic Youth. Le documentaire qui en résulte, *1991 : The Year that punk broke*, est une étude fascinante et chaotique sur le moment où Sonic Youth, Dinosaur Jr. et Nirvana sont sur le point de connaître un succès planétaire.

Formé à New York en 1981, Sonic Youth adapte la dissonance inspirée du Velvet Underground et les bruits expérimentaux tirés de la no-wave de New York. Tirant nombre de leurs enseignements du compositeur avant-gardiste Glenn Branca, avec lequel ils ont joué, Thurston Moore et Lee Ranaldo affinent leur son tout au long des années 80. Leurs expérimentations libres évoluent vers des formes plus construites, au détour d'albums acclamés par la critique comme *Evol*, *Sister* et *Daydream Nation*.

Bien que *Goo* soit leur premier enregistrement chez une major, il n'y a pas tromperie sur la marchandise. Malgré les chœurs de J. Mascis de Dinosaur Jr. et un échange très novateur avec Chuck D de Public Enemy (*Kool Thing*), *Goo* est accessible sur le plan des morceaux et de la structure, mais encore expérimental dans le ton et la texture. Les allusions à la mort de l'anorexique Karen Carpenter dans *Tunic* et les délires d'une minute comme *Scooter And Jinx* indiquent une maîtrise artistique permanente. La pochette nihiliste et ultrachic de l'artiste Raymond Pettibon prouve qu'ils sont toujours dans le vent.

Alors que beaucoup vantent (à raison) les mérites de *Daydream Nation*, *Goo* démontre comment un groupe de rock underground peut rejoindre une major, s'épanouir et conquérir un public toujours plus large, tout en conservant son intégrité. **RS**

▶II Liste des titres

▶ 01 **Dirty Boots** (Sonic Youth)	5:24
▶ 02 **Tunic (Song For Karen)** (Sonic Youth)	6:17
03 **Mary-Christ** (Sonic Youth)	3:08
▶ 04 **Kool Thing** (Sonic Youth)	4:04
05 **Mote** (Sonic Youth)	7:36
06 **My Friend Goo** (Sonic Youth)	2:18
▶ 07 **Disappearer** (Sonic Youth)	5:08
08 **Mildred Pierce** (Sonic Youth)	2:12
09 **Cinderella's Big Score** (Sonic Youth)	5:50
10 **Scooter And Jinx** (Sonic Youth)	1:00
▶ 11 **Titanium Exposé** (Sonic Youth)	6:26

Ride
Nowhere (1990)

Label | Creation
Production | Ride
Direction artistique | Warren Bolster
Pays | Royaume-Uni
Durée | 38:50

Au début des années 90, une blague circule dans la presse musicale britannique à propos d'un groupe indépendant imaginaire, « Slowdriveride », amalgame de quelques-uns des groupes qui composent la scène shoegazing de l'époque. S'il est vrai que la majorité d'entre eux se contentent de jouer un rock éthéré et tourbillonnant tout en se dandinant vaguement sur scène, la musique d'un de ces groupes, nommé Ride, éclipse littéralement la concurrence.

Après deux maxis pour le label non conformiste Creation, les quatre adolescents d'Oxford sortent *Nowhere* pendant l'hiver 1990, année de « sorties » spectaculaires : Nelson Mandela est libéré et Margaret Thatcher est évincée du gouvernement.

Nowhere fait mouche, avec ses guitares d'une extrême pureté et sa palette d'émotions.

Chaque chanson est une épopée. Sur *Dreams burn down*, la batterie fracassante de Loz Colbert est plaquée sur un mur du son épais et une mélodie de guitare sirupeuse à souhait. La réussite de *Nowhere* tient à la manière dont les harmonies et les lignes de basses émergent au milieu du chaos (le bruit de foule à l'arrière-plan de *Paralysed* est celle des émeutes contre la poll tax qui font rage à l'extérieur du studio).

L'image de la pochette (imprimée depuis sur des milliers de T-shirts) résume l'album : une vague sinueuse sur une mer bleu-vert, aussi belle que menaçante. Ride a été trop souvent comparé à d'autres groupes contemporains ou à des influences comme My Bloody Valentine et The Byrds.

Enfin, on leur accorde le mérite d'avoir défini un son qui leur est propre. **SH**

▶II Liste des titres

▶	**01 Seagull** (Bell•Colbert•Gardener•Queralt)	6:08
	02 Kaleidoscope (Bell•Colbert•Gardener•Queralt)	3:00
	03 In A Different Place (Bell•Colbert•Gardener •Queralt)	5:29
	04 Polar Bear (Bell•Colbert•Gardener•Queralt)	4:45
▶	**05 Dreams Burn Down** (Bell•Colbert•Gardener •Queralt)	6:05
	06 Decay (Bell•Colbert•Gardener•Queralt)	3:35
▶	**07 Paralysed** (Bell•Colbert•Gardener•Queralt)	5:32
▶	**08 Vapour Trail** (Bell•Colbert•Gardener•Queralt)	4:16

My Bloody Valentine
Loveless (1991)

Label | Creation
Production | Colm O'Ciosoig • Kevin Shields
Direction artistique | My Bloody Valentine
Pays | Royaume-Uni
Durée | 48:35

Parmi les groupes qui composent l'éphémère mouvance du shoegazing au Royaume-Uni au début des années 90, My Bloody Valentine est l'un des rares dont on se souvienne avec tendresse. Sorti en 1991, leur chant du cygne *Loveless* est un mythe du rock indépendant.

Le groupe doit d'abord affronter des comparaisons avec The Jesus and Mary Chain, en raison du son saturé et distordu de ses guitares. Cependant, dès la fin de la décennie 80, il invente un son unique sur son premier album *Isn't anything*, paru chez Creation. Ce disque (ainsi que le single *You made me realise* et le maxi *Glider*) dévoile une brume onirique de voix éthérées, enfouies sous le vaste rugissement de guitares distordues et de samples au contenu indéterminé : « Un éternuement de Dieu au ralenti », selon l'ouvrage de référence *Guinness Rockopedia*. Le shoegazing est né. My Bloody Valentine passe trois années à préparer l'album suivant et dépense 250 000 £. Créé avec le concours de dix-huit ingénieurs du son, *Loveless* compose ce qui semble être aujourd'hui la première esquisse de *Isn't anything*. La guitare fait un nouveau pas de géant, et aucun de leurs contemporains sur la scène shoegazing n'ose prendre la suite d'un album aussi parfait.

Shields non plus, semble-t-il. Pour avoir contribué à mener le label Creation au bord de la faillite (avant le succès d'Oasis) et son patron Alan Mc Gee à la crise de nerfs, My Bloody Valentine se retrouve sans label. Officiellement encore en activité malgré le départ du batteur Colm O'Ciosoig et du bassiste Debbie Googe, il lui reste à poursuivre sa discographie. **MBI**

▶II Liste des titres

▶	**01 Only Shallow** (Butcher•Shields)	4:18
	02 Loomer (Butcher•Shields)	2:38
▶	**03 Touched** (O'Ciosoig)	0:56
▶	**04 To Here Knows When** (Butcher•Shields)	5:31
	05 When You Sleep (Shields)	4:12
	06 I Only Said (Shields)	5:34
	07 Come In Alone (Shields)	3:58
▶	**08 Sometimes** (Shields)	5:19

09 **Blown A Wish** (Butcher•Shields) 3:36
10 **What You Want** (Shields) 5:33
▶ 11 **Soon** (Shields) 7:00

Nirvana
Nevermind (1991)

Label | Geffen
Production | Nirvana • Butch Vig
Direction artistique | Robert Fisher
Pays | États-Unis
Durée | 42:11

Nevermind est indiscutablement l'album de rock le plus important des années 90. Des chansons pop tordues y flirtent avec l'agressivité du punk et les accords puissants du metal. L'album assoit immédiatement Kurt Cobain comme l'un des chanteurs de rock les plus originaux, capable de performances extraordinairement violentes, mais aussi comme un auteur-compositeur à l'imagination débordante et à la sensibilité authentique.

Le premier morceau, le mythique *Smells like teen spirit*, alterne couplets calmes et refrains hurleurs (« J'essayais de composer la chanson pop absolue. En fait, je voulais imiter Pixies », avoue par la suite Kurt Cobain), emportant tout sur son passage grâce à un riff surpuissant. *Come as you are* en comporte un autre. Les paroles de Cobain sont ironiques, contradictoires, troublantes. Avec *Territorial Pissings*, morceau tapageur dominé par la batterie de Dave Grohl, on entre dans la démence. Les titres moins retentissants frappent également : *Polly* est le sombre récit de l'enlèvement d'une jeune fille, et *Something in the way*, avec son accompagnement lugubre de violoncelle, évoque le temps où Kurt dormait dans la rue.

Comme il convient, la pochette dérange, allusion amère au matérialisme de l'humanité. On y voit une photographie de Spencer Elden, âgé de cinq mois, avec en surimpression un billet vert accroché à un hameçon.

Succès planétaire, *Nevermind* vole la vedette à *Dangerous* de Michael Jackson dans le classement Hot 200 du Billboard. Et même si Kurt regrette par la suite la superficialité de la production, la puissance de *Nevermind* et la subtilité de son écriture ont inspiré toute une génération de musiciens. **RD**

▶II Liste des titres

▶ 01 **Smells Like Teen Spirit** (Cobain•Grohl•Novoselic) 5:00
02 **In Bloom** (Cobain•Grohl•Novoselic) 4:13
▶ 03 **Come As You Are** (Cobain) 3:38
04 **Breed** (Cobain•Grohl•Novoselic) 3:03
05 **Lithium** (Cobain) 4:16
▶ 06 **Polly** (Cobain•Grohl•Novoselic) 2:56
▶ 07 **Territorial Pissings** (Cobain•Grohl•Novoselic) 2:22
08 **Drain You** (Cobain•Grohl•Novoselic) 3:43
09 **Lounge Act** (Cobain•Grohl•Novoselic) 2:35
10 **Stay Away** (Cobain•Grohl•Novoselic) 3:30
▶ 11 **On A Plain** (Cobain•Grohl•Novoselic) 3:12
12 **Something In The Way** (Cobain•Grohl•Novoselic) 3:43

Crowded House
Woodface (1991)

Label | Capitol
Production | Neil Finn • Mitchell Froom
Direction artistique | Nick Seymour
Pays | Australie • Nouvelle-Zélande
Durée | 47:54

Lorsque Capital Records rejette la première maquette de *Woodface*, Neil Finn décide de recruter son frère Tim au sein de Crowded House et d'utiliser des enregistrements sur lesquels ils ont déjà travaillé pour un projet de film. C'est la première fois que les deux frères retravaillent ensemble depuis *Split Enz*.

Woodface marque une rupture de style et présente un son unique, loin des précédents albums du groupe : plus de guitare acoustique, moins d'orgue, un rejet des gros moyens de production et plus de créativité. *Weather with you* possède de

superbes harmonies, une intrigue complexe et une mélodie optimiste. *It's only natural* réchauffe le cœur avec ses paroles romantiques, et fait de Crowded House les maîtres de la chanson d'amour. *Four seasons in one day* pose une atmosphère plus dure avec ses batteries sinistres et sa tonalité sombre. *Fall at your feet*, touchante ode à l'amour, est lumineuse. La voix de Neil semble perchée sur un fil, oscillant entre joie et souffrance.
Lors de sa sortie en 1991, l'album connaît un véritable succès au Royaume-Uni. *Weather with you* lui vaut de devenir disque de platine et permet au groupe de donner plusieurs concerts en tête d'affiche au stade de Wembley à Londres. Leur plus grande erreur est d'avoir choisi le satirique *Chocolate Cake* comme premier single distribué aux États-Unis. Cependant, *Woodface* reste l'album qui a comblé le fossé entre l'Australie et le Royaume-Uni. **KT**

Cypress Hill
Cypress Hill (1991)

Label | Columbia
Production | DJ Muggs
Dir. art. | Stacy Drummond
Pays | Cuba • États-Unis
Durée | 46:52

Les albums précurseurs ne sont pas tous des réussites. Pour chaque Richard Pryor, il y a un Cheech and Chong, pour chaque David Bowie, un James Taylor. Cypress Hill est du bon côté. Dès le départ, le groupe se démarque par ses racines cubaines, considérées comme une anomalie dans le monde du rap, où l'on regarde avec suspicion quiconque vient d'ailleurs que de New York ou de la Californie. De plus, sur la scène hip-hop dominée par MC Hammer d'un côté et Public Enemy de l'autre, personne ne s'intéresse à un trio qui ne danse pas.
Une chanson scelle pourtant leur destin : intitulée *Trigga happy nigga* dans une maquette de 1990 puis renommée *How I could just kill a man*, elle devient la session de rap incontournable du début des années 90. Les éléments caractéristiques de Cypress Hill y sont réunis : les gémissements démoniaques de B-Real, le flow cinglant de Sen Dog et les rythmes funky viciés de DJ Mugg.
La notoriété de la chanson, confortée par son apparition sur la bande originale de *Juice* avec Tupac Shakur, fait grimper la cote de Cypress Hill. L'album possède toutes les qualités pour satisfaire les assoiffés de musique, avec les grooves nerveux de *Light Another* et *Psychobetabuckdown* (avec un sample de *Parliament*). Parmi les passages réussis, on relèvera le sample de *Duke of Earl* en intro de *Hand on the pump*, et le lascif *Tres Equis* d'inspiration latino.
Si l'album suivant, le paranoïaque *Black Sunday*, leur rapporte la gloire en 1993, *Cypress Hill* reste beaucoup plus excitant : un trip légal, mais mortel. **BM**

Julian Cope
Peggy Suicide (1991)

Label | Island
Production | Donald Ross Skinner
Direction artistique | Darren Woolford
Pays | Royaume-Uni
Durée | 75:44

Artisan du post-punk, Julian Cope est le musicien culte de la musique britannique contemporaine. Après cinq années agitées à la tête du groupe new wave à succès The Teardrop Explodes de Liverpool, il entame une carrière solo versatile en 1984, et réalise deux albums de pop psychédélique typiquement anglais : l'optimiste *World shut your mouth* et le pastoral *Fried*, inspiré par Syd Barrett. Aucun des deux ne se vend bien. Dans la seconde moitié de la décennie, Julian Cope opte pour un style plus commercial. Déçu par cette compromission, il entame un spectaculaire virage créatif.

Double album traitant de questions environnementales et de justice sociale, *Peggy Suicide* est surtout connu au Royaume-Uni pour deux tubes funky : *Beautiful Love*, dominé par le piano et la trompette, et *East easy rider*, où brille un orgue Hammond. Ce ne sont toutefois que deux éléments d'un patchwork bariolé, renfermant du Krautrock bizarroïde (*Hanging out and hung up on the line*), des ballades acides (*Pristeen*), des collages politiques (*Western Front 1992 CE*) et des hymnes rock'n'roll (*Drive, she said*). Le morceau phare est *Safesurfer*, méditation profonde sur les rapports sexuels non protégés, traversé de guitares vertigineuses.

Le chef-d'œuvre païen de Julian Cope, *Jehovahkill*, sorti en 1992, marque la fin de son contrat avec Island. Cela ne l'empêche pas de continuer à explorer sous son propre label, Head Heritage, une grande variété de styles, de la musique d'ambiance au proto-metal orageux. **MA**

Gang Starr
Step in the arena (1991)

Label | Capitol
Producteur | DJ Premier
Direction artistique | Marc Cozza
Pays | États-Unis
Durée | 49:18

Gang Starr est l'un des duos les plus endurants du hip-hop. Formée du grand parolier Guru et du ponte de la production DJ Premier, la formation ne parvient pas à percer avec sa première création, *No more Mr. Nice Guy* (1989). Les auteurs eux-mêmes considèrent que leur véritable premier album est *Step in the arena*. Comment expliquer leur longévité dans une culture hip-hop si versatile ? Tout simplement, ils n'ont jamais renoncé à leur vision puriste de ce que doit être cet art. Au lieu de courir après la fortune ou les filles, ils reviennent à la quintessence du genre : deux platines et un micro. Guru est un maître incontesté de ce dernier, capable de lancer des vantardises en rimes comme d'évoquer des scènes de la rue hautes en couleur. DJ Premier, l'un des premiers producteurs de hip-hop à intégrer le jazz à sa palette sonore, accompagne à la perfection le débit hypnotique de Guru.

Dans *Who's gonna take the weight*, Guru invective les menteurs et les profiteurs sur un rythme martelé de DJ Premier et un sample de cuivres hurlant. *Just to get a rep* raconte les pièges de la vie de truand sur fond de groove hip-hop et de scratches mixés. On se croirait en enfer.

Les cinq albums suivants de Gang Starr reprennent la formule de *Step in the arena*. Tout en peaufinant leur musique, les artistes travaillent à des projets solo comme la série *Jazzmatazz* de Guru. Heureusement qu'ils sont là pour célébrer la simplicité originelle du hip-hop. **APi**

MC Solaar
Qui sème le vent récolte le tempo (1991)

Label | Polygram
Production | Jimmy Jay
Direction artistique | Alain Frappier
Pays | France
Durée | 52:09

Du point de vue du hip-hop américain, MC Solaar est la meilleure chose que la France ait produite depuis le fameux French kiss. *Qui sème le vent récolte le tempo* marque la percée d'un artiste bien déterminé à prouver que le hip-hop de qualité n'émane pas nécessairement des États-Unis.

Les points forts de MC Solaar sont ses rythmes jazzy et son sens de la rime, soutenus par une production pointue et les arrangements talentueux de Jimmy Jay (largement supérieurs à ceux de nombre de ses homologues américains). Les sonorités et les rythmes de son rap sont assez musicaux pour se passer de traduction.
Évoquant tour à tour l'amour perdu et des questions sociales, *Qui sème le vent récolte le tempo* regorge de grooves dansants et de fantastiques collages sonores concoctés par Jay. La chanson-titre est une véritable avalanche de rimes préfigurant les sommets de rap funk à venir. Des titres comme *Matière grasse contre matière grise*, *Victime de la mode* et *Armand est mort* sont des chefs-d'œuvre de la rime, délivrés avec le débit tranquille caractéristique de Solaar. Dans *L'Histoire de l'art*, il expose avec humour sa théorie selon laquelle l'histoire de l'art devrait retenir tous les artistes.
À l'origine du hip-hop européen et même du hip-hop latino, cet album engendre quatre tubes classés parmi les dix premiers singles en France, plaçant la barre très haut pour les rappeurs du monde entier. **GD**

▶II Liste des titres

	01 **Intro** (Non crédité)	1:01
▶	02 **Qui Sème Le Vent Récolte Le Tempo** (M'Barali)	4:13
▶	03 **Matière Grasse Contre Matière Grise** (M'Barali)	3:30
▶	04 **Victime De La Mode** (M'Barali)	3:03
▶	05 **L'Histoire De L'Art** (M'Barali)	3:31
	06 **Armand Est Mort** (M'Barali)	3:11
	07 **Quartier Nord** (M'Barali)	3:12
	08 **Interlude** (Non crédité)	0:29
	09 **À Temps Partiel** (M'Barali)	3:46
	10 **Caroline** (M'Barali)	4:43
	11 **La Musique Abdoucit Les Meurs** (M'Barali•Payne)	5:02
	12 **Bouge De Là (Part 1)** (M'Barali)	3:11
	13 **Bouge De Là (Part 2)** (M'Barali)	3:05
	14 **Ragga Jam** (M'Barali)	5:13
	15 **La Devise** (M'Barali)	3:43
	16 **Funky Dreamer** (Non crédité)	1:16

Jah Wobble and the Invaders of the Heart
Rising Above Bedlam (1991)

Label I EastWest
Production I Invaders Of The Heart
Direction artistique I Finn Lewis • Rich Scott
Pays I Royaume-Uni
Durée I 51:23

Le cursus de Jah Wobble ressemble à s'y méprendre à une légende urbaine. Avant cet album, il est tour à tour un copain bagarreur de Johnny Rotten, le bassiste de Public Image Ltd, un musicien de dub expérimental aux côtés de Holger Czukay et The Edge et un employé du métro londonien. Rejetant l'industrie musicale, il s'associe au guitariste Justin Adams, qui s'intéresse à la musique orientale. Ils sont rejoints par Natacha Atlas, chanteuse belge-espagnole aux racines arabes. Leur premier album, *Without Judgement*, se vend mal mais suscite un intérêt certain.
À la fin des années 1980, la musique de Jah Wobble – mêlant basse dub, batterie latino et maghrébine, guitares espagnoles et nord-africaines – est perçue comme scandaleuse, même à Londres, pourtant réputé pour sa diversité culturelle. Mais Wooble n'est pas seul : des groupes comme Transglobal Underground et Loop Guru sont porteurs des mêmes influences, évoluant dans la scène rave plutôt que punk. Le big band de Jah Wobble, toutefois, est une valeur sûre. Grâce à Natacha Atlas, *Erzulie* peut être interprété comme un appel à la prière saisi au vol à Damas et repris dans une discothèque reggae de Moscou, et *Bomba* comme un mantra invitant à la transe. La chanteuse invitée Sinéad O'Connor transforme quant à elle l'hypnotique *Visions of you* en tube imparable.
Difficile de saisir quel est l'objectif de cette musique : elle invite à la danse, mais ac-

compagne aussi bien l'ambiance enfumée des fumeurs de cannabis. Ce que le métro de Londres a perdu, le monde l'a gagné. **DH**

▶II Liste des titres

▶	01 **Visions Of You** (Adams•Reynolds•Wobble)	5:36
	02 **Relight The Flame** (Adams•Atlas•Wobble)	4:13
▶	03 **Bomba** (Adams•Atlas•Burton•Ferda•Miller •Wobble)	5:55
	04 **Ungodly Kingdom** (Adams•Ferda•Wobble)	4:28
	05 **Rising Above Bedlam** (Adams•Schoots•Wobble)	3:46
▶	06 **Erzulie** (Adams•Atlas•Wobble)	7:03
	07 **Everyman's An Island** (Adams•Ferda•Wobble)	6:28
	08 **Soledad** (Adams•Atlas•Wobble)	5:40
	09 **Sweet Divinity** (Adams•Ferda•Wobble)	4:17
	10 **Wonderful World** (Adams•Wobble)	3:57

Red Hot Chili Peppers
Blood Sugar Sex Magik
(1991)

Label | Warner Bros.
Production | Rick Rubin
Direction artistique | Henky Penky
Pays | Australie • États-Unis
Durée | 73:49

Mélangez Bob Marley, Black Sabbath et Bart Simpson, et vous obtiendrez peut-être les Red Hot Chili Peppers. Ils citent Marley sur l'hymne *Give it away*, qui se termine sur un riff de *Sweet Leaf* de Black Sabbath, repris dans les Simpsons.

Ce genre de brassage est typique des Red Hot. Dans *Mother's Milk* (1989), ils composent un mélange de hard rock, funk et pop énergétique. Il ne leur manque qu'un véritable hit. C'est chose faite avec *Under the bridge*, apologie de l'héroïne écrite par Anthony Kiedis. Le single permet à l'album de frôler les sept millions d'exemplaires vendus aux États-Unis. C'est John Frusciante qui est au centre de *I could have lied*, qui évoque l'absence de relation amoureuse entre Anthony Kiedis et Sinéad O'Connor, préfigurant la direction empruntée pour *By the way*. Le reste de l'album regorge d'évocations sexuelles débridées, soutenues par la basse bondissante de Flea et la batterie implacable de Chad Smith. À noter les vicieux *Suck my kiss* et *My lovely man*, hommage au défunt prédécesseur de John Frusciante, Hillel Slovak.

Rick Rubin (qui passe alors du heavy metal et du hip-hop à une clientèle plus éclectique) est un producteur idéal pour le groupe. Il mixe percussions industrielles et flamenco (*Breaking the girl*), ajoute un finale élégiaque au titre ultra-funky *Sir Psycho Sexy*, et clôt l'album avec une reprise de l'excentrique Robert Johnson. Il inclut « une chanson sur les filles et les voitures ». Anthony Kiedis a beau détester le résultat (*The Greeting Song*), c'est pourtant l'un des dix-sept titres présents à bord de l'ébouriffant *Blood Sugar…* Embarquement immédiat ! **BM**

▶II Liste des titres

	01 **The Power Of Equality** (R.H.C.P.)	4:04
	02 **If You Have To Ask** (R.H.C.P.)	3:36
	03 **Breaking The Girl** (R.H.C.P.)	4:55
	04 **Funky Monks** (R.H.C.P.)	5:23
▶	05 **Suck My Kiss** (R.H.C.P.)	3:37
▶	06 **I Could Have Lied** (R.H.C.P.)	4:04
	07 **Mellowship Slinky In B Major** (R.H.C.P.)	3:59
	08 **The Righteous And The Wicked** (R.H.C.P.)	4:08
▶	09 **Give It Away** (R.H.C.P.)	4:42
	10 **Blood Sugar Sex Magik** (R.H.C.P.)	4:31
▶	11 **Under The Bridge** (R.H.C.P.)	4:24
	12 **Naked In The Rain** (R.H.C.P.)	4:25
	13 **Apache Rose Peacock** (R.H.C.P.)	4:42
	14 **The Greeting Song** (R.H.C.P.)	3:13
▶	15 **My Lovely Man** (R.H.C.P.)	4:39
	16 **Sir Psycho Sexy** (R.H.C.P.)	8:16
	17 **They're Red Hot** (Johnson)	1:11

Ice-T
OG Original Gangster (1991)

Label I Warner Bros.
Production I The Rhyme Syndicate
Direction artistique I Tim Stedman
Pays I États-Unis
Durée I 72:17

OG Original Gangster illustre la complexité des forces en jeu dans le quart-monde noir américain, exclu et contraint de vivre dans des cités. Contrairement à la plupart des rappeurs gangstas, qui proposent des récits crus de sexe, violence et drogues dures, Ice-T (Tracey Morrow) cherche des solutions à la pauvreté du ghetto, s'élève contre la vente de drogue et la violence familiale, et exhorte ceux qui sont piégés dans ce cycle infernal à s'en sortir à tout prix. Dans *Ed*, Ice livre un récit édifiant sur la conduite en état d'ivresse, tandis que dans *Bitches 2*, il donne la définition d'une garce, terme qui peut être utilisé aussi selon lui pour décrire les hommes malhonnêtes ; une tentative évidente de contrer la misogynie ostensible du hip-hop.
OG permet de découvrir le groupe de métal funk de Ice, Body Count, qui devient célèbre pour la chanson incendiaire *Cop Killer*. L'homme s'appuie sur une bonne dose de charisme, qui lui a permis une carrière d'acteur réussie, mais c'est son talent de conteur qui rend les paroles et le débit de *OG* si fascinants. La production de Ice, réalisée par Rhyme Syndicate, assure des breakbeats austères et dépouillés, des tambours à timbres vifs, et des lignes de basse menaçantes, qui conviennent à son personnage de gangster glacial. Écoutez *Midnight*, récit désespéré de Ice sur la nuit de South Central Los Angeles ayant pour toile de fond le sample captivant d'un riff de Black Sabbath. Le résultat final est l'équivalent auditif d'un film d'horreur psychologique bien cadencé. **APi**

Mudhoney
Every good boy deserves fudge (1991)

Label I Sub Pop
Production I Conrad Uno
Direction artistique I Ed Fotheringham
Pays I États-Unis
Durée I 42:29

En raison du faible succès commercial de Mudhoney par rapport à ses confrères de Seattle, les membres du groupe étaient appelés par leurs détracteurs « les types de Green River qui n'égalaient pas Pearl Jam ». Leurs fans les considéraient quant à eux comme des pionniers du grunge et leur troisième album, *Every good boy deserves fudge*, brut, frénétique et assuré, plaide leur cause. Avec des paroles fantaisistes et un son rempli de guitares fuzz et de batteries puissantes, Mudhoney résonne comme un groupe de garage sous speed des années 50. Même une écoute hâtive suffit pour réaliser que leur formule a été largement copiée. Des chansons comme *Thorn* mettent en valeur le talent surf-rock du batteur et les riffs en solo dans le style des années 50 du guitariste Steve Turner, en annonçant le son enragé du grunge sur le point de percer. Le principal single de l'album, *Let it slide*, devient un hymne du grunge, avec ses paroles gémissantes et un mélange emblématique de Seattle (guitares distordues, mélodie contagieuse et tendances nihilistes).
Par son titre irrévérencieux, le timbre ou les paroles, l'album reste dans la mémoire comme un long rire suffisant. Le refrain de *Into the drink* présente même une série de cris qui répètent en chœur le titre de la chanson. Ils utilisent même avec ironie un orgue et un harmonica
Le style musical de Mudhoney ne leur a jamais rapporté de disque de platine, mais *Every good boy…* est un album classique, un des meilleurs du genre. **JC**

Public Enemy
Apocalypse 91 … The Enemy strikes black (1991)

Label I Def Jam
Production I The Imperial Grand Ministers Of Funk
Direction artistique I The Drawing Board
Pays I États-Unis
Durée I 52:00

Après deux premiers albums révolutionnaires, Public Enemy était considéré comme le plus important et radical groupe de rap. Bien qu'il méritait presque autant d'éloges que pour ces deux-là, *Apocalypse 91…* ne pouvait décemment pas être aussi influent.
L'appel à une production de Bomb Squad est devenu impossible, de nombreux labels de disques s'étant soudainement intéressés aux droits d'auteur. Chuck D. demande donc à The Bomb Squad de passer au second plan : il deviennent leurs propres producteurs exécutifs et laissent au soin de leurs disciples, The Imperial Grand Ministers Of Funk, de recréer la densité et l'énergie de leur son. Pour ce faire, ces derniers utiliseront des sources non reconnaissables et une instrumentation originale.
Ainsi, Public Ennemy bâtit des morceaux comme *Nighttrain* et *By the time I get to Arizona* (chef-d'œuvre sur l'hésitation de cet État à honorer par un jour férié l'anniversaire de Martin Luther King) à partir d'un seul sample et parvient à économiser de l'argent sans perdre de son mordant. Sur des rythmes agressifs vieille école et des sirènes apocalyptiques, les « prophètes de la rage » poursuivent ce qu'ils font de mieux : sensibiliser les masses aux injustices raciales et sociales au début d'une décennie que Chuck D. avait surnommée « The Terrordome ».
Apocalypse 91… entre à la 4e place du classement du Billboard. Il satisfait avant tout les standards élevés que Public Enemy s'est toujours imposés. **CL**

A Tribe Called Quest
The Low End theory (1991)

Label I Jive
Production I Skeff Anselm
Direction artistique I Zombart JK
Pays I États-Unis
Durée I 48:03

Avec *The Low End theory*, les pionniers du hip-hop A Tribe Called Quest atteignent une fusion entre jazz et rap inconnue jusqu'alors. S'appuyant sur des rythmes et des claviers minimalistes programmés et superposés sur des extraits de jazz samplés (Ron Carter joue de la basse dans *Verses from the abstract*), la production dépouillée assure une toile de fond idéale pour MC Q-Tip et Phife Dawg. Leurs timbres distinctifs se mêlent et se séparent, créant ainsi un seul artiste, qui s'exprimerait à travers deux voix.
Quand beaucoup de leurs contemporains ne pensent qu'à raper sur les armes, l'argent et la misogynie, le groupe emprunte les pas de Afrika Bambaataa et Erik B. & Rakim : il place au premier plan de sa musique les problèmes sociaux et raciaux. Atténuant les paroles irrévérencieuses de leur premier album, Phife et Q-Tip choisissent de se concentrer sur les questions sociales. Leurs sujets vont de la violence sexuelle (*The Infamous Date rape*) aux mauvais côtés du rap et de l'industrie de la musique (*Rap promoter*, *Show Business*). Dans la chanson *Jazz* (*We've got*), ils livrent le récit de leur propre philosophie cool.
Avec ce disque, the Tribe s'aventure dans beaucoup de directions, et établit un modèle encore constamment étudié et imité aujourd'hui. Même si le groupe devait se

déchirer par la suite en raison de frictions entre les deux MC, cet album incarne le sommet du potentiel de leur collaboration. **LP**

Pearl Jam
Ten (1991)

Label | Epic
Production | Rick Parashar • Pearl Jam
Direction artistique | Jeff Ament
Pays | États-Unis
Durée | 50:46

Un mouvement de guérilla est défini comme « une unité paramilitaire indigène opérant en petits groupes sur un territoire occupé, afin de harceler l'ennemi puis de le renverser. » Le dernier mouvement de cette nature répertorié aux États-Unis apparaît à la fin des années 80 et au début des années 90 au sein de la scène underground de Seattle, lorsque de petits groupes tels que Nirvana, Soundgarden, Alice in Chains et Pearl Jam décident d'anéantir les dictateurs du hair metal.

Pearl Jam est constitué des restes d'influents groupes de hard rock locaux comme Green River et Mother Love Bone. Avec son premier album, *Ten*, le groupe rappelle la majesté mélodique et l'intégrité farouche de Neil Young ou des Doors, tout en lançant le cri de guerre d'un mouvement inédit du rock'n'roll.

Les accords dévastateurs de *Ten*, accompagnés des solos bluesy explosifs de Mike McCready, sont immédiatement adoptés par des millions d'adolescents en manque de nouveauté. Le premier single *Alive* résume parfaitement les grandes forces de l'album : un refrain accrocheur, des paroles troublantes et des parties de guitare sombres et complexes. La voix de baryton douloureuse et captivante d'Eddie Vedder rapproche davantage Pearl Jam de la tradition classique du rock que des hurlements punk de Kurt Cobain, révélés la même année sur *Nevermind*.

Mis bout à bout, des morceaux comme *Why Go*, *Oceans* et *Porch* libèrent des torrents de grunge Et tous les adolescents timides qui écoutent le tube *Jeremy* se demandent un instant à quoi ça ressemblerait de se faire exploser la tête en plein cours de géométrie. **MO**

▶II Liste des titres

	01 **Once** (Gossard•Vedder)	3:51
▶	02 **Evenflow** (Gossard•Vedder)	4:53
▶	03 **Alive** (Gossard•Vedder)	5:40
	04 **Why Go** (Ament•Vedder)	3:19
	05 **Black** (Gossard•Vedder)	5:48
	06 **Jeremy** (Ament•Vedder)	5:18
	07 **Oceans** (Ament•Gossard•Vedder)	2:41
▶	08 **Porch** (Vedder)	3:30
	09 **Garden** (Ament•Gossard•Vedder)	4:58
	10 **Deep** (Ament•Gossard•Vedder)	4:18
▶	11 **Release** (Ament•Gossard•Krusen•McCready •Vedder)	6:30

Saint Etienne
Foxbase Alpha (1991)

Label | Heavenly
Production | Saint Étienne
Direction artistique | Anthony Sweeney
Pays | Royaume-Uni
Durée | 48:16

Jeune, on imagine le monde fantastique dans lequel on vivra plus tard, les métiers qu'on exercera. Ayant grandi dans la banlieue londonienne dans les années 80, Bob Stanley et Pete Wiggs, du groupe Saint Etienne, rêvent de vivre dans le Londres des Swinging Sixties, débordant de styles groovy et de pop classique. Pas une caricature d'Austin Powers, juste des jeunes branchés qui aiment le rythme. Accompagnés de la chanteuse Sarah Cracknell, Stanley et Wiggs voient leur fantasme se réaliser avec leur premier album, *Foxbase Alpha*.

Le titre est tiré d'une plaisanterie du duo, et la pochette rappelle un livre pour enfants des années 60. L'album lui-même est baigné de chaudes références pop : les cordes tournoyantes et les voix douces de Spring évoquent les Ronettes, tandis que l'énumération stoïque des stations de métro de Londres dans *Girl VII* évoque le numéro de Peter Cook dans le film culte *Fantasmes* de 1967.

Pourtant, *Foxbase Alpha* n'est pas une machine à remonter le temps. Tout en s'inspirant des sixties, les samples intelligents, les rythmes appuyés et la production au synthétiseur montrent que Saint Etienne a un pied bien ancré dans la culture dance du début des années 90. La reprise mélancolique et sensuelle d'*Only love can break your heart* de Neil Young est un classique des clubs, et ouvre la voie à des groupes comme les Chemical Brothers. Quant au titre *Nothing's going to stop us*, il promène une Rolls-Royce sophistiquée dans le monde de la nuit, prouvant que le disco n'est pas la seule musique qui se danse.

Le Swinging London inspire ce disque, le Londres des années 1990 le construit. Cet album est devenu un classique dance dans le monde entier. **PS**

▶II Liste des titres

	01 This Is Radio Etienne (Stanley•Wiggs)	0:43
▶	02 Only Love Can Break Your Heart (Young)	4:29
	03 Wilson (Stanley•Wiggs)	1:59
	04 Carnt Sleep (Stanley• Wiggs)	4:44
▶	05 Girl VII (Stanley• Wiggs)	3:46
▶	06 Spring (Stanley• Wiggs)	3:44
	07 She's The One (Stanley• Wiggs)	3:07
	08 Stoned To Say The Least (Stanley• Wiggs)	7:41
▶	09 Nothing Can Stop Us (Stanley• Wiggs)	4:19
	10 Etienne Gonna Die (Stanley• Wiggs)	1:29
	11 London Belongs To Me (Stanley• Wiggs)	3:57
	12 Like The Swallow (Stanley• Wiggs)	7:39
	13 Dilworth's Theme (Stanley• Wiggs)	0:39

Sepultura
Arise (1991)

Label I The Al Blacks B.V.
Production I Scott Burns • Sepultura
Direction artistique I Michael R. Whelan
Pays I Brésil
Durée I 46:49

Alors que les légendes sur les beuveries et les fêtes qui ont accompagné la réalisation de *Arise* abondent, la facture du quatrième album de Sepultura est beaucoup plus professionnelle que celle de tous leurs albums précédents. Premier enregistrement en dehors du Brésil, l'album affiche une finition nettement plus lisse, œuvre du producteur Scott Burns.

Tout dans *Arise* est sombre et menaçant, y compris l'iconographie caricaturale de la pochette. Comparativement au thrash metal amateur, Sepultura se drape d'une colère beaucoup plus travaillée, tout en conservant un fort ascendant sur le genre. La batterie frénétique d'Igor Cavalera surpasse la guitare d'Andreas Kisser, qui montre parfois des difficultés à rester dans le rythme lorsqu'il interprète ses riffs hurlants. *Arise* annonce aussi les sons plus expérimentaux de leurs albums ultérieurs, *Chaos AD* et *Roots Bloody Roots*, avant que le chanteur Max Cavalera ne quitte le groupe en raisons de divergences de point de vue. Sa voix puissante, pleine de rage et de désespoir, gronde par-dessus la musique, comme l'illustrent les titres phares de l'album *Arise* et *Desperate cry*. *Under siege* ralentit momentanément le rythme, et leur titre le plus rock *Orgasmatron* (qui figure en bonus sur le CD) sera repris par Motörhead.

Arise résonne comme un appel aux armes, en particulier à travers *Dead Embryonic Cells*. Il évoque un sentiment d'impuissance et suggère de défouler sa colère par le biais de la musique, assurant les auditeurs compatissants qu'ils ne sont pas seuls. **CSt**

▶II Liste des titres

▶	01 **Arise** (Sepultura)	3.19
▶	02 **Dead Embryonic Cells** (Sepultura)	4.52
▶	03 **Desperate Cry** (Sepultura)	6.41
	04 **Murder** (Sepultura)	3.27
	05 **Subtraction** (Sepultura)	4.47
	06 **Altered State** (Sepultura)	6.35
	07 **Under Siege** (Sepultura)	4.54
	08 **Meaningless Movements** (Sepultura)	4.41
	09 **Infected Voice** (Sepultura)	3.19
▶	10 **Orgasmatron** (Motörhead)	4.14

Slint

Spiderland (1991)

Label | Touch And Go
Production | Brian Paulson • Slint
Direction artistique | Will Oldham
Pays | États-Unis
Durée | 39:32

Jouissant d'un statut bien plus imposant que ses faibles ventes, Slint, groupe originaire de Louisville dans le Kentucky, définit à lui seul les codes du post-rock des années 90. D'abord nommé Squirrel Bait, le groupe a les mêmes influences que celles qui ont fait avancer la scène underground américaine pendant des années (le punk et le heavy metal), et les déforme pour produire une musique dépourvue de références explicites.

L'album *Tweez* (1988), produit par Steve Albini, expose le style de Slint. Ses chansons singulières, essentiellement instrumentales, oscillent entre noirceur et relative insouciance. Les rares interventions de Brian McMahan sont chantées, criées ou parlées, et souvent dissociées de la musique comme si les voix d'un enregistrement antérieur étaient restées sur la cassette. Hormis une légère ressemblance avec *Television* et une complexité rythmique qui rappelle le jazz, l'album semble surgir de nulle part.

Le mythe de Slint repose presque entièrement sur *Spiderland*. Les esquisses de Tweez s'y trouvent épurées, les guitares de McMahan et David Pajo s'entremêlant pour former une armature solide. À nouveau, on peut dresser des comparaisons avec *Television*, mais seulement au niveau de l'inventivité. L'album est salué par la critique et l'influence du groupe se fait progressivement sentir. Trop tard cependant, puisqu'il se sépare après la sortie de l'album.

Alors que *Nevermind*, album le plus célèbre de 1991, surgit dans un contexte aussi sombre et partage le dynamisme de cet album, son modèle simple inspiré de Black Sabbath et Black Flag reste loin derrière l'univers parallèle de *Spiderland*. **MBe**

▶II Liste des titres

▶	01 **Breadcrumb Trail** (Slint)	5:55
▶	02 **Nosferatu Man** (Slint)	5:35
	03 **Don, Aman** (Slint)	6:28
	04 **Washer** (Slint)	8:50
	05 **For Dinner** (Slint)	5:05
▶	06 **Good Morning, Captain** (Slint)	7:39

U2

Achtung Baby (1991)

Label | Island
Production | Brian Eno • Daniel Lanois
Direction artistique | Steve Averill • Shaughn McGrath
Pays | Irlande
Durée | 55:22

Le titre le plus stupide attribué à un grand album aurait pu être encore pire. Avant *Achtung Baby*, tiré du film *Les Producteurs*, il semble que U2 ait envisagé *68 and I'll owe you one* (« 68 et je t'en dois une »).

Après *Rattle and hum*, U2 se trouve dans une impasse. Le groupe part chercher l'inspiration à Berlin – où, se souvient l'ingénieur du son Flood, « on avait l'impression qu'un nuage noir planait pendant toute la session ». La ville leur inspire *Zoo Station*, intitulé d'après une station de métro berlinoise qui apparaît dans le film *Christiane F.*, dont la bande est composée par Bowie. La connexion est renforcée par le choix du producteur Brian Eno, qui a travaillé sur l'album *Heroes* de Bowie, composé à Berlin. Autre influence notable, celle de Wim Wenders : *Until the end of the world* tire son nom d'un de ses films. Il réalise également le clip vidéo de U2 en hommage à Cole Porter, *Night and day*, dont la nature électronique annonce leur nouvelle direction. *Achtung Baby* est la plus belle métamorphose accomplie par un groupe de cette stature. Les morceaux poignants abondent, souvent inspirés par l'échec du mariage de *The Edge*, tandis que *One* dissèque les relations de Bono avec son père et son groupe. « Des gens m'ont dit qu'ils avaient choisi ce morceau pour leur mariage, ironise-t-il. Vous êtes dingues ? Il s'agit de rupture ! »

Peu avare en paradoxes, U2 souhaite faire figurer un nu d'Adam Clayton pour la pochette de cet album tragique. Ils acceptent un compromis avec cette série d'instantanés (censurée dans certains pays et remplacée par un trèfle), mais à tout autre égard, *Achtung Baby* est imposant et magnifique. **BM**

▶II Liste des titres

	01 Zoo Station (U2)	4:36
	02 Even Better Than The Real Thing (U2)	3:41
▶	03 One (U2)	4:36
	04 Until The End Of The World (U2)	4:38
	05 Who's Gonna Ride Your Wild Horses (U2)	5:16
	06 So Cruel (U2)	5:49
▶	07 The Fly (U2)	4:28
▶	08 Mysterious Ways (U2)	4:03
	09 Tryin' To Throw Your Arms Around The World (U2)	3:52
	10 Ultra Violet (Light My Way) (U2)	5:30
	11 Acrobat (U2)	4:30
	12 Love Is Blindness (U2)	4:23

The KLF
The White Room (1991)

Label | KLF Communications
Production | The KLF
Direction artistique | Norbert Schoerner
Pays | Royaume-Uni
Durée | 43:48

Entouré de mystère et d'imagerie occulte, The KLF est le groupe britannique qui vend le plus de singles en 1991. Formé quatre ans auparavant par Bill Drummond (ancien manager de Echo and the Bunnymen) et l'artiste graphiste James Cauty, sous l'appellation *Justified Ancients of Mu Mui*, il publie d'abord un collage de samples controversé, *1987 (what the fuck's going on ?)*, qui est retiré de la vente au bout de cinq jours, suite à une action en justice intentée par Abba. À côté de leur tube *Doctorin' the tardis* (enregistré sous le pseudonyme The Timelords), leurs premiers enregistrements lancent des termes musicaux comme la « trance » et le « chill out ».

Le titre *What time is love ?* disparaît d'abord sans laisser de trace, mais en 1989, ses lignes de synthé minimalistes secouent la scène club européenne, alors en pleine révolution acid house. L'année suivante, un remix plus dur, intégrant un rap incendiaire de MC Bello, explose le Top 10 britannique. Le son massif de la basse, accompagné par un sample de clameur de foule (baptisé « stadium house » par le groupe), tente de recréer l'ambiance des « raves » en plein air qui fleurissent en Grande-Bretagne.

The KLF investissent leurs bénéfices dans le projet de film *The White Room*, mais seule la bande originale est réalisée. *3AM Eternal*, succès aux États-Unis, consacre l'union entre la voix émouvante de Maxine Harvey et la « bleep techno » popularisée par LFO et Sweet Exorcist. Le reste de l'album utilise les sonorités club de l'époque de manière créative, en particulier sur *No more tears*, combinaison de dub, gospel, glissandos de guitare country et trompettes latino. Le résultat ? *The White Room* est le premier album de house music véritablement cohérent. **CSh**

▶II Liste des titres

▶ 01 What Time Is Love ? (LP Mix) (Bello•Cauty•Drummond) 4:40
▶ 02 Make It Rain (Cauty•Drummond) 4:02
▶ 03 3AM Eternal (Cauty• Drummond•Lyte) 3:34
04 Church Of The KLF (Cauty•Drummond) 1:53
05 Last Train To Trancentral (Cauty•Drummond •Lyte) 5:36
06 Build A Fire (Cauty•Drummond) 4:39
07 The White Room (Cauty•Drummond) 5:15
▶ 08 No More Tears (Cauty•Drummond) 9:24
09 Justified And Ancient (Cauty•Drummond) 4:45

Massive Attack
Blue Lines (1991)

Label | Virgin
Production | Johnny Dollar • Massive Attack
Dir. art. | Robert "3D" Del Naja • Michael Nash
Pays | Royaume-Uni
Durée | 45:22

Le premier album de Massive Attack est une révélation, à l'origine d'un mouvement qui couvre toute la décennie. Axé sur la fusion entre le hip-hop et le downtempo, il conduit à l'émergence de groupes comme Morcheeba et Groove Armada. Massive Attack décide par la suite de resserrer les rangs, se limitant aux rappeurs 3-D et Daddy G (avec le chanteur Horace Andy en invité). De nombreux fans regrettent ce choix, les marmonnements haineux de Tricky et les gémissements tourbillonnants de Shara Nelson étant des grands moments de cet album fantastique.

Les deux singles *Safe from harm* (basé sur un sample de Sly and Robbie) et *Unfinished Sympathy* (que beaucoup considèrent comme la meilleure chanson de la décennie) sont les titres phares du disque. Cette dernière est une chanson d'amour terriblement émouvante de Shara Nelson, s'appuyant sur une riche section de cordes. Le reste de l'album est admirable, du groove de basse infernal de *Five Man Army* à la ballade ambient *Hymn of the big wheel*, en passant par le funk pétrifié de *Daydreaming*. Le disque devient très populaire en raison de son style urbain très marqué. En effet la « horde sauvage » qui le produit (dont fait partie le futur producteur star Nellee Hooper) est un gang des quartiers défavorisés de Bristol, un collectif désenchanté de musiciens hip-hop et reggae, consommateurs de marijuana et qui aiment la musique brute du groupe.

Les arrangements précis et riches de *Blue Lines* en font un trésor inattendu. C'est certainement le meilleur album de trip-hop jamais réalisé. **JM**

▶II Liste des titres

▶ 01 Safe From Harm (Cobham•Del Naja•Marshall •Nelson•Vowles) 5:16
02 One Love (Cobham•Del Naja•Marshall•Vowles •Williams) 4:48
03 Blue Lines (Bennett•Brown•Carlton•Del Naja Guerin•Marshall•Scott•Thaws•Vowles) 4:41
04 Be Thankful For What You've Got (DeVaughn) 4:09
▶ 05 Five Man Army (Del Naja•Marshall•Thaws •Vowles•Williams) 6:04
▶ 06 Unfinished Sympathy (Del Naja•Marshall •Nelson•Sharp•Vowles) 5:08
07 Daydreaming (Badarou•Del Naja•Marshall •Thaws•Vowles) 4:14
08 Lately (Brownlee•Del Naja•Marshall Nelson •Redmond•Simon•Vowles) 4:26
09 Hymn Of The Big Wheel (Andy•Cherry •Del Naja•Marshall•Vowles) 6:36

Primal Scream
Screamadelica (1991)

Label | Creation
Production | Divers
Direction artistique | Paul Cannell
Pays | Royaume-Uni
Durée | 65:02

Alors que des groupes comme Happy Mondays et les Stone Roses empruntent des éléments à la culture club depuis un certain temps, *Screamadelica* fait définitivement tomber les barrières. Les mordus de dance, surpris, se mettent à apprécier le rock, et les indie kids envahissent les pistes de danse. Soudain, tous ceux qui ne possèdent pas leur exemplaire du disque sont hors du coup.

Jusque-là, Primal Scream est un groupe de rock grinçant quelconque, avec deux albums à son actif. Lorsque l'acid house déferle sur la Grande-Bretagne en 1990, le DJ Andrew Weatherall les rejoint pour remixer leur titre *I'm losing more than I'll ever have*.

Le résultat est *Loaded*. Dégraissé, épuré, intégrant des samples de Peter Fonda extraits du film *Les Anges sauvages* (« On veut s'en mettre plein la tête… On veut passer du bon temps »), le morceau devient un phénomène. *Loaded* et le magnifique titre gospel-house *Come together* qui suit forment le squelette de cet incroyable trip psychédélique moderne (les éditions américaines et japonaises incluent la version 45 tours moins euphorique de *Come together*). Weatherall dirige la plupart des grooves kaléidoscopiques, tandis que le producteur des Stones, Jimmy Miller, tient la barre sur les deux morceaux rock, *Movin' on up* et *Damaged*. The Orb participe au dub extra-terrestre de *Higher than the sun*, et Hypnotone contribue à changer le *Slip inside this house* des 13th Floor Elevators en une bête rugissante conduite par la basse.

Album de collaboration peut-être, mais si les producteurs peuvent revendiquer leur influence sur la musique, l'idée de fusionner rock et dance music revient à Primal Scream. **RS**

▶II Liste des titres

	01 Movin' On Up (Gillespie•Innes•Young)	3:50
▶	02 Slip Inside This House (Erikson•Hall)	5:16
▶	03 Don't Fight It, Feel it (Gillespie•Innes•Young)	6:53
▶	04 Higher Than The Sun (Gillespie•Innes•Young)	3:38
	05 Inner Flight (Gillespie•Innes•Young)	5:01
▶	06 Come Together (Gillespie•Innes•Young)	10:21
▶	07 Loaded (Gillespie•Innes•Young)	7:02
	08 Damaged (Gillespie•Innes•Young)	5:39
▶	09 I'm Coming Down (Gillespie•Innes•Young)	6:00
	10 Higher Than The Sun – A Dub Symphony In Two Parts (Gillespie•Innes•Young)	7:38
	11 Shine Like Stars (Gillespie•Innes•Young)	3:44

Teenage Fanclub
Bandwagonesque (1991)

Label | Creation
Production | P. Chisolm • D. Fleming • Teenage Fanclub
Direction artistique | Sharon Fitzgerald
Pays | Royaume-Uni
Durée | 42:51

Groupe pour qui le mot « excentrique » semble avoir été inventé, Teenage Fanclub a toujours fait preuve d'un talent exaspérant pour déjouer les attentes. Déjà remarqué en 1991 avec *A catholic education* et le majestueux *Everything flows*, il perce en rejoignant le label Creation pour *The King*, album franchement médiocre de reprises instrumentales.

Ayant mis à l'épreuve la patience de la presse musicale, Teenage Fanclub est attendu au tournant lorsqu'il sort son chef-d'œuvre. Illustrant l'obsession de la scène indé britannique pour le passé, *Bandwagonesque* est marqué par la tradition du rock : Neil Young, Love, Byrds, Beach Boys, Big Star, ainsi qu'une allusion à peine ironique à Status Quo.

Pourtant, même pour des critiques qui acceptent que Primal Scream emprunte l'identité des Rolling Stones, des influences vintage si éhontées représentent un anathème. Peu importe que *Bandwagonesque* soit bien meilleur dans l'ensemble que *Sweetheart of the rodeo* ou *#1 Record*. À cette époque, la dance music, le shoegazing et la scène de Manchester sur le déclin dictent toujours la loi. Les « Fannies » sont taxés de manque d'imagination. Ironiquement, seuls Suede et Oasis reconnaissent en eux l'avenir du rock anglais.

Bandwagonesque contient tant de grands titres qu'on oublie que c'est un simple album. On y trouve trois classiques indés des années 90 (*The Concept*, *Star Sign*, *What you do to me*), trois titres poignants (*December*, *Guiding Star* et l'instrumental *Is this music ?*), des harmonies à faire rougir Brian Wilson, et une rage puissante qui unit Sonic Youth et les Archies. Prends ça, Kurt Cobain. **MBe**

▶II Liste des titres

▶ 01 The Concept (Blake)	6:06
02 Satan (Teenage Fanclub)	1:22
▶ 03 December (Love)	3:03
▶ 04 What You Do To Me (Blake)	2:00
05 I Don't Know (McGinley)	4:36
▶ 06 Star Sign (Love)	4:56
07 Metal Baby (Blake)	3:39
08 Pet Rock (Love)	2:35
09 Sidewinder (Love•O'Hare)	3:03
10 Alcoholiday (Blake)	5:26
▶ 11 Guiding Star (Love)	2:48
▶ 12 Is This Music ? (Love)	3:17

Metallica
Metallica (1991)

Label I Elektra
Production I James Hetfield • Bob Rock • Lars Ulrich
Direction artistique I Non créditée
Pays I Danemark • États-Unis
Durée I 62:31

Garth Brooks et Eagles ne sont pas les plus grands best-sellers de tous les temps. Il y a aussi Led Zeppelin, AC/DC, et Guns N' Roses. Mais le plus heavy de tous – les foules en délire en témoignent – est bien Metallica.

Lorsque *…And justice for all* explose au Top 10 du Billboard en 1988, les rebelles de Frisco sont entendus pour la première fois en dehors de la fraternité metal (quelques mois auparavant, le single *One* remporte un immense succès).

Pourtant, *…And justice for all* est un monstre boursouflé, aux chansons si alambiquées que le groupe a du mal à les jouer sur scène. Si bien que pour *Metallica*, ils recrutent l'intelligent producteur à succès Bob Rock, qui les a impressionnés par son travail avec Mötley Crüe.

Bien que Metallica se situe à des années-lumière de ce groupe au mode de vie débridé, il ressort de cette collaboration leurs chansons les plus concises, dotées de riffs efficaces et de motifs de batterie agressifs, et beaucoup moins indulgentes envers le guitariste Kirk Hammett. Même les épiques *Whenever I may roam* et *Nothing else matters* maintiennent l'intérêt grâce à la présence de sitars et de cordes (orchestrées par le collaborateur de Pink Floyd, Michael Kamen). Hammett, le batteur Lars Ulrich et le bassiste Jason Newsted apportent des contributions essentielles (une victoire pour Jason Newsted, qui a été effacé de *…And justice for all*), mais la star reste James Hetfield. Sa voix riche et terrifiante, sa guitare crépitante (*Sad but true*) et ses paroles éloquentes (qui classent Metallica bien au-dessus de Zeppelin, AC/DC et G'N'R) composent un cocktail fatal qui transforme des morceaux comme *Enter sandman* en classiques instantanés. **BM**

▶II Liste des titres

▶	01 Enter Sandman (Hammett•Hetfield•Ulrich)	5:31
▶	02 Sad But True (Hetfield•Ulrich)	5:24
	03 Holier Than Thou (Hetfield•Ulrich)	3:47
	04 The Unforgiven (Hammett•Hetfield•Ulrich)	6:27
	05 Wherever I May Roam (Hetfield•Ulrich)	6:44
	06 Don't Tread On Me (Hetfield•Ulrich)	4:00
	07 Through The Never (Hammett•Hetfield•Ulrich)	4:04
▶	08 Nothing Else Matters (Hetfield•Ulrich)	6:28
	09 Of Wolf And Man (Hammett•Hetfield•Ulrich)	4:16
	10 The God That Failed (Hetfield•Ulrich)	5:08
	11 My Friend Of Misery (Hetfield•Newsted•Ulrich)	6:49
	12 The Struggle Within (Hetfield•Ulrich)	3:53

Pavement

Slanted and enchanted

(1992)

Label I Big Cat
Production I Pavement
Direction artistique I Stefan Sagmeister
Pays I États-Unis
Durée I 39:01

En 1992, Nirvana ouvre une brèche permettant aux groupes alternatifs de toucher le grand public. Pavement semble au contraire déterminé à s'y dérober, mais sans y parvenir. Alors que les titres des chansons ne sont même pas indiqués sur les cassettes de leur premier album *Slanted and enchanted*, le groupe figure pourtant dans le sondage annuel de *The Village Voice* en 1991. Depuis, le son paresseux et lo-fi de *Slanted and enchanted* exerce une influence sur nombre de groupes de rock indépendant.

Pavement est composé de trois amis californiens : le chanteur laconique Stephen Malkmus (surnommé « SM » sur la pochette), le guitariste Scott Kannberg (Spiral Stairs) et le batteur hippie indiscipliné Gary Young, qui distribue des laitues lors des concerts et se fait évincer un an plus tard. Après une semaine de répétitions, *Slanted... est* enregistré en sept jours dans le garage de Young, pour 800 dollars.

Naturellement, le ton est éraillé et brut. Young donne l'impression de taper sur une boîte en carton et la guitare saturée est omniprésente. Mais *Slanted...* est un disque à l'inventivité débridée, qui intègre des éléments de free jazz. Et bien que les paroles de Malkmus soient absconses (« Mensonges et trahisons, ongles couverts de fruits », médite-t-il dans *Trigger Cut*), les chansons dégagent une émotion et une authenticité remarquables. Écoutez pour vous en convaincre la frustration et le désir du titre d'ouverture *Summer Babe* ou le renoncement à l'amiable de *Zurich is stained*, avec ses guitares claires et tremblantes.

« Nous étions jeunes, naïfs, et nous croyions en quelque chose », analyse Scott Kannberg. Avec ses bords déchirés et ses émotions désordonnées, *Slanted...* est encore aujourd'hui un disque parfait. **SH**

▶II Liste des titres

▶	01 Summer Babe (Winter Version) (Kannberg•Malkmus•Young)	3:16
▶	02 Trigger Cut•Wounded-Kite At : 17 (Kannberg•Malkmus•Young)	3:16
	03 No Life Singed Her (Kannberg•Malkmus•Young)	2:09
▶	04 In The Mouth A Desert (Kannberg•Malkmus •Young)	3:52
	05 Conduit For Sale ! (Kannberg•Malkmus•Young)	2:52
	06 Zurich Is Stained (Kannberg•Malkmus•Young)	1:41
	07 Chesley's Little Wrists (Kannberg•Malkmus •Young)	1:16
	08 Loretta's Scars (Kannberg•Malkmus•Young)	2:55
▶	09 Here (Kannberg•Malkmus•Young)	3:56
	10 Two States (Kannberg•Malkmus•Young)	1:47
	11 Perfume-V (Kannberg•Malkmus•Young)	2:09
	12 Fame Throwa (Kannberg•Malkmus•Young)	3:22
	13 Jackals, False Grails : The Lonesome Era (Kannberg•Malkmus•Young)	3:21
	14 Our Singer (Kannberg•Malkmus•Young)	3:09

Aphex Twin
Selected Ambient Works 85–92 (1992)

Label | R&S
Production | Richard D. James
Direction artistique | Non créditée
Pays | Royaume-Uni
Durée | 74:20

Tout raveur digne de ce nom ou quiconque s'intéresse à la musique électronique de près devrait posséder un exemplaire de *Selected Ambient Works 85–92* dans sa collection. Il représente un moment décisif pour la dance music. Ses rythmes épurés et ses lignes de synthé résonnent de façon aussi contagieuse et surnaturelle aujourd'hui que lors de sa publication

En 1992, Richard D. James accède à la célébrité avec son maxi *Analogue Bubblebath* et le monstre acide *Didgeridoo*. Il co-fonde le légendaire label Rephlex, qui publie de la techno dure comme celle de Caustic Window. La scène dance est alors en pleine ébullition, les artistes commençant à explorer le potentiel du genre (à cause de l'accélération des rythmes pendant les raves et de la recherche perpétuelle de nouveauté). Dans la même veine, The Orb vient de parfaire son concept d'« ambient house » avec *Adventures beyond the ultraworld*, paru en 1991. Le moment est donc bien choisi pour sortir *SAW 85–92*, collection d'enregistrements de techno ambient réalisés sur le matériel électronique artisanal de Richard D. James.

En dépit de sa longue durée – plus de 70 minutes – et d'un son qui ne ressemble à aucun autre, il demeure pourtant accessible, hypnotique, séduisant et parfaitement adapté aux hordes de fans grandissantes de ce qui allait être (bêtement) labellisé « intelligent dance music ».

L'album ne contient qu'un seul sample vocal, extrait de *Charlie et la chocolaterie* : « Nous sommes les faiseurs de musique, et nous sommes les rêveurs des rêves. » Ce n'est pas totalement vrai : nous pouvons tout rêver, mais seul Richard D. James peut faire cette musique. **RS**

▶II Liste des titres

▶ 01 **Xtal** (James)	4:51
02 **Tha** (James)	9:01
▶ 03 **Pulsewidth** (James)	3:47
04 **Ageispolis** (James)	5:21
05 **I** (James)	1:13
▶ 06 **Green Calx** (James)	6:02
▶ 07 **Heliosphan** (James)	4:51
08 **We Are The Music Makers** (James)	7:42
▶ 09 **Schottkey 7 th Path** (James)	5:07
10 **Ptolemy** (James)	7:12
▶ 11 **Hedphelym** (James)	6:02
12 **Delphium** (James)	5:36
13 **Actium** (James)	7:35

Arrested Development
3 Years, 5 Months and 2 Days in the life of Arrested Development (1992)

Label | Chrysalis
Production | Speech
Direction artistique | Randall Martin
Pays | États-Unis
Durée | 61:08

Lorsque le premier album d'Arrested Development sort en 1992, le groupe d'Atlanta annonce une nouvelle ère pour le hip-hop. Il donne l'impression d'avoir inventé une ramification inédite, rustique et sudiste, s'épanouissant loin des querelles de chapelle entre côtes est et ouest.

Mais cela ne s'est pas passé comme ça. Lorsque le sud des États-Unis se réveille, c'est sous la forme du dirty south (la source du crunk, variante dure du rap), qui emboîte le pas au go-go pornographique des 2 Live Crew, personnalités beaucoup moins recommandables qu'Arrested Development. Ils se séparent en 1996, et leur leader intellectuel Todd Thomas, alias

Speech, continue de sortir des albums plaisants mais méconnus du public.
Toutefois, ce serait un crime d'ignorer le génie délicat de ce disque (dont le titre évoque le temps qu'il leur a fallu pour obtenir un contrat d'enregistrement). Le titre phare est le monumental *Tennessee*, conversation parlée-chantée avec Dieu, qui traite de l'héritage douloureux de l'esclavagisme bien mieux que tout autre morceau hip-hop. L'album contient aussi un hommage aux sans-abri (*Mr. Wendal*), une relecture de Sly Stone inspirée de De La Soul et des Jungle Brothers (*People everyday*), ainsi que *Mama's always on stage*, une reprise vaudevillesque et teintée de soul du *Our house* de Madness.
Des traces de leur funk typique du Sud resurgissent dans l'œuvre d'autres groupes d'Atlanta comme TLC, Cee-Lo Green, The Goodie Mob et Outkast. Leur musique prouve que le hip-hop peut s'inspirer de siècles de culture musicale noire tout en regardant vers l'avenir. **JLe**

▶II Liste des titres

	01 **Man's Final Frontier** (Barnwell•Thomas)	2:38
	02 **Mama's Always On Stage** (Guy•Thomas•Wells)	3:25
	03 **People Everyday** (Stewart•Thomas)	3:26
	04 **Blues Happy** (Barnwell•Thomas)	0:46
▶	05 **Mr Wendal** (Stewart•Thomas)	4:06
	06 **Children Play With Earth** (Barnwell•Thomas)	2:38
	07 **Raining Revolution** (Thomas)	3:25
	08 **Fishin' 4 Religion** (Stewart•Thomas)	4:06
	09 **Give A Man A Fish** (Barnwell•Riperton•Rudolph •Thomas)	4:22
	10 **U** (Clinton• Dylan•Thomas•Wynn)	4:59
	11 **Eve Of Reality** (Barnwell•Thomas)	1:53
	12 **Natural** (Bailey•MacKay•Thomas•White)	4:18
	13 **Dawn Of The Dreads** (Thomas)	5:17
▶	14 **Tennessee** (Jones•Thomas)	4:32
	15 **Washed Away** (Thomas)	6:22
▶	16 **People Everyday (Metamorphosis Mix)** (James•Thomas)	4:55

Koffi Olomidé
Haut de gamme – Koweït, rive gauche (1992)

Label I Tamaris
Production I Koffi Olomidé
Direction artistique I Non créditée
Pays I République démocratique du Congo
Durée I 58:12

Le chanteur contemporain le plus célèbre du Congo est Koffi Olomidé. Il devient l'artiste le plus vendu de tout le continent africain en jouant sa propre version de la rumba congolaise, qu'il surnomme le « tcha-tcho ».
Haut de gamme-Koweït rive gauche est l'album qui fait connaître Olomidé en Afrique. Ses chansons sont basées sur une structure typiquement congolaise : une première partie vocale lente est suivie d'une seconde, introduisant une section de danse menée par une guitare, avec des refrains chantés d'encouragement aux danseurs (appelés des « animations »). Olomidé est un crooner romantique et ses paroles, essentiellement en lingala et en français, sont incontestablement l'œuvre d'un poète. Sa musique séduit particulièrement le public féminin. Les chansons sont tendres et souvent joliment sirupeuses, avec de nombreuses sections de cordes électroniques et des percussions programmées. Lorsque la section de danse commence, la vie jaillit des morceaux, avec les guitares en boucle soutenues par des caisses claires et des lignes de basse funky. Le titre *Papa bonheur* est devenu un tube des pistes de danse et un hymne pour les fans de Koffi Olomidé. Des morceaux plus subtils et très arrangés comme *Qui cherche trouve* et *Dit Jeannot* opposent son chant éraillé avec la voix d'ange de Déesse Mukangi et du vieux chanteur Nyboma. Cet album monumental montre que la musique congolaise de Koffi Olomidé est

capable de compenser la technologie des studios avec l'énergie dansante brute de la musique africaine moderne. **MS**

Liste des titres

▶	01 **Papa Bonheur** (Olomidé)	7:10
	02 **Désespoir** (Olomidé)	6:23
	03 **Koweït, Rive Gauche** (Olomidé)	6:35
▶	04 **Qui Cherche Trouve** (Olomidé)	6:46
	05 **Elixir** (Olomidé)	4:52
▶	06 **Porte-Monnaie** (Olomidé)	6:27
	07 **Conte De Fées** (Olomidé)	7:15
	08 **Obrigado** (Olomidé)	6:42
▶	09 **Dit Jeannot** (Olomidé)	6:02

Morrissey
« Your arsenal » (1992)

Label | HMV
Production | Mick Ronson
Direction artistique | E. Riff • Jo Slee
Pays | Royaume-Uni
Durée | 39:32

Morrissey se soucie peut-être peu des polémiques, mais en tout cas il ne fait rien pour les éviter. Avant même la sortie de *Your arsenal*, il souhaite toute une série de morts atroces (accidents de la route, incendies d'hôtels) au biographe des Smiths, Johnny Rogan. De plus, l'album comporte une chanson au titre ambigu, il monte sur scène pour l'interpréter en brandissant de manière provocante un drapeau britannique, devant un décor qui représente deux filles skinhead. Le public lui jette des bouteilles jusqu'à ce qu'il s'en aille.

« *Is Morrissey Racist ?* » s'interroge le *News Musical Express*. L'intéressé reste muet. Cette rumeur fait de l'ombre à cet excellent album. Produit par l'ancien accompagnateur de David Bowie, Mick Ronson, *Your arsenal* est une ode à la masculinité teintée de glam rock (l'érotisme à consonance homosexuelle de la pochette évoque un cliché de Robbie Williams). Morrissey est désormais accompagné de son propre groupe (dont Boz Boorer et Alain Whyte à la guitare), ce qui encourage un retour à la mentalité prétentieuse des Smiths. Dans le titre glitter rock *Glamorous Glue*, le Moz prophétise : « On regarde Los Angeles / Pour la langue que l'on parle / Londres est mort. » *We'll let you know* est une tentative obsessionnelle de pénétrer dans l'esprit des hooligans supporters de football. *The National Front Disco* est saisissant et étonnamment drôle (un titre disco pour les nazis ?). On dénombre quelques faux pas, comme le single kitsch *You're the one for me Fatty*, mais *Your arsenal* est certainement l'œuvre la plus aboutie de Morrissey depuis des années. **PW**

Liste des titres

▶	01 **You're Gonna Need Someone On Your Side** (Morrissey•Nevin)	3:38
▶	02 **Glamorous Glue** (Morrissey•Whyte)	4:01
▶	03 **We'll Let You Know** (Morrissey•Whyte)	5:17
▶	04 **The National Front Disco** (Morrissey•Whyte)	4:24
	05 **Certain People I Know** (Morrissey•Whyte)	3:12
	06 **We Hate It When Our Friends Become Successful** (Morrissey•Whyte)	2:30
	07 **You're The One For Me, Fatty** (Morrissey•Whyte)	2:57
	08 **Seasick, Yet Still Docked** (Morrissey•Whyte)	5:07
▶	09 **I Know It's Gonna Happen Someday** (Morrissey•Nevin)	4:20
▶	10 **Tomorrow** (Morrissey•Whyte)	4:06

Baaba Maal
Lam Toro (1992)

Label | Mango • Island
Production | Simon Booth • Eric Clermontet • Baaba Maal
Direction artistique | Non créditée
Pays | Sénégal
Durée | 52:28

Il est habituellement impossible de dater avec exactitude les révolutions musicales. Même les événements décisifs (Elvis aux studios Sun, le premier concert des Sex Pistols) ont une foule d'antécédents. C'est le cas pour cet album : ce n'est pas la première fois qu'un artiste africain a la possibilité d'enregistrer avec un producteur qui sait ce que le public blanc recherche, mais ça y ressemble.

Pendant des années, les groupes africains se rassemblent dans les studios français et sont sommés d'enregistrer leurs albums en direct. Le producteur ajoute ensuite des synthés, pour que les auditeurs puissent s'émerveiller chez eux des nouveaux sons produits. La plupart de ces albums sont hideux. Le travail de Simon Booth avec Baaba Maal conserve toute sa fraîcheur. Le titre d'ouverture, qui mêle le groupe de Maal, *Daande Lenol* (« La voix du peuple ») à du toasting africain-jamaïcain, devrait sembler désuet, mais cela reste vraiment enthousiasmant.

Simon Booth est d'abord connu comme membre du groupe Working Week, et comme l'un des instigateurs de l'éphémère mais influente scène acid jazz. C'est dans la chanson *Daande Lenol* qu'il commence à définir une nouvelle orientation. Le duo de cornemuse irlandaise de Davy Spillane, avec la kora de Kaow Cissoko, donne une couleur irlandaise à l'introduction. Puis le tama (ou « tambour parlant ») et la voix enlevée de Maal les rejoignent, et le morceau redevient peu à peu complètement africain.

Inspiré, Simon Booth forme par la suite le groupe Afro Celt Sound System pour affiner cette synthèse. Baaba Maal continue sa fusion avec la musique pop et rencontre un certain succès. Cet album est un premier pas de géant pour l'un et l'autre. **DH**

▶II Liste des titres

▶	01 Hamady Boiro (Yelle) (Maal)	4:32
▶	02 Daande Lenol (Maal)	5:43
	03 Lem Gi (Le Miel) (Maal)	7:12
	04 Ndelorel (Maal)	4:00
▶	05 Yela (Maal)	4:37
	06 Toro (Tioulel L'Oiseau) (Maal)	2:31
	07 Daniibe (Les Exilés) (Maal)	7:58
	08 Olel (L'Echo) (Maal)	5:55
	09 Sy Sawande (Maal)	5:27
▶	10 Hamady Bogle (Maal)	4:33

Lemonheads

It's a shame about Ray (1992)

Label I Atlantic
Production I Evan Dando • The Robb Brothers
Direction artistique I Jodi Rovin
Pays I États-Unis
Durée I 33:08

Un an avant la sortie de *It's a shame about Ray*, Evan Dando n'est qu'un membre anonyme d'un groupe de garage pop de Boston. En 1993, il figure dans le classement des personnalités les plus en vue de *People Magazine*, et tout le monde veut posséder un exemplaire de l'extraordinaire cinquième album de Lemonheads. Pourquoi un tel succès ? L'impact de *Nevermind* (1991) de Nirvana rend d'abord la musique alternative commercialement viable. Le folk tendre de Lemonheads, ses guitares chaloupées et ses douces harmonies garçon/fille sont même taxés de « grunge de variété ». Puis vient leur reprise de *Mrs. Robinson* de Simon and Garfunkel. Elle est enregistrée en trois heures à Berlin, sur la demande d'une société qui réédite *Le Lauréat* et souhaite le rendre accessible à la nouvelle génération. Grâce au matraquage sur MTV et à la radio, le single devient incontournable et relance l'intérêt pour *It's a shame about Ray* (sorti deux mois auparavant), où le titre est inclus à la hâte.

Mais *...Ray* ne doit pas son succès qu'à son contexte de parution. Evan Dando a un véritable talent d'écriture. Il a toujours eu un don pour les airs obsédants, mais lorsqu'il part en tournée en Australie et rencontre son co-auteur Tom Morgan, son savoir-faire devient magique.

...Ray est enregistré à Los Angeles avec les illustres producteurs Robb Brothers. Chacune des douze chansons est parfaitement ouvragée dans une veine pop pétillante, de la guitare de *Confetti* (si déliée qu'elle

donne l'impression que Dando improvise sur place) à la mélancolie brumeuse de *My Drug Buddy*. **SH**

▶II Liste des titres

	01 Rockin'Stroll (Dando)	1:47
▶	02 Confetti (Dando)	2:44
▶	03 It's A Shame About Ray (Dando•Morgan)	3:06
	04 Rudderless (Dando)	3:19
▶	05 My Drug Buddy (Dando)	2:51
	06 The Turnpike Down (Dando)	2:33
	07 Bit Part (Dando, Morgan)	1:51
	08 Alison's Starting To Happen (Dando)	1:59
▶	09 Hannah And Gabi (Dando)	2:40
	10 Kitchen (Dalton)	2:55
	11 Ceiling Fan In My Spoon (Dando)	1:48
	12 Frank Mills (Macdermot•Rado•Ragni)	1:44
	13 Mrs. Robinson (Simon)	3:43

Rage against the Machine
Rage against the Machine
(1992)

Label I Epic
Production I Rage against the Machine
• Garth Richardson
Direction artistique I Nicky Lindeman
Pays I États-Unis
Durée I 52:56

Rage against the Machine explose dans l'industrie du disque comme une version musicale de *The Anarchist Cookbook* (ouvrage anarchiste de William Powell). Avec son mélange original de metal, de rap et de politique d'extrême gauche, le groupe réalise un premier album si puissant qu'il secoue les adolescents apathiques et leur fait prendre conscience des injustices du capitalisme.

Virtuose défricheur, le guitariste Tommy Morello ajoute des interludes de scratching à ses solos époustouflants et à ses riffs inspirés de Black Sabbath. Dans *Know your enemy*, il est à l'honneur sur quatre passages successifs, tour à tour funky et frénétiques, jouant quelques mesures de speed metal avant de se jeter dans une sorte de bouillonnement hystérique. Pendant ce temps, Zach De La Rocha lance des rimes menaçantes avec une énergie implacable, rappe l'auto-propagande urbaine de Bombtrack, récite la leçon d'histoire de *Wake up* (ode à Martin Luther King, Malcolm X et Cassius Clay), ou chevauche le groove radical de *Township Rebellion* (récit de la lutte anti-impérialiste, de Los Angeles à l'Afrique du Sud).

De la Rocha est un maître de la colère brute, qu'il libère à mesure que les constructions sonores du groupe gagnent en intensité. *Bullet in the head*, manifeste contre le monopole de la presse, culmine sur un mur de batterie signé Brad Wilk et une rafale dévastatrice de Morello, alors que De La Rocha aboie le refrain brutal jusqu'à extinction de voix.

Dix ans plus tard, le son et la pertinence du premier album de Rage against the Machine restent inégalés. **MW**

▶II Liste des titres

▶	01 Bombtrack (Rage Against The Machine)	4:05
▶	02 Killing In The Name (Rage Against The Machine)	5:14
	03 Take The Power Back (Rage Against The Machine)	5:37
	04 Settle For Nothing (Rage Against The Machine)	4:48
▶	05 Bullet In The Head (Rage Against The Machine)	5:10
▶	06 Know Your Enemy (Rage Against The Machine)	4:56
▶	07 Wake Up (Rage Against The Machine)	6:04
	08 Fistful Of Steel (Rage Against The Machine)	5:31
	09 Township Rebellion (Rage Against The Machine)	5:24
	10 Freedom (Rage Against The Machine)	6:07

The Disposable Heroes of Hiphoprisy
Hypocrisy is the greatest luxury (1992)

Label I 4 th & Broadway
Production I Jeff Mann
Direction artistique I Victor Hall
Pays I États-Unis
Durée I 66:26

Au milieu des années 90, alors que l'Amérique continue d'agoniser suite aux émeutes de Los Angeles et au procès de O. J. Simpson, les Disposable Heroes of Hiphoprisy (le chanteur Michael Franti et le musicien Rono Tse) créent une bande-son sur les préoccupations de l'époque dans une décharge de voitures à Oakland, près de San Francisco.

Descendants légitimes de Public Enemy, les Disposable Heroes of Hiphoprisy sont uniques en leur genre. Ensemble délicieusement tortueux et métallique de rythmes et de paroles d'agit rap, *Hypocrisy is the greatest luxury* offre un souffle nouveau à la musique rap. Il est question de violence entre Noirs, de racisme, de politique, de manipulation des médias, de féminisme, de guerre et de désespoir urbain. Tandis que leurs contemporains Run-DMC et N.W.A. s'enferment dans des poses stéréotypées, *Hypocrisy is the greatest luxury* invente sa propre formule de rap engagé et systématique. Le disque, ignoré par les radios urbaines de l'époque, est aujourd'hui considéré comme une réponse légitime au cri de ralliement de poètes noirs des années 60 comme The Watts Prophets et The Last Poets.

Les performances du groupe sont provocantes, mais s'adressent essentiellement à un public d'étudiants. Après une dernière collaboration avec William Burroughs, Franti se lasse des exploration post-apocalyptiques des Disposable Heroes of Hiphoprisy. Son groupe actuel, Spearhead, se situe aux antipodes. **BW**

▶II Liste des titres

▶	01 Satanic Reverses (Franti)	4:45
	02 Famous And Dandy (Like Amos And Andy) (Franti)	6:34
▶	03 Television, The Drug Of The Nation (Franti)	6:38
▶	04 Language Of Violence (Franti)	6:15
	05 The Winter Of The Long Hot Summer (Franti)	7:59
	06 Hypocrisy Is The Greatest Luxury (Franti)	3:47
	07 Everyday Life Has Become A Health Risk (Franti)	4:54
	08 Ins Greencard A-19 191 500 (Franti)	1:36
	09 Socio-Genetic Experiment (Franti)	4:19
	10 Music And Politics (Franti)	4:01
	11 Financial Leprosy (Franti)	5:30
▶	12 California Über Alles (Biafra•Dead Kennedys)	4:13
	13 Water Pistol Man (Franti)	5:55

K.D. Lang

Ingénue (1992)

Label I Warner Bros.
Production I K.D. Lang • Ben Mink • Greg Penny
Direction artistique I Jeri Heiden
Pays I Canada
Durée I 41:47

Après quatre albums de country plutôt inventifs, K.D. Lang souhaite franchir un pas significatif. Brillamment arrangé et orchestré par son partenaire d'écriture Ben Mink, ce « cabaret post-nucléaire », regroupant pop, tango, swing, lounge et country alternative dans le style de Lyle Lovett, représente l'expression courageuse d'une femme qui a fait la paix avec elle-même.

Malgré la présence occasionnelle d'une steel guitar, Lang abandonne officiellement Nashville, une scène qui lui a valu des Grammys mais n'a jamais apprécié son ambiguïté sexuelle. Avec *Ingénue*, la chanteuse et auteur-compositeur canadienne bascule dans un registre personnel. « Les secours vont bientôt arriver et soigner les blessures que je me suis infligées », chante-t-elle dans *The Mind of love*, qui en révèle beaucoup plus sur elle-même que tous ses précédents albums country. Du portrait doux et intime de Glen Erler sur la pochette aux rimes évoquant « un grand aimant » qui attire « toutes les âmes vers la vérité » dans le tube *Constant Craving*, *Ingénue* annonce un nouveau départ.

Trois mois seulement après sa sortie, K.D. Lang révèle publiquement son homosexualité dans une interview donnée au journal canadien *The Advocate*, sans que cela nuise au succès commercial de l'album. Au grand soulagement de la chanteuse, le public ne se formalise pas d'apprendre que certaines chansons sensuelles comme *Wash me clean* et *Miss Chatelaine* s'inspirent de son expérience avec une femme mariée. *Ingénue* reste apprécié par des millions d'auditeurs, pour sa vision musicale unique et sa magnifique performance vocale, mais aussi pour la description honnête de sentiments universels. **CL**

▶II Liste des titres

▶ 01 Save Me (lang•Mink) 4:33
02 The Mind Of Love (lang•Mink) 3:48
03 Miss Chatelaine (lang•Mink) 3:48
04 Wash Me Clean (lang) 3:17
▶ 05 So It Shall Be (lang•Penny) 4:29
06 Still Thrives This Love (lang•Mink) 3:33
07 Season Of Hollow Soul (lang•Mink) 4:56
▶ 08 Outside Myself (lang•Mink) 4:57
09 Tears Of Love's Recall (lang•Mink) 3:48
▶ 10 Constant Craving (lang•Mink) 4:38

Dr. Dre
The Chronic (1992)

Label | Death Row
Production | Dr. Dre
Direction artistique | Kimberly Holt
Pays | États-Unis
Durée | 62:46

Les concours de rap sont rarement monotones et peuvent même se solder par un meurtre. Mais le premier champ de bataille est le classement du Billboard.

En 1993, Eazy E. affronte Dr. Dre. Ils ont placé le gangsta rap sur le devant de la scène avec le groupe N.W.A., dissous en raison de problèmes financiers. Dr. Dre est sauvé par l'agent Suge Knight, avec qui il fonde le label Death Row. Sa première offensive est *The Chronic*, qui fustige Eazy du premier au dernier titre.

Eazy rétorque avec *It's On (Dr. Dre) 187um Killa*, accusant Dr. Dre d'être un « gangster de studio ». L'album devient disque de platine, mais suscite des interrogations en raison de sa ressemblance avec les productions de Dr. Dre. Contrairement à *The Chronic*, il ne peut rivaliser avec *Nevermind* au titre d'album le plus influent de la décennie.

Les armes secrètes de Dr. Dre sont de jeunes et brillants MC. Snoop Dogg pose sa patte sur la pochette du disque, et on note la présence de The Lady of Rage, The D.O.C. et Kurupt. Alors que la plupart des producteurs se content d'ajouter des rythmes à leurs rimes, Dr. Dre crée un genre entièrement inédit, le G-funk, une soul tranquille inspirée des seventies. Les explosifs *Let me ride* et *Nuthin' but a 'g' thang* sont ainsi facilement égalés par *Lil' ghetto boy*, basé sur un extrait de Donny Hathaway. Même lorsque Dr. Dre se contente de mettre un rythme en boucle, le résultat est étourdissant. On en veut pour preuve le titre *Lyrical Gangbang*, qui s'inspire de Led Zeppelin.

Pendant ce temps, la tension monte entre Dr. Dre et Eazy, jusqu'à la mort de ce dernier en 1995. « Il peut faire un million de disques sur moi si ça lui chante », se vante Dre. « Il laisse mon nom en dehors de cela. » **BM**

▶II Liste des titres

01 The Chronic (Intro) (Dogg•Dre•Wolfe) 1:58
▶ 02 Fuck Wit Dre Day (And Everybody's Celebratin') (Dogg•Dre•Wolfe) 4:51
▶ 03 Let Me Ride (Clinton•Collins•Dogg•Worrell) 4:21
04 The Day The Niggaz Took Over (Arnaud•Colandreo•Collins•Dogg•Parker) 4:32
▶ 05 Nuthin' But A "G" Thang (Dogg•Haywood •Knight) 3:58
06 Deeez Nuuuts (Dogg•Dre•Wolfe) 5:06
07 Lil' Ghetto Boy (Curry•Dogg) 5:27
08 A Nigga Witta Gun (Curry•Snoop) 3:52
09 Rat-Tat-Tat-Tat (Curry•Young) 3:48
10 The $20 Sack Pyramid (Curry•Dre•Snoop) 2:53
11 Lyrical Gangbang (Curry•Dogg•Dre•Kurupt •Rage•RBX•) 4:04
12 High Powered (Dre•RBX•Wolfe) 2:44
13 The Doctor's Office (Dre•Jewell•Lewis•Rage) 1:03
14 Stranded On Death Row (Allen•Brown•Dogg Dre•Hayes•Middendorf•Nichols•Williams) 4:46
15 The Roach (The Chronic Outro) (Daz•RBX•Rage) 4:36
16 Bitches Ain't Shit (Curry•Daz•Dogg•Dre •Kurupt•Wolfe) 4:47

R.E.M.
Automatic for the people
(1992)

Label I Warner Bros.
Production I Scott Litt • R.E.M.
Direction artistique I Tom Recchion • Michael Stipe
Pays I États-Unis
Durée I 49:31

Out of time, second album de R.E.M. chez une major, s'inscrivait avec succès dans un registre folk-pop joyeux et émotif. Mais en 1992, R.E.M prend tout le monde au dépourvu. Les participations de rappeurs et la mandoline sont remplacés par quelque chose de plus subtil, humain et durable.

La pochette en noir et blanc d'*Automatic for the people*, signée Anton Corbijn, annonce les thèmes plus sombres abordés dans l'album. Les critiques et les fans restent bouche bée devant la majesté acoustique du premier single *Drive*. Celui-ci figure au Top 5 britannique, malgré l'absence de refrain et l'orchestration réalisée par John Paul Jones de Led Zeppelin.

L'album doit son titre à un restaurant de la ville d'origine du groupe. Il contient six singles (dont certains sont encore utilisés pour clore les concerts), parmi lesquels l'obtus mais joyeux *Sidewinder*... et *Everybody hurts*, l'une des chansons les plus sincères et dévastatrices écrites par Micheal Stipe. *Man on the moon*, titre dédié au comique Andy Kaufman, sera repris sur la bande originale du film éponyme.

Le thème de la mort est omniprésent. Le narrateur de *Try not to breathe* attend que la Faucheuse vienne le chercher. L'excellent *Sweetness follows*, avec son effet de larsen strident, nous rappelle toutefois que le bout du tunnel n'est jamais loin. L'enregistrement a lieu dans plusieurs studios des États-Unis, et *New-Orleans instrumental number 1* témoigne de la liberté que cela procure. Morceau le plus court de l'album, il dresse le portrait d'un groupe serein, développant sans effort une émotion sombre à laquelle lui seul semble avoir accès. **JK**

▶II Liste des titres

▶ 01	Drive (Berry•Buck•Mills•Stipe)	4:30
02	Try Not To Breathe (Berry•Buck•Mills•Stipe)	3:49
▶ 03	The Sidewinder Sleeps Tonight (Berry•Buck•Mills•Stipe)	4:06
▶ 04	Everybody Hurts (Berry•Buck•Mills•Stipe)	5:17
05	New Orleans Instrumental Number 1 (Berry•Buck•Mills•Stipe)	2:12
▶ 06	Sweetness Follows (Berry•Buck•Mills•Stipe)	4:19
07	Monty Got A Raw Deal (Berry•Buck•Mills•Stipe)	4:24
08	Ignoreland (Berry•Buck•Mills•Stipe)	3:15
09	Star Me Kitten (Berry•Buck•Mills•Stipe)	5:12
▶ 10	Man On The Moon (Berry•Buck•Mills•Stipe)	4:19
11	Nightswimming (Berry•Buck•Mills•Stipe)	4:19
12	Find The River (Berry•Buck•Mills•Stipe)	3:49

The Pharcyde
Bizarre Ride II The Pharcyde
(1992)

Label I Delicious Vinyl
Production I J-Swift
Direction artistique I Mark Heimback-Nielsen
Pays I États-Unis
Durée I 56:31

The Pharcyde débute avec un album inoubliable qui propage la philosophie et le style musical du daisy age, incarnés par des formations comme De La Soul. L'intégration du P-funk apprécié sur la côte ouest dans le mélange contribue à rendre l'ensemble encore plus puissant et spirituel. Tre « Slimkid » Hardson, Derrick « Fatlip » Stewart, Imani Wilcox, et Romye « Booty Brown » Robinson sont tous issus de la scène de Los Angeles, où ils travaillent en tant que danseurs et chorégraphes pour des émissions télévisées.

Ensemble, ils créent un album aussi drôle que funky. Les bagarres de rue de *Ya*

Mama, les hilarants *Soul Flower* et *Oh shit*, ainsi que toutes les satires qui parsèment l'album, dressent le portrait d'un mouvement libéré et joyeux, doté d'un humour marginal, qui rencontre un grand succès lors de leur tournée aux États-Unis.
La légende veut que le groupe ait enregistré l'album sans savoir ce qu'il faisait, mais c'est leur professeur de musique du lycée qui les a poussés à se réunir. Il contrôle l'écriture et les enregistrements du groupe, et leur enseigne les règles de base de l'industrie musicale. Alors que beaucoup de MC et de rappeurs s'acharnent à dépeindre la réalité, The Pharcyde s'efforce de conserver une approche décalée.
La production de J-Swift relègue au second plan les plans accrocheurs au profit d'un son plus riche et plus touchant. Si cette démarche leur barre l'accès à un certain public à l'époque, l'album est aujourd'hui un véritable classique du hip-hop. **CR**

▶II Liste des titres

	01 4 Better Or 4 Worse (Interlude) (Martinez)	0:36
▶	02 Oh Shit (Hardson•Martinez•Stewart)	4:29
	03 It's Jigaboo Time (Jackson•Stewart•Wilcox)	1:26
	04 4 Better Or 4 Worse (Hardson•Martinez•Stewart)	5:03
▶	05 I'm That Type of Nigga (Hardson•Jackson •Martinez)	5:16
	06 If I Were President (Skit) (Hardson•Martinez•Robinson)	1:01
▶	07 Soul Flower (Bartholomew•Harson•Kincaid)	4:23
	08 On The D.L. (Hardson•Jackson•Martinez)	4:27
	09 Pack The Pipe (Interlude) (Martinez)	0:21
▶	10 Officer (Hardson•Martinez•Robinson)	4:00
▶	11 Ya Mama (Hardson•Martinez•Robinson)	4:20
▶	12 Passing Me By (Hardson•Martinez•Robinson)	5:03
	13 Otha Fish (Barnes•Hardson•Robinson)	5:21
	14 Quinton's On The Way (Skit) (Hardson•Howze•Martinez)	2:09
▶	15 Pack The Pipe (Hardson•Howze•Martinez)	5:03
	16 Return Of The B-Boy (Hardson•Martinez •Robinson)	3:33

Spiritualized
Lazer Guided Melodies (1992)

Label | Dedicated
Production | Barry Clempson • Jason Pierce
Direction artistique | Mr. Ugly
Pays | Royaume-Uni
Durée | 60:57

À la fin des années 80, le groupe Spacemen 3 devient un phénomène culte au Royaume-Uni, principalement en raison de ses performances sur scène. En transe, les membres du groupe improvisent sans fin sur un seul accord, oubliant le temps et l'espace. Pourtant, les membres fondateurs Jason « Spaceman » Pierce et Sonic Boom se brouillent si violemment en 1991 que leur dernier album, *Recurring*, est coupé en deux, chacun composant sa partie. Celle de Pierce est l'ébauche de *Spiritualized*.
Le titre renseigne sur la direction donnée à l'album, combinaison du drone rock de Spacemen 3 et d'éléments de gospel. Les tout premiers morceaux de *Lazer Guided…* proposent des envolées sauvages progressives, à base de guitares denses, de cuivres héraldiques et de paroles incisives. Ensuite, la musique ralentit jusqu'à atteindre une pulsation profonde, entrecoupée de voix lancinantes qui rappellent les expériences hallucinogènes (ainsi le gospel cosmique de *Take your time* ou l'insondable beauté de *Sway*).
Mais c'est l'interaction entre les deux membres qui rend l'ensemble si captivant. Sur *Angel Sigh*, des chœurs envoient l'auditeur au septième ciel, avant qu'une explosion de guitares et une déferlante de cuivres ne le propulsent aux confins du système solaire… Avant que les musiciens ne rembobinent lentement le tout, pour recommencer à zéro. Même le plus stoïque d'entre nous ne peut en sortir indemne.
Les albums suivants confirment la réputation de compositeur non conformiste et

de producteur génial de Spaceman. *Lazer Guided Melodies* est le premier à le mettre sur orbite. **RS**

▶II Liste des titres

▶	01 You Know It's True (Pierce)	3:38
	02 If I Were With Her Now (Pierce)	5:43
▶	03 I Want You (Pierce)	3:48
	04 Run (Cale•Pierce)	3:51
	05 Smiles (Pierce)	2:14
	06 Step Into The Breeze (Pierce)	2:44
	07 Symphony Space (Pierce)	5:55
▶	08 Take Your Time (Pierce)	6:52
	09 Shine A Light (Pierce)	7:17
▶	10 Angel Sigh (Pierce)	5:46
▶	11 Sway (Pierce•Refoy)	6:53
	12 200 Bars (Pierce)	6:16

Sugar
Copper Blue (1992)

Label | Rykodisc
Production | Lou Giordano • Bob Mould
Direction artistique | Mark C.
Pays | États-Unis
Durée | 45:02

Lorsque les pionniers du grunge Hüsker Dü implosent, le chanteur et guitariste Bob Mould publie des albums solo chargés de violoncelles et de ressentiment. Puis il coupe les liens avec son label et ses musiciens, et part découvrir le monde en solitaire. De retour de voyage, il recrute le bassiste David Barbe et le batteur Malcolm Travis, et sort l'un des disques les plus reconnus des années 90.

La guitare Fender furieuse de Mould, son chant enragé et ses paroles amères sont toujours là, mais les chansons sont grisantes et sonnent comme des avalanches, contrastant avec la production préhistorique de Hüsker Dü.

Les classiques s'enchaînent les uns après les autres. Premier d'une série de hits, le pastiche de Pixies *A good idea* ouvre la voie à *Changes*, morceau digne d'un Hüsker Dü à son apogée. Puis c'est la chevauchée fantastique sur ce que Mould décrit comme des hommages à George Martin (*Hoover Dam*) et aux Beatles (*If I can't change your mind*), jusqu'au spectaculaire *Slick*. « Ils auraient pu l'utiliser dans Beverly Hills 90210 quand Luke Perry a un accident de voiture ! » raconte Mould au magazine *Lemon*. *Copper Blue* est particulièrement bien reçu au Royaume-Uni, et Sugar signe chez Creation. Mould admire ses bruyants compagnons de label My Bloody Valentine, mais se montre intraitable quant à Nirvana, un des nombreux groupes qu'il inspire sans le vouloir. Des années après, il enfonce même le clou en déclarant « Je déteste le rock alternatif ». Heureusement qu'il nous comble avec ce chef-d'œuvre. « Je ne vois pas pourquoi on ne l'aimerait pas, confie-t-il au magazine *Record Collector*. C'est tout simplement un bel ensemble de mélodies et de chansons. » **BM**

▶II Liste des titres

	01 The Act We Act (Mould)	5:10
	02 A Good Idea (Mould)	3:47
▶	03 Changes (Mould)	5:01
▶	04 Helpless (Mould)	3:05
	05 Hoover Dam (Mould)	5:28
	06 The Slim (Mould)	5:14
▶	07 If I Can't Change Your Mind (Mould)	3:18
	08 Fortune Teller (Mould)	4:37
	09 Slick (Mould)	4:51
	10 Man On The Moon (Mould)	4:31

Tom Waits
Bone Machine (1992)

Label | Island
Production | Tom Waits
Direction artistique | Christie Rixford
Pays | États-Unis
Durée | 54:14

Inspiré par la poésie beatnik des années 50, Tom Waits abandonne le lycée et apprend la guitare et le piano en autodidacte. Au début des années 70, il est signé par le manager Herb Cohen, qui a déjà travaillé avec Tim Buckley et Frank Zappa. Mais, si le personnage qu'il incarne (le sage vagabond) nourrit ses créations tout au long des années 70, il commence à se diversifier dans les années 80 pour réunir finalement ces deux aspects dans *Bone Machine* en 1992 (le titre fait référence au concept que Waits a baptisé « bone music », selon lequel la musique, mise à nu, est réduite à sa plus simple expression).

L'album compte également quelques-unes des collaborations les plus passionnantes de Waits : Keith Richards co-écrit *That feel* (et assure les parties de guitare), David Hidalgo de Los Lobos compose le violon et l'accordéon, et les Claypool de Primus la basse électrique. Waits travaille aussi avec Jesse Dylan sur le graphisme de la pochette, qui reflète le flou délirant de la musique.

Sombre et cru, *Bone Machine* n'est pas moins enchanteur que son prédécesseur, malgré des morceaux sinistres. La brutalité de la première chanson *Earth died screaming* est compensée par la douceur relative de *I don't wanna grow up*. Quant à *Goin' out west*, très distordue, elle est caractéristique du groove de l'album. Même si chaque morceau peut se prévaloir d'un style propre, un ton cauchemardesque règne sur l'ensemble de *Bone Machine*. Ce qui lui permet de remporter, à juste titre, le Grammy du meilleur album de musique alternative en 1992. **AH-N**

Sonic Youth
Dirty (1992)

Label | DGC
Production | Sonic Youth • Butch Vig
Direction artistique | Kevin Reagan
Pays | États-Unis
Durée | 59:00

C'est avec *Dirty* que Sonic Youth se rapproche le plus du grunge grand public. Véritable prouesse dans le genre, il devient un classique pour quiconque s'intéresse à l'évolution du rock indépendant depuis la fin des années 80. Aujourd'hui encore, l'album est parcouru par une électricité sinueuse, une authentique fraîcheur et une vison aiguisée du monde.

Enregistré au Magic Shop (Manhattan) par Butch Vig, le producteur de *Smells like teen spirit* pour Nirvana, l'album permet aux initiateurs du noise rock de New York d'atteindre le terme de leurs recherches soniques. En résulte un mélange équilibré d'art conceptuel, de punk hardcore et d'expérimentations de gauche. Dans le même temps, ils créent un son rock intense qu'ils égaleront rarement par la suite.

Les guitaristes et chanteurs Thurston Moore et Lee Ranaldo imaginent des paysages sonores riches et des riffs pétrifiants qui vont de la rêverie (*Theresa's Soundworld*) à l'agression (*Youth against fascism*). Pendant ce temps, la bassiste Kim Gordon s'essaye à différents registres, de la colère féministe de *Swimsuit issue* à la douceur brute du dernier titre *Crème brûlée*. Il ne faut pas oublier les contributions originales du batteur Steve Shelley, ni la force de tubes rock tels que *100 %* et *Sugar Kane*. Tout comme les disques suivants de Sonic Youth, *Dirty* est l'expression d'un groupe aussi fidèle à sa complexité personnelle qu'aux événements de son époque, mêlant l'intime et le public à travers des sonorités furieusement stimulantes. **IJ**

Stereo MCs
Connected (1992)

Label | Gee Street
Production | Stereo MCs
Direction artistique | Blue Source
Pays | Royaume-Uni
Durée | 56:10

Ce n'est qu'une question de mains : le rappeur Rob B. (alias Rob Birch) a pris

l'habitude de les ouvrir à hauteur de front pendant ses concerts, comme un magicien qui essaierait de tordre des cuillers par la force de l'esprit. Il ne s'agit que d'une astuce pour attirer le regard, mais qui résume parfaitement le message de Stereo MCs.
Positives et antimatérialistes, les paroles de Rob Birch font l'effet d'une bombe face à la colère vertueuse du reggae des années 70, tandis qu'il façonne son image, quelque part entre le chaman Lavender Hill et Vincent Van Gogh. En 1990, le succès de *Elevate my mind*, extrait de l'album *Supernatural*, devient le premier single hip-hop à figurer au hit-parade américain. Laissant de côté les samples qu'il utilise alors largement, Nick « the Head » Hallam prend pari sur la présence de vrais musiciens (dont le talentueux batteur gallois Owen If) et d'un grand ensemble de choristes noires (à savoir Cath Coffey, Veronica Davies et Andrea Groves, ainsi qu'une participation de la diva de la soul anglaise Mica Paris).
Connected s'appuie sur une production brillante et des passages pop dignes d'un virtuose. Les meilleurs morceaux (*Step it up*, *Ground Level* et *Creation*) composent un décor musical à la fois réfléchi et significatif, reflétant le besoin de communion de Rob B. avec son public. L'album devient un succès international, mais l'enregistrement épuise le groupe. Pendant les neuf années qui suivent, ils disparaissent complètement de la scène musicale britannique. **APe**

Ministry
Psalm 69 (1992)

Label | Sire
Production | H. Luxa • H. Pan
Direction artistique | Paul Elledge
Pays | États-Unis
Durée | 44:46

Si un jour la Terre s'ouvre et que du feu tombe des cieux obscurs, nous savons qu'il existe une bande originale digne d'*Armageddon* avec le sixième album studio de Ministry, *Psalm 69*. Réalisé par le chaman héroïnomane Alain Jourgensen et l'énigmatique Paul Barker, l'album est un ensemble de rythmes retentissants inspirés par la musique industrielle, de guitares hurlantes et de samples despotiques (sirènes de raids aériens, sermons vengeurs et chœurs gothiques glaçants).
Comment un album aussi discordant a-t-il pu toucher un si large public ? Sans doute grâce au single *Jesus built my hot rod*, presque une anomalie dans cet album à thème brutal et dérangeant. Le premier titre, *New World Order*, appelle à une révolution sanglante. Le clip controversé de l'oppressant *Just one fix* met en scène un drogué en manque et un William S. Burroughs à l'allure sépulcrale. Le morceau-titre est une juxtaposition démoniaque de chants militaires et religieux. Le grand prêtre de *Ministry*, Jourgensen, affiche le même mépris pour les assoiffés de pouvoir que pour la culture américaine moyenne, dominée par les grosses voitures et les programmes télévisés abrutissants.
Cet opus se montre tour à tour lourdaud et tranchant comme un rasoir. Concentré de nihilisme, la musique de Ministry rejette toutes les afféteries superflues et fait régner la terreur en mettant vos neurones à vif. Oubliez Marilyn Manson : aucune musique provenant des États-Unis n'est aussi impressionnante, apocalyptique et purement méchante que celle contenue dans *Psalm 69*. **AT**

Tori Amos
Little Earthquakes (1992)

Label | East West
Production | Divers
Direction artistique | Cindy Palmano
Pays | États-Unis
Durée | 57:07

Entre les paroles provocantes de *Crucify* (« La quête d'un sauveur sous ces draps sales ») et les champignons phalliques du revers de la pochette, *Little Earthquakes* est l'un des disques les plus provocateurs qui soient parvenus à atteindre un large public.
Élevée selon ses dires avec « un calumet de la paix dans une main et une croix dans l'autre », Tori Amos (fille d'une mère à moitié Cherokee et d'un pasteur méthodiste) redéfinit le rôle des auteurs-compositeurs féminins dans les années 90 en s'attaquant à la persécution religieuse, aux relations humaines et au sexe avec une franchise déconcertante. Ce premier album solo compte plusieurs morceaux dérangeants, comme l'intime et touchant *Me and a gun*, qui raconte le viol dont elle a réellement été victime. L'album n'est pas seulement agressif. À chaque moment de sincérité brutale fait écho une métaphore poétique et consolatrice ; à chaque éruption de colère de la batterie et des guitares correspond un solo de piano à la beauté fatale.
Si sa voix rappelle beaucoup celle de Kate Bush, il suffit de décortiquer des chansons comme *Silent all these years* ou *Little Earthquakes* pour appréhender l'originalité authentique de l'artiste. Capable de passer en un clin d'œil de la petite fille à la femme, du démon à la déesse et de la patiente à la thérapeute, sa palette émotionnelle est époustouflante. Chanteuse, pianiste et compositrice, Amos crée une musique qui est une source d'inspiration pour beaucoup. Tout comme Joni Mitchell, elle trace son chemin hors des sentiers battus. On ne compte plus les fans dévoués à cette voix, l'une des plus riches et courageuses de son époque. **CL**

▶II Liste des titres

▶	01 **Crucify** (Amos)	5:00
	02 **Girl** (Amos)	4:07
▶	03 **Silent All These Years** (Amos)	4:11
	04 **Precious Things** (Amos)	4:27
	05 **Winter** (Amos)	5:42
	06 **Happy Phantom** (Amos)	3:15
▶	07 **China** (Amos)	5:00
	08 **Leather** (Amos)	3:12
	09 **Mother** (Amos)	6:59
	10 **Tear In Your Hand** (Amos)	4:38
	11 **Me And A Gun** (Amos)	3:44
▶	12 **Little Earthquakes** (Amos)	6:52

Ice Cube
The Predator (1992)

Label | Priority
Production | Divers
Direction artistique | Dino Paredes
Pays | États-Unis
Durée | 56:24

L'album le plus agressif qui ait dominé les classements aux États-Unis ? Certainement. Un chef-d'œuvre du rap ? Tout à fait. Fin 1992, aucun rappeur n'est à la hauteur d'Ice Cube. Hammer et Public Enemy déclinent, et Snoop n'est pas encore au premier plan. Ice Cube, en revanche, est disque de platine en 1991 avec *Death Certificate*, et devient une star de cinéma dans *Boys N the hood*.
Il est sans doute l'artiste le mieux placé pour exprimer la colère des Noirs américains, qui mettent la ville de Los Angeles à sang, suite à l'acquittement des quatre policiers qui ont roué de coups l'automobiliste Rodney King. Ice Cube restitue ces événements dans un album surprenant, encore émouvant des années après que ces faits aient rejoint les oubliettes de l'histoire.

Orné d'une photo enfumée, œuvre de la sœur de Bruce Springsteen, Pamela, l'album regorge d'énormes morceaux de funk tels que les tubes *Check yo self* et *Wicked*. Les titres les plus remarquables sont *We had to tear this mothafucka up*, attaque contre la police (avec une production de DJ Muggs) et *It was a good day*, doucement ironique, qui contient une boucle des Isley Brothers.

The Predator s'attaque aussi au Billboard, qui a critiqué *Death Certificate*. La vengeance d'Ice Cube est accomplie lorsque l'album devient le premier à entrer directement à la 1re place du hit-parade de pop et R&B depuis le *Songs in the key of life* de Stevie Wonder.

Fait remarquable, ce disque extraordinaire, deux fois platiné, n'est que la moitié d'un ensemble. À la même époque sort *Guerillas in tha mist*, de ses acolytes Da Lench Mob, équivalent artistique de *The Predator*. Ce sont les derniers coups de poing politiques majeurs du rap **BM**

▶II Liste des titres

	01 The First Day Of School (Intro) (Non crédité)	1:19
	02 When Will They Shoot ? (Cube)	4:36
	03 I'm Scared (Insert) (Non crédité)	1:32
▶	04 Wicked (Cube•Jaguar)	3:55
	05 Now I Gotta Wet'Cha (Cube•Muggs)	4:03
	06 The Predator (Cube)	4:03
▶	07 It Was A Good Day (Cube)	4:19
	08 We Had To Tear This Mothafucka Up (Cube•Muggs)	4:24
	09 Fuck'Em (Insert) (Non crédité)	2:02
	10 Dirty Mack (Cube)	4:34
	11 Don't Trust'Em (Cube)	4:06
	12 Gangsta's Fairytale 2 (Cube)	3:19
▶	13 Check Yo Self (Cube•Muggs)	3:42
	14 Who Got The Camera ? (Cube)	4:37
	15 Integration (Insert) (Non crédité)	2:31
	16 Say Hi To The Bad Guy (Cube)	3:22

Pantera
Vulgar Display of power
(1992)

Label | Atlantic
Production | Terry Date • Vinnie Paul
Direction artistique | Bob Defrin
Pays | États-Unis
Durée | 51:45

En 1992, tout le milieu du metal est au courant de ce virage capillaire. Le chanteur de Pantera, Phil Anselmo (membre du groupe depuis Cowboys from Hell, paru en 1990) décide de raser ses cheveux longs. Manifestement, Pantera devient sérieux.

Les guitares du heavy metal sont habituellement marquées par leur précision. Dans *Vulgar Display of power*, le guitariste Diamond Darrell se tourne vers un jeu digne d'un bluesman texan. Le souffle brutal de ce nouveau son cache un sens précis du groove (particulièrement dans *By demons be driven*), conforté par le travail rythmique du batteur Vinnie Paul et du bassiste Rex. Les paroles du metal relèvent généralement du domaine de la sorcellerie et des combats à l'épée. Cette fois, les paroles d'Anselmo sont un mélange vertigineux d'autodétermination et d'exigence de respect, aux tonalités parfois trop fascisantes par rapport à ce qu'un groupe de Blancs du sud des États-Unis peut se permettre.

Mais cela n'est pas très grave car le jeu est tendu, la contrebasse death metal impitoyable et la voix d'Anselmo, désormais débarrassée de ses hurlements haut perchés, toujours dense et frénétique. Même leurs « power ballads », élément incontournable du metal, sont impitoyables. Le titre *This Love*, qui évoque les relations amoureuses destructrices, donne à Anselmo l'occasion de crier « Plus de prise de tête ! » alors que des accords orageux traversent le refrain.

Tant qu'il y aura des jeunes hommes en colère, le metal survivra. Mais de temps à autre, un album surgit et redéfinit la trajectoire du genre. C'est le cas de *Vulgar Display of power*. **AT**

▶II Liste des titres

▶	01 **Mouth For War** (Pantera)	3:56
	02 **New Level** (Pantera)	2:57
	03 **Walk** (Pantera)	5:15
▶	04 **Fucking Hostile** (Pantera)	2:49
▶	05 **This Love** (Pantera)	6:32
	06 **Rise** (Pantera)	4:36
	07 **No Good (Attack The Radical)** (Pantera)	4:50
	08 **Live In A Hole** (Pantera)	4:59
	09 **Regular People (Conceit)** (Pantera)	5:27
▶	10 **By Demons Be Driven** (Pantera)	4:39
	11 **Hollow** (Pantera)	5:45

Alice in Chains
Dirt (1992)

Label | Columbia
Production | Alice In Chains • Dave Jerden
Direction artistique | Mary Maurer
Pays | États-Unis
Durée | 57:30

Lorsque Seattle devient l'épicentre d'un mouvement musical au début des années 90, Alice in Chains et son album *Dirt* se trouvent brusquement sous les projecteurs. Jusqu'alors, le groupe est considéré comme un groupe de metal prometteur, qui fait la première partie de Van Halen et Poison. Mais son apparition dans *Singles* de Cameron Crowe, la plus juste incarnation cinématographique du Seattle grunge, le place sur le devant de la scène. La présence du titre *Would ?* dans la bande originale du film déclenche un engouement pour l'album *Dirt*. Publié à l'automne, celui-ci entre au hit-parade américain à la 6e place.

Avec ses guitares distordues, ses paroles lyriques et son penchant pour les chemises à carreaux, le groupe devient emblématique de la scène de Seattle. Doté d'un son influencé par Black Sabbath et fort des mélodies captivantes du chanteur leader Layne Staley, *Dirt* contribue à définir le genre grunge. Le disque regorge d'allusions au suicide et à la dépendance aux drogues, préfigurant l'overdose fatale de Staley dix ans plus tard : ainsi *Junkhead* (« Nous sommes une élite à nous tout seuls / Les défoncés, les junkies et les paumés ») et *Dirt* (« Je veux sentir un flingue sale me brûler / Dans ma bouche, sur ma langue ») apparaissent comme des mauvais présages.

À l'époque, les problèmes de Layne Staley sont largement niés dans la presse musicale, alors que tout le monde sait que quelque chose ne tourne pas rond. Comme l'écrit le magazine *Spin* : « Il y a une honnêteté brutale, quoique troublante, dans les paroles… comme s'il cherchait à se couper en deux pour laisser l'auditeur regarder à l'intérieur. » **JC**

▶II Liste des titres

▶	01 **Them Bones** (Cantrell)	2:30
	02 **Dam That River** (Cantrell)	3:09
	03 **Rain When I Die** (Cantrell•Kinney•Staley •Starr)	6:01
	04 **Sickman** (Cantrell)	5:29
▶	05 **Rooster** (Cantrell)	6:15
▶	06 **Junkhead** (Cantrell•Staley)	5:09
	07 **Dirt** (Cantrell•Staley)	5:16
	08 **God Smack** (Cantrell•Staley)	3:50
	09 **Sans titre** (Non crédité)	0:43
	10 **Hate To Feel** (Staley)	5:16
	11 **Angry Chair** (Staley)	4:47
	12 **Down In A Hole** (Cantrell)	5:38
▶	13 **Would ?** (Cantrell)	3:27

Nick Cave and the Bad Seeds

Henry's Dream (1992)

Label | Mute
Production | David Briggs • Nick Cave • Mick Harvey
Direction artistique | Anton Corbijn
Pays | Australie
Durée | 41:28

Henry's Dream, le septième album de Nick Cave and the Bad Seeds, est vibrant et mélancolique, émouvant et triste. Les présages de l'Ancien Testament font partie des thèmes de prédilection de l'artiste, et *Henry's Dream* perpétue cette tradition : ce sont des chansons de souffrance et de péché.

L'album s'ouvre sur l'excellent *Papa won't leave you, Henry*, titre glacial et cataclysmique qui prépare l'assaut acoustique à suivre (en 1994, alors que le groupe entonne les premières notes de la chanson pendant un festival en plein air à Melbourne, un orage éclate, fort à propos). Les guitares veloutées et les arrangements de cordes de Mick Harvey et David Blumberg offrent à l'ensemble une touche dynamique.

Le timbre de Nick Cave est dramatique et assuré, que ce soit dans les vocalises de l'hymne *Christina the Astonishing*, les sanglots passionnés de *I had a dream, Joe*, les grondements de *Jack the Ripper* ou les psalmodies de *Brother, my cup is empty*. Ses portraits de paumés et de damnés rendent l'écoute difficile mais captivante, grâce à son humour noir caractéristique (« J'ai compté mes bonnes actions / Et je n'en ai dénombré qu'une »).

Au beau milieu du chaos et de la tragédie se cachent toutefois des chansons d'amour poignantes, telles que la délicate *Straight to you* et la romantique *The Loom of the land*. Sa tendresse reste tempérée par des accents sombres : un des jeunes amants porte un couteau.

À la fois vigoureux, vulgaire et romantique, *Henry's Dream* est un cauchemar exquis. **MBo**

▶II Liste des titres

▶	01 Papa Won't Leave You, Henry (Cave)	5:55
	02 I Had A Dream, Joe (Cave)	3:42
▶	03 Straight To You (Cave)	4:34
▶	04 Brother, My Cup Is Empty (Cave)	3:02
	05 Christina The Astonishing (Cave)	4:51
▶	06 When I First Came To Town (Cave)	5:21
▶	07 John Finns' Wife (Cave)	5:13
	08 Loom Of The Land (Cave)	5:07
▶	09 Jack The Ripper (Cave)	3:43

Nusrat Fateh Ali Khan and Party

Devotional Songs (1992)

Label | Real World
Production | Bari Watts
Direction artistique | Assorted Images
Pays | Pakistan
Durée | 44:51

Né en 1948, Nusrat Fateh Ali Khan a failli devenir docteur. Au lieu de cela, il perpétue la tradition musicale de sa famille, qui s'étend sur vingt générations. Les Khan sont imprégnés de l'héritage du qawwali, forme de mysticisme soufi louant Dieu (Allah) et son prophète (Mahomet).

Khan se fait connaître du grand public occidental grâce au label Real World de Peter Gabriel, et à une performance stupéfiante au festival WOMAD de 1983 en Angleterre. *Devotional Songs* (l'un des dix albums de Khan chez Real World) est un succès critique, commenté dans la presse rock mainstream. Le magazine britannique *Vox* vante son « érotisme organique ». Et en effet, ces hymnes de prière exotiques adoptent une cadence presque sexuelle.

Les tablas et claquements de main créent des rythmes si tendus et hypnotiques

qu'on jurerait qu'il y a de la sorcellerie électronique à l'œuvre. L'effet est fascinant et résume l'intensité des longues performances scéniques de Khan. L'harmonium et la mandoline apportent une touche folk, renforcée par la multitude d'éléments grecs, celtes et de flamenco. Derrière le timbre joyeux de Khan, des chœurs s'appellent et se répondent jusqu'à la transe. Quelques années avant sa mort en 1997, Khan occupe une résidence d'artiste à l'université de Washington. Il ne vit pas assez longtemps pour connaître la douleur et le préjudice du 11 septembre, ni la peur vulgaire que l'événement déclenche à l'égard de ses traditions spirituelles.
Écoutez l'œuvre magnifique de Khan, et vous découvrirez qu'il ne contient aucune trace de haine. Juste un amour profond. **GT**

▶II Liste des titres

▶	01 **Allah Hoo Allah Hoo** (Khan)	7:37
	02 **Yaad-E-Nabi Gulshan Mehka** (Khan)	7:36
	03 **Haq Ali Ali Haq** (Khan)	7:23
▶	04 **Ali Maula Ali Maula Ali Dam Dam** (Khan)	7:44
	05 **Mast Nazroon Se Allah Bachhae** (Khan)	6:21
▶	06 **Ni Main Jogi De Naal** (Khan•Shah)	8:10

P.J. Harvey

Dry (1992)

Label I Too Pure
Production I Robert Ellis • P. J. Harvey • Vernon
Direction artistique I Non créditée
Pays I Royaume-Uni
Durée I 39:54

Chanteuse puissante à la sexualité crue, Polly Jean Harvey sort de l'ombre en 1992. Le trio qu'elle dirige, comprenant le bassiste Steve Vaughn et le batteur Robert Ellis, joue un rock bluesy et post-punk. Dans ce style, le premier album *Dry* propose des chansons à l'émotion brutale. À l'instar de la légende punk Patti Smith, la musique et l'image de Harvey sont ambiguës et intrigantes. Elle fait preuve d'un talent d'écriture mature et influent, à la fois agressif et vulnérable. Classée par beaucoup parmi les féministes (mais mise au pilori après avoir posé pour des publicités explicites et controversées), elle affiche un humour noir décadent et s'attaque aux attentes des femmes à travers sa dissection de l'amour et du sexe. La complexité des paroles de P.J. Harvey complète la puissance de sa voix . Elle enregistre le captivant *Sheela-na-gig*, dont le titre fait référence aux anciens symboles de la fertilité féminine. *Dress*, un chef-d'œuvre sexy et séduisant, pose la question de la domination dans les rapports humains. Les deux titres sont publiés en single et deviennent des classiques du rock indé. *Dry* comprend d'autres titres excellents : *Hair, Fountain* – lent puis enragé – et *Dry*, sur lequel P.J. Harvey mélange des cris désespérés et des riffs bluesy, avec une énergie punk-rock.
Sans surprise, le magazine *Rolling Stone* désigne P. J. Harvey comme le meilleur auteur-compositeur et la meilleure nouvelle chanteuse de 1992. En un souffle, *Dry* propulse P.J. au rang de nouvelle d'icône musicale, position qu'elle occupe encore aujourd'hui. **MBo**

▶II Liste des titres

▶	01 **Oh My Lover** (Harvey)	4:00
	02 **O Stella** (Harvey)	2:30
▶	03 **Dress** (Ellis•Harvey)	3:16
	04 **Victory** (Harvey)	3:16
	05 **Happy And Bleeding** (Ellis•Harvey)	4:48
▶	06 **Sheela-Na-Gig** (Harvey)	3:10
▶	07 **Hair** (Harvey)	3:47
▶	08 **Joe** (Ellis•Harvey)	2:33
	09 **Plants And Rags** (Ellis•Harvey)	4:09
▶	10 **Fountain** (Harvey)	3:53
	11 **Water** (Harvey)	4:32

Suede

Suede (1993)

Label | Nude
Production | Ed Buller
Direction artistique | Peter Barrett • Andrew Biscomb
Pays | Royaume-Uni
Durée | 45:26

Le premier album de Suede marque la fin du tourbillon médiatique qui a commencé au début de l'année 1992, lorsque le groupe a fait la couverture de *Melody Maker* avant même d'avoir publié une note.

Véritable creuset d'influences (David Bowie, The Smiths), le quintet réussit pourtant un album aux antipodes des mœurs grunge et slacker qui se propagent à l'époque. Ajoutez à leur panache une pointe de bisexualité (surtout manifeste dans les paroles du chanteur Brett Anderson), et vous obtenez une combinaison irrésistible.

Dès la première explosion de batterie de *So young*, Suede est un voyage captivant, mêlant glam rock (*Animal Nitrate*) et dépression urbaine (*Breakdown* et *Sleeping Pills* sont les chansons parmi les plus poignantes de la carrière de Brett Anderson). L'album s'attache aux aspects les plus funestes de la vie londonienne, ce qui offre au groupe une grande latitude. *Animal Lover*, prétendument écrit sur Damon Albarn de Blur, le nouvel amant de l'ancienne partenaire d'Anderson (Justine Frischmann d'Elastica), est un choc pour les sens. *Metal Mickey* est quant à lui très enlevé, même s'il évoque la frustration dans les villes satellites.

Les paroles anglo-centriques de Brett Anderson et le son heavy des guitares de Suede posent un modèle pour la britpop. Mais le groupe vise déjà beaucoup plus haut que les autres artistes débutants. *The Next Life*, ballade au piano rêvant de lendemains meilleurs, est si ridiculement dramatique qu'elle clôt l'album à la perfection. Seuls Butler et Anderson jouent sur le morceau : la séparation qui suivra rend l'écoute de l'album d'autant plus poignante. **JK**

▶II Liste des titres

▶ 01 So Young (Anderson•Butler)	3:38
▶ 02 Animal Nitrate (Anderson•Butler)	3:27
03 She's Not Dead (Anderson•Butler)	4:23
04 Moving (Anderson•Butler)	2:50
05 Pantomime Horse (Anderson•Butler)	5:49
▶ 06 The Drowners (Anderson•Butler)	4:10
07 Sleeping Pills (Anderson•Butler)	3:51
08 Breakdown (Anderson•Butler)	6:02
▶ 09 Metal Mickey (Anderson•Butler)	3:27
10 Animal Lover (Anderson•Butler)	4:17
▶ 11 The Next Life (Anderson•Butler)	3:32

Paul Weller

Wild Wood (1993)

Label | Go ! Discs
Production | Brendan Lynch • Paul Weller
Direction artistique | Simon Haflon • Paul Weller
Pays | Royaume-Uni
Durée | 50:09

Après la dissolution de The Style Council et une pause musicale à la fin des années 80, Paul Weller ravive les influences rock traditionnelles qui l'inspiraient à l'origine, des complaintes pastorales de Nick Drake aux premiers enregistrements solo de Neil Young, en passant par le groove psychédélique de Traffic (leur influence est visible sur les quatre morceaux instrumentaux de *Wild Wood*).

Les riffs percutants de *Sunflower* nuancent l'arrivée de l'été par un sentiment de perte. Deux des titres les plus puissants de l'album, *5th Season* et *The Weaver*, mettent parfaitement en valeur la voix passionnée de Weller et son jeu de guitare, souvent sous-estimé. Les puissants *Can you heal us (holy man)* et *Has my fire really gone out ?*

– tous deux excellents – proposent une réflexion de Weller sur les chemins artistiques qu'il a empruntés. Son approche de l'album est complétée par la récurrence du thème de la nature. Il s'incarne parfaitement dans le joyau acoustique *Wild Wood*, ballade obsédante et rustique (écoutez également le sage et discret *Country*). Le toucher du batteur Steve White est magistral dans tout l'album. Le producteur Brendan Lynch ajoute des textures électroniques et des claviers majestueux à l'ensemble.

Wild Wood contribue à renouveler l'intérêt pour l'idéologie des années 60 et inspire la britpop, ce qui vaut à Weller le surnom de « Modfather » (des figures comme Gallagher le citent rapidement comme une véritable influence). L'album remporte le prix Ivor Novello pour « le meilleur ensemble de chansons contemporaines », et redore le blason de Paul Weller en tant que l'un des auteurs-compositeurs les plus talentueux de Grande-Bretagne. **AM**

▶II Liste des titres

▶	01 Sunflower (Weller)	4:06
	02 Can You Heal Us (Holy Man) (Weller)	3:42
▶	03 Wild Wood (Weller)	3:23
	04 Instrumental One (Part 1) (Weller)	1:37
▶	05 All The Pictures On The Wall (Weller)	3:56
▶	06 Has My Fire Really Gone Out ? (Weller)	3:50
	07 Country (Weller)	3:39
	08 Instrumental (Part 2) (Weller)	0:49
▶	09 5 th Season (Weller)	4:54
▶	10 The Weaver (Weller)	3:43
	11 Instrumental One (Part 2) (Weller)	0:34
▶	12 Foot Of The Mountain (Weller)	3:38
▶	13 Shadow Of The Sun (Weller)	7:36
	14 Holy Man (reprise) (Weller)	1:51
	15 Moon On Your Pyjamas (Weller)	4:01
	16 Hung Up (Weller)	2:40

The Smashing Pumpkins
Siamese Dream (1993)

Label I Virgin
Production I Billy Corgan • Butch Vig
Direction artistique I Len Peltier
Pays I États-Unis
Durée I 62:08

Exorcisme des démons de l'enfance ? Chef-d'œuvre d'un mégalomaniaque ? Heure de hard rock génial ? *Siamese Dream* est tout cela à la fois, et même plus.

L'album doit son existence à l'ambition dévorante du leader Billy Corgan. Après plusieurs mois de tournée avec l'album *Gish* (1991), il assume l'entière responsabilité de la réalisation d'un disque. De manière ironique, le titre fait référence à « la vie dans un état de rêve, une connexion organique entre les gens », alors que les membres du groupe se parlent à peine.

Les contributions du guitariste James Iha et du bassiste D'Arcy Wretsky se prêtent à toutes les conjectures. Certains pensent que Billy Corgan a joué lui-même une grande partie de leurs partitions. Le batteur Jimmy Chamberlin ajoute au chaos avec ses excès impromptus.

La vision « la plus hard, la plus méchante et la plus rock » s'exprime de manière spectaculaire à travers *Cherub Rock* et *Geek U.S.A*. Le monstre *Silverfuck* répond à la volonté de Billy Corgan « d'associer la puissance de Black Sabbath au dynamisme de Led Zeppelin et au psychédélisme de Pink Floyd ». Mais ce sont les moments mélodiques qui assurent l'immortalité de *Siamese Dream* : les vibrants *Today* et *Disarm*, ainsi que la berceuse *Luna*.

Sur le plan des paroles, le chanteur affronte les fantômes de son passé dans *Disarm* (ses parents) et *Spaceboy* (son frère handicapé). Il file des métaphores poétiques sur *Mayonaise* et remue le couteau dans la plaie sur *Soma* (dont le sujet deviendra son ex-femme). Mike Mills de R.E.M. fait une apparition dans ce dernier titre et déclare que *Siamese Dream* est « un grand disque, avec ou sans lui ». Et il a bien raison. **BM**

▶II Liste des titres

▶ 01 **Cherub Rock** (Corgan)	4:57
02 **Quiet** (Corgan)	3:42
▶ 03 **Today** (Corgan)	3:19
04 **Hummer** (Corgan)	6:57
05 **Rocket** (Corgan)	4:06
▶ 06 **Disarm** (Corgan)	3:17
07 **Soma** (Corgan•Iha)	6:39
08 **Geek U.S.A.** (Corgan)	5:13
09 **Mayonaise** (Corgan•Iha)	5:49
10 **Spaceboy** (Corgan)	4:28
11 **Silverfuck** (Corgan)	8:43
12 **Sweet Sweet** (Corgan)	1:38
13 **Luna** (Corgan)	3:20

Auteurs
New Wave (1993)

Label I Hut
Production I Luke Haines • Phil Vinall
Dir. art. I P. Barrett • A. Biscomb
Pays I Royaume-Uni
Durée I 41:36

Formé en 1992 par le très cynique Luke Haines et sa partenaire Alice Readman (anciens membres des Servants) avec le batteur Glenn Collins et le violoncelliste James Banbury, Auteurs signe chez la filiale Hut de Virgin, et débute avec le single *Showgirl* au mois de décembre suivant. Celui-ci prend d'assaut le hit-parade indé du Royaume-Uni et leur premier album suscite de grandes attentes. Peut-être davantage que *Modern Life is rubbish* de Blur ou que le premier album de Suede, *New Wave* pose les jalons de ce qui sera bientôt baptisé la « britpop ».
Les paroles incisives et intelligentes de Haines sont influencées par son amour du théâtre et du cinéma, ce qui fait rapidement de lui le roi de la studieuse génération slacker. La musique est un mélange exaltant de rythmes contemporains et de guitares décontractées, qui exercera une grande influence. Le timbre rétro brillant de *Showgirl* et *Junk shop clothes* trahit l'esprit pervers de Haines, et l'association du violoncelle et du glam rock sur *How could I be wrong ?* et *Idiot brother* révèle son versant plus menaçant.
New Wave reste une œuvre irrésistible, merveilleusement exécutée, qui a mieux vieilli que son rival Suede. Par la suite, la carrière irrégulière de Haines flirte brièvement avec le terrorisme rétro-chic allemand à l'occasion de son projet *Bande à Baader* (pour la bande originale d'un film) et il connaît même un succès grand public avec le groupe Black Box Recorder, auteur d'une europop sombre et sordide. **CSh**

Liz Phair
Exile in Guyville (1993)

Label I Matador
Production I Liz Phair • Brad Wood
Direction artistique I Mark O. • Liz Phair
Pays I États-Unis
Durée I 55:49

En 1993, la musique alternative est très populaire, mais surtout représentée par le grunge : un genre presque entièrement exempt de voix féminines. Il y a bien quelques femmes, en particulier P. J. Harvey, Kim Deal et Tanya Donelly des Breeders, mais la musique alternative attend toujours l'émergence d'un vrai groupe féminin.
Les choses changent avec *Exile in Guyville*, le remarquable premier album de Liz Phair. Originaire de la scène de Chicago, dont émanent les Smashing Pumpkins, Liz Phair canalise les craintes et le ressentiment de la jeunesse à travers dix-huit titres d'une honnêteté époustouflante, assombris par des arrangements tranquilles de guitare électrique et de clavier. Pour le plus grand

plaisir des critiques et des fans, l'artiste ne craint pas de parler de sexe et de relations amoureuses dans les termes les plus imagés, notamment dans le titre *Fuck and run*. Hélas, elle ne va jamais réitérer le triomphe artistique d'*Exile in Guyville*. Deux albums sortis dans les années 90 lui valent des critiques respectueuses bien que mesurées, mais ne connaissent pas le succès auprès du grand public. En 2003, Liz Phair produit un album éponyme destiné à séduire les jeunes fans. Mais l'ajout d'obscénités semble calculé pour prouver aux auditeurs plus âgés que la Liz Phair insolente de *Guyville* est toujours présente sous le lustre pop. Malheureusement, aucun des deux camps ne se laisse séduire.
Quoi qu'il en soit, Phair a produit avec *Exile in Guyville* un disque débordant de colère et de beauté, qui suffit à sa carrière. **KB**

The Afghan Whigs
Gentlemen (1993)

Label | Elektra
Production | John Curley • Greg Dulli
Direction artistique | Greg Dulli
Pays | États-Unis
Durée | 48:56

Bien qu'ils aient signés chez Sub Pop pendant deux ans, les Afghan Whigs se distinguent de leurs acolytes, porteurs de chemises à carreaux. Conduit par le charismatique et hédoniste Greg Dulli, le quartette en costumes de Cincinnati invente un style hybride qui mêle rock dynamique et soul profonde. Les paroles de Dulli ignorent l'angoisse existentielle post-adolescente mais explorent les recoins les plus sombres de la sexualité masculine. En 1991, le groupe se fait remarquer pour son insidieux troisième album, *Congregation*, qui débouche sur un contrat avec Elektra. Puis ses membres reviennent à Memphis pour enregistrer leur chef-d'œuvre.
Bénéficiant d'une production précise, *Gentlemen* est un tour de force. La chanson-titre et *Be sweet* posent une ferveur ardente sur des textures sinueuses et groovy. C'est la voix rauque de Dulli qui introduit ce morceau. Le R&B de *Debonair* et les motifs de piano brûlants de *What jail is like* passent en boucle sur les radios universitaires. Mais le point culminant de l'album sur le plan émotionnel est *My curse*, une ballade torturée qui adopte un point de vue féminin, chantée de manière dévastatrice par Marcy Mays du groupe Scrawl.
Gentlemen est salué par les critiques des deux côtés de l'Atlantique et ouvre la voie à l'album suivant, le désespéré *Black Love*, et au chant du cygne *1965*, qui prennent la tête des classements du Billboard. Les Afghan Whigs se séparent à l'amiable en 2001, après avoir fait la première partie de leur héros d'enfance Aerosmith, lors d'une tournée des stades aux États-Unis. **MA**

Aimee Mann
« Whatever » (1993)

Label | Geffen
Production | Jon Brion
Direction artistique | Gail Marowitz
Pays | États-Unis
Durée | 52:40

Pour un musicien issu d'un groupe célèbre, l'enregistrement d'un premier album solo revient souvent à tenter de faire mieux que sa précédente formation. Qu'il y réussisse ou non, les critiques et les auditeurs se demandent si le succès antérieur doit être attribué à certains facteurs extérieurs – dont le calendrier, les collaborations externes, ou tout simplement la chance.
Aimee Mann connaît le succès avec 'Til Tuesday dans la deuxième partie des années 80. Chanteuse et bassiste de ce

groupe de rock originaire de Boston, elle est la voix et le visage du tube *Voices carry* et des singles *What about love ?* et *Coming up close*. Mais peut-elle s'en sortir sans son groupe ?

Whatever est particulièrement important pour deux raisons. D'abord, il renforce la réputation d'Aimee Mann comme auteur-compositeur dont le talent s'adapte à son style vocal urbain. Ensuite, il permet de découvrir l'excellent producteur qu'est le multi-instrumentaliste Jon Brion. Ancien membre de 'Til Tuesday, il travaille par la suite avec des gens comme David Byrne (ex-Talking Heads), Fiona Apple et Rufus Wainwright.

Débordant de chansons intelligentes mais jamais pédantes, *Whatever* présente une artiste déjà mûre, qui possède un instinct naturel pour l'harmonie. Les guitares scintillantes et les chœurs légers de *Fifty Years after the fair* sont adoucis par les ornements du glockenspiel de Brion, tandis que le ton plus sombre de *Jacob Marley's Chain* est étrangement compensé par les percussions militaires qui l'entraînent. Le résultat est magnifique. **YK**

Grant Lee Buffalo
Fuzzy (1993)

Label | Slash
Production | Paul Kimble
Direction artistique | Liz Hale
Pays | États-Unis
Durée | 46:31

Lorsque le chanteur de R.E.M. Michael Stipe déclare que *Fuzzy* est « de loin le meilleur album de l'année », il ne fait que répéter l'appréciation des critiques qui se sont immédiatement enthousiasmés pour le premier album de country alternative gothique de Grant Lee Buffalo.

Enregistré en seulement deux semaines aux studios Brilliant de San Francisco, l'album propose une alternative rafraîchissante à la scène grunge de plus en plus austère des États-Unis. Il tire largement son inspiration de la vieille fonderie où il a été enregistré. Ce qui est au départ un vague ensemble de maquettes acoustiques réalisé par un trio amateur est transformé en saynètes historiques et politiques retentissantes, traversées de guitares à douze cordes, de batteries fracassantes et d'un tourbillon d'orgues à pompe.

Comme les premiers chanteurs de blues, les paroles de Grant Lee Phillips s'inspirent à la fois de l'état de son pays et de la mythologie des hautes plaines. Des chansons comme *America Snoring* et *Stars n' stripes* reçoivent rapidement l'attention qu'elles méritent, grâce aux apparitions du groupe lors des tournées de Pearl Jam ou des Cranberries.

Avec le bassiste Paul Kimble à la production, GLB contrôle son destin, orchestrant des arrangements captivants pour les mélodies de Phillips. Le titre *Grace*, chargé de vitriol, trouve naturellement sa place aux côtés de berceuses jazzy et apaisantes comme *You just have to be crazy*. Même s'il ne se vend pas à des millions d'exemplaires comme il le mérite, *Fuzzy* devient une référence pour tous les fans de new wave. **ARo**

▶II Liste des titres

▶ 01 The Shining Hour (Phillips)	3:53
▶ 02 Jupiter and Teardrop (Phillips)	5:57
03 Fuzzy (Phillips)	4:57
04 Wish You Well (Phillips)	3:28
05 The Hook (Phillips)	4:10
06 Soft Wolf Tread (Phillips)	2:50
▶ 07 Stars N' Stripes (Phillips)	4:41
08 Dixie Drug Store (Phillips)	3:08
▶ 09 America Snoring (Phillips)	3:38
▶ 10 Grace (Phillips)	6:13
11 You Just Have To Be Crazy (Phillips)	3:36

Nirvana
In utero (1993)

Label | Geffen
Production | Steve Albini • Scott Litt
Direction artistique | Kurt Cobain • Robert Fisher
Pays | États-Unis
Durée | 69:05

L'histoire du rock est pavée d'albums écrasés par le poids de l'attente qui pesait sur eux. *In utero* est inébranlable, et demeure une référence, alors qu'il s'agit du successeur de *Nevermind*, référence grunge des années 90.
Kurt Cobain est un réactionnaire au sens le plus strict. Nirvana s'est battu pour se débarrasser du son metal du premier album *Bleach* et y est parvenu sur *Nevermind*. Pour *In utero*, le groupe recrute le producteur « punk » Steve Albini. Mais les fans et les critiques n'ont pas à s'en faire : le travail antérieur d'Albini avec les Breeders et les Pixies est bien plus grand public que *In utero*.
Ce n'est pas un album strictement punk. *Dumb* en est la preuve magnifique, avec son violoncelle et ses paroles pleines d'insatisfaction. *Pennyroyal Tea* est tout aussi touchant et tranquille. Mais le groupe peut aussi détruire l'auditeur par sa force brute. Le premier titre, *Serve the servants*, exprime le pardon de Kurt à son père absent sur un rythme dévasté, et l'explosif *Tourette's* vous fait directement dresser les cheveux sur la tête.
Pourtant, la réalisation de *In utero* ne se déroule pas sans encombres. Geffen refuse une première version et le producteur Scott Litt de R.E.M. est recruté pour polir les angles. À ce moment, les fans commencent à craindre que le chanteur, à bout de nerfs, ne se tourne vers autre chose. Son addiction croissante à la drogue et l'intrusion de la presse dans sa vie privée (son mariage avec Courtney Love) font penser qu'*In utero* ne sortira jamais.
Heureusement, il paraît enfin. Cet album reste le plus saisissant de Nirvana et il annonce la direction mélodique que le groupe aurait probablement suivie si Kurt Cobain était resté en vie. **JK**

▶II Liste des titres

▶	01 Serve The Servants (Cobain)	3:36
	02 Scentless Apprentice (Nirvana)	3:47
▶	03 Heart Shaped Box (Cobain)	4:41
	04 Rape Me (Cobain)	2:49
	05 Frances Farmer Will Have Her Revenge On Seattle (Cobain)	4:09
▶	06 Dumb (Cobain)	2:32
	07 Very Ape (Cobain)	1:55
▶	08 Milk It (Cobain)	3:54
	09 Pennyroyal Tea (Cobain)	3:37
	10 Radio Friendly Unit Shifter (Cobain)	4:51
	11 Tourette's (Cobain)	1:35
▶	12 All Apologies (Cobain)	3:50
	13 Gallons Of Rubbing Alcohol Flow Through The Strip (Nirvana)	7:33

Jamiroquai
Emergency on planet Earth (1993)

Label | Sony
Production | Jay Kay • Mike Nielson • Toby Smith
Direction artistique | Creative Minds
Pays | Royaume-Uni
Durée | 55:18

Jamiroquai fait irruption sur la scène acid jazz britannique du début des années 90 avec un leader charismatique en la personne de Jay Kay (chapeaux démesurés, performances énergiques, paroles politisées et voix proche de celle de Stevie Wonder) et un premier album irrésistiblement funky.
En 1992, le groupe prend d'assaut le hit-parade britannique avec son premier single *When you gonna learn*. Le mélange contagieux de groove, de didjeridoo, d'arrangements signés Jay Kay et Toby Smith et de paroles à tendance écologique impressionne Sony, qui propose au groupe

de signer pour huit albums. *Emergency on planet Earth* est enregistré selon un calendrier serré. La chanson-titre est même écrite dans le studio juste avant la prise. En dépit de cela, l'album est si irrésistible qu'il prend immédiatement la tête du hit-parade britannique.

Il donne le ton pour une grande partie du travail postérieur de Jamiroquai, de la silhouette de Jay Kay en « Buffalo Man » aux grooves inspirés du disco des années 70 et à l'idée de retour à la nature. *Too young to die*, écrit en réaction à la première guerre du Golfe, est basé sur un rythme puissant. Ses cuivres enlevés et le scat exubérant de Jay Kay font passer son message hargneux. Kay abandonne la politique sur le funky *Whatever it is, I just can't stop* et laisse même entrevoir de la tendresse sur l'émouvant *Blow your mind*. Enfin, le tourbillonnant *Music of the mind* (un clin d'œil à Stevie, peut-être ?) permet au groupe de démontrer l'étendue de sa virtuosité.

Voilà le son joyeux d'un groupe qui accorde autant d'importance à faire réfléchir son public qu'à animer les pistes de danse. **DC**

▶II Liste des titres

01 When You Gonna Learn (Digeridoo) (Kay)	3:47
▶ 02 Too Young To Die (Kay•Smith)	6:04
03 Hooked Up (Kay•Smith)	4:37
04 If I Like It, I Do It (Kay•Van Gelder)	4:52
▶ 05 Music Of The Mind (Kay•Smith)	6:22
06 Emergency On Planet Earth (Kay•Smith)	4:04
▶ 07 Whatever It Is, I Just Can't Stop (Kay)	4:07
▶ 08 Blow Your Mind (Kay•Smith)	8:33
09 Revolution 1993 (Kay•Smith)	10:17
10 Didgin'Out (Buchanan•Kay)	2:35

Pet Shop Boys
Very (1993)

Label | EMI
Production | Stephen Hague • Pet Shop Boys
Direction artistique | Pentagram
Pays | Royaume-Uni
Durée | 53:09

Même si les Pet Shop Boys ont toujours été gays, *Very* est leur premier album vraiment gay, et le premier à se classer à la 1re place au Royaume-Uni. Le titre de clôture, une interprétation influencée par Laibach du *Go west* de Village People (n° 2 au Royaume-Uni), le confirme, tout comme la ballade sur le sida *Dreaming of the Queen*, le sexuel *To speak is a sin* et le prédateur *Young Offender*.

Neil Tennant et Chris Lowe, qui ont déjà ce grain de folie proche de Gilbert et George, deviennent complètement loufoques pour la pochette de Very, avec leurs chapeaux à la Devo et leurs costumes de cosmonautes bleu et jaune (les premières éditions possèdent une pochette imitant le plastique d'emballage, et comprennent un disque de six titres instrumentaux en bonus, *Relentless*). Surtout, ils se dévouent entièrement à la création de *Very*. Certains singles sortis par la suite surpassent probablement les titres de celui-ci, mais c'est leur album le plus cohérent et le plus séduisant. Tennant explique qu'il s'intitule *Very* parce qu'il est « very Pet Shop Boys : très dynamique, très romantique, très triste, très pop ».

Parmi les nombreuses réussites de l'album, on relève le sauvage *The Theatre*, écrit par Tennant en réponse à l'hommage de Phil Collins aux sans-abri, *Another Day in paradise*. Le titre tient aussi lieu de critique des injustices sociales perpétuées par le Premier ministre britannique, John Major. Le désinvolte *Liberation* et l'enthousiaste *Can you forgive her ?* sont deux chansons pop

magnifiques, comme seuls les Pet Shop Boys savent les faire.
Offrande rythmée et colorée, *Very* montre que Tennant et Lowe sont assez confiants pour changer de formule et mettre tout de même dans le mille. **DN**

▶II Liste des titres

	01 Can You Forgive Her ? (Lowe•Tennant)	3:53
	02 I Wouldn't Normally Do This Kind Of Thing (Lowe•Tennant)	3:03
	03 Liberation (Lowe•Tennant)	4:05
	04 A Different Point Of View (Lowe•Tennant)	3:26
	05 Dreaming Of The Queen (Lowe•Tennant)	4:19
	06 Yesterday, When I Was Mad (Lowe•Tennant)	3:55
▶	07 The Theatre (Lowe•Tennant)	5:10
	08 One And One Make Five (Lowe•Tennant)	3:30
▶	09 To Speak Is A Sin (Lowe•Tennant)	4:45
	10 Young Offender (Lowe•Tennant)	4:49
	11 One In A Million (Lowe•Tennant)	3:53
▶	12 Go West (Belolo•Morali•Willis)	8:21

P.J. Harvey

Rid of me (1993)

Label | Island
Production | Steve Albini • Rob Ellis • Head • P. J. Harvey
Direction artistique | Maria Mochnacz
Pays | Royaume-Uni
Durée | 47:59

La photographie culte de la pochette, sexuelle et dérangeante, avec cette crinière de cheveux noirs, ces yeux cernés et ces épaules anguleuses, dit tout de *Rid of me*. Polly Jean Harvey y affronte ses démons à travers un son dénué de toute afféterie, résolue à ne rien cacher. Ses voyelles britanniques et son amour des riffs de blues éraillés créent une tension unique sur la scène rock, alors en passe d'être engloutie par le grunge américain. Bien qu'il s'agisse de son second album, *Rid of me* marque le moment où P. J. Harvey définit véritablement son style. Il occupe une place essentielle dans sa discographie.
La chanson-titre de l'album est construite sur un rythme acide qui marque chaque mesure avec rage. Les cris de « Lèche mes jambes, je suis en feu » sont toujours aussi spectaculaires et remuants que lorsqu'ils ont surgi de sa gorge pour la première fois. C'est une ouverture audacieuse pour ce disque qui démarre avec l'obsession du désir et s'achève par l'union amoureuse d'*Ecstasy*.
La férocité de la voix de Harvey est redoublée par un jeu de guitare à glacer le sang, toujours à la limite du chaos sans jamais perdre contrôle, ce que démontrent parfaitement *Man-Size*, une satire sur les hommes, et l'incroyable boogie *50ft Queenie*.
La production brutale et parfois sommaire de Steve Albini facilite le passage à l'intimisme absolu des performances scéniques. Kurt Cobain, notamment, appréciait beaucoup cet album.
L'instinct primaire de P. J. Harvey est au cœur de *Rid of me*, un album qui explore sa personnalité bien plus que ses œuvres ultérieures. **AR**

▶II Liste des titres

▶	01 Rid Of Me (Harvey)	4:28
	02 Missed (Harvey)	4:25
	03 Legs (Harvey)	3:40
▶	04 Rub 'Til It Bleeds (Harvey)	5:03
	05 Hook (Harvey)	3:56
	06 Man-Size Sextet (Harvey)	2:16
	07 Highway'61 Revisited (Dylan)	2:57
▶	08 50ft Queenie (Harvey)	2:23
	09 Yuri-G (Harvey)	3:28
▶	10 Man-Size (Harvey)	3:16
▶	11 Dry (Harvey)	3:23
	12 Me-Jane (Harvey)	2:42
	13 Snake (Harvey)	1:35
	14 Ecstasy (Harvey)	4:27

Blur
Modern Life is rubbish (1993)

Label | Food
Production | Stephen Street
Direction artistique | Stylorouge
Pays | Royaume-Uni
Durée | 55:08

Modern Life is rubbish a failli ne jamais voir le jour. Dans la seconde moitié de l'année 1992, le grunge, les modes changeantes, une tournée éreintante aux États-Unis et des soucis financiers donnent aux membres de Blur l'envie de prendre l'air. Contre toute attente, ils produisent un album que beaucoup de fans considèrent toujours comme leur meilleur.

Modern Life is rubbish marque le début d'une période où Blur se tourne vers une Angleterre oubliée, qu'évoque le train à vapeur Mallard peint sur la pochette. Les seize titres (dix-sept aux États-Unis) proposent une mélancolie proche de Syd Barrett (l'évaporé *Miss America*) et du music-hall hooligan insolent (*Sunday sunday*). Le guitariste Graham Coxon se charge de dynamiser l'ensemble (sur *Pressure on Julian*, il joue avec une perceuse électrique). L'album est si magnifiquement rythmé et produit que ces éléments hétéroclites s'assemblent de façon cohérente. On y trouve aussi une critique éblouissante du style de vie britannique des années 90. Le rythme des instrumentaux *Intermission* et *Commercial Break* et les cordes luxuriantes du single *For tomorrow* laissent les auditeurs sans voix.

Est-ce bien le même groupe qui, deux ans auparavant, est assimilé à la scène « baggy » largement décriée ? La « nouvelle » image de Blur est celle d'un groupe avant-gardiste obstiné. Il donnera d'autres preuves de sa boulimie culturelle et de son génie pop éclatant. **JK**

Sheryl Crow
Tuesday Night Music Club (1993)

Label | A&M
Production | Bill Bottrell
Direction artistique | Richard Frankel
Pays | États-Unis
Durée | 49:48

Connaître les bonnes personnes est une stratégie payante. C'est ce que fait Sheryl Crow lorsqu'elle commence à fréquenter un groupe d'auteurs-compositeurs et de producteurs de Los Angeles, qui se retrouvent une fois par semaine pour jouer de la musique et boire de la bière. C'est en collaborant avec ce collectif, le « Tuesday Night Music Club », que Sheryl Crow sort de l'ombre.

À l'époque, la chanteuse a déjà enregistré l'équivalent d'un album. Mais cette première série de titres regroupe des ballades lisses et des morceaux dance teintés de pop, qui ne correspondent pas au son rock que recherche l'artiste. La chanteuse parvient à ses fins avec sa deuxième tentative et produit une œuvre qui restitue parfaitement l'ambiance décontractée, la créativité spontanée et les bons moments arrosés de ces sessions hebdomadaires.

L'album commence par la « power ballad » *Run, baby, run*, qui débouche sur l'intrigant *Leaving Las Vegas*. Puis elle lance un défi sur *Strong enough*, énumérant ses qualités à l'intention d'un futur fiancé, avant de conclure la partie avec le provocant *Can't cry anymore*.

Les deux premiers singles, *Run, baby, run* et *Leaving Las Vegas*, peinent d'abord à atteindre le hit-parade, tout comme l'album. Puis la radio s'empare de l'imparable *All I wanna do* et en fait un des tubes de 1994. À son tour, l'album décolle. Il se vend à trois millions d'exemplaires avant la fin de l'année et rapporte trois Grammys à Sheryl Crow. **JiH**

The Fall

The Infotainment Scan (1993)

Label | Permanent
Production | Divers
Direction artistique | Mark E. Smith
Pays | Royaume-Uni
Durée | 45:57

Être fan du groupe The Fall procure, entre autres, la joie de découvrir l'indiscutable classique que le groupe produit à chaque décennie et qu'il tente d'égaler les années suivantes. *The Infotainment Scan* est le représentant des années 90 au sein de ce club très sélectif. Sorti en 1993, après une période de trois ans chez la major Phonogram, il montre un groupe à son apogée, porteur d'une réflexion passionnante, d'une inventivité fantastique et d'un humour profondément caustique. Mark E. Smith revient aux origines, épure le son et développe l'ascendant techno déjà présent dans leur travail depuis le milieu des années 80. La contribution de Dave Bush apporte une note contemporaine au groupe.

Mark E. Smith est ici dans une forme éblouissante. Il pose ses yeux cernés et las sur les origines de la culture rave dans *The League of baldheaded men* et sur les nouveaux venus Suede dans *Glam-racket*. *It's a curse* préfigure une nostalgie qui va assaillir la culture britannique au tournant du millénaire. La reprise du *Lost in music* de Sister Sledge donne au morceau une allure corrosive.

The Infotainment Scan est quelque peu soft, mais le cœur de l'album recèle peut-être la musique la plus brillante jamais jouée par The Fall. La perversité des reprises, la solidité du groove et la profondeur du contenu font de cet album un des plus puissants signés par la formation. **DE**

Wu-Tang Clan

Enter the Wu-Tang (36 Chambers) (1993)

Label | Loud
Production | RZA
Dir. art. | Jacqueline Murphy
Pays | États-Unis
Durée | 61:35

En 1993, la scène rap évolue. Les prédicateurs politiques comme Public Enemy sont balayés par des gangsters défoncés tels que Snoop. Mais Wu-Tang creuse un sillon unique. Ses rimes évoquent rarement les drogues, les pistolets et les clichés machistes du rap. Il s'agit principalement d'un mélange de hip-hop traditionnel, passé au crible du lexique fascinant des arts martiaux.

Musicalement, on est à des années-lumière du mur de son de Public Enemy et du G-funk de Snoop. Des extraits de piano et de basse sont mixés avec ce que le chef de Wu-Tang, RZA, décrit comme « la grosse caisse et la caisse claire et les cuivres et le boum et le bap et le cri ».

Sur ce fond sonore, des voix hétéroclites se font entendre : les grincements laconiques de *Method Man*, les déclamations extravagantes de *Ol' Dirty Bastard*, l'indignation de *Ghostface Killah* et de *Raekwon* et l'autorité cool de *GZA*. *U-God* et *The Rebel INS* ferment la marche.

Conscients de leur talent, les huit membres (à l'époque) de Wu-Tang Clan engendrent une série apparemment sans fin d'albums solo et de projets parallèles (avec succès, comme le montre le stupéfiant *The Pretty Toney Album* de Ghostface, sorti en 2004). Même après une décennie de saturation, le premier album de Wu-Tang sonne toujours de manière unique. Qu'il s'agisse de génie ou d'un condensé de non-sens remarquablement ouvragé, il n'en dégage pas moins une excentricité revigorante. **BM**

Björk
Debut (1993)

Label | One Little Indian
Production | Divers
Direction artistique | Me Company
Pays | Islande
Durée | 52:12

Née à Reykjavík, Björk Gudmundsdottir donne dès l'enfance des signes de sa future personnalité musicale. Elle commence par chanter seule dans des grottes, et à 11 ans, elle connaît le succès avec son premier album solo. Puis elle rejoint différents groupes proto-punk, dont The Sugarcubes. Lorsque celui-ci connaît enfin un succès planétaire en 1991, Björk décide de dissoudre le groupe : « Je voulais du danger, je voulais des menaces. »
Avec une cassette de ses compositions d'enfance jouées par des brass bands traditionnels sous le bras, Björk engage le pionnier de la musique dance Graham Massey de 808 State et elle met le cap sur la scène club underground de Londres. Accompagnée du producteur Nellee Hooper (Massive Attack), Björk rencontre quelques-unes des personnalités musicales les plus pointues de la ville (Goldie, Talvin Singh). Elle reprend leurs idées, partage les siennes. « Bien sûr, il y a eu des larmes et des disputes des deux côtés, raconte Nellee Hooper, mais c'est comme ça qu'on fait un bon disque. »
Le résultat est *Debut*. Björk décrit son image sur la pochette comme « timide, polie », mais l'album est une véritable révélation, un secret qui ne demande qu'à être dévoilé. Au centre, il y a l'extraordinaire voix de Björk, qui passe en un clin d'œil des hurlements aux soupirs enfantins. *Debut* reflète l'excitation de sa genèse, avec des tubes aussi sensuels que *Venus as a boy*. Lorsque Björk se produit dans l'émission *Unplugged* de MTV en 1992, accompagnée d'une troupe de moines, elle donne l'impression de pouvoir charmer les extraterrestres avec sa musique. Le monde entier applaudit, son heure de gloire a sonné. **SH**

▶II Liste des titres

▶	01 Human Behaviour (Björk•Hooper)	4:12
	02 Crying (Björk•Hooper)	4:49
▶	03 Venus As A Boy (Björk)	4:41
	04 There's More To Life Than This (Björk•Hooper)	3:21
	05 Like Someone In Love (Burke•Van Heusen)	4:33
▶	06 Big Time Sensuality (Björk•Hooper)	3:56
	07 One Day (Björk)	5:24
▶	08 Aeroplane (Björk)	3:54
	09 Come To Me (Björk)	4:55
	10 Violently Happy (Björk•Hooper)	4:58
	11 The Anchor Song (Björk)	3:32
	12 Play Dead (Arnold•Björk•Wobble)	3:57

Orbital
Orbital II (1993)

Label | Internal
Production | Paul Hartnoll • Phil Hartnoll
Direction artistique | Fultano '93
Pays | Royaume-Uni
Durée | 65:44

Orbital voit le jour en 1989, alors qu'acid house et raves dominent la musique et la culture britanniques. Composé des frères Paul et Phil Hartnoll, le groupe rêve de créer la bande-son idéale de la scène rave. Alors que son premier album de 1991 est très orienté techno, *Orbital II* montre une progression sur le plan de la musique et de la créativité.
L'album débute par un sample de *Star Trek* et comporte un faux crépitement de vinyle usé, inclus par le duo pour s'amuser. Basé sur de longs samples et des boucles répétitives, l'album est un flux constant d'énergie assorti de dance frénétique. Enserrés entre deux brefs samples de voix artificielle, les huit titres composent une unité cohérente tout en conservant leur identité propre. La lente progression de *Lush 3-1*

est un prélude idéal à *Lush 3-2*, sur lequel intervient Kirsty Hawkshaw. Après cinq minutes absolument magnifiques vient *Impact*, le plus long morceau, toujours apprécié en concert aujourd'hui. Juste avant la fin du disque, les frères Hartnoll atteignent de nouveaux sommets avec la beauté de *Halcyon + On + On*, qui mêle la voix de la talentueuse Kirsty Hawkshaw avec un sample d'une reprise de *It's a fine day* de Opus 3.

Phil et Paul Hartnoll continuent de captiver le public de la techno et des raves du monde entier grâce à leurs performances scéniques parfaitement chorégraphiées (leurs deux concerts à Glastonbury en 1994 et 1995 sont reconnus comme des classiques). On se souvient avec tendresse de *Lush 3-1* et *Lush 3-2* comme des hymnes du mouvement rave, et même de toute la scène électronique britannique. **PN**

Snoop Doggy Dogg
Doggystyle (1993)

Label | Death Row
Production | Dr. Dre
Direction artistique | Kimberly Holt
Pays | États-Unis
Durée | 52:32

Le plus enjôleur des amateurs de porno du rap était autrefois un gangster au sang froid. Sa notoriété est alors telle que *Doggystyle* bat tous les records de rapidité des ventes. Il doit une part de son succès à *What's my name ?*, reprise enragée d'*Atomic Dog* de George Clinton, accompagnée d'un vidéo clip remarqué, et une autre à la participation de Snoop à *The Chronic* de Dr. Dre. Mais surtout Snoop se trouve mêlé à une affaire de meurtre, devenant ainsi le premier grand rappeur à vivre (en apparence) la vie qu'il décrit dans ses morceaux. À cette époque, il fait la pluie et le beau temps sur le rap et *Doggystyle* se vend à quatre millions d'exemplaires rien qu'aux États-Unis.

Conceptuellement, *Doggystyle* transporte *Superfly* de Curtis Mayfield dans les années 90. Sur le plan du son, en dépit de samples du pionnier du disco George McCrae et du chanteur japonais Kyu Sakamoto, il suit la voie du G-funk initiée par Dr. Dre. Les paroles sont aussi déplacées que la pochette controversée de Darryl Daniel, atteignant un sommet déplaisant sur *Ain't no fun*. Mais il faut passer outre, car cet album a bien plus à offrir. Les participations de Nate Dogg et de Lady of Rage sont superbes. Mais le maître reste Tha Doggfather (surnom de Snoop), aussi à l'aise sur la reprise de *Lodi Dodi* de Slick Rick que sur un *Serial Killa* imprégné de ragga et un *Murder was the case* à glacer le sang.

On y trouve des titres légendaires : *Doggystyle*, avec le concours de George Clinton, et la version originale de *The Next Episode* de Dr. Dre. Même sans eux, *Doggystyle* est une émeute en Technicolor. Prenez-en donc une part. **BM**

Sebadoh
Bubble and scrape (1993)

Label | Sub Pop
Production | Non créditée
Direction artistique | Sebadoh
Pays | États-Unis
Durée | 46:12

À l'origine, Lou Barlow décide de former Sebadoh en marge de son travail de bassiste avec Dinosaur Jr., mais ce nouveau projet finit par l'occuper à plein temps après son éviction radicale du groupe en 1989. Grâce aux encouragements de Kurt Cobain, à des associations avec d'autres héros du rock alternatif tels que Pavement, Mudhoney et Sonic Youth, et bien sûr grâce à quelques grands disques,

Sebadoh perce puis devient l'incarnation du rock lo-fi du début des années 90.
Même si on peut avoir l'impression que Sebadoh se résume seulement à Lou Barlow, le processus d'écriture à trois est parfaitement démocratique. Cet album doit autant à Barlow qu'à ses acolytes Eric Gaffney et Jason Loewenstein. On y trouve les excentricités art-rock et politiques d'Eric Gaffney, proche de Beefheart (*Emma get wild*), pendant que Jason Loewenstein oscille entre le thrash mélancolique de *Sister* et le rythme sauvage de *Flood*. L'album se distingue également par son penchant pour les ballades névrosées et éperdues. Parmi les nombreuses réussites de l'album, il faut citer *Two Years two days*, lamentation adolescente percutante sur l'amour et la perte.
Eric Gaffney quitte le groupe après cet album, qui reste la meilleure incarnation de l'irrésistible fétichisme de la douleur du groupe. Comme Barlow nous le confie dès la première ligne : « Ce n'est qu'une question d'âme et de feu. » **TH**

The Boo Radleys
Giant Steps (1993)

Label | Creation
Production | BOO ! Productions
Direction artistique | Stephen A. Wood
Pays | Royaume-Uni
Durée | 64:04

Avant la sortie de *Giant Steps*, les Boo Radleys sont les vilains petits canards de Creation Records. Ce label britannique indépendant de renom n'a pas encore découvert Oasis, mais il s'occupe de nombreux groupes à succès comme Primal Scream et Teenage Fanclub. Les Boo Radleys de Liverpool, nommés d'après le personnage reclus du film *Du silence et des ombres*, sont alors de pâles copies de Dinosaur Jr., présentant des similarités malencontreuses avec la scène du « shoegazing ».
Puis le groupe sort *Giant Steps*. Un disque kaléidoscopique, grandiose, constitué de dix-sept morceaux aussi planants et extravagants que le graphisme de la pochette. Certes, il comporte quelques chansons à la guitare assez simples, comme *Wish I was skinny* et *Barney (…and me)*, mais aussi des suites sublimes. Écoutez le moment où la vague de larsen de *Leaves and sand* s'engouffre dans le paysage de *Butterfly McQueen*, avant que celui-ci ne rejoigne les rythmes ensoleillés de *Rodney King*. Ou encore mieux, cette section où *Take the time around*, mélange de grunge et de Beatles, débouche sur le single cataclysmique *Lazarus*, où le reggae vire au mariachi.
On pourrait penser que Sun Ra, Phil Spector et Brian Wilson ont uni leurs forces pour produire ce chef-d'œuvre mélodique et orchestral de space rock. En réalité, tout le mérite en revient à l'auteur-compositeur des Boo Radleys, Martin Carr, qui a entièrement rêvé cette aventure sonore lors d'un morne hiver londonien. *New Musical Express* et *Select* le sacrent tous deux « Album de l'année », et il est toujours l'objet d'un culte. **CM**

William Orbit
Strange Cargo III (1993)

Label | Virgin
Production | William Orbit
Dir. art. | Michael Freeman • Catherine McRae
Pays | Royaume-Uni
Durée | 63:47

Le troisième album du producteur, remixeur et compositeur de techno William Orbit a été enregistré en 1992, mais aurait très bien pu sortir aujourd'hui. Un tour de force dans le domaine de la musique électronique où, à l'instar du hip-hop, la « old school » se mesure en années et non en décennies. Les rythmes de William Orbit sont appuyés, ses orchestrations propres, et ses compositions profondes. Si l'on peut bouger sur sa musique, il ne s'agit pas pour autant de dance music, car elle se prête autant à l'écoute qu'aux déhanchements.

Cinq chanteurs différents participent à *Strange Cargo III*. La plus connue est l'excellente chanteuse, auteur-compositeur et partenaire musicale de William Orbit, Beth Orton. Elle participe à l'écriture et propose des passages parlés-chantés sur le titre d'ouverture, *Water from a vine leaf*, qui est désormais emblématique de la musique de William Orbit. Cette mini-épopée de plus de sept minutes comporte une ligne de piano superposée aux séquences hypnotiques du synthétiseur et un crescendo final réussi. L'intelligent *Time to get wize* dégage une sombre vibration dub qui soutient le récit déclamé par Divine Washim. Les arrangements de *Touch of the night* évoquent un cauchemar tourbillonnant, avec ses bruits de fusils laser et la voix de Cleo Torres.

Plus tard, William Orbit deviendra célèbre pour son travail de production aux côtés d'artistes célèbres comme Madonna, Blur et Melanie C. *Strange Cargo III* saisit cette star de la musique en pleine ascension, alors qu'il travaille avec un groupe d'artistes inconnus, dessinant le futur en même temps qu'il capte son époque. **YK**

▶II Liste des titres

▶ 01 Water From A Vine Leaf (Orbit•Orton)	7:05
02 Into The Paradise (Leach•Orbit)	5:41
▶ 03 Time To Get Wize (Orbit)	4:09
04 Harry Flowers (Nitzsche)	4:31
05 A Touch Of The Night (Orbit)	5:02
06 The Story Of Light (Leach•Orbit)	6:21
07 Gringatcho Demento (Orbit•Torres)	6:38
08 A Hazy Shade Of Random (Orbit)	5:08
09 Best Friend, Paranoia (Orbit•Torres)	4:35
10 The Monkey King (Orbit)	5:15
11 Deus Ex Machina (Orbit)	5:40
▶ 12 Water Babies (Orbit)	3:42

Method Man

Tical (1994)

Label I Def Jam
Production I RZA
Direction artistique I The Drawing Broad
Pays I États-Unis
Durée I 43:43

« À Staten Island, on appelait la marijuana "method", explique Method Man. Puis mon dealer l'a simplifié en "metical"... Au fil du temps, c'est devenu "tical". » Se défoncer peut être le pied. Les escapades contemporaines de Method Man avec Redman entretiennent cette illusion. Mais *Tical* évoque un scénario plus effrayant de trips sous crack, de violence extrême et d'homicide.

Enter the Wu-Tang (36 Chambers) dévoile au monde les rimes grinçantes de Clifford « Method Man » Smith et la production innovante de Robert « RZA » Diggs. *Tical* porte le caractère primitif de cet album à un niveau extrême : des rythmes étouffés, une basse, des cris et des crissements créent un film d'horreur mental. L'album est dérangeant, et même parfois difficile à écouter.

Mais chaque fois que l'accompagnement vacille, les rimes apportent du réconfort, comme lorsque le légendaire rappeur Rakim fait appel au talent du DJ Eric B dans ses expérimentations. « Lorsque Eric B et Rakim ont sorti *Paid in full*, se souvient Method Man, j'ai commencé à vraiment adhérer au rap conscient. »

À l'exception du bourdonnant *Bring the pain*, *Tical* n'était pas vraiment un album à tubes. Def Jam parvient à en faire un disque de platine en implorant Method Man de reprendre *All I need*. Wu-Tang y est remplacé par Mary J. Blige, et le résultat est le superbe *I'll be there for you*... Malheureusement, il ne figure pas sur la réédition remasterisée de *Tical*, qui inclut

en revanche un extraordinaire remix de *Release yo' self* par Prodigy.
Tical 2000 : Judgement day (1998) et *Tical 0 : the Prequel* (2004) se rapprochent du rap conventionnel. L'original – et le meilleur – est hors concours. **BM**

Liste des titres

	01 Tical (Diggs•Smith)	3:56
	02 Biscuits (Diggs•Smith)	2:49
▶	03 Bring The Pain (Diggs•Smith)	3:09
▶	04 All I Need (Diggs•Smith)	3:16
	05 What The Blood Clot (Diggs•Smith)	3:24
	06 Meth Vs. Chef (Diggs•Smith•Woods)	3:36
	07 Sub Crazy (Diggs•Smith)	2:15
▶	08 Release Yo' Delf (Diggs•Perren•Fekaris•Smith)	4:15
	09 P.L.O. Style (Cooney•Diggs•Smith)	2:36
	10 I Get My Thang In Action (Diggs•Smith)	3:45
	11 Mr. Sandman (Diggs•Hunter•Smith)	3:37
	12 Stimulation (Diggs•Smith)	3:46
	13 Method Man (Remix) (Diggs•Smith)	3:19

Frank Black
Teenager of the year (1994)

Label I 4AD
Production I Divers
Direction artistique I Non créditée
Pays I États-Unis
Durée I 62:33

Fin 80, début 90, Pixies invente un son et un style qui contribuent à définir le rock alternatif. Charles Michael Kittridge Thompson IV, alias Black Francis, mène ce groupe en hurlant l'angoisse existentielle des adolescents, avec un style d'écriture particulier mêlant surf punk et science-fiction. Après la dissolution du groupe, il entame une carrière solo sous le nom de Frank Black.
Pendant des années, les critiques tentent vainement de classer la musique de Frank Black. Son nouveau concept de « freedom rock » dans *Teenager of the year* ne fait qu'ajouter à leur perplexité. Sur cet album, l'artiste redécouvre ses racines américaines, offrant quelques moments de grandeur et d'étrangeté qui n'ont rien à envier au meilleur de Pixies. Dégagé de la pression extérieure, Black évolue avec décontraction du rock latino et de la guitare surf au punk thrash et au reggae. On retrouve sa voix caractéristique et ses paroles mystérieuses. *Speedy Marie* est une chanson d'amour déglinguée mais joliment ouvragée. *Thalassocracy* et *Whatever happened to Pong ?* sont des charges punk euphoriques. Et *Ole Mulholland* raconte l'histoire de l'homme qui a conçu le réseau de distribution d'eau de Los Angeles. Sans blague.
L'étrangeté absolue de certains enregistrements de Frank Black ne pouvait pas recueillir l'approbation du grand public. Son refus de s'exprimer dans la presse n'était certes pas d'une grande aide. Cet album fascinant mérite pourtant mieux. **LJ**

Girls against Boys
Venus Luxure No. 1 Baby (1994)

Label I Touch And Go
Production I Ted Nicely
Direction artistique I Girls Against Boys
Pays I États-Unis
Durée I 46:17

Malgré ses mérites, peu de gens considèrent le rock underground comme un genre très sexy. Mais si le groupe Girls against Boys, originaire de Baltimore, n'est pas Keith Sweat, ses sérénades rauques et ses grooves sombres dégagent toutefois une sorte de suggestivité obscène peu fréquente chez ses contemporains.
L'influence de groupes importants de l'époque (Big Black, Fugazi, the Jesus Lizard) est perceptible dans son penchant pour le rock noisy, non conventionnel, mais il s'en démarque sur plusieurs points. D'abord, sa configuration particulière : peu de groupes de punk-rock utilisent des synthétiseurs à cette époque, et encore

moins deux bassistes. Ensuite, la voix du chanteur : hargneuse et dépouillée, elle se situe quelque part entre Mark E. Smith et Kurt Cobain.
Le son est particulièrement tranchant sur ce second album. Dès les riffs glaçants du titre d'ouverture *In like Flynn*, quelque chose diffère de tous les autres groupes. Derrière sa musique dense et retenue, Girls against Boys cache un versant sombre et attire ses auditeurs vers des directions peu recommandables. On le perçoit aussi bien à travers le bourdonnement malveillant de *Satin down* que dans la course ventre à terre de *Let me come back* ou les sonorités sales de *Bullet Proof Cupid*. *No. 1 baby* est un album au charme sinistre et dangereux, de ceux auxquels il est difficile de résister plus de dix ans après. **TH**

Jeru the Damaja
The Sun rises in the East
(1994)

Label | Payday
Production | Kendrick Davis • DJ Premier
Direction artistique | Daniel Hastings
Pays | États-Unis
Durée | 39:30

Après une apparition dans *Daily Operation* de Gang Starr, Jeru the Damaja perce sur la scène de la côte est avec ce premier album. Ses paroles condamnent sans appel ceux qu'il juge responsables de tirer le hip-hop vers le bas (*Jungle Music* est une attaque à peine voilée contre le regard afrocentriste et ésotérique des Jungle Brothers, et *Ain't the devil happy* s'en prend à l'hymne vénal de Wu-Tang Clan, *C.R.E.A.M.*). Comme beaucoup de jeunes artistes du hip-hop dans les années 90, l'engagement politique rudimentaire de Jeru est entaché par quelques rimes plus douteuses (*Da bichez*). Même s'il reste moins misogyne que la moyenne des rappeurs de l'époque, il se situe à l'intersection de deux grands axes : celui des « conscients » et celui de « la rue ».
La rage des paroles de Jeru est insoutenable pour la majeure partie du grand public et des stars du hip-hop, mais la production remarquable de DJ Premier classe cet album parmi les meilleurs du genre au milieu des années 90.
La pochette représente Jeru accroupi devant un lever de soleil rouge sur les gratte-ciel de Manhattan. Les regards avertis remarqueront la statue de la Liberté à ses côtés, à demi immergée dans l'Hudson. Et, sinistre vision, la tour sud du World Trade Center, en proie aux flammes et presque effondrée. Jeru y fait référence d'ailleurs dans le titre *Come clean*. **JDo**

Pavement
Crooked Rain, crooked rain
(1994)

Label | Matador
Production | Pavement
Direction artistique | Pavement
Pays | États-Unis
Durée | 42:28

Au début des années 90, Pavement devient synonyme d'un mode de vie et d'un mouvement baptisé « slacker ». Un public se développe, à même d'apprécier leur façon de jouer avec les structures, la fusion des genres et le talent mélodique rebelle du groupe dans ce deuxième album.
Mené par le chanteur et auteur-compositeur Stephen Malkmus, un adepte de l'expressionnisme abstrait, le quintet sait faire vibrer la corde sensible et s'autorise les explosions les plus aléatoires. Sur *Range Life*, chanson aux accents country, il critique les Smashing Pumpkins et les Stone Temple Pilots, pour le plus grand plaisir des auditeurs avertis. L'instrumental

5-4 = Unity est un hommage à la légende du jazz Dave Brubeck, et le titre final *Fillmore Jive*, plus lent, une allusion aux Mods anglais. Leur folie particulière transparaît également à travers le graphisme de la pochette. Elle comporte des titres de chansons obscurs et des éléments visuels hétéroclites plus ou moins pertinents. Les paroles sont griffonnées au crayon, bien qu'une grande partie d'entre elles ne figure pas dans l'album.

Mais en dépit de ce caractère obscur, *Crooked Rain, crooked rain* demeure un album américain classique et virtuose débordant de mélodies décontractées et d'autodérision. Tous les titres distillent une joie simple et ensoleillée et l'album réchauffe le cœur aujourd'hui encore. **JK**

Portishead

Dummy (1994)

Label | Go ! Discs
Production | Portishead • Adrian Utley
Direction artistique | Ich And Kar
Pays | Royaume-Uni
Durée | 45:30

Le premier album de Portishead, *Dummy*, représente l'apogée du trip-hop des années 90, un genre qu'ils n'ont pas inventé mais que cet album captivant redéfinit. Le groupe émerge sur la scène dub qui s'épanouit à Bristol, à l'ombre des sombres réalités économiques héritées de Thatcher. Beth Gibbons rencontre Geoff Barrow au sein de son programme de création d'emploi, grâce auquel elle finance ses tours de chant dans les bars.

Leur son évocateur, sombre et séduisant est fait d'un ensemble d'éléments totalement inédits agencés sur des breakbeats disjoints : chanson d'amour, film noir, jazz enfumé, voix délicieusement barrée de Beth, maîtrise de la technologie DJ de Geoff. Plus encore, ils possèdent un talent exceptionnel pour l'écriture de chansons. *Sour Times*, par exemple, est une chanson frissonnante, articulée autour d'un sample de la bande originale de Lalo Schifrin pour *Mission impossible*. La voix viscérale de Beth se fait implorante et s'élève au-dessus d'un paysage sonore désolé et vacillant, où les motifs de guitare surf ténébreux d'Adrian Utley s'entremêlent avec les platines et les sampleurs sans répit de Barrow. Au Royaume-Uni, son charme étrange (qu'il dégage encore aujourd'hui) lui vaut le titre d'« Album de l'année 1994 » dans des magazines aussi variés que *Mixmag*, *The Face* et *Melody Maker*. Début 1995, le langoureux *Glory Box*, avec sa guitare et son chant intenses, entre au hit-parade britannique à la 13e place. Avant la fin de l'année, Portishead vend plus de 150 000 CD aux États-Unis et remporte le prestigieux prix Mercury au Royaume-Uni. **MR**

▶II Liste des titres

	01 **Mysterons** (Barrow•Gibbons•Utley)	5:06
▶	02 **Sour Times** (Barrow•Brooks•Gibbons Schifrin•Turner•Utley)	4:14
	03 **Strangers** (Barrow•Gibbons•Shorter•Utley)	3:58
▶	04 **It Could Be Sweet** (Barrow•Gibbons)	4:19
	05 **Wandering Star** (Allen•Barrow•Brown Dickerson •Gibbons•Goldstein•Jordan Miller•Scott•Oskar)	4:56
	06 **Numb** (Barrow•Gibbons•Utley)	3:57
	07 **Roads** (Barrow•Gibbons•Utley)	5:09
▶	08 **Pedestal** (Barrow•Gibbons•Utley)	3:41
▶	09 **Biscuit** (Barrow•Gibbons•Ray)	5:04
▶	10 **Glory Box** (Barrow•Gibbons•Hayes•Utley)	5:06

The Sabres of Paradise

Haunted Dancehall (1994)

Label | Warp
Production | The Sabres of Paradise
Direction artistique | MadArk
Pays | Royaume-Uni
Durée | 76:49

Andy Weatherall est l'un des pionniers de l'acid house, assurant la production de groupes comme Primal Scream ou My Bloody Valentine. Pendant que son confrère Paul Oakenfold accède à la renommée et fait fortune, Andy Weatherall se retire encore davantage dans l'underground techno, où se forge sa réputation de type obstiné.

Au début des années 90, Warp Records sort *Sabresonic* et *Haunted Dancehall*, tous deux produits par Andy Weatherall qui, avec Jagz Kooner et Gary Burns, enregistre sous le nom de The Sabres of Paradise. *Sabresonic* est un album de techno britannique classique, surtout connu pour l'excellent *Smokebelch*, morceau épique teinté d'ambient et de dub. Le second album est beaucoup plus sombre. Composé de grooves dub et heavy dépouillés, de cordes étranges, de jazz voilé et d'atmosphères enfumées, rarement un album a mieux porté son nom.

Wilmot commence par des cuivres qui construisent un mur du son tremblant, évoquant une fête foraine sous LSD, avant de se transformer en un dub planant et gracieux. Puis le funk teinté de dub de *Tow Truck* envahit les haut-parleurs, propulsé par un accord de guitare et un orgue troublants. *Return to planet D* et *Theme 4* se meuvent dans des atmosphères agitées peuplées de clics, de bulles et du bruit de succion caractéristique du groupe.

Le livret du disque contient treize petits textes intrigants qui accompagnent chaque titre de l'album, extraits du roman *Haunted Dancehall* de James Woodbourne. Comme toujours, c'est un pied de nez d'Andy Weatherall : ce livre n'existe pas, il s'agit d'une blague d'initiés qui ne fait qu'ajouter au mystère des Sabres of Paradise. **APi**

▶II Liste des titres

	01 Bubble And Slide (Sabres Of Paradise)	2:39
▶	**02 Bubble And Slide II** (Sabres Of Paradise)	7:38
	03 Duke Of Earlsfield (Sabres Of Paradise)	8:42
	04 Flight Path Estate (Sabres Of Paradise)	3:21
	05 Planet D (Sabres Of Paradise)	4:41
▶	**06 Wilmot** (Sabres Of Paradise)	7:32
▶	**07 Tow Truck** (Sabres Of Paradise)	6:35
▶	**08 Theme** (Sabres Of Paradise)	4:48
	09 Theme 4 (Sabres Of Paradise)	1:55
	10 Return To Planet D (Sabres Of Paradise)	5:04
	11 Ballad Of Nicky McGuire (Sabres Of Paradise)	8:30
	12 Jacob Street 7am (Sabres Of Paradise)	3:46
	13 Chapel Street Market 9am (Sabres Of Paradise)	7:14
▶	**14 Haunted Dancehall** (Sabres Of Paradise)	4:24

Nas
Illmatic (1994)

Label | Columbia
Production | Divers
Direction artistique | Jo DiDonato
Pays | États-Unis
Durée | 39:44

Fusionnant la poésie « old school » avec une production affûtée, *Illmatic* est la preuve que le hip-hop hardcore peut inviter à la réflexion comme à la danse.

L'album dresse le portrait brutal de la cité où Nasir Jones a grandi. Contrairement à beaucoup de ses contemporains « gangsta », Nas ne cherche pas à glorifier la vie dans le ghetto. Au lieu de cela, il assène son rap comme un correspondant de guerre envoyé sur le front. Le titre *N.Y. state of mind* entraîne l'auditeur dans sa vie à Queensbridge, un monde de fusillades et d'overdoses, où même les enfants ont des armes. Dans *Life's a bitch*, morceau qui se termine par un solo de trompette obsédant de son père Olu Dara, Nas admet qu'il se sent « béni » d'avoir vécu jusqu'à l'âge de 20 ans. Sentiment légitime : deux ans auparavant, il a vu son frère et son meilleur ami se faire tirer dessus au cours de la même nuit. Seul son frère a survécu. Ne serait-ce que pour l'impact de ses rimes, *Illmatic* a sa place au panthéon du hip-hop. Mais le travail de production fait de l'album un chef-d'œuvre urbain. Q-Tip de A Tribe Called Quest intervient sur les rythmes jazzy de *One love*, lettre ouverte surprenante et touchante aux amis prison-

niers de Nas. DJ Premier de Gang Starr crée des rythmes époustouflants sur le furieux battle rap de *Represent* et le nostalgique *Memory Lane*. La légende Large Professor mêle des beats hachés avec un sample du *Human Nature* de Michael Jackson.
Gratifié d'une critique dithyrambique dans *The Source*, le premier album de Nas marque le début de la renaissance du rap de rue. **TB**

▶II Liste des titres

	01 The Genesis (Braithwaite•Jones)	1:45
▶	02 N.Y. State Of Mind (Jones•Martin)	4:54
▶	03 Life's A Bitch (Cruz•Dara•Jones•Scott•Wilson)	3:30
	04 The World Is Yours (Jones•Phillips)	4:50
▶	05 Halftime (Byrd•Jones•Mitchell)	4:20
	06 Memory Lane (Sittin' In Da Park) (Barsella•Jones•Martin•Wilson)	4:08
▶	07 One Love (Davis•Heath•Jones)	5:25
	08 One Time 4 Your Mind (Jones•Mitchell)	3:18
▶	09 Represent (Martin•Nas)	4:12
	10 It Ain't Hard To Tell (Jones•Mitchell)	3:22

Beastie Boys
Ill Communication (1994)

Label I Capitol
Production I Beastie Boys • M. Caldato Jnr.
Direction artistique I Gibran Evans
Pays I États-Unis
Durée I 59:55

En 1994, les Beastie Boys de New York sont déjà passés maîtres dans l'art d'animer les soirées. Sur les albums *Check your head* et *Paul's Boutique*, ils ont aiguisé leur technique instrumentale et leur maîtrise du sampling. Puis le trio reprend le chemin des studios, prêt à mener de nouvelles expérimentations. Ils produisent un disque si proche des thèmes qui leur sont chers (le bouddhisme, les séries policières des années 70 et le punk hardcore), si ancré dans son époque, qu'il est impossible de lui résister.
Ill communication est organisé en trois parties. Il comprend des morceaux thrash courts et nerveux (*Tough Guy*, *Heart Attack Man*), des exercices de jazz moelleux et des mantras psalmodiés (*Flute Loop*, *Shamballa*), et de stupéfiantes boucles de samples. La chanson *Root down* en est le parfait exemple. Basée sur un thème d'orgue de Jimmy Smith, elle gagne en intensité au fil des écoutes. Elle est suivie de *Sabotage*, l'une des meilleures performances du groupe, improvisée en direct, ce qui rend le tout encore plus attrayant.
Comme un arrêt sur image captant l'esprit des trois artistes (méditation, passion de la musique, attitude cool et originalité), l'album marque un virage dans leur carrière. Avec sa pochette vintage, *Ill Communication* est aussi et surtout un album festif en diable. Les Beastie Boys affineront leur son par la suite, mais celui-ci reste parfait pour les soirées. **JK**

Elvis Costello
Brutal Youth (1994)

Label I Warner Bros.
Production I E. Costello • M. Froom
Dir. art. I M. Krage • E. Singer
Pays I Royaume-Uni
Durée I 57:20

Elvis Costello raconte qu'au début de sa carrière, sa maison de disques Columbia « avait toujours l'air de vouloir qu'il revienne au son avec lequel ils avaient commencé ». Il donne finalement satisfaction à celle-ci en 1986 avec *Blood and Chocolate*. Inutile de dire que Columbia déteste l'album, mais que le public l'adore. Par bien des aspects, *Brutal Youth* donne un éclairage différent sur la face sombre bien connue de Costello. Son groupe d'origine, The Attractions, et le premier producteur Nick Lowe se réunissent pour la première fois depuis près de cinq ans. Depuis leur dernière collaboration, Costello a défié les conventions en sortant un disque de surf

(*Mighty like a rose*) et un album classique (*The Juliet Letters*). Enregistré en partie aux studios Pathway de Londres, *Brutal Youth* est épineux, vénéneux et ne mâche pas ses mots. Des guitares acérées lacèrent *Kinder Murder* tandis que Costello se déchaîne contre les machistes et le viol. *My science fiction twin* et *Sulky Girl* s'attaquent à la vanité de la gloire et du pouvoir. Les chaleureux morceaux acoustiques *All the rage* et *Rocking Horse Road* dressent le portrait d'un homme qui revient sur ses erreurs et ses pertes. Enfin, Costello libère ses démons sur *13 Steps lead down*.

Si cet album avait été enregistré à la fin des années 70, il serait considéré comme un véritable classique. Malheureusement, *Brutal Youth* n'est pas estimé à sa juste valeur dans l'œuvre de Costello. La figure du « jeune homme en colère » est attirante, celle de l'« homme sage en colère » tout simplement mortelle. **PS**

Morrissey
Vauxhall and I (1994)

Label | Parlophone
Production | Steve Lillywhite
Direction artistique | Greg Ross
Pays | Royaume-Uni
Durée | 39:54

En 1993, Morrissey est profondément affecté par les décès consécutifs de son manager Nigel Thomas, de son réalisateur de clips Tim Broad et de son producteur Mick Ronson. Il doit aussi affronter les foudres de la presse musicale suite à une provocation de trop (pendant sa participation au concert de Madness à Finsbury Park, il agite le drapeau britannique devant un décor évoquant le nazisme). On ne donne alors pas cher de *Vauxhall and I*. Ce qui est une erreur.

Les vieilles préoccupations nostalgiques ne manquent pas à l'appel. Dans *Now my heart is full*, quatre personnages du roman *Le Rocher de Brighton* de Graham Green sont cités, ainsi que l'acteur britannique méconnu Patric Doonan. *Spring-heeled Jim* utilise un dialogue issu d'un documentaire de 1958 intitulé *We are the lambeth boys*. *Billy Budd* fait référence au personnage interprété par Terence Stamp (l'acteur préféré de Morrissey) dans l'adaptation au cinéma du roman d'Herman Melville par Peter Ustinov. Malgré tout, *Vauxhall and I* est peut-être l'album le plus personnel de Morrissey. C'est en tout cas le plus chaleureux. Alors que Mick Ronson poussait les amplis dans *Your Arsenal*, le producteur Steve Lillywhite et les guitaristes Alain Whyte et Boz Boorer plongent l'album dans une mélancolie rêveuse. Les paroles de Morrissey sont plus expressives que jamais, tour à tour hypersensibles (*Used to be a sweet boy*), provocantes (*Why don't you find out for yourself*) et impuissantes (*Speedway*, avec son climat exubérant et bouleversant). *Vauxhall and I* est définitivement son meilleur album solo. **WF-J**

TLC
CrazySexyCool (1994)

Label | BMG
Production | L. A. Reid
Direction artistique | Christopher Stern
Pays | États-Unis
Durée | 56:10

Avec *CrazySexyCool*, les TLC cessent de se présenter comme des adolescentes rebelles et se réinventent en groupe de R&B séduisant et sophistiqué. Il s'agit en partie d'une astuce marketing visant à détourner l'attention du comportement de plus en plus incontrôlable de Lisa « Left Eye » Lopes, qui atteint son apogée lorsqu'elle met le feu à la villa de son partenaire Andre Rison (une star du football américain) et saccage plusieurs de ses voitures. Événement qui, associé au fait que le groupe n'a pas touché beaucoup de royalties pour cet album, les conduit à déclarer faillite trois mois avant de devenir le groupe féminin le plus vendu aux États-Unis.

Le single *Creep*, n° 1 au hit-parade américain, est une bulle de douceur mâtinée de soul de Philadelphie, arborant des paroles résignées sur le thème de la soumission et de l'infidélité. *Waterfalls* est un morceau plus pop, comportant une section de cuivres imparable qui tempère la thématique du sida, et devient leur plus grand succès aux États-Unis comme en Europe. C'est toutefois la reprise de *If I was your girlfriend* de Prince qui se distingue réellement. Débarrassée de la voix névrosée et enjôleuse de son auteur, la chanson devient une ode haletante au désir sexuel. L'album suivant, *Fanmail* (1999), est leur plus grand succès, mais *CrazySexyCool* demeure une référence du R&B, avec onze millions d'exemplaires vendus aux États-Unis et un Grammy bien mérité. **JDo**

Oasis
Definitely Maybe (1994)

Label | Creation
Production | Mark Coyle • Oasis
Direction artistique | Brian Cannon
Pays | Royaume-Uni
Durée | 52:03

On oublie souvent à quel point le paysage musical britannique était aride en 1994. La britpop est encore bourgeonnante et le grunge disparaît avec Kurt Cobain. Cinq types des plus ordinaires issus de la classe ouvrière suffisent à embraser le pays et changer la donne. Oasis n'a jamais vraiment connu de balbutiements : issu des rues de Manchester, le groupe est mature dès ses débuts. *Definitely Maybe* est à ce jour leur album le plus cohérent, le plus intéressant et le plus innovant. La pochette trahit ses influences : George Best, Burt Bacharach et les pichets de vin rouge (en fait du sirop de cassis), autrement dit le foot, la musique et la boisson. Un vrai groupe populaire est né.

Le public le lui rend bien. Il n'y a aucune prétention dans leurs reprises à peine voilées de morceaux des Beatles. *Rock'n'roll star*, hymne hédoniste par excellence, plante le décor dès les premières mesures. L'hilarant *Cigarettes and alcohol*, référence au *Get it on* de T-Rex, est un autre bon exemple. L'imitation des New Seekers, *Shakermaker*, est d'autant plus éclatante que l'emprunt est évident. *Live forever* est le single le plus classique écrit par le principal auteur-compositeur Noel Gallagher. Le fait que les cinq membres d'Oasis soient devenus une incarnation de l'esprit rock'n'roll des années 90 rend l'écoute de l'album encore plus satisfaisante aujourd'hui. Même le dernier morceau acoustique, où le groupe dénigre la musique grand public, a un mordant qu'ils ne retrouveront que rarement.

Oasis, c'est le tank Sherman de l'industrie de la musique. Fiable, souvent dévastateur, avec ce quelque chose que vous ne pouvez pas contester. **JK**

▶II Liste des titres

▶ 01 **Rock'N'Roll Star** (N. Gallagher)	5:23
02 **Shakermaker** (N. Gallagher)	5:10
▶ 03 **Live Forever** (N. Gallagher)	4:38
04 **Up In The Sky** (N. Gallagher)	4:28
05 **Columbia** (N. Gallagher)	6:17
06 **Supersonic** (N. Gallagher)	4:44
07 **Bring It On Down** (N. Gallagher)	4:17
▶ 08 **Cigarettes And Alcohol** (N. Gallagher)	4:50
09 **Digsy's Dinner** (N. Gallagher)	2:32
10 **Slide Away** (N. Gallagher)	6:32
▶ 11 **Married With Children** (N. Gallagher)	3:12

Soundgarden
Superunknown (1994)

Label | A&M
Production | Michael Beinhorn • Soundgarden
Direction artistique | Kelk
Pays | États-Unis
Durée | 73:34

Alors qu'au début des années 90, les médias musicaux du monde entier convergent vers Seattle (ville natale de Soundgarden) en raison du succès de Nirvana et de Pearl Jam, le groupe se distingue de nombre de ses contemporains grâce aux expérimentations sonores variées qui composent son quatrième album. Avec son rythme modéré, ses guitares aériennes et son imagerie effrayante, l'utilisation innovante de percussions dans une structure rock classique (particulièrement sur les textures orientales de *Half's), Superunknown* est l'œuvre d'un groupe sans équivalent.

Les ambiances troublantes, proches de Black Sabbath, associées à des riffs de guitare saturée, les placent à la limite du genre metal. La voix atypique de Chris Cornell et sa façon d'articuler clairement ses paroles étranges expliquent sans doute son attrait auprès des amateurs de rock. *Black Hole Sun* devient l'hymne des insatisfaits, révélant le désespoir émotionnel de toute une génération. Associé à *Spoonman*, le titre rapporte à Soundgarden deux nominations aux Grammy Awards.

L'album contient de nombreux joyaux, en particulier *Fell on black days, Superunknown, The Day I tried to live* et *4 th of July*. Bien qu'ils s'enchaînent sans logique, ils sont soudés par la production imposante de Michael Beinhorn, qui fait appel à une multitude d'effets et de pistes superposées. D'une durée de soixante-treize minutes, *Superunknown* aurait sans doute gagné en un montage un peu plus serré. Mais il représente malgré tout l'apogée de la carrière de Soundgarden. Le groupe se dissout en 1997, après la sortie d'un seul autre album, *Down on the upside*. **CSt**

▶II Liste des titres

	01 **Let Me Drown** (Cornell)	3:53
	02 **My Wave** (Cornell•Thayil)	5:12
▶	03 **Fell On Black Days** (Cornell)	4:43
	04 **Mailman** (Cameron•Cornell)	4:25
▶	05 **Superunknown** (Cornell•Thayil)	5:07
	06 **Head Down** (Shepherd)	6:09
▶	07 **Black Hole Sun** (Cornell)	5:18
▶	08 **Spoonman** (Soundgarden)	4:06
	09 **Limo Wreck** (Soundgarden)	5:47
▶	10 **The Day I Tried To Live** (Cornell)	5:20
	11 **Kickstand** (Cornell•Thayil)	1:34
	12 **Fresh Tendrils** (Cameron•Cornell)	4:16
▶	13 **4 th of July** (Cornell)	5:07
	14 **Half** (Shepherd)	2:16
	15 **Like Suicide** (Cornell)	7:03
	16 **She Likes Surprises** (Soundgarden)	3:18

The Offspring
Smash (1994)

Label | Epitaph
Production | Thom Wilson
Direction artistique | Kevin Head • Fred Hidalgo
Pays | États-Unis
Durée | 46:36

Écouter *Smash* des Offspring, c'est s'injecter une dose d'adolescence masculine chargée d'irritabilité, d'idéalisme, de bravade et d'insécurité. Toute cette rage impuissante est traduite par un punk fiévreux et un rock puissant, ce qui explique pourquoi *Smash* s'est vendu à des millions d'exemplaires dans le monde entier.

Ce troisième album des Offspring sert de fer de lance à l'explosion de la plus récente vague punk, reposant sur le succès phénoménal du premier single *Come out and play*. Cette fable sur la violence de la jeunesse s'articule autour d'un riff de guitare orientalisant incroyablement efficace. Peu de temps après, les légendes punk Agent Orange leur intentent un procès pour

plagiat du riff, mais restent impuissants (il s'agit d'un plan connu sous le nom de gamme phrygienne) et doivent se contenter de regarder les poches des Offspring se remplir. Leurs acolytes du groupe punk The Vandals transcrivent musicalement ce triste épisode sous le titre *Aging orange*.
Cette médisance n'a de toute façon que peu de conséquences puisque le single qui suit, *Self Esteem*, séduit encore davantage les foules. L'album se vend si bien qu'il finance virtuellement le label Epitaph Records ainsi que de nombreux distributeurs internationaux. Et peu importe que le groupe touche au punk rock rapide (*So alone*), à la power pop (*Gotta get away*) ou flirte avec le ska (*What happened to you*) : l'album est bardé de mélodies contagieuses. Les années suivantes, The Offspring deviennent un groupe singulier qui écrit même des jingles pop pour la radio. En 1994 toutefois, alors qu'ils concentrent leur énergie dans un bras d'honneur au monde entier, il est difficile de douter de leur sincérité. **AT**

▶II Liste des titres

01 Time To Relax (The Offspring)	0:25
02 Nitro (Youth Energy) (The Offspring)	2:26
▶ 03 Bad Habit (The Offspring)	3:43
04 Gotta Get Away (The Offspring)	3:52
05 Genocide (The Offspring)	3:32
06 Something To Believe In (The Offspring)	3:17
▶ 07 Come Out And Play (The Offspring)	3:17
▶ 08 Self Esteem (The Offspring)	4:17
09 It'll Be A Long Time (The Offspring)	2:43
10 Killboy Powerhead (The Didjits)	2:02
11 What Happened To You ? (The Offspring)	2:12
12 So Alone (The Offspring)	1:17
13 Not The One (The Offspring)	2:54
▶ 14 Smash (The Offspring)	10:39

Drive like Jehu
Yank Crime (1994)

Label I Interscope
Production I Drive Like Jehu
Direction artistique I Rick Froberg
Pays I États-Unis
Durée I 53:15

Le grand manitou du punk-rock de San Diego, John « Speedo » Reis, est l'auteur de bon nombre d'œuvres importantes passées inaperçues dans les années 90. Son groupe le moins obscur, Rocket from the Crypt, est parvenu à se faire connaître du grand public vers 1995 et conserve des fans dévoués dans le monde entier. Drive like Jehu, qui rivalise avec Rocket from the Crypt, est quasiment inconnu en dehors du milieu punk underground. Ce second et dernier album du groupe est pourtant un objet de rock novateur et corrosif qui fait encore battre les cœurs aujourd'hui.
La pochette monochrome et dérangeante de *Yank Crime* (dessinée par le guitariste et « hurleur en chef » Rick Froberg) rappelle celles de Raymond Pettibon pour *Black Flag* et en dit long sur la musique austère qu'elle renferme. Le mélange signé Fugazi de dynamiques imprévisibles et de passages hardcore est un point de référence évident, tout comme les Wipers que John Reiss adore. Cela se traduit par les saccades de *Here come the rome plows*, la frénésie de *Golden Brown* (rien à voir avec le titre des Stranglers) et les répétitions torturées de *Luau*.
John Reis reconnaitra plus tard que la réalisation de l'album a été laborieuse, en grande partie à cause de sa tendance complexe au revirement. Celle-ci entraîne d'ailleurs la dissolution de Drive like Jehu. Actuellement, John Reiss et Rick Froberg mènent le groupe Hot Snakes. Plus difficile, plus méchant et tout aussi fascinant, ce dernier contribue largement à l'évolu-

tion du punk. *Yank Crime* est un flash-back incontournable sur l'une des grandes étapes de ce mouvement. **TH**

Liste des titres

▶	01 Here Come The Rome Plows (Froberg•Kennedy•Reis•Trombino)	5:44
	02 Do You Compute (Froberg•Kennedy•Reis •Trombino)	7:12
▶	03 Golden Brown (Froberg•Kennedy•Reis •Trombino)	3:14
▶	04 Luau (Froberg•Kennedy•Reis•Trombino)	9:27
▶	05 Super Unison (Froberg•Kennedy•Reis•Trombino)	7:24
	06 New Intro (Froberg•Kennedy•Reis•Trombino)	3:32
	07 New Math (Froberg•Kennedy•Reis•Trombino)	4:06
	08 Human Interest (Froberg•Kennedy•Reis •Trombino)	3:24
	09 Sinews (Froberg•Kennedy•Reis•Trombino)	9:12

Blur

Parklife (1994)

Label | Food
Production | Stephen Street
Direction artistique | Stylorouge
Pays | Royaume-Uni
Durée | 52:39

Lorsque Blur commence à enregistrer *Parklife*, ses membres se trouvent dans une situation financière désastreuse. Malgré des critiques dithyrambiques, leur précédent album *Modern Life is rubbish* s'est mal vendu et ils ont vraiment besoin de sortir un tube. Dans une attitude rebelle typique, ils pensent un instant intituler leur nouvel album *Soft Porn*, avec une représentation du palais de Buckingham sur la pochette.

Cet album qui deviendra l'essence même de la britpop peut compter sur un arsenal de gimmicks efficaces. Il s'inspire autant du cynisme des années 60 que de la culture du voyou qui émerge alors. La pochette est également pensée avec soin : on y voit deux magnifiques lévriers faisant la course sur le recto, tandis que le verso montre les membres de Blur grimés en *working class heroes* dans les gradins d'un stade pour lévriers de l'est de Londres.

Avant d'être impliqués dans une rivalité avec Oasis, les quatre membres infléchissent leur style vers une version plus anglaise de la pop, tour à tour mélancolique (*End of a century*), thrash (*Bank Holiday*) ou carrément effrontée (la chanson-titre, contée par l'acteur de Quadrophenia, Phil Daniels).

Le vaste *This is a low*, avant-dernier titre de l'album, reste l'une des plus belles réussites du groupe. Basé sur les illustrations d'un torchon à vaisselle que le bassiste Alex James a offert au chanteur Damon Albarn, les paroles égrènent lentement les prévisions maritimes de la BBC pour le littoral anglais, sur un accompagnement musical qui reproduit le bruit d'un hors-bord.

Parklife est l'œuvre la plus accomplie de Blur, à la fois ancrée dans le passé et résolument moderne. **JK**

Liste des titres

▶	01 Girls And Boys (Blur)	4:51
	02 Tracy Jacks (Blur)	4:20
	03 End Of A Century (Blur)	2:45
▶	04 Parklife (Blur)	3:05
	05 Bank Holiday (Blur)	1:42
▶	06 Badhead (Blur)	3:25
	07 Debt Collector (Blur)	2:10
	08 Far Out (Blur)	1:41
▶	09 To The End (Blur)	4:05
	10 London Loves (Blur)	4:15
	11 Trouble In The Message Centre (Blur)	4:09
▶	12 Clover Over Dover (Blur)	3:22
	13 Magic America (Blur)	3:38
	14 Jubilee (Blur)	2:47
▶	15 This Is A Low (Blur)	5:07
	16 Lot 105 (Blur)	1:17

G. Love and Special Sauce
G. Love and Special Sauce
(1994)

Label I Epic
Production I Stiff Johnson • Special Sauce
Direction artistique I Karim Ek
Pays I États-Unis
Durée I 58:21

Sorti à une époque où la plupart des gens assimilent les rappeurs blancs à Vanilla Ice, le premier album éponyme de G. Love and Special Sauce pose les bases d'une nouvelle forme de hip-hop convaincante, authentique et chaleureuse. En l'espace d'un morceau, *Blues Music*, G. Love cite Blind Lemon Jefferson, Jimmy Smith, Woody Guthrie, Aretha Franklin, Chaka Khan et Bob Dylan (tout ce qu'il faut pour se rendre compte que l'auteur ne cherche pas à imiter Dr. Dre), puis il s'attache à égaler ces artistes avec ce que l'on peut décrire comme de la soul hip-hop blues-folk.

S'inscrivant dans la glorieuse tradition musicale de sa ville natale Philadelphie, G. Love parvient à restituer l'ambiance des parties de basket dans la rue (*Shooting Hoops*), des concours de boisson (*Cold Beverage*) et des rapports avec les filles (*Baby's got sauce*). L'instrumentation désordonnée, menée par une batterie tout aussi désordonnée, est un tremplin idéal pour ce qui sonne encore aujourd'hui comme du rap freestyle. Sur *Fatman* et *Rhyme for summertime*, G. Love débite ses rimes bien plus vite que l'auditeur ne peut les digérer.

Les schémas complexes de ce premier album inspirent plusieurs autres disques solides tels que *Coast to coast motel* (1995) et *Yeah, it's that easy* (1997). L'histoire doit également au groupe la découverte du chanteur et surfeur Jack Johnson, grâce au single *Rodeo Clowns*. Toutefois, son véritable legs reste d'avoir débarrassé les rappeurs blancs des stigmates laissés par Vanilla Ice. **JiH**

▶II Liste des titres

	01 **The Things That I Used To Do** (G. Love)	3:35
▶	02 **Blues Music** (G. Love)	4:17
	03 **Garbage Man** (G. Love)	4:51
	04 **Eyes Have Miles** (G. Love)	5:22
▶	05 **Baby's Got Sauce** (Clemens•G. Love)	3:54
	06 **Rhyme For The Summertime** (G. Love)	3:06
▶	07 **Cold Beverage** (G. Love)	2:33
	08 **Fatman** (G. Love)	4:16
▶	09 **This Ain't Living** (G. Love•Jasper)	6:34
	10 **Walk To Slide** (G. Love)	4:28
▶	11 **Shooting Hoops** (G. Love)	3:31
	12 **Some Peoples Like That** (G. Love)	4:49
	13 **Town To Town** (G. Love)	3:33
	14 **I Love You** (G. Love)	3:32

Ali Farka Touré with Ry Cooder
Talking Timbuktu (1994)

Label I World Circuit
Production I Ry Cooder
Direction artistique I Intro
Pays I Mali • États-Unis
Durée I 60:01

L'un des premiers albums de « world music » à séduire la scène rock, *Talking Timbuktu*, rapporte un Grammy à une ferme d'Afrique de l'Ouest et bouleverse les croyances sur l'origine américaine du blues.

Grâce aux enregistrements qu'il réalise pour *Radio Mali*, tombés entre de bonnes mains, Ali Farka Touré se fait un nom en Europe. Sa musique, clairement liée aux origines du blues, surprend les musiciens, les DJ et les critiques. À tel point que beaucoup prétendent encore que le blues africain est influencé par les Afro-Américains – ce que Farka Touré dément, affirmant que ce style est parvenu en Amérique par le biais de l'esclavage. C'est le label World Circuit, basé à Londres, qui découvre Ali Farka Touré et commence à l'enregistrer. Puis Ry Cooder le contacte et le rencontre à Londres pendant l'été 1992. L'étape suivante semble évidente, mais se révèle complexe dans son organisation : Ali Farka Touré préfère en effet passer du temps dans sa ferme plutôt que de partir en tournée. Les studios lui font mauvaise impression. Enfant, il a été possédé par des démons qui lui ont donné son talent musical, mais il est désormais victime d'apparitions. Il refuse de jouer dans la maison de Ry Cooder à Santa Monica de peur de contrarier les esprits de l'océan. « Il semblait heureux, explique Ry Cooder, mais des choses profondes le perturbaient. » Ensemble, ils jouent avec les tonalités et les arrangements jusqu'à obtenir quelque chose de relaxant, mais ce sont leurs improvisations qui répondent à la question fondamentale : d'où qu'il vienne, le blues est la patrie d'Ali Farka Touré. **DH**

▶II Liste des titres

▶	01 **Bonde** (Touré)	5:28
▶	02 **Soukora** (Touré)	6:05
	03 **Gomni** (Touré)	7:00
	04 **Sega** (Touré)	3:10
	05 **Amandrai** (Touré)	9:23
▶	06 **Lasidan** (Touré)	6:06
▶	07 **Keito** (Touré)	5:42
	08 **Banga** (Touré)	2:32
	09 **Ai Du** (Touré)	7:09
▶	10 **Diaraby** (Trad., arr. Touré)	7:26

Hole
Live through this (1994)

Label | Geffen
Production | Paul Q. Kolderie • Sean Slade
Direction artistique | Janet Wolsborn
Pays | États-Unis
Durée | 38:19

À la fois brillant et très travaillé, le premier album de Hole, *Preety on the inside*, laisse la part belle à la mélodie. *Live through this*, par contraste, délivre un sentiment d'angoisse permanente. Une grande partie de l'album a été composée au sein du cocon de Courtney et Kurt. Des rimes comme « Je ne lave pas la vaisselle, je la jette dans le berceau » laissent supposer que Kurt pourrait être l'auteur des chansons.

Courtney reconnaît dans une interview donnée à *Q* que « la voix de Kurt apparaît dans chaque titre, pratiquement, mais de manière dissimulée. Stuart Moxham de Young Marble Giants et Kat Bjelland de Babes in Toyland laissent également leur empreinte.

Mais c'est Courtney qui assure le spectacle. Elle grogne avec assurance sur chaque titre et les paroles font toujours mouche. La ligne « Je veux être la fille avec le plus de cake [cocaïne et gâteau] » (*Miss World*) évoque la riot grrrl débauchée qu'incarne Courtney dans les médias. « Je fais si bien semblant que je suis au-delà du mensonge », dans *Doll Parts* qui reçoit même l'approbation de Joni Mitchell.

La mythologie pèse lourdement sur *Live through this*. L'album est dédié à Joe Cole, un ami tué sur le chemin du retour après un concert de Hole en compagnie de Henry Rollins. Sa publication survient entre la mort de Cobain et celle de la bassiste Kristen Pfaff. Le dernier titre perdu de l'album, *Rock Star* (remplacé par *Olympia*, sauf dans les crédits) ironise : « Tu veux vraiment être au Nirvana ? Je crois que tu ferais mieux de mourir. »

Une œuvre de moins bonne qualité n'aurait pas résisté. *Live through this* garde la tête haute. **BM**

▶II Liste des titres

▶	01 **Violet** (Hole)	3:24
▶	02 **Miss World** (Hole)	3:01
	03 **Plump** (Hole)	2:34
	04 **Asking For It** (Hole)	3:29
	05 **Jennifer's Body** (Hole)	3:42
▶	06 **Doll Parts** (Hole)	3:32
	07 **Credit In The Straight World** (Moxham)	3:12

08 Softer, Softest (Hole) 3:27
09 She Walks On Me (Hole) 3:24
10 I Think That I Would Die (Bjelland•Erlandson•Love) 3:37
11 Gutless (Hole) 2:15
12 Rock Star (Hole) 2:42

Massive Attack
Protection (1994)

Label | Wild Bunch
Production | Nellee Hooper
Dir. art. | Michael Nash Associates
Pays | Royaume-Uni
Durée | 43:06

Massive Attack ? Plutôt Under Attack. Le fondateur du groupe, Shara Nelson, voix de l'immortel *Unfinished Sympathy*, est parti. Le groupe déroute ses fans en changeant brièvement de nom pour Massive, afin éviter la controverse pendant la première guerre d'Irak. Enfin, le groupe fait une tournée désastreuse aux États-Unis.

Les membres qui subsistent reviennent avec *Protection*, un album qui suscite des réactions mitigées. Tout en prouvant que Massive Attack peut produire un bon album et même des tubes sans Nelson, *Protection* marque un changement de direction que certains critiques désapprouvent. La production est aussi élaborée et intéressante que celle de leur premier album *Blue Lines*, mais plus largement instrumentale.

Parmi les exceptions, on compte des collaborations avec Tracey Thorn de Everything but the Girl. La chanson-titre n'est que voix déchirante et rythmes denses, tandis que *Better Things* est mélancolique et détaché. Tricky, qui a quitté le groupe pendant la réalisation de l'album pour entamer sa carrière solo, participe aux superbes sections chantées de *Karmacoma* et *Eurochild*.

Protection asseoit Massive Attack comme chef de file de la scène émergente de Bristol et il ouvre la voie à Portishead, Sneaker Pimps ou Beth Orton. C'est le premier signe que le style aujourd'hui appelé trip-hop n'est pas une simple mode, mais bien un genre à part entière (voir leur stupéfiant *Mezzanine*). L'influence de la deuxième œuvre de Massive Attack est perceptible dans le monde entier, partout où se vendent de bons gros rythmes. **LP**

Manic Street Preachers
The Holy Bible (1994)

Label | Epic
Production | Steve Brown • Mark Freegard
Direction artistique | Richey James
Pays | Royaume-Uni
Durée | 56:21

The Holy Bible, un des albums les plus déchirants de tous les temps, est sorti six mois seulement avant la disparition de Richey James dans son pays de Galles natal. Les paroles, majoritairement écrites par James, débordent de désespoir et de haine de soi. Il y décrit sa lutte contre l'anorexie dans *4s 7lb* et déclare : « Je veux être assez maigre pour devenir invisible. » Cette litanie de l'autodestruction se poursuit dans *Die in the summertime*, qui débute par ces paroles glaçantes : « Je griffe ma jambe avec un clou rouillé, malheureusement, ça cicatrise. »

La musique se fait le reflet de ces visions sombres. Enregistrée au studio Soundscape de Cardiff, elle est claustrophobe et corrosive, très loin du rock pour les stades des albums précédents. Alors que leurs contemporains imitent les Beatles et les Who, les Manic Street Preachers s'approchent des sons anguleux de Magazine, Wire et Gang of Four. *P.C.P.* et *Revol* sont des décharges post-punk stimulées par les riffs caustiques de James Dean Bradfield. La basse décalée de Nicky Wire ajoute à la menace de *The Intense Humming of evil*,

qui pose un regard dur sur la cruauté humaine.
La noirceur envahit tout l'album. Il est dédié au manager du groupe Philip Hall, mort d'un cancer en 1993, et il est présenté dans une pochette grotesque de Jenny Saville, qui laisse le groupe utiliser ses images après avoir rencontré James. Désastre commercial en 1994, *The Holy Bible* sonne encore de manière actuelle aujourd'hui, peut-être parce que Radiohead a banalisé le dégoût de soi depuis. **TB**

Suede
Dog Man Star (1994)

Label | Nude
Production | Ed Buller
Direction artistique | Brett Anderson
Pays | Royaume-Uni
Durée | 57:59

Par miracle, Suede existe encore en 1994. Le groupe a perdu Bernard Butler (principal auteur-compositeur et guitariste précoce) en raison de profonds désaccords. Ils décident d'auditionner pour le remplacer et ils publient une annonce anonyme dans le *News Musical Express*.
Lorsqu'ils trouvent Richard Oakes, jeune homme de 17 ans capable de rivaliser avec Butler à la guitare, Suede reprend sa route. Tout le monde imagine le groupe fini. Au contraire, leur musique acquiert une nouvelle puissance, du titre d'ouverture psychédélique *Introducing the band* au finale orchestral *Still Life*. Le premier single audacieux *We are the pigs* décrit une certaine misère des villes dont il est déjà beaucoup question dans leur disque précédent. *The Wild Ones* regorge de solos de batterie et de passages de guitare acoustique savoureux : rarement un titre de Suede n'a été aussi mélodique. Le grandiose *Asphalt World*, qui dure près de dix minutes ressemble à un opéra rock dans un décor d'ecstasy, de taxis londoniens et de sexualité brutale.
Que le jeune Richard Oakes ait supporté tout cela sans quitter la scène en dit long, à la fois sur sa naïveté et sur l'entêtement du chanteur Brett Anderson. Lorsque que son groupe semble sur le point de se dissoudre, celui-ci se met au travail et prépare la tournée de l'album le plus ambitieux de sa carrière. **JK**

The Notorious B.I.G.
Ready to die (1994)

Label | Bad Boy
Production | Dominic Owen
Dir. art. | The Drawing Board
Pays | États-Unis
Durée | 69:03

« L'un des meilleurs albums jamais réalisés », déclare le chanteur et auteur-compositeur Randy Newman à propos de *Ready to die*. Mais, poursuit-il, « c'est un album étrange en ce que le premier titre dit "arrêtons de nous entretuer" et que le reste de l'album ne parle que de personnes qui s'entretuent ! »
Toute ambiguïté morale mise à part, *Ready to die* est superbe. Porteur d'un rap tiraillé entre le G-funk chamarré de la côte ouest et le style pointu de la côte est, l'album de Biggie (originaire de Brooklyn) prend le meilleur des deux. Le côté direct et sans concession est caractéristique de New York, mais la production est aussi somptueuse que celle que Dr. Dre cuisine en Californie. On trouve de délicieuses bouffées de funk comme *Juicy*, titre inspiré de Mtume, et *Big Poppa*, inspiré des Isley Brothers, mais aussi le vaporeux *The What*, étrange duo avec Method Man qui aurait sa place dans le délirant *Tical*. Parmi les autres collaborateurs de Biggie, Diana « Shy Guy » King est féroce sur l'inégal *Respect*. Le producteur Sean « Puffy » Combs,

qui possède également le label Bad Boy, apporte à l'album un éclat inégalable. Enfin, bien sûr, Biggie montre l'étendue de son talent. Ses récits complexes sur son passé agité, ses menaces à glacer le sang et sa vision de l'avenir ne souffrent pas de comparaison. Une note d'autodérision rachète même la satire *#!*@ Me*.

Biggie compose deux autres superbes albums avant sa mort en 1997 : *No way out* de Puffy et *Life after death* sous son propre nom. L'album posthume *Born again* se défend également. Mais le champion reste *Ready to die*. **BM**

Jeff Buckley
Grace (1994)

Label | Columbia
Production | Jeff Buckley • Andy Wallace
Direction artistique | C. Austopchuk • N. Lindeman
Pays | États-Unis
Durée | 51:19

À une époque où les angoisses existentielles sont transcrites par les guitares grunge, les mélodies délicates et la sensibilité esthétique de Jeff Buckley le classent à part. Affranchi de la scène club d'avant-garde new-yorkaise, Jeff Buckley, fils de Tim, célèbre musicien folk de la fin des années 60, enregistre son premier maxi commercial *Live at Sin-É* dans l'East Village bohème. En attendant sa publication chez Columbia à l'automne 1994, Buckley et son petit noyau de musiciens ne perdent pas leur temps et réalisent leur premier album studio, *Grace*.

Ode à la solitude, à la perte et à l'incompétence absolue de l'homme en période de crise, les paroles de *Grace* sont baignées d'une irrésistible mélancolie. L'album est sauvé d'un sentimentalisme excessif par la voix chaude de Buckley et les subtils arrangements musicaux. *Last Goodbye*, titre d'une tristesse insoutenable, est accompagné d'une section de cordes poignante, tandis que *Corpus Christi Carol* de Benjamin Britten permet au chanteur d'exploiter son impressionnante tessiture vocale. Étrangement, ces chansons, concoctées dans des lieux minuscules avec une acoustique primitive, sonnent de manière puissante et glorieuse sur ce premier album incroyablement mature. Sa reprise de *Hallelujah* de Leonard Cohen est si bien assurée que l'on finit par se demander qui a enregistré cette chanson en premier.

Grace est un classique instantané. Critiques et musiciens applaudissent le talent musical de Buckley et son écriture fluide. Mais l'avenir brillant que tous lui prédisent n'adviendra pas. Jeff Buckley se noie à 30 ans en mai 1997, laissant derrière lui un héritage musical tragiquement court, mais d'une importance capitale. **SJac**

▶II Liste des titres

▶	01 **Mojo Pin** (Buckley•Lucas)	5:41
▶	02 **Grace** (Buckley•Lucas)	5:22
	03 **Last Goodbye** (Buckley)	4:16
	04 **Lilac Wine** (Shelton)	4:31
	05 **So Real** (Buckley•Tighe)	4:41
▶	06 **Hallelujah** (Cohen)	6:52
▶	07 **Lover, You Should've Come Over** (Buckley)	6:42
	08 **Corpus Christi Carol** (Britten)	2:56
	09 **Eternal Life** (Buckley)	4:52
▶	10 **Dream Brother** (Buckley•Grondahl•Johnson)	5:26

Orbital
Snivilisation (1994)

Label | Internal
Production | Paul Hartnoll • Phil Hartnoll
Direction artistique | John Greenwood
Pays | Royaume-Uni
Durée | 75:06

Paul et Phil Hartnoll, alias Orbital, acquièrent rapidement une certaine célébrité avec leur premier enregistrement, *Chime*, dont la production aurait coûté moins d'une livre. Avec leur troisième album, *Snivilisation*, ils accèdent à une véritable reconnaissance.

Associant dance music et commentaire social, *Snivilisation* affiche des influences aussi diverses que Brian Eno, Philip Glass et le collectif anarcho-punk, Crass. La politique draconienne menée par le Parti conservateur britannique et ses vaines tentatives d'anéantir la culture rave sont également au cœur des préoccupations du duo. *Are we here ?* décrit la vision cauchemardesque d'un gouvernement qui tente de réduire la population au silence et à l'austérité. L'album mêle des samples glaçants et des rythmes drum'n bass mutants. Il bénéficie du talent vocal unique d'Alison Goldfrapp, qui participe à la glitch-techno spectaculaire de *Sad but true*.

Philosophy by numbers fait la satire de notre environnement commercial. Bref interlude de hardcore atonal au milieu de la splendeur mélodique de l'album, *Quality Seconds* parodie la pub à la télévision. Les rythmes stupéfiants de *Crash and carry* évoquent une société décadente. Le point de vue satirique d'Orbital sur la culture moderne s'étend au graphisme de la pochette, une représentation surréaliste et sexuellement connotée d'un homme fait de tuyaux, écoutant un baladeur Sony.

L'innovation incontestable de l'album, associée à la réputation scénique croissante du duo, lui permet de rejoindre le peloton de tête. Œuvre ambitieuse et passionnante, *Snivilisation* incarne une période où l'État représente une menace pour la culture pop. **CSh**

▶II Liste des titres

▶	01 **Forever** (P. Hartnoll•P. Hartnoll)	7:59
	02 **I Wish I Had Duck Feet** (P. Hartnoll•P. Hartnoll)	4:05
	03 **Sad But True** (P. Hartnoll•P. Hartnoll)	7:49
▶	04 **Crash And Carry** (P. Hartnoll•P. Hartnoll)	4:43
	05 **Science Friction** (P. Hartnoll•P. Hartnoll)	5:04
	06 **Philosophy By Numbers** (P. Hartnoll•P. Hartnoll)	6:39
	07 **Kein Trink Wasser** (P. Hartnoll•P. Hartnoll)	9:24
	08 **Quality Seconds** (P. Hartnoll•P. Hartnoll)	1:25
▶	09 **Are We Here ?** (P. Hartnoll•P. Hartnoll)	15:33
▶	10 **Attached** (P. Hartnoll•P. Hartnoll)	12:25

Nirvana
MTV Unplugged in New York (1994)

Label | Geffen
Production | Scott Litt • Nirvana
Direction artistique | Robert Fisher
Pays | États-Unis
Durée | 53:50

Lorsque la grande famille de Nirvana – composée de Kurt Cobain, Krist Novoselic, Dave Grohl, Pat Smear, le violoncelliste Lori Goldston et un couple de Meat Puppets – pénètre dans les studios new-yorkais de *MTV* pour créer l'impensable – un album grunge acoustique –, il est impossible d'imaginer le document plein d'émotion qu'ils allaient laisser derrière eux.

D'abord réalisé pour l'émission *Unplugged* (des photos du concert ornent la pochette), l'album dévoile de manière bien plus affirmée qu'aucun de leurs disques précédents ce que Nirvana aurait pu devenir. Seul *Come as you are* est redevable à leur passé heavy. Pour la majeure partie, ce sont les titres originaux les plus lents qui sont publiés, tels que *Dumb*, *Polly* et *Something in the way*.

Trois titres écrits par Meat Puppets révèlent le désir de Cobain d'utiliser son statut pour aider les groupes de ses amis. D'étonnantes reprises des Vaselines et de Bowie sont exécutées avec brio (à certains moments de *The Man who sold the world*, Cobain joue la ligne vocale de Bowie à la guitare).

Le standard de blues de *Lead Belly*, morceau d'exorcisme inspiré et émouvant, clôt les festivités. Il rappelle de manière glaçante la grande perte que le décès de Kurt Cobain représente pour le monde de la musique. Avec sa voix éraillée et amère, le chanteur est parvenu à moderniser l'héritage musical américain. Lorsqu'il soupire, dans un moment de silence avant l'apogée finale, il semble que le poids du monde est en train de l'écraser. Que cela ait fini par se produire fait de *Unplugged*, par instants, un album qui frôle les limites. **JK**

▶II Liste des titres

▶	01 **About A Girl** (Cobain)	3:37
	02 **Come As You Are** (Cobain)	4:13
	03 **Jesus Doesn't Want Me For A Sunbeam** (Kelly•McKee)	4:37
▶	04 **The Man Who Sold The World** (Bowie)	4:20
	05 **Pennyroyal Tea** (Cobain)	3:40
▶	06 **Dumb** (Cobain)	2:52
	07 **Polly** (Cobain)	3:16
	08 **On A Plain** (Cobain)	3:44
	09 **Something In The Way** (Cobain)	4:01
	10 **Plateau** (Kirkwood)	3:38
	11 **Oh Me** (Kirkwood)	3:26
▶	12 **Lake Of Fire** (Kirkwood)	2:55
	13 **All Apologies** (Cobain)	4:23
▶	14 **Where Did You Sleep Last Night** (Ledbetter)	5:08

Nine Inch Nails
The Downward Spiral (1994)

Label I Interscope
Production I Flood • Trent Reznor
Direction artistique I Gary Talpas
Pays I États-Unis
Durée I 65:02

Vous cherchez quelque chose de joyeusement noir ? Prenez les Cure. Brillamment noir ? Pink Floyd, peut-être. Méchamment, bruyamment, mortellement noir ? Les Nails.
« En résumé, explique le leader Trent Reznor, il s'agit de quelqu'un qui rejette tous les aspects de sa vie. [Il] se tourne vers le vice pour essayer de calmer la douleur. » Cette ode à la souffrance voit le jour dans la maison de Los Angeles où des fans de Charles Manson ont assassiné l'actrice Sharon Tate. Les mauvaises vibrations abondent : après avoir raté la préparation d'un poulet pour nourrir Reznor, Tori Amos conclut que la maison est maudite. Les chansons baignent dans l'horreur, bien que Reznor nie que les « pigs » récurrents aient un rapport avec *Piggies*, le titre des Beatles devenu un hymne à Manson. Les morceaux industriels comme *March of the pigs* comportent des moments séduisants. Le dansant *Closer*, dont les batteries sont samplées à partir de *Nightclubbing* d'Iggy Pop, contient l'un des refrains les plus cités de la décennie : « *I want to fuck you like an animal* ».
Enfin, il y a *Hurt*. « La meilleure chanson anti-drogues », selon Johnny Cash, dont la reprise est devenue son épitaphe. Le clip vidéo poignant de Cash est l'œuvre de Mark Romanek, également réalisateur du clip du troublant *Closer*.
The Downward Spiral est aussi éloigné de l'easy-listening que du rock grand public. Si cela vous « parle » et que vous ne vous appelez pas Trent Reznor, vous pouvez commencer à vous inquiéter sérieusement. Ses guitares déchirantes, ses batteries assourdissantes et ses chansons étonnantes sont malheureusement contagieuses.
Et le poulet de Tori ? « Je ne sais pas, dit Reznor en haussant les épaules. Les fantômes l'ont mangé. » **BM**

▶II Liste des titres

	01 **Mr. Self Destruct** (Reznor)	4:30
	02 **Piggy** (Reznor)	4:24
	03 **Heresy** (Reznor)	3:54
▶	04 **March Of The Pigs** (Reznor)	2:58
▶	05 **Closer** (Reznor)	6:13
	06 **Ruiner** (Reznor)	4:58
	07 **The Becoming** (Reznor)	5:31
	08 **I Do Not Want This** (Reznor)	5:41
	09 **Big Man With A Gun** (Reznor)	1:36
	10 **A Warm Place** (Reznor)	3:23
	11 **Eraser** (Reznor)	4:53
	12 **Reptile** (Reznor)	6:51
	13 **The Downward Spiral** (Reznor)	3:56
▶	14 **Hurt** (Reznor)	6:14

The Prodigy
Music for the jilted generation (1994)

Label | XL
Production | Liam Howlett • Neil McLellan
Dir. art. | Les Edwards • Jamie Fry • Stuart Haygarth
Pays | Royaume-Uni
Durée | 78:08

Dans les années 90, The Prodigy semble n'être qu'un groupe de voyous anglais de plus. Mais en 1992, *Experience* se révèle plus puissant que le tube *Charly* ne le laissait prévoir et la tournée qui suit en fait un groupe populaire.

Au fil du temps, le leader Liam Howlett est quelque peu déçu par la dance music et il redécouvre le hip-hop. Ainsi, si *Music for the jilted generation* contient un reste de l'électronica taillée pour les raves, il propose également des rythmes massifs. Le rock tire aussi son épingle du jeu : le groupe Pop will eat itself ajoute une touche grunge à *Their Law*, et *Voodoo People* contient un riff inspiré du *Very Ape* de Nirvana. Toutes ces expérimentations électro-punk se concrétisent dans *The Fat of the land* en 1997.

Les vidéo clips inspirés de *The Lawnmower Man* (*Intro*), *Smokey and the bandit* (*Their Law*), Star wars (*Full Throttle*), *Poltergeist III* (*The Heat (the energy)*) et *2001* (*Claustrophobic Sting*) complètent l'ensemble.

L'album ne connaît aucune baisse de régime, même si Liam Howlett maintient que les morceaux *Full throttle* et *One love* auraient pu être supprimés. *...Jilted Generation* est considéré à l'époque comme une protestation contre les manœuvres du gouvernement pour interdire les raves. Pourtant, Liam Howlett renie aujourd'hui le titre de l'album, qu'il juge « stupide », et dément toute intention politique. Une sournoiserie utile puisque le titre de l'album suivant est tiré d'une citation d'Hermann Goering.

Peu importe finalement. Le disque ouvre la voie à Leftfield, Underworld et Goldie, qui osent ensuite déployer leurs innovations à l'échelle d'un album. *...Jilted Generation* demeure l'une des meilleures montées d'adrénaline qui soient. **BM**

▶II Liste des titres

	01 **Intro** (Howlett)	0:46
	02 **Break And Enter** (Howlett)	8:24
	03 **Their Law** (Howlett•Pop Will Eat Itself)	6:40
	04 **Full Throttle** (Howlett)	5:02
▶	05 **Voodoo People** (Howlett•Kain)	6:27
	06 **Speedway (Theme From Fastlane)** (Howlett)	8:56
	07 **The Heat (The Energy)** (Howlett)	4:27
▶	08 **Poison** (Howlett•Palmer)	6:42
▶	09 **No Good (Start The Dance)** (Howlett)	6:17
	10 **One Love (Edit)** (Howlett)	3:53
	The Narcotic Suite :	
	11 **3 Kilos** (Howlett)	7:25
	12 **Skylined** (Howlett)	5:58
	13 **Claustrophobic Sting** (Howlett)	7:11

Green Day
Dookie (1994)

Label | Reprise
Production | Rob Cavallo • Green Day
Direction artistique | Richie Bucher
Pays | États-Unis
Durée | 39:38

Les puristes du punk grincent encore des dents à l'écoute de ce disque révolutionnaire. Mais personne ne peut nier que *Dookie* a permis à Green Day de redonner vie à ce genre obsolète pour une nouvelle génération.

La formule est simple. Quelques accords puissants, un air entraînant, un zeste d'humour ironique, le tout accéléré au maximum pour que les jeunes aient envie de sauter sur place. Ceci n'est même pas vraiment révolutionnaire : le son et le sens de l'ironie de Green Day empruntent largement aux Ramones et aux Sex Pistols. Mais Green Day se distingue de la scène

punk britannique en faisant de ce genre une épreuve pour gosse de riche dénuée de prétention politique révolutionnaire, et en ne conservant que la rébellion stérile.
Dans *Dookie*, Green Day livre quatorze mélodies douces et furieuses sur l'angoisse existentielle et l'ennui régnant dans les banlieues. Le groupe vante le mode de vie des slackers à travers des phrases comme « Je déclare que j'en ai plus rien à foutre / J'enrage, je me consume et je m'emmerde de plus en plus » (*Burnout*) et des chansons qui évoquent le peu d'attrait de la masturbation (*Long View*).
Le fait que *Dookie* ait été enregistré avec le soutien d'une major contribue à son succès. Avec des clips intelligents et largement diffusés, l'album contient quatre singles à succès, parmi lesquels *Basket Case*, qui domine les hit-parades américains pendant cinq semaines. Mais le titre le plus marquant reste *When I come around*. En moins de trois minutes, il restitue la quintessence de Woodstock 1994 et permet au groupe d'accéder au statut de superstars. Comme le remarque alors le *New York Times*, « jamais l'apathie n'a paru si passionnée ». **JC**

▶II Liste des titres

▶ 01 **Burnout** (Green Day)	2:07
02 **Having A Blast** (Green Day)	2:44
03 **Chump** (Green Day)	2:54
▶ 04 **Long View** (Green Day)	3:58
05 **Welcome To Paradise** (Green Day)	3:44
06 **Pulling Teeth** (Green Day)	2:30
▶ 07 **Basket Case** (Green Day)	3:03
▶ 08 **She** (Green Day)	2:14
09 **Sassafras Roots** (Green Day)	2:37
▶ 10 **When I Come Around** (Green Day)	2:58
11 **Coming Clean** (Green Day)	1:34
12 **Emenius Sleepus** (Green Day)	1:43
13 **In The End** (Green Day)	1:46
14 **F.O.D./All By Myself** (Green Day)	5:46

Foo Fighters
Foo Fighters (1995)

Label I Roswell
Production I Foo Fighters • Barrett Jones
Direction artistique I Tim Gabor
Pays I États-Unis
Durée I 44:01

En 1994, le suicide de Kurt Cobain laisse le monde du rock sous le choc. Le bassiste de Nirvana, Dave Grohl, réagit intelligemment et crée une plate-forme pour exprimer ses talents : Foo Fighters (surnom donné par l'armée américaine aux avions de combat utilisés pour enquêter sur les OVNI).
Bien que le premier morceau de l'album, très rapide et intitulé à juste titre *This is a call*, soit écrit après le décès de Cobain (tout comme *Oh, George* et *I'll stick around*, les autres étant composés par Dave Grohl à l'époque de Nirvana), il ne verse pas dans le mélodrame et s'avère au contraire plein de vie et d'énergie. L'interprétation tendue et la voix intense de Dave font l'effet d'une bombe sur les fans, même si les paroles sont souvent dénuées de sens.
La pop grunge de Foo Fighters est un vecteur idéal pour le talent de Dave Grohl. En effet, ce qui s'apparente à une tentative de groupe est en réalité un projet solo, et Grohl compose l'intégralité de l'album. Il assure le chant, la guitare, la basse et la batterie, et enregistre le tout en une semaine. L'alternance (héritée de Nirvana) entre un couplet doux et un refrain énergique caractérise la plupart des morceaux de *Foo Fighters*, en particulier *I'll stick around* et *For all the cows*. L'album est une véritable caverne d'Ali Baba : mélodie évoquant les Beatles sur *Big me*, rock planant sur *Oh, George* (hommage à George Harrison), guitares brumeuses et batterie tranquille sur *X-Static*, pure énergie punk sur *Wattershed* et *Weenie Beenie*. Placé en fin

de disque, le bien nommé *Exhausted* laisse l'auditeur fatigué, mais sûrement pas lassé. Au contraire, il est prêt à rempiler. **MBo**

▶II Liste des titres

▶ 01 **This Is a Call** (Grohl)	3:53
▶ 02 **I'll Stick Around** (Grohl)	3:53
▶ 03 **Big Me** (Grohl)	2:12
▶ 04 **Alone + Easy Target** (Grohl)	4:05
05 **Good Grief** (Grohl)	4:01
06 **Floaty** (Grohl)	4:30
07 **Weenie Beenie** (Grohl)	2:45
08 **Oh, George** (Grohl)	3:00
▶ 09 **For All the Cows** (Grohl)	3:30
▶ 10 **X-Static** (Grohl)	4:13
▶ 11 **Wattershed** (Grohl)	2:15
▶ 12 **Exhausted** (Grohl)	5:44

Garbage

Garbage (1995)

Label I Mushroom
Production I Garbage
Direction artistique I Garbage • Janet Wolsborn
Pays I Royaume-Uni • États-Unis
Durée I 50:45

Un jour, alors que les producteurs Butch Vig, Steve Marker et Duke Erikson sont en train de remixer un morceau de Nine Inch Nails, un ami leur fait remarquer que ce qu'ils sont en train d'enregistrer ressemble à des « ordures ». Ce son thrashy est à la base de leur projet de groupe, baptisé Garbage suite à cette anecdote. Ils recrutent la chanteuse écossaise Shirley Manson, qui apporte une image forte au groupe grâce à sa tignasse rouge et sa personnalité. Elle réécrit une grande partie des paroles des chansons afin d'exprimer sa lutte contre la dépression, donnant le ton du premier album de Garbage.

Tour à tour hargneuse, perverse, en proie au désir et vulnérable, elle est capable d'interpréter et de transmettre presque tous les sentiments avec le même aplomb : « Tu pensais que je n'étais qu'une petite fille / Tu pensais que je n'étais qu'une petite souris / Tu pensais m'avoir par surprise / Et maintenant je suis là, en train de mettre le feu chez toi », rugit-elle dans *Not my idea*. La musique elle aussi est extraordinaire : boucles luxuriantes et chaleureuses, samples bricolés sur plusieurs titres, claviers, le tout haché menu par des guitares acérées. Des titres comme *Milk* et *A stroke of luck* sont plus sombres que l'enfer, et *Vow* est sans conteste l'un des meilleurs premiers singles jamais publiés. Il débute par des claviers tourbillonnants qui enveloppent l'auditeur, puis laissent place à un rythme de batterie menaçant et une guitare ardente, pendant que Shirley Manson menace de « détruire votre âme minuscule... » Ce titre reste le meilleur de leur répertoire. Complétant l'ensemble, la pochette est drapée d'un boa en plumes roses portant l'initiale « G ». **KM**

▶II Liste des titres

01 **Supervixen** (Erikson•Manson•Marker•Vig)	3:56
02 **Queer** (Erikson•Manson•Marker•Vig)	4:36
▶ 03 **Only Happy When It Rains** (Erikson•Manson•Marker•Vig)	3:56
04 **As Heaven Is Wide** (Erikson•Manson •Marker•Vig)	4:44
05 **Not My Idea** (Erikson•Manson•Marker•Vig)	3:50
06 **A Stroke Of Luck** (Erikson•Manson •Marker•Vig)	4:45
▶ 07 **Vow** (Erikson•Manson•Marker•Vig)	4:30
▶ 08 **Stupid Girl** (Erikson•Manson•Marker•Vig)	4:18
09 **Dog New Tricks** (Erikson•Manson•Marker•Vig)	3:58
10 **My Lover's Box** (Erikson•Manson•Marker•Vig)	3:35
11 **Fix Me Now** (Erikson•Manson•Marker•Vig)	4:43
▶ 12 **Milk** (Erikson•Manson•Marker•Vig)	3:54

Nightmares on Wax

Smokers Delight (1995)

Label I Warp
Production I E.A.S.E.
Direction artistique I Leigh Kenny
Pays I Royaume-Uni
Durée I 73:22

Peu d'albums sont aussi bien adapté à la fraîcheur de la nuit que *Smokers*

Delight, des Nightmares on Wax. Cerise sur le gâteau, il marche aussi le matin, au dîner avec des amis, au travail ou dans la chambre à coucher.

Le nom Nightmares on Wax désigne les enregistrements solo George Evelyn depuis sa séparation avec le co-fondateur Kevin Harper au début des années 90. Seul dans le studio, il s'éloigne de la techno sombre des débuts et peaufine son propre son. *Smokers Delight* propose plus de soixante-dix minutes de musique électronique instrumentale, jalonnée de rythmes hip-hop et de samples de classiques soul ou R&B comme Quincy Jones et Smokey Robinson.

L'album démarre par un groove crescendo de synthé et de basse intitulé *Nights Introlude*. Le titre est retravaillé par George Evelyn pour son excellent disque *Carboot Soul* en 1999, et renommé *Les Nuits*. *Dreddoverboard* évoque le son de l'océan roulant sur des bongos et une basse. *Pipes-Honour* est un morceau jouissif de neuf minutes, comportant un solo de guitare plein d'écho, une basse fluide, une flûte et des paroles qui se limitent à « yah-yah ». L'un des morceaux les plus prenants de l'album est *Bless my soul*, qui associe un rythme soutenu à un gazouillis aquatique. *Mission Venice* débute comme la musique d'un film d'espionnage, puis s'engouffre dans un tunnel spatial et ressort de l'autre côté. *Smokers Delight* est un de ces albums qu'on remarque dès la première écoute, et qu'on court acheter le lendemain. Oui, c'est si bien que ça. **RM**

▶II Liste des titres

▶ 01 **Nights Introlude** (Evelyn)	4:39
▶ 02 **Dreddoverboard** (Boy Wonder•E.A.S.E.)	5:48
▶ 03 **Pipes-Honour** (Evelyn)	9:05
04 **Me + You** (Evelyn)	0:56
05 **Stars** (Evelyn)	6:59
06 **Wait a Minute/Prayin (For A Jeepbeat)** (Evelyn)	2:44
07 **Groove St.** (Evelyn)	7:30
08 **Time (To Listen)** (Evelyn)	0:25
09 **(Man) Tha Journey** (Evelyn)	6:19
▶ 10 **Bless My Soul** (Evelyn)	5:56
11 **Cruise (Don't Stop)** (Evelyn)	7:05
▶ 12 **Mission Venice** (Evelyn)	2:50
13 **What I'm Feelin (Good)** (Evelyn)	2:26
14 **Rise** (Evelyn)	5:14
15 **Rise (Reprise)** (Evelyn)	1:46
16 **Gambia Via Vagator Beach** (Evelyn)	4:41

Tricky
Maxinquaye (1995)

Label | Island
Production | Howie B. • Kevin Petrie • Mark Saunders • Tricky
Direction artistique | David Alvarez • Cally
Pays | Royaume-Uni
Durée | 57:01

Il est si vite retombé dans l'anonymat qu'il est difficile de comprendre aujourd'hui l'excitation due à la perspective d'un album solo d'Adrian « Tricky » Thaws. Avec les disques affligeants qui ont suivi, le travail de cet ex-rappeur de Massive Attack est relégué dans une poubelle de l'histoire, étiquetée « culture pop des années 90 ».

Vers le milieu des années 90, le premier album iconoclaste de Massive Attack, *Blue Lines*, pose les jalons d'une musique contemporaine savoureuse en Europe occidentale. Toutes les innovations du genre sont accueillies avec le plus grand intérêt, davantage encore lorsqu'il s'agit d'un ancien membre du collectif de Bristol.

Tricky reprend les harmonies de *Five Man Army* de Massive Attack pour en accentuer la claustrophobie et le côté menaçant. On y trouve des effets sonores, du dub infectieux et des samples torturés – de la drum'n bass du sud-ouest de l'Angleterre, rien que ça. La musique est tour à tour languissante et violente, expérimentale, mais jamais complaisante. *Maxinquaye* dialogue avec ses contemporains, reprenant le *Black Steel in the hour of chaos* de Public Enemy pour en faire une charge de rock puissante. La voix grinçante de Tricky, aux accents bristoliens, donne un aspect trouble à l'ensemble du disque. Martine, collègue de Massive Attack, prête quant à elle sa voix de velours à *Ponderosa*. Parfois autobiographique, *Maxinquaye* exclut toute prétention du hip-hop, instaurant un climat de paranoïa et de haine.

Novateur, provocant, doté d'arrangements complexes, l'album fait connaître le spoken word au Royaume-Uni. Un bref instant, on a pu croire que le rap anglais, loin d'être un paradoxe malheureux, avait un avenir brillant. **ARa**

▶ll Liste des titres

01 **Overcome** (Detroit•Fahey•Tricky)	4:28
02 **Ponderosa** (Howie B•Martine•Tricky)	3:30
▶ 03 **Black Steel** (Ridenhour•Sadler•Shocklee)	5:39
▶ 04 **Hell Is Around The Corner** (Hayes•Tricky)	3:46
05 **Pumpkin** (Tricky)	4:30
▶ 06 **Aftermath** (Tricky)	7:37
07 **Abbaon Fat Track** (Tricky)	4:26
▶ 08 **Brand New You're Retro** (Tricky)	2:54
09 **Suffocated Love** (Tricky)	4:52
10 **You Don't** (Tricky)	4:39
11 **Strugglin'** (Tricky)	6:38
12 **Feed Me** (Tricky)	4:02

Raekwon
Only Built 4 Cuban Linx
(1995)

Label | Loud
Production | RZA
Direction artistique | Miguel Rivera
Pays | États-Unis
Durée | 71:51

Après l'impact colossal du premier album de Wu-Tang Clan, *The Wu-Tang (36 Chambers)*, en 1993, les albums solo des membres du groupe sont attendus avec impatience. Tout comme *Liquid Swords* de GZA et *Tical* de Method Man, *Only Built 4 Cuban Linx* de Raekwon se distingue parmi les meilleurs de cette première vague.

Reconnu comme l'un des membres les plus doués du Clan, Raekwon « The Chef » réalise un album de gangsta rap classique. Inspirée de l'iconographie de la mafia, son image de MC est celle d'un baron de la drogue habillé en Gucci, d'un proxénète amateur de champagne et d'un joueur invétéré. *Only Built 4 Cuban Linx* évoque les hauts et les bas de la vie de gangster, de l'exubérance du succès financier à la déchéance, en passant par la paranoïa du pouvoir mal acquis (ainsi dans *Heaven and Hell*, notre anti-héros prie pour son pardon).

Raekwon (avec son partenaire vocal Ghostface Killah de Wu-Tang) nous offre un album sombre, croulant sous le poids de joyaux tels que *Ice Cream*, *Criminology*, *Rainy Dayz* et le fantastique *Wu-Gambinos*. Tous sont devenus des références absolues du gangsta rap. La production inspirée du leader de Wu-Tang, RZA, mêle musique latino, musique classique et samples de soul. Le charme et l'humour effronté de *Only Built 4 Cuban Linx* inspirent des stars montantes du rap comme Jay-Z, Notorious B.I.G. et Nas. **CR**

The Smashing Pumpkins
Mellon Collie and the infinite sadness (1995)

Label | Virgin
Production | B. Corgan • Flood • A. Moulder
Dir. art. | B. Corgan • F. Olinsky
Pays | États-Unis
Durée | 121:49

Si *Siamese Dream*, le premier album grand public des Smashing Pumpkins, connaît les louanges de la critique et un certain succès commercial, l'album suivant, *Mellon Collie and the infinite sadness*, est le plus souvent cité comme le meilleur du groupe. Il réussit la prouesse d'imposer son propre style sans abandonner les révélations émotionnelles et la complexité de son prédécesseur.

Composé de deux disques respectivement intitulés *Dawn to Dusk* et *Twilight to starlight*, l'album couvre toute la palette des sentiments humains. *Mellon Collie and the infinite sadness* est un modèle d'écriture alternative contemporaine. Le premier morceau se limite à une section de piano captivante, *Tonight, Tonight* est une symphonie de cordes nostalgiques, tandis que *Bullet with butterfly wings* et *Zero* charrient un rock grunge enragé et amer.
Après sa sortie en 1995, une succession d'événements propulse l'album et le groupe sur le devant de la scène. En douze mois, il obtient sept nominations aux Grammy Awards. Jonathan Melvin, le claviériste de la tournée, meurt d'une overdose d'héroïne. Le batteur Jimmy Chamberlin est arrêté pour possession de stupéfiants puis renvoyé du groupe. Et dans de nombreuses interviews polémiques, le chanteur Billy Corgan n'hésite pas à reprocher à ses confrères leur manque d'ambition musicale.
En créant *Mellon Collie...*, Billy Corgan a exploré de nouveaux territoires, dont il est revenu avec l'un des plus beaux albums de l'histoire du rock. **EK**

Rocket from the Crypt
Scream, Dracula, scream ! (1995)

Label | Interscope
Production | Rocket From The Crypt
Direction artistique | Mike Nelson
Pays | États-Unis
Running Time | 43:41

Vers le milieu des années 90, le punk est une affaire qui rapporte. Green Day et Offspring ont transformé le genre en une suite infinie de variations sur les riffs des Ramones et les ricanements de Johnny Rotten. *Scream, Dracula, scream !* rend le punk à nouveau (in)digne de respect. Avec ses mélanges de cuivres façon Stax et de guitares hardcore, le premier album de Rocket from the Crypt chez une major prouve que le punk est capable de transcender la nostalgie défraîchie des seventies.
Enregistré aux studios Gold Star de Hollywood (berceau du « Wall of Sound » de Phil Spector), *Scream, Dracula, scream !* est conçu comme un morceau de musique ininterrompu, des bois et des cordes apaisants remplaçant les plages de silence entre les chansons.
Young Livers et *Drop out* s'échappent des haut-parleurs avec une tension digne de Gene Vincent. La section de cuivres rajoute à l'incandescence et à la vélocité de l'ensemble. *On a rope* et *Born in '69* font l'effet de dragsters rugissants menés à fond de train par les musiciens. Mais si l'album est un monstre heavy, il recèle aussi des joyaux pop plus légers. *Misbeaten* et *Ball Lightening* brillent grâce à leurs harmonies délicates dignes des Drifters.
L'album invite les auditeurs à chanter une fois de plus la gloire du punk. Il enrichit la palette sonore à disposition des groupes garage, en prouvant que même une trompette, placée entre de bonnes mains, peut sonner de manière punk. **TB**

The Chemical Brothers
Exit Planet Dust (1995)

Label | Virgin
Production | The Chemical Brothers
Direction artistique | Negativespace
Pays | Royaume-Uni
Durée | 49:27

Album phare du genre big beat, *Exit Planet Dust* présente toutes les caractéristiques du son des Chemical Brothers, soit un savoureux mélange de psychédélisme, de hip-hop, de breakbeats, d'acid house, de funk et de rock. D'énormes lignes de basse et une batterie massive dominent l'ensemble, de l'introductif *Leave home* à l'euphorique *In Dust we trust*. On glisse ensuite vers une version live de *Song to the siren*, avec des samples de *Meat Beat Manifesto* et *This Mortal Coil*. Celui-ci (le tout premier titre des Chemical Brothers) est d'abord publié en 1992, alors que le duo officie sous le nom de Dust Brothers. En 1995, une action en justice intentée par les collaborateurs des Beastie Boys, qui portent le même nom, les oblige à changer de pseudonyme. Le titre de l'album est un clin d'œil ironique à cette évolution.

La force d'*Exit Planet Dust* réside dans ses morceaux instrumentaux, même si de nombreux signes annoncent le virage du duo vers la pop. Tim Burgess, leader des Charlatans, figure sur le titre phare *Life is sweet*, tandis que le dernier morceau, *Alive alone*, participe à lancer la carrière de Beth Orton.

Exit Planet Dust séduit à la fois les fans de rock et les inconditionnels de la dance. Il place un single au Top 10 britannique, avant d'atteindre le million d'exemplaires vendus dans le monde. Dès lors, certains ne jurent plus que par le gospel big beat. Mais c'est ici que tout a commencé. **PN**

Tupac
Me against the world (1995)

Label | Interscope
Production | Sam Bostic • Tony Pizarro
Direction artistique | Eric Altenburger
Pays | États-Unis
Durée | 65:56

En dépit de son patchwork de producteurs, *Me against the world* constitue un ensemble homogène et sophistiqué. Ce n'est pas seulement le meilleur disque de Tupac, c'est aussi l'un des albums les plus beaux et émouvants de l'histoire du hip-hop.

Immergé dans la violence depuis son succès avec le groupe funk Digital Underground, Tupac a déjà tiré sur la police, s'est fait tiré dessus, s'est battu avec des cinéastes et a été accusé d'abus sexuel. Cette dernière inculpation lui vaut huit mois derrière les barreaux, ce qui fait de lui le premier artiste dont l'album est n° 1 aux États-Unis pendant son séjour en prison.

Cette destruction omniprésente assombrit l'évolution de sa musique. *2Pacalypse Now* (1991) et *Strictly for my N.I.G.G.A.Z.* (1993) sont des compilations de titres inégaux, dans la lignée de *Digital Underground* et du rap hardcore. Mais l'avènement du G-funk (genre initié par Dr. Dre) fait des miracles : fan de Stevie Wonder, Tupac est fait pour des sonorités plus douces.

Thug Life Vol 1 (1994) est un mélange de samples soul et de rimes décontractées. *Me against the world* poursuit dans cette voie, en particulier sur *Dear Mama*, ballade saisissante que Tupac insère à contrecœur. Il y a aussi le délicieux *Old School*, hommage aux rappeurs new-yorkais. La paranoïa qui gangrène son travail ultérieur se limite ici à une poignée de morceaux, notamment le sinistre *Death around the corner* (embelli par des dialogues extraits de *King of New York* et des *Incorruptibles*).

Libéré de prison, Tupac vend son âme à Death Row et entame la production d'une série d'albums plus ou moins réussis. Celui-ci le montre à l'apogée de son talent. **BM**

▶II Liste des titres

	01 **Intro** (Non créditée)	1:40
	02 **If I Die 2Nite** (Harvey Jr.•Shakur)	4:01
	03 **Me Against The World** (Shakur)	4:40
▶	04 **So Many Tears** (Baker•Jacobs•ShakurWalker)	3:59
▶	05 **Temptations** (Harvey Jr.•Shakur)	5:00
	06 **Young Niggaz** (Moe-Z•Shakur•Tyler)	4:53
	07 **Heavy In The Game** (Bostic•Mosley•Shakur)	4:23
	08 **Lord Knows** (Shakur)	4:31
▶	09 **Dear Mama** (Pizarro•Shakur)	4:39
	10 **It Ain't Easy** (Pizarro•Shakur)	4:53
	11 **Can U Get Away** (Mosley•Shakur)	5:45
	12 **Old School** (Shakur)	4:40

13	**Fuck The World** (Jacobs•Shakur)	4:13
14	**Death Around The Corner** (Johnny J.•Shakur)	4:07
15	**Outlaw** (Moe-Z•Shakur)	4:32

Elastica
Elastica (1995)

Label | Deceptive
Production | Elastica • Marc Waterman
Direction artistique | Anonyme
Pays | Royaume-Uni
Durée | 37:59

« Blur ne marchera pas en Amérique », déclare Courtney Love en 1995 aux festivaliers britanniques. « Mais Elastica oui. » Et en effet, ils sont disque d'or aux États-Unis, participent au festival Lollapalooza, et atteignent le Hot 100 avec *Connection* et *Stutter*, bijoux dont l'éclat perdure bien longtemps après la fin de la britpop.

À une époque où les fashionistas pensent que la « Cool Britania » est sur le point de dépasser l'oncle Sam, Justine Frischmann affiche des références impeccables. Ex-membre de Suede (Brett Anderson, membre du groupe, co-écrit le titre *See that animal*), elle vit avec Damon Albarn de Blur (qui participe à Elastica sous le pseudonyme Dan Abnormal). C'est la chanteuse leader la plus cool depuis Chrissie Hynde. Ses chansons, délestées de solos ou de thèmes, foncent à toute allure. « Si vous voulez réécouter le refrain, rembobinez ! » déclare-t-elle.

Les morceaux d'inspiration new wave recèlent des bizarreries : des secousses sismiques ouvrent *Connection*, le batteur Justin Welch dégueule dans *Line up* (« toute la merde de l'industrie de la musique, le genre de chose qui fait gerber Justine »), et *Car Song* est joyeusement crade (l'oncle de Frischmann compose ce thème pour *Benny Hill*).

Les journalistes ne mettent pas longtemps à blâmer le pillage du *No More Heroes* des Stranglers dans *Waking up* et *Three Girl Rhumba*, et l'emprunt à *Wire* pour *Connection*. Elastica finit par reconnaître sa dette envers les parrains de la new wave. Curieusement, *Girls and Boys* de Blur possède une ligne de basse similaire à celle de *Line up*. « Nous n'en parlons pas, explique Justine Frischmann. Ce genre de choses cause des divorces. » Quoi qu'il en soit, Elastica déménage encore aujourd'hui. **BM**

▶II Liste des titres

	01	**Line Up** (Elastica)	3:15
	02	**Annie** (Elastica)	1:13
▶	03	**Connection** (Elastica)	2:20
	04	**Car Song** (Elastica)	2:24
	05	**Smile** (Elastica)	1:40
	06	**Hold Me Now** (Elastica)	2:32
	07	**S.O.F.T.** (Elastica)	3:58
	08	**Indian Song** (Elastica)	2:46
	09	**Blue** (Elastica)	2:21
	10	**All Nighter** (Elastica)	1:33
▶	11	**Waking Up** (Elastica)	3:15
	12	**2 : 1** (Elastica)	2:31
	13	**Vaseline** (Elastica)	1:22
	14	**Never Here** (Elastica)	4:26
▶	15	**Stutter** (Elastica)	2:23

Supergrass
I should Coco (1995)

Label | Parlophone
Production | Sam Williams
Direction artistique | Supergrass
Pays | Royaume-Uni
Durée | 40:27

Les membres du groupe Supergrass, originaires d'Oxford, sont encore adolescents lorsqu'ils enregistrent leur excellent premier album. Ces treize titres possèdent une énergie que seule la jeunesse peut fournir, et installent directement le trio comme des auteurs-compositeurs accomplis.

I should Coco est enregistré en une session d'une dizaine de jours dans un studio de campagne, où les garçons peuvent jouer au billard, faire de la barque ou écrire des

chansons lumineuses et pétillantes sur la jeunesse délinquante. Même les titres lents comme *Sofa (Of my lethargy)* et *Time* pourraient arracher un sourire à l'auditeur le plus endurci. Les singles euphoriques *Lenny*, *Caught by the fuzz* et *Mansize Rooster* trahissent une jeunesse passée à écouter du glam rock, le groupe Generation X de Billy Idol et le versant pop du punk.
Ils remportent un franc succès avec *Alright*, tube de l'été matraqué à la radio. Les paroles de la chanson (qui évoquent le lavage de dents et les sorties de nuit) sont d'une effronterie irrésistible. Si l'on ajoute le graphisme enfantin de la pochette et le tohu-bohu du clip (inspiré de la série *Le Prisonnier*), on comprend que les membres de Supergrass marquent les esprits avec leur image de rigolos de la pop. Comme les Monkees, finalement. D'ailleurs, un grand producteur de télévision américain leur propose une série. Ils déclinent l'offre. À l'instar de beaucoup de groupes, Supergrass développe par la suite un versant plus sombre et introspectif. Mais avec son espièglerie et ses bonnes vibrations, *I should Coco* demeure un voyage amusant dans l'histoire du rock et de la pop britanniques. **JK**

▶II Liste des titres

	01 I'd Like To Know (Supergrass)	4:01
▶	02 Caught By The Fuzz (Supergrass)	2:16
▶	03 Mansize Rooster (Supergrass)	2:34
▶	04 Alright (Supergrass)	3:01
▶	05 Lose It (Supergrass)	2:37
	06 Lenny (Supergrass)	2:42
	07 Strange Ones (Supergrass)	4:19
	08 Sitting Up Straight (Supergrass)	2:20
	09 She's So Loose (Supergrass)	2:59
▶	10 We're Not Supposed To (Supergrass)	2:03
	11 Time (Supergrass)	3:10
	12 Sofa (Of My Lethargy) (Supergrass)	6:18
	13 Time To Go (Supergrass)	1:56

Radiohead
The Bends (1995)

Label I Parlophone
Production I John Leckie
Direction artistique I Stanley Donwood
Pays I Royaume-Uni
Durée I 48:34

Il est bien connu que le poids d'un seul tube peut détruire un groupe : faut-il dupliquer son travail et être accusé de renier ses principes, ou suivre ses idéaux artistiques et risquer de décevoir ses fans ? Juste après le succès oppressant de son hymne *Creep*, Radiohead riposte en faisant les deux.
The Bends est le chef-d'œuvre rock du groupe. Avant d'explorer pleinement leur fascination pour l'électronique, les membres du groupe livrent un ensemble de chansons provocantes et fragiles. Surtout, l'album est capable de soulever un stade. Chaque titre retient l'attention, et tous sont assez solides pour être doucement chantés en acoustique ou joués au taquet par le groupe entier. *Bones*, *Just* et *My iron lung* (single enregistré en direct, à l'exception des voix) déchaînent les foules aujourd'hui encore. L'autre partie est plus calme, du sarcasme subtil de *Nice Dream* au somnolent *Bullet Proof*, en passant par les sonorités pseudo-hippies du titre final. Sur *Immerse your soul in love*, le chanteur Thom Yorke livre une de ses performances les plus puissantes à ce jour. Il est difficile de ne pas adhérer et de ne pas se sentir intimidé.
Visuellement, *The Bends* est un méli-mélo. Une photo de mannequin de sauvetage (signée Thom Yorke) figure au recto, et la pochette est recouverte de taches de couleurs à motifs numériques. Il faut peut-être y voir un signe annonciateur de l'abstraction grandissante de leur musique. Reste qu'en 1995, le son de Radiohead est d'une efficacité dévastatrice. **JK**

▶ II Liste des titres

▶	01 **Planet Telex** (Radiohead)	4:19
	02 **The Bends** (Radiohead)	4:06
	03 **High And Dry** (Radiohead)	4:17
	04 **Fake Plastic Trees** (Radiohead)	4:50
▶	05 **Bones** (Radiohead)	3:09
	06 **(Nice Dream)** (Radiohead)	3:53
▶	07 **Just** (Radiohead)	3:54
▶	08 **My Iron Lung** (Radiohead)	4:36
	09 **Bullet Proof… I Wish I Was** (Radiohead)	3:28
	10 **Black Star** (Radiohead)	4:07
	11 **Sulk** (Radiohead)	3:42
▶	12 **Street Spirit (Fade Out)** (Radiohead)	4:13

Guided by Voices
Alien Lanes (1995)

Label | Matador
Production | Mr. Japan
Direction artistique | Bob O. • Mark O.
Pays | États-Unis
Durée | 41:00

Une lecture rapide de la liste des titres laisserait penser que *Alien Lanes* est l'album d'un groupe de punk hardcore : trente-huit morceaux, dont quatre seulement de plus de deux minutes, et un de dix-huit secondes. Mais en réalité, ce disque n'est que génie de mélodies douces et festin de pop lo-fi, qui distille des passages de pop rappelant l'invasion britannique des années 60.

Alien Lanes est leur neuvième album et le deuxième placé sous le label indé Matador. Il fait suite au révolutionnaire *Bee thousand* – de format réduit. Les attentes sont élevées : beaucoup espèrent un son bien produit, qui rapporterait au groupe un plus large public. L'album ne lui permettra jamais de percer à la radio. Cependant, il contribuera à cimenter son culte grandissant. Les Strokes citent GBV comme une influence majeure et reprennent sept ans après le premier morceau, *A Salty Salute*, tandis que *Pitchfork Media* (webzine musical américain) classe l'album parmi les meilleurs de la décennie.

La simplicité des chansons – le son âpre et chuintant donne l'impression de maquettes de répétition enregistrées dans un sous-sol plutôt qu'un album studio impeccable – est trompeuse. *Rolling Stone* le qualifie de « précieux enregistrement pirate » et le leader Robert Pollard le reconnaît lui-même dans une interview en 1995 : « On veut juste être des rockeurs classiques, en réalité. On avait encore accès à nos sous-sols, nos quatre pistes et notre matos. On allait régulièrement dans les grands studios, mais ça ne marchait jamais. » **JC**

Femi Kuti
Femi Kuti (1995)

Label | Motown
Production | Femi Kuti • Andy Lyden
Direction artistique | Non créditée
Pays | Nigeria
Durée | 72:48

Il serait facile de considérer Femi comme du sous Fela, si ses enregistrements ne s'évertuaient pas à prouver le contraire. De plus, alors que Fela a souvent été considéré par les occidentaux comme un excentrique de couleur dont la politique était le résultat d'un excès d'herbe et de vaudou, Femi est bien plus difficile à ignorer.

C'est en Égypte, au début des années 80, qu'il a gagné ses joues, en s'entraînant au saxo avec son père. La puissance musicale de Fela était sur le déclin toutefois, dans un cadre de remous politiques incroyables et de violence de la part du gouvernement nigérian, le musicien offrait des chansons acérées. Femi aurait difficilement pu ne pas être influencé. Lorsqu'il quitte le groupe de Fela pour fonder le sien, Positive Force, leurs ressemblances et leurs différences sont évidentes pour tous : c'est toujours de l'afrobeat, avec des attaques non déguisées contre la corruption du gouver-

nement, mais la musique est davantage adaptée aux auditeurs qu'aux musiciens.
Tandis que l'état de santé de Fela se détériore dans les années 90, la rumeur concernant de nouveaux documents Kuti augmente. Le label Tabu de Motown offre à Femi l'occasion de succéder à son père. L'album qui en résulte est un classique de jazz, funk et rage, nourri de rythmes africains très marqués, mais où les extrémités brutes des diatribes de Fela du milieu des années 70 ont été lissées, pour le meilleur effet.
En Afrique, l'album a essuyé une tempête, même si la décision de Motown de fermer sa filiale a contraint Femi à repenser rapidement sa carrière internationale. **DH**

The Verve
A Northern Soul (1995)

Label | Hut
Production | Owen Morris • The Verve
Direction artistique | Brian Cannon
Pays | Royaume-Uni
Durée | 59:18

Il est étrange de prier un groupe de se séparer mais il n'y a guère d'autre moyen de dépasser cet album. Cru, violent, souvent extrême, rempli de l'esprit de la souffrance humaine, mais chargé d'une âme rédemptrice.
Les textes de *A Northern Soul*, leur deuxième album, sont une ode au chaos et à la ruine. Musicalement, le groupe sert des chansons bien ouvragées et déchirantes, portées par la voix cassée de Richard Ashcroft. Il abandonnait presque les « douches sonores » du shoe-gazing de son premier album, *A storm in heaven*. « Cathartique » est trop souvent employé mais, au vu des rivalités entre groupes et des vols de petites amies qui entretiennent la souffrance, ce disque relève vraiment de l'autothérapie.
La chanson-titre, comme chargée, n'avançant pas, donne l'impression de nager dans une mer agitée, mais l'auditeur en ressort plus fort. *This is music* est une bouffée d'adrénaline tandis que *Life's an ocean* parvient à associer une vision cauchemardesque du futur avec les lignes de basse les plus sentimentales de tous les temps.
Puis il y a *History*, dernier single du groupe. C'est une épopée sans queue ni tête, inspirée par le poème de William Blake, *Londres*. Après avoir évoqué le rejet, le déclin, la solitude et la peur, il parvient à conclure sur un espoir radieux. Le morceau était spectaculaire, inattendu bref, parfait. Le choc du départ n'en est que plus grand…
Bien sûr, The Verve réduit tout cela à néant en se reformant plusieurs années plus tard pour *Urban Hymns*. Mais cet album les présente à leur apogée, inconfortable et gratifiante **PS**

Genius/GZA
Liquid Swords (1995)

Label | Geffen
Production | 4th Disciple • RZA
Direction artistique | Mathematics
Pays | États-Unis
Durée | 55:20

Si intransigeant que sa liste de titres possède peu de ressemblance avec ce qui se trouve dedans. Si hardcore que la pochette doit plus aux graffiti qu'au design contemporain. *Liquid Swords* est un des albums les plus étranges qui ait dominé le Top 10 du Billboard.
Quoiqu'il en soit, en 1995, Wu-Tang Clan avait tellement révolutionné le rap que les cousins fondateurs RZA et GZA pouvaient faire ce qu'ils voulaient. RZA sort quatre classiques en dix-huit mois, dont *Enter the Wu-Tang Clan (36 Chambers)*. GZA s'était montré plus sage depuis la sortie de *Words from the genius*, en 1990. « La rythmique

n'était pas géniale », admet-il, « mais les paroles déchiraient ».
Liquid Swords possède les marques de fabrique de Wu – production orchestrale, rythmes martelés, emprunts aux films de kung-fu (titre de *Legend Of The Liquid Sword,* dialogue de Shogun Assassin), mais il est plus musical que ses prédécesseurs, soutenu par le débit cool de GZA.
Les membres du Clan interviennent tout au long de l'album : Method Man détourne presque *Shadowboxin'*, ODB déclame *Duel of the iron mic* et *B.I.B.L.E.* est une présentation envoûtante de Killah Priest, l'un des membres du Wu. GZA est à son apogée toutefois, notamment dans *Labels* et *Cold World*, qui coule des paroles cinématographiques sur la mélodie de *Rocket Love*, de Stevie Wonder.
Par la suite, il réalisera d'autres albums solo (l'excellent *Beneath the surface*, de 1999, et le mitigé *Legend of the liquid sword*, de 2002), mais celui-là représente une introduction à l'étrange et merveilleux Wu. **BM**

Pulp
Different Class (1995)

Label | Island
Production | Chris Thomas
Direction artistique | Pulp
Pays | Royaume-Uni
Durée | 51:54

Le milieu des années 90 semble être une époque prometteuse pour les arts et la mode britanniques. La pop music de l'époque incarne cette nouvelle « Cool Britania ». Le glorieux passé de la pop britannique (les groupes fondamentaux des années 60 comme les Beatles, Kinks ou les Small Faces) est revisité avec enthousiasme et répand ses ondes sur le monde entier. Au sommet de la britpop, une guerre de popularité fait rage entre Blur, proche de Kinks, et Oasis, amoureux des Beatles. Mais beaucoup considèrent que le seul vainqueur est Pulp avec son cinquième album *Different Class*.
Le leader Jarvis Cocker compare ce sentiment d'exubérance à une révolution qui se joue en faveur de la classe ouvrière. Doté d'un talent unique pour raconter des histoires et porteur d'un style théâtral, Cocker s'intéresse à des détails que la majorité des auteurs-compositeurs négligent (ou évitent), ce qui lui permet de rendre ses personnages plus vrais que nature. L'emprise particulière de Pulp sur la pop soulève une génération et ses chansons deviennent des hymnes, comme l'immortel et irascible *Common People* ou l'éclatant *Disco 2000*, émaillé de souvenirs d'école revisités. *I spy* est une vignette voyeuriste d'une noirceur saisissante, et *Sorted for E's and Wizz* capte la face la moins glamour de la culture rave. Le titre de l'album apparaît comme une illumination à Jarvis Cocker dans un club qu'il fréquente. D'où la déclaration au revers de la pochette : « Nous ne cherchons pas les problèmes, nous demandons juste le droit d'être différents. C'est tout. » Écrit avec un style et une intelligence peu communs, *Different Class* élève Pulp bien au-dessus de ses pairs de la britpop. **KM**

▶II Liste des titres

01 Mis-Shapes (Pulp)	3:46
02 Pencil Skirt (Pulp)	3:11
▶ 03 Common People (Pulp)	5:50
04 I Spy (Pulp)	5:55
▶ 05 Disco 2000 (Pulp)	4:33
06 Live Bed Show (Pulp)	3:29
07 Something Changed (Pulp)	3:18
08 Sorted For E's And Wizz (Pulp)	3:47
▶ 09 F.E.E.L.I.N.G.C.A.L.L.E.D.L.O.V.E (Pulp)	6:01
▶ 10 Underwear (Pulp)	4:06
11 Monday Morning (Pulp)	4:16
12 Bar Italia (Pulp)	3:42

Leftfield
Leftism (1995)

Label | Hard Hands
Production | Leftfield
Direction artistique | Jonathan Cooke
Pays | Royaume-Uni
Durée | 69:39

Fin 1993, avec l'étonnant *Open up*, né d'une collaboration incendiaire avec John Lydon, Paul Daley et Neil Barnes posent les fondations qui doivent leur permettre de dominer la scène dance britannique. Puis ils disparaissent.

Ce n'est que quinze mois après que les doutes sur leur inspiration créatrice sont levés. Le meilleur album de dance de tous les temps ? Peut-être. Certainement le plus intelligent. *Leftism* est magnifiquement rythmé. Le tempo commence seulement à accélérer de manière significative avec *Black Flute*. La demi-heure précédente est occupée à fouiller des recoins sombres (*Release the pressure*), à créer des sons qui inspirent le respect (*Melt*) et à faire vibrer la cage thoracique de l'auditeur avec des lignes de basse bouleversantes (*Original*). On peut interpréter la pochette de l'album (un micro entouré d'une mâchoire de requin) comme une déclaration d'intention. Après vous avoir séduit, le duo décide qu'il est temps de vous soumettre. Le monumental *Space Shanty* y parvient sans effort. Seul peut-être *Voodoo People* de Prodigy peut rivaliser avec ces sept minutes de folie. Des artistes de moindre talent auraient accéléré le rythme. Or *Inspection (Check One)* démontre que l'inventivité est aussi efficace que l'accélération (*Open up*). L'album s'achève comme il a commencé, avec des morceaux discrets et politiquement engagés. Il s'agit de *21st Century Poem*, porté par la colère tranquille de Lemn Sissay.

Au Royaume-Uni, *Leftism* reçoit une nomination pour le prix Mercury Music, mais perd face au tout aussi révolutionnaire *Dummy*, de Portishead. Il n'en demeure pas moins que l'album a restauré la foi en la dance. Si un groupe a sauvé un genre, c'est bien Leftfield. **CB**

▶II Liste des titres

	01 **Release The Pressure** (Barnes•Daley)	7:39
	02 **Afro-Left** (Barnes•Cole•Daley)	7:33
	03 **Melt** (Barnes•Daley)	5:21
	04 **Song Of Life** (Barnes•Daley•Rupkina)	6:55
▶	05 **Original** (Barnes•Daley•Halliday)	6:22
	06 **Black Flute** (Barnes•Daley)	3:46
▶	07 **Space Shanty** (Barnes•Daley)	7:15
	08 **Inspection (Check One)** (Barnes•Clarke•Daley)	6:30
	09 **Storm 3000** (Barnes•Daley)	5:44
▶	10 **Open Up** (Barnes•Daley•Lydon)	6:52
	11 **21st Century Poem** (Barnes•Daley)	5:42

D'Angelo
Brown Sugar (1995)

Label | EMI
Production | Kedar Massenburg
Direction artistique | Henry Marquez
Pays | États-Unis
Durée | 53:21

Au début des années 90, même si la musique urbaine atteint de nouveaux sommets sur le plan commercial, il lui manque manifestement quelque chose. Le genre se tourne vers le futur avec des hymnes influencés par le hip-hop et des ballades brillantes dans le style de Whitney Houston, mais ignore presque son passé. En tant que pionnier du mouvement néo-soul, D'Angelo contribue à réorienter le R&B vers ses racines.

Star séduisante, au visage agréable et aux abdominaux saillants, le chanteur explose sur la scène à 21 ans. Il se révèle être le chaînon manquant entre les grands noms du passé (Smokey Robinson, Marvin Gaye) et la musique soul contemporaine. Dans son premier album, *Brown Sugar*, D'Angelo apporte à la musique des clubs une attitude B-boy moderne, qui n'aurait toutefois pas semblé anachronique à l'Apollo dans les années 60. Sa dette envers Prince est évidente dans le lent et grinçant *Brown Sugar*, placé en ouverture, et le satiné *Jonz in my bonz*. Le titre pour chambre à coucher *Alright* évoque Barry White, même si le falsetto de D'Angelo est à des années-lumière de la voix grave du poids lourd de la soul. Smokey n'aurait jamais assumé quelque chose d'aussi risqué que *Shit, Damn, Motherfucker*. D'Angelo, lui, ose même passer des habits modernes à *Cruisin'* de Robinson. *Brown Sugar* n'est pas révolutionnaire, il est « rétro-lutionnaire ». Il opère un revival indispensable du passé du R&B dans un emballage contemporain. Double disque de platine, l'album est un succès qui engendre quatre singles et plante le décor pour l'album suivant. Sorti en 2000 après une longue attente, *Voodoo* démarre à la 1re place au hit-parade américain. **JiH**

▶II Liste des titres

▶ 01 Brown Sugar (D'Angelo•Muhammad)	4:22
02 Alright (D'Angelo)	5:15
03 Jonz In My Bonz (D'Angelo•Stone)	5:56
04 Me And Those Dreamin' Eyes Of Mine (D'Angelo)	4:46
05 Shit, Damn, Motherfucker (D'Angelo)	5:14
06 Smooth (L. Archer•D'Angelo)	4:18
▶ 07 Cruisin' (Robinson•Tarplin)	6:28
08 When We Get By (D'Angelo)	5:48
▶ 09 Lady (D'Angelo•Saadiq)	5:47
10 Higher (L. Archer•R. Archer•D'Angelo)	5:27

Oasis
(What's the story) Morning Glory ? (1995)

Label | Creation
Production | Noel Gallagher • Owen Morris
Direction artistique | Brian Cannon
Pays | Royaume-Uni
Durée | 50:05

What's the story... se trouve à l'épicentre de la britpop. Cette renaissance culturelle balaie la Grande-Bretagne des années 90 et réveille une brève fierté pour la musique, la mode et l'art du pays, phénomène inédit depuis les années 60. *Hello* est un titre d'ouverture typiquement arrogant, le refrain étant une allusion insolente à *Hello ! Hello ! I'm back again* de Gary Glitter. Le titre *Don't look back in anger* devient rapidement un hit des stades de football (ses paroles sont inspirées de bribes de conversation de John Lennon). *Some might say* offre au groupe sa première 1re place au hit-parade britannique, même si beaucoup estiment que le titre phare de l'album est l'obsédant *Wonderwall* (n° 2 au Royaume-Uni). Il tire son titre d'une bande originale de George Harrison de 1969, même si Noel prétend l'avoir écrit pour sa compagne de l'époque, Meg Matthews. En terme de tendresse et de lyrisme, il est pourtant surpassé par le poignant *Cast no shadow* (écrit sur le chanteur de Verve, Richard Ashcroft) : les cordes expriment ici une profusion de sentiments, tandis que Liam interprète des paroles évocatrices avec sa meilleure voix. La chanson-titre est un hymne revendicatif au refrain optimiste, entouré de bruits d'hélicoptère apocalyptiques. L'album se termine par les spectaculaires solos de guitare de Noel et de Paul Weller, sur le mélodieux *Champagne Supernova*.
À l'été 1996, *What's the story...* est plus de neuf fois disque de platine. Il le doit à son incroyable capacité à évoquer une époque et un endroit, qu'aucun album anglais publié depuis n'a su retrouver. **AMa**

▶II Liste des titres

01 Hello (N. Gallagher)	3:23
02 Roll With It (N. Gallagher)	4:00
▶ 03 Wonderwall (N. Gallagher)	4:17
04 Don't Look Back In Anger (N. Gallagher)	4:48
05 Hey Now (N. Gallagher)	5:41
06 Instrumental (N. Gallagher)	0:44
▶ 07 Some Might Say (N. Gallagher)	5:28
▶ 08 Cast No Shadow (N. Gallagher)	4:51
09 She's Electric (N. Gallagher)	3:40
▶ 10 Morning Glory (N. Gallagher)	5:03
11 Instrumental (N. Gallagher)	0:39
▶ 12 Champagne Supernova (N. Gallagher)	7:31

Goldie
Timeless (1995)

Label | FFRR
Production | Goldie • Rob Playford
Direction artistique | Non créditée
Pays | Royaume-Uni
Durée | 113:10

Au début des années 90, la jungle (ou drum'n bass) représente le son underground provocant du Royaume-Uni. Elle a besoin d'un visage et d'une voix, et les trouve en Goldie, personnage au passé trouble plus vrai que nature, manifestement passionné de musique. *Timeless* est l'un des premiers albums de drum'n bass produits, et le premier à être adopté par le grand public.
Le titre d'ouverture est la chanson-titre, morceau ambitieux en trois mouvements, qui dure plus de vingt minutes. *Timeless* est tour à tour majestueux, planant et enragé, grâce à sa complexité rythmique et ses lignes de basse dévastatrices. *Saint Angel* comprend des synthétiseurs et une charleston distincte qui grossit pour lancer une rafale de beats aiguisés. *State of mind* est un morceau plus doux avec du piano, des cordes, un rythme hip-hop délicat et la voix déchirante de Lorna Harris. *Angel* s'articule autour de rythmes menaçants qui dialoguent avec une ligne de basse saturée. Autre morceau phare, l'ensorcelant *Sea of tears*. Goldie dit de cette chanson : « Elle a ses coins sombres… tout le monde a des coins où se cacher. *Sea of tears* est le mien. » Enfin, *Inner City Life* est à la fois mélancolique et euphorique, grâce à la voix de Diane Charlemagne, qui s'élève au-dessus des cordes obsédantes, des breakbeats et des basses profondes.
Une partie de *Timeless* semble datée aujourd'hui, mais peu de producteurs de dance ont proposé une vision artistique si ambitieuse. C'est le son d'un jazz futuriste venu d'une autre galaxie, jeté sur les rythmes les plus tranchants qui soient. **APi**

Alanis Morissette
Jagged Little Pill (1995)

Label | Maverick
Production | Glen Ballard
Direction artistique | Tom Recchion
Pays | Canada
Durée | 57:23

À sa sortie en 1995, les journalistes paresseux taxent *Jagged Little Pill* de « rock thérapie », en raison des confessions impudiques et venimeuses d'Alanis Morissette sur des sujets comme ses précédents amants (sur *You oughta know*, elle susurre le fameux : « Est-ce que tu penses à moi quand tu la baises ? »). Mais tout ceci est superflu : le premier « véritable » disque d'Alanis Morissette (la chanteuse et auteur-compositeur a écrit un titre de pop naïve et semi-religieuse dans sa jeunesse) est un album de rock intéressant dans sa globalité, avec des morceaux sans complaisance, et plusieurs passages à se damner. Le single *Ironic* qui lance sa carrière est un fleuron, avec ses couplets reflétant l'ironie de l'artiste (ou l'absence d'ironie, comme elle l'explique par la suite). Des chansons comme *Perfect* et *You learn* sont davantage axées sur la subtilité que la grandiloquence. Il y a aussi plusieurs feux d'artifice : la présence de Flea et Dave Navarro de Red Hot Chili Peppers offre une véritable énergie à un *You oughta know* par ailleurs mélodique. Glen Ballard, le coproducteur, co-auteur et mentor d'Alanis Morissette, y est aussi pour beaucoup.
Dix ans après sa sortie, *Jagged Little Pill* semble légèrement daté, en raison du grand nombre de femmes chanteuses-auteurs-compositeurs (Ani DiFranco, Jewel et Avril Lavigne, par exemple) qui

ont suivi la trace d'Alanis Morissette. C'est cet impact de *Jagged*... sur le rock féminin qui lui donne sa place dans cet ouvrage, tout autant que les grandes chansons qu'il contient. **JM**

Screaming Trees
Dust (1996)

Label | Sony
Production | George Drakoulias
Direction artistique | Mark Danielson
Pays | États-Unis
Durée | 44:19

Lorsqu'Oasis entame une tournée en Amérique du Nord avec les Screaming Trees en 1996, Liam Gallagher s'amuse à les rebaptiser Barking Branches and Crazy Conkers [« branches qui aboient et marrons dingues »]. Gallagher n'est pas connu pour sa perspicacité, mais il pourrait bien avoir visé juste sans le savoir : voilà un groupe qui a le doigt suspendu en permanence au-dessus du bouton de l'autodestruction.
Sweet Oblivion est sorti quatre ans avant, et le septième album du quartette ne s'annonce pas sous les meilleurs auspices. L'équivalent d'un album complet a été enregistré et effacé, et les Screaming Trees sont au bord de l'implosion. De ce chaos surgit pourtant un disque que *Rolling Stone* qualifie à juste titre d'« inspiré ».
Dust montre que, tout en étant lié à la scène de Seattle, le groupe est désormais grunge par association plutôt que dans la réalité. L'album est mûr et majestueux, avec des nuances de folk (*Dying Days* et le solo de guitare brûlant de Mike McCready de *Pearl Jam*), de psychédélisme (*Traveler* et *Dime Western*) et des influences orientales (le sitar de l'introductif *Halo of ashes* et le percutant titre de clôture *Gospel Plow*). D'une beauté abrasive, la voix de Mark Lanegan vient assombrir le ciel au-dessus du tableau. « Il faut que je m'en aille avant de perdre la tête », grogne-t-il sur *All I know*.
Les louanges prodiguées à *Dust* ne font que retarder l'inévitable, et les Screaming Trees se séparent en 2000. Mais ils tirent leur révérence en ayant enfin (et magnifiquement) tenu leur promesse. **CB**

Super Furry Animals
Fuzzy Logic (1996)

Label | Creation
Production | Gorwel Owen
Dir. art. | B. Cannon • M. Catherall
Pays | Royaume-Uni
Durée | 37:02

L'année 1996 est une année de chauvinisme excessif en Angleterre. Pour la première fois en trente ans, l'équipe de football s'en tire plutôt bien dans une compétition internationale. La britpop est à son apogée, et des groupes comme Blur, Oasis et Pulp dominent l'époque. Il est donc plaisant que l'un des meilleurs albums de l'année soit l'œuvre d'un groupe effrontément gallois.
Hors de tout courant de pensée, *Fuzzy Logic* répertorie des phénomènes culturels aussi disparates que l'acteur Bill Hicks, le baron de la drogue Howard Marks, le scientifique du XVIIe siècle Isaac Newton et le hamster du groupe, Stavros. La musique de SFA est un habile fourre-tout de pop, de punk et de psychédélisme des années 60, avec une sensibilité dance. D'ailleurs, Super Furry Animals s'est formé dans l'intention de faire des disques de techno. Cet été-là, ils prennent d'assaut le circuit des festivals à bord d'un tank bleu vif équipé d'une énorme sono, et portant sur son canon le slogan : « Si vous ne voulez pas que je vous détruise... »
Les paroles absurdes de Gruff Rhys sont souvent hilarantes, et révèlent parfois

un état d'esprit fermé. Le groupe voltige avec aisance entre punk-pop contagieuse (*God ! Show me magic*, *Something for the weekend*, *Bad Behaviour*) et psychédélisme ardent (*Hometown Unicorn*, *Gathering Moss*).
Super Furry Animals réalise par la suite des albums plus lisses, « meilleurs » que celui-ci. Mais pour ce qui est de l'inventivité et de la pure jubilation, *Fuzzy Logic* est dur à égaler. **RS**

Fatboy Slim
Better living through chemistry (1996)

Label I Skint
Production I Fatboy Slim
Direction artistique I Non créditée
Pays I Royaume-Uni
Durée I 70:59

La transformation de Norman Cook, ancien bassiste et chanteur des Housemartins, en DJ et producteur avec Fatboy Slim, consacre l'une des plus remarquables reconversions de la pop de la fin du xxe siècle.
Avant de s'établir sur la scène électronique, Norman Cook a fait partie de plusieurs groupes : Beats International (n° 1 au Royaume-Uni avec *Dub be good to me*), Freakpower, Mighty Dub Katz et Pizzaman. C'est avec Fatboy Slim qu'il devient le nom le plus célèbre du big beat techno-pop.
Better living through chemistry permet de comprendre le succès impressionnant de sa musique dans les films, les spots publicitaires, les clubs et sur les ondes. Doué pour les mélodies accrocheuses, Cook joue avec des samples et des motifs ésotériques pour produire un effet humoristique ou entraînant – parfois les deux. *Santa Cruz* inclut une ligne hypnotique de xylophone qui ajoute à la bonne humeur d'ensemble. Sur *Going out of my head* (son premier tube aux États-Unis), les samples puissants d'une reprise du *I can't explain* des Who se mêlent à des percussions traînantes et des effets sonores futuristes, produisant un hybride de dance-rock réussi. De fait, beaucoup d'auditeurs se mettent à déchiffrer les crédits de la pochette de *Better living through chemistry* pour y dénicher l'auteur des paroles, l'ingénieur du son à l'origine des arrangements, et toutes ces sources obscures à l'origine des métamorphoses brillantes de Norman Cook. **YK**

Dr. Octagon
Dr. Octagonecologyst (1996)

Label I Bulk
Production I Kurt Matlin • Dan Nakamura
Direction artistique I Pushead
Pays I États-Unis
Durée I 65:49

Réunissant le plus ingénieux des rappeurs et l'un des producteurs les plus inventifs en matière de rythmes, Dr. Octagon est destiné à devenir une référence du hip-hop. Mais personne n'imagine alors qu'il s'agit de l'odyssée futuriste d'un gynécologue de l'an 3000 effectuant un voyage dans le temps.
Après avoir quitté le groupe de rap révolutionnaire Ultramagnetic MCs, Kool Keith s'associe avec Dan « The Automator » Nakamura (qui dirigera plus tard des groupes de hip-hop comme Gorillaz et Handsome Boy Modeling School). Le légendaire DJ Q-Bert de Invisbl Skratch Pikls, DJ Shadow et le futur collaborateur de Kool Keith, Kutmaster Kurt, sont également recrutés.
Kool Keith prête sa voix au sinistre gynécologue obsédé sexuel. Il interprète des récits surréalistes à une cadence infernale, se montrant à la fois très cultivé et audacieusement cru. Dan Nakamura crée un univers parallèle pour le personnage, tapissé de rythmes souterrains et d'effets

électroniques glaciaux, auxquels s'ajoutent des samples porno-médicaux fantastiquement malsains.
La communauté hip-hop se trouve désorientée face au sujet et à la production révolutionnaire de cet album (sans oublier le graphisme dérangeant de la pochette, œuvre de l'artiste Pushead, qui a déjà travaillé pour Metallica). Kool Keith se plaint de séduire uniquement le public blanc avec son *Dr. Octagon*, et décide d'éliminer le personnage sur l'album suivant. **AT**

Stereolab
Emperor Tomato Ketchup (1996)

Label | Elektra
Production | John McEntire • Stereolab
Direction artistique | Non créditée
Pays | France • Royaume-Uni
Durée | 57:14

Stereolab, c'est avant tout la voix sexy de la française Laetitia Sadier et la pop sixties kitsch inspirée de son pays natal. Il y a aussi l'influence du Krautrock minimaliste allemand du milieu des années 70. Enfin, on devine la présence d'éléments américains, du funk à l'ancienne et une simplicité héritée du Velvet Underground.
La cohésion de l'album *Emperor Tomato Ketchup* est assurée par une production intelligente. Le son intègre des textures variées (cordes, harmonies vocales, électronique) sur plusieurs couches, créant un ensemble unique.
Le *News Musical Express* décrit le groupe comme une « équipe hétéroclite de musiciens anglais de seconde main, de politiciens français et de chercheurs instrumentaux ». Mais les sonorités expérimentales de l'album restent très agréables à l'écoute. Il débute par le puissant *Metronomic Underground*, sur lequel Laetitia Sadier répète la phrase absurde « Dingue, robuste, une torpille » tout au long des huit minutes du morceau, tandis que le fond groovy enfle jusqu'au finale de guitare/synthé fiévreux. *Tomorrow is already here* est une réminiscence des débuts du Velvet Underground, basée sur la guitare et l'orgue.
À bien des égards, *Emperor Tomato Ketchup* est une tentative ambitieuse de remettre des sons et des idéologies oubliés au goût du jour. Et à sa manière excentrique, Stereolab parvient à ses fins. **JC**

Tortoise
Millions Now Living will never die (1996)

Label | Thrill Jockey
Production | John McEntire
Dir. art. | Dan Osborn • Tortoise
Pays | États-Unis
Durée | 43:02

Avant l'arrivée de Tortoise sur la scène du rock indé au milieu des années 90, la musique instrumentale est encore perçue comme le domaine réservé d'individus portant des pantalons à pattes d'éléphant et des cheveux longs. Les « gars crédibles », en revanche, se doivent d'arborer des jeans usés, une veste de velours, voire des lunettes. Le son du premier archétype est virtuose, propre et peut-être trop voyant, tandis que celui du second est bruyant et rebelle.
Le collectif de rock instrumental Tortoise, originaire de Chicago, réunit le meilleur des deux scènes. Le sommet de l'album est *Djed*, titre d'ouverture de plus de vingt minutes. Il commence par des sonorités surf rock planantes et moelleuses et débouche sur une planche de rock'n'roll qui surfe sur des vagues de synthétiseur futuriste. Le morceau se transforme rapidement en une sorte de magma électronique, qui donne l'impression que la platine est en train de rendre l'âme. *Suivent* une section minima-

liste et répétitive et un finale électro-rock subtil. Des intrigues secondaires parsèment le morceau. Cinq titres comparativement plus courts complètent l'album.
La pochette contient le listing du nom des musiciens, mais pas celui de leurs instruments respectifs – tous les membres sont des multi-instrumentalistes, et font partie d'autres groupes musicaux. Ce modèle dépourvu d'ego inspire les artistes rock du monde entier. **YK**

Beck
Odelay (1996)

Label | Bong Load
Production | Divers
Direction artistique | Robert Fisher • Beck Hansen
Pays | États-Unis
Durée | 51:28

Lorsque *Odelay*, son second album, sort chez une major, Beck Hansen a quelque chose à prouver. En 1994, il connaît un immense succès avec le single *Loser*. La chanson est qualifiée d'« hymne slacker », et son refrain (« Je ne suis qu'un raté, alors pourquoi tu ne me tues pas ») devient un véritable slogan.
Mais ce citoyen de Los Angeles n'est pas ravagé par la drogue. *Loser* est aussi ironique que sa chanson de rock indé *MTV makes me want to smoke crack*. Collectionneur de musique invétéré à la curiosité insatiable, il s'enthousiasme autant pour le folk que le hip-hop, pratique le moonwalk comme l'expérimentation rock et se montre aussi à l'aise avec les techniques d'enregistrement lo-fi qu'avec les technologies de pointe.
Odelay est l'alchimie vibrante de toutes ces tendances. Beck s'associe aux Dust Brothers, artistes-producteurs à l'origine du tonitruant *Paul's Boutique* des Beastie Boys. Leur collaboration est une réussite : le premier morceau, *Devils Haircut*, contient à lui seul un sample de James Brown, des riffs imparables, des rythmes aériens et un collage de bizarreries sonores et de bidouillages musicaux. *The New Pollution* commence comme de l'easy listening de bas étage avant de détourner les rythmes de *Taxman* des Beatles. *Where it's at* est un morceau hip-hop mâtiné de funk. *Jack-Ass* est une ballade country cahotante élaborée à partir de la superbe reprise de *It's all over now, Baby Blue* de Bob Dylan par Them.
Odelay est l'œuvre éclectique d'un jeune prodige qui trouve sa voie en s'amusant follement. L'album se vend à deux millions d'exemplaires, passe sur MTV et rafle deux Grammys. Un génie d'une nouvelle espèce est né. **CM**

▶II Liste des pistes

▶	01 **Devils Haircut** (Hansen•King•Simpson)	3:13
	02 **Hotwax** (Hansen•King•Simpson)	3:52
	03 **Lord Only Knows** (Hansen)	4:14
▶	04 **The New Pollution** (Hansen•King•Simpson)	3:39
	05 **Derelict** (Hansen•King•Simpson)	4:11
	06 **Novocane** (Hansen•King•Simpson)	4:38
▶	07 **Jack-Ass** (Hansen•King•Simpson)	4:00
▶	08 **Where It's At** (Hansen•King•Simpson)	5:25
	09 **Minus** (Hansen)	2:32
	10 **Sissyneck** (Hansen•King•Simpson)	4:02
	11 **Readymade** (Hansen•King•Simpson)	2:43
▶	12 **High 5 (Rock The Catskills)** (Hansen•King •Simpson)	4:10
	13 **Ramshackle** (Hansen)	4:49

Belle and Sebastian
« Tigermilk » (1996)

Label | Electric Honey
Production | Belle And Sebastian
Direction artistique | Belle And Sebastian
Pays | Royaume-Uni
Durée | 41:38

Tirant son nom de la série française pour enfants *Belle et Sébastien*, ce sextet de Glasgow est ironique, cultivé et intelligent. Un contraste saisissant avec la britpop et la dance, qui dominent alors la scène musicale et sont sur le point de décliner.

Tout comme ses ancêtres spirituels du Teenage Fanclub, Belle and Sebastian est enraciné dans l'histoire de la pop. Mais davantage encore que ces derniers, le principal auteur-compositeur Stuart Murdoch apporte un nouveau souffle à ses influences. Auparavant, seules ses idoles Felt et Smiths ont conduit la pop à de telles extrêmités douces-amères.

Belle and Sebastian prend vie alors que Stuart Murdoch suit des cours sur l'industrie musicale à l'université. Les membres du groupe sont ses amis étudiants, et *Tigermilk* est composé pour leur projet de fin d'année. Mille vinyles sont pressés, et le single sort en 1996 sous le propre label du groupe, Electric Honey. Lorsque *Tigermilk* paraît en version remasterisée sur CD en 1999, le groupe a déjà à son actif deux albums encensés par la critique (*If you're feeling sinister* et *The Boy with the Arab strap*). La réédition de *Tigermilk* recèle peu de surprises : Belle and Sebastian semble à son apogée avec son mélange de pop et de folk, ses cordes baroques et ses allusions cultivées. L'ensemble est nourri de tout ce que John Peel a diffusé sur les ondes les quinze années précédentes (*Electronic Renaissance* s'inspire de *Procession* de New Order).

Chaque morceau est drôle, triste, chaleureux, et remonte le moral, quel que soit votre état d'esprit du moment. Une pop idéale qui vient du cœur. **MBe**

Liste des pistes

▶	01 **The State I Am In** (Belle And Sebastian)	4:58
	02 **Expectations** (Belle And Sebastian)	3:34
	03 **She's Losing It** (Belle And Sebastian)	2:22
▶	04 **You're Just A Baby** (Belle And Sebastian)	3:41
	05 **Electronic Renaissance** (Belle And Sebastian)	4:50
	06 **I Could Be Dreaming** (Belle And Sebastian)	5:56
▶	07 **We Rule The School** (Belle And Sebastian)	3:27
	08 **My Wandering Days Are Over** (Belle And Sebastian)	5:25
	09 **I Don't Love Anyone** (Belle And Sebastian)	3:56
	10 **Mary Jo** (Belle And Sebastian)	3:29

DJ Shadow
Endtroducing… (1996)

Label | Mo' Wax
Production | DJ Shadow
Direction artistique | Will Bunkhead • Ben Drury
Pays | États-Unis
Durée | 63:03

Pendant son adolescence en Californie, Josh Davis s'imprègne des classiques du hip-hop et aspire à reproduire les sons de ses idoles Public Enemy et Pete Rock. Rompant avec les styles américains alors en vogue sur les côtes est et ouest, il s'unit avec des musiciens partageant son état d'esprit pour former Quannum, collectif informel de la région de San Francisco composé de MC, de DJ et de producteurs. Après avoir produit plusieurs singles aujourd'hui très recherchés avec Blackalicious, DJ Krush ou The Lifers Group (groupe de prisonniers de haute sécurité), son premier album sur le label anglais Mo'Wax sonne l'avènement d'une nouvelle ère musicale.

Grâce à l'utilisation révolutionnaire de samples provenant de centaines de morceaux différents (pour la plupart, des disques oubliés des années 60 et 70, récupérés dans les sous-sols des magasins de disques), DJ Shadow crée des paysages sonores déroutants et enivrants. Il mixe du rock progressif, des bandes originales de comédies musicales sorties de leur contexte et du folk méconnu sur des strates de batterie. L'album semble familier dès la première écoute, mais également différent de tout le reste. Des titres comme *The Number Song* et *Organ Donor* rappellent le style enlevé des premières influences de Shadow tout en participant à l'humeur changeante du disque. Les morceaux tels que *Midnight in a perfect world* et *What does your soul look like* repoussent les limites du sampling.

Pertinent dans sa globalité, *Endtroducing…* est un album à thème dépourvu de fil conducteur, qui ouvre la voie au succès d'artistes novateurs aussi divers que Massive Attack, Radiohead ou Björk. **CR**

▶II Liste des pistes

	01 Best Foot Forward (Davis)	0:49
▶	02 Building Steam With A Grain of Salt (Davis)	6:41
▶	03 The Number Song (Davis)	4:38
	04 Changeling (Davis)	7:51
▶	05 What Does Your Soul Look Like, Pt. 4 (Davis)	5:08
	06 Untitled (Davis)	0:24
	07 Stem/Long Stem (Davis)	9:22
▶	08 Mutual Slump (Davis)	4:03
▶	09 Organ Donor (Davis)	1:57
	10 Why Hip Hop Sucks In '96 (Davis)	0:41
▶	11 Midnight In A Perfect World (Davis)	5:02
	12 Napalm Brain/Scatter Brain (Davis)	9:23
▶	13 What Does Your Soul Look Like (Pt1 – Blue Sky Revisit) (Davis)	7:28

Eels
Beautiful Freak (1996)

Label I Dreamworks
Production I Divers
Dir. art. I Francesca Restrepo
Pays I États-Unis
Durée I 43:53

Les chansons prenant pour thème la tristesse et le désespoir ont rarement atteint le niveau d'excentricité de *Beautiful Freak*. Le premier album de Eels est un traité à l'usage des âmes solitaires, fait pour les baladeurs.

S'il s'agit officiellement d'un trio, Eels est avant tout le fruit de l'imagination de E (abréviation de Mark Oliver Everett), auteur-compositeur de talent qui a eu son lot de drames (à 19 ans, il retrouve le corps de son père sans vie) et de manque de reconnaissance (il connaît un succès mitigé en solo avant de créer Eels avec le bassiste Tommy Walter et le batteur Butch Norton). Avec des titres comme *Lucky Day in hell*, des phrases telles que : « La vie est dure et moi aussi » (extrait de *Novocaine for the soul*, tube inattendu classé au Top 10 britannique) et une pochette dérangeante, *Beautiful Freak* a tout de l'œuvre de jeunesse insolente. Cependant, la musique et la production de l'album n'ont rien d'immature : Eels mêle des sonorités orchestrales, des chœurs liturgiques, des bruits de foule artificiels, des guitares enregistrées en stéréo, des rythmes de hip-hop, du spoken word et le grésillement typique des vinyles.

Grâce à sa large palette sonore, les critiques ne tarissent pas d'éloges sur l'album. Ainsi, le magazine musical *Q* : « Prenez *Odelay*, de Beck, et ajoutez-y la maturité de l'écriture des Beatles, la production simple de Sparklehorse, les arrangements et le découpage visionnaires de Brian Wilson, et vous obtiendrez une vision musicale complète, à cheval sur plusieurs genres, qui vous ébranle par sa multitude de morceaux de bravoure. » **JC**

The Divine Comedy
Casanova (1996)

Label I Setanta
Production I Darren Allison • Neil Hannon
Direction artistique I Kevin Westenberg
Pays I Irlande
Durée I 51:46

Drôle d'époque pour la musique anglaise. Oasis réduit les Beatles à un souffle minimaliste, Blur remet au goût du jour le music-hall anglais, et beaucoup prétendent que leur musique intègre depuis toujours un élément « mod ». Mais ce revival n'est pas exempt d'excentricités, comme le montre le succès de The Divine Comedy de Neil Hannon.

Sommet de la carrière de Neil Hannon, *Casanova* s'inspire autant de Scott Walker que d'*Alfie* de Michael Caine. Il ne s'agit pas d'un simple pastiche mais plutôt d'une réflexion sur ce que seraient devenus les deux artistes s'ils avaient vécu jusqu'au milieu des années 90. L'adaptation permet une plus grande liberté d'écriture. Dans *Something for the weekend*, un séducteur frauduleux se fait lui-même avoir. Dans *Becoming more like Alfie*, notre héros se rend compte (comme d'autres avant lui) qu'être un gentleman est souvent synonyme d'amours malheureuses. Et dans *The Frog Princess*, le refrain *Your place or mine ?* prend des allures de nostalgie.

Neil Hannon joue son rôle à la perfection : égocentrique, froidement distancié, transformant l'acte de fumer en une forme d'art, il devient Alfie. Plus il semble distant, plus il connaît le succès. *Songs of love*, l'un des morceaux les moins imposants de l'album, devient même le générique de la série télévisée surréaliste *Father Ted*. Au début de 1997, Hannon conclut ce chapitre de sa carrière avec *A short album about love*, publié le jour de la Saint-Valentin. Celui-ci lui permet de refermer élégamment la page des années 60, avant que ses pairs ne se fassent happer par cette nostalgie. **DH**

Fiona Apple
Tidal (1996)

Label I Sony
Production I Andrew Slater
Direction artistique I Fred Woodward
Pays I États-Unis
Durée I 51:41

Un an seulement après son apparition à New York, la jeune et ambitieuse Fiona Apple profite de son contrat chez Sony pour sortir son premier album, *Tidal*. Sa voix incroyablement mature et ses paroles empreintes d'angoisse existentielle lui valent d'être comparée aux plus grandes chanteuses de son temps, telles que Tori Amos et P. J. Harvey.

Le graphisme minimaliste de la pochette (essentiellement des portraits d'Apple en noir et blanc) reflète le ton de l'album : introspectif et peut-être complaisant, mais d'une beauté sans pareille, dépouillée et puissante à la fois.

Les mots poignants et rebelles d'Apple mènent la danse dans bon nombre de morceaux. Pourtant, rarement des peines de cœur auront semblé si légères. En dépit de son jeune âge, Apple touche à tous les genres, du jazz au blues en passant par le funk et le rock psychédélique. La plupart des chansons sont des divagations captivantes de plus de cinq minutes. Apple module son timbre alto des profondeurs gutturales du tube *Criminal* aux cimes angéliques de *Never is a promise*, et passe sans effort de l'amer et exalté *Sleep to dream* à l'innocent et frémissant *The First Taste*.

La réputation de l'album grandit, et la critique ne tarit pas d'éloges. En 1997, Fiona Apple est nominée pour les titres de meilleure nouvelle artiste et de meilleure chanson rock (*Criminal*) aux Grammy Awards. Elle remporte finalement le titre de meilleure performance vocale féminine de rock pour cette même chanson. **EK**

Wilco
Being There (1996)

Label I Reprise
Production I Wilco
Direction artistique I Fireproof Design
Pays I États-Unis
Durée I 76:47

Le premier album de Wilco, *A.M.* (1995), est un disque de rock country solide qui suit la voie sonore explorée par le leader Jeff Tweedy avec son précédent groupe, Uncle Tupelo. En ce sens, *A.M.* ressemble à *Trace*, premier album du groupe Son Volt de Jay Farrar, autre vétéran d'Uncle Tupelo sorti la même année.

À l'inverse, le second album de Wilco peut être considéré comme le premier grand

bond musical du groupe, dont la carrière se caractérise par ses avancées prodigieuses. Pour avoir roulé sa bosse et réalisé cinq albums, Jeff Tweedy semble plus intéressé par l'avenir de la musique que par son passé. Il bâtit *Being there* sur des murs de bruit et des labyrinthes sonores créés en studio. L'album fait l'effet d'une bombe chez les amateurs de country alternative, et permet à Wilco de toucher un plus large public que les seuls fans de *No Depression*. Le graphisme de la pochette est trompeur : apparemment simple, il ne permet pas de soupçonner l'immense éventail de sons couvert par les dix-neuf morceaux des deux disques. La salve débute avec *Misunderstood*, hybride hésitant entre ballade romantique et rock distordu. Puis viennent *Far, far away* et *Forget the flowers*, morceaux truculents inspirés d'Uncle Tupelo, ainsi que des titres plus rock, dans l'esprit des Rolling Stones (*Monday* et *Outtasite (Outta Mind)*).
Being There est salué par la critique mais ne génère que de maigres ventes, culminant à la 73e place du classement du Billboard. Il lui faudra sept ans pour devenir disque d'or. **JiH**

Sepultura
Roots (1996)

Label | Roadrunner
Production | DJ Lethal • Ross Robinson • Sepultura
Direction artistique | Bryan Thatcher
Pays | Brésil
Durée | 72:09

En 1996, trois ans après l'album révélateur *Chaos A.D.*, Sepultura sort *Roots*. Le groupe de metal brésilien y prend des directions inconnues et audacieuses. Mêlant musique tribale brésilienne, nu-metal et thrash/death propre au groupe, le résultat est inclassable, et parfois même stupéfiant. Mené par le chanteur et guitariste Max Cavalera, Sepultura fouille dans son patrimoine national et retrouve ses « racines », comme l'illustre la pochette figurant un indigène tatoué.
Le groupe est entraîné par la solide chanson-titre. Le jeu d'Igor Cavalera à la batterie est à la fois puissant et inventif, et les guitares sont aussi tendues que brutales. De manière générale, le son de l'album se caractérise par un tempo modéré associé à des décharges ultra-heavy poussées à leur paroxysme sur des morceaux comme *Attitude* ou *Breed Apart*.
Le groupe n'hésite pas à voyager jusqu'au fin fond de l'Amazonie pour rencontrer la tribu Xavantes et enregistrer à ses côtés le titre *Itsári (Live)* en acoustique. À noter la participation du chanteur et percussionniste brésilien Carlinhos Brown sur l'excellent *Ratamahatta*, morceau de bravoure dominé par les percussions. Enfin, *Lookaway* est le siège d'expérimentations en compagnie de DJ Lethal et Jonathan Davis.
Peu après la sortie de l'album, Max Cavalera quitte Sepultura dans des circonstances tragiques. Son beau-fils est tué, et des disputes concernant la gestion du groupe le mènent à la rupture. Max Cavalera forme Soulfly de son côté, tandis que les autres membres du groupe recrutent un nouveau chanteur. *Roots* est l'œuvre d'un groupe à l'apogée de sa puissance. **AET**

▶II Liste des pistes

▶ 01 **Roots Bloody Roots** (Cavalera•Sepultura)	3:32
▶ 02 **Attitude** (Cavalera•Sepultura)	4:15
03 **Cut-Throat** (Cavalera•Sepultura)	2:44
▶ 04 **Ratamahatta** (Brown•Sepultura)	4:30
05 **Breed Apart** (Cavalera•Kisser•Sepultura)	4:01
06 **Straighthate** (Cavalera•Sepultura)	5:21
07 **Spit** (Cavalera•Sepultura)	2:45
▶ 08 **Lookaway** (Davis•DJ Lethal•Sepultura)	5:26
09 **Dusted** (Kisser•Sepultura)	4:03
10 **Born Stubborn** (Cavalera•Sepultura)	4:07
11 **Jasco** (Kisser)	1:57
▶ 12 **Itsári (Live)** (Sepultura•Xavantes Tribe)	4:48
13 **Ambush** (Cavalera•Sepultura)	4:39

14 **Endangered Species** (Sepultura) 5:19
15 **Dictatorshit** (Cavalera•Sepultura) 1:26
16 **Canyon Jam** (Sepultura•Xavantes Tribe) 13:16

Barry Adamson
Oedipus Schmoedipus (1996)

Label I Mute
Production I Barry Adamson
Direction artistique I Barry Adamson
Pays I Royaume-Uni
Durée I 55:57

Fondu d'ouverture. Barry Adamson, effondré dans son studio, se demande comment *Screamadelica* de Primal Scream a pu rafler le prix Mercury devant son album *Soul Murder*. Quatre ans plus tard, la voix de David Lynch résonne sur son répondeur : « Barry ? Je viens d'écouter ton album *Oedipus Schmoedipus* huit heures d'affilée. On a l'impression d'entendre les films de Hitchcock dans sa tête. Je le veux pour mon prochain film. C'est de la soul cinématographique, petit. Fais-la breveter ! » Fondu au noir.
Un an plus tard, *Something wicked this way comes* devient le swing du club de striptease de *Lost Highway*. Le réalisateur comprend parfaitement le langage cinématographique très moderne de l'ex-bassiste de Magazine et des Bad Seeds. Voyez la manière dont il utilise les canevas noirs de Bernard Hermann pour créer le jazz surréaliste de *The Vibes ain't nothing but the vibes* ou dont il s'approprie le style big band de John Barry sur *The Big Bamboozle*. Certes, sa version de Miles Davis sur un mode cool sent la tentative commerciale. Mais l'album évite la superficialité qui caractérise le revival lounge du milieu des années 90 grâce à la participation de Jarvis Cocker et de Nick Cave, qui apportent panache et ironie pop.
C'est ce mariage sinistre et funky entre l'art rock et la soupe commerciale qui fait de *Oedipus*... le sommet fascinant de la « trilogie inconsciente » de Barry Adamson. Avec *Side Story* (1989) et *Soul Murder* (1992), il déploie des paysages sonores dignes de thrillers psychologiques. **MK**

Fun Lovin'Criminals
Come find yourself (1996)

Label I Capitol
Production I Fun Lovin' Criminals
Direction artistique I Henry Marquez
Pays I États-Unis
Durée I 57:12

New York donne le jour à de nombreux groupes qui expriment avec talent le côté sombre de son environnement hermétique. Fun Lovin' Criminals n'y fait pas exception. Huey « DiFontaine » Morgan (guitare/voix), Steve (basse/trompette/clavier) et Fast (batterie) produisent un mélange grisant de rock, rap, jazz, hip-hop et R&B, associé à des anecdotes de rue ironiques pleines d'apprentis gangsters, de dealers et de crimes de bas étage.
Dès le premier morceau acoustique, *Fun Lovin' Criminal* (avec un clin d'œil à *Voodoo Chile* de Jimi Hendrix), le flow de Huey évoque les rues enfumées et les tentatives d'effractions. Puis *Passive/Aggressive* et *The King of New York* passent de guitares wah-wah veloutées et de claviers caressants à des refrains bardés de riffs puissants.
Le brumeux *Smoke'Em* fait l'apologie de la marijuana. Cette recréation dominée par la basse plonge l'album dans une ambiance particulière. *We have all the time in the world* de Louis Armstrong est rendu sordide, tandis que le clavier distordu de *Crime and Punishment* donne au morceau un aspect menaçant. *Scooby Snacks* établit la première incursion du trio au hit-parade (n° 2 au Royaume-Uni), surfant sur la vague du réalisateur du moment, Quentin Tarantino (les samples sont extraits de *Pulp*

Fiction et *Reservoir Dogs*). Cela leur vaut des critiques dithyrambiques dans leur pays et en Europe. Des hordes de fans (et de mannequins) adhèrent à leur numéro de garçons malins. **AMa**

Maxwell
Maxwell's Urban Hang Suite (1996)

Label | Columbia
Production | Stuart Matthewman • Musze
Dir. art. | S. Drummond • J. Peploe
Pays | États-Unis
Durée | 64:47

Maxwell's Urban Hang Suite débute par le son du saphir se posant sur le vinyle. Puis le groupe entame l'instrumental funky *The Urban Theme*, qui s'achève sur une voix douce planant au-dessus d'un saxophone et d'un piano évoquant le « crépuscule sur la ville ». Les chanteurs de jazz laissent parfois leur groupe commencer et terminer les morceaux sans eux : l'effet produit ici est similaire.

L'introduction et la conclusion instrumentales plantent le décor de ce classique qui mène le mouvement néo-soul dans les années 90. Caractérisé par un retour aux racines, celui-ci s'inspire de l'esthétique afro-américaine des années 60 et 70 ainsi que d'artistes comme Al Green et Marvin Gaye. *Sumthin' Sumthin'* est une collaboration avec Leon Ware, qui a co-écrit l'album *Let's get it on* de Marvin Gaye. Le guitariste Wah Wah Watson, autre musicien de cet album culte, est également présent ici. Le résultat est authentique bien que moderne, le groupe sachant aussi bien tirer parti d'un clavier Fender Rhodes que d'une boîte à rythmes.

Ce que Maxwell apporte au mouvement, c'est sa volonté de tomber la veste et de se mettre dans un état d'esprit funky. Avec sa guitare décontractée, sa ligne de basse contagieuse et ses percussions tendues, *Ascension (Don't ever wonder)* est particulièrement brillant. Le séduisant *Reunion* est au slow ce que les bougies sont aux bains romantiques. Voilà une collection de chansons modernes pour ceux qui sont restés vieux jeu. **YK**

The Charlatans
Tellin' Stories (1996)

Label | Beggars Banquet
Production | The Charlatans • Ric Peet
Direction artistique | Tom Sheehan
Pays | Royaume-Uni
Durée | 47:01

Connus aux États-Unis sous le nom de Charlatans UK pour éviter la confusion avec le groupe psychédélique californien des années 60, les Charlatans sont l'une des rares formations à avoir réussi la transition entre la scène Madchester du début des années 90 et la britpop de la fin de la décennie. Ils incorporent des rythmes et des textures dance à du rock classique dans la lignée des Rolling Stones. *Tellin' Stories*, leur cinquième album, les classe enfin parmi les poids lourds de l'industrie musicale. Loué pour son éclectisme, son émotion et son groove, le disque est de loin leur meilleur. *One to another* fait date sur les pistes de danse grâce à son clavier chaotique et frénétique, ses guitares et ses cymbales percutantes. Un ton chaud et amical imprègne l'ensemble – écoutez *North Country Boy*, morceau country optimiste inspiré de Bob Dylan, les mélodies tendres de *How can you leave us* et la chanson-titre, poignante.

Malheureusement, c'est le dernier album réalisé par le groupe avec le brillant organiste Rob Collins, décédé dans un accident de voiture pendant l'enregistrement. Le titre final *Rob's Theme* lui rend hommage, incluant un enregistrement de Rob à l'âge de trois ans, réalisé par sa tante. L'influence du musicien est telle que le groupe manque de se dissoudre après sa mort. Dans les albums suivants, les Charlatans adoptent un son résolument nouveau. C'est ce qui rend *Tellin' Stories* si spécial. **KM**

Manic Street Preachers
Everything must go (1996)

Label | Epic
Production | Mike Hedges
Direction artistique | Mark Farrow Design
Pays | Royaume-Uni
Durée | 45:19

Dans *Everything must go*, les Manic Street Preachers reprochent à leurs concitoyens de sombrer dans un coma consumériste. C'est également une complainte funèbre, qui pleure la mort de l'industrie minière de leur pays de Galles natal, et, de manière plus intime, la disparition du guitariste Richey James en 1995. Les cinq titres auxquels ce dernier participe font partie des moments forts de l'album, de rocks orchestraux en ballades mélancoliques.
Le disque devait s'intituler *Sounds in the grass*, d'après un tableau de Willem De Kooning (le destinataire d'*Interiors*). Rebaptisé d'après une pièce de Patrick Jones, frère du bassiste Nicky Wire, il est réalisé essentiellement en Normandie, entre l'été 1995 et le début de 1996, à l'écart des médias obnubilés par le décès de James.
Là où *The Holy Bible* (1994) intéressait exclusivement les fans purs et durs, l'expansif *Everything…* récolte succès commercial et louanges critiques. « Intelligence du contenu, urgence fragile, le son d'un groupe en plein essor », s'enthousiasme *News Musical Express*. La nostalgie d'*Elvis Impersonator* laisse place à la chanson-titre protestataire, tandis que *Kevin Carter* (le batteur Sean Moore s'y essaye aux cuivres) traite le sujet du génocide rwandais. *Small Black Flowers* mêle une harpe galloise traditionnelle et une guitare acoustique désolée du meilleur effet. L'onirique *The Girl who wanted to be God*, l'extatique *Australia* et l'hommage à George Orwell, *A Design For Life*, confrontent un optimisme réservé avec un cynisme désespéré.
Wire écrit à propos de ses concitoyens britanniques : « Nous ne pensons qu'à nous soûler. » Et ceux-ci sont ivres des Manic Street Preacher. Cet album constitue l'apogée cathartique de leur carrière. **TJ**

▶II Liste des pistes

- 01 Elvis Impersonator : Blackpool Pier (Bradfield•James•Wire) 3:28
- ▶ 02 A Design For Life (Bradfield•Moore•Wire) 4:17
- ▶ 03 Kevin Carter (Bradfield•James•Moore•Wire) 3:25
- 04 Enola/Alone (Bradfield•Moore•Wire) 4:08
- ▶ 05 Everything Must Go (Bradfield•Moore•Wire) 3:41
- ▶ 06 Small Black Flowers That Grow In The Sky (Bradfield•James•Moore•Wire) 3:03
- 07 The Girl Who Wanted To Be God (Bradfield•James•Moore•Wire) 3:35
- 08 Removables (Bradfield•James•Moore•Wire) 3:31
- 09 Australia (Bradfield•Moore•Wire) 4:03
- 10 Interiors (Song For Willem De Kooning) (Bradfield•Moore•Wire) 4:17
- 11 Further Away (Bradfield•Moore•Wire) 3:38
- 12 No Surface All Feeling (Bradfield•Moore•Wire) 4:13

Everything but the Girl
Walking Wounded (1996)

Label | Virgin
Production | Divers
Direction artistique | Everything But The Girl • Form
Pays | Royaume-Uni
Durée | 51:55

Il est rare qu'un artiste trouve un public plus large avec son septième album qu'avec les précédents. Mais en 1996, alors que le trip-hop de Bristol occupe le devant de la scène, EBTG trouve une niche artistique et commerciale.

EBTG a connu une carrière hétérogène comme groupe de jazz acoustique indé, d'électro-folk et de bossa nova, chaque album étant caractérisé par les arrangements mélodieux de Ben Watt et la voix magnifiquement langoureuse de Tracey Thorn. C'est la superbe performance vocale de la chanteuse sur l'acclamé *Protection* (1994) de Massive Attack qui révèle à quel point le style d'EBTG peut s'adapter aux sonorités contemporaines.

En 1995, le single *Missing*, remixé de manière innovante par le DJ-producteur de house Todd Terry, fait un malheur des deux côtés de l'Atlantique. Le duo fusionne ses inspirations et produit *Walking Wounded*, album sur lequel il s'essaye à des rythmes de dance électroniques (trip-hop, drum'n bass, house). Mais au fond, les récits fragiles sur l'amour perdu restent leur créneau. La photographie de pochette de Marcelo Krasilcic évoque le glamour de la vie nocturne, bien que le visage marqué de Watt rappelle la maladie qui a failli le tuer peu de temps avant.

L'instrumentation est réduite au minimum : Ben Watt joue du synthé et de la guitare acoustique, assure les percussions et les sons abstraits. Le titre phare *Single* contient l'une des meilleures performances de Tracey Thorn, qui parvient à transmettre un sentiment d'insécurité digne de Billie Holiday. La chanson-titre tient lieu d'élégie pour les clubbers qui ont commis des excès.

La drum'n bass et Everything but the Girl ? Association improbable, mais qui fonctionne magnifiquement. **GC**

▶II Liste des pistes

▶ 01 **Before Today** (Thorn•Watt)	4:16
▶ 02 **Wrong** (Thorn•Watt)	4:34
▶ 03 **Single** (Thorn•Watt)	4:37
04 **The Heart Remains A Child** (Thorn•Watt)	3:48
▶ 05 **Walking Wounded** (Thorn•Watt)	5:59
06 **Flipside** (Thorn•Watt)	4:31
07 **Big Deal** (Thorn•Watt)	4:27
08 **Mirrorball** (Thorn•Watt)	3:24
09 **Good Cop Bad Cop** (Thorn•Watt)	4:54
10 **Wrong (Todd Terry Remix)** (Thorn•Watt)	4:43
11 **Walking Wounded (Omni Trio Remix)** (Thorn•Watt)	6:42

Nick Cave and the Bad Seeds
Murder Ballads (1996)

Label | Mute
Production | Divers
Dir. art. | Johannes Beck • Jean-Frédéric Schnyder
Pays | Australie
Durée | 58:53

En tant que champion du rock sombre, il est peu surprenant que Nick Cave soit un fan des « murder ballads », chansons folk datant du XVIIIe siècle et incluant d'horribles récits de massacres.

De la pochette (peinture à l'huile glaciale aux antipodes des images troublantes de ses précédents disques) aux chanteuses invitées (dont Kylie Minogue), ce n'est pas un disque typique des Bad Seeds. Le groupe joue une musique presque gaie, tandis que Nick Cave prend plaisir à brosser une galerie de portraits de lycéennes meurtrières, d'épouses affolées et de tueurs en série.

Le légendaire « enculé de sa mère nommé Stagger Lee », également célébré par James Brown et Wilson Pickett, apparaît dans une chanson éponyme, perpétrant des actes innommables envers les hôtes de l'auberge *The Bucket of Blood*. Dans *The Curse of Millhave*, l'angélique Loretta se transforme en mauvaise fée de 14 ans massacrant avec délectation les habitants de son village. Tout au long de l'album, les Bad Seeds élaborent des paysages sonores claustrophobes dans lesquels déambulent les âmes damnées de Cave.

Plus tard, Nick Cave attribue le succès de *...Ballads* à la présence de Kylie Minogue, et répète à l'envi que ce disque était une « pause » pour le groupe. Pourtant ce disque, qui s'achève par une reprise étonnamment tendre de *Death is not the end* de Bob Dylan, à laquelle participent P. J. Harvey et Shane MacGowan, est un numéro qui force le respect dans la discographie du groupe. **SJac**

▶II Liste des pistes

	01 **Song Of Joy** (Cave)	6:47
▶	02 **Stagger Lee** (Trad., arr. Cave•Bargeld•Casey •Harvey•Savage•Sclavunos•Wydler)	5:15
▶	03 **Henry Lee** (Trad., arr. Cave)	3:58
	04 **Lovely Creature** (Bargeld•Casey•Cave•Harvey •Wydler)	4:13
▶	05 **Where The Wild Roses Grow** (Cave)	3:57
▶	06 **The Curse Of Millhaven** (Cave)	6:55
	07 **The Kindness Of Strangers** (Cave)	4:39
	08 **Crow Jane** (Casey•Cave)	4:14
▶	09 **O'Malley's Bar** (Cave)	14:28
	10 **Death Is Not The End** (Dylan)	4:27

L.T.J. Bukem
Logical Progression (1996)

Label I Good Looking
Production I Divers
Direction artistique I Non créditée
Pays I Royaume-Uni
Durée I 140:41

Il faut une énorme explosion pour préparer le monde au débarquement de la drum'n bass au milieu des années 90. L'inoubliable *Timeless* de Goldie, initiateur de genre, joue ce rôle. Tout aussi bon soit-il, c'est *Logical Progression*, sorti un an plus tard, qui offre au grand public un enregistrement de drum'n bass qu'il peut écouter sans risquer la crise cardiaque.

Logical Progression et le label Good Looking Records sont l'œuvre de L.T.J. Bukem (alias Danny Williamson), spécialiste du versant soul, jazzy et ambient de la drum'n bass. Il mêle des breakbeats très rapides et des atmosphères planantes, des plans de jazz et des lignes de basse profondes. Tout en étant le principal DJ, Bukem produit une grande partie de ses premiers albums. Avec *Horizons*, *Demon's Theme* et *Music*, Bukem invente un nouveau style de drum'n bass langoureux et doux. L'album inclut également une poignée d'étonnants morceaux de producteurs comme Peshay, Q Project et PFM, dont les brillants *One and only* et *The Western Tune* (avec la voix obsédante de MC Conrad).

Offrant une alternative aux sons plus agressifs destinés aux clubs de l'époque, *Logical Progression* se vend bien et connaît une reconnaissance quasi universelle. Il devient rapidement l'album de prédilection des cafés branchés, des salons de coiffure et des magasins de vêtements. **APi**

Underworld
Second Toughest in the infants (1996)

Label I Junior Boys Own
Production I Underworld
Direction artistique I Tomato
Pays I Royaume-Uni
Durée I 73:06

Karl Hyde et Rick Smith ont déjà roulé leur bosse lorsque Darren Emerson les rejoint à la fin des années 80. DJ de dix ans leur cadet, il aiguise leur sensibilité dance, et le trio commence à enregistrer des œuvres pointues marquées par des motifs baroques répétitifs.

En tant que premier album, *Dubnobasswithmyheadman* éclipse souvent son brillant successeur de 1996, *Second Toughest in the infants*, n° 9 au hit-parade britannique. *Second Toughest…* n'est rien de moins qu'une interface entre rock progressif et beats électroniques, et représente l'un des disques les surprenants des années 90.

Au bout de six minutes, lorsque l'introductif *Juanita* laisse place à *Kiteless*, un premier pan de la magie de *Underworld* se dévoile. Pour entrer dans le vif du sujet, l'auditeur doit se rendre sur les ruines drum'n bass de *Bannstyl*, puis glisser vers *Sappys Curry*, tout en guitares acoustiques et rythmes menaçants. De *Rowla* au dernier titre *Stagger*, Karl Hyde commente la visite, captant des bribes de conversation et les rejouant au hasard.

L'album est publié en même temps que *Born Slippy (Nuxx)*, le single du film *Trainspotting* qui les propulse au rang de pop stars, tandis que les personnes qu'il critique s'approprient l'ironique « lager, lager, lager ». *Pearls Girl* est un autre joyau, une énigme en tête des classements, que le groupe n'a jamais surpassé depuis. **DE**

The Jon Spencer Blues Explosion

Now I got worry (1996)

Label | Matador
Production | Jon Spencer • Jim Waters
Direction artistique | Danny Clinch
Pays | États-Unis
Durée | 45:10

Pour succéder à son groupe de punk avant-gardiste Pussy Galore, Jon Spencer choisit de célébrer la puissance et le pouvoir du blues. Les critiques lui avaient reproché que sa musique ne corresponde pas avec le nom de son groupe. Cette fois, il veille à ce que ça ne se reproduise pas.

Peu d'albums débutent de manière aussi agressive que *Now I got worry*. *Skunk* commence par un hurlement et casse tout sur son passage grâce à la batterie résonnante de Russell Simins. Spencer reprend la sexualité du timbre d'Elvis et lui donne une inflexion punk. Sur *Wail*, il est à la fois un pasteur baptiste du Sud et un pilier de bar joueur de blues. *2Kindsa Love* rebondit entre ses cris et les attaques de guitare de Judah Bauer.

Les efforts réalisés pour mériter l'intitulé « Blues Explosion » sont évidents. *Chicken Dog* rend hommage aux miniatures R&B de Rufus Thomas telles que *Walkin' the dog* et *Do the funky chicken*, Thomas assurant lui-même le chant. « Nous lui avons proposé cent dollars, raconte Simins, et il a rappliqué… À 78 ans, c'est un peu le plus vieil adolescent du monde. » Plus loin, avec *R.L. Got Soul*, le groupe poursuit ses efforts pour faire connaître l'énigmatique bluesman R.L. Burnside, qu'ils accompagnent sur son album *An ass pocket of whiskey*.

La production brute de Spencer et Jim Waters capte l'énergie du groupe sur scène. Alors que le titre de l'album pourrait laisser penser que Spencer a quelque chose à craindre. C'est bien l'auditeur qui doit se sentir menacé. PE

Pour succéder à son groupe de punk avant-gardiste Pussy Galore, Jon Spencer choisit de célébrer la puissance et le pouvoir du blues. Les critiques lui avaient reproché que sa musique ne corresponde pas avec le nom de son groupe. Cette fois, il veille à ce que ça ne se reproduise pas.

Peu d'albums débutent de manière aussi agressive que *Now I got worry*. *Skunk* commence par un hurlement et casse tout sur son passage grâce à la batterie résonnante de Russell Simins. Spencer reprend la sexualité du timbre d'Elvis et lui donne une inflexion punk. Sur *Wail*, il est à la fois un pasteur baptiste du Sud et un pilier de bar joueur de blues. *2Kindsa Love* rebondit entre ses cris et les attaques de guitare de Judah Bauer.

Les efforts réalisés pour mériter l'intitulé « Blues Explosion » sont évidents. *Chicken Dog* rend hommage aux miniatures R&B de Rufus Thomas telles que *Walkin' the dog* et *Do the funky chicken*, Thomas assurant lui-même le chant. « Nous lui avons proposé cent dollars, raconte Simins, et

il a rappliqué… À 78 ans, c'est un peu le plus vieil adolescent du monde. » Plus loin, avec *R.L. Got Soul*, le groupe poursuit ses efforts pour faire connaître l'énigmatique bluesman R.L. Burnside, qu'ils accompagnent sur son album *An ass pocket of whiskey*.
La production brute de Spencer et Jim Waters capte l'énergie du groupe sur scène. Alors que le titre de l'album pourrait laisser penser que Spencer a quelque chose à craindre. C'est bien l'auditeur qui doit se sentir menacé. **PE**

The Cardigans
First Band on the moon
(1996)

Label | Mercury
Production | Tore Johansson
Direction artistique | S. Fält • M. Renck
Pays | Suède
Durée | 39:10

Le style de pop électronique particulier des Cardigans dans *First Band on the moon* n'est pas que sucre candi et bulles de champagne. En dépit de la production lisse de Tore Johansson, un gros nuage noir traverse le ciel.
Lovefool, meilleure chanson de l'album, est un parfait exemple de ce type de sous-titre subversif. Le guitariste Peter Svensson assure l'ambiance légère et le rythme enlevé, les soupirs de Nina Persson révèlent son statut de victime tourmentée par un amour à sens unique. « Je me fiche que tu ne m'aimes pas / Tant que tu ne pars pas. » Le formidable *Step on me* reprend le même moule brisé.
Ce troisième album des Cardigans contient également une bonne dose de riffs de heavy metal. Avant de fonder ce groupe, Svensson et le bassiste Magnus Sveningsson jouent dans un groupe de metal hardcore. La reprise d'*Iron Man* de Black Sabbath n'a donc rien de surprenant. En revanche, le résultat l'est, avec son rythme trip-hop et ses guitares arrangées.
Autre titre phare de l'album, *Your new cuckoo* compte parmi ses atouts le chant d'un coucou et un solo de flûte vicieux. Quant à *The Great Divide*, il ressemble à une ballade tranquille jusqu'à la deuxième minute, avant qu'un solo de guitare et une section de cordes cinglantes ne le transforment en buisson épineux.
First Band on the moon se vend très bien aux États-Unis. Il est aussi disque de platine au Japon, où les Cardigans ont toujours connu un grand succès. **RM**

Marilyn Manson
Antichrist Superstar (1996)

Label | Nothing
Production | Dave « Rave » Ogilvie • Trent Reznor
Direction artistique | P. R. Brown
Pays | États-Unis
Durée | 77:14

« Je suis un anti-héros, déclare Marilyn Manson en 1995. Je le dirai mieux dans mon prochain album. » À l'époque, il n'intéresse que les amateurs de Nine Inch Nails. Mais après avoir été nourri pendant deux ans par Trent Reznor, le protégé d'un temps est désormais un prétendant au trône de superstar du groupe.
Iconographie satanique et graphisme très perturbé de la pochette cachent une production déglinguée et un concept de « star du rock à la personnalité colossale » emprunté au film *The Wall* de Pink Floyd. Bien qu'il lui manque encore la veine mélodique et la sophistication conceptuelle de son travail ultérieur, *Antichrist Superstar* est une tranche de rock brute, sanglante et brillante.
L'efficacité punk de *1996* et *Irresponsible Hate Anthem* est contrebalancée par le sinistre *Cryptorchid* et *Antichrist Superstar*, et

les percussion de *The Beautiful People* révèlent l'adoration du clan Nine Inch Nails pour Adam Ant.

Le concept réinterprète le récit biblique des anges déchus (d'où *Little Horn*, l'Antéchrist du livre de Daniel), mais est conçu pour faire passer Manson du statut de héros culte à celui d'icône. « Charles Manson était le bouc émissaire de toute une génération et je vois cette étiquette se poser sur moi », dit-il à *Penthouse*. La chanson finale affirme même : « Dieu rampera devant moi. » Mais l'album sait aussi faire preuve de modestie et d'humour. Sa biographie détaille d'ailleurs le nihilisme pathétique de la réalisation d'*Antichrist Superstar*. Préparant sa tournée, il annonce : « Nous sommes sur le point de présenter au monde les mœurs de Lucifer. Si la fin du monde ne survient pas avant l'année prochaine, nous continuerons de la provoquer jusqu'à la fin des temps. » **BM**

▶II Liste des pistes

	01 **Irresponsible Hate Anthem** (Berkowitz•Gacy•Manson•Ramirez•)	4:17
▶	02 **The Beautiful People** (Manson•Ramirez)	3:38
	03 **Dried Up, Tied And Dead To The World** (Manson•Ramirez)	4:15
▶	04 **Tourniquet** (Berkowitz•Manson•Ramirez)	4:29
	05 **Little Horn** (Manson•Ramirez•Reznor)	2:43
	06 **Cryptorchid** (Gacy•Manson)	2:44
	07 **Deformography** (Berkowitz•Manson•Ramirez)	4:31
	08 **Wormboy** (Berkowitz•Manson•Ramirez)	3:56
	09 **Mister Superstar** (Manson•Ramirez)	5:04
	10 **Angel With The Scabbed Wings** (Gacy•Manson•Ramirez)	3:52
	11 **Kinderfeld** (Gacy•Manson•Ramirez)	4:51
▶	12 **Antichrist Superstar** (Gacy•Manson•Ramirez)	5:14
	13 **1996** (Manson•Ramirez)	4:01
	14 **Minute Of Decay** (Manson)	4:44
	15 **The Reflecting God** (Manson•Ramirez•Reznor)	5:36
	16 **Man That You Fear** (Berkowitz•Gacy•Manson •Ramirez)	6:10
	17 **Untitled** (Non créditée)	7:09

Fugees

The Score (1996)

Label | Ruffhouse
Production | Divers
Direction artistique | Brain
Pays | États-Unis
Durée | 73:24

Au milieu des années 90, le public connaît le hip-hop conscient grâce à A Tribe Called Quest et De La Soul. Mais cela reste très abstrait au sein d'un genre dominé par le gangsta rap, une puce sur la queue de Snoop Dogg.

Jusqu'à ce que les Fugees sortent *The Score*. Abandonnant le style gangsta de leur premier album *Blunted in reality* (1994), qui n'a jamais pris, le trio formé de Lauryn Hill, Prakazrel Michel et Wyclef Jean laisse entrer le soleil dans ce second disque. Adoptant une attitude positive, professant l'espoir et le respect des femmes, les musiciens deviennent plus cool que les gangs. « Pendant que tu imiteras Al Capone, je serai Nina Simone », chante Lauryn Hill sur *Ready Or Not*.

L'album, qui balance entre hip-hop old school et R&B poli, déborde de performances individuelles magnifiques. L'étonnante reprise de *Killing me softly with his song* de Roberta Flack par Lauryn Hill est un immense tube. Mais Wyclef Jean est presque aussi impressionnant dans sa reprise de *No Woman, No Cry* de Bob Marley. L'alchimie entre les trois chanteurs, en particulier entre Lauryn Hill et Wyclef Jean (engagés dans une liaison clandestine selon la rumeur), est électrique sur *How Many Mics* et *Fu-Gee-La*.

The Score prend d'assaut les hit-parades pop, se vend à six millions d'exemplaires et rapporte deux Grammys au groupe. Il lance également leurs carrières solo : *The Miseducation of Lauryn Hill* dépasse même le succès de *The Score* sur le plan commercial et artistique. Au moment de l'impression de cet ouvrage, le trio n'a toujours pas donné de suite à cet album. *The Score* restera-til comme un doux chant du cygne ? **JiH**

▶II Liste des pistes

	01 **Red Intro** (Non créditée)	1:51
▶	02 **How Many Mics** (Hill•Jean•Michel)	4:28
▶	03 **Ready Or Not** (Bell•Hart•Hill•Jean•Michel)	3:47
	04 **Zealots** (Hill•Jean•Michel)	4:20
	05 **The Beast** (Hill•Jean•Michel)	5:37
▶	06 **Fu-Gee-La** (Hill•Jean•Marie•McGrier•Michel •Remi)	4:20
	07 **Family Business** (Forte•Hill•Jean•Michel •Omega)	5:43
▶	08 **Killing Me Softly With His Song** (Fox•Gimbel)	4:58
	09 **The Score** (Desmond•Hill•Jean•Michel)	5:02
	10 **The Mask** (Hill•Jean•Michel)	4:50
	11 **Cowboys** (Forte•Hill•Jean•Pace 1•Pras Ra Digga•Young Zee)	5:23
▶	12 **No Woman, No Cry** (Ford•Marley)	4:33
	13 **Manifest/Outro** (Hill•Jean•Michel)	5:59
	14 **Fu-Gee-La** (Hill•Jean•Marie•McGrier•Michel)	4:24
	15 **Fu-Gee-La** (Hill•Jean•Marie•McGrier•Michel)	5:27
	16 **Mista Mista** (Jean)	2:42

Ash

1977 (1996)

Label | Infectious
Production | Ash • Owen Morris
Direction artistique | Brian Cannon • Mark Hamilton
Pays | Royaume-Uni
Durée | 62:25

C'est l'année où le punk explose. L'année où *Star Wars* débarque sur les écrans de cinéma pour la première fois. Et c'est l'année où naissent deux garçons irlandais de Downpatrick : Tim Wheeler et Mark Hamilton.

Certainement l'un des meilleurs premiers albums des années 90, *1977* brasse l'insouciance et les perturbations adolescentes avec une sensibilité power-pop qui trahit l'âge du groupe. Avec le batteur Rick McMurray, le trio irlandais (la deuxième guitariste Charlotte Hatherley les rejoint l'année suivante) condense et distille les meilleurs éléments de la pop, du punk et de rock avec un sentiment d'enthousiasme irrésistible.

Surfant sur la vague de la britpop du milieu des années 90 (surtout dans les morceaux dominés par les cordes comme *Oh Yeah* et *Gone the dream*) tout en se montrant beaucoup plus individualiste que cela, *1977* démarre avec le rugissement du chasseur TIE de *Star Wars*. Le premier single frénétique *Kung Fu* (hommage à Jackie Chan) est sûrement la chanson que tous les adolescents qui détestent le sport rêvent d'écrire. *Girl from Mars*, premier succès au Top 20 du Royaume-Uni, et *Angel Interceptor* incarnent à la perfection la vibration pop intergalactique de ce premier album.

Avec un appétit presque naïf pour les excès de la jeunesse (voir le titre caché *Sick Party*, qui porte bien son nom), *1977* incarne l'expérience musicale d'une microgénération de jeunes. Si vous étiez un adolescent à la sortie de *1977*, vous avez probablement toujours l'impression qu'une partie de cette histoire vous appartient. **DZ**

▶II Liste des pistes

	01 **Lose Control** (Hamilton•Wheeler)	3:37
▶	02 **Goldfinger** (Wheeler)	4:31
▶	03 **Girl From Mars** (Wheeler)	3:24
	04 **I'd Give You Anything** (Wheeler)	4:37
	05 **Gone The Dream** (Wheeler)	3:29
▶	06 **Kung Fu** (Wheeler)	2:17
▶	07 **Oh Yeah** (Wheeler)	4:45
	08 **Let It Flow** (Wheeler)	4:46
	09 **Innocent Smile** (Hamilton)	5:47
▶	10 **Angel Interceptor** (McMurray•Wheeler)	4:04
	11 **Lost In You** (Wheeler)	4:19
	12 **Darkside Lightside** (Wheeler)	16:49

Belle and Sebastian
If you're feeling sinister
(1996)

Label I Jeepster
Production I Tony Doogan
Direction artistique I Belle and Sebastian
Pays I Royaume-Uni
Durée I 41:07

Après avoir enregistré son premier album, *Tigermilk*, dans le cadre d'un projet universitaire, le groupe écossais Belle and Sebastian se trouve dans une position enviable. Acclamés sans être divinisés, ses membres cultivent une attitude mystérieuse (en particulier l'ex-boxeur et principal chanteur Stuart Murdoch) qui confère à leurs chansons un charme indéfinissable. Même leurs apparitions entretiennent l'intrigue : ils font régulièrement appel à des amis pour les représenter sur les photos de presse et les pochettes d'album (c'est le cas ici).

Sur *If you're feeling sinister*, leurs années d'école encore récentes sont mises en avant, depuis les séances de sport du titre d'ouverture et les gens qui « s'embrassent pour s'entraîner » de *Seeing other people* aux doutes adolescents qu'exprime la chanson-titre.

Seeing other people est un classique. Son rythme déséquilibré et sa ligne de piano servent parfaitement le thème universel des relations amoureuses. Mais le titre phare est sans doute l'étrange et amer *Get me away from here I'm dying*, caractéristique du style de Belle and Sebastian de cette époque : un arrière-plan folk simple, des paroles brillantes et une touche de sarcasme délicieux. Le batifolage estival de *Mayfly* est aussi un grand moment.

Belle and Sebastian est ici en pleine possession de son pouvoir mythologique. La presse ambitionne de localiser le groupe, qui refuse fermement de coopérer. Il s'agit d'une petite entreprise qui fait des disques pour les fidèles, alors le grand public en redemande. Écouter cet album aujourd'hui donne un peu l'impression de faire partie du gang. **JK**

▶II Liste des pistes

▶ 01 The Stars Of Track And Field (Belle And Sebastian) 4:48
▶ 02 Seeing Other People (Belle And Sebastian) 3:38
03 Me And The Major (Belle And Sebastian) 3:51
04 Like Dylan In The Movies (Belle And Sebastian) 4:14
05 The Fox In The Snow (Belle And Sebastian) 4:11
▶ 06 Get Me Away From Here, I'm Dying (Belle And Sebastian) 3:25
▶ 07 If You're Feeling Sinister (Belle And Sebastian) 5:21
▶ 08 Mayfly (Belle And Sebastian) 3:42
09 The Boy Done Wrong Again (Belle And Sebastian) 4:17
10 Judy And The Dream Of Horses (Belle And Sebastian) 3:40

Blur
Blur (1997)

Label I Food
Production I Blur • Stephen Street
Direction artistique I Yacht Associates
Pays I Royaume-Uni
Durée I 60:10

La pochette de *Blur* représente un patient transporté à toute allure dans les couloirs des urgences – un résumé admirablement candide du statut critique du groupe avant cet album. *Country House* souffle peut-être la 1re place du hit-parade britannique à *Roll with it* d'Oasis pendant l'été 1995, mais le très réfléchi *The Great Escape* se fait battre à plate couture par *(What's the story) Morning Glory ?* En un an, la britpop est morte.

Blur doit son salut à une source qu'il a passé son temps à dénigrer : l'Amérique. Si ses trois albums précédents (surnommés la « trilogie anglaise ») marquent un rejet du rock américain, le groupe n'a alors plus d'autre choix que de l'adopter. La légende veut que ce revirement soit le fait de Graham Coxon. Ses guitares bruyantes

occupent certes une place de choix dans l'album, en particulier sur *Song 2*, succès surprise du groupe aux États-Unis. Il livre également le merveilleux *You're so great*, sa première chanson pour Blur. Il est impossible de nier ici l'influence de Pavement, Sonic Youth, Dinosaur Jr. ou même Black Flag, chose qui semblait impensable tant que Damon Albarn dirigeait le groupe.
La musique de Blur a toujours eu son lot d'excentricités. Ici, elles sont placées au premier plan grâce aux méthodes d'enregistrement lo-fi atypiques du producteur Stephen Street. Mais cet album renferme certaines des meilleures chansons que Damon Albarn ait écrites. Les fracturés *Strange News from another star* et *Country Sad Ballad Man* sont à des années-lumière des bringues cockney de *Parklife*. Enfin, le dernier titre, *Essex Dogs*, révèle l'expression définitive du caractère anglais que Blur a tenté de capter sur trois albums. Vraiment une belle échappée. **MBe**

▶II Liste des pistes

- ▶ 01 **Beetlebum** (Albarn•Coxon•James•Rowntree) 5:05
- ▶ 02 **Song 2** (Albarn) 2:01
- 03 **Country Sad Ballad Man** (Albarn•Coxon •James•Rowntree) 4:50
- 04 **M.O.R.** (Albarn•Coxon•James•Rowntree) 3:27
- ▶ 05 **On Your Own** (Albarn•Coxon•James•Rowntree) 4:26
- 06 **Theme From Retro** (Albarn•Coxon•James •Rowntree) 3:37
- ▶ 07 **You're So Great** (Coxon) 3:36
- 08 **Death Of A Party** (Albarn•Coxon•James •Rowntree) 4:33
- 09 **Chinese Bombs** (Albarn•Coxon•James •Rowntree) 1:24
- 10 **I'm Just A Killer For Your Love** (Albarn•Coxon •James•Rowntree) 4:11
- 11 **Look Inside America** (Albarn•Coxon•James •Rowntree) 3:50
- ▶ 12 **Strange News From Another Star** (Albarn•Coxon•James•Rowntree) 4:02
- 13 **Movin' On** (Albarn•Coxon•James•Rowntree) 3:44
- 14 **Essex Dogs** (Albarn•Coxon•James•Rowntree) 11:24

Radiohead
OK Computer (1997)

Label I Parlophone
Production I Nigel Godrich • Radiohead
Dir. art. I S. Donwood • The White Chocolate Farm
Pays I Royaume-Uni
Durée I 53:21

Faire la synthèse des Smiths avec Queen peut sembler mal avisé. Heureusement, les influences singulières de Radiohead s'accordent avec son talent, et son troisième album, *The Bends*, va encore plus loin que le précédent.
Le succès, au rendez-vous dès le tube *Creep*, est loin de transformer *Thom Yorke* en joyeux drille. La chanson la plus gaie du disque (*Airbag*) parle de « l'émotion positive, magnifique, qu'on ressent lorsqu'on échappe de peu à un accident ». Ailleurs, il enrage contre « le business et les conneries » (*Electioneering*), « le fait de se faire piéger » (*Let Down*), et « le monstre du placard » (*Climbing up the walls*). Le titre le plus imagé est *Paranoid Android*, dont le nom faussement amusant vient du livre *The Hitch Hiker's Guide to the galaxy*. Les paroles, inspirées par les mondains cocaïnomanes, sont une évocation du « grand n'importe quoi » à glacer le sang.
L'horreur des paroles est toujours compensée par la beauté de la musique. *Subterranean Homesick Alien* est planant comme il faut, *No Surprises* un bijou dominé par un glockenspiel, et *Let down* est charmant. *Lucky* et *The Tourist* sont agréablement inspirés de Pink Floyd.
Les surprises sonores abondent : la boucle de batterie inspirée de DJ Shadow sur *Airbag*, l'épique *Paranoid Android* proche du *Happiness is a warm gun* des Beatles, ainsi que *Fitter Happier*, qui évoque Stephen Hawking (en fait un Mac programmé par Yorke).

Complété par une pochette au flou étrange, *OK Computer* prend d'assaut les hit-parades des deux côtés de l'Atlantique. Même si le groupe pense qu'il est surestimé, l'album semble toujours aussi ambitieux et magnifique aujourd'hui qu'en 1997. **BM**

▶II Liste des pistes

- 01 **Airbag** (C. Greenwood•J. Greenwood O'Brien •Selway•Yorke) 4:44
- ▶ 02 **Paranoid Android** (C. Greenwood J. Greenwood •O'Brien•Selway•Yorke) 6:23
- 03 **Subterranean Homesick Alien** (C. Greenwood J. Greenwood•O'Brien•Selway•Yorke) 4:27
- 04 **Exit Music (For A Film)** (C. Greenwood J. Greenwood•O'Brien•Selway•Yorke) 4:24
- 05 **Let Down** (C. Greenwood•J. Greenwood O'Brien•Selway•Yorke) 4:59
- ▶ 06 **Karma Police** (C. Greenwood•J. Greenwood O'Brien•Selway•Yorke) 4:21
- 07 **Fitter Happier** (C. Greenwood•J. Greenwood O'Brien•Selway•Yorke) 1:57
- 08 **Electioneering** (C. Greenwood•J. Greenwood O'Brien•Selway•Yorke) 3:50
- 09 **Climbing Up The Walls** (C. Greenwood J. Greenwood•O'Brien•Selway•Yorke) 4:45
- ▶ 10 **No Surprises** (C. Greenwood•J. Greenwood O'Brien•Selway•Yorke) 3:48
- 11 **Lucky** (C. Greenwood•J. Greenwood•O'Brien Selway•Yorke) 4:19
- 12 **The Tourist** (C. Greenwood•J. Greenwood O'Brien•Selway•Yorke) 5:24

Finley Quaye
Maverick a strike (1997)

Label | Epic
Production | Divers
Direction artistique | Non créditée
Pays | Ghana • Royaume-Uni
Durée | 51:36

Bande-son de l'été 1997, *Maverick a strike* de Finley Quaye devient trois fois disque de platine et atteint la 3e place du hit-parade britannique.
Il vaut à Finley Quaye d'être comparé à Bob Marley, et le chanteur essaie de soutenir la comparaison. L'album emprunte des styles variés, tandis que la voix mélodieuse et la personnalité cool de l'artiste assurent sa cohésion. Sur la pochette, il cite tout le monde, du botaniste David Bellamy à l'astronome Patrick Moore, en passant par Hailé Sélassié et le club de football Hibernian. Et en effet, on y trouve un peu de tout, du dub teinté de skank de *Ultra Stimulation*, *The Way of the explosive* et *Red Rolled and seen* à la soul tranquille de *Even after all* (n° 10 au Royaume-Uni) et l'acid rock de *I need a lover*.
Le premier single, *Sunday Shining*, est une reprise effervescente de *Sun is shining* de Bob Marley, basée sur une guitare slide et des cuivres funky. *Ride on and turn the people on*, avec sa basse marquée et son groove à l'orgue Hammond, est une irrésistible invitation à la danse, les paroles excentriques de Finley Quaye ajoutant à l'ambiance festive. *Your love gets sweeter* délivre de son côté un message d'amour profond.
Suite au succès de l'album, l'artiste est critiqué pour sa vie de rock star : nuits interminables et débridées, attitude « difficile » en interview, querelle avec le dieu du trip-hop Tricky (qui, selon la rumeur, serait son neveu). Mais rien de tout cela n'obscurcit le pur enchantement qu'est *Maverick a strike*, album idéal pour les après-midi de farniente. **DC**

▶II Liste des pistes

- 01 **Ultra Stimulation** (Quaye) 3:52
- 02 **It's Great When We're Together** (Quaye) 3:39
- ▶ 03 **Sunday Shining** (Marley•Quaye) 3:42
- ▶ 04 **Even After All** (Quaye) 3:54
- ▶ 05 **Ride On And Turn The People On** (Quaye) 3:47
- 06 **The Way Of The Explosive** (Quaye) 4:44
- ▶ 07 **Your Love Gets Sweeter** (Quaye) 3:12
- 08 **Supreme I Preme** (Quaye) 4:59
- 09 **Sweet And Loving Man** (Quaye) 3:21
- 10 **Red Rolled And Seen** (Quaye) 4:07
- 11 **Falling** (Propfh•Quaye) 3:16
- ▶ 12 **I Need A Lover** (Quaye) 4:04
- 13 **Maverick A Strike** (Quaye) 4:59

Missy Misdemeanour Elliott
Supa Dupa Fly (1997)

Label | East West
Production | Timbaland
Direction artistique | Starr Foundation
Pays | États-Unis
Durée | 60:06

Missy Elliott est sans doute l'artiste féminine du hip-hop la plus importante de ces vingt-cinq dernières années. Son premier album, *Supa Dupa Fly*, demeure l'un des plus revigorants du genre. Après avoir écrit plusieurs succès pour Aaliyah, la star malchanceuse du R&B (qui intervient dans cet album), Missy Elliott appelle son collaborateur de longue date Timbaland pour travailler sur *Supa Dupa Fly*. Elle offre une antidote bienvenue aux postures misogynes du rap grand public, et se révèle être une artiste provocatrice et un auteur à succès, tout en demeurant farouchement novatrice. Le talent de Missy Elliott n'a jamais vraiment résidé dans l'élaboration de rythmes techniquement complexes, mais plutôt dans ses diatribes hilarantes et librement exécutées sur le sexe, les relations amoureuses et la consommation de marijuana. Son talent véritable est le chant, qui l'occupe à 40 % sur cet album. *The Rain (Supa Dupa Fly)*, le plus gros tube de l'album (soutenu par le matraquage sur *MTV* du clip vidéo réalisé par Hype Williams), démontre précisément pourquoi la contribution de Timbaland est si cruciale. Le titre marie un rythme de R&B froid comme la pierre avec une production électronique qui place la barre plus haut pour tous les producteurs de hip-hop, les Neptunes y compris. *Pass Da Blunt* sauve *Pass the kutchie* des Mighty Diamonds de l'interprétation faussement innocente de *Musical Youth* et rétablit sa véritable nature d'hymne aux fumeurs. *Beep Me 911* et *They don't wanna fuck wit me* amplifie le côté sec et futuriste des choses, tandis qu'*Izzy Izzy Ahh* prouve que la chanteuse est également à l'aise dans l'improvisation enfumée. **JDo**

Liste des pistes

	01 **Busta's Intro** (Smith)	1:53
▶	02 **Hit 'Em Wit Da Hee** (Elliott•Jones•Mosley)	4:19
▶	03 **Sock It 2 Me** (Bell•Elliott•Harris•Hart•Mosley)	4:17
▶	04 **The Rain (Supa Dupa Fly)** (Bryant•Elliott•Miller)	4:11
▶	05 **Beep Me 911** (Barcliff•Elliott•Mosley)	4:57
▶	06 **They Don't Wanna Fuck Wit Me** (Elliott•Mosley)	3:18
▶	07 **Pass Da Blunt** (Bennett•Brown Elliott•Fergusson •Lyn•Mittoo•Mosley Sibbles•Simpson)	3:17
	08 **Bite Our Style (Interlude)** (Elliott•Mosley)	0:43
	09 **Friendly Skies** (Elliott•Mosley)	4:59
	10 **Best Friends** (Elliott•Mosley)	4:07
▶	11 **Don't Be Commin' (In My Face)** (Elliott•Mosley)	4:11
▶	12 **Izzy Izzy Ahh** (Elliott•Mosley)	3:54
	13 **Why You Hurt Me** (Elliott•Floyd•Mosley)	4:31
	14 **I'm Talkin'** (Elliott•Mosley)	5:02
	15 **Gettaway** (Elliott•Mosley•Selden•Siplin)	4:25
	16 **Busta's Outro** (Mosley•Smith)	1:38
	17 **Missy's Finale** (Elliott)	0:24

The Chemical Brothers
Dig your own hole (1997)

Label | Virgin
Production | The Chemical Brothers
Direction artistique | Negativespace
Pays | Royaume-Uni
Durée | 63:19

En 1997, les soirées Heavenly Social au club Turnmills de Londres sont un événement à ne manquer sous aucun prétexte. Tous les samedis, le club télescope l'acid house, l'électro, la techno, le hip-hop et d'autres d'artistes comme Jon Carter, Richard Fearless, Dave Clarke et Andrew Weatherall. Les vedettes de la soirée, toutefois, sont Tom Rowlands et Ed Simons, les Chemical Brothers.

Leur premier album, *Exit planet Dust*, a suscité beaucoup d'intérêt. *Dig your own hole* marque leur passage aux choses sérieuses. Le graphisme de la pochette révèle l'approche plus discrète qu'elle renferme. De nombreux titres ont été rodés dans

le brouillard du club. *Block Rockin' Beats* prend vie à partir d'un sample de Schooly D et de rythmes orageux, tandis qu'*Elektrobank*, *Don't stop the rock* et *It doesn't matter* recréent la surcharge sensorielle de leurs sessions de DJing électro-acid house.
Setting Sun n'est que cris mécaniques et accents distordus (les mauvaises langues l'ont surnommé *Tomorrow Never Noels*). *Lost in the K-hole* est un bloc titubant de démence causée par les tranquillisants. *The Private Psychedelic Reel* est une épopée techno psychédélique ahurissante, faite d'une série de pics et de dépressions. Avec Prodigy, Orbital et Underworld, les Chemical Brothers sont l'un des quelques groupes de techno des années 90 capables de remplir les stades. De même, ils font partie des rares à produire un album de dance qui ne soit pas simplement une série de variations sur le même rythme. Brassant les genres comme ils viennent et inventant ses propres catégories en cours de route, l'album *Dig your own hole* reste un hymne monolithique à la puissance de la culture rave des années 90. **RS**

▶II Liste des pistes

▶ 01	**Block Rockin' Beats** (Rowlands•Simons •Weaver)	5:13
02	**Dig Your Own Hole** (Rowlands•Simons)	5:27
▶ 03	**Elektrobank** (Rowlands•Simons)	8:18
04	**Piku** (Rowlands•Simons)	4:55
▶ 05	**Setting Sun** (Gallagher•Rowlands•Simons)	5:28
06	**It Doesn't Matter** (Conly•Emelin•Ford King •Rowlands•Simons•Slye)	6:14
07	**Don't Stop The Rock** (Rowlands•Simons)	4:49
08	**Get Up On It Like This** (Jones•Rowlands •Simons)	2:46
▶ 09	**Lost In The K-Hole** (Rowlands•Simons)	3:52
10	**Where Do I Begin ?** (Rowlands•Simons)	6:56
▶ 11	**The Private Psychedelic Reel** (Donahue •Rowlands•Simons)	9:21

Primal Scream
Vanishing Point (1997)

Label I Creation
Production I B. Lynch • Primal Scream • A. Weatherall
Direction artistique I Intro
Pays I Royaume-Uni
Durée I 53:31

Primal Scream est un véritable caméléon du rock. Entichés de l'électronique dominante, ses membres ont auparavant été tour à tour des fans de rock indé, des amateurs de drogue et des héros établis du rock'n'roll. Mais sur *Vanishing Point*, leur son apparaît mal assuré, comme un mélange de genres et d'influences assemblés de manière chaotique, parfois extatique.
Primal Scream sait rendre scintillants les hauts comme les bas. Le plus grand single, *Kowalski*, intitulé d'après le nom du personnage principal d'un obscur film de poursuite automobile des années 70 (d'après lequel l'album a aussi été nommé, et qui influence largement le graphisme de la pochette), est un désordre de basse et de pulsations, où brillent les chuchotements sinistres de Bobby Gillespie. *If they move, Kill'em* agresse les cinq sens pendant deux minutes. Aigu et planant, le morceau dégage une force destructive lors des concerts. Motörhead peut aller se rhabiller. Mais il y a aussi des moments plus doux. *Star*, qui bénéficie de la participation de la légende du reggae Augustus Pablo au melodica, est un appel dub à la tolérance universelle, plus proche des idéaux de Screamadelica. *Out of the void* offre un rare moment de regret : Gillespie chante : « Si j'étais enfant à nouveau, je serais un saint et pas un fou. »
Si *Screamadelica* et *Give out but don't give up* étaient des albums « perchés », alors *Vanishing Point* fait s'écraser l'auditeur sur la terre. Qu'il parvienne à le faire sans lui

causer rien de plus qu'un bleu est largement dû à l'éthique et au son invincible de Primal Scream. **JK**

▶II Liste des pistes

	01 **Burning Wheel** (Duffy•Gillespie•Innes•Young)	7:06
	02 **Get Duffy** (Duffy•Gillespie•Innes•Young)	4:09
▶	03 **Kowalski** (Duffy•Gillespie•Innes•Mounfield •Young)	5:50
	04 **Star** (Duffy•Gillespie•Innes•Young)	4:24
▶	05 **If They Move, Kill 'Em** (Duffy•Gillespie•Innes •Young)	3:01
▶	06 **Out Of The Void** (Duffy•Gillespie•Innes•Young)	3:59
	07 **Stuka** (Duffy•Gillespie•Innes•Young)	5:36
	08 **Medication** (Duffy•Gillespie•Innes•Young)	3:52
	09 **Motörhead** (Kilmister)	3:38
▶	10 **Trainspotting** (Duffy•Gillespie•Innes•Young)	8:07
	11 **Long Life** (Duffy•Gillespie•Innes•Young)	3:49

Robert Wyatt
Shleep (1997)

Label | Hannibal
Production | Alfreda Benge • Brian Eno • Robert Wyatt
Direction artistique | Alfreda Benge • Phil Smee
Pays | Royaume-Uni
Durée | 53:38

Disons-le sérieusement : il n'y a pas un seul artiste qui soit capable, au bout de trente ans de carrière, de produire un disque aussi rempli d'idées, d'imagination, d'esprit et de ce que – faute d'un meilleur terme – on qualifiera de « nervosité » que Robert Wyatt avec *Shleep*.
Quel est son secret ? Peut-être que, comme d'autres anciens des années 60 qui continuent d'enregistrer (Pip Proud, Mayo Thompson ou Michael Hurley), il se trouve un peu en dehors de l'industrie musicale. Mais peu de musiciens vétérans sont adulés par un éventail aussi large de leurs pairs. Qui d'autre pourrait réunir Brian Eno et Paul Weller pour travailler sur son album, avec l'ex-star de Roxy Music Phil Manzanera et les musiciens de jazz Philip Catherine (guitare) et Evan Parker (saxophone) ? Roger Waters, contemporain de Robert Wyatt, a produit un album à thèmes sur les rêves nocturnes d'un homme. Wyatt explique quant à lui que ses paroles ont été « couchées pour la plupart sur le papier après des semaines de lutte contre l'insomnie, qui (lui) ont laissé un appétit insatiable pour la boue abyssale du sommeil profond ». La parodie-hommage à Bob Dylan, *Blues in Bob Minor*, ne fonctionnerait nulle part dans le monde sauf ici. *Free Will and testament*, *Maryan* et *Heaps of shleeps* sont des classiques de Robert Wyatt. Ce sont des morceaux charmants, avec une voix familière et parfois légèrement lointaine, et des paroles qui, elles aussi, évoquent la banalité ordinaire et un désespoir parfois déroutant.
Le héros méconnu (sauf peut-être dans *The Duchess*) de la carrière de Robert Wyatt est son épouse Alfreda Benge. Elle participe aux paroles magnifiques, à la superbe pochette et à la production de l'album. **DN**

▶II Liste des pistes

	01 **Heaps Of Shleeps** (Benge•Wyatt, arr. Eno)	4:56
▶	02 **The Duchess** (Wyatt)	4:18
	03 **Maryan** (Catherine•Wyatt)	6:11
	04 **Was A Friend** (Hopper•Wyatt)	6:11
	05 **Free Will And Testament** (Kramer•Wyatt)	4:12
	06 **September The Ninth** (Benge•Wyatt)	6:40
	07 **Alien** (Benge•Wyatt)	6:47
	08 **Out Of Season** (Benge•Wyatt)	2:31
▶	09 **A Sunday In Madrid** (Benge•Wyatt)	4:41
	10 **Blues In Bob Minor** (Wyatt)	5:46
	11 **The Whole Point Of No Return** (Weller)	1:25

David Holmes
Let's get killed (1997)

Label | Go ! Beat
Production | Divers
Direction artistique | Glenn Leyburn
Pays | Royaume-Uni
Durée | 59:45

Vainqueur du prix de *Muzik Magazine* en 1997 pour sa compilation *Essential*

Mix (un assortiment éclectique de Jimi Hendrix, de northern soul et de bandes originales de films), David Holmes poursuit l'exploration de sa fascination pour les musiques de film avec son second album. Aux côtés de Keith Tenniswood (*Two Lone Swordsmen*), Jagz Kooner et Gary Burns (tous deux membres de Sabres of Paradise et The Aloof), il entreprend d'explorer les entrailles miteuses de New York. En associant des extraits de conversation entre des clochards, des prostituées, des proxénètes et des dealers à une sélection variée de dub, d'ambient techno, de jazz-funk et musique latino, David Holmes crée une bande-son intense et paranoïaque pour cette « ville qui ne dort jamais ».

Parmi les nombreux moments forts de l'album, on relève la techno saccadée de *My Mate Paul* et un *Head Rush on Lafayette* aux percussions écrasantes. *Rodney Yates* marie jazz tranquille et cordes luxuriantes, tandis que *Slashers Revenge* combine une ligne de bass dub ample avec une atmosphère terrifiante. Holmes tente également de réécrire le thème de James Bond avec les breakbeats frénétiques de *Radio 7*.

Sans surprise, David Holmes et sa clique provoquent une certaine hostilité chez les personnes qu'ils ont enregistrées. Pourtant, le résultat est payant : la reconstitution dynamique de l'angoisse et de l'excitation de la grande ville permet à l'album de remporter le prix du meilleur album irlandais aux Irish Rock Awards. David Holmes est rapidement appelé pour composer des musiques de film, et réalise celles de *Hors d'atteinte* et *Ocean's Eleven*. **CSh**

▶II Liste des pistes

	01 **Listen** (Holmes)	0:49
▶	02 **My Mate Paul** (Holmes)	5:29
	03 **Let's Get Killed** (Holmes)	7:28
	04 **Gritty Shaker** (Holmes)	6:40
▶	05 **Head Rush On Lafayette** (Holmes)	1:20
▶	06 **Rodney Yates** (Holmes)	6:24
	07 **Radio 7** (Norman)	5:49
	08 **The Parcus & Madder Show** (Holmes)	0:51
▶	09 **Slasher's Revenge** (Holmes)	4:46
	10 **Freaknik** (Holmes)	6:45
	11 **Caddell Returns** (Holmes)	5:42
	12 **Don't Die Just Yet** (Gainsbourg)	6:43
	13 **For You** (Holmes)	0:59

Sleater-Kinney
Dig me out (1997)

Label I Kill Rock Stars
Production I John Goodmanson
Direction artistique I John Clark
Pays I États-Unis
Durée I 36:24

Sleater-Kinney vient d'une longue lignée de groupes punk du nord-ouest des États-Unis. Le fait qu'il s'agisse d'un groupe féminin et l'affection des musiciennes pour Bikini Kill leur valent d'être étiquetées « riot grrrl » (mouvement musical féministe), mais elles ne se résument pas à cela. *Sleater-Kinney* (1995) et *Call the doctor* (1996) montrent un groupe enthousiaste réclamant le respect.

Publié par le label Kill Rock Stars, qui se réclame fièrement du punk en 1997, *Dig me out* est un mélange parfait d'idéologie, d'attitude et de riffs pervers. Il s'articule autour des voix contrastées de Corin Tucker et Carrie Brownstein et des duels de guitare étincelants. La guitare de Carrie Brownstein ouvre la chanson-titre, ponctuée par les étincelles de caisse claire de Janet Weiss, procurant une bouffée d'énergie instantanée.

Contrairement à leurs prédécesseurs de Kill Rock Stars (en particulier Bikini Kill), Sleater-Kinney est politiquement engagé, mais pas agressif. Le refrain sucré de *Little Babies* illustre son mélange délicat de punk, de politique et de pop, tandis que l'exubérant *It's enough* juxtapose la formule de la chanson pop de deux minutes avec des paroles dénigrant et célébrant simultanément la fascination des critiques et des fans masculins pour les groupes de filles.

Not what you want est un irrésistible crescendo. Dans un contraste saisissant, *Buy her candy* est une ballade pleine d'émotion, avec un commentaire politique subtil.

« Une alchimie musicale explosive mêlant des mélodies contagieuses avec une déconstruction innovante du punk », s'émerveille *Rolling Stone*. Mais Carrie Brownstein avoue : « L'excellence de *Dig me out* n'est pas si ahurissante à mes yeux. Nous avons vraiment travaillé dur. » **PE**

▶II Liste des pistes

▶	01 **Dig Me Out** (Sleater-Kinney)	2:40
	02 **One More Hour** (Sleater-Kinney)	3:19
▶	03 **Turn It On** (Sleater-Kinney)	2:47
	04 **Drama You've Been Craving** (Sleater-Kinney)	2:08
	05 **Heart Factory** (Sleater-Kinney)	3:54
	06 **Words And Guitar** (Sleater-Kinney)	2:21
	07 **It's Enough** (Sleater-Kinney)	1:46
▶	08 **Little Babies** (Sleater-Kinney)	2:22
	09 **Not What You Want** (Sleater-Kinney)	3:17
	10 **Buy Her Candy** (Sleater-Kinney)	2:02
	11 **Things You Say** (Sleater-Kinney)	2:56
	12 **Dance Song '97** (Sleater-Kinney)	2:49
	13 **Jenny** (Sleater-Kinney)	4:03

Prodigy
The Fat of the land (1997)

Label I XL
Production I Liam Howlett
Direction artistique I Liam Howlett • Alex Jenkins
Pays I Royaume-Uni
Durée I 56:19

Pousser au crime et effrayer les enfants ne sont pas des méthodes pour stimuler les ventes d'un album. Pourtant, le retentissant *Firestarter*, avec ses paroles provocantes et son clip dérangeant, lance *The Fat of the land* de Prodigy. L'album se retrouve à la 1re place des hit-parades des deux côtés de l'Atlantique, et devient double disque de platine la même année aux États-Unis.

Prodigy pénètre la culture populaire grâce à un montage de guitares, de samples et de sons électroniques, et au génie rythmique de Liam Howlett. Le hip-hop a aussi sa place : Kool Keith, du groupe Ultramagnetic MCs, figure sur *Diesel Power*, et *Funky Shit* tire son titre de *Root Down* des Beastie Boys. Ailleurs, l'album passe d'un titre trance d'inspiration orientale à une reprise du *Fuel my fire* de L7, agrémenté de samples tirés de *Lost Cause* des Cosmic Psychos.

Cherchant dès le début à créer la polémique (*The Fat of the land* est une citation du nazi Hermann Goering), Prodigy pousse le bouchon en sortant comme single le pervers *Smack my bitch up* (incluant des samples d'Andy Williams et Kool and the Gang). The National Organization for Women (un mouvement féministe) proteste, arguant que l'album glorifie la violence à l'encontre des femmes, tout comme les artistes Chumbawamba et Moby. Le clip ajoute encore à leur fureur.

Cette stratégie choc porte rapidement ses fruits. *Smack my bitch up* se glisse même dans la bande originale du film *Charlie's Angels*. Cela confirme aussi que Prodigy est, comme le déclare *Firestarter*, un « instigateur du punk ». *The Fat of the land* reste indispensable à toutes les collections. **MBo**

▶II Liste des pistes

▶	01 **Smack My Bitch Up** (Howlett•Miller•Randolph •Smith•Thornton)	5:42
▶	02 **Breathe** (Flint•Howlett•Palmer)	5:34
	03 **Diesel Power** (Howlett•Thornton)	4:17
	04 **Funky Shit** (Diamond•Horovitz•Howlett•Yauch)	5:16
	05 **Serial Thrilla** (Arran•Dyer•Flint•Howlett)	5:11
	06 **Mindfields** (Howlett)	5:39
	07 **Narayan** (Howlett•Mills)	9:06
▶	08 **Firestarter** (Deal•Dudley•Flint•Horn Howlett •Jeczalik•Langan•Morley)	4:40
	09 **Climbatize** (Howlett•Taylor)	6:36
	10 **Fuel My Fire** (James•Knight•Sparks•Walsh)	4:18

Buena Vista Social Club
Buena Vista Social Club
(1997)

Label | World Circuit
Production | Ry Cooder
Direction artistique | The Team
Pays | Cuba • États-Unis
Durée | 59:43

Un album cubain qui se vend à six millions d'exemplaires, atteint la 1re place du hit-parade allemand et multiplie les récompenses, à tel point que les musiciens peuvent se produire au Carnegie Hall, personne ne pouvait le prévoir. Surtout qu'il s'agit d'un accident : le projet de base prévoit la participation de plusieurs Maliens, mais la bureaucratie cubaine empêche la venue d'Africains, et le studio est déjà réservé. Ry Cooder demande à Juan de Marcos González, crédité comme programmateur, s'il connaît des musiciens disponibles. Marcos González cherche à La Havane des survivants de l'âge d'or de Cuba, et retrouve les chanteurs Ibrahim Ferrer et Omara Portuondo, le pianiste Rubén González, le guitariste Compay Segundo et le bassiste Cachaito López. Il leur adjoint un grand orchestre, le Afro Cuban All Stars, qui enregistre l'album dans un éclat de créativité. On demande à González de proposer les titres qu'il souhaite enregistrer. Il revient le jour suivant avec les morceaux écrits sur un rouleau de caisse enregistreuse. Avec trois albums en boîte, les membres de l'équipe se séparent.

Même si beaucoup pensent depuis que le label World Circuit sait exactement ce qu'il fait, personne ne peut prédire ce qui va se passer. Les musiciens donnent une poignée de concerts, mais les choses s'emballent d'elles-mêmes. Le public s'éprend de leur histoire – des musiciens retraités qui orchestrent leur retour pour sauver une musique sur le point de disparaître – et se rend en masse acheter le disque. Est-ce la vérité ? Après tout, qu'est-ce que ça peut bien faire ? **DH**

▶II Liste des pistes

▶	01 **Chan Chan** (Repilado)	4:16
	02 **De Camino A La Vereda** (Ferrer)	5:03
	03 **El Cuarto De Tula** (Marquetti)	7:27
	04 **Pueblo Nuevo** (González)	6:05
▶	05 **Dos Gardenias** (Carillo)	3:02
	06 **¿Y Tú Qué Has Hecho ?** (Delfin)	3:13
▶	07 **Veinte Años** (Vera)	3:29
	08 **El Carretero** (Portabales)	3:28
	09 **Candela** (Oramas)	5:27
	10 **Amor De Loca Juventud** (Ortiz)	3:21
	11 **Orgullecida** (Silveira)	3:18
	12 **Murmullo** (Chepin)	3:50
▶	13 **Buena Vista Social Club** (López)	4:50
▶	14 **La Bayamesa** (Garay)	2:54

Nick Cave and the Bad Seeds
The Boatman's Call (1997)

Label | Mute
Production | Nick Cave And The Bad Seeds • Flood
Direction artistique | Anton Corbijn
Pays | Australie
Durée | 52:07

Même s'il s'agit d'ébats morbides, *Murder Ballads* (1996) représente une pause pour Nick Cave. Avec *The Boatman's Call*, il revient à son approche très personnelle de la musique. Le visage monochrome de l'artiste sur la pochette laisse deviner que cet album n'est pas une partie de rigolade : il contient douze chansons magnifiquement ouvragées sur le chagrin et le doute. *The Boatman's Call* est considéré comme l'un des grands albums de rupture du rock. Il serait né de ses disputes puis de sa séparation avec la séduisante P. J. Harvey (sujet dont traitent *West Country Girl* et *Black Hair*). Par respect pour sa peine, les Bad Seeds se retirent à l'arrière-plan, tissant un fond musical des plus délicats.

Aucune trace de prétention dans les paroles de l'album, juste un immense sentiment de perte, que Nick Cave n'exprime que trop bien. L'univers de *The Boatman's Call* est décrit dans une langue fragile, un lieu où l'espoir ne suffit plus – « où tout le monde baise tout le monde », se lamente le chanteur dans *Far from me*. Les titres de chansons comme *People ain't no good* vous donnent une idée correcte des écorchures sentimentales de Nick Cave. La douleur de l'amour perdu est presque associée à cette ultime rupture dans *Brompton Oratory*. Il faut l'écouter plusieurs fois pour réaliser que Nick Cave pleure quelqu'un qui est mort métaphysiquement, mais qui pourrait aussi bien l'être physiquement.

The Boatman's Call renvoie le son d'un homme au cœur brisé. **SJac**

▶II Liste des pistes

	01 Into My Arms (Cave)	4:15
	02 Lime-Tree Arbour (Cave)	2:56
	03 People Ain't No Good (Cave)	5:42
▶	04 Brompton Oratory (Cave)	4:06
	05 There Is A Kingdom (Cave)	4:52
▶	06 (Are You) The One That I've Been Waiting For ? (Cave)	4:05
	07 Where Do We Go Now But Nowhere ? (Cave)	5:46
	08 West Country Girl (Cave)	2:45
	09 Black Hair (Cave)	4:14
	10 Idiot Prayer (Cave)	4:21
▶	11 Far From Me (Cave)	5:33
	12 Green Eyes (Cave)	3:32

The Divine Comedy

A short album about love

(1997)

Label I Setanta
Production I The Divine Comedy • Jon Jacobs
Direction artistique I Rob Crane
Pays I Irlande • Royaume-Uni
Durée I 31:56

L'image d'un dandy extrêmement cultivé et amateur de femmes apparaît en 1994 avec le premier album *Promenade*, et se développe dans *Casanova* deux ans plus tard, qui vaut à Neil Hannon d'apparaître brièvement sous les projecteurs au Royaume-Uni. Dans *A short album about love* (publié la semaine de la Saint-Valentin), il joue franc jeu. L'album tient son titre d'un film de 1988 du réalisateur polonais Krzysztof Kieslowki, et ça lui va comme un gant.

Les sept chansons sont enregistrées en direct avec un orchestre de vingt-six musiciens, pendant une courte séance au Shepherd's Bush Empire fin 1996. Relativement modeste, Neil Hannon admet lors d'une interview à la radio qu'il a ensuite réenregistré le chant. En dehors de *If...*, qui dresse une série d'hypothèses improbables pour un effet tendre et parfois dégoûtant, l'album se prend au sérieux, et c'est tant mieux. Neil Hannon a littéralement trouvé sa voix : riche, expressive, parfois dans la veine de Scott Walker. Il trouve l'arrangeur (Joby Talbot) et les chansons qui vont avec, qu'elles soient confiantes (*I'm all you need*) ou suppliantes (*Timewatching*).

En 1998 suit *Fin de siècle*, excellent disque desservi par deux titres qui explorent le côté frivole du groupe. Inévitablement, *Generation Sex* et *National Express* sont deux des trois singles choisis, renforçant l'image insolente de Neil Hannon. Lorsque le merveilleux *Regeneration* sort en 2001, les fans regardent ailleurs. **WF-J**

▶II Liste des pistes

▶	01 In Pursuit Of Happiness (Hannon)	3:31
	02 Everybody Knows (Except You) (Hannon)	3:48
▶	03 Someone (Hannon)	5:58
	04 If... (Hannon)	4:25
	05 If I Were You (I'd Be Through With Me) (Hannon)	4:41
	06 Timewatching (Hannon)	4:42
▶	07 I'm All You Need (Hannon)	4:51

Cornershop
When I was born for the 7th time (1997)

Label | Wiiija Records
Production | Divers
Direction artistique | Deborah Norcross
Pays | Royaume-Uni
Durée | 54:12

En février 1998, le remix de *Brimful of asha* par Fatboy Slim est n° 1 au Royaume-Uni. Avec son vidéo clip kitsch célébrant la technologie lo-fi et ses paroles énigmatiques en référence à l'icône de Bollywood Asha Bhosle, il fait découvrir Cornershop à des millions de nouveaux fans.

Tjinder Singh, née de parents sikhs à Preston dans le Lancashire, forme Cornershop au début des années 90 pour jouer du post-punk énervé, lourdement influencé par The Fall. Lorsque Tjinder Singh commence à étudier la musique indienne, Cornershop se change peu à peu en collectif de world music aux accents punk, donnant des concerts où le nombre de joueurs de sitar, tabla, harmonium et dhol dépasse souvent le nombre de spectateurs.

En 1997, Tjinder Singh retrouve le membre fondateur Ben Ayres et décide de fusionner de la pop lo-fi avec de l'électronique et des sons indiens. *When I was born for the 7th time* est leur album le plus cohérent et accessible à ce jour. La version de *Brimful of Asha* peut sembler un peu décevante par rapport au single, mais l'album a d'autres cordes à son arc. *Sleep on the left side* marie un bourdon d'harmonium qawwali avec un breakbeat bondissant. *We're in Yr Corner* est un morceau de funk dévastateur. *Good to be on the road again* propose une approche indienne bizarre de la musique country. *Candyman* est un titre groovy décontracté, basé sur un sample de Larry Coryell ; c'est aussi l'un des trois morceaux co-produits par Dan the Automator. Enfin, *Norwegian Wood* subvertit le point de vue exotique des Beatles sur l'Inde, en adaptant les paroles de John Lennon en pendjabi. **JLe**

▶II Liste des pistes

▶	01 Sleep On The Left Side (Singh)	4:06
▶	02 Brimful Of Asha (Singh)	5:17
	03 Butter The Soul (Singh)	3:19
	04 Chocolat (Singh)	1:24
▶	05 We're In Yr Corner (Singh)	5:47
▶	06 Funky Days Are Back Again (Singh)	3:41
	07 What Is Happening ? (Ayres•Singh)	2:15
	08 When The Light Appears Boy (Ginsberg)	2:41
	09 Coming Up (Singh)	1:03
	10 Good Shit (Singh)	4:40
	11 Good To Be On The Road Back Home (Singh)	5:45
	12 It's Indian Tobacco, My Friend (Singh)	4:51
▶	13 Candy Man (Singh)	3:49
	14 State Troopers (Singh)	3:07
▶	15 Norwegian Wood (This Bird Has Flown) (Lennon•McCartney)	2:27

Daft Punk
Homework (1997)

Label | Virgin
Production | Daft Punk
Direction artistique | Daft Punk • Serge Nicolas
Pays | France
Durée | 73:31

Au début de l'année 1997, les raveurs ne sont pas prêts pour *Homework*. À l'époque, le charme imbibé de la britpop séduit la plupart des jeunes Britanniques et la musique électronique, auparavant si progressiste, est sur le déclin. En créant un mélange énergique de P-funk, de disco, de fréquences acid et de samples de hip-hop, Daft Punk réinvente le genre et déconcerte une bonne partie de la scène dance. L'album ne peut être que l'œuvre de deux jeunes garçons précoces qui, comme le titre l'indique, ont fait leurs devoirs. « C'est simple, lorsqu'on est adolescent, c'est naturel », explique Guy-Manuel de

Homem-Christo, âgé alors de 20 ans. « Tous les adolescents cherchent une forme de musique vivante, la plus énergique possible, et le rock'n'roll n'incarne plus cela. La dance music est bien plus jeune et moderne. »
Après avoir flirté avec le rock indé dans le groupe Darlin, Guy-Man et son partenaire charismatique Thomas Bangalter abordent la dance music d'une manière typiquement française. En 1995, ils connaissent un succès remarquable avec *Da Funk*, qui doit beaucoup à George Clinton et à Paul Oakenfold. Le single suivant, *Around the world*, moins énergique mais efficace, mêle les influences les plus hétéroclites (Kool and the Gang, Zapp, Buggles) dans un seul morceau. C'est du bricolage pour les clubs, flambant neuf et pourtant extrêmement rétro.
Homework fait le lien entre des styles club établis et l'éclectisme bourgeonnant du big beat. Il prouve à de nombreux adeptes du clubbing que la dance music ne saurait se réduire aux pilules d'ecstasy et aux claviers préenregistrés. **ARa**

▶II Liste des titres

	01 **Daftendirekt** (Bangalter•Homem-Christo)	2:44
	02 **WDPK 83.7 FM** (Bangalter•Homem-Christo)	0:28
▶	03 **Revolution 909** (Bangalter•Homem-Christo)	5:26
▶	04 **Da Funk** (Bangalter•Homem-Christo)	5:28
	05 **Phoenix** (Bangalter•Homem-Christo)	4:55
	06 **Fresh** (Bangalter•Homem-Christo)	4:03
▶	07 **Around The World** (Bangalter•Homem-Christo)	7:07
▶	08 **Rollin' & Scratchin'** (Bangalter•Homem-Christo)	7:26
▶	09 **Teachers** (Bangalter•Homem-Christo)	2:52
	10 **High Fidelity** (Bangalter•Homem-Christo)	6:00
	11 **Rock'N'Roll** (Bangalter•Homem-Christo)	7:32
	12 **Oh Yeah** (Bangalter•Homem-Christo)	2:00
▶	13 **Burnin'** (Bangalter•Homem-Christo)	6:53
	14 **Indo Silver Club** (Bangalter•Homem-Christo)	4:32
	15 **Alive** (Bangalter•Homem-Christo)	5:15
	16 **Funk Ad** (Bangalter•Homem-Christo)	0:50

Robbie Williams
Life thru a lens (1997)

Label | Chrysalis
Production | Guy Chambers • Steve Power
Direction artistique | Mat Cook
Pays | Royaume-Uni
Durée | 41:44

Life thru a lens est au moins la preuve qu'il ne faut jamais tourner le dos à un animal blessé. Alors que beaucoup pensent que Robbie Williams est fini, attribuant ses premiers succès solo aux logiques du marché, son premier album surgit des cendres et le transforme en l'une des plus grandes stars pop britanniques de sa génération.
Au Royaume-Uni, les premiers singles *Lazy Days* et *South of the border* atteignent le Top 20, mais c'est indéniablement *Angels* qui met le monde aux pieds de l'ancien « fat dancer » (d'après Noel Gallagher) du boys band Take That.
Les bravades de Robbie Williams s'accordent pleinement avec sa power pop originale, qui mêle son talent naturel pour le music-hall à des paroles qui doivent beaucoup à l'humour britannique.
Mais l'album ne serait rien sans les solides arrangements de rock populaire réalisés par le complice de Robbie Williams, Guy Chambers, qui transforme ce premier album naïf en un chef-d'œuvre à part entière.
Let me entertain you revisite les refrains fédérateurs, les riffs en feux d'artifice et le côté théâtral du glam rock, et permet au chanteur de se maintenir à la 3e place du hit-parade britannique. Le contraste entre l'autobiographique *Ego a go go* et le sombre *One of God's better people* démontre que Robbie William est tiraillé entre la vie sous les projecteurs et ses racines prolétaires.
Rétrospectivement, la photo de pochette (qui illustre le cirque médiatique qui a

étouffé l'artiste) est ironique sans le savoir. En effet, c'est cet album qui propulse le chanteur dans la stratosphère, multipliant par mille l'attention des médias à son égard. **ARo**

▶II Liste des titres

01 **Lazy Days** (Chambers•Williams) 3:53
▶ 02 **Life Thru A Lens** (Chambers•Williams) 3:08
03 **Ego A Go Go** (Chambers•Williams) 3:32
▶ 04 **Angels** (Chambers•Williams) 4:24
05 **South Of The Border** (Chambers•Williams) 3:53
▶ 06 **Old Before I Die** (Bazilian•Child•Williams) 3:54
07 **One Of God's Better People** (Chambers •Williams) 3:33
▶ 08 **Let Me Entertain You** (Chambers•Williams) 4:21
09 **Killing Me** (Chambers•Williams) 3:56
10 **Clean** (Cook•Genn•Hawley•Slattery•Williams) 3:54
11 **Baby Girl Window** (Chambers•Williams) 3:16

Mariah Carey
Butterfly (1997)

Label I Columbia
Production I Divers
Direction artistique I Christopher Austopchuk
Pays I États-Unis
Durée I 57:12

En 1997, l'album le plus triste en tête des classements est sans conteste *OK Computer*. Celui-ci vient juste derrière.
Mariah Carey a envisagé *Butterfly* comme un disque maison. Il ne reste de cette idée que *Fly Away*, morceau dirigé par David Morales et basé sur *Skyline Pigeon* d'Elton John. Au lieu de cela, le disque est une oraison à l'échec de son mariage avec le patron de Sony, Tommy Mottola.
Le tube *Honey* n'est pas représentatif, mais renseigne néanmoins sur le changement. Produit par Puff Daddy et basé sur la basse de Body Rock des Treacherous Three, il monte un échelon dans le domaine du hip-hop (elle a déjà travaillé avec Ol' Dirty Bastard sur *Fantasy* en 1995).
Le rap pèse lourd dans *Butterfly*. *The Roof*, titre favori de Mariah Carey, s'appuie sur *Shook Ones* de Mobb Deep. *Breakdown*, dont le hardcore choral est l'œuvre de Bone Thugs-N-Harmony, s'avère prophétique, puisque Mariah Carey connaît un épisode similaire en 2001.
Parmi les ballades, le latino *My All* est le plus gros succès, mais pas le plus convaincant. *Close my eyes* semble flirter avec le suicide. *Outside* parle d'« être multiracial et avoir l'impression de venir d'une autre planète ». Puis il y a l'interprétation en compagnie de Dru Hill de sa « chanson préférée de Prince », le torturé *Beautiful Ones* issu de *Purple Rain* (« le plus proche de moi à ce stade de ma vie »).
L'album renferme des moments plus intimes, comme *Babydoll*, co-écrit avec Missy Elliott, et l'évocateur *Fourth of July*. Tout au long de l'album, Mariah Carey réfrène sa technique de chant excessive qui en agace plus d'un.
Le résultat est un album où, à l'instar de la photo de couverture de Michael Thompson, l'amertume devient beauté, et la morosité se transforme en or. **BM**

▶II Liste des titres

▶ 01 **Honey** (Carey•Combs•Fareed•Hague•Jordan Larkins•McLaren•Price•Robinson) 5:01
▶ 02 **Butterfly** (Afanasieff•Carey) 4:35
03 **My All** (Afanasieff•Carey) 3:52
04 **The Roof** (Barnes•Carey•Johnson•Muchita Olivier•Rooney) 5:14
05 **Fourth Of July** (Afanasieff•Carey) 4:22
▶ 06 **Breakdown** (Carey•Henderson•Jordan •Scruggs) 4:44
07 **Babydoll** (Carey•Elliott•Jordan•Rooney) 5:07
08 **Close My Eyes** (Afanasieff•Carey) 4:21
09 **Whenever You Call** (Afanasieff•Carey) 4:21
10 **Fly Away (Butterfly Reprise)** (Carey•John•Morales•Taupin) 3:49
11 **The Beautiful Ones** (Prince) 6:59
12 **Outside** (Afanasieff•Carey) 4:47

Supergrass
In it for the money (1997)

Label | Parlophone
Production | John Cornfield • Supergrass
Direction artistique | Supergrass
Pays | Royaume-Uni
Durée | 43:11

Après l'ovation de la scène rave et l'adulation des médias pour leur premier album – *I should coco*, en 1995 –, l'album suivant, *In it for the money*, se devait d'être vraiment spécial. La conscience nonchalante – quelque peu cynique – que le trio avait des enjeux est signifiée par le titre pour le moins amusant de l'album : *We still need more* (« Il nous en faut toujours plus »). Mais ce sens de l'humour trahit le talent prometteur du groupe. Les titres proposés ici – dont quelques-uns seulement étaient écrits avant de se rendre au studio – sont bien plus complexes que ceux du premier album, et rendent hommage au talent musical du trio, alors en plein essor. Supergrass réussit à composer un album varié et texturé, ayant pour références le psychédélisme des Small Faces et des Kinks, et même les Beatles de l'époque *Magical Mystery Tour*. Les critiques doivent enfin reconnaître la substance du groupe. En même temps, ce dernier conserve la sensibilité pop qui avait assuré le succès de *I should coco*.

Le furieux et dynamique *Richard III* retentit à une vitesse folle de leur premier album, tandis que le sublime *Sun hits the sky* est habité par une guitare à pédale wah-wah radieuse. *Going out* est souligné par des sons d'orgues carnavalesques et turbulents, introduits par le grand frère de Gaz Coombes, Bob. Les chansons les plus subtiles et introspectives qui sont proposées, comme *Late in the day* – avec ses tons acoustiques chaleureux – et *It's not me* – dominé par l'harmonie – marquent un niveau de maturité croissant dans l'écriture. **KM**

Bob Dylan
Time out of mind (1997)

Label | Columbia
Production | Daniel Lanois
Direction artistique | Geoff Gans
Pays | États-Unis
Durée | 72:44

Pour son 41e album, Bob Dylan se rend aux studios Criteria de Miami et retrouve le producteur Daniel Lanois, qui a participé à l'album *Oh Mercy* en 1989. Les sessions d'enregistrement de ces vétérans produisent un son profondément enraciné dans le blues, mais dont la causticité est caractéristique de Bob Dylan.

Expérience davantage sonore que littéraire, *Time out of mind* est une affaire sérieuse, bien que non dépourvue d'humour. On y trouve des paysages spacieux et des textures dramatiques. Écoutez donc *Million Miles* : l'atmosphère est à couper au couteau.

L'album est porté par un Bob Dylan vaillant, charismatique et méditatif. Son célèbre gémissement nasal devient un grincement irrésistible. Les regrets amoureux nourrissent *Standing in the doorway* et *Love Sick*. Un semblant d'espoir éclaire *Make you feel my love*. *Dirt Road Blues* et *Cold Irons Bound* sont des titres folk métalliques et retentissants, tandis que *Trying to get to heaven* montre Bob Dylan à son meilleur, laconique comme jamais.

Not dark yet voit le vieux poète affronter son futur avec un sourire désabusé et, comme à son habitude, poser plus de questions qu'il ne donne de réponses. Mais sa philosophie profonde transparaît dans le dernier titre, *Highlands*, vaste miroir sonore tourné vers un monde dominé par le chaos et les mensonges, monologue sceptique qui clôt cet album sombre et stimulant.

Time out of mind montre un artiste qui se trouve à nouveau à la croisée des chemins : bougon mais vivant, spirituellement abîmé, mais encore sain d'esprit. **IJ**

Roni Size/Reprazent
New Forms (1997)

Label I Talkin' Loud
Production I Roni Size • Reprazent
Direction artistique I Intro
Pays I Royaume-Uni
Durée I 133:37

Les principaux membres de Roni Size/Reprazent travaillent ensemble depuis leur émergence sur la scène musicale de Bristol, au début des années 90. Les quatre DJ et producteurs sortent une succession de singles sous le label désormais légendaire V Recordings et sous celui Full Cycle. Reprazent évolue ensuite de manière radicale, lorsque le chanteur Onallee et un jeune MC appelé Dynamite rejoingnent le sérail. Leur son allie avec brio saveurs musicales contemporaines de Bristol, reggae, dub, break, blues, hip-hop et jungle.

Le révolutionnaire *New Forms* (signé par Gilles Peterson pour *Talkin' Loud*) sort après la découverte de Roni Size. Il contient quelques-uns des morceaux les plus reconnaissables du genre, dont les tubes *Watching windows*, *Heroes* et *Share the fall*, qui profitent de la voix chaude et sensuelle de Onallee. L'album compte d'autres prodiges, comme la chanson-titre brûlante *Railing*, dans laquelle MC Dynamite met en valeur son incroyable talent vocal, et *Brown Paper Bag*, hymne épique de drum'n bass avec un superbe solo de guitare et une ligne de basse angoissante, ponctuée par les gémissements passionnés de Onallee. De nombreux titres durent plus de cinq minutes, mais grâce aux variations de rythmes talentueuses orchestrées par Roni Size, le niveau ne faiblit jamais.

Gagner le prix britannique Mercury a permis à Roni Size et à la drum'n bass d'accéder aux feux de la rampe et de se faire connaître du grand public. La drum'n bass a par la suite muté en plusieurs sous-genres, mais la complexité musicale de ce premier album l'a consacrée. **PN**

Elliott Smith
Either/Or (1997)

Label I Kill Rock Stars
Production I Elliott Smith
Direction artistique I Neil Gust • Debbie Pastor
Pays I États-Unis
Durée I 36:52

Parmi les auteurs-compositeurs-interprètes modernes, peu égalent Elliott Smith en terme d'intimisme. Les techniques maison d'enregistrement lo-fi de ses précédents albums, sa voix fragile et son jeu de guitare délicat, enragé et tendre, ainsi que des paroles souvent osées font pénétrer peu à peu l'auditeur dans le monde de l'artiste.

Either/Or est le troisième album solo d'Elliott Smith et peut-être son travail le plus abouti. Enregistré sur une période de presque douze mois, dans plusieurs endroits, il tire son titre d'un traité du philosophe danois Søren Kierkegaard. Sa production est le fruit d'un processus déchirant : « J'avais enregistré trente chansons pour l'album, et aucune ne me plaisait », explique Smith à *Rocket*, dans une interview de 1997. Plusieurs d'entre elles ont été utilisées par la suite pour la bande originale de Will Hunting, réalisé par Gus Van Sant, qu'Elliott Smith avait rencontré lorsqu'il vivait à Portland. Le battage médiatique dont il est l'objet suscite à nouveau l'intérêt que le public portait à *Either/Or*.

Ballad of big nothing est un hymne à la liberté, *Between the bars*, une ode à la bouteille de whisky, *Pictures of me*, un instantané sur les rapports destructeurs, qui présente le photographe comme une image persistante d'Elliott Smith. *No name No 5* a été enregistré avec un accord ouvert, que Smith a ensuite oublié. Mais c'est avec les deux dernières chansons que l'album révèle sa véritable puissance : *2.45 AM*, qui relate les angoisses des heures nocturnes d'une façon douloureusement magnifique, et *Say yes*, merveilleusement optimiste. **MBI**

The Verve
Urban Hymns (1997)

Label | Hut
Production | Chris Potter • The Verve • Youth
Direction artistique | Brian Cannon
Pays | Royaume-Uni
Durée | 75:43

Urban Hymns est réalisé dans un contexte d'attente fiévreuse. Après une séparation en 1995, le chanteur Richard Ashcroft reforme le groupe avec le guitariste-claviériste Simon Tong. Il leur manque encore les tourbillons emblématiques du guitariste Nick McCabe. Ashcroft le convainc de les rejoindre, même si les mauvaises langues ne peuvent s'empêcher de remarquer qu'il regarde dans la direction opposée sur la pochette de l'album.
S'ensuit une période d'enregistrement acharnée dans les studios londoniens d'Olympic (fréquentés par Hendrix et les Stones). *Urban Hymns* débute avec l'élégiaque *Bittersweet Symphony,* qui assure la place de The Verve dans l'histoire du rock britannique. Lorsque les percussions entrent en scène, l'atmosphère transcendantale est manifeste dans les paroles visionnaires d'Ashcroft (« Parce que je suis une personne un million de fois différente d'un jour à l'autre »). L'orchestration est samplée à partir de la version d'Andrew Loog Oldham de *The Last Time* des Rolling Stones. Malheureusement pour le groupe, l'ancien manager des Stones, Allen Klein, détient les droits de cette chanson et reçoit toutes les royalties.
Sonnet et *Lucky Man*, typiques de l'écriture d'Ashcroft, sont saturés d'émotion brute. Les titres en collaboration sont incandescents, notamment la longue session planante *Come on* et l'onirique *Catching the butterfly*, construit sur un sifflement de McCabe modulé avec une pédale d'effets. Enfin, le single *The Drugs don't work*, tube au Royaume-Uni, est une ode poignante au père décédé d'Ashcroft. *Urban Hymns* révèle un esprit pionnier qui défie les restrictions auxquelles doivent se conformer les groupes à guitare du Royaume-Uni dans les années 1990. **AMa**

▶II Liste des titres

▶	01 **Bittersweet Symphony** (Ashcroft•Jagger •Oldham•Richards)	5:50
	02 **Sonnet** (Ashcroft)	4:21
▶	03 **The Rolling People** (Ashcroft)	7:01
▶	04 **The Drugs Don't Work** (Ashcroft)	5:05
	05 **Catching The Butterfly** (Ashcroft•Jones •McCabe•Tong•Salisbury)	6:26
	06 **Neon Wilderness** (Ashcroft•Jones•McCabe •Tong•Salisbury)	2:37
▶	07 **Space And Time** (Ashcroft)	5:36
	08 **Weeping Willow** (Ashcroft)	4:49
▶	09 **Lucky Man** (Ashcroft)	4:53
	10 **One Day** (Ashcroft)	5:03
▶	11 **This Time** (Ashcroft)	3:50
	12 **Velvet Morning** (Ashcroft)	4:57
	13 **Come On** (Ashcroft•Jones•McCabe•Tong •Salisbury)	15:15

Spiritualized
Ladies and Gentlemen, we are floating in space (1997)

Label | Dedicated
Production | Jason Pierce
Direction artistique | Mark Farrow Design • Jason Pierce
Pays | Royaume-Uni
Durée | 69:54

« Un comprimé, par voie auditive uniquement. Écouter une à deux fois

par jour », peut-on lire sur la pochette. Le disque est emballé dans une pochette en plastique, et le texte ressemble à une notice de médicaments. La devise du groupe précédent de Jason Pierce, Spacemen 3, était : « Prendre de la drogue pour faire de la musique pour prendre de la drogue. » Ici, la promesse devient réalité.
Est-ce vrai ? Dans les interviews, Jason Pierce se montre réservé, refuse de commenter sa consommation de drogue et préfère laisser la musique parler d'elle-même. L'ironie est qu'avec son timbre vocal inexpressif, l'ambiguïté maîtrisée et la force impassible qui sous-tend sa musique permettent aux auditeurs de s'approprier la perspective du narrateur et d'inventer leur propre sens. Débutant avec la valse onirique de la chanson-titre, *Ladies and Gentlemen…* traverse une grande variété de styles. *Come together* est un titre heavy metal aux accents de gospel. *I think I'm in love* est l'étonnante complainte d'un individu alité, présentant des symptômes qui annoncent soit le grand amour, soit une mort imminente. Une euphorie élégiaque déferle par vagues (*Stay with me*, *Home of the brave*, *Broken Heart*), parsemée de bruit blanc (*All of my thoughts*), et de punk brutal (*Electricity*), atteignant son apogée dans le vaudou junkie de *Cop Shoot Cop*.
De nombreux critiques affirment que c'est l'album de la décennie, mais après une année sur la route, et des concerts phare à Glastonbury et à la tour du CN de Toronto, Spiritualized est encore plus puissant sur scène. Jason Pierce décide alors de dissoudre le groupe. **DH**

▸II Liste des titres

▶	01 Ladies And Gentlemen We Are Floating In Space (Pierce)	3:40
▶	02 Come Together (Pierce)	4:40
	03 I Think I'm In Love (Pierce)	8:09
	04 All Of My Thoughts (Pierce)	4:36
	05 Stay With Me (Pierce)	5:08
	06 Electricity (Pierce)	3:46
▶	07 Home Of The Brave (Pierce)	2:22
	08 The Individual (Pierce)	4:15
▶	09 Broken Heart (Pierce)	6:38
	10 No God Only Religion (Pierce)	4:21
	11 Cool Waves (Pierce)	5:06
▶	12 Cop Shoot Cop (Pierce)	17:13

System of a Down
System of a Down (1998)

Label I American
Production I Rick Rubin • System Of A Down
Direction artistique I Frank Harkins • System Of A Down
Pays I États-Unis
Durée I 40:36

Avant la formation de System of a Down, tous les membres – le chanteur Serj Tankian, le guitariste Daron Malakian, le bassiste Shavo Odadjian et le batteur John Dolmayan – ont déjà joué dans des groupes. Mais lorsque le quatuor est happé par le label American Records, les attentes sont énormes.
Ce premier album combine metal, blues, thrash, hardcore, rap et rock avec des éléments de musique orientale traditionnelle, et bénéficie de paroles politiquement engagées et d'un sens de l'humour rafraîchissant. Ajoutez-y des changements de tempo (*Mind*), des passages jazzy (le single *Sugar*), une maestria musicale fulgurante et un chanteur capable de passer en un clin d'œil des murmures mélodiques aux tornades death-metal (*Spiders*), et vous comprendrez que le groupe a tous les atouts en main.
Les membres du groupe ont grandi aux États-Unis en fréquentant les écoles arméniennes, et gardent des liens avec le patrimoine ethnique de leurs familles. Cela se sent dans leur musique, et dans la nature sociopolitique de leurs paroles, comme en témoigne le fougueux *P.L.U.C.K. (Politically Lying, Unholy, Cowardly Killers)*, sur lequel Serj crie l'injustice du génocide perpétré contre le peuple arménien par le gouver-

nement turc en 1915. Ailleurs, une saveur orientale hante les riffs de *War ?* et *Peephole*. *System of a down* plaît aux fans de hard-rock lassés du punk moderne et du nu-metal. Le groupe affirme ses opinions politiques et ouvre une brèche dans l'industrie musicale, jusqu'à devenir plusieurs fois disque de platine avec son second album, *Toxicity*. **LJ**

▶II Liste des titres

	01 **Suite-Pee** (Malakian•Tankian)	2:32
	02 **Know** (Malakian•Odadjian•Tankian)	2:56
▶	03 **Sugar** (Malakian•Odadjian•Tankian)	2:33
	04 **Suggestions** (Malakian•Tankian)	2:44
▶	05 **Spiders** (Malakian•Tankian)	3:35
	06 **Ddevil** (Malakian•Odadjian•Tankian)	1:43
	07 **Soil** (Malakian•Tankian)	3:25
▶	08 **War ?** (Malakian•Tankian)	2:40
	09 **Mind** (Malakian•Odadjian•Tankian)	6:16
	10 **Peephole** (Malakian•Tankian)	4:04
	11 **CUBErt** (Malakian•Tankian)	1:49
	12 **Darts** (Malakian•Tankian)	2:42
▶	13 **P.L.U.C.K. (Politically Lying, Unholy, Cowardly Killers)** (Malakian•Tankian)	3:37

Bob Dylan
Live 1966 (1998)

Label | Columbia
Production | Jeff Rosen
Direction artistique | Barry Feinstein
Pays | États-Unis
Durée | 95:19

Lors de sa tournée de 1965-1966, Bob Dylan ouvre ses concerts par une série d'hymnes folk acoustiques, suivis d'une série de rocks électriques. Les réactions sont partagées. Les puristes se sentent trahis par le changement de direction de leur héros, et sont trop irrités pour comprendre qu'ils sont en train d'assister à la naissance du folk rock.

Lorsque Bob Dylan arrive à Manchester le 16 mai 1966, lui et ses disciples sont prêts pour la révolution. Les fans accueillent la seconde série de Bob Dylan de huées et de sifflements. Le plus pénible à admettre pour eux est peut-être le fait que les chansons qui s'échappent des murs du Free Trade Hall sont, en réalité, les premiers morceaux préférés de Bob Dylan transformés en joyeuses virées avec l'aide des Hawks, un groupe d'accompagnement issu de la classe ouvrière, qui deviendra The Band. Bob Dylan redonne vie de façon époustouflante aux interprétations enflammées de *I don't believe you* et *One too many mornings* – étayées par la basse vibrante de Rick Danko et la guitare torride de Robbie Robertson – et en crache les paroles comme des flèches empoisonnées.

La majeure partie de cet album électrique est composée de chansons de rupture, qu'il adressait à ceux qui anticipaient sa seconde naissance. Après le poignant *Ballad of a thin man*, il se fait huer par la foule et traiter de « Judas ! ». Bob Dylan leur répond alors : « Menteurs ! », avant de se tourner vers les Hawks et de leur ordonner de jouer le puissant final *Like a rolling stone*. Dylan regarde vers l'obscurité et crie : « Comment est-ce qu'on se sent quand on est seeeeuul ? » **MO**

Manu Chao
Clandestino (1998)

Label | Virgin
Production | Renaud Letang • Manu Chao
Direction artistique | Manu Chao • F. Loriou
Pays | France
Durée | 45:47

Après la dissolution de son groupe ethno-punk la Mano Negra au milieu des années 90, Manu Chao embarque pour une excursion en Amérique latine, armé de sa guitare, d'un huit-pistes portatif et d'une curiosité musicale sans limites. Accumulant les samples radiophoniques des guérilleros et un arsenal de nouvelles influences, le Parisien enregistre une col-

lection de cartes postales musicales touchantes composant son premier album solo, *Clandestino*.
Alors que la Mano se perdait parfois dans ses voyages exubérants entre punk, ska et salsa, *Clandestino* mêle de façon homogène la sensibilité latino de Manu Chao et ses incursions subtiles dans le reggae, le rap et la techno, chaque chanson composant une page du carnet de voyage. Chantant et rappant en français, anglais, espagnol et portugais, le troubadour parle des douleurs de la vie sur la route dans des ballades acoustiques obsédantes, comme *El Viento* et *La Vie*. Sur la course électro-salsa *Luna y Sol*, il se demande avec amertume si le monde entier n'est pas un mensonge. Il n'a toutefois pas perdu son sens de l'humour (*Bongo Bong* revisite un boogie de la Mano Negra avec des rythmes effrontés), ni son militantisme politique. Des discours du sous-commandant Marcos sont samplés dans tout l'album et Manu Chao (« El Desaparecido » pour les intimes) exprime dans plusieurs chansons sa compassion pour les peuples opprimés. C'est le cas de *Por El Suelo* dans une veine dub et de la chanson-titre, un conte politique sur les immigrés clandestins perdus dans « Babylone ». **MW**

Billy Bragg And Wilco
Mermaid Avenue (1998)

Label | Elektra
Production | Billy Bragg • Grant Showbiz • Wilco
Direction artistique | Alli • Billy Bragg • Nora Guthrie
Pays | Royaume-Uni • États-Unis
Durée | 50:08

En 1992, au festival Summerstage de New York, le rockeur folk britannique Billy Bragg, artiste engagé, donne un concert en hommage à l'anniversaire de Woodie Guthrie. Au milieu du public envoûté se trouve Nora Guthrie, la fille de Woodie, qui prend conscience que Bragg peut mettre en musique certains des nombreux textes de son père. En 1995, Billy Bragg accepte de relever le défi. Puis il consulte les écrasantes archives de l'artiste et s'aperçoit qu'il ne peut faire honneur seul aux chansons. Deux ans plus tard, il fait appel au talent musical du groupe américain de country alternative Wilco.
L'album *Mermaid Avenue* doit son nom et sa pochette à la rue de Coney Island, à Brooklyn, où Woodie Guthrie avait vécu pendant la seconde guerre mondiale. D'abord enregistré à Chicago puis à Dublin, l'album présente un son brut et truculent, qui rappelle les débuts du bluegrass et le folk rock. C'est une révélation pour Bragg et Wilco, qui leur vaut d'être classés dans *Rolling Stone* en tant qu'« album essentiel des années quatre-vingt-dix ».
Walt Whitman's niece est captivant, avec ses voix joyeuses, tandis que *Way over yonder in the minor key* (ballade folk avec les chœurs angéliques de Natalie Merchant) permet à Bragg de prétendre que « Personne ne sait chanter comme [lui] ». Billy Bragg néglige sa chanson *California star*, mais l'évocation relaxante des ciels étoilés par Jeff Tweedy de Wilco réchauffe le cœur. *Hoodoo voodoo* est un conte d'enfants excentrique, qui prend vie avec Wilco ; *Ingrid Bergman* dévoile l'amour secret de Woodie Guthrie pour la star de cinéma suédoise. **KT**

Turbonegro
Apocalypse Dudes (1998)

Label | Bitzcore
Production | Pal Klaastad
Direction artistique | Dimitri From Oslo
Pays | Norvège
Durée | 47:29

En se débarrassant de l'atmosphère « punk-à-chien » brute de *Ass cobra*

(1996), les gays les plus impertinents de Norvège donnent ici naissance au rock'n'roll le plus rigoureux et majestueux. Ils y épousent le véritable esprit du rock : caractère sordide, transgression des genres, grogne et orgueil. Ce qui sépare ces types en jean des poseurs de glam metal est leur propension à secouer la baraque par une multitude de riffs death-punk titanesques. L'ensemble est rehaussé par des tambourins, du piano et des congas et des solos de guitare quasi ininterrompus de Euroboy. Comme l'anglais est la seconde langue du groupe, le chanteur Hank Von Helvete manie de façon étonnamment intelligente le répertoire du rock, et chante sur tout l'album avec un mépris affecté.
L'adoption pour la pochette du logo de l'Armée de Libération Symbionaise (organisation terroriste américaine d'extrême gauche) ajoute la dose idéale d'absurdité comique à l'image des bas-fonds de Turbonegro. Les sous-entendus homoérotiques du rock'n'roll sont fièrement exposés dans des morceaux comme *Rendez-vous with anus* et *Prince of the rodeo*. En tant que stars du rock préférées des rock stars elles-mêmes, ils sortent un album d'hommage avec la participation de leurs admirateurs : The Supersuckers, Queens Of The Stone Age, Therapy ?, The Dwarves et Zeke. Lors de la sortie d'*Apocalypse Dudes*, le porte-parole des Dead Kennedys, Jello Biafra, déclare même que c'est « peut-être le plus important disque européen jamais sorti ». C'est en tout cas le groupe qui comprend le mieux le sens du rock'n'roll. **AT**

Fatboy Slim
You've come a long way, baby (1998)

Label | Skint
Production | Fatboy Slim
Direction artistique | Red Design • Simon Thornton
Pays | Royaume-Uni
Durée | 61:37

Norman Cook n'est pas le premier DJ de chambre à coucher, ni le plus compétent. Mais sa sélection judicieuse de mélodies et de rythmes savoureux en font le chevalier de la résurgence du mouvement club à l'aube du XXIe siècle.
Malgré les succès connus avec les Housemartins, Beats International et Freak Power, Fatboy Slim est le groupe que Norman Cook semble préférer – rien que lui, un peu de technologie bon marché et sa collection de disques. L'influence des Chemical Brothers est décisive pour cet album : leur travail et leur amitié l'incitent à imiter les rythmes de ces derniers et à les inclure à son travail.
You've come a long way, baby est une véritable explosion de gaieté, toujours excessivement immature. Sur *Fucking in heaven*, il emploie le mot « fuck » plus de cent fois, et *Acid 8000* est un hommage affectueux au son caractéristique du Roland 303. *Right here, right now* est un parfait titre d'ouverture : des cordes enflent avant le lancement d'une batterie colossale. La perspective historique de Norman Cook lui permet d'utiliser ses samples de manière intelligente : *Take yo' praise* de Camille Yarborough, *Fried Tomatoes* des Chambers Brothers et *Ashes, The Rain & I* de The James Gang se distinguent particulièrement.
Il en résulte une combinaison vraiment irrésistible. L'album est plusieurs fois disque de platine et à l'origine de quatre tubes.

C'est aussi le disque emblématique du « big beat », un travail peu soigné nourri à la bière qui offre un contrepoint à la scène house définitivement droguée. Grâce à ses samples à la fois humoristiques et émouvants, Fatboy Slim est devenu une sorte de poète de l'inexprimable, à la croisée entre la culture de la boisson et celle de l'ecstasy. **DE**

▶II Liste des titres

▶	01 **Right Here, Right Now** (Cook•Peters•Walsh)	6:27
▶	02 **The Rockerfeller Skank** (Barry•Cook•Terry)	6:27
	03 **Fucking In Heaven** (Cook)	3:55
	04 **Gangster Tripping** (Cook•Davis•Dust•Junkys)	5:20
	05 **Build It Up – Tear It Down** (Cook)	5:05
	06 **Kalifornia** (Cook•Mr Natural)	5:54
	07 **Soul Surfing** (Cook•Nelson•Smith)	4:57
▶	08 **You're Not From Brighton** (Cook)	5:21
▶	09 **Praise You** (Cook•Yarborough)	5:24
	10 **Love Island** (Cook)	5:19
▶	11 **Acid 8000** (Cook)	7:28

David Gray
White Ladder (1998)

Label | EastWest
Production | David Gray • McClune • Iestyn Polson
Direction artistique | Charles Cowen • Yami Matote
Pays | Royaume-Uni
Durée | 50:34

Avec *White Ladder*, David Gray joue le tout pour le tout. Sa carrière musicale prometteuse est en train de lui glisser entre les doigts après quelques flirts rapides avec le grand public. Grâce au succès de l'album, David Gray passe du statut de chanteur et auteur-compositeur culte à celui de star internationale.

Les critiques qui lui reprochent sa médiocrité s'en prennent rapidement à la simplicité de cet album. Ce qui n'empêche pas le disque de se vendre à plus de deux millions d'exemplaires au Royaume-Uni, et de devenir l'album le plus vendu en Irlande. Alors que l'industrie de la musique britannique est encore en train de panser ses plaies après l'infiltration manquée de l'artillerie lourde de Blur et Oasis en Amérique, *White Ladder* parvient à se vendre à deux millions d'exemplaires aux États-Unis, sans faire aucun tapage ni scandale. Les titres phares *Babylon* et *This year's love* sont des chansons acoustiques pleines d'honnêteté sur l'amour au quotidien et les ruptures. L'écriture solide (l'influence de Bob Dylan est évidente, dans la composition comme dans le style vocal) et l'apport du multi-instrumentiste « Clune » McClune et du grand manitou des studios Iestyn Polson sur l'ardent *Please forgive me* assurent le reste de *White Ladder* de vous briser le cœur tout en vous forçant à sourire et à bouger.

La chanson de clôture *Say hello wave goodbye*, reprise du classique de Soft Cell, est probablement destinée à remercier ceux qui sont restés aux côtés de David Gray. Mais sa magnifique réalisation, avec ses cordes chaleureuses et son timbre digne, vaut à David Gray une nouvelle armée de fans, qui remet les pendules à l'heure. **ARo**

▶II Liste des titres

▶	01 **Please Forgive Me** (Gray)	5:35
▶	02 **Babylon** (Gray)	4:25
	03 **My Oh My** (Gray•McClune)	4:37
	04 **We're Not Right** (Gray•McClune•Polson)	3:03
	05 **Nightblindness** (Gray)	4:23
	06 **Silver Lining** (Gray)	5:59
	07 **White Ladder** (Gray•McClune•Polson)	4:14
▶	08 **This Year's Love** (Gray)	4:05
	09 **Sail Away** (Gray)	5:15
▶	10 **Say Hello Wave Goodbye** (Almond•Ball)	8:58

Lucinda Williams
Car Wheels on a gravel road
(1998)

Label | Mercury
Production | Roy Bittan • The Twangtrust • Lucinda Williams
Direction artistique | Margery Greenspan
Pays | États-Unis
Durée | 51:42

Lucinda Williams est l'une des rares interprètes contemporaines à ne pas faire de compromis. Il suffit d'écouter *Car Wheels on a gravel road* pour découvrir un travail de composition et de production parmi les meilleurs de ces dix dernières années. La date de publication le met également en évidence : *Car Wheels* sort en 1998, six ans après son précédent album *Sweet Old World*.

Tout ça pour dire que Lucinda Williams prend son temps, et que le résultat s'en ressent. *Car Wheels on a gravel road* est un de ces albums qui se dévoilent après des écoutes répétées, et réservent toujours des surprises. On remarque d'abord la voix de la chanteuse, mélancolique et provocante. Il y a aussi les arrangements remarquables, dans une variété de styles très américains, du blues sexy (*Joy*) à la country triste (*Concrete and Barbed Wire*) en passant par la power-pop pure (*I lost it, right in time*).

Les histoires que Lucinda Williams raconte sont très provocantes. Pour citer un seul exemple, *2 Kool 2 Be 4-Gotten* ressemble, au premier abord, à une série d'images désordonnées d'une taverne, et ce n'est que dans les derniers couplets que Lucinda Williams raconte le moment de perte qui l'a conduite à cet endroit.

Le sentiment de perte inonde d'ailleurs l'album, dont les crédits ressemblent à un Who's who d'auteurs-compositeurs américains d'envergure – Steve Earle, Jim Lauderdale, Buddy Miller. On aimerait que Lucinda Williams travaille plus vite, mais d'un autre côté, le résultat est si envoûtant que l'on ne peut que souhaiter qu'elle ne se hâte pas trop. **KB**

▶II Liste des titres

01 Right In Time (Williams)	4:36
▶ 02 Car Wheels On A Gravel Road (Williams)	4:44
▶ 03 2 Kool 2 Be 4-Gotten (Williams)	4:42
▶ 04 Drunken Angel (Williams)	3:20
▶ 05 Concrete And Barbed Wire (Williams)	3:08
06 Lake Charles (Williams)	5:28
07 Can't Let Go (Weeks)	3:28
▶ 08 I Lost It (Williams)	3:31
▶ 09 Metal Firecracker (Williams)	3:30
10 Greenville (Williams)	3:23
11 Still I Long For Your Kiss (Jarvis•Williams)	4:09
12 Joy (Williams)	4:01
13 Jackson (Williams)	3:42

Pulp
This is hardcore (1998)

Label | Island
Production | Chris Thomas
Direction artistique | John Currin
Pays | Royaume-Uni
Durée | 69:48

En 1997, la fête de la britpop tourne au vinaigre, et Pulp fait la chronique de cette déchéance. Ceux qui s'attendent à un exemple de plus de l'observation amusée typique du groupe sont très surpris en écoutant *This is hardcore*. Si le single étrangement dépressif *Help the aged* qui précède l'album n'a pas sonné l'alarme, le message et l'humeur de l'opprimant titre d'ouverture gothique-pop, *The Fear*, sont immanquables : « C'est le son de quelqu'un qui perd l'objectif de vue / Qui fait semblant d'aller bien alors que ce n'est pas vrai / Vous allez aimer ça, mais pas beaucoup », prévient Cocker. Et il ne plaisante pas.

À l'époque, Pulp subit une overdose de gloire. Avec un dégoût détaché, *Party Hard* fait allusion aux excès que favorise cette atmosphère.

This is hardcore est une œuvre dérangeante (que seul *In Utero* de Nirvana a égalée), depuis le motif de la célébrité en tant qu'acteur porno de la chanson-titre au pessimisme harcelant de la dernière chanson, qui détonne brutalement avec l'humeur résolument joyeuse de la Grande-Bretagne de Blair. L'album est également le plus accompli de Pulp sur le plan musical : *Seductive Barry* déroule sa menace avec une implacabilité fascinante, et *Party Hard* est un morceau funk sérieusement perturbé.

Bien qu'il atteigne la première place, l'album se renouvelle par rapport à son prédécesseur, *Different Class*, qui est probablement exactement ce dont Pulp rêvait et avait besoin. Toutefois, sa pochette déclenche une légère fureur, et le groupe est accusé d'exploitation pornographique. Écoutez-le juste après *Different Class* et vous saurez ce qu'il peut en coûter d'obtenir ce qu'on veut, quand on veut et avec qui on veut. **PW**

▶II Liste des titres

- ▶ 01 **The Fear** (Banks•Cocker•Doyle•Mackey•Webber) 5:35
- 02 **Dishes** (Banks•Cocker•Doyle•Mackey•Webber) 3:30
- ▶ 03 **Party Hard** (Banks•Cocker•Doyle•Mackey•Webber) 4:00
- 04 **Help The Aged** (Banks•Cocker•Doyle•Mackey•Webber) 4:28
- ▶ 05 **This Is Hardcore** (Banks•Cocker•Doyle•Mackey•Thomas•Webber) 6:25
- 06 **TV Movie** (Banks•Cocker•Doyle•Mackey•Webber) 3:25
- 07 **A Little Soul** (Banks•Cocker•Doyle•Mackey•Webber) 3:19
- 08 **I'm A Man** (Banks•Cocker•Doyle•Mackey•Webber) 4:59
- ▶ 09 **Seductive Barry** (Banks•Cocker•Doyle•Mackey•Webber) 8:31
- 10 **Sylvia** (Banks•Cocker•Doyle•Mackey•Webber) 5:44
- ▶ 11 **Glory Days** (Banks•Cocker•Doyle•Genn•Mackey•Webber) 4:55
- ▶ 12 **The Day After The Revolution** (Banks•Cocker•Doyle•Mackey•Webber) 14:57

Madonna

Ray of light (1998)

Label | Maverick
Production | Divers
Direction artistique | Kevin Reagan
Pays | États-Unis
Durée | 67:14

L'été de la naissance de Madonna (1958), le tube *Little Star* des Elegants est en tête du Billboard. Quarante ans plus tard, une chanson portant le même titre célèbre la fille de Madonna, *Lourdes*, clé de sa renaissance créatrice.

Elle commence à travailler en 1997 avec Babyface, sa collaboratrice sur l'album *Bedtime Stories* (1994). Mais elle se tourne ensuite vers l'auteur-compositeur Rick Nowels, le génie de la techno William Orbit et le producteur de *Like a prayer*, Pat Leonard.

L'album célèbre l'amour plus que la gloire, de façon explicite dans *Drowned World/Substitute for love*. La sérénité de Madonna découle à la fois de la naissance de Lourdes et de sa conversion à la Kabbale. D'où la suppression de l'excellent *Has to be*, Madonna insistant pour se limiter à treize titres, un chiffre porte-bonheur.

L'album pioche dans un large éventail de sources. Le morceau-titre dévastateur s'appuie sur l'obscur *Sepheryn* de Curtis & Muldoon. *Sky fits heaven* comprend des vers (non crédités) du poète Max Blagg. *Candy Perfume Girl* est co-écrit par l'ex-compagne de Prince, Susannah Melvoin. *Shanti/Ashtangi* est chanté en sanskrit. Et *Drowned World* réinvente *Why I follow the tigers* des San Sebastian Strings. « Il suit l'intrigue de *Tigers*, affirme l'auteur Rod McKuen, ce qui explique pourquoi Anita Kerr et moi sommes crédités comme co-auteurs de la chanson, et qu'il n'y a pas simplement la mention de sampling. »

La cohésion de cet ensemble disparate est assurée par le flux électronique de la production et la qualité de la voix de Madonna, améliorée par son travail sur *Evita* en 1996. L'album est toujours riche et agréable à écouter aujourd'hui. **BM**

▶II Liste des titres

	01 Drowned World/Substitute For Love (Collins•Kerr•Madonna•McKuen•Orbit)	5:08
	02 Swim (Madonna•Orbit)	5:00
▶	03 Ray Of Light (Curtis•Leach•Madonna •Muldoon•Orbit)	5:20
	04 Candy Perfume Girl (Madonna•Melvoin•Orbit)	4:36
	05 Skin (Leonard•Madonna)	6:21
	06 Nothing Really Matters (Leonard•Madonna)	4:58
	07 Sky Fits Heaven (Leonard•Madonna)	4:47
	08 Shanti/Ashtangi (Madonna•Orbit)	4:29
▶	09 Frozen (Leonard•Madonna)	6:12
▶	10 The Power Of Goodbye (Madonna•Nowels)	4:12
	11 To Have And Not To Hold (Madonna•Nowels)	5:22
	12 Little Star (Madonna•Nowels)	5:18
	13 Mer Girl (Madonna•Orbit)	5:31

Lauryn Hill
The Miseducation of Lauryn Hill (1998)

Label | Ruffhouse
Production | Lauryn Hill
Direction artistique | Erwin Gorostiza • Lauryn Hill
Pays | États-Unis
Durée | 77:39

En 1996, les Fugees deviennent des stars planétaires avec *The Score*, un disque au positivisme inentamable qui réinvente les règles du hip-hop. Mais ce n'est qu'un réglage pour ce qui suit : la figure féminine des Fugees quitte le nid et sort *The Miseducation of Lauryn Hill*, qui devient rapidement l'un des premiers albums les mieux vendus de l'histoire de la pop.
Tout ce qui concerne l'œuvre est frappant, à commencer par le graphisme de la pochette, qui montre le visage de Lauryn Hill gravé sur un bureau d'école. Le premier son est une cloche qui sonne, puis un professeur fait l'appel. Mais ce n'est pas, du moins au premier abord, une critique du système. Le message, tel qu'il est asséné à travers les paroles, est qu'une bonne éducation consiste à participer pleinement à la vie quotidienne.
Lauryn Hill, âgée de 23 ans seulement à la sortie de l'album, n'a certainement pas l'air de manquer d'instruction. Elle développe une tessiture vocale et une assurance indéniable à chaque étape de l'album, se promenant entre le hip-hop caractéristique des Fugees sur *Lost Ones* et la pop étincelante de *Doo Wop (That Thing)*. C'est une MC impressionnante, qui trouve sa voie entre hardcore et optimisme dans *Final Hour*. Elle rend hommage à ses influences old school dans le dynamique *Every Ghetto, Every City* et fait appel à l'aide de Mary J. Blige pour le purifiant *I used to love him*.
L'album est un succès. Il se vend à huit millions d'exemplaires et rapporte cinq Grammy Awards à Lauryn Hill, ce qui est alors un record pour une chanteuse féminine. **JiH**

▶II Liste des titres

	01 Intro (Hill)	0:47
	02 Lost Ones (Hill)	5:33
	03 Ex-Factor (Hill)	5:26
▶	04 To Zion (Hill)	6:09
▶	05 Doo Wop (That Thing) (Hill)	5:20
	06 Superstar (Hill•Newton•Poyser)	4:57
	07 Final Hour (Hill)	4:16
▶	08 When It Hurts So Bad (Hill)	5:42
▶	09 I Used To Love Him (Hill)	5:39
	10 Forgive Them Father (Hill)	5:15
▶	11 Every Ghetto, Every City (Hill)	5:14
	12 Nothing Even Matters (Hill)	5:50
▶	13 Everything Is Everything (Hill•Newton)	4:53
	14 The Miseducation Of Lauryn Hill (Hill•Newton)	4:17
	15 Can't Take My Eyes Off Of You (Crewe•Gaudio)	3:41
	16 Sweetest Thing (DeVorzon•Hill•Jean)	4:40

Hole
Celebrity Skin (1998)

Label | Geffen
Production | Michael Beinhorn
Dir. art. | Joe Mama-Nitzberg • Janet Wolsborn
Pays | Canada • États-Unis
Durée | 50:28

Lorsqu'elle meurt dans la baignoire, qui n'a pas versé une larme ? Courtney Love est fabuleuse dans *Larry Flynt*, un film qui démontre que ses années post-Cobain ne sont pas marquées uniquement par les coups et blessures.

L'héritage musical de son règne à Hollywood au milieu des années 90 est *Celebrity Skin*. Dès le bruit qui ouvre la chanson-titre, c'est une chevauchée tourbillonnante à travers un étrange univers post-grunge.

Tandis que les mots voguent entre ombre et lumière, la guitare d'Eric Erlandson grince et claque, la basse de Melissa Auf Der Maur gronde et la batterie de Patty Schemel est toujours fracassante. Au-dessus s'élève la voix de Courtney Love, rugissant là où elle avait l'habitude de hurler. Autre élément clé, la présence des co-auteurs Billy Corgan de The Smashing Pumpkins, Jordan Zarorozny de Blinker the Star et Charlotte Caffey des Go-Go's, ainsi que le producteur Michael Beinhorn.

Il y a aussi matière pour les amateurs de commérages : *Boys on the radio* parle de Jeff Buckley, Brian Wilson et Evan Dando des Lemonheads, *Awful* concerne Gavin Rossdale de Bush, la *Northern Star* est probablement Kurt Cobain, et *Playing your song* sied à Trent Reznor comme un gant gothique.

Mis à part ces futilités, *Celebrity Skin* est un chef-d'œuvre mélodique incompris. « J'ai été très déçue pour elle que les gens ne sachent pas apprécier ce disque », se plaint la muse de Courtney, Stevie Nicks. L'album franchit le même bond sonore par rapport à *Live through this* (1994) que ce classique l'avait fait à partir du massacrant *Pretty on the inside* (1991). Il complète ainsi la trilogie des œuvres réussies de Hole. **BM**

▶II Liste des titres

▶ 01 **Celebrity Skin** (Corgan•Erlandson•Love) 2:42
02 **Awful** (Auf Der Maur•Erlandson•Love •Schemel) 3:16
03 **Hit So Hard** (Corgan•Erlandson•Love) 4:01
▶ 04 **Malibu** (Corgan•Erlandson•Love) 3:50
▶ 05 **Reasons To Be Beautiful** (Auf Der Maur Caffey•Erlandson•Love•Zadorozny) 5:20
06 **Dying** (Corgan•Love) 3:45
07 **Use Once And Destroy** (Auf Der Maur •Erlandson•Love•Schemel) 5:04
08 **Northern Star** (Erlandson•Love) 4:58
09 **Boys On The Radio** (Auf Der Maur•Erlandson •Love) 5:10
10 **Heaven Tonight** (Erlandson•Love) 3:31
11 **Playing Your Song** (Auf Der Maur•Erlandson •Love) 3:21
12 **Petals** (Corgan•Erlandson•Love) 5:30

Mercury Rev
Deserter's Songs (1998)

Label | V2
Production | Jonathan Donahue • Dave Fridmann
Direction artistique | Kate Hyman • Kevin Salem
Pays | États-Unis
Durée | 44:35

On ne peut pas faire du rock psychédélique camé toute sa vie (à moins d'être Hawkwind). Au milieu des années 90, Mercury Rev s'enferme pour écrire des chansons à la hauteur de ses rêves et sort un chef-d'œuvre.

« Sa musique est désormais sinistre, s'enthousiasme *Q*, comme des Beach Boys expérimentaux ou *L'Étrange Noël de M. Jack* de Tim Burton. » Clairons, bugles, scies musicales et trombones suggèrent un jazz médiéval, mais sa musique s'apparente plus à un affrontement entre Neil Young et Pink Floyd. De fait, la voix de Jonathan Donahue évoque celle de Neil Young. Mercury Rev a également repris des chansons de ce dernier (*Vampire Blues*).

Aussi beau soit-il, le disque est né dans la douleur. Le groupe s'est séparé en 1995, et les paroles de Donahue sont nourries d'un sentiment de perte. Mais le résultat est enthousiasmant, notamment *Opus 40*, qui mêle la poésie de Donahue avec des citations de Springsteen et des Doors.

Opus 40 profite également de la participation de Levon Helm et de Garth Hudson de The Band. Mais même si *Deserter's Songs* prend racine dans les années 60, ce n'est pas un regard poussiéreux sur le passé. *Delta Sun Bottleneck Stomp* inclut même un clavier légèrement house, qui sera remixé par les Chemical Brothers. La conclusion est l'œuvre du Tettix Wave Accumulator (un bien grand nom pour une série d'oscillateurs) du guitariste Grasshopper.

« Je ne me sens jamais heureux, explique Donahue au *News Musical Express*. Je veux faire un disque meilleur. » Avec *All is dream* (2001), il s'en rapproche : écoutez les deux. Comment vous avez pu vivre sans. **BM**

▶II Liste des titres

▶ 01 **Holes** (Mercury Rev)	5:55
02 **Tonite It Shows** (Mercury Rev)	3:40
03 **Endlessly** (Mercury Rev)	4:25
04 **I Collect Coins** (Mercury Rev)	1:27
▶ 05 **Opus 40** (Mercury Rev)	5:10
06 **Hudson Line** (Mercury Rev)	2:54
07 **The Happy End (The Drunk Room)** (Mercury Rev)	2:06
▶ 08 **Goddess On A Hiway** (Mercury Rev)	3:45
09 **The Funny Bird** (Mercury Rev)	5:51
10 **Pick Up If You're There** (Mercury Rev)	3:05
11 **Delta Sun Bottleneck Stomp** (Mercury Rev)	6:17

Queens of the Stone Age
Queens of the Stone Age
(1998)

Label I Loosegroove
Production I Joe Barresi • Josh Homme
Direction artistique I Kozik
Pays I États-Unis
Durée I 46:27

Se relevant des cendres du groupe Kyuss qui a défini le son torride du stoner rock, l'ancien guitariste du groupe Josh Homme remonte sur scène avec Queens of the Stone Age. Mais contrairement à Kyuss, Queens of the Stone Age doit autant à Black Sabbath qu'aux Beach Boys.

Josh Homme est rejoint par Nick Oliveri (ex-The Dwarves) et Alfredo Hernandez (également ex-Kyuss). Les albums suivants bénéficient des participations de l'ancien batteur de Nirvana et leader des Foo Fighters Dave Grohl, de l'ancien chanteur des Screaming Trees Mark Lanegan, ainsi que de l'aide de Fu Manchu, Monster Magnet, Soundgarden et A Perfect Circle. Sans parler des invités ponctuels comme Shirley Manson (Garbage), Billy Gibbons (ZZ Top) et Brodie Dalle (The Distillers).

En dépit de cette profusion de talents, QOTSA conserve un son caractéristique, sans doute parce que, même avec la présence de Nick Oliveri pendant les six premières années, le groupe a toujours été le bébé de Josh Homme.

Cet album, leur premier, conserve le mélange cosmique de Kyuss mais affiche plus d'énergie et d'inventivité, grâce à des chansons beaucoup plus courtes que les épopées tentaculaires de la précédente formation. *Queens of the Stone Age* propose un rock orageux, effronté et turbulent.

Au moment où le piano martelé du dernier titre, *I was a teenage hand model*, atteint votre cerveau, vous ne pouvez vous empêcher de penser qu'aucun groupe n'a un son aussi moderne que ces Queens of the Stone Age. **AT**

▶II Liste des titres

▶	01 **Regular John** (Homme•McBain)	4:35
	02 **Avon** (Queens Of The Stone Age)	3:22
▶	03 **If Only** (Queens Of The Stone Age)	3:20
	04 **Walkin' On The Sidewalks** (Queens Of The Stone Age)	5:03
	05 **You Would Know** (Queens Of The Stone Age)	4:16
	06 **How To Handle A Rope** (Queens Of The Stone Age)	3:30
▶	07 **Mexicola** (Queens Of The Stone Age)	4:54
	08 **Hispanic Impressions** (Queens Of The Stone Age)	2:44
	09 **You Can't Quit Me Baby** (Queens Of The Stone Age)	6:33
	10 **Give The Mule What He Wants** (Queens Of The Stone Age)	3:09
▶	11 **I Was A Teenage Hand Model** (Queens Of The Stone Age)	5:01

Air
Moon Safari (1998)

Label I Virgin
Production I Jean-Benoît Dunckel • Nicolas Godin
Direction artistique I Mike Mills
Pays I France
Durée I 43:33

Moon Safari propose à la fois un look, un son et un mode de vie. Le premier album de Air est kitsch et rétro, même si au moment de sa sortie, il semble futuriste.

Cela s'explique en grande partie par les méthodes de studio du duo, composé de Jean-Benoît Dunckel et Nicolas Godin. Leur amour du son analogique, particulièrement manifeste à travers leurs instrumentations (claviers Moog, amplis à lampe), leur confère un style « relaxant » caractéristique, qui sera largement copié (généralement sans succès).

Sur *Sexy Boy*, des fréquences basses directement sorties des années 70 sont associées au poids étouffant du patrimoine français. Les cordes de l'album, enregistrées à Abbey Road (grâce à David Whitaker, qui a travaillé avec Françoise Hardy et Serge Gainsbourg), équilibrent habilement le penchant électronique de l'ensemble. Le titre le plus court, *Remember*, bénéficie de la participation d'un maître du Moog français, Jean-Jacques Perrey – une expérience qu'il a de toute évidence appréciée, à en juger par son jeu énergique et enlevé. En résulte le son lounge de la fin des années 90. Comme pour leurs amis de Daft Punk, l'entourage d'Air sur la scène club parisienne leur apporte tout le soutien dont ils ont besoin. *Moon Safari* est un album magnifiquement humain, dont les dix titres dégagent une émotion brisée, de l'amour et un désir diffus. *All I need* a beau être une allusion délicate au passé d'une chanteuse française, Air est un duo largement tourné vers l'avenir. **JK**

▶II Liste des titres

▶	01 **La Femme D'Argent** (Dunckel•Godin)	7:08
▶	02 **Sexy Boy** (Dunckel•Godin)	4:57
▶	03 **All I Need** (Dunckel•Godin•Hirsch)	4:28
	04 **Kelly Watch The Stars** (Dunckel•Godin)	3:44
	05 **Talisman** (Dunckel•Godin)	4:16
▶	06 **Remember** (Dunckel•Godin•Perrey)	2:34
	07 **You Make It Easy** (Dunckel•Godin•Hirsch)	4:00
	08 **Ce Matin Là** (Dunckel•Godin•Woodcock)	3:38
	09 **New Star In The Sky (Chanson Pour Solal)** (Dunckel•Godin)	5:38
	10 **Le Voyage De Penelope** (Dunckel•Godin)	3:10

Talvin Singh
OK (1998)

Label I Island
Production I Talvin Singh
Direction artistique I Intro
Pays I Royaume-Uni
Durée I 60:42

Talvin Singh entame une tournée mondiale avec Sun Ra's Arkestra, collabore avec Madonna, Massive Attack et Björk, et forme un trio de world beat avec Nitin Sawhney et Keith Waithe. Il lance également un club remarquable à Londres, le

Anokha, une vitrine exceptionnelle de dub d'influence orientale, de hip-hop, de drum'n bass et d'ambient (sa compilation *Sounds of the Asian underground* en garde une trace). *OK* (« Partout dans le monde, les gens savent ce que OK veut dire », explique-t-il) est un projet à l'éclectisme bienvenu pour un musicien si mondialiste. Le long titre d'ouverture *Traveller* est une véritable épopée : il dévoile une drum'n bass palpitante, la voix du MC Cleveland Watkiss, les cordes de l'orchestre philharmonique de Madras et les flûtes classiques de Rakesh Churasia, Naveen et Ryuichi Sakamoto. Ailleurs, vous entendrez des chœurs japonais, des percussionnistes folk d'Inde du Sud, des MC jamaïcains et des breakbeats pointus.
Lorsqu'il donne des interviews, Talvin Singh affiche une incroyable arrogance. Il taxe la fusion indo-jazz d'« exotique », dénigre ceux qui utilisent des tablas et des sitars sans même les accorder, et critique ses anciens collègues comme Nitin Sawhney pour avoir fonder le label « ghettoïsé » Outcaste.
Beaucoup souhaitent le voir échouer, mais Talvin Singh remporte un triomphe considérable avec *OK*, opérant des fusions audacieuses, désignant de nouvelles directions pour la musique électronique et la world music. L'album devance Blur et les Chemical Brothers et remporte en 1999 le prestigieux prix Mercury (Grande-Bretagne). **JLe**

▶II Liste des titres

▶ 01 **Traveller** (Singh•Watkiss)	11:17
02 **Butterfly** (Singh)	4:26
▶ 03 **Sutrix** (Singh)	5:55
04 **Mombasstic** (Singh)	5:45
05 **Decca** (Singh)	1:24
06 **Eclipse** (Singh)	5:46
▶ 07 **OK** (Singh)	4:19
08 **Light** (Singh)	6:23
09 **Disser/Point.Mento.B** (Singh)	2:43
10 **Soni** (Singh)	5:59
11 **Vikram The Vampire** (Singh)	6:45

Korn
Follow the leader (1998)

Label | Immortal
Production | Korn • Steve Thompson • Toby Wright
Direction artistique | Todd McFarlane
Pays | États-Unis
Durée | 73:48

Le troisième album de Korn, *Follow the leader*, emprunte les mêmes transversales metal urbaines que celles qui ont vu le succès retentissant du single *ADIDAS*, extrait de son premier album *Life is peachy*. Ce titre permet à ce groupe originaire de Bakersfield (Californie) de remporter un succès colossal dans les hit-parades, tandis que *Follow the leader* définit la norme d'un genre qui se fait connaître sous le nom de nu-metal, soit du hard-rock intégrant l'influence du hip-hop.
Tout en conservant les qualités sombres et heavy qui l'ont rendu si populaire, Korn adopte un son plus dépouillé et groovy, autorisant d'amples variations sonores, et les rendant accessibles à un public plus large. La participation du rappeur Tre Hardson de Pharcyde (*Cameltosis*) et de Ice Cube (*Children of the korn*) donne au groupe une crédibilité instantanée, tandis que Fred Durst se met au service de *All in the family* (son groupe, Limp Bizkit, sera ensuite considéré comme l'homologue de Korn à la tête du nu-metal). Le tube *Got the life*, avec ses rythmes disco et son slap de basse, renforce encore la popularité de Korn.
Sur tout l'album, les textes sont aussi pervers que les fans de hardcore peuvent le souhaiter (bien qu'ils dénoncent l'intolérance et la cruauté), tout comme le son caractéristique de Korn (les guitaristes Shaffer et Welch utilisent des instruments à sept cordes). Todd McFarlane, créateur du personnage de bande dessinée Spawn, réalise la pochette de l'album, ainsi que le

vidéo clip pour le single *Freak on a leash*, primé par un Grammy.
Au final, cette musique enragée et distordue a-t-elle eu un effet positif ? Elle a en tous les cas rapporté des montagnes d'argent. **LJ**

▶II Liste des titres

	01–12 (silent)	
▶	13 It's On ! (Korn)	4:28
▶	14 Freak On A Leash (Korn)	4:15
▶	15 Got The Life (Korn)	3:45
	16 Dead Bodies Everywhere (Korn)	4:44
▶	17 Children Of The Korn (Korn)	3:52
	18 BBK (Korn)	3:56
	19 Pretty (Korn)	4:12
▶	20 All In The Family (Korn)	4:48
	21 Reclaim My Place (Korn)	4:32
	22 Justin (Korn)	4:17
	23 Seed (Korn)	5:54
▶	24 Cameltosis (Korn)	4:38
	25 My Gift To You (Korn)	15:40

Khaled

Kenza (1999)

Label | Barclay
Production | Divers
Direction artistique | Ich and Kar
Pays | Algérie
Durée | 78:36

Khaled est le roi du raï, même si cette musique n'a plus rien à voir avec les chansons bédouines que chantaient les femmes « hors la loi » à Oran dans les années 20. Né en 1960 dans la région de Sidi-El-Houri, Khaled devient chanteur de raï et accordéoniste talentueux, et enregistre son premier single à 16 ans. Passionné de musique égyptienne, espagnole et française, des Beatles, de James Brown et de Bob Marley, il est adulé par les jeunes, mais détesté des institutions religieuses, à cause de ses chansons sur la passion et le désir. Il s'installe en France en 1986. Au début des années 90, il transforme le raï en une musique populaire dans le monde entier, avec des succès de pistes de danse comme *Didi*, produit par Don Was, ou l'immense tube radio *Aicha*.
Dans son sillage, la décennie est marquée par l'essor grisant de la musique d'Afrique du Nord en France. Des artistes comme Rachid Taha, Faudel, Gnawa Diffusion et l'Orchestre national de Barbès font tous savoir à Khaled qu'il ne détient pas son succès de droit divin. Il répond avec cette contribution définitive et emblématique, inspirée de la jeune garde.
Kenza peut se permettre de vagabonder dans quelques allées un peu fades, tant il ne fait aucun doute que le roi est là pour réclamer sa couronne aux nouveaux prétendants. Soutenue par la production du collaborateur de Rachid Taha, Steve Hillage, et par Lati Kronlund, du groupe Brooklyn Funk Essentials de New York, sa voix obsédante et puissante ouvre une vision de l'Afrique du Nord qui traverse le sous-continent indien jusqu'à Cuba et New York, absorbant des influences funk, reggae et arabisantes. **MR**

▶II Liste des titres

▶	01 Aâlach Tloumouni (Driche•Khaled)	5:02
	02 El Harba Wine (Amar•Angar•Benamadouche •Idir•Khaled)	4:33
	03 C'est La Nuit (Goldman)	5:04
	04 Imagine (Lennon)	4:07
	05 Trigue Lycee (Khaled)	4:43
	06 E'dir E'sseba (Hamadi•Khaled•Kronlund)	5:50
	07 Ya Aâachkou (Hamadi•Khaled•Kronlund)	3:57
	08 Melha (Hamadi•Khaled)	6:07
▶	09 Raba-Raba (H'Fit•Khaled)	5:37
▶	10 El Bab (Hamadi•Khaled)	5:28
	11 El Aâdyene (Hamadi•Khaled•Kronlund)	5:37
	12 Gouloulha-Dji (Hamadi•Khaled•Kronlund)	5:37
▶	13 Mele H'bibti (Khaled)	6:29
▶	14 Dewiche Tourneur (Goldman)	6:00
	15 Leïli – « C'est La Nuit » (Arabic Version) (Khaled•Goldman)	6:07

Kid Rock
Devil without a cause (1998)

Label | Lava
Production | Kid Rock
Dir. art. | Jennifer Barbato
Pays | États-Unis
Durée | 71:11

Après presque une décennie de sarcasmes, Kid Rock fait taire les moqueurs en affrontant sa bête rock'n'roll intérieure dans *Devil without a cause.*

Kid Rock a déjà connu plusieurs succès, dont l'inégal *Grits Sandwiches for breakfast* en 1990, mais personne, sauf peut-être l'intéressé, ne pense que ce chanteur-rappeur peut produire quelque chose de très innovant. Cette fois, c'est le bon moment. Le rap metal est à son apogée et Atlantic décide de passer le micro à Kid Rock. Immédiatement après la signature, il retourne en quatrième vitesse dans la région de Detroit et fête si bien l'événement qu'il passe une nuit au poste. De toute évidence, il n'a pas dessoûlé lorsqu'il entre en studio : les chansons grouillent de personnages hauts en couleur et l'action s'enlise dans des Jacuzzis.

Le disque, dont la pochette montre un Kid Rock satanique en train de fumer un cigare, démarre de façon singulière. *Bawitdaba*, où fusionnent des riffs de rock pour les stades et des psalmodies, est un monstre qu'il faut écouter à plein volume pour l'apprécier pleinement. Kid Rock réalise une prouesse sur l'irrésistible *Cowboy*, ode à la vie sous le soleil de la côte ouest. Le chanteur montre ensuite tout son talent à travers la pop méticuleusement produite de *Wasting Time*, avec un sample Fleetwood Mac, et la ballade convaincante *Only God knows why*. Il fait également appel à son pote de Detroit, Eminem, pour l'aider à écrire et rapper le décadent *F-ck Off.* **JiH**

Boards of Canada
Music has the right to children (1998)

Label | Skam
Production | M. Eoin • M. Sandison
Dir. art. | Boards of Canada
Pays | Royaume-Uni
Durée | 70:57

Certains artistes créent une musique si unique qu'ils défient non seulement votre goût mais aussi votre compréhension de la musique. Vous n'aimerez peut-être pas dès la première écoute, mais la quatrième ou la cinquième fois, un fabuleux déclic se produit. *Music has the right to children* de Boards of Canada est de cette trempe. Dès sa sortie à la fin de l'année 1998, il crée une secousse sismique sur la scène électronique. Un nouveau sous-genre d'ambient est né, mêlant mélodies pastorales et sombres sous-entendus. Ce disque prouve que la musique électronique n'est pas stimulante que sur le plan intellectuel, et qu'elle peut exprimer des sentiments profonds.

Les morceaux alternent entre collages sonores courts et titres rythmés plus longs. Les rythmiques concassées et les syllabes fragmentées de *Telephasic Workshop* se construisent progressivement jusqu'à former une cacophonie ahurissante. L'unique problème avec la basse menaçante, les rythmes vifs et les synthétiseurs chaloupés de Roygbiv, c'est que la chanson est bien trop en avance sur son temps. *Aquarius* est un autre titre phare, bâti autour d'un mélange hypnotique d'enfants qui rient, de chiffres et du mot « orange ».

Music has the right to children est emballé dans une pochette culte : une photographie jaunie des années 70 représentant une famille sans visage, posant dans un décor de montagnes, qui capte l'essence de cette musique : nostalgie, naturel et artificiel, noirceur et sérénité. **RM**

Suba
São Paulo Confessions (1999)

Label | Ziriguiboom
Production | Suba
Dir. art. | Christophe Portier
Pays | Yougoslavie
Durée | 61:22

Lors de sa jeunesse en Yougoslavie, Mitar Subotic a étudié la théorie musicale, le piano et l'accordéon ainsi que la composition, avant de créer de la musique électronique farouchement originale. En 1986, il débarque à Paris, et son travail électronique basé sur des berceuses folk yougoslaves, *In the mooncage*, reçoit le prix du Fonds international pour la promotion de la culture de l'UNESCO. Celui-ci lui remet une bourse de trois mois pour étudier la musique indigène et les rythmes afro-brésiliens. Les trois mois deviennent trois ans, car Suba (son surnom) tombe amoureux du Brésil et de sa musique. Il apprend rapidement le portugais et devient le premier producteur de la nouvelle musique brésilienne.

C'est lui qui produit *Tanto Tempo* de Bebel Gilberto, avant de publier son propre album salué par la critique, *São Paulo Confessions*, en 1999. Suba y crée des paysages sonores électroniques sensuels et dissonants. Dans *Felicidade*, la chanteuse Cibelle susurre une bossa nova exotique sur un rythme chatoyant. *Um Dia Comum* est un morceau de dance pointue, voire abstraite. Le talent de Suba pour les nuances d'humeur et de couleur lui permet de réaliser des collages musicaux très expressifs.

Un incendie se déclare dans son appartement le 2 novembre 1999, et il meurt asphyxié par la fumée. Il n'a peut-être laissé qu'une poignée d'enregistrements, mais il restera dans les mémoires pour avoir contribué à faire entrer la musique brésilienne dans le XXIe siècle. **GC**

XTC
Apple Venus Volume 1 (1999)

Label | TVT
Production | Haydn Bendall • Nick Davis
Direction artistique | Cactus Design
Pays | Royaume-Uni
Durée | 50:06

Si un farceur vous avait confié un exemplaire sans titre de l'album *Apple Venus Volume 1* en 1999, en prétendant qu'il s'agissait du chef-d'œuvre *Smile* alors perdu de Brian Wilson, il aurait été facile de tomber dans le piège. En réalité, cet album ensoleillé et plein d'espoir est l'une des grandes œuvres de XTC, un enregistrement exquis de pop orchestrale. S'il est adopté par les critiques, l'album est d'abord boudé par le public. Mais le fait que le groupe n'ait rien sorti en sept ans et qu'il ne soit jamais parti en tournée n'a certes pas aidé les ventes.

Il est impossible de nier la puissance de *Apple Venus Volume 1*. L'album retrouve la vibration psychédélique des Beach Boys qui imprégnait déjà *Nonsuch*, avec des harmonies vocales entremêlées, des expérimentations contenues et des passages luxueux offerts par le London Session Orchestra. Le moment le plus lyrique se trouve dans le titre d'ouverture, *River of orchids*, qui se développe lentement en une symphonie envoûtante de cordes et de voix tourbillonnantes. Partridge susurre ensuite sur le sautillant *I'd like that*, puis sur les violons et les trompettes de valse du titre *Easter Theater*.

Bien que l'album ressemble beaucoup au travail que Partridge a réalisé avec Martin Newell et Harold Budd au milieu des années 90, *Apple Venus Volume 1* reste une affaire de groupe. De fait, les deux compositions excentriques de Colin Moulding font partie des plus belles de l'ensemble. **JiH**

Incubus
Make yourself (1999)

Label I Epic
Production I Incubus • Scott Litt
Direction artistique I Brandy Flower
Pays I États-Unis
Durée I 48:10

Si le nu-metal est un des genres musicaux majeurs au tournant du millénaire, alors *Make yourself* représente son apogée. Incubus apprécie la rage et la puissance de la scène rap-rock, et connaît un immense succès sans jamais verser dans la caricature. *Make yourself* parvient à rassembler les goûts du grand public sans chercher à se rattacher à un genre unique. Pour son second album, Incubus aurait pu facilement cibler la scène mosh (danse brutale) émergente. Au lieu de cela, ses membres recrutent Scott Litt, manager de longue date de R.E.M., pour créer un disque plus adulte et contemplatif, sans toutefois abandonner leurs plus jeunes fans.

L'album mêle des riffs classiques avec la voix puissante de Brandon Boyd, poussant l'auditeur à lever le poing en signe de triomphe. L'aptitude naturelle du chanteur à louvoyer entre décontraction et cri de guerre fait la qualité de Stellar. *Ailleurs, Privilege* et *Clean* sont des monstres rock débordant d'énergie.

Les membres d'Incubus savent changer d'humeur sans interrompre le flot de l'album. Ils subvertissent le funk grâce à une utilisation excentrique des platines sur *Battlestar Scralatchtica* et révèlent une certaine douceur dans l'hymne grunge acoustique *Drive*, sans jamais dénaturer leurs propos.

Alors que beaucoup d'albums de l'époque paraissent aujourd'hui datés en raison d'un excès de gimmicks, *Make yourself* reste excellent grâce à son écriture de haute volée et sa maîtrise instrumentale de tous les instants. **ARo**

The Magnetic Fields
69 Love Songs (1999)

Label I Merge
Production I Stephin Merritt
Direction artistique I Michael English
Pays I États-Unis
Durée I 172:35

De manière surprenante, le triple album des Magnetic Fields *69 Love Songs* est réellement fidèle à son titre, compensant cette incroyable orgie créatrice par une bonne dose d'ironie salace. Le leader et auteur-compositeur Stephin Merritt concocte ses chansons à partir de clichés pop oubliés depuis longtemps, qu'il s'approprie pour donner à ses chansons un goût d'éternité. Une grande partie de l'album semble étrangement familière, même si Merritt trouve des moyens inédits de subvertir chaque titre. Rythmes electroclash schizophrènes, lignes d'ukulélé rebelles, textes sur les inepties de l'amour, tous les moyens sont bons.

Jouant des douzaines d'instruments et piochant parmi des influences disparates (Abba, Tom Waits ou Kraftwerk), Merritt et ses trois compagnons incarnent une galerie de personnages androgynes. On rencontre notamment un romantique irlandais rebelle adossé à un mur de guitare sur *Abigail, Belle of Kilronan* et un autostoppeur s'acoquinant avec un musicien itinérant dans *Papa was a rodeo*.

Merritt se glisse également avec beaucoup d'aisance dans la peau d'un misanthrope au cœur brisé, qui ne sait s'il doit hausser les épaules (la bossa *I think I need a new heart*) ou se laisser aller au désespoir (l'hymne folk *Grand Canyon*). Il livre ses interprétations les plus remarquables lorsque qu'il se montre le plus tendre, comme sur le poignant *Busby Berkeley Dreams* ou la berceuse à l'accordéon *Asleep and Dreaming*. **MW**

Travis
The Man who (1999)

Label | Independiente
Production | Nigel Godrich • Mike Hedges
Direction artistique | Blue Source
Pays | Royaume-Uni
Durée | 48:00

Le 31 mai 1996, après cinq ans de tournée en Écosse sans évolution significative, les quatre musiciens de Glasgow déménagent pour Londres, capitale de la musique britannique. Là, ils signent des contrats, sortent un premier album de britpop légère intitulé *Good Feeling* et font la première partie d'Oasis. Mais Travis n'a pas dit son dernier mot.

En 1999, un tremblement de terre secoue leur petit monde. Leur deuxième fait d'armes, *The Man who*, est le disque le plus vendu de l'année au Royaume-Uni par un groupe du cru. Début 2000, ils ont remporté les prix du meilleur groupe et du meilleur album, et un foyer britannique sur huit possède un exemplaire de *The Man who*. Travis est devenu un groupe populaire.

Pourquoi toute cette agitation ? Parce que *The Man who* est l'un des albums de rock les plus mélodieux, touchants et élégamment joués de l'époque moderne. Il suffit de poser la question à l'un des festivaliers présents à Glastonbury, V99, ou T in the Park pendant l'été 1999, qui reprennent sous la pluie les paroles de *Why does it always rain on me ?* Travis est passé maître dans l'art de créer des moments de communion, avec ou sans l'aide de la météo.

C'est ici que réside la beauté de l'écriture de Fran Healy. Ses chansons sont à la fois profondément personnelles et irrésistiblement universelles. Les titres *Driftwood*, *Writing to reach you* et *Turn* sont de purs éclats de poésie, des morceaux d'intimité extravertie. **CM**

Slipknot
Slipknot (1999)

Label | Roadrunner
Production | Ross Robinson
Direction artistique | Slipknot
Pays | États-Unis
Durée | 58:11

En 1999, Slipknot surgit de nulle part (enfin, de Des Moines dans l'Iowa) pour livrer cet album qui surprend les fans de metal du monde entier. Il réunit un chanteur capable de rapper, chanter ou hurler, un groupe de thrash metal brutal avec des percussions, ainsi qu'un DJ polyvalent. La musique – des batteries martelées (un kit plus deux ensembles de percussions), une avalanche de guitare et des platines bruitistes – est peut être trop hardcore pour le grand public. Le groupe jouit d'une présence physique imposante : Slipknot est composé de neuf psychopathes en combinaisons numérotées et masques horrifiques, qui se ruent sur leur artillerie respective pour s'affronter dans un chaos mesuré. Sans surprise, *Slipknot* décolle comme une fusée (disque de platine aux États-Unis, disque d'or au Royaume-Uni). Après un bref sample d'ouverture (une vieille dame qui déclare : « Tout ça… Je crois que c'est malsain »), le titre (*Sic*) donne le ton violent de l'album. *Eyeless* mêle une boucle de drum'n bass et des riffs de guitare impitoyables. *Surfacing* alterne un larsen perçant avec du scratch. *Spit it out* opère une fusion entre speed metal et rap. Ce sont pourtant les sections plus lentes du single *Wait and bleed* qui suscitent l'attention du public au-delà des habituels fans de metal. L'association entre la musique et certains sports extrêmes comme le motocross freestyle et le skateboard achève de rallier au groupe des hordes de fans de tous âges. **LJ**

Voici un opus remarquable dans un répertoire en tout point impressionnant. **AMa**

Beth Orton
Central Reservation (1999)

Label | Heavenly
Production | Divers
Direction artistique | Studio X
Pays | Royaume-Uni
Durée | 59:20

Central Reservation marque une certaine maturation de l'écriture de Beth Orton après l'album *Trailer Park*, mélange de folk et de rythmes trip-hop paru en 1996, et disque d'or au Royaume-Uni.
Le titre d'ouverture *Stolen Car*, où brille la guitare slide de Ben Harper, entre au Top 40 britannique. L'émouvant *Pass in time* débute avec la voix de Beth Orton et une guitare doucement effleurée avant de se muer en morceau puissant. Il traite de la mort de la mère d'Orton, thème récurrent chez l'artiste, et lui inspire une performance passionnée. La légende du jazz folk Terry Callier tresse des chœurs (ils ont sorti le maxi commun *Best Bit* en 1997) le long des arpèges de guitare de Dr. Robert, contribuant à produire un refrain exaltant. La version acoustique de la chanson-titre passe presque inaperçue entre *Pass in time* et les rythmes teintés d'écho de *Stars all seem to weep*. Sur ce dernier, la voix légèrement haute de Beth Orton se mêle à un tissu de bruits abstraits composé par Ben Watt, producteur, programmeur et moitié d'Everything but the Girl. Celui-ci ajoute également des rythmes et des claviers dans une version plus commerciale de *Central Reservation*. Mais l'électronique est l'exception plutôt que la règle : contrairement à *Trailer Park*, la force de cet album réside dans l'ambiance acoustique dépouillée et la voix captivante de Beth Orton. Et si celle-ci est souvent qualifiée de chanteuse mélancolique, la gaieté proche de Bob Dylan de *Love like laughter* vient démentir cette assertion.

▶II Liste des titres

▶	01 Stolen Car (Barnes•Blanchard•Orton•Read)	5:25
	02 Sweetest Decline (Orton)	5:39
	03 Couldn't Cause Me Harm (Barnes•Blanchard•Orton•Read)	4:48
	04 So Much More (Orton)	5:41
▶	05 Pass In Time (Orton)	7:17
	06 Central Reservation (The Original Version) (Orton)	4:50
▶	07 Stars All Seem To Weep (Orton)	4:39
	08 Love Like Laughter (Barnes•Orton)	3:37
▶	09 Blood Red River (Orton)	4:15
	10 Devil Song (Orton)	5:04
▶	11 Feel To Believe (Orton)	4:04
	12 Central Reservation (The Then Again Version) (Orton)	4:01

Nitin Sawhney
Beyond Skin (1999)

Label | Outcaste
Production | Nitin Sawhney
Direction artistique | Zip Design
Pays | Royaume-Uni
Durée | 58:22

Fils d'hindous du Pendjab, Nitin naît et grandit à Rochester dans le Kent. Il y apprend le piano, la guitare et les percussions indiennes. À partir de là, son parcours est totalement surréaliste : un diplôme de comptabilité, une période au sein du James Taylor Quartet de Medway, un groupe de world beat avec Talvin Singh (le Tihai Trio), des sessions avec Sinéad O'Connor, Sting et Paul McCartney, une résidence en tant que compositeur au Théâtre royal de Stratford et une expérience d'acteur et d'auteur pour la série *Goodness Gracious Me* de la BBC.
Ses premiers albums solo, *Displacing the priest* et *Migrations*, puisent leur inspiration entre flamenco, jazz, funk, drum'n bass, taals classiques indiens, qawwali, bols (rythmes indiens) et vers ourdous, mais le processus de fusion pose problème. Sur son troisième album pour le label Outcaste, il parvient à

utiliser cette matière première pour créer un son unique. L'album est politique, de manière implicite – recherche de lien musicaux entre Indiens et Tziganes, hindous et musulmans – et explicite – il traite de la course à l'armement nucléaire en Inde et au Pakistan et du fondamentalisme hindou. La formation rapprochée de Nitin Sawhney comprend le bassiste de Bombay Shri, le percussionniste américain Marque Gilmore et le joueur de tabla Aref Durvesh. Cependant, en réunissant un ensemble de chanteurs disparates (l'hindoustani Devinder Singh, le bengali Jayante Bose, la diva de la soul Sanchita Farrugue, le rappeur Spek de Dream Warriors), Nitin Sawhney travaille plutôt comme un réalisateur de film, dirigeant les intervenants dans ses paysages sonores cinématographiques. Pour sûr, une carrière l'attend à Hollywood. **JLe**

▶II Liste des titres

▶	01 **Broken Skin** (Farruque•Sawhney)	4:05
▶	02 **Letting Go** (Gray•Sawhney)	4:49
	03 **Homelands** (Miranda•Sawhney)	6:00
	04 **The Pilgrim** (Sawhney•Yoosuf)	4:29
	05 **Tides** (Sawhney)	5:06
	06 **Nadia** (Sawhney)	5:05
▶	07 **Immigrant** (Sawhney)	6:21
	08 **Serpents** (Sawhney)	6:17
	09 **Anthem Without Nation** (Sawhney•Singh)	5:48
	10 **Nostalgia** (Sawhney)	3:41
	11 **The Conference** (Sawhney)	2:53
▶	12 **Beyond Skin** (Sawhney)	3:48

Death in Vegas
The Contino Sessions (1999)

Label | Concrete
Production | Richard Fearless • Tim Holmes
Direction artistique | Richard Fearless
Pays | Royaume-Uni
Durée | 48:01

Grâce aux prestations du DJ Richard Fearless aux côtés des Chemical Brothers au Heavenly Social de Londres, Death in Vegas se trouve impliqué dans le mouvement big beat qui se propage sur les pistes de danse britanniques à la fin des années 90. Richard Fearless et David Holmes, aidés du guitariste Ian Button et du bassiste Mat Flint, confirment cette affiliation à travers leur album suivant, nommé d'après leur studio « Contino Rooms » à Clerkenwell, dans l'Est londonien.

Débutant par une simple guitare et la voix minimaliste de la compagne de Richard Fearless, Dot Allison, *Dirge* se construit progressivement jusqu'à un crescendo ébouriffant de sons de synthétiseur analogique et de murs de guitares. Le titre *Soul Auctioneer*, auquel participe Bobby Gillespie, révèle les atomes crochus entre DIV et Primal Scream. Le ton sombre de l'album se poursuit avec *Death Threat*, morceau d'électro industrielle traversé de larsen. *Flying* dégage une ambiance plus planante qui rappelle les débuts de Can, et mène à *Aisha*, l'histoire d'un tueur en série contée par Iggy Pop, et certainement son œuvre la plus puissante depuis les Stooges. L'ex-chanteur de Jesus and Mary Chain, Jim Reid, évoque la mémoire de son ancien groupe dans le sombre *Broken Little Sister*. *Aladdin's Story*, magnifié par les vocalises du chœur de gospel de Londres, est l'unique rayon de soleil dans cet album à la noirceur intense.

À cheval entre musique rock et expérimentations électroniques, l'éclectisme gothique de *The Contino Sessions* (tout comme *Mezzanine* de Massive Attack) est la preuve que les forces du mal ont remplacé l'optimisme des débuts de la culture club. **CSh**

▶II Liste des titres

▶	01 **Dirge** (Fearless•Whitlock)	5:45
	02 **Soul Auctioneer** (Fearless•Gillespie•Holmes)	5:59
	03 **Death Threat** (Fearless•Holmes)	4:50
	04 **Flying** (Fearless•Holmes)	7:06
▶	05 **Aisha** (Fearless•Hellier•Holmes•Pop)	5:54
	06 **Lever Street** (Fearless•Holmes)	3:39
	07 **Aladdin's Story** (Fearless•Holmes•Unknown)	4:45
	08 **Broken Little Sister** (Button•Fearless•Flint •Holmes•Reid)	5:18
	09 **Neptune City** (Fearless•Holmes)	4:45

Moby
Play (1999)

Label | V2
Production | Moby
Dir. art. | Ysabel Zu Innhausen Un Knyphausen
Pays | États-Unis
Durée | 62:43

Avec *Play*, Moby propose de la musique électronique accessible qu'il est difficile de ne pas aimer. L'album coïncide avec la fin de l'existence marginale du genre, mais il serait injuste d'imputer la responsabilité de cette vulgarisation à *Play*. Son accessibilité tient en effet essentiellement à l'inclusion d'éléments de blues, de gospel et de rock.
Descendant direct de l'auteur de *Moby Dick* Herman Melville (d'où son nom de scène), Richard Melville Hall joue de la guitare classique, passe quelque temps dans des groupes de hardcore et de rock alternatif avant de trouver sa place derrière les platines. Ses premiers enregistrements sont autant salués que décriés pour leur complaisance envers la culture club. Avec *I like to score* en 1997, Moby est sur le point de devenir une pointure de la musique électronique, statut qu'il assoit définitivement avec *Play*.
Même si des chansons comme *Honey* et *Bodyrock* libèrent leur potentiel sur les pistes de danse, *Play* n'est pas tant un disque de dance qu'un album pop. Moby a une approche de collectionneur. Il bâtit l'irrésistible titre d'ouverture à partir d'un court sample de la chanteuse de blues Bessie Jones. Il fait appel au chœur de gospel Shining Light pour l'intime *Why does my heart feel so bad ?* puis fait un copier-coller des voix de Bill Landford and the Landfordaires sur le dynamique *Run on*.
Play connaît un succès commercial retentissant. Il atteint la 1re place au hit-parade britannique et se vent à plus de deux millions d'exemplaires. Tout le monde ne s'en réjouit pas : Michael Stipe de R.E.M. raconte à quel point il est vexant de se faire prendre pour Moby dans la rue. **JiH**

▶II Liste des titres

▶ 01 Honey (Moby)	3:27
02 Find My Baby (Moby)	3:58
03 Porcelain (Moby)	4:01
▶ 04 Why Does My Heart Feel So Bad ? (Moby)	4:23
▶ 05 South Side (Moby)	3:48
06 Rushing (Moby)	2:58
▶ 07 Bodyrock (Moby)	3:34
▶ 08 Natural Blues (Moby)	4:12
09 Machete (Moby)	3:36
10 7 (Moby)	1:00
▶ 11 Run On (Moby)	3:43
12 Down Slow (Moby)	1:34
13 If Things Were Perfect (Moby)	4:17
14 Everloving (Moby)	3:24
15 Inside (Moby)	4:47
16 Guitar Flute And String (Moby)	2:07
17 The Sky Is Broken (Moby)	4:17
18 My Weakness (Moby)	3:37

The Flaming Lips
The Soft Bulletin (1999)

Label | Warner Bros.
Production | Flaming Lips • D. Fridmann
Dir. art. | George Salisbury
Pays | États-Unis
Durée | 58:26

Profondément humain. Il n'y a pas de termes plus appropriés pour décrire l'album qui classe enfin les Flaming Lips parmi les groupes majeurs de la planète.
Toujours considéré par de nombreux fans comme leur œuvre majeure, *The Soft Bulletin* marque le virage pop opéré par les Flaming Lips après *Zaireeka*, album à l'ambition démesurée, enregistré sur quatre disques qui doivent être joués simultanément sur quatre platines séparées. Avec l'aide du producteur Dave Fridmann, le trio d'Oklahoma City crée un son à la fois riche et puissant, subtil et intense, angélique et possédé. Cet album propulse le groupe dans le nouveau millénaire et le met en position de répandre son message

d'espoir pour l'humanité – thème également développé dans l'album suivant, *Yoshimi Battles The Pink Robots*.
Combinant des paroles puissantes et une musique majestueuse, *The Soft Bulletin* apparaît comme une attaque sonore et cérébrale généralisée. *Race for the prize*, avec sa ligne de clavier enlevée, est un titre d'ouverture idéal. *Waitin' for a superman* explore les souffrances de la condition postmoderne, et le titre *The Gash* joue le rôle d'appel aux armes pour une lutte lucide. L'influence de Dave Fridmann est nette : la richesse du son permet à l'écriture de s'épanouir pleinement.
Chef-d'œuvre conceptuel (sans être un album à thème), *The Soft Bulletin* propose une vision claire et profonde qui le déleste de toute prétention. **DZ**

Les Rythmes Digitales
Darkdancer (1999)

Label | Wall of Sound
Production | Jacques Lu Cont
Direction artistique | Philip Castle
Pays | Royaume-Uni
Durée | 58:53

Sorti en 1999, *Darkdancer* est le second album du projet Les Rythmes Digitales. Le groupe est formé par Jacques Lu Cont (alias Stuart Price), francophile piégé dans le corps d'un garçon de Reading (Angleterre). Il adopte la « French attitude » comme catalyseur irrésistible de son style musical énergique, hypnotique et élégant. Apparemment, l'autre titre envisagé par Jacques Lu Cont pour *Darkdancer* était *No Jacquet Required*. Ce clin d'œil à l'album de Phil Collins aurait été une introduction parfaite aux menaces à venir.
Enregistré aux studios Quad à New York, *Darkdancer* est de l'europop dans ce qu'il a de meilleur, captant l'essence des années 90 d'une manière concrètement impossible à réaliser avec la technologie de l'époque. La résonance historique est renforcée par l'apparition de l'ancienne idole de la pop Nik Kershaw sur *Sometimes*, titre magnifiquement arrangé. Boy George est quant à lui recruté pour le clip de *(Hey You) What's that sound*. Du début à la fin, l'album ensorcelle grâce à ses rythmiques. Les cadences énergiques et les paroles répétitives de *From : Disco To : Disco* se fixent dans le cerveau, faisant de ce titre l'hymne définitif des noctambules insatiables. Notons que la pochette surprenante est le fruit d'une collaboration avec l'artiste Philip Castle, également l'auteur de l'affiche du film *Orange mécanique*.
Géniale contrefaçon de musique électronique française à son sommet, *Darkdancer* revient à avoir une discothèque dans son iPod. **LA**

Le Tigre
Le Tigre (1999)

Label | Mr Lady
Production | Chris Stamey • Le Tigre
Direction artistique | Splendid Corp.
Pays | États-Unis
Durée | 34:29

Au sein du groupe riot grrl Bikini Kill, Kathleen Hanna se battait contre le système et pour l'honneur des jeunes femmes. Avec *Le Tigre*, la chanteuse-guitariste se contente de suivre le rythme et de rejoindre la foule sur la piste de danse. Mais à sa façon, *Le Tigre* est autant concerné par les questions féministes et le « girl power » que Bikini Kill. Suivant le vieil adage selon lequel « on attrape plus de mouches avec du miel qu'avec du vinaigre », Kathleen Hanna laisse les auditeurs tranquilles, et ce faisant, pénètre encore davantage dans leur esprit.
Faire passer la pilule a rarement été plus efficace et drôle qu'à travers le titre épo-

nyme, palette de new wave tourbillonnante, d'electronica joyeuse, de punk léger et de pop bubblegum. *Le Tigre* emprunte des voies si différentes de l'attaque frontale incarnée par l'essentiel *Pussy Whipped* de Bikini Kill qu'il est presque impossible d'imaginer que les deux groupes partagent la même meneuse.
Conçu à l'origine en 1998 comme une formation live destinée à jouer l'album solo *Julie Ruin* de Kathleen Hanna, le trio, complété par la bassiste Johanna Fateman et la prêtresse du rythme Sadie Benning, se soude en enregistrant *Le Tigre*. Un rythme enlevé proche des B-52's mène l'obsédant *Deceptacon*. Puis une guitare semblable à une scie mécanique et des voix robotiques posent la question fatale *What's Yr Take On Cassavetes*. Le fleuron du disque est *Hot Topic*, morceau radieux et truffé de samples, adressé aux activistes féministes. De la musique pour les pieds et la tête, voilà qui résume parfaitement *Le Tigre*. **JiH**

Eminem
The Slim Shady LP (1999)

Label | Aftermath
Production | Jeff Bass • Marky Bass • Dr. Dre
Direction artistique | Mark LeRoy
Pays | États-Unis
Durée | 59:48

Depuis les déhanchés d'Elvis Presley, aucun Blanc faisant de la musique noire n'a créé la polémique comme Marshall Mathers avec *The Slim Shady LP*. Les chiens de garde dénoncent l'iconographie violente et les paroles homophobes, mais des millions d'auditeurs comprennent que Marshall Mathers, camouflé sous les rôles du dur à cuire Eminem et du blagueur Slim Shady, n'allume des feux que pour les regarder brûler. Toutefois, les anecdotes minutieusement décrites restent assez douteuses pour faire de *Slim Shady* un soap opera intriguant.
Le feuilleton personnel de Marshall Mathers commence dans la région de Detroit près de 8 Mile Road, la voie publique qui sert de frontière entre les quartiers blancs et noirs. Adolescent, il se montre éloquent et défie les clichés de Vanilla Ice, rivalisant avec les MC noirs en tant que rappeur. En dépit de l'approbation de Dr. Dre, qui signe Marshall Mathers sur son label Aftermath, Eminem donne toujours l'impression de lutter pour le respect à travers *The Slim Shady*.
L'album propose un équilibre entre ruses de lycéen, légendes du ghetto et intrigues de films d'horreur. *My Name is* est une émeute pour rire, tandis que *97' Bonnie and Clyde* est basé sur un scénario glaçant dans lequel le rappeur tue sa femme et emmène leur enfant avant de se débarrasser du corps. Certains rappeurs ont été plus drôles, plus meurtriers. Mais aucun en même temps aussi comique et menaçant qu'Eminem sur *Guilty Conscience*.
The Slim Shady annonce ce que beaucoup considèrent comme la voix d'une génération. **JiH**

Britney Spears
...Baby one more time (1999)

Label | Jive
Production | Per Magnusson • Max Martin • Eric Foster White
Direction artistique | Jackie Murphy
Pays | États-Unis
Durée | 42:20

Il est impossible de nier l'immense influence que le premier album de Britney Spears a exercé sur la musique populaire. Avec cet ensemble de titres dance teintés d'europop, de chansons d'amour déçu et de gimmicks, Britney Spears ravive l'intérêt du monde entier pour les groupes d'adolescents, à un niveau jamais vu depuis David Cassidy ou les Beatles. Oui, sans Britney Spears, peut-être n'aurions-nous jamais eu Jessica Simpson.

Son impact sur la culture populaire aboutit au lancement de nombreuses modes et déclenche une folie des paparazzi comparable à celle suscitée par Lady Di. Âgée de 17 ans seulement, Britney Spears est décrite dans les médias comme un mélange idéal de séduction et d'innocence, et devient rapidement la Lolita favorite d'une nouvelle génération de vieux dégoûtants. Le nombre de requêtes pour les termes « Britney Spears nue » sur Internet est devenu incalculable avec le temps.

Bien que décrié par la plupart des critiques, *...Baby one more time* se vend rapidement à plus de dix millions d'exemplaires et devient l'un des premiers albums les plus vendus de tous les temps. Il le doit autant au sourire en or de Britney qu'à la remuante chanson-titre. Ses détracteurs sont forcés de l'admettre, elle reste une des meilleures chansons dance de l'époque. Trois autres titres gagnants suivent : l'exubérant *(You drive me) crazy*, la ballade fédératrice *Sometimes* et le glorieusement futile *Soda Pop*. Le mémento *Born to make you happy* transpire l'amour transis, dans la tradition de *You don't have to say you love me*. Et pour refermer l'album, la reprise de Sonny Bono, *The Beat goes on*, est un coup de génie, imparable sur les pistes de danse. JiH

▶II Liste des titres

▶ 01	...Baby One More Time (Martin)	3:30
▶ 02	(You Drive Me) Crazy (Elofsson•Krueger •Magnusson•Martin)	3:17
▶ 03	Sometimes (Elofsson)	4:05
▶ 04	Soda Pop (Bassie•White)	3:20
05	Born To Make You Happy (Carlsson•Lundin)	4:03
06	From The Bottom Of My Broken Heart (White)	5:11
07	I Will Be There (Carlsson•Martin)	3:53
08	I Will Still Love You (White)	4:02
09	Thinkin' About You (Bassie•White)	3:35
10	E-Mail My Heart (White)	3:41
▶ 11	The Beat Goes On (Bono)	3:43

Metallica
S&M (1999)

Label I Elektra
Production I Divers
Direction artistique I Andie Airfix
Pays I États-Unis
Durée I 133:01

En novembre 1999, on célèbre le dixième anniversaire de la chute du Mur, et Metallica sort une ode orchestrale à la joie. Son neuvième album est un enregistrement live du groupe avec l'Orchestre symphonique de San Francisco.

La fusion rock/classique remonte à des horreurs comme *Concerto for group and orchestra* de Deep Purple, groupe fétiche de Lars Ulrich. Après des années d'efforts, Michael Kamen réussit à entraîner Metallica dans une collaboration radieuse. « Il voulait être plus extrême, explique James Hetfield, il nous a choisis. Je suis sûr qu'il y a plus extrême, comme Graveworm, mais je pense que nous étions un bon choix. Bien sûr, nous avons accepté. »

Cette approche frondeuse fonctionne à merveille dans *Symphony & Metallica*. L'album contient des classiques, de l'exaltant *The Call of Ktulu* au fédérateur *Enter Sandman*, mais ressuscite également quelques titres des albums *Load* et *Reload*. Les meilleurs sont repris de l'album éponyme de 1991 : *Nothing Else Matters* et *The Unforgiven* profitent des arrangements du maestro Michael Kamen, qui a travaillé avec Eric Clapton et Pink Floyd.

Comme l'illustre le DVD d'accompagnement, tout le monde trouve son compte dans cette collaboration, les musiciens classiques offrant un contrepoint gothique évocateur à la performance électrique du groupe. L'interaction atteint des sommets enflammés sur *Fuel*, *No Leaf Clover* (une des deux nouvelles chansons, l'autre étant *Human*), et l'épique *One*. La réaction du public est immédiate. Un album classique s'il en est ! **TJ**

Bonnie « Prince » Billy
I see a darkness (1999)

Label | Domino
Production | Paul Oldham
Direction artistique | Sammy Harkham
Pays | États-Unis
Durée | 37:56

Entre les prophéties apocalyptiques de Nostradamus et l'effrayant bug de l'an 2000, 1999 n'était pas une année facile. Le moment idéal, donc, pour sortir un disque imprégné de peur humaine, de faiblesse et de pardon : le chef-d'œuvre country sombre de Will Oldham.
Oldham, né dans le Kentucky, débute comme enfant acteur, avant que sa capacité à endosser différents rôles n'imprègne sa musique – il enregistre en tant que Palace Brothers et Palace. Oldham explique que son surnom de Bonnie « Prince » Billy est un croisement entre Bonnie Prince Charlie, Nat King Cole et Billy the Kid : « Il m'aide beaucoup. Je suis plus à l'aise pour soutenir une conversation complète avec le nom de Bonnie que celui de Will. »
Tout en étant « absent » du disque, Oldham le rend tout ce qu'il y a de plus intime. *I see a darkness* est rempli d'histoires, et ses récits débouchent sur de grandes vérités, toujours noires. Alors que les intitulés sont menaçants (*Another day full of dread*), la musique est douce et discrète : des accords de piano dépouillés, une batterie brossée, une basse chaleureuse. La douceur et la fragilité de la voix d'Oldham donnent de la présence au monde sombre et violent qu'il décrit. Au cœur de l'album se trouve la chanson-titre qui annonce son arrivée si calmement qu'il pourrait s'agir de la mort en personne : « As-tu déjà remarqué le genre de pensées que j'ai ? » demande-t-il d'une voix courageuse et tremblante, qui laisse transparaître les peurs et les désirs que nous partageons tous.
I see a darkness est un fleuron du folk gothique. **SH**

Shack
H.M.S. Fable (1999)

Label | London
Production | Hugh Jones • Youth
Direction artistique | Stylorouge
Pays | Royaume-Uni
Durée | 46:55

Guère étonnant que *H.M.S. Fable* soit si magnifique. C'est l'œuvre d'un groupe qui boit une dernière pinte dans le saloon de la dernière chance. Ces chansons émouvantes sur la vie des rues sont le point culminant de deux décennies de corruption musicale, de terrible malchance et de dépendance invalidante. Les rythmes enjoués et le refrain crié de *Lend's some dough* trahissent son sujet : le besoin d'argent pour s'acheter un fixe d'héroïne. *Streets of Kenny*, chanson folk balayée par les vents, raconte une quête de drogues dans le quartier délabré de Kensington.
Les frères Mick et John Head ne reculent jamais devant leurs problèmes. Ils admettent que leur second album *Waterpistol* est nourri de cocaïne et d'ecstasy, que le projet parallèle *The Magical World of Michael Head and the Strands* est un album d'héroïnomanes. Avant, il y a la période de Mick Head dans *The Pale Fountains*, groupe oublié, vénéré par Ian McCulloch d'Echo and the Bunnymen, et dont l'amour pour Burt Bacharach a vingt ans d'avance sur son temps. Dans une veine plus sombre, le partenaire d'écriture de John Head pour *The Paleys*, Chris McCaffrey, meurt d'une tumeur cérébrale à 28 ans.
H.M.S. Fable est un nouveau départ pour les frères Head. Leur amour pour la pop

américaine de la côte ouest transparaît dans le carillonnant *Since I met you*. *I want you* transpose le groupe Love d'Arthur Lee dans le Merseyside. *Beautiful*, *Natalie's Party* et *Comedy* sont des chansons pop exaltées, soutenues par la production luxuriante de Youth.

Voici le son d'un auteur-compositeur britannique légendaire et perturbé, qui parvient à passer de l'autre côté. **CM**

Basement Jaxx
Remedy (1999)

Label | XL
Production | Basement Jaxx
Direction artistique | Blue Source
Pays | Royaume-Uni
Durée | 57:02

Le fils de prêtre Felix Buxton et l'ex-squatteur Simon Ratcliffe explosent à la fin des années 90 sur la scène club underground de Brixton, au sud de Londres. Amateurs de jazz et fous de rythme, ces DJ et producteurs sont le porte-drapeau de l'éthique anti-superclub à l'origine des sons les plus intéressants de la culture dance britannique. Ils préfèrent organiser des fêtes exubérantes dans les coulisses de pubs froids et humides.

D'abord il y a *Remedy*. Le premier album de Basement Jaxx est un mélange excitant de samba et de saveurs latinos, de rythmes craquants et de voix émouvantes. Ses morceaux ouvragés avec précision sont destinés à mettre en pièce les pistes de danse. L'album donne l'impression d'avoir été composé à Rio, Miami ou Paris, par une équipe internationale de vétérans explorateurs du son de premier ordre. En réalité, c'est un album « fait maison » par deux Blancs de la classe moyenne accros à la musique.

L'album débute par la guitare flamenco, les voix passées au vocoder et les rythmes pneumatiques de *Rendez-Vu*. L'excitation retombe à peine tout au long des quatorze morceaux qui suivent. Même les quatre interludes relaxants (*Jaxxalude*, *Jazzalude*, *Sneakalude* et *Gemilude*) sont éclatants d'inventivité. Voici le son d'une radio réglée sur les fréquence mondiales du groove. Un son fruité, pop, coloré et festif, comme on peut l'entendre sur les tubes *Red Alert* et *Bingo Bango*.

Ce qui est si intéressant au sujet de *Remedy*, et ce qui fait sa rareté, c'est qu'il s'agit d'un album de dance méritant une écoute intensive. L'éclate, comme on dit. **CM**

Red Hot Chili Peppers
Californication (1999)

Label | Warner Bros.
Production | Rick Rubin
Dir. art. | Lawrence Azerrad
• Red Hot Chili Peppers
Pays | États-Unis
Durée | 56:29

Écrasés par le poids de l'attente des fans, les Red Hot Chili Peppers mettent quatre ans à réaliser *Californication*. Après avoir évincé le guitariste Dave Navarro, le groupe se reforme avec John Frusciante. Comme plusieurs membres luttent contre leur dépendance à la drogue, beaucoup de personnes n'ont plus confiance en eux, y compris leurs managers.

Les Red Hot Chili Peppers exigent de nouveaux collaborateurs et engagent Rick Rubin à la production, avec qui ils ont travaillé sur le révolutionnaire *Blood Sugar Sex Magik* en 1989. Le résultat, le septième album du groupe, marque une nouvelle direction en même temps qu'un retour à la tête des hit-parades du monde entier.

Même si on retrouve leur style caractéristique, *Californication* présente un versant plus sérieux et mélodique du groupe. La majorité des membres frisent la quaran-

taine, les références au mariage et aux enfants suggèrent une certaine maturation. La chanson-titre porte un regard acerbe sur Hollywood et la manière dont le monde est envahi par l'art et la culture créés en Californie. Musicalement, l'album inclut plus de ballades comme *Porcelain* et *Road Trippin'*. Le groupe revisite également ses racines funk/punk dans des morceaux plus enlevés comme *I like dirt* et *Get on top*. *Californication* démontre aussi les progrès vocaux d'Anthony Keidis.
Dans un virage remarquable, les Red Hot Chili Peppers regagnent beaucoup d'anciens fans et attirent simultanément une toute nouvelle génération d'admirateurs. **CSt**

▶II Liste des titres

- ▶ 01 **Around The World** (Flea•Frusciante•Kiedis •Smith) 4:00
- 02 **Parallel Universe** (Flea•Frusciante•Kiedis•Smith) 4:30
- ▶ 03 **Scar Tissue** (Flea•Frusciante•Kiedis•Smith) 3:37
- 04 **Otherside** (Flea•Frusciante•Kiedis•Smith) 4:15
- 05 **Get On Top** (Flea•Frusciante•Kiedis•Smith) 3:19
- ▶ 06 **Californication** (Flea•Frusciante•Kiedis•Smith) 5:22
- 07 **Easily** (Flea•Frusciante•Kiedis•Smith) 3:51
- 08 **Porcelain** (Flea•Frusciante•Kiedis•Smith) 2:44
- 09 **Emit Remmus** (Flea•Frusciante•Kiedis•Smith) 4:01
- 10 **I Like Dirt** (Flea•Frusciante•Kiedis•Smith) 2:38
- 11 **The Velvet Glove** (Flea•Frusciante•Kiedis•Smith) 3:45
- 12 **Savior** (Flea•Frusciante•Kiedis•Smith) 4:54
- 13 **Purple Stain** (Flea•Frusciante•Kiedis•Smith) 4:13
- 14 **Right On Time** (Flea•Frusciante•Kiedis•Smith) 1:53
- ▶ 15 **Road Trippin'** (Flea•Frusciante•Kiedis•Smith) 3:27

Sigur Rós
Ágætis Byrjun (1999)

Label | Smekkleysa
Production | Ken Thomas
Direction artistique | Sigur Rós • Gotti Bernöft
Pays | Islande
Durée | 71:51

Lorsque *Ágætis Byrjun*, second album studio de Sigur Rós, est publié à l'été 1999, le dirigeant du label Smekkleysa (Bad Taste) espère en vendre moins de deux mille exemplaires. Au lieu de cela, c'est un succès phénoménal dans son pays natal comme à l'étranger, en raison de la force absolue de la musique d'un autre monde qu'il renferme.
Ágætis Byrjun est fait avec amour : les membres du groupe collent la première série de pochettes à la main, d'où de nombreux défauts, la colle ayant débordé sur certains CD. L'enregistrement est long et pénible, et entraîne plusieurs reports de la date de sortie. Ce délai est payant : l'album devient vite la meilleure vente de tous les temps en Islande. La presse est unanime, et l'album se vend à cinq cent mille exemplaires dans le monde. Un exploit pour de la musique ambient lente et texturée (le chanteur et guitariste Jonsi a souvent recours à un archet de violoncelle), contenant deux morceaux qui dépassent les dix minutes. Sans oublier que le groupe chante dans un dialecte de son invention, le Hopelandic.
Mais ne vous y trompez pas, *Ágætis Byrjun* possède une beauté éternelle, une présence éthérée captivante. Le superbe morceau d'ouverture *Svefn-G-Englar* se déroule lentement et avec grâce, marqué par la voix angélique de Sigur Jónsi. Le spectaculaire *Vidrar Vel Til Loftárása* utilise des cordes pour le meilleur effet : sa portée épique est évidente. Enfin, la chanson-titre est simple et élégante.
Melody Maker décrit la musique de Sigur Rós comme « le son de Dieu versant des larmes dorées au paradis ». Au-delà de la prétention de cette assertion, la description est proche de la vérité. Oui, *Ágætis Byrjun* est aussi bon que cela. **AET**

▶II Liste des titres

- 01 **Intro** (Sigur Rós) 1:36
- ▶ 02 **Svefn-G-Englar** (Sigur Rós) 10:04
- 03 **Starálfur** (Sigur Rós) 6:46
- ▶ 04 **Flugufrelsarinn** (Sigur Rós) 7:48
- 05 **Ný Batterí** (Sigur Rós) 8:10
- 06 **Hjartad Hamast (Bamm Bamm Bamm)** (Sigur Rós) 7:10
- ▶ 07 **Vidrar Vel Til Loftárása** (Sigur Rós) 10:17
- 08 **Olsen Olsen** (Sigur Rós) 8:03
- ▶ 09 **Ágætis Byrjun** (Sigur Rós) 7:55
- 10 **Avalon** (Sigur Rós) 4:02

Les années 2000

- Première de *The Osbournes* sur MTV
- Premier vol spatial financé par des fonds privés
- Les forces alliées envahissent l'Irak
- Introduction de l'euro
- Lancement de l'iPod

Doves
Lost Souls (2000)

Label | Heavenly
Production | Doves • Steve Osborne
Direction artistique | Rick Myers
Pays | Royaume-Uni
Durée | 59:08

Originaires de Manchester, les Doves – groupe composé des frères Andy, Jez, Williams et de leur copain d'école Jimi Goodwin – composent de la musique depuis le début des années 90. Connus à cette époque sous le nom de Sub Sub, ils produisent alors le classique des clubs *Ain't no love-Ain't no use* aux côtés de la diva Melanie Williams. En 1995, un incendie ravage le studio du groupe et détruit l'album achevé ainsi que tout le matériel. Mais en 1998, les Doves renaissent totalement des cendres de Sub Sub après la sortie de trois singles, lorsqu'ils signent sous le label londonien en vogue Heavenly.

Le passé du groupe marque de son empreinte certains morceaux de *Lost Souls*, les nombreuses références musicales de l'époque de Sub Sub que l'on y retrouve, ainsi qu'une certaine tendance vers le rock progressif. Le ton est donné par l'introduction instrumentale *Firesuite*, au début de la face 2 du dernier single de *Sub Sub*. Parmi les autres morceaux de choix, il faut distinguer l'épique *Sea Song* et bon nombre de singles remarquables – *The Man who told everything*, l'impressionnant *Catch the sun*, et leur premier single, *Cedar Room*, une ballade monumentale. Bien sûr, *Lost Souls* regorge de références au riche héritage musical de Manchester – notamment la mélancolie envoûtante de Joy Division et de New Order à ses débuts, la musicalité pétillante des Smiths, tout comme les tout premiers beats de la house. L'album est dédié à Rob Gretton, le manager de New Order, qui a fait signer Sub Sub sous son label, Rob's Records.

Sélectionné pour le Mercury Prize, *Lost Souls* reste à ce jour l'un des meilleurs albums des Doves et le brillant exploit d'un groupe qui a presque tout perdu. **PN**

▶II Liste des titres

▶ 01 **Firesuite** (Goodwin•A. Williams•J. Williams)	4:35
▶ 02 **Here It Comes** (Goodwin•A. Williams •J. Williams)	4:50
03 **Break Me Gently** (Goodwin•A. Williams •J. Williams)	4:38
▶ 04 **Sea Song** (Goodwin•A. Williams•J. Williams)	6:12
05 **Rise** (Goodwin•A. Williams•J. Williams)	5:38
06 **Lost Souls** (Goodwin•A. Williams•J. Williams)	6:09
07 **Melody Calls** (Goodwin•A. Williams •J. Williams)	3:27
▶ 08 **Catch The Sun** (Goodwin•A. Williams •J. Williams)	4:49
▶ 09 **The Man Who Told Everything** (Goodwin •A. Williams•J. Williams)	5:47
10 **The Cedar Room** (Goodwin•A. Williams •J. Williams)	7:38
11 **Reprise** (Goodwin•A. Williams•J. Williams)	1:45
12 **A House** (Goodwin•A. Williams•J. Williams)	3:40

Air
The Virgin Suicides (2000)

Label | Astralwerks
Production | Air
Direction artistique | Mike Mills
Pays | France
Durée | 40:29

Le son et l'image se sont rarement rencontrés avec autant de grâce que sur la BO réalisée par le groupe Air pour le premier long métrage de Sofia Coppola. La synergie entre les images (l'histoire tragique de cinq sœurs n'ayant aucune raison de vivre) et la musique envoûtante et mélancolique du duo de l'électro-pop française est si intense que l'on peut difficilement les dissocier.

Dans une des scènes du film, un médecin demande à une fille de 13 ans ce qui l'amène à vouloir se suicider. « Il est évident que vous n'avez jamais été une fille de cet âge », lui répond-elle. En effet, la motivation qui pousse les filles à la mort n'est jamais explicite – une atmosphère de mystère, dont s'inspire la musique d'Air, règne au cœur du film. Si plusieurs morceaux ont leur propre style musical, comme *Playground Love*, *The Virgin Suicides* s'inscrit dans une continuité élégiaque. Les mélodies poignantes apparaissent, disparaissent puis réapparaissent à nouveau, subtilement modifiées. Slalomant entre le foisonnement de l'œuvre d'Angelo Badalamenti et de David Lynch et le romantisme lascif de Serge Gainsbourg, l'album donne dans le jazz enfumé sur *Playground Love* – et son pendant plus sombre encore, *Highschool Lover* –, l'orgue et la guitare façon Gilmour sur *Bathroom Girl*. De fait, tout l'album baigne dans l'influence Pink Floyd des années 70, avec l'hypnotique pop en mineur sur *Cemetary Party* et les synthétiseurs rétrogrades.

Air approfondit le travail commencé sur son premier album, *Moon Safari*. Mais son niveau d'exigence est tel qu'il ne l'a pas encore atteint – *Talkie Walkie*, créé en 2004, s'en approche pourtant. Cette œuvre est sans conteste l'un des plus beaux requiems dans l'histoire de la pop. **JiH**

▶II Liste des titres

▶ 01 Playground Love (Dunckel•Godin)	3:32
02 Clouds Up (Dunckel•Godin)	1:30
03 Bathroom Girl (Dunckel•Godin)	2:25
04 Cemetary Party (Dunckel•Godin)	2:36
05 Dark Messages (Dunckel•Godin)	2:28
06 The World "Hurricane" (Dunckel•Godin)	2:33
07 Dirty Trip (Dunckel•Godin)	6:12
▶ 08 Highschool Lover (Dunckel•Godin)	2:42
▶ 09 Afternoon Sister (Dunckel•Godin)	2:24
▶ 10 Ghost Song (Dunckel•Godin)	2:16
11 Empty House (Dunckel•Godin)	2:58
12 Dead Bodies (Dunckel•Godin)	2:59
▶ 13 Suicide Underground (Dunckel•Godin)	5:54

Ryan Adams
Heartbreaker (2000)

Label I Bloodshot
Production I Ethan Johns
Direction artistique I Gina Binkley
Pays I États-Unis
Durée I 52:03

Les chagrins d'amour et l'alcoolisme ont inspiré de nombreux albums de qualité, mais rares sont ceux qui dégagent autant de tendresse que le premier album solo de Ryan Adams. Ce dernier enregistre *Heartbreaker*, chronique d'une franchise brutale sur les aléas de l'amour. En 1999, les membres de son groupe sombrent dans la drogue et l'alcool. Peu de temps après la dislocation du groupe, Adams quitte Amy Lombardi, sa compagne de longue date. Il prend alors la route du Sud et s'enferme dans un studio de Nashville pendant quatorze jours.

Heartbreaker, qui ne contient que deux morceaux rock – le premier titre inspiré par Honky Stomp, *To be young (is to be sad)* et *Shakedown on 9th street*, noyé dans la reverb –, témoigne de l'évolution d'Adam. Ce dernier se débarrasse de l'angoisse existentielle adolescente et de la révolte provinciale de sa période Whiskeytown. Accompagné par les musiciens country traditionalistes Gillian Welch et David Rawlings, Adams développe un style de composition plus souple et plus habité. Des perles acoustiques comme les ballades *Why do they leave* et *Call me on your way back* expriment la trahison grâce à quelques cordes à peine effleurées et des textes susurrés. Son duo avec Emmylou Harris, reine de la country alternative, sur la ballade *Oh my sweet Carolina* dévoile un Adams qui tente de saisir une vie plus simple, plus essentielle.

Heartbreaker fait d'Adams la coqueluche de la critique – *NME* le qualifie de « troubadour visionnaire du rock » – mais ne séduit pas le grand public. En revanche, son album suivant *Gold* aura le succès escompté. **TB**

Bebel Gilberto
Tanto Tempo (2000)

Label I Ziriguiboom
Production I Suba
Direction artistique I Subtle Rukus
Pays I Brésil
Durée I 45:07

Contrairement aux idées reçues, *Tanto Tempo* n'est pas le premier album de Bebel. Enfant, elle enregistrait déjà des albums avec son père, João Gilberto, compositeur de légende de la bossa nova, sa mère, la chanteuse Miucha, et son oncle, le chanteur-compositeur radical Chico Buarque. En 1986, elle enregistre un album disco avec la star du rock brésilien Cazuza. À New York, elle collabore avec David Byrne, Towa Tei de Deee-Lite, la paire de DJ de The Thievery Corporation, le producteur des Beastie Boys Mario Castano, sans oublier Kenny G.

Elle finit par retourner à São Paulo, où elle s'associe au producteur yougoslave exilé Suba, qui décède alors qu'ils viennent d'achever l'album. Elle introduit son interprétation électronique de la bossa nova dans *Tanto Tempo*. Même les classiques de MPB – y compris *So nice* de Marcos Valle et *Samba da Benção* de Baden Powell – ont droit à un remix digital tout en finesse, où la bossa nova de bord de mer côtoie la techno européenne et la funk électronique de la culture breakbeat new-yorkaise. C'est toutefois la voix de Bebel – une voix rauque, ronronnante, celle d'une chanteuse anglaise avec un accent brésilien délicieusement ingénu – qui rend *Tanto Tempo* si saisissant.

Ce dernier devient l'album brésilien le plus vendu à l'étranger. Et même si les innovations de Suba sont supplantées et dépassées par les influences multiples – le drum'n bass de São Paulo, l'électropop expérimentale des experts de Trauma Records et le « favela chic » des excentriques du « baile funk » de Rio –, cet album n'en est pas moins une référence de la musique électro. **JLe**

M. J. Cole
Sincere (2000)

Label I Talkin' Loud
Production I M. J. Cole
Dir. art. I Michael Williams
Pays I Royaume-Uni
Durée I 58:48

Un musicien classique peut-il réussir dans l'univers du garage britannique ? Oui. Même si Matt Coleman, alias M. J. Cole, a formé son oreille musicale en tant qu'ingénieur du son pour quelques-uns des plus grands noms de la drum'n bass, cela ne l'empêche pas d'avoir le sens du rythme.

C'est principalement la musicalité de Cole qui donne le ton de l'album, sorti après que son premier single, *Sincere*, est devenu le premier morceau garage à entrer dans les charts britanniques. C'est la raison pour laquelle il faut trois ans pour réaliser l'album : Cole veut composer sur des instruments acoustiques. Le ton est donné dès l'introduction – un ruissellement de piano qui cède la place à une basse exténuante. Tout au long, Cole alterne évasions soul et morceaux instrumentaux luxuriants, breakbeat, basse et samples déjantés. À l'image du sac au nom de M. J. Cole qui illustre la pochette de l'album, le musicien tente de bâtir un pont entre ses racines garage et le clubbing branché.

D'excellents collaborateurs donnent vie à cet album. Elisabeth Troy berce de sa voix soul la sublime mélodie de *Crazy Love* et chante avec subtilité sur le tempo plus lent et les étourdissants samples de *I see*. Nova Caspar et Jay Dee ajoutent leurs chants puissants à *Sincere*, tandis que Concept Noir entraîne *Rough out here* dans un délire à la Curtis Mayfield. Enfin, MC Danny Vicious illumine *Slum King*, crachant les paroles sur un tempo effréné.
Cela valait la peine d'attendre trois ans. Après cet album, Cole deviendra la première star de la musique garage britannique à percer aux États-Unis. **DC**

Emmylou Harris
Red Dirt Girl (2000)

Label I Nonesuch
Production I Malcolm Burn
Dir. art. I Jeri and John Heiden
Pays I États-Unis
Durée I 55:57

Emmylou Harris, artiste dotée d'une voix bouleversante aux trémolos cristallins, est l'une des plus grandes interprètes d'Amérique. Omniprésente depuis plus de trente ans, elle chevauche les genres et slalome entre les styles. Mais au début des années 90, d'autres artistes lui font un peu trop d'ombre. Cependant son album de 1995, *Wrecking Ball*, produit par Daniel Lanois, marque une rupture. En effet, elle y réinvente sa musique et son art. L'album suivant sera meilleur encore.
Harris écrit tous les morceaux. Ce qui distingue *Red Dirt Girl* de *Wrecking Ball*, c'est que sur le premier, Harris écrit elle-même tous les morceaux, à l'exception d'un seul. De la mélancolie retentissante de *Boy from Tupelo* au poignant tribut qu'elle offre à son père, *Bang the drum slowly*, voici une œuvre finement ciselée, pleine de maturité, qui exprime poétiquement la douleur. Le seul autre album entièrement écrit par Harris est l'introspectif et cathartique *The Ballad of Sally Rose* – un album au succès mitigé inspiré par le souvenir de sa relation avec Gram Parsons, en 1985. Ici, les paroles sont moins explicitement personnelles, mais restent touchantes, tendres et inspirées par la douleur. Le producteur Malcolm Burn s'empare du modèle de Lanois et le décline à l'infini. À la musique subtilement groove s'ajoutent reverbs et rythmes minimalistes. Harris crée des morceaux sentimentaux, de velours froissé qui s'articulent autour des thèmes suivants : amour, perte, tristesse et souffrance.
Des trente albums, *Red Dirt Girl* est sans aucun doute le plus complet et le plus achevé. **RF**

Radiohead
Kid A (2000)

Label I Parlophone
Production I Nigel Godrich
Direction artistique I Stanley Donwood • Tchocky
Pays I Royaume-Uni
Durée I 49:56

Après la sortie de l'album *OK computer* en 1997, le grand public Radiohead est l'un des meilleurs groupes anglais. L'arrivée de *Kid A*, trois ans plus tard, se heurte toutefois à un sentiment de doute largement répandu. La critique se demande où sont passées les guitares et pourquoi Thom Yorke chante aussi faux.
Radiohead réalise un album plus centré sur le son et la texture que sur la simple dynamique calme-fort – sans parler de la structure conventionnelle des chansons. Clicks, beats électro et synthétiseurs rythmiques accompagnent le fausset mélodieux de Yorke sur *Everything in its right place* et l'envoûtant *Morning Bell*. Une ligne de basse sombre ponctue *The National Anthem* et s'associe aux cuivres et à la

batterie de Phil Seway pour un bouquet final apocalyptique. Les sublimes guitares acoustiques de *How to disappear completely* sont entrecoupées de cordes atonales qui accentuent le « grand mal » légendaire de Thom Yorke : « Je ne suis pas là / Rien ne se passe en ce moment. » Le guitariste Jonny Greenwood réalise la plupart des arrangements pour les cordes en utilisant sans mesure les ondes Martenot, un instrument électronique aux sonorités étranges créé dans les années 20 et rendu célèbre par le générique de *Star Trek*. Les batteries électroniques forment l'épine dorsale du puissant *Idioteque*. Quant à *Motion Picture Soundtrack*, l'orgue que l'on y entend clôt l'album sur une note quasi liturgique. *Kid A* s'avère un succès transatlantique – malgré sa mise à disposition gratuite sur Internet plusieurs semaines avant son lancement officiel – récompensé par un Grammy. Voici l'opus qui permet enfin à Radiohead de trouver le succès outre-Atlantique. **AMa**

▶II Liste des titres

01 **Everything In Its Right Place** (C. Greenwood J. Greenwood•O'Brien•Selway•Yorke)	4:11
02 **Kid A** (C. Greenwood•J. Greenwood O'Brien•Selway•Yorke)	4:44
▶ 03 **The National Anthem** (C. Greenwood J. Greenwood•O'Brien•Selway•Yorke)	5:51
04 **How To Disappear Completely** (C. Greenwood J. Greenwood•O'Brien•Selway•Yorke)	5:56
05 **Treefingers** (C. Greenwood J. Greenwood•O'Brien•Selway•Yorke)	3:42
▶ 06 **Optimistic** (C. Greenwood•J. Greenwood O'Brien•Selway•Yorke)	5:16
07 **In Limbo** (C. Greenwood•J. Greenwood O'Brien•Selway•Yorke)	3:31
▶ 08 **Idioteque** (C. Greenwood•J. Greenwood O'Brien•Selway•Yorke)	5:09
▶ 09 **Morning Bell** (C. Greenwood J. Greenwood•O'Brien•Selway•Yorke)	4:35
10 **Motion Picture Soundtrack** (C. Greenwood J. Greenwood•O'Brien•Selway•Yorke)	7:01

U2

All that you can't leave behind (2000)

Label I Island
Production I Brian Eno • Daniel Lanois
Direction artistique I Steve Averill
Pays I Irlande • Royaume-Uni
Durée I 53:07

Avec *All that you can't leave behind*, U2 s'impose comme un pilier de la hiérarchie du rock irlandais. Son dixième album succède aux pseudo-décadents *Pop* et *Zooropa* et au glam dance-rock du surprenant *Achtung Baby*. Avec une nouvelle approche plus directe, cet album voit U2 abandonner son expérimentation électronique en faveur d'une instrumentation épurée et de paroles qui tendent réellement à l'universel. Il redonne au groupe son statut de force artistique reconnue par la profession, tout en présentant son leader Bono comme le plus habile des orfèvres des mots sur le plan émotionnel.

C'est un album aux proportions épiques, sans remplissage. « Dans nos esprits, on a écrit onze singles pour cet album », commente Bono. Avec une portée moins messianique que les meilleurs morceaux des années 90 du quatuor, *All that you can't leave behind* rencontre un succès mondial, phénomène qui prend toute son ampleur après les événements du 11 septembre. *Walk on* devient un hymne provocateur pour tous ceux que les attentats du World Trade Center ont marqués à jamais. *Beautiful Day* est un morceau explosif d'un optimisme communicatif, tandis que *Kite*, écrit en pensant à l'agonie du père de Bono, évoque la sphère intime qui reste à l'ombre des projecteurs ; cette chanson est d'une exquise simplicité.

L'album reçoit le Grammy du meilleur album rock en 2002, tandis que *Walk on*,

Elevation et le morceau inspiré par Michael Hutchence, *Stuck in a moment*, reçoivent aussi un Grammy dans leurs catégories respectives. Avant l'annonce des nominations, Bono se réjouit de « se présenter à nouveau au poste ». Le CV du jeune homme semble avoir été retenu. **SN**

▶II Liste des titres

▶	01 **Beautiful Day** (U2)	4:08
▶	02 **Stuck In A Moment You Can't Get Out Of** (U2)	4:32
▶	03 **Elevation** (U2)	3:47
▶	04 **Walk On** (U2)	4:56
▶	05 **Kite** (U2)	4:27
	06 **In A Little While** (U2)	3:39
▶	07 **Wild Honey** (U2)	3:47
	08 **Peace On Earth** (U2)	4:48
	09 **When I Look At The World** (U2)	4:18
	10 **New York** (U2)	5:30
	11 **Grace** (U2)	5:31
	12 **The Ground Beneath Her Feet** (Salman Rushdie•U2)	3:44

Linkin Park
Hybrid Theory (2000)

Label | Warner Bros.
Production | Don Gilmore
Direction artistique | Frank Maddocks
Pays | États-Unis
Durée | 37:44

Si tout s'était passé comme prévu, l'assaut de Linkin Park au top des charts aurait pu survenir des années plus tôt. Ce n'est qu'après une série de rejets par un grand nombre de maisons de disques que Jeff Blue, de Zomba, aide le groupe à créer et à distribuer son premier album. *Hybrid Theory*, intitulé ainsi en souvenir du premier nom du groupe, sort finalement en 2000 chez Warner Bros.

Le premier single, *One step closer*, connaît un succès immédiat, et devient le pilier du genre nu-metal qui se développe rapidement à ce moment-là. Néanmoins le single suivant, *Closer*, confirme que Linkin Park est un groupe au potentiel inexploité. Son mélange innovateur de hip-hop et de rap old school, de metal et d'électro, place le groupe nettement au-dessus de ses pairs. Dans cet album, Linkin Park combine des rythmes originaux et séduisants avec des paroles virulentes aux influences rock plus dures, comme *A place for my head*, le tout couronné d'une production à grande échelle.

La violente atmosphère metal, pourtant mélodieuse – comme en témoignent *One step closer*, *With you* et *Papercut* –, fait du groupe le candidat idéal pour les tournées américaines Projekt Revolution et Family Values. En 2001, ils donnent deux cent trente-quatre concerts au total. Vers la fin de cette année, ils deviennent l'un des plus grands groupes du nouveau millénaire et *Hybrid Theory* le deuxième album le plus vendu au monde.

Les Grammy Awards de 2002 renforcent cette réputation planétaire, et le groupe récolte trois nominations dans les catégories de meilleur album rock, meilleure révélation et meilleure performance hard rock pour *Crawling* – ils remportent finalement le dernier. **EK**

▶II Liste des titres

	01 **Papercut** (Linkin Park)	3:04
▶	02 **One Step Closer** (Linkin Park)	2:35
	03 **With You** (Dust Brothers•Linkin Park)	3:23
	04 **Points Of Authority** (Linkin Park)	3:20
▶	05 **Crawling** (Linkin Park)	3:28
	06 **Runaway** (Linkin Park•Wakefield)	3:03
	07 **By Myself** (Linkin Park)	3:09
▶	08 **In The End** (Linkin Park)	3:36
	09 **A Place For My Head** (Linkin Park•Wakefield)	3:04
	10 **Forgotten** (Linkin Park•Wakefield)	3:14
	11 **Cure For The Itch** (Linkin Park)	2:37
	12 **Pushing Me Away** (Linkin Park)	3:11

Elliott Smith
Figure 8 (2000)

Label | Dreamworks
Production | Tom Rothrock • Rob Schnapf • Elliott Smith
Direction artistique | Autumn de Wilde • Dale Smith
Pays | États-Unis
Durée | 52:07

Les années qui séparent l'enregistrement d'*Either/Or* et *Figure 8* ont été mouvementées pour Elliott Smith. En 1997, ses amis commencent à s'inquiéter de sa consommation excessive d'alcool et de son comportement autodestructeur. Malgré leur intervention, il fait un court séjour dans un hôpital psychiatrique de l'Arizona – une expérience malheureuse.
La révélation de sa musique sur la bande originale de *Will hunting* lui vaut une nomination à l'Oscar de la meilleure B.O. L'attention suscitée par cet événement l'amène à choisir un nouveau label, Dreamworks, qui lui permet de bénéficier de moyens plus importants, ce qui est évident sur *Figure 8*. L'album oscille entre cordes et arrangements foisonnants sur des morceaux comme *Everything means nothing to me*.
Comme sur ses précédents albums, la mélancolie des textes alterne avec des moments d'optimisme, mais il est tentant d'imaginer que cette humeur plus positive se ressent encore plus sur *Figure 8*. Le changement vers un climat plus doux a-t-il également influencé son travail ? Après une période de vie nomade, Smith s'installe en effet à Los Angeles. La chanson *L.A.* résume bien cela, oscillant entre libération et désolation, alliant les harmonies exaltantes de la côte ouest au chœur : « La nuit dernière, j'ai failli tout balancer. » Sur *In the lost and found (Honky bach)*, Smith joue sur le piano qui a servi à McCartney sur *Penny Lane*. En tant que fan de longue date des Beatles, c'est un vrai plaisir pour Smith, qui lui vaut d'ailleurs des comparaisons avec les Fabulous Four. Cet album s'approche de la perfection : brillant, mélancolique et puissant. **MBI**

▶II Liste des titres

	01 Son Of Sam (Smith)	3:05
	02 Somebody That I Used To Know (Smith)	2:09
▶	03 Junk Bond Trader (Smith)	3:49
	04 Everything Reminds Me Of Her (Smith)	2:37
	05 Everything Means Nothing To Me (Smith)	2:24
▶	06 L.A. (Smith)	3:14
▶	07 In The Lost And Found (Honky Bach)/The Roost (Smith)	4:32
	08 Stupidity Tries (Smith)	4:24
▶	09 Easy Way Out (Smith)	2:44
	10 Wouldn't Mama Be Proud ? (Smith)	3:26
	11 Color Bars (Smith)	2:18
	12 Happiness/The Gondola Man (Smith)	5:04
	13 Pretty Mary K (Smith)	2:36
	14 I Better Be Quiet Now (Smith)	3:34
	15 Can't Make A Sound (Smith)	4:18
	16 Bye (Smith)	1:53

Badly Drawn Boy
The Hour of Bewilderbeast (2000)

Label | Twisted Nerve
Production | Divers
Direction artistique | Andy Votel
Pays | Royaume-Uni
Durée | 63:25

Damon Gough, alias Badly Drawn Boy, a l'habitude de dérouter les critiques et ses fans. Sur *The Hour of Bewilderbeast*, son premier album, cet originaire de Manchester met le paquet pour créer un album conceptuel basé sur l'évolution d'une relation. Les dix-huit morceaux épiques qui composent cet album illustrent à merveille le statut – justifié – de fer de lance du mouvement nu-folk dont il jouit à la fin du millénaire.
L'album s'ouvre sur l'imperturbable morceau acoustique *The Shining*, puis l'atmosphère bascule vers un folk déjanté et

obscur, sur le sublime *Fall in a river*, puis vers le rock aux riffs plombés, *Another Pearl*, avant de s'achever sur l'hymne résigné *Epitaph*. Même la chanson-titre, un morceau instrumental qui évoque légèrement le thème de Banana Splits, s'écoute avec émotion.

On retrouve également quelques-uns de ses plus mémorables singles – voyez l'intro wah-wah et le début de *Once around the block*, ou la teinte disco de *Desillusion*. Le tout enveloppé dans un visuel à la Twisted Nerve, unique en son genre, avec une pochette folk-art à l'image de ce qui se trouve au cœur de la créativité de Gough – albums, boîte à musique, photos de famille et fleurs.

Au moment de l'enregistrement, Gough évoque l'influence déterminante exercée par Bruce Springsteen sur sa musique. Un choix qui semble alors légèrement dépassé. Mais l'album mûrit d'année en année et la comparaison apparaît aujourd'hui très juste. Badly Drawn Boy est un renégat et un héros folk. **JK**

▶II Liste des titres

▶	01 The Shining (Gough)	5:18
	02 Everybody's Stalking (Gough)	3:39
	03 Bewilder (Gough)	0:48
▶	04 Fall In A River (Gough)	2:17
	05 Camping Next To Water (Gough)	3:50
	06 Stone On The Water (Gough)	3:58
▶	07 Another Pearl (Gough)	4:27
	08 Body Rap (Gough)	0:45
▶	09 Once Around The Block (Gough)	3:44
	10 This Song (Gough)	1:32
▶	11 Bewilderbeast (Gough)	3:30
	12 Magic In The Air (Gough)	3:43
	13 Cause A Rockslide (Gough)	5:55
	14 Pissing In The Wind (Gough)	4:19
	15 Blistered Heart (Gough)	1:50
	16 Disillusion (Gough)	5:19
	17 Say It Again (Gough)	4:41
	18 Epitaph (Gough)	3:50

P. J. Harvey

Stories from the city, stories from the sea (2000)

Label | Island
Production | Rob Ellis • Mick Harvey • P. J. Harvey
Direction artistique | Rob Crane • Maria Mochnacz
Pays | Royaume-Uni
Durée | 50:45

Cet album de Harvey, récompensé par le Mercury Music Prize en 2001, lui apporte une reconnaissance critique universelle. Les sonorités de *Stories from the city, stories from the sea* sont plus rassurantes et lisses que sur ses précédents albums et suggèrent une maturité nouvelle.

Si les chansons regorgent toujours de feu et de passion, elles sont recouvertes par le cliquetis de la guitare de Harvey, tandis que ses complices Rob Ellis et Mick Harvey ajoutent une couche de synthétiseur et de piano pour adoucir le son. Les textes sont volontairement directs et révélateurs. *This is love*, où Harvey chante : « J'ai du mal à croire que la vie soit si complexe / Alors que j'ai simplement envie de m'asseoir là et de te regarder te déshabiller » sur une ligne de basse rugueuse, est un morceaux qui se veut provocant et sexy.

L'album est aussi parsemé de références à New York. Même si P. J. Harvey ne veut pas que l'on s'y réfère comme l'« album new-yorkais », l'influence de la ville est évidente. La résonance sombre et bouillonnante de *The Whores hustle and the hustlers whore* fait écho au danger, à la violence et au désespoir souvent associés à la Grande Pomme. Elle parle « d'héroïne et de speed, de génocide et de suicide, de syphilis et de cupidité », alors que dans l'intro de *Big Exit*, elle s'écrie : « Ce monde est fou, donne-moi le flingue. » P. J. Harvey affirme d'ailleurs que New York déborde de cette énergie qui fait défaut à Londres, et qu'elle a concentrée dans *Stories from the city, stories from the sea*. D'un point de vue émotionnel et artistique, cet album passera à la postérité. **KM**

▶II Liste des titres

▶ 01 Big Exit (Harvey)	3:51
02 Good Fortune (Harvey)	3:20
▶ 03 A Place Called Home (Harvey)	3:24
04 One Line (Harvey)	3:14
05 Beautiful Feeling (Harvey)	4:00
▶ 06 The Whores Hustle And The Hustlers Whore (Harvey)	4:00
07 This Mess We're In (Harvey)	3:57
08 You Said Something (Harvey)	3:19
▶ 09 Kamikaze (Harvey)	2:24
▶ 10 This Is Love (Harvey)	3:48
11 Horses In My Dreams (Harvey)	5:37
12 We Float (Harvey)	6:09
13 This Wicked Tongue (Harvey)	3:42

Erykah Badu

Mama's Gun (2000)

Label I Motown
Production I Erykah Badu • James Poyser
Direction artistique I Erykah Badu • Michael Whitfield
Pays I États-Unis
Durée I 71:50

Baduizm, le premier album d'Erykah Badu, a révélé la Lady Day du hip-hop en 1997. *Mama's Gun*, album suivant, vendu à des millions d'exemplaires, transmet un message différent. Il se compose d'une suite de morceaux qui évoquent les profondeurs obscures de la vie et de l'amour. Ce qui reflète d'ailleurs l'état d'esprit de Badu, qui rompt avec le père de son enfant, André 3000 d'Outkast, avant d'enregistrer cet album. Si André donne sa version de la rupture sur *Miss Jackson*, Erykah décline la sienne tout au long des soixante-douze minutes de *Mama's Gun*.
La première moitié réduit la funk des seventies à un mauvais clip post-Missy. Badu s'impose alors comme une héroïne féminine très juste, qui attend son homme incarcéré, sur le sample de Stevie Wonder de *Penitentiary Philosophy*, et parle pour les « gourdes avachies » (*Cleva*).
Le romantisme affiché de *Orange Moon*, chanson à la Minnie Riperton, annonce l'atmosphère mélancolique, blessée, de la seconde moitié de l'album. Le shuffle minimaliste du sample de John Hammond, *Time's a waisting*, crée une ambiance sombre, qui n'est apaisée que par les gémissements de Badu, qui souffre mais finit par guérir. Le single *Bag Lady* est doux-amer : le sage conseil de laisser tomber le passé d'une femme tourmentée par le sien.
Green Eyes est le vrai bijou de l'album. Histoire d'un cœur brisé, le morceau se compose de trois mouvements, dirigés par le leader de Roots, ? Questlove : le jazz grésillant des années 30 se transforme en blues enjoué, avant de conclure sur une note mélancolique. Badu reconnaît à contrecœur qu'« il est trop tard » et éteint les dernières lueurs de l'espoir. Dépouillé, touchant et délicieux, le morceau clôt en beauté un album tout aussi sublime. **SC**

▶II Liste des titres

01 Penitentiary Philosophy (Badu•Poyser •Thompson)	6:09
▶ 02 Didn't Cha Know (Badu)	3:58
03 My Life (Badu•Poyser)	3:59
04 . . . And On (Badu•Cantero•Martin)	3:34
▶ 05 Cleva (Badu•Poyser)	3:45
06 Hey Sugah (Badu•N'dambi)	0:51
07 Booty (Badu)	4:04
08 Kiss Me On My Neck (Hesi) (Badu•DeJohnette•Poyser•Yancey)	5:34
09 A.D. 2000 (B. Wright•E. Wright)	4:51
▶ 10 Orange Moon (Badu•Lacy•Martin•Young)	7:10
11 In Love With You (Badu•Marley)	5:21
▶ 12 Bag Lady (Badu•Bailey•Brown•Hale•Hayes Longmiles•Martin•Young)	5:48
13 Time's A Wastin (Badu•Martin)	6:42
▶ 14 Green Eyes (Badu•Duplaix•Poyser)	10:04

Coldplay
Parachutes (2000)

Label | Parlophone
Production | Coldplay • Ken Nelson
Direction artistique | Coldplay • Mark Tappin
Pays | Royaume-Uni
Durée | 41:44

Cela fait-il partie d'un plan minutieusement élaboré pour devenir le premier groupe à conquérir le marché anglais et américain, et remporter par la même occasion une belle actrice décorée d'un Oscar ? C'est peu probable. Même en écoutant le premier album de Coldplay d'une oreille distraite, on ne distingue aucune trace de cynisme. De l'ambition, de l'espoir et même du désir se mélangent bien sûr aux guitares et aux faussets déchirants, mais c'est sa passion inégalée pour la musique qui fait tout le charme de ce groupe formé à l'université de Londres.

Le premier album de Coldplay déborde d'un émerveillement constant face aux possibilités de la vie. Comme de nombreux albums britanniques de la fin des années 90, *Parachutes* témoigne de l'influence de Jeff Buckley, mais aussi d'une envie d'innover et de créer. *Spies* est une délicate chanson d'amour, avec toutefois des cordes vibrantes et des guitares qui lui donnent un faux-semblant de musique à la James Bond. *Trouble* est une berceuse qui offre une vision faussement acerbe du cœur, tandis que *Yellow* est l'un des rares tubes à porter la trace de l'art-noise de My Bloody Valentine.

Mais alors, s'il n'y a pas de plan machiavélique, quel est le secret du succès planétaire de *Parachutes* ? « Je crois que ce sont les meilleures chansons du monde », suggère le chanteur Chris Martin, avant d'ajouter avec modestie : « Mais si je vous disais ça, vous me trouveriez sans doute très arrogant. » Reflétant cet état d'esprit, *Parachutes* est imparfait et pourtant brillant, grisant et pourtant tendre, assuré et pourtant timide – c'est avant tout un album d'une humanité saisissante. Sa popularité n'est donc pas surprenante. **PS**

▶II Liste des titres

▶ 01 **Don't Panic** (Berryman•Buckland•Champion•Martin) 2:17
▶ 02 **Shiver** (Berryman•Buckland•Champion•Martin) 4:59
▶ 03 **Spies** (Berryman•Buckland•Champion•Martin) 5:18
04 **Sparks** (Berryman•Buckland•Champion•Martin) 3:47
▶ 05 **Yellow** (Berryman•Buckland•Champion•Martin) 4:29
▶ 06 **Trouble** (Berryman•Buckland•Champion•Martin) 4:30
07 **Parachutes** (Berryman•Buckland•Champion•Martin) 0:46
08 **High Speed** (Berryman•Buckland•Champion•Martin) 4:14
09 **We Never Change** (Berryman•Buckland•Champion•Martin) 4:09
10 **Everything's Not Lost** (Berryman•Buckland•Champion•Martin) 7:15

Common
Like water for chocolate (2000)

Label | MCA
Production | The Soulquarians
Direction artistique | Kenny Gravillis
Pays | États-Unis
Durée | 78:00

Like water for chocolate, premier album de Common, porte la marque d'un chaleureux sens de la famille et de la communauté, et alterne récits de la réalité pure et dure et exemples inspirés de héros véritables. Le morceau d'ouverture, *Time travellin'*, un tribut au chef de file de l'Afrobeat Fela Kuti – dans lequel chante d'ailleurs le fils de Kuti, Femi –, fait remonter la filiation à Lagos. Pour *Heat*, l'un des nombreux grooves percutants et originaux de l'album, le collectif de producteurs de Common, les Soulquarians (inauguré pour cet album, il compte dans ses rangs ? Questlove, James Poysner, Jay Dee ou D'Angelo), a invoqué la voix percutante de Kuti.

On y trouve des moments de fantaisie, comme avec *The Light*, où Common déclare sa flamme à Erykah Badu, des moments de violence (*Payback is a grandmother*) qui cherche à montrer que tout, dans la vie, est « politique ». DJ Premier est aux platines sur *Sixth Sense*, hymne solennel aux pouvoirs de rédemption du hip-hop, et Mos Def s'empare du micro pour faire le tour des « questions de la vie ». Common offre deux clins d'œil respectueux à la génération précédente, un tribut à l'héroïne des Black Panthers – et mère de Tupac – Assata Shakur, et un finale où figure le père de Common, Lonnie Pops Lynn, qui rappe chaleureusement sur sa famille planétaire, au son d'un magnifique vamp de Fela. Common affirme l'existence d'une force et d'une résilience au ghetto qui perdure, et qui mérite que ses membres l'entretiennent. **sc**

Mike Ladd
Welcome to the Afterfuture
(2000)

Label | Ozone
Production | Mike Ladd • Fred Ones
Direction artistique | Non créditée
Pays | États-Unis
Durée | 62:39

L'énigme de l'inné et de l'acquis est assez intéressante pour consumer Shakespeare dans *La Tempête*. Le rappeur Mike Ladd est hanté par cette même quête identitaire. Élevé en Inde, homme de lettres et poète reconnu qui navigue entre les arts, Ladd est loin d'être le rappeur MC stéréotypé. Lorsqu'il enseignait la poésie à l'université de New York, on pouvait parfois tomber sur une voiture filant à toute allure avec Ladd sur le siège du passager, montrant ses fesses à la police.
Welcome to the afterfuture est un voyage terrien. Les morceaux instrumentaux de future jazz et les moments ambiants suivent les instants de poésie lysergique, alors qu'un titre comme *The Animist* est aussi simple et direct que peut l'être le hip-hop – un groove jazzy synthétique allié à la philosophie humaniste et enjouée de Ladd. Il n'est pas toujours aussi accessible – en quelques minutes, l'ambiance fait place à une apocalypse ardente avec Sun Ra sur *Starship Niagara*, qui cède à son tour la place au souffle glacial du morceau-titre dément.
Ici, le coup de maître de Ladd est d'assembler des éléments disparates et exotiques. L'album monte en puissance jusqu'au superbe *Feb 4'99*, qui enfile les images discordantes de la vie de Ladd – ses tribulations en Inde, la violence de New York, son étouffante ville natale de Cambridge – pour faire une puissante déclaration sur le concept de justice dans une terre sans Dieu. Un coup très touchant, porté par un artiste qui vise les hautes cimes. **sc**

Red Snapper
Our aim is to satisfy (2000)

Label | Warp
Production | Hugo Nicholson
Direction artistique | Red Design
Pays | Royaume-Uni
Durée | 57:03

Le troisième album du trio instrumental Red Snapper, *Our aim is to satisfy*, a une abondance d'influences – le dub, l'acid jazz, phat disco beats et un soupçon de hard rock – et présente une combinaison pionnière d'électro et d'instruments acoustiques. Les morceaux peuvent être mélodieux et doux, ou sombres et mystérieux, sans parler de l'un d'entre eux, tout simplement torride.
Shellback fait entendre la batterie épileptique de Richard Thair, la basse d'Ali Friend et, pour couronner le tout, la voix

sereine et envoûtante de Karime Kendra. S'ensuit le morceau instrumental *Don't go nowhere*, qui évoque l'ambiance d'un club enfumé et sombre. Le groupe continue sur sa lancée avec *The Rough and the Quick*, un morceau funky, exubérant, avec quelques nuances de trip-hop. La voix sulfureuse de Kendra accentue la sensualité d'un texte déjà très chaud – « Prends-moi fort et vite / Viens sur ma langue » – et il y a pire. Ce morceau exige qu'un nouveau genre soit ajouté au lexique : « élecrotique ». *Belladonn* est une expérience surréaliste, avec des guitares métalliques et une double basse subtile mélangées à des cordes et des sons électroniques.

Will Hermes résume très clairement ce qu'accomplit Red Snapper dans *Entertainment weekly* : « Ce groupe londonien crée un mural pop-jazz avec une vision du XXIe siècle. » De loin le meilleur album du groupe, *Our aim is to satisfy* est sexy, agressif et même hypnotisant. **LA**

Eminem
The Marshall Mathers LP
(2000)

Label I Interscope
Production I Divers
Direction artistique I Jason Noto
Pays I États-Unis
Durée I 72:05

Lorsqu'Eminem signe son premier album dans une grande maison, le diffamatoire *The Slim Shady Show* en 1999, le verdict des gardiens de la morale est unanime : l'album d'Eminem est raciste, sexiste, misogyne et homophobe. Les mots grossiers et la violence du rap ne sont certes pas nouveaux, mais le chanteur diffuse cette musique dans l'Amérique blanche de classe moyenne.

The Marshall Mathers LP exploite la fureur déchaînée par *The Slim Shady Shadow* pour devenir un chef-d'œuvre meta-rap de choc, récompensé par un Grammy, qui abat les frontières entre humour et horreur, satire et documentaire. À présent, Eminem nous offre trois personnages – le vrai Marshall Mathers, l'effronté MC Eminem et le rappeur insolent Slim Shady.

Slim et Eminem mettent le feu aux poudres en déversant de l'encre vitriolée et enjouée sur tout, de la censure – « Tu veux que j'arrange les paroles pendant que le président se fait sucer ? » dans *Who Knew* –, au phénomène de la célébrité – *Stan*. Dr. Dre agrémente les attaques d'effets sonores coquins, de basses aquatiques et de rythmes pop syncopés. Cependant, c'est quand Eminem se lance dans des diatribes semi-autobiographiques qu'il touche véritablement. Ce ne sont ni le sang, ni les tripes ou le langage grossier – « Maintenant Saigne ! Salope Saigne ! » – qui rendent si terrifiante la sanguinaire ballade *Kim*, mais son humanité – « Je le jure devant Dieu, je te hais, Oh mon Dieu, je t'aime ». **MK**

Goldfrapp
Felt Mountain (2000)

Label I Mute
Production I Alison Goldfrapp • Will Gregory
Direction artistique I Alison Goldfrapp
Pays I Royaume-Uni
Durée I 39:36

Les critiques se complaisent dans la caricature, mais voilà un début déjouant toutes les tentatives paresseuses de catégorisation. Électro cinématique, tour à tour glaciale et décadente, séductrice et menaçante.

Avant *Felt Mountain*, on remarque la voix singulière d'Alison Goldfrapp sur *Maxinquaye* de Tricky. Mais c'est mêlée aux orchestrations étranges et ébahissantes de Will Gregory, imbibées de cordes et d'ouvertures d'un autre monde, qu'elle trouve véritablement son univers.

L'album ne pouvait donc s'ouvrir que sur l'étrangeté de *Lovely Head*. Mélange mélodramatique, le début du morceau est sifflé et les arrangements originaux trahissent les racines DIY de l'album. Si les premiers morceaux déroutent, il n'en reste pas moins que le grand public adhère à la perspective tordue du duo. Ainsi le disque pénètre la conscience des Anglais qui achètent un demi-million de disques.

L'intérêt du voyage ne diminue pas par la suite : Goldfrapp prend plaisir à jouer cette version moderne du *Cabaret* de Sally Bowles, sa voix devenant plus un instrument qu'un outil de communication. *Human* est une étude au détachement glacial, la chanson-titre est hypnotique, tandis que *Oompa radar* est tout simplement bizarre. L'empreinte de Gregory – l'univers de la musique de film – est présente tout au long de l'album ; un hommage est rendu à Sergio Leone sur la pochette, mais on aurait pu aussi bien y trouver les noms de John Barry ou Ennio Morricone.

La bande originale d'un film reste à faire. Pour une fois, le seul qualificatif qui s'applique ici est unique. **CB**

▶II Liste des titres

▶	01 **Lovely Head** (Goldfrapp•Gregory)	3:49
	02 **Paper Bag** (Goldfrapp•Gregory)	4:06
▶	03 **Human** (Goldfrapp•Gregory•Locke•Norfolk)	4:37
	04 **Pilots** (Goldfrapp•Gregory)	4:29
	05 **Deer Stop** (Goldfrapp•Gregory)	4:07
▶	06 **Felt Mountain** (Goldfrapp•Gregory)	4:17
	07 **Oompa Radar** (Goldfrapp•Gregory)	4:42
	08 **Utopia** (Goldfrapp•Gregory)	4:18
▶	09 **Horse Tears** (Goldfrapp•Gregory)	5:11

Giant Sand

Chore of enchantment (2000)

Label | Thrill Jockey
Production | Divers
Direction artistique | Sheila Sachs
Pays | États-Unis
Durée | 59:53

Après un séjour de dix ans à Tucson, Howe Gelb émerge avec John Convertino à la batterie et Joey Burns à la basse. Le groupe est le fruit d'un projet musical aussi imprévisible que son leader – un chanteur-compositeur qui change sans cesse de direction, applique les leçons de liberté de Bob Dylan et de Neil Young et est doté du même tempérament idiosyncrasique que son idole de jazz Thelonious Monk.

Giant Sand produit certains des meilleurs albums de l'underground américain des années 80 – *The Love Songs* en 1988 et en 1990, *Center of the universe* en 1992 – en mélangeant sentimentalisme country et électricité volcanique, prosaïsme et bizarrerie, mais aucun n'a le succès de *Chore of enchantment*. Enregistré à Tucson, Memphis et New York avec divers producteurs, l'album est toutefois unifié, avec des musiciens qui se perdent pour mieux se retrouver par la suite.

Le morceau instrumental de slide guitar *Shrine* exécuté par Rainer Ptacek, mort d'un cancer avant la sortie de l'album, est teinté d'une atmosphère mélancolique et élégiaque, sublimée par les envoûtants Mellotron et l'orgue. Les paroles sont à la fois énigmatiques et familières ; les arrangements passent de l'éthéré à la distorsion punk, du silence à l'exubérance, avec un chanteur toujours lointain, qui murmure à l'oreille.

Étonnant d'un bout à l'autre, rempli de morceaux étranges sur les femmes – le voluptueux *Temptation of egg* –, les expériences de la cinquantaine – *Shiver*, un tube underground – et de chansons carrément cryptiques – les guitares abrasives qui alimentent *Satellite* –, *Chore of enchantment* est un disque qui vous habite. **IJ**

▶II Liste des titres

	01 Overture (Gelb)	0:48
▶	02 (Well) Dusted (For The Millennium) (Gelb)	3:47
	03 Punishing Sun (Gelb)	3:13
	04 X-tra Wide (Gelb)	3:27
	05 1972 (Gelb)	1:03
▶	06 Temptation Of Egg (Gelb)	3:41
▶	07 Raw (Gelb)	3:29
	08 Wolfy (Gelb)	4:25
▶	09 Shiver (Gelb)	4:00
	10 Dirty From The Rain (Gelb)	3:34
	11 Astonished (In Memphis) (Gelb)	5:32
	12 No Reply (Gelb)	4:34
▶	13 Satellite (Gelb)	6:48
▶	14 Bottom Line Man (Gelb)	4:41
	15 Way To End The Day (Gelb)	4:47
	16 Shrine (Ptacek)	2:04

Lambchop

Nixon (2000)

Label | Merge
Production | Mark Nevers • Kurt Wagner
Direction artistique | Eric Bailey • Wayne White
Pays | États-Unis
Durée | 49:44

L'un des secrets les mieux gardés de Nashville – le groupe détendu et éclectique Lambshop – est un collectif de musiciens de passage, menés par le chanteur-compositeur Kurt Wagner. *Nixon*, cinquième opus, curieusement intemporel, est un vrai régal d'orchestrations foisonnantes, qui joue sur de nombreux styles, du rock alternatif à la country, en passant par la soul des années 70.

La voix nonchalante et intime de Kurt Wagner se situe entre le parlé et le chanté, avec un fausset occasionnel qui établit un équilibre – le morceau *You masculine you* est chanté de cette manière. Les textes de Wagner regorgent d'images évocatrices et mélancoliques. Pour un album conceptuel sur Richard Nixon, on a toutefois du mal à dénicher le thème, même si une liste de livres sur Tricky Dick est suggérée dans la pochette du disque.

The Old Gold Shoe commence par un mix somnolent de basses, guitares et batteries à peine effleurées. Un bel ensemble de cordes gonfle, tandis que Wagner lance une plaisanterie narquoise à son propre égard : « Ce n'est même pas un très bon chanteur. » *Up with people*, avec ses battements de mains, son chœur de gospel qui s'élève jusqu'au ciel et sa trompette scintillante, est l'irrésistible chanson phare de l'album.

What else could it be ? mélange les crescendos de la disco traditionnelle et les rythmes saccadés du funk. *The Distance from her to there*, au titre exceptionnel, offre une guitare métallique à pédale et un refrain mémorable : « Ce soir, les lumières dehors sont loin de chez moi / Et je bois dans le jardin. » *Nixon* est un album charmeur, parfait pour une virée nocturne en voiture ou un dimanche après-midi. **RM**

▶II Liste des titres

▶	01 The Old Gold Shoe (Wagner)	6:21
	02 Grumpus (Wagner)	4:19
	03 You Masculine You (Wagner)	5:59
▶	04 Up With People (Wagner)	5:59
	05 Nashville Parents (Wagner)	5:38
▶	06 What Else Could It Be ? (Wagner)	3:38
▶	07 The Distance From Her To There (Wagner)	4:20
	08 The Book I Haven't Read (Mayfield•Wagner)	5:44
	09 The Petrified Florist (Wagner)	4:52
	10 The Butcher Boy (Public Domain)	2:54

Ute Lemper
Punishing Kiss (2000)

Label | Polygram
Production | Divers
Direction artistique | Conor Brady
Pays | Allemagne
Durée | 57:17

Ute Lemper nous transporte à une époque plus glamour, où les Greta Garbo hantaient les clubs de l'Allemagne de Weimar et n'allumaient jamais leurs cigarettes en public. L'artiste allemande, qui reçoit des éloges pour ses performances scéniques au cinéma et ses albums, se montre aussi versatile et convaincante que les stars hollywoodiennes à leur apogée. Candidate idéale pour défendre le répertoire de Kurt Weill, elle sort deux anthologies en 1992 et 1993 et redonne vie aux chansons berlinoises de cabaret en 1997.

Ici, Lemper s'éloigne du passé et se concentre sur les compositeurs modernes avec le magnifique et décadent *Punishing Kiss*. Mais la chanteuse ne prend des risques que si cela en vaut la peine. Elle n'a pas beaucoup d'efforts à fournir pour manier ce nouveau répertoire, puisqu'Elvis Costello, Tom Waits et les autres compositeurs figurant sur l'album sont tous influencés par Weill.

Cette sensation de contemporanéité atteint son apogée sur la pochette de l'album, qui montre la chanteuse vêtue de cuir comme Catwoman, et jouant la femme fatale dans une ruelle miteuse. *The Case continues*, premier morceau, est un roman mystérieux transposé en chanson. Les trois titres écrits par Costello servent cette ambiance sombre et tragique. L'interprétation de Lemper du *Purple Avenue* de Waits est exquise et porte un sacré coup au *Little Water Song* de Nick Cave. Les membres de The Divine Comedy, Neil Hannon et Joby Talbot, qui jouent la plupart des morceaux, fournissent aussi trois solides compositions. Et Lemper intègre à cet ensemble le *Tango Ballad* de Weill comme la pièce finale d'un puzzle. **JiH**

▶II Liste des titres

▶ 01 The Case Continues (Hannon•Talbot)	3:51
02 Tango Ballad (Brecht•Talbot•Weill)	5:00
03 Passionate Fight (Costello•Nieve)	4:13
▶ 04 Little Water Song (Cave•Pisek)	3:58
▶ 05 Purple Avenue (Waits)	4:23
06 Streets Of Berlin (Glass•Sherman)	4:01
07 Split (Hannon•Talbot)	3:41
08 Couldn't You Keep That To Yourself (Costello)	2:49
▶ 09 Punishing Kiss (Costello•O'Riordan)	4:32
10 You Were Meant For Me (Hannon•Talbot)	5:14
11 The Part You Throw Away (Brennan•Waits)	4:44
12 Scope J (Engel)	10:51

Madonna
Music (2000)

Label | Maverick
Production | Divers
Direction artistique | Kevin Reagan
Pays | États-Unis
Durée | 44:38

Élue « pire actrice du siècle » en 2000, Madonna se rachète en renouvelant son engagement envers la pop moderne. Juste après l'album qui a relancé sa carrière, *Ray of light*, elle recrute le prodige franco-afghan Mirwais. Son *Disco Science* apparaît sur la première moitié de l'album, car Madonna est impressionnée par le son rugueux et le clip torride du morceau. La chanteuse cite parmi ses influences « Bambaataa, l'électro française et Guy Ritchie », qu'elle épousera par la suite.

L'album *Ray of light* tourbillonne alors que *Music* pétille. « On a commencé par des ballades lentes, se remémore William Orbit, qu'elle a éliminées les unes après les autres en faveur de morceaux plus fébriles. » *Don't tell me*, excursion country électro créée à partir d'une chanson de son beau-frère Joe Henry (aux côtés de qui elle chante le charmant *Guilty by association* sur l'album tribut à Vic Chestnutt, *Sweet relief II*), est surprenante. Le mariage de sciure et de staccato a inspiré la pochette du photographe Jean-Baptiste Mondino et redonne leur heure de gloire aux Stetson scintillants.

D'autres influences étranges créent une alchimie sur *What it feels like for a girl*, qui s'ouvre sur un dialogue de Charlotte Gainsbourg dans le drame de 1993 *Le Jardin de ciment*, ou *Gone*, qui marie la guitare de l'ancien membre d'Oasis Paul Stacey au style classique du compositeur Damian Le Gassick.

Pour la première fois depuis 1989, *Music* place Madonna au sommet des charts américains et se vend à plus de dix millions d'exemplaires dans le monde. *Ray of light* récolte peut-être les louanges de la critique, mais *Music* est à l'image de Madonna : amusant, flashy et fabuleux. **BM**

▶II Liste des titres

▶ 01 **Music** (Ahmadzaï•Madonna)	3:45
02 **Impressive Instant** (Ahmadzaï•Madonna)	3:37
03 **Runaway Lover** (Madonna•Orbit)	4:47
04 **I Deserve It** (Ahmadzaï•Madonna)	4:23
05 **Amazing** (Madonna•Orbit)	3:43
06 **Nobody's Perfect** (Ahmadzaï•Madonna)	4:58
▶ 07 **Don't Tell Me** (Ahmadzaï•Henry•Madonna)	4:40
▶ 08 **What It Feels Like For A Girl** (Madonna •Sigsworth)	4:43
09 **Paradise (Not For Me)** (Ahmadzaï•Madonna)	6:33
10 **Gone** (Le Gassick•Madonna•Young)	3:29

The Avalanches

Since I left you (2000)

Label I Modular
Production I Bobby C. • Darren Seltmann
Direction artistique I Bobbydazzler
Pays I Australie
Durée I 60:00

L'idée d'un collectif de six DJ australiens mixant un set qui réunit The Osmonds, Kid Creole and the Coconuts et Boney M promet la pire soirée du monde. La réalité, toutefois, est un mix pop art éblouissant et intemporel, qui semble contenir les meilleurs morceaux de tous les albums existants, tout en égalant l'urgence et les frissons doux-amers des originaux.

Avec son shuffle nonchalant et ses mélodies ensoleillées, la chanson-titre qui ouvre l'album annonce la mission du groupe. Il passe ensuite sans efforts à la pop des années 80, au hip-hop de Daisy Age, à la disco filtrée, au lounge, aux bandes originales loufoques et aux comédies musicales – maintenus par le sifflement du vinyle et des flûtes, qui vont et viennent pour créer une ambiance vaporeuse. Avec plus de neuf cents samples qui s'ajoutent à la composition originale, l'album a été façonné avec passion sur une période de deux ans par les anciens punks de Melbourne, Robbie Chater et Darren Seltmann, Gordon McQuilten, Toni Diblasi, James De La Cruz et le DJ australien champion du mix, Dexter Fabay.

Avant la sortie de l'album, le collectif n'a qu'un remix de *Badly Drawn Boy*, trois singles à édition limitée et quelques apparitions diverses à son actif. À la fin de l'année, il figure au générique de *Neighbours*, feuilleton à succès australien, et devient le premier groupe autorisé à utiliser un sample de Madonna. Cela confirme que deux platines et un sample peuvent encore créer de la vraie pop. **MMe**

Outkast

Stankonia (2000)

Label I La Face
Production I Divers
Direction artistique I Mike Rush
Pays I États-Unis
Durée I 73:17

Introduisez *Skantonia* dans votre lecteur. Vous entendez le souffle en fond sonore ? C'est le son de l'univers rap qui a du mal à se maintenir au niveau des sons les plus innovateurs d'Atlanta. Le quatrième album d'Outkast est le plus original, un vrai régal, après qu'*Aquemini* (1988) a consacré le duo comme les maîtres de la soul sudiste et de l'imagerie psychédélique des ghettos.

Le producteur et joueur de synthétiseurs Earthtone III, qui a supervisé une grande partie de l'album, éloigne André 3000 et Big Boi de l'instrumentalisation live de leur précédent disque et les aide à façonner des chansons à partir de synthétiseurs écrasants et de breaks digitaux bruyants. *B.O.B* – morceau de rap le plus ambitieux de tous les temps – réunit chœur gospel, guitare à la Hendrix, drum 'n bass étourdissante pendant cinq minutes de chaos.

Le rap d'André et Big Boi est aussi imaginatif que le fond sonore. Pendant que Dr. Dre et Snoop Dogg crachent des rimes, le duo d'Atlanta écrit des lettres d'excuses infusées de R&B à la mère d'Erikah Badu (*Ms. Jackson*) et évoque la tragédie du suicide adolescent (*Toilet tisha*) sur des bips discordants.

Skantonia – qui vient du lexique de la funk de George Clinton – entre à la 2e place du hit-parade et se vend à quatre millions d'exemplaires aux États-Unis, offrant ainsi à Outkast le trône du rap. Bien que *The Dynasty : Roc la familia* de Jay-Z le maintienne éloigné de la 1re place, l'album signale l'arrivée du hip-hop sudiste, qui pourrait bien rivaliser en créativité et en succès commercial avec les géants du rap des côtes est et ouest. **TB**

Radiohead
Amnesiac (2001)

Label | EMI
Production | Nigel Godrich • Radiohead
Dir. art. | S. Donwood • Tchocky
Pays | Royaume-Uni
Durée | 43:57

En 1999 surgit l'album *13* de Blur, avec ses hymnes poignants d'une âme en chute libre, conclusion parfaite à un siècle musical de pop. Alors, comment aborder le nouveau millénaire ?

Avec *Ok Computer*, Radiohead réévalue la technologie clinique ; leur collaboration suivante en studio, *Kid A*, est disponible sur Internet avant son lancement. *Amnesiac* sort l'été suivant. Le groupe, qui a choisi son nom pour être plus proche de R.E.M. dans les bacs, a bien appris la leçon de ce groupe qui se réinvente constamment.

À l'instar de Michael Stipe, le chanteur Thom Yorke a compris la valeur des refrains diffus et des paroles énigmatiques – « Couteau dehors, attrape la souris », « quelqu'un écoute », « Ne parle pas de politique et ne jette pas de pierres », « Libère-moi… où as-tu garé la voiture ? ». Il crée une aura d'isolement et de perte sur les rythmes électro, la cacophonie jazzy et les loops étranges d'*Amnesiac*. Les textes prennent pour cible les banques mondiales, les médias, ou Tony Blair. Ailleurs, le groupe s'inspire de la mythologie égyptienne et du thème de la rédemption sur le majestueux *Pyramid Song*. La voix de Yorke est désespérée, et part parfois en spirale inversée comme un homme qui doute de son message.

Amnesiac est chargé d'une beauté sombre qui mérite qu'on l'écoute à nouveau – rétro et hurlements de *You and whose army ?*, ragga-ismes envoûtants de *Hunting bears* ; dérangeant mais sublime *Morning bell/Amnesiac* ; et cuivres ivres du dernier morceau, *Life in a glass house*. De tels bijoux sont rares dans ce monde de raves. **GT**

Silver Jews
Bright Flight (2001)

Label | Drag City
Production | Mark Nevers
Direction artistique | Non créditée
Pays | États-Unis
Durée | 35:34

« Les gens traitent Silver Jews comme de la merde », déclare David Berman, alors que son quatrième opus est sur le point d'atterrir dans les bacs. Même si le groupe jouit d'une certaine renommée sur la scène rock indé, Silver Jews est encore vu comme un side-project de Stephen Malkmus – Berman et le leader de Pavement sont amis et ce dernier est présent sur deux albums de Silver Jews. Berman a également été taxé d'aspirant poète car, en plus de la musique, il écrit des recueils de poésie : « Je suis un poète ! » rétorque-t-il. *Bright Flight* vient toutefois apaiser ces inquiétudes. Oui, on y trouve des musiciens invités – la fiancée de Berman, la chanteuse Cassie Marrett –, mais pas de trace de Malkmus, et cela ne fait aucun doute que David Berman mène la barque.

Enregistrées à Nashville, les chansons sont chaleureuses, style country classique – batterie trépidante, guitares métalliques à pédale, cordes ouvertes – mais *Bright Flight* privilégie l'inattendu. Berman exprime des images qui font mal avec une voix profonde et tremblante : « Chaque pensée est comme un coup de poing dans la gueule / Je suis comme un lapin qui se les gèle sur une étoile. » Le morceau *I remember me* présente une histoire d'amour démodée – « ils ont dansé lentement pour que l'aiguille ne saute pas » – sur un ton ironique qui fait rimer « coma » et « Oklahoma ».

Un poète ? Oui. Un artiste solo dont l'influence prend de plus en plus d'ampleur ? Indubitablement. Mais mieux vaut que Berman reste sceptique : « Dès que quelqu'un sera d'accord avec moi, déclare-t-il, j'arrêterai. » **SH**

Björk
Vespertine (2001)

Label | One Little Indian
Production | Björk • Martin Console • Thomas Knak
Direction artistique | Inez/Vinoodh • M/M
Pays | Islande
Durée | 55:33

Après trois albums solos, Björk sent qu'elle a couvert à peu près tous les aspects de sa personnalité : les premiers pas timides de *Debut*, le rythme survolté de *Post* et le puissant et bluesy *Homogenic*. *Vespertine*, déclare Björk, « est ma dernière facette ».

Avant de commencer à travailler sur *Vespertine*, Björk joue le rôle de Selma, une femme qui vit dans un univers fermé dans le film de Lars von Trier, *Dancer in the dark*. L'album baigne dans la même atmosphère calme, contemplative. Selon Björk, « ça parle de ce qui se passe sous ma peau, cet endroit secret ».

En fait, Björk collectionne les micro-battements depuis 1997, d'où son intérêt pour les instruments tels que la harpe, le célesta et la boîte à musique : « des sons courts, percutants et doux ». Pour *Vespertine*, elle fait appel au duo électro Matmos, qui a travaillé par le passé avec toute sorte d'instruments, du coussin-péteur aux sons audibles lors d'une opération de chirurgie esthétique.

En plus des sons indéfinissables qui parcourent tout l'album, *Vespertine* regorge d'orchestrations et de voix, comme ce chœur de filles inuit du Groenland. Des morceaux comme *It's not up to you* émane une liberté fébrile, qui célèbre la joie de croire en l'inconnu – « Des surprises impensables, sur le point d'arriver », murmure-t-elle. Le sensuel *Cocoon* est si intime que l'on se croirait dans un journal.

Une tournée mondiale de grande importance s'ensuit et Björk exprime alors son soulagement d'être munie de tous les papiers nécessaires. « Je pourrais faire n'importe quoi maintenant », affirme-t-elle. Le monde retient son souffle. **SH**

▶II Liste des titres

▶ 01 Hidden Place (Björk)	5:28
▶ 02 Cocoon (Björk•Knak)	4:28
▶ 03 It's Not Up To You (Björk)	5:08
04 Undo (Björk•Knak)	5:38
▶ 05 Pagan Poetry (Björk)	5:14
06 Frosti (Björk)	1:41
07 Aurora (Björk)	4:39
08 An Echo A Stain (Björk•Sigsworth)	4:04
09 Sun In My Mouth (Björk•Sigsworth)	2:40
10 Heirloom (Björk•Console)	5:12
11 Harm Of Will (Björk•Sigsworth)	4:36
12 Unison (Björk)	6:45

Ryan Adams
Gold (2001)

Label | Universal
Production | Ethan Johns
Direction artistique | Ryan Adams • Karen Naff
Pays | États-Unis
Durée | 69:37

Si Ryan Adams n'était pas un compositeur prolifique de chansons, il serait certainement l'habitué du bar de son quartier le plus tapageur : se plaignant d'être malchanceux, il chercherait des noises aux clients peu compréhensifs. Mais Adams a la réputation d'écrire en moyenne neuf chansons par jour, toujours meilleures lorsque quelque chose le perturbe. En 2001, après deux ruptures violentes, il quitte New York pour se rendre à Los Angeles. Puis une grande maison de disques lui verse de l'argent pour la réalisation de son deuxième album solo et il enregistre seize titres pour financer son voyage de retour.

Avec un son aussi éclectique que les humeurs changeantes de son créateur et un reflet chatoyant des années 70, *Gold* a immédiatement projeté Adams dans le panthéon de la country alternative, aux côtés de Gillian Welch, Lucinda Williams et Wilco.

Gold s'ouvre sur un *New York, New York* enlevé mais amer, pour s'achever par le sublime et vacillant *Goodnight Hollywood Boulevard,* et s'aventure entre les deux en plein cœur de l'Americana, de la country à la soul, du blues aux ballades. L'album ressemble à une lettre d'amour qui s'adresse aussi bien à des idoles comme Johnny Cash, Gram Parsons et Bob Dylan qu'à des amours passées. Le chœur entraînant de *Somehow, someday* rappelle l'époque plus poussiéreuse de Tom Petty, alors que les cordes décroissantes d'*Answering Bell* évoquent The Band.

Ce qui pourrait passer pour un cliché se révèle une souffrance véritable, palpable grâce aux intonations mélodieuses, au magnétisme et à la sensibilité d'Adams. Il faut un talent considérable à un compositeur de chansons pour remplir de douceur un monde si sombre. **MO**

▶II Liste des titres

01 New York, New York (Adams)	3:47
02 Firecracker (Adams)	2:48
▶ 03 Answering Bell (Adams)	3:02
04 La Cienega Just Smiled (Adams)	4:59
▶ 05 The Rescue Blues (Adams)	3:36
06 Somehow, Someday (Adams)	4:23
07 When The Stars Go Blue (Adams)	3:31
08 Nobody Girl (Adams•Johns)	9:39
09 Sylvia Plath (Adams•Causon)	4:08
▶ 10 Enemy Fire (Adams•Welch)	4:04
11 Gonna Make You Love Me (Adams)	2:34
12 Wild Flowers (Adams)	4:55
13 Harder Now That It's Over (Adams•Stills)	4:31
14 Touch, Feel, And Lose (Adams•Rawlings)	4:13

▶ 15 Tina Toledo's Street Walkin' Blues (Adams•Johns) 6:04
16 Goodnight, Hollywood Blvd (Adams•Causon) 3:23

Destiny's Child
Survivor (2001)

Label | Columbia
Production | Divers
Direction artistique | I.C.
Pays | États-Unis
Durée | 59:45

Après avoir préparé le terrain en 1999 avec *The Writing's on the wall*, Destiny's Child, basé au Texas, fait un carton avec *Survivor* et s'affirme comme le plus grand groupe féminin du nouveau millénaire.

Le titre de l'album est déjà une déclaration d'intention à lui tout seul. Après le départ de trois des six membres du groupe et le procès engagé contre deux d'entre eux, Destiny's Child entre dans une phase de transition. Avec l'arrivée de Michelle Williams, qui rejoint Beyoncé Knowles et Kelly Rowland, le groupe devient un trio.

Les doutes quant à l'efficacité de ce dernier sont très vite estompés par *Independant Woman part I* qui figure, en outre, au générique de *Charlie's Angels*. Seul le groove est hésitant sur ce morceau de dance déhanché, où les trois femmes proclament fermement leur émancipation. La vantardise confiante continue sur l'impressionnant *Survivor*, puis se transforme en une assurance dynamique pour le lascif *Bootylicious*, qui se construit sur un court sample d'*Edge of seventeen*, de Stevie Nicks.

Il est facile de voir *Survivor* comme le premier album solo de Beyoncé, puisqu'elle co-écrit et produit les quinze morceaux. Le producteur exécutif de l'album, son père Mathew Knowles, s'assure que sa fille reçoit les meilleures parties vocales. En effet, en 2003, Beyoncé revient en solo sur le devant de la scène avec *Dangerously in love*, dont le succès égale celui de *Survivor*, avant de revenir à l'affiche en 2004 avec *Destiny fulfilled*. Titre plutôt ironique, puisque le trio a déjà accompli sa destinée artistique avec *Survivor*. **JiH**

▶II Liste des titres

▶ 01 **Independent Women Part I** (Barnes•B. Knowles•Olivier•Rooney) 3:43
▶ 02 **Survivor** (Dent•B. Knowles•M. Knowles) 4:14
▶ 03 **Bootylicious** (Fusari•B. Knowles•Moore•Nicks) 3:27
04 **Nasty Girl** (Bassi•Dent•Hackett•B. Knowles) 4:17
05 **Fancy** (B. Knowles•Rotem•Wiggins) 4:12
06 **Apple Pie À La Mode** (Fussari•B. Knowles•Moore) 2:58
07 **Sexy Daddy** (Elliott•B. Knowles) 4:06
08 **Independent Women Part II** (Comstock Donaldson•B. Knowles•Seats•Stewart) 3:45
09 **Happy Face** (Fusari•Gaines•B. Knowles•Lee•Moore) 4:30
10 **Emotion** (B. Gibb•R. Gibb) 3:56
11 **Dangerously In Love** (B. Knowles•McCalla) 4:52
12 **Brown Eyes** (Afanasieff•B. Knowles) 4:47
13 **The Story Of Beauty** (Fambro•B. Knowles) 3:30
14 **Gospel Medley** (Franklin•B. Knowles•Smallwood) 3:26
15 **Outro (DC-3) Thank You** (Fusari•Gaines B. Knowles•Lee•Rowland•Williams) 4:02

The Strokes
Is this it (2001)

Label | Rough Trade
Production | Gordon Raphael
Direction artistique | Colin Lane
Pays | États-Unis
Durée | 36:25

Du swing pressant de *The Modern Age* aux basses mélodieuses de *Hard to explain* en passant par les guitares inextricablement entrelacées de *Alone together*, *Is this it* est un premier opus exaltant.

La punk-pop sale et mordante composée par le chanteur-compositeur Julian Casablancas a été conçue pour être écoutée en boucle. Ces onze éclats, économes en énergie, sont dotés d'une abondance de riffs aiguisés, qui distinguent intelligemment The Strokes des groupes post-Radiohead de l'époque, plus axés sur la création musicale à très grande échelle. La version vinyle américaine de l'album est sortie le 11 septembre ; *New York City Cops* sera donc retiré de la version CD ultérieure.

Les Strokes puisent leur inspiration dans le melting-pot des groupes qui ont émergé du centre-ville de New York dans les années 70 : en témoignent leurs vestes de seconde main, baskets usées et pantalons cigarette. Références les plus évidentes : les Stooges, les Carrs et Television, que l'on retrouve tout particulièrement dans le jeu de guitare de Nick Valensi et d'Albert Hammond Jr.

Casablancas a admis publiquement son admiration pour le Velvet Underground de Lou Reed, et sa voix traînante, détachée et pétulante, ressemble à une version plus jeune de son héros. Il ne manque pas d'air : « Je m'en fous », déclare-t-il sur *Barely Legal*, avant d'exprimer sa frustration avec une franchise attendrissante – « Je veux tout, je n'arrive simplement pas à comprendre... Rien ». Le finale de l'album, *Take it or leave it*, est un crescendo euphorique. En concert, le charismatique Casablancas saute fréquemment dans le public pendant cette chanson. L'envol musical n'a jamais été si divertissant. **KM**

▶II Liste des titres

	01 Is This It (Casablancas)	2:35
▶	02 The Modern Age (Casablancas)	3:32
	03 Soma (Casablancas)	2:37
	04 Barely Legal (Casablancas)	3:58
	05 Someday (Casablancas)	3:07
	06 Alone, Together (Casablancas)	3:12
▶	07 Last Nite (Casablancas)	3:17
▶	08 Hard To Explain (Casablancas)	3:47
	09 New York City Cops (Casablancas)	3:37
	10 Trying Your Luck (Casablancas)	3:27
▶	11 Take It Or Leave It (Casablancas)	3:16

Gillian Welch
Time (The Revelator) (2001)

Label I Acony
Production I David Rawlings
Direction artistique I Frank Olinsky
Pays I États-Unis
Durée I 51:14

Voici un territoire sombre, envoûtant, et d'une beauté sauvage. Est-il important qu'un album aux sonorités aussi authentiques et traditionnelles soit en fait l'œuvre d'une érudite de la musique, élevée à Los Angeles et diplômée de l'université de Berkeley ? Pour certains, oui, mais cela ne devrait franchement pas être le cas. Une telle qualité transcende, par son éloquence et sa puissance, toutes les critiques des puristes ennuyeux. Cet album possède quelque chose de résolument contemporain, autant dans les paroles douloureuses que dans le phrasé syncopé de son partenaire musical et prodige de la guitare, David Rawlings. Il ne faut pas oublier, comme le fait remarquer Welch, que « Gillian Welch se compose de deux membres ».

Time (The Revelator) est leur troisième et meilleur opus. Sorti alors que le phénomène de *O brother, Where art thou* excite la curiosité de l'Amérique pour ses propres racines musicales, l'album confirme leur potentiel et consolide leur réputation. Enregistré sur des instruments d'époque dans le mythique Studio B, à Nashville, le son est précis et divinement épuré, tandis que la guitare en demi-ton se fait rare et les harmonies vocales s'unissent pour créer un effet fantomatique et retentissant.

L'album se déroule comme un ruban rouge sang. Chanson après chanson, les images subtiles et ralenties, la poésie et la ferveur s'enchaînent en tremblant jusqu'à l'envoûtant finale de quinze minutes, *I dream a highway*. Une épopée de passions perdues ou usées. Le son de l'os, profond comme une mine et sombre comme un hématome. **RF**

▶II Liste des titres

▶	01 **Revelator** (Rawlings•Welch)	6:20
	02 **My First Lover** (Rawlings•Welch)	3:44
	03 **Dear Someone** (Rawlings•Welch)	3:12
	04 **Red Clay Halo** (Rawlings•Welch)	3:14
▶	05 **April The 14 th Part 1** (Rawlings•Welch)	5:07
	06 **I Want To Sing That Rock And Roll** (Rawlings •Welch)	2:47
▶	07 **Elvis Presley Blues** (Rawlings•Welch)	4:53
▶	08 **Ruination Day Part 2** (Rawlings•Welch)	2:34
	09 **Everything Is Free** (Rawlings•Welch)	4:43
▶	10 **I Dream A Highway** (Rawlings•Welch)	14:40

Gotan Project
La Revancha del tango
(2001)

Label I ¡Ya Basta ! / XL
Production I Gotan Project
Direction artistique I Non créditée
Pays I Argentine • France
Durée I 58:42

À son apogée, le tango – probablement la musique la plus importante à venir d'Amérique latine – envahit les pistes de danse et les théâtres d'Amérique et de l'Europe entière. Gotan Project s'inspire de cette même musique – « gotan » est le verlan argentin qui désigne le tango, mais il ne s'agit en aucun cas d'un tribut nostalgique. Cet album marque, au contraire, la renaissance du tango à l'aube du XXIe siècle. Gotan Project a remporté le World Music Award de la BBC3 dans la catégorie de meilleur espoir, une marque de bienvenue pour Philippe Cohen-Solal et ses amis de longue date, Christoph H. Müller et Eduardo Makaroff. Le groupe cherche à bâtir un pont entre le tango traditionnel mystique et son incarnation jamaïcaine au tempo plus lent, pour créer des sonorités nocturnes, architecturales et sensuelles qui marient les hymnes classiques du tango à des rythmes plus modernes. *La Revancha del tango* est un album original, un retour vers un tango érotique, rappelant les performances d'Astor Piazzolla. Les DJ ont vite fait de disséminer leurs morceaux uniques et d'enflammer les pistes de danse européennes. Sur *Una musica brutal*, les variations mélancoliques du bandonéon se mêlent à la simplicité du dub. On entend du violon et un piano jazzy sur *Triptico*. Les textes intemporels de Cristina Villalonga sur *Epoca* évoquent le milonga – danse argentine enlevée –, tandis que les objectifs politiques de Che Guevara et d'Evita sont évoqués respectivement dans *Queremos paz* et *El capitalismo foráneo*.
La mission de Gotan Project est de ramener le tango à la vie. *La Revancha del tango* est une élégante déclaration d'intention, provocante et enjouée. **GD**

▶II Liste des titres

▶	01 **Queremos Paz** (Makaroff•Müller•Solal)	5:15
	02 **Época** (Makaroff•Müller•Solal)	4:28
▶	03 **Chunga's Revenge** (Zappa)	5:02
▶	04 **Triptico** (Makaroff•Müller•Solal)	8:26
	05 **Santa Maria (Del Buen Ayre)** (Makaroff •Müller•Solal)	5:57
	06 **Una Musica Brutal** (Makaroff•Müller•Solal)	4:11
	07 **El Capitalismo Foráneo** (Buller•Flores•Solal)	6:12
▶	08 **Last Tango In Paris** (Barbieri)	5:50
	09 **La Del Ruso** (Makaroff•Müller•Solal)	6:22
▶	10 **Vuelvo Al Sur** (Piazzolla•Solanas)	6:59

The White Stripes
White Blood Cells (2001)

Label I Sympathy For The Record Industry
Production I Jack White
Direction artistique I Pat Pantano • Jack White
Pays I États-Unis
Durée I 40:23

La mission des White Stripes quand ils commencent à travailler leur troisième opus est de faire un album sans covers, ni solos de guitare, et avec aussi peu d'overdubs que possible, en réaction directe à la richesse relative de leur deuxième album, *De stijl*. Une tellle volonté donne un résultat ironique – *White Blood Cells* est souvent considéré comme leur production la plus luxuriante, ayant engendré quelques-uns de leurs plus célèbres morceaux.

L'identité rouge, blanche et noire est alors bien établie. La pochette montre le duo s'abritant d'une horde de journalistes qui gagnent du terrain, mais il joue aussi sur le titre de l'album. On y trouve plein de contradictions enfantines – l'intérieur de la pochette montre la paire posant et plaisantant avec leurs prétendus poursuivants. Cette attitude s'infiltre dans leur musique. Les paroles de *Fell in love with a girl*, du garage thrash effronté qui remplit tous les dancefloors, évoque les contradictions entre le cerveau d'un homme et d'une femme. *I think I smell a rat* – chanson dont Jack a fait la démo bien avant la naissance des White Stripes – déplore l'attitude d'un jeune qui exploite ses aînés, et *I'm finding harder to be a gentleman* s'en prend aux femmes ingrates qui repoussent la galanterie.

White Blood Cells doit surtout être gardé en mémoire pour son blues charnel et son thrash vibrant. Un enfant pétulant qui refuse d'être instruit, *Expecting*, mais aussi un ami d'école fragile et humble, toujours disposé à prêter main-forte – *We're going to be friends*.

Jack Now est alors à l'apogée de son pouvoir créatif. Cet excellent album reste le point de départ parfait pour tous ceux qui s'interrogent encore sur le blues blanc du XXIe siècle. **JK**

▶II Liste des titres

▶ 01 Dead Leaves And The Dirty Ground (White)	3:04
02 Hotel Yorba (White)	2:10
03 I'm Finding It Harder To Be A Gentleman (White)	2:54
▶ 04 Fell In Love With A Girl (White)	1:50
▶ 05 Expecting (White)	2:03
06 Little Room (White)	0:50
07 The Union Forever (White)	3:26
08 The Same Boy You've Always Known (White)	3:09
▶ 09 We're Going To Be Friends (White)	2:22
10 Offend In Every Way (White)	3:06
▶ 11 I Think I Smell A Rat (White)	2:04
12 Aluminum (White)	2:19
13 I Can't Wait (White)	3:38
14 Now Mary (White)	1:47
15 I Can Learn (White)	3:31
16 This Protector (White)	2:10

Jay-Z
The Blueprint (2001)

Label I Roc-A-Fella
Production I Divers
Direction artistique I Jason Noto
Pays I États-Unis
Durée I 63:50

Sorti le 11 septembre 2001, *The Blueprint* est, étrangement, juste ce dont avait besoin le sous-genre le plus éminent de New York. Le rap de cette dernière est alors l'histoire de deux villes. Le son hip-hop/soul, représenté par des pionniers comme Sean « Puffy » Coombs, Ma$e, ou des boys bands comme 112, connaissent le succès commercial, mais offensent les puristes, qui défendent le hip-hop indépendant bien intentionné de Company Flow et Mos Def. Jay-Z ne s'intègre ni dans l'un, ni dans l'autre, mais parvient pourtant à inclure sur ce sixième album des histoires de citadins ordinaires et des raps sur l'univers du luxe, sans avoir recours à un orgueil démesuré ou à la misogynie.

Bâtis sur le style sentimental lancé par Ghostface Killah, des morceaux comme *The Blueprint (Momma loves me)* imprègnent le rappeur fanfaron d'une rare vulnérabilité. Avec des producteurs comme Kanye West et Just Blaze, *The Blueprint* dégage une chaleur que l'on n'entend plus depuis la soul des années 80.

C'est l'intelligence de Jay, oscillant entre penthouse et trottoir, qui distingue cet album. Si un seul pouvoir devait lui être accordé, le rappeur choisirait la possibilité de « zapper tous les riches et de les mettre dans un ghetto pour mettre les pauvres à leur place, afin que chacun puisse comprendre la façon dont vit l'autre. Après on s'arrangerait pour le reste ». Son souhait se réalise presque sur *The Blueprint*. *All you need* décrit la vie d'un milliardaire aussi simplement que Sinatra lui-même ; *Blueprint (Momma loves me)* raconte l'enfance dans la misère aussi bien que Dickens, tandis que *Never change* évoque l'étourdissante transition de Jay-Z d'un univers à l'autre. **ARa**

▶II Liste des titres

01 **The Ruler's Back** (Carter•Harrel•Hurtt•Sigler) 3:49
▶ 02 **Takeover** (Burdon•Carter•Chandler Densmore •Krieger•Lemay•Lomax•Manzarek Morrison •Parker•West) 5:13
▶ 03 **Izzo (H.O.V.A.)** (Carter•Gordy•Mizell•Perren •Richards•West) 4:00
▶ 04 **Girls, Girls, Girls** (Brock•Carter•Relf•Smith) 4:35
05 **Jigga That N***a** (Barnes•Carter•Olivier) 3:24
06 **U Don't Know** (Byrd•Carter•Smith) 3:19
07 **Hola' Hovita** (Carter•Mosley) 4:33
08 **Heart Of The City (Ain't No Love)** (Carter•Price•Walsh•West) 3:43
09 **Never Change** (Carter•Miller•West) 3:58
10 **Song Cry** (Carter•Gibbs•Johnson•Smith) 5:03
▶ 11 **All I Need** (Carter•Harrel) 4:28
12 **Renegade** (Carter•Mathers) 5:37
▶ 13 **Blueprint (Momma Loves Me)** (Carter •Green•Harrel) 12:08

Röyksopp
Melody A.M. (2001)

Label | Wall Of Sound
Production | Ole J. Mjøs • Röyksopp
Direction artistique | Tom Hingston Studio • Röyksopp
Pays | Norvège
Durée | 45:58

Les vieilles rengaines – il n'y a plus de grands tubes classiques ; la dance et l'électro ne sont que des martèlements abrutissants – sont rapidement mises à l'écart par l'entraînant bijou qu'est *Eple*, premier single de *Melody A.M.*, qui initie le XXIe siècle pour beaucoup d'entre nous. Il s'évade de l'underground des clubs et pénètre une sphère publique plus vaste – sorti de nulle part.

D'où sort ce nom ? « On ne peut pas vraiment appeler un groupe Rösksopp... », admet Svein Berge au sujet du phénomène électro qu'il a créé avec son complice de longue date, Torbjørn Brundtland. Et pourtant, leur premier album a été vendu à plus de 750 000 exemplaires dans le monde (400 000 en Angleterre) et s'est maintenu au sommet des charts deux années consécutives.

L'obsession des deux hommes pour la musique électronique s'est développée dans leur adolescece à Tromso – proche du cercle arctique – pendant les années 90. Parmi leurs influences, on distingue Éric Satie, Francis Lai, le maître de la musique de films pornographiques, et Portishead. Mais l'essence de leur art se trouve dans les mélodies envoûtantes et la maîtrise totale de leur palette électronique, des tons subtils aux grooves entraînants, en passant par la symétrie écrasante de leurs arrangements. Les voix des invités expriment une telle lassitude du monde qu'elles renforcent la vulnérabilité et l'humanité que le duo insuffle à sa musique.

Les contributions d'artistes comme Moby, Pulp et Orbital, qui ont été bien accueillies, et la tournée américaine de 2003, qui s'est jouée à guichets fermés, consolident la popularité de Röyksopp. Reste à voir si cet album est le premier d'une série, ou un brillant fils unique. **MR**

▶II Liste des titres

▶ 01 **So Easy** (Bacharach•David•Röyksopp) 3:44
▶ 02 **Eple** (Röyksopp) 3:36
03 **Sparks** (Drecker•Röyksopp) 5:23
04 **In Space** (Röyksopp) 3:30
▶ 05 **Poor Leno** (Øye•Röyksopp) 3:57
▶ 06 **A Higher Place** (Röyksopp) 4:31
07 **Röyksopp's Night Out** (Röyksopp) 7:30

▶ 08	Remind Me (Øye•Röyksopp)	3:39
09	She's So (Röyksopp•Thomas)	5:23
10	40 Years Back/Come (Röyksopp)	4:45

Drive-By Truckers
Southern Rock Opera (2001)

Label I SDR
Production I David Barbe • Drive-By Truckers
Direction artistique I Lilla Hood
Pays I États-Unis
Durée I 94:01

Ce n'est pas aux Drive-By Truckers de sortir un double album, encore moins un cycle conceptuel de chansons retraçant la grandeur et la décadence d'une légende de la guitare. C'est le genre de choses qu'il vaut mieux laisser aux ego démesurés tels Roger Waters et Pete Townshend, et non à un groupe sans prétention de rock country, qui a pour unique bagage trois albums indépendants ignorés du plus grand nombre. Mais pour certains, *Southern Rock Opera* est le meilleur album de rock américain de 2001.

Basé à la fois sur la mythologie de Lynyrd Skynyrd et l'éducation du compositeur Pattern Hood dans le sud des États-Unis, cette épopée de quatre-vingt-dix minutes, débordante d'humour et de tristesse, se divise en deux actes. Le premier évoque ce que ce signifie grandir en rêvant d'être une rock star ; le second décrit ce qui peut arriver lorsque cette vision devient réalité, avant de s'achever par la mort du héros dans un accident d'avion, comme Ronnie Van Zant, du groupe Skynyrd. L'attaque des trois guitares sur des morceaux comme *Ronnie and Neil* et *Let there be rock* renforcent la présence du fantôme de Skynyrd, et le récit qui figure sur *Days of graduation* et *Wallace* établit une comparaison avec Neil Young.

Lost Highway signe les Truckers pour lancer *Southern Rock Opera*, mais lorsque la réédition ne parvient pas à attirer un vaste public, il lâche le groupe. Les Truckers ont néanmoins créé un chef-d'œuvre dans la même veine que ceux du rock sudiste – y compris Lynyrd Skynyrd. **JiH**

Super Furry Animals
Rings around the world (2001)

Label I Epic
Production I Chris Shaw • Super Furry Animals
Direction artistique I Pete Fowler • Simon Pike
Pays I Royaume-Uni
Durée I 52:54

Après la fermeture de leur maison indépendante, Creation Records, les Super Furry Animals se retrouvent dans une major pour leur cinquième opus. Dès la première note, il est clair que cela n'affecte en rien leur ambition musicale intrépide et leur penchant expérimental.

L'exubérante chanson-titre, *(Drawing) Rings around the world*, dont les harmonies plairaient à Brian Wilson, décrit le sentiment d'excès que l'on peut éprouver devant le déferlement de la communication technologique. Elle s'achève par l'enregistrement de coups de fil passés par les membres du groupe aux quatre coins du monde, lors d'une soirée entre amis. *Receptacle for the respectable* poursuit sur un feeling pop vigoureux, avant de partir dans plusieurs directions différentes. On glisse alors sans effort en territoire Bacharach, avant d'entendre un crescendo de death metal. *Run ! Christian, run !* voit le rock country se fondre en un loop synthétique, qui produit un effet hypnotisant.

Le groupe fait la promotion de *Ring around the world* grâce à *Furrymania* : une série de week-ends dans différentes villes avec projections de films, nuits en boîte et concerts. Si certains critiques accusent le groupe de forcer un peu leur excentricité, *Rolling Stone* a néanmoins compris la réaction de la plupart des fans en décrivant l'album comme « un chef-d'œuvre musical à grande échelle avec un clin d'œil entendu ». **GSa**

Jurassic 5
Power in numbers (2002)

Label | Interscope
Production | Cut Chemist • JuJu • DJ Nu-Mark
Dir. art. | Soup Design Co. LA • Keith Tamashiro
Pays | États-Unis
Durée | 56:19

Avec *Power in numbers*, Jurassic 5 redéfinit sa musique, motivé par la volonté de ne pas se répéter et aidé par les talentueux Beatnuts.
Le texte riche de *Freedom* s'en prend au refus des superpuissances d'aider les nations les plus pauvres. Sur *Break*, on trouve du rap tranquille, une batterie qui déchire et un chœur magnifique, qui fait écho au riff de guitare du *Love to hate* de Burt et Franklin. Jurassic 5 continue sur sa lancée et répand son message, sans tenter de prêcher les non-convertis, tout en se distanciant du monde en expansion du gangsta rap. JuJu, des Beatnuts, trône sur *One of them*, un morceau sombre au piano retentissant et à l'étrange atmosphère de rue. L'ingénuité et la férocité verbales du groupe sont dévoilées sur *A day at the races*, où figurent un rap féroce de Big Daddy Kane et un riff de basse incisif.
Nelly Furtado offre ses talents angéliques à *Thin Line*. Cette chanson évoque essentiellement le début des relations amoureuses et l'amour non partagé, et représente une facette contemplative que le groupe a rarement exprimée auparavant. *What's Golden* est un morceau contagieux et dynamique qui fait référence aux ancêtres du hip-hop et utilise le break du *Prophets of rage* de Public Enemy.
Power in numbers divertit, tout en atteignant son but : convaincre la société de la nécessité de lutter contre les réformes imposées par une minorité dictatoriale. **AMa**

Wilco
Yankee Hotel Foxtrot (2002)

Label | Nonesuch
Production | Jim O'Rourke • Wilco
Direction artistique | Lawrence Azerrad
Pays | États-Unis
Durée | 51:51

C'est l'histoire classique de David et Goliath : Wilco remet son quatrième opus à Warner/Reprise ; les producteurs l'écoutent une fois, ne lui promettent aucun avenir et prennent la décision stupide de lâcher le groupe.
On comprend donc facilement pourquoi les mélomanes ont tendance à encenser exagérément *Yankee Hotel Foxtrot*. L'album est effectivement brillant. Dès le prélude, un bourdon cosmique d'une minute accompagné d'un piano délicat et de grésillements grinçants qui ouvrent le premier titre *I am trying to break your heart*, le groupe s'aventure en territoire vierge.
Les paroles de Jeff Tweedy sont personnelles, politiques et évocatrices. L'atmosphère de l'album est fantomatique, déjantée, mais sereine. Des hymnes sombres et funèbres comme *Poor Places* et *Radio Cure* sont contrebalancés par des petits bijoux de pop comme *Heavy Metal Drummer* et *I'm the man who loves you*. Inspiré par les transmissions radios d'onde courte d'où l'album tire son nom, le producteur Jim O'Rourke crée une texture sonore, qui évoque signaux croisés et vastes étendues.
À sa sortie, la critique s'extasie et les fans, pressés d'acheter la musique qu'ils stockent depuis plus d'un an sur leurs disques

durs, sont conquis. L'album devient le premier disque d'or de Wilco.
P.S. : Ne ratez pas le magnifique documentaire de Sam Jones, *I am trying to break your heart*. Ses caméras ont filmé l'étrange saga de *Yankee Hotel Foxtrot*. **RM**

Ms. Dynamite
A little deeper (2002)

Label | Polydor
Production | Divers
Direction artistique | Matt Hughes
Pays | Royaume-Uni
Durée | 64:10

En 2001, l'Angleterre est captivée par le garage, genre hybride de R&B et de drum'n bass. Cela produit un torrent de hits, dont *Booh* de Sticky, qui révèle l'adolescente londonienne Niomi Daley, alias Lady – et plus tard Ms. Dynamite.
Proche des divinités à la gâchette facile de So Solid Crew, elle livre un album qui fait aussi du bruit outre-Atlantique. Même si la voix de Dynamite doit presque tout à son héroïne Mary J. Blige – qu'elle qualifie de « modèle fort pour les jeunes femmes noires » –, elle reprend aussi le rôle laissé vacant par Lauryn Hill – qui a remplacé le R&B par le misérabilisme acoustique. *A Little Deeper* atteint son but avec brio en fondant « soul, swing, R&B, ragga, soca et garage » sur des textes intenses.
L'accrocheur *Dy-na-my-te* et le méga-tube *It takes more* – qui dénigre la philosophie du « cogner, baiser » revendiquée par ses contemporaines – ont tellement ravi Chris Martin, de Coldplay, qu'il interprète ces morceaux sur scène avec elle à Londres.
L'album abrite tant de perles – fait rare dans un genre qui n'a pas l'habitude de faire de la qualité sur la longueur – qu'il mérite la comparaison avec *The Miseducation of Lauryn Hill*. Le plus beau est *Afraid to fly*, aux cordes cinématiques. L'Amérique bénéficie aussi de titres supplémentaires – *Danger et Ramp* – tandis que l'album original s'achève par *Get up, stand up*, qui ne figure pas sur la track-list.
Lorsqu'elle tombe enceinte en 2003, Dynamite remet pour plus tard son prochain album, *A little darker*. S'il venait à sortir, cet album aurait la dure tâche de succéder à un exploit vraiment impressionnant. **BM**

▶II Liste des titres

	01 Natural High (Interlude) (Daley•Remi)	0:56
▶	02 Dy-Na-Mi-Tee (Daley•Dodd•Hibbert•Remi)	3:39
	03 Anyway U Want It (Bryce•Daley•Remi)	3:42
▶	04 Put Him Out (Daley•Jonback•Karlsson •Winnberg)	3:58
	05 Brother (Daley•Jonback•Karlsson•Winnberg)	3:34
▶	06 It Takes More (Bloodshy Main Mix) (Daley•Punch)	4:39
	07 Sick 'N' Tired (Daley•Harper)	3:34
	08 Afraid 2 Fly (Bellevue•Daley)	4:48
	09 Watch Over Them (Daley)	1:16
	10 Seed Will Grow (Daley•Marley•Remi)	3:23
	11 Krazy Krush (Daley•Karlsson•Winnberg)	3:44
	12 Now U Want My Love (Daley•Remi)	4:54
	13 Too Experienced (feat. Barrington Levy) (Andy)	2:58
	14 Gotta Let U Know (Daley•Remi)	4:09
	15 All I Ever (Daley•Dyer•Electrik •Hunte Remi•Van Gibbs)	4:31
	16 A Little Deeper (Daley•Remi)	10:25

Norah Jones
Come away with me (2002)

Label | Blue Note
Production | Divers
Direction artistique | Jessica Novod
Pays | États-Unis
Durée | 45:03

2002 est une excellente année pour les femmes d'un mètre soixante. Kylie Minogue conquiert le monde, tandis que Norah Jones vend dix millions d'albums aux États-Unis. Elles sont toutes deux somptueusement photographiées – le portrait de Jones par Joanne Savio sur la pochette de l'album a dû inciter plus d'un achat – mais les ressemblances s'ar-

rêtent là. Minogue est pyrotechnique, là où Jones est une douce brise perdue au milieu des charts enflammés par des garçons en shorts baggy.
Bien que son père soit le virtuose de la cithare Ravi Shankar, aucune trace d'influence indienne ici. *Come away with me* est un séduisant mélange de folk et de jazz et le nasillement texan de Jones rappelle la star des eighties Edie Brickell. Se détachent la surprenante interprétation de *Cold, cold heart*, de Hank Williams, le texte sensuel de *I've got to see you again*, *Turn me on* de la star du country J. D. Loudermilk, que l'on trouve aussi sur son mini-album *First Sessions*, de 2000, et le morceau de Hoagy Carmichael, *The Nearness of you* ; cette chanson d'amour a déjà été enregistrée par l'une des interprètes préférées de Jones, Dinah Washington. C'est pourtant l'éthéré *Don't know why* qui la révèle – elle le transforme même en *Don't know why I didn't come* pour Sesame Street. La chanson-titre est une séduisante invitation écrite par Jones elle-même, qu'on ne peut pas décliner.
Norah Jones affiche les meilleures ventes du label Blue Note et reçoit plusieurs Grammys. Après avoir déclaré : « J'écoute les Rolling Stones et je veux faire partie d'un groupe de rock », elle reçoit même l'approbation de Keith Richards. Ses tendances rock l'ont, jusqu'ici, conduite à une brève apparition avec les Foo Fighters. **BM**

▶II Liste des titres

▶	01 Don't Know Why (Harris)	3:06
	02 Seven Years (Alexander)	2:25
	03 Cold Cold Heart (Williams)	3:38
	04 Feelin' The Same Way (Alexander)	2:57
▶	05 Come Away With Me (Jones)	3:18
	06 Shoot The Moon (Harris)	3:56
▶	07 Turn Me On (Loudermilk)	2:34
	08 Lonestar (Alexander)	3:06
	09 I've Got To See You Again (Harris)	4:13
	10 Painter Song (Alexander•Hopkins)	2:42
	11 One Flight Down (Harris)	3:05
	12 Nightingale (Jones)	4:12
	13 The Long Day Is Over (Harris•Jones)	2:44
	14 The Nearness Of You (Carmichael•Washington)	3:07

Coldplay
A Rush of Blood To The Head (2002)

Label | Parlophone
Production | Coldplay • Ken Nelson
Direction artistique | Solve Sundsbo
Pays | Royaume-Uni
Durée | 54:08

À l'approche de l'anniversaire du 11 septembre, Chris Martin et ses trois complices dévoilent leur deuxième album, composé avec un sentiment de « désespoir » post-attaque. Le n° 1 britannique prend huit mois pour l'enregistrer, à Liverpool et à Londres, interrompu par l'influent Ian McCulloch, d'Echo and the Bunnymen. Il persuade Martin que l'album a besoin « d'une chanson qui fait un-deux-trois, un-deux-trois, un-deux-trois », d'où le psychédélique *A whisper*.
Martin déclare dans le magazine de yahoo.com, *Launch*, qu' « une montée de sang à la tête, c'est comme lorsqu'on agit par impulsion : quand vous pensez subitement "Je vais demander à Rachel Weisz de m'épouser" ou "Je vais appeler J-Lo et lui demander de faire un album remixé" ». En fait, c'est Gwyneth Paltrow, et non Rachel Weisz, qui a conquis le cœur de Martin, et aucune trace de Jennifer Lopez. Au lieu de cela, le martèlement du piano et les paroles de *Politik* annoncent un manifeste de pop-rock captivant. Mélodies et harmonies sont gentiment envoûtantes, comme sur le lent *God put a smile upon your face* et *The Scientist* (inspiré du *It's a pity*, de George Harrison).
Phil Harvey, ami du groupe, a convaincu les garçons d'inclure *Clocks* – un morceau au piano qui évoque avec optimisme le mal du pays. Les faiseurs de tubes et les fans contemporains comme Kylie Minogue ont également inspiré le groupe, comme en témoigne le rythme plus enlevé du châ-

toyant *Daylight*, aux influences orientales. Ajoutez à cela l'acoustique *Green Eyes*, le morceau-titre aux effluves floydiens et le crescendo d'*Amsterdam*, et vous avez ce que *NME* a appelé « un album d'une extraordinaire beauté naturelle ». **TJ**

▶II Liste des titres

- 01 **Politik** (Berryman•Buckland•Champion•Martin) 5:18
- ▶ 02 **In My Place** (Berryman•Buckland•Champion •Martin) 3:48
- 03 **God Put A Smile Upon Your Face** (Berryman •Buckland•Champion•Martin) 4:57
- ▶ 04 **The Scientist** (Berryman•Buckland•Champion •Martin) 5:09
- ▶ 05 **Clocks** (Berryman•Buckland•Champion•Martin) 5:07
- 06 **Daylight** (Berryman•Buckland•Champion•Martin) 5:27
- 07 **Green Eyes** (Berryman•Buckland•Champion •Martin) 3:43
- 08 **Warning Sign** (Berryman•Buckland•Champion •Martin) 5:31
- 09 **A Whisper** (Berryman•Buckland•Champion •Martin) 3:58
- 10 **A Rush Of Blood To The Head** (Berryman •Buckland•Champion•Martin) 5:51
- ▶ 11 **Amsterdam** (Berryman•Buckland•Champion •Martin) 5:19

The Coral

The Coral (2002)

Label | Deltasonic
Production | Ian Broudie
Direction artistique | Ian Skelly
Pays | Royaume-Uni
Durée | 33:59

The Coral sont formés en 1997 à Hoylake, une petite ville côtière près de Liverpool, par le batteur Ian Skelly et le bassiste Paul Duffy, mais les répétitions ne prennent une tournure sérieuse que quatre ans plus tard, lorsque les musiciens rejoignent Nick Power au synthétiseur, le frère de Skelly, James, au chant, Bill Ryder Jones à la guitare, trompette et Lee Southall à la guitare et au chant.

En 2001, leur premier single, *Shadows fall*, lance leur manifeste : « Tout est permis » avec un délicieux mélange de folk russe, polka exubérante, d'une atmosphère « morriconesque », de ragtime jazz et de brillantes guitares dans le style de Dicky Dale. Ce premier opus éponyme, produit par Ian Broudie des Lightning Seeds, propose un détonant mélange de garage punk grondant, de mélodies rythmées accrocheuses et de tout ce que l'on trouve entre les deux. Il se classe dans le Top 5 britannique dès la première semaine, donnant naissance à un troisième single en 2002, *Skeleton Key*, qui s'inspire d'influences de la région natale du groupe, comme Syd Barrett, Them et The Teardrop Explodes. Les quatrième et cinquième singles, deux explosions accrocheuses, font d'eux les maîtres de la pop ; imaginez The La's mélangé aux sonorités d'un groupe féminin fleur bleue des sixties.

Mais ils ne dévalisent pas seulement le passé musical. Littérature, cinéma et art jouent aussi un rôle important dans le projet du groupe – le clip de *Goodbye* recrée le film de Robyn Hardy, *The Wicker Man* (1973), le morceau *Simon Diamond* imite l'élégie de Jack Kerouac, *Dr. Sax*, tandis que le design de la pochette – collage psychédélique saisissant conçu par Ian Skelly – est un clin d'œil à la couverture arrière de l'album de *Cream Disraeli Gears*. **LW**

▶II Liste des titres

- 01 **Spanish Main** (The Coral) 1:50
- 02 **I Remember When** (The Coral) 3:34
- ▶ 03 **Shadows Fall** (The Coral) 3:25
- ▶ 04 **Dreaming Of You** (The Coral) 2:17
- 05 **Simon Diamond** (The Coral) 2:25
- ▶ 06 **Goodbye** (The Coral) 4:02
- 07 **Waiting For The Heartaches** (The Coral) 3:58
- ▶ 08 **Skeleton Key** (The Coral) 2:58
- 09 **Wildfire** (The Coral) 2:42
- 10 **Badman** (The Coral) 2:58
- 11 **Calendars And Clocks** (The Coral) 3:50

Johnny Cash

American IV : The Man Comes Around (2002)

Label | American
Production | Rick Rubin
Direction artistique | Christine Cano
Pays | États-Unis
Durée | 51:56

Johnny Cash est mort en septembre 2003, un an après la sortie de *The Man Comes Around*, et le quatrième album de la série American Recordings porte la marque de l'inévitabilité, du défi et de la rage. Comme toujours, Cash travaille en grande partie les chansons d'autres artistes, usant de son timbre solennel et d'empathie pour se les approprier. Sting a écrit la ballade meurtrière *Hung my head*, mais il sait bien que Johnny Cash en livre ici l'interprétation définitive ; un récit contrit de tristesse et de mort insignifiante. Sur *Hurt*, Cash revisite l'amère complainte de Nine Inch Nails pour en faire un hymne au regret sincère, inexorable ; le clip, qui a remporté plusieurs récompenses, ancre la chanson dans un pathos accablant, en passant d'éclats pleins de jeunesse et de vigueur à l'homme âgé, fragile et entêté qu'est devenu Cash.
Les reprises ne font pas mouche à chaque fois – évitez le larmoyant *Danny Boy* – mais la plupart sont incroyables : *Personal Jesus* de Depeche Mode devient un boogie digne de Jerry Lee, et la maturité de *In my life* des Beatles est mis en valeur par une poignante interprétation. Les nouvelles versions de son propre répertoire sont saisissantes, en particulier un *Sam Hall* enjoué. La perle de cet opus est probablement un nouveau morceau, la chanson-titre qui ouvre l'album. *The Man Comes Around*, qui débute et s'achève par des citations de *Revelations*, s'inspire d'un rêve et de la Bible, prenant ainsi une tournure prophétique et surréaliste, qui, ajoutée à l'interprétation fulgurante de Cash, place ce morceau au même niveau que le reste du répertoire de ce colosse américain. **PW**

▶II Liste des titres

▶	01 **The Man Comes Around** (Cash)	4:26
▶	02 **Hurt** (Reznor)	3:38
	03 **Give My Love To Rose** (Cash)	3:28
	04 **Bridge Over Troubled Water** (Simon)	3:55
▶	05 **Hung My Head** (Sting)	3:53
	06 **First Time Ever I Saw Your Face** (MacColl)	3:52
▶	07 **Personal Jesus** (Gore)	3:20
	08 **In My Life** (Lennon, McCartney)	2:57
▶	09 **Sam Hall** (Trad., arr. Cash)	2:40
	10 **Danny Boy** (Trad., arr. Cash)	3:19
	11 **Desperado** (Frey•Henley)	3:13
▶	12 **I'm So Lonesome I Could Cry** (Williams)	3:03
	13 **Tear Stained Letter** (Cash)	3:41
	14 **Streets Of Laredo** (Trad., arr. Cash)	3:33
	15 **We'll Meet Again** (Charles•Parker,)	2:58

The Flaming Lips

Yoshimi Battles The Pink Robots (2002)

Label | Warner Bros.
Production | S. Booker • The Flaming Lips • D. Fridmann
Direction artistique | George Salisbury
Pays | États-Unis
Durée | 47:25

Faire preuve d'un certain statut commercial et prouver que l'on est la bande d'hurluberlus les plus cool de la planète sont deux choses différentes qui s'excluent généralement. Le fait que les Flaming Lips parviennent à combiner les deux dans une digression d'une irrévérence héroïque explique leur incomparable succès.
Cancres de l'underground pendant une grande partie des années 80 et 90, ils ne s'attendaient pas au succès qu'obtient *Soft Bulletin* auprès de la critique en 2001. *Yoshimi Battles The Pink Robots* vient confirmer qu'il ne s'agissait pas uniquement d'un coup de chance, et annonce un éclair de génie accidentel du trio de l'Okla-

homa, qui symbolise bien leur esprit, leur attitude.
Lors de leur apparition au culte *Top of the pops* anglais en janvier 2003, à l'occasion de la diffusion dans le Top 20 du single *Yoshimi battles the pink robots pt 1*, les Flaming Lips invitent Justin Timberlake à les accompagner à la basse, vêtu d'un déguisement de dauphin. Ce simple fait illustre bien l'esprit de persuasion de l'album. Blips électroniques et rock progressif à la Pink Floyd se mélangent allègrement à une pop accrocheuse de facture plutôt classique, au sein d'un concept global qui tourne vaguement autour de robots assassins et d'une intrépide héroïne. *Do you realize* est un hymne à la mort optimiste, tandis que *Fight Test* unit la séduction folky du chanteur Wayne Coyne à un fond sonore de fête surréaliste. Machines mortelles, hymnes conceptuels et la star la plus chaude du moment en costume de fourrure – il n'y a que les Flaming Lips pour un tel mélange. **PS**

▶II Liste des titres

▶ 01 Fight Test (Coyne•Drozd•Ivins) 4:14
02 One More Robot/Sympathy 3000-21 (Coyne•Drozd•Ivins) 4:59
03 Yoshimi Battles The Pink Robots Pt. 1 (Coyne•Drozd•Ivins) 4:45
▶ 04 Yoshimi Battles The Pink Robots Pt. 2 (Coyne•Drozd•Ivins) 2:57
05 In The Morning Of The Magicians (Coyne•Drozd•Ivins) 6:18
06 Ego Tripping At The Gates Of Hell (Coyne •Drozd•Ivins) 4:34
▶ 07 Are You A Hypnotist ?? (Coyne•Drozd•Ivins) 4:44
08 It's Summertime (Coyne•Drozd•Ivins) 4:20
▶ 09 Do You Realize ?? (Coyne•Drozd•Ivins) 3:32
▶ 10 All We Have Is Now (Coyne•Drozd•Ivins) 3:53
11 Approaching Pavonis Mons By Balloon (Utopia Planitia) (Coyne•Drozd•Ivins) 3:09

Doves
The Last Broadcast (2002)

Label I Heavenly
Production I Doves
Direction artistique I Julia Baker
Pays I Royaume-Uni
Durée I 53:55

Dans le livret du CD, on peut voir une colline au coucher du soleil, avec à ses pieds une route sinueuse. Cette image révèle la nature de ce groupe, dont la pop mélodieuse offre le fond sonore idéal pour une ballade en voiture.
Les Doves ont commencé par faire de la dance puis ont décidé de se reconvertir. *Lost Souls*, le premier album du trio, est un exercice complexe qui les rapproche de Radiohead, mais cette approche élaborée se trouve quelque peu distillée sur *The Last Broadcast*. Badly Drawn Boy et Elbow sont originaires de la même région. Mais les Doves volent la vedette à leurs compatriotes avec un ensemble de morceaux à couper le souffle.
Le groupe bénéficie aussi d'un coup de pouce inattendu des médias anglais. La guitare de Jez Williams se retrouve partout à la télévision et à la radio, principalement sur les montages de sport. Les deux tubes *There goes the fear* et l'énergique *Pounding* ont profité de cette publicité gratuite. Mais il n'y a pas que des hymnes dynamiques et des cordes mélodieuses sur cet album. L'atmosphère sombre de la reprise du *Moonchild* de King Crimson sur *M62 Song* et certains segments instrumentaux particulièrement énigmatiques se rapprochent des morceaux plus planants de *Lost Souls*. Cet album est un voyage dans le futur, qui met en valeur la voix désenchantée de Jimi Goodwin. Sur un morceau empreint de gospel comme *Satellite*, il chante avec une douleur profonde, tandis que sur *Friday's Dust*, il hurle comme un possédé, sur

une orchestration qui donne le frisson. Et tout ça après un incendie qui a ravagé le studio du groupe. Ainsi, avec une pointe d'apparat et un zeste de pop, les Doves renaissent de leurs cendres. **GT**

▶II Liste des titres

	01 Intro (Goodwin•A. Williams•J. Williams)	1:17
▶	02 Words (Goodwin•A. Williams•J. Williams)	5:42
▶	03 There Goes The Fear (Goodwin•A. Williams •J. Williams)	6:54
	04 M62 Song (Fripp•Giles•Goodwin•Lake McDonald•Sinfield)	3:48
	05 Where We're Calling From (Goodwin •A. Williams•J. Williams)	1:24
	06 N.Y. (Goodwin•A. Williams•J. Williams)	5:46
▶	07 Satellites (Goodwin•A. Williams•J. Williams)	6:50
	08 Friday's Dust (Goodwin•A. Williams •J. Williams)	3:35
▶	09 Pounding (Goodwin•A. Williams•J. Williams)	4:45
	10 Last Broadcast (Goodwin•A. Williams•J. Williams)	3:22
▶	11 The Sulphur Man (Goodwin•A. Williams •J. Williams)	4:37
	12 Caught By The River (Goodwin•A. Williams •J. Williams)	5:55

Missy Elliott
Under construction (2002)

Label | Elektra
Production | Missy Elliott • Timbaland
Direction artistique | Anita Marisa Boriboon • Lili Picou
Pays | États-Unis
Durée | 59:12

Missy Elliott entame son quatrième album en expliquant qu'elle se considère toujours comme « un projet en chantier ». Il faudra qu'elle pardonne à ses fans de ne pas partager son avis. Du grincement impudent de l'intro *Go to the floor* au remix groovy de *Work it* qui clôt l'album, *Under construction* est l'œuvre d'une artiste hip-hop qui sort ici son plus beau jeu.

En tandem avec l'extraordinaire Timbaland – un producteur qui semble pouvoir faire de n'importe quel son un tube des dancefloors –, Elliott crée une série de morceaux plus forts encore qu'en 1997 avec *Supa dupa fly*, en 1999 avec *Da real world* et en 2001 avec *Miss Elliott so addictive*. *Under construction* devient le plus grand succès commercial de Missy Elliott, avec plus de deux millions de disques dès son arrivée dans les bacs ; et il vaut aussi à la chanteuse un Grammy pour le tube accrocheur *Work it*.

Plusieurs sommités rejoignent Elliott en studio et presque tous les duos fonctionnent. Le moulin à paroles Ludacris est parfait pour l'accompagner sur le chaotique *Gossip Folks*, tandis que Jay-Z complète parfaitement le casse-tête haut en couleur de Missy Elliott sur *Back in the day*. L'optimisme attendrissant de Beyoncé Knowles se mêle étonnamment bien avec l'esprit des rues d'Elliott sur l'espèce de dialogue R&B *Nothing out there for me*.

Malgré les guest stars, Missy Elliott prouve qu'elle sait se montrer tout aussi grivoise que ses compagnons masculins sur *Work it*. Mais peu de rappeurs sont aussi intelligents qu'elle. Au lieu d'utiliser les surnoms habituels pour désigner l'organe génital mâle, elle laisse deviner aux auditeurs le genre de « trompe » qu'elle recherche en samplant le barrissement d'un éléphant. **JiH**

▶II Liste des titres

▶	01 Go To The Floor (Elliott•Mosley)	5:06
	02 Bring the Pain (Elliott•Mosley•Smith)	2:59
▶	03 Gossip Folks (Bridges•Elliott•Mosley)	3:54
▶	04 Work It (Elliott•Mosley)	4:58
▶	05 Back In The Day (Carter•Elliott•Mosley)	4:55
	06 Funky Fresh Dressed (Elliott•Mosley)	3:56
	07 P***ycat (Elliott•McCalla)	4:32
▶	08 Nothing Out There For Me (Brockman•Elliott •Stewart)	3:05
	09 Slide (Elliott•Mosley)	3:43
	10 Play That Beat (Elliott•Mosley)	3:02
	11 Ain't That Funny (Elliott•Mosley)	2:48
	12 Hot (Elliott•Mosley)	4:09
	13 Can You Hear Me (Brockman•Elliott•Stewart)	4:29
▶	14 Work It (Elliott•Mosley)	7:36

Bruce Springsteen
The Rising (2002)

Label | Columbia
Production | Brendan O'Brien
Dir. art. | C. Austopchuk • D. Bett
Pays | États-Unis
Durée | 72:50

Un album né des cendres des attentats du 11 septembre ? Seul un artiste du calibre de Bruce Springsteen peut réussir un coup pareil, sans faire quelque chose de mélo, de banal ou de vaniteusement vengeur.

The Rising est la réponse magistrale de Springsteen, qui chante avec violence le « ciel vide » (*Empty Sky*), sa « ville en ruines » (*My City of ruin*) et la bravoure des sauveteurs qui ont pénétré « dans le feu » (*Into the fire*). Il avoue ses envies « d'un peu de vengeance », mais sait « que ça aussi, ça va passer, je vais prier… trouver mon chemin en cette journée solitaire » (*Lonesome Day*). Il se met aussi dans la peau d'un survivant traumatisé, qui se sent comme s'il n'était rien (*Nothing Man*, une ballade qui grince jusqu'à ce que les larmes montent aux yeux).

Telle est la force, l'impact de *The Rising*. Pour la première fois depuis *Born in the USA*, Springsteen retrouve le E Street Band en studio. Dix-huit ans après cet album incomparable, ces comparses de longue date – menés par l'ancien producteur « grunge » Brendan O'Brien – apportent une puissance déclamatoire à *Lonesome Day* et à la chanson-titre, et donnent un ton élégiaque et mystérieux aux ballades *Nothing Man* et *You're missing*. L'album parle d'angoisse, de désespoir, de survie, de la capacité à s'éloigner du passé et à se reconstruire ; pas d'une insurrection. Cette notion de cicatrisation est invoquée avec brio dans *Worlds apart*, qui déploie harmonium, tabla et chants inspirés de la musique sufi. Sur *Paradise*, Springsteen ose même se glisser dans la peau d'un terroriste. Émotions intenses garanties. **CM**

Beck
Sea Change (2002)

Label | Geffen
Production | Nigel Godrich
Dir. art. | Beck • Kevin Reagan
Pays | États-Unis
Durée | 52:26

Après une décennie de rythmes hip-hop sordides et de folk rebattu, *Sea Change* voit enfin Beck se lasser lui-même de son incessant va-et-vient entre les genres. Et quelle lassitude ! Suivant sa rupture avec sa fiancée Leigh Limon et sa conversion à la scientologie, le chanteur se complaît dans le malheur, ce qui signifie que les absurdités post-modernes sont hors jeu. Alors que *Midnite Vultures* (2000) ressemble à la bande originale d'un film des Banana Splits qui n'a jamais vu le jour, *Sea Change* s'en tient à des chansons simples et mélancoliques d'une franchise rare chez un songwriter si souvent obscur. Soutenu par Roger Manning, Smokey Hormel, Joey Waronker et Justin Meldal-Johnsen, qui collent à un modèle de country rock discret, dans le genre de *Harvest*, c'est la voix délicate de Beck, acoustique et triste, qui propulse l'album. Même le producteur Nigel Godrich, amateur de gadgets, ne fait qu'accompagner la souffrance de ce pauvre gars au fil des douze morceaux.

L'expérimentation d'*Odelay* ou *Midnite Vultures* manque sans doute à certains. Il est vrai que les paroles manquent un peu de mordant – « before » rime avec « before » sur *End of the day* –, et que les parties vocales vont de la lassitude jusqu'à la mort. Même la pochette simple annonce que l'album est lui-même un tournant à gauche. L'orchestration saisissante de *Paper Tiger*, *Lonesome Tears* et *Round the bend*, et le mélancolique *Sunday Sun*, qui oscille entre tristesse et joie, ou encore *Little One*, font preuve d'une honnêteté et d'une sincérité que la plupart ignoraient chez Beck. **MBe**

The Roots
Phrenology (2002)

Label | MCA
Production | Divers
Direction artistique | Gravillis Inc.
Pays | États-Unis
Durée | 74:26

Les Roots ont pris pas mal de coups dans leur carrière. D'abord acteurs de la scène hip-hop intello à Philadelphie, ils déménagent à Londres au milieu des années 90 pour apporter une réponse au flirt de l'acid jazz avec le rap.
Pourtant l'album *Phrenology* surprend. Un coup d'œil à la liste d'invités suggère une séance de rap-pop entre amis (Nelly Furtado, Musiq Soulchild, Jill Scott, Talib Kweli), mais *Phrenology* trempe en réalité dans l'électro expérimentale, le post-punk et la distortion, avec en filigrane le rock qui domine. *Thought@work* donne la sensation que le loop désenchanté d'*Apache* est original ; *Rock you* est une interprétation hip-hop des Stooges ; le troisième morceau, *!!!!!!!!*, un clin d'œil au thrash metal ; tandis que le dissident du rap-rock lo-fi Cody Chesnutt opère un remix aveuglant de son propre morceau *The Seed*. On trouve deux morceaux longs. *Break you off* alterne le style nu-soul de *Musiq* et une drum'n bass noyée de cordes, tandis que l'épopée de dix minutes *Water* commence par un écrasant mix de Timbaland, avant de se lancer sur le territoire de l'instrumental avant-garde, où l'on retrouve le bruyant guitariste de free-jazz James « Blood » Ulmer. L'abondance de sources d'inspiration se reflète sur la pochette de l'album – une richesse d'idées, toutes contenues dans une seule conscience.
Même les samples sont utilisés judicieusement – les post-punks britanniques Tee Flying Lizards sur *Water*, alors que *Quills* offre un nouveau contexte au *Breakout* des jazzmen anglais Swing out Sister, inspirés par Bacharach et remerciés dans le livret, comme les Swingout Sisters. **JLe**

The White Stripes
Elephant (2003)

Label | XL
Production | Jack White
Dir. art. | Bruce Brand • Jack White
Pays | États-Unis
Durée | 49:47

Lorsque Jack et Meg White enregistent dans le studio londonien Toerag leur quatrième opus, personne ne se doute qu'il en sortira un album aussi sombre. Les précédents étaient bohèmes, simplistes et décapants. Mais mis à part l'excellent single immédiatement reconnaissable *Seven Nation Army*, *Elephant* est l'œuvre d'un groupe qui pousse aussi loin que possible l'expérimentation sonore.
Présenté dans une pochette lourde de symboles (le pied de Meg est attaché, clin d'œil à leur divorce), *Elephant* est enregistré sur du matériel analogique, antérieur aux années 70. Le morceau de sept minutes *Ball and Biscuit*, que Jack interprétera par la suite avec Bob Dylan, est un clin d'œil évident à ses influences bluesy et à sa maudite volonté. Pourtant, l'album est aussi un monstre d'une charmante modernité. Dédié à « la mort de la bien-aimée », *Elephant* est une œuvre viscérale totalement déplacée mais indubitablement en accord avec son temps. *Seven Nation Army*, doté d'un chœur sans mots, a engendré de

nombreux remix dance – vrai signe de l'intérêt du mélange des genres suscité par une chanson de rock – transmet quelques-unes des inquiétudes de Jack face à sa célébrité croissante. Plus loin, une introspection, *In the cold, cold night*, interprétée par Meg, des explosions lyriques, *There's no home for you here*, ou du bon vieux blues garage angoissant, *Girl, you have no faith in medicine* – ce que le groupe fait comme personne. *Elephant* reste son album le plus dynamique et son plus gros succès commercial. Qu'il s'en dégage une telle frustration et une telle obscurité ne fait qu'ajouter à son statut de classique. **JK**

Yeah Yeah Yeahs
Fever To Tell (2003)

Label | Polydor
Production | D. Andrew Sitek • Yeah Yeah Yeahs
Direction artistique | Cody Critcheloe
Pays | États-Unis
Durée | 37:25

Les Yeah Yeah Yeahs ont failli s'achever avant même d'avoir commencé. Leur premier EP – sorti en 2002 – reçoit un accueil stupéfiant. S'ensuit l'habituelle course aux enchères des maisons de disques, mais le trio issu d'une école d'art recule face à tant d'attention. Cet été-là, les YYYs abandonnent les séances d'enregistrement de leur album – ils pensent ne pas avoir de chansons assez bonnes. Le groupe est pourtant devenu les chouchous de la presse grâce à la voix unique, aux performances sur scène et à l'approche singulière de la mode de la chanteuse Karen O, qui développe vite une phobie des media.
Heureusement, leur repli et leur nouveau départ portent leurs fruits sur *Fever To Tell*. Enregistré à Brooklyn et mixé à Londres par le guitariste Nick Zinner et le légendaire ingénieur-producteur Alan Moulder, l'album s'empare des sons bohèmes de l'underground new-yorkais du nouveau millénaire – airs dramatiques de guitare, pas de basse, tempos disco/techno brutalisés, et percussions garage-rock – et les mêle à la plainte féline de Karen O.
La voix de celle-ci – imaginez Siouxsie Sioux, Debbie Harry et P.-J. Harvey ivres au micro d'un bar miteux – ne fait qu'une partie de son charme. Son look déjanté en fait une icône moderne de la culture pop. Il suffit de la voir une fois sur scène, chanter couchée sur le dos, de la bière dégoulinant de sa bouche, pour ne plus jamais oublier.
Le look graphique du groupe est tout aussi important : le collage flamboyant de la pochette de *Fever To Tell* évoque un groupe à l'esthétique DIY résolumment indépendante.
L'album le plus agréable et intelligent de 2003. **CM**

▶II Liste des titres

	01 Rich (Chase•Orzalek•Zinner)	3:36
▶	02 Date With The Night (Chase•Orzalek•Zinner)	2:35
	03 Man (Chase•Orzalek•Zinner)	1:49
	04 Tick (Chase•Orzalek•Zinner)	1:49
	05 Black Tongue (Chase•Orzalek•Zinner)	2:59
▶	06 Pin (Chase•Orzalek•Zinner)	2:00
	07 Cold Light (Chase•Orzalek•Zinner)	2:16
	08 No No No (Chase•Orzalek•Zinner)	5:14
▶	09 Maps (Chase•Orzalek•Zinner)	3:39
▶	10 Y Control (Chase•Orzalek•Zinner)	4:00
	11 Modern Romance (Chase•Orzalek•Zinner)	7:28

Outkast
Speakerboxx / The Love Below (2003)

Label | La Face/Arista
Production | Big Boi • André 3000
Direction artistique | Jeffrey Schulz
Pays | États-Unis
Durée | 134:59

Après dix ans de création musicale en collaboration, la réponse d'André 3000 et Big Boi à leurs divergences musicales est de faire chacun un album, mais de les sortir ensemble sous la bannière Outkast. Encore heureux qu'ils ne se soient pas simplement dit : « Ça suffira comme ça. » *Speakerboxx*, l'album de Big Boi, se range plus facilement dans la case hip-hop, bien qu'il soit unique en son genre. *Ghetto musik* met de côté les formalités avec des variations de tempo endiablées, lorsque l'electronica frénétique alterne avec un jam plus lent et lisse. Les rappeurs invités prêtent bien plus que leur nom, avec des contributions de Koncrete, Big Gipp et Ludacris, qui se fait remarquer sur le musclé *Tomb of the bomb*. Toujours funky et empreint de l'atmosphère psychédélique qui est la marque de fabrique d'Outkast, Big Boi sort le grand jeu.

Avec *The Love Below*, André 3000 passe à la vitesse supérieure. Chantant plus qu'il ne rappe, il fait peu de cas des limites musicales, et produit une œuvre qui doit beaucoup à Prince. L'irrésistible ligne de basse et le chant planant de *Prototype* en font une ballade riche et sexy, avant que le solo de guitare ne la propulse dans l'espace. Le délirant *Hey ya* a révélé au monde qu'Outkast a quelque chose de spécial. Entremêlant electro-funk, pop et soul, c'est comme s'il n'y a avait rien de plus sur terre.

Au final, *Speakerboxx/The Love Below* atteint son but grâce à l'insatiable faim d'originalité qui unit les deux moitiés du tandem. **GSa**

Dizzee Rascal

Boy In Da Corner (2003)

Label | XL
Production | Dizzee Rascal
Direction artistique | Non créditée
Pays | Royaume-Uni
Durée | 57:08

En 2003, la scène garage britannique atteint son apogée, puis retourne vers l'underground. Pendant ce temps, Dizzee Rascal, producteur et jeune MC, black et parano, monte en flèche comme l'improbable champion d'une nouvelle ramification du garage, oppressante, dense et agressive, un sous-genre que l'on connaît aujourd'hui sous le nom de « grime ».

Boy In Da Corner, le premier album de Dizzee, dresse le portrait de la vie d'un adolescent dans les cités d'East London. Dizzee écrit et produit lui-même l'album, et y décrit l'aliénation et la confusion avec une incroyable justesse. L'album est disque d'or en Angleterre, ce qui est d'autant plus impressionnant quand on songe aux sonorités rudes qu'il contient. La production de Dizzee s'inspire du hip-hop vieille école, du garage, de la drum'n bass, du rock, de l'électro et de tout autre musique noire, mais sonne d'une façon totalement étrangère. Batteries fracassantes, fragments de jeux vidéos, sirènes de police, basses ivres, titubantes, et percussions déglinguées créent une atmosphère sonore paranoïaque, qui reflète l'esprit et l'environnement de Dizzee.

Comme tous les bons paroliers, Dizzee exploite des styles différents, du rap fanfaron, *Hold ya mouf, Fix up, Look sharp*, à la critique sociale incisive *Round we go*, et ne craint pas d'afficher son côté sensible dans *Brand new day*. *Boy In Da Corner* a remporté, à juste titre, le prestigieux Mercury Prize en 2003. **APi**

The Mars Volta

De-loused In The Comatorium (2003)

Label | Strummer
Production | Rick Rubin
Direction artistique | Storm Thorgerson
Pays | États-Unis
Durée | 67:59

L'hybride du hardcore propulsif de Fugazi créé par At The Drive-In et la fini-

tion du génie des studios nu-metal, Ross Robinson, leur ont apporté la reconnaissance. Mais leur rock angoissé cache bien des fêlures : le guitariste Omar Rodriguez-Lopez et le chanteur Cedric Bixler Zavala se sentant paralysés par les limitations musicales de leurs compères, ils quittent ETD-I début 2001, et forment The Mars Volta, afin de pouvoir sortir du moule hardcore.
Ils s'inspirent des rythmes latinos de l'enfance d'Omar à Puerto Rico, de leur admiration pour Fela Kuti, de l'éloquente aliénation du Miles Davis des seventies, et de leur fascination pour l'electronica abstraite. Ils puisent aussi dans leur expérience de la drogue et dans celle de leur ami, Julio Venegas, artiste local de leur ville natale, El Paso, dont le bras se ratatine après une injection de mort-aux-rats, et qui se suicide après avoir survécu à un coma dû à une overdose.
De-loused In The Comatorium est un album confus, mais lucide et Dali-esque, qui dépeint les rêves fiévreux d'un Venegas agonisant par le biais d'une mutation progressive du hardcore, possédé par un groove militant. Au-delà de la complexité de la musique, l'album possède une puissance émotionnelle, un désir ardent et un sens de la souffrance plein de vulnérabilité, articulés par des mélodies déjantées, épiques et la sombre mélopée de Cedric. Ils ressemblent à un Led Zeppelin du XXIe siècle, élevés à la salsa et à l'Afrobeat. **SC**

Lightning Bolt
Wonderful Rainbow (2003)

Label | Load
Production | Lightning Bolt
Direction artistique | Brian Chippendale
Pays | États-Unis
Durée | 41:38

Il s'agit sans doute du duo basse-batterie de rock noise le plus célèbre de Rhode Island. Lightning Bolt ne joue pas tant de la musique qu'il ne l'inflige à ses auditeurs. Le groupe se forme en 1995, et se produit dans les fêtes privées de Providence, trio négligé de noise qui s'inspire de Fed Frith, Derek Bailey et Ruins ; la transformation du trio en duo marque l'arrivée d'un son mieux ficelé. Après le succès quasi-mythique de leur opus *Ride the skies*, qui déclenche l'effervescence sur les forums de rock indé, Brian Chippendale, à la batterie, et Brian Gibson, à la guitare, choisissent de réduire quelque peu le chaos sur le suivant, *Wonderful Rainbow*. S'il n'est pas mélodieux dans le sens traditionnel du terme, des morceaux comme *Crown of storms*, un hymne prog haletant, et *Dracula mountain*, révèlent les signes d'une structure plus identifiable qui émerge du grondement assourdissant.
Alors que certains fans puristes sont d'avis que le précédent maelstrom de violence sonique est l'album-clé de Lightning Bolt, *Wonderful Rainbow* apporte la preuve que le groupe a plus d'une corde à son arc. Même s'ils exploitent encore le filon principal de la noise, ils parviennent à créer un mélange de débauche pure et d'une diversité bienvenue, un véritable défi à l'écoute. **TSc**

Devendra Banhart
Rejoicing In The Hands
(2004)

Label | Young God
Production | Devendra Banhart • Michael Gira
Direction artistique | Devendra Banhart
Pays | États-Unis
Durée | 42:04

Après le délicieux album lo-fi qui marque ses débuts, *Oh me Oh my* (2002), la critique a catalogué Devendra Banhart comme le porte-étendard d'une révolution indé-folk. Mais au lieu de pro-

fiter de son statut d'érudit de la musique alternative, sur *Rejoicing In The Hands*, Banhart esquive intelligemment le facteur célébrité en offrant des choses rustiques tout droit sorties des pages écornées du carnet de l'auteur-compositeur. Bien sûr, le condensé de réminiscences de bluegrass, country et folk britannique demeure intact, mais cette fois il pousse sa perversité polymorphe au-delà du révisionnisme de référence, vers une originalité détachée du monde.
Il est impossible de décoder Banhart avec les pierres de Rosette du folk à l'ancienne. Les tentatives d'interpréter les mélodies de guitare aux étranges accords de *Poughkeepsie* comme une révision pré-psychédélique de l'*Anthology of American Folk Music* (1952), ou l'air de comptine de *The Body Breaks* comme la résurrection fantomatique de Marc Bolan à l'époque de Tyrannosaurus Rex, sont redondantes. On ne peut recourir qu'à quelques messages lyriques codés passant du fantaisiste *Jaberwocky* à des poèmes dignes d'un Rimbaud sous acide, et même la chanson-titre n'apporte aucun répit sémiotique. Essayez toujours de trouver un sens aux titres obtus tels que *Tit smoking in the Temple of Artesan Mimicry !* Peut-être bien que *This Beard is for Siobhán* n'est qu'une façon de s'en mettre plein les poches. Et c'est bien là que réside le coup de maître de Banhart : on dirait qu'il n'en a rien à faire que personne ne l'écoute. **MK**

▶II Liste des titres

▶	01 This Is The Way (Banhart)	2:53
▶	02 It's A Sight To Behold (Banhart)	2:26
▶	03 The Body Breaks (Banhart)	2:43
	04 Poughkeepsie (Banhart)	2:18
	05 Dogs They Make Up The Dark (Banhart)	1:19
▶	06 Will Is My Friend (Banhart)	3:04
▶	07 This Beard Is For Siobhán (Banhart)	2:35
	08 See Saw (Banhart)	3:23
▶	09 Tit Smoking in the Temple of Artesan Mimicry (Banhart)	1:25
	10 Rejoicing In The Hands (Banhart)	1:41
	11 Fall (Banhart)	2:53
	12 Todo Los Dolores (Banhart)	2:30
	13 When The Sun Shone On Vetiver (Banhart)	3:34
	14 There Was Sun (Banhart)	1:31
	15 Insect Eyes (Banhart)	5:08
	16 Autumn's Child (Banhart)	2:41

Nick Cave And The Bad Seeds
Abattoir Blues/The Lyre of Orpheus (2004)

Label I Mute
Production I Nick Cave And The Bad Seeds • Nick Launay
Direction artistique I Tom Hingston Studio
Pays I Australie
Durée I 82:24

Un double album a deux raisons d'être possible. Le plus souvent, il accompagne la crise des egos démesurés en milieu de parcours, alors que s'installe le nombrilisme et que les solos de batteries de douze minutes sont de rigueur. Il est plus rare qu'un groupe possède tellement de bon matos qu'il ne tient pas sur un seul album.
Produit par Nick Launay, *Abattoir Blues / The Lyre of Orpheus* voit le groupe continuer son processus de collaboration, et signe le retour des Seeds à l'écriture. L'album est schizophrénique, chaque segment dominé par un son bien défini. L'album contient des morceaux rauques et entraînants qui regorgent de l'humour de Cave – disant à l'auditeur que « si tu as un champ qui ne rapporte pas, eh bien lève-toi et laboure-le » sur *There she goes, my beautiful world*. Cave compare aussi la métaphysique à la réalité banale sur le morceau-titre : « Je me suis couché hier soir et mon code moral s'est embrouillé, je me suis réveillé ce matin avec un Frapuccino en main. »
Abattoir Blues / The Lyre of Orpheus donne un ton plus contemplatif, et contient cer-

taines des chansons d'amour les plus grisantes jamais écrites par Cave – *Breathless* ressemble à du Van Morrison, et le fruité *Babe, you turn me on* – « j'ai posé une main sur ton cœur rouge et mûr, et l'autre dans ta culotte ». Il y a de la place pour d'autres surprises, comme le London Community Gospel Choir, qui ajoute une profondeur spirituelle à *Carry me* et *O Children*.

Alors que les Seeds s'avancent en force dans la quarantaine, il est évident que l'âge ne se fait pas encore sentir. **SJac**

▶II Liste des titres

01	**Get Ready For Love** (Casey•Cave•Ellis •Sclavunos)	5:05
02	**Cannibal's Hymn** (Cave)	4:54
03	**Hiding All Away** (Cave)	6:31
04	**Messiah Ward** (Cave)	5:15
05	**There She Goes, My Beautiful World** (Cave)	5:17
06	**Nature Boy** (Casey•Cave•Ellis•Sclavunos)	4:54
07	**Abattoir Blues** (Cave•Ellis)	3:58
08	**Let The Bells Ring** (Cave•Ellis)	4:26
09	**The Fable Of The Brown Ape** (Cave)	2:43
10	**The Lyre Of Orpheus** (Cave•Ellis•Casey •Sclavunos)	5:36
11	**Breathless** (Cave)	3:13
12	**Babe, You Turn Me On** (Cave)	4:21
13	**Easy Money** (Cave)	6:43
14	**Supernaturally** (Cave)	4:37
15	**Spell** (Casey•Cave•Ellis•Sclavunos)	4:25
16	**Carry Me** (Cave)	3:37
17	**O Children** (Cave)	6:49

Franz Ferdinand

Franz Ferdinand (2004)

Label | Domino
Production | Tore Johansson
Direction artistique | Matt Cooper • Franz Ferdinand
Pays | Royaume-Uni
Durée | 38:45

Franz Ferdinand est l'album qui redéfinit à la fois la musique indé et l'art-rock. Distillé à partir d'influences qui penchent de façon provocante à gauche – Gang of Four, Talking Heads, Fire Engines –, son single *Take me out* joue avec impudence sur les signatures temporelles. Le design de la pochette est un triomphe au style minimaliste soviétique. Enregistré en Suède, cela ressemble à de la new wave maigrichonne qui aurait été remixée par le Bowie des seventies et couronnée par une montée d'amphétamines digne de la power pop. Des morceaux énergiques comme *Jacqueline*, *This fire* et *Come on home* sonnent à la fois comme étant purement modernes et fièrement passéistes.

Dès le départ, Franz Ferdinand a une revendication en tête. Le groupe veut faire de la musique sur laquelle les filles puissent danser. Sur scène, il garde le contact visuel avec le public d'un bout à l'autre. Formé au sein du cercle de l'École des Arts de Glasgow, il a l'intention d'accorder autant d'importance au design graphique et à la présentation – pochette, fonds de scène, clips, look – qu'à la musique. Il veut, comme l'écrit le bassiste Bob Hardy sur un site, créer de l'émotion « du même niveau que les larmes du Field Marshall Haig lorsqu'il comptabilise les statistiques des hommes qu'il a poussés à bout ».

Franz Ferdinand aurait pu être le groupe le plus prétentieux de la planète, un groupe élitiste pour des snobs musicaux. À l'inverse, son premier album est en fait la success story de 2004, avec plus de trois millions de disques vendus. À une époque, il s'en vendait 17 500 exemplaires par semaine aux États-Unis – la musique indé et l'art-rock n'ont jamais été aussi populaires. **CM**

▶II Liste des titres

▶	01	**Jacqueline** (Hardy•Kapranos•McCarthy)	3:49
	02	**Tell Her Tonight** (Kapranos•McCarthy)	2:17
▶	03	**Take Me Out** (Kapranos•McCarthy)	3:57
	04	**Matinee** (Hardy•Kapranos•McCarthy)	4:03
▶	05	**Auf Achse** (Kapranos•McCarthy)	4:19
	06	**Cheating On You** (Kapranos•McCarthy)	2:36
▶	07	**This Fire** (Kapranos•McCarthy)	4:14
▶	08	**Darts Of Pleasure** (Kapranos•McCarthy)	2:59
▶	09	**Michael** (Kapranos•McCarthy)	3:21
	10	**Come On Home** (Kapranos•McCarthy)	3:46
	11	**40 Ft** (Kapranos•McCarthy)	3:24

Kanye West
The College Dropout (2004)

Label | Roc-A-Fella Records
Production | Kanye West
Direction artistique | Native
Pays | États-Unis
Durée | 72:12

The College Dropout est l'un des albums les plus attendus et les mieux accueillis de 2004 – mais il a failli ne jamais voir le jour. Malgré sa réputation de producteur de stars, qui se fait un nom grâce à des samples accélérés et saccadés et des beats hors pair, West a du mal à se faire prendre au sérieux en tant que rappeur. Depuis la fin des années 90, il pond des tubes pour d'autres mais son album solo est repoussé à de nombreuses reprises. En octobre 2002, West est victime d'un accident de voiture qui lui vaut une chirurgie à la mâchoire et retarde une fois de plus l'enregistrement. Par bonheur, il récupère et utilise sa malchance pour créer à la fois l'émouvant *Through the wire* – le récit de l'accident détaillé en boucle sur *Through the fire* de Chaka Khan – et l'épique *Last Call*, qui retrace sa carrière, de ses humbles débuts à sa signature sur Roc-A-Fella.

The College Dropout tire profit des contacts du producteur. Les superstars Jay-Z et Ludacris, et les poètes de rue Talib Kweli et Mos Def ajoutent leurs compétences aux rimes lucides et pleines d'esprit de West. Du chant spirituel habité *Jesus Walks* au loop de *Lauryn Hill All falls down* et au crasseux *The New Workout Plan*, il comble le fossé entre hip-hop éclairé et hip-hop commercial.

« Je crois que j'ai en moi cette soul de ces anciens enregistrements que je sample », déclare West. « En fait, lorsque je les écoute et les sélectionne, c'est un peu comme si c'était la main de Dieu qui le faisait… » **LP**

Cee-Lo Green
Cee-Lo Green… is the Soul Machine (2004)

Label | Arista
Production | Divers
Direction artistique | Jeffrey Schulz
Pays | États-Unis
Durée | 65:27

En 2004, la révolution sonore ensoleillée qui se déroule dans le Sud n'a plus rien de nouveau ; c'est devenu un fait. Crunk souffle sur l'underground, le mouvement Dirty South est conduit vers sa conclusion logique, tandis que les rappeurs psychédéliques d'Atlanta Outkast envahissent le mainstream. Sentant sa chance tourner, Goodie Mob, apparenté à Outkast, se reforme pour un album comeback, même s'il lui manque désormais un membre – l'incroyable crooner/MC Cee-Lo Green décide de poursuivre en solo, sort un premier album avec succès en 2002, *His Glorious Imperfections*, et se prépare à livrer sa dernière déclaration.

L'ego et le charisme sont intimement liés et Cee-Lo n'en est pas dépourvu ; l'album s'ouvre par une parodie, le grand homme imprègne son bébé de cette même assurance généreuse qui est la sienne. En quelques minutes, il valse dans un carnaval de funk estival, hurlant « Dieu peut vraiment faire des miracles / Regarde-moi, c'est pas évident que j'en suis un ? », tandis qu'un chœur clame ses hosannas.

Et la fête ensoleillée de Cee-Lo continue de plus belle – Timabaland fait les arrangements de *I'll be around*, tandis que Pharrell monte au front dans la délicieuse tempête silencieuse qu'est *Let's stay together*, qui reprend sournoisement *Live forever* d'Oasis. Mais cela ne fait pas de doute que Green est la vraie star ici, même s'il n'a pas encore gagné le respect du public – ni le succès commercial – qu'il mérite. **SC**

Mylo
Destroy Rock & Roll (2004)

Label | Breastfed
Production | Myles MacInnes
Direction artistique | Phantom
Pays | Royaume-Uni
Durée | 55:25

Tout le monde adore Mylo. À la sortie de *Destroy rock & roll* en 2004, pas un critique n'omet de saluer le talent du jeune Myles, 24 ans. S'occupant lui-même de la production et générant tous ses titres sur ordinateur, il rend sa gaieté à la house grâce à des hooks pop accrocheurs, des stabs électro, des breaks lisses, des atmosphères planantes et des basses pneumatiques.

Lorsque *Destroy Rock & Roll* sort, le premier single – *Drop the pressure*, au hook synthétique accrocheur, prend d'assaut les charts anglais – est déjà dans les bacs. Des mois avant sa sortie, il est devenu un tube des dancefloors, passé par les DJs de tous les continents. En 2003, la provocante chanson-titre sort en édition limitée. Ce premier morceau combine une guitare assourdissante à des tempos lents ; la pop des années 80, le rock pur et dur, la house de Chicago et l'environnement de Mylo sont autant d'ingrédients qui entrent dans la composition de cette galette. Il baigne dans une atmosphère inspirée par la ville natale de Mylo, sur la petite île de Skye, en Écosse, où il grandit et où vivent encore ses parents. Les beats nonchalants et ensoleillés de *Sunworshipper* voient le jour alors que Mylo tente de joindre les deux bouts à San Francisco.

Contrairement à de nombreux débuts, *Destroy Rock & Roll* continue de livrer des tubes longtemps après sa sortie : en 2005, *In my arms* secoue les dancefloors d'Ibiza pendant tout l'été. L'album continue à faire de même. **CH**

The Icarus Line
Penance Soirée (2004)

Label | V2
Production | Mike Musmanno
Direction artistique | Matt Sohl
Pays | États-Unis
Durée | 53:49

De ses déclarations d'indépendance musicale crues à sa pochette provocante – la liste des titres, cachée à l'intérieur du livret, est un gribouillis indéchiffrable –, *Penance Soirée* est le manifeste punk par excellence.

Cet album représente un énorme progrès pour The Icarus Line. Alors que *Mono*, leur premier disque sorti en 2000, repose sur un mélange hardcore de textes beuglés et de guitares intermittentes, *Penance Soirée* arbore un son plus primal, délivré de toute sordidité. Le morceau d'ouverture, *Up against the wall motherfuckers*, s'appuie sur une ligne de basse préhistorique et brutale. Depuis *Mono*, les textes du leader Joe Cardamone ont également évolué, passant de simples déclarations de rage punk à des récits lucides sur la vie de la rue. Le chanteur marmonne une histoire de drogue digne de Charles Bukowski sur une bravade ivre inspirée des Stones. La vision décadente de *Cardamone* brille surtout dans l'odyssée de vingt minutes au cœur de *Penance Soirée*, composée de trois chansons, *Kiss like lizards*, *Getting bright at night* et *Big Sleep*, reliées entre elles par le récit caustique d'une histoire d'amour qui tourne mal.

Son ambition et son expérimentation valent à *Penance Soirée* une reconnaissance au-delà de la scène hardcore californienne. Le magazine metal *Kerrang !* le qualifie d'« antidote contre l'ennui et la médiocrité », et même le journal conservateur *The Daily Telegraph* reconnaît que l'album possède une « intensité inéluctable ». **TB**

The Streets
A Grand Don't Come For Free (2004)

Label I Vice
Production I Mike Skinner
Direction artistique I Alex Jenkins
Pays I Royaume-Uni
Durée I 50:36

La moitié de la scène hip-hop se plaint – pas assez de respect, pas assez d'argent, trop d'armes, trop de haine. Mais peu s'apitoient avec autant d'intelligence que Mike Skinner sur les petits trucs de tous les jours qui vous flanquent le moral à zéro. Sur son deuxième album avec les Streets (après *Original Pirate Material*, nominé en 2002 aux Brit Awards et au Mercury Prize), le rappeur n'essaye pas de surpasser 50-Cent en virilité. Il essaye simplement de rendre un DVD, retirer de l'argent et utiliser son portable avant que la batterie ne s'épuise. On ne peut plus vrai.
« C'était censé être si facile », gémit Skinner sur le premier morceau avant d'amorcer un journal de bord hip-hop à travers l'existence suburbaine, le plus habité et hilarant jamais enregistré. Imaginez *Quadrophonia* mélangé à *Ulysses* dans un cadre contemporain des West Midlands, en Angleterre, et vous y êtes presque. C'est un album conceptuel rempli d'une palette haute en couleurs d'ivrognes, de joueurs et autres dingues du quartier, qui accompagne une histoire complète à travers des conflits mineurs, et pourtant dramatiques, et parvient à trouver une conclusion en cinquante et une minutes à peine.
Avec une approche différente de celles de ses compagnons de genre, Skinner maintient la production stable et épurée, ce qui se révèle l'arrangement parfait pour ses textes à mi-chemin entre le rap et le chant. Son esprit et son amour pour l'humour bouffon sont évidents sur la chanson déjà citée *It was supposed to be so easy*, tandis que, dans *Not Addicted*, le rappeur avoue être un joueur incompétent. Il est aussi efficace lorsqu'il s'agit des peines de cœur, et dévoile une corde sensible sur les ballades *Could well be in* et *Dry your eyes*. **JiH**

▶II Liste des titres

▶	01 **It Was Supposed To Be So Easy** (Skinner)	3:55
▶	02 **Could Well Be In** (Skinner)	4:23
▶	03 **Not Addicted** (Skinner)	3:40
	04 **Blinded By The Lights** (Skinner)	4:44
	05 **Wouldn't Have It Any Other Way** (Skinner)	4:36
	06 **Get Out Of My House** (Skinner)	3:52
▶	07 **Fit But You Know It** (Skinner)	4:14
	08 **Such a Tw*t** (Skinner)	3:47
	09 **What Is He Thinking ?** (Skinner)	4:40
▶	10 **Dry Your Eyes** (Skinner)	4:31
	11 **Empty Cans** (Skinner)	8:14

Rufus Wainwright
Want Two (2004)

Label I Dreamworks
Production I Marius De Vries • Rufus Wainwright
Direction artistique I Rufus Wainwright • Janet Wolsborn
Pays I États-Unis
Durée I 53:49

Enregistré lors des mêmes séances que celles de *Want One* en 2003, *Want Two* confirme qu'en termes d'écriture, de maestria et d'ambition pure, Rufus Wainwright fait cavalier seul. De l'ambition ? Que dites-vous de démarrer l'album par une messe pour la paix en latin, accompagnée de violons gypsies et de tympanon – enrobée ensuite d'une envolée de cordes romantiques ? Et finir sur un reggae aux sonorités arabes, à la Weill, où l'on peut entendre les chants étranges d'Antony et un enchevêtrement d'harmonies captivantes et de chants marmonnés à la *Smile* ? Entre les deux, on trouve les arrangements pseudo-baroques et l'humour tranchant de *Little Sister*, la discrète bombe acoustique *Gay*

Messiah et *The Art Teacher*, portrait du béguin d'une écolière.
Malgré les étincelles d'esprit qui font sa singularité, *Want Two* possède aussi un côté obscur. On y trouve une élégie douce-amère à Jeff Buckley (*Memphis Skyline*) ; *Waiting for a dream* est angulaire, plus terre à terre, avec des envolées de batterie assourdissantes, et un piano style *White Album* tandis que Wainwright médite sur les jours obscurs et « l'ogre dans le bureau ovale ». (L'obscurité est aussi présente sur l'artwork de la pochette sous les traits de la Dame de Shalott : tout comme Rufus, elle a été violée ; et, comme Jeff Buckley, elle s'est noyée.) Mais une fin de conte de fées est de rigueur – témoin le doux shuffle de *Crum by crum*.
Wainwright a déclaré à *Uncut* que *Want two* est « une espèce de yin pour le yang des autres ». Ensemble, ils constituent la prise de position artistique audacieuse d'un chanteur-compositeur qui n'a pas encore fait de faux pas. **RD**

▶II Liste des titres

▶	01 Agnus Dei (Wainwright)	5:45
	02 The One You Love (Wainwright)	3:43
	03 Peach Trees (Wainwright)	5:59
	04 Little Sister (Wainwright)	3:20
▶	05 The Art Teacher (Wainwright)	3:52
	06 Hometown Waltz (Wainwright)	2:31
▶	07 This Love Affair (Wainwright)	3:13
▶	08 Gay Messiah (Wainwright)	3:15
	09 Memphis Skyline (Wainwright)	4:52
▶	10 Waiting For A Dream (Wainwright)	4:14
	11 Crumb By Crumb (Wainwright)	4:11
▶	12 Old Whore's Diet (Featuring Antony) (Wainwright)	8:54

The Killers
Hot Fuss (2004)

Label I Lizard King Records
Production I The Killers • Jeff Saltzman
Direction artistique I Louis Marino
Pays I États-Unis
Durée I 46:36

Synthés communicatifs, batteries explosives, chœurs entraînants, riffs tonitruants et un beau gosse pour chanteur – s'agirait-il de Bon Jovi ? Remplacez les bandanas par des cravates et l'amour vache par des cœurs brisés, et vous obtenez les Killers. Le déclin d'Oasis et l'isolement de Radiohead ont laissé un vide. Franz Ferdinand se précipite dans la brèche, rapidement suivi par les Killers. Mais là où Franz est irascible, les Killers font simplement du rock. Leurs influences britanniques (Bowie, The Cure, Psychedelic Furs, Depeche Mode) leur faste et leurs tripes les placent au-dessus de la scène dont ils se moquent gentiment dans *Glamorous Indie Rock & Roll* (remplacé aux États-Unis par *Change your mind*).
Le ton est donné par l'énorme *Jenny was a friend of mine*, qui commence la « trilogie du meurtre ». Celle-ci enchaîne avec *Midnight Show* puis l'inédit *Leave the bourbon on the shelf*. « C'est l'histoire d'une jeune fille qui quitte son petit ami, qui la tue et se fait prendre », explique le chanteur Brandon Flowers. Le massacre continue par le résonnant *Mr. Brightside* – la première chanson écrite par Flowers et le guitariste David Keuning après leur rencontre à Las Vegas, où ils décident d'adopter le nom d'un faux groupe qui apparaît dans le clip du *Crystal* de New Order. *Mr. Brightside* et *Somebody told me* séduisent les fans d'indé, avant que le monde entier ne se laisse entraîner par le sentiment bouleversant d'*All these things that I've done*. En une année sur les charts,

Hot Fuss atteint la 1re place en Grande-Bretagne, reçoit le disque de platine dans son pays natal. Les néons et le logo à la Elvis qui ornent la pochette vont comme un gant à quatre des plus grandes stars du XXIe siècle. **BM**

▶II Liste des titres

01 **Jenny Was A Friend Of Mine** (Flowers•Stoermer) 4:04
▶ 02 **Mr Brightside** (Flowers•Keuning) 3:42
03 **Smile Like You Mean It** (Flowers•Stoermer) 3:54
▶ 04 **Somebody Told Me** (Flowers•Keuning •Stoermer•Vannucci) 3:17
▶ 05 **All These Things That I've Done** (Flowers) 5:01
06 **Andy, You're A Star** (Flowers) 3:14
07 **On Top** (Flowers•Keuning•Stoermer•Vannucci) 4:18
08 **Glamorous Indie Rock & Roll** (Flowers •Keuning•Stoermer•Vannucci) 4:14
09 **Believe Me Natalie** (Flowers•Vannucci) 5:05
10 **Midnight Show** (Flowers•Stoermer) 4:02
11 **Everything Will Be Alright** (Flowers) 5:45

Morrissey
You Are The Quarry (2004)

Label | Attack
Production | Jerry Finn
Direction artistique | Scott King • Morrissey
Pays | Royaume-Uni
Durée | 47:13

Sur la pochette de *You Are The Quarry*, Moz, pimpant dans son costume à rayures, contemple le canon d'une mitraillette. Mais qui est la proie au juste ? La presse musicale britannique, les pop stars superficielles, les groupies ados, la famille royale, le président Bush… Les favoris sont grisonnants et la banane germe sur un front dégarni, mais l'assortiment d'airs de guitare et de ballades prouve que Morrissey n'a rien perdu de son humour sardonique et de ce pathos qui le caractérise.

Personnage toujours flamboyant et controversé, la carrière solo post-Smith de Morrissey démarre très fort, mais s'étiole pendant les années 90. La presse musicale britannique commence à se retourner contre lui au fil de la décennie et il déménage en Amérique.

La relation amour/haine qu'entretient Morrissey avec son nouveau foyer est le sujet du morceau d'ouverture, *America is not the world*, dans lequel il chante en crooner : « Amérique /Tu as une trop grosse tête / Parce que, Amérique /Ton ventre est trop gros ». L'Angleterre en prend aussi pour son grade dans *Irish Blood, English Heart*, et dans son ode douce-amère fredonnée aux ciels gris ardoise, *Come back to Camden*.

Au fil des décennies, Morrissey a produit quelques titres de chansons terribles, mais *I have forgiven Jesus* remporte le premier prix. *First of the gang to die* est une ode rock romantique à la violence des gangs, aux paroles à la fois pleines d'esprit et de mélancolie.

You Are The Quarry est acclamé par la critique et vaut à Morrissey une légion de nouveaux fans. N'appelez pas ça un comeback. Tout simplement le meilleur album depuis des années. **RM**

▶II Liste des titres

▶ 01 **America Is Not The World** (Morrissey•Whyte) 4:03
▶ 02 **Irish Blood, English Heart** (Morrissey•Whyte) 2:37
03 **I Have Forgiven Jesus** (Morrissey•Whyte) 3:41
▶ 04 **Come Back To Camden** (Boorer•Morrissey) 4:14
05 **I'm Not Sorry** (Boorer•Morrissey) 4:41
06 **The World Is Full Of Crashing Bores** (Boorer•Morrissey) 3:51
07 **How Can Anybody Possibly Know How I Feel ?** (Morrissey•Whyte) 3:25
▶ 08 **First Of The Gang To Die** (Morrissey•Whyte) 3:38
09 **Let Me Kiss You** (Morrissey•Whyte) 3:30
10 **All The Lazy Dykes** (Morrissey•Whyte) 3:31
11 **I Like You** (Boorer•Morrissey) 4:11
12 **You Know I Couldn't Last** (Day•Morrissey •Whyte) 5:51

Arcade Fire

Funeral (2004)

Label | Merge
Production | Arcade Fire
Direction artistique | Tracy Maurice
Pays | Canada
Durée | 48:00

Pendant une dizaine de mois en 2003, la fallacieuse étiquette « emo » a été collée à une forme étrangement nombriliste et pessimiste de heavy rock – l'étymologie du mot vient, évidemment, de l'adjectif « émotionnel ». Le premier album d'Arcade Fire montre à lui tout seul ce sous-genre sous son vrai jour : émotionnellement illettré, un déchet complaisant dépourvu d'angoisse. Cette année-là, Win Butler et Regine Chassagne, partenaires à la ville comme sur scène, forment un groupe de rock indé avant-gardiste à Montréal pour expérimenter des styles allant de la bossa au Krautrock, mais leurs efforts sont immédiatement galvanisés par la mort de la grand-mère de Chassagne et du grand-père de Butler (Alvino Rey, le compositeur de ragtime) à quelques mois d'intervalle.

L'album qui en découle est l'histoire magico-réaliste de jeunes amants qui tentent d'échapper au souvenir de leur famille, au cœur d'une atmosphère ambitieuse, noyée de cordes. *Neighbourhood #1 (Tunnels)* voit les protagonistes se faufiler hors de leurs maisons familiales respectives pour pouvoir se voir et échapper à la douleur de leurs parents. Trois autres morceaux de la séquence *Neighbourhood* bâtissent une complexe métaphore psycho-géographique sur l'amour et la perte de Butler et Chassagne, intimement liés. Il n'y a cependant rien de post-moderne dans la sérénade sans mesures *Crown of love*, ballade épique digne de Scott Walker au mieux de sa forme. Même s'il emprunte des éléments aux Flaming Lips, à Suede, Brian Eno et My Bloody Valentine, cet opus possède une qualité rare : il est totalement original. **JDo**

▶II Liste des titres

▶	01 **Neighborhood #1 (Tunnels)** (Arcade Fire•Deu)	4:48
	02 **Neighborhood #2 (Laïka)** (Arcade Fire)	3:32
	03 **Une Anné Sans Lumière** (Arcade Fire)	3:40
▶	04 **Neighborhood #3 (Power Out)** (Arcade Fire•Deu)	5:12
	05 **Neighborhood #4 (7 Kettles)** (Arcade Fire)	4:49
▶	06 **Crown Of Love** (Arcade Fire)	4:42
	07 **Wake Up** (Arcade Fire)	5:35
	08 **Haïti** (Arcade Fire)	4:07
▶	09 **Rebellion (Lies)** (Arcade Fire)	5:10
	10 **In The Backseat** (Arcade Fire)	6:20

Ozomatli

Street Signs (2004)

Label | Concord
Production | Ozomatli • T-Ray
Direction artistique | Christian Lantry
Pays | États-Unis
Durée | 51:40

Originaire de Los Angeles, Ozomatli est l'un des plus grands groupes du monde, les Los Lobos du XXIe siècle, passé maître dans toute une gamme de styles et rythmes latinos, mélangés à une sensibilité hip-hop. En concert, sa virtuosité empreinte de sympathie a toujours été fascinante, mais ses albums ont toujours plus ou moins raté leur cible. Jusqu'à ce troisième opus, *Street Signs*, vainqueur incontestable des Grammys et véritable triomphe musical – une quête d'espoir au cœur de la destruction qui entoure les États-Unis depuis le 11 septembre. Pour illuminer le tout, il ajoute un paquet explosif de musique orientale et des Balkans à son hip-hop latino brûlant.

L'album commence avec le tube *Believe* – mélange remuant de styles gypsy, arabe et rock indé, avec la participation des guitaristes gypsies français *Les Yeux noirs*, la Symphonie de Prague et le Marocain Hassan Hakmoun pour le chœur. Le rythme et le flot de ces délices éclectiques ne tarissent jamais. Tout comme le boogaloo, le merengue et le tejano que l'on rencontre sur ce tour de force, on y trouve aussi du hip-hop chaabi sur *Who's to blame*, où figure MC Chali 2na de Jurassic 5, le rock chicano de la chanson d'amour-haine *Who discovered America ?* et les émouvants rythmes mexicains de la ballade *Santiago,* avec l'ex-Los Lobos, David Hidalgo, à la guitare. On entrevoit un coin de paradis hispanique lorsque le solo de la grande pianiste de jazz latino Eddie Palmieri sur *Doña Isabelle* cède la place à l'emportement orgiaque de la salsa sur *Nadie te tira*. Sa sortie sur le label de jazz latino Concord Jazz, en Amérique, recueille l'approbation générale. **MR**

▶II Liste des titres

01 **Believe** (Mendoza•Ozomatli•Smith-Freeman) 5:02
02 **Love And Hope** (Eckl•Ozomatli•Porter) 4:24
03 **Street Signs** (Ozomatli•Smith-Freeman) 3:46
04 **(Who Discovered) America ?** (Eckl•Porter •Roberts•Sierra) 4:35
▶ 05 **Who's to Blame** (Corleon•Lewis) 3:13
06 **Te Estoy Buscando** (Ozomatli) 3:50
07 **Saturday Night** (Ozomatli•Smith-Freeman) 3:59
▶ 08 **Déjame En Paz** (Ozomatli) 3:29
09 **Santiago** (Ozomatli) 5:10
▶ 10 **Ya Viene El Sol (The Beatle Bob Remix)** (Ozomatli) 3:39
11 **Doña Isabelle** (Ozomatli•Palmieri) 1:05
12 **Nadie Te Tira** (Ozomatli) 4:48
13 **Cuando Canto** (Ozomatli) 4:40

Green Day
American Idiot (2004)

Label | Reprise
Production | Rob Cavallo • Green Day
Direction artistique | Chris Bilheimer
Pays | États-Unis
Durée | 57:10

Rares sont ceux qui auraient parié que Green Day réaliserait le succès hard-rock du XXIe siècle. L'album précédent du groupe ne s'était vendu « qu'à » un demi-million d'exemplaires aux États-Unis, et le talent d'auteur-compositeur de Billie Joe Armstrong n'était souligné que par les plus fidèles. Pour le grand public, Green Day se reposait sur ses lauriers depuis le succès de *Dookie* en 94.

Nullement découragés, Armstrong, le batteur Tré Cool et le bassiste Mike Dirnt ont conçu leur album suivant, *Cigarettes And Valentines*..., un peu dans le même style, avant que les cassettes d'enregistrement ne s'égarent, ce qui les a obligés à tout recommencer (selon la version officielle ; d'après le producteur Rob Cavallo, les chansons étaient tout simplement médiocres). Leur persévérance a été récompensée par des ventes de plusieurs millions d'exemplaires de l'autre côté de l'Atlantique.

Au grand plaisir de leurs fans intellos, c'est un album-concept – qui devait beaucoup à *Quadrophenia* des Who. Mais là où ce dernier pâtissait d'une certaine lourdeur spirituelle, *American Idiot* comprend des mélodies formidables. Il est rare de pouvoir dire d'un album qui contient deux morceaux de neuf minutes que pas une seconde n'y est superflue – Green Day a même réussi à laisser une place à *Rock And Roll Girlfriend*, morceau pince-sans-rire de Cool né des cendres de *Cigarettes And Valentines*.

American Idiot, Holiday, Boulevard of broken dreams, Wake me up when September ends et *Jesus of suburbia* ont été les morceaux à succès de l'album, mais chaque phrase musicale et chaque refrain sont réussis. La grenade de la pochette n'était pas nécessaire, aussi emblématique qu'elle soit : cette musique était destinée à exploser. **BM**

▶II Liste des titres

▶ 01 **American Idiot** (Armstrong•Green Day) 2:54
02 **Jesus Of Suburbia** (Armstrong•Green Day) 9:08
03 **Holiday** (Armstrong•Green Day) 3:52
▶ 04 **Boulevard Of Broken Dreams** (Armstrong •Green Day) 4:20
05 **Are We The Waiting** (Armstrong•Green Day) 2:42
06 **St. Jimmy** (Armstrong•Green Day) 2:55

07 Give Me Novacaine (Armstrong•Green Day) 3:25
08 She's A Rebel (Armstrong•Green Day) 2:00
09 Extraordinary Girl (Armstrong•Green Day) 3:33
10 Letterbomb (Armstrong•Green Day) 4:06
▶ 11 Wake Me Up When September Ends (Armstrong•Green Day) 4:45
12 Homecoming (Armstrong•Green Day) 9:18

Common

Be (2005)

Label I GOOD/Geffen
Production I Kanye West • J. Dilla
Direction artistique I Gravillis Inc
Pays I États-Unis
Durée I 42:43

Sa période psychédélique n'a pas réussi au rappeur Common. L'éclectique *Electric Circus* a déconcerté ses fans et la fin de sa relation avec Erykah Badu est loin de l'avoir couvert de gloire.

Un Midas des temps modernes, Kanye West, est venu à sa rescousse. Ils ont imaginé l'album qui devait s'avérer le successeur spirituel de *The Miseducation of Lauryn Hill*, une merveilleuse rencontre du hip hop et de la soul classique. Arrivé en deuxième place des ventes aux États-Unis, il a permis à Common de se faire connaître en dehors des ghettos de Grande-Bretagne.

Libérés des métaphores habituelles de Common, les textes de *Be* sont francs et pleins d'imagination. Dans le single principal, *The Corner* – avec The Last Poets, pionniers du rap – il évoque les rues de Chicago sans sentimentalité ni glorification des armes à feu. Et dans *Real People*, il crache des vers venimeux que l'on pourrait attribuer à Chuck D de Public Enemy. Peu d'invités sur cet album à l'exception d'apparitions discrètes de John Mayer, chanteur-auteur-compositeur, de Bilal, auteur de neo-soul et de John Legend, troubadour rythm and blues. Puis surgit *The Food*, un bon vieux rap traditionnel qui semble enregistré pour le *Dave Chappelle Show*, programme télévisé d'un comique noir américain.

J. Dilla, le producteur aujourd'hui décédé, a orchestré les petits bijoux de l'album : *Love is...* encore plus beau que *God is love* de Marvin Gaye, et *It's your world* qui, comme l'album de Lauryn Hill, évoque des ambitions enfantines (« Je veux être un astronaute ! Je veux être un canard ! ») sans verser dans le sirupeux. *Be* est simplement sublime. **BM**

▶II Liste des titres

01 Be (Intro) (Frazier•Lynn•West) 2:24
▶ 02 The Corner (Hassan•Lynn•Moore • Oyewole •West) 3:45
▶ 03 Go ! (Frazier•Lynn•West) 3:44
04 Faithful (Lynn•Rogers•West) 3:33
05 Testify (Bond•Johnson•Lynn•Perry•West) 2:36
▶ 06 Love Is... (Dilla•Gaye•Gaye•Lynn•Nyx •Stover) 4:10
07 Chi-City (Cornelius•Lynn•West) 3:27
08 The Food (Cooke•Lynn•McKenney •Record•West) 3:36
09 Real People (Frazier•Lynn•West) 2:48
10 They Say (Bell•Epstein•Legend•Lynn•West) 3:57
11 It's Your World, Pt. 1 & 2 (Curington•Dilla •Lestor•Lynn•Lynn Poyser•James•Riggins) 8:33

Richard Hawley

Coles Corner (2005)

Label I Mute
Production I R. Hawley • C. Elliot • M. Timm
Direction artistique I N. Phillips • G. James
Pays I Royaume-Uni
Durée I 46:06

Richard Hawley a fait ses classes au sein de The Longpigs et de Pulp avant de voler de ses propres ailes. Son troisième album, *Lowedges*, était un chef d'œuvre discret de musique pop réalisé avec art et a jeté les fondations de *Coles Corner*, ainsi baptisé en l'honneur d'un quartier de Sheffield, sa ville natale, où les amoureux se retrouvaient le week-end. L'album est comme de juste fermement ancré dans le passé avec Hank Marvin comme

influence principale. Le baryton d'Hawley nous enveloppe de ses tons chauds, prêt à nous protéger des sons stridents qui s'échappent des téléphones portables des adolescents.
The Ocean reflue, se répand et se gonfle des cordes majestueuses qui accompagnent le récit subtil d'une relation. *Just like rain* est une ode mélancolique à l'amour perdu d'un homme malheureux dans ce domaine – ce qu'on fait de mieux en philosophie de comptoir. Le clou de l'album, *(Wading Through) The Waters of my time*, est un morceau luxuriant de soul country – Johnny Cash qui jouerait devant une assemblée d'ouvriers dans le nord de l'Angleterre. Comme bon nombre des onze titres, c'est une chanson toute récente (2005) qui semble étrangement familière.
Coles Corner a été sélectionné pour le Nationwide Mercury Prize en 2006, et de nombreux fans avaient parié sur sa victoire. Lorsque les Arctic Monkeys, autres musiciens de Sheffield, remportèrent le vote, ils se firent l'écho de nombreuses pensées dans leur discours de remerciement : « Que quelqu'un appelle la police, on a volé Richard Hawley. » **JB**

▶II Liste des titres

▶	01 Coles Corner (Hawley)	4:49
	02 Just Like The Rain (Hawley)	3:17
	03 Hotel Room (Hawley)	3:42
	04 Darlin' Wait For Me(Hawley•Sheridan)	3:53
	05 The Ocean (Hawley)	5:36
	06 Born Under A Bad Sign (Hawley)	3:41
	07 I Sleep Alone (Hawley)	3:44
	08 Tonight (Hawley)	4:32
▶	09 (Wading Through) The Waters Of My Time (Hawley)	3:48
	10 Who's Gonna Shoe Your Pretty Little Feet ? (Hawley)	4:08
	11 Last Orders (Trad., Arr. Hawley)	4:59

Sufjan Stevens
Come On Feel The Illinoise
(2005)

Label I Asthmatic Kitty
Production I Sufjan Stevens
Direction artistique I Divya Srinivasan
Pays I États-Unis
Durée I 74:13

Le cinquième album de Sufjan Stevens, et le deuxième de son époustouflant tour d'horizon musical des cinquante États américains (qui débute par le Michigan où il est né), est d'une telle envergure que l'artiste a éprouvé des difficultés à concentrer toutes ses idées sur un seul CD. Ce fut d'ailleurs si ardu qu'un album complet de chutes d'enregistrement et de versions différentes a suivi – *The Avalanche*.
Les 22 morceaux du CD constituent une séduisante vue d'ensemble des habitants, des lieux et de l'histoire de l'Illinois, et les récits souvent sombres que fait Stevens de la vie des gens ordinaires rappellent les chansons narratives d'Harry Smith. Le délicat *Casimir Pulaski Day* évoque des instants dérobés avec une jeune amoureuse en train de mourir de leucémie. L'élégiaque *John Wayne Gacy, Jr*, une ode au tueur en série originaire de Chicago, se concentre sur son enfance et s'avère obsédant.
L'album est cependant joyeusement mélodieux et doté d'arrangements somptueux. Cordes, chœurs, orgue Wurlitzer, cornet à piston et grelots y apparaissent, mais Sufjan se réserve la part du lion. Ses influences vont du folk aux comédies musicales de Rodgers & Hammerstein, du minimalisme au rock alternatif. Si tout cela fait craindre un fouillis impossible à écouter, il n'en est rien : grâce à la touche légère de Stevens, toutes les chansons sont entraînantes et réconfortantes.
À sa sortie, *Come On Feel The Illinoise* a été acclamé. C'est un exploit que d'écrire, pro-

duire, et jouer un album-concept de 22 morceaux avec banjos dont on ne se lasse pas. **JB**

▶II Liste des titres

	01 Concerning the UFO Sighting… (Stevens)	2:09
	02 The Black Hawk War (Stevens)	2:14
	03 Come On ! Feel the Illinoise ! (Stevens)	6:45
▶	04 John Wayne Gacy, Jr. (Stevens)	3:19
	05 Jacksonville (Stevens)	5:24
	06 A Short Reprise for Mary Todd… (Stevens)	0:47
▶	07 Decatur… (Stevens)	3:03
	08 One Last 'Whoo-Hoo !'… (Stevens)	0:06
▶	09 Chicago (Stevens)	6:04
▶	10 Casimir Pulaski Day (Stevens)	5:54
	11 To the Workers… (Stevens)	1:40
	12 The Man of Metropolis… (Stevens)	6:17
	13 Prairie Fire That Wanders About (Stevens)	2:11
	14 A Conjunction of Drones… (Stevens)	0:19
	15 The Predatory Wasp… (Stevens)	5:23
	16 They Are Night Zombies !! (Stevens)	5:09
	17 Let's Hear That String Part Again… (Stevens)	0:40
	18 In This Temple as in the Hearts… (Stevens)	0:35
	19 The Seer's Tower (Stevens)	3:54
	20 The Tallest Man… (Stevens)	7:03
	21 Riffs and Variations… (Stevens)	0:46
	22 Out of Egypt… (Stevens)	4:21

Amy Winehouse
Back To Black (2006)

Label I Island
Prod. I Mark Ronson • Salaam Remi
Direction artistique I Alex Hutchinson
Pays I Royaume-Uni
Durée I 34:55

Le caméléon du jazz Amy Winehouse est descendu en enfer en passant par Motown et les girls band des années 60 pour réaliser ce deuxième album, *Back To Black*, vainqueur aux Grammy Awards. Ses efforts ont été récompensés et elle a créé un chef d'œuvre éblouissant, qui marquera non seulement son époque mais servira de modèle soul aux générations futures.

Chef d'œuvre ou non, *Back To Black* n'est pas d'écoute facile et la co-production de Mark Ronson et Salaam Remi (qui avait déjà faits les arrangements lors de son premier album *Franck*) n'édulcore en rien les déboires d'Amy.

Son entraînant premier *single Rehab*, inspiré par Phil Spector, gronde et trépigne à chaque « No, no, no » ; le titre râleur aux accents tonitruants *I'm no Good* taquine les oreilles. Le morceau qui donne son titre à l'album est un cliquetis métallique simulant les battements de cœur ressentis par Amy lorsqu'elle entrevoit son amour perdu avec sa nouvelle conquête. Amy Winehouse est tout sauf une midinette pop.

Lorsque l'on se défait de l'outrance clinquante, l'album devient véritablement beau. Les lamentations poignantes de *Love is a losing game* et *Wake up alone*, avec leur production arachnéenne lancinante et leurs notes mielleuses hésitantes, sont aussi rafraîchissantes que crues.

La couverture de *Back To Black* montre notre reine perchée sur son trône en forme de banc, toute en beauté. Pas de dissimulations ici, pas de faux-semblant, c'est la vraie Amy. Et la vraie Amy est la rédemptrice de la soul. **BK**

Lupe Fiasco
Food & Liquor (2006)

Label I Atlantic
Production I Divers
Direction artistique I NoPattern
Pays I États-Unis
Durée I 72:16

Les albums hip-hop libres de tout superflu sont rares. *Food & Liquor* n'y fait pas exception, avec son introduction que l'on peut sauter et sa conclusion ennuyeuse. Mais entre les deux, on a droit à 57 merveilleuses minutes.

Même s'il vénère Nas, un vétéran du rap, Fiasco possède un rythme plus enlevé – plus proche de Kanye West, avec qui il était apparu sur *Jesus Walk* avant de par-

tager la vedette avec lui sur *Touch the sky*. Piraté deux fois alors qu'il était toujours en production, *Food & Liquor* aurait pu être décevant. Au contraire, cela a été un triomphe, ses couleurs musicales s'avérant aussi effervescentes que l'illustration de sa pochette était rayonnante.
Les samples vont de *Daydream in blue* d'I Monster à *Behind the wall* du groupe rock UFO. Les divers producteurs apportent plus de contrastes encore, de Kanye à Mike Shinoda de Linkin Park, et les collaborateurs musicaux vont de Jill Scott, star de la nu-soul au premier défenseur de Fiasco, Jay-Z (avec en prime dans *I Gotcha* l'inévitable Pharrell Williams des Neptunes).
« Le titre fait référence au fait que je suis musulman et que je viens de la rue » a déclaré Fiasco. « "Food"(la nourriture) symbolise ce qui est bon, "liquor" (l'alcool), ce qui est mauvais ».
Push, irrésistible, *Real*, assez rock, *Daydreamin*, tourbillonnant et *The Cool*, superbement sinistre, comptent parmi les morceaux mémorables. Ce dernier est devenu le titre provisoire du deuxième album de Fiasco, sur lequel il espérait faire intervenir les membres de Pink Floyd. Ayant pour lui l'excellence et l'éclectisme, il devrait réussir. **BM**

Ghostface Killah
Fishscale (2006)

Label | Def Jam
Production | Various
Dir. artistique | Ghostface • Alli • West
Pays | États-Unis
Durée | 61:48

Le Wu Tang Clan a commencé à décliner après les quatre ou cinq albums majeurs sortis à la suite de son dévastateur premier opus *Enter the 36 Chambers...*, mais le répertoire de Ghostface Killa demeure le plus fascinant des innombrables sorties originaires de Shaolin. Le conteur de Staten Island, qui manie remarquablement l'argot, a toujours plus représenté la rue que le cérébral Masta Killa et toujours possédé un côté plus expérimental que Method Man ; mais avec *Fishscale* il a finalement réalisé un album assez cohérent pour égaler les ventes impressionnantes de ce dernier.
Reconnaissons-le, certaines de ses rimes nées de l'association libre sont difficiles à suivre, mais Ghost parvient toujours à retenir l'attention grâce à son sens aigu du détail. Dans *Whip you with a strap*, le rapper évoque ses cinq ans : « J'essaie de lacer mes baskets, je rate toutes mes boucles, les lacets vont dans les mauvais trous... » Ghost décrit avec talent les attraits de Beauty Jackson « quand elle parlait, la fumée flottait depuis sa gorge, formait le mot "miel" quand elle la soufflait. »
Le rythme sur lequel il choisit de rapper illustre bien l'amour qu'il éprouve pour la soul des années 60. Pete Rock et J. Dilla (R.I.P) sont ici rejoints par M.F. Doom, héros underground qui partage certains passages de sa série instrumentale *Special Herbs*. L'ensemble constitue un album qui mêle les breaks classiques d'hier au hip hop expérimental d'aujourd'hui, et que l'on désirera toujours écouter dans dix ans – exploit rare parmi les albums hip hop des dix dernières années. **JB**

Ali Farka Touré
Savane (2006)

Label | World Circuit
Production | Nick Gold
Direction artistique | Julian House
Pays | Mali
Durée | 58:37

Ce chef-d'œuvre du Mali qui a exigé deux ans et demi de travail a été achevé quelques semaines avant que Touré ne perde sa longue bataille contre le cancer. Reconnu comme le plus bel album d'un catalogue pourtant riche, *Savane* a conféré une célébrité internationale à l'enfant favori du Mali, qui a été fait de façon posthume Commandeur de l'Ordre National du Mali et a reçu des funérailles nationales. Quelle sortie pour un artiste qui considérait l'agriculture comme sa vocation principale !

Le ngoni (luth africain traditionnel, probable ancêtre du banjo) est ici au premier plan en compagnie des percussions traditionnelles. La musique prend indubitablement ses racines dans le folklore malien, mais la guitare, l'harmonica et le violon qui s'y ajoutent parfois évoquent le vieux blues de Son House et de Robert Johnson. Le son de l'album, unique, provient du mariage de ces deux traditions.

On y trouve aussi de subtiles influences de la country, du reggae et même du flamenco, qui gravitent toujours autour de la voix profonde et riche de Touré, qu'il chante en français ou en divers dialectes africains. *Savane*, une ode à sa patrie touchée par la sécheresse, raconte le parcours d'un homme qui a quitté la savane pour les villes européennes et éprouve le mal du pays.

À une époque où les meilleures ventes débordent d'artistes qui se plaignent du stress de leur vie de star, il n'est pas étonnant que cette célébration sincère de la musique et de ses racines – avec ses thèmes pastoraux et sa réinterprétation contemporaine du folk traditionnel – nous attire tel un phare dans la nuit. **JB**

Joanna Newsom
Ys (2006)

Label | Drag City Inc
Production | Joanna Newsom • Van Dyke Parks
Dir. artistique | Benjamin A. Vierling • Richard Good
Pays | États-Unis
Durée | 55:41

On a découvert pour la première fois Joanna Newsom, harpiste, pianiste, auteur-compositeur et chanteuse californienne au début 2004, sur la compilation *Golden Apples of the sun*, conçue par Devendra Banhart, phénomène de la nouvelle vague folk américaine. Cette scène musicale – revigorée par des musiciens tels qu'Espers, Vetiver, Banhart lui-même et Vashti Bunyan – a fait à juste titre l'objet d'un battage médiatique. Les artistes en question ont ensuite sorti des albums époustouflants.

Le premier de Newsom, *The Milked-Eyed Mender*, a été chaleureusement accueilli, mais rien n'aurait pu la préparer aux critiques délirantes qu'a reçues *Ys*. Son jeu de harpe est tout aussi virtuose que les arrangements riches et sensibles de Van Dyke Parks – à qui l'on doit les meilleurs albums des Beach Boys – dont les cordes majestueuses servent de contrepoint au chant…

Newsom apparaît sur les cinq morceaux de l'album telle une Kate Bush du Moyen Âge qui chanterait du Hans Christian Andersen. *Le Guardian*, dans une chronique où le rock est rarement évoqué, a particulièrement loué ses textes : « Elle se délecte des mots … lorsqu'elle chante ses propres textes sur sa propre musique, d'extraordinaires choses se produisent. » Et quels textes ce sont, au vocabulaire riche et recherché…

Les cœurs de pierre pourront faire la grimace et déclarer que l'album frise l'autoparodie, mais ceux qui sont prêts à se défaire de leurs préjugés et à plonger dans l'univers magique de Joanna seront largement récompensés par une expérience unique au monde. **JB**

▶II Liste des titres

	01 Emily (Newsom)	12:08
▶	02 Monkey & Bear (Newsom)	9:28
	03 Sawdust & Diamonds (Newsom)	9:55
▶	04 Only Skin (Newsom)	16:53
	05 Cosmia (Newsom)	7:17

Arctic Monkeys
Whatever People Say I Am, That's What I'm Not (2006)

Label | Domino Recordings
Production | Jim Abbiss • Alan Smyth
Direction artistique | Alexandra Wolkowitz
Pays | Royaume-Uni
Durée | 55:41

Les Arctic Monkeys ont surgi au sommet des meilleures ventes, emportés par leur énergie et leur confiance en eux-mêmes, pour créer sur la scène anglaise le genre de choc auquel on n'avait pas assisté depuis qu'Oasis était arrivé en première place une décennie auparavant.

Nés et élevés à Sheffield, ces musiciens font allusion à des sites et personnages de leur région dans un anglais à l'accent tel qu'on ne l'entendait plus depuis longtemps à la radio. Les Monkeys, qui inspirent chez leurs fans une fidélité sauvage, ont élargi leur public sur Myspace en offrant des fichiers gratuits à tous les internautes et en exploitant pour la première fois les immenses possibilités publicitaires du site. Le résultat : un succès monstre, le single *I bet you look good on the dancefloor*. Le texte, empreint d'ironie, démontrait une telle assurance que certains y ont vu l'intervention d'une éminence grise.

Whatever People Say I Am… a débuté en première place des ventes et a remporté le Mercury Prize. Nourrie des mêmes riffs adolescents mais maîtrisés qui avaient rendu les Undertones légendaires 30 ans plus tôt, cette musique est fermement ancrée dans la vie quotidienne. Dans *Perhaps Vampires is a little bit strong but…*, les Arctic Monkeys critiquent la scène des célébrités rock très influencée par les tabloïdes : « J'ai pas le symbole du dollar dessiné sur les pupilles, c'est peut-être surprenant mais c'est vrai. » Alors qu'il est plus facile de trouver la plupart des stars du rock dans une soirée du show-biz qu'une guitare à la main, comment faire plus rock and roll que cette phrase ? **JB**

▶II Liste des titres

	01 The View From The Afternoon (All)	3:58
▶	02 I Bet You Look Good On The Dancefloor (All)	2:53
	03 Fake Tales Of San Francisco (All)	2:57
	04 Dancing Shoes (All)	2:21
	05 You Probably Couldn't See For The Lights But. You Were Staring Straight At Me (All)	2:10
	06 Still Take You Home (All)	2:53
	07 Riot Van (All)	2:14
	08 Red Light Indicates Doors Are Secured (All)	2:23
	09 Mardy Bum (All)	2:55
	10 Perhaps Vampires Is A Bit Strong But… (All)	4:28
▶	11 When The Sun Goes Down (All)	3:20
	12 From The Ritz To The Rubble (All)	3:13
	13 A Certain Romance ! (All)	5:31

LCD Soundsystem
Sound of Silver (2007)

Label | DFA Records
Production | The DFA
Direction artistique | Michael Vadino
Pays | États-Unis
Durée | 56:00

Sur leur premier disque éponyme, les modestes messies de la dance LCD Soundsystem affirmaient être en train de « perdre leur avantage » au profit de « gens plus beaux et plus talentueux. » Rassurez-vous, ils racontaient des bêtises, puisque leur album suivant *Sound of Silver* est l'épicentre de la musique caustique dans le vent.

Comme auparavant, LCD a trié sur le volet les meilleurs éléments des années 80 – la production de Talking Heads, le synthé et par moments la sensibilité pop Brian Eno – et les rassemble en une création de glockenspiels détraqués, de boucles électro, de bubblegum pop et d'une bonne dose de conscience politique érudite, à son apogée dans le magnifique single *North American Scum*.

Mais *Sound of Silver* n'est pas un album de singles. C'est une odyssée dance ironique qui offre plus de variété que ce que l'on attribue au genre auquel il appartient. En fait, le martèlement acharné de *Watch the tapes* est sans doute le seul titre de l'album à être de la « dance » authentique, si une telle chose existe.

Ailleurs, *Time to get away* puise dans le riff de *Billie Jean* avant d'imposer brusquement l'empreinte de Bowie. *Get Innocuous* enflamme la palette sonore avec des ritournelles électroniques frémissantes et des passages de synthé infernaux.

Someone Great, probablement le meilleur morceau de l'album, s'approche de la new-wave. La couverture et le titre tout en retenue de l'album sont trop humbles. Nous avons là le son d'un trésor musical. **KB**

▶II Liste des titres

▶ 01 Get Innocuous ! (Murphy Pope)	7:11
02 Time To Get Away (Murphy Pope Mahoney)	4:11
▶ 03 North American Scum (Murphy)	5:25
▶ 04 Someone Great (Murphy)	6:25
05 All My Friends (Murphy Mahoney Pope)	7:37
06 Us v Them (Murphy Mahoney Pope)	8:29
▶ 07 Watch The Tapes (Murphy)	3:55
08 Sound Of Silver (Murphy)	7:07
▶ 09 New York, I Love You But You're Bringing Me Down (Murphy Mahoney Pope)	5:35

Radiohead
In Rainbows (2007)

Label I Auto-diffusé
Production I Nigel Godrich
Direction artistique I Stanley Donwood
Pays I Royaume-Uni
Durée I 42:34

On dépeint souvent Radiohead comme le messager misérable de l'univers indie, qui fait la morale à propos des « problèmes ». Mais après avoir livré gratuitement son septième album studio *In Rainbows* – ou au prix que chaque auditeur jugeait approprié – via Internet, il est bien difficile de le voir ainsi. Il est encore plus difficile de l'étiqueter de la sorte après avoir écouté *In Rainbows*. Plus proche du magnifique album solo de Thom Yorke, nominé aux Mercury Prize, *The Eraser*, que ses précédents albums, *In Rainbows* démontre à quel point les albums peuvent être passionnants.

De manière efficace, le morceau d'ouverture *15 Steps* martèle les tympans sur un ton agité, la batterie, la basse électro et les riffs évoquant *Talk Show Host*, la chanson écrite pour *Romeo & Juliette* en 1996. *Bodysnatchers* incarne la passion du rock délirant et se construit, hurle et fait une embardée dans l'effervescence du heavy rock. *Faust Arp* est la beauté incarnée, avec des arrangements de guitare à la Cat Stevens, des violons et des harmonies qui feraient rougir même les boys bands les plus prétentieux.

Ailleurs, Radiohead perd sa mystérieuse écorce lyrique et se montre sous un nouveau jour. Ceci suggère que le groupe est bien dans sa peau et heureux de se montrer sous son vrai jour – de façon plutôt appropriée pour un album dont la couverture et le titre font référence aux arcs-en-ciel, symboles de paix selon la Bible. Que vous ayez téléchargé l'album gratuitement ou payé le prix fort, soyez sûrs que *In Rainbows* est un album stupéfiant à écouter – il n'a pas de prix. **KB**

▶II Liste des titres

▶	01 **15 Steps** (Radiohead)	3:57
	02 **Bodysnatchers** (Radiohead)	4:02
	03 **Nude** (Radiohead)	4:15
	04 **Weird Fishes/Arpeggi** (Radiohead)	5:18
	05 **All I Need** (Radiohead)	3:48
▶	06 **Faust Arp** (Radiohead)	2:09
	07 **Reckoner** (Radiohead)	4:50
▶	08 **House Of Cards** (Radiohead)	5:28
▶	09 **Jigsaw Falling Into Place** (Radiohead)	4:09
	10 **Videotape** (Radiohead)	4:39

M.I.A.

Kala (2007)

Label I XL
Production I Divers, dont Switch et Diplo
Direction artistique I M.I.A.
Pays I Sri Lanka
Durée I 47:40

Parmi les idoles pop, un non-conformiste tisse une toile musicale délurée. Les couleurs enivrantes – rouge, jaune, pourpre, noir, vert – se bousculent sur sa toile pour évoquer à la perfection le chaos culturel des chansons de *Kala*.

Avec *Arular*, sorti en 2005, Maya Arulpragasam a réalisé le début le plus fracassant depuis le premier album de Madonna. Son hip-hop fougueux où foisonnent les résonances électro a enchanté fans et stars de Trent Reznor à Timbaland. Pour la suite – qui porte le nom de sa mère – M.I.A., qui résidait à Londres, a jeté son dévolu sur l'Amérique. Mais on lui en a refusé l'entrée – ses allusions lyriques à l'OLP y étaient sans doute pour quelque chose – et donc, elle a parcouru le monde, tissant des liens avec des enfants aborigènes et un réfugié libérien.

Viennent s'ajouter à ce cocktail enivrant des clins d'œil à *Roadrunner* de Jonathan Richman, à *Where is my mind* de Pixies, à *Straight to hell* de The Clash et à des films de Tamil et de Bollywood.

Mis à parts quelques moments plus légers, *Kala* est plus sombre qu'*Arular*. Comparez l'espiègle *10 dollars* de ce dernier au terrifiant *20 dollars*.

Le résultat bigarré varie entre le bruyant *Birdflu* et *Come Around* de Timbaland en passant par une version disco de *Jimmy* et le sinistre *Paper Planes*. Comme avec *Arular*, les ventes de *Kala* n'ont guère reflété les critiques reçues (même le très conservateur *Rolling Stone* l'a décrété le meilleur album de 2007), mais M.I.A a une fois de plus réalisé un incroyable album qui ne ressemble à aucun autre sur cette terre. **BM**

▶II Liste des titres

	01 **Bamboo Banga** (M.I.A.•Switch)	4:58
▶	02 **Birdflu** (M.I.A.•Switch)	3:25
▶	03 **Boyz** (M.I.A.•Switch)	3:27
	04 **Jimmy** (M.I.A.•Switch)	3:29
	05 **Hussel** (M.I.A.•Switch•Diplo)	4:25
	06 **Mango Pickle•Down•River** (M.I.A. •Dutton•King Johnson•Ebsworth•Blair •Lewis•Adams•Wright Jarrett)	3:54
	07 **20 Dollar** (M.I.A.•Switch)	4:34
	08 **World Town** (M.I.A.•Switch)	3:54
	09 **The Turn** (M.I.A.•Blaqstarr)	3:52
	10 **XR2** (M.I.A. Diplo•Switch)	4:21
▶	11 **Paper Planes** (M.I.A.•Diplo)	3:25
	12 **Come Around** (Mosley•Clayton•M.I.A.)	3:54

Justice

Cross (2007)

Label I Ed Banger Records
Production I Gaspard Augé et Xavier de Rosnay
Direction artistique I Non créditée
Pays I France
Durée I 48:15

Justice n'est pas « rave-olutionnaire », mais Gaspard Augé et Xavier de Rosnay – encore sur les bancs de l'école lorsque *Homework*, de leurs prédécesseurs Daft Punk, surgit en 1997 – sont les dignes héritiers du trône de la dance.

Mêlant la passion du style heavy-rock, des bandes sonores de films d'horreur et du kitsch poussé à l'extrême, Cross fait un effet retentissant.
Même sans le superbe *We Are Your Friends* (avec la participation de Simian), qui envahit les dancefloors en 2006, cet album serait un début époustouflant.
Tthhee Ppaarrttyy, avec la participation d'Uffie, tisse le « Stay Fly » du cruncksterThree 6 Mafia en une toile de fils électro rythmés, préparant les oreilles au rush furieux de synthé de *DVNO*, qui frappe et s'envole de manière extraordinaire.
Après ces morceaux joyeux vient *Stress* : les beats sont trépidants et les plaintes primitives lancinantes, laissant en tête une impression de révolution musicale.
Il est donc logique qu'un crucifix en néon criard orne la couverture de *Cross*, suggérant une résurrection dance et une renaissance musicale imminente. *Cross* ? Les Daft Punk devraient être livides. Mais après tout, ils sont *Human After All*. **KB**

►II Liste des titres

	01 Genesis (Augé•Rosnay)	3:54
	02 Let There Be Light (Augé•Rosnay)	4:55
►	03 D.A.N.C.E. (Augé•Rosnay)	4:02
	04 Newjack (Augé•Rosnay)	3:36
	05 Phantom (Augé•Rosnay)	4:22
	06 Phantom Pt. II (Augé•Rosnay)	3:20
	07 Valentine (Augé•Rosnay)	2:56
	08 Tthhee Ppaarrttyy (featuring Uffie) (Augé•Rosnay)	3:46
►	09 DVNO (featuring Mehdi Pinson) (Augé•Rosnay)	3:56
►	10 Stress (Augé•Rosnay)	4:58
	11 Waters of Nazareth (Augé•Rosnay)	4:25
	12 One Minute To Midnight (Augé•Rosnay)	3:40

Goldfrapp
Seventh Tree (2008)

Label | Mute
Production | Goldfrapp
Dir. art. | A. Goldfrapp • M. Maitland • C. Edwards
Pays | Royaume-Uni
Durée | 41:35

Bandes sonores de films cool, disco dominateur et rythmé, hymnes à flonflons extraterrestres – les trois premiers albums du duo que forment Alison Goldfrapp et Will Gregory étaient très variés. On pouvait donc s'attendre une fois de plus à l'inattendu avec le quatrième, que l'on pourrait qualifier d'électrofolk (sa couverture où l'on voit Alison Goldfrapp, féerique, se promener dans un champ ensoleillé correspond au même style.) Finies les boules disco scintillantes qu'ont remplacées les collines ondoyantes.
Bien entendu, aux mains du duo, l'électrofolk devient aussi troublant que sensuel. Les paroles de *Little Bird* – « Nous avons dansé sur la lune, dansé près de la mer, cette terre composée de bleu et de doré où nous sommes libres » – pourraient aisément se trouver sur la bande sonore du film d'horreur des années 1970, *The Wicker Man*, tandis que dans *Some People* Alison Goldfrapp rappelle étrangement la Kate Bush de T*he Man With The Child In His Eyes*. Adrian Utley du groupe Portishead, lui aussi de Bristol, apparaît à la basse et à la guitare dans *Caravan Girl* où règne une atmosphère très hippie.
Passer d'un genre musical à l'autre comme le fait Goldfrapp n'est pas toujours récompensé de succès commercial, mais l'exploration de nouveaux horizons – sur le plan musical comme thématique – n'a pas nui au duo dont l'album est arrivé en deuxième place des ventes au Royaume-Uni (il semble toutefois qu'il soit destiné à passer inaperçu aux États-Unis). Bien que

le groupe ait adopté une nouvelle direction, ses chansons ressemblent toujours à du Goldfrapp – et donc à personne d'autre au monde. **CB**

▶II Liste des titres

	01 Clowns (Goldfrapp•Gregory)	4:08
▶	02 Little Bird (Goldfrapp•Gregory)	4:24
	03 Happiness (Goldfrapp•Gregory)	4:16
	04 Road To Somewhere (Goldfrapp•Gregory)	3:51
	05 Eat Yourself (Goldfrapp•Gregory)	4:06
	06 Some People (Goldfrapp•Gregory)	4:40
	07 A&E (Goldfrapp•Gregory)	3:17
▶	08 Cologne Cerrone Houdini (Goldfrapp•Gregory)	4:25
▶	09 Caravan Girl (Goldfrapp•Gregory)	4:05
	10 Monster Love (Goldfrapp•Gregory)	4:22

Elbow
The Seldom Seen Kid (2008)

Label I Fiction
Production I Craig Potter
Direction artistique I Red Design
Pays I Royaume Uni
Durée I 57:01

Elbow est un groupe moins rustre qu'Oasis, moins froid que Coldplay et plus doué que ces deux derniers. La réussite lui est d'autant plus douce qu'elle a mis du temps à arriver. Son premier album, *Asleep In The Back*, avait été nommé pour le Mercury Prize en 2001 mais ce n'est que sept ans et trois disques plus tard que *The Seldom Seen Kid* a remporté ce même prix à Londres. Rares sont ceux qui méritaient plus d'être récompensés que ces cinq musiciens de Bury, près de Manchester.

Dans ses meilleurs morceaux, le groupe explore toujours les excentricités du quotidien, et Guy Garvey chante souvent de sa voix plaintive des paroles d'un caractère poignant insoutenable. Le premier morceau de l'album, *Starlings*, contient l'une des suppliques amoureuses les plus déchirantes jamais enregistrées : « Donc oui, je te demande je crois de miser sur un cheval qui n'est plus bon que pour de la colle. » *The Loneliness Of A Tower Crane Driver* (La Solitude d'un conducteur de grue télescopique) montre à quel point Garvey remarque ce que les autres ont tendance à ne pas voir. La mélancolie romantique règne sur tout l'album (jusqu'au bonus caché, *We're Away*) dont le titre fait référence au surnom de Bryan Glancy, auteur-compositeur-interprète décédé en 2006.

Même si le groupe a toujours été salué par la critique, il semblait que le succès commercial doive toujours lui échapper, mais quand il a remporté le Mercury Prize le 9 septembre 2008, il a prouvé que de temps en temps même ceux qui le méritent finissent premiers. **CB**

Portishead
Third (2008)

Label I Island
Production I Portishead
Direction artistique I Marc Bessant
Pays I États-Unis
Durée I 49:16

Portishead démontre qu'il vaut parfois mieux éviter la ligne droite entre deux points. Après la sortie de *Roseland NYC Live* en 1998, ce groupe de Bristol – Geoff Barrow, Beth Gibbons et Adrian Utley – avait pour objectif avoué d'éviter des territoires musicaux déjà explorés. Les musiciens n'imaginaient toutefois pas que dix ans les séparaient encore de leur triomphal *Third*. Toutes sortes de rumeurs ont enflé pendant cette période. « Cet album rappelle la série *Lost* : un périple interminable récompensé de rares réponses », a reconnu Barrow. Le résultat est élémentaire mais beau, tout aussi étrange que merveilleux. Le premier album du groupe, *Dummy*, riche et débordant de cordes, possédait un caractère sombre mais séduisant. Dépouillé en grande partie de cette orchestration, *Third* est menaçant, et l'austérité de morceaux tels que *Plastic, We Carry On* et *Machine Gun* établit le nouvel univers souhaité par les musiciens, éloigné de ceux des précédents. L'œuvre toute entière étonne, dépourvue de complaisance, et le premier morceau, simplement intitulé *P*, donne le ton. *Third* n'est en aucun cas aussi aisé d'abord que *Dummy*, mais l'auditeur est largement récompensé de ses efforts.

Portishead n'est pas le seul groupe qui soit revenu sur le devant de la scène en 2008 avec un album dont le titre fait allusion à sa position chronologique. Mais contrairement à *Forth* de The Verve, *Third* est à la fois réussi et pertinent. Quel plaisir qu'un disque dont on craignait qu'il ne voie jamais le jour se soit avéré l'un des meilleurs de l'année ! **CB**

Slipknot
All Hope Is Gone (2008)

Label I Roadrunner Records
Production I David Fortman • Slipknot
Dir. art. I M. Shawn Crahan
Pays I États-Unis
Durée I 55:07

Après avoir sévi pendant dix ans, Slipknot divise encore les amateurs de heavy metal. Pour certains, ses musiciens ne sont que des poseurs, tandis que les fans se plaignent que le groupe se soit éloigné de l'horreur grinçante de ses premiers albums. Cependant, *All Hope Is Gone* est le premier de ses disques qui soit arrivé en tête des ventes aux États-Unis, au coude à coude avec *LAX*, un disque rap de The Game.

Après le brutal *Iowa* de 2001 et le brillant *Vol.3* (*The Subliminal Verses*) de 2004, c'est le plus accessible des albums de Slipknot. Le premier single, *Psychosocial*, possède un rythme pop haletant, cependant que d'autres passages rappellent *Stone Sour*, le projet de Corey Taylor au son plus adapté à la radio. Pour les novices toutefois, Slipknot paraît toujours enfermé dans une petite pièce avec neuf bulldozers en colère. *Gematria* et *Butcher's Hook* débordent de riffs monstres, et Taylor chante comme quelqu'un qui ne s'exprimerait qu'en lettres capitales et points d'exclamation dans des textes qui évoquent son dégoût du gouvernement.

Si ce dernier est chargé des paroles, le percussionniste Shawn Crahan est responsable de la vision d'ensemble. On lui doit une esthétique au croisement des Chapman Brothers et des Children Of The Corn, explorée dans le DVD qui accompagne l'édition spéciale de l'album. « Vous ne pouvez pas arrêter d'extraire complètement du gaz et du pétrole et penser que le monde continuera comme avant » a-t-il déclaré. « Mais n'est-ce pas gênant que nous n'essayions pas un peu plus de résoudre les problèmes ? » **BM**

TV On The Radio
Dear Science (2008)

Label I Interscope
Production I David Andrew Sitek
Direction artistique I Morning Breath
Pays I États-Unis
Durée I 48:27

« Pourquoi tout le monde meurt » n'est pas le genre d'expressions qui lancent une soirée, mais on la retrouve bien sur le livret des paroles qui accompagne le troisième album de TV On The Radio. Heureusement, *Dear Science* est généralement dépourvu du nombrilisme des albums précédents du groupe.

Peut-être est-ce la fin du gouvernement Bush qui a incité Dave Sitek, musicien et producteur, à s'éloigner du thème apocalyptique de *Return From Cookie Mountain* sorti en 2006. Quoi qu'il en soit, l'album abrite de jolis morceaux funk (*Dancing*

Choose et *DLZ*). *Family Tree*, un morceau carillonnant et *Love Dog*, très original, donnent encore plus de saveur à l'ensemble.
Bien qu'il soit toujours difficile de classer TV On The Radio, la première chanson, *Halfway Home*, offre deux points de référence : Peter Gabriel et Prince. Ici, les voix emplies d'émotion se mêlent à l'exploration électronique et aux mélodies entraînantes. Cette impression est renforcée par la conviction, évidente, de Sitek qu'il se trouve encore en 1982 – étant donné ce que vivaient alors Gabriel et Prince, cela signifie que le prochain album du groupe pourrait être son *So* ou son *Purple Rain*.
En attendant, on se délectera de bijoux tels que *Golden Age* (au groove new-yorkais séducteur), *Shout Me Out* (un rock brûlant) et *Lover's Day* (ode au sexe pleine d'entrain), et on se félicitera d'avoir découvert le groupe avant qu'il n'explose sur la scène internationale. **BM**

Fleet Foxes
Fleet Foxes (2008)

Label I Bella Union/Sub Pop
Production I Phil Ek
Dir. art. I Pieter Bruegel l'ancien • Sasha Barr
Pays I États-Unis
Durée I 39:15

Les félicitations sont de mise pour les Fleet Foxes de Seattle, qui, avec leur premier album éponyme, ont créé le genre d'œuvre pour laquelle la majorité des musiciens seraient prêts à vendre leur grand-mère.
Cet album de onze pistes merveilleusement pastoral a bénéficié d'une grande attention. La pochette, illustrée d'un fragment des *Proverbes néerlandais* de Pieter Bruegel l'ancien, peints en 1559, établit d'emblée l'ambiance et a été récompensée du prix annuel d'Artvinyl.com. Toutes les chansons sont peaufinées, mais comme c'est souvent le cas pour les chefs d'œuvre, les musiciens semblent être parvenus à la légèreté sans le moindre effort, même dans des morceaux aussi complexes que *Meadowlarks*.
Sun It Rises, une chanson a cappella, donne le ton du reste de l'album, et quel ton ! Elle est imprégné de folk, de pop et de musique de la côte Ouest américaine et abrite les harmonies vocales homogènes et enchanteresses dont le groupe est spécialiste. *White Winter Hymnal* et *He Doesn't Know Why* entraînent des comparaisons flatteuses avec The Shins de Portland et mettent en valeur les harmonies majestueuses des cinq jeunes musiciens, que complète avec goût une percussion apaisante.
L'album atteint son apogée avec *Your Protector* dont les envolées épiques et les guitares endiablées revisitent *The Sun Ain't Gonna Shine Anymore* des Walker Brothers. C'est là la beauté des Fleet Foxes : novatrice, familière et simultanément intemporelle, révélée par cet album souvent qualifié de « classique moderne ». Mesdames et messieurs, Fleet Foxes est là pour rester. **KBo**

▶II Liste des titres

	01 Sun It Rises (Pecknold)	3:11
▶	02 White Winter Hymnal (Pecknold)	2:27
▶	03 Ragged Wood (Pecknold)	5:07
	04 Tiger Mountain Peasant Song (Pecknold)	3:28
▶	05 Quiet Houses (Pecknold)	3:32
	06 He Doesn't Know Why (Pecknold)	3:20
	07 Heard Them Stirring (Pecknold)	3:02
	08 Your Protector (Pecknold)	4:09
	09 Meadowlarks (Pecknold)	3:11
	10 Blue Ridge Mountains (Pecknold)	4:25
	11 Oliver James (Pecknold)	3:23

Q-Tip
The Renaissance (2008)

Label | Universal Motown
Production | Q-Tip • J Dilla
Direction artistique | Kyledidthis • Olivia Smith
Pays | États-Unis
Durée | 41:15

Le jour le plus optimiste de l'an 2008 n'aurait pu bénéficier d'une meilleure bande sonore. Ce 4 novembre où Barack Obama a été élu président a aussi marqué le retour d'une légende du hip-hop, porteuse d'un funk sans défaut.

Q-Tip avait présidé aux classiques de A Tribe Called Quest au long des années 90, puis trouvé la réussite en solo avec *Amplified* en 1999. Cependant, au cours des années suivantes, deux de ses albums n'ont pas pu sortir et seule sa participation aux disques d'autres artistes – *Galvanize* des Chemical Brothers par exemple – a permis qu'on ne l'oublie pas.

Mais il n'a pas perdu son temps en peaufinant ce petit bijou où l'on trouve des collaborateurs de longue date tels le producteur J Dilla ainsi que D'Angelo, Norah Jones – qui chante en duo dans *Life Is Better* – et Amanda Diva de Floetry.

On découvre une série de samples impeccables, notamment *Dancing Machine* des Jackson Five dans *Move* et *Aspectacle* de Can dans *Manwomanboogie*, mais la musique jouée en direct domine dans cet album hip-hop, le plus délicieusement chaleureux depuis *Be* de Common, un ami de Q-Tip.

Dans sa première version, *Shaka* débutait par un extrait d'un discours d'Obama. Bien qu'ayant disparu de l'album final, le premier président noir américain a laissé son empreinte sur *The Renaissance*. « J'ai des similarités avec Obama » a confié Q-Tip au *Los Angeles Times*. « Son idée que l'espoir signifie ne pas avoir peur de se battre – c'est le courage de tenter quelque chose. [C'est ce que je fais dans] ma musique. » **BM**

▶ll Liste des titres

	01 **Johnny Is Dead** (Fareed•Rosenwinkel)	3:01
	02 **Won't Trade** (Bridges•Eaton•Fareed Knight)	2:41
▶	03 **Gettin' Up** (Fareed)	3:17
▶	04 **Official** (Fareed)	3:18
	05 **You** (Fareed)	3:01
	06 **We Fight/We Love** (Fareed)	4:47
▶	07 **Manwomanboogie** (Czukay•Fareed•Gee Karoli•Liebezeit•Schmidt)	3:05
	08 **Move** (Davis•Fareed•Fletcher•Parks)	5:49
	09 **Dance On Glass** (Fareed)	3:01
	10 **Life Is Better** (Fareed•Glasper)	4:41
	11 **Believe** (Fareed)	2:56
	12 **Shaka** (Fareed•Rosenwinkel)	3:32

MGMT
Oracular Spectacular (2008)

Label | Columbia Records
Production | Dave Fridmann
Direction artistique | Josh Cheuse
Pays | États-Unis
Durée | 40:18

Alors que la New Rave vivait une mort fulgurante, MGMT, un duo de Brooklyn, s'est emparé de l'occasion pour libérer le monde des bips incessants et des samples des années 90 dans son sublime deuxième album, *Oracular Spectacular*, qui l'a propulsé sur le devant de la scène.

Les rockers bohèmes Ben Goldwasser et Andrew VanWyngarden n'ont pas fait les choses à moitié sur ce disque caractérisé par des synthés et du funk de style années 70 que complète une large dose de pop.

Le premier single, le touchant *Time to Pretend*, est une mélodie accrocheuse et pop aux synthés déformés parsemés d'éclats de percussions où une longue liste de désirs de rock-star est débitée dans un soupir las. Ailleurs dans l'album MGMT démontre sa capacité à maîtriser presque tous les genres musicaux en vogue. *Electric Feel* vibre d'un panache presque rhythm

and blues, tout en batterie fracassante et accroches funky.
Weekend Wars entremêle le glamour de David Bowie au caractère rêveur et éthéré de Flaming Lips – ce qui n'est pas étonnant puisque le producteur de ce dernier, Dave Fridmann, a aussi réalisé cet album. *The Youth*, qu'on a envie de reprendre en chœur, gazouille son manifeste sur de douces guitares avant de se transformer en sermon proggy. Dans *Kids*, un séduisant morceau pop, on voit une fois de plus apparaître les Casios qui accompagnent des plaintes, des rythmes new order et des solos de clavier enthousiasmants.
Sur la couverture on aperçoit le duo vêtu d'une tenue à juste titre extraterrestre, correspondant à sa musique céleste. **KBo**

▶II Liste des titres

▶ 01 **Time To Pretend** (Goldwasser•VanWyngarden) 4:21
▶ 02 **Weekend Wars** (Goldwasser•VanWyngarden) 4:12
03 **The Youth** (Goldwasser•VanWyngarden) 3:48
▶ 04 **Electric Feel** (Goldwasser•VanWyngarden) 3:49
05 **Kids** (Goldwasser•VanWyngarden) 5:02
06 **4 th Dimensional Transition** (Goldwasser VanWyngarden) 3:58
07 **Pieces Of What** (Goldwasser•VanWyngarden) 2:43
08 **Of Moons, Birds & Monsters** (Goldwasser VanWyngarden) 4:46
09 **The Handshake** (Goldwasser•VanWyngarden) 3:39
10 **Future Reflections** (Goldwasser VanWyngarden) 4:00

Grizzly Bear
Veckatimest (2009)

Label | Warp
Production | Chris Taylor
Dir. art. | Ben Wilkerson Tousley • William J. O'Brien
Pays | États-Unis
Durée | 52:27

Du nom d'une île inhabitée au large de Cape Cod, le troisième album de Grizzly Bear marque un pas dans l'inconnu pour le quatuor folk-rock de Brooklyn. Si en 2006 *Yellow House* était le produit d'un groupe travaillant ensemble pour la première fois (le chanteur-songwriter Ed Droste était pratiquement le seul responsable de l'album des débuts, *Horn of Plenty*) avec une formule plutôt lo-fi, *Veckatimest* est né de petites collaborations entre les membres. « On marmonnait entre nos dents, confia à *Clash* le bassiste et producteur Chris Taylor. Quand il y avait une idée ou un sentiment, on développait. »
À la sortie de *Veckatimest*, le groupe fut comparé aux Fleet Foxes et sa musique qualifiée de « chamber pop » pour son usage des cordes, arrangées par Nico Muhly. Ces compliments modestes ne rendent pas justice à la vaste ambition et à la profondeur sonore de l'album. Les chansons distillent leur caractère propre : la fantastique montée des cors dans *I Live with You* est à couper le souffle, tandis que de vieilles harmonies à la Disney enchantent le majestueux *All We Ask*.
Veckatimest est discret sur ses influences, mais on croit retrouver des succès d'antan dans les harmonies à la Beach Boys du splendide *Two Weeks* et dans le style Wico-joue-les-Beatles de *While You Wait for the Others*. Ce sont les moments les plus pop d'un album subtil et délicat. Il laisse une impression durable avec l'arrière-plan choral de *Cheerleader* et de *Dory*, où l'humeur triomphe de l'instrumentation et où, du point de vue lyrique tout au moins, le désespoir cède la place à l'acceptation. **MH**

▶II Liste des titres

01 **Southern Point** (Grizzly Bear) 5:03
▶ 02 **Two Weeks** (Grizzly Bear) 4:03
03 **All We Ask** (Grizzly Bear) 5:22
04 **Fine For Now** (Grizzly Bear) 5:31
▶ 05 **Cheerleader** (Grizzly Bear) 4:55
▶ 06 **Dory** (Grizzly Bear) 4:26
07 **Ready, Able** (Grizzly Bear) 4:17
08 **About Face** (Grizzly Bear) 3:22
09 **Hold Still** (Grizzly Bear) 2:25
▶ 10 **While You Wait For The Others** (Grizzly Bear) 4:30
11 **I Live With You** (Grizzly Bear) 4:58
12 **Foreground** (Grizzly Bear) 3:35

Animal Collective
Merriweather Post Pavilion (2009)

Label | Warp
Production | Ben Allen
Direction artistique | Rob Carmichael • SEEN
Pays | États-Unis
Durée | 54:47

C'est la faute des animaux dansants de Flaming Lips. Forte de cette expérience du style « Elmo prend de l'ecstasy », toute une génération de college kids a oublié de baisser les yeux en écoutant Rivers Cuomo et s'est au contraire rabattue sur le son kaléidoscopique de MGMT, de Passion Pit et des Baltimorais d'Animal Collective.

Comme Mercury Rev avec *Deserter's Song* (et les Lips avec *Soft Bulletin*), les Animal Collective franchissent les limites de leur son pour libérer le cœur et l'âme de leurs chansons. Terminée, la cacophonie cauchemardesque de *Strawberry Jam* (2007), remplacée par un ensoleillement rappelant The Polyphonic Spree chantant les Beach Boys (même si Avey Tare d'Animal a donné pour influences Fleetwood Mac et le maestro du dubstep, Burial).

Le voyage commence par une pochette avec illusion d'optique inspirée du psychologue japonais Akiyoshi Kitaoka. Après avoir dressé le décor avec *In the Flowers* (d'abord intitulé *Dancer*, dans le sillage de *Human* des Killers), c'est une succession de petits et grands plaisirs. L'affectueux *My Girls* paye tribut à la femme et à la fille de Panda Bear. L'irrésistible *Summertime Clothes* est un hommage à l'humidité que tout auditeur s'empressera de partager.

Le son est plus pondéré dans la seconde partie, jusqu'à l'euphorique *Brother Sport* – le son du Brésil via Vénus, si puissamment positif que le groupe envisagea de le laisser aller jusqu'à son terme. Mais il faut bien que ce moment arrive, et la chanson laisse l'auditeur sur sa faim. **BM**

▶II Liste des titres

01 In the Flowers (Animal Collective)	5:22
▶ 02 My Girls (Animal Collective)	5:41
03 Also Frightened (Animal Collective)	5:14
▶ 04 Summertime Clothes (Animal Collective)	4:30
05 Daily Routine (Animal Collective)	5:46
06 Bluish (Animal Collective)	5:14
07 Guys Eyes (Animal Collective)	4:31
08 Taste (Animal Collective)	3:53
09 Lion In a Coma (Animal Collective•Madosini)	4:12
10 No More Runnin (Animal Collective)	4:23
▶ 11 Brother Sport (Animal Collective)	5:59

Bill Callahan
Sometimes I Wish We Were an Eagle (2009)

Label | Drag City
Production | John Congleton
Direction artistique | Non créditée
Pays | États-Unis
Durée | 48:17

À la fin des années 90 et après 20 ans d'enregistrement sous le pseudo de Smog, Bill Callahan s'est démarqué de ses premiers opus plutôt lo-fi en sortant deux albums sous son propre nom. Ce changement d'identité est emblématique de son évolution, de l'outsider révolté ne produisant ses albums que sous forme de cassettes dissonantes diffusées sous son propre label au franc-tireur indie respecté de tous.

Sometimes I Wish We Were an Eagle est le second album de Bill Callahan et on y voit encore une fois le chanteur étoffer des chansons d'une simplicité caractéristique (enregistrées souvent en une seule prise dans sa ville adoptive, Piano, au Texas) avec des cordes et des cuivres dus à l'arrangeur Brian Beattie. Reconfigurer la country et le folk a toujours fait partie du modus operandi de Smog mais là, Callahan ajoute sa misanthropie coutumière – nourrie, dit-il à l'époque, par la lecture des policiers plutôt hard de James M. Cain – à une musique en partie inspirée par les complaintes country exhalées vers la fin des années 70 par Glen Campbell et consorts. Le cocktail est étonnant : de fragiles pièces acoustiques mixées avec des cordes country-radio, juxtaposées à des textes marqués à la fois par l'humour et des méditations cryptiques sur Dieu (*Faith/Void*), l'amour et l'amitié – le tout délivré par la voix de baryton pince-sans-rire qui est la marque de fabrique de Callahan.

Le résultat final est un album qui s'appuie sur les racines art outsider de Smog pour créer une chose à la fois riche et précaire, drôle et émouvante. **PL**

▶II Liste des titres

	01 **Jim Cain** (Callahan)	4:39
▶	02 **Eid Ma Clack Shaw** (Callahan)	4:19
	03 **The Wind And The Dove** (Callahan)	4:34
	04 **Rococo Zephyr** (Callahan)	5:42
	05 **Too Many Birds** (Callahan)	5:27
▶	06 **My Friend** (Callahan)	5:12
	07 **All Thoughts Are Prey To Some Beast** (Callahan)	5:52
	08 **Invocation Of Ratiocination** (Callahan)	2:41
▶	09 **Faith/Void** (Callahan)	9:44

Fever Ray

Fever Ray (2009)

Label | Rabid
Prod. | Fever Ray • C. Berg • Van Rivers & The Subliminal Kid
Direction artistique | Martin « Mander » Ander
Pays | Suède
Durée | 48:03

Quand on s'interroge sur les influences transgenres de ce morceau de bravoure électronique qu'est *Fever Ray*, on ne songe pas immédiatement à Don Johnson et à Philip Michael Thomas. Karin Dreijer Andersson insiste pourtant sur le fait que la série culte des années 80 a en partie inspiré son premier album solo : « Dans *Deux flics à Miami*, il y a une chose que j'essaye vraiment de transcrire en musique : il s'agit du sentiment qu'on éprouve en voyant ces deux types partir dans la nuit sur leur canot à moteur. C'est comme une vidéo musicale de l'épisode, ils pilotent et ils mettent la musique à fond. Je trouve ça fantastique. »

Andersson fait partie de The Knife – duo frère et sœur suédois semi-mystérieux et amateur de masques –, mais ici elle frappe seule avec des effets envoûtants. *Fever Ray* réussit de manière improbable à maintenir l'équilibre entre, d'une part, un palais expansif, opulent et intense rappelant *Deux flics à Miami*, Duran Duran, ciel bleu et costumes impeccables, et, d'autre part, le genre d'électrogothique entendu la dernière fois chez Cure ou Siouxie & The Banshees. Andersson déforme sa voix – « Je sais déjà à quoi elle ressemble, c'est plus intéressant de la traiter comme un instrument. Avec les parties vocales, je ne peux pas changer seulement le pitch, mais aussi le genre » –, ce qui donne des contrastes incroyables entre un morceau ouvert (*When I Grow Up*) ou fermé (*Concrete Walls*) pour aboutir à une synthèse stupéfiante dans des ballades inquiétantes comme *Keep the Streets Empty for Me*. Le résultat global est hypnotique : la musique semble occuper ce bref instant de semi-conscience qui précède le réveil. **PW**

▶II Liste des titres

	01 **If I Had A Heart** (Andersson)	3:47
▶	02 **When I Grow Up** (Andersson)	4:29
	03 **Dry And Dusty** (Andersson)	3:44
▶	04 **Seven** (Andersson)	5:09
	05 **Triangle Walks** (Andersson)	4:21
	06 **Concrete Walls** (Andersson)	5:38
	07 **Now's The Only Time I Know** (Andersson)	3:57
	08 **I'm Not Done** (Andersson)	4:17
▶	09 **Keep the Streets Empty for Me** (Andersson •Nordlund)	5:37
▶	10 **Coconut** (Andersson)	6:46

Wild Beasts

Two Dancers (2009)

Label I Domino
Production I Richard Formby • Wild Beasts
Direction artistique I Matthew Cooper
Pays I Royaume-Uni
Durée I 37:26

On croit avoir tout entendu et puis... Contrairement à bien des nouveautés, il y a chez Wild Beasts une singularité qui, sauf changements majeurs de direction, risque de tenir le groupe à l'écart du succès grand public. Peu importe : vous garderez pour vous cette belle découverte.

Two Dancers perd un peu de l'étrangeté de l'album des débuts, *Limbo, Panto*, mais il semble bien plus accessible. Comme la couverture du type test de Rorschach, les chansons sont des épreuves vous obligeant à vous demander à quel point vous êtes prêt pour une nouvelle approche. Actuellement basé à Leeds, le quatuor est originaire de Kendall : le Lake District à portée de main fait partie de leurs influences. C'est ici la peinture sombre de choses désagréables et imminentes, avec une dimension dérangeante sur des morceaux comme *Empty Nest* à cause de l'affrontement entre la voix de fausset de Hayden Thorpe (« J'ai toujours voulu chanter comme Kurt Cobain », déclara-t-il en 2009 à musicOMH.com) et les notes plus graves de Tom Fleming. Dans *Hooting & Howling*, Thorpe dit vouloir être porté « jusqu'à la rivière pour laver mes mains de ce sang chaud » et « distribué comme un bout de viande » dans *Two Dancers (I)*. Ce n'est pas l'idylle pastorale souvent évoquée par XTC, les jours sans fin sous le soleil.

« Il n'est pas acceptable de se contenter de piocher dans le recueil de chansons standard, dit Thorpe. Je pense à ceux pour qui on fait de la musique et qui achèteraient nos albums – à nous, quoi. On veut être distraits, interpellés. » Le syndrome du deuxième-album-difficile-à-sortir n'atteint pas ces gars-là. **CB**

▶II Liste des titres

	01 **The Fun Powder Plot** (Wild Beasts)	5:35
▶	02 **Hooting & Howling** (Wild Beasts)	4:35
	03 **All the King's Men** (Wild Beasts)	3:59
	04 **When I'm Sleepy** (Wild Beasts)	2:09
▶	05 **We Still Got The Taste Dancin' On Our Tongues** (Wild Beasts)	4:35
	06 **Two Dancers (I)** (Wild Beasts)	4:06
▶	07 **Two Dancers (II)** (Wild Beasts)	2:37
	08 **This Is Our Lot** (Wild Beasts)	4:32
	09 **Underbelly** (Wild Beasts)	1:54
	10 **Empty Nest** (Wild Beasts)	3:24

Phoenix

Wolfgang Amadeus Phoenix (2009)

Label I V2
Production I Phoenix • Philippe Zdar
Direction artistique I Laurent Brancowitz
Pays I France
Durée I 37:02

Le rôle de pionnier qu'a tenu Phoenix dans le revivalisme power pop des années 80 a fait que leur son caractéristique a été copié, souvent en mal, après la sortie de *Wolfgang Amadeus Phoenix*. Le quatrième album des Versaillais est sans aucun doute le plus cohérent. Mise à part l'étincelante collection de duos synthé-guitare accrocheurs et de textes ténébreux, il représente le groupe dans ce qu'il a de plus pop.

1901, le maxi-vinyle de l'album, est certainement le morceau le plus réussi de Phoenix, au point d'éclipser le stupéfiant *Too Young* (2001). Des staccatos pompeux du clavier en passant par une incantation à couper le souffle, « Hey, Hey, Hey, Hey, Hey », il atteint une perfection pop avec son simple refrain, « Falling, falling, falling ».

C'est malgré tout le titre d'ouverture, *Lisztomania*, qui trahit les vraies racines eighties du groupe. Son groove, qui incite à danser, a poussé des accros de la vidéo sur web à superposer ses arpèges à vif et sa batterie incessante à un montage de films de John Hughes après le décès du réalisateur. Le leader du groupe, Thomas Mars, approuva sans restriction aucune la démarche. « Super… notre meilleure vidéo », déclara-t-il sur la radio australienne TripleJ.

L'album passe d'hymnes optimistes et festifs à des citations plus marquées du son des eighties. *Love Like a Sunset Part I* puis … *Part II* voient Mars and Co. créer de riches paysages sonores à la Brian Eno. La deuxième moitié du disque revient aux airs mordants qui en dominent le début. Enfin, *Armistice*, un adieu en trois minutes, brillant, avec clavecin et drums tonitruants. **JMi**

▶II Liste des titres

01 **Lisztomania** (Phoenix)	4:02
▶ 02 **1901** (Phoenix)	3:13
03 **Fences** (Phoenix)	3:34
04 **Love Like A Sunset Part I** (Phoenix)	5:39
▶ 05 **Love Like A Sunset Part II** (Phoenix)	1:57
▶ 06 **Lasso** (Phoenix)	2:48
07 **Rome** (Phoenix)	4:38
08 **Countdown** (Phoenix)	3:57
09 **Girlfriend** (Phoenix)	3:24
▶ 10 **Armistice** (Phoenix)	3:05

The xx

xx (2009)

Label | Young Turks
Production | Jamie Smith
Direction artistique | Phil Lee
Pays | Royaume-Uni
Durée | 38:35

« Pas mal de chansons ont été écrites la nuit, confia à *Clash* Romy Madley Croft, un des membres de la section vocale des xx. On jouait doucement pour ne réveiller personne dans la maison. »

Débarrassé des colocataires et des parents ensommeillés, *xx*, le premier album des copains d'école que sont les xx, a quand même l'air de marcher sur la pointe des pieds. Il refuse de se montrer braillard et arrogant, et cela donne à cet album intelligent cet air d'intemporalité qui distingue le trio londonien de ses pairs.

xx ne prend pas le train en marche et effleure gentiment The Cure, Scritti Politti, voire les vieux titres de Chris Isaak, mais il a toujours l'air frais et déterminé. *Islands* est ponctué de battements de mains électroniques et marqué de ce minimalisme sonore qui est la signature du trio. *Basic Space* fait place au duo vocal apaisé de Romy et Oliver Sims, tandis que *Crystalised* – où le groupe n'est pas loin de chanter en chœur – bénéficie de guitares irascibles et d'un rythme méticuleux. *VCR* a pour fond sonore un piano d'enfant et *Heart Skipped A Beat* est soutenu par des battements de mains et un rythme studieux, presque R&B.

Il n'y a pas une note de trop dans cet album et il n'y a rien d'imprécis non plus sur sa pochette – seulement un énorme « X » blanc, comme pour marquer leur territoire. *xx* est si dépourvu de taquinage distrayant, si essentiel dans sa sonorité, qu'il aurait pu disparaître dans la nature sans se faire remarquer. Au lieu de ça, toute l'âme qui le caractérise fait de *xx* un album accompli et bien équilibré pour un groupe donnant fortement l'impression d'avoir une belle carrière devant lui. **KBo**

▶II Liste des titres

01 **Intro** (Qureshi•Smith•Sim•Croft)	2:08
▶ 02 **VCR** (Qureshi•Smith•Sim•Croft)	2:57
▶ 03 **Crystalised** (Qureshi•Smith•Sim•Croft)	3:22
04 **Islands** (Qureshi•Smith•Sim•Croft)	2:41
▶ 05 **Heart Skipped A Beat** (Qureshi•Smith •Sim•Croft)	4:02
06 **Fantasy** (Qureshi•Smith•Sim•Croft)	2:38
07 **Shelter** (Smith•Sim•Croft)	4:30

▶ 08 **Basic Space** (Qureshi•Smith•Sim•Croft) 3:08
09 **Infinity** (Qureshi•Smith•Sim•Croft) 5:13
10 **Night Time** (Qureshi•Smith•Sim•Croft) 3:27
11 **Stars** (Qureshi•Smith•Sim•Croft) 4:23

Yeah Yeah Yeahs
It's Blitz ! (2009)

Label | DGC/Interscope
Production | Nick Launay • David Andrew Sitek
Direction artistique | Karen O • Village Green • Urs Fischer
Pays | États-Unis
Durée | 40:05

Si « glam rock » n'était pas irrémédiablement associé aux Sweet et à leurs descendants, ce serait la définition parfaite pour le dernier album de Yeah Yeah Yeahs, *It's Blitz !* Le son pointu des excellents New-Yorkais lance des étincelles, mais les guitares le plaquent au sol. Porte-parole, Karen O commente la deuxième piste de l'album, *Heads Will Roll* : « Je me disais que si on devait écrire une chanson pour danser, elle parlerait de têtes qui roulent sur le sol et de carnages. » Un poing de fer dans un gant à paillettes, cela résume bien tout l'album.

Le ravageur *Zero*, né au début du processus, donne le ton. Le rock brut de *Show Your Bones* (2006) est encore là, mais avec un lustre très Goldfrappy. Le titre le plus glaçant du groupe depuis *Maps* en 2003 complète cette évolution : « Je me souviens qu'avec *Skeletons*, j'avais eu le déclic en me demandant où on allait », déclare Karen. La pochette témoigne aussi du changement : l'œuf qu'on écrase est sujet à diverses interprétations (voyez comme les éléments forment un *Y*).

Le producteur Dave Sitek est lui aussi de la conspiration. Sa mission, ramener la pop à l'époque où Duran Duran régnait sur le mode, a déjà pris au piège Telepathe et son propre groupe, TV On The Radio (dont deux membres sont ici en guest-stars). C'est maintenant le tour de Yeah Yeah Yeahs.

Les fans du premier son du groupe se consoleront avec le suicidesque *Shame and Fortune* et le fracassant *Dull Life* (inspiré de l'amour pour le metal de l'ado Nick Zinner). Le splendide *Hysteric* et *Little Shadow* concluent un album aussi surprenant que superbe. **BM**

▶II Liste des titres

▶ 01 **Zero** (Yeah Yeah Yeahs) 4:28
▶ 02 **Heads Will Roll** (Yeah Yeah Yeahs) 3:44
03 **Soft Shock** (Yeah Yeah Yeahs) 3:55
▶ 04 **Skeletons** (Yeah Yeah Yeahs) 5:04
05 **Dull Life** (Yeah Yeah Yeahs) 4:10
06 **Shame And Fortune** (Yeah Yeah Yeahs) 3:34
07 **Runaway** (Yeah Yeah Yeahs) 5:15
08 **Dragon Queen** (Yeah Yeah Yeahs) 4:04
09 **Hysteric** (Yeah Yeah Yeahs) 3:54
10 **Little Shadow** (Yeah Yeah Yeahs) 3:57

Dirty Projectors
Bitte Orca (2009)

Label | Domino
Production | David Longstreth • Nicolas Vernhes
Direction artistique | Rob Carmichael
Pays | États-Unis
Durée | 41:08

Contemporains de Grizzly Bear et de Vampire Weekend, mais du côté plus intello du firmament du college-rock, Dirty Projectors ressembla un temps à une expérience autant qu'à un groupe – sorte de boîte de Petri musicale où le leader et diplômé de Yale Dave Longstreth pouvait essayer ses idées conceptuelles les plus outrées. Prenez *The Getty Address*, album orchestral de 2005 inspiré de la vie de Don Henley des Eagles, ou en 2007 *Rise Above*, ré-interprétation entièrement de mémoire du hard furieux de *Damaged* de Black Flag. *Bitte Orca* est tout de même différent, bien qu'encore marqué par les talents précoces de Longstreth, apparents dans toutes sortes de fusions musicales – *Cannibal*

Resource, mélange étincelant de guitare high-life africaine, dialogues sautillants et revirements proggy ; *Stillness Is The Move*, fac-similé d'un R&B du milieu des années 90 utilisant à des fins superbes la voix d'une des deux chanteuses de Longstreth, Amber Coffman.

Il y a tout de même ici une véritable progression, qui fait que Dirty Projectors arrange ses idées floues en pop songs serrées et cohérentes. Ezra Koenig, de Vampire Weekend, avait jadis fait un passage dans le groupe et des titres comme *No Intention* rappellent le talent de DP pour mêler l'afro-pop et certains aspects de l'expérimental US – quand Longstreth susurre « what hits the spot, yeah, like Gatorade » de sa voix de fausset. La plus charmante est peut-être *Two Doves*, chamber pop orchestré qui donne à Angel Deradoorian la chance de briller, surtout quand elle chante « kiss me with your mouth open » sur picking de guitare et cordes ampoulées. **LPa**

▶II Liste des titres

▶	01 **Cannibal Resource** (Longstreth)	3:55
	02 **Temecula Sunrise** (Longstreth)	5:05
	03 **The Bride** (Longstreth)	2:49
▶	04 **Stillness Is The Move** (Coffman•Longstreth)	5:14
▶	05 **Two Doves** (Longstreth)	3:42
	06 **Useful Chamber** (Longstreth)	6:28
	07 **No Intention** (Longstreth)	4:17
	08 **Remade Horizon** (Longstreth)	3:55
	09 **Fluorescent Half Dome** (Longstreth)	5:45

Collaborateurs

Manish Agarwal (MA) a collaboré aux rubriques Télévision et Musique de *Time out* à Londres, et a écrit pour le *Times*, le *Sunday Times*, *Kerrang !*, *Mojo*, *Q*, *The Stranger*, et d'autres magazines musicaux indépendants.

Leanne Alberghini (LA) a collaboré au magazine *X-Press* à Perth, et plus récemment au magazine *Inpress* de Melbourne.

Theunis Bates (TB) est rédacteur de worldpop.com, et collabore au magazine *Touch*. Depuis trois ans, il écrit pour *Time*, sur la musique populaire.

Mark Bennett (MBe) vit à Londres. Il a été journaliste musical pour *Guinness* et pour la BBC. Il aime Kraftwerk et lire de vieux exemplaires de *Look-In*.

Mark Blacklock (MBl) était rédacteur musical du magazine *Bizarre* pendant la deuxième moitié des années 90. Il a collaboré au *Guardian*, au *Telegraph*, et à de nombreux magazines. Il a fait de la radio pirate avec Negativland et il a mis Ken Campbell, franc-tireur légendaire du théâtre, à l'affiche avec les Wevie Wonder, phénomènes de Skam Records.

Mary Boukouvalas (MBo) est journaliste à Melbourne. Elle collabore au magazine *Beat* ainsi qu'au site Internet canadien blistering.com, dédié au rock.

Chris Bryans (CB) collabore au magazine *Record Collector*. Il est spécialiste de la musique punk, ce que l'on devine aisément lorsqu'on le rencontre, revêtu de son anorak recouvert d'épingles à nourrice.

Kenneth Burns (KB) vit à Madison dans le Wisconsin, où il est rédacteur-journaliste à l'hebdomadaire *Isthmus*. Ayant grandi à Nashville, il écrit et chante de la musique country naturellement.

Garth Cartwright (GC) originaire de Nouvelle-Zélande et vivant à Londres, est l'auteur de *Princes amongst men : Journeys with gypsy musicians*. Il a été publié dans le *Guardian*, *Froots*, *Uncut* et *Songlines*. Stevie Chick (SC) a été publié dans *Melody Maker*, *Mojo*, *Kerrang !*, l'*Evening Standard* de Londres, le *Times*, *Sleazenation*, *NME* et *The Stranger*. Il a aussi fondé *Careless Talk Costs Lives* et est rédacteur adjoint de *Loose Lips Sink Ships*.

Jason Chow (JC) collabore au *National Post* de Toronto et appartient aux Good Soldiers, groupe local, dont le premier album sortira en 2006.

Karen Conrad (KC) a écrit pour *Guitar*, *Beat*, *Age*, le *Herald Sun* et de nombreux autres magazines musicaux australiens. Elle termine actuellement un ouvrage d'interviews de célébrités.

David Crawford (DC) a passé de nombreuses années à fureter chez les disquaires. Il a collaboré à *Screen International*, *Televisual*, *Radio Times*, et à la Press Association.

Stephen Dalton (SD) est journaliste musical et cinématographique pour le *Times*, *Uncut*, *NME*, *The Scotsman* et autres publications. Il ne vit pas à Londres, n'a jamais écrit d'ouvrage, et ne possède aucune anecdote amusante évoquant la dégustation de cocktails en compagnie de

Bono ou Madonna dans un endroit exotique.

Jamie Dickson (JDi) est journaliste musical au *Daily Telegraph* de Londres depuis 1999. Avant cela, il a étudié le rock et la pop à l'université de Leeds. Il est musicien de scène depuis son adolescence.

Robert Dimery (RD) est écrivain et rédacteur indépendant, et a collaboré à toute une variété d'ouvrages, dont *24 hour party people* de Tony Wilson, *Pump up the volume : A history of house*, et *Breaking into heaven : The rise and fall of the Stone Roses*. Il a aussi participé à des ouvrages sur les albums et les singles classiques et a collaboré à divers magazines dont *Time out* et *Vogue*.

John Doran (JDo) est journaliste depuis huit ans, période durant laquelle il a collaboré à de prestigieux magazines dont *Loaded*, *Marie-Claire* et *Later*. C'était le premier rédacteur adjoint du magazine *Bang*, et il a été publié dans *Playlouder*, *Disorder*, *Bullitt*, *Metal Hammer*, *Classic Rock*, *Plan B*, et *Rip & Burn*. Il a aussi été publié dans de nombreux journaux anglais.

George Durbalau (GD) est le rédacteur en chef de *Sunete*, le magazine musical le plus important de Roumanie. Il a aussi été rédacteur au magazine *Mixexpress*, et animateur de radio.

Daryl Easlea (DE) est un ancien rédacteur adjoint de *Record Collector*. Il a été publié dans *Mojo*, *Mojo Collections*, *Uncut*, le *Guardian*, l'*Independent*, le *Glasgow Herald*, l'*Encyclopaedia Of Popular Music*, et sur bbc.co.uk. Il compile et annote des CD, est disc-jockey, animateur de radio, et danseur-né. Il a écrit *Everybody Dance : Chic & the Politics of Disco*.

Patrick Emery (PE) écrit pour *Beat*, hebdomadaire de Melbourne. Il collabore aussi régulièrement à 194Bar.com, webzine de punk garage basé à Sydney, et pour FasterLouder.com.au.

Ross Fortune (RF) est l'ancien rédacteur musical de *Time out* à Londres, où il a passé dix ans. Il vit désormais à Austin, au Texas.

Will Fulford-Jones (WF-J) passe ses journées à éditer des guides de voyage pour *Time out* et ses soirées à écrire sur la musique.

Andrew Gilbert (AG) est un journaliste indépendant qui couvre la musique brésilienne, afro-caribéenne, le jazz et la musique d'Afrique occidentale pour le *San Francisco Chronicle*, le *Boston Globe*, le *San Jose Mercury News*, le *Contra Costa Times*, le *San Diego Union Tribune*, et pour les magazines *Downbeat* et *Jazziz*. Il a aussi dirigé l'espace Jazz Bakery de Los Angeles au milieu des années 90.

Jaime Gonzalo (JG) a commencé sa carrière d'écrivain dans la presse rock underground espagnole des années 70. Aujourd'hui, c'est le co-rédacteur en chef de *Ruta 66*, premier mensuel rock d'Espagne fondé en 1985.

Lino Portela Gutiérrez (LPG) travaille en Espagne pour *Rolling Stone* et collabore à *Tentaciones*, supplément musical d'*El Pais*. Il a travaillé pour 40TV et Antena3 Televisión.

Jim Harrington (JiH) est le critique de pop et de jazz de l'*Oakland Tribune*. Il a été publié par *Rolling Stone*, *Razor Magazine*, et divers journaux américains.

Jon Harrington (JoH) est journaliste à MTV. Il collabore aussi régulièrement à *Mojo*.

Sophie Harris (SH) écrit pour *Mojo* et pour *Time out*, ainsi que pour *Loose*

Lips Sink Ships, magazine de la musique piratée. Elle présente un guide des meilleurs singles jamais produits sur BB 6 Music, et est animatrice à la BBC, LBC, et sur Radio 5.

Michael Heatley (MH) a mis au point l'ouvrage intitulé *History of Rock*. Depuis, il a écrit plus de cent ouvrages relatifs à la musique, au sport et à la télévision. Il a été rédacteur du magazine musical *Record Buyer*, a écrit de nombreux textes d'albums et collaboré à *Record Collector*, *Classic Rock*, *Guitar*, *Music Week* et *Radio Times*. Il a rédigé *Virgin Rock Encyclopaedia* et a figuré sur les listes des meilleures ventes en 2004 avec *John Peel : a life in music*

Alexandra Heller-Nicholas (AH-N) est la rédactrice en chef de *Fiend Magazine*, le magazine australien le plus important en matière de culture et de musique alternatives. Bien qu'elle soit spécialiste de musique goth, industrielle et électronique, ses goûts sont variés. Elle collabore aussi fréquemment à *Beat*, magazine de Melbourne.

Claire Hughes (CH) est journaliste indépendante, spécialiste de voyage et de musique pour *Time out*, *Dazed & Confused*, *DJ magazine*, et autres publications. Elle a aussi écrit *Waking up in Chicago*, guide de voyage focalisé sur la musique.

Tom Hughes (TH) a travaillé en tant que journaliste pour diverses publications britanniques dont *Select*, l'*Independent*, *NME*, et le *Guardian*. Il a collaboré à un certain nombre de sites Internet et de magazines étudiants.

David Hutcheon (DH) est un journaliste musical qui publie régulièrement dans le *Sunday Times*, *Mojo*, et *Time out*.

Seth Jacobson (SJac) écrit sur la musique et la culture populaire pour le *Daily Mirror*, *Jack*, *Sleazenation* et *Dazed & Confused*. Il évoque aussi le côté étrange de la vie pour le magazine *Bizarre*.

James Jam (JJ) collabore à *NME* et adore se répandre en compliments sur le punk rock de basse définition dans son fanzine, *Boyeater*, publié sporadiquement. Il est en train d'écrire un ouvrage sensationnaliste sur la scène punk rock de Sunderland.

Tim Jones (TJ) collabore à *Record Collector* depuis 1998. En plus d'écrire des textes pour Universal et Warner Bros, il a aussi publié divers ouvrages.

Ignacio Julià (IJ) est co-rédacteur en chef de *Ruta 66* depuis 1985, mensuel de rock devenu classique. Parmi la douzaine d'ouvrages qu'il a publiés sur la musique rock, on en trouve sur le Velvet Underground et Sonic Youth. Il a animé un programme de radio dans les années 90 et il est désormais producteur à la BTV.

Stan Jarin (SJar) a passé toute sa vie à accumuler ses connaissances sur l'histoire de la musique. En 2004, Jack Elliott de Ramblin' est resté chez les Jarin pendant presque un mois.

Luke Jolly (LJ) a abandonné la voie médicale en 1994 pour se dédier à des abus sonores dans des lieux musicaux emplis de fumée. Depuis le début des années 2000, il a été publié dans *Beat*, *Mix Down*, *The Brag*, *100 %*, *The Echo* et sur brownnoiseunit.com.

Yoshi Kato (YK) habite à San Francisco. Il collabore actuellement au *San Jose Mercury News*, au *Contra Costa Times*, au *Metro Silicon Valley* et à *Downbeat*. Il a aussi écrit pour *Vibe*.

Emily Kelly (EK) diplômée en communication, a collaboré à un certain nombre de publications sur Internet et sur papier. Elle consacre actuellement une grande partie de son temps et de son énergie à écrire pour *Beat magazine* de Melbourne.

Jake Kennedy (JK) dirige la section « critiques » de *Record Collector*. Il a rédigé les textes d'innombrables albums de funk, et est correspondant à *NME* et à la BBC. Il rédige actuellement une étude sur *Unknown Pleasures* de Joy Division.

Miles Keylock (MK) est journaliste musical et culturel en Afrique du Sud. Il a écrit des articles pour *SL Magazine*, *Black Busines Quaterly* et *GQ South Africa*. Il rédige aussi des critiques pour le *Cape Times* et le *Mail & Guardian*.

Johnny Law (JLa) était disquaire à Edinbourg jusqu'à ce qu'une grande chaîne ne le déloge. Il est aujourd'hui responsable des programmes de télévision de Channel 4. Il appartient aux Erotic Utensils, un groupe complètement nul.

John Lewis (JLe) est le rédacteur adjoint musical de *Time out* et il a aussi énormément écrit au sujet de divers styles musicaux pour *Mojo*, l'*Evening Standard*, *Straight no chaser*, *Wax*, et *BBC Music*. Il a dirigé diverses compilations et écrit des textes pour de nombreuses maisons de disques.

Christoph Lindemann (CL) est journaliste et rédacteur à *Musikexpress*, publication musicale la plus importante d'Allemagne. Il a aussi collaboré à *Rolling Stone* en Allemagne et à *Primetime Live* d'ABC News à New York. En 2000, il a collaboré à *Made in Germany : The hundred best German records*.

Pat Long (PL) vit à Londres et dirige la critique du magazine *NME*. Selon certains, il dépense trop en disques, mais il a plutôt tendance à penser que ce n'est pas assez.

Michael Lydon (ML) écrit sur la musique pop depuis 1964. C'est l'un des fondateurs de *Rolling Stone*. Il a rédigé des portraits de Lennon et de McCartney, a suivi les Rolling Stones en tournée, ainsi que B.B. King, Johnny Cash et de nombreux autres artistes. Parmi ses ouvrages, on peut citer *Rock Folk*, *Boogie Lightning*, *Ray Charles : Man and Music* et *Flashback*, qui rassemble ses articles de rock.

Il intervient régulièrement à la télé et à la radio et il est aussi auteur-compositeur-interprète.

Bruno MacDonald (BM) a collaboré à *The Rough Guide to rock*, *British hit singles*, *Rockopedia* et à la série des *Music Master*. Il a préparé l'édition de *Pink Floyd : Through the eyes of…*, et a collaboré à diverses publications, comme *Record Collector* et *Q*. Il vit à Londres, adore les chats et Kiss.

Ali MacQueen (AMa) vit à Londres et travaille comme journaliste freelance depuis trois ans. Il collabore à *Record Collector* ainsi qu'aux magazines *Front* et *Clash*.

Joel McIver (JM) est directeur de la production pour *Record Collector*. Il contribue à divers autres magazines, compile des albums, écrit des textes de disques et apparaît à la radio et à la télévision. Il a écrit huit ouvrages. Le dernier d'entre eux, *Justice for all : The Truth about Metallica*, constitue l'ouvrage de référence de ce groupe.

Kylie McLaughlin (KM) a collaboré à divers magazines australiens, dont *Rip it up*, *dB*, et *Revolver*. Elle réside actuellement à Melbourne, où elle travaille en freelance pour le magazine *Beat*.

Craig McLean (CM) est un écrivain écossais que l'éclat de la Britpop a attiré à Londres en 1995. Ancien rédacteur adjoint de *The Face*, il collabore actuellement en freelance au *Daily Telegraph*, à l'*Independent* et à l'*Observer*, ainsi qu'aux magazines *World*, *GQ* et *Vogue*. Ses articles sur la musique et la culture pop ont été publiés dans *Composite* (Japon), *Adbusters* (Canada), *Sin* et *BlackBook* (États-Unis).

Malik Meer (MMe) a écrit pour le *Guardian*, *Time*, *Muzik*, *The Face*, *Mixmag* et *Smash Hits*. Il est actuellement rédacteur adjoint à *NME*.

Alexander Milas (AMi) collabore au magazine *Kerrang !*, où on peut souvent le trouver aux commandes de la stéréo du bureau sur laquelle il passe des classiques de hard rock.

Mark Morris (MMo) écrit sur la pop, le cinéma et la télévision depuis 1992 pour toute une série de journaux et de magazines, dont *Select*, *Q*, *Neon*, *The Face*, le *Guardian* et l'*Observer*.

Rob Morton (RM) rédige des critiques de musique pop pour le *New York Sun*. Il a aussi réalisé de nombreux courts métrages et écrit trois scénarios de longs métrages.

David Nichols (DN) écrit pour les magazines de musique depuis l'âge de 17 ans. Il a publié un ouvrage sur les Go-Betweens. Il est historien et enseigne à l'université.

Sarah Norman (SN) a choisi la vie de journaliste après avoir fait des études de musique. Elle collabore régulièrement aux magazines *Beat* et *Forte* de Melbourne, ainsi qu'à *Brag* de Sydney. C'est aussi la rédactrice musicale de *Lot's Wife*, publication de l'université de Monash.

Peter Notari (PN) a débuté sa carrière comme correspondant à Londres de *Wan2*, magazine musical le plus important de Hongrie. Il a fondé ParaRadio, première station radio Internet du pays, co-fondé et organisé X-Peripheria, festival annuel de musique électronique expérimentale, et travaille comme journaliste musical à TV2, une chaîne de télévision locale.

Matthew Oshinsky (MO) est rédacteur sportif adjoint au *New York Sun*, après avoir travaillé un temps pour *CMJ New Music Monthly*. Il a aussi été publié par Harvard University Press.

Andy Pemberton (APe) journaliste freelance, vit à New York et collabore à *GQ*, *Details*, l'*Observer*, *Q*, *World*, *Elle* et *Radar*. Il apparaît aussi régulièrement sur VH1. Il a été rédacteur en chef de *Blender*, mensuel musical américain primé. Avant de s'installer à New York, il était rédacteur à *Q*.

Andy Pickering (APi) a débuté sa carrière de journaliste en Nouvelle-Zélande pour le magazine *Rip it up*, puis il a fondé *Remix* en 1997.
Il y est depuis rédacteur et a rédigé d'innombrables critiques et articles.

Liam Pieper (LP) a écrit pour les magazines *Beat* et *Groove*, ainsi que pour les publications littéraires *Going down swinging* et *Total Cardboard*. Il dirige aussi *Voiceworks*, dédié aux jeunes écrivains.

Alex Rayner (ARa) a été rédacteur musical au magazine *Ministry* jusqu'en janvier 2001, quand il a rejoint l'équipe éditoriale de *The Face*. Il est aujourd'hui rédacteur adjoint de *Dazed & Confused*. Alex a aussi collaboré à *NME*, *Word*, et à l'*Independent*.

Craig Reece (CR) originaire de Glasgow, est disc-jockey et impresario. Il a écrit pour l'*Independent*, *NME*, *Scotland on Sunday* et *The List*, et a collaboré au festival international de jazz de Glasgow.

Max Reinhardt (MR) jouit d'une carrière variée comme disc-jockey, journaliste musical, animateur de radio et directeur musical d'Oily Cart. Il a joué dans toute l'Europe et au-delà en tant que DJ et musicien. Il est aussi chargé de la programmation de divers festivals de musique internationale à Londres. Il est chroniqueur à *Straight no chaser*, rédige des critiques et articles pour *Songlines* et *FRoots*.

Andy Robbins (ARo) travaille actuellement comme journaliste et chroniqueur pour divers journaux britanniques et collabore à *Platform*, *Drowned in sound*, *Do something pretty* et *Rock City*.

Gerard Sampaio (GSa) journaliste et réalisateur, vit à Glasgow. Il écrit pour AOL (Royaume-Uni), le *Herald*, et il a collaboré au *Guiness Book of British hit singles*.

Tim Scott (TSc) a découvert le hardcore punk américain à l'âge de 14 ans, pendant qu'il faisait du skateboard devant la maison d'un de ses amis. Depuis, il a écrit pour de nombreuses publications de punk rock, dont *Maximum rock and roll*, *Beat*, *Kerrang !*, *Screaming bloody mess* et d'innombrables fanzines.

Chris Shade (CSh), écrivain, musicien et designer, est basé à Londres. Il a collaboré à divers périodiques, notamment *The Face* et *Shoreditch Twat*. Il enregistre actuellement avec le groupe Volunteer pour Projector Records.

Tim Sheridan (TSh) a écrit pour des publications telles que *Mojo*, *All music guide*, *Raygun*, *Downbeat*, *Launch*, *Paste* et *Entertainment Weekly*. Il a aussi écrit pour Steven Tyler d'Aerosmith durant deux tournées, rédigeant notamment son discours à l'occasion de l'entrée d'AC/DC au panthéon du rock and roll.

Martin Sinnock (MS) Martin Sinnock (MS) est journaliste et animateur, spécialiste de la musique de la République Démocratique du Congo (ancien Zaïre). Depuis 1996, il est chroniqueur pour *The Beat*, magazine de Los Angeles, critique pour *Songlines*. Il présente *The Rough Guide Radio Show* et *Viva la musica – The African & Global Beat* sur totallyradio.com.

Rod Stanley (RS) n'a fondé son site Internet, dédié à la musique, que pour obtenir des entrées gratuites dans les clubs. Il écrit pour *Times*, *Dazed & Confused*, *The Face*, *Muzik*, *Record Collector*, *Seven*, *Sleazenation*, *The Idler*, *Ammo City* et *Tank*.

Paul Stokes (PS) a collaboré à *Q*, *Mojo*, *Dazed & Confused* et *Select*. Il a rejoint *NME* en tant que rédacteur adjoint aux informations en 2005. Lorsqu'il n'écrit pas, il est D.J. à Brilliant Maniac, club de Soho à Londres.

Claire Stuchbery (CSt) travaille principalement pour le magazine *Beat* de Melbourne, Elle produit et anime un programme radio dédié aux artistes sans label sur PBS FM, où elle organise des concerts en direct.

Louise Sugrue (LS) a collaboré à *Record Collector*, *OK !*, *RSA Journal*, le *Daily Telegraph* et la Press Association.

Giancarlo Susanna (GSu) critique musical italien,

écrit à la fois pour des magazines musicaux (*Rockerilla*, *Audio Review*) et pour le quotidien *L'Unità*. Il a aussi publié des biographies de Neil Young, Jeff Buckley, R.E.M. et Coldplay. Il vit à Rome.

Kate Taylor (KT) a rejoint en 2004 *Beat*, magazine de Melbourne, où elle publie régulièrement.

Gareth Thompson (GT) a collaboré à *Music Week*, *Video Week*, *Which Compact Disc ?*, *Sounds* et *Kerrang !* Il a aussi été rédacteur adjoint du fanzine *Overall there is a smell of fried onions*, acclamé par la critique. Après un passage à la Press Association, il a écrit son premier roman pour adolescents, *The Great Harlequin Grim*.

Arnar Eggert Thoroddsen (AET) est originaire de Reykjavik, en Islande, où il a collaboré à toute une variété de magazines musicaux underground. Depuis 2000, il travaille pour le quotidien le plus important du pays, *Morgunbladid*, où il couvre la culture pop.

Andrew Tijs (AT), originaire de Melbourne, écrit depuis sept ans sur la musique locale et internationale, sur le cinéma, le théâtre, les livres et parfois même le rodéo. Il collabore au magazine *Beat* ainsi qu'à quasiment toutes les publications gratuites d'Australie. Il publie des articles d'investigation sur le côté sordide de l'industrie du disque dans *Mess + Noise*, magazine australien.

John Tobler (JT) écrit sur la musique populaire depuis 1969, pour des publications telles que *ZigZag*, *Let it rock*, *Melody Maker*, *NME*, *Sounds*, *Record Mirror*, *FRoots*, *Music Week*, *Billboard* et *Country music people*. Il est aussi documentaliste et interviewer pour Radio One de la BBC. Il a rédigé des centaines de textes de disques, et a publié plus de vingt ouvrages sur la musique, dont *ABBA Gold*, *25 years of rock*, *The Record Producers* et *The Guitar Greats*, ainsi que des biographies d'Elton John, d'Elvis Presley, des Beach Boys, des Doors, de Cliff Richard et des Carpenters.

Jesse « Chuy » Varela (JCV) est directeur musical de KCSM FM 91, une station de jazz américaine où il anime le *Latin jazz show*. Il écrit pour le *San Francisco Chronicle*, *Latin beat magazine*, *Jazz Times* et *Eastbay Express*. Il a rédigé des textes de disques pour Verve, Concord Picante et Fantasy, et il vient de terminer des traductions pour le dernier projet de Ry Cooder chez Nonesuch.

Peter Watts (PW) contribue régulièrement à *Time out* de Londres et au magazine *Uncut*.

Burhan Wazir (BW) travaille au *Times* au Royaume-Uni. En tant que journaliste, il a couvert une vaste gamme de sujets, dont les informations intérieures, les Affaires étrangères, et la musique. Il a aussi été correspondant de guerre, notamment en Irak.

Jaime Welton (JW) est correcteur et journaliste freelance.
Il a été publié dans divers hebdomadaires de la région de San Francisco, dont *The Metro*, le *South Valley Times*, et l'*Almaden Valley Times*. Il a aussi publié des critiques dans le magazine *Frontera*. Il vit à San José avec sa compagne, leurs deux enfants et leur énorme collection de CD.

Lois Wilson (LW) est journaliste freelance et considère le magazine *Mojo* comme sa base principale. Elle y est actuellement chroniqueuse de soul et rédactrice de la section livres et DVD. Elle publie chaque mois divers articles et critiques. Elle écrit aussi pour *Record Collector*, et a été publiée par le *Times* et le *Sunday Times*. Elle a compilé diverses collections de CD dans le domaine de la soul et du reggae et elle écrit régulièrement des textes pour des maisons de disques. Elle est aussi apparue sur VH-1 pour évoquer le rôle des femmes dans l'histoire du rock.

Agnieszka Wojtowicz-Jach (AW-J) est une ancienne directrice de la promotion des ventes pour la branche polonaise de Warner Music. Elle a dirigé divers projets liés à la danse pour EMI en Pologne. Elle travaille désormais dans le domaine de la communication et elle est journaliste freelance.

Michael Woodsworth (MW) a grandi à Montréal, où il a participé à la scène musicale underground à la fin des années 90. Après s'être installé à New York en 2001, il a écrit pour le *Daily News*, avant de devenir le rédacteur sportif du *Sun*, le nouveau quotidien de cette ville.

Daniel Zugna (DZ) est journaliste freelance à Melbourne. Il s'occupe des nouvelles sorties pour le magazine *Beat*, et il collabore à de nombreux sites musicaux indépendants.

Index des artistes

Index des 1001 albums

N

O

P

Q

R

10097

Composition
NORD COMPO

Achevé d'imprimer en Italie
par Grafica Veneta
le 10 septembre 2012.

Dépôt légal octobre 2012.
EAN 9782290057490
OTP : L.21EPBN000270.N001

ÉDITIONS J'AI LU
87, quai Panhard-et-Levassor, 75013 Paris

Diffusion France et étranger : Flammarion